Swahili–English
English–Swahili
dictionary

Hippocrene practical dictionary

Swahili–English
English–Swahili
dictionary

by

Nicholas Awde

HIPPOCRENE BOOK
New York

© 2000 Nicholas Awde
Fourth printing, 2004

For information, address:
Hippocrene Books, Inc.
171 Madison Avenue
New York, NY 10016

ISBN 0-7818-0480-9 (pbk.)

Typesetting by Nick Awde/Desert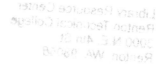Hearts
Printed in the United States of America

Contents

Dibaji

Natumaini kamusi hili litakuwa na msaada mkubwa kwa wale wanaozungumuza Kiswahili na Kingereza, na wanao hitaji kujiendeleza zaidi kwa lugha hizi. Kamusi hili limeazimiwa liwe la kisasa, na kuweza kufahamisha lugha, na siyasa, mawasiliano, kompyuta, internet, utalii, biashara na usafiri.

Foreword

I hope this new dictionary will be a useful resource to all those speakers of English and Swahili who wish to deepen their knowledge and use of these languages. The dictionary is intended to cover their needs with the most up-to-date entries in a handy reference form, and it should especially prove to be an aid in navigating the growing global vocabulary of politics, telecommunications, computers, the Internet, tourism, business and travel.

I would like to thank Farouque Abdela, Emanuela Losi, Fred Hill, Evie Arup, Graham Springett, Jumbe Omari Jumbe, Kevin Smith, Camilla Shahrebaf, Rashid Saleh and Ippolita Vigo for their invaluable help at the various stages of compiling this volume.

I would also like to thank the following for their contributions and encouragement over the years: Peter, Ann & Jamie Tinklepaugh-Davies, Ian Carnochan, Jack Carnochan, Christopher Shackle and Crispin Hawes, as well as Ben & Rob Rubia and family, Allan Davies, Clive Britton and all those others who made a childhood in East Africa so memorable.

Special thanks go to Nadia Cohen, Andrea Awde, Emma, Millie & Charlie Hamilton-Hill, Jan Bourne, Silvana De Martis, Hugh Mulcahey, Nigel Davies, Hadija Abdela, Michael Wylde, Laurence Chabert, Jerome Chabert, Andrew Honey, Imad Al-Assir, Richard Brow, Bruce Ingham, Saidi El-Gheithy, Anne Raufaste, the Swahili and Hindi sections of the BBC World Service and, most of all, George & Ludmilla Blagowidow and all at Hippocrene.

This book is for Robbie Murphy and the night shift at *The Guardian/Observer*.

Nicholas Awde
London

भूमिका

मुझे आशा है कि यह नया शब्दकोश अंग्रेजी एवं स्वाहिली बोलने वाले उन लोगों के लिये उपयोगी स्रोत साबित होगा जो कि इन भाषाओं का ज्ञान बेहतर बनाना चाहते हैं ।यह शब्दकोश पाठकों को नवीनतम शब्दों की जानकारी सुगम संदर्भ ग्रंथ के रूप में देगा ।यह शब्दकोष, विशेष तौर पर, राजनीति, संचार माध्यमों, कम्प्यूटर, इंटरनेट, पर्यटन, व्यापार एवं भ्रमण क्षेत्रों में विश्व स्तर पर निरंतर बढ़ते शब्द भंडार से परिचय का बेहतरीन माध्यम है ।

Introduction

J'espère que ce nouveau dictionnaire constituera un instrument utile pour tous ceux qui parlent l'anglais et le swahili et souhaitent approfondir leur connaissance de ces langues ainsi que leur capacité à les utiliser. Ce dictionnaire est destiné à répondre à leurs besoins avec des entrées mises à jour, présentées de manière commode. Il devrait notamment les aider à jongler avec le vocabulaire de la politique, des télécommunications, de l'informatique, de l'internet, du tourisme et des affaires, un vocabulaire dont l'usage international va croissant.

مقدمة

أرجو أن هذا القاموس سيشكّل مصدراً مفيداً لمتكلّمي اللغتين الإنكليزية والسواحلية الذين يريدون تعميق معرفتهم واستعمالهم لهاتين اللغتين. والقصد ان هذا القاموس يغطّي حاجاتهم باستعمال أحدث المعاني والاصطلاحات وعلى وجه الخصوص سبر أغوار المصطلحات في السياسة والاتصالات والكمبيوتر والإنترنت والسياحة والتجارة وكذلك الرحلات وقد تم ترتيب هذا القاموس بطريقة تسهل الاستعمال.

Introdução

Espero que este novo dicionário seja um recurso útil para todos aqueles que falam inglês e swahili e que pretendam aprofundar o conhecimento destas línguas e o seu uso. Este dicionário tem como objectivo satisfazer as suas necessidades com informações actualizados num formato de referencia muito simples e irá ser uma ajuda essencial na pesquisa de palavras incluídas no crescente vocabulário mundial da política, telecomunicações, informática, Internet, turismo, negócios e o mundo de viagens.

مقدمه

امیدوارم که این فرهنگ برای تمام آن کسانی که زبانهای انگلیسی و سواهیلی حرف میزنند و میل دارند که این دو زبانها را تکامل دهند, منبع مفیدی باشد. به تمام نیازهای آنها. این فرهنگ با تازهترین ثبتها به طور آسان در دسترسشان قرار میگیرد. رشد در زمینه های سیاست, مخابرات, کمپیوتر, اینترنت, توریزم, تجارت و مخصوصاً در مورد استفاده از واژههای جهان در حال سفر کمک بزرگی خواهد بود.

Abbreviations

acad.	academic / *kitaaluma*
adj	adjective / *kivumshi*
adv	adverb / *kielezi*
com.	commerce / *biashara*
comp.	computing / *elimu ya kompyuta*
conj	conjunction / *kiungo*
Chr.	Christianity / *Ukristo*
ec.	economics / *uchumi*
ed.	education / *elimu*
fin.	finance / *usimamizi wa fedha*
Isl.	Islam / *Kiislamu*
i.t.	information technology / *sayansi ya kompyuta*
leg.	legal / *sheria*
mar.	maritime / *ubaharia*
med.	medicine / *tiba*
mil.	military / *jeshi*
mus.	music / *muziki*
n	noun / *jina*
pl	plural / *wingi*
pol.	politics / *siasa*
prep	preposition / *kihusishi*
rel.	religion / *dini*
sl.	slang / *msimu*
spor.	sports / *mchezo*
tech.	technical / *teknolojia*
tel.	telecommunications / *mawasiliano*
UK	British English / *Kiingereza cha Uingereza*
US	American English / *Kiingereza cha Marekani*
v	verb / *kitenzi*

Notes

1. Brackets following an English verb contain its past tense and past participle.
2. Brackets following a noun contain its plural and/or other forms.

Swahili–
English

A

-a 1. he; she 2. *prep* of 3. *present tense marker*

a'a! no!

a'a asante! no thanks!

abadan; abadani ever; never

abee! yes!

-abiri *v* 1. to travel 2. to cross by boat

abiria *n* (abiria) passenger

-abirisha *v* to carry

abjadi *n* (abjadi) alphabet

abos! wow!

-abudiwa *v* to be worshipped

-abudu *v* 1. to pray 2. to worship

-acha *v* 1. to stop 2. to leave 3. to abandon 4. to let off 5. to quit 6. to give up 7. to let/permit

acha! 1. stop it! 2. you don't say!

-acha kazi *v* to resign from work

-acha kwenye mataa *v* to leave in the lurch

achali *n* (achali) chutney

-achama *v* 1. to gasp 2. to gape

-achana *v* 1. to separate (**na** from) 2. to break up (**na** with) 3. to be separated (**na** from) 4. to be divorced (**na** from) 5. to keep away (**na** from) 6. **achana nao!** forget about them!

achari *n* (achari) 1. chutney 2. pickle

-achia *v* 1. to leave for 2. to yield 3. to leave at 4. to let go 5. **niachie!** let me go!

-achilia *v* 1. to release 2. to leave alone 3. to neglect

-achilia mbali *v* 1. to abandon 2. to leave aside

achilio *n* (maachilio) forgiveness

-achiliwa *v* to be released

-achisha *v* 1. to force out 2. to get rid of

-achisha kazi *v* to sack/fire

-achisha ziwa *v* to wean

-achwa *v* 1. to be left (behind/out) 2. to be ignored 3. to be divorced

ada *n* (ada) 1. custom 2. habit 3. fee(s) 4. essence

ada ya shule *n* school fees

adabu *n* (adabu) 1. (good) manners 2. politeness 3. **-tia adabu** to teach manners to 4. **shika adabu yako!** behave yourself!

adesi *n* (adesi) lentils

adha *n* (adha) 1. trouble 2. inconvenience

adhabu *n* (adhabu) 1. punishment 2. penalty

adhama *n* (adhama) 1. honour 2. glory

adhana *n* (adhana) *(Isl.)* call to prayer

-adhana *v (Isl.)* to call to prayer

-adhibika *v* 1. to be punished 2. to incur a penalty

-adhibisha *v* 1. to punish 2. to impose a penalty

-adhibiwa *v* 1. to be punished 2. to be given a penalty

-adhibu *v* 1. to punish 2. to penalize

-adhimisha *v* 1. to honour 2. to celebrate 3. to glorify 4. to represent

adhimisho *n* (maadhimisho) celebration

adhimishwa *v* to be celebrated

adhimu *adj* 1. great 2. important

-adhimu *v* 1. to exalt 2. to magnify

-adhini *v (Isl.)* to call to prayer

-adhiri *v* 1. to shame 2. to embarrass 3. to disgrace

-adhirika *v* to put to shame

-adhirisha *v* to bring disgrace

adhuhuri *n* (adhuhuri) noon; midday

-adibisha; -adibu *v* to teach good manners to

adili 1. *adj* just 2. right 3. *n* (maadili) ethics 4. conventions 5. customs

-adilisha *v* 1. to teach good manners to 2. to provide guidance to 3. to reform 4. to set standards

-adimika *v* to be rare/scarce

adimu *adj* rare; scarce

adui *n* (maadui) enemy

afa *n* (maafa) disaster

afadhali 1. *adj* better 2. preferable 3. *adv* better 4. preferably 5. Afadhali wapige kura. It's better that they vote.

afadhali sana *adv* much better

afande *n* (maafande) sir

-afiki *v* 1. to agree (with) 2. to second (a motion)

-afikiana *v* to reach an agreement

afikiano *n* (maafikiano) agreement

-afikiwa *v* to be agreed (upon)

afiriti *n* (afiriti) evil person

afisa *n* (maafisa) 1. officer 2. official

afisi *n* (maafisi) office

afkani *n* (afkani) idiot

Afrika *n* Africa

Afrika ya Kati *n* Central Africa

Afrika ya Kusini *n* 1. South Africa 2. -a Afriki ya Kusini South African

Afrika ya Mashariki *n* 1. East Africa 2. -a Afriki ya Mashariki East African

Afrika ya Magharibi *n* 1. West Africa 2. -a Afriki ya Magharibi West African

Afrika ya Kaskazini *n* 1. North Africa 2. -a Afriki ya Kaskazini North African

afriti *n* (maafriti) evil person

aftashev *n* (aftashev) aftershave

afu *n* 1. (afu) jasmine blossom 2. (afu; maafu) relief 3. deliverance

-afu *v* 1. to aid 2. to deliver

-afua *v* 1. to save 2. to cure 3. to pardon

afueni *n* (afueni) improvement 2. -pata afueni to improve 3. likizo ya afueni convalescent leave

afya *n* (afya) 1. health 2. -a afya healthy 3. afya ya umma public health

afya! 1. good health! 2. bless you!

-afya *v* to sneeze

afyuni *n* (afyuni) opium

-aga *v* 1. to agree with 2. to say goodbye to

-aga dunia *v* to die

-agana *v* 1. to agree 2. to say goodbye

agano *n* (maagano) 1. agreement 2. contract 3. pact 4. parting 5. testament 6. promise

Agano la Kale *n* Old Testament

aghalabu *adv* mainly; usually

-agia *v* to suit

-agiza; -agizia *v* to order

agizo *n* (maagizo) 1. instruction 2. order 3. message

-agizwa *v* 1. to be instructed 2. to be ordered

Agosti *n* August

-agua; -agulia *v* 1. to predict 2. to treat (an illness)

-aguliwa *v* to be predicted

aguzi *n* (maaguzi) prediction

ahadi *n* (ahadi) 1. promise 2. agreement 3. -timiza ahadi to keep a promise 4. -vunja ahadi to break a promise

ahera *n* (ahera) afterlife

-ahidi *v* to promise

-ahidiana *v* to promise each other

-ahidiwa *v* to be promised

-ahirisha *v* 1. to postpone 2. to delay 3. *(leg.)* to adjourn

-ahirishwa *v* 1. to be postponed 2. to be delayed 3. *(leg.)* to be adjourned

ahsante! thank you!

ah si kitu! don't mention it!

-aibika *v* 1. to be ashamed 2. to be humiliated

-aibisha *v* 1. to shame 2. to humilate

aibu *n* (aibu) 1. shame 2. humiliation 3. scandal 4. **ni aibu!** what a shame!

aidha *adv* 1. and 2. furthermore 3. or

aidini *n* (aidini) iodine

aila *n* (aila) family

-aili *v* 1. to blame 2. to accuse

-ailiwa *v* 1. to be blamed 2. to be accused

aina *n* (aina) 1. kind; type; sort 2. species 3. make 4. variety 5. -a **aina yake** unique

aina aina different types

aina nyingine ya... another kind of...

-ainika *v* 1. to be classified 2. to be distinguished 3. to be specified

-ainisha *v* 1. to classify 2. to distinguish 3. to specify

ainisho *n* (ainisho) variety

aisei! really!

aiskrimu *n* ice-cream

aiskrimu kijitini *n* ice lolly

-ajabia *v* 1. to be surprised at 2. to admire

ajabu 1. *n* (maajabu) surprise 2. wonder 3. *adv* wonderfully 4. -a **ajabu** surprising 5. wonderful 6. strange

-ajabu *v* 1. to be surprised 2. to wonder

ajali *n* (ajali) 1. fate 2. accident 3. **Kumotokea ajali.** There's been an accident. 4. **kwa ajali** accidently

ajara *n* (ajara) pay

ajari *n* (ajari) overtime

ajenda *n* (ajenda) agenda

ajenti *n* (maajenti) agent

ajili *n* (ajili) 1. reason 2. account 3. **kwa ajili ya** because of 4. for the sake of

ajinabi *adj* 1. foreign 2. alien

ajira *n* (ajira) employment

-ajiri; -ajirisha *v* 1. to hire 2. to employ

-ajiriwa *v* 1. to be hired 2. to be employed

ajizi *n* (ajizi) 1. lethargy 2. slackness 3. delay

-ajizi 1. *adj* lethargic 2. inert 3. *v* to linger 4. to be weak

ajuza *n* (maajuza) old woman

aka! no (way)!

-aka *v* to do masonry work

akali *adj* few

akaunti *n* (akaunti)*(fin.)* account

akaunti ya benki *n* bank account

-ake his; her/hers; its

akhera *n* afterlife

aki *n* (aki) arc

akiba *n* (akiba) 1. saving(s) 2. reserve 3. stock 4. deposit 5. **benki ya akiba** saving bank 6. **-weka akiba** to save (up)

akida *n* (maakida) government agent

akili *n* (akili) 1. mind 2. intelligence 3. knowledge 4. **-enye akili** intelligent

akili taahira *n* mental retardation

akina *n* (akina) 1. so-and-so 2. the likes of

akina mama *n* women(folk)

akina sisi people like us

akina yahe the common people

-akisi 1. *adj* reflecting 2. *v* to reflect

-ako your; yours *singular*

akraba *n* (akraba) 1. next of kin 2. family

akrabu *n* (akrabu) (clock) hand

aksante! thank you!

ala *n* 1. (ala) tool 2. instrument 3. (manyala; nyala) sheath 4. **ala ya muziki** (ala za muziki) musical instrument 5. **ala kulli hali** *conj* in any case

alaa! I see!; oh!

alaa? is that so?

alafu *conj* then
alama *n* (alama) 1. sign 2. mark 3. grade 4. symbol 5. **-tia alama** to mark
alama ya kuongoza *n* (alama za kuongoza) road sign
alama ya usawa *n* (alama za usawa) equals sign (=)
alama za vidole *n* (alama za vidole) fingerprint
-alamisha *v* to symbolize
alamsiki! 1. goodbye! 2. goodnight!
alasiri *n* (alasiri) 1. (late) afternoon 2. **leo alasiri** this afternoon
alfabeti *n* (alfabeti) alphabet
alfajiri *n* (alfajiri) dawn
Alhaji *n* (Alhaji; Maalhaji) *(Isl.)* pilgrim; someone who has been to Mecca
alhamdulillahi! praise be to God!
Alhamisi *n* (Alhamisi) Thursday
ali he is; she is
-alika *v* 1. to call 2. to invite 3. to communicate 4. to click 5. to snap
-alikana *v* to invite each other
alikuwa he was; she was
alikuwa na he had; she had
alikwa *v* 1. to be called 2. to be invited 3. to be snapped
alimradhi; alimradi *conj* and so; therefore
-alisha *v* 1. to call 2. to invite 3. to click
aliye (he) who is; (she) who is
aliyekuwa *v* (he) who was; (she) who was
alizeti *n* (alizeti) sunflower
Allah *n* God
almari *n* (almari) chest of drawers
-almaria *v* to embroider
almasi *n* (almasi) diamond
almuradi *conj* and so; therefore
aloi *n* (aloi) alloy
altare *n* (altare) altar
aluminiamu *n* (aluminiamu) aluminium

ama *adv* 1. or 2. either 3. but 4. **ama... ama/au** either... or
-ama *v* 1. to get stuck 2. to join 3. to connect
ama kweli! really!
ama sivyo?; ama siyo? why not?
amali 1. *n* (amali) act 2. action 3. practice 4. business 5. occupation 6. profession 7. *adj* pragmatic
amana *n* (amana) 1. trust 2. peace 3. honesty 4. treaty 5. deposit 6. **-weka amana** to deposit 7. to pawn
amani *n* (amani) 1. peace 2. **-a amani** peaceful
amara *n* (amara) 1. aid 2. urgent business
amari *n* (amari) 1. chain 2. cable
-amba *v* 1. to say 2. to explain 3. to talk about
amba- what; who; which
-ambaa *v* 1. to avoid 2. to pass by 3. to leave
ambao who; which
ambako where
ambapo 1. where 2. *conj* whereas; while
ambari *n* (ambari) amber
-ambata *v* 1. to stick 2. to join 3. to connect
-ambatana *v* 1. to be stuck together 2. to be joined 3. to be connected
-ambatisha *v* 1. to make stick 2. to attach 3. to affix
ambaye who
ambazo which
-ambia *v* to tell
-ambiana *v* to tell each other
-ambika *v* to set a trap
-ambilika *v* 1. to be told 2. to be amenable
-ambisha *v* to affix
-ambiwa *v* to be told
-ambizana *v* to talk to each other
ambo *n* (maambo) glue
-ambua *v* 1. to lift 2. to separate 3. to peel

-ambua faida *v* to make a profit

-ambuka *v* to come off

-ambukiza *v* **1.** to infect **2.** to contaminate

ambukizo *n* (**maambukizo**) **1.** infection **2.** contamination

-ambulia *v* to get for/from

ambulensi *n* (**ambulensi**) ambulance

ami *n* (**ami**) (paternal) uncle

-amia *v* to guard crops from birds

-amilisha *v* to activate

amina! amen!

-amini *v* **1.** to believe **2.** to trust

-aminiana *v* to trust each other

-aminifu *adj* **1.** faithful **2.** honest

-aminika *v* **1.** to be trusted **2.** to be reliable

-aminisha *v* **1.** to reassure **2.** to convince **3.** to entrust

-aminiwa *v* **1.** to be believed **2.** to be trusted

amiri *n* (**amiri**); **amirijeshi** (**amirijeshi**) *(mil.)* commander

-amiri *v* to start

amiri jeshi mkuu *n* commander-in-chief

-amiwa *v* to be guarded

-amka *v* **1.** to get up; to wake up **2. Umeamkaje?** Did you sleep well? (*reply:* **Salama.** Very well, thank you.)

-amkia *v* **1.** to greet **2.** to get up early

-amkiana *v* to greet each other

amkio *n* (**maamkio**) greeting

-amkua *v* **1.** to greet **2.** to get up early

ampea *n* (**ampea**) ampere

amri *n* (**amri**) **1.** order **2.** command **3.** authority

-amrisha *v* **1.** to order **2.** to command

amrisho *n* (**maamrisho**) order

-amriwa *v* **1.** to be ordered **2.** to be commanded

-amsha *v* **1.** to awaken **2.** to arouse **3.** to stimulate

-amshwa *v* **1.** to be awakened **2.** to be aroused **3.** to be stimulated

amu *n* (**amu**) (paternal) uncle

-amua *v* **1.** to decide **2.** to judge **3.** to control

-amuliwa *v* **1.** to be decided **2.** to be judged **2.** to be controlled

-amuru *v* **1.** to order **2.** to command **3.** to direct

-amwa *v* to suck

-amwisha *v* to suckle

ana he has; she has

anaitwa... he is called...; she is called...

ana kwa ana *adv* face to face

-anana *adj* **1.** thin **2.** mild **3.** soft **4.** gentle

anasa *n* (**anasa**) **1.** comfort **2.** pleasure **3.** luxury **4.** **-a anasa** luxurious

-andaa *v* to prepare

-andaa meza *v* to set the table

-andalia *v* **1.** to prepare for **2.** to serve (out)

andalio *n* (**maandalio**) preparation

-andaliwa *v* **1.** to be prepared **2.** to be served (out)

-andama *v* **1.** to follow **2.** to pursue **3.** to appear (new moon)

-andamana *v* **1.** to follow one another **2.** to be associated (**na** with) **3.** to march; to parade

andamano *n* (**maandamano**) procession

-andamwa *v* **1.** to be followed by **2.** to be pursued by

andazi *n* (**maandazi**) **1.** doughnut **2.** sweet pastry

-andika *v* **1.** to write **2.** to enrol **3.** to spell **4.** to set **5.** to serve a meal

-andika barua *v* to write a letter

-andika meza *v* to set the table

-andikia *v* to write to/for

-andikiana *v* to write to each other

andikisha *v* **1.** to check in **2.** to reserve **3.** to enrol

-andikishwa *v* 1. to be checked in 2. to be reserved 3. to be enrolled 4. to be listed

-andikiwa *v* to be written to

andiko *n* (maandiko) 1. writing 2. text 3. document

-andikwa *v* to be written

andishi: fasihi andishi *n* (fasihi andishi) written literature

anga *n* 1. air 2. sky 3. outer space

-angaa *v* 1. to shine 2. to ogle

angahewa *n* (angahewa) atmosphere

angalau *adv* at least

angali he's still; she's still

-angalia *v* 1. to look at; to watch 2. to observe 3. to pay attention

angalia! watch out!

-angalifu *adj* 1. careful 2. cautious

-angaliwa *v* 1. to be looked at 2. to be observed

-angama *v* to disappear

-angamia *v* to perish

-angamiza *v* to destroy

angani *adv* 1. in the air 2. in the sky

angao *adv* at least

-angavu *adj* 1. clear 2. shining

-angaza *v* 1. to be clear 2. to shine 3. to look (at)

-angazia *v* to light up

-angika *v* to hang up

-angikwa *v* to be hung up

-angu 1. my 2. mine

-angua *v* 1. to drop 2. to knock down 3. to take down 4. to hatch 5. to burst out; to break out

-anguka *v* 1. to fall 2. to fail in 3. to crash

-angukia *v* 1. to fall into/onto 2. to fail to 3. to beg pardon 4. to ask a favour

anguko *n* (maanguko) fall

-angulia vicheko *v* to laugh at

-anguliwa *v* 1. to be dropped 2. to be knocked down 3. to be hatched

-angusha *v* 1. to drop 2. to knock over 3. to let down; to disappoint

-angushwa *v* 1. to be dropped 2. to be knocked over 3. to be let down; to be disappointed

angusho *n* (maangusho) destruction

-angwa *v* to echo

-ania *v* 1. to desire 2. to intend

-anika *v* 1. to hang out 2. to dry

-anikwa *v* 1. to be hung out 2. to be dried

ankra *n* (ankra) 1. bill 2. invoice

anti *n* (maanti) 1. woman 2. girlfriend

-anua *v* to take in (from outside)

-anuka *v* to clear up

anuwai; anwai *adj* various

anwani *n* (anwani) address

anwani ya kupelekea barua *n* forwarding address

-anza *v* to begin

anzali *n* (anzali) despicable person

-anzia *v* to begin at/on

-anzilisha *v* to initiate

anzilishi *n* (anzilishi) origin

-anzisha *v* 1. to start (off) 2. to found 3. to inaugurate

-anzishwa; -anzwa *v* 1. to be started (off) 2. to be founded 3. to be initiated 4. to be inaugurated

-ao *adj* their; theirs

-apa *v* to swear (the truth)

-apia *v* to swear by/to

-apisha *v* to put on oath

-apiwa *v* to be sworn to

-apiza *v* to curse

apizo *n* (maapizo) curse

-apizwa *v* to be cursed

aprikoti *n* (aprikoti) apricot

Aprili *n* (Aprili) April

aproni *n* (aproni) apron

Arabuni *n* Arabia

arabuni *n* (arabuni) *see* rubuni

ardhi *n* (ardhi) 1. earth 2. ground 3. land

ardhihali *n* (ardhihali) written request

ari *n* (ari) 1. pride 2. effort; dedication 3. shame

-aridhi *v* to catalogue

-aridhia *v* 1. to explain 2. to describe

aridhio *n* (aridhio). 1. explanation 2. description 3. information

-aridhiwa *v* to be catalogued

-arifiwa *v* to be informed

arifu *adj* predicate

-arifu *v* 1. to inform 2. to report

arijojo *adv* 1. out of control 2. carelessly

arki *n* (arki) essence

aroba *n* (aroba) four

arobaini *n* (arobaini); **arubaini** (arubaini) forty

arobatashara fourteen

arusi *n* (arusi) 1. wedding 2. bibi arusi bride 3. bwana arusi bridegroom

-asa *v* 1. to warn 2. to forbid

asaa *conj* 1. perhaps 2. if (only)

asadi *n* (asadi) lion

asali *n* (asali) 1. honey 2. syrup

asante! thank you! *singular*

asanteni! thank you! *plural*

asante sana! thank you very much!

asbestosi *n* (asbestosi) asbestos

asetilini *n* (asetelini) acetylene

ashekali *adv* 1. better 2. -pata ashekali to feel better

asherati *n* (asherati) 1. adultery 2. extra-marital sex 3. adulterer 4. to have extra-marital sex

ashiki *n* 1. (ashiki) passion 2. (maashiki) fan; enthusiast

-ashiki *v* to be mad about; to be enthuiastic about

-ashiri *v* to signal

-ashiria *v* to signal to

ashirio *n* (maashirio). 1. beacon 2. indicator

-ashiriwa *v* to be signalled

asi *adj* rebellious

-asi *v* to rebel

asidi *n* (asidi) acid

asifiwe: **Bwana asifiwe!** Praise the Lord!

asije *v* so that... not; lest

asilan; asilani never

asili *n* (asili) 1. origin 2. ancestry 3. denominator 4. *see* asilia

asilia *adj* 1. original 2. genuine 3. traditional 4. natural

-asilika *v* to to originate

asilimia *n* (asilimia) 1. percent; percentage 2. asilimia hamsini fifty percent

-asilisha *v* to adopt

-asisi *v* to establish

Asiya *n* Asia

asiye *n/adj* (someone) who isn't

asiye nacho *n/adj* have-not

asiyekula nyama *n/adj* vegetarian

asiyelipwa *adj* honorary

asiye na hatia *n/adj* innocent

asiye na kazi *n/adj* unemployed

askari *n* (askari) 1. policeman; policewoman 2. police 3. soldier 4. guard

askari jeshi *n* soldier

askari kanzu *n* detective

askari usalama *n* traffic policeman

askofu *n* (maaskofu) bishop

askofu mkuu *n* archbishop

asmini *n* (asmini) jasmine

assalala! gosh!

astafurulahi! God forgive me!

astaghafiru! God forbid!

astahili *n* (astahili) merit

asteaste *adv* 1. slowly 2. carefully

asubuhi *n* (asubuhi) morning

asubuhi na mapema early morning

asumini *n* (asumini) jasmine

asusa *n* (asusa) appetizers

-ata *v* to allow

-atamia *v* to hatch

-atamiza *v* to incubate

athari *n* (athari) 1. effect 2. influence 3. defect 4. athari hasi negative effect

-athiri *v* 1. to affect 2. to influence 3. to damage

-athirikia *v* 1. to be affected by 2. to be influenced by 3. to be damaged by

-athiriwa *v* 1. to be affected 2. to be influenced 3. to be damaged

ati! 1. hey! 2. unbelievable!

-atika *v* to transplant

ati kweli? really?

atilasi *n* (atilasi) satin

-atilika *v* to be transformed

atlasi *n* (atlasi) satin

atomi *n* (atomi); **atomu** (atomu) 1. atom 2. -a atomi/kiatomi atomic 3. **silaha za kiatomi** atomic weapons

-atua *v* to crack

-atuka *v* to be cracked

au *conj* or

-aua *v* 1. to survey 2. to purify

aula *adj/adv* 1. better 2. (more) important

-auliwa *v* to be surveyed

auni *n* (auni) help

-auni *v* 1. to help 2. to provide

aushi 1. *n* (aushi) life 2. *adj* lasting 3. significant

au siyo! how true!

-avya to waste

awali 1. *n* (awali) beginning 2. *adj* initial 3. *adv* initially

awali ya kwanza first of all

awali ya yote before all else

awamu *n* (awamu) 1. part 2. phase

awapo when he is; when she is

awaye yote whoever he is; whoever she is

awe let him be; let her be

awe nani whoever he is; whoever she is

aya *n* (aya) 1. verse 2. paragraph 3. selection (of text)

ayari *n* (ayari) 1. rope 2. cheat

azali *adj* eternal

azima *n* (azima) 1. intention 2. talisman

-azima *v* 1. to borrow 2. to lend

-azimia *v* 1. to intend 2. to borrow for 3. to lend to

azimio *n* (maazimio) 1. scheme 2. programme 3. intention 4. resolution 5. declaration

Azimio la Arusha *n* Arusha Declaration

Azimio la Haki za Wanaadamu *n* Declaration of Human Rights

-azimiwa *v* 1. to be intended 2. to be loaned

-azimu *v* to intend

-aziri *v* 1. to shame 2. to embarrass 3. to disgrace

azizi 1. *n* (azizi) precious thing 2. darling 3. *adj* precious 4. darling

azma *n* (azma) 1. intention 2. scheme

B

baa *n* (mabaa) 1. bar 2. pub 3. evil 4. disaster

baada ya *conj* after

baada ya hapo *adv* then

baada ya Kristu = **B.K.** A.D.; anno domini

baada ya saa sita mchana p.m.

baadaye *adj* 1. afterwards 2. later

baadhi *n* (baadhi) 1. part 2. selection 3. some

baadhi ya *conj* some (of)

baba *n* (baba; mababa) 1. father 2. *see* **baba mtakatifu**

-babadua *v* 1. to twist 2. to disfigure 3. to break apart

-babadulika *v* 1. to be twisted 2. to be disfigured 3. to be broken apart

-babaika *v* 1. to stammer 2. to babble 3. to be confused

babaiko *n* (mababaiko) 1. stammer 2. babbling 3. confusion

-babaisha *v* to confuse

-babaishwa *v* to be confused

babako *n* your father

baba mdogo/mkubwa *n* (baba wadogo/wakubwa) uncle

baba mkwe *n* (baba mkwe) father-in-law

baba mtakatifu *n* pope

bab'angu my father

-babasida *v* to etch

-babata *v* to tap lightly

baba wa kambo *n* (baba wa kambo) stepfather

baba watoto *n* (baba watoto) husband

babe *n* (mababe) giant

babewana *n* (babewana) 1. eagle owl 2. bad omen

babio your father *(singular)*

babu *n* (babu; mababu) 1. grandfather 2. see **mababu**

-babua *v* 1. to strip 2. to peel 3. to bruise 4. to singe 5. to blister 6. to corrode

-babuka *v* 1. to be disfigured 2. -liobabukwa kwa jua sunburnt

badala *n* (badala) 1. substitute 2. surrogate

badala ya *prep* instead of

-badhiri *v* 1. to waste 2. to misuse

badhirifu *adj* extravagant

-badili *v* 1. to change (**kwa** for) 2. to exchange (**kwa** for) 3. to substitute (**kwa** for) 4. to barter (**kwa** for) 5. to vary 6. to mutate

badili ya *prep* instead of

-badilifu *adj* 1. changeable 2. unstable 3. fickle

-badilika *v* 1. to be changed 2. to be exchanged 3. to be substituted 4. to be bartered 5. to be mutated

badiliko *n* (mabadiliko) 1. change 2. mutation 3. exchange 4. barter

-badilisha *v* 1. to change 2. to exchange 3. to cash

-badilisha fedha/pesa *v* to change money

-badilishia *v* to (ex)change for

-badilishwa; **-badiliwa** *v* 1. to be changed 2. to be exchanged

bado *adj* 1. still 2. (not) yet

bafe *n* (bafe) puff adder

bafta *n* (bafta) 1. cotton 2. lining

bafu *n* (bafu) 1. bath 2. bathroom

bafu la binafsi *n* private bathroom

baga *n* (baga) burger

-bagua *v* 1. to separate 2. to segregate 3. to discriminate against

-baguliwa *v* 1. to be separated 2. to be segregated 3. to be discriminated against

bahameli *n* (bahameli) velvet

bahari *n* (bahari) 1. sea 2. ocean 3. vastness 4. **karibu na bahari** by the sea 5. **usawa wa bahari** sea level

baharia *n* (mabaharia) seaman; sailor

Bahari ya Hindi *n* Indian Ocean

Bahari ya Kati *n* Mediterranean Sea

Bahari ya Sham *n* Red Sea

bahasha *n* (bahasha) 1. envelope 2. bundle

bahasha za barua za ndege *n* airmail envelope

bahashishi *n* (bahashishi) 1. tip; gratuity 2. bonus

bahati *n* (bahati) 1. chance 2. luck 3. **kwa bahati** luckily 3. **kwa bahati nzuri** by/with good luck 4. **kwa bahati mbaya** by/with bad luck 5. **Una bahati.** You're lucky.

-bahatika *v* to be lucky

bahati njema! good luck!

bahati nasibu *n* (bahati nasibu) 1. raffle 2. lottery 3. gamble 4. pure luck

-bahatisha *v* 1. to take a chance 2. to guess

bahili *n* (bahili; mabahili) 1. stingy person 2. miser

baibui *n* (baibui; mabaibui) *see* buibui

baidi *adv* far away

baina *adv* between

baina ya *prep* 1. among 2. between

-baini *v* 1. to be clear 2. to see clearly 3. to recognise 4. to distinguish

bainifu *adj* 1. clear 2. evident

-bainika *v* 1. to be clear 2. to be recognized 3. to be distinguishable

-bainikia *v* to be clear

-bainisha *v* 1. to point out 2. to demonstrate 3. to clarfiy 4. to differentiate

-bainishwa *v* to be made clear

baisikeli *n* (baisikeli) bicycle

bajeti *n* (bajeti) budget

bajia *n* (bajia) bhaji

baka *n* (mabaka) 1. spot 2. stain 3. freckle 4. birthmark

-baka *v* 1. to rape 2. to molest

baki *n* (mabaki) 1. remainder 2. residue 3. *(fin.)* balance 4. **mtu baki** neutral person

-baki *v* 1. to stay 2. to remain 3. to be left over

-bakia *v* to remain for/with

-bakisha *v* 1. to leave out 2. to leave behind

-bakiwa; **-bakiza** *v* to be left

-bakiza *v* to leave a remainder

bakora *n* (bakora) 1. walking-cane 2. cane (for beating)

bakshishi *n* (bakshishi) 1. tip; gratuity 2. bonus

bakteria *n* (bakteria) bacteria

bakuli *n* (bakuli; mabakuli) 1. bowl 2. basin

bakunja *n* (mabakunja) 1. trap 2. deceit 3. idiot

-bakwa *v* to be raped

balaa *n* (balaa; mabalaa) 1. damage 2. difficulty 3. catastrophe 4. **-a balaa** terrible 5. cursed

balbu *n* (balbu) bulb

bale *n* (mabale) piece

baleghe *n* (mabeleghe)**; balehe** (mabelehe) adolescent

-baleghe; -balehe *v* to reach adolescence

bali *conj* 1. but 2. rather 3. moreoever

-bali *v* to be concerned

balighi *see* baleghe

balozi *n* (mabalozi) 1. ambassador 2. high commissioner 3. consul

balozi mdogo *n* chargé d'affaires

balozi wa nyumba kumi-kumi *n* person responsible for ten houses/cells; councillor

balungi *n* (mabalungi) grapefruit

baluni *n* (mabaluni) 1. balloon 2.

safari kwa baluni balloon safari

bamba *n* (mabamba) 1. metal strip 2. plating 3. slab

-bamba *v* 1. to seize 2. to arrest 3. to block

bamba la namba ya gari *n* number plate

bambo *n* (mabambo) scoop

-bambwa *v* 1. to be seized 2. to be arrested 3. to be blocked

bamia *n* (bamia) okra; lady's fingers

-bamiza *v* 1. to slam 2. to bang

bampa *n* (bampa) bumper; fender

bamvua *n* (bamvua) spring tide

-bana *v* 1. to catch 2. to grip 3. to press 4. to squeeze 5. to clamp 6. to bang 7. to fit tight 8. to restrict

-bana matumizi *v* to economize

-bana mlango *v* to slam a door

-banana *v* to be squeezed together

band *n* (band) *(mus.)* band

banda *n* (mabanda) 1. shed 2. shack 3. barn 4. workshop

banda la gari *n* (mabanda la gari) garage

bandama *n* (bandama) spleen

bandari *n* (bandari; mabandari) 1. harbour 2. port

bandi *n* (mabandi) stitching

bandia 1. *n* (bandia) false thing 2. artificial thing 3. fake thing 4. -a bandia false 5. artificial 6. fake 7. nywele za bandia wig 8. mtoto wa bandia doll 9. pesa ya bandia forged currency

-bandika *v* to attach (to)

-bandikia *v* to attach for

-bandikiza *v* to add more

-bandikwa *v* to be attached

bandu *n* (bandu) wood chip

-bandua *v* to remove

-banduka; -banduliwa *v* to be removed

bangi *n* (bangi) 1. hemp 2. marijuana; hashish 3. drug(s)

bangili *n* (bangili) bracelet

bango *n* (mabango) 1. cardboard 2. cork 3. poster 4. mudguard

bango la tangazo *n* (bango ya tangazo) poster

-bangua *v* to crack open

-banguliwa *v* to be cracked open

-bania *v* 1. to hold tight 2. to squeeze

Baniani *n* (Baniani; Maaniani) *see* **Banyani**

banifu *adj* unpaid

-banika *v* 1. to roast; to grill 2. to fix

-banikwa *v* 1. to be roasted; to be grilled 2. to be fixed

-banja *v* to crack

bano *n* (mabano) clamp

Banyani *n* (Banyani; Mabanyani) Banyani person

-banwa *v* 1. to be squeezed 2. to be restricted

-banza *v* 1. to hide 2. to press against

banzi *n* (mabanzi) 1. splinter 2. plank 3. spit

bao *n* (mabao) 1. bench 2. goal 3. board 4. game of 'bao'

bao lenye tanga *n* sailboard

bapa *n* (mabapa) 1. flat surface 2. blade

bara *n* (bara; mabara) 1. land 2. mainland 3. inland 4. continent 5. *see* **Bara Arabu; Bara Hindi**

Bara Arabu *n* Arabia

barabara 1. *n* (barabara; mabarabara) road 2. street 3. highway 4. motorway; freeway 5. *adj* correct 6. exact 7. *adv* correctly 8. exactly

barabara kuu *n* main road; highway

baradhuli *n* (mabaradhuli) 1. idiot 2. homosexual

barafu *n* (barafu) 1. ice 2. fridge

barafu kali *n* freezer

barafuto *n* (barafuto) glacier

baragumu *n* (mabaragumu) horn

Bara Hindi *n* India

baraka *n* (baraka) 1. blessing(s) 2. prosperity 3. abundance

barakala *n* (mabarakala) opportunist

baraste *n* (baraste) 1. good road 2. area

baraza *n* 1. (baraza) verandah 2. reception 3. (mabaraza) meeting 4. council 5. tribunal

baraza la mawaziri *n* cabinet

Baraza la Usalama *n* Security Council

baraza la wawakilishi *n* house of representatives

-bari *v* to shove off

biriani *n* (biriani) biriyani; curry with rice

baridi 1. *n* (baridi) cold 2. coolness 3. freshness 4. *adj* cold 5. cool 6. fresh 7. mild

baridi kali *n* frost

baridini *adv* in the shade

baridi nyembamba *n* chill

baridi yabisi *n* rheumatism

-bariki *v* to bless

-barikia *v* to grant blessings to

-barikiwa *v* to be blessed

-barizi *v* 1. to hold a reception 2. to sit for a council 3. to sit and chat

barometa *n* (barometa) barometer

barua *n* (barua) 1. letter 2. post; mail

barua ya maombi *n* application letter

barua za ndege *n* airmail

barua zitumwazo kikawaida *n* surface mail

barubaru *n* (barubaru) young man

baruti *n* (baruti) 1. sulphur 3. gunpowder

barutikali *n* (barutikali) dynamite

bas! *see* basi!

basha *n* (mabasha) (male) homosexual; gay

bashasha 1. *n* (bashasha) cheerfulness 2. *adj* cheerful

-bashiri *v* 1. to bring news 2. to announce 3. to predict

-bashiria *v* 1. to bring news for 2. to announce for 3. to predict for

-bashiriwa *v* 1. to be announced 2. to be predicted

basi 1. *n* (mabasi) bus 2. coach 3. safari kwa basi coach trip 4. stesheni ya basi bus station 5. stesheni ya mabasi bus terminal 6. *adj/adv* enough

basi! 1. enough! 2. stop! 3. well... 4. okay!

basi dogo *n* 1. minibus 2. safari kwa basi dogo minibus safari

basi la uwanja wa ndege *n* airport bus

bastola *n* (bastola) pistol

bata *n* (mabata) 1. duck 2. nyama ya bata duck *(food)*

bata bukini *n* (mabata bukini) goose

bata mzinga *n* (mabata mzinga) turkey

bati *n* (mabati) 1. metal 2. tin 3. corrugated iron 4. metal sheet

-batili *v* 1. to cancel 2. to invalidate 3. to make worthless 4. *adj* invalid 5. worthless

batilifu *adj* void

-batilika *v* 1. to be cancelled 2. to be invalidated 3. to be worthless

-batilisha *v* 1. to cancel 2. to invalidate 3. to make worthless 4. to revoke 5. to annul

-batiza *v* to baptize

-batizwa *v* to be baptized

batobato *n* (mabatobato) markings

bavu *n* (mabavu) 1. rib 2. mabavu force; violence

bawa *n* (mabawa) wing

bawaba *n* (bawaba) hinge

bawabu *n* (mabawabu) 1. doorman 2. porter 3. night porter

bawasiri *n* (bawasiri) haemorrhoids

baya *n* (mabaya) 1. bad 2. evil

-baya *adj* **1.** bad **2.** rotten **3.** evil **4.** ugly **5.** *see* **-baya kabisa, -baya sana, -baya zaidi**

-baya kabisa *adj* worst

bayana 1. *adj* clear **2.** *adv* clearly

bayana *n* (bayana) **1.** clearness **2.** certainty

-baya sana *adj* terrible

-baya zaidi *adj* worse

bazazi *n* (mabazazi) **1.** hawker **2.** swindler

-beba *v* to carry

-bebea *v* to carry for

beberu *n* (mabeberu) **1.** goat; billy goat **2.** imperialist

-bebesha *v* to hoist

bedui *n* (mabedui) **1.** nomad **2.** Bedouin

bee?! **1.** yes?! **2.** *see* **abee**

bega *n* (mabega) shoulder

behewa *n* (mabehewa) **1.** courtyard **2.** carriage

bega kwa bega *adv* shoulder to shoulder

begi *n* (mabegi) **1.** bag **2.** handbag **3.** suitcase

behewa *n* (behewa) **1.** carriage **2.** compartment **3.** veranda **4.** courtyard

behewa la bafe *n* (behewa ya bafe) buffet car

behewa la chakula *n* (behewa ya chakula) restaurant car

behewa la kulala *n* (behewa ya kulala) sleeping car

behewa la wasiovuta sigara *n* (behewa ya wasiovuta sigara) no-smoking compartment

bei *n* (bei) price

bei gani? **1.** how much?; how much is it/are they? **2. ni bei gani?** how much does it cost?

bei nafuu *n* bargain price

bei ya jumla *n* wholesale price

bei ya rejareja *n* retail price

beji *n* (beji) badge

-bekua *v* **1.** to ward off **2.** to parry **3.** to brush aside **4.** *(spor.)* to return

-beleshi *n* (mabeleshi) spade

-bemba *v* **1.** to cradle **2.** to coax **3.** to seduce

bembe *n* (bembe) slap-up meal

bembea *n* (bembea) swing

-bembea *v* to wheedle

-bembeleza *v* **1.** to coax **2.** to soothe **3.** to entice **4.** to seduce

-bembelezwa *v* **1.** to be coaxed **2.** to be soothed

bendera *n* (bendera) **1.** flag **2.** banner **3. -tweka bendera** to raise a flag **4. -shusha bendera** to lower a flag

bendi *n* (bendi); **beni** (beni) band

benibeni *adv* **1.** crooked **2.** wrong

benki *n* (benki; mabenki) bank

benki ya akiba *n* savings bank

benki ya biashara *n* commercial bank; merchant bank

Benki ya Dunia *n* World Bank

-benua *v* to protrude

-benua midomo *v* to purse the lips

-benuka *v* to be protruding

benzi *n* (benzi) luxury car; Mercedes Benz

benzini *n* benzine

bepari *n* (mabepari) **1.** capitalist **2.** imperialist

beseni *n* (mabeseni) basin

beseni la kunawia *n* washbasin

besera *n* (besera) frame for mosquito net

beti *n* (beti) **1.** house **2.** stanza **3.** verse(s) **4.** (mabeti) wallet **5.** cartridge

betri *n* (betri) battery

-betua *v* **1.** to lower **2.** to incline

-betua mabega *v* to shrug the shoulders

betuo bapa *n* inclined plane

-beua; -beza *v* to scorn

-bezi *adj* scornful

bezo *n* (mabezo) scorn

Bi 1. Miss **2.** Ms **3.** Mrs

bia *n* 1. (bia) beer 2. partnership 3. co-operation 4. (**mabia**) terracotta pot 5. **-changa bia** to share expenses

biarusi *n* (biarusi) bride

biashara *n* (**mabiahsara**) 1. business 2. trade 3. commerce 4. **-fanya biashara** to do business

biashara haramu *n* illicit trade

biashara ndogondogo *n* small (scale) business

biashara ya jumla *n* wholesale business

biashara ya kimataifa *n* international trade

biashara ya ndani *n* internal trade

biashara ya nje *n* foreign trade

biashara ya rejareja *n* retail business

bibi *n* (bibi; mabibi) 1. grandmother 2. lady

Bibi *n* 1. Miss 2. Ms 3. Mrs 4. madam

bibiarusi *n* (bibiarusi) bride

bibie! *n* madam!

Biblia *n* (Biblia) Bible

bibo *n* (mabibo) nut

-bichi *adj* 1. raw 2. fresh 3. uncooked 4. unripe 5. young

bichikoma *n* (**mabichikoma**) beachcomber

bidaa *n* (bidaa) innovation

-bidaisha *v* to innovate

bidhaa *n* (bidhaa) 1. goods 2. merchandise 3. *(leg.)* chattels

-bidi *v* 1. to be necessary 2. to oblige 3. to compel 4. should 5. to be inevitable 6. **ikibidi** if necessary

bidii *n* (bidii) 1. effort 2. **kwa bidii** hard 3. **-fanya bidii** to make an effort

bighairi ya regardless of

-bigija *v* to squeeze tight

bigili *n* (bigili) arena

-biginya *v* to squeeze tight

bikari *n* (bikari) compass

bikira *n* (mabikira) (female) virgin

-bikiri *v* to deflower a virgin

-bikiriwa *v* to lose (female) virginity

bikizee *n* (bikizee) old lady

bila 1. *n* (bila) zero 2. *adv* 1. without 2. *see* **bila ya**

biladi *n* (biladi); **biladia** (biladia) town

bila idadi *adv* innumerable

bila kuchelewa *adv* at once

bila kukawia *adv* immediately

bila kutegemea *adv* unexpectedly

bila samahani! don't mention it!

bila shaka *adv* 1. without doubt 2. certainly

bilashi *adj* 1. in vain 2. ¹ure **bilashi** utterly useless 3. completely free

bilauri *n* (bilauri) glass

bila wasiwasi! don't worry!

bila ya *prep* without

bila ya shaka of course

bila ya shaka sivyo of course not

bili *n* (bili) bill

bilingani *n* (bilingani) mbilangani fruit

bilisi *n* (bilisi) devil

bilula *n* (bilula) 1. tap; faucet 2. water cock

bima *n* (bima) insurance

bima ya gari *n* third party insurance

-bimbirika *v* to flare up

Bimdogo 1. Miss 2. little miss

Bimkubwa Miss *(firstborn girl)*

bin son of

binadamu *n* (binadamu) 1. human being 2. man 3. humanity 4. people 5. **haki za binadamu** human rights

binafsi 1. *adj* oneself 2. personal 3. private 4. *adv* personally 5. **-a binafsi** private

binami *n* (binami); **binamu** (binamu) (male) cousin

binda *n* (mabinda) mbinda fruit

bindo *n* (mabindo) pocket

bingwa *n* (mabingwa) 1. expert 2. champion 3. star

-bini *v* to counterfeit

binti *n* (binti; mabinti) 1. daughter 2. girl 3. young lady

bintiamu *n* (bintiamu) (female) cousin

bintiye *n* (bintize) his daughter; her daughter

-binua *v* to protrude

binuru! fine! *reply to the greeting* alamsiki

-binya *v* to pinch

binzari *n* (binzari) curry powder

biologia *n* (biologia) biology

biri *n* (biri) Indian cigarette

biriani *n* (biriani) biryani; meat curry with rice

birika *n* (mabirika) **1.** kettle **2.** jug

-biringa *v* to roll over

biringani *n* (mabiringani) aubergine; eggplant

-biringishana *v* to make each other roll over

bisbisi *n* (bisbisi) screwdriver

-bisha *v* **1.** to knock **2.** to argue **3.** to oppose **4.** to contradict **5. nabisha!** I disagree!

-bisha hodi *v* **1.** to knock at the door **2.** to request persmission to enter

-bishana *v* to argue

-bisha hodi *v* to knock on a door

bishano *n* (mabishano) argument

-bishia *v* to argue with

bisi *n* (bisi) popcorn

bisibisi *n* (bisibisi) screwdriver

biskuti *n* (biskuti) **1.** biscuit **2.** cracker **3.** cookie

bismillahi! in the name of God!

bitana *n* (bitana) calico

biti *see* binti

-bivu *adj* **1.** ripe **2.** well-cooked

biwi *n* (mabiwi) **1.** rubbish heap **2.** stack

biya *n* (biya; mabiya) beer

bizari *n* (bizari) curry powder

bizimu *n* (bizimu) **1.** brooch **2.** buckle **3.** fastener

B.K. = **baada ya Kristu** A.D.; anno domini

blanketi *n* (mablanketi); blangeti (mablangeti) blanket

blausi *n* (blausi); **blauzi** (blauzi) blouse

-bloo *v* to be astonished

bluu *n* (bluu) blue

-bobea *v* to be immersed in

-boboka; -bobokwa *v* to blurt out

boda *n* (boda; maboda) *(ed.)* boarder

bodi *n* (bodi) board

bofulo *n* (bofulo) loaf

-bofya *v* to feel soft

boga *n* (maboga) **1.** pumpkin; marrow **2.** gourd

bogi *n* (mabogi) goods wagon

bohari *n* (mabohari) **1.** storehouse **2.** warehouse

boharia *n* (maboharia) storekeeper

bohari kuu *n* (mabohari kuu) central stores

Bohora *n* (Mabohora) Bohora (person)

-boka *v* to insert

bokoboko *n* (bokoboko) mash; porridge

-bokoka *v* to come off

bolpeni *n* (bolpeni) ballpoint pen

bolti *n* (bolti) bolt

boma *n* (maboma) **1.** enclosure **2.** compound **3.** fort **4.** village **5.** local government headquarters

bomba *n* (mabomba) **1.** pump **2.** pipe **3.** chimney **4.** syringe **5.** tap; faucet

bombwe *n* (mabombwe) **1.** pattern **2.** carving 3

-bomoa *v* **1.** to break down **2.** to demolish

-bomoka; -bomolewa *v* **1.** to collapse **2.** to be demolished

bomoko *n* (mabomoko) ruins

-bomolewa *v* **1.** to be broken down **2.** to be demolished

bomu *n* (mabomu) bomb

bonasi *n* (bonasi) bonus

bonde *n* (mabonde) **1.** valley **2.** basin **3.** crater

Bonde la Ufa *n* Rift Valley
bondia *n* (mabondia) boxer
boneti *n* (maboneti) bonnet; hood
-bonga *v* to talk nonsense
bonge *n* (mabonge) 1. big lump 2. chunk
bongo *n* (mabongo) brain(s)
-bonyea *v* 1. to sink in 2. to be crushed 3. to press on/in
-bonyeka *v* to be pressed in
-bonyeza *v* to press on
-bopa *v* 1. to sink in 2. to be soft
bopo *n* (mabopo) 1. dent 2. soft spot 3. pit
bora *adj* 1. better; best 2. excellent
bora kabisa *adj/adv* 1. best 2. excellent 3. super
bora zaidi *adj/adv* better
-boresha *v* to make better
boriti *n* (maboriti) 1. pole 2. beam
-boronga *v* to mess up
borongo *n* (maborongo) mess
bosi *n* (mabosi) boss
boti *n* (maboti) boat
-bovu *adj* 1. bad 2. rotten 3. useless 4. immoral
boya *n* (maboya) 1. buoy 2. float
bozi *n* (mabozi) stupid person
brashi *n* (brashi) brush
brasi *n* (brasi) brass
breki *n* (breki) 1. brake 2. -piga breki to apply brakes
breki ya mkono *n* handbrake
bua *n* (mabua) straw
buba *n* (buba) yaws
bubu 1. *n* (mabubu) mute 2. bubu kiziwi deaf-mute 3. *adj* teksi bubu unlicensed taxi; unregistered taxi
-bubuja *v* to gush out
-bubujika *v* to bubble out
bubujiko *n* (mabubujiko) spring
-buburushana *v* to scuffle
budi *n* (budi) 1. alternative 2. Sina budi... I have to...
bufu *n* (mabufu) skull
-buga *v* to wander
bughudha *n* (bughudha) 1. bother

2. harassment
bughudha ya jinsia *n* sexual harassment
bughudha ya kabila *n* racial harassment
-bughudhi *v* 1. to bother 2. to harass
-bugia *v* to gulp (down)
buguza *n* (buguza) *see* bughudha
-buguzi *see* -bughudhi
buheri wa afya *adj/adv* fit as fiddle
buhuri *n* (buhuri) incense
buibui *n* 1. (buibui) spider 2. (mabuibui) buibui; black veil
bukta *n* (bukta) shorts
buku *n* (buku; mabuku) 1. giant rat 2. book
-bukua *v* 1. to root out 2. to revise
buli *n* (buli) 1. coffeepot 2. teapot
bulula *n* (bulula) tap
buluu *n* (buluu) blue
bumba *n* (mabumba) 1. lump 2. packet
bumba la nyuki *n* swarm of bees
-bumbuaza *v* to bewilder
bumbuazi *n* (bumbuazi) 1. astonishment 2. -pigwa na bumbuazi *v* to be astonished
-bumburuka *v* to be startled
-bumburusha *v* to startle
bumbuwazi *n* (bumbuwazi) bewilderment
bunda *n* (mabunda) 1. parcel 2. carton 3. bale 4. sheaf
bundi *n* (bundi) owl
bunduki *n* (bunduki) 1. gun 2. rifle
bunge *n* (mabunge) 1. parliament 2. assembly 3. congress
bungu *n* (mabungu) caterpillar
-bungua *v* to bore into
-bunguka *v* to be worm-eaten
-bunguliwa *v* to be bored into
buni *n* (buni) coffee berry
-buni *v* 1. to invent 2. to compose 3. to guess
-bunika; **-buniwa** *v* 1. to be

invented 2. to be composed 3. to be guessed

buraha *n* (buraha) tranquillity

-burahi *v* to rest

burashi *n* (burashi) brush

burashi ya meno *n* (burashi za meno) toothbrush

burdani *adj* calm and collected

bure *adj/adv* 1. useless 2. free 3. empty

bure bilashi 1. utterly useless 2. completely free

bure ghali good for nothing

buriani *n* (buriani) 1. farewell 2. mkono wa buriani farewell handshake 3. -agana buriani to bid farewell

burudani *n* (burudani) 1. entertainment 2. recreation

burudani la muziki *n* concert

-burudika *v* 1. to be refreshed 2. to relax 3. to be entertained

-burudisha *v* 1. to refresh 2. to relax 3. to entertain

burudisho *n* (maburudisho) 1. refreshment 2. relaxation 3. recreation

-buruga *v* 1. to dig up 2. to create disorder

-burugika *v* to be dug up 2. to be disorderly

-burura; -buruta *v* to drag

-burutwa *v* to be dragged

busara *n* (busara) 1. wisdom 2. common sense

busati *n* (mabusati) 1. mat 2. rug 3. carpet

busati jekundu *n (pol.)* red carpet

busha *n* (busha) scrotal elephantiasis

bushti *n* (bushti) 1. robe 2. cape

bustani *n* (bustani) 1. garden 2. orchard 3. park

bustani ya wanyama *n* zoo

busu *n* (mabusu) kiss

-busu *v* to kiss

butaa *n* (butaa) 1. bewilderment 2. -shikwa na butaa to be bewildered

buti *n* (mabuti) boot; trunk

butu 1. *n* (mabutu) stump 2. bun 3. *adj* blunt

butwaa *n* (butwaa) 1. bewilderment 2. -shikwa na butwaa to be bewildered

buu *n* (mabuu) 1. maggot 2. larva

buye *adj* opaque

buyu *n* (mabuyu) 1. calabash 2. baobab fruit

-bwaga *v* 1. to throw off 2. to astonish 3. *(spor.)* to win

-bwaga moyo *v* to be content

-bwagiza *v* to put down

-bwakia *see* -bwia

bwalo *n* (mabwalo) 1. hall 2. refectory

bwana *n* (mabwana) man

Bwana *n* 1. Mr 2. sir

Bwanambuka *title for firstborn boy*

Bwana Mpendwa... Dear Sir...

bwanaarusi *n* (mabwanaarusi) groom; bridegroom

bwanyenye *n* (mabwanyenye) 1. rich person 2. bourgeois person

-bwata *v* 1. to babble 2. to hurl down

-bwatuka *v* to talk nonsense

bwawa *n* (mabwawa) 1. pool 2. reservoir 3. dam 4. swamp

bwawa la kuogelea *n* swimming pool

bwawa la samaki *n* fish pond

bwawa la watoto *n* children's pool

bwege *n* (mabwege) stupid person

bweha *n* (bweha) jackal

-bweka *v* to bark

-bwekea *v* to bark at

bwelasuti *n* (bwelasuti) overalls

bweni *n* (mabweni) dormitory

bwerere *see* bure

bweta *n* (mabweta) 1. case 2. box

bwete *adj* inert

-bwia *v* to pop into the mouth

CH

C.C.M. = **Chama cha Mapinduzi** *n* Revolutionary Party

cha 1. of 2. thing

-cha *v* 1. to dawn 2. to respect 3. to be in awe of 4. *see* **kucha**

-chabanga *v* to prepare a rice paddy

chabega *prep* on the shoulders

-chacha *v* 1. to go sour 2. to go stale 3. to ferment 4. to rage 5. -liochacha sour 6. stale

-chachafya *v* 1. to trouble 2. to excite 3. to put pressure on

-chachamaa *v* to stand firm

chachari *n* (**machachari**) 1. restlessness 2. hyperactivity 3. being naughty

-chacharika *v* to be restless

-chachatika *v* to sizzle

chachawizo *n* (**machachawizo**) noise

-chache *adj/adv* 1. few; a few 2. hardly

-chachisha *v* 1. to make sour 2. to make stale 3. to make ferment 4. to provoke to anger

-chachishwa *v* 1. to be made sour 2. to be made stale 3. to be fermented 4. to be provoked to rage

chachu 1. *n* (**chachu**) yeast 2. *adj* sour 3. stale

-chachuka *v* 1. to be made sour 2. to be made stale 3. to be fermented 4. to be provoked to rage

chafi *n* (**chafi**) fish

-chafu *adj* 1. dirty 2. polluted

-chafua *v* 1. to make dirty 2. to mess up 3. to pollute

-chafuka *v* 1. to be dirty 2. to be messed up 3. to be polluted 4. to be foul

chafuko *n* (**machafuko**) mess

-chafulia *v* 1. to make dirty for 2. to mess up for 3. to pollute for

-chafuliwa *v* 1. to be made dirty (**na** by) 2. to be messed up (**na** by) 3. to be polluted (**na** by)

chafuo *n* (**chafuo**) tsetse fly

chafya *n* (**chafya**) 1. sneeze 2. -piga chafya; -enda chafya to sneeze

-chaga *v* 1. to start up 2. to be disturbed 3. to be insistent 4. to do vigorously 5. to be prevalent 6. to take up a habit again

chagina *n* (**machagina**) hero

-chagiza *v* 1. to insist 2. to persist 3. to pester

chagizo *n* (**chagizo**) 1. insistence 2. persistence 3. annoyance

-chagua *v* to pick

-chaguliwa *v* to be picked

chaguliwa kuwa mbunge *v* to be elected to parliament

chaguo *n* (**chaguo**) choice

-chaguzi *adv* critical

chai *n* (**chai**) 1. tea 2. breakfast 3. bribe 4. tip 5. bribe 6. **majani ya chai** tea leaves

chai bubu *n* tea without sugar

chai kavu *n* black tea

chai maharage *n* open bus

chai ya maziwa *n* white tea

chai ya rangi *n* black tea

chaji *n* (**chaji**) charge

-chaji *v* to charge

chaji chanya *n* positive charge

chaji hasi *n* negative charge

-chajisha *v* to charge

-chajiwa *v* to be charged

-chajua *v* to discharge

chaka *n* (machaka) clump

-chakaa *v* **1.** to be worn out **2.** to be used up

chakacha *n* (chakacha) Tanga dance

-chakacha; **-chakarisha** *v* **1.** to rustle **2.** to crunch **3.** to crack open

chakaramu *adj* crazy

chakari **1.** *n* (chakari) craziness **2.** executioner **3.** *adv* utterly

-chakaza *v* **1.** to wear out **2.** *(spor.)* to beat soundly

-chakazwa *v* **1.** to be worn out **2.** *(spor.)* to be beaten soundly

chake his; hers; its

chaki *n* (chaki) **1.** chalk **2.** pembe za chaki in private

chako your; yours *singular*

chakula *n* (vyakula) **1.** food **2.** meal **3.** dish

chakula bora *n* nutrition

chakula cha asubuhi *n* breakfast

chakula cha jioni *n* supper; dinner

chakula cha mchana *n* lunch

chakula cha watoto wachanga *n* baby food

chakula kikuu *n* staple food

chakula kikuu cha siku *n* supper; dinner

chakula maalumu *n* diet

chakula muhimu *n* main course

-chakura *v* **1.** to scratch the ground **2.** to search for

-chalala *v* to run out of cash

chale *n* **1.** (chale) cut **2.** tattoo **3.** sea urchin **4.** (machale) funny person

chali *adv* on one's back

chama *n* (vyama) **1.** club **2.** society **3.** association **4.** organization **5.** union **6.** group **7.** *(pol.)* party

Chama cha Leba *n* Labour Party

Chama cha Mapinduzi *n* Revolutionary Party

chama cha ushirika *n* (vyama vya ushirika) co-operative society

chama cha wafanyakazi *n* (vyama vya wafanyakazi) trade union

-chamba *v* **1.** to boast **2.** to insult **3.** to wash one's genitals

-chambana *v* to insult one other

chambi *n* (chambi) **1.** thrust **2.** belly

chambo *n* (vyambo) bait

-chambua *v* **1.** to prepare (food) **2.** to comb out **3.** to criticise **4.** to review **5.** to analyse

-chambua pamba *v* to gin cotton

-chambuliwa *v* to be analysed

-chamchanga *n* (chamchanga) sandpiper

chamchela *n* (chamchela) **1.** whirlwind **2.** tornado

-chamka *v* to recur

chamkano *n* (machamkano) parting

chamshakinywa *n* (vyamshakinywa) breakfast

chamvi *n* (chamvi) move

chana *n* (chana) bunch

-chana *v* **1.** to tear (off/up) **2.** to cut up **3.** to comb

chanda *n* (vyanda) **1.** finger **3.** toe

chandalua *n* (vyandalua); **chandarua** (vyandarua) **1.** canvas **2.** mosquito net **3.** veil

chando *n* (chando) dance

chane *n* (chane) bunch of bananas

-changa **1.** *adj* immature **2.** undeveloped **3.** (very) young **4.** mtoto mchanga newborn child **5.** *v* to mix **6.** to chop up **7.** to shuffle **8.** to contribute **9.** to collect

chang'aa *n* (chang'aa) hooch; moonshine; traditional beer

-changa bia *v* to share expenses

-changamana *v* to be mixed together

changamano *adj* complex

-changamfu *adj* **1.** cheerful **2.** lively

-changamka *v* **1.** to be cheerful **2.** to be lively

changamoto *n* (changamoto) **1.** challenge **2.** appeal **3.** -toa changamoto to issue a challenge **4.** to make an appeal

-changamsha *v* **1.** to cheer up **2.** to freshen

-changanua *v* **1.** to separate **2.** to criticise **3.** to analyze

-changanya *v* to mix

-changanya miguu *v* to hurry away

-changanyika; -changanyikiwa *v* to be mixed up

changarawe *n* (changarawe) grit; gravel; murram

-changia *v* **1.** to contribute to **2.** to collect **3.** to kiss

-changishwa *v* to be required to contribute

-changiwa *v* to be contributed

chango *n* **1.** (vyango) peg; hook **2.** (chango) contribution **3.** collection **4.** (michango) intestines

chango la uzazi *n* umbilical cord

changu my; mine

changu *n* (changu) snapper

-changua *v* **1.** to separate **2.** to cut up **3.** to take to pieces **4.** to disconnect

-changuka *v* **1.** to disintegrate **2.** to decompose

chani *n* (chani) sea-porcupine

-chania *v* to tear

-chanika *v* to be torn/ripped

chanikiwiti *n/adj* (chanikiwiti) **1.** green **2.** chlorophyll

chanja *n* (chanja) **1.** basket **2.** rack **3.** grid **4.** firewood **5.** vaccination; inoculation **6.** scar **7.** *see* chanja ya gari; chanjo ya kinga

-chanja *v* **1.** to split **2.** to cut (into) **3.** to vaccinate; to inoculate **4.** to scar

chanja ya gari *n* roof rack

chanja ya kuchomea nyama *n* grill

chanje *n* (chanje) crab

chanjo ya kinga *n* (chanjo za kinga) vaccination; inoculation

-chanjwa *v* **1.** to be split **2.** to be cut into **3.** to be vaccinated

chano *n* (vyano) **1.** plate **2.** platter **3.** tray **4.** palette **5.** mortar board

-chanua *v* **1.** to blossom; to bud **2.** to flourish **3.** to comb

chanuo *n* (machanuo) *see* shanuo

chanya *adj* positive

-chanyata *v* **1.** to slice up **2.** to launder

chanyatia *n* (chanyatia) fish

chanzi *n* (chanzi); chanzo (vyanzo) **1.** root **2.** source; start **3.** origin **4.** cause

chao 1. their; theirs **2.** *n* (chao) *(mar.)* roller

chapa *n* (chapa) **1.** printing **2.** brand; trademark; make **3.** label **4.** banknote **5.** edition

-chapa *v* **1.** to hit; to beat **2.** to print **3.** to make an impression

chapa chapa *adv* much; a lot

-chapa kazi *v* to work hard

-chapa kibao *v* to strike a blow

-chapa kitabu *v* to print a book

-chapa maji *v* *(sl.)* to get pissed/drunk

-chapa miguu *v* to stomp

-chapa mtindi *v* *(sl.)* to get pissed/drunk

chapati *n* (chapati) chapati; bread

-chapa usingizi *v* to sleep soundly

chap-chap *see* chapu chapu

-chapisha *v* **1.** to print **2.** to publish

-chpaishwa *v* **1.** to be printed **2.** to published

-chapua *v* **1.** to run off **2.** to speed up **3.** to diverge

-chapua miguu *v* to stomp

chapu chapu *adv* **1.** quickly **2.** hurry up!

-chapuka *v* **1.** to hurry up **2.** to accelerate

-chapukia *v* **1.** to be tasty **2.** to be flavoured

chapuo *n* (chapuo) drum
-chapuza *v* 1. to hurry up 2. to accelerate
chapwa *adj* insipid
-chapwa *v* 1. to be hit; to be beaten 2. to be printed 3. to be diluted
-charara *v* to run out of money
-charaza *v* 1. to whip 2. to beat 3. to defeat 4. to swing 5. to do with skill
charo *n* (vyaro) caravan
-charuka *v* 1. to break out 2. to start up again 3. to go on the rampage
chatni *n* (chatni) chutney
chatu *n* (chatu) python
chaupepeta *n* (vyaupepeta) nonentity
-chavua; -chavusha *v* to pollinate
chavuo *n* (chavuo) pollen
chawa *n* (chawa) louse; lice
chaza *n* (chaza) oyster
chazo *n* (chazo) sucker-fish
che: mpaka che *adv* all night long; until morning
-chea *v* to dawn on/for
-checha *v* to cut up
cheche *n* (cheche; macheche) 1. spark 2. bit 3. skunk
chechele *n* (chechele) caterpillar
-chechemea *v* to limp
chechevu *n* (chechevu) hiccup
-chega *v* to shave
chege 1. *n* (machege) bow-legs 2. *adj* limp 3. half-witted
chei chei! hiya!
-cheka *v* to laugh
-chekea *v* to laugh at
-chekecha *v* to sieve; to sift
chekeche *n* (machekeche) sieve
chekechea *n* (chekechea) widow bird
chekecheke *n* (chekecheke) 1. sieve 2. wire netting
chekecho *n* (chekecho) sieve
chekehukwa *n* (chekehukwa) *see* chekechea

-chekelea *v* to smile (at)
-chekesha *v* to amuse; to be amusing/funny
cheki *n* (macheki) cheque
-cheki *v* to check (on)
cheki ya safari *n* traveller's cheque
cheko *n* (macheko) laughter
chekwa; chekwachekwa *adv* 1. in great amounts 2. full up
-chekwa *v* to be laughed at
-chelea *v* to be worried about; to fear
chelebuni *n* (chelebuni) coffee berry disease
cheleko *n* (cheleko; vyelezo) congratulations
chelema *adj* 1. watery 2. spongy 3. lacking starch
-chelewa *v* to be late
-chelewesha *v* to delay
-cheleza *v* 1. to unload 2. to keep overnight
chelezo *n* (vyelezo) 1. float 2. buoy 3. raft 4. vessel
chema *n* (vyema) good thing
chemba *adv* 1. aside 2. apart
chemba *n* (chemba) 1. isolation 2. seclusion
chembe *n* 1. (chembe) crumb(s) 2. grain(s) 3. bit(s) 4. particle(s) 5. **hata chembe** not one bit 6. (vyembe) arrowhead
chembe cha moyo *n* solar plexus
chembechembe *pl* cells
chembehai *n* (chembehai) blood cells
chembehai weupe *n/pl* white blood cells
chembehai wekundu *n/pl* red blood cells
chembeu *n* (chembeu) chisel
chembeuzi *n* (chembeuzi) chromosome(s)
chemchem *n* (chemchem); **chemchemi** (chemchemi) 1. spring 2. fountain

chemchemi ya maji ya moto *n*
hot spring
-chemka *v* 1. to boil 2. to be furious
chemni *n* (chemni) 1. chimney 2.
lamp funnel
-chemsha; **-chemshia** *v* to boil
chemshabongo *n*
(chemshabongo) crossword
-chemshwa *v* to be boiled
-chemua *v* 1. to sneeze 2. to give
off exhaust
chenene *n* (chenene) cricket
cheneo *n* (vyeneo) 1. area; region
2. extent
chenezo *n* (vyenezo) measure
chenga *n* (chenga) 1. fish 2.
grain(s) 3. crumb(s) 4. leftovers 5.
sidestep; swerve 6. **-piga chenga** *v*
to dodge; to swerve 7. *(spor.)* to
dribble
-chenga *v* 1. to snip off 2. to trim 3.
to dodge; to swerve 4. *(spor.)* to
dribble
chengachenga *n* (chengachenga)
chip(s)
chengeu *n* (chengeu) lampshade
-chengewa *v* 1. to be snipped off
2. to be trimmed
chengo *n* (vyengo) house
chenjegele *n* (chenjegele) pea(s)
chenji *n* change
chenu your; yours *plural*
-chenua *v* to exhaust
chenye with; having
chenyewe itself
chenza *n* (machenza) 1. tangerine
2. mandarin
cheo *n* (vyeo) 1. size 2. position 3.
rank
chepe *n* (machepe) rude person
chepechepe *adj* 1. wet 2. moist
-chepua *v* 1. to diverge 2. to
specialize
chepuzi *adj* divergent
-chera *v* 1. to play 2. to joke
cherehani *n* (macherehani;
vyerehani) sewing machine

-cherehe *v* 1. to grind 2. to sharpen
cherehe *n* (cherehe) 1. grinder 2.
sharpener
chereko *n* (chereko) congratulations
-cheshi *adj* funny
chetezo *n* (vyetezo) incense-burner
cheti *n* (vyeti) 1. note 2. memo 3.
card 4. pass 5. permit 6. certificate
7. letter of recommendation 8. chit
cheti cha kupatia dawa *n*
prescription
chetu our; ours
cheu *n* (cheu) 1. burp 2. regurgitation
3. cud 4. heartburn
-cheua *v* 1. to burp 2. to regurgitate
3. to chew the cud 4. to have
heartburn
chewa *n* (chewa) rock cod
-cheza *v* 1. to shake 2. to dance 3.
to play 4. to tremble 5. to be loose
6. to bewitch
-cheza dansi *v* to dance
-chezacheza *v* 1. to shake 2. to be
loose 3. to joke
-cheza ngoma *v* to sing and dance
-cheza patapotea *v* to gamble
-chezea *v* 1. to play with/for/at 2. to
make fun of
-chezea shere *v* to mock
-chezesha *v* 1. to put into play; to
make play 2. to shake
-chezewa *v* 1. to be played at/with
2. to be mocked
-chezwa *v* to be played
chibuku *n* (chibuku) corn beer
chicha *n* (machicha) 1. grated
coconut 2. dregs
chichiri *n* (chichiri) bribe
chifu *n* (machifu) chief
chigi *n* (chigi) bird
chika *n* (chika) sorrel
chikichi *n* (machikichi) palm oil nut
-chimba *v* 1. to dig (up/out) 2. to
excavate 3. to erode 4. to harass 5.
(ed.) to revise hard
-chimbia *v* 1. to dig up/with/for 2.
to take a dig at

-chimbika v 1. to be dug 2. to be eroded

chimbo n (machimbo) 1. pit 2. mine 3. quarry 4. excavation; dig

-chimbua v 1. to dig up/out 2. to research

-chimbuka v 1. to be uprooted 2. to appear 3. to pour

chimbuko n (machimbuko) 1. origin 2. source 3. see **chimbo**

-chimbwa v to be dug

chimvi n (machimvi) bad luck

-china v 1. to be over-ripe 2. to be too mature 3. to go bad 4. to linger 5. to be late 6. to fail in

chini adv/prep 1. down 2. below 3. at the bottom 4. downstairs 5. on the ground; on the floor 6. nearby 7. sexual organs; private parts 8. see **chini ya**

chini kwa chini adv secretly

chini ya conj 1. below; under 2. at the bottom of 3. less than 4. subject to

-chinja v to slaughter

-chinjana v to kill one another

chinusi n (chunusi) 1. pimple 2. acne 3. swimmer's cramp

chipsi n (chipsi) 1. chips; French fries 2. crisps; chips

chipsi za muhogo n cassava chips

-chipua; **-chipuka** v 1. to sprout 2. to bud 3. to grow

chipukizi n (machipukizi) 1. shoot 2. seedling 3. bud 4. youngster 5. novice; someone green

chiriku n (chiriku) 1. finch; canary 2. chatterbox

chirizi n (chirizi) 1. funnel 2. trickling

-chirizika v to trickle

chirwa n (chirwa) kwashiorkor

chizi 1. n (chizi) cheese 2. crook 3. adj odd

choa n (choa) ringworm

-chocha v 1. to prod 2. to stir up 3. to incite

-chochea v 1. to stir up 2. to agitate 3. to stimulate 4. to provoke

-chochewa v 1. to be stirred up 2. to be agitated 3. to be stimulated 4. to be provoked

-chocheza v 1. to irritate 2. to antagonize

chochote 1. anything 2. whatever

-choka 1. adj tired 2. v to be tired 3. **Utachoka!** You can't imagine!

chokaa n (chokaa) 1. whitewash 2. lime 3. calcium

-choka kabisa 1. adj exhausted 2. v to be exhausted

chokea n (chokea) stye

-chokesha v 1. to be tiring 2. to be boring

-chokoa v 1. to pick 2. to poke

chokochoko n (chokochoko) 1. annoyance 2. trouble

chokoleti n (chokoleti) chocolate

chokoleti kahawia n plain chocolate

chokoleti ya maziwa n milk chocolate

-chokonoa v see **-chokora**; **-chokoza**

-chokora v 1. to gouge out 2. to clear out

chokora n (machokora) kitchen assistant

-chokoza v 1. to tease 2. to provoke

-chokozi adv annoying

chole n (chole) bird

-choma v 1. to pierce 2. to stab 3. to burn 4. to roast 5. **nyama choma** roast(ed) meat

-choma kisu v to stab

-choma sindano v to give an injection

-choma uchango v to have breakfast

chombo n (vyombo) 1. vessel 2. boat 3. ship 4. dhow 5. dish 6. instrument 7. tool 8. utensil 9. furniture 10. agency 11. organization

chombo cha serikali n (vyombo vya serikali) government agency

-chomea v 1. to burn for 2. to roast for 3. to weld (for)

-chomeka v 1. to inserted 2. to plug 3. to be pierced 4. to be stabbed 5. to be burnt 6. to be roasted

-chomekea v to insert

-chomewa v 1. to burn 2. to roast

-chomoa v 1. to pull out 2. to unplug 3. to snatch 4. to borrow (from)

-chomoka v to pop out

-chomolewa v to be revealed

-chomoza v 1. to come out 2. to appear 3. to rise (sun/moon)

-chomwa v 1. to be pierced 2. to be stabbed 3. to be burnt 4. to be roasted

chondo n (vyondo) 1. drum 2. (sisal) basket

-chonga v 1. to sharpen 2. to carve 3. to sculpt 4. to forge

-chonganisha v to set at odds

chonge n (chonge) 1. tooth 2. point

-chongea v 1. to tell on 2. to slander 3. to denounce

chongelezo n (machongelezo) 1. slander 2. denouncement

-chongewa v 1. to be slandered 2. to be denounced

chongo adj one-eyed

chongo n (chongo) 1. (person who is) blind in one eye 2. only child

-chongoa v 1. to sharpen 2. to whittle

chongoe n (vyongoe) fish

-chongoka v 1. to be sharp 2. to be pointed 3. to be tall and slender

chonjo n (chonjo) 1. provocation 2. trouble 3. -kaa chonjo to be on one's guard 4. -tia chonjo to start trouble

-chonyota v 1. to burn 2. to feel raw/sore

choo n (vyoo) 1. toilet 2. bathroom 3. cesspit 4. faeces; stool(s) 5. -ziba choo to be constipated

choo kikubwa n (vyoo vikubwa) faeces; stool(s)

choo cha wanaume n men's toilet(s)

choo cha wanawake n women's toilet(s)

chopa n (machopa) handful

chopi adv limping

-chopi v 1. to be lame 2. to limp

-chopoa v to snatch

-chopoka v 1. to be snatched from 2. to let slip 3. to escape

-chora v 1. to draw 2. to engrave 3. to carve 4. to sculpt 5. to design

-chorachora v to scribble

choroa n (choroa) oryx

choroko n (choroko) pea(s)

-chosha v 1. to be tiring 2. to be boring

-choshwa v 1. to be tired (na with) 2. to be bored (na with)

-chota v 1. to scoop up 2. to dole out 3. to draw water

-chota maji v to fetch water

chotara n/adj (machotara) mixed-race person

chote all

-chotea v 1. to scoop up for 2. to dole out for 3. to draw water for

choto n (machoto) small amount

-chovu adj exhausting

-chovya v 1. to dip 2. to immerse

-chovywa v 1. to be dipped 2. to be immersed

choyo 1. n (choyo) greed 2. adj greedy

-choza v 1. to drip 2. to secrete

chozi n 1. (chozi) sunbird 2. (machozi) tear; teardrop 3. -lia machozi to cry

chua n (chua) residue

-chua v 1. to rub 2. to massage 3. to file down 4. to aggravate

-chuana v to compete with

-chubua v 1. to graze 2. to bruise

-chubuka v 1. to be grazed 2. to be bruised 3. see -chujuka

chubuo *n* (machubuo); **chubuko** *n* (machubuko) 1. graze 2. bruise

chubwi *n* (chubwi) *(mar.)* sinker

chuchu *n* (chuchu) nipple(s)

-chuchumaa *v* 1. *see* -chuchumia 2. *see* -chutama

-chuchumia *v* 1. to stretch up to 2. to stand on tiptoe

chuchunge *n* (chuchunge) swordfish

-chuchupaa *v* to stiffen

chuguu *n* (machuguu) anthill; termite hill

chui *n* (chui) 1. leopard 2. tiger

chui joya *n* (chui joya) 'paper tiger'

-chuja *v* 1. to strain 2. to filter 3. to purify 4. to examine 5. to scan 6. to select

chujio *n* (machujio); **chujo** (machujo) 1. strainer 2. filter

chuju *adj* pale

-chujua *v* 1. to fade 2. to leach

-chujuka *v* 1. to fade 2. to run 3. to be bland

-chujwa *v* to be strained

chuki *n* (chuki) 1. anger 2. disgust 3. hate

-chukia *v* 1. to be angry 2. to disgust 3. to hate

chukio *n* (machukio) disgust

-chukiwa *v* 1. to be detested 2. to be hated

-chukiza *v* 1. to be disgusting 2. to be hateful 3. -a chukiza disgusting

chukizi *n* (machukizi); **chukizo** (machukizo) 1. disgusting thing 2. abomination

-chukizwa *v* 1. to be detested 2. to be hated

chuku *n* (chuku) 1. exaggeration 2. -piga chuku to exaggerate

-chukua *v* 1. to take 2. to hold 3. to keep 4. to carry 5. to collect 6. to transport 7. to adopt 8. to support 9. to suit

-chukuana *v* 1. to agree 2. to be relevant 3. to support each other

-chukulia *v* 1. to take from 2. to carry for/by 3. to consider

-chukuliana *v* to accept each another

-chukuliwa *v* 1. to be taken 2. to be carried 3. to be considered (as)

-chukuliwa hatua *v* to be prosecuted

-chukuza *v* to get (someone) to carry

-chukuzana *v* to take turns in carrying

-chukuwa *v* to take

chuma 1. *n* (vyuma) 1. iron 2. steel 3. beautiful girl 4. *adj* strong

-chuma *v* 1. to pick 2. to collect 3. to harvest 4. to gain; to make money

chuma cha pua *n* steel

chuma udongo *n* cast iron

chumba *n* (vyumba) 1. room 2. cabin 3. chamber

chumba cha hoteli *n* hotel room

chumba cha kulala *n* bedroom

chumba cha kulia *n* dining room

chumba cha maiti *n* mortuary

chumba cha mtu mmoja *n* single room

chumba cha watu wawili *n* double room

chumba chenye bafu *n* room with a bathroom

-chumbia *v* 1. to court 2. to get engaged (to a woman)

-chumbiwa *v* to get engaged (to a man)

-chumia kijungu meko *v* to live hand to mouth

chumvi *n* (chumvi) 1. salt 2. -a chumvi salty 3. saline 4. -tia chumvi to exaggerate

chumvichumvi *n* (chumvichumvi) 1. saltiness 2. salinity 3. -a chumvichumvi granular 4. vitu vya chumvichumvi canapes

-chumwa v 1. to gain 2. to make a profit 3. to do well

-chuna v 1. to skin 2. to strip

-chunga v 1. to sieve; to sift 2. to tend 3. to herd 4. to stock 5. to guard 6. to beware

-chungia v 1. to tend for 2. to herd for 3. to watch over

-chungu adj 1. bitter 2. sour 3. painful

chungu n 1. (chungu) lots (of) 2. black ant 3. (vyungu) cooking-pot

-chungu adj sour

-chungua v 1. to check 2. to explain

-chungulia v 1. to look at/into 2. to scrutinize

-chunguliwa v 1. to be looked at 2. to be scrutinized

chungu nzima adv much; a lot

-chunguza v 1. to scrutinize 2. to examine 3. to research

chungwa n (machungwa) orange

-chungwa v 1. to be tended 2. to be herded 3. to be taken care of

-chunua v to graze

-chunuka v to set one's heart on

chunusi n (chunusi) 1. pimple 2. acne 3. swimmer's cramp

chunyu n (chunyu) salt encrustation

chuo n (vyuo) 1. college 2. institute 3. book 4. (Isl.) madrasa

chuo cha ualimu n teachers' training college

chuo cha ufundi n technical college

chuo cha ushirika n co-operative society

chuo kikuu n (vyuo vikuu) university

chupa n 1. (chupa) uterus; womb 2. (vyupa) bottle 3. flask 4. jug

-chupa v 1. to jump on 2. to jump down 3. to move quickly

chupaombwe n (chupaombwe) thermos flask

chupa ya kunyonyea mtoto n (chupa za kunyonyea mtoto) baby's bottle

chupa ya moto n (chupa za moto) thermos flask

chupi n (chupi) 1. underpants; briefs 2. knickers; panties

-chupia v 1. to jump down 2. to rush away

chupio n (chupio) 1. hairpin; hairclip 2. forceps

chupuchupu adv barely

chura n (vyura) frog

-churura; chururika; -churuza; churuzika v 1. to trickle (away) 2. to fade away

chusa n (vyusa) harpoon

-chutama v to squat; to crouch

-chuuza v to sell

-chwa v to set; to go down

-chwea; -chwelewa v to fall into darkness

D

daawa *n* (daawa; madaawa) lawsuit

dabal moja *adv* non-stop

-dabighi *n* to tan

dada *n* (dada; madada) (elder) sister

dadii *n* (dadii) home-made beer

-dadisi *v* 1. to investigate 2. to be curious

dadu *n* (dadu) 1. dice 2. cube

dadu za barafu *pl* ice cubes

dafina *n* (dafina) 1. present 2. treasure

dafrao *adv* head-on; face-on; frontally

daftari *n* (madaftari) 1. notebook 2. ledger 3. catalogue 4. register

dafu *n* (madafu) 1. unripe coconut 2. -fua dafu to succeed

dagaa *n* (dagaa) whitebait

dago *n* (dago) camp

daha *v* to charge

dahari *adv* always

-dahili *v* to debate

dai *n* (madai) 1. claim 2. allegation 3. demand 3. *(fin.)* credit

-dai *v* 1. to claim 2. to to allege 3. to demand

-dai haki *v* to demand rights

daima *adv* 1. always 2. continually 3. forever 4. **dum daima** forever 5. **-a daima** constant 6. perpetual 7. chronic

daima dawamu *adv* forever

dainamo *n* (dainamo) dynamo

-daiwa *v* 1. to owe 2. to be sued

daka *n* (madaka) recess

-daka *v* 1. to catch 2. to grab

-daka maneno *v* to retort

dakhalia *n* (dakhalia) 1. inside 2. interior

dakika *n* (dakika) minute

-dakiza *v* 1. to contradict 2. to object to 3. to interrupt

dakizo *n* (madakizo) 1. contradiction 2. objection 3. interruption

daktari *n* (madaktari) doctor

daktari wa meno *n* (madaktari ya meno) dentist

-dakua *v* to reveal

daladala *n* (madaladala) 1. minibus 2. shared taxi

dalali *n* (madalali) 1. broker 2. middleman 3. auctioneer

dalasini *n* (dalasini) cinnamon

dalili *n* (dalili) sign

damu *n* (damu) blood

-danga *v* to scoop

danga la mwana *n* well-mannered youngster

-danganya *v* 1. to cheat 2. to deceive 3. to trick 4. to lie

-danganyana *v* to trick one another

-danganyifu *adj* 1. crafty 2. deceptive

-danganyika *v* to be deceived

danganyo *n* (madanganyo) 1. deception 2. trick

-danganywa *v* 1. to be cheated 2. to be deceived 3. to be tricked

danguro *n* (danguro; madanguro) brothel

dani *n* (madani) necklace

dansi *n* (dansi) 1. dance 2. dancing 3. -cheza dansi to dance

danzi *n* (madanzi) grapefruit; Seville orange

Dar es Salaam *n* Dar-es-Salaam

daraja *n* 1. (madaraja) step 2. staircase 3. bridge 4. (daraja) rank 5. status

daraka *n* (madaraka) 1. duty 2. appointment

daranzi *n* (madaranzi) grapefruit

darasa *n* (madarasa) 1. teaching 2. class 3. classroom

dari *n* (dari, madari) 1. ceiling 2. upper floor 3. attic 4. flat roof

darizeni *n* (darizeni) dozen

darizi *n* (darizi) embroidery

-darizi *v* to embroider

darmadaru *adv* whirling

darubini *n* (darubini) 1. telescope 2. binoculars 3. microscope

darubini kali *n* microscope

dasta *n* (dasta) duster

-data *v* to crackle

dau *n* (madau) 1. dhow; sailing boat 2. pool of money 3. **-piga dau** to up the stakes

dawa *n* (dawa, madawa) 1. drug 2. medicine 3. cure 4. **-piga dawa** to spray on chemical/disinfectant/ insecticide 5. *see* madawa

dawa mitishamba *n* herbal remedy

dawati *n* (madawati) 1. desk 2. drawer

dawa ya kikohozi *n* cough medicine

dawa ya kuharisha *n* purgative

dawa ya kufukuza mbu *n* mosquito repellant

dawa ya kujikinga na wadudu *n* insect repellant

dawa ya/za kulevya *n/pl* drugs; narcotics

dawa ya kumeza *n* (drugs to be) taken orally

dawa ya kunywa *n* liquid medicine

dawa ya kupata *n* ointment

dawa ya kusafisha macho *n* eye drops

dawa ya mafua *n* antihistamine

dawa ya maumivu *n* painkiller

dawa ya mbu *n* mosquito coil

dawa ya meno *n* (dawa za meno) toothpaste

dawa ya nusukaputi; dawa ya usingizi *n* 1. sleeping pill(s) 2. anaesthetic

dayosisi *n* (dayosisi) diocese

dazani *n* (dazani), **dazeni** (dazeni) dozen

debe *n* (madebe) can; tin

dede *adj/adv* 1. surprised 2. tottering 3. shaky

dege *n* (madege) (big) bird

degedege *n* (degedege) convulsions

-deka *v* 1. to be conceited 2. to be spoiled 3. to be pampered

-dekeza *v* 1. to coax 2. to spoil 3. to pamper

-dekezwa *v* 1. to be conceited 2. to be spoiled 3. to be pampered

-deki, -piga deki *v* to mop

dekio *n* (dekio) mop

-dekua *v* to knock down

dele *n* (dele) coffee pot

dema *n* (madema) fish-trap

-dema, -demadema *v* to totter

demani *n* (demani) 1. end of south monsoon (August-November) 2. leeward

demokrasi *n* (demokrasi), **demokrasia** *n* (demokrasia) democracy

dengu *n* (dengu) 1. lentil(s) 2. chickpea(s)

-dengua *v* to show off

deni *n* (madeni) 1. debt 2. **-ingia deni** to incur a debt 3. **-lipa deni** to pay off a debt

deraya *n* (deraya) 1. armour 2. **gari la deraya** armoured car

dereva *n* (madereva) driver

dereva wa taksi *n* taxi-driver

Desemba *n* (Desemba) December

deski *n* (deski) 1. desk 2. counter

deski la keshia *n* 1. cash desk 2. till

desturi *n* (desturi) 1. custom(s) 2.

tradition(s) **3.** habit(s) **4.** routine **5.** **kama desturi; kwa desturi** as usual; usually

dezo *n* (dezo) **1.** offer **2.** treat

dhabihu *n* (dhabihu) sacrifice

-dhabihu *v* to sacrifice

dhahabu *n* (dhahabu) gold

dhahania *n* (dhahania) abstraction

dhahiri 1. *adj* **1.** clear **2.** obvious **3.** exact **4.** *adv* clearly **5.** obviously **6.** exactly **7. dhahiri shahiri** openly

-dhahirisha *v* **1.** to explain **2.** to prove **3.** to expose

dhaifu *adj* weak

dhakari *n* (dhakari) penis

dhalili *adj* **1.** humble **2.** poor **3.** wretched **4.** miserable

-dhalilisha *v* **1.** to treat badly **2.** to make miserable

dhalilishi *adj* pejorative

dhalimu 1. *n* (dhalimu; madhalimu) **1.** unjust person **2.** cruel person **3.** oppressor **4.** tyrant **5.** exploiter **6.** *adj* unjust **7.** cruel **8.** oppressive

dhamana *n* (dhamana) **1.** responsibility **2.** guarantee **3.** bail **4.** collateral; surety

dhambi *n* (dhambi; madhambi) **1.** sin **2.** fault **3.** *(spor.)* foul

-dhamini *v* **1.** to guarantee **2.** to vouch for **3.** to stand bail

-dhaminiwa *v* to be sponsored by

dhamira *n* (dhamira) **1.** purpose **2.** mood

dhamiri *n* (dhamiri) **1.** aim **2.** intention **3.** conscience **4.** theme

-dhamiria *v* **1.** to aim at **2.** to consider **3.** to be intent on

dhana *n* (dhana) **1.** idea **2.** notion **3.** suspicion

-dhani *v* **1.** to think **2.** to guess **3.** to suspect **4. Na dhani.** I suppose so.

-dhania *v* to think about

dhanio *n* (madhanio) hypothesis

-dhaniwa *v* **1.** to be supposed **2.** to be suspected (to be)

dhara *n* (madhara) **1.** harm **2.** violence **3.** loss **4.** *(leg.)* tort

dharau *n* (dharau; madharau) contempt

-dharau *v* **1.** to ignore **2.** to despise **3.** to insult

-dharauliwa *v* **1.** to be ignored **2.** to be despised **3.** to be insulted

dharuba *n* (dharuba) **1.** storm **2.** hurricane; typhoon **3.** blow **4.** stroke

dharura *n* (dharura) **1.** emergency **2. -a dharura** emergency **3.** unscheduled **4. mahitaji ya dharura** emergency supplies **5. mlango wa dharura** emergency exit

dhati *n* (dhati) **1.** sincerity **2. -a dhati** true **3.** genuine

dhati *n* (dhati) **1.** will **2.** intent **3.** essence

dhehebu *n* (madhehebu) *(rel.)* **1.** denomination **2.** sect **3.** order **4.** path

-dhibiti *v* **1.** to watch **2.** to guard **3.** to protect **4.** to control **5.** to censor

-dhibiti bei *v* to control price(s)

-dhibitiwa *v* **1.** to be watched **2.** to be guarded **3.** to be protected **4.** to be controled **5.** to be censored

dhidi ya *prep* against

dhifa *n* (dhifa) **1.** generosity **2.** banquet **3.** party

dhihaka *n* (dhihaka) **1.** ridicule **2.** irony

-dhihaki *v* **1.** to mock **2.** to tease **3.** to joke

-dhihakiwa *v* to be ridiculed

-dhihirika *v* to be evident

-dhihirikia *v* to be evident to

-dhihirisha *v* **1.** to explain **2.** to prove **3.** to deduct **4.** to clarify **5.** to expose **6.** to convince

dhihirisho *n* (dhihirisho) **1.** clarification **2.** deduction

dhiki *n* (dhiki) **1.** difficulty **2.** distress

-dhikika v 1. to be in difficulty 2. to be in distress

dhili n (dhili) 1. degradation 2. humiliation

-dhili v 1. to degrade 2. to humiliate

-dhilifu adj 1. low 2. inferior 3. mean 4. worthless 5. degrading

-dhilisha v 1. to degrade 2. to humiliate

-dhiliwa v to be humiliated

dhima n (dhima) 1. function 2. role 3. duty 4. responsibility

dhima yenye kikomo (DYK) n (com.) limited liability (ltd)

dhiraa n (dhiraa) cubit

-dhoofika v to become weak

-dhoofisha v to weaken

-dhoofu see -dhoofika

dhoruba n (dhoruba) 1. storm 2. hurricane; typhoon 3. blow 4. stroke

-dhukuru v 1. to think 2. to consider 3. to consider 4. to remember 5. to mention

dhulmati n (dhulmati) 1. unjust person 2. cruel person 3. oppressor 4. tyrant 5. exploiter

dhuluma n (dhuluma) 1. injustice 2. oppression 3. persecution

-dhulumiwa v 1. to suffer an injustice 2. to be oppressed 3. to be persecuted

dhulumu n (madhulumu) 1. injustice 2. oppression 3. persecution

-dhulumu v 1. to treat unjustly 2. to oppress 3. to persecute 4. to defraud 5. to exploit

dhumuni n (madhumuni) intention

-dhurika v 1. to be harmed 2. to be damaged

-dhuru v 1. to harm 2. to damage 3. -siodhuru safe 4. harmless 5. **Haidhuru!** Never mind!

dia n (dia) 1. compensation 2. ransom

dibaji n (dibaji) introduction

-didimia v 1. to sink 2. to disappear 3. to diminish

-didimika v 1. to be sunk 2. to be at a low level

-didimisha v to push down

-didimiza v 1. to sink 2. to bring down

digrii n (digrii; madigrii) degree

dika n (dika) dikdik

dikteta n (madikteta) dictator

dimba n (dimba) 1. entrance 2. -a kufungua dimba opening

dimbwi n (madimbwi) 1. puddle 2. pool

dini n (dini) 1. religion 2. worship

dipu n (dipu) (animal) dip

dira n (dira) compass

-dira v to clip

-diriki v 1. to manage (to) 2. to succeed in 3. to venture

dirisha n (madirisha) 1. window 2. counter

dirisha la duka n shop window

dirishani in the window

-disa v to have an erection

dishi n (dishi) 1. food; grub 2. (tech.) dish

divai n (divai) wine

diwani n 1. (diwani) collection of poetry 2. anthology 3. (madiwani) councillor

do! oh!

doa n (madoa) 1. mark 2. spot 3. stain

dobi n (madobi) 1. laundryman; laundress 2. dry-cleaner

-doda v 1. to go bad 2. to deteriorate 3. to hang around 4. to drip

dodo n (madodo) breast

-dodofya v 1. to persuade 2. to instigate

dodoki n (madodoki) loofah

-dodosa v to diagnose

-doea to scrounge

-dogo adj 1. little; small 2. less

-dogo sana adj tiny

dohani n (dohani) chimney

-dokeza v 1. to hint 2. to suggest

-dokezea v 1. to hint to 2. to suggest to

-dokezewa v 1. to be hinted to 2. to be suggested to

dokezo n (madokezo) 1. hint 2. clue

-dokoa v to take a bit of

-dokoka v to gaze

dola n (dola) 1. dollar 2. authorities 3. government 4. (madola) nation 5. state 6. empire

Dola ya Waingereza n British Empire

dole n (madole) finger

domo n 1. (domo) bonnet; hood 2. (madomo) chatter 3. -piga domo v to chatter

domo kaya n (domo kaya) blabbermouth

dona n (dona) wholemeal flour

-dona v to peck at

donda n (madonda) 1. large sore 2. ulcer

donda ndugu n persistent ulcer

-dondoa v 1. to pick up bit by bit 2. to select 3. to quote

-dondoka v 1. to drip 2. to drop 3. to shower

-dondokea v 1. to fall on 2. to shower (on)

dondola n (dondola) paper wasp

-dondolewa v to be quoted

dondoo n (madondoo) 1. selection 2. quotation 3. item of agenda 4. steinbok

-dondosha; **-dondoshea** v 1. to drip 2. to drop

donge n (madonge) 1. lump 2. clot 3. money 4. (sl.) salary

donge la uzi n ball of string

dongo n (madongo) earth; soil

-donoa v 1. to pick up 2. to peck at

-dopoa v to perforate

doria n (doria) patrol

dosari n (dosari) 1. blemish 2. imperfection

-dota v to dot

doti n (doti) 1. dot 2. a pair of kangas

dua n (dua) 1. prayer 2. petition

dua mbaya n curse

duara n 1. (duara) circle 2. -a duara round

duaradufu n (duaradufu) ellipse

dubu n (dubu; madubu) bear

dubwana n (madubwana) 1. giant 2. monster

dude n (madude) thingamajig

dudu n (madudu) (big) insect

-duduka v to be pock-marked

-dudumia v 1. to bore a hole 2. to force an entry

-dufu adj 1. worthless 2. useless 3. tasteless 4. tedious

dugi adj blunt

-dugika v to be blunt

-duhushi v to look after

duka n (maduka) shop; store

duka   kubwa n (maduka makubwa); **duka kuu** (maduka makuu) supermarket

duka la chai n teashop

duka la dawa n chemist's; pharmacy

duka la kutengeneza viatu n heelbar

duka la madawa see duka la dawa

duka la magazeti n newsagent's

duka la mboga na matunda n greengrocer's

duka la mikate na keki n bakery

duka la nyama n butcher's

duka la rahani n pawnbroker's

duka la sanaa n craft shop

duka la vifaa n hardware shop

duka la vitabu n bookshop; bookstore

duka la vitu anuai n department store

duka la vitu vya kizamani n antiques shop

duka la vitu vya zawadi *n* gift shop

duka la vyakula *n* 1. food store 2. grocer's

duka la vyakula tayari *n* delicatessen

duka liuzalo vitu bila ushuru *n* duty-free shop

-dukiza *v* 1. to eavesdrop 2. to induce

duku *adj* disquiet

dukuduku *n* 1. (dukuduku) anxiety 2. worry 3. bitterness 4. (madukuduku) *(mus.)* band

duma *n* (duma) cheetah

-dumaa *v* 1. to be stunted 2. to be stupid

-dumaza *v* 1. to stunt 2. to inhibit 3. to thwart

dum daima *adv* forever

dume *n/adj* (madume) male (animal)

-dumisha *v* 1. to make (something) last; to prolong 2. to make permanent 3. to sustain 4. to perpetuate

dumu *n* (dumu) grain borer

-dumu *v* 1. to last 2. to endure 3. to remain 4. to continue 5. to be permanent 6. *see* **kudumu**

-dunda *v* 1. to knock (on) 2. to beat (on) 3. to bounce

-dundika *v* to strut

-dundiza; -dunduiza; -dunduliza *v* to save up

-dunga *v* 1. to pierce 2. to inject

-dunga sindano *v* to give an injection

-dungwa *v* 1. to be pierced 2. to be injected

-dingwa sindano *v* to have an injection

dungu *n* (madungu) 1. stage 2. platform 3. cockpit; flight deck

-dungua (usingizi) *v* to finally get to sleep

duni *adj* 1. low 2. inferior 3. mean 4. worthless

dunia *n* (dunia) 1. world 2. earth

-dunisha *v* 1. to debase 2. to underrate

-dunishwa *v* 1. to be debased 2. to be underrated

-dunya *adj* tiny

duru *n* (duru) 1. turn 2. rotation

-duru *v* 1. to turn 2. to take a turn

-durusu *v* to study

duta *v* 1. to rebound 2. to recoil

dutu *n* (madutu) 1. shape 2. wart

-duwaa *v* to be dumbfounded

DYK = **dhima yenye kikomo** *n* *(com.)* ltd (limited liability)

E

ebo!; ebu! 1. hey! 2. yeah!

eda *n* (eda) 1. widow's mourning 2. divorced wife's seclusion

edashara (**edashara**) eleven

eel!; eeh! yes!; I see!

ee wallah! yes sir!

-egama *v* to lean (on)

-egemea *v* 1. to lean on 2. to rely on 3. to approach

-egemea pwani *v* (*mar.*) to hug the coast

egemeo *n* (maegemeo) 1. pivot 2. support 3. rail

-egesha *v* 1. to park 2. to moor

ehaa! excuse me!

eheel! yes!; I see!

eh samahani? I beg your pardon?

-ehuka *v* to be insane

-ehusha *v* to drive insane

eka *n* (eka); **ekari** (ekari) acre

ekaristi *n* (ekaristi) eucharist

-ekea *v* to put for

ekisali *n* (ekisali) axle

-ejua *v* 1. to knock down 2. to break up/through

-ekundu *adj* red

ekzosi *n* (ekzosi) 1. exhaust 2. **paipu ya ekzosi** exhaust pipe

ela *conj* but

elanyi *conj* but you *plural*

-elea *v* 1. to be clear 2. to float 3. to swim along 4. to be passive

-eleka *v* 1. to heap 2. to carry

-elekanya *v* to heap up

-elekea *v* 1. to be headed for 2. to tend (to) 3. **inaelekea hivyo** it seems so 4. **inavyoelekea** apparently

elekeo *n* (maelekeo) tendency

-elekevu *adj* 1. clever 2. easy

-elekewa *v* to be ahead

-elekeza *v* 1. to point 2. to direct 3. to instruct

elektroni *n* (elektroni) electron

-eleleza *v* to explain

-elemea *v* 1. to weigh (on) 2. to press (on) 3. to rush

-elemewa *v* 1. to be weighed down 2. to be pressed on 3. to be rushed

-elemeza *v* to weigh down

elementi *n* (elementi) element

-elewa *v* to understand

-elewa vibaya *v* to misunderstand

-elewana *v* 1. to understand one another 2. to agree

-eleweka *v* to be understood

-eleza *v* to explain

-elezea *v* to explain about

elezi *adj* floating

elezo *n* (maelezo) explanation

-elezwa *v* to be aware

elfeen two thousand

elfu *n* (maelfu) thousand

-elimika *v* to be educated

-elimisha *v* to educate

-elimishwa *v* to be educated

elimu *n* (elimu) 1. knowledge 2. education 3. science 4. **chuo cha elimu** institute of education 5. **wizara ya elimu** ministry of education

elimujamii *n* sociology

elimu kuhusu maradhi ya watoto *n* paediatrics

elimu maalumu *n* special education

elimu mimea *n* biology

elimu misitu *n* forestry

elimu mwendo *n* dynamics

elimu mwili *n* physiology

elimu nafsi *n* psychology

elimu sauti *n* acoustics
elimu siha *n* hygiene
elimu tanzu *n* extension education
elimu uzazi *n* gynaecology
elimu viumbe *n* biology
elimu wanyama *n* zoology
elimu ya watu wazima *n* adult education
-ema *adj* 1. good 2. kind
-embamba *adj* 1. thin 2. narrow
embe *n* (maembe) mango
-emewa *v* to be puzzled
-emeza *v* to puzzle
-enda *v* 1. to go 2. to move 3. to function; to work
-enda chafya *v* to sneeze
-enda duru *v* to swing
-enda madukani *v* to go shopping
-endana *v* to go with; to accompany
endapo if; in case
-enda sare *v (spor.)* to draw
-enda zake *v* to go your way
-endea *v* 1. to go to/for 2. to approach
-endeka *v* to be passable
-endekeza *v* 1. to adapt 2. to pamper 3. to spoil
-endekeza moyo *v* to give in to one's feelings/desires
-endelea *v* 1. to continue 2. to progress 3. to develop
-endelea *v* 1. to continue with 2. to develop 3. to spell
-endeleza vyema *v* to improve
-endesha *v* 1. to drive 2. to pressurise 3. to manage 4. to have diarrhoea 5. *see* -endelea
-enea *v* 1. to spread out 2. to cover 3. to be sufficient 4. to fit
-enenda *v see* -enda
eneo *n* (maeneo) 1. surface; space 2. area 3. province
eneo karibu na bahari *n* seafront
eneo la kujipatia mizigo *n* baggage claim

eneo la maduka *n* shopping area
-eneza *v* 1. to spread 2. to circulate 3. to measure 4. to proclaim
enezi *n* (maenezi) spread
-enga; -engaenga *v* 1. to pamper 2. to spoil
-engine *adj* other
-engua *v* to skim
enhee! yes!; I see!
enjili *n* (enjili) 1. gospel 2. New Testament
-enu *adj* your; yours *plural*
-enye *adj* 1. possessing; having 2. of 3. with
-enye kufaa *v* to be proper
-enyewe 1. -self 2. (by) oneself
enyi! you!
enzi *n* (enzi) 1. period 2. rule; reign 3. dominion 4. might; domination 5. **kiti cha enzi** seat of power; the throne 6. **enzi za ukoloni** colonial times
-enzi *v* 1. to delegate power 2. to make powerful 3. to respect
-enzika *v* to bury
-enziwa *v* 1. to be made powerful 2. to be respected
-epa *v* to avoid
-epea *v* to miss
-epesi *adj* 1. active 2. easy 3. quick 4. light 5. transparent
-epua *v* 1. to remove 2. to rescue
-epuka *v* 1. to be removed from 2. to avoid
-epukika *v* to be avoidable
-epukwa *v* to be avoided
epul *n* (maepul) apple
-epusha *v* 1. to avoid 2. to rescue
-erevu *adj* 1. clever 2. shrewd 3. devious
-erevuka *v* 1. to be clever 2. to be shrewd 3. to be devious
eropleni *n* (eropleni) airplane
eti... I'm not sure whether...
eti! 1. hey! 2. unbelievable!
-etu *adj* our; ours
-eua *v* to purify

-euliwa *v* 1. to be purified 2. to be made safe

-eupe *adj* 1. white 2. clear 3. pure 4. righteous 5. light

-eupe pepe *adj* snow white

-eusi *adj* 1. black 2. dark

-eusi sisi; -eusi ti *adj* jet black

-evusha *v* to distill

ewe! hey!

eyakandishan *n* (eyakandishan) air-conditioner

-eye tumbo *v* to have diarrhoea

-ezeka *v* 1. to thatch 2. to roof

-ezekwa *v* 1. to be thatched (**kwa** with) 2. to be roofed (**kwa** with)

-ezua *v* to remove a roof

-ezuliwa *v* to be unroofed

F

-fa; kufa *v* 1. to die 2. kufa moyo to lose hope 3. -liokufa dead 4. *see* kufa...

-faa *v* 1. to suit 2. to be useful 3. -enye kufaa useful 4. -sio faa useless 5. wrong

-faana *v* to be useful for one another

fadhaa *n* (fadhaa) 1. bustle 2. agitation 3. confusion 4. neurosis

-fadhaika *v* 1. to be agitated 2. to be troubled 3. to be confused 4. to be depressed

-fadhaisha *v* 1 to agitate 2. to trouble 3. to confuse

-fadhaishwa *v* to be upset

fadhila *n* (fadhila); **fadhili** (fadhili) 1. kindness 2. favour 3. virtue

-fadhili *v* 1. to help 2. to favour

-fafanisha *v* 1. to explain 2. to compare (to)

-fafanua *v* to clarify

-fafanuka *v* to be clear

-fafanulia *v* to make clear (to)

-fafanuliwa *v* to be clarified

-fafanusha *v* to explain

-fagia *v* to sweep

fagio *n* (mafagio) 1. brush 2. broom

-fagiwa; -fagiliwa *v* to be swept

fahali *n* (mafahali) bull

-fahamiana *v* 1. to know one another 2. to understand one other

-fahamika *v* 1. to be known 2. to be understood

-fahamikiana *v* to understand each other

-fahamisha *v* 1. to inform 2. to remind 3. to introduce

-fahamivu *adj* intelligent

fahamu *n* (fahamu) 1. intelligence 2. understanding 3. consciousness 4. -potea fahamu to lose consciousness 5. -pata fahamu to regain consciousness

-fahamu *v* 1. to know 2. to understand 3. to be aware of

fahari *n* (fahari) 1. fame 2. honour 3. magnificence 4. pride 5. -ona fahari to be proud

faharasa *n* (faharasa); **fahirisi** *n* (faharisi) 1. index 2. contents

fahuwa *adv* all right

faida 1. *n* (faida) benefit 2. profit 3. use 4. advantage 5. gain 6. enjoyment 7. -a faida useful 8. enjoyable

-faidi *v* 1. to benefit 2. to profit 3. to use 4. to enjoy 5. to get to know well

-faidia *v* 1. to benefit 2. to profit

-faidika *v* 1. to benefit from 2. to profit from

-faidisha *v* to benefit

faili *n* (mafaili) 1. file; document 2. record

-faili *v* to file

faini *n* (faini) 1. fine 2. -toza faini to impose a fine 3. -tozwa faini to be fined 4. -toa faini to pay a fine

-faini *v* to fine

fakiri *n* (fakiri; mafakiri) poor person

fala *n* (mafala) fool

falaki *n* (falaki) 1. astronomy 2. astrology 3. -piga falaki to cast a horoscope

-falanua *v* 1. to clarify 2. to describe

fali *n* (fali) good omen

-falia *v* to be good for

Falme za Kiarabu *pl* United Arab Emirates

falsafa *n* (falsafa) philosophy

faluda *n* (faluda) milk pudding

fame *n* milk and rice sweet

familia *n* (familia) family

-fana *v* to succeed

fanaka *n* (fanaka) 1. success 2. prosperity

-fanana *v* 1. to be similar (to) 2. to resemble

-fananisha *v* to compare

fani *n* (fani) 1. kind 2. genre 3. field 4. aspect

fanicha *n* (fanicha) 1. furniture 2. fittings

-fanikia *v* to succeed in

-faniskisha *v* to ensure success

-fanikiwa *v* 1. to be successful 2. to prosper

fanusi *n* (fanusi) lamp

-fanya *v* 1. to do 2. to make

-fanya biashara *v* to do business

-fanya bidii *v* to make an effort

-fanya fujo *v* to riot

-fanya haraka *v* to hurry

fanya haraka! hurry up!

-fanya hima *v* to be quick

-fanya juu chini *v* to do one's utmost

-fanya kazi *v* 1. to work 2. to function

-fanya kwa tashili *v* to hurry

-fanya takilifu *v* to force oneself

-fanya tayari *v* to prepare

-fanyia *v* 1. to do for/to 2. to make for/to

-fanyia haditihi *v* to tell a story

-fanyika *v* 1. to be done 2. to be made

-fanyiwa *v* to be done to

-fanyiza *v* 1. to get done 2. to get made

-fanyizia *v* to do to/for

-fanywa *v* 1. to be done 2. to be made

-fanza *v* 1. to do 2. to make

fara *n* (fara) level measure

faradhi *n* (faradhi) 1. duty 2. obligation

faragha *n* (faragha) 1. secrecy 2. privacy 3. seclusion 4. retirement 5. -a faragha private 6. secluded

faraghani *adv* 1. in secret 2. in private

-faragua *v* to show off

faraja *n* (faraja) 1. comfort 2. relief

faraka *n* (faraka) 1. separation 2. division

-farakana *v* 1. to be separated 2. to be estranged 3. to be divided

farakano *n* (mafarakano) 1. separation 2. estrangement 3. division 4. faction 5. sect

-faransa *adj* French

farao *n* (farao) 1. pharaoh 2. bad person

farasi *n* (farasi) 1. horse 2. trestle

farasi mdogo *n* pony

-fariji *v* 1. to comfort 2. to relieve

-farijika *v* 1. to be comforted 2. to be relieved

-fariki *v* to die

-fariki dunia *v* to pass away; to die

farisi *n* (farisi) 1. equestrian 2. expert

faru *n* (vifaru) 1. rhinoceros 2. *(mil.)* tank

fasaha 1. *n* (fasaha) eloquence 2. fluency 3. literacy 4. *adj* eloquent 5. fluent 6. literate

fashisti *n* (mafashisti) fascist

fasihi *n* (fasihi) literature

fasihi andishi *n* (fasihi andishi) written literature

fasihi linganishi *n* (fasihi linganishi) comparative literature

fasihi simulizi *n* (fasihi simulizi) oral literature

fasiki *n* (fasiki) reprobate

-fasili *v* 1. to translate 2. to interpret

fasili *n* (fasili) 1. translation 2. interpretation 3. sprout

-fasiri *v* 1. to translate 2. to interpret

-fasiriwa *v* 1. to be translated 2. to be interpreted

fataki *n* (fataki) 1. fireworks 2. firing cap

Fatiha *n* (Fatiha) *(Isl.)* the opening verse of the Qur'an

fatuma *n* (fatuma) large stone

fauka ya *conj* besides; apart from

-faulu *v* 1. to be successful 2. *(ed.)* to pass

fazaa *n* (fazaa) awe

Februari *n* (Februari) February

fedha *n* (fedha) 1. money 2. currency 3. silver 4. **wizara ya fedha** treasury; ministry of finance

fedha bandia *n* counterfeit currency

fedha mkononi *n* spending money

fedha taslimu *n* cash in hand

fedha ya taifa *n* national currency

fedha za kigeni *n* foreign exchange

fedha za ukarimu *n* entertainment allowance

fedheha *n* (fedheha) 1. shame 2. scandal

-fedheheka *v* 1. to be ashamed 2. to be disgraced

-fedhehesha *v* 1. to shame 2. to make a disgrace

-fedhehi *v* 1. to shame 2. to disgrace

feleji *n* (feleji) steel

feli *n* (feli) 1. bad act 2. bad action

-feli *v* 1. to fail 2. to catch redhanded

fenesi *n* (mafenesi) jackfruit

feni *n* (mafeni) 1. fan 2. **ukanda wa feni** fan belt

feruzi *n* (feruzi) turquoise

-fia *v* to die at/for/to

-ficha *v* to hide

-fichama *v* to be well-hidden

-fichika *v* to be hidden

ficho *n* (maficho) hiding place

-fichua *v* 1. to uncover 2. to expose 3. to decode 4. to develop

-fichuliwa *v* 1. to be uncovered 2. to be exposed 3. to be decoded 4. to be developed

-fichwa *v* to be hidden

fidhuli *n* (mafidhuli) insolent person

-fidi *v* 1. to pay compensation 2. to ransom

fidia *n* (fidia) 1. compensation 2. ransom

-fidiwa *v* 1. to be compensated 2. to be ransomed

fidla *n* (fidla) violin

-fifia *v* 1. to fade 2. to disappear

-fifisha *v* 1. to make fade 2. to make disappear

-fifiwa *v* 1. to be faded 2. to disappear

-fifiza *v* 1. to fade 2. to make disappear 3. to dampen

figili *n* (figili) 1. radish 2. celery

figa *n* (mafiga) hearth

figo *n* (mafigo) kidney

-fika 1. *v* to reach 2. to arrive 3. to come to pass 4. *adv* completely

fikara *n* (fikara) 1. thought 2. idea 3. opinion

-fikia *v* 1. to reach 2. to arrive at 3. to overcome 4. to overtake

-fikiana *v* 1. to agree 2. to reconcile

-fikicha *v* 1. to rub 2. to crumble

-fikichika *v* to be friable

-fikiliza *v* to bring about

fikira *n* (fikira) 1. thought 2. idea 3. opinion

-fikiri *v* to think

-fikiria *v* to consider

-fikirisha *v* to make think

-fikiriwa *v* to be considered

-fikisha *v* 1. to deliver 2. to pass

fikra *n* (fikra) 1. thought 2. idea 3. opinion

filamu *n* (filamu) 1. film 2. **-a filamu** film; cinema

filamu ya rangi *n* colour film

filifili *n* (filifili) carpenter's square

filimbi *n* (filimbi) 1. whistle 2. flute 3. **-piga filimbi** to play the flute

-filisi *v* to bankrupt

-filisika *v* to go bankrupt

fimbo *n* (fimbo; mafimbo) stick; cane

findo *n* (findo) tonsil(s)

-finga *v* 1. to protect 2. to make inaccessible

-fingirika; **-fingirisha** *v* to roll along

fingo *n* (mafingo) magic charm

-finikwa *v* to be covered (na by)

-finya *v* 1. to pinch 2. to constrict 3. **-finya uso** to scowl

-finyana *v* 1. to be shrivelled 2. to be wrinkled

-finyanga *v* 1. to shape 2. to mould 3. to make pottery

-finyangwa *v* 1. to be shaped 2. to be moulded

finyo *n* (mafinyo) 1. pressing 2. fingerprint

finyu *adj* 1. narrow 2. constricted

-finywa *v* 1. to be pinched 2. to be constricted

-fira *v* to sodomize

firaka *n* (firaka); **firari** (firari) penis

firauni *n* (firauni) 1. pharaoh 2. bad person

-firigisa *v* to roll

firgisi *n* (firgisi) gizzard

firimbi *n* (firimbi) 1. whistle 2. flute

-firwa *v* to be sodomized

fisadi *n* (mafisadi) 1. corrupt person 2. evil person 3. destroyer 4. seducer 5. corrupter

-fisha *v* to cause death

fisi *n* (fisi) hyena

fisi maji *n* (fisi maji) otter

-fisidi *v* to corrupt

-fisidika *v* to be corrupted

fitina *n* (fitina) 1. trouble 2. quarrel 3. intrigue

-fitini *v* to create trouble

-fitinisha *v* to stir up trouble

fitokombo *n* (fitokombo) crankshaft

-fiwa *v* to be bereaved

fiwi *n* (fiwi) lima bean(s)

fizi *pl* 1. gums 2. *see* ufizi

fizikia *n* (fizikia) physics

fiziotibu *n* (fiziotibu) physiotherapy

flaiti *n* (flaiti) 1. flight 2. **namba ya flaiti** flight number

flaiti ya kuendeleza safari *n* connecting flight

fleti *n* (fleti) flat; apartment

fofofo: **-lala fofofo** to sleep soundly

-foka *v* 1. to boil over 2. to burst out 3. to rant

-fokea *v* 1. to overflow 2. to shout at

-fokewa *v* to be shouted at

foleni *n* (foleni) queue

fomeka *n* (fomeka) formica

fomu *n* (fomu) form

fonetiki *n* (fonetiki) phonetics

fora *n* (fora) 1. win 2. success 3. **-tia fora** to be outstanding

-fora *v* 1. to win 2. to succeed

forodha *n* (forodha) 1. customs 2. customs duty

forodhani *n/adv* customs office

foromali *n* (foromali) *(mar.)* yardarm

foronya *n* (foronya) 1. pillow case 2. cushion cover

forsadi *n* (maforsadi) mulberry

frasila *n* (frasila) measure (35 lbs/16 kg)

fremu *n* (fremu) frame

freshi *adj* fresh

friji *n* (friji) fridge; refrigerator

-fu *adj* dead

-fua *v* 1. to husk 2. to beat (on) 3. to forge 4. to launder

-fua chuma *v* to work iron

-fua dafu *v* 1. to husk coconuts 2. to succeed

fuadi *n* (fuadi) heart

-fua maji *v* to bail out water

-fua nguo *v* to wash clothes

-fuasa *v* 1. to follow 2. to imitate

fuasi *adj* secondary

-fuata *v* 1. to follow 2. to obey
-fuatafuata *v* to pester
-fuatana *v* to go together
-fuatana na *v* 1. to accompany 2. to result from
fuatano *n* (**mafuatano**) succession
-fuatia *v* 1. to follow 2. to chase 3. to catch up
-fuatilia *v* to follow carefully
-fuatisha *v* 1. to copy 2. to make follow 3. to trace
-fuatiwa *v* 1. to be followed (**na** by) 2. to be chased (**na** by)
-fuatwa *v* to be followed
fuawe *n* (**fuawe**) anvil
-fudifudi *adj* 1. face-down 2. upside-down
-fudikiza *v* 1. to turn over 2. to incense 3. to fumigate
-fufua *v* 1. to revive 2. to restore
-fufuka *v* 1. to be revived 2. to be restored
-fufusha *v* 1. to revive 2. to restore
fufutende *adj* lukewarm
-fuga *v* 1. to tame 2. to domesticate 3. to keep 4. to breed
-fuga ng'ombe *v* to cattlefarm
-fuga nywele *v* to have long hair
fugo *n* (**mafugo**) stock-keeping
-fuja *v* 1. to waste 2. to botch
-fujika *v* to be in disorder
fujo *n* (**mafujo**) 1. chaos 2. confusion 3. disorder 4. **-a fujo** disorderly 5. **kwa fujo** in disorder 6. loudly
fuka *n* (**fuka**) hot gruel
-fuka *v* to give off smoke
-fukaa *v* to blacken with smoke
fukara *n* (**fukara; mafukara**) 1. beggar 2. poor person
-fukarika *v* to be poor
-fukarisha *v* to make poor
-fukia *v* 1. to fill in 2. to bury 3. to give off smoke
-fukiwa *v* to be buried
-fukiza *v* 1. to burn incense 2. to fumigate

fukizo *n* (**mafukizo**) 1. vapour 2. incense
fuko *n* (**mafuko**) 1. hole 2. bag 3. mole
fuko la kulalia *n* (**mafuko ya kulalia**) sleeping bag
-fukua *v* 1. to dig out/up 2. to exhume
-fukulia *v* to hoe
fukulile *n* (**fukulile**) sand crab
-fukuliwa *v* 1. to be dug out/up 2. to be exhumed
fukusi *n* (**fukusi**) weevil
-fukuta *v* 1. to swell 2. to be angry 3. to blow on a fire
fukuto *n* (**mafukuto**) 1. throbbing 2. sweat
-fukuza *v* 1. to chase (away) 2. to banish; to exile 3. to dismiss
-fukuzana *v* to chase each another
fukuzano *n* (**mafukuzano**) persecution
-fukuzia mbali *v* to banish; to exile
-fukuzwa *v* 1. to be chased (away) 2. to be banished; to be exiled 3. to be dismissed
fulana *n* (**fulana**) 1. flannel 2. vest 3. T-shirt 4. sweater
fulani 1. *n* (**fulani**) so-and-so; what's his/her name 2. such-and-such; what's its name 3. *adj* a certain; some
-fulifuli *adj* 1. face-down 2. upside-down
-fuliwa *v* 1. to be forged 2. to be washed
-fuliza; -fululiza *v* 1. to continue 2. to keep on 3. to go to
-fululizia *v* to go directly
-fuma *v* 1. to weave 2. to knit 3. to pierce 4. to encounter
-fumania *v* to catch in the act
-fumaniwa *v* to be caught in the act
fumanizi *n* (**fumanizi**) being caught in the act
-fumba *v* 1. to shut 2. to puzzle 3. to obscure

-fumba macho *v* to close the eyes

-fumba maneno *v* to speak in riddles

-fumbata *v* 1. to grasp 2. to embrace 3. to enclose

-fumbatwa *v* 1. to be grasped 2. to be embraced 3. to be enclosed

-fumbia *v* 1. to hide meaning 2. to encode

fumbo *n* (mafumbo) 1. riddle 2. puzzle 3. metaphor 4. mystery

fumbu *n* (mafumbu) bunch

-fumbua *v* 1. to open 2. to reveal 3. to discover 4. to solve

-fumbuka; -fumbuliwa *v* 1. to be open 2. to be revealed 3. to be discovered 4. to be solved

-fumbwa macho *v* to be blind to

-fumka *v* to 1. to spill 2. to bleed

-fumua *v* 1. to unravel 2. to undo

-fumuka *v* to be unravelled 2. to be undone

-fumukana *v* 1. to open 2. to solve

-fumwa *v* to be woven

funda *n* (mafunda) 1. mouthful 2. -piga mafunda to take a mouthful

-funda *v* 1. to teach; to instruct 2. to bring up 3. to pound 4. to crush 5. to gulp

fundi *n* (mafundi) 1. expert 2. craftsman 3. mechanic 4. technician 5. skilled person 6. *see* fundi ...

fundi bomba *n* plumber

-fundika *v* to tie a knot

fundi mchundo *n* technical assistant

fundi mwashi *n* stonemason

fundi rangi *n* painter

fundisanifu *n* (mafundisanifu) technician

fundi seremala *n* carpenter

-fundisha *v* 1. to teach 2. to instruct

-fundishia *v* 1. to teach to 2. to instruct

fundisho *n* (mafundisho) 1. teaching 2. instruction 3. lesson

-fundishwa *v* 1. to be taught 2. to be instructed

fundistadi *n* (mafundistadi) craftsman

fundi umeme *n* (mafundi umeme) electrician

fundi wa mifereji *n* (mafundi wa mifereji) plumber

fundi wa saa *n* (mafundi wa saa) watch-repairer

fundi wa viatu *n* (mafundi wa viatu) shoe repairer; cobbler

fundo *n* (mafundo) 1. knot 2. ill-feeling 3. -funga/-piga fundo to knot

-fundua *v* 1. to untie 2. to undo 3. to uncork

-fundwa *v* to be brought up

funga *n* 1. (funga) fast; fasting 2. (mafunga) verse

-funga *v* 1. to close 2. to lock 3. to fasten 4. to wrap (up) 5. to put in prison 6. to overcome 7. to win 8. to cause trouble 9. to fast

-funga breki *v* to apply brakes

-funga choo *v* to be constipated

-funga fundo *v* to tie up

-funga kidemu *v* to roll up sleeves

-funga kidonda *v* to dress a sore

-fungamana *v* 1. to be interwoven 2. to be allied

fungamano *n* (mafungamano) 1. alliance 2. solidarity

-fungana *v* 1. to fasten together 2. to close up

-funga ndoa *v* to marry

-funganya; -fungasha *v* to pack up

-funga pamoja *v* to pack

-funga safari *v* to start a trip

-fungasha *v* 1. to tie together 2. to tow 3. to pack up

-fungashia *v* to enclose

fungate *n* (fungate) 1. honeymoon 2. seven

-funga virago *v* to pack up and go

-fungia *v* 1. to close up 2. to lock up

-fungia ndani *v* to lock in

-fungia nje v to lock out
-fungika v 1. to be closed 2. to be locked 3. to be confined
-fungisha v 1. to lock in 2. to imprison
-fungisha ndoa v to perform a marriage
-fungiwa v 1. to be locked in/out 2. to be imprisoned
fungo n (fungo) civet cat
fungu n (mafungu) 1. lot 2. portion 3. share 4. verse 5. sandbank 6. **fungu la maneno** phrase
-fungua v 1. to open 2. to unlock 3. to unfasten 4. to release 5. to inaugurate
-fungua kinywa v to breakfast (kwa on)
-fungua mizigo v to unpack
-funguka v to be open
-fungulia v 1. to open for 2. to let out
-funguliwa v 1. to be opened 2. to be released
funguo n keys
fungutenzi n (fungutenzi) verbal phrase
-fungwa v 1. to close 2. to lock 3. to be fastened 4. to be imprisoned 5. **limefungwa** closed
-funika v 1. to cover 2. to cover 3. to disguise
-funikwa v to be covered
funo n (funo) duiker
-funua v to reveal
fununu n (fununu) rumour
funza n (mafunza) sandflea
-funza v 1. to teach 2. to instruct
funzo n (mafunzo) 1. teaching 2. instruction
fuo n (mafuo) laundry place
fupa n (mafupa) bone
-fupi adj 1. short 2. low 3. brief
-fupika v to be shortened
-fupisha v 1. to shorten 2. to lower 3. to abbreviate
-fura v 1. to swell 2. to overflow 3. to seethe

furaha n (furaha) 1. happiness 2. pleasure 3. fun 4. celebration 5. -a furaha; -enye furaha happy 6. **Ni furaha yangu!** It's my pleasure! 7. -ona furaha to be happy
furaha kwa siku ya kuzaliwa! happy birthday!
furaha ya Krismasi! merry Christmas!
furaha ya Mwaka Mpya! happy New Year!
-furahi v 1. to be happy 2. to please 3. to have fun 4. to celebrate
-furahia, -furahika v 1. to be happy about 2. to enjoy
-furahikia v to add the pleasure (of something)
-furahikia v to be happy for
-furahisha v 1. to please 2. to be delightful 3. to be entertaining
-furahiwa v to be rejoiced at
-furika v 1. to overflow 2. to flood
furiko n (mafuriko) 1. overflow 2. flood
fursa n (fursa) 1. chance 2. opportunity 3. occasion 4. facility; facilities
furufuru n (furufuru) confusion
-furukuta v 1. to be restless 2. to struggle free
-furusha v to drive away
furushi n (mafurushi) 1. package 2. bundle
-fusa v to deflate
fususi n (fususi) gem
futa n (mafuta) fat
-futa v 1. to clean 2. to cancel 3. to wipe out 4. to erase 5. to unsheathe
-futa deni v to cancel a debt
-futa kamasi v to wipe one's nose
futari n (futari) first food taken after fasting the whole day
futi n (futi) foot
-futika v 1. to hide 2. to insert 3. to be wiped away 4. to be erased 5. to be cancelled

futikamba n (futikamba) tape measure

-futika kwapani v to carry under the arm

-futu v 1. to miss 2. slip 3. to lose

-futua v 1. to pull out 2. to take out 3. to unwrap 4. to unsheathe

-futuka v 1. tostick out 2. to fall out 3. to spring up 4. to go off 5. to be indignant

-futuru v to take first food after fasting all day

-futwa v 1. to be wiped away 3. to be erased 4. to be cancelled

-futwa kazi v to be fired/sacked

fuu n (mafuu); **fuvu** (mafuvu) 1. husk 2. shell 3. skull

fuwele n (fuwele) crystal

-fuza v 1. to win 2. to succeed

fuzi n (mafuzi) shoulder

-fuzu v 1. to win 2. to succeed 3. to master 4. (ed.) to pass

-fyata v to tuck between the legs

-fyata mkia v to cower

-fyata ulimi v to hold one's tongue

-fyatua v 1. to fire 2. to set off 3. to snap shut

-fyatua matofali v to manufacture breeze blocks

-fyatua risasi v to fire a bullet

-fyatuka v 1. to be fired 2. to be set off 3. to be snapped shut

-fyatulia v 1. to fire off 2. to shoot at

-fyatuliwa v 1. to be fired 2. to be set off 3. to be snapped shut

-fyeka v to clear

fyekeo n (fyekeo) grass-cutter

fyeko n (mafyeko) cleared land

-fyetua v 1. to snap 2. to fire

-fyoa v 1. to reap 2. to retort

-fyonya v 1. to tut 2. to kiss your teeth

-fyonza v 1. to suck 2. to absorb

-fyonzwa v 1. to be sucked 2. to be absorbed

-fyoza v 1. to tut 2. to kiss your teeth

fyuzi n (fyuzi) fuse

G

-gaagaa *v* to roll about
gadi *n* (magadi) prop
-gadimiwa *v* to be propped (up)
-gadimu *v* to prop (up)
gagulo *v* to slip
-gaia *v* 1. to give 2. to share
gaidi *n* (magaidi) 1. robber 2. bandit 3. guerilla 4. terrorist
-gaiwa *v* to be given
galoni *n* (galoni) gallon
gamba *n* (magamba) 1. cover; covering 2. rough skin 3. fish scales 4. bark
gambusi *n* (gambusi) mandolin
gamu *n* (magamu) 1. fear 2. confusion
ganda *n* (maganda) 1. husk 2. shell 3. crust 4. rind
-ganda *v* 1. to solidify 2. to freeze 3. to coagulate 4. to stick to 5. to be terrified 6. to hang around
-gandama *v* 1. to be solidified 2. to be frozen 3. to be coagulated 4. to be stuck to
-gandamana *v* 1. to be solidified 2. to be stuck together
-gandamia *v* to stick to
-gandamiza *v* 1. to press (down on) 2. to oppress
-gandamizwa *v* 1. to be crushed 2. to be oppressed
-gandisha *v* 1. to solidify 2. to freeze 3. to coagulate
gando *n* (magando) crab claw
-gandua *v* 1. to pull away 2. to rescue 3. to thaw
ganduo *n* (ganduo) thaw
-ganga *v* 1. to heal 2. to mend
gange *n* (gange) limestone
gango *n* (magango) 1. brace 2. splint 3. ghost town

-gangua mpira *v* to vulcanize
gani? 1. what? 2. which? 3. what kind (of)? 4. ...-a namna gani? what kind of...? 5. habari gani? what's the news?; how are you?
ganjo *n* (maganjo) 1. ruin(s) 2. deserted town
ganzi *n* (ganzi) 1. numbness 2. kufa ganzi to go numb
gao *n* (magao) 1. handful 2. shield
-garagara *v* to roll about
gari *n* (magari) 1. car 2. vehicle 3. cart
gari la abiria *n* (magari ya abiria) passenger vehicle
gari la automatik *n* (magari ya automatik) automatic (car)
gari la kukodi *n* (magari ya kukodi) rented car
gari la mizigo *n* (magari ya mizigo) van
gari la moshi *n* (magari ya moshi) train
gari la wagonjwa *n* (magari ya wagonjwa) ambulance
gari la zimamoto *n* (magari ya zimamoto) fire-engine
garimoshi *n see* gari la moshi
gashi *n* (magashi) *(sl.)* girl
gati *n* (gati) 1. stage 2. jetty 3. pier 4. dock 5. platform
gauni *n* (magauni) 1. gown 2. dress
gavana *n* (magavana) governor
gawa *n* (gawa) nightjar
-gawa *v* 1. to divide 2. to share 3. to distribute
-gawakati; **-gawanya** *v* to share out
-gawana *v* to share out
-gawanya *v* to divide
-gawanyika *v* to be divided

-gawia v 1. to give a share to 2. to distribute to

-gawika v to be divided

gawio n (gawio) dividend

-gawiwa v 1. to be given a share 2. to be divided among

gazeti n (magazeti) 1. newspaper 2. magazine

-gea v 1. to throw away 2. to abandon

gegedu n (gegedu) cartilege

gego n (magego) molar

-gema v to tap

genge n (magenge) 1. cliff 2. escarpment 3. ravine 4. cave 5. gang 6. stall; kiosk

-geni adj 1. new 2. strange 3. foreign

gere n (gere) jealousy

gereji n (magereji) garage

-geresha v to cheat

gereza n (magereza) prison

gesi n (gesi) gas

gesi ya kutumia kambini n camping gas

-geugeu adj 1. changeable 2. indecisive 3. fickle

-geuka v 1. to turn (away) 2. to change (into)

-geukageuka v to change slightly

-geuka rangi kwa jua v to suntan

-geukia v 1. to turn to 2. to change into

-geuza v 1. to turn 2. to change 3. to reverse

-geuza njia v to turn off

geuzi n (mageuzi) change

-geuzia v to turn at/into

-geuzika v to be changed

geuzo n (mageuzo) change

-ghadhabika v to be furious

ghadhabu n (ghadhabu) fury

-ghadhibika v to be furious

-ghadhibisha v to infuriate

ghafi adj 1. raw 2. **mafuta ghafi** crude oil 3. **mali ghafi** raw materials

-ghafilika v 1. to overlook 2. to be taken unawares

ghafla; **ghafula** adv 1. unexpectedly 2. suddenly

ghaibu adj 1. distant 2. **kwa ghaibu** from memory

-ghairi v to change one's mind

ghairi ya prep without

ghala n (maghala) store; storeroom

ghalati adj 1. false 2. unorthodox

ghali adj 1. expensive 2. **-sio ghali** inexpensive

-ghalika v to rise (in price)

ghamidha n (ghamidha) 1. excitement 2. irritation

ghamu n (ghamu) grief

ghani n (ghani) tune

-ghani v to sing

gharama n (gharama) 1. price 2. cost 3. expense(s)

gharika n (gharika) 1. flood 2. downpour

-gharikisha v to flood

-gharimia v to cost

-gharimiwa v to spend

-gharimu v to cost

ghashi n (ghashi) lie

-ghasi v to cause confusion

ghasia n (ghasia) 1. confusion 2. chaos 3. rubbish; garbage

ghera n (ghera) determination

ghibu: -jua kwa ghibu v to know by heart

ghiliba n (ghiliba) 1. deception 2. cunning

-ghilibika v to be deceived

-ghilibu v to deceive

ghasiaghasia n (ghasiaghasia) herbs and spices

ghilba n (ghilba); **ghiliba** n (ghiliba) 1. cunning 2. deceit 3. rivalry

-ghilibu v to deceive

ghofira n (ghofira) mercy

ghorofa n (ghorofa) 1. flat; apartment 2. storey; floor

ghorofa ya chini n ground floor; (US) first floor

ghorofa ya juu kabisa *n* top floor

ghorofa ya kwanza *n* first floor; *(US)* second floor

-ghoshi *v* 1. to adulterate 2. to falsify 3. to forge 4. to fake

ghuba *n* (ghuba) 1. bay 2. gulf

Ghuba ya Ajemi *n* Persian Gulf

-ghumiwa *v* to be amazed

ghuna *adj* voiced

-ghuri *v* 1. to deceive 2. to confuse

ghururi *n* (ghururi) vanity

-ghururika *v* to be vain

-ghushi *v* 1. to adulterate 2. to falsify 3. to forge

gia *n* (gia) gear

giaboksi *n* (giaboksi) gearbox

-gida *v* to pour carefully

gidamu *n* (gidamu) thong

gilasi *n* (gilasi) glass

giligilani *n* (giligilani) coriander

giligili *n* (giligili) liquid; fluid

gimba *n* (gimba) mass

gimbi *n* (gimbi) taro root

gitaa *n* (magitaa) 1. guitar 2. -piga gitaa to play the guitar

giza *n* (giza) darkness

glasi *n* (glasi) glass

glavu *n* (glavu) glove

-goboa *v* to break off

gobori *n* (gobori) gun

godoro *n* (magodoro) mattress

gofu *n* 1. (gofu) golf 2. (magofu) ruin 3. wreck

-gofua *v* 1. to reduce to a ruin 2. to reduce to a wreck

-gofuka *v* 1. to be in ruins 2. to be wrecked

gofu la mtu *n* human wreck

gogo *n* (magogo) 1. weed 2. log 3. tree-trunk

gogota *n* (gogota) woodpecker

-gogota *v* to tap

-gogoteza *v* to stammer

golgoi *adj* lazy

goko *n* (magoko) tibia; shin bone

goli *n* (magoli) goal

golikipa *n* (magolikipa) goal-keeper

gololi *n* (magololi) 1. marble 2. ball-bearing

goma *n* (magoma) drum

-goma *v* 1. to refuse 2. to go on strike

-gomba *v* 1. to quarrel 2. to scold

-gombana *v* to quarrel (na with)

-gombania *v* to quarrel about

-gombea *v* 1. to dispute 2. to compete for

-gombea kura *v* to campaign for votes

-gombea uchaguzi *v* to seek election

gombera *n* (magombera) 1. rector

-gombeza *v* 1. to scold 2. to reprimand

gombo *n* (magombo) page

gome *n* (magome) 1. (tree) bark 2. shell 3. fort

-gomea *v* 1. to resist 2. to protest 3. to strike against

-gomesha *v* to start a strike

-gonga *v* 1. to hit 2. to beat 3. to knock 4. to strike 5. to collide

-gonga hodi/mlango *v* to knock on a door

-gongana *v* to collide

-gonganisha *v* 1. to knock together 2. to toast

-gonga ukuta *v* to come to a sudden end

gongo *n* (magongo) 1. hump 2. cudgel 3. crutch 4. seam 5. hooch; illicit alcohol

-gongomea *v* 1. to knock (in/on) 2. to stuff (in)

-gongomewa *v* to be nailed up

-gongwa *v* to be knocked in

-gonjwa *adj* sick; ill

-gota 1. to beat 2. to knock 3. to finish

goti *n* (magoti) 1. knee 2. -piga magoti to kneel

-gotoa *v* to complete

govi n (magovi) foreskin
gramu n (gramu) gramme
grife n (grife) slate
grisi n (grisi) grease
gubeti n (gubeti) prow
gubigubi adv/adj covered from head to toe
-gubigubi v to cover up
-gubika v to cover over
-gubikwa v to be covered
gubu n 1. (gubu) grumbling 2. (magubu) grumbler
-gubua v to uncover
guda n (maguda) wharf; dock(s)
-guda v to dock
gude n (gude) cuckoo
gudi n (magudi) wharf; dock(s)
gudu n (gudu) block
gudulia n (magudulia) 1. jug 2. jar
-gueza v to turn
gugu n (magugu) 1. weed(s) 2. undergrowth
-gugumia v 1. to gulp down 2. to stammer
gugumio n (magugumio) sob
-gugumiza v to stammer
-gugumka v to sob
-guguna v to gnaw
gulio n (magulio) 1. market day 2. market place
gumba adj 1. alone 2. solitary 3. isolated 4. sterile
gumba 1. n (gumba) 1. thumb 2. big toe 3. identity 4. adj solitary 5. sterile
gumegume n (magumegume) 1. flint 2. hard-hearted person 3. puppet 4. unsophisticated person
-gumia v to growl
-gumu adj 1. hard 2. difficult 3. stiff

gumzo n (gumzo) chitchat
-guna v 1. to moan 2. to complain
gundi n (gundi) 1. glue 2. gum
-gundisha v to glue together
-gundua v 1. to startle 2. to discover 3. to invent
-gundulika v 1. to be discoverable 2. to be inventable
-gunduliwa v 1. to be discovered 2. to be invented
-gunga v to observe a taboo
gunge n (magunge) expert
gungu n (gungu) dance
guni n (guni) free verse
gunia n (magunia) sack
guno n (maguno) groan
gunzi n (magunzi) cob
-gura v to move (to a new place)
gurudumu n (magurudumu) wheel
-gusa v to touch
-gusana v to touch one another
-gusia v 1. to touch on 2. to affect
-gusika v to be touchable
-gusisha v 1. to put 2. to lay 3. to approach
-guswa v to be touched
-guta v to shout
gutu 1. n (magutu) stump 2. adj blunt
-gutua v to alarm
-gutuka v to be alarmed
-gutusha v to alarm
guu see mguu
gwanda n (magwanda) 1. uniform 2. outfit 3. rag
gwaride n (gwaride) parade
gwaru n (magwaru) bean(s)
-gwaya v to tremble
gwiji n (gwiji) expert

H

h- this; these
ha- he doesn't/isn't; she doesn't/isn't
haba *adj* 1. little 2. few
hababuu *n* (mahababuu) sweetheart
habari *n* (habari) 1. news 2. information 3. **-toa habari** to publicise
habari? how are things?
habari gani? what's happening?
-habarisha *v* to inform
habari za alasiri! good afternoon!
habari za asubuhi! good morning!
habari za jioni! good evening!
habari za kuaminika *pl* reliable information
habari zako? how are you?
Habeshi *n* Ethiopia
habi! take it easy!
habithi *n* (mahabithi) 1. degenerate person 2. cruel person
habusu *n* (mahabusu) prisoner
hadaa *n* (hadaa) 1. cheating 2. deception
-hadaa *v* 1. to cheat 2. to deceive
-hadaiwa *v* 1. to be cheated 2. to be deceived
hadhara *n* (mahadhara) public gathering
hadharani 1. *adj* brown 2. dark 3. *adv* in public
hadhari *n* (hadhari) 1. care 2. caution 3. precaution 4. **-enye hadhari** careful
-hadhari *v* to be careful
-hadharisha *v* to put on one's guard
hadhi *n* (hadhi) 1. honour 2. prestige 3. status 4. **hadhi ya jamii** social status
hadhira *n* (hadhira) 1. public 2. audience
-hadhiri *v* to give a lecture
-hadhirisha *v* to warn
-hadhisha *v* to show respect
hadi 1. *n* (hadi) utmost 2. *adv* beyond measure 3. *conj* to 4. until 5. **hadi hapo** until then
hadidi *n* (hadidi) term
hadidi za rejea *pl* terms of reference
hadimu *n* (mahadimu) 1. servant 2. waiter; waitress
hadithi *n* (hadithi) 1. story 2. fiction 3. *(Isl.)* hadith 4. **-piga hadithi** to tell a story
-hadithi *v* 1. to tell a story 2. to narrate
-hadithia *v* 1. to tell a story to 2. to narrate to
-hadithiana *v* to exchange stories
-hadithiwa *v* to be told a story
hadubini *n* (hadubini) microscope
-hafifisha *v* to make light of
hafifu *adj* 1. weak 2. poor
hafla *n* (hafla) 1. party 2. event 3. gala 4. reception
-haha *v* 1. to pant 2. to bumble 3. to get upset
hai *adj* 1. live 2. living 3. animate 4. active
hai- not
haiba *n* (haiba) 1. personality 2. appearance 3. attriactiveness 4. beauty
haidhuru *adj* harmless
haidhuru! no problem!
haifai it's no good
haifai kitu! it's no good!
haiko... there isn't/aren't any...
haijambo *adv* with luck
haikupikika vyema *adj* undercooked
haini *n* (mahaini) traitor

-haini v to betray
hainiudhi! it doesn't bother me!
haiwezekani it's impossible
haiyumkiniki it's improbable
haja n (haja) 1. need 2. requirement 3. request 4. si haja there's no need 5. -enda haja to go to the toilet
haja kubwa n defecation
haja ndogo n urination
hajambo! fine!
haji n 1. (haji) pilgrimage 2. (mahaji) pilgrim
-hajiri v 1. to migrate 2. to seek refuge
haka! no way!
hakama n (mahakama) court
haki n (haki) 1. justice 2. right 3. -a haki just 4. fair
haki- not
hakika 1. n (hakika) fact 2. truth 3. Una hakika? Are you sure? 4. kwa hakika for certain 5. adv certainly
-hakiki v 1. to correct 2. to criticize 3. to edit
-hakikisha v 1. to prove 2. to make certain 3. to assure 4. to confirm 5. to guarantee
-hakikishia v to assure
-hakikishiwa v to ge assured
-hakikiwa v 1. to be corrected 2. to be criticized 3. to be edited
hakimu n (mahakimu) 1. judge 2. magistrate
hakimu mfawidhi n principal magistrate
hakimu mkazi n resident magistrate
hakimu mkuu n chief justice
haki ya kunakili/hatimiliki n copyright
haki za binadamu/kibinadamu pl human rights
hakukuwa there wasn't
hakuna 1. no 2. it is/are not 3. there isn't/aren't any
hakuna kitu nothing
hakuna mtu nobody

hakuna njia no entry
hakuna zaidi nothing else
hakutakuwa there won't be
hakuwa na he had not; she had not
-hala v to steal a man's wife
halafa n (halafa) difference
halafu conj later; then
halahala adv 1. immediately 2. quickly
halaiki n (halaiki) crowd
halali adj 1. legal 2. permitted 3. iliyo halali legal 4. isivyo halali illegally
-halalisha v 1. to legalize 2. to permit 3. to justify
-halalishwa v 1. to be legalized 2. to be permitted 3. to be justified
halan; halani adv immediately
hali 1. n (hali) state 2. condition 3. situation 4. event 5. mood 6. conj while 7. seeing that 8. when 9. hali yako? how are you? (singular) 10. hali zenu? how are you? (plural) 11. kwa kila hali in any event
hali- not
halifa n (mahalifa) n successor
-halifu v 1. to disobey 2. to oppose 3. to break the law 4. to be survived by
halijoto n (halijoto) temperature
hali kadhalika adv likewise
halili n (halili) 1. boyfriend; girlfriend 2. lover
halisi 1. adj true 2. real 3. genuine 4. accurate 5. hali halisi reality 6. adv exactly
-halisi v 1. to be worth 2. to be suitable
-halisisha v 1. to purify 2. to justify
hali ya baadaye n future
hali ya hatari n state of emergency
hali ya hewa n 1. weather 2. temperature
hali ya kuwa conj whereas
hali ya maisha n 1. living conditions 2. standard of living
halizeti n (halizeti) olive oil
halmashauri n (halmashauri) 1. committee 2. council

halmashauri kuu *n* central committee

halmashauri ya usalama *n* security council

halua *n* halwa

haluli *n* (**haluli**) laxative

haluwa *n* halwa

halzeti *n* (**halzeti**) olive oil

ham- not *you plural*

-hama *v* 1. to move (away) 2. to migrate 3. to emigrate 4. to immigrate

hamadi! careful!

hamaji *n* (**wahamaji**) 1. migrant 2. nomad 3. wanderer 4. vagabond

-hamaji *adj* migratory

hamaki *n* (**hamaki**) 1. bad temper 2. **-enye hamaki** angry

-hamaki *v* to lose one's temper

hamali *n* (**mahamali**) 1. porter 2. *(mar.)* stevedore

hamamu *n* (**hamamu**) 1. turkish baths 2. public baths

-hamanika *v* 1. to be worried (about) 2. to be occupied

-hamanisha *v* to worry

hamasa *n* (**hamasa**) 1. determination 2. excitement

-hamasisha *v* to motivate

-hamasishwa *v* to be motivated

hamasisho *n* (**hamasisho**) inducement

hame *n* (**mahame**) deserted place

-hami *v* 1. to protect 2. to defend 3. to insulate

-hamia *v* 1. to migrate to 2. to move to/into 3. to settle at

-hamilisha *v* to inseminate

hamira *n* (**hamira**) 1. yeast 2. baking powder

hamirojo *n* (**hamirojo**) carbohydrates

-hamisha *v* 1. to move 2. to remove 3. to transfer 4. to exile

-hamishika *v* to be moveable

-hamishiwa *v* to be moved (to)

hamjambo? how are you? *plural*

hamkani *n* (**hamkani**) 1. anxiety 2. tension

hamkuwa na you had not *plural*

hamna 1. you don't have *plural* 2. there isn't; there aren't

hamnazo *n* (**hamnazo**) 1. pretence 2. disregard

hamsini *n* (**hamsini**) 1. fifty 2. **-pita na hamsini zake** to be about one's business

hamu *n* (**hamu**) 1. desire 2. longing 3. **hamu ya kula** appetite 4. **Sina hamu naye.** I'm not interested in him.

-hamu *v* to long for

-hamwa *v* to be deserted

hana he hasn't; she hasn't

hanamu 1. *n* (**hanamu**) slant 2. slope 3. *(mar.)* bows 4. *adj* slanting 5. sloping

handaki *n* (**mahandaki**) 1. trench 2. tunnel

hando *n* (**mahando**) water container

-hangaika *v* 1. to be anxious 2. to suffer

hangaiko *n* (**mahangaiko**) anxiety

-hangaisha *v* to make anxious

-hangaishwa *v* to be troubled by

-hani *v* to express one's condolences

-hanikiza *v* to echo

hanithi *n/adj* (**mahanithi**) homosexual; gay

-hanja *v* to live a dissolute life

hankachifu ya karatasi *n* tissue

hao those

hapa *adv* here

hapa chini *adv* down here

hapa hapa *adv* right here

hapana *adv* 1. no 2. not

hapana asante! no thanks!

hapana kitu none

hapakuwa there wasn't

hapana 1. there isn't; there aren't 2. no

hapa na pale *adv* here and there

hapana ruhusa 1. no entry 2. not allowed

hapa tu *adv* just here
hapo *adv* 1. there 2. then
hapo awali in the beginning
hapo kale long ago
hapo mwanzoni in the beginning
hapo ndipo 1. right then 2. right there
hapo zamani *adv* in the past
-hara *v* 1. to have diarrhoea 2. **-hara damu** to have dysentery
-harabu *adv* destructive
haradali *n* (haradali) mustard
haragwe *n* (maharagwe) bean(s)
haraka 1. *n* haste 2. *adj* quick 3. urgent 4. *adv* quickly 5. urgently 6. **-a haraka** fast 7. express 8. **kwa haraka** quickly 9. **kwa haraka kama iwezekanavyo** as soon as possible 10. **-fanya haraka** to hurry
harakati *n* (harakati) 1. activity 2. movement 3. excitement 4. effort 5. struggle 6. process
-harakisha *v* to hurry
haram *n* (haram) pyramid
harambee! pull together!
harambee *n* (harambee) 1. rally 2. fundraiser
haramia *n* (maharamia) 1. bandit 2. pirate
-haramisha *v* 1. to make illegal 2. to prohibit
haramu *adj* 1. illegal 2. *(Isl.)* prohibited; haram
harara *n* (harara) 1. heat 2. rash
hari *n* (hari) heat
-haribia *v* 1. to damage for 2. to ruin for
-haribifu *adv* destructive
-haribika *v* 1. to be destroyed 2. to be ruined 3. to be damaged 4. to be out of order 5. **Gari limeharibika.** The car has broken down.
-haribikiwa *v* to be completely destroyed
-haribu *v* 1. to destroy 2. to ruin 3. to damage

-haribu mimba *v* to miscarry; to have a miscarriage
-haribu misitu *v* to deforest
-harimisha *v* 1. to make illegal 2. to outlaw
harimu *n* (maharimu) 1. (something) forbidden 2. close relative
hariri *n* (hariri) silk
-hariri *v* to edit
-harisha *v* 1. to have diarrhoea 2. to purge
haro *n* (haro) harrow
harufu *n* (harufu) 1. smell 2. scent 3. **-toa harufu** to smell
harusi *n* (harusi) 1. wedding 2. **bibi harusi** bride 3. **bwana harusi** bridegroom
hasa 1. *adv* especially 2. exactly 3. *adj* real
-hasamiana *v* 1. to quarrel 2. to clash
hasara *n* (hasara) 1. damage 2. loss 3. **-pata hasara** to make a loss
hashal; la hasha! of course not!; no way!
hasi *adj* negative
-hasi *v* to castrate
hasidi *n* (mahasidi) jealous person
hasimu *n* (mahasimu) 1. enemy 2. antagonist
-hasimu *v* to antagonize
hasira *n* (hasira) 1. anger 2. **-a hasira** hot-tempered
hasira kupanda *v* to get angry
-hasiri *v* to damage
-hasiriwa *v* 1. to be damaged 2. to suffer a loss
-hasiwa *v* to be castrated
hastaili *n* (hastaili) 1. merit 2. **Hastaili yake.** He deserves it.
hasua *n* (hasua) testicle
haswa *adv* especially
hata *adv/conj* 1. until 2. even
hata! not at all!
hata chembe hardly ever
hata hivyo even so

hata ikiwa even if
hata kidogo *adj* 1. not at all 2. never
hatamu *n* (hatamu) 1. bridle 2. reins 3. position of power 4. -shika hatamu to take control
hatari *n* (hatari) 1. danger 2. hazard 3. risk 4. emergency 5. hali ya hatari state of emergency 6. -enye hatari; -a hatari dangerous 7. serious 8. *(sl.)* great
-hatarisha *v* to endanger
-hataza *v* to patent
hati *n* (hati) 1. writing 2. certificate 3. document 4. form
hatia *n* (hatia) 1. fault 2. crime 3. guilt 4. sin 5. Ana hatia. He is guilty. 6. -tia hatiani to find guilty 7. -tiwa hatiani to be found guilty
hatibu *n* (mahatibu) 1. speaker 2. preacher
hatifu *adj* poor
hatima *n* (hatima) end
hatimaye *adv* finally
hati mkato *n* shorthand
-hatirisha *v* to endanger
hati ya kupekua *n* (hati za kupekua) search warrant
hati ya kusafiria *n* (hati za kusafiria) travel document
hati ya maombi *n* (hati za maombi) application form
hati za utambulisho *pl* credentials
hatu- we... not
hatua *n* (hatua) 1. action 2. step 3. stage 4. punishment 5. -a hatua gradual 6. -piga hatua to move ahead 7. -chukua hatua to take measures 8. -chukuliwa hatua to be prosecuted
hatua thibiti *pl* strong measures
hatujambo! we're fine!
hatukuwa na we had not
hatuna we don't have
hau- not
havi- not
hawa 1. these 2. *n* (hawa) love
hawa- they

hawaa *n* (hawaa) love
hawakuwa na they had not
hawana they have not
hawa nafsi *n* (hawa nafsi) egotism
hawaa *n* (hawaa) desire
hawala *n* (hawala) cheque; check
hawala ya fedha *n* money order
hawala ya posta *n* postal order
hawana they don't have
hawara *n* (mahawara) lover; mistress
hawezi... he can't...; she can't...
-hawilisha *v* to transfer
haya 1. these 2. *n* (haya) 1. modesty 2. shyness 3. shame 4. -enye haya modest 5. shy 6. ashamed
haya- not
haya! 1. OK! 2. goodbye!
haya chukua! here you are!
hayamkini *adv* impossible
haya, sawa! it's a deal!
hayati *n* (hayati) dead person
hayawani *n* (hayawani) 1. wild animal 2. beast
hayo those
hayo sasa! imagine!
hayuko he's not here/there; she's not here/there
hayumo he's not in/inside; she's not in/inside
hayupo he's not here; she's not here
hayumkini *adj* impossible
hazi- not *plural*
hazina *n* (hazina) 1. treasury 2. store 3. valuables 4. mweka hazina treasurer
heba *n* (heba) 1. appearance 2. personality 3. talent
hebu! 1. hey! 2. well!
hebu nipishe! excuse me (let me through)!
hedaya *n* (hedaya) gift
hedhi *n* (hedhi) 1. menstruation; period 2. menses
hekaheka *n* (hekaheka) scramble
hekalu *n* (mahekalu) temple
hekaya *n* (hekaya) tale

hekima *n* (hekima) 1. wisdom 2. knowledge

heko! congratulations!

hekta *n* (hekta) hectare

hela *n* (hela) money

heleni *n* (heleni) earring

helioti *n* (helioti) cotton boll worms

hema *n* (mahema) 1. tent 2. -kita/-piga hema to pitch a tent 3. -ng'oa hema to take down a tent

-hema *v* 1. to breathe 2. *see* -hemahema

-hemahema *v* to pant

-hemea; -hemera *v* 1. to run an errand 2. to forage

-henya *v* 1. to bother 2. to make suffer

henzirani *n* (henzirani) cane

-hepa *v* to avoid

hereni *n* (hereni) earring

heri *n* (heri) 1. happiness 2. success 3. luck 4. kwa heri! goodbye! 5. kwa herini! goodbye to all! 6. kwa heri ya kuonana! until we meet again! 7. Heri tuende sasa. We had better go now.

herini *n* (herini) earring(s)

heri za Krismasi! merry Christmas!

heroe *n* (heroe) flamingo

herufi *n* (herufi) 1. letter 2. character

hesabia *v* 1. to count from/for/to 2. to consider as 3. to reckon to be

-hesabika *v* to be countable

-hesabiwa *v* 1. to be counted 2. to be estimated 3. to be considered

hesabu *n* (hesabu) 1. mathematics 2. accounting 3. accounts 4. bill 5. -piga hesabu to count (up)

-hesabu *v* 1. to count 2. to estimate 3. to consider

heshima *n* (heshima) 1. honour 2. respect 3. dignity 4. -vunja heshima to disrespect

-heshimiana *v* 1. to respect one another 2. to honour one another

-heshimiwa *v* 1. to be respected 2. to be honoured

-heshimu *v* 1. to respect 2. to honour

hesi *n* (hesi) 1. thread (of a screw) 2. spiral

heti *n* (heti) hat

hewa 1. *n* (hewa) air 2. atmosphere 3. weather 4. *adj* false 5. malipo hewa embezzlement 6. *see* hewa...

hewa kanieneo *n* air pressure

hewallah! right!

hewa shindiliwa *n* compressed air

hiana 1. *n* (hiana) disloyalty 2. betrayal 3. treason 4. *adj* disloyal 5. treacherous

hiari *n* (hiari) 1. option 2. choice 3. hiari yako as you will 4. kwa hiari (yake) willingly 5. bila ya hiari (yake) beyond one's control

-hiari *v* 1. to choose 2. to prefer

hiba *n* (hiba) 1. gift 2. legacy

hicho (hiyvo) that

-hidi *v* to convert

-hidiwa *v* to be converted

hifadhi *n* (hifadhi) 1. protection 2. preservation 3. preserve; reserve 4. storage 5. *see* hifadhi ya...

-hifadhi *v* 1. to protect 2. to preserve

-hifadhia *v* 1. to keep for 2. to protect for

-hifadhiwa *v* 1. to be protected 2. to be preserved

hifadhi ya kisiasa *n* political asylum

hifadhi ya mazingira *n* environmental conservation

hifadhi ya taifa *n* national park

hifadhi ya udongo *n* soil conservation

hifadhi ya wanyama *n* wildlife reserve

hii (hizi) this

hii hapa... here is...

hijabu *n* (hijabu) pyorrhoea

hiji: -fanya hiji *v* to go on pilgrimage

-hiji v to go on pilgrimage

hiki (hivi) this

hila n (hila) 1. cunning 2. trick 3. strategy

hili (haya) 1. this 2. **hili na lile** this and that

hiliki n cardamom

-hiliki v 1. to be destroyed 2. to be ruined 3. to be spoiled 4. to be damaged

-hilikisha v 1. to destroy 2. to ruin 3. to spoil 4. to damage

hilo that

hima n (hima) 1. haste 2. persistence 3. -a hima quick 4. -fanya hima to hurry up

himaya n (himaya) 1. defence 2. protection 3. governance 4. trusteeship

-himidi v to praise

-himidiwa v to be praised

-himili v to support

-himiliwa v to be supported

-himiza v 1. to hurry up 2. to encourage

-himizwa v 1. to be hurried up 2. to be encouraged

hina n (hina) henna

-Hindi adj Indian

hindi n (mahindi) corn; maize

-hini v to withhold (from)

-hinikiza v to interrupt

-hinisha v to withhold (from)

-hiniwa v to be withheld

hinzirani n (hinzirani) cane

-hiri v to start one's period; to start menstrution

hirimu n (hirimu) 1. contemporary 2. peer

hirizi n (hirizi) amulet

hisa n (hisa) (fin.) stock; share

hisabati n (hisabati) mathematics

hisani n (hisani) 1. favour 2. courtesy 3. kindness

-hisi v 1. to feel 2. to sense 3. to guess

hisi n (hisi); **hisia** (hisia) feeling

hisia za ubora n superiority complex

hisia za unyonge n inferiority complex

hisiya n (hisiya) feeling

Hispania n 1. Spain 2. -a Hispania Spanish

historia n (historia) history

hitaji n (mahitaji) requirement

-hitaji v to require; to need

-hitajia v to be in need of

-hitajika; -hitajiwa v to be needed

-hitilafiana v to differ (from each other)

hitilafu n (hitilafu) 1. defect 2. blemish 3. difference

-hitimisha v to conclude

-hitimishiwa v to finish for

hitimisho n (hitimisho) conclusion

-hitimu v 1. to finish 2. to graduate

hivi 1. these 2. adv (in) this way; thus 3. approximately; about 4. pamoja na hivi besides this

hivi hivi adv 1. scarcely 2. hastily 3. so-so

hivi hivi tu adv just so so

hivi karibuni adv 1. recently 2. soon

hivi sasa adv just now

hivyo those

hivyo? really?

hivyo; hivyo hivyo adv 1. (in) this way; thus 2. kwa hivyo in that way; thus 3. si hivyo not like that

hivyo ndivyo ilivyo that's the way it is

hiyo 1. that 2. those

hiyo nini? what's that?

hiyo nyingine the other one

hizi these

hizi hapa... here are...

-hizi v to disgrace

-hizika v to be disgraced

hizo those

hobelahobela adv thoughtlessly

hodari adj 1. clever 2. prudent 3. serious 4. brave

-hodhi v to monopolize

hodhi n (hodhi) 1. tank 2. tub; bath

hodhi ya taifa *n* (mahodhi ya taifa) state monopoly

hodi!; hodihodi! may I come in?

-hofia *v* to fear for

hofu *n* (hofu) 1. fear 2. -jawa na hofu to be afraid 3. -tia hofu to frighten

-hofu *v* to be afraid

hohehahe *n* (hohehahe) destitute person

hoi 1. incapacitated 2. *see* hohehahe

hoihoi *n* (hoihoi) shouts of joy

hoja *n* (hoja) 1. need 2. argument 3. discussion 4. bill 5. business 6. request 7. *(pol.)* motion 8. si hoja it's not necessary 9. *(pol.)* to put forward a motion

hojaji *n* (hojaji) *n* 1. view 2. questionnaire

-hoji *v* 1. to question 2. to examine 3. to interrogate

-hojiana *v* 1. to discuss 2. to debate (na with)

hojiano *n* (mahojiano) 1. discussion 2. debate

-hojiwa *v* 1. to be questioned 2. to be examined 3. to be interrogated

hoki *n* (hoki) hockey

Holanzi *n* Dutch

holela *adv* 1. carelessly 2. -a holela arbitrary

homa *n* (homa) 1. fever; temperature 2. malaria

homa ya mafua *n* flu

homa ya manjano *n* 1. yellow fever 2. hepatitis

homa ya matumboni *n* typhoid

homa ya njano *n* yellow fever

homa ya vipindi *n* recurrent fever

homu *n* (homu) wind

hondohondo *n* (hondohondo) hornbill

-honga *v* 1. to bribe 2. to pay tribute

hongera *n* (hongera) congratulations

hongera! congratulations!

-hongeza *v* to congratulate

hongo *n* (hongo) 1. bribe 2. tribute

3. toll 4. green mamba

honi *n* (honi) horn

hori *n* (mahori) 1. creek 2. trough 3. manger 4. boat

hospitali *n* (hospitali; mahospitali) 1. hospital 2. sick bay

hospitali ya rufaa *n* referral hospital

hoteli *n* (mahoteli) 1. hotel 2. restaurant 3. cafe

hosteli ya vijana *n* youth hostel

hotuba *n* (hotuba) 1. speech 2. sermon 3. -toa hotuba to give a speech 4. to give a sermon

hovyo 1. *adj* sloppy 2. *adv* sloppily

-hozi *v* 1. to possess 2. to acquire

hu- 1. you *singular* 2. -ing; always; accustomed to

hua *n* (hua) dove

huba *n* (huba) 1. love 2. romance 3. affection

hubiri *n* (hubiri) sermon

-hubiri *v* 1. to report 2. to inform 3. to announce 4. to preach

-hubiria *v* to preach to

-hudhuria *v* to attend

-hudhuria mazishi to attend a funeral

hudhurio *n* (mahudhurio) attendance

hudhurungi *n* (hudhurungi) light brown

huduma *n* (huduma) 1. help 2. service

huduma ya daktari kwa ndege *n* flying doctor

huduma ya kwanza *n* first aid

huduma ya magani yaharibikayo *n* breakdown service

huduma ya maulizo kwa simu *n* directory enquiries

huduma ya vyumbani *n* room service

-hudumia *v* 1. to help 2. to attend to 3. to serve 4. to care for

-hudumu *v* 1. to help 2. to attend to 3. to serve

huenda 1. perhaps **2.** *see* -enda, kwenda

-hui *v* to give life (to)

-huika *v* **1.** to revive **2.** to animate

hujaji *n* (mahujaji) pilgrim

hujambo? how are you?; hello!

hujuma *n* (hujuma) **1.** attack **2.** invasion **3.** sabotage

-hujumu *v* **1.** to attack **2.** to invasion **3.** to sabotage

hukmu *n* (hukmu) *see* hukumu

huko 1. here **2.** there **3.** that **4. huku na huko** here and there

huko nyuma meanwhile

huku 1. here **2.** while **3. huku na huko** here and there

-hukumiwa *v* **1.** to be judged **2.** to be sentenced

hukumu *n* (hukumu) **1.** judgment **2.** sentence **3.** decision

-hukumu *v* **1.** to judge **2.** to sentence

hukuwa na you had not *singular*

hulka *n* (hulka) **1.** characteristic **2.** condition **3.** character **4.** nature

-huluku *v* to create

humo in there

humu in here

-humuka *v* to rise

huna you have not *singular*

huna budi you have no alternative (except)

hundi *n* (mahundi) cheque

hundi ya posta *n* postal order

hundi ya wasafiri *n* traveller's cheque

huno this

huntha *n* (mahuntha) **1.** hermaphrodite **2.** *see* hanithi

huria *n* (huria) *n* **1.** free person **2.** independent person

huru *adj* **1.** free **2.** independent

-huruju *v* to chatter

hurulayni *n* (hurulayni) beautiful woman

huruma *n* (huruma) **1.** pity **2.** sympathy

-hurumia *v* **1.** to have mercy on **2.** to pity **3.** to forgive

-husiana *v* **1.** to be concerned with **2.** to be related **3.** to be relevant

husianifu *adj* relative

husika *adj* relevant

-husika *v* **1.** to be concerned **2.** to be involved **3.** to apply to

-husikana *v* to be concerned (**na** with)

-husisha *v* **1.** to involve **2.** to incorporate

-husishwa *v* **1.** to be involved **2.** to be incorporated

-husu *v* **1.** to concern **2.** to involve **3. kuhusu** concerning

husuda *n* (husuda) **1.** envy **2. -onea husuda** to feel envious

-husudika *v* to be enviable

-husudiwa *v* to be envied

-husudu *v* **1.** to envy **2.** to be crazy about

husuni *n* (husuni) fort

hususa; hususan *adv* especially

-hutubia *v* **1.** to deliver a speech to **2.** to give a lecture to **3.** to preach to

-hutubiwa *v* **1.** to be given a speech **2.** to be given a lecture **3.** to be preached to

-hutubu *v* **1.** to make a speech **2.** to give a lecture **3.** to give a sermon

huu (hii) this

huwa is usually; is generally

huwa na usually has; generally has

huyo (hao) that person

huyu (hawa) this

huzuni *n* (huzuni) **1.** sadness **2.** grief **3. -a huzuni** sad

-huzunika *v* **1.** to be sad **2.** to grieve **3.** to be depressed

-huzunisha *v* **1.** to sadden **2.** to make grieve **3.** to depress

-huzunishwa *v* **1.** to be saddened **2.** to be made to grieve **3.** to be depressed

huzunu *n* (huzunu) *see* huzuni

i- it

-iba *v* to steal

ibada *n* (ibada) **1.** worship **2.** service **3.** habit **4.** characteristic

-ibana *v* to steal from each other

ibara *n* (ibara) **1.** section **2.** paragraph

-ibia *v* to rob; to steal from

ibilisi *n* (maibilisi) devil

-ibiwa *v* to be robbed (**na** of)

-ibua *v* to emerge

-ibuka *v* to emerge

-ibusha *v* **1.** to instigate **2.** to bring up

ibura *n* (ibura) **1.** spot **2.** something wonderful

idadi *n* (idadi) **1.** amount **2.** total **3.** working out

idadi ya watu *n* population

idadi ya watu walio kufa *n* (mil.) body count

idara *n* (idara) **1.** department **2.** division

idara ya mashauri ya watumishi wa serikali *n* personnel department

idara ya majeruhi *n* casualty department

Idd *see* Idi

idhaa *n* (idhaa) **1.** broadcast **2.** broadcasting

idhini *n* (idhini) **1.** permission **2.** authorization **3.** permit **4.** sanction

-idhini *v* **1.** to authorize **2.** to sanction

idhini kwa maandishi *n* written authorisation

-idhinisha *v* **1.** to authorize **2.** to sanction

idhini ya kuingia nchini *n* visa

Idi *n* (Idi) *(Isl.)* **1.** Eid festival **2. Idi mubarak!** Happy Eid!

idili *n* (idili) effort

iendayo kasi *n* express (train)

-iga *v* **1.** to copy **2.** to imitate

-igiza *v* **1.** to copy **2.** to imitate **3.** to act **4.** *see* kuigiza

igizo *n* (maigizo) **1.** imitation **2.** dramatization

-igizwa *v* to be imitated

ihramu *n* (ihramu) *(Isl.)* ihram; robes worn on hajj

ijapo *conj* **1.** if **2.** even if **3.** although

ijapokuwa *conj* even though

ijara *n* (ijara) **1.** income **2.** salary **3.** wages

ijayo *adj* next

Ijumaa *n* (Ijumaa) Friday

ikawa it so happened

ikibidi **1.** if necessary **2.** *see* -bidi

ikirari *n* (ikirari) **1.** proof **2.** certainty

ikiwa *conj* if

ikiwemo *prep* including

ikiwezekana if possible

-ikiza *v* to lay across

iko... there is...

iko wapi? where is it?

iktisadi *n* (iktisadi) economy

ikulu *n* state house

ikunga *n* (maikunga) passion fruit

ikweta *n* (ikweta) equator

ila **1.** (ila) blemish **2.** defect **3.** *conj* but **4.** except **5.** unless

ila matamshi *n* speech defect

ilani *n* (ilani) **1.** notice **2.** proclamation **3.** warning

ile that; those

ilhali *conj* whereas; while

ili *conj* so that; in order to

ilibidi **1.** it was necessary **2.** *see* -bidi

iliki *n* (iliki) cardamom

ilimibidi... **1.** he had to...; she had to... **2.** *see* -bidi

ilimradi *conj* provided that
ilinibidi... 1. I had to... 2. *see* **-bidi**
iliokwishatumika *adj* second-hand
ilivyo as it is
ilivyokuwa as it was
iliyo which is; which are
iliyochomwa *adj* grilled
iliyoiva kidogo *adj* rare
iliyoiva vyema *adj* well-done
...iliyoje! what a...!; what...!
iliyokaangwa *adj* fried
iliyopita *adj* (**zilizopita**) 1. last 2. **Ijumaa iliyopita** last Friday 3. **saa moja iliyopita** an hour ago
ima fa ima come what may
imamu *n* (**imamu**) imam
imani *n* (**imani**) 1. faith 2. trust 3. compassion 4. belief
imara 1. *n* (**imara**) firmness 2. *adj* firm 3. stable 4. *adv* firmly
-imarika *v* 1. to be strong 2. to be firm 3. to be established 4. to be stabilized
-imarisha *v* 1. to strengthen 2. to establish 3. to stabilize 4. to solidify
-imarishwa *v* 1. to be strengthened 2. to be established 3. to be stabilized 4. to be solidified
-imba *v* to sing
-imbisha *v* to lead in singing
imeandikwa na... written by...
imefungwa *adj* closed
imeharibika *adj* out of order
imla *n* (**imla**) dictation
imo they're in
ina it has
-inabana *adj* tight
inabidi 1. it's necessary 2. *see* **-bidi**
inadi *n* (**inadi**) provocation
inafaa 1. it's right 2. that's good!
inaitwaje? what's it called?
inakirihisha disgusting
inakubidi... you should...
-inama *v* 1. to bow 2. to bend over
-inamia *v* 1. to bow to 2. to bend over to
-inamisha *v* 1. to tilt 2. to lower
inashangaza amazing

inasikitisha disappointing
inasikitisha! what a pity!
inategemea it depends (**juu ya** on)
inatosha that's enough
inatumika occupied; engaged
inauzwa for sale
inavutia 1. that's interesting 2. attractive
inawezekana it's possible
inayokabili opposite
inchi *n* (**inchi**) inch
inda *n* (**inda**) 1. impediment 2. spite 3. hostility
inde *n* (**inde**) Guinea grass
indiketa *n* (**indiketa**) indicator
inesha *n* (**inesha**) inertia
ingawa *conj* although
ingawaje *conj* even though
ingeji *adj* **Simu ingeji.** The phone is busy.
ingekuwa it should be
-ingereza *adj* 1. British 2. English
-ingi *adj* 1. much; many 2. very
-ingia *v* 1. to enter 2. to arrive 3. to intrude
-ingilia *v* 1. to enter (through) 2. to intrude (into) 3. to interfere (with) 4. to pry (into)
-ingilia kati *v* 1. to interfere 2. to intervene
-ingiliana *v* 1. to communicate 2. to have sexual intercourse
-ingiliwa *v* 1. to be entered 2. to be interfered with
-ingine *adj* 1. some 2. other; another 3. more 4. next
-ingiwa *v* 1. to be entered 2. to be interfered with 3. *see* **-ingiwa na**
-ingiwa na *v* 1 to be aware of 2. to feel 3. to be struck with
-ingiwa na hofu *v* to be struck by fear
-ingiza *v* 1. to make enter 2. to insert 3. to fill 4. to admit 5. to import
-ingiza hewa *v* to ventilate
ingizo *n* (**maingizo**) 1. entry 2. listing

-ingizwa *v* 1. to be inserted 2. to be filled 3. to be admitted 4. to be imported

ini *n* (ini, maini) 1. liver 2. innermost feelings

-injika *v* to put on to cook

-injikwa *v* to be put on to cook

injili *n* (injili) 1. gospel(s) 2. New Testament

injini *n* (injini) engine

inkishafi *n* (inkishafi) revelation

insha *n* (insha) essay; composition

inshallah! God willing!

inspekta *n* (mainspekta) inspector

intidhamu *n* (intidhamu) 1. order 2. organization 3. disposition

-inua *v* 1. to lift up 2. to raise up

-inuka *v* 1. to get up 2. to stand up

-inukainuka *v* to rise gradually

-inukia *v* 1. to get up 2. to stand up 3. to rise up 4. to get well

-inuliwa *v* to be raised up

inzi *n* (inzi) fly

ipasavyo as is fitting

ipendwayo na wengi popular

ipi? which?

ipo it's here; there is

-ipua *v* to remove from fire

-ipuliwa *v* to be removed from fire

irabu *n* (irabu) vowel sign *(in Arabic script)*

irio *n* potato, cabbage and beans mash

isha *n* (isha) *(Isl.)* evening prayer

-isha *v* 1. to finish 2. **Wameisha fika.** They've already arrived.

ishara *n* (ishara) 1. mark 2. sign 3. symbol 4. signal

-ishi *v* to live

-ishia *v* to finish up

ishilio *n* (maishilio) stopping point

ishirini *n* (ishirini) twenty

-ishiwa *v* to run out (of)

isije lest; so that not

isimu *n* (isimu) *see* isimu ya lugha

isimu ya lugha *n* linguistics

isipokuwa *conj* 1. except (for) 2. unless

isipokuwa kwamba except that

isitoshe furthermore

isiyopipika sana medium-rare

isoghuna *adj* unvoiced

Islamu *n* (Islamu) Islam

istiara *n* (istiara) metaphor

istilahi *n* (istilahi) terminology; terms

istiska *n* (istiska) *(Isl.)* rain prayer

istilahi *n* (istilahi) 1. terminology 2. technical term(s)

-ita *v* 1. to call 2. to invite

itale *n* (itale) granite

-italiani *adj* Italian

-itana *v* to call each other

ithibati *n* (ithibati) proof

-itia meli mpya baharini *n* to launch a ship

itibari *n* (itabari) trust

itifaki *n* (itifaki) agreement

-itika *v* 1. to reply 2. to agree

itikadi *n* (itikadi) 1. ideology 2. -a itikadi kali extremist 3. fundamentalist

-itikia *v* 1. to reply to 2. to agree with

itikio *n* (maitikio); **itiko** (maitiko) 1. reply 2. agreement

-itisha *v* 1. to summon 2. to convene

-itishwa *v* 1. to be summoned 2. to be convened

ituri *n* (ituri) perfume

-itwa *v* 1. to be called 2. to be invited 3. **Unaitwa nani?** What are you called? 3. **Ninaitwa Nigel.** I'm called Nigel.

-iva *v* 1. to be cooked 2. to be prepared 3. to ripen 4. to mature 5. to come to a head

-ivisha *v* 1. to cook 2. to prepare 3. to bring to a head

iwapo *conj* 1. if 2. when

iweje how can it be

-iza *v* 1. to refuse 2. to reject

izara *n* (izara) disgrace

J

-ja *v* to come

-ja- has not (yet); have not (yet)

jaa *n* (jaa; majaa) **1.** rubbish bin **2.** skip; dumpster **3.** rubbish heap/tip **4.** dunghill

-jaa *v* to be full

jabali *n* (majabali) **1.** rock **2.** boulder **3.** mountain

jabari *n* (majabari) **1.** brave person **2.** proud person

jadi 1. *n* (jadi) ancestry **2.** origin **3.** seriousness **4.** -a jadi ancestral **5.** traditonal **6.** *adv* very much

-jadili *v* **1.** to discuss **2.** to debate **3.** to cross-examine

-jadiliana *v* **1.** to discuss with each other **2.** to debate with each other

jadiliano *n* (majadiliano) **1.** discussion **2.** debate **3.** cross-examination

-jadiliwa *v* **1.** to be discussed **2.** to be debated **3.** to be cross-examined

jagi *n* (majagi) **1.** jug **2.** vase

jaha *n* (jaha) **1.** glory **2.** honour **3.** prosperity

jahabu *n* (majahabu) drydock

jahanum *n* (jahanum); **jahanumu** (jahanumu) hell

jahara 1. *adj* explicit **2.** *adv* explicitly

-jahari *v* to make explicit

jahazi *n* (majahazi) **1.** boat **2.** dhow **3.** ship

jahi *n* (jahi) North Pole

jahili 1. *n* (majahili) **1.** idiot **2.** thug **3.** *adj* brutal

jaja *n* (jaja) herb (with small flowers)

jaji *n* (majaji) judge

jaji mkuu *n* chief justice

jakamoyo *n* (jakamoyo) concern

jaketi *n* (majaketi) jacket

jalada *n* (jalada; majalada) **1.** cover **2.** binding **3.** volume

jalala *n* (jalala; majalala) *see* jaa

Jalali *n* (Jalali) *(Isl.)* God

-jali *v* **1.** to care **2.** to mind **3.** to worry **4. Sijali.** I don't care.

-jalia *v* to grant

jalidi *n* (jalidi) **1.** ice **2.** hail **3.** frost

-jalidi *v* to bind a book

jalili *adj* glorious

-jaliwa *v* **1.** to be granted **2.** to be filled

-jaliza *v* **1.** to refill **2.** to make pregnant

-jalizia *v* to fill up for

jaluba *n* (jaluba) **1.** canister **2.** field

jama *n* (jama) guy

jamaa *n* (jamaa) **1.** family **2.** relation; relative **3.** dependants **4.** *see* jama

jamala *n* (jamala) **1.** beauty **2.** kindness

jamanda *n* (majamanda) basket

jamani 1. hey... **2.** goodness! **3.** *n* (jamani) friend

-jamba *v* to fart

jambazi *n* (majambazi) crook

jambazi sugu *n* hardened criminal

jambeni *n* (jambeni) saw

jambia *n* (jambia) curved dagger

-jambia *v* to fart near

jambo *n* (mambo) **1.** thing **2.** matter **3.** affair **4.** issue

jambo! hello!

jambo lijulikanalo *n* well-known fact

jamdani *n* (jamdani) brocade

jamhuri *n* (jamhuri) republic

Jamhuri ya Muungano *n*
(Tanzania) United Republic
jamii *n* (jamii) 1. family 2. relatives
3. group 4. community 5. society
6. -a jamii social 7. usitawi wa
jamii social welfare
-jamii *v* to have sex
jamili *adj* 1. friendly 2. kind 3.
attractive
-jamili *v* to make a good name for
someone
jamu *n* (jamu) jam
jamvi *n* (majamvi) 1. mat 2. slab
jamvi majani *n* soil cover
jana 1. *n/adv* (jana) yesterday 2.
jana asubuhi yesterday morning
3. jana alasiri yesterday afternoon
4. jana usiku last night 5. jana
yake the previous day 6. *n*
(majana) fine child
janaa *n* (janaa) shame
janaba *n* (janaba) *(Isl.)* state of
impurity
jando *n* (majando) 1. initiation
2. male circumcision ceremony 3.
-tia jandoni to place under
instruction
janga *n* (majanga) 1. trouble 2.
danger
jangili *n* 1. (jangili) bracelet 2.
(majangili) poacher
jangwa *n* (majangwa) desert
jani *n* (majani) 1. grass 2. leaf 3. *see*
majani
janibu *n* (janibu) locality
janja *n* (majanja) cunning person
-janja *adj* cunning
-janjaruka *v* to twig
Januari *n* (Januari) January
japo *conj* although; even if
jarabati adj 1. tested 2. -proof
jarabati maji *adj* waterproof
jarabati moto *adj* fireproof
jarabati sauti *adj* soundproof
jaraha *n* (majaraha) *see* jeraha
jarari *n* (jarari) halyard
jaribio *n* (majaribio) 1. attempt 2.

trial 3. difficulty 4. experiment
-jaribiwa *v* to be tested
jaribosi *n* (jaribosi) tinfoil; foil
jaribu *n* (majaribu) 1. test 2. trial
-jaribu *v* 1. to try 2. to test 3. to
prove 4. to try on
jarida *n* (majarida) 1. magazine 2.
journal
jarida la mitindo ya mavazi *n*
fashion magazine
jarife *n* (majarife) drag-net
jaruba *n* (jaruba) 1. canister 2. field
jasho *n* (majasho) 1. sweat 2. -toka
jasho to work hard
jasi *n* (jasi) 1. gypsum 2. plaster of
Paris
-jasiri *adj* 1. daring 2. brave
-jasiri *v* 1. to dare 2. to brave
-jasisi *v see* -jasusi
jasusi *n* (majasusi) 1. spy 2. traitor
3. scout
-jasusi b to spy (on)
-jawa *v* to be full (na of)
jawabu *n* (majawabu) answer;
reply
-jaza *v* 1. to fill 2. to fill in/out/up 3.
Utajaza! You'll find out!
-jazana *v* to be crammed in
jazba *n* (jazba) 1. feeling 2.
inspiration
jazi *n* (majazi) 1. present 2. increase
3. recompense 4. *(spor.)* strip
-jazi *v* to present
-jazia *v* to fill for/with
jaziba *n* (jaziba) 1. feeling 2.
inspiration
-jazibika *v* to be inspired
jazua *n* (jazua) gift *(for mother just
given birth or first-time bride)*
-jazwa *v* to be filled
je? 1. *indicates a question* 2. je ni...?
is it...? 3. *see* je vipi
jebu *n* (majebu) braid
jedwali *n* (jedwali) 1. table 2. chart
jefule *n* (jefule) violence
jehanum *n* (jehanum) hell
jeketi *n* (jeketi) jacket

jeketi-okozi *n* (majeketi-okozi); **jeketi la okozi** *n* (majeketi ya okozi) life jacket
jeki *n* (jeki) 1. jack 2. **-tia jeki** to help out
jela *n* (jela) 1. jail 2. prison
jelebi *n* sweet pastry
-jema *adj* good
jemadari *n* (majemadari) *(mil.)* 1. general 2. commander
jembe *n* (majembe) 1. hoe 2. spade 3. ploughshare 4. propellor
jenabu *n* (jenabu) dear sir/madam
jenerali *n* (majenerali) general
jenereta *n* (jenereta) generator
jeneza *n* (majeneza) 1. coffin 2. casket 3. bier
-jenga *v* to build
-jengea *v* to build for
-jengeka *v* to get built
jengelele *n* (jengelele) 1. small intestine 2. penis
-jengewa *v* to be built for
-jengwa *v* to be built (**kwa** of)
jengo *n* (majengo) 1. building 2. block
jengo la ukumbusho *n* (majengo ya ukumbusho) monument
-jengwa *v* to be built
jeni *n* (jeni) gene
jeraha *n* (majeraha) 1. wound 2. injury 3. sore
-jeruhi *v* 1. to wound 2. to injure
-jeruhiwa *v* 1. to be wounded 2. to be injured
-jerumani *adj* German
jeshi *n* (majeshi) 1. army 2. regiment 3. military 4. force 5. *see* **kijeshi**
Jeshi la Kujenga Taifa *n* National Service
jeshi la mgambo *n* militia
jeshi la ulinzi *n* defence force
jeshi la wananchi *n* national defence force
jeta *n* (jeta) 1. barnacle 2. loafer

jethamu *n* (jethamu) 1. leprosy 2. elephantiasis
jeuri 1. *adj* rude 2. unjust 3. *n* (jeuri) rudeness 4. injustice 5. **-toa jeuri** to teach a lesson
je vipi 1. hey! 2. how're things?
-jia *v* 1. to approach 2. to come (to)
-jiainisha *v* to class oneself as
-jiambia *v* to tell oneself
-jiamini *v* to be confident
-jiaminisha *v* to be convincing
-jiamulia *v* to judge for oneself
-jiandaa *v* to prepare for
-jiandikisha *v* 1. to register 2. to check in 3. to subscribe to 4. to enrol
-jiasa *v* to warn oneself
-jibanza *v* 1. to press against 2. to hide (oneself)
-jibari *v* 1. to stand aside (from) 2. to avoid
-jibia *v* to reply
-jibidisha *v* to make a great effort
jibini *n* (jibini) cheese
-jibiwa *v* to be answered
-jibizana *v* 1. to answer one another 2. to have a dialogue
jibu *n* (majibu) answer; reply
-jibu *v* to answer
-jiburudisha *v* to enjoy oneself
jibwa *n* (majibwa) big dog
jicho *n* (macho) eye
-jichora *v* to show oneself
-jichumia *v* to reap for oneself
-jidai *v* 1. to pretend to be 2. to boast
-jidamka *v* to wake up early
-jidanganya *v* to delude oneself
-jieleza *v* to explain oneself
-jiendesha *v* to be automatic
-jifahamu *v* to be conscious
-jifaidia *v* to benefit oneself
-jifanya *v* 1. to pretend to be 2. to malinger
-jifuharisha *v* to enjoy oneself
-jifundisha *v* 1. to learn 2. to study
-jifunga *v* 1. to wear 2. to devote oneself

-jifungia nje *v* to lock out
-jifungua *v* to give birth
-jifunza *v* 1. to learn 2. to study
-jifunza kwa moyo *v* to learn by heart
-jifunzwa *v* to be taught
-jifuta *v* to erase oneself
jifya *n* (mafya) hearth
-jigamba *v* to brag
jiha *n* (jiha) 1. way 2. direction 3. part
-jihadhari *v* 1. to pay attention 2. to take precautions 3. to beware
jihadhari! 1. look out! 2. beware!
-jihami *v* to protect oneself
-jiheshimu *v* to have self-respect
-jihimu *v* 1. to rouse onelsef 2. to wake early
-jihini *v* to abstain from
-jihusisha *v* to involve onself in
-jiinamia *v* 1. to bow to 2. to be oppressive
-jijengea *v* 1. to build for oneself 2. to look out for oneself
jiji *n* (majiji) city
-jika *v* to strain
-jikakamua *v* to exert oneself
-jikalifu *v* to trouble oneself
-jikatia *v* 1. to put on 2. to resign oneself
-jikaza *v* 1. to stand fast 2. to fit tightly 3. to try one's best
-jikaza kisabuni *v* to grin and bear it
jike *n* (majike) female (animal)
-jikimu *v* 1. to support oneself 2. to pay one's way
-jikinga *v* to protect oneself
-jikita *v* 1. to be based on 2. to boast
jiko *n* (majiko) 1. fireplace 2. oven 3. stove 4. cooker 5. kitchen 6. -pata jiko to find a wife
jiko la umeme *n* electric cooker
-jikomba *v* to ingratiate oneself
-jikomboa *v* 1. to save oneself 2. to liberate oneself
-jikongojea *v* to hobble

jikoni *adv* 1. in the kitchen 2. on the cooker
-jikosoa *v* to admit one's mistakes
-jikunjulia *v* to spread on oneself
-jikunyata *v* to be hunched up
-jikurupucha *v* to arouse oneself
-jikusanya *v* to draw oneself up
-jikusuru *v* to go to the trouble of
-jikuta *v* to find oneself
-jikwaa *v* to stumble
-jikwamua *v* to extricate oneself
-jikwatua *v* to dress oneself up
-jilaumu *v* to blame oneself
-jilaza *v* 1. to lay down 2. to rest
-jilipiza kisasi *v* to take revenge
jiliwa *n* (jiliwa) *(tech.)* vice
jimbi *n* (majimbi) 1. root 2. bracken 3. cock; rooster
jimbo *n* (majimbo) 1. inhabited land 2. region 3. province 4. state 5. diocese
jimbo la simu: namba ya jimbo la simu area code
-jimudu *v* to look after oneself
-jimwayamwaya *v* to show off
jina *n* (majina) 1. name 2. **Jina lako nani?** What's your name? 3. **Jina langu Emma.** My name's Emma. *4. see* jina la...
-jinadi *v* to proclaim oneself
jinai *n* (jinai) 1. crime 2. **-a jinai** criminal
-jinaki *v* to praise oneself
jina la kupanga *n* nickname
jina la kwanza *n* first name
jina la ubatizo *n* Christian name
jina la ukoo *n* 1. surname 2. maiden name
-jinamia *v* to be oppressive
jinamizi *n* (majinamizi) 1. humility 2. nightmare
-jinasibu *v* to claim a relationship
-jinata *v* to be stuck-up
-jineemesha *v* to take care of oneself
-jinga *adj* ignorant
jingine another

jingizi *n* (jingizi) gift for midwife

jini *n* (majini) **1.** genie **2.** fairy

jino *n* (meno) **1.** tooth **2.** cog **3.** meno ya bandia dentures

-jinoa *v* to get in shape

jinsi *n* (jinsi) **1.** kind; sort; type **2.** species **3.** gender **4.** way **5.** method **6.** the way how **7.** *see* jinsi...

jinsia *n* **1.** sex **2.** gender **3.** ubaguzi ya jinsia sexual harassment

jinsi ambavyo; jinsi gani how

jinsi ilivyo the way it is

jinsi ya the way to; how to

-jinufaisha *v* to take care of oneself

-jinyakulia *v* to obtain

-jinyakulia uhuru *v* to declare oneself free

-jinyima *v* to abstain

-jinyonga *v* to hang oneself

jinywa *n* (manywa) mouth

jinzi *n* (jinzi) jeans

jiografia *n* (jiografia) geography

jiologia *n* (jiologia) geology

-jiona *v* to be conceited

-jiondokea *v* to get up and leave

-jionea *v* to see for oneself

jioni *n* (jioni) **1.** evening **2.** leo jioni this evening

-jiotea *v* to become disorderly

-jipa *v* to pretend

-jipalia mkaa/makaa *v* to get oneself into trouble

-jipamba; -jipanga *v* to dress up

-jipapatua *v* to get rid of

-jipatia *v* to acquire

-jipe imani *v* to convince oneself

-jipe moyo *v* to take courage

-jipendekeza *v* to ingratiate oneself

-jipenyeza *v* to slip

-jipima *v* to try on

-jipodoa *v* to put on make-up

-jiponza *v* to put oneself in danger

jipu *n* (majipu) **1.** boil **2.** abscess **3.** ulcer

-jipumbaza *v* to delude oneself

-jipura *v* **1.** to dress up **2.** to put on make-up

-jipurukusha *v* to feign disinterest

-jipuza *v* to behave stupidly

-jipweteka *v* to flop down

jira *n* **1.** (jira) cumin **2.** (majira) axis

-jirakibisha *v* to adapt oneself

jirani *n* (majirani) neighbour

-jirekebisha *v* to adapt oneself

-jiremba *v* to get made up

-jiri *v* **1.** to happen **2.** to pass on **3.** to flow

jiriwa *n* (jiriwa) *(tech.)* vice

-jirudi *v* to change one's ways

-jirudia *v* to repeat oneself

-jisaidia *v* **1.** to help oneself **2.** to go to the toilet

-jisalimisha *v* to surrender

-jishaua *v* **1.** to show off **2.** to act silly

-jishughulisha *v* to occupy oneself (na with)

-jisifu *v* to boast

-jisikia *v* **1.** to feel **2.** to feel good/well **3.** to feel important **4.** Sijisikii. I don't feel well.

-jisikia afadhali *v* to feel better

-jisikia nafuu *v* to feel improved

-jisikia vibaya *v* to feel unwell

-jisikia vizuri *v* to feel fine

jisikie nyumbani! make yourself at home!

-jisingizia *v* to pretend

-jistaajabia *v* to surprised oneself

-jistahi *v* to have self-respect

jisu *n* (majisu) large knife

-jisuka *v* to balance

-jitaabisha *v* to take the trouble

-jita *v* **1.** to take care **2.** to beware

jitahidi *n* (jitihadi) effort

-jitahidi *v* **1.** to make an effort **2.** to work hard

-jitakia *v* to want for oneself

-jitambua *v* to be self-aware

-jitamkia *v* to speak to oneself

-jitanguliza *v* to put oneself forward

-jitapa *v* to boast

-jitawala *v* 1. to have self-control 2. to be self-governing 3. to be autonomous

-jitegemea *v* to be self-sufficient

-jitenga *v* a. to separate oneself from 2. to disassociate oneself from

-jitetea *v* to defend oneself

jiti *n* (majiti) big tree

-jitia *v* to simulate

-jitia kitanzi *v* to hang oneself

jitihada *n* (jitihada) 1. effort 2. hard work 3. engagement

jitimai *n* (jitimai) grief

jito *n* (majito) big river

-jitoa *v* 1. to withdraw (oneself) 2. to volunteer

-jitoa kimasomaso *v* to worm out of

-jitoa mhanga/sabili *v* to sacrifice one's life

-jitokeza *v* 1. to appear 2. to stand out 3. to be evident 4. to step forward

-jitolea *v* 1. to be generous 2. to volunteer

-jitolea mhanga/sabili *v* to sacrifice one's life

-jitoma *v* to rush in

-jitosa *v* to dive into

-jitosheleza *v* 1. to be adequate 2. to be self-sufficient

jitu *n* (majitu) giant

-jituma *v* 1. to get down to work 2. to get involved

-jitutumumua *v* to brag

-jitwaza *v* to be arrogant

-jitwalia *v* to shoulder

-jitwika *v* to load oneself

-jitwisha *v* to load up

-jiua *v* to commit suicide

-jiuliza *v* to wonder

-jiunga na *v* 1. to join 2. to be linked with 3. to agree with

-jiuzulu *v* to resign

jivi *n* (majivi) 1. wild boar 2. thief

-jiviringishia *v* to roll

jivu *n* (majivu) ash

-jivuna *v* 1. to show off 2. to boast

-jivunia *v* 1. to be proud (of) 2. to boast (of)

-jivuta *v* to pull oneself

-jiwa na *v* to be visited by 2. to be stricken by/with

jiwe *n* (mawe) 1. stone 2. battery 3. weight

jiwe la kiberiti *n* lighter flint

jiwe la kusagia *n* grindstone

jiwe la msingi *n* corner stone

-jiwekea *v* to put oneself

-jiweza *v* 1. to be fit 2. to be able 3. to be able to do without help

-jizatiti *v* to get ready

jizi *n* (majizi) thief

jizia *n* (jizia) weight measure

-jizoa; -jizoazoa *v* to pull oneself up

-jizoea *v* 1. to practise 2. to get used to

-jizoeza *v* to practise

-jizuia *v* to control oneself

-jizungumza *v* to amuse oneself

jodari *n* (jodari) 1. tuna 2. dried fish

jogoo *n* (majogoo) 1. cock; rooster 2. *(sl.)* penis

johari *n* (johari) 1. jewel 2. precious stone

joho *n* (majoho) 1. woollen cloth 2. coat

joka *n* (majoka) 1. large snake 2. dragon

joko *n* (majoko) 1. oven 2. kiln 3. furnace

jokofu *n* (majokofu) fridge

jometri *n* (jometri) geometry

-jongea *v* 1. to move 2. to approach

jongefu *adj* mobile

-jongelea *v* to move near/to

-jongeza *v* to move along

jongo *n* (majongo) 1. seam 2. back

jongomeo *n* (jongomeo) afterlife

jongoo *n* (majongoo) millipede

jopo *n* (majopo) panel

jora *n* (jora; majora) 1. bolt 2. bale

joshi *n* (joshi) windward side

josho *n* (majosho) 1. washing place 2. (animal) dip

joto 1. *adj* hot 2. warm 3. *n* (joto) heat 4. warmth 5. -enye joto warm

jotoridi *n* (majotoridi) temperature

jozi 1. *adj* binary 2. paired 3. *n* (jozi; majozi) pair

jua *n* (majua) 1. sun 2. **Kuna jua.** It's sunny.

-jua *v* 1. to know 2. to understand 3. to know how to 4. **unavyojua...** as you know... 5. *see* -jua...

jua kali *n* car workshop

-jua kwa ghibu *v* to know by heart

-juana *v* 1. to know each other 2. to understand each other

juba *n* (majuba) coat

-juburu *v* 1. to force 2. to encourage

juha *n* (majuha) 1. idiot 2. clown

juhudi *n* (juhudi) 1. effort 2. hard work

juisi *n* (juisi) juice

juisi ya balungi *n* grapefruit juice

juisi ya machungwa *n* orange juice

juisi ya nyanya *n* tomato juice

jukumu *n* (majukumu) 1. role 2. responsibility

jukwaa *n* (majukwaa) 1. platform 2. stage 3. scaffolding

jukwaani on stage

Julai *n* (Julai) July

-julia hali *v* to enquire about

-juliana hali *v* to enquire about each other

-julika; -julikana *v* to be known

-julikana sana *v* 1. to be famous 2. to be notorious

-julisha *v* 1. to inform 2. to introduce

-julishwa *v* 1. to be informed 2. to be introduced

-juliwa *v* to be known

juma *n* (majuma) week

juma lijalo next week

juma lililopita last week

Jumamosi *n* (Jumamosi) Saturday

Jumanne *n* (Jumanne) Tuesday

Jumapili *n* (Jumapili) Sunday

Jumatano *n* (Jumatano) Wednesday

Jumatatu *n* (Jumatatu) Monday

jumba *n* (majumba) 1. (large) building 2. mansion

jumba la maakuli *n* canteen

jumba la makumbusho *n* museum

jumba la mfalme *n* palace

Jumba la Nyaraka za Taifa *n* National Archives

jumba la sanaa *n* art gallery

jumba lenye fleti *n* apartment block

jumbe *n* (majumbe) 1. chief 2. messenger

jumbo *n* (maumbo) physique

jumla *n* (jumla) 1. sum 2. total 3. addition 4. *(com.)* wholesale 5. **kwa jumla** in general 6. *(com.)* wholesale

-jumlisha *v* to add up

jumlisho *n* (majumlisho) 1. sum 2. addition

jumu *n* (jumu) fortune

jumuia *n* (jumuia) 1. society 2. association 3. organization 4. community 5. union

Jumuia ya Madola *n* the British Commonwealth

Jumuia ya Afrika ya Mashariki *n* East African Community

Jumuia ya Mataifa *n* League of Nations

Jumuia ya Ulaya *n* European Union

-jumuika *v* 1. to be united 2. to assemble

-jumuisha *v* to generalize

jumuisho *n* (majumuisho) generalization

jumuiya *n* (jumuiya) *see* jumuia
jumuiya ya vyama vya ushirika *n* co-operative union
jungu *n* (majungu) cooking-pot
Juni *n* (Juni) June
jura *n* (majura) 1. big frog 2. fool
jurawa *n* (jurawa) sparrow
-juta *v* to regret
-jutia *v* to be regretful about
juto *n* (majuto) regret
juu 1. *adj/adv* high 2. above 3. up 4. on; upon 5. over 6. at the top 7. upstairs 8. *n* (juu) top 9. upstairs
juu chini *adv* upside-down
juujuu *adv* 1. superficially 2. casually 3. -a juujuu superficial 4. casual

juu kwa juu *adv* rudely
juu ya *prep* 1. above 2. on; upon 3. up to 4. over 5. on top of 6. concerning 7. despite 8. juu yetu our responsibility
juu ya hayo furthermore
juu ya hivyo nevertheless
-juujuu *adj* superficial
-juvya; -juza *v* 1. to inform 2. to provoke 3. *see* -julisha
juzi *n* (juzi; majuzi) the day before yesterday
juzijuzi *adv* 1. three days ago 2. recently
-juzu *v* to be suitable
juzuu *n* (juzuu) 1. section 2. division 3. chapter

K

ka- tiny
-ka- *indicates narrative tense*
kaa *n* 1. (kaa; makaa) crab 2. Cancer 3. (makaa) charcoal 4. coal 5. fuel
-kaa chonjo *v* to be on one's guard
-kaa *v* 1. to stay 2. to sit 3. to live (in) 4. to suit 5. to fit 6. to last
-kaa ange *v* to be resolute
-kaa kitako *v* to sit down
kaa la mawe *n* coal
kaa ukijua *v* to bear in mind
kaakaa *n* (kaakaa; makaakaa) 1. palate 2. -a kaakaa palatal
-kaanga *v* to fry
kaango *n* (makaango) frying pan
-kaangwa *v* to be fried
-kaba *v* 1. to squeeze 2. to choke 3. -kaba roho to strangle
kababu *n* (kababu) kebab
kabaila *n* (makabaila) 1. landlord 2. person with property
kabambe *adj* 1. intensive 2. great 3. mpango kabambe intensive programme
kabari *n* (makabari) 1. wedge 2. chock
kabati *n* (makabati) 1. cupboard 2. locker
kabeji *n* (makabeji); **kabichi** (makabichi) cabbage
kabidhi *n* (kabidhi) care
kabidhi *adj* 1. miserly 2. economical
-kabidhi *v* 1. to deliver 2. to entrust to
-kabidhiwa *v* 1. to receive 2. to be entrust with
kabila *n* (makabila) 1. nationality 2. ethnic group 3. tribe
-kabili *v* to confront

-kabiliana *v* 1. to confront one another 2. to be opposite
-kabiliwa *v* to be confronted by
kabisa *adv* 1. completely 2. absolutely 3. extremely 4. exactly 5. quite 6. sawa kabisa that's quite right
kabla *adv/conj* before
kabla ya... before
kabla ya hapo before then
Kabla ya Kristu = K.K. B.C. = Before Christ
kabla ya wakati wake prematurely
kabla ya yote before all else
kaboni *n* (kaboni) carbon
kabrasha *n* (makabrasha) brochure
kabuli *n* (kabuli) rice dish
kaburi *n* (makaburi) 1. grave 2. tomb 3. *see* makaburi
kaburu *n* (makaburu) 1. settler 2. Boer; Afrikaaner 3. white South African
-kabwa *v* to be choked
kabwela *n* (makabwela) 1. poor person 2. the common man
-kacha *v* 1. to be rough 2. to be tough
kachara *adj* worthless
kachero *n* (makachero) 1. detective 2. secret agent
kachombe *n* (kachombe) 1. dive 2. to dive
kachumbari *n* (kachumbari) pickle
kada *n* (makada) activist; cadre
kadamnasi in public
kadamu *n* (makadamu) foreman
kada wa chama *n see* kada
kadha *adj* several

kadha ya kadha 1. etc.; etcetera **2.** *see* kadha

kadhaa *adv* several

kadhalika *adv* **1.** in this way; likewise **2.** and so on '

kadhi *n* (makadhi) *(Isl.)* **1.** judge **2.** mullah

kadhia *n* (kadhia) event

kadi *n* (kadi) card

kadimisho *n* (kadimisho) offer

kadiri *n* (kadiri) **1.** amount **2.** value **3.** way **4.** rank **5.** average **6 -a** kadiri average **7.** *see* kadiri ya

-kadiri *v* to evaluate

-kadiria *v* **1.** to measure **2.** to value

-kadirika *v* to be measurable

kadirio *n* (makadirio) estimate

-kadirisha *v* to evaluate

-kadiriwa *v* to be estimated

kadiri ya... *adj* **1.** according to **2.** as many as; as much as **3.** approximately

kadi ya bima ya gari *n* green card (car insurance)

kadi ya kuthibitisha cheki *n* cheque card

kadi ya malipo *n* credit card; charge card

kadi ya simu *n* phone card

kadogo *adj* tiny

kadri *see* kadiri

kafara *n* (makafara) sacrifice

kafi *n* (makafi) **1.** oar **2.** -piga kafi to row

-kafini *v* to prepare a corpse for burial

kafiri *n* (makafiri) *(Isl.)* unbeliever; infidel

kafuri *n* (kafuri) camphor

kafyu *n* (kafyu) curfew

-kaga *v* to protect

kago *n* (makago) (traditional) protection

-kagua *v* **1.** to check **2.** to inspect

-kaguliwa *v* to be inspected

kahaba *n* (makahaba) prostitute

kaharabu *n* (kaharabu) amber

kahawa *n* (kahawa) coffee

kahawa isiyokuwa na kafeini *n* decaffeinated coffee

kahawa ya kuchujwa *n* filter coffee

kahawa ya unga *n* instant coffee

kahawia *adj* **1.** brown **2.** beige

kaida *n* (kaida) **1.** rules **2.** law **3.** *(Isl.)* month (second after Ramadan)

-kaidi 1. *adj* stubborn **2.** *v* to be stubborn

kaimati *n* (kaimati) sweet doughnuts

kaimu *n/adj* (makaimu) **1.** assistant **2.** deputy **3.** vice- **4.** agent **5.** acting

-kaimu *v* to deputize

kaimu mkurugenzi *n* deputy director

kajayeye *n* (kajayeye) cassava

kaka *n* **1.** (makaka) elder brother **2.** (kaka) shell

kakakaka *adv* in a hurry

kakakuona *n* (kakakuona) pangolin

kakala *n see* kaakaa

kakamavu *adj* determined

-kakamia *v* to be determined

-kakamizi *adj* stubborn

-kakamua *v* to struggle

kakao *n* (kakao) cocoa

kakara *n* (kakara) **1.** struggle **2.** wrestling

kakarakakara *n* (kakarakakara) hustle and bustle

kakasi *adj* **1.** acid **2.** bitter

-kakata *v* **1.** to hurt **2.** to sketch

kakawana *n/adj* (makakawana) **1.** muscular person **2.** athletic person

kaki *n* (kaki) **1.** khaki **2.** wafer

kala *n* (kala) **1.** collar **2.** turtle

kalab *n* (kalab) rabies

kalafati *n* (kalafati) sealing material

-kalafati *v* to seal a joint

kalala *n* (makalala) honeycomb

kalambezi *n* (kalambezi) mackerel

-kalamka v to be clever
-kalamkia v to outwit
-kalamkiwa v to be outwitted
kalamu n (kalamu) 1. pen 2. pencil
3. crayon
kalamu ya risasi n pencil
kalasha n (kalasha) 1. tusk 2. ivory
Kalasinga n (Makalasinga) Sikh
-kale adj 1. ancient 2. antique 3. old-
fashioned
kale n (kale) olden times
kale na kale adv everlasting
kalenda n (kalenda) calendar
-kali adj 1. strong 2. severe 3. fierce
4. bitter 5. hot 6. sharp 7. spicy 8.
hot 9. sour
-kalia v 1. to sit on/at 2. to occupy
kalibu n (kalibu) 1. mould 2.
crucible
-kalika v to be inhabited
-kalifu v 1. to inconvenience 2. to
intensify
kalikiti n (kalikiti) curling set
kalili adj rare
kalima n (kalima) word
kalipa n (kalipa) calipers
-kalisha v to seat
-kaliwa v 1. to be sat on 2. to be
occupied
kalori n (kalori) calory
kalunguyeye n (kalunguyeye)
hedgehog
kama conj 1. (such) as 2. if; whether
3. about 4. like 5. the same
-kama v 1. to squeeze 2. to wring 3.
to milk
kama ipasavyo as it should be
kama kawaida 1. as usual 2.
usually
kama kwamba as if
kamambe 1. adj intense 2. n
(makamambe) strong person
kamandegere n (kamandegere)
springhare
kamani n (kamani) (metal) spring
kamari n (kamari) 1. gambling 2.
-cheza kamari to gamble

kamasi n (makamasi) 1. mucus 2.
see makamasi
kamata n (kamata) flu
-kamata v 1. to take 2. to catch 3. to
arrest
-kamata mateka v to take
prisoner
-kamatana v to catch each other
kamati n (kamati) committee
kamati ndogo n sub-committee
kamati ya kudumu n permanent
committee
kamati ya utendaji n executive
committee
-kamatwa v 1. to be taken 2. to be
caught 3. to be arrested
kama vile for instance
kamba n 1. (kamba) rope 2. string
3. prawn 4. lobster 5. (makamba)
honeycomb
kamba koche n lobster
kambare n (kambare) catfish
kamba wadogo pl shrimps
kamba wakubwa pl lobsters
kamba ya kuanikia nguo n
clothes line
kambi n (kambi; makambi) 1.
camp 2. campsite 3. **safari ya
makao kambini** camping safari 4.
-piga kambi to set up camp
kambiwa v and I am told
kambo: -a kambo adj 1. step-
relation 2. **baba wa kambo**
stepfather 3. **mama wa kambo**
stepmother 4. **mtoto wa kambo**
stepchild
kame adj 1. barren 2. arid 3.
shallow 4. invariable
kamera n (kamera) camera
-kamia v 1. to pressurize 2. to
threaten
kamili 1. adj whole 2. complete 3.
perfect 4. exact 5. adv completely
6. pefectly
-kamilifu adj/adv see **kamili**
-kamilika v to be complete
-kamilisha v to complete

-kamilishwa *v* to be complete
kamio *n* (makamio) threat
kamishna *n* (makamishna) commissioner
kampeni *n* (kampeni) campaign
kampuni *n* (kampuni; makampuni) 1. company 2. business
kampuni tanzu *n* branch company
kampuni ya utalii *n* tour operator
kamsa *n* (kamsa) 1. alarm 2. saa ya moto fire alarm 3. saa ya kamsa alarm clock
-kamua *v* 1. to squeeze 2. to wring 3. to milk 4. to try hard
-kamuliwa *v* 1. to be squeezed 2. to be wrung 3. to be milked
kamusi *n* (kamusi; makamusi) dictionary
kamwe *adv* 1. (not) at all 2. ever/never
kana *n* (kana) rudder
-kana *v* 1. to deny 2. to disown
kana kwamba *conj* as if
kanali *n* (makanali) colonel
kanchiri *n* (kanchiri) bra
kanda *n* 1. (makanda) unpleasant person 2. (kanda) bag 3. cassette 4. *see* ukanda
-kanda *v* 1. to knead 2. to massage
-kandamiza *v* 1. to squash 2. to suppress
-kandamizwa *v* 1. to be squashed 2. to be suppressed
kandanda *n* (kandanda) 1. football 2. football match
kandarasi *n* (kandarasi) contract
kande *n* (kande) 1. mixed foods 2. food supplies
-kandika *v* to plaster
kandiko *n* (makandiko) plaster
-kandikwa *v* to be plastered
kandili *n* (kandili) lamp
kando 1. *n* (kando) edge 2. (river) bank 3. *adv* beside
kandokando ya right next to

kando ya *adv* next to
kanga *n* (kanga) 1. kanga cloth; kanga wrapper 2. guinea fowl 3. coconut stalk 4. **nyama ya kanga** guinea fowl *(food)*
kangaja *n* 1. (makangaja) mandarin; clementine 2. (kangaja) reed
-kanganya *v* to confuse
-kanganyikiwa *v* to be confused
kangara *n* (kangara) beer
-kangwa *v* to be fried
kani *n* (kani) 1. force 2. anger
kanieneo *n* (kanieneo) pressure
kanieneo sawa *n* isobar
-kanika *v* to be denied
-kanikana *v* to be deniable
kaniki *n* (kaniki) calico cloth
kani mvutano *n* gravity
kani pewa *n* centrifugal force
kani tovu *n* centripetal force
kanisa *n* (makanisa) 1. church 2. cathedral 3. synagogue
kanisa kuu *n* 1. cathedral 2. abbey
kanja *n* (makanja) palm leaf
kanji *n* (kanji) starch
kanju *n* (makanju) cashew
kano *n* 1. (kano) tendon 2. ligament 3. (makano) refusal
kanu *n* (kanu) wild cat
kanuni *n* (kanuni) 1. law 2. rule 3. procedure 4. principle; ethic
-kanusha *v* to deny
kanwa *n* (makanwa) mouth
-kanya *v* to forbid
-kanyaga *v* to tread on
kanyagio *n* (makanyagio) cooked animal's foot
-kanyagwa *v* to be trodden on
-kanywa *v* to be forbidden
kanzu *n* (kanzu) 1. treasure 2. robe 3. dress 4. **askari kanzu** detective
kao *n* (makao) base
kapa *n* (kapa) sleeveless coat
kapani *n* (kapani) scale(s)
kapela *n* (makapela); **kapera** (makapera) bachelor

kapi *n* 1. (kapi) pulley 2. (makapi) husk 3. chaff

kapile *n* (kapile) cooked food

kaptula *n* (kaptula); **kaptura** (kaptura) shorts

kapu *n* (makapu) basket

kapu la taka *n* wastepaper basket; trashcan

kapungu *n* (kapungu) 1. eagle 2. shark

kaputula *n* (kaputula) shorts

kara *n* (makara) 1. splinter 2. pause

karabai *n* (karabai) hurricane lamp

-karabati *v* 1. to recondition 2. to rehabilitate

-karabatiwa *v* 1. to be reconditioned 2. to be rehabilitated

karadha *n* (karadha) 1. loan 2. advance 3. credit

karadha ya mishahara *n* (karadha za mishahara) interest-free loan

karadha ya mishahara *n* (karadha za mishahara) salary advance

-karadhi *v* 1. to loan 2. to advance 3. to give credit

karafuu *n* (karafuu) clove

karagosi *n* (makaragosi) puppet

karaha *n* (karaha) disgust

karai *n* (makarai) basin

karakana *n* (karakana) 1. workshop 2. factory

karama *n* (karama) 1. grace 2. honour 3. talent

-karamka *v* 1. to be clever 2. to be alert

karamu *n* (karamu) banquet

karanga *n* (karanga) 1. groundnut; peanut 2. beef stew

karani *n* (makarani) 1. secretary 2. clerk

karantini *n* (karantini) quarantine

karata *n* (karata) card

karatasi *n* (karatasi) paper

karatasi a kuandikia *n* writing paper; note paper

karatasi ya kufungia *n* wrapping paper

karatasi yenye matangazo *n* leaflet

karatasi za chooni *n* toilet paper

karibia *adj* approaching

-karibia *v* to approach

-karibiana *v* 1. to approach each other 2. to converge 3. to resemble each other

-karibisha *v* 1. to welcome 2. to invite

karibisho *n* (makaribisho) 1. welcome 2. invitation

-karibishwa *v* 1. to be welcomed 2. to be invited

karibu 1. *n* (karibu) welcome 2. close person/thing 3. *adj* close (na to) 4. next (na to) 5. karibu na bahari by the sea 6. *adv* almost; nearly 7. karibu wakati wote nearly all the time

-karibu *v* 1. to come close 2. to enter

karibu! *singular* 1. welcome (kwa to)! 2. come in! 3. karibu tena! come again!

karibuni *adv* 1. soon 2. recently 3. -a karibuni kabisa latest 4. hivi karibuni just recently 5. very soon now

karibuni! *plural* 1. welcome (kwa to)! 2. come in! 3. karibuni tena! come again!

kariha *n* (kariha) inspiration

-karimia *v* to grant

-karimiwa *v* to be granted

karimu 1. *adj* generous 2. kind 3. open-minded 4. *n* (makarimu) see **mkarimu**

-karimu *v* 1. to be generous to 2. to be kind to

-karipia *v* 1. to scold 2. to criticise

karipio *n* (makaripio) 1. scolding 2. criticism

-karipiwa *v* 1. to be scolded 2. to be criticised

-kariri v 1. to recite 2. to quote

-kaririwa v 1. to be recited 2. to be quoted

karne n (karne) century

karo n (karo) 1. fee; fees 2. sink 3. tank

karoti n (karoti) carrot

karunguyeye n (karunguyeye) hedgehog

kasa adj 1. less 2. less 3. **kasa robo...** quarter to...

kasa n (kasa) turtle

kasama n (kasama) oath

kasarobo quarter to

kaseti n (kaseti) cassette

kasha n (makasha) 1. box 2. chest 3. safe

kashabu n (kashabu) bead

kashata n (kashata) sweet; candy

kasheshe n (kasheshe) showdown

kashfa n (kashfa) 1. scandal 2. libel 3. slander

kashida n (kashida) shawl

kashifa n (kashifa) 1. scandal 2. libel 3. slander

-kashifiwa v 1. to be libelled 2. to be slandered

-kashifu v 1. to libel 2. to slander

kasi 1. adj quick 2. adv quickly 3. n (kasi) speed 4. **mwendo kasi** (at) top speed 5. **kasi ya umeme** speed of light

kasia n (makasia) 1. oar 2. oribi 3. **-vuta kasia** to row

kasiba n (kasiba) gun barrel

kasida n (kasida) 1. religious praise song; qasida 2. ode

kasidi n (kasidi) 1. intention 2. purpose 3. object

kasiki n (kasiki; makasiki) 1. jar 2. oildrum

kasimile n (kasimile) coconut cream

-kasimu v to divide

-kasiri v 1. to lack 2. to be missing 3. to fail to

-kasirika v to get angry

-kasirikia v to get angry about/at

-kasirisha v to make angry

-kasirishana v to anger each other

-kasirishwa v to be made angry

kasisi n (makasisi) 1. priest 2. minister 3. chaplain

kasisi mkuu n (makasisi wakuu) provost

kaskazi n (kaskazi) 1. hot season (December to March) 2. north monsoon 3. north wind

kaskazini n/adj/adv (kaskazini) 1. north 2. -a kaskazini north; northern 3. **kaskazini ya** north of

kaskazini magharibi n/adj/adv north-west

kaskazini mashariki n/adj/adv north-east

kasoro 1. n (kasoro) defect 2. lack 3. -fanya kasoro to lack 4. adv less 5. unless

kasorobo see **kasarobo**

kasri n (kasri) 1. castle 2. mansion

kastabani n (kastabani); **kastabini** (kastabini) thimble

kasuku n (kasuku) 1. parrot 2. sprinkler

kasumba n (kasumba) 1. propaganda 2. brainwashing 3. opium

kasumba ya ukoloni n (kasumba ya ukoloni) colonial legacy

kaswende n (kaswende) syphilis

kata n (kata) 1. ladle 2. pad 3. section 4. district 5. (pol.) ward

-kata v 1. to cut 2. to cut across 3. to sever 4. (med.) to amputate 5. see kukata

kataa n (kataa) 1. cut 2. piece 3. part 4. final 5. corner

-kataa v 1. to reject 2. to deny

-kataa katakata v 1. to deny absolutely 2. to flatly refuse

-katakata v to cut up

-kata kauli v to interrupt

-katalia *v* to reject
-kataliwa *v* 1. to be rejected 2. to be denied
-kata mkono *v* to turn
katani *n* (katani) sisal; hemp
katara *n* (makatara) 1. old vehicle 2. taxi
-kata roho *v* to die
-kata rufaa *v* *(leg.)* to lodge an appeal
-kata shauri *v* to decide
kataupepo *n* (kataupepo) propeller blade
-kataza *v* to forbid; to prohibit
katazo *n* (makatazo) 1. prohibition 2. embargo
-katazwa *v* to be forbidden; to be prohibited
kati 1. *n* middle; centre 2. -a kati middle; central 3. *adv* between 4. in the middle (ya kati ya) 5. *see* kati ya
-katia *v* 1. to cut for 2. to cut across 3. to interrupt
katiba *n* (katiba) 1. tradition 2. constitution 3. *see* kikatiba
katibu *n* (makatibu) 1. secretary 2. clerk
katibu kata *n* district secretary; ward secretary
katibu mkuu *n* secretary general
katibu mtendaji *n* executive secretary
katibu muhtasi *n* personal secretary
katibu mwadalizi *n* social secretary
katibu mweneza habari *n* publicity secretary
katibu myeka *n* private secretary
katibu wa pinago ya chama *n* organising secretary
katika *adv* 1. in 2. inside (of) 3. into 4. out of 5. katika ndege on a plane
-katika *v* 1. to be cut 2. to end 3. to twist
katikati 1. *n* middle; centre 2. -a

katikati middle; central 3. *prep/adv* between; in the middle (of)
katikati ya *prep* in the middle of
katikati ya mji *n* town centre; city centre
katikiro *n* (katikiro) office messenger
katili *n* (makatili) 1. sadistic person 2. abuser
-katili 1. *adj* sadistic 2. abuser 3. *v* to treat sadistically 4. to abuse
-katisha *v* to cut off
-katisha tamaa *v* to discourage
kati ya *prep* 1. between 3. among
kati ya mataifa international
-katiza *v* 1. to cut off 2. to interrupt
katizo *n* (katizo) interruption
-katizwa *v* 1. to be cut off 2. to be interrupted
katlesi *n* (katlesi) croquette
katoliki *adj (rel.)* Roman Catholic
katoto *n* (katoto); **katoto kadogo** (katoto kadogo) infant; tot
katriji *n* (katriji) cartridge
katu *adv* not at all
-katua *v* 1. to clean 2. to clear
-katuliwa *v* 1. to be cleaned 2. to be cleared
-katwa *v* to be cut
-kauka *v* 1. to dry up 2. to faint 3. -liokauka dehydrated
-kaukia *v* to be dried off
-kaukiana *v* 1. to be dried up 2. to be stiff 3. to be thin
kauleni *n* (kauleni) hypocrite
kauli *n* (kauli) 1. speech 2. voice 3. sentence 4. opinion 5. theorem 6. kwa kauli moja unanimously
kuli ya kutenda *n* active voice
kauli ya kutendeka *n* stative voice
kauli ya kutendwa *n* passive voice
kaumu *n* (kaumu) 1. people 2. crowd

kaunta *n* (kaunta) counter
kaunta ya keshia *n* cash desk
kaure *n* (kaure); **kauri** (kauri) 1. cowrie 2. porcelain 3. -a kaure porcelain 4. ceramic
kausha *n* (kausha) jonah
-**kausha** *v* 1. to dry 2. to bake 3. to grill 4. *(fin.)* to wipe out
-**kausha kwa blowa** *v* to blow-dry
-**kausha vyombo** *v* to dry the dishes
-**kaushwa** *v* 1. to be dried 2. to be baked 3. to be grilled 4. *(fin.)* to be wiped out
kauta *n* (kauta) dust
-**kavu** *adj* 1. dry 2. distinteresting 3. unemotional 4. deceitful 5. **nchi kavu** dry land 6. **chai kavu** black tea
kawa *n* 1. (kawa) dish-cover 2. (makawa) mildew
-**kawa** *v* 1. to be late 2. to delay 3. to take time
kawadi *n* (kawadi) procurer
kawaida 1. *n* (kawaida) custom 2. convention 3. usage 4. habit; routine 5. average 6. *adj/adv* -a kawaida usual 7. normal 8. ordinary conventional 9. natural 10. fresh 11. **-sio ya kawaida** unusual 12. **kwa kawaida** usually 13. **kama kawaida** as usual
-**kawia** *v* 1. to be late 2. to delay 3. to take time
-**kawilisha** *v* 1. to delay 2. to defer
-**kawisha** *v* 1. to make late 2. to delay
kaya *n* 1. (kaya) homestead 2. village 3. (makaya) shellfish
kayamba *n* (kayamba) rattle
kayaya *n* (kayaya) trouble
-**kaza** *v* 1. to fix 2. to fasten 3. to tighten 4. to clench 5. to emphasize
-**kazana** *v* 1. to strengthen 2. to make an effort 3. to be fastened tight 4. to insist
kazi *n* (kazi) 1. work; labour 2. job 3.

duty 4. use 5. function 6. effort 7. **-fanya kazi** to work 8. to function
-**kazia** *v* 1. to fasten onto 2. to insist on
-**kazia macho** *v* to stare at
-**kazwa** *v* 1. to be fastened 2. to be tightened
kazi ya sulubu *n* hard labour
kazo *n* (makazo) 1. strengthening 2. pressure 3. emphasis
-**kazwa** *v* to be stressed
-**ke** *adj* female
-**kebehi** *v* to offend
kebeji *n* (makebeji) cabbage
kechu *adj* brittle
kee! really!
keekee *n* (keekee) 1. drill 2. bracelet
kefu 1. *n* (kefu) fullness 2. **kefu yake** something satisfying 3. *adj* enough 4. equal
kejeli *n* (kejeli) sarcasm
-**kejeli** *v* to be sarcastic
kekee *n* (kekee) 1. drill 2. bracelet
-**keketa** *v* 1. to cut 2. to engrave 3. to drill
kekevu *n* (kekevu) hiccup
keki *n* (keki) 1. cake 2. pastry
kelele *n* 1. (kelele) noise 2. (makelele) shout 3. **-a kelele** noisy 4. **-piga kelele** to make noise 5. to shout
kelele! shut up!
kem? 1. how much? 2. what?
keme *n* (keme) noise
-**kemea** *v* 1. to scold 2. to criticise
-**kemewa** *v* 1. to be scolded 2. to be criticised
kemia *n* (kemia) 1. chemistry 2. science
kemia mahuluku *n* organic chemistry
kemkem *adv* plenty of
kenda *n* (kenda) nine
kende *n* (makende) 1. testicle 2. scrotum
kenge *n* (kenge) 1. monitor lizard 2. *(sl.)* cheat

kengee n (makengee) 1. ray 2. blade

kengele n (kengele) 1. bell 2. -piga kengele to ring a bell

-kengeua v 1. to avoid 2. to deflect 3. to veer

kengewa n (kengewa) hawk

-kenua v to show teeth

kepguzbari n (kepguzbari) cape gooseberry

-kera; **-kereketa** v 1. to annoy 2. to worry

-kereketwa v 1. to be annoyed 2. to be worried

kereng'ende n (kereng'ende) dragonfly

-kereza v 1. to shape on a lathe 2. to saw 3. to notch

-kereza meno v to grind your teeth

kerezo n (kerezo) lathe

kero n (kero) 1. annoyance 2. worry

kesha n (makesha) night watch

-kesha v 1. to stay awake 2. to keep watch

kesha kazi 1. adj complete 2. adv completely

kesho n (kesho) tomorrow

kesho alasiri tomorrow afternoon

kesho asubuhi tomorrow morning

kesho kutwa the day after tomorrow

kesho usiku tomorrow night

kesho yake the following day

kesi n (kesi) (leg.) 1. case 2. lawsuit

kesi isiyo ya uhalifu n civil case

kesi ya jinai n criminal case

kesi ya kashfa n libel suit

kesi ya madai n civil case

kete n (kete) cowrie

-keti v to sit

-ketia v to sit on

-ketisha v to offer a seat to

-ketishwa v to be given a seat

keu n (makeu) 1. axe stroke 2. cud

khamsa wa ishirini adj twenty-five

khanga n (khanga) kanga cloth

ki- 1. it 2. diminutive prefix, e.g. kitoto a little child (from mtoto child) 3. adverbial prefix, e.g. kizuri nicely, well (from -zuri nice, good)

kia n (via) 1. joint 2. lid 3. bar 4. (body) organ

kiada 1. n (viada) text 2. kitabu cha kiada textbook 3. adj/adv customary/customarily 4. distinct(ly) 5. careful(ly)

Kiafrika; -a Kiafrika adj/adv African

kiafya adv healthwise

kiaga n (viaga) 1. promise 2. agreement

kiakisi n (viakisi) reflector

kialio n (vialio) rain that falls at bedtime

Kiama n (Isl.) the Day of Judgement

kiambatisho n (viambatisho) 1. enclosure 2. accompanying document

kiambato n (viambato) component; constituent

kiambaupishi n (viambaupishi) ingredient (for cooking)

kiambaza n (viambaza) 1. wall 2. partition

kiambishi n (viambishi) affix

kiambishi awali n prefix

kiambishi kati n infix

kiambishi tamati n suffix

kiambo n (viambo) household

kiamshi n (viamshi) stimulant

Kiamu n Lamu dialect

kianga n (vianga); **kiangaza** (viangaza) 1. sunshine 2. beam

kiangazi n (viangazi) summer; dry season (December to February)

kiango n (viango) 1. peg 2. holder 3. frame

kianzio n (vianzo) 1. beginning 2. starter; appetizer 3. down payment 4. prefix

kiapo n (viapo) 1. oath 2. kula

kiapo to take an oath

Kiarabu *n* 1. Arabic 2. -a Kiarabu Arab

kiarifu *n* (viarifu) predicate

kiashirio *n* (viashiria) symbol

kiasi *n* (viasi) 1. amount 2. measure 3. moderation 4. average 5. price 6. *(fin.)* rate 7. -a kiasi reasonable 8. average 9. moderate 10. *adv* approximately; about 11. quite 12. kupita kiasi more than usual; in excess 13. kwa kiasi fulani to a certain extent 14. kwa kiasi kikubwa to a large extent

kiasi cha *prep* 1. approximately; about 2. enough to

kiasi cha kuridhisha *n/adv* a satisfactory amount

kiasi gani? how much?; what price?

kiasi kwamba *conj* so much so that

kiasili *n* (viasili) 1. myth 2. -a kiasili traditional 3. original

kiasilia *n* (viasilia) element

kiathiri *n* (viathiri) influence

kiatu *n* (viatu) 1. shoe 2. boot

kiazi *n* (viazi) 1. potato 2. sweet potato

kibaba *n* (vibaba) quart measure

kibacha *n* (vibacha) 1. opening 2. cloth

kibago *n* (vibago) stool

kibahaluli *n* (vibahaluli) 1. fool 2. taper

kibainishi *n* (vibainishi) determiner; article

kibainishi bayana *n* definite article

kibaka *n* (vibaka) pickpcket

kibali *n* (vibali) 1. acceptance; approval 2. permit 3. official permission

kibama *n* (vibama) banana cake

kibanda *n* (vibanda) 1. hut 2. shed 3. booth 4. kiosk

kibanda cha kuuza bidhaa *n* kiosk

kibanda cha kuuzia magazeti *n* newspaper kiosk

kibanda cha simu *n* 1. phone box 2. payphone

kibandiko *n* (vibandiko) sticker

kibanio *n* (vibanio) 1. hairpin; hairclip 2. clothes peg

kibano *n* (vibano) 1. tweezers 2. forceps 3. ice

kibanzi *n* (vibanzi) splinter

kibao 1. *n* (vibao) board 2. bike saddle 3. blow 4. (kibao) sensation 5. hit (show/song) 6. *adj/adv* plenty of

kibapara *n* (vibapara) 1. cap 2. old clothing 3. pauper

kibaraka *n* (vibaraka) 1. sycophant 2. stooge 3. reactionary

kibarango *n* (vibarango) bulky person

kibarati *n* (vibarati) small oil lamp

kibarua *n* (vibarua) 1. temporary work 2. worker 3. casual labourer 4. note

kibarua mhamaji *n* (vibarua wahamaji) migrant worker

kibaruwa *n* (vibaruwa) *see* kibarua

kibatali *n* (vibatali); kibatari (vibatari) 1. battery 2. oil lamp

kibati 1. *n* (vibati) tin; can 2. percussion instrument 3. *adv* tinned/canned

kibaya 1. *adj* bad 2. *adv* badly

kibe *n* (kibe) noise

kibebea cha mtoto *n* (vibebea vya watoto) carry-cot

kibebea cha mtoto changa *n* (vibebea vya watoto wachanga) cot

kibeberu: -a kibeberu *adj/adv* 1. colonial(ly) 2. imperialistic(ally)

kibeberu *n* (vibeberu) 1. colonialist 2. rush

Kibelgiji: -a Kibelgiji *adj* Belgian

kibemasa *n* (vibemasa) hide-and-seek

kibepari: -a kibepari *adj* capitalist

kiberenge *n* (viberenge) 1. train 2. prostitute

kiberiti *n* (viberiti) 1. match; matches 2. matchbox 3. lighter 4. Una kibiriti? Do you have a light?

kibeti *n* (vibeti) dwarf

kibia *n* (vibia) cooking pot

kibibi *n* (vibibi) 1. small pancakes 2. -shikwa na kibibi to go numb

kibichi: rangi ya kijani kibichi *adj* green

kibinadamu 1. *n* (vibinadamu) human 2. -a kibinadamu *adj* human 3. humane 4. *adv* humanly 5. humanely 6. haki za kibinadamu human rights

kibindo *n* (vibindo) pouch

kibinja *n* (vibinja) whistle

kibiongo *n* (vibiongo) 1. hump 2. hunchback

kibirikizi *n* (vibirikizi) announcement

kibiringo *n* (vibiringo) reel

kibiriti *n* (vibiriti) 1. match; matches 2. matchbox 3. lighter 4. Una kibiriti? Do you have a light?

kibiriti cha chuma *n* (vibiriti vya chuma) lighter

kibisi *n* (kibisi) grebe

kibla *n* (kibla) *(Isl.)* kibla; direction of Mecca for prayer; imam's alcove in mosque

kibofu *n* (vibofu) bladder

kibogoshi *n* (vibogoshi) pouch

kibogoyo *n* (vibogoyo) toothless person

kiboko *n* (viboko) 1. hippopotamus 2. whip 3. outstanding thing 4. -piga kiboko to whip

kiboko yao *n* the best

kibonge *n* (kibonge) top-class person/thing

kibonyeo *n* (vibonyeo) dent

kibua *n* (vibua) 1. light thing 2. cod

kibudu *n* (vibudu) carcass

kibuhuti *n* (vibuhuti) 1. sorrow 2. agony

kibuluu *n* (vibuluu) cassava; manioc

kibunzi *n* (vibunzi) 1. end of the year 2. cob 3. light thing

kiburi *n* (kiburi; viburi) 1. arrogance 2. conceit

kiburudisho *n* (viburudisho) 1. refreshment 2. refreshing thing

kibushuti *n* (vibushuti) short person

kibuyu *n* (vibuyu) calabash; gourd

kibwagizo *n* (vibwagizo) chorus; refrain

kibwawa *n* (vibwawa) puddle

kibwebwe *n* (vibwebwe) girdle

kibwengo *n* (vibwengo) demon

kibweta *n* (vibweta) case

kibwiko *n* (vibwiko) club-foot

kibyongo *n* (vibyongo) 1. hump 2. hunchback

kicha *n* (vicha) bunch

kichaa 1. *n* (vichaa) insanity 2. *adj* insane

kichaa cha mbwa *n* rabies

kichaga *n* (vichaga) rack

kichaka *n* (vichaka) 1. clump 2. (the) bush

kichakani *adv* in the bush

kichakuro *n* (vichakuro) ground squirrel

kichala *n* (vichala) bunch

kichane *n* (vichane) 1. bunch 2. splinter

kichanga *adj/adv* sandy

kichanio *n* (vichanio) comb

kichapuko *n* (vichapuko); kichapuzi (vichapuzi) accelerator

kichea *n* (vichea) brightness

kicheche *n* (vicheche) polecat

kichefuchefu *n* (vichefuchefu) nausea

kichekesho *n* (vichekesho) 1. joke 2. humour 3. laughter 4. ridicule 5. farce

kicheko n (vicheko) 1. laugh 2. laughter 3. -angua kicheko to burst out laughing

kichelema n (vichelema) cooked cassava/manioc

kichepe n (vichepe) cloth

kichikichi n (vichikichi) palm-oil nut

Kichina n 1. Chinese (language) 2. -a Kichina Chinese

kichinichini adv 1. stealthily 2. underhandedly

kichinjo n (vichinjo) act

kicho n (vicho) awe

kichocheo n (vichocheo) 1. incentive 2. catalyst 3. act

kichocho n (vichocho) 1. feeling 2. bilharzia

kichochoro n (vichochoro) 1. alley 2. passage 3. footpath

kichokezi n (vichokezi) catalyst

kichokozi adv inquisitively

kichokoo n (vichokoo) stimulus

kichomi n (vichomi) pain

kichomo n (vichomo) act

kichomozo n (vichomozo) bud

kichopo n (vichopo) handful

kichotara: -a kichotara adj mixed race

kichozi n (kichozi; vichozi) sunbird

kichuguu n (vichuguu) anthill

kichujio n (vichujio) 1. sieve 2. filter

kichungaji: -a kichungaji adj pastoral

kichungi n (vichungi) cigarette filter

kichupa n (vichupa) small bottle

kichwa n (vichwa) head

kichwa cha habari n 1. headline 2. heading

Kidachi n 1. German (language) 2. -a Kidachi German

kidadisi n (vidadisi) 1. form 2. questionnaire 3. survey 4. (rough) draft

kidahizo n (vidahizo) root (of word)

kidaka n (vidaka) dumbness

kidakatonge n (vidakatonge) uvula

kidamisi n (vidamisi) 1. laughable matter 2. joke

kidamu n (vidamu) prow

kidani n (vidani) 1. necklace 2. pendant

kidari n (vidari) chest

kidato n (vidato) 1. class 2. grade; form; standard 3. step 4. rung

kidatu n (vidatu) (sound) pitch

kidau n (vidau) 1. dhow 2. inkpot

kidawati n (vidawati) 1. drawer 2. desk

kidazi n (vidazi) bald patch

kidege n (videge) small bird

kideri n (kideri) fowl typhoid

kidete adv 1. firmly 2. -simama kidete to stand proudly

kidevu n (videvu) 1. chin 2. beard

kidhahania adv abstractly

kidhati adv seriously

-kidhi v 1. to grant 2. to satisfy

-kidhi haja v to satisfy a need

kidhima adj/adv functional

-kidhiwa v 1. to be granted 2. to be satisfed

kidiku n (vidiku) fragment

kidimbwi n (vidimbwi) 1. puddle 2. pond

kidingapopo n (vidingapopo) dengue fever

kidini: -a kidini adj religious

kidiri n (vidiri) squirrel

kidirisha kwenye paa n sunroof

kidividivi n (vidividivi) earring

kidogo adj/adv 1. (a) little 2. some 3. least 4. rather 5. hata kidogo not at all 6. Ni nzuri kidogo. It's rather good.

kidogo kidogo adv little by little

kidogo tu adv just a little

kidokezi n (vidokezi); kidokezo (vidokezo) 1. suggestion 2. clue 3. note

kidoko n (vidoko) hint

kidokozi *n* (vidokozi) 1. suggestion 2. clue 3. note

kidole *n* (vidole) 1. finger 2. alama za vidole fingerprint

kidole cha kati *n* middle finger

kidole cha mguu *n* toe

kidole cha mwisho *n* little finger

kidole cha pete *n* ring finger

kidole cha shahada *n* index finger

kidole cha tumbo *n* appendix

kidole gumba *n* thumb

kidomo *n* (vidomo) 1. small mouth 2. good table manner 3. having one's say

kidomodomo *n* (kidomodomo) complaining

kidonda *n* (vidonda) 1. sore 2. ulcer

kidondo *n* (vidondo) kindling

kidonge *n* (vidonge) 1. tablet; pill 2. lump

kidole cha kuzuia mimba *n* contraceptive pill

kidotia *n* (vidotia) cap

kidoto *n* (vidoto) 1. blinker(s) 2. blindfold 3. cup 4. dot 5. mstari wa vidoto dotted line

kidubwasha *n* (vidubashwa) thingamajig

kidudu *n* (vidudu) bacteria

kidudu *n* (vidudu) 1. insect 2. trendy clothes

kidudumtu *n* (vidudumtu) instigator

kidugu *adv* as companions

kidukari *n* (vidukari) aphid

kidume *adv* manfully

kidundu *n* (vidundu) forehead

kidunia: -a kidunia *adj* worldly

kidurusi *n* (vidurusi) anthill

kidusi *n* (kidusi) stink

kidusia *n* (vidusia) parasite

kiduta *n* (viduta) 1. hill 2. embankment

kidutu *adv* substantially

kielelezo *n* (vielelezo) 1. model 2. specimen 3. example 4. diagram 5. illustration

kielelezo dhahiri *n* clear example

kielekezo *n* (vielekezo) 1. sign 2. pattern 3. directions

kielelezi *n* (vielezi) adverb

kielezo *n* (vielezo) 1. pattern 2. act 3. adverb

kiendeleo *n* (viendeleo) progress

kienyeji *n/adj* (**vienyeji**) 1. traditional ways 2. local customs 3. -a kienyeji indigenous 4. lugha ya kienyeji indigenous language

kievusho *n* (vievusho) distillate

kifaa *n* (vifaa) 1. equipment 2. accessories 3. device 4. instrument 5. supplies 6. *see* vifaa

kifabakazi *n* (vifabakazi) flame tree

kifaduro *n* (vifaduro) whooping cough

kifafa *n* (vifafa) 1. fit 2. epilepsy 3. -enye kifafa epileptic 4. mwenye kifafa epileptic person

kifalme *adv* 1. royally 2. regally 3. -a kifalme royal 4. regal

kifandugu *n* (vifandugu) coccyx

kifani *n* (kifani); **kifani** (vifano) 1. equal 2. match 3. bila kifani without equal

kifaranga *n* (vifaranga) chick

Kifaransa *n* 1. French (language) 2. -a Kifaransa French

kifaru *n* (vifaru) 1. rhinoceros 2. tank

kifedha *adv* financially

kifefe *n* 1. (vifefe) weak person 2. (kifefe) weakness

kificha cha uso *n* (vificha vya nyuso) mask

kificho *n* (vificho) hiding

kifidio *n* (vifidio) ransom

kifijo *n* (vifijo) applause

kifiko *n* (vifiko) 1. arrival 2. stage 3. destination

kifo *n* (vifo) death

kifu *n* (kifu) *see* kefu

-kifu v 1. to satisfy 2. to be enough 3. to saturate
kifua n (vifua) 1. chest 2. breast 3. bust 4. plate
kifua kikuu n tuberculosis
kifua mbele adv proudly
kifuasi n (vifuasi) something following
kifudifudi adv facing downwards
kifukizo n (vifukizo) burning incense
kifuko n (vifuko) case
kifuko cha uzazi n uterus
kifuku n (vifuku) hot rainy season
kifukusi n (vifukusi) weevil
kifukuzi n (vifukuzi) repellant
kifumbu n (vifumbu) strainer
kifumufumu n (vifumufumu) cassava; manioc
kifundo n (vifundo) 1. ankle 2. wrist 3. joint 4. node 5. knot
kifundo cha mguu n ankle
kifundo cha mkono n wrist
kifungo n (vifungo) 1. button 2. fastening 3. enclosure 4. detention 5. prison 6. force
kifungoni adv 1. in detention 2. in prison
kifungu n (vifungu) 1. pile 2. passage 3. sub-section
kifungua n (vifungua) opener
kifunguakinywa n (vifunguakinywa) breakfast
kifunguamimba n (vifunguamimba) firstborn
kifungulia cha chupa n (vifungulia vya chupa) bottle-opener
kifunguo n (vifunguo) key
kifuniko n (vifuniko) 1. top 2. lid 3. cap 4. mask
kifuo n (vifuo) stake
kifupi adv briefly
kifupisho n (vifupisho) abbreviation
kifurifuri adv full
kifurushi n (vifurushi) 1. packet 2. parcel

kifusi n (vifusi) 1. debris 2. rubble
kifutajasho n (vifutajasho) compensation
kifuto n (vifuto) rubber; eraser
kifuu n (vifuu) coconut shell
kifuwele: -a kifuwele adj crystalline
kifyonzo n (vifyonzo) sibilant
kiga n (viga) flank
kigae n (vigae) 1. tile 2. shard 3. glass
kigaga n (vigaga) crust
kigagazi n (vigagazi) nausea
kigambo n (vigambo) affair
Kiganda: -a Kiganda adj Ugandan
kigandamizo n (vigandamizo) pressure pad
kigango n (vigango) outstation
kiganja n (viganja) palm
kigari cha mizigo n (vigari vya mizigo) luggage trolley
kigasha n (vigasha) arm
kigawanye n (vigawanye); **kigawanyo** (vigawanyo) 1. divisor 2 factor
kigawe n (vigawe) dividend
kigawo n (vigawo) 1. divisor 2 factor
kigelegele n (vigelegele) 1. ululation 2. applause
kigeni adj/n/adv 1. strangeness 2. foreignness 3. foreign affairs 4. abroad 5. -a kigeni foreign 6. strange
kigeregenja n (vigeregenja); **kigereng'enza** (vigereng'enza) splinter
kigesi n (vigesi) anklet
kigeu adj variable
kigeugeu n (vigeugeu) chameleon
kigezo n (vigezo) 1. criteria 2. pattern
kigezo n (vigezo) pattern
kighari n (vighari) exception
kigingi n (vigingi) 1. peg 2. stake
Kigiriki n 1. Greek (language) 2. -a Kigiriki Greek

kigoda *n* (vigoda) stool
kigodo *n* (vigodo) rice flour mixed with sugar and grated coconut
kigoe *n* (vigoe) fruit-picking rod
kigogo *n* (vigogo) VIP
kigogota *n* (vigogota) woodpecker
kigoli *n* (vigoli) young girl
kigome *n* (vigome) fort
kigongo *n* (vigongo) 1. club 2. hump
kigono *n* (vigono) 1. overnight stop 2. place to stay for the night 3. campsite
kigori *n* (vigori) teenage girl
kigosho *n* (vigosho) twist
kigugumizi *n* (vigugumizi) stammer
kigulio *n* (vigulio) market
kigumba *n* (vigumba) arrowhead
kiguru *n* (viguru) lame
kigutu *n* (vigutu) stump
kiguu *n* (viguu) 1. leg 2. foot 3. clubfoot
kigwaru *n* (vigwaru) wart
kigwe *n* (vigwe) 1. string 2. tape
kihame *n* (vihame) deserted place
kihami *n* (vihami) insulator
Kihabeshi: -a Kihabeshi *adj* Ethiopian
kiharusi *n* (viharusi) 1. stroke 2. apoplexy
kihenge *n* (vihenge) grain bin
kiherehere *n* (viherehere) anxiety
kihero *n* (vihero) trough
Kihindi *n* 1. Hindi 2. -a Kihindi Indian
kihistoria *adv* 1. historically 2. -a kihistoria historical
Kiholanzi *n* 1. Dutch (language) 2. -a Kiholanzi Dutch
kihongwe *n* (vihongwe) donkey
kihori *n* (vihori) dinghy
kihoro *n* (kihoro; vihoro) 1. grief 2. -kufa kihoro to be heartbroken
kihuni: -a kihuni *adj* vulgar
kihushishi *n* (vihushishi) conjunction

kiima *n* (viima) 1. subject 2. reality
kiimbo *n* (viimbo) 1. accent 2. intonation
kiinamizi *n* (viinamizi) stooping
Kiingereza *n* 1. English (language) 2. -a Kiingereza English; British 3. sarafu ya Kiingereza (fin.) sterling
kiingilio *n* (viingilio) entry fee
kiingizi *n* (viingizi) interjection
kiini *n* 1. (kiini) core 2. motive 3. (viini) germ; microbe 4. see kiini cha yai
kiini cha yai (viini vya yai; kiiniyai) yolk
kiinilishe *n* (viinilishe) nutrient
kiinikizo *n* (viinikizo) heavy load
kiinimacho *n* (viinimacho) 1. magic 2. juggling
kiinjili: -a kiinjili *adj* evangelical
kiinsha *adv* by means of essay
kiinuamgongo *n* (viinuamgongo) pension
kiinuzi *n* (viinuzi) lift; elevator
Kiislamu: -a Kiislamu *adj* Islamic; Muslim
Kiithiopia: -a Kiithiopia *adj* Ethiopian
kiitikio *n* (viitikio) response
kijaa *n* (vijaa) millstone
kijakazi *n* (vijakazi) female slave
kijalizo *n* (vijalizo) complement
kijaluba *n* (vijaluba) box
kijamaa: -a kijamaa *adj* socialist
kijambia *n* (vijambia) gusset
kijamii *adv* socially
kijana *n* (vijana) 1. teenager 2. youth 3. young person 4. see vijana
kijani 1. *n* (vijani) leaf 2. *adj* green
kijani hafifu; kijani kibichi *n/adj* light green
kijasho chembamba *n* cold sweat
kijazo *n* (vijazo) tooth filling
kijazo cha jino *n* (tooth) crown
kijembe *n* (vijembe) 1. hoe 2. sarcasm 3. innuendo

kijenzi *n* (vijenzi) component

Kijerumani *n* 1. German (language) 2. -a Kijerumani German

kijeshi: **-a kijeshi** *adj* 1. military 2. serikali ya kijeshi military government

kiji- little; small

kijiba *n* (vijiba) shroud

kijibwa *n* (vijibwa) *(pol.)* lapdog

kijicho *n* (vijicho) 1. eye 2. glance 3. envy

kijidudu *n* (vijidudu) 1. tiny animal 2. microbe; germ

kijiji *n* (vijiji) 1. village 2. hamlet

kijiko *n* (vijiko) spoon

kijiko cha chai *n* teaspoon

kijimeza *n* (vijimeza) table

kijimo *n* (vijimo) dwarf

kijineno *n* (vijineno) trifle

kijinga 1. *adv* stupidly 2. *n* (vijinda) splinter

kijio *n* (vijio) supper

kijipochi *n* (vijipochi) purse

kijitabu *n* (vijitabu) 1. pamphlet 2. booklet 3. brochure

kijitabu cha cheki *n* cheque book

kijiti *n* (vijiti) 1. stick 2. twig 3. sliver

kijito *n* (vijito) stream

kijituuzima: **-a kijituuzima** *adj* adult

kijivu; kijivujivu; -a kijivu *adj* grey

kijiweni *n* (vijiweni) hangout

kijizi *adv* underhandedly

kijongo *n* (vijongo) humpback

kijoyo *n* (vijoyo) inclination

kijukuu *n* (vijukuu) great-grandchild

kijumba *n* (vijumba) 1. hut 2. compartment 3. cell

kijumbamshale *n* (vijumbamshale) swallow; swift

kijungu meko *adv* hand to mouth

kijusi *n* (vijusi) 1. defilement 2. impurity

kijusi *n* (kijusi) lizard

kijusu *n* (vijusu) fetus

kijuujuu *adv* superficially

kijuvi *n* (vijuvi) cheeky child

kikaango *n* (vikaango) frying pan

kikabati *n* (vikabati) cupboard

kikabila 1. *adj* tribal 2. ethnic 3. racial 4. racist 5. *adv* tribally 6. ethnic 7. racially 8. racist

kikahawia kikavu *adj* light brown

kikaimati *n* (vikaimati) wheat gruel

kikaka *n* (vikaka) hurry

Kikalenjin *n* Kalenjin (language)

Kikamba *n* Kamba (language)

kikamilifu *adv* 1. completely; fully 2. accurately

kikamilisho *n* (vikamilisho) 1. completion 2. complement

kikanza *n* (vikanza) heating

kikao *n* (vikao) 1. meeting 2. session; sitting 3. position 4. residence

kikapu *n* (vikapu) basket

kikaragosi *n* (vikaragosi) robot

kikariri *n* (vikaramba) repetition

kikasha *n* (vikasha) case

kikasuku *adv* by rote

kikataa *n* (vikataa) fraction

kikatiba: **-a kikatiba** *adj* constitutional

kikatili *adv* 1. cruelly 2. -a kikatili cruel

kikatoliki: **-a kikatoliki** *adj (rel.)* Roman Catholic

kikaufu *n* (vikaufu) dryness

kikausha *n* (vikausha) jonah

kikausha nywele *n* hairdryer

kikaushio *n* (vikaushio) 1. dryer 2. blotter

kikaza *n* (vikaza) tightener

kikazi *adv* 1. on business 2. officially 3. -a kikazi *adj* work

kikazio *n* (vikazio) tourniquet

kikazo *n* (vikazo) tightening

kike: **-a kike** *adj* 1. female 2. feminine

kikero *n* (vikero) nose-ring

kikingamimba *n* (vikingamimba) contraceptive

kikiri *n* (vikiri) wrestling

kiko 1. *n* (viko) elbow 2. pipe 3. *v* (it) is here/there

kikoa *n* (vikoa) 1. communal meal 2. co-operation 3. team 4. wedding gift

kikoba *n* (vikoba) wallet

kikofi *n* (vikofi) slap

kikohozi *n* (vikohozi) 1. cough 2. bronchitis

kikoi *n* (vikoi) kikoy; wrapper; sarong

kikoko *n* (vikoko) crust

kikokotoo *n* (vikokokotoo); kikokotozi (vikokotozi) calculator

kikombe *n* (vikombe) cup

kikombe kikubwa *n* (vikombe vikubwa) mug

kikombo *n* (vikombo) something crooked

kikomo *n* (vikomo) 1. end 2. top 3. limit 4. terminus

kikomo cha spidi *n* speed limit

kikondo *n* (vikondo) banana

kikondoo *adv* meekly

kikongwe *n* (vikongwe) old person

kikono *n* (vikono) 1. tendril 2. cluster

kikonyo *n* (vikonyo) stem

kikope *n* (vikope) disease

kikopo *n* (vikopo) loan

kikora *n* (vikora) joy

kikore *n* (vikore) 1. fresh field 2. new garden 3. rich person

kikorombwe *n* (vikorombwe) signal

kikoromeo *n* (vikoromeo) larynx; Adam's apple

kikororo *n* (vikororo) hookah

kikosi *n* (vikosi) 1. squad 2. company 3. team

kikosi cha kuzuia fujo *n* field force unit

kikosi cha zimamoto *n* fire brigade

kikistoria: **uzoefu wa kikistoria** *n* historical experience

kikoto *n* (vikoto) 1. braid 2. stem

kikristo; kikristu *adj* Christian

kikuba *n* (vikuba) bouquet

kikuku *n* (vikuku) bracelet

kikulabu *n* (vikulabu) hook

kikuli *n* (vikuli) horror

kikulia *n* (vikulia) non-native

kikumbo *n* (vikumbo) 1. push 2. -piga kikumbo to shove

kikumbusho *n* (vikumbusho) souvenir

kikumi *n* (vikumi) ten cents

kikundi *n* (vikundi) 1. group 2. phrase

kikundi tenzi *n* verbal phrase

kikundu *n* (vikundu) haemorrhoids

kikunjo *n* (vikunjo) crease

kikuti *n* (vikuti) chance

kikuto *n* (vikuto) roll

kikuza sauti *n* (vikuza sauti) 1. microphone 2. (loud)speaker

kikwapa *n* (vikwapa) underarm odour

kikwazo *n* (vikwazo) 1. obstacle 2. handicap 3. sanction

Kikwetu *n* our language; our customs; our way of life

kikwifukwifu *n* (vikwifukwifu) hiccup

kila *adj* 1. each; every 2. per 3. **kila usiku** per night 4. **Kila Emanuela akijibu simu...** Whenever Emanuela answers the phone... 5. **Kila Robbie akwendapo...** Whenever Robbie goes... 6. **Kila Kevin anakokwenda...** Wherever Kevin goes... 7. *see* **kila kitu**, *etc*

kilabu *n* (kilabu; vilabu) club

kilabu ya burudani; kilabu ya starehe *n* nightclub

kilainisha nywele *n* conditioner

kilainisho *n* (vilainisho) lubricant

kilaji *n* (vilaji) food

kila kitu everything

kila kukicha every morning
kilalio *n* (vilalio) supper
kila mahali everywhere
kila moja each
kila mtu everyone
kilasi *n* 1. class 2. **kilasi ya kwanza** first class 3. **kilasi ya pili** second class 4. **kilasi ya tatu** third class
kila siku *adv* 1. every day 2. daily
kila uchao every morning
kila wakati *adv* every time
kile 1. that 2. **hiki na kile** this and that
kilegesambwa *n* (vilegesambwa) kneecap
kileji *n* (vileji) wheat cake
kilele *n* (vilele) 1. top 2. peak 3. summit 4. **-fika kilele** to peak
kilema *n* (vilema) 1. disabled person 2. disability
kilema cha kudumu *n* permanent disability
kilemba *n* (vilemba) 1. turban 2. crest 3. tip
kilemba cha ukoka *n* flattery
kilembwa *n* (vilembwa) point
kilembwe *n* (vilembwe) great-great-grandchild
kileo 1. *n* (vileo) alcohol 2. intoxicant 3. **-a kileo** alcoholic 4. **-sio ya kileo** non-alcoholic 5. *adv/adj* up-to-the-minute
kileti *n* (vileti) oarlock
kilicho which is
kilichoko (the thing) which is here; (the thing) which is there
kilihafu *n* (vilihafu) stomach
kilima *n* (vilima) hill
kilimbili *n* (vilimbili) arm
kilimi *n* (kilimi; vilimi) uvula
kilimilimi *n* (vilimilimi) gossip
kilimo *n* (kilimo; vilimo) agriculture; farming
kilimo anga *n* crop dusting
kilimo bora *n* farm management
kilimo cha bustani *n* horticulture
kilimo cha mchanganyiko *n* intercropping

kilimo cha mseto *n* mixed farming
kilimo cha shadidi *n* intensive farming
kilinda *n* (vilinda) guard
kilindi *n* (vilindi) 1. deep water 2. channel
kilinge *n* (vilinge) mystery
kilingo *n* (vilingo) 1. pattern 2. model
kilio *n* (vilio) lament
kilioni *n* wake
kilipukaji *n* (vilipukaji) explosive
kilo *n* (kilo) kilo; kilogram
kilometa *n* (kilometa) kilometre
kilometa mraba *n* square kilometre
kiludhu *n* (kiludhu) velvet
kilugha *n* (vilugha) 1. dialect 2. local language
Kiluhya *n* Luhya (language)
kiluwiluwi *n* (viluwiluwi) 1. larva 2. maggot 3. plover 4. *see* kiluwiluwichura
kiluwiluwichura *n* (viluwiluwichura) tadpole
kima *n* 1. (kima) minced meat 2. monkey 3. (vima) price 4. rate 5. amount 6. extent
kima cha chini *n* minimum
kima cha juu *n* maximum
kima cha kubadilishia sarafu *n* exchange rate
kimaada *adj* proper
kimaadili *adv* ideally
kimacho; kimachomacho *adv* 1. wide awake 2. alert
kimada *n* (vimada) concubine
kimaendeleo: -a kimaendeleo *adj* progressive
kimahaba: **-a kimahaba** *adj* love
kimaisha: -a kimaisha *adj* 1. life 2. living
kimaliziamlo, kimalizio *n* (vimaliziamlo, vimalizio) dessert; sweet

kimanda n (vimanda) omelette

kimango n (vimango) grindstone

kimanjano: -a kimanjano adj yellow

kimapinduzi adv 1. by revolutionary means 2. -a kimapinduzi revolutionary

Kimarekani: -a Kimarekani adj American

kimashamba n (vimashamba) something rural

kimasomaso n (vimasomaso) 1. pretence 2. -jitoa kimasomaso to worm out of

kimataifa adv 1. internationally 2. -a kimataifa international 3. safari za kimataifa international flights

kimatendo adv in practice

kimatu n (vimatu) locust

kimau n (vimau) tunic

kimaumbile adv 1. by nature 2. -a kimaumbile natural

kimawazo adv intellectually

kimazingira adv environmentally

kimba n (makimba) 1. corpse 2. dungheap

kimbaumbau n (vimbaumbau) lanky person

kimbavu adv violently

kimbele n (vimbele); **kimbelembele** (vimbelembele) pushiness

-kimbia v 1. to run (away) 2. to escape 3. to flee

-kimbilia v 1. to run to 2. to escape to 3. to flee to

kimbilio n (makimbilio) 1. hiding place 2. refuge 3. protection

-kimbiliwa v to be sought as refuge

kimbio adj/adv fast

-kimbiza v 1. to chase 2. to drive away

-kimbiza gari v to drive at high speed

-kimbizwa v 1. to be chased 2. to be driven away

kimbo n (kimbo; vimbo) cooking fat

kimbunga n (vimbunga) typhoon; hurricane

kimea n (kimea; vimea) malt

kimelea n (vimelea) 1. parasite 2. fungus; rust

kimene n (vimene) pride

kimeng'enya n (vimeng'enya) enzyme

kimeta n (vimeta) 1. anthrax 2. see kimetameta

kimetameta (vimetameta) 1. sparkle 2. firefly

kimia n (vimia) 1. net 2. network 3. lacework

Kimijikenda n Mijikenda (language)

kimila adv traditionally

kimiminiko n (vimiminiko) liquid

kimkumku n madness

kimo 1. n (vimo) height 2. altitude 3. v is in; is inside

kimojawapo either of them

kimombo n (vimombo) English language

kimondo n (vimondo) meteor; shooting star

kimori n (vimori) apron

kimoyo n (vimoyo) heart disease

kimoyomoyo adv 1. by heart 2. silently

Kimrima n Swahili in coastal Tanzania

kimsharazi adv diagonally

kimsingi adv 1. basically 2. -a kimsingi basic

kimtumtu: -a kimtumtu adj human

-kimu v 1. to provide for 2. sayansi kimu domestic science

kimulimuli n (vimulimuli); **kimurimuri** (vimurimuri) 1. glow worm 2. firefly

Kimvita n Mombasa Swahili

kimwa adj 1. saturated 2. mafuta kimwa saturated fats

-kimwa *v* to be irritated

kimwana *n* (**vimwana**) good-looking girl

kimwendawazimu: -a kimwendawazimu *adj* insane

kimwetu: -a kimwetu *adj* local

kimwili *adv* sexually

kimwondo *n* (**vimwondo**) 1. shooting star 2. meteor 3. idiot

kimya 1. *n* (**vimya**) silence 2. *adj* silent

kina 1. *n* (**vina**) depth 2. depths 3. rhyme 4. -enye kina deep 5. kina kifupi shallow 6. kwa kina in depth

kina- *plural marker for groups*

kinaa *n* (**vinaa**) satisfaction

kinadharia *adv* 1. theoretically 2. -a kinadharia theoretical

kinadhifu *adv* neatly

kinaganaga; kinagaubaga *adv* clearly

kinagiri *n* (**vinagiri**) gold jewellery

-kinai *v* to be satisfied

-kinaisha *v* to satisfy

kinakuuma nini? what do you care?

kinamasi *n* (**vinamasi**) 1. slime 2. mucus 3. marsh

kinamo *n* (**kinamo**) 1. flexibility 2. -a kinamo flexible

kinamu *n* (**kinamu**) flexibility

kinana *n* (**vinana**) yam

kinanda *n* (**vinanda**) 1. banjo 2. harp 3. piano 4. -piga kinanda to play the piano

kinara *n* (**vinara**) 1. candlestick 2. leader

kinasaba *adj* 1. genetic 2. genealogical

kinasasauti *n* (**vinasasauti**) tape-recorder

kinaya *n* 1. independence 2. insolence

kina yake the common people

kinda *n* (**makinda**) 1. young animal 2. chick 3. *see* makinda

kindakindaki *adv* 1. aristocratic 2. thoroughbred

kindani *adv* 1. in depth 2. from within

kindi *n* (**kindi**) squirrel

kindoro *n* (**vindoro**) red dye

kindugu *adj* 1. as siblings 2. as comrades

kindumbwendumbwe *n* (**vindumbwendumwe**) excitement

kinembe *n* (**vinembe**) clitoris

kinena *n* (**vinena**) groin

kinga *n* (**kinga**) 1. screen 2. protection 3. defence 4. protection factor 5. immunity 6. ukanda wa kinga seat belt 7. chanjo ya kinga inoculation 8. *see* kinga asilia; kingamwili

-kinga *v* 1. to cover 2. to protect 3. to defend

kinga asilia *n* (**kinga asilia**) natural immunity

kingaja *n* (**vingaja**) 1. palm 2. bracelet

kingalingali *adv* face upwards

-kingama *v* 1. to obstruct 2. to block 3. to lie across

kingamaji *n* (**makingamaji**) dyke

kingamwili *n* (**kingamwili**) bodily immunity

kinganga *n* (**vinganga**) drum

kingi *adv/adj* much

kingilizi *n* (**makingilizi**) 1. screen 2. protection

kingine *adj* another

king'irimoto *n* (**ving'irimoto**) disaster

-kingiwa *v* 1. to be protected against 2. to immune to

-kingiza *v* to protect

kingo *n* (**kingo**) 1. hem 2. edge

kingo za dunia *pl* ends of the earth

king'ora *n* (**ving'ora**) 1. alarm 2. siren

king'ora cha moto *n* fire alarm

kingoto *n* (**vingoto**) kufa kingoto to suffer in silence

king'oto *n* (ving'oto) woodpecker

Kingozi *n* Malindi Swahili

-kingwa *v* to be protected

kinidhamu *adj* disciplinary

kining'ina *n* (vining'ina) great-great-grandchild

kinofu *n* (vinofu) piece of meat

kinokero *n* (vinokero) gazelle

kinono *n* (vinono) pleasantries

kinoo *n* (vinoo) 1. whetstone 2. bar

kinu *n* (vinu) 1. mortar 2. processing machine 3. **kinu cha upepo** windmill

kinubi *n* (vinubi) zither

Kinubi *n* -a Kinubi 1. Nubian 2. Sudanese

kinukamito *n* (vinukamito) restless person

kinundu *n* (vinundu) 1. hump 2. lump 3. knob

kinyaa *n* (vinyaa) 1. filth 2. revulsion 3. nausea

kinyago *n* (vinyago) carving

kinyama *adv* 1. animal-like 2. savage 3. **matendo ya kinyama** brutal acts

kinyamkela *n* (vinyamkela) ghost

kinyangaa *n* (vinyangaa) old-fashioned person

kinyangalele *n* (vinyangalele) top

kinyefu-nyefu *n* (vinyefu-nyefu) nausea

kinyeleo *n* (vinyeleo) pore

kinyemelea *adv* 1. imperceptibly 2. stealthily

kinyemi *n* (vinyemi) good thing

kinyesi *n* (vinyesi) excrement

kinyevu *n* (vinyevu) humidity

kinyo *n* (vinyo) anus

kinyoleo *n* (vinyoleo) shaver

kinyong'onyo *n* (vinyong'onyo) tiredness

kinyonga *n* (vinyonga) chameleon

kinyongo *n* (vinyongo) bitterness

kinyonyo *n* (vinyonyo) dummy; pacifier

kinyota *n* (vinyota) asterisk

kinyozi *n* (vinyozi) barber's

kinyume 1. *n* opposite 2. *adv* behind 3. backwards

kinyume cha *adv* 1. opposite of 2. contrary to

kinyume saa *adv* anti-clockwise

kinyunga *n* (vinyunga) dough

kinyunyizi *n* (vinyunyizi) sprayer

kinywa *n* (vinywa) 1. mouth 2. **-fungua kinywa** *v* to breakfast (kwa on)

kinywaji *n* (vinywaji) drink; beverage

kinywaji baridi *n* cold drink

kinywaji kikali *n* intoxicant

kinywe *n* (vinywe) graphite

-kinza *v* 1. to oppose 2. to object 3. to contradict

-kinzana *v* 1. to oppose each other 2. to object to each other 3. to contradict each other

kinzano *n* (makinzano) 1. obstruction 2. objection 3. contradiction

kioevu *n* (vioevu) fluid

kioja *n* (vioja) wonder

kiokosi *n* (viokosi) reward

kiokozi *n* (viokozi) life-preserver

kiolezo *n* (violezo) 1. pattern 2. sample

kiondoa harufu mbaya *n* deodorant

kiongoza njia *n* signpost

kiongozi *n* (viongozi) 1. leader 2. guide

kionjamchuzi *n* (vionjamchuzi) goatee

kionjo *n* (vionjo) 1. sip 2. sample 3. test 4. *see* vionjo

kionyeshi *n* (vionyeshi) demonstrative

kionyo *n* (vionyo) indication

kioo *n* (vioo) 1. glass 2. mirror 3. pane

kioo cha kutazamia nyuma *n* rearview mirror

kioo cha mbele garini *n* windscreen

kiopoo *n* (viopoo) 1. handle 2. hook
kiota *n* (viota) nest
kioteo *n* (vioteo) ambush
kioto *n* (vioto) nest
kiowevu *n* (viowevu) liquid
kioza *n* (vioza) rot
kipa *n* (makipa) goalkeeper
kipago *n* (vipago) step
kipaimara *n* (vipaimara) *(Chr.)* confirmation
kipaji *n* (vipaji) 1. gift; talent 2. forehead
kipaku *n* (vipaku) spot
kipamba *n* (vipamba) cotton ball
kipambo *n* (vipambo) ornament
kipande *n* (vipande) 1. piece 2. distance 3. **kipande cha mtu** a huge man
kipandio *n* (vipandio) 1. step 2. rung
kipandisho *n* (vipandisho) *(mus.)* sharp
kipando *n* (vipando) plant
kipanga *n* (vipanga) kite
kipao *n* (vipao) ascent
kipapa *n* (vipapa) tremor
kipapara *adv* hastily
kipapatiko *n* (vipakatiko) feather
kipara *n* (vipara) 1. baldness 2. bald patch
kipashio *n* (vipashio) unit of speech
kipasuasanda *n* (vipasuasanda) owl
kipatanisho *n* (vipatanisho) agreement
kipato *n* (vipato) income
kipaumbele *n* (vipaumbele) priority
kipawa *n* (vipawa) ability
kipaza-sauti *n* (vipaza-sauti) 1. microphone 2. (loud)speaker
kipekecho *n* (vipekecho) 1. whisk 2. beater 3. blender
kipele *n* (vipele) 1. spot 2. scab
kipenzi *n* (vipenzi) favourite
kipendo *n* (vipendo) affection
kipenga *n* (vipenga) whistle

kipengee (vipengee)**; kipengele** (vipengele) 1. feature 2. detour 3. section 4. paragraph 5. point 6. **-a kipengee** indirect
kipenu *n* (vipenu) eaves
kipenyo *n* (vipenyo) 1. opening 2. diameter
kipenzi *n* (vipenzi) darling
kipeo *n* (vipeo) 1. broom 2. peak 3. *(maths)* power
kipeo cha pili *(maths)* square
kipeo cha tatu *(maths)* cube
kipepeo *n* (vipepeo) 1. butterfly 2. fan
kiperea *n* (viperea) canoe
kipete cha ufunguo *n* (vipete vya ufunguo) keyring
kipeto *n* (vipeto) 1. case 2. packet
kipeuo *n* (vipeuo) *(maths)* root
kipi *n* (vipi) spur
kipia *n* (vipia) summit
kipigi *n* (vipigi) cutting
kipigo *n* (vipigo) stroke; blow
kipila *n* (vipila) curlew
kipilefti *n* (kipilefti) roundabout
kipilipili *adj* hot; spicy
kipimahewa *n* (vipimahewa) barometer
kipimajoto *n* (vipimajoto) thermometer
kipimapembe *n* (vipimapembe) protractor
kipimaupepo *n* (vipimaupepo) weather vane
kipimio *n* (vipimio); **kipimo** (vipimo) 1. scales 2. measuring instrument 3. measure 4. size 5. weight 6. judgement
kipimohali *n* (vipimohali) temperature
kipimo kilichowekwa *n* quota
kipindi *n* (vipindi) 1. period 2. class 3. term 4. programme
kipindi cha nyuma *adv* previously
kipindo *n* (vipindo) 1. wrapper 2. sheet

kipindupindu *n* (vipindupindu) cholera

kipingamizi *n* (vipingamizi) 1. obstacle 2. drawback

kipingili *n* (vipingili) 1. joint 2. cutting

kipingo *n* (vipingo) 1. lock 2. bar

kipini *n* (vipini) 1. handle 2. earring 3. nosering

kipira *n* (vipira) 1. ball 2. plane

kipitisho *n* (vipitisho) *(tech.)* conductor

kipito *n* (vipito) passage

kiplefti *see* kipilefti

kipo is here; is there

kipofu *n* (vipofu) blind person

kipokeo *n* (vipokeo) refrain

kipondwe *n* (vipondwe) mash

kiponya *n* (viponya) remedy

kipooza *n* (vipooza) paralysis

kipora *n* (vipora) cockerel

kiporo *n* (viporo) leftovers

kipovu *n* (vipovu) bubble

kipozi *n* (vipozi) condenser

Kiprotestanti *adj (Chr.)* Protestant

kipukusa *n* (vipukusa) 1. fall 2. epidemic

kipukusi *n* (vipukusi) disinfectant

kipukute *n* (vipukute) banana

kipulefti *n* (kipulefti) roundabout

kipuli *n* (vipuli) earring

kipumbavu *adv* stupidly

kipungu *n* (vipungu) osprey

kipunguo *n* (vipunguo) lack

kipunguzi *n* (vipunguzi) discount

kipunguzo cha bei *n* (vipunguzo vya bei) discount

kipunjo *n* (vipunjo) short measure

kipupa *n* (vipupa) haste

kipupwe *n* (vipupwe) cold season (June-August)

kipuri *n* (vipuri) spare; spare part

kipusa *n* (vipusa) rhino horn

kiputo *n* (viputo) bubble

kipwa *n* (vipwa) rock

kipwepwe *n* (vipwepwe) rash

kirafiki *adv* 1. in a friendly way 2. -a kirafiki friendly

kirago *n* (virago) 1. sleeping-mat 2. *see* virago

kirahi *n* (kirahi) 1. dislike 2. prejudice

kirai *n* (virai) clause

kiraka *n* (viraka) patch

kiranja *n* (viranja) *(ed.)* prefect; monitor

kirehani *n* (kirehani) sweet potato

kirejeshi *n* (virejeshi) relative pronoun

kirekebisho *n* (virekebisho) regulator

kirekebisho hewa *n* air-conditioning

kirembesho *n* (virembesho) beauty treatment

kirembo *n* (virembo) ornament

Kireno *n* Portuguese

-kiri *v* 1. to agree 2. to acknowledge 3. to ratify

kiriba *n* (viriba) waterskin

-kirihi *v* to detest

kirihifu *adj* detestable

-kirihishwa *v* to be made disgusted

kirimba *n* (virimba) 1. frame 2. cage

-kirimia *v* 1. to treat generously 2. to feast (someone) 3. to be hospitable to

-kirimu *v* 1. to be generous 2. to give a feast 3. to be hospitable

-kiritimba *v* to monopolize

kiroboto *n* (viroboto) flea

kiroho *adv* 1. spiritually 2. -a kiroho spiritual

kiroja *n* (viroja) wonder

kirudishi *n* (virudishi) reflector

kirugu *n* (virugu) top of a wall

kirukanjia *n* (virukanjia) prostitute

kirumbizi *n* (virumbizi) dance

Kirumi: -a Kirumi Roman

kirungu *n* (virungu) 1. baton 2. sap

Kirusi *n* 1. Russian language 2. -a Kirusi Russian

kirusu *n* (virusu) beer mash
kirutubisho *n* (virutubisho) nutrient
kiruu *n* (viruu) rage
kisa *n* (visa) 1. story 2. event 3. reason 4. complaint
kisaa *adv* clockwise
kisabaki *n* (visabaki) antecedent
kisadifu *n* (visadifu) gene
kisadifu hafifu *n* recessive gene
kisaga *n* (visaga) measure
kisahani *n* (visahani) 1. saucer 2. side plate 3. *(spor.)* discus
kisalisali *n* (visalisali) gonorrhea
kisamvu *n* (visamvu) 1. cooked cassava leaves 2. bean stew
kisanaa *adv* artistically
kisarawanda *n* (visarawanda) wedding night sheet
kisarufi *adv* grammatically
kisasa: *n*. **-a kisasa** modern 2. up-to-date 3. fashionable 4. **-sio ya kisasa** out-of-date 5. unfashionable
kisasi *n* (visasi) 1. revenge 2. **-lipiza kisasi** to take revenge 3. to retaliate
kisasili *n* (visasili) myth
kisawe *n* (visawe) 1. equivalent 2. synonym
kisebusebu *n* (visebusebu) reluctance
kisehemu *n* (visehemu) 1. part 2. portion
kiselema *n* (viselema) old tool
kisetiri *n* (visetiri) cover
kiseyeye *n* (viseyeye) pyorrhoea; inflammation of the gums
kisha *adv* 1. then 2. afterwards
kishada *n* (vishada) kite
kishati *n* (vishati) 1. shirt 2. blouse
kishaufu *n* (vishaufu) 1. trinket 2. nosering
kishawishi *n* (vishawishi) 1. attraction 2. temptation
kishazi *n* (vishazi) clause
kishazi cha ambatani *n* co-ordinate clause

kishazi cha elezi *n* adverb clause
kishazi huru *n* independent clause
kishazi cha nomino *n* noun clause
kishazi cha tegemezi *n* subordinate clause
kishazi cha vumishi *n* adjectival clause
kishenzi *adj* 1. rude 2. barbaric
kishepe *n* (vishepe) trowel
kisheria *adv* 1. legally 2. **-a kisheria** legal
kishetani: -a kishetani *adj* devilish
kishika taa *n* (vishika taa) socket
kishikio *n* (vishikio) 1. socket 2. keyring
kishiko *n* (vishiko) handle
kishiku *n* (vishiku) log
kishimo *n* (vishimo) burrow
kishina *n* (vishina) dance
kishinda *n* (vishinda) dregs
kishindo *n* (vishindo) 1. gust 2. bang 3. shock wave
kishoroba *n* (vishoroba) 1. path 2. lane 3. row
kishubaka *n* (vishubaka) drawer
kishujaa *adv* courageously
kishupi *n* (vishupi) basket
kishwara *n* (vishwara) loop
kisi *n* 1. (kisi) kiss 2. **-piga kisi** to kiss 3. (makisi) estimate
-kisi; -kisia *v* to estimate
kisiasa *adv* 1. politically 2. **-a kisiasa** political
kisibau *n* (visibau) waistcoat
kisibiti *n* (visibiti) 1. caraway seed(s) 2. cumin
kisigino *n* (visigino) heel
kisiki *n* (visiki) 1. log 2. stump
kisikusiku *n* dusk; twilight
kisima *n* (visima) 1. spring 2. well
kisimi *n* (visimi) clitoris
kisingizio *n* (visingizio) pretext
kisio *n* (makisio) estimate
kisirani *n* (kisirani) 1. misfortune 2. failure 3. disgrace 4. anger

kisirani gani! what a hassle!
kisirisiri *adv* in strict privacy
kisiwa *n* (**visiwa**) island
-kisiwa *v* to be estimated
kisogo *n* (**visogo**) 1. nape 2. back of head
kisokoto *n* (**visokoto**) twisting
Kisomali *n* 1. Somali language 2. -a **Kisomali** Somali
kisombo *n* (**visombo**) cassava and beans mash
kisomo *n* (**visomo**) basic education
kisongo *n* (**visongo**) 1. pressure 2. tourniquet
kisonoko *n* (**visonoko**) rude person
kisonono *n* (**visonono**) gonorrhea
kistariungio *n* (**vistariungio**) hyphen
kisu *n* (**visu**) 1. knife 2. **-choma kisu** to stab
kisu cha kujazia pati *n* putty trowel
kisu cha kukunja *n* penknife
kisu cha kukurogea rangi *n* palette
kisu cha kukwangulia *n* scraper
kis cha kuwekea vioo *n* putty knife
kisua *n* (**visua**) 1. garment(s); clothes 2. **-vaa kisua** to be well dressed
kisugudi *n* (**visugudi**) elbow
kisuguu *n* (**visuguu**) 1. termite 2. termite hill
kisukari *n* (**kisukari**; **visukari**) 1. diabetes 2. banana
kisukuku *n* (**visukuku**) fossil
kisukumizi *n* (**visukumi**) communicable disease
kisuli *n* (**kisuli**) dizziness
kisulisuli *n* (**visulisuli**) 1. whirlwind 2. *see* **kisuli**
kisunzi *n* (**kisunzi**) dizziness
kisura *n* (**visura**) pin-up
kisusio *n* (**visusio**) blood soup
kisusuli *n* (**visusuli**) 1. kite 2. scorpion

kisutu *n* (**visutu**) 1. wedding cloth 2. screen
kisutuo *n* (**visutuo**) payment in kind
kisuuzio *n* (**visuuzio**) dishcloth
Kiswahili *n* 1. Swahili language 2. -a **Kiswahili** Swahili
Kiswidi *n* 1. Swedish language 2. -a **Kiswidi** Swedish
-kita *v* to be fixed
kitaaluma *adv* 1. academically 2. -a **kitaaluma** academic
kitabaka: -a kitabaka *adj* 1. layered 2. stratified 3. class
kitabu *n* (**vitabu**) book
kitabu cha anwani *n* address book
kitabu cha kiada *n* textbook
kitabu cha kumbukumbu *n* diary
kitabu cha simu *n* phone book
kitafunio *n* (**vitafunio**) snack
kitaifa *adv* 1. nationally 2. -a **kitaifa** national
Kitaita *n/adj* Taita
kitakataka *n* (**vitakataka**) particle
kitako *n* (**vitako**) 1. back end 2. base 3. **-kaa kitako** to sit down
Kitaliana *n* 1. Italian language 2. -a **Kitaliana** Italian
kitalu *n* (**vitalu**) 1. fence 2. wall 3. yard 4. garden 5. plot
kitamaduni *adv* culturally
kitambaa *n* (**vitambaa**) cloth
kitambaa cha mkono *n* (**vitambaa vya mikono**) handkerchief
kitambaa cha sufu *n* (**vitambaa vya sufu**) jersey
kitambi *n* (**vitambi**) 1. pot belly 2. arrogance 3. turban
kitambo *n* (**vitambo**) 1. while 2. distance
kitambulishi *n* (**vitambulishi**) identification; I.D.
kitamkwa *n* (**vitamkwa**) sound
kitana *n* (**vitana**) comb

kitanda *n* (vitanda) 1. bed 2. bunk 3. berth 4. stretcher

kitanda cha kufumia *n* loom

kitanda cha mtu mmoja *n* single bed

kitanda cha watu wawili *n* double bed

kitanda katika treni *n* couchette

kitandawili *n* (vitendawili) riddle

kitandiko *n* (vitandiko) blanket

kitanga *n* (vitanga) palm

kitanga *n* (vitanga) round mat

kitangangaya *n* (kitangangaya) hide-and-seek

kitango *n* (vitango) fastener

kitangulizi *adv* in advance

kitanguo *n* (vitanguo) 1. removal 2. dismissal 3. cancellation

kitani *n* (kitani) 1. sisal 2. linen 3. string 4. fibre 5. mafuta ya kitani linseed oil

Kitanzania: -a Kitanzania *adj* Tanzanian

kitanzi *n* (vitanzi) 1. loop 2. noose 3. -tia kitanzi to hang

kitapo *n* (vitapo) 1. shivering 2. *(med.)* cold

kitara *n* (vitara) scimitar

kitasa *n* (vitasa) 1. lock 2. buckle

kitata *n* (vitata) 1. speech defect 2. lathe 3. splint

kitawa *n* (kitawa) solitude

kite *n* (vite) 1. groan 2. exertion 3. -piga kite to groan

kitefute *n* (vitefute) cheekbone

kitefutefu *n* (vitefutefu) 1. sob 2. hiccup

kitegauchumi *n* (vitegauchumi) investment

kiteku *n* (viteku) chisel

kitelemsho *n* (vitelemsho) downward movement

kitembe *n* 1. (kitembe) speech defect 2. (vitembe) hut

kitembwe *n* (kitembwe) fibre

kitendawili *n* (vitendawili) riddle

kitendo *n* (vitendo) 1. action; act 2. practice

kitendo cha haramu *n* illegal act

kitendwa *n* (vitendwa) object

kitenge *n* (vitenge) cotton cloth; cotton wrapper

kitengele *n* (vitengele) strip

kitengo *n* (vitengo) unit

kitengwa *n* (vitengwa) segment

kitenzi *n* (vitenzi) 1. verb 2. *(tech.)* agent

kitenzi cha kufanyika *n* stative verb

kitenzi cha kufanyisha *n* causative verb

kitenzi cha kufanyana *n* reciprocal verb

kitenzi cha kufanyia *n* prepositional verb

kitenzi cha nomino *n* gerund

kitenzi cha shirikishi *n* copulative verb

kitenzi kikuu *n* main verb

kitenzi cha kisaidizi *n* auxiliary verb

kitenzi cha vumishi *n* participle

kitetemeshi *n* (vitetemeshi) trembling

kithembe *n* (vithembe) lisp

-kithiri *v* to increase

kiti *n* (viti) 1. chair 2. seat 3. Kiti hiki kina mtu? Is this seat free? 4. *see* kiti cha...

kitiahamu *n* (vitiahamu) appetizer

kitiba *n* (vitiba) custom

kiti cha dirishani *n* window seat

kiti cha enzi; kiti cha ezi *n* throne

kiti cha kujinyoshea *n* deckchair

kiti cha kuotea jua *n* sun lounger

kiti cha ujiani *n* aisle seat

kitimbi *n* (vitimbi) 1. deception 2. plot

kitindamimba *n* (vitindamimba) youngest child; last-born

kitindamlo *n* (vitindamlo) dessert; sweet

kitindio *n* (**vitindio**) tweezers
kitini *n* (**vitini**) hand-out
kitisho *n* (**vitisho**) 1. scare 2. intimidation 3. terror
kitita *n* (**vitita**) 1. pile 2. bunch
kitita cha pesa *n* a pile of money
kititi *n* 1. mastitis 2. (**vititi**) hare 3. depth
kitivo *n* (**vitivo**) *(ed.)* faculty
kito *n* (**vito**) jewel
kitobosha *n* (**vitobosha**) doughnut
kitokono *n* (**vitokono**) coccyx
kitoleo *n* (**vitoleo**) remainder
kitomeo *n* (**vitomeo**) 1. headword 2. term
kitonge *n* (**vitonge**) 1. morsel 2. ball
kitongo *adv* sideways
kitongoji *n* (**vitongoji**) 1. village 2. hamlet
kitongotongo *see* kitongo
kitopa *n* (**vitopa**) turkish delight
kitoto *n* (**vitoto**) 1. infant; tot 2. **-a kitoto** childish 3. child
kitovu 1. *n* (**vitovu**) navel 2. centre 3. origin 4. *adj* centripetal 5. **kani kitovu** centripetal force
kitovu cha uvutano *n* centre of gravity
kitoweo *n* (**vitoweo**) 1. seasoning 2. garnish 3. side dish
kitu *n* (**vitu**) 1. thing 2. something 3. **Si kitu!** It's nothing! 4. *see* kitu cha...
kitubio *n* (**vitubio**) repentance
kitu cha kula *n* (**vitu vya kula**) something to eat
kitu cha kizamani *n* (**vitu vya kizamani**) antique
kitu cha kuchezea *n* (**vitu vya kuchezea**) toy
kitu chochote anything
kitu chochote kingine? anything else?
kituguta *n* (**vituguta**) cheekbone
kituka *n* (**vituka**) grove
kitu kingine something else

kituko *n* (**vituko**) fright
kitukuu *n* (**vitukuu**) (great-)great-grandchild
kitulizo *n* (**vitulizo**) 1. relief 2. consolation 3. relaxant 4. sedative
kitumbo *n* (**vitumbo**) 1. belly 2. obesity
kitumbua *n* (**vitumbua**) rice fritter
kitumbuizo *n* (**vitumbuizo**) 1. pun 2. lullaby
kitumwa 1. *n* (**vitumwa**) servility 2. *adv* servilely
kitunda *n* (**vitunda**) pawn
kitundikia nguo *n* (**vitundikia nguo**) coathanger
kitundu *n* (**vitundu**) 1. aperture 2. pore 3. cage
kitungule *n* (**vitungule**) 1. hare 2. cunning person
kitunguu *n* (**vitunguu**) onion
kitunguu saumu/sumu/thomu *n* (**vitunguu saumu/sumu/thomu**) garlic
kituo *n* (**vituo**) 1. pause 2. comma 3. stop 4. station 5. *see* vituo
kituo cha basi *n* bus stop
kituo cha mabasi *n* bus station
kituo cha mapumziko *n* stopover
kituo cha petroli *n* 1. petrol station; gas station 2. service station
kituo cha polisi *n* police station
kituo cha teksi *n* taxi rank
kitupe *n* (**vitupe**); kitupo (**vitupo**) projectile
kituwe *n* (**vituwe**) pool
kitwea *adj/adj* 1. alone 2. solitary
kitwitwi *n* (**vitwitwi**) wagtail
kiu *n* (**kiu**) 1. thirst 2. **-ona kiu; -sikia kiu** tofeel thirsty 3. **-kata kiu** to quench one's thirst
kiua *n* (**viua**) buttonhole
kiuagugu *n* (**viuagugu**) weedkiller
kiuaji *n* (**viuaji**) deadly weapon
kiuavidudu *n* (**viuavidudu**) insecticide

kiuavijasumu *n* (viuavijasumu) antibiotic(s)

kiuavisumbufu *n* (viuavisumbufu) pesticide

kiuchumi *adv* economically

-kiuka *v* 1. to jump over 2. to overstep; to infringe 3. to evade

-kiuka mipaka *v* to violate

kiulizi *n* (viulizi) interrogative

kiuma *n* (viuma) thing that bites

kiumbe *n* (viumbe) 1. creature 2. organism

kiume *adv* 1. manly 2. bravely 3. -a kiume male 4. masculine

kiumri *adv* agewise

kiunda *n* (viunda) trap

kiunga *n* (viunga) 1. joint 2. link 3. orchard 4. park 5. outskirt(s) 6. suburb(s)

kiunganishi *n* (viunganishi) conjunction

kiungo *n* (viungo) 1. joint 2. join 3. junction 4. seasoning

kiungo bandia *n* (viungo bandia) artificial limb; prosthesis

Kiunguja *n* Zanzibar Swahili

kiungulia *n* (viungulia) indigestion

kiunguza *n* (viunguza) 1. poison 2. acid 3. virus

kiungwana *adv* 1. in a civilised way 2. in a classy way

kiuno *n* (viuno) 1. waist 2. groin 3. -cheza kiuno to shake one's hips

kiunzi *n* (viunzi) 1. frame; framework 2. skeleton 3. hurdle

kiutamaduni *adv* culturally

kiutu *adj* -a kiutu 1. kind 2. humanitarian

kiva *n* (kiva) agreement

kivazi *n* (vivazi) dress

kivi *n* (vivi) elbow

kivimbe *n* (vivimbe); **kivimbo** (vivimbo) swelling

kiviringisho *n* (viviringisho) round thing

kivita: -a kivita *adj* 1. military 2. war 3. **meli ya kivita** warship 4.

ndege ya kivita warplane

kivivu *adv* lazily

kivo *n* (vivo) abundance

kivuko *n* (vivuko) 1. ford 2. ferry crossing

kivuko cha miguu *n* zebra crossing

kivuli *n* (vivuli) 1. shadow 2. shade 3. ghost

kivulini *adv* in the shade

kivumbi *n* (vivumbi) 1. haze 2. dust cloud 3. sandstorm 4. uproar

kivumbi *n* (vivumbi) steam

kivumi *n* (vivumi) 1. rumour 2. reputation

kivumishi *n* (vivumishi) 1. adjective 2. modifier 3. -a kivumishi adjectival

kivumishi cha kiarifu *n* predicate adjective

kivumishi cha kimilishi *n* possessive adjective

kivumishi cha kionyeshi *n* demonstrative adjective

kivunde *n* (kivunde) cassava mash

kivunjo *n* (vivunjo) 1. break 2. breakdown

kivuno *n* (vivuno) harvest

kivutia hewa majini *n* snorkel

kivutio *n* (vivutio) 1. attraction 2. incentive

kivuvo *n* (vivuvo) fruit fly

kiwa *n* (viwa) being

kiwakilishi *n* (viwakilishi) pronoun

kiwakilishi rejeshi *n* relative pronoun

kiwakilisho *n* (viwakilisho) type

kiwambaza *n* (viwambaza) wall surface

kiwambo *n* (viwambo) 1. doorknob 2. diaphragm 3. membrane 4. screen

kiwambo cha sikio *n* eardrum

kiwanda *n* (viwanda) 1. workplace 2. factory 3. industry 4. omelette 5. *see* kiwanda cha...

kiwanda cha mayai n omelette
kiwanda cha jibini n cheese omelette
kiwanda cha kutengeneza bidhaa n (viwanda vya kutnegeneza) manufacturing industry
kiwanda cha nyanya n tomato omelette
kiwango n (viwango) 1. amount 2. rate 3. level 4. stage 5. quorum 6. kwa kiwango kikubwa in large measure
kiwango cha chini n minimum
kiwango cha juu n maximum
kiwango cha kukifu n saturation point
kiwango cha uzazi n fertility rate
kiwanja n (viwanja) 1. field 2. area 3. fallow land 4. plot 5. (spor.) ground; field
kiwanja cha michezo n (viwanja vya michezo) playground
kiwanja cha ndege n (viwanja vya ndege) airport
kiwara n (viwara) 1. savannah 2. plain(s)
kiwashia sigara n (viwashia sigara) cigarette lighter
kiwashio n (viwashio) 1. switch 2. lighter
kiwasho n (viwasho) irritation
kiwavi n (viwavi) 1. nettle 2. chrysalis 3. caterpillar
kiweko n (viweko) holder
kiwele n (viwele) udder
kiwenda-wazimu adv madly
kiweo n (viweo) thigh
kiwete n (viwete) disabled person; lame person
kiwewe n (viwewe) 1. dismay 2. confusion
kiwi n 1. (kiwi) glare 2. daze 3. (viwi) lock
kiwi cha macho n 1. dazzlement 2. in a daze

kiwida n (viwida) mast base
kiwiko n (viwiko) 1. elbow 2. wrist 3. ankle
kiwiko cha mguu n ankle
kiwiko cha mkono n elbow
kiwiliwili n (viwiliwili) body
kiwimbi n (viwimbi) ripple
kiwinda n (viwinda) 1. napkin 2. nappy
kiwinga n (viwinga) repellant
Kiyahudi n 1. Judaism 2. -a Kiyahudi Jewish
kiyama n (kiyama) (Isl.) day of resurrection
kiyana n (viyana) cooking dish
kiyeyusho n (viyeyusho) solvent
kiyoga n (viyoga) mushroom
kiyowe n (viyowe) shout
kiyoyoso n (viyoyoso) air-conditioner
kiyoyozi n (viyoyozi) air-conditioning
Kiyunani n 1. Greek language 2. -a Kiyunani Greek
kiyunga n (viyunga) mast base
kiza n (kiza) darkness
kizaazaa n (vizaazaa) being neurotic
kizabizabina n (kizabizabina) liar
kizazi n 1. (kizazi) uterus; womb 2. mlango wa kizazi cervix 3. -funga kizazi to cease childbearing 4. (vizazi) descendant 5. generation
kizee n (kizee) old woman
kizibao n (vizibao) waistcoat
kizibiti n (vizibiti) (leg.) exhibit
kizibo n (vizibo) 1. cork 2. cap 3. plug
kizibuo n (vizibuo) corkscrew
kizidisho n (vizidisho) multiplier
kiziduo n (viziduo) extract
kizima moto n (vizima moto) fire extinguisher
kizimba n (vizimba) 1. cage 2. hutch 3. coop 4. cell 5. (leg.) witness stand
kizimio n (vizimio) ashtray

kizimwe *n* (vizimwe) blight
kizimwi *n* (vizimwi) fairy
kizinda *n* (vizinda) hymen
kizingiti *n* (vizingiti) 1. bar 2. sill 3. threshold 4. dam
kizingo *n* (vizingo) 1. bend; curve 2. sand
kizio *n* (vizio) 1. half 2. hemisphere 3. insulator 4. unit 5. *(maths)* base
kizio cha kaskazini *n* northern hemisphere
kizio cha kusini *n* southern hemisphere
kizito *n* (vizito) wealthy person
kiziwi *n* (viziwi) 1. deaf person 2. bubu kiziwi deaf-mute
kizuia *n* (vizuia) preventative (against)
kizuia ugandaji *n* antifreeze
kizuio *n* (vizuio); kizuizi (vizuizi) 1. obstacle 2. barrier 3. blindfold
kizuizini *adv* in detention
kizuka *n* (vizuka) 1. phantom 2. recently widowed woman 3. recently divorced woman
kizumba *n* (vizumba) 1. sill 2. threshold
Kizungu: -a Kizungu *adj* 1. European 2. English
kizunguzungu *n* (vizunguzungu) dizziness
kizuri good; nice
kizushi *n* (vizushi) 1. newcomer 2. intruder 3. innovation 4. feeling
kizuu *n* (vizuu) genie
K.K. = Kabla ya Kristu B.C. = Before Christ
klabu *n* (klabu) club
klabu ya burudani; klabu ya starehe *n* nightclub
klachi *n* (klachi) clutch
k.m. = kwa mfano *conj* e.g. = for example
-ko 1. ...is/are there 2. where 3. Yuko ndani? Is she in?
koa *n* (makoa) 1. strap 2. belt 3. snail 4. slug

kobe *n* (makobe) 1. tortoise 2. turtle
-koboa *v* to husk
kobwe *n* (makobwe) clapping
kocha *n* (makocha) sport coach; trainer
kochi *n* (kochi; makochi) 1. couch; sofa 2. armchair
kode *n* (kode) *n* code
kode ya simu *n* dialling code
kodi *n* (kodi) 1. hire; rent 2. fee 3. tax
-kodi; *v* 1. to hire; to rent 2. to lease 3. *see* kukodi
kodi inayodhihirika *n* direct tax
-kodisha *v* 1. to hire out; to rent out 2. to lease out
-kodishwa *v* 1. to be hired out; to be rented out 2. to be leased out
kodi isiyodhihirika *n* indirect tax
-kodishwa *v* 1. to be hired; to be rented 2. to be leased
kodi ya mapato *n* income tax
kodi ya mauzo *n* sales tax
kodi ya nyumba *n* house rent
-kodoa macho; *v* to stare
-kodolea macho *v* to stare at
-kodolewa *v* to be stared at
kodwe *n* (kodwe) 1. pebble 2. (game) piece
kofi *n* (makofi) 1. palm 2. clap 3. -piga kofi to clap 4. -piga makofi to slap
kofia *n* (kofia) 1. cap 2. hat 3. crown 4. headcloth
kofta *n* (kofta) kebab meatballs
koga *n* (koga) 1. mould 2. dry rot 3. blight; rust 4. -ingia koga to go mouldy
-koga *v* 1. to explain 2. to demonstrate 3. to have a bath
kogo *n* (kogo) back of head
koho *n* (koho) falcon
-kohoa *v* to cough
kohoo *n* (makohoo); kohozi (makohozi) phlegm
koikoi *n* (makoikoi) 1. heron 2. stork

koja *n* 1. (koja) metal pot 2. (makoja) necklace 3. anthology

-kojoa *v* to urinate

kojojo *n* (makojojo) sea slug

kojozi *n* (makojozi) urine

-koka moto *v* to make a fire

koko *n* (makoko) 1. stone (of fruit) 2. testicle 3. bush 4. **mbwa koko** stray dog

-kokoa *v* 1. to sweep up 2. to husk

kokochi *n* (kokochi) coconut shoot

-kokora *v* to trawl

kokoro *n* (kokoro) trawler

-kokota *v* 1. to drag 2. to haul 3. to drawl

kokote anywhere

-kokotea *v* 1. to drag for 2. to haul for

kokoteni *n* (makokoteni) 1. barrow 2. rickshaw

-kokotevu *adv* dilatory

-kokoteza *v* to drag (out)

kokoto *n* (makokoto) 1. pebble 2. gravel

-kokotoa *v* to calculate

-kokotolewa *v* to be calculated

-kokotwa *v* 1. to be dragged 2. to be hauled

kokwa *n* (kokwa) *see* koko

kole *n* (makole) branch (of coconut palm)

-kolea *v* 1. to be tasty 2. to be to one's liking 3. to make a point

kolego *n* (makolego) spade; shovel

koleo *n* (koleo) 1. tweezers 2. pliers 3. tongs 4. forceps 5. (makoleo) smith's tools

-koleza *v* 1. to season food 2. to add to 3. to enhance

koloni *n* (makoloni) colony

koma *n* (koma) ghost

-koma *v* to cease

koma kabisa! never again!

-komaa *v* 1. to mature 2. to ripen

komahedhi *n* (komahedhi) menopause

komamanga *n* (makomamanga) pomegranate

-komanga *v (tech.)* to temper

-komaza *v* to stimulate growth

komba *n* (komba) bushbaby

-komba *v* 1. to clear out 2. to wipe clean

kombaini *n* (kombaini) *(spor.)* combined team

kombamoyo *n* (makombamoyo) 1. roof beam 2. wallplate

kombamwiko *n* (kombamwiko) cockroach

kombati *n* (kombati) pole

kombe *n* 1. (makombe) cup 2. trophy 3. vessel 4. (kombe; makombe) mollusc; shellfish

Kombe la Dunia *n* World Cup

kombeo *n* (makombeo) catapult

kombi *n* (kombi; makombi) kombi; van; people carrier

kombo 1. *adj* curved 2. bent 3. crooked 4. wrong 5. *n* (makombo) curve 6. hook 7. wrong 8. fragment 9. **-enda kombo** to go astray

-komboa *v* 1. to free 2. to save 3. to ransom 4. to redeem

-kombolewa *v* 1. to be freed 2. to be saved 3. to be ransomed 4. to be edeemed

kombora *n* (makombora) 1. shell 2. bomb 3. missile 4. rocket

-kombwa *v* to be hollow

kome *n* (makome) mollusc; shellfish

-komea *v* 1. to fasten 2. to lock 3. to stop at

komeo *n* (makomeo) 1. latch 2. bolt 3. creek

-komeo *v* to lock a door

-komesha *v* 1. to abolish 2. to punish

-komeshwa *v* 1. to be brought to an end 2. to be thwarted

-komewa *v* to be locked

-komile *v* to be ended

komo la uso *n* (makomo) forehead

-komoa *v* **1.** to unlock **2.** to undo **3.** to shame **4.** to criticise

-komolewa *v* **1.** to be unlocked **2.** to be undone **3.** to be shamed **4.** to be criticized

komoo *n* (komoo) exorcism

komunyo *n* (komunyo) *(Chr.)* communion

komwe *n* (komwe) marble(s)

kona *n* (kona) **1.** corner **2.** turning **3.** -kata kona to turn a corner

-konda *v* **1.** to become thin **2.** to lose weight **3.** to slim

kondavi *n* (makondavi) bead belt

konde *n* (makonde) **1.** clearing **2.** field **3.** garden **4.** fist **5.** -piga konde to take courage

-kondea *v* **1.** to waste away because of **2.** to pine for

-kondesha *v* to make thin

kondo *n* (kondo) **1.** strife **2.** war **3.** *see* kondo ya nyuma

kondoo *n* (kondoo) **1.** sheep **2.** nyama ya kondoo mutton; lamb

kondo ya nyuma *n* afterbirth; placenta

-konga *v* to be old

-kongamana *v* to convene

kongamano *n* (makongamano) **1.** congress **2.** convention **3.** symposium

-kongoa *v* to extract

-kongoja *v* to shuffle

-kongoka *v* to come apart

-kongolea *v* to take to pieces

-kongolewa *v* to be extracted

-kongomea *v* **1.** to fasten **2.** to connect **3.** to hammer in

kongomeo *n* (makongomeo) **1.** fastening **2.** connection **3.** larynx

kongoni *n* (kongoni) hartebeest

kongoro *n* (makongoro) oxfoot

kongosho *n* (kongosho) **1.** pancreas **2.** sweetbreads

kongoti *n* (kongoti) **1.** stork **2.** heron

kongwa *n* (makongwa) neck manacle

-kongwe *adj* **1.** ancient **2.** worn out **3.** outdated **4.** seasoned

kongwe *n* (kongwe) lead vocalist

kono *n* (makono) **1.** paw **2.** handle

konokono *n* (makonokono) **1.** snail **2.** slug

konokono *n* (konokono) sweet sop

konsonanti *n* (konsonanti) consonant

kontinenti *n* (makontinenti) continent

konya *n* (konya) child's game

konyagi *n* (konyagi) gin

-konyeza *v* **1.** to wink at **2.** to hint to

konyezo *n* (makonyezo) hint

konzi *n* (makonzi) **1.** fist **2.** handful

konzo *n* (makonzo) stake

koo *n* **1.** (koo) throat **2.** (makoo) hen

koongo *n* (makoongo) (seed) hole

kopa *n* (makopa) **1.** dried cassava **2.** hearts

-kopa *v* **1.** to borrow **2.** to cheat

kope *n* (makope) **1.** eyelash **2.** eyelid **3.** loan

-kopesa *v* **1.** to wink **2.** to flutter one's eyes

-kopesha *v* to loan

koplo *n* (makoplo) *n* corporal

kopo *n* (makopo) **1.** can; tin **2.** -a kopo canned; tinned

kopo la petroli *n* petrol can; gas can

koramu *n* (koramu) quorum

Korani *n* (Korani) Koran

kore *n* (kore) plantation

korido *n* (makorido) corridor

korija *n* (korija; makorija) score; twenty

koroboi *n* (koroboi) lamp

korodani *n* (korodani) **1.** pulley sheave **2.** scrotum **3.** testicles

-korofi *adj* **1.** rude **2.** meddling

korofindo *n* (korofindo) musket

-korofisha *v* **1.** to mess up **2.** to exasperate

-korofishwa v 1. to be mesed up 2. to be exasperated

-koroga v to stir up

korokoni n (korokoni); **korokoroni** (korokoroni) 1. guardroom 2. jail

koroma n (makoroma) (nearly ripe) coconut

-koroma v 1. to snore 2. to snort

koromeo n (makoroma) larynx

koromo n (makoromo) 1. snore 2. snort

korona n (makorona) pulping mill

korongo n 1. (makorongo) ditch 2. channel 3. ravine 4. (korongo) crane 5. roan antelope

kororo n (makororo) 1. jowl 2. heavy breathing 3. snoring

korosho n (korosho) cashew nut

korti n (makorti) court

kosa n (makosa) 1. mistake 2. error 3. fault

-kosa v 1. to miss 2. to lack 3. to fail 4. to make a mistake 5. to sin 6. (leg.) to offend

-kosana v to have a disagreement

-kosea v 1. to miss 2. to be wrong 3. to make a mistake 4. **Nimekosea namba.** I've got the wrong number.

-kosekana v to be missing

-kosesha v 1. to lead astray 2. to cause a misunderstanding 3. to make miss 4. to cause to lack

kosha n (kosha) palm wine

-kosha v to wash

koshi n (makoshi) slipper

kosi n (makosi) 1. nape 2. neck

-kosoa v 1. to blame 2. to correct

-kosoana v to correct one another

-kosolewa v to be corrected

kota n 1. (makota) crook 2. (kota) quarter

kotama n (kotama) knife

kote adv everywhere

kote duniani adv worldwide

koti n (makoti) coat; jacket

koto n (koto) 1. shark-hook 2. matriculation gift

kovu n (kovu; makovi) scar

-koza v 1. to be well seasoned 2. to be darker coloured

kozi n (kozi) course

krimu n (krimu) cream

krimu ya kuhifadhi ngozi n sunblock

krimu ya kunyesea ngozi n moisturizer

krimu ya kunyolea n shaving foam

Krismas (Krismas); **Krismasi** (Krismasi) Christmas

krispu n (krispu) crisps; (potato) chips

ku- 1. you (sing.) 2. infinitive marker 3. -ing 4. not

-kua v to grow (up)

kuadhibu: -a kuadhibu adj punitive

kuambukiza n 1. infection 2. -enye kuambukiza infectious

kuaminika: -a kuaminika adj 1. trustworthy 2. reliable

kuamkia adj preceding; previous

kuamsha kwa simu n wake-up call

kuanzia v 1. to begin with 2. to establish

kuanzishwa n establishment

kuathiriwa na jua n sunstroke

kuba n (makuba) 1. dome 2. vault

kubabuka kwa jua n sunburn

kubadilisha pesa n currency exchange

-kubali v 1. to accept 2. to agree 3. to consent 4. to function again 5. to permit

-kubaliana v 1. to agree (na with) 2. to consent (na to) 3. to be on good terms (na with) 4. **Tumekubaliana!** It's a deal!

kubaliano n (makubaliano) agreement

-kubalika v 1. to be acceptable 2. to be permitted 3. -a kubalika acceptable

-kubaliwa *v* to be approved

kubazi *n* (makubazi) sandal(s)

kubembeleza: -a kubembeleza *adj* 1. soothing 2. persuasive

-kubuhu *v* to be addicted to

-kubwa *adj* 1. big 2. great 3. loud 4. important 5. superior 6. elder

-kubwa sana *adj* 1. enormous 2. too large

kubwebwe *n* (kubwebwe) sling

kucha *n* (makucha) 1. nail 2. claw 3. **usiku kucha** the whole night

-kucha *v* to be dawn

kuchanja *n* vaccination

kuchavusha *n* pollination

kuchekesha: -a kuchekesha *adj* 1. funny 2. amusing

kuchekwa: -a kuchekwa *adj* ridiculous

kuchemsha: -a kuchemsha *adj* boiled

kuchemua *n* sneeze

kucheza dansi *n* dancing

kuchezea: -a kuchezea *adj* for playing with

kuchinjana: undugu wa kuchinjana *n* blood relationship

kuchokoza: -a kuchokoza *adj* provocative

kuchoma: -a kuchoma *adj* 1. grilled 2. **nyama ya kuchoma** roast meat

kuchosha: -enye kuchosha *adj* boring

kuchwa *v* to be sunset

kuchwa kwa jua *n* sunset

kudhibiti *n* 1. control 2. censorship

kudhurika kwa chakula *n* food poisoning

kudra *n* (kudra) *see* **kudura**

kudu *n* (kudu) just desserts

-kudua nguo *v* to take off one's clothes

kudumu: -a kudumu *adj* 1. permanent 2. **tume la kudumu** standing commission

kudura *n* (kudura) power

kuelekea 1. *n* direction 2. *prep* to; towards

kuendesha chelezo *n* rafting

kundesha mtumbwi *n* canoeing

kufa *v* 1. dying 2. *see* **-fa**

kufaa *n* 1. **-a kufaa** useful 2. valuable 3. **-enye kufaa** useful 4. convenient

kufa au kupona; kufa kupona 1. come what may 2. at any rate

kufa ganzi *v* to go numb

kufa kihoro *v* to be heartbroken

kufa macho *v* to go blind

kufa maji *v* to drown

kufa moyo *v* to despair

kufanana: -a kufanana *adj* typical

kufika *n* arrival

kufikia *adv* until

kufu *n* (kufu) match

kufua *n* forging

kufuatana na *adv* 1. according to 2. as a result of

kufuga wanyama *n (ag.)* range management

kufuli *n* (kufuli; makufuli) 1. padlock 2. lock

kufumba na kufumbua instantly

kufuru *n* (makufuru) blasphemy

-kufuru *v* to blaspheme

kufutwa *n* 1. sacking 2. deposition 3. abolition

kugesi *n* (kugesi) anklet

kugusiagusia maongezi *n* keep mentioning a topic

kuhani *n* (makuhani) rabbi

kuhara: tumbo la kuhara *n* diarrhoea

kuharibika *n* breakdown

kuharibu misitu *n* deforestation

kuharisha *n* diarrhoea

kuhimizwa *v* to be rushed

kuhusika *n* complicity

kuhusu *adv* about; concerning

kuigiza *n* 1. imitation 2. acting 3. **mchezo wa kuigiza** play 4. **-a kuigiza** imitation

kuingia *n* entrance
kuingia hedhi *n* (menstrual) period
kuingia mapangoni *n* caving
kuingia mwezi *n* (menstrual) period
kuja *n* 1. coming 2. *see* **-ja**
kujaa: maji kujaa *n* high tide
kujiandikisha *n* check-in
kujifuharisha *n* enjoyment
kujihudumia mwenyewe *n* self-service
kujisomea *n* private study
kujitegemea *n* self-reliance
kujogi *n* jogging
kujuwa *n* knowing
kukaanga: -a kukaanga *adj* fried
kukata: -a kukata *adj* 1. short 2. direct 3. extremely 4. *see* **-kata**
kukataa: jibu kwa kukataa *v* to answer in the negative
kukata na shoka plenty of
kukata nywele *n* haircut
kukatika kwa umeme *n* power cut
kukawia *n* delay
kukawilisha *n* deferment
kukeni on the female side
kukifu *n* 1. saturation 2. **kiwango cha kukifu** saturation point
kikimu *n* logistics
kukodi: -a kukodi *adj* 1. rented 2. hired
kukomaa *n* maturity
kukomanga *n* (*tech.*) tempering
kuku *n* (kuku) 1. chicken 2. hen 3. **nyama ya kuku** chicken (*food*) 4. **kuku wa kuchoma** grilled chicken
kuku huku *adv* exactly here
-kukurika *v* 1. to fuss about 2. to bustle 3. to struggle
kukuru *n* (kukuru) worry
kukurukakara *n* (kukurukakara) hustle and bustle
-kukuta *v* to shake (off)
-kukutua *v* to turn

kula *n* 1. eating 2. *see* **-la**
kula chumvi nyingi being long-lived
kulabu *n* (kulabu) 1. peg 2. hook 3. grappling iron
kula hasara *v* to make a loss
kulainisha *n* annealing
kula kiapo *v* to swear an oath
kulala *n* 1. sleeping 2. *see* **-lala**
kulala na chakula cha asubuhi *n* bed and breakfast
kula njama *v* to plot
kula rusha *v* 1. to take bribes 2. to be corrupt
kulasitara *n* (kulasitara); **kulastara** (kulastara) heron
kula yamini *v* to swear an oath
kule *adv* (over) there
kulehemu *n* 1. soldering 2. welding
kule juu *adv* up there
kulevya *n* 1. **-enye kulevya** alcoholic 2. narcotic 3. **dawa ya kulevya; dawa za kulevya** drugs
kuleya *v* to raise (a child)
kuli *n* (makuli) docker
kulia 1. *v* to grow up in 2. to eat at 3. *adv* on the right 4. *n* right; right-hand 5. **-a kulia** right
kuliko 1. than 2. more than 3. where there is
kulikoni? what's happening?
kuliko -ote the most; of all
kuliko -vyo- more than
kulikuwa there was
kulikuwako there was... there
kulingana na... according to...
kulitokea there happened
kulla *adv* every
kululu *n* (makululu) cowrie
kulungu *n* (kulungu) bushbuck
kuma *n* (kuma) vagina
kumba *n* (kumba) 1. coconut leaf 2. matting
-kumba *v* 1. to push 2. to collide with 3. to attack 4. to sweep away 5. to clear up 6. to bail out
-kumbakumba *adj* mixed

-kumbana *v* to jostle
-kumbana na *v* to come up against
-kumbatia *v* 1. to embrace 2. to hug
kumbatio *n* (**makumbatio**) 1. embrace 2. hug
-kumbatiwa *v* 1. to be embraced 2. to be hugged
kumbe *adv* 1. but 2. instead
kumbe! wow!
kumbi *n* 1. (**makumbi**) fibre 2. chaff 3. husk 4. (**kumbi**) camp 5. *see* **ukumbi**
kumbikumbi *n* (**kumbikumbi**) flying ant
kumbo *n* 1. (**kumbo**) thrust 2. **-piga kumbo** to shove 3. (**makumbo**) devastation
-kumbuka *v* to remember
-kumbukana *v* to remember one another
-kumbukia *v* to remember for
kumbukizi *n* (**kumbukizi**); **kumbuko** (**makumbuko**) 1. memory 2. *see* **kumbukumbu**
kumbukumbu *n* (**kumbukumbu**) 1. memory 2. souvenir 3. memorial 4. anniversary 5. records 6. minutes
-kumbukwa *v* to be remembered
-kumbusha *v* to remind
kumbusho *n* (**makumbusho**) 1. reminder 2. memorial
-kumbwa na *v* 1. to come down with; to be stricken by 2. to be wiped out by
kumbwaya *n* (**kumbwaya**) tomtom
kumbwe *n* (**makumbwe**) snack
kumetameta: taa ya kumetameta *n* fluorescent lamp
kumi (**kumi; makumi**) ten
kumi na mbili twelve
kumi na moja eleven
kumi na nane eighteen
kumi na nne fourteen
kumi na saba seventeen

kumi na sita sixteen
kumi na tano fifteen
kumi na tatu thirteen
kumi na tisa nineteen
kumradhi! 1. sorry! 2. excuse me!
-kumta *v* to shake
kumvi *n* (**makumvi**) 1. fibre 2. chaff
kuna... there is...; there are...
-kuna *v* 1. to scratch 2. to scrape
kunajisi *n* rape
kunako at; in
kuna nini? what's the matter?
kuna-mti-se *n* children's game
-kundaa *v* to be stunted
kunde *n* 1. cow pea 2. **rangi ya kunde** brown
kundi *n* (**makundi**) 1. group 2. crowd 3. herd 4. flock
kundi la visiwa *n* archipelago
kunga *n* (**kunga**) secret
kung'aa: -a kung'aa *adj* luminous
kungamanga *n* (**kungamanga**) nutmeg
kunge *n* (**kunge**) 1. mist 2. fog 3. core of tree 4. fibre
kungu *n* (**kungu**) almond
kungugu *n* (**kungugu**) 1. mist 2. fog 3. smog
kungumanga *n* (**kungumanga**) nutmeg
kunguni *n* (**kunguni**) bedbug
kunguru *n* (**makunguru**) 1. crow 2. checked cloth
-kung'uta *v* 1. to winnow 2. to thresh 3. to sieve 4. to shake up 5. to thrash
kung'uto *n* (**makung'uto**) 1. winnower 2. thresher 3. sieve 4. separator
-kung'utwa *v* 1. to be winnowed 2. to be threshed 3. to be sieved 4. to be shaken up
-kunguwaa *v* to stumble
kungwi *n* (**makungwi**) assistant
kungwi *n* (**makungwi**) 1. midwife 2. instructor

kungwia n (kungwia) coastal women's dance

kuni pl 1. firewood 2. see ukuni

kunia: -a kunia adj for scraping

-kunja v 1. to fold 2. to bend 3. to wrinkle

-kunjamana v 1. to be folded 2. to be bent 3. to be wrinkled

-kunja uso v to frown

-kunjika v 1. to be folded 2. to be bent 3. to be wrinkled

kunjo n (makunjo). 1. fold 2. bend 3. wrinkle

-kunjua v 1. to unfold 2. to spread

-kunjua uso v to look happy

-kunjufu adj happy

-kunjuka v to be happy

-kunjuliwa v to be unfolded

-kunjwa v to be folded

kunradhi! 1. sorry! 2. excuse me!

kununu n (makununu) husk

kununulia n 1. bei ya kununulia buying price 2. see -nunulia

kunya v 1. defecating 2. see -nya

kunyanzi n (makunyanzi) 1. fold 2. wrinkle

kunywa n 1. drinking 2. maji ya kunywa drinking water 3. see -nywa

kuo n (makuo) 1. furrow 2. drain

kuongezeka kwa bei n (ec.) inflation

kuomba radhi n apology

kuona n sight

kuondoka n departure

kuongoza watalii: safari ya kuongoza watalii n guided tour

kuosha vyombo n washing up

kupa n (makupa) pulley sheave

kupanda n 1. riding 2. climbing

kupanda baisikeli n cycling

kupanda bao lenye tanga n sailboarding

kupanda chelezo cha tanga n windsurfing

kupanda farasi n horse riding

kupanda milima n mountaineering

kupanga uzazi n family planning

kuparamia milima n climbing

kupatana n bargaining

kupatwa kwa jua n solar eclipse

kupatwa kwa mwezi n lunar eclipse

kupe n (kupe) 1. tick 2. bloodsucker

kupekupe adj blinking

kupeleka faksi n faxing

kupendeza: -a kupendeza adj 1. pleasant 2. attractive

kupendekezwa n appreciation

-kupia v 1. to blink 2. to wink 3. to nod off

kupiga kambi n camping

kupiga mbizi n diving

kupiga simu n phoning

kupinda n 1. bend 2. -enye kupinda winding

kupindukia 1. adv completely 2. adj complete 3. -a kupindukia utter; utterly

kupita than

kupita kiasi adv excessively

kupitia prep 1. through 2. via

kupooza n 1. paralysis 2. polio

kupotosha: -a kupotosha adj misleading

kupoza n cooling

kupri n (kupri) copper

-kupua v to throw off

-kupuka v to rush off

kupukupu adv excessively

kupwa: maji kupwa n low tide

kura n (kura) 1. chance 2. vote 3. ballot 4. -piga kura to vote 5. see kura ya...

kuharisha: dawa ya kuharisha n laxative

kuponda: -a kuponda adj 1. crushed 2. mashed

Kurani n (Kurani) Koran

kura ya imani n (kura za imani) vote of confidence

kura ya kupinga n (kura za kupinga) no vote

kura ya maoni *n* (kura za maoni) 1. opinion poll 2. referendum
kura ya uamuzi *n* (kura za uamuzi) deciding vote
kura ya vito *n* (kura za vito) veto vote
kurejeshewa pesa *n* refund
kurekodi *n* recordings
kuridhisha: -a kuridhisha *adj* satisfactory
kuro *n* (kuro); **kuru** (kuru) 1. cylinder 2. waterbuck
kuruba *n* (kuruba) bend
-kurubia *v* to approach
kurudi *n* return
kurugenzi *n* (kurugenzi) directorship
kuruka *n* 1. jump 2. **-a kuruka** illegal 3. *see* **-ruka**
kuruka chini *n* (spor.) long jump
kuruka juu *n* (spor.) high jump
kurunzi *n* (kurunzi) 1. torch; flashlight 2. searchlight 3. beacon
-kurupuka *v* to be startled
-kurupukia *v* to be startled at
-kurupusha *v* to startle
kusafisha filamu *n* film processing
kusajiliwa *n* 1. registration 2. **namba ya kusajiliwa** registration number
-kusanya *v* to gather
-kusanyika *v* to be gathered
kusanyiko *n* (makusanyiko); **kusanyo** (makusanyo) 1. gathering 2. crowd
-kusanywa *v* to be gathered
kushangaza: -enye kushangaza *adj* astonishing
kushikilia *v* 1. acting capacity 2. withholding
kushinda more than
kushinda -ote than all; most
kushona *n* tailoring
kushoto 1. *n* (kushoto) left; left-hand 2. *adv* on the left 3. **-a kushoto** left

kushtua *n* (kushtua) 1. being startled 2. taking drugs
kusi *n* (kusi) south monsoon
kusikaka: -a kusikaka *adj* audible
kusimamishwa *v* to set up
kusini *n/adv* 1. south 2. **-a kusini** south; southern
kusini magharibi *n/adv* south-west
kusini mashariki *n/adv* south-east
kusisimua: -a kusisimua *adj* exciting
kisiwe there shouldn't be
kusokotwa tumbo *n* upset stomach
kustaafu *n* retirement
kustabani *n* (kustabani) thimble
kusudi *adv* intentionally
kusudi 1. *n* (makusudi) aim 2. intention 3. *adv* intentionally
-kusudi *v* to intend
-kusudia *v* 1. to aim at 2. to intend to 3. to propose
kusudio *n* (makusudio) 1. aim 2. intention
-kusudiwa *v* to be intended
kusumbua: -enye kusumbua *adj* annoying
-kusuru *v* to spare no effort
kuta *pl* 1. walls 2. *see* **ukuta**
-kuta *v* 1. to meet 2. to find
kutafsiri *n* translation
kutahamaki *adv* unexpectedly
kutambuza kwa aki *n* arc welding
-kutana *v* 1. to meet (**na** with) 2. to gather together
kutangulia: -a kutangulia *adj* preliminary
-kutania *v* 1. to meet at 2. to gather at
kutano *n* (makutano) 1. junction 2. meeting 3. crowd
kutegemea: bila kutegemea *adv* unexpectedly
kuteleza: -enye kuteleza *adj* slippery

kutembea *n* walking
kutembelea *n* sightseeing
kuti *n* (makuti) coconut palm leaf
kutisha: **-a kutisha** *adj* 1. horrible 2. frightening 3. threatening
kuto- not to
kutoelewana *n* 1. disagreement 2. misunderstanding
kutojali *n* indifference
kutoka 1. *n* exit 2. *prep* from
kutoka katika prep from; from in
kutoka kwa prep from
kutokana na... as a result of...
kutokosa: **-a kutokosa** *adj* boiled
kutokuja *n* non-arrival
kutokuwako *n* absence
kutokuwepo *n* absence
kutopata choo *n* constipation
kutoridhishwa disappointed
kutosha: **-a kutosha** *adj* enough
kutowajibika *n* irresponsibility
kutozana ushuru wa bidhaa *n* transfer tax
kutu *n* (kutu) 1. rust 2. tarnish 3. -pata kutu to get rusty 4. -ingia kutu to be rusty
-kutu *v* 1. to rust 2. to tarnish
-kutua *v* 1. to jerk 2. to dislocate 3. to shock
kutumbua *n* deep-fried small rice cakes
kutungua: **-a kutungua** *adj* 1. ready-made 2. nguo za kutungua ready-made clothes
kutuzi *n* (kutuzi) smell of sweat
kutwa 1. *n* (kutwa) day 2. *adv* all day
kutwa kucha *adv* night and day
-kuu *adj* 1. bigger 2. great 3. main 4. elder 5. chief 6. head 7. see wakuu
-kuukeni *adv* on the maternal side
kuukuu *adj* 1. old 2. worn-out 3. used
kuume 1. *n* (kuume) right; right-hand 2. -a kuume right 3. *adv* on the right

kuumeni *adv* 1. on the right side 2. on the paternal side
kuumiza: **-enye kuumiza** *adj* painful
kuumwa *n* bite
kuumwa na mdudu *n* insect bite
kuungo *n* (kuungo) pebble
kuvimba kwa kiwele *n* mastitis
kuvu *n* (kuvu) 1. mould 2. rot 3. blight; rust
kuvua samaki *n* fishing
kuvuka 1. *n* crossing 2. *prep* across
kuvunja ungo; **kuvunjia ungo** *n* puberty
kuvutia: **-a kuvutia** *adj* 1. attractive 2. impressive
kuwa 1. *v* to be 2. to become 3. to grow 4. kuwa na to have 5. *conj* that 6. kwa kuwa because
kuwa na *v* to have
kuwadi *n* (makuwadi) pimp
-kuwadi *v* to pimp
kuwako *n* 1. presence 2. existence
-kuwapo *v* to be present
kuwasili *n* arrival
kuwaza na kuwazua *n* thinking over and over
kuwekesha *n* reservation
kuweko *n* 1. presence 2. existence
kuwemo *n* 1. presence 2. participation
kuwili *adv/adj* two-sided
kuyoyosa *n* air-conditioning
kuza: **-linganisha kuza** *v* to develop
-kuza 1. *adj* dense 2. *v* to increase 3. to develop 4. to magnify 5. to bring up 6. to praise
kuzamia mbizi *n* 1. snorkelling 2. skindiving
kuzi *n* (makuzi) water jug
kuzidisha *n* multiplication
kuzimu *n* (kuzimu) spirit-world
kuzingira *n* surrounds
k.v. = kama vile like; such as
kwa *adv* 1. by 2. to 3. with 4. for 5. from 6. of 7. kwa gari by car 8.

kwa miguu on foot **9. kwa Fred** at Fred's **10. kwa Kiingereza** in English

-**kwaa** *v* to trip

kwa afya yako! cheers!

kwa ajili ya *conj* on account of

kwa bahati (nzuri) *adv* fortunately

kwa dobi *n* laundry

kwa ghafla, kwa ghafula *adv* suddenly

kwa haraka *adv* in a hurry

kwa heri! goodbye! *singular*

kwa herini! goodbye! *plural*

kwa heri ya kuonana! goodbye (until we meet again)! *singular*

kwa herini ya kuonana! goodbye (until we meet again)! *plural*

kwa hiari *adv* by choice

kwa hima *adv* quickly

kwa hivyo/hiyo *adv* therefore

kwa... iwezekanavyo as... as possible

-**kwaje?** how?

kwa jeuri *adv* without consideration

-**kwajuka** *v* 1. to fade 2. to be ruined

kwa jumla *adv* 1. altogether 2. general

kwa kadiri *adv* appropriately

kwa kawaida *adv* usually

kwake 1. to/for him; to/for her 2. (at/to) his/her place 3. his; her

kwa kiasi *adv* 1. fairly 2. appropriate to

kwa kiasis tu *adv* so-so

kwa kiasili *adv* originally

kwa kila hali *adv* in any case

kwa kila jiha *adv* in every way

kwako 1. to/for you *singular* 2. (at/to) your place

kwa kupitia... *conj* by means of...

kwa kusudi *adv* intentionally

kwa kuwa *conj* because

kwa kweli *adv* really

kwale *n* (kwale) 1. partridge 2. pheasant

-**kwama** *v* to be stuck

kwa maana *conj* because

kwamba *conj* that

kwa mahadhi *adv* respectfully

kwa makini *adv* carefully

kwa makusudi *adv* deliberately

kwa mashua *adv* by boat

kwa matao *adv* proudly

kwa matumainio *adv* hopefully

kwa mfano *adv* for example

kwa mfululizo *adv* in succession

kwa miguu *adv* on foot; by foot

-**kwamisha** *v* to bring to a halt

kwa moyo mmoja *adv* wholeheartedly

-**kwamua** *v* to extricate (from)

kwa muda *adv* for a while

kwa muda kidogo *adv* for a little while

kwa mujibu wa... *conj* according to...

kwa nasibu *adv* by chance

kwangu 1. to/for me 2. (at/to) my place

-**kwangua** *v* to scrape

-**kwanguliwa** *v* to be scraped

kwani *conj* 1. for 2. because 3. why

kwa niaba ya... *conj* on behalf of...

kwa nini? why?

kwa nini isiwe hivyo? why not

kwanja *n* (makwanja) grass cutter

kwa nyongo *adv* unwillingly

kwanza 1. *adj* first 2. -a kwanza first 3. *adv* at first 4. awali ya kwanza first of all

kwao 1. to/for them 2. (at/to) their place

kwapa *n* (makwapa) armpit

kwapani: -futika kwapani *v* to carry under the arm

kwa pili *adv* (over) the other side

-**kwapua** *v* to snatch

kwa rejesta *adv* by registered mail

Kwaresima *n* Lent

kwaru *adj* coarse

-**kwaruza** *v* 1. to scratch 2. to be excessive

kwa sababu *conj* because
kwa sababu ya *prep* because of
kwa sababu gani? why?
kwa sauti *adv* loudly
kwa shauku *adv* eagerly
-kwasi *adj* wealthy
kwata *n* (kwata) 1. manouevre 2. parade
kwato *n* (makwato) hoof
-kwatua *v* 1. to clean 2. to tidy 3. to dress up
-kwatuka *v* 1. to be clean 2. to be tidy
kwa ujumla *adv* 1. all together 2. in general
kwa upesi *adv* quickly
kwa urahisi *adv* easily
kwa vile *conj* because
kwa wastani *adv* on average
kwa wingi *adv* in large numbers
kwaya *n* (kwaya) choir
kwa yakini *adv* certainly
kwaya ya vijana *n* (kwaya za vijana) youth choir
kwayo *adv* by means of
-kwaza *v* 1. to trip up 2. to scandalize
kwazo *n* (makwazo) impediment
-kwea *v* 1. to go up 2. to climb 3. to mount
kweche *n* (kweche) old vehicle
kwekwe *n* (kwekwe) weed
kweleo *n* (kweleo) 1. peg 2. notch
kweli *n* (kweli) 1. truth 2. -a kweli

true 3. genuine 4. (ni) kweli! (that's) right!
kwema? is everything okay?
kweme *n* (kweme) oyster nut
kwenda *n* 1. going 2. movement 3. progress 4. *see* -enda
kwenda haja *n* going to the toilet
kwenda madukani *n* shopping
kwenda miayo *n* yawn
kwenu 1. to/for you *plural* 2. (at/to) your place
kwenye *prep* 1. at 2. to 3. towards 4. on
kwenyewe the place itself
kwenzi *n* (kwenzi) starling
-kwepa *v* to avoid
-kwepua *v* to snatch
kwetu 1. to/for us 2. (at/to) our place
kweupe *n* 1. open space 2. clear skies
-kweza *v* to raise
kwezi *n* (kwezi) starling
-kwida *v* to grab
kwikwi *n* (kwikwi) 1. sob 2. hiccup
kwingine; kwingineko elsewhere
kwinini *n* (kwinini) quinine
kwisha 1. *n* ending 2. *see* -isha
kwiu *n* (kwiu) hunger
k.w.k. = kadha wa kadha 1. etc. = etcetera 2. various

la 1. of **2.** no **3.** not at all! **4.** thing; what; the thing which

-la; kula v **1.** to eat **2.** to consume **3.** to erode **4.** see kula

laana n (laana; malaana) curse

-laani v **1.** to damn **2.** to curse **3.** to condemn

-laani bilisi v to hold oneself back

laaniwa v **1.** to be damned **2.** to be cursed **3.** to be condemned

labda adv maybe; perhaps

labda sivyo perhaps not

labeka? yes?; at your service!

-labua v to slap

-labua kofi v to whack

ladha n (ladha) **1.** flavour **2.** taste **3.** aroma **4.** good feeling

lafdhi (lafdhi); **lafudhi** (lafudhi) **1.** accent **2.** pronunciation

laghai n (laghai) **1.** cheat **2.** liar

-laghai v **1.** to deceive **2.** to cheat

-laghaika v to deceive oneself

lahaja n (lahaja) dialect

lahaja sanifu n standard dialect

la hasha 1. certainly not **2.** no way!

lahaula n (lahaula) blasphemy

lahuala! good God!

laika n (malaika) body hair; down

laiki n (laiki) **1.** usual behaviour **2.** custom

-laiki v **1.** to be usual **2.** to be acceptable

laiki ya conforming to

-la kiapo v to take an oath

laini 1. n (laini) line **2.** adj fine **3.** smooth **4.** soft **5.** gentle **6.** tender

-lainika v **1.** to be soft **2.** to be smooth **3.** to be amenable

-lainisha v **1.** to smoothen **2.** to soften **3.** to lubricate **4.** to coax

laita n (laita) cigarette lighter

laiti... conj if only...

lakabu n (lakabu) **1.** nickname **2.** pseudonym

lake his; her; its

laki n (laki) one hundred thousand

-laki v **1.** to go to meet **2.** to welcome

lakini conj but

lakiri n (lakiri) sealing-wax

-lakiwa v to be met

lako your; yours singular

-lala v **1.** to sleep **2.** to go to bed **3.** to lie (down)

-lala chali v to lie on one's back

-lala fofofo v to sleep soundly

-lala kifudifudi v to lie on one's front

-lala kihoro v to sleep on an empty stomach

-lalama; -lalamika v **1.** to complain **2.** to plea for mercy **3.** to lament

lalamiko (**malalamiko**) n **1.** complaint **2.** plea for mercy **3.** lament

-lalana v to lie together

-lala salama v to sleep well

lala salama! good night!

-lala upande v to sleep on one's side

-lala usingizi v to be fast asleep

-lalia v **1.** to lie on **2.** to sleep on

-lalisha v **1.** to put to bed **2.** to put to sleep

lama 1. to **2.** until

-lamba v to lick

lambo n (malambo) pool

-lambwa v to be licked

lami n (lami) **1.** tar; tarmac **2.** pavement **3.** -a lami tarred; tarmacked **4.** paved

lamigumu *n* (**lamigumu**) asphalt
lamsiki! *see* **alamsiki!**
-la mumbi *v* to meet with trouble
-landa *v* to resemble
-landana *v* to resemble each other
lango *n* (**malango**) **1.** gate **2.** bay **3.** *(spor.)* goal
lango ya mto *n* delta
langu my; mine
-langua *v* **1.** to hike prices **2.** to sell on the black market
-lani bilisi *v* to hold oneself back
lao their; theirs
lapa *n* (**malapa**) flip-flop
-lapa *v* to gobble up
lasi *n* (**lasi**) silk
la sivyo... otherwise...
-la taabu *v* to suffer
latifu *n* (**latifu**) goodness
lau; laula *conj* if... not; except
-laumiwa *v* **1.** to be blamed **2.** to be criticised
-laumu *v* **1.** to blame **2.** to criticise
lawalawa *n* (**lawalawa**) sweets; candy
lawama *n* (**lawama**) **1.** blame **2.** complaint **3.** criticism
-lawiti *v* to sodomize
-laza *v* **1.** to lay down **2.** to stretch **3.** to house **4.** *(med.)* to admit **5.** *(spor.)* to win
lazim; lazima 1. (it's) necessary **2.** must
lazima *n* (**lazima**) **1.** necessity **2.** obligation
-lazimika *v* **1.** to be necessary **2.** to be obliged
-lazimisha *v* **1.** to force **2.** to oblige
-lazimiwa; lazimishwa *v* **1.** to be forced **2.** to be obliged
-lazimu *v* **1.** to be necessary **2.** to oblige **3.** to need to; to have to
-lazwa *v* **1.** to be laid down **2.** to be stretched out **3.** *(med.)* to be admitted
-le that

-lea *v* **1.** to bring up; to raise **2.** to educate
lead: isiyo na lead unleaded petrol
leba *n* (**leba**) **1.** labour department **2.** *(pol.)* **Chama cha Leba** Labour
lebasi *n* (**lebasi**) clothes; clothing
lebu *n* (**lebu**) laboratory
ledizi *n* (**ledizi**) ladies
-legalega *v* to be loose
-legea *v* **1.** to be faint **2.** to be weak **3.** to relax **4.** to be loose **5.** -liolegea loose
legeni *n* (**legeni**) baking tin
-legevu *adj* **1.** lazy **2.** slack **3.** loose
-legeza *v* **1.** to loosen **2.** to slacken
-legezwa *v* to be calmed down
lehemu *n* (**lehemu**) **1.** solder **2.** flux
-lehemu *v* **1.** to solder **2.** to weld
lelemama *n* (**lelemama**) **1.** coastal women's dance **2.** good time
-lelewa *v* to be brought up
-lema *v* to be deficient
lemaa *n* (**lemaa**) **1.** defect **2.** disfigurement **3.** mutilation
-lemaa *v* **1.** to be disfigured **2.** to be disabled **3.** to be maimed **4.** to be mutilated
-lemaza *v* **1.** to disfigure **2.** to disable **3.** to maim **4.** to mutilate
-lemea *v* **1.** to burden **2.** to lean on
-lemewa *v* to be burdened
-lemeza *v* to oppress
-lenga *v* **1.** to slice **2.** to aim at; to strive for
-lengalenga *v* to weep
lengelenge *n* (**malengelenge**) **1.** blister **2.** scar
lengo *n* (**malengo**) **1.** aim **2.** object
lenu your; yours *plural*
lenzi *n* (**lenzi**) lens
lenzi mbinuko *n* convex lens
lenzi mbonyeo *n* concave lens
leo *n/adv* (**leo**) today
leo asubuhi this morning
leo hii this day

leo hii hii this very day
leo usiku tonight
lepe *n* (malepe) drowsiness
lepe la usingizi *n* nap
leseni *n* (leseni) 1. licence 2. -kata leseni to get a licence
leseni ya gari *n* driving licence
leso *n* (leso; maleso) 1. handkerchief 2. scarf 3. wrapper
-leta *v* to bring
-letea *v* to bring to/for
-letewa *v* to be brought to
letis *n* (letis) lettuce
letu our; ours
-letwa *v* to be brought
leuleu *n* (maleuleu) dizziness
-levuka *v* to be sober
-levya *v* 1. to intoxicate 2. to make high 3. *see* kulevya
-lewa *v* 1. to be drunk 2. to be high
-lewesha *v* 1. to be intoxicating 2. to make high
li- 1. it 2. *past tense marker*
-lia *v* 1. to cry 2. to lose hope 3. to shout 4. to roar 5. to ring
-lia machozi *v* to weep
liamba *n* (liamba) 1. end 2. mpaka liamba to the very end
libasi *n* (libasi) clothes; clothing
licha; licha ya *conj* 1. besides 2. despite 3. apart from 4. instead of 5. let alone
licha ya hayo; licha ya hiyo aside from that
licha ya kuwa besides being
licha ya kwamba even though
lifti *n* (lifti) lift; elevator
liga *n* (maliga) poison
lijamu *n* (lijamu) bit (of bridle)
-lika *v* 1. to be eaten 2. to be worn out 3. to be eroded
likeni *n* (likeni) lichen
-likiza *v* 1. to send away 2. to give leave
likizo *n* (likizo) 1. holiday; vacation 2. leave 3. *see* likizo ya...
likizoni *adv* on holiday

likizo ya afueni *n* convalescent leave
likizo ya dharura *n* compassionate leave
likizo ya kitaifa *n* public holiday
likizo ya lazima *n* compulsory leave
likizo ya uraufu *n* compassionate leave
likizo ya uzazi *n* maternity leave
liko is here; is there
liko wazi *adj/adv* open
-likuwa *v* 1. was; were 2. had
likwama *n* (malikwama) handcart
lile (yale) that
-lilia *v* to cry over
lililo which is
lililoko; lililopo 1. which is here; which is there 2. that which
-liliwa *v* to be cried over
lima *n* (lima) wedding reception
-lima *v* 1. to dig (kwa with) 2. to plough 3. to cultivate
limao (malimao); **limau** (malimau) lemon
-limbika *v* 1. to allow to accumulate 2. to anticipate
-limbikia *v* to set aside for
-limbikiza *v* 1. to accumulate 2. to save up 3. to create a reserve
limbikizo *n* (malimbikizo) 1. accumulation 2. reserve 3. backlog
limbiko *n* (malimbiko) 1. reserve 2. reservoir
-limbikwa *v* to be anticipated
-limbuka *v* 1. to get a first taste 2. to have a first experience of
limbukeni *n* (malimbukeni) 1. know-all 2. idiot
limbuko *n* (malimbuko) 1. first taste 2. fulfilment of one's expectations
limefungwa *adj* closed
-limia *v* 1. to dig for/with 2. to be ploughed for/with 3. to cultivate for/with

limo *v* is in; is inside
-limwa *v* 1. to be dug 2. to be ploughed 3. to be cultivated
-linda *v* 1. to guard 2. to protect 3. to defend
-lindana *v* 1. to guard each other 2. to protect each other 3. to defend each other
lindi *n* (malindi) 1. the deep 2. pit
lindi la lots of
-lindwa *v* 1. to be guarded 2. to be protected 3. to be defended
-linga *v* to put together for comparison
-lingana *v* 1. to compare 2. to be the same 3. to match 4. to harmonize
-lingana na according to
-linganifu *adj* 1. comparable 2. matching 3. harmonious 4. regular
-linganisha *v* to compare
-linganisha kuza *v* to develop
-linganishwa *v* 1. to be compared 2. to be matched 4. to be harmonized
-linganya *v* 1. to compare 2. to match 3. to harmonize
lingine 1. another 2. some
lini? when?
lio *n* (malio) loud noise
-liobabuka kwa jua *adj* sunburnt
-liochacha *adj* stale
-liokauka *adj* dehydrated
-liokufa *adj* dead
-liolegea *adj* loose
-liovimba *adj* swollen
-lipa *v* to pay
-lipa deni *v* to repay a debt
-lipa kisasi *v* 1. to take revenge 2. to retaliate
-lipia *v* to pay to/for
-lipiza *v* 1. to make pay 2. to settle 3. to settle a score
-lipiza kisasi *v* 1. to take revenge 2. to retaliate
lipizi *n* (malipizi) 1. extortion 2. revenge
lipo is here; is there

lipo *n* (malipo) payment
lipu *n* (lipu) 1. plaster 2. -piga lipu to plaster
-lipua *v* 1. to explode 2. to be off duty
-lipuka *v* to explode
lipuko *n* (malipuko) explosion
-lipuliwa *v* to be exploded
-lipwa *v* 1. to be paid 2. **asiyelipwa** honorary
-lisha *v* 1. to feed 2. to graze
-lishana yamini *v* to swear solemnly to each other
-lisha sumu *v* to poison
lishe *n* (lishe) 1. feeding 2. nutrition
-lishwa *v* to be fed
-lishwa sumu *v* to be poisoned
livu *n* (livu) 1. leave 2. holiday; vacation
liwa *n* (liwa) sandalwood
-liwa *v* 1. to be eaten 2. to be worn-out 3. to be eroded
liwali *n* (maliwali) 1. community leader 2. governor
liwalo na liwe come what may
-liwata *v* to tread on
liwato *n* (maliwato) butt
-liwaza *v* 1. to comfort 2. to console
-liwazika *v* 1. to be comforted 2. to be consoled
liwazo *n* (maliwazo) 1. comfort 2. consolation
-lizia *v* 1. to make cry 2. to make shout 3. to make roar 4. to make ring 5. to make a noise
-liza risasi *v* to fire off rounds
lo! oh!
-loana *v* to be wet
lodi *n* (lodi) pompous person
lofa *n* (malofa) loafer
-loga *v* to bewitch
-logoa *v* to break a spell
-logwa *v* to be bewitched
lokesheni *n* (lokesheni) 1. location 2. reservation 3. administrative region
-loloma *v* to babble

lolote; lolote ile anything (at all)
-londea v to wait expectantly
loo! oh!
lori n (**malori**) lorry; truck
loshan n (**loshan**); **losheni** n (**losheni**) 1. cream 2. lotion
losheni ya kujikinga na jua n suntan lotion
lote all (of); whole
-lowa; **-lowana** v 1. to be wet 2. to be soaked
-lowanisha v to soak
-lowea v 1. to settle abroad 2. to live abroad
-loweka v to let soak
-loweshwa v to be soaked
-loweza v to soak
lozi n (**malozi**) almond
lugha n (**lugha**) language
lugha mitaa n colloquial language
lugha ya kienyeji n indigenous language
luja n (**luja**) 1. reflection 2. thief

lukoka n (**lukoka**) wavelength
lukuki n (**lukuki**) great amount
lukuma n (**lukuma**) food
lulu n (**lulu**) pearl
lulumizi n (**lulumizi**) mother-of-pearl
-lumba v 1. to talk (about) 2. to argue
-lumbana na v to argue with
lumbwi n (**lumbwi**) chameleon
-lundika v 1. to pile up 2. to accumulate
-lundikana v 1. to be piled up 2. to be accumulated
-lundikia v 1. to pile up at/for 2. to accumulate at/for
lundo n (**malundo**) pile
-lungula v 1. to overcharge 2. to extort 3. to blackmail
lushabo n (**lushabo**) silt
lusu n (**lusu**) thief
luteka n (**luteka**) *(mil.)* manoeuvres
luteni n (**maluteni**) lieutenant

m- 1. you *plural* **2.** him; her
maabara *n* (maabara) laboratory
maabara ya lugha *n* language lab
maada *n* (maada) **1.** matter; substance **2.** medium
maadam; maadamu *conj* **1.** when **2.** since; provided (that) **3.** while **4.** as
maadhimisho *pl* celebrations
maadili *pl* **1.** ideals **2.** ethics
maadili ya jamii *n* social ethics
maadini *n see* madini
maafa *n/pl* **1.** disaster **2.** horror **3.** damage **4. riwaya ya maafa** horror novel
maafa asilia *n* natural disaster
maafikiano *n/pl* agreement
maagizo *n/pl* **1.** orders **2.** instructions
maagizo rasmi *pl* standing orders
maajabu *pl* wonders
maakuli *n/pl* **1.** eating **2.** food
maalum; maalumu *adj* **1.** special **2.** famous
maamkio; maamkizi *n/pl* greetings
maamuma *n* (maamuma) follower
maana 1. *n* (maana) meaning **2.** reason **3. -a maana** significant **4.** important **5.** worthy **6. Nina maana kwamba...** I mean... **7.** *conj* because **8. ndiyo maana** that's why
maanake! you don't say!
maandalio; maandalizi *n/pl* preparations
maandamano *n/pl* **1.** march **2.** protest; demonstration
maandazi *n/pl* doughnut(s)
maandishi *n/pl* **1.** script **2.** handwriting

maangalizi *n* (waangalizi) **1.** supervisor **2.** caretaker
maangalizi *n* (maangalizi) supervision
maangamizi *n/pl* destruction
-maanisha *v* **1.** to intend **2.** to mean
maarasi *n* (maarasi) yoke to carry water
maarifa *n/pl* **1.** knowledge **2.** information **3.** experience **4.** skill(s) **5. -zidi maarifa** to outsmart
maarubu *n/pl* **1.** aim **2.** intent
maarufu *adj* **1.** famous **2.** well-known **3.** important
maarusi *n/pl* bride and bridegroom
maasi *n/pl* **1.** treason **2.** revolt
maawio *n/pl* **1.** sunrise **2.** east
maawio ya jua *n/pl* sunrise
Maazi *n* (Maazi) Mars
maazimio *n/pl* **1.** intention **2.** scheme
mababu *pl* **1.** ancestors **2.** *see* babu
mabadiliko *n/pl* **1.** change **2. wenye siasa zisizopendelea mabadiliko** *(pol.)* the right wing **3.** Conservatives
mabaka *pl* stains
mabaki *pl* remain
mabano *pl* brackets
mabati *pl* roofing sheets
mabavu *pl* **1.** force **2.** violence **3. kwa mabavu** by force **4.** violently **5.** *see* bavu
mabaya *pl* evil
mabishano *n/pl* dispute
mabomu ya machozi *pl* tear gas
mabweni *pl* **1. shule ya mabweni** boarding school **2.** *see* bweni
machachari 1. *n* (machachari) restlessness **2.** resistance **3.** eagerness **4.** *adj* eager

machafuko *n/pl* confusion
machale *pl* premonition
macheche *n* (macheche) prostitute
machela *n* (machela) 1. stretcher 2. hammock
machelema *pl* tasteless food
macheo *n/pl* 1. sunrise 2. morning
Machi *n* (Machi) March
machicha *n/pl* dregs
machimbo *pl* 1. mine 2. excavations 3. *see* **chimbo**
machinjoni *n* (machinjoni) abbatoir
macho *pl* 1. eyes 2. stare 3. *see* **jicho**
machonge *pl* incisors; teeth
machozi *pl* 1. tears 2. -lia machozi to weep
machunda *pl* skimmed milk
machunga *n* (machunga) pasturing
machungani *n* (machungani) pasture
machungwa *pl* 1. oranges 2. rangi ya machungwa orange (colour)
machweo *n/pl* 1. sunset 2. west
mada *n* (mada) 1. topic 2. (*pol.*) motion
madadi *n* (madadi) -pandwa na madadi to get excited
madafu *pl* green coconuts
madaha *n* (madaha) gracefulness
madahiro *n* (madahiro) elegance
madai *pl* 1. claims; allegations 2. kwa madai kwamba alleging that 3. *see* **dai**
madaraka *n/pl* 1. responsibilities 2. government 3. -a madaraka responsible
madawa *pl* drugs; pharmaceuticals
madawa ya kulevya *pl* drugs; narcotics
madende *pl* hoarseness
madhabahu *n* (madhabahu) 1. altar 2. abattoir
madhabuha *n* (madhabuha) sacrifice
madhali *conj* 1. because 2. since 3. when 4. while

madhalimu *pl* 1. oppressors 2. tyrants
madhambi *n/pl* 1. sin 2. misconduct 3. (*spor.*) foul(s) 4. *see* **dhambi**
madhara *n/pl* 1. harm 2. damage 3. (*leg.*) tort
madhehebu *n/pl* 1. custom(s) 2. denomination(s) 3. sect(s)
madhila *n/pl* wretchedness
madhubuti 1. *adj* reliable 2. precise 3. *adv* carefully 4. precisely
madhumuni *n /pl* purpose
madini *n* (madini) 1. mineral 2. metal
madoa *pl* spots
madoadoa *pl* 1. spots 2. dots 3. freckles
madoido *pl* frills
maduhuli *n* (maduhuli) 1. income 2. revenue
maegesho ya magari *pl* 1. parking 2. car park
maelekeo *pl* trends
maelekezo *n/pl* instructions
maelewano *n/pl* consensus
maelezo *n/pl* 1. information 2. explanation 3. description
maelfu *pl* thousands
maembe *n* mangoes
maendeleo *n/pl* 1. development 2. progress 3. continuity 4. *see* **mendeleo...**
maendeleo mijini *n/pl* urban development
maendeleo vijijini *n/pl* rural development
maendeleo ya jamii *n* community development
maendeleo ya kiuchumi *pl* economic development
maendeleo ya watumishi *pl* manpower development
maendelezo *n* 1. development 2. spelling
maeneo *n/pl* areas

mafaa

mafaa *n/pl* 1. use 2. profit 3. advantage

mafamba: -a mafamba *adv* randomly

mafanikio *n/pl* success

mafarakano *n/pl* disunity; division

mafichoni *n/pl* hiding place

mafiga *n/pl* 1. hearth 2. oven

mafua *n/pl (med.)* cold

mafumbo *n/pl* 1. mysteries 2. problems

mafunda *n/pl* 1. mouthfuls 2. -piga mafunda to take gulps

mafundisho *n/pl* 1. teaching 2. instruction(s)

mafunzo *n/pl* 1. teaching 2. training

mafuriko *n/pl* flood

mafusho *n/pl* 1. vapour 2. fumigant

mafuta *pl* 1. fat 2. oil 3. grease 4. *see* mafuta...

mafuta ghafi *pl* crude oil

mafuta kimwa *pl* saturated fats

mafuta ya kitani *pl* linseed oil

mafuta ya kupikia *pl* cooking oil

mafuta ya kujikinga na jua *pl* suntan oil

mafuta ya mbarika *pl* castor oil

mafuta ya taa *pl* kerosine

mafya *n/pl* 1. hearth 2. oven

magaamu *pl* illegal dealings

magabachori *n* (magabachori) bourgeoisie

magadi *n/pl* soda

magamu *pl* illegal dealings

magari *pl* 1. vehicles 2. *see* gari

magari barabarani *pl* traffic

magari ya kukodi *pl* car rental

magendo *pl* 1. black market 2. corruption 3. bribery

mageuzi; mageuzo *n/pl* 1. reform 2. transformation

magharibi *n* (magharibi) 1. evening; sunset 2. west 3. -a magharibi west; western

magirini: -tia magirini *v* to cheat

magofu *pl* ruins

magogo *pl* logs

magongo *pl* 1. crutches 2. stilts

magoti *pl* 1. knees 2. -piga magoti to kneel down

magugu *pl* weeds

mahaba *n* (mahaba) 1. love 2. affection 3. romance

mahabubu *n* (mahabubu) lover

mahabusi *n* (mahabusi); mahabusu (mahabusu) prisoner

mahadarati *pl* mandrax

mahadhi *n* (mahadhi) rhythm

mahafali *n* (mahafali) graduation

mahakama *n* (mahakama) law court

mahakama kuu *n* high court

mahakama kuu ya Uingereza *n (UK)* Privy Council

mahakama ya kodi za nyumba *n* rent tribunal

mahakama ya rufaa *n* court of appeals

mahala; mahali *n* 1. place 2. somewhere

mahali pa kubadilishia pesa *n* bureau de change

mahali pa kukaa *n* accommodation

mahali pa kukutania *n* meeting place

mahali pa wenyeji *n* local meeting place

mahali pengine *adv* somewhere else

mahali pote *adv* everywhere

mahame *n* (mahame) deserted place

mahameli *n* (mahameli) velvet

mahamri *pl* spiced doughnuts

-mahanika *v* to be busy

maharage; maharagwe *pl* 1. beans 2. kidney beans

maharagwe ya kifaransa *pl* French beans

mahari *n* (mahari) 1. dowry 2. marker

mahindi *n* (mahindi) corn; maize

mahiri *adj* 1. skilful 2. clever

mahitaji *n/pl* needs

mahitaji ya dharura *n/pl* emergency supplies

mahojiano *n/pl* interview

mahoka *n/pl* frenzy

mahsusi *adj* 1. special 2. exact

mahubiri *n/pl* sermon

mahudhurio *n/pl* attendance

mahuluku adj organic

mahusiano *n/pl* relevance

mahususi *adj* 1. special 2. exact

mahututi *adj (med.)* critical

maili *n* (maili) mile

maili bila ya kikomo *n/pl* unlimited mileage

maili za eneo/mraba *n* (maili za eneo/mraba) square mile(s)

maingiliano *n/pl* 1. interference 2. mixing

maingilio *n/pl* intervention

maini *n/pl* cooked liver

maisha *n/pl* life

maishilio *n/pl* (1. work 2. occupation 3. business

maiti *n* (maiti) 1. corpse 2. **chumba cha maiti** mortuary

-maizi *v* 1. to realise 2. to understand

majaaliwa *n* (majaaliwa); **majaliwa** (majaliwa) fate

majadiliano *n/pl* discussion

majaliwa *n/pl* talents

majambo *see* mambo

majani *pl* 1. grass 2. herbs

majani ya chai *pl* tea leaves

majaribio *n/pl* probation

majaribu *pl* temptation

majarini *n* (majarini) margarine

majengo *pl* 1. buildings 2. slums 3. *see* jengo

majeruhi *n* (majeruhi) wounded; casualty/casualties

maji *pl* 1. water 2. juice 3. liquid 4. colour 5. **-a maji** wet 6. *see* maji...; maji ya...

majificho *n/pl* camouflage

maji kame *pl* shallow water

maji kujaa *pl* high tide

maji kupwa *pl* low tide

majikwezo *n/pl* superiority complex

majilio *n* 1. arrival 2. urge 3. achievement

majilipio *n* (majilipio) repayment

maji mafu *pl* neap tide

majimaji *pl* 1. liquid 2. **-a majimaji** wet 2. damp

majira *n/pl* (majira) 1. time 2. period 3. season

majira ya baridi *n/pl* winter

majira ya chipuko *n/pl* spring

majira ya joto *n/pl* summer

majira ya mvua *n/pl* rainy season

majira ya pukutiko la majani *n/pl* autumn; fall

majisifu *n/pl* 1. boasting 2. pride

maji taka *pl* 1. waste water 2. sewage

maji tuli *pl* stagnant water

majivu *pl* ashes

majivuno *n/pl* 1. boasting 2. pride

maji ya balungi *pl* grapefruit juice

maji ya baridi *pl* fresh water

maji ya chumvi *pl* salt water

maji ya embe *pl* mango juice

maji ya kunywa *pl* drinking water

maji ya kuosha *pl* washing water

maji ya machungwa *pl* orange juice

maji ya matunda *pl* fruit juice

maji ya mfereji *pl* tap water

maji ya moto *pl* hot water

maji ya mvuke *pl* distilled water

maji ya nanasi *pl* pineapple juice

maji ya soda *pl* mineral water

majonzi *n/pl* grief

majukumu *n/pl* responsibilities

majumba *pl* 1. buildings 2. *see* jumba

majungu *n/pl* 1. conspiracy 2. **-piga majungu** to conspire

majuni *pl* hash and sugar mix

majununi *n* (majununi) mad person

majusi *n* (mamajusi) astrologer

majuto *n/pl* regret
Majuu *n/pl (sl.)* Europe
majuzi *adv* recently
majuzi hivi *adv* just recently
Maka *n* Mecca
-maka *v* 1. to exclaim 2. to declare
makaa *pl* 1. embers 2. charcoal
makaa ya mawe *pl* coal
makabrasha *n* (makabrasha) 1. (publicity) literature 2. reference files
makaburi *pl*; **makaburini** *n* 1. cemetery 2. *see* **kaburi**
makadara *n* (makadara) 1. power 2. influence
makadirio *n/pl* estimates
makafi *pl* 1. oars 2. **-piga makafi** to row 3. *see* **kafi**
makala *n/pl* 1. document 2. article
makali *n/pl* 1. blade 2. edge 3. sharpness 4. daring
makamasi *n/pl* 1. mucus 2. *(med.)* cold 2. *see* **kamasi**
makamo *n* (makamo) 1. middle age 2. maturity 3. important position
makamu *n/adj* (makamu) 1. assistant 2. deputy 3. vice- 4. acting
makamu mwenyekiti *n* (makamu wenyeviti) vice-chairman; vice-chairwoman
makamu wa raisi *n* vice-president
makanika 1. *adj* mechanical 2. *n* (makanika) mechanic
makao *n/pl* 1. home; residence 2. base 3. headquarters
makao kambini: safari ya makao kambini *n* camping safari
makao makuu *n/pl* headquarters
makapi *pl* 1. chaff 2. bran
makaribisho *pl* welcome
makaroni; makaronya *n/pl* macaroni
makasi *n/pl* shears
makate wa kumimina *pl* rice cake
makazi *n* (makazi) 1. home 2.

dwelling 3. habitat
makeke *n/pl* 1. airs 2. awkwardness
makelele *pl* 1. noise 2. shouting 3. ringing 4. roaring
makende *pl* testicles
makengeza *adj/pl* squint-eyed
makete *n* beads
maki *n* (maki) 1. thickness 2. mark
makinda *pl* 1. brood; flock 2. *see* **kinda**
makini *n/adj* (makini) 1. attention 2. concentration 3. sober 4. **kwa makini** attentive(ly)
-makinika *v* to concentrate
makisio *pl* estimates
makiwa *n* (makiwa) 1. orphan 2. bereaved person
makofi *pl* 1. applause 2. **-piga makofi** to applaud 3. *see* **kofi**
makohozi *pl* phlegm
makokoto *pl* gravel
makombo *n/pl* 1. scraps 2. crumbs
makome *pl* shellfish
makopa *n/pl* 1. dried cassava 2. dried banana
makorea *n/pl* sandals
makorowezo *n* (makorowezo) confusion
makosa *pl* 1. mistake 2. fault 3. wrongdoing 3. **-toa makosa** to expose faults 4. *see* **kosa**
makosa ya ujana; makosa ya ujanani *pl* juvenile delinquency
maksai *n* (maksai) 1. steer 2. wether
maksi *pl* marks
maktaba *n* (maktaba) library
makubaliano *n/pl* 1. agreement 2. treaty
makubwa *pl* serious matters
makufuru *n/pl* heresy
makulima *pl* agricultural equipment
makumi *pl* 1. tens 2. *see* **kumi**
makumbusho *n/pl* museum
makunyazi *pl* wrinkles
makupwa *n* (makupwa) low tide
makuruhi *adj* 1. unpleasant 2. *(Isl.)* venial

makusanyo *pl* 1. colletions 2. revenue

makusudi 1. *n* (makusudi) intention 2. *adv* intentionally 3. especially

makusudio *n* (makusudio) destination

makutano *n/pl* 1. crowds 2. meeting place

makutano ya njia *n/pl* 1. crossroads 2. junction

makuti *pl* thatched roof

makuu *pl* 1. good qualities 2. ambition 3. wonders

makuzaji *n* (makuzaji) enlargement

makwetu at/in/to our place

makwao at/in/to their place

malai *pl* 1. cream 2. rangi ya malai cream (colour)

malaika *n* (malaika) 1. angel 2. down 3. fur

malaji *pl* food

malalamiko *n/pl* 1. complaint 2. protest

malale *n* (malale) sleeping sickness

malalo *n/pl* 1. bed 2. den

malambo *n/pl* 1. pond 2. water catchment

malapa *pl* flip-flops

malaria *n* (malaria) malaria

malaria sugu *n* chronic malaria

malaya *n* (malaya) prostitute

malazi *n/pl* 1. bed 2. sleeping quarters 3. den

malazi na chakula *pl* full board

malazi na chakula mara mbili *pl* half-board

maleleji *n* windy rainy season between monsoons

malendalenda *n* (malendalenda) diarrhoea

malenga *n* (walenga) poet

maleuni *n/adj* damned

malezi *n/pl* upbringing

malhamu *pl* 1. ointment 2. Vaseline 2. cream

mali *n* (mali) 1. possessions 2.

property 3. wealth 4. *see* mali ya...

mali asili *pl* natural resources

malidadi *adj* 1. elegant 2. smart 3. tidy

mali ghafi *pl* raw materials

maliki *n* (maliki) king

malimbuko *n/pl* first fruits

malimwengu *n/pl* worldly affairs

malindi *pl* deep water

malipo *n/pl* 1. charge; payment 2. wages 3. salary

malipo hewa *n/pl* embezzlement

malipo kwa mpigiwa simu *n/pl* reverse charge call; collect call

malipo ya huduma *n/pl* service charge

malipo ya nyongeza za mshahara *n/pl* payment arrears

malisho *n/pl*; **malishoni** pasture land

malisho ya wanyama *n (ag.)* range management

maliwato *n/pl* toilet

maliwazo *pl* condolences

mali ya pamoja *n* communal property

mali ya umma *n* public property

-maliza *v* to complete

malizano *n* lamenting

-malizia *v* to finish at/for/with

-malizika *v* to be completed

malkia *n* (malkia) queen

malumbano *n/pl* 1. debate 2. question time 3. cross-examination

maluuni *n/adj* damned

mama *n* (mama) 1. mother 2. Mrs; Ms; Miss

mama mdogo *n* (mama wadogo) aunt

mama mkwe *n* (mama wakwe) mother-in-law

mama mkubwa *n* (mama wakubwa) aunt

mama mlezi *n* (mama walezi) foster mother

mam'angu my mother

mamantilie *n* (mamantilie) female pedlar

mama wa kambo *n* stepmother

mama watoto *n* (mama watoto) wife

mamba *n* (mamba) 1. crocodile 2. mamba

mambo *n* (mambo) 1. peg 2. stake 3. *pl* things 4. affairs 5. matters 6. *see* jambo; mambo ya...

mambo? 1. how are things? 2. mambo yamenyoka! things are fine!

mamboleo *adj* 1. latest 2. neo-

mambomambo *n* fanciful

mambo ya kale *pl* antiquities

mambo ya nchi za nje *pl* foreign affairs

mambo ya ndani *pl* home affairs; domestic affairs

mamia *pl* 1. hundreds 2. *see* mia

mamio your mother

mamlaka *n/pl* 1. authority 2. rule 3. mandate 4. jurisdiction

mamluki *n* (mamluki) mercenary

mamoja *adv* alike

mamsahib *n* (mamsahib) 1. lady 2. mistress

mamunyumunyu *n/pl (med.)* athlete's foot

mamwinyi *pl* 1. ruling class 2. the rich

manaake... that means...; I mean...

manamba *n* (manamba) 1. ticket collector 2. plantation worker

manane: usiku wa manane *adv* in the dead of night

manani *n (rel.)* God the Beneficient

manati *n* (manati) catapult

manawa *n* (manawa) herpes

mandari *n* (mandari) picnic

mandazi *see* maandazi

mandhari *n* (mandhari) 1. view 2. scene 3. scenery

manena *n/pl* 1. crotch 2. sexual organs

manemane *n* (manemane) incense

maneno *pl* 1. words 2. kwa maneno mengine in other words 3. maneno matupu hot air 4. *see* neno

Manga *n* Oman; South Arabia

-mangamanga *v* to have a good time

mang'amung'amu *n* (mang'amung'amu) 1. restlessness 2. -a mang'amung'amu restless

mangi *n* (mangi) chief

mangimeza *n* (mangimeza) bureaucrat

-mangisha *v* to solidify

mango *n* (mango) 1. grindstone 2. stone 3. solid

manifesto *n* (manifesto) manifesto

manii *n* (manii) semen

manispaa *n* (manispaa) 1. municipality 2. -a manispaa municipal

manjano 1. *n* (manjano) saffron 2. turmeric 3. *adj* yellow

manju *n* (manju) 1. minstrel 2. choir leader 3. composer

manong'onezo *pl* whisperings

manowari *n* (manjowari) warship

manowari ya kubebea ndege *n* aircraft carrier

mantiki *n* (mantiki) logic

manufaa *n* (manufaa) 1. use 2. profit 3. benefit 4. advantage 5. -a manufaa beneficial 6. kwa manufaa ya umma in the pubic interest

manukato *n/pl* perfume

manung'uniko *n/pl* grumbling

manyanga *n* rattles

manyasi *pl* long grass

manyata *pl* temporary cattle

manyoya *pl* 1. fur 2. fleece 3. plumage

manyuyu *n/pl* 1. rain shower 2. *see* nyunyu

manza *n* (manza) dispute

manzili *n* (manzili) 1. residence 2.

situation 3. **katika manzili haya** in these circumstances

maombezi *n/pl* supplications

maombi *pl* 1. request 2. petition 3. **barua ya maombi** application letter

maombolezo *pl* mourning

maondoleo *pl* forgiveness

maonevu *n/pl* ill-treatment

maongezi *n/pl* discussion

maongozi *n/pl* 1. direction 2. providence

maoni *n/pl* opinion

maoni yetu *n* editorial

maono *pl* 1. feelings 2. visions

maonyesho *pl* 1. show 2. exhibition 3. play

maonyesho ya biashara *pl* trade fair

maonyesho ya sanaa *pl* play

maonyo *n* (maonyo) advice

maotea; maoteo *pl* ambush

movu *n/pl* evil

mapafu *pl* lungs

mapajani *adv* in/on the lap

mapakizi *pl* freight

mapalio; mapalizi *n/pl* 1. hoeing 2. weeding

mapambano *pl* 1. clash 2. struggle 3. contest 4. battle

mapambazuko *n/pl* dawn

mapambo ya vito *pl* jewellery

mapana *n* (mapana) 1. width 2. **kwa mapana na marefu** from every angle

mapatano *n/pl* 1. agreement 2. terms 3. treaty

mapatilizo *n/pl* retribution

mapato *pl* 1. income 2. revenue 3. **kodi ya mapato** income tax

mapazia *pl* curtains

mapema *adv* 1. early 2. **asubuhi (na) mapema** early (in the) morning

mapendano *n/pl* love

mapendekezo *pl* 1. proposals 2. preferences

mapendo *pl* love

mapenzi *n/pl* 1. love 2. liking 3. desire 4. **-fanya mapenzi** to make love 5. **riwaya ya mapenzi** romantic novel

mapepe *n/pl* 1. restlessness 2. *see* pepe

mapigano *pl* 1. fight 2. battle

mapinduzi *n/pl* revolution

mapinduzi ya viwanda *n* industrial revolution

mapingamizi *pl* 1. drawbacks 2. *see* pingamizi

mapishi *n/pl* 1. cooking 2. cuisine

mapito *pl* 1. passing 2. perusal

mapochopocho *n/pl* delicacies

mapodozi *n/pl* cosmetics

mapokeo *n/pl* 1. receiving; receipt 2. tradition

mapokeo simulizi *n* oral tradition

mapokezi *n/pl* reception

maponea *n* (maponea) 1. food 2. subsistence

maponyo *pl* medicines; drugs

mapooza *n* withered thing

maporomoko *pl* cascade

maporomoko ya ardhi *pl* 1. landslide 2. mudslide

maporomoko ya maji *pl* waterfall

maporomoko ya maji madogo *pl* rapids

mapumbu *pl* testicles

mapumziko *pl* 1. rest period 2. break 3. interval 4. lay-off

mapuo *n/pl* empty talk

mapuuza *n/pl* 1. carelessness 2. contempt

mapwa *n/pl* 1. coast 2. *see* pwani

mapyoro *n/pl* deceit

mara 1. *n* (mara) occasion; time 2. *adv* immediately 3. then 4. at times 5. **kwa mara ile ile** at the same time 6. *(maths)* **mbili mara mbili** two times two 7. *conj* when; the moment that

maradhi *n/pl* 1. illness 2. disease

.adufu 1. *adj* double 2. *n/pl*
.loth

.narahaba! hello!

mara hii, mara ile *adv* 1. at once
2. this time 3. so soon

mara kwa mara *adj/adv* 1.
frequent(ly) 2. from time to time

mara mbili *adv* twice

mara mbili zaidi *adv* twice as much

mara moja *adv* 1. once 2. at once

mara ngapi? how often?

mara nyingi *adv* 1. often 2. **si
mara nyingi** not often

mara nyingine 1. sometimes 2.
next time

mararu *pl* rags

marasharasha *n* (**marasharasha**)
sprinkling

marashi *n/pl* 1. spray 2. scent

marashi maalumu ya nywele
n/pl hair spray

marashi ya kupulizia *n/pl*
perfume spray

mara tatu *adv* three times

mara tu *adv* as soon as

mara ya kwanza *adv* first time

mara ya mwisho *adv* last time

mara zisizo hesabu innumerable
times

mardudi *n/pl* rejection

marefu *n* (**marefu**) 1. length 2.
breadth

marehemu 1. **adj** deceased 2.
defunct 3. *n* (**marehemu**) deceased

marejea *n/pl* hemp

marejeo *n/pl (acad.)* 1. references
2. bibliography

marejeo *n* return

marekani *n* (**marekani**) denim

Marekani *n* America; the United
States

marekebisho *n/pl* adjustment

marhamu *n* (**marhamu**) 1. glue 2.
ointment 3. plaster

maridadi *adj* 1. elegant 2. smart 3.
tidy

maridhawa *adj* plenty

marijani *n* (**marijani**) (red) coral

marimba *n* (**marimba**) 1. marimba
2. xylophone

marinda *pl* 1. pleats 2. skirt

maringo *n/pl* showing off

marisaa *n* (**marisaa**); **marisau**
(**marisau**) shot; pellets

marmar *n* (**marmar**) marble

marudio *n/pl* 1. review 2. revision

marufaa *pl* appeals

marufuku 1. **adj** prohibited 2. *n/pl*
prohibition 3. **-piga marufuku** to
probihit 4. **-pigwa marufuku** to be
prohibited

marugurugu *pl* swellings

maruirui *n* (**maruirui**) 1. hangover
2. **-wa na maruirui** to have a
hangover

marupurupu *n/pl* fringe benefits

masaa *pl* 1. hours 2. *see* **saa**

masafa *n/pl* 1. distance 2. length 3.
range

masafa machache short range

masafa marefu long range

masafa ya kati medium range

masahaba *pl see* **sahibu**

masahihisho *pl* 1. corrections 2.
see **sahihisho**

masaibu *n* (**masaibu**) hard times

masalale! good heavens!

masalio *n/pl* remnants

masalkheri! good evening!

masarifu *n/pl* financial affairs

masazo *n/pl* left-overs

masega *pl* 1. honeycomb 2. *see*
sega

mashairi *pl* 1. poetry 2. *see* **shairi**

mashaka *n/pl* 1. uncertainty 2.
hardship

mashaka matupu nothing but
trouble

mashakani in doubt

mashambani *adv* in the country

mashambulio; mashambulizi
pl 1. attacks 2. *see* **shambulio;
shambulizi**

mashapo *pl* 1. residue 2. sediments

mashariki n 1. east 2. dawn 3. -a mashariki east; eastern

Mashariki ya Kati n Middle East

Mashariki ya Mbali n Far East

masharti pl 1. bila ya masharti unconditionally 2. see sharti

masharti ya kazi pl terms of sevice

masharubu n/pl moustache

mashata n/pl 1. residue 2. slag

mashendea n (mashendea) rice cooked in a kind of gruel

mashina pl 1. roots 2. see shina

mashindano pl 1. competition 2. contest 3. match

mashindano ya gari pl (car) rally

mashindano ya mbio pl race

mashine n (mashine) machine

mashine ya barafu n refrigerator

mashine ya kekee n drilling machine

mashine ya kufagilia n vacuum cleaner

mashine ya kufulia n washing machine

mashine ya kukaushia n spindrier

mashine ya kunyolea n 1. shaver 2. electric razor

mashini n (mashini) machine

mashirika ya umma pl 1. public institutions 2. see shirika

mashono n/pl 1. sewing 2. dressmaking

mashtaka pl 1. (leg.) charges 2. see shtaka

mashua n (mashua) sailboat

mashua okozi n (mashua okozi) lifeboat

mashudu n/pl 1. residue 2. sediments 3. seed-oil cake

mashuhuri adj 1. famous 2. well-known 3. important

mashumushumu n retribution

Mashuke pl Virgo

mashushushu n (mashushushu) 1. security officer 2. spy

masiha n (masiha) messiah

masihara n/pl 1. joke 2. fun

masihi n (masihi) messiah

masika n (masika) rainy season; monsoons

masikilizano n/pl accord

masikini n/adj (masikini) 1. miserable 2. deprived 3. poor 4. beggar(s)

masikitiko pl 1. sorrow 2. disappointment

masilahi n (masilahi) see maslahi

masimango n/pl slander

masimbulizi n/pl shaming

masimulizi n/pl 1. tales 2. narration

masingizio n/pl slander

masiwa n/pl archipelago

masiya n (masiya) messiah

masizi n/pl 1. soot 2. sowing season

maskani n/pl 1. dwelling place 2. (sl.) hang-out

maskini n/adj (maskini) 1. unfortunate 2. deprived 3. poor 4. homeless 5. beggar(s)

maskini wa Mungu n 1. cripple 2. destitute person 3. homeless person

maslahi n 1. benefit 2. profit 3. agreement 4. welfare 5. ofisa wa maslahi welfare officer

maslahi binafsi n/pl personal interest(s)

maslahi ya jamii n/pl social welfare

masombo n (masombo) girdle

masomo pl 1. course(s) 2. studies

masomo ya lugha n/pl language course

mastafeli pl soursops

mastafu pl 1. staff; members of staff 2. see stafu

mastahili pl merits

mastakimu n/pl 1. home; dwelling; residence 2. surroundings

masuko *n* (masuko) 1. disturbance 2. excitement

masumbuko *n/pl* irritations

masumbwi *pl* 1. boxing 2. *see* sumbwi

masuo *n/pl* mouthwash

masurufu *n/pl* 1. provisions 2. allowance 3. living expenses 4. subsistence 4. family support

masutano *n* (masutano) recrimination

mata 1. *adj* extinct 2. *n/pl* bow and arrow 3. (mata) matter

mataa *pl* 1. traffic lights 2. *see* taa

matai *pl* offhand manner

mataifa *pl* 1. -a mataifa *adj* international 2. *see* taifa

matako *pl* bottom; buttocks

matakwa *n/pl* 1. wishes 2. needs

matamalaki *n* (matamalaki) rule

matamanio *n/pl* expectations

matambara *n/pl* 1. rags 2. threadbare clothing

matamko *n* 1. pronunciation 2. speech

matamshi ya maneno *pl* pronunciation

matamvua *n/pl* 1. gills 2. fringe

matanda *n/pl* mulch

matandiko *pl* 1. bedding 2. carpeting 3. saddle 4. harness

matanga *pl* 1. mourning period 2. wake 3. -kaa matanga to be in mourning 4. *see* tanga

matangazo *pl* 1. broadcast 2. transmission 3. *see* tangazo

matao *n* 1. arrogance 2. kwa matao ya chini humbly

matapishi *pl* 1. vomit 2. insults

matarajio *n/pl* expectations

matata; matatizo *n/pl* 1. problem 2. trouble 3. hassle 4. chaos

matatanisho *n/pl* mix-up

matatu *n/pl* minibus

matayarisho *n/pl* preparations

matazamio *n/pl* expectations

mate *pl* 1. saliva 2. *see* ute

matege *n/pl* 1. rickets 2. having bow-legs

mateka *n* (mateka) 1. captive 2. prisoner 3. hostage 4. victim 5. plunder

matembere *n/pl* greens

matembezi *n/pl* 1. walk 2. visit 3. safari ya matembezi day trip

matemo *adj* oblique

matendo *n/pl* actions

matengenezo *n/pl* 1. repairs 2. maintenance 3. (rel.) reformation

mateso *n/pl* 1. suffering 2. agony 3. torture

matetemeko: utaalamu wa matetemeko ya ardhi *n* seismology

mathalan; mathalani for example

matibabu *n/pl* 1. cure 2. treatment

matilaba *n* (matilaba) motive

matini *n* (matini) text

matiti: -enda matiti *v* to trot

matiti wazi *adj/adv* topless

matlai *n* (matlai) 1. east 2. dawn

matofali *see* tofali

matofali ya kuchoma *pl* fired bricks

matofali ya saruji *pl* breeze blocks

matofali ya udongo *pl* mud bricks

matoke *n/pl* green bananas

matokeo *n/pl* result

matokeo rasmi *n/pl* official results

matongo *n/pl* sleep (in eye)

matope *n/pl* mud

matopetope *pl* custard apples

matubwitubwi *n/pl* mumps

matukano *n/pl* insults; abuse

matukio *pl* 1. events 2. *see* tukio

matumaini *pl* hopes; expectations

matumbawe *pl* coral stone

matumbo *pl* bowels; intestines

matumizi 1. *adj* applied 2. *n/pl* use 3. consumption 4. spending 5. expenses

matunda *pl* fruit

matusi *pl* offensive behaviour

matuta *pl* terraces

mauaji *n/pl* 1. murder 2. massacre

maudhui *n/pl* theme

mauguzi *n (med.)* treatment

mauidha *n/pl* advice

mauja *n/pl* misfortunes

maujudi *pl* possessions

maulana *n* lord

Maulidi *n* birthday of the Prophet Muhammad

maulisho *n/pl* cause of death

maulizo *n/pl* 1. inquiries 2. information desk

maumbile *pl* 1. character 2. nature 3. condition 4. shape

maumivu *n/pl* 1. ache 2. pain

maumivu ya jino *n/pl* toothache

maumivu ya kichwa *n/pl* headache

maumivu ya koo *n/pl* sore throat

maumivu ya mgongo *n/pl* backache

maumivu ya sikio *n/pl* earache

maumivu ya tumbo *n/pl* stomachache

maungo *n/pl* 1. body 2. limbs; joints 3. organs

maungwana *n/pl* civility

mauti *n/pl* death

mauzaji *n/pl* 1. sales 2. marketing

mauzauza *n* (mauzauza) illusion

mauzo *n/pl* 1. sales 2. marketing

mava *n/pl* cemetery

mavazi *pl* clothes

mavi *n/pl* excrement

mavi ya mbuzi/pau *n/pl* clubs

mavichuma *n* (mavichuma); **mavi ya chuma** slag

mavunde *n/pl* fog

mavune *n/pl* fatigue

mavuno *pl* harvest

mavuzi *pl* 1. underarm hair 2. pubic hair

mawaa *pl* spots

mawaidha *n/pl* 1. advice 2. sermon

mawaridi *n/pl* 1. roses 2. *see* **waridi**

mawasiliano *n/pl* 1. communications 2. telecommunications

mawasiliano angani *n/pl* telecommunications

mawazo finyu adj 1. narrow-minded 2. *see* **wazo**

mawe *pl* 1. stones 2. gems 3. *see* **jiwe**

mawe! rubbish!

mawele *pl* 1. bullrush millet 2. *see* **uwele**

mawese *n/pl* palm-oil

mawe ya chokaa *n* limestone

mawe ya tochi *pl* torch batteries

mawili *n/pl* alternatives; choice of two

mawimbi *pl* 1. waves 2. tide 3. wavelengths 4. -enye mawimbi curly 5. *see* **wimbi**

mawindo *n/pl* 1. hunting 2. prey 3. nyama ya mawindo game

mawindoni *n* hunting grounds

mawingu *pl* 1. clouds 2. -enye mawingu cloudy 3. *see* **wingu**

mayai *pl* 1. eggs 2. *see* **yai**

mayai ya kuchemsha *pl* boiled eggs

mayai ya kukaanga *pl* fried eggs

mayai ya kuvuruga *pl* scrambled eggs

mayowe *pl* 1. -piga mayowe to plead for help 2. *see* **yowe**

mayugwa *n/pl* cooked taro leaves

mayungiyungi *n* water-lilies

mazao *pl* 1. crops 2. products

mazigazi *n/pl* 1. mirage 2. illusion

maziko *n* (maziko) *see* **mazishi**

mazingaombwe *n* (mazingaombwe) 1. magic 2. juggling

mazingara *n* (mazingara) superstition

mazingira *n/pl* 1. environment 2. milieu 3. circumstances 4. -a mazingira ambient

mazingiwa *n/pl* 1. blockade 2. siege

mazishi *n/pl* 1. funeral 2. **msafara wa mazishi** funeral procession

maziwa *n/pl* 1. milk 2. *see* **ziwa**

maziwalala *n/pl* 1. yoghurt 2. buttermilk

maziwa ya kopo *n/pl* tinned milk

maziwa ya kuganda *n/pl* yoghurt

maziwa ya unga *n/pl* powdered milk

mazoea *n/pl* 1. familiarity 2. habit 3. experience

mazoezi *pl* 1. practice 2. rehearsal 3. exercises 4. practical work

mazulio *n/pl* information

mazungumzo *n/pl* conversation

mba *n* (mba) 1. dandruff 2. eczema

mbaamwezi *n* 1. full moon 2. moonlight

mbaazi *n* (mbaazi) pigeon-pea(s)

mbabaiko *n* (mibabaiko) stammer

mbabe *n* (wababe) brute

mbacha *n* (mibacha) old mat

mbadhirifu *n* (wabadhirifu) big spender

mbahatishaji *n* (wabahatishaji) opportunist

mbaka *n* (wabaka); mbakaji (wabakaji) rapist

mbalamwezi *n* 1. full moon 2. moonlight

mbale *n* (mbale) 1. ore 2. slice

mbali 1. adj far (**na** from) 2. different (**na** from) 3. -a mbali far-off 4. **kwa mbali; kutoka mbali** in the distance 5. *adv* utterly; completely

mbalimbali *adj/adv* 1. different(ly) 2. separate(ly) 3. various(ly)

mbali na *prep* apart from

mbali na kwamba *conj* aside from the fact that

mbalungi *n* (mibalungi) grapefruit tree

mbamba *n* (mibamba) spade; shovel

mbamia *n* (mibamia) okra (plant)

mbandiko *n* (mibandiko) 1. pasting 2. application

mbanduko *n* (mibanduko) 1. removal 2. decrease

mbangi *n* (mibangi) marijuana (plant)

mbanjo *n* (mibanjo) 1. damage 2. breakdown

mbano *n* (mibano) 1. pressure 2. effort 3. pincers

mbao *n* (mbao) 1. wood 2. board 3. plank 4. timber 5. *see* **ubao**

mbaraka *n* (mibaraka) blessing

mbarango *n* (mibarango) stick

mbarapi *n* (mparapi) sable (antelope)

mbari *n* (mbari) 1. family 2. clan

mbarika 1. *n* (mibarika) castor plant 2. (mbarika) castor nut 3. **mafuta ya mbarika** castor oil

mbaroni *adv* 1. in jail 2. in custody

mbaruti *n* (mibaruti) poppy

mbashiri *n* (wabashiri) fortuneteller

mbasua *n* dizziness

mbata *n* (mbata) copra

mbatata *n* (mbatata) potato

mbavu *pl* 1. strength 2. *see* **ubavu**

mbawa *pl see* **ubawa**

mbawakau *n* (mbawakau) beetle

mbawala *n* (mbawala) bushbuck

mbaya *adj/adv* 1. bad 2. **si mbaya** not bad 3. **ile mbaya** very

mbayana *n* (wabayana) well-known person

mbaya sana *adj/adv* 1. awful 2. much worse

mbayuwayu *n* (mbayuwayu) swallow; swift

mbebaji *n* (wabebaji) carrier; bearer

mbeberu *n* (wabeberu) imperialist

mbega *n* (mbega) colobus monkey

mbege *n* (mbege) finger millet

mbegu *n* (mbegu) 1. seed 2. breed

mbeja *n* (wabeja) well-dressed woman

mbele 1. *n* front 2. *adv* in front 3. ahead 4. forward 5. beyond 6. -a mbele front 7. forward 8. future 9. *see* mbele ya

mbeleko *n* (mbeleko) baby harness

mbeleni *adv* 1. infront 2. ahead 3. in the future 4. -a mbeleni future 5. siku za mbeleni in future

mbelewele *n* (mbelewele) pollen

mbele ya *prep* 1. in front of 2. before

mbele zaidi *adv* further

mbembe *n* (wabembe) 1. seducer 2. seductress 3. flirt

mbembelezi *n* (wabembelezi) 1. coaxer 2. flirt

mbenuko *n* (mbenuko; mibenuko) protrusion

mbeya *n* (wabeya) gossip

mbezi *n* (wabezi) negative person

mbia *n* (wabia) partner

mbibo *n* (mibibo) cashew tree

mbichi: -liwa nyama mbichi *v* to be eaten alive

mbidaishi *n* (wabidaishi) innovator

mbigili *n* (mibigili) 1. briars 2. thorn bush

mbili *n* (mbili) 1. two 2. -ote mbili both

mbilikimo *n* (wabilikimo) pygmy

mbilingani *n* (mibilingani) aubergine; eggplant plant

mbingu *n* (mbingu) 1. sky 2. heaven

mbinguni *n* heaven

mbini *n* (wabini) forger

mbinja *n* (mbinja) 1. catcall 2. -piga mbinja to wolfwhistle

mbinu *n* (mbinu) 1. method 2. plan 3. strategy

mbinuko 1. *n* (mibinuko) convexity 2. *adj* convex

mbio 1. *n* (mbio) running 2. effort 3. speed 4. rate 5. race 6. *adj* fast 7. -piga mbio to speed 8. to run

mbio za kupokezana *n/pl* relay race

mbio za masafa marefu *n/pl* marathon

mbio za nyika *n/pl* cross-country race

mbio za riadha *n/pl* athletics

mbiomba *n* (mbiomba) (maternal) aunt

mbishi *n* (wabishi) 1. obstinate person 2. argumentative person

mbiu *n* (mbiu) 1. horn 2. announcement 3. *(ed.)* -piga mbiu call to assembly

mbiu ya mgambo *n (ed.)* assembly bell

mbiya *n* (mbiya) seedlings(s)

mbizi *n* (mbizi) 1. dive 2. -piga mbizi to dive

mbobo *n* fertility

mboga *n* 1. (mboga) vegetable(s) 2. (miboga) pumpkin plant

mbogo *n* (mbogo) buffalo

mboji *n* (mboji) compost

mboko *n* (miboko) insertion

mbokora *n* (mbokora) calabash

mbolea *n* (mbolea) 1. manure 2. fertilizer

mbolea ya chumvi; mbolea ya chumvi-chumvi *n* chemical fertilizer

mbolea ya vunde; mbolea ya vundevunde *n* compost

mbona? 1. how? 2. why?

mboni *n* (mboni) 1. pupil 2. iris 3. eyeball

mbono *n* (mibono) castor plant

mbonyeo 1. *adj* convex 2. concave 3. *n* (mibonyeo) convexity 4. concavity

mboo *n* (miboo) penis

mbu *n* (mbu) 1. mosquito 2. insect

mbuga *n* (mbuga) 1. savannah 2. grasslands 3. park

mbuga ya taifa *n* national park

mbuga ya wanyama *n* 1. game park 2. wildlife reserve

mbugi *n* (mbugi) bell(s)

mbuji *n* (wabuji) 1. expert 2. *(acad.)* authority

mbulu *n* (wabulu) mentally deficient person

mbumbumbu *n* (wabumbumbu) slow-witted person

mbumburisho *n* (mibumburisho) collision

mbunge *n* (wabunge) 1. member of parliament; M.P. 2. deputy

mbung'o *n* (mbung'o) tsetse fly

mbungu *n* (mbungu) eland

mbuni *n* 1. (mbuni) ostrich 2. nyama ya mbuni ostrich meat 3. (mibuni) coffee plant; coffee tree

mbunifu wa miradi *n* (wabunifu wa miradi) project manager

mburugo *n* (miburugo) disorder

mbururo *n* (mibururo) pulling

mbuya *n* (mbuya) prostitute

mbuyu *n* (mibuyu) 1. baobab 2. -zunguka mbuyu to offer a bribe

mbuzi *n* (mbuzi) 1. goat 2. coconut grater 3. Capricorn 4. trestle 5. nyama ya mbuzi goat (meat)

mbuzi ya nazi *n* coconut grater

mbuzi mawe *n* (mbuzi mawe) klip springer

mbwa *n* (mbwa) dog

mbwa mkali! beware of the dog!

mbwa koko *n* stray dog

mbwa mkali! beware of the dog!

mbwa mwitu *n* (mbwa mwitu) 1. jackal 2. wolf

mbwago *n* (mibwago) 1. fall 2. collapse

mbwakachoka *n* (mbwakachoka) wedding street dance

mbwe-mbwe *adj* smart

mbwedu *n* (mbwedu) disgusting

mbweha *n* (mbweha) 1. jackal 2. fox

mbwembe: kwa mbwembe *adv* in style

mbwende *n* (mbwende) apron

mbweu *n* (mbweu) 1. burp 2. -piga mbweu to burp

mbwoji *n* (mibwoji) spring (of water)

mcha *n* (wacha) devout person

mchafu *n* (wachafu) 1. filthy person 2. slob 3. immoral person

mcha Mungu *n* (wacha Mungu) god-fearing person

mchafuko *n* (michafuko) 1. disorder 2. uproar

mchafu koge *adv* carelessly

mchafuzi *n* (wachafuzi) troublemaker

mchago *n* (michago) headboard

mchaguo *n* (michaguo) selection; choice

mchaguzi *n* (wachaguzi) 1. elector 2. chooser 3. fussy person

mchai *n* (michai) 1. tea tree 2. lemon-grass plant

mchaji *n* (wachaji) devout person

mchakacho *n* (michakacho) pounding

mchakato *n* (michakato) process

mchakamchaka *n* (mchakamchaka) jogging

mchakuro *n* (michakuro) 1. scratch 2. search

mchambuzi *n* (wachambuzi) analyst

mchana *n* 1. afternoon 2. day; daytime 3. middle of the day 4. usiku mchana night and day

mchana huu *adv* this afternoon

mchana kutwa *adv* all day

mchana mwema! good afternoon!

mchanga 1. adj very young 2. baby 3. undeveloped 4. prime 5. mtoto mchanga newborn baby 6. *n* (wachanga) child 7. (michanga) sand

mchangamfu *n* (wachangamfu) 1. happy person 2. sociable person

mchangamano *adj* 1. mixed 2. complex

mchanganuo *n* (michanganuo) analysis

mchanganyiko *n* (michanganyiko) 1. mix; mixture 2. combination 3. *(tech.)* compound

mchanganyo *n* (michanganyo) *(tech.)* compound

mchango *n* (michango) 1. contribution 2. payment 3. worm

mchanjo *n* (michanjo) cut

mchano wa nywele *n* (michano ya nywele) hairdo

mchapaji *n* (wachapaji) printer

mchapishaji *n* (wachapishaji) publisher

mchapo *n* (michapo) 1. cut 2. whip

mchapuko *n* (michapuko) acceleration

mchawi *n* (wachawi) 1. witch 2. shaman

mche *n* (miche) 1. seedling(s) 2. sprout(s) 3. prism

mcheche *n* (micheche) 1. drop 2. bit 3. quill 4. spark

mcheduara *n* (micheduara) cylinder

mchekecho *n* (michekecho) sifting

mcheko *n* (micheko) laughter

mchele *n* (michele) uncooked rice

mchemraba *n* (michemraba); **mchemrabasawa** (michemrabasawa) cube

mchemuo *n* (michemuo) fatigue

mchepuo *n* (michepuo) divergence

mchepuzi *n* (wachepuzi) specialist

mcheshi *n* (wacheshi) 1. entertainer 2. comedian; comic 3. humourist

mcheza *n* (wacheza) actor; actress

mchezaji *n* (wachezaji) 1. actor; actress 2. dancer 3. player 4. athlete

mchezaji maarufu *n* film star

mchezaji wa kulipwa *n (spor.)* professional

mchezaji wa ridhaa *n (spor.)* amateur

mchezo *n* (michezo) 1. play 2. game 3. sport 4. joke

mchezo wa kuigiza *n* (michezo ya kuigiza) play; show

mchi *n* (michi) 1. pestle 2. block

mchicha *n* (michicha) spinach

mchikichi *n* (michikichi) oil-palm tree

mchikicho *n* (michikicho) flavouring

mchimba *n* (wachimba) 1. digger 2. miner

mchimba migodi *n* (wachimba migodi) miner

mchimvi *n* (wachimvi) 1. bounder 2. cad

Mchina *n* (Wachina) Chinese

mchinjaji *n* (wachinjaji) butcher

mchinjiko *n* (michinjiko) cord

mchinjo *n* (michinjo) killing

mchirizi *n* (michirizi) 1. trickling 2. gutter 3. ditch

mchirizo *n* (michirizo) 1. curve 2. vector

mchiriziko *n* (michiriziko) trickling

mchocheo *n* (michocheo) 1. push 2. impulse

mchochezi *n* (wachochezi) 1. agitator 2. devil's advocate

mchochole *n* (wachochole) destitute person

mchochoro *n* (michochoro) alley

mchochota *n* (michochota) scab

mchokocho *n* (michokocho) 1. poke 2. irritation

mchokoo *n* (michokoo) stick

mchokozi *n* (wachokozi) 1. tease 2. provoker 3. troublemaker 4. provocateur 5. muck-raker

mchomo *n* (michomo) 1. burn 2. cooking 3. irritation

mchomozo *n* (michomozo) projection

mchongaji *n* (wachongaji) *n* 1. carver 2. sculptor

mchongelezi n (wachongelezi);
mchongezi n (wachongezi)
slanderer

mchongo n (michongo) cut

mchongoma n (michongoma) 1.
thorn bush 2. fence; hedge

mchoo n (michoo) short rains (July
to October)

mchopozi n (wachopozi)
pickpocket

mchoraji n (wachoraji) 1. artist;
painter 2. designer 3. illustrator 4.
cartoonist 5. engraver

mchoro n (michoro) 1. drawing 2.
sketch 3. diagram 4. illustration 5.
cartoon 6. engraving 7. tattoo

mchoto n (michoto) a bit

mchovyo n (michovyo) hardening

mchoyo 1. adj selfish 2. greedy 3.
miserly 4. n (wachoyo) selfish
person 5. greedy person 6. miser

mchu n (michu) mangrove

mchuano n (michuano) 1. match
2. contest

mchubuko n (michubuko)
abrasion

mchukuzi n (wachukuzi) 1. porter
2. transporter

mchumba n (wachumba) 1.
fiance; fiancee 2. boyfriend;
girlfriend

mchumbururu n
(michumbururu) swordfish

mchumi n (wachumi) economist

mchunga n 1. (michunga) bitter
herb 2. (wachunga) guardian 3.
look-out

mchungaji n (wachungaji) 1.
herdsman 2. shepherd 3. (rel.)
pastor

mchungu n (wachungu) penny-
pincher

mchunguzi n (wachunguzi) 1.
inquisitive person 2. researcher 3.
investigator

mchungwa n (michungwa) 1.
orange tree 2. rangi ya mchungwa
orange (colour)

mchuruziko n (michuruziko)
seepage

mchuuzi n (wachuuzi) 1. seller 2.
trader 3. businessman

mchuzi n (michuzi) 1. sauce 2.
gravy 3. soup 4. curry 5. (sl.)
money

mchuzi wa kondoo n lamb curry

mchuzi wa kuku n chicken curry

mchuzi wa nyama n meat curry

mchuzi wa samaki n fish curry

mchwa n (michwa) termite

mda see muda

mdaawa n 1. (wadaawa) litigant 2.
(midaawa) lawsuit 3. claim

mdabighi n (wadabighi) tanner

Mdachi n (Wadachi) German

mdadisi n (wadadisi) 1. inquisitive
person 2. busybody 3. snoop

mdahalo n (midahalo) debate

mdai n (wadai) 1. creditor 2.
claimant 3. plaintiff

mdaiwa n (wadaiwa) 1. debtor 2.
defendant

mdakhalo n (midakhalo) debate

mdakhalo n (midakhalo)
discussion

mdakizi n (wadakizi) eavesdropper

mdako n (mdako) jacks

mdaku n (wadaku) gossip

mdalasini n (midalasini)
cinnamon bush

mdandia n (wadandia) stowaway

mdanganyifu n (wadanganyifu)
1. cheat 2. fraud

mdanzi n (midanzi) grapefruit tree

mdarabi n (midarabi) rose-apple
tree

mdawari n (midawari) 1. circulation
2. -a mdawari circulatory 3.
mfumo wa mdawari circulation
system

mdeki n (mideki) ramrod

mdeni n (wadeni) debtor

Mdenish n (Wadenish); Mdenishi
(Wadenishi) Dane

mdhabidhabina *n* (wadhabidhabina) liar

mdhalimu *n* (wadhalimu) 1. oppressor 2. tyrant

mdhamini *n* (wadhamini) 1. sponsor 2. guarantor

mdhana *n* (mdhana) bad luck

mdhibiti *n* (wadhibiti) 1. controller 2. censor

mdila *n* (midila) coffeepot

mdimu *n* (midimu) lemon/lime (tree)

mdiria *n* (mdiria) kingfisher

mdizi *n* (midizi) banana tree

mdodoki *n* (midomo) loofah

mdodo *n* (midodo) depression

mdodosi *n* (midodosi) diagnosis

mdogo *n* (wadogo) younger brother; younger sister

mdomo *n* (midomo) 1. lip 2. mouth 3. beak 4. -a mdomo oral 5. rangi ya mdomo lipstick

mdongea *n* (midongea) shawl

mdono *n* (midono) bite

mdopoo *n* (midopoo) perforation

mdororo *n* (mdororo) depression

mdoya *n* (wadoya) spy

mduara *n* (miduara) 1. circle 2. circumference

mduaradufu *n* (miduaradufu) ellipse

mdudu *n* (wadudu) insect; bug

mdukizi *n* (wadukizi) eavesdropper

mdukizo adj induction

mdukuo *n* (midukuo) 1. poke 2. exclamation

mduma *n* (waduma) 1. bogyman 2. bugbear

mdumu *n* (midumu) 1. can 2. mug

mdundo *n* (midundo) 1. drum 2. drumming 3. bea; rhythm

mdunzidunzi *n* (wadunzidunzi) spy

mduto *n* (miduto) recoil

-me- *perfect tense marker*

-mea *v* 1. to sprout 2. to germinate 3. to grow

mechi *n* (mechi) *(spor.)* 1. game 2. match

mechi ya kandanda *n* football match

mechi ya mchujo; mechi ya mtoano *n* elimination match

medai *n* (medai) *(rel.)* medal

medali *n* (medali) medal

medani *n* (medani) 1. arena 2. battlefield

mede *n* (mede) 1. bed 2. goalpost

-mega *v* 1. to break a piece off 2. to take a bite of

-megea *v* to share with

mego *n* (mamego) piece

Mei *n* (Mei) May

Mei Mosi *n* May Day; May the First

-meka *v* to grow

meko *pl see* jiko

meli *n* (meli) 1. ship 2. kwa meli by ship 3. safari kwa meli cruise

melimeli *n* (melimeli) muslin

mema *n/adj* good

-memeteka *v* to sparkle

mende *n* (mende) cockroach

meneja *n* (mameneja) manager

meneja masoko *n* marketing manager

meneja mauzo *n* sales manager

meneja wa kike *n* (mameneja wa wanawake) manageress

menejmenti *n* (mamenejmenti) management

-meng'enya *v* 1. to break up 2. to crumble

mengi adj 1. much 2. many 3. a lot (of)

mengineyo *adj* various

meno *pl* 1. teeth 2. kwa meno ya juu rude 3. violent 4. daktari wa meno dentist 5. *see* jino

meno bandia *pl* dentures

meno ya ndovu; meno ya tembo *n* ivory

mentari *n* (mentari) tweezers

-menya *v* 1. to peel 2. to shell

-menyana *v* to compete (**na** with)

-menyeka *v* 1. to be peeled 2. to be shelled 3. to make a great effort

menyu 1. *adj* pure 2. *n* (**menyu**) menu

-menyua *v* to purify

menyu maalumu *n* set menu

menyu ya chakula *n* menu

-mepotea *adj* missing

-meremeta *v* 1. to glitter 2. to shine

merikebu *n* (**merikebu**) ship

meta *n* (**meta**) meter

-meta; **-metameta** *v* 1. to glitter 2. to shine

metali *n* (**metali**) metal

methali *n* (**methali**) 1. proverb 2. *(rel.)* parable

meya *n* (**meya**) mayor

meza *n* (**meza**) table

-meza *v* to swallow

-meza pumzi moto *v* to be excited

meza ya kuvalia *n* (**meza za kuvalia**) dressing table

-mezea *v* 1. to swallow up 2. to put up with

mfaa *n* (**mifaa**) door centrepiece

mfadhaiko *n* (**mifadhaiko**) 1. confusion 2. depression

mfadhili *n* (**wafadhili**) benefactor

mfadhiliwa *n* (**wafadhiliwa**) benefactee

mfagizi *n* (**wafagizi**) sweeper

mfalme *n* (**wafalme**) 1. chief 2. ruler 3. king 4. monarch

mfanano *n* (**mifanano**) resemblance

mfani *n* (**wafani**) counterpart

mfano *n* (**mifano**) 1. example 2. model 3. pattern 4. symbol 5. **kwa mfano** for example 6. **-toa mfano** to give an example

mfano hai *n* living example

mfano halisi *n* classical example

mfanya *n* (**wafanya**) doer

mfanyabiashara *n* (**wanfanyabiashara**) businessman; businesswoman

mfanyi biashara wa kamari *n* bookmaker

mfanyakazi *n* (**wafanyakazi**) 1. doer 2. worker 3. labourer

mfanyiko *n* (**mifanyiko**) process

mfao *n* (**mifao**) 1. benefit 2. profit

mfarakani *n* (**wafarakani**) antisocial person

Mfaransa *n* (**Wafaransa**) Frenchman; Frenchwoman

mfariji *n* (**wafariji**) consoler

mfarika *n* (**mafarika**) young animal

mfariki *n* 1. (**wafariki**) someone who is separated 2. (**mifariki**) comb

mfarishi *n* (**mifarishi**) 1. mattress 2. duvet

mfaruku *n* (**wafaruku**) widow

mfasiri *n* (**wafasiri**) 1. interpreter 2. translator

mfawidhi *n* (**wafawidhi**) person in charge; person responsible

mfenesi *n* (**mifenesi**) jackfruit tree

mfereji *n* (**mifereji**) 1. tap; faucet 2. ditch 3. trench 4. channel 5. canal

mfidhuli *n* (**wafidhuli**) rude person

mfiduo *n* (**mifiduo**) exposure

mfigili *n* (**mifigili**) radish

mfiko *n* (**mifiko**) 1. arrival 2. reach

mfilisiwa *n* (**wafilisiwa**) bankrupt

Mfini *n* (**Wafini**) Finn

mfinyanzi *n* (**wafinyanzi**) potter

mfinyo *n* (**mifinyo**) pinch

mfisadi *n* (**wafisadi**) 1. degenerate 2. pervert

mfitini *n* (**wafitini**) agitator

mfiwa *n* (**wafiwa**) bereaved

mfiwa *n* (**wafiwa**) mourner

mfo *n* (**mifo**) torrent

mforsadi *n* (**miforsadi**) mulberry tree

mfu *n* (**wafu**) dead person

mfua *n* (**wafua**) smith

mfuabati *n* (**wafuabati**) tinsmith

mfuachuma *n* (**wafuachuma**) blacksmith

mfuadhahabu *n* (**wafuadhahabu**) goldsmith

mfuafedha *n* (wafuafedha) silversmith

mfuasi *n* (wafuasi) 1. follower 2. *(rel.)* disciple

mfuasi wa mfalme *n* royalist

mfuatano *n* (mifuatano) 1. sequence 2. series

mfugaji *n* (wafugaji) 1. herder 2. rancher 3. breeder

mfugo *n* (mifugo) 1. livestock animal 2. taming

mfuko *n* (mifuko) 1. bag 2. carrier bag 3. pocket 4. sack 5. fund

Mfuko wa Fedha Kimataifa *n* International Monetary Fund

mfukuto *n* (mifukuto) sweat

mfululizo 1. *n* (mifululizo) series 2. *adv* continually

mfumaji *n* (wafumaji) weaver

mfumbi *n* (mifumbi) trench

mfumi *n* (wafumi) weaver

mfumo *n* (mifumo) 1. system 2. texture 3. weaving

mfumo wa chakula *n* digestive system

mfumo wa mawasiliano *n* (mifumo ya mawasiliano) communication system

mfumo wa mdawari *n* (mifumo ya midawari) circulation system

mfumo wa mifupa *n* skeleton

mfundo *n* (mifundo) 1. knot 2. resentment

mfungaji magoli *n* (wafungaji magoli) footballer

mfungo *n* (mifungo) 1. tie 2. conclusion

mfunguo *n* (mifunguo) 1. release 2. *(Isl.)* month

mfungwa *n* (wafungwa) prisoner

mfungwa wa kisiasa *n* political detainee; political prisoner

mfuniko *n* (mifuniko) 1. lid 2. cover 3. protection

mfuo *n* (mifuo) 1. drill 2. groove 3. line 4. furrow 5. drain

mfupa *n* (mifupa) bone

mfupa wa nyonga *n* pelvis

mfuradi *n* (mifuradi) verse

mfure *n* (mifure) platter

mfuria *n* (mifuria) sleeveless loose Arab coat

mfuto *n* (mifuto) 1. something simple 2. cleaning 3. removal

mfyatuko *n* (mifyatuko) opening

mfyuso *n* (mifyuso) trap

mgahawa *n* (mgahawa) 1. cafe 2. canteen 3. restaurant 4. hotel

mgambo *n* (migambo) 1. public proclamation 2. call to a meeting 3. **jeshi la mgambo** militia

Mganda *n* (Waganda) Ugandan

mgando *n* (migando) 1. coagulated liquid 2. **maziwa ya mgando** yoghurt

mganga *n* (waganga) 1. doctor 2. healer

mganga wa kienyeji; mganga wa jadi *n* 1. healer 2. herbalist

mgango *n* (migango) 1. remedy 2. treatment

mgao *n* (migao) distribution

mgawaji *n* (wagawaji) distributor

mgawanyiko *n* (migawanyiko); mgawanyo (mgawanyo) division

mgawo *n* (migawo) allocation

mgemo *n* (migemo) palm-wine tapper

mgeni *n* (wageni) 1. guest 2. visitor 3. newcomer 4. stranger 5. foreigner

mghafala *n* (mighafala) 1. carelessness 2. fool

mghalaba *n* (mghalaba) competition

mghani *n* (waghani) singer

mgiligilani *n* (migiligani) coriander plant

Mgiriki *n* (Wagiriki) Greek

mgodi *n* (migodi) 1. mine 2. excavations

mgogoro *n* (migogoro) 1. dispute; trouble 2. uprising

mgomaji *n* (wagomaji) striker

mgomba *n* (migomba) banana plant

mgombea *n* (wagombea) 1. contender 2. candidate 3. defender 4. spokesman

mgombea uchaguzi *n* (wagombea uchaguzi) *(pol.)* candidate

mgomo *n* (migomo) strike

mgomo baridi *n* go-slow (strike)

mgomvi *n* (wagomvi) argumentative person

mgonga debe *n* (wagonga debe) fare collector

mgongaji *n* (wagongaji) profiteer

mgongano *n* (migongano) 1. crash 2. collision 3. conflict

mgongo *n* (migongo) 1. back 2. uti wa mgongo spine

mgoni *n* (wagoni) 1. adulterer 2. fornicator

mgonjwa *n* (wagonjwa) 1. sick person 2. patient

mgonjwa wa kisukari *n* diabetic

mgonjwa wa kulazwa *n* inpatient

mgono *n* (migono) fish-trap

mgoto *n* (migoto) hitting

mgumba *n* (wagumba) 1. childless person 2. sterile person 3. solitary person

mgumio *n* (migumio) bark

mgunda *n* (migunda) plantation

mgunduzi *n* (wagunduzi) 1. inventor 2. discoverer

mgunguti *n* (migunguti) acacia

mguno *n* (miguno) grumbling

mguruto *n* (miguruto) pressing

mgusano *n* (migusano); **mguso** (miguso) touch

mguu *n* (miguu) 1. foot 2. leg 3. kwa mguu on foot; by foot

mgwisho *n* (migwisho) fly-swatter

Mhabeshi *n* (Wahabeshi) Ethiopian

mhadhara *n* (mihadhara) 1. lecture 2. ukumbi wa mihadhara lecture hall; lecture theatre

mhadhiri *n* (wahadhiri) lecturer

mhadhiri mwandamizi *n* senior lecturer

mhakiki *n* (wahakiki) 1. critic 2. editor

mhalifu *n* (wahalifu) criminal

mhamiaji *n* (wahamiaji) 1. migrant 2. emigrant 3. immigrant

mhandisi *n* (wahandisi) engineer

mhandisi wa kilimo *n* agricultural engineer

mhandisi wa maji *n* water engineer

mhandisi wa mitambo *n* mechanical engineer

mhandisi wa ujenzi *n* civil engineer

mhandisi wa umeme *n* electrical engineer

mhanga *n* (mhanga) 1. aardvark 2. sacrifice 3. -toa mhanga to offer a sacrifice 4. -jitoa mhanga to sacrifice oneself

mhangaiko *n* (mihangaiko) worry

mharabu *n* (waharabu) vandal

mharage *n* (miharage); **mharagwe** (miharagwe) kidney bean plant

mharara *n* (miharara) escarpment

mharibifu *n* (waharibifu) 1. destructive person 2. destroyer

mhariri *n* (wahariri) editor

mharuma *n* (miharuma) turban

mhashamu *n* (wahashamu) 1. honorable 2. excellency

mhashiri *n* (mihashiri) mainstay

mhasibu *n* (wahasibu) accountant

mhazili *n* (wahazili) secretary

mhenga *n* (wahenga) 1. elder 2. wiseman

mheshimiwa *n* (waheshimiwa) 1. honorable 2. excellency

mhifadhi *n* (wahifadhi) conservator

mhimili *n* (mihimili) 1. post 2. beam 3. support; prop; strut 4.

jamb **5.** bar **6.** axis

mhimizi *n* (wahimizi) promoter

mhina *n* (mihina) henna plant

Mhindi *n* (Wahindi) **1.** Indian **2.** Hindu

mhindi *n* (mihindi) **1.** maize plant **2.** maize cob

mhirabu *n* (mihirabu) *(Isl.)* mihrab

mhisabati *n* (wahisabati) mathematician

mhisani *n* (wahisani) benefactor

mhitaji *n* (wahitaji) destitute person

mhitimu *n* (wahitimu) graduate

mhodhi *n* (wahodhi) **1.** hoarder **2.** monopolist

mhogo *n* (mihogo) cassava

mhoji *n* (wahoji) interviewer

mhojiwa *n* (wahojiwa) interviewee

mhoro *n* (mihoro) stake

mhubiri *n* (wahubiri) **1.** speaker **2.** preacher

mhudumu *n* (wahudumu); **mhudumiaji** *n* (wahudumiaji) **1.** servant **2.** waiter; waitress **3.** steward; stewardess **4.** attendant

mhudumiaji wa kike *n* **1.** waitress **2.** stewardess

mhujaji *n* (wahujaji) *(Isl.)* pilgrim; hajji

mhujumu *n* (wahujumu) saboteur

mhuni *n* (wahuni) **1.** vagabond **2.** lowlife

mhunzi *n* (wahunzi) **1.** metalworker **2.** blacksmith

mhuri *n* (mihuri) **1.** stamp **2.** seal **3.** -piga muhuri to stamp **4.** to seal **5.** -pigwa muhuri to be stamped **6.** to be sealed

mhusika *n* (wahusika) character

mia (mia) hundred

miadi *n* (miadi) **1.** appointment **2.** promise **3.** -funga miadi; -weka miadi to make an appointment

miaka *pl* **1.** Una miaka mingapi? How old are you? **2.** see mweka

miaka nenda miaka rudi *adv* year in year out

mialamu *n* (mialamu) edge

miali *pl see* mwali

miamba *pl* **1.** rock formation **2.** *see* mwamba

miayo *n/pl* **1.** yawn **2.** -piga miayo to yawn

michapo *pl* news

-michia *v* to spatter

michuzi *pl (sl.)* money

midandamo *pl* bleachers

midomo *pl* lips

mie I; me

mifedha *pl see* **fedha**

mifugo *pl* **1.** herd **2.** flock **3.** livestock **4.** daktari wa mifugo vet

mifuko ya mikono *pl* gloves

mifukuto *n/pl* bellows

miguu *pl* **1.** feet **2.** legs **3.** kwa miguu on foot; by foot **4.** *see* mguu

miguu chini; miguu uchi *n* barefoot

mihadi *n* (mihadi) **1.** appointment **2.** promise

miiko *pl* **1.** -timiza miiko to follow the rules **2.** *see* mwiko

miji *pl* **1.** towns **2.** *see* mji

Mijikenda *pl* the nine Mombasa towns

mikasi *pl* scissors

mikogo *pl* **1.** affectation **2.** swagger **3.** kwa mikogo affectedly **4.** with a swagger

mikono *pl* **1.** kwa mikono miwili with open arms **2.** *see* mkono

mikono juu! hands up!

mikono mitupu *adv* empty-handed

mila *n* (mila) **1.** custom **2.** belief **3.** -a mila traditional

milele 1. *n* (milele) eternity **2.** -a milele eternal **3.** *adv* eternally; forever

milia 1. *adj* striped **2.** punda milia zebra **3.** *see* mlia

milihoi *n* (milihoi) evil spirit

-miliki *v* 1. to own 2. to rule 3. to govern 4. to control 5. to dominate

-milikiwa na *v* 1. to be owned by 2. to be ruled by 3. to be governed by 4. to be controlled by 5. to be dominated by

milima *pl* 1. mountains 2. *see* **mlima, kilima**

milimani *adv* in the mountains

milioni *n* (**mamilioni**) million

milki *n* (**milki**) 1. possession 2. domain 3. realm 4. kingdom

mimba *n* (**mimba**) 1. conception 2. pregnancy 3. fetus 4. **-enye mimba** pregnant 5. **mwenye mimba** pregnant woman; expectant mother 6. **Ana mimba.** She's pregnant. 7. **-tia mimba** to make pregnant 8. **-zuia mimba** to use birth control 9. **-tunga mimba** to become pregnant 10. **-haribu mimba** to miscarry 11. **-toa mimba** to have an abortion

mimbari *n* (**mimbari**) *(Isl.)* pulpit

mimea *pl* 1. plants 2. vegetation

mimi 1. I; me 2. mine

mimi binafsi; **mimi mwenyewe** I myself

-mimina *v* 1. to pour 2. to spill 3. to overflow

-miminia *v* to pour for/on

-miminika *v* 1. to be poured out 2. to be spilled 3. to overflow

-miminikia *v* to pour onto

miminiko *n* (**mamiminiko**) 1. flow 2. spill 3. overflow 4. mould

-miminisha *v* to liquefy

-miminiwa *v* to be sprinkled

minajili *n* (**minajili**) 1. purpose 2. sake 3. **kwa minajili** because of 2. as a result of 3. except

mindi *n* (**mindi**) duiker

minenguo *pl* rotation

minghairi *conj/prep* 1. without 2. except

minofu *pl* 1. cuts of meat 2. *see* **mnofu**

minsi *n* (**minsi**) minced meat; ground meat

mintaraf; mintarafu *conj* 1. concerning; regarding 2. as a result of

-minya *v* 1. to squeeze 2. to pinch

minyoo *pl* 1. worms 2. *see* **mnyoo**

minyororo *pl* fetters

mio *n* (**mamio**) throat

miondoko *pl* 1. manner; attitude 2. bearing 3. *see* **mwondoko**

miongo *pl* ten-day period

miongoni (mwa) *adv* among

mionzi *pl see* **mwonzi**

miraba minne *pl* 1. four-square 2. **-a miraba minne** well-built

mirathi *n/pl* inheritance

mirungi *n* (**mirungi**) kat

misa *n* (**misa**) *(Chr.)* mass

misaada *n* aid

misaada ya nje *n* foreign aid

misamaha *pl* forgiveness

misheni *n* (**misheni**) 1. mission 2. scam

mishikaki *pl* kebabs

misitu *pl* 1. **idara ya misitu** forestry department 2. *see* **msitu**

miski *n* (**miski**) musk

Misri *n* Egypt

mistari *n* line

misukosuko *pl* 1. hardship 2. daily grind

misuli *n* (**misuli**) muscle

mita *n* (**mita**) metre

mitaala *pl (ed.)* 1. higher studies 2. *see* **mtaala**

mitaala ya maendeleo *pl* development studies

mitara *n/pl* polygamy

miteen two hundred

mithali *n* (**mithali**) 1. proverb 2. resemblance

mithali ya; mithili ya *adj* similar to

-mithilika *v* to be comparable

-mithilisha *v* to compare

miti *pl* 1. trees 2. *see* **mti**

mitindo ya mavazi *pl* fashion

miuja *n* (miuja) danger
mivuo *n* 1. bellows 2. stripping
miwa *pl* 1. sugar cane 2. *see* muwa
miwani *n/pl* glasses; spectacles
miwanilenzi *n/pl* contact lenses
miwanivuli; miwani ya jua *n/pl* sunglasses
miye I; me
-miza *v* to hurt
mizabibu *pl* 1. raisins 2. grapes 3. *see* mzabibu
mizani *n/pl* 1. scales 2. balance 3. measure 4. Libra
mizania *n/pl* balance sheet
mizigo *pl* 1. luggage; baggage 2. load 3. *see* mzigo
mizigo iliyozidi uzito *pl* excess baggage
mizigo ya mkononi *pl* hand baggage
mizimu *pl* 1. haunted place 2. ghosts 3. *see* mzimu
mizinga *pl* 1. artillery 2. booze 3. *see* mzinga
mizungu *n* (mizungu) magic
mja *n* (waja) 1. newcomer 2. slave
mjadala *n* (mjadala) debate
mjadili *n* (wajadili) debater
mjakazi *n* (wajakazi) (female) slave
mjamaa *n* (wajamaa) socialist
mjamzito *n* (wajamzito) pregnant woman; expectant mother
mjane *n* (wajane) widow; widower
mjango *n* (mijango) waste of time
mjanja *n* (wajanja) sly person
mjao *n* (mijiari) 1. volume 2. capacity
Mjapan *n* (Wajapan) Japanese
mjarabati *n/adj* -proof
mjarabati maji waterproof
mjarabati moto fireproof
mjarabati sauti soundproof
mjasiri *n* (wajasiri) courageous person
mjasusi *n* (wajasusi) 1. spy 2. *(mil.)* scout

mjeledi *n* (mijeledi) whip
mjengaji *n* (wajengaji) builder
mjengo *n* (mijengo) building
mjenzi *n* (wajenzi) 1. builder 2. contractor
Mjerumani *n* (Wajerumani) German
mjeuri *n* (wajeuri) 1. tyrant 2. bully
mji *n* (miji) 1. town 2. city 3. homestead; compound 4. *see* mji mkongwe, mjini, mji wa..., wamji, *etc*
mjiari *n* (mijiari) tiller-rope
mjibu *n* (wajibu) nice person
mjiko *n* (mijiko) bowel
mji mkongwe *n* old town
mji mkuu *n* capital city
mjinga *n/adj* (wajinga) 1. idiot 2. stupid
mjiko *n* (mjiko) haemorrhoids; piles
mjinga *n* (wajingwa) 1. clown 2. idiot
mjini *adv* 1. in town 2. **mjini London** in London
mjio *n* (mijio) arrival
mjivuni *n* (wajivuni) show-off
mji wa kale *n* old town
mji wa uzazi *n* uterus; womb
mjizi *n* (mijizi) thief
mjoli *n* (wajoli) 1. fellow 2. comrade
mjomba *n* (wajomba) 1. (maternal) uncle 2. mate; buddy
mjuaji *n* (wajuaji) wise person
mjuba *n* (wajuba) know-all
mjukuu *n* (wajukuu) grandchild
mjukuu wa kike *n* granddaughter
mjukuu wa kiume *n* grandson
mjumbe *n* (wajumbe) 1. messenger 2. delegate 3. representative
mjume *n* (wajume) carver
mjusi *n* (mijusi) lizard
mjusi kafiri *n* gecko
mjuvi *n* (wajuvi) impudent person
mjuzi *n* (wajuzi) well-informed person
mkaa *n* 1. (mikaa) charcoal 2. coal 3. candlenut tree 4. (wakaa) inhabitant 5. resident

mkaaji (wakaaji) 1. inhabitant 2. resident

mkaangizo *n* (mikaangizo) fried food

mkaazi *n* (wakaazi) 1. inhabitant 2. resident

mkabala *n* (mikabala) 1. encounter 2. approach 3. attitude

mkabala na *prep* 1. in front of 2. opposite

mkabidhi *n* (wakabidhi) guardian

mkaguo *n* (mikaguo) inspection

mkaguzi *n* (wakaguzi) inspector

mkaguzihesabu *n* (wakaguzihesabu) auditor

mkahale *n* (mikahale) eyeliner

mkahawa *n* (mikahawa) 1. cafe 2. canteen 3. restaurant 4. hotel

mkaidi *n* (wakaidi) stubborn person

mkaja *n* (mikaja) body cloth

mkakamavu *n* (wakakamavu) energetic person

mkakasi *n* (mikakasi) 1. box 2. coffin 3. varnish

mkakati *n* (mikakati) 1. technique 2. strategy

makakato *n* (mikakato) sketch

mkale *n* (wakale) ancestor

mkali *n* (wakali) 1. strict person 2. aggressive person 3. fierce animal

mkalimani *n* (wakalimani) 1. interpreter 2. translator

mkalimu *n* (wakalimu) teacher

mkalio *n* (mikalio) wedding fee

mkamato *n* (mikamato) grip

mkamba *n* (mkamba) cough

mkamshi *n* (mikamshi) ladle

Mkanada *n* (Wakanada) Canadian

mkanda *n* (mikanda) 1. belt 2. *see* mkanda wa...

mkandaa *n* (mikandaa) mangrove

mkandamizaji *n* (wakandamizaji) oppressor

mkandarasi *n* (wakandarasi) contractor

mkanda wa kujiokolea *n* lifebelt

mkanda wa usalama *n* safety belt

mkando *n* (mikando) kneading

mkanganyiko *n* (mikanganyiko) confusion

mkangazi *n* (mikangazi) mahogany

mkanju *n* (mikanju) cashew tree

mkano *n* (mikano) 1. sinew 2. denial

mkarafuu *n* (mikarafuu) clove tree

mkarafuu maiti *n* (mikarafuu maiti) camphor tree

mkaragazo *n* (mikaragazo) 1. downpour 2. tobacco

mkareti *n* (miakreti) thorn tree

mkarimu *n* (wakarimu) generous person

mkasa *n* (mikasa) 1. misfortune 2. incident

mkasama *n* (mikasama) division

mkasi *n* (mikasi) scissors

mkata *n* (wakata) down-and-out

mkataa *n* (mikataa) final decision

mkataba *n* (mikataba) 1. agreement 2. contract 3. *(pol.)* constitution

mkatale *n* (mikatale) shackles

mkatani *n* (mikatani) sisal

mkatavu *n* (wakatavu) stubborn person

mkate *n* (mikate) 1. bread 2. loaf 3. roll 4. slice 5. *see* mkate...

mkate kahawia *n* brown bread

mkate mweupe *n* white bread

mkate wa brauni *n* brown bread

mkate wa kusukuma *n* chapati

mkate wa mayai *n* sweet bread

mkate wa mofa *n* oven baked millet bread

mkate wa ngano (isiyokomolewa) *n* wholemeal bread

mkate wa ufuta *n* sesame bread

mkatili *n* (wakatili) 1. cruel person 2. sadistic person 3. murderous person

mkato n (mikato) 1. cut 2. section 3. stroke 4. comma 5. -a mkato abrupt 6. kwa mkato abruptly 7. hati mkono shorthand 8. njia ya mkato shortcut

Mkatoliki n (Wakatoliki) Catholic

mkaza n (wakaza) wife

mkazi n (wakazi) 1. inhabitant 2. resident 3. occupant

mkazo n (mikazo) 1. emphasis 2. stresss 3. intensity 4. -tilia mkazo to emphasize

mkazo n (mikazo) force

mke n (wake) 1. wife 2. woman

mke mwenza n co-wife

mkebe n (mikebe) 1. case 2. tin; can 3. bottle

mkeka n (mikeka) mat

mkeka wa kutumia pwani n beach mat

mkeketaji n (wakeketaji) engraver

mkeketo n (mikeketo) something of the same size

mkekewa n (mikekewa) weed

mkembe n (wakembe) child

Mkenya n (Wakenya) Kenyan

mkeo your wife

mkereketwa n (wakereketwa) frustrated person

mkesha n (mikesha) 1. night watch; vigil 2. eve

mkesha wa Krismasi n Christmas Eve

mkesha wa Mwaka Mpya n New Year's Eve

mkewe n his wife

mkia n (mikia) tail

mkichaa n (wakichaa) crazy person

mkikimkiki n (mikikimkiki) 1. excitement 2. scramble

mkimbizi n (wakimbizi) 1. runner 2. fugitive 3. refugee

mkilua n (mikilua); mkiluwa (mikiluwa) liana

mkimbiaji n (wakimbiaji) 1. runner 2. fugitive 3. refugee

mkimu n (wakimu) supporter

mkimwa n (wakimwa) obstinate person

mkimya n (wakimya) quiet person

mkinaifu n (wakinaifu) independent person

mkinga n (mikinga) barrier

mkingamo n (mikingamo) 1. crossroads 2. barrier

mkingiko n (mikingiko) beam

mkinzani n (wakinzani) antagonistic person

mkinzano n (mikinzano) antagonism

mkiritimba n (wakiritimba) monopolist

mkiwa n (wakiwa) 1. solitary person 2. lonely person 3. orphan

mkizi n (mikizi) cuttlefish

mko you are here; you are there *plural*

mkoa n (mikoa) 1. region 2. province 3. state

mkoba n (mikoba) 1. bag 2. purse; wallet 3. handbag; purse 4. briefcase

mkojo n (mikojo) urine

mkoko n (mikoko) 1. mangrove tree 2. cocoa tree

mkokoteni n (mikokoteni) pushcart

mkokoto n (mikokoto) dragging

mkokotoo n (mikokotoo) 1. calculation 2. computation

mkoloni n (wakoloni) colonialist

mkoma n (wakoma) leper

mkomamanga n (mikomamanga) pomegranate tree

mkombo n (mikombo) rudder control

mkombozi n (wakombozi) liberator

mkomunisti n (wakomunisti) communist

mkondo n (mikondo) 1. current 2. channel 3. wave

mkondo geu n A.C.; alternating current

mkondo mnyofu n D.C.; direct current

mkondo wa bahari n ocean current

mkondo wa hewa n 1. air current 2. draught

mkonga n (mikonga) trunk

mkonge n (mikonge) sisal plant

mkongojo n (mikongojo) 1. stick 2. crutch

mkongwe n (wakongwe) 1. elderly person 2. veteran

mkono n (mikono) 1. hand 2. arm 3. sleeve 4. handle

mkono wa ndizi n bunch of bananas

mkono wa vazi n sleeve

mkoo n (wakoo) immoral person

mkopeshi n (wakopeshi) 1. money-lender 2. creditor

mkopi n 1. (wakopi) borrower 2. (mikopo) loan; credit

mkopi nafuu n (fin.) soft loan

mkora n (wakora) 1. layabout 2. outlaw

mkorofi n (wakorofi) nasty person

mkorogo n (mikorogo) confusion

mkoromo n (mikoromo) 1. purring 2. snoring

mkorosho n (mikorosho) cashew-nut tree

mkosaji n (wakosaji) 1. wrongdoer 2. (rel.) sinner

mkosefu n (wakosefu) 1. (leg.) offender 2. (rel.) sinner

mkosi n (mikosi) 1. bad situation 2. bad omen 3. -piga mkosi to bring bad luck

Mkristo n (Wakristo); **Mkristu** (Wakristu) Christian

mkubwa n (wakubwa) 1. elder brother; elder sister 2. superior

mkufu n (mikufu) necklace

mkufunzi n (wakufunzi) 1. instructor 2. (ac.) tutor 3. undergraduate

mkuki n (mikuki) spear

mkuku n (mikuku) keel

mkulima n (wakulima) 1. farmer 2. peasant

mkulivu n (wakulivu) lazy person

mkulo n (mikulo) 1. strainer 2. filter

mkumbizi n (wakumbizi) rough person

mkumbo n (mikumbo) 1. sweep 2. onrush 3. swoop 4. onslaught

mkumbuu n (mikumbuu) 1. belt 2. bandage 3. sling

mkunde n (mikunde) cowpea plant

mkundu n (mikundu) anus

mkunga n (mikunga) eel

mkunga n (wakunga) midwife

mkungu n (mikungu) stalk

mkunguni n (wakunguni) lazy person

mkunguru n (mikunguru) 1. acclimatization sickness 2. altitude sickness

mkung'uto n (mikung'uto) 1. winnowing 1. sifting

mkunjo n (mikunjo) 1. fold 2. crease 3. wrinkle

mkunjufu n (wakunjufu) cheerful person

mkunjuo n (mikunjuo) development

mkuno n (mikuno) scratching

mkuo n (mikuo) 1. bar 2. ingot 3. growth

mkupuo n (mikupuo) 1. hit 2. push 3. fell swoop 4. gulp; swig 5. puff

mkupuzi n (wakupuzi) 1. hitter 2. pusher

mkuranga n (mikuranga) desert

mkuro n (mikuro) cry

mkurufunzi n (wakurufunzi) learner

mkurugenzi n (wakurugenzi) director

mkurugenzi mkuu n (wakurugenzi wakuu) director general

mkurugenzi wa idara ya mashauri ya watumishi wa serikali n personnel director

mkururo n (mikururo) 1. line 2. queue

mkuruzo n (mikuruzo) drawstring

mkusanya n (wakusanya) collector

mkusanyiko n (mikusanyiko); **mkusanyo** (mikusanyo); **mkutano** (mikutano) 1. meeting 2. mix; mixture

mkutano n (mikutano) 1. meeting 2. conference

mkuto n (mikuto) 1. fold 2. bend 3. encounter

mkutubi n (wakutubi) librarian

mkutuo n (mikutuo) impact

mkuu n (wakuu) 1. elder 2. leader 3. head 4. boss

mkuu wa shule n headmaster/ headmistress; principal

mkuwadi n (mikuwadi) impotence

mkuyati n (mikuyati) aphrodisiac

mkuyu n (mikuyu) wild fig tree

mkuzo n (mikuzo) enlargement

mkwaju n (mikwaju) tamarind tree

mkware n (wakware) 1. sexy person 2. flirt

mkwaruzo n (mikwaruzo) scratch

mkwasi n (wakwasi) wealthy person

mkwe n (wakwe) in-law

mkweche n (mikweche) old car

mkweo n (mikweo) ascent

mkwepuzi n (wakwepuzi) purse-snatcher

mkwezi n (wakwezi; mikwezi) climber

mkwiji n (mikwiji) 1. bag 2. purse

mkwiro n (mikwiro) drumstick

mla n (wala) eater

mla riba n (wala riba) moneylender

mla rushwa n (wala rushwa) corrupt person

mlaanifu n (walaanifu) cursed person

mlaanizi n (walaanizi) curser

mlafi n (walafi) glutton

mlaghai n (walaghai) dishonest person

mlaji n (walaji) consumer

mlalamikaji n (walalamikaji) (leg.) complainant

mlalamikiwa n (walalamikiwa) (leg.) defendant

mlalamishi n (walalamishi) complainant

mlamu n (walamu) brother-in-law

mlandano n (milandano) similarity

mlango n (milango) 1. door 2. entrance 3. gate 4. river mouth 5. family; clan 6. chapter

mlango telezi n sliding door

mlango wa bahari n channel

mlango wa dharura n emergency exit

mlango wa fahamu n sense

mlango wa kizazi n cervix

mlango wa kutokea n exit

mlango wa mto n estuary

mlango wa nyuma n 1. back door 2. backhanders

mlanguzi n (walanguzi) 1. middleman 2. profiteer

mlariba n (walariba) moneylender

mle adv 1. in there 2. mle ndani there inside

mlegeo n (milegeo) slack

mlegevu n (walegevu) weak person

mlehemu n (walehemu) 1. solderer 2. welder

mlei n (walei) (rel.) layperson

mleli n (mileli) tail-feather

mlemavu n (walemavu) disabled person

mlembe n (milembe) 1. sanitary napkins; sanitary towels 2. tampon

mlengu n (milengu) outrigger

mleo n (mileo) staggering

mlevi n (walevi) drunkard

mlevi sana n acoholic

mlezi n (walezi) guardian

mlezi wa muda *n* babysitter

mlia *n* 1. (walia) crying person 2. (milia) strip

mlima *n* (milima) mountain

mlimaji *n* (walimaji) farmer

mlimao *n* (milimao); **mlimau** (milimau) lemon tree

mlimbiko *n* (milimbiko) 1. economy 2. supply 3. savings

mlimbuko *n* (milimbuko) fufilment

mlimbwende *n* (walimbwende) fashionable person

mlimi *n* (walimi) sharp-tongued person

mlimo *n* (milimo) 1. farming 2. agriculture

mlimwengu *n* (walimwengu) human being

mlinda *n* (walinda) 1. guard 2. defender

mlinda amani *n* (walinda amani) defender of the peace

mlinganisho *n* (milinganisho) analogy

mlingano *n* (milingano) 1. harmony 2. symmetry

mlinganyo *n* (milinganyo) equation

mlingoti *n* (milingoti) 1. pole 2. mast 3. **nusu mlingoti** half-mast

mlinzi *n* (walinzi) 1. guard 2. defender 3. caretaker 4. patron

mlio 1. *n* (milio) cry 2. shout 3. roar 4. noise 5. *v* you who are *plural*

mlipa *n* (walipa) payer

mlipuko *n* (milipuko) explosion

mlisha *n* (walisha) caretaker; janitor

mlishano *n* (milishano) fodder

mlisho *n* (milisho) feeding

mlizamu *n* (milizamu) 1. funnel 2. sluice gate 3. gutter

mlizi *n* (walizi) noisemaker

mlo *n* (milo) 1. food 2. course 3. meal

mlo kamili *n* balanced meal

mlokole *n* (walokole) *(Chr.)* fundamentalist

mlolongo *n* (milolongo) 1. line 2. queue

mlongo *n* (milongo) decade

mlowezi *n* (walowezi) 1. settler 2. colonist 3. squatter

mlozi *n* (milozi) almond tree

mlumbaji *n* (walumbaji) orator

mlumbano *n* (milumbano) 1. query 2. retort

mlumbi *n* (walumbi) multilingual person

mlumbo *n* (milumbo) discourse

mlundikano *n* (milundikano) pile

mlungula *n* 1. (walungula) blackmailer 2. briber 3. (milungula) blackmail 4. bribe

mluzi *n* (miluzi) 1. whistle 2. **-piga mluzi** to whistle

Mmaasai *n* (Wamaasai) Maasai

mmalidadi *n* (wamalidadi); **mmaridadi** (wamaridadi) well-presented person

Mmarekani *n* (Wamarekani) American

Mmasai *n* (Wamasai) *see* Mmaasai

mmea *n* (mimea) plant

mmea mwaka *n* annual plant

mmego *n* (mimego) tearing

mmeng'enyo *n* (mimen'enyo) digestion

mmenyuko *n* (mimenyuko) reaction

mmemeto *n* (mimemeto); **mmeremeto** (mimeremeto) 1. shining 2. fluorescence

mmilikaji *n* (wamilikaji) owner

mmoja one

mmomonyoko *n* (mimomonyoko) 1. erosion 2. denudation 3. landslide

-mmomonyolewa *v* to be eroded

mmwagiko *n* (mimwagiko) pouring

mmwambao *n* (wamwambao) coastal dweller

mmweko *n* (mimweko) flash

mna *v* 1. you have *plural* 2. there is inside; there are inside

mnaa *n* (wanaa) 1. troublemaker 2. traitor

mnada *n* (minada) auction

mnadharia *n* (wanadharia) theorist

mnadi *n* (wanadi) auctioneer

mnafiki *n* (wanafiki) hypocrite

mnahiri *n* (wanahiri) multilingual person

mnajimu *n* (wanajimu) 1. astrologer 2. astronomer

mnajisi *n* (wanajisi) unclean person

mnamo *adv* 1. by 2. in 3. on 4. at 5. mnamo siku tatu in three days time

mnanaa *n* (minanaa) mint

mnanasi *n* (minanasi) pineapple plant

mnara *n* (minara) 1. lighthouse 2. tower 3. minaret 4. bar

mnara taa *n* lighthouse

Mnasara *n* (Wanasara) Christian

mnaso *n* (minaso) catch

mnato *n* (minato) 1. stickiness 2. tenacity

mnawili *n* (minawili) shipping agreement

mnazaa *n* (wanazaa) argumentative person

mnazi *n* (minazi) coconut palm

mnemba *adj* artificial

mnena *n* (wanena); **mnenaji** (wanenaji) speaker

mnene *n* (wanene) fat person

mnenea *n* (wanenea) advocate

mnenguo *n* (minenguo) rotation

mneni *n* (waneni) speaker

mng'ang'anio *n* (ming'ang'anio) stickiness

mng'ao *n* (ming'ao) 1. brightness 2. shine

mng'ariza *n* (wang'ariza) 1. sorcerer 2. shaman

mng'arizo *n* (ming'arizo); **mng'aro** (ming'aro) 1. brightness 2. shine

mng'oaji *n* (wang'oaji) 1. digger 2. extractor

Mngazija *n* (Wangazija) Comorian

mngoja *n* (wangoja) 1. guard 2. waiter

mngojezi *n* (wangojezi) caretaker; janitor

mnguri *n* (minguri) mallet

mngurumizi *n* (wangurumizi) complainer

mnili *n* (minili) indigo plant

mno *adv* 1. too much 2. extremely

mnofu *n* (minofu) 1. meat 2. flesh

mnoga *n* (minoga) tobacco leaf

mnong'ono *n* (minong'ono) 1. whisper 2. rumour 3. -a mnong'ono confidential

Mnorwe *n* (Wanorwe) Norwegian

Mnubi *n* (Wanubi) Sudanese

mnukio *n* (minukio) good smell

mnuko *n* (minuko) bad smell

mnuna *n* (wanuna) complainer

mnuno *n* (minuno) complaining

mnunuzi *n* (wanunuzi) 1. buyer 2. customer

mnururisho *n* (minunurisho) radiation

mnyakuzi *n* (wanyakuzi) pickpocket

mnyama *n* (wanyama) animal

mnyama alaye nyama *n* carnivorous animal

mnyamavu *n* (wanyamavu) taciturn person

mnyambuliko *n* (minyambuliko) 1. derivative 2. affixation 3. conjugation

mnyambuo *n* (minyambuo) adaptation

mnyang'anyi *n* (wanyang'anyi) 1. robber 2. bandit

mnyangalika *n* (wanyangalika) worthless

mnyanya *n* (minyanya) tomato plant

mnyapara *n* (**wanyapara**) 1. foreman 2. headman 3. leader

mnyenyekeo *n* (**minyenyekeo**) humility

mnyenyekevu *n* (**wanyenyekevu**) humble person

mnyeo *n* (**minyeo**) tickle

mnyevu *n* (**minyevu**) moisture

mnyimo *n* (**minyimo**) miserliness

mnyiri *n* (**minyiri**) arm

mnyo *n* (**minyo**) 1. urination 2. defecation

mnyofu *n* (**wanyofu**) honest man

mnyonge *n* (**wanyonge**) 1. weak person 2. down-and-out

mnyonyaji *n* (**wanyonyaji**) exploiter

mnyonyo *n* (**minyonyo**) suction

mnyoo *n* (**minyoo**) worm

mnyororo *n* (**minyororo**) chain

mnyumbuko *n* (**minyumbuko**) elasticity

mnyunyo *n* (**minyunyo**) moistening

mnywaji *n* (**wanywaji**) drinker

mnywo *n* (**minywo**) drink

-mo is in; are in

Moali *n* Mohilla

modeli *n* (**modeli**) model

mofa *n* (**mofa**) 1. oven 2. bread

mofimu *n* (**mofimu**) morpheme

-moja 1. one 2. single

moja kwa moja *adv* 1. continuously 2. direct 3. straight (ahead)

moja moja *adv* one by one

-mojawapo *n/adj* 1. one of 2. either (of)

Mola *n* God

molekyuli *n* (**molekyuli**) molecule

moma *n* (**moma**) puff-adder

Mombasa *n* Mombasa

-momonyoa *v* 1. to fragment 2. to erode

-momonyoka *v* 1. to be fragmented 2. to be eroded

mondo *n* (**mondo**) serval cat

moran *n* (**wamoran**) warrior

mori *n* (**mori**) 1. ferocity 2. bravery 3. desire 4. trance 5. heifer

morita *n* (**morita**) span

moshi *n* (**mioshi**) 1. smoke 2. hooch

mosi *n/adj* (**mosi**) 1. one 2. the first 3. **tarehe mosi** the first of the month

mosia *n* (**mosia**) moss

mota *n* (**mota**) motor

motaboti *n* (**motaboti**) motorboat

motisha *n* (**motisha**) motivation

moto *n/adj* 1. (**moto**) fire 2. (**mioto**) heat 3. warmth 4. bruise 5. hot 6. warm 7. **-a moto** hot 8. warm

moto mmoja *adj* ceaselessly

motokaa *n* (**motokaa**) car

moyo *n* 1. (**nyoyo**) heart 2. (**mioyo**) feeling 3. conscience 4. determination 5. **-tia moyoni** to ponder 6. **-tia moyo** to encourage 7. **-piga moyo konde** to be encouraged 8. **kufa moyo** to lose heart 9. **jifunza kwa moyo** to learn by heart 10. **-bwaga moyo** to throw off one's cares 11. **kwa moyo** heartily 12. by heart

mpagazi *n* (**wapagazi**) porter

mpaji *n* (**wapaji**) 1. giver 2. donor

mpaka 1. *n* (**mipaka**) 1. division 2. limit 3. border 4. (**wapaka**) painter 5. plasterer 6. *adv* until 7. **mpaka wapi?** where to?

mpaka baadaye until later

mpaka hapo until then

mpaka sasa until now

mpakani at the border

mpaka rangi *n* (**wapaka rangi**) house painter

mpakato *n* (**mipakato**) 1. patch 2. plaster; bandaid

mpakazi *n* (**wapakazi**) 1. plasterer 2. painter

mpakizi *n* (**wapakizi**) 1. loader 2. shipper

mpako *n* (**mipako**) 1. plastering 2. coating

mpakuzi *n* (wapakuzi) 1. loader; unloader 2. docker

mpalilio *n* (mipalilio) hoeing

mpalilizi *n* (wapalizi) hoer

mpalizi *nn* (wapalizi) weeder

mpalio *n* (mipalio) choking

mpamba *n* (mipamba) 1. cotton plant 2. decorator

mpambaji *n* (wapambaji) undertaker; funeral director

mpambano *n* (mipambano) 1. encounter 2. collision

mpambe *n* (wapambe) 1. well-dressed girl 2. bridesmaid 3. aide-de-camp

mpanda *n* (wapanda) 1. climber 2. rider

mpanda baisikeli *n* (wapanda baisikeli) cyclist

mpanda farasi *n* (wapanda farasi) horse rider

mpanda mlima *n* (wapanda kilima) mountaineer

mpando *n* (mipando) 1. climbing 2. planting

mpanga *n* (wapanga); **mpangaji** (wapangaji) tenant

mpangilio *n* (mipangilio) 1. plan 2. arrangement 3. rotation 4. **kwa mpangilio** by turn

mpangishaji *n* (wapangishaji) landlord

mpango *n* (mipango) 1. plan 2. programme 3. procedure 4. **safari ya mpango wa jumla** package holiday 5. **bila ya mpango** without thought 6. *see* mpango...

mpango kabambe *n* intensive programme

mpango ya kufuga wanyama *n* range management scheme

mpango ya kutozana ushuru wa bidhaa *n* transfer tax system

mpango ya kwanza *n* pilot scheme

mpanzi *n* (wapanzi) 1. planter 2. sower

mpapai *n* (mipapai) papaya/pawpaw tree

mparachichi *n* (miparachichi) avocado tree

mpapatiko *n* (mipapatiko) fluttering

mpapayu *n* (mipapayu) papaya/pawpaw tree

mpapuro *n* (mipapuro) scratching

mpare *n* (mipare) funnel

mparuro *n* (miparuro) scratching

mparuzi *n* (waparuzi) careless person

mparuzo *n* (miparuzo) scratching

mpasua (**mbao**) *n* (wapasua [mbao]) sawyer

mpasuko *n* (mipasuko) split

mpatanishi *n* (wapatanishi) 1. arbiter 2. negotiator 3. peacemaker

mpato *n* (mipato) 1. acquisition 2. gain 3. float

mpayukaji *n* (wapayukaji) gossip

mpe give him; give her

mpea *n* (mipea) avocado tree

mpekecho *n* (mipekecho) twirling

mpeketevu *n* (wapeketevu) arrogant person

mpeketo *n* (mipeketo) excitement

mpekuzi *n* (wapekuzi) snoop

mpelekwa *n* (wapelekwa) 1. messenger 2. emissary 3. missionary

mpelelezaji *n* (wapelelezaji) nosey person

mpelelezi *n* (wapelelezi) 1. investigator 2. spy

mpenda *n* (wapenda) 1. lover 2. liker

mpendwa *n* (wapendwa) 1. liked person 2. loved person

mpenyezi *n* (wapenyezi) 1. introducer 2. secret agent 3. smuggler 4. traitor

mpenyezo *n* (mipenyezo) 1. bribe 2. illicit entry 3. introduction 4. penetration 5. smuggling

mpenyo *n* (mipenyo) 1. slit 2. slot

mpenzi *n* (wapenzi) 1. loved one 2. dear 3. boyfriend; girlfriend

mpepea n (mipepea) breeze
mpepetaji n (wapepetaji) 1. winnower 2. sifter
mpera n (mipera) guava tree
mpevu n (wapevu) adult
mpevushi n (wapevushi) corrupter
mpia n (mipia) conifer tree
mpiga n (wapiga); **mpigaji** (wapigaji) hitter
mpigamuziki n (wapigamuziki) musician
mpiganaji n (wapiganaji) 1. fighter 2. boxer 3. combatant
mpiganaji wa kuivizia n guerrilla
mpigania ukombozi n freedom fighter
mpiganisho n (mipiganisho) collision
mpigapicha n (wapigapicha) photographer
mpigataipu n (wapigataipu) typist
mpigo n (mipigo) 1. blow 2. beating 3. kwa mpigo at a stroke; at one time
mpiko n (mipiko) 1. pole 2. lever 2. cooking
mpima n (wapima) 1. measurer 2. surveyor
mpimaardhi n (wapimaardhi) surveyor
mpimaji n (wapimaji) 1. tester 2. surveyor
mpimo n (mipimo) 1. measuring 2. surveying
mpindano n (mipindano) pressing
mpinduzi n (wapinduzi) revolutionary
mpingamaendeleo n (wapingamaendeleo) reactionary
mpingani n (wapingani) 1. opponent 2. obstructionist
mpingo n (mipingo) ebony tree/wood
mpini n (mipini) handle
mpinzani n (wapinzani) opponent
mpira n (mipira) 1. ball 2. football;

soccer 3. rubber; rubber tree 4. elastic 5. condom 6. -piga mpira to kick a ball
mpira wa kikapu n basketball
mpira wa magongo n hockey
mpira wa meza n table tennis
mpira wa miguu n football
mpira wa tairi n (mipira ya tairi) inner tube
mpira wa uume n condom
mpira wa vinyoya n badminton
mpira wa wavu n volleyball
mpishi n (wapishi) cook; chef
mpita njia (wapita njia); **mpitaji** (wapitaji) passer-by
mpitisho n (mipitisho) conduction
mpito n (mipito) 1. passage(way) 2. pass
mpokeaji n (wapokeaji) collector
mpokeaji pensheni n (wapokeaji pensheni) pensioner
mpokea simu n (wapokea simu) (telephone) operator
mpokea wageni n (wapokea wageni) receptionist
mpokezi n (wapokezi) receptionist
mponda n (waponda) crusher
mpondo n (mipondo) pole
mponyi n (waponyi) 1. healer 2. doctor
mpoporo n (mipoporo) line
mposa n (waposa) suitor
mpotevu n (wapotevu) 1. destructive person 2. wasteful person 3. lost soul 4. corrupted person 5. pervert
mpotezi n (wapotezi) spoiler
mpotovu n (wapotovu) see mpotevu
Mprotestanti n (Waprotestanti) Protestant
mpujufu n (wapujufu) 1. corrupted person 2. foul-mouthed person
mpumbavu n (wapumbavu) idiot
mpunga n (mipunga) 1. rice (plant) 2. paddy field; rice field
mpungate n (mipungate) prickly pear

mpungufu *n* (wapungufu) disrespectful person

mpurukushani *n* (wapurukushani) careless person

mpururo *n* (mipururo) line

mpuzi *n* (wapuzi) idiot

mpwa *n* (wapwa) nephew; niece

mpwamu *n* (wapwamu) lively person

mpwa wa kike *n* niece

mpwa wa kiume *n* nephew

mpweke *n* 1. (wapweke) solitary person 2. (mipweke) stick

mpweo *n* (mpweo) dehydration

mpwito *n* (mipwito) 1. pulse 2. impulse

mpwitompwito *n* 1. pulsation 2. pandemonium

mpya *adj* 1. new 2. novel 3. Mwaka Mpya! Happy New Year!

mpyoro *n* (wapyoro) liar

mraba *n* (miraba) 1. square 2. rectangle 3. cube 4. -a mraba square

mrabaha *n* (mirabaha) 1. payment 2. royalty

mraba pembetatu *n* (miraba mitatu) triangle

mradi 1. *n* (miradi) project 2. intention 3. *conj* provided (that) 4. therefore

mradi wa pamoja *n* joint venture

mrajisi *see* msajili

mrakibu *n* (warakibu) superintendent

mrama *n* (mirama) 1. rolling 2. -kwenda mrama to lurch 3. to sway

mrao *n* (mirao) 1. cool season 2. harvest time 3. wick

mrasharasha *n* (mirasharahsa) 1. spray 2. drizzle 3. mist

mrashi *n* (mirashi) 1. spray 2. perfume

mrasimu *n* (warasimu) draughtsman

mrasimu ramani *n* cartographer

mratibu *n* (waratibu) 1. person in charge 2. co-ordinator 3. master of ceremonies; MC

mregevu *n* (waregevu) weak person

mrehani *n* (warehani) basil

mrembe *n* (mirembe) spear

mrembo *n* (warembo) elegant person

mrengu *n* (mirengu) outrigger

Mreno *n* (Wareno) Portuguese

mrihani *n* (mirihani) sweet basil

mrija *n* (mirija) 1. reed 2. straw 3. pipe 4. exploitation

mrima *n* (mirima) 1. coast 2. shore

Mrima *n* the Swahili-speaking coast of East Africa

mrina asali *n* honey gatherer

mrindimo *n* (mirindimo) 1. vibration 2. vocalization

mrithi *n* (warithi) heir

mrizabu *n* (mirizabu) 1. drain 2. pipe 3. tap; faucet

mroho *n* (waroho) 1. greedy person 2. selfish person

mrongo *n* (mirongo) liar

mropoko *n* (miropoko) chatter

mrua *n* 1. (warua) polite person 2. (mrua; mirua) politeness

mruba *n* (miruba) leech

mrugaruga *n* (warugaruga) 1. guerrilla 2. looter

mrukaji *n* (warukaji) jumper

mruko *n* (miruko) 1. jump 2. flight

Mrumi *n* (Warumi) Roman

mrungura *n* (mirungura) 1. blackmail 2. bribe 3. drum

Mrusi *n* (Warusi) Russian

mrututu *n* (mrututu) copper sulphate

msaada *n* (misaada) 1. help; assistance 2. -a msaada helpful

msaada wa masomo *n* (misaada ya masomo) scholarship

msaada wa ng'ambo *n* overseas aid

msafa *n* (misafa) 1. line 2. row 3. queue

msafara *n* (misafara) 1. trip 2. expedition 3. procession

msafiri *n* (wasafiri) 1. traveller 2. passenger 3. tourist

msafirkhana *n* (msafirkhana) traveller's lodge

msagaji *n* (wasagaji) lesbian

msago 1. beating 2. (wasago) lesbian

msaha *n* (misaha) shovel; spade

Msahafu *n* (Misahafu) Qur'an

msahala *n* (misahala) laxative

msahaulifu *n* (wasahaulifu) forgetful person

msahihishaji *n* (wasahihishaji) grader

msaidizi *n* (wasaidizi) 1. assistant 2. vice-

msaili *n* (wasaili) interrogator

msailiwa *n* (wasailiwa) interrogated person

msajala *n* (misajala) registry

msaji *n* (misaji) teak tree

msajili *n* (wasajili) registrar

msaka *n* (wasaka) hunter

Msakalava *n* (Wasakalava) Madagascan

msako *n* (misako) 1. round-up 2. hunt; manhunt

msala *n* (misala) 1. prayer mat 2. toilet; bathroom

msalani *n* toilet

msalaba *n* (misalaba) cross

Msalaba Mwekundu *n* the Red Cross

msalani *n* (misalani) toilet

Msalimina *n* (Wasalimina) Muslim

msaliti *n* (wasaliti) traitor

msamaha *n* (misamaha) 1. forgiveness 2. pardon

msamba *n* (msamba) fork of the legs

msambamba *n* (misambamba) parallelogram

msameheji *n* (wasameheji) forgiving person

msamiati *n* (misamiati) vocabulary

msamilo *n* (misamilo) head-rest

msanaa *n* (wasanaa) craftsman

msanapiti *n* (misanapiti) frangipani

msanifu *n* (wasanifu) 1. artist 2. writer 3. composer

msanifu ujenzi *n* (wasanifu ujenzi) architect

msanii *n* (wasanii) 1. artist 2. author 3. composer 4. craftsman 5. technician

msapata *n* (msapata) dance

msaragambo *n* (misaragambo) communal work

msarifu *n* (misarifu) bursar

msasa *n* (misasa) 1. sandpaper 2. -piga msasa to sandpaper 3. to brush up on 4. to refurbish

msasi *n* (wasasi) hunter

msawiri *n* (wasawiri) compiler

msazo *n* (misazo) remains

mseja *n* (waseja) 1. bachelor 2. sandpaper

msela *n* (wasela) bigmouth

mselea *n* (waselea) phoney

msemaji *n* (wasemaji) speaker

msemo *n* (misemo) saying

msendo *n* (misendo) legend

msenge *n* (wasenge) gay; homosexual

msengenyi *n* (wasengenyi) 1. gossip 2. troublemaker

mseto *n* (miseto) 1. puree 2. mash 3. mix; mixture 4. rice and lentils 5. -a mseto mixed

msewe *n* (misewe) drum

mshabaha *n* (mishabaha) resemblance

mshabiki *n* (washabiki) fan

mshahara *n* (mishahara) 1. wages 2. salary

mshairi *n* (washairi) poet

mshakiki *n* (mishakiki) spit

mshale *n* (mishale) 1. (clock) hand 2. indicator 3. arrow

mshamba *n* (washamba) lout

mshambulizi n (washambulizi) attacker

mshamo n (mishamo) digger

mshangao n (mishangao) 1. surprise 2. excitement

msharazi n (misharazi) 1. oblique line 2. -a msharazi oblique

mshari n (washari) evil person

msharifu n (washarifu) respected person

mshaufu n (washaufu) 1. show-off 2. pretentious person

mshauri n (washauri) 1. advisor 2. consultant 3. counsellor

mshauri wa hakimu n assessor

mshawasha n (mishawasha) 1. temptation 2. interest

mshawishi n (washawishi) tempter

mshazari adj slanting

Mshemali n (Washemali) person from Muscat or Arabian Gulf

mshenga n (washenga) 1. messenger 2. intermediary 3. agent 4. matchmaker; gobetween

mshenzi n (washenzi) uncivilized person

Mshihiri n (Washihiri) Sheheri

mshika n (washika) holder

mshika cheo n (washika cheo) office-holder

mshika dini n (washika dini) religious person

mshikaji n (washikaji) close friend

mshikaki n (mshikaki) kebab

mshikamano n (mishikamano) 1. solidarity 2. cohesion

mshikano n (mishikano) mass

mshikizo n (mishikizo) tacking

mshinda n (washinda) 1. winner 2. conqueror

mshindani n (washindani) 1. competitor 2. opponent

mshinde n (washinde) 1. loser 2. defeated person

mshindi n (washindi) 1. winner 2. conqueror

mshindio n (mishindio) woof and weft

mshindo n (mishindo) loud noise

mshindwa n (washindwa) 1. loser 2. defeated person

mshipa n (mishipa) 1. nerve 2. muscle 3. artery 4. vein

mshipa hautupigi! I couldn't care less!

mshipa wa damu n blood vessel

mshipa wa fahamu n nerve

mshipa wa ngiri n hernia

mshipi n (mishipi) 1. belt 2. fishing line

Mshirazi n (Washirazi) Persian

mshirika n (washirika); **mshiriki** (washiriki) 1. partner 2. participant

mshirikina n (washirikina) superstitious person

mshitaki n (washitaki) 1. accuser 2. plaintiff 3. complainant

mshitiri n (washitiri) buyer

mshonaji n (washonaji) tailor

mshongo n (washongo) passionate person

mshoni n (washoni) tailor

mshoni nguo n garment maker

mshoni viatu n shoemaker

mshongo n (mishongo) sexy person

mshono n (mishono) sewing

mshtaka n (washtaka) 1. accuser 2. plaintiff 3. (shtaka) complaint 4. charge

mshtaki n (washtaki) 1. accuser 2. plaintiff 3. complainant

mshtakiwa n (washtakiwa) 1. accused 2. defendant

Mshtarii n Jupiter

mshtiri n (washtiri) buyer

mshtuko n (mishtuko); **mshtuo** (mishtuo) 1. shock 2. sprain

mshubiri n (mishubiri) aloe plant

mshuko n (mishuko) 1. descent 2. sunset 3. after prayers

mshuku *n* (mshuku) **1.** chewing tobacco **2. meno mshuku** stained teeth

mshumaa *n* (mishumaa) candle

mshupavu *n* (washupavu) bold person

msiba *n* (misiba) **1.** grief **2.** misfortune **3.** disaster

msibu *n* (wasibu) fortune-teller

msichana *n* (wasichana) girl

msifu *n* (wasifu) flatterer

msikiaji *n* (wasikiaji) listener

msikilivu *n* (wasikilivu) obedient person

msikilizaji *n* (wasikilizaji) listener

msikiti *n* (misikiti) mosque

msikivu *n* (wasikivu) **1.** attentive person **2.** eager person

msikizi *n* (wasikizi) listener

msikwao *n* (wasikwao) **1.** homeless person **2.** displaced person

Msilimu *n* (Wasilimu) Muslim

msimamizi *n* (wasimamizi) **1.** supervisor **2.** manager **3.** sponsor

msimamizi wa uchaguzi *n* (pol.) returning officer

msimamo *n* (misimamo) position

msimbo *n* (misimbo) **1.** code **2.** bad reputation

msimu *n* (misimu) **1.** season **2.** north-east monsoon

msimulizi *n* (wasimulizi) **1.** narrator **2.** reporter

msingi *n* (misingi) **1.** base **2.** furrow **3.** ditch **4.** foundation **5.** principle **6.** origin **7.** (mus.) key **8. kwa msingi hii** on this basis **9. la msingi** fundamentally **10. -a msingi** basic **11.** primary **12. shule ya msingi** primary school

msingi wa kiuchumi *n* economic base

msio *n* (misio) coral stone

msiogope! **1.** don't be afraid! *you plural* **2.** *see* **-ogopa**

msiri *n* (wasiri) **1.** confidante **2.** procrastinator

msirimbi *n* (misirimbi) wrinkle

msisimko *n* (misisimko) **1.** shiver **2.** thrill

msisitizo *n* (misisitizo) insistence

msitamu *n* (misitamu) mast

msitu *n* (misitu) **1.** savannah **2.** bush **3.** wood **4.** forest **5.** jungle

msoa *n* (misoa) gathering

msogamano wa magari *n* (misogamano ya magari) traffic jam

msogeo *n* (misogeo) movement

msokoto *n* (misokoto) something rolled

msoma *n* (wasoma); **msomaji** (wasomaji) reader

msombaji *n* (misombaji) compound

msombo *n* (misombo) ingredients

msomeshaji *n* (wasomeshaji) teacher

msomi *n* (wasomi) **1.** educated person **2.** member of the elite

msomi wa digrii *n* (wasomi ya digrii) graduate

msondani *n* (wasondani) extrovert

msonde *n* (misonde) **1.** drum **2.** loud noise

msonga *n* (wasonga) pusher

msongamano *n* (misongamano); **msongano** (misongano) crowd

msongamano wa watu *n* population density

msonge **1.** *n* (misonge) crowd **2.** dwelling **3.** adj confused

msosi *n* (misosi) food; grub

mstaafu *n/adj* (wastaafu) retired person

mstaarabu *n* (wastaarabu) civilized person

mstadi *n* (wastadi) expert

mstafeli *n* (mistafeli) soursop tree

mstahifu *n* (wastahifu) respectful person

mstahiki *n* (wastahiki) well-deserving person

mstari *n* (mistari) 1. line 2. verse

mstarihi *n* (mistarihi) international dateline

mstari upogo *n* (mistari upogo) zigzag

mstari vidoto *n* dotted line

mstari wa mbele *n* front-line

mstari wima *n* perpendicular

mstatili *n* (mistatili) 1. rectangle 2. oblong

mstiri *n* (wastiri) screen

msuani *n* (misuani) shroud

msubili *n* (misubili) aloe plant

msufi *n* (misufi) kapok tree

msuguano *n* (misuguano) friction

msukaji *n* (wasukaji) 1. hairdresser 2. weaver

msukamano *n* (misukamano) pushing and shoving

msukani *n* (wasukani) 1. driver 2. helmsman

msukano *n* (misukano) argument

msuko *n* (misuko) 1. braid 2. plaiting

msukomsuko *n* (misukomsuko) 1. disturbance 2. pushing and shoving 3. hardship

msukule *n* (wasukule) *(rel.)* reborn person

msukumizi *n* (wasukumizi) 1. troublemaker 2. blamer

msukumo *n* (misukumo) push

msukwano *n* (misukwano) drill shaft

msuli 1. *n* (wasuli) sea trader 2. (misuli) muscle

msuluhisha *n* (wasuluhisha) mediator

msuluhishi *n* (wasuluhishi); **msuluhivu** (wasuhulivu) *see* **msuluhisha**

msumari *n* (misumari) nail

Msumbiji *n* Mozambique

msumbufu *n* (msumbufu) troublemaker

msumeno *n* (misumeno) saw

msungo *n* (wasungo) young girl

msunobari *n* (misunobari) 1. pine tree 2. evergreen tree

msuraki *n* (misuraki) peg

msururu *n* (misururu) 1. string 2. line 3. queue

msusi *n* (wasusi); **msukaji** *n* (wasukaji) 1. hairdresser 2. weaver

msuto *n* (misuto) 1. accusation 2. charge

msuwaki *n* (misuwaki) 1. chewing stick 2. toothbrush

mswada *n* (miswada) 1. draft 2. manuscript 3. *(pol.)* proposed bill

Mswahili *n* (Waswahili) Swahili person

mswaki *n* (miswaki) 1. toothbrush 2. chewing stick 3. -piga mswaki to clean your teeth

mswala *n* (miswala) prayer mat

Msweden *n* (Wasweden); **Mswidi** (Waswidi) Swede

Mswitzerland *n* (Waswitzerland); **Mswisi** *n* (Waswisi) Swiss

Mt = **Mtakatifu** *(rel.)* St = Saint

mtaa *n* (mitaa) 1. street 2. quarter 3. borough; neighbourhood 4. estate

mtaala *n* (mitaala) 1. study 2. curriculum

mtaalam *n* (wataalam); **mtaalamu** (wataalamu) 1. scholar 2. specialist

mtaalamnafsi *n* (wataalamnafsi) psychologist

mtabiri *n* (watabiri) 1. forecaster 2. fortune-teller

mtafaruku *n* (mitafaruku) agitation

mtafiti *n* (watafiti); **mtafitafi** (watafitafi) 1. researcher 2. busybody

mtafura *n* (mitafura) crupper

mtaguso *n* (mitaguso) 1. debate 2. *(rel.)* council

mtahini *n* (watahini) *(ed.)* examiner

mtahiniwa *n* (**watahiniwa**) *(ed.)* examinee

mtai *n* (**mitai**) scratch

mtaimbo *n* (**mitaimbo**) 1. shaft 2. crowbar

mtaji *n* (**mitaji**) *(fin.)* capital; funds

mtajo *n* (**mitajo**) 1. mention 2. term

mtakatifu *n* (**watakatifu**) 1. saint 2. holy man; holy woman

mtakwimu *n* (**watakwimu**) statistician

mtalaka *n* (**watalaka**) divorced person

mtali *n* (**mitali**) 1. strap 2. anklet

mtalii *n* (**watalii**) 1. tourist 2. visitor 3. sightseer

mtama *n* (**mitama**) millet; sorghum

mtamaduni *n* (**watamaduni**) 1. civilized person 2. modern person

mtamba *n* (**mitamba**) young female animal

mtambatamba *n* (**watambatamba**) braggart

mtambo *n* (**mitambo**) 1. pring 2. trigger 3. trap 4. crowbar 5. appliance 6. machine 7. press

mtambo wa barafu *n* (**mitambo ya barafu**) refrigerator

mtambuzaji *n* (**watambuzaji**) welder

mtambuu *n* (**mitambuu**) betel plant

mtambuzaji *n* (**watambuzaji**) welder

mtanashati *n* (**watanashati**) well-dressed person

mtanda *n* (**watanda**) spreader

mtande *n* (**mitande**) something hung out

mtandio *n* (**mitandio**) 1. shawl 2. veil

mtanga *n* (**mitanga**); **mtangatanga** (**watangatanga**) wanderer

mtangazaji *n* (**watangazaji**) 1. announcer 2. commentator

mtange *n* (**mitange**) beam

mtango *n* (**mitango**) cucumber plant

mtangulizi *n* (**watangulizi**) 1. predecessor 2. pioneer 3. leader

mtanguo *n* (**mitanguo**) 1. cancellation 2. abolition

mtani *n* (**watani**) 1. kinsman 2. fellow 3. friend

mtanizi *n* (**mitanizi**) ginger plant

mtanuko *n* (**mitanuko**) expansion

Mtanzania *n* (**Watanzania**) Tanzanian

mtapakazaji *n* (**watapakazaji**) spreader

mtapishi *n* (**watapishi**) emetic

mtapo *n* (**mitapo**) ore

mtapta *n* (**watapta**) interpreter

mtarajio *n* (**watarajio**) anticipation

mtaratibu *n* (**wataratibu**) careful person

mtaro *n* (**mitaro**) 1. ditch 2. trench

mtatago *n* (**mitatago**) footbridge

mtatizo *n* (**mitatizo**) entanglement

mtawa *n* (**watawa**) 1. hermit 2. recluse

mtawala *n* (**watawala**) 1. leader 2. ruler 3. administrator

mtawaliwa *n* (**watawaliwa**) 1. ruled person 2. underling

mtawanya *n* (**watawanya**) generous person

mtawanyiko *n* (**watawanyiko**) dispersal

mtayatisha nywele *n* (**watayatisha nywele**) hairdresser's

mtazamaji *n* (**watazamaji**) 1. spectator 2. viewer

mtazamo *n* (**mitazamo**) 1. viewpoint 2. attitude

mtegaji *n* (**wategaji**) workshy person

mtego *n* (**mitego**) trap

mteja *n* (**wateja**) 1. customer 2. client 3. *(med.)* patient

mteka *n* (**wateka**) 1. remover 2. extractor

mtekaji *n* (**watekaji**) *see* **mtekanyara**

mtekamaji *n* (watekamaji) water drawer

mtekanyara *n* (watekanyara) 1. hijacker 2. kidnapper 3. looter

mtekelezaji *n* (watekelezaji) doer

mtelemko *n* (mitelemko) 1. slope; downslope 2. slide 3. chute 4. easy time

mtema *n* (watema) cutter

mtema kuni *n* (watema kuni) woodcutter

mtemba *n* (mitemba) pipe

mtembezaji *n* (watembezaji); **mtembezi** (watembezi) 1. walker 2. tourist 3. streetwalker; prostitute

mtembezaji watalii *n* (watembezaji watalii) tour guide

mtemi *n* (watema) 1. cutter 2. chief

mtenda *n* (watenda) doer

mtendaji *n/adj* (watendaji) 1. doer 2. executive 3. activist

mtenda wema *n* (watenda wema) benefactor

mtende *n* (mitende) 1. date palm 2. bahati ya mtende stroke of luck

mtendewa *n* (mitendewa; watendewa) indirect object

mtendwa *n* (mitendwa; watendwa) direct object

mtenga *n* (watenga) recluse

mtenge *n* (mitenge) outrigger

mtengenezaji *n* (watengenezaji) 1. organizer 2. editor 3. producer 4. repairer 5. manufacturer

mtepetevu *n* (watepetevu) 1. lazy person 2. listless person

mtengwa *n* (watengwa) 1. dismissed person 2. separated person

mtenzi *n* (watenzi) worker

mtepe *n* (mitepe) sailboat

mtepetevu *n* (watepetevu) lazy person

mteremeshi *n* (wateremeshi) cheerful person

mteremko *n* (miteremko) 1. slope; downslope 2. slide 3. chute 4. easy time

mteremo *n* (miteremo) 1. cheerfulness 2. comfort

mteremshi *n* (wateremshi) cheerful person

mtesa *n* (watesa); **mtesaji** (watesaji); **mtesi** (watesi) 1. tormentor 2. persecutor

mteswa *n* (wateswa) victim

mtetaji *n* (watetaji) schemer

mtetea *n* (watetea) laying hen

mteteaji *n* (wateteaji) 1. defender 2. advocate 3. politician

mtetemeko *n* (mitetemeko); **mtetemo** (mitetemo) 1. vibration 2. tremor 3. trembling

mtetezi *n* (mitetemezi) 1. defender 2. advocate 3. politician

mteua *n* (wateua) choosy person

mteule *n* (wateule) 1. chosen person 2. nominee 3. appointee 4. member of the elite

mteuzi *n* (wateuzi) choosy person

mti *n* (miti) 1. tree 2. wood

mtihani *n* (mitihani) 1. exam; examination 2. test 3. ordeal

mtii *n* (watii); **mtiifu** (watiifu) obedient person

mtikiti *n* (mitikiti); **mtikiti maji** (mitikiti maji) watermelon plant

mtilili *n* (mitilili) kingfisher

mtima *n* (mitima) heart

mtindi *n* (mitindi) 1. cream 2. buttermilk 3. beer

mtindio *n* (mitindio) 1. deficiency 2. damage

mtindio wa ubongo *n* brain damage

mtindo *n* (mitindo) style

mtindo mmoja *adv* continuously

mtini *n* (mitini) fig tree

mtiribu *n* (watiribu) 'tarabu' orchestra member

mtiriri *n* (watiriri) erotic person

mtiririko *n* (mitiririko) 1. trickle 2. run-off

mtiririsho *n* (mitiririsho) drainage

mto *n* (mito) 1. river 2. stream 3. pillow 4. cushion

mtoa *n* (watoa) 1. donor 2. taker

mtoahabari *n* (watoahabari) informant

mtoaji *n* (watoaji) 1. donor 2. taker

mtoani *n* (mitoani) elimination

mtoataarifa *n* (watoataarifa) informant

mtoka *n* (watoka) 1. arrival 2. someone coming

mtokeo *n* (mitokeo) outlet

mtoki *n* (mitoki) swelling

mtomo *n* (mitomo) masonry

mtondo three days from now

mtondogoo four days from now

mtondoo *n* (mitondoo) musket

mtongozi *n* (watongozi) seducer

mtopetope *n* (mitopetope) custard-apple tree

mtori *n* (mitori) green banan soup

mtoro *n* (watoro) 1. runaway 2. truant

mtoto *n* (watoto) child

mtoto mchanga *n* (watoto wachanga) 1. baby 2. infant

mtoto wa bandia *n* (watoto wa bandia) doll

mtoto wa jicho *n* cataract

mtoto wa kike *n* (watoto wa kike) daughter

mtoto wa kikopo *n* street kid

mtoto wa kiume *n* (watoto wa kiume) son

mtoto wa mbwa *n* puppy

mtoto wa meza *n* drawer

mtoto wa mitaani *n* street kid

mtoto wa paka *n* kitten

mtovu *n* (watovu) someone lacking

mtovu wa adabu *n* bad-mannered person

mtoza *n* (watoza) tax collector

mtribu *n* (watribu) 'tarab' orchestra member

mtu *n* (watu) 1. person 2. man 3. human being 4. somebody 5. **mtu yeyote** anybody 6. *see* mtu...

mtu baki *n* 1. outsider 2. neutral person

mtubwi *n* (mitubwi) yam

mtuhumiwa *n* (watuhumiwa) suspect

mtukufu *n/adj* (watukufu) 1. excellency 2. honourable person 3. *(rel.)* glorious

mtukula *n* (mtukula) bribery

mtukutu *n* (watukutu) 1. badly behaved child 2. boisterous person

mtulinga *n* (mitulinga) collar bone

mtulivu *n* (watulivu) calm person

mtumba *n* (mitumba) 1. bale 2. bundle

mtumbako *n* (mitumbako) tobacco plant

mtumbwi *n* (mitumbwi) canoe

mtume *n* (mitume; watume) 1. messenger 2. prophet 3. apostle

mtumiaji *n* (watumiaji) 1. user 2. consumer

mtumiaji madawa *n* (watumiaji madawa) drug addict

mtumishi *n* (watumishi) 1. servant 2. employee 3. waiter

mtumishi wa kike *n* (watumishi wa kike) maid

mtumishi wa serikali *n* (watumishi wa serikali) civil servant

mtumishi wa umma *n* (watumishi wa umma) public servant

mtumwa *n* (watumwa) slave

mtu mwenzangu *n* fellow creature

mtu mzima *n* (watu wazima) adult

mtumwa *n* (watumwa) slave

mtu mzima *n* (watu wazima) adult

mtundu *n* (watundu) 1. troublemaker 2. spoilt child

mtungaji *n* (watungaji) 1. author 2. composer

mtungi *n* (mitungi) **1.** jug **2.** container

mtungo *n* (mitungo) **1.** writing **2.** composition

mtungo *n* (mitungo) lined-up things

mtunguo *n* (mitunguo) ready-made garment

mtunza *n* (watunza) organiser

mtunza fedha *n* (watunza fedha) treasurer

munza nyumba *n* (watunza nyumba) housekeeper

mtunzi *n* (watunzi) **1.** author **2.** composer

mtupo *n* (mitupo) throw

Mturuki *n* (Waturuki) Turk

Mtusi *n* (Watusi) Tutsi

mtutu *n* (mitutu) **1.** gun barrel **2.** kwa mtutu wa bundiki at gunpoint

mtutumo *n* (mitutumo) distant rumbling

mtwa *n* (watwa) dwarf

mtwana *n* **1.** (mitwana) reinforcing strut **2.** (watwana) (male) slave

mtweo *n* (matweo) west

muachano *n* (miachano) variation

muafaka *adj* appropriate

muafaka *n* (miafaka) agreement

muahada *n* (miahada) treaty

muamana *n* (muamana) reliability

Muahada wa Warsaw *n* Warsaw Pact

muda 1. *n* (muda) time **2.** period **3.** -a muda temporary **4.** -a muda mfupi short-term **5.** -a muda mrefu long-term **6.** kwa muda temporarily **7.** kwa muda wa for a period of **8.** kwa muda usiojulikana indefinitely **9.** katika muda si mrefu in a short while **10.** *conj* during **11.** kwa muda gani? how long?

muda hata muda *n* from time to time

muda huria *n* free time

muda huu this time

muda huu wote all this time

muda maalum huria time off

muda mchache a short time

muda mfupi *n* short term

muda mrefu *n* long term

muda si muda *adv* suddenly

muda uliopangwa *n* allotted time

mudir *n* (wamudir); **mudiri** (wamudiri) **1.** headman **2.** mayor **3.** boss

-mudu *v* **1.** to be capable **2.** to handle **3.** to manage **4.** to afford **5.** to support

muelekeo mkuu *n* major trend

mufilisi *n* (wafilisi) bankrupt person

muflisi *see* mufilisi

mufti 1. *n* (mamufti) *(Isl.)* mufti **2.** *adj* elegant

muhadhara *n* (mihadhara) lecture

muhali *adj* impossible

muhali *n* (mihali) difficult thing

muhanga *n* (muhanga) aardvark

muhimili *n* (mihimili) axis

muhimu *adj* **1.** important **2.** main **3.** vital; urgent **4.** si muhimu! it's not important! **5.** ni muhimu kwamba... it's essential that...

muhina *n* (muhina) nosebleed

muhindi *n* (mihindi) maize plant

muhisani *n* (wahisani) supporter

muhogo *n* (mihogo) **1.** cassava; manioc **2.** plaster

muhtasari *n* (mihtasari) **1.** summary **2.** syllabus **3.** survey **4.** kwa muhtasari highlights

muhuhu *n* (mihuhu) cypress

muhula *n* (mihula) **1.** time **2.** period **3.** *(ed.)* term; period

muhuri *n* (mihuri) **1.** stamp **2.** seal **3.** -piga muhuri to stamp **4.** to seal **5.** -pigwa muhuri to be stamped **6.** to be sealed

mui *adj* bad

mujarabu *adj* **1.** proper **2.** tested

mujibu *n* (wajibu) **1.** duty **2.** kwa mujibu wa because of **3.** according to

muko you are here; you are there *plural*

muktadha *n* (**miktadha**) context

-mulika *v* to illuminate

mumbi *n* (**mumbi**) 1. bittern 2. **kula mumbi** to meet with trouble

mume *n* (**waume**) husband

mumeo your husband

mumewe her husband

mumiani *n* (**mumiani**) vampire

muminina *n* (**waminina**) believer

mumu humu right here inside

-mumunya *v* to munch

mumunye *n* (**mumunye**) 1. courgette; zucchini 2. marrow 3. gourd

-mumuyika *v* to crumble

muna you *(plural)*have

munda *n* (**miunda**) harpoon

mundu *n* (**miundu**) 1. sickle 2. scythe 3. cutlass

mung'unye *n* (**mamung'unye**) 1. courgette; zucchini 2. marrow 3. gourd

Mungu *n* God

mungu *n* (**miungu**) god

Mungu akubariki! God bless you!

Mungubariki! thank God!

munkari *n* (**minkari**) wicked person

munyu *n* (**miunyu**) salt

muo *n* (**miuo**) digging spike

muoano *n* (**mioano**) harmony

muradi *n* (**miradi**) 1. wish 2. intention 3. project

murua *adj* 1. kind 2. respectable

murua *n* (**murua**) 1. kindness 2. respectability

murudi *conj* provided that

muruwa *n* (**muruwa**) 1. kindness 2. respectability

mushkili *n* (**mishkili**) uncertainty

musim *n* (**musim**) 1. season 2. **siku za musim** peak season

mustakabali *n* (**mistakabali**) future

mustarehe *adj* 1. comfortable 2.

tranquil 3. **raha mustarehe** complete comfort 4. **-kaa mustarehe** to take one's ease

musuli *n* (**misuli**) muscle

muswada *n* (**miswada**) 1. draft 2. manuscript 3. *(pol.)* proposed bill

mutribu *n* (**watribu**) tarabu musician

muuaji *n* (**wauaji**) murderer

muuguzi *n* (**wauguzi**) nurse

muumba *n* (**waumba**) creator

muumini *n* (**waumini**) believer

muundi *n* (**miundi**) shin

muundo *n* (**miundo**) 1. structure 2. shape

muundombinu *n* (**miundombinu**) infrastructure

muungano *n* (**miundo**) 1. union 2. alliance 3. confederation

Muungano wa Umoja wa Afrika *n* Organization of African Unity

muuya *n* (**miuya**) 1. disturbance 2. danger

muuza *n* (**wauza**) seller

muuza maua *n* florist

muuza miwani *n* optician

muuza samaki *n* fishmonger's

muwa *n* (**miwa**) sugarcane

muwati *n* (**miwati**) wattle tree

muwe...! be...! *plural*

muziki *n* (**miziki**) music

muziki wa kimila *n* folk music

muziki wa kisasa *n* pop music

mvamizi *n* (**wavamizi**) invader

mvazi *n* (**wavazi**) well-dressed person

mvi *n* 1. (**mvi**) grey hair 2. (**mivi**) arrow

mvinyo *n* (**mivinyo**) 1. wine 2. alcohol

mvinyo nyekundu *n* red wine

mvinyo nyeupe *n* white wine

mviringo *n* (**miviringo**) circle

Mvita *n* Mombasa

mvivu *n* (**wavivu**) lazy person

mvo *n* (**mivo**) gulley

mvua *n* (mvua) 1. rain 2. katika mvua in the rain 3. Mvua inanyesha. It's raining.

mvua ya mawe *n* hailstorm

mvua za mtawanyiko *pl* scattered showers

mvua ya radi *n* thunderstorm

mvugulio *n* (mivugulio) 1. hint 2. bribe

mvuja jasho *n* (wavuja jasho) toiler

mvujo *n* (mivujo) leak

mvuke *n* (mivuke) 1. steam 2. vapour

mvukizo *n* (mivukizo) evaporation

mvuko *n* (mivuko) 1. crossing 2. ferry

mvukuto *n* (mivukuto) bellows

mvulana *n* (wavulana) 1. youth 2. bachelor

mvule *n* (mivule) teak

mvuli *n* (mvuli) short rainy season

mvumbuzi *n* (wavumbuzi) 1. inventor 2. discoverer 3. explorer

mvumilivu *n* (wavumilivu) patient person

mvumo *n* (mivumo) 1. noise 2. roar 3. bang

mvunaji *n* (wavunaji) harvester

mvungu *n* (mivungu) 1. hollow 2. space

mvunja *n* (wavunja) 1. breaker2. destroyer

mvunjiko *n* (mivunjiko) fracture

mvunjiko sahili *n* (med.) simple fracture

mvuo *n* (mivuo) catch of fish

mvurugano *n* (mivurungo) discord

mvurugo *n* (mivurugo) muddle

mvushaji *n* (wavushaji) ferryman

mvuta bangi *n* drug addict

mvutano *n* (mivutano) 1. conflict 2. tension

mvutano wa kitabaka *n* class struggle

mvuto *n* (mivuto) 1. attraction 2. interest 3. addiction 4. tension 5. kwa mvuto interestingly

mvuvi *n* (wavuvi) fisherman

mvyauso *n* (mivyauso) hybrid

mvyele *n* (wavyele) old woman

mwadhini *n* (waadhini) muezzin

mwadilifu *n* (waadilifu) righteous person

mwafaka 1. *adj* acceptable 2. *n* (miafaka) agreement 3. contract

mwafiki *n* (waafiki) 1. supporter 2. seconder (of a motion)

Mwafrika *n* (Waafrika) African

-mwaga *v* 1. to pour out 2. to spill 3. to scatter

-mwagaa *v* to roam

-mwagia *v* 1. to spill on 2. to water 3. to scatter over 4. to hand out

-mwagika *v* 1. to be poured out 2. to be spilled 3. to be watered 4. to be scattered

-mwagiliwa *v* to be watered

mwago *n* (miago) gift

mwagronomia *n* (waagronomia) agronomist

mwaguzi *n* (waaguzi) fortune-teller

-mwaika *v* to spill

mwaiko *n* (miaiko) spray

Mwajemi *n* (Waajemi) Persian

mwajiri *n* (waajiri) employer

mwajiriwa *n* (waajiriwa) employee

mwaka *n* (miaka) 1. year 2. -a mwaka annual

mwaka huu this year

mwaka jana last year

mwaka juzi the year before last

Mwaka Mpya *n* New Year

Mwaka Mpya! Happy New Year!

mwakani *adv* 1. within a year 2. next year 3. later on

mwaka mrefu *n* leap year

mwaka ujao next year

mwaka uliopita last year

mwaka wa fedha *n* financial year

mwakilishi *n* (wawakilishi; waakilishi) 1. representative 2. agent 3. delegate

mwako n (miako) 1. flame 2. beam; ray 3. blaze 4. riot

mwale n (miale) 1. see mwako 2. see mwali

mwali n 1. (waali) pelican 2. young woman 3. (miali) see mwako

mwaliko n (mialiko) 1. invitation 2. click 3. pop

mwalimu n (walimu; waalimu) teacher

mwalimu mkuu n (walimu wakuu) headmaster

mwamana n (waamana) reliable person

mwamba n (miamba) 1. rock formation 2. cliff 3. pillar 4. reef

mwambao n (miambao) coastline

mwambata n (waambata) attaché

mwamba tope n (miamba tope) shale

mwambo n (mwambo) running out of money

Mwamerika n (Waamerika) American

mwamini n (waamini) (rel.) believer

mwaminifu n (waaminifu; waminifu) honest person

mwamko n (miamko) 1. awakening 2. awareness 3. enlightenment

mwamu n (waamu) brother-in-law; sister-in-law

mwamuzi n (waamuzi) 1. judge 2. umpire 3. referee 4. (leg.) adjudicator

mwamvuli n (miavuli) 1. umbrella 2. parasol

mwana n (wana) child

mwanaadamu n (wanaadamu) 1. person 2. human being

mwanaanga n (wanaanga) astronaut

mwanachama n (wanachama) member

mwanachama hai n active member

mwanachuo n (wanachuo); **mwanachuoni** (wanachuoni) student

mwanadamu n (wanadamu) 1. person 2. human being

mwanae his child; her child

mwanafalsafa n (wanafalsafa) philosopher

mwanafunzi n (wanafunzi) 1. student 2. pupil 3. beginner 4. learner

mwanagenzi n (wanagenzi) 1. beginner 2. apprentice

mwanaharakati n (wanaharakati) 1. activist 2. extremist

mwanaharamu n (wanaharamu) bastard

mwanahewa n (wanahewa) pilot

mwanaisimu n (wanasisimu) linguist

mwanajeshi n (wanajeshi) soldier

mwanakijiji n (wanakijiji) villager

mwanakisomo n (wanakisomo) adult learner

mwanakondoo n (wanakondoo) lamb

mwanamaji n (wanamaji) sailor

mwanamama n (wanamama) young woman

mwanamapinduzi n (wanamapinduzi) revolutionary

mwanamapokeo n (wanamapokeo) 1. diehard 2. conservative 3. traditionalist

mwanamasumbwi n (wanamasumbwi) boxer

mwanambuzi n (wanambuzi) kid

mwanamichezo n (wanamichezo) 1. player 2. athlete 3. sportsman; sportswoman

mwanamgambo n (wanamgambo) militiaman

mwanamimba n (wanamimba) pregnant woman

mwanamke n (wanawake) 1. woman 2. female

mwanamkembe n (wanamkembe) child

mwanamume n (wanaume) 1. man 2. male

mwanamuziki n (wanamuziki) musician

mwanamwali n (wanawali); **mwanamwari** (wanawari) 1. girl 2. virgin 3. Virgo

mwanana adj mild-mannered

mwananadharia n (wananadharia) theoretician

mwananchi n (wananchi) 1. citizen 2. national 3. person 4. worker 5. rural dweller

mwanandondi n (wanandondi) boxer

mwan'angu n my child

mwanao your child

mwanariadha n (wanariadha) 1. athlete 2. player

mwanariwaya n (wanariwaya) novelist

mwanasanaa n (wanasanaa) 1. artist 2. composer

mwanasarufi n (wanasarufi) grammarian

mwanasayansi n (wanasayansi) scientist

mwanasesere n (wanasesere) 1. doll 2. puppet

mwanashanga n (wanashanga) north-west wind

mwanasheria n (wanasheria) lawyer

mwanasheria mkuu; mwanasheria mkuu wa serikali n attorney-general

mwanasiasa n (wanasiasa) politician

mwanataaluma n (wanataaluma) specialist

mwanavyuo n (wanavyo); **mwanavyuoni** (wanavyuoni) 1. student 2. academic

mwanaye his child; her child

mwanazuoni n (wanazuoni) 1. student 2. academic

mwandalizi n/adj (waandalizi) social

mwandamano n (miandamano) 1. procession 2. sequence

mwandamizi n/adj (waandamizi) senior

mwandamo n (miandamo) 1. procession 2. sequence 3. mwezi mwandamo new moon

mwandani n (waandani) 1. close companion 2. confidant; confidante

mwandazi n (waandazi) caterer

mwande: -la mwande to be disappointed

mwandikaji n (waandikaji) writer

mwandikiwa n (waandikiwa) addressee

mwandiko n (miandiko) writing

mwandishi n (waandishi) 1. writer 2. author 3. columnist 4. secretary

mwandishi wa habari n reporter

mwanga n 1. (waanga) wizard 2. (mianga) light 3. mwanga wa jua sunshine

mwangalifu n (waangalifu) 1. caretaker 2. supervisor 3. careful person 4. observant person

mwangalizi n (waangalizi) supervisor

mwangalizi wa wabunge wa chama kinachotawala n (pol.) chief whip

mwangalizi wa watoto n (wangalizi wa watoto) child minder

mwangamizi n (waangamizi) destroyer

mwangavu n (waangavu) clever person

mwangaza n (miangaza) light

mwanguko n (mianguko) fall

mwangwi n (miangwi) echo

mwani n (miani) 1. seaweed 2. algae

mwanya n (mianya) 1. gap 2. loophole

mwanzi *n* (mianzi) 1. bamboo 2. tube 3. stem

mwanzi wa pua *n* nostril

mwanzilishaji *n* (waanzilishaji) founder

mwanzo *n* (mianzo) 1. start; beginning 2. initial

mwanzoni *adv* 1. at first 2. at the beginning

mwao *n* (miao) 1. indignation 2. prop

Mwarabu *n* (Waarabu) Arab

mwaranda *n* (miaranda) anus

mwari *n* 1. (wari) girl 2. young woman 2. (miari) pelican

mwaridi *n* (miaridi) rose bush

mwasha *n* (washa) lighter

mwasherati *n* (waasherati; washerati) adulterer

mwashi *n* (waashi) mason

mwashiri *n* (miashiri) mast strut

mwasho *n* (miasho) itch

mwasi *n* (waasi) 1. rebel 2. traitor

mwasisi *n* (waasisi) founder

mwata *n* (mwata) bait

mwatuko *n* (miatuko) crack

Mwaustralia *n* (Waaustralia) Australian

mwavuli *n* (miavuli) 1. umbrella 2. parasol

mwavuli mkubwa *n* (miwavuli mikubwa) sunshade

mwavuli wa kurukia *n* (miavuli wa kurukia) parachute

mwavuli wa kutumia pwani *n* beach umbrella

-mwayamwaya *v* to strut

mwayo *n* (miayo) yawn

mwega *n* (miega) prop

mwegea *n* (miegea) sausage tree

mwehu *n* (wehu) insane person

-mweka *v* to flash

mweka hazina *n* (weka hazina) treasurer

mwekezaji *n* (wekezaji) investor

mwele *n* (wawele) 1. sick person 2. patient 3. invalid

mweledi *n* (weledi) intellectual

mweleka *n* (mieleka) stumble

mwelekeo *n* (mielekeo) 1. attitude 2. tendency 3. direction

mwelekevu *n* (welekevu) responsive person

mwelekezi *n* (welekezi) consultant

mweleko *n* (mieleko) 1. attitude 2. tendency 3. direction

mwelewa *n* (welewa) intelligent person

mwema *n* (wema) good person

mwembamba *n* (wembamba) thin person

mwembe *n* (miembe) mango tree

mwendawazimu *n* (wendawazimu) insane person

mwendelezo *n* (miendelezo) 1. extension 2. continuity

mwendesha mashtaka *n* (wendesha mashtaka) prosecutor

mwendeshaji *n* (waendeshaji) 1. driver 2. chauffeur

mwendo *n* (miendo; nyendo) 1. going 2. movement 3. speed 4. distance 5. journey 6. *see* mwenendo

mwendokasi *n* (miendokasi) speed

mwenendo *n* (mienendo) 1. behaviour 2. trend

mweneapote *n/adj* omnipresent

mwenendo *n* (mienendo) 1. behaviour 2. process 3. *see* mwendo

mwenenzi *n* (wenenzi) passer-by

mwenge *n* (mienge) torch

mwengine *see* mwingine

mwengo *n* (miengo) tail

mwenye *pron* 1. someone who has 2. with 3. owner

mwenye akili *n/adj* intelligent person

mwenyeduka *n* (wenyeduka) shopkeeper

mwenye haki *n* righteous person

mwenyeji *n* (wenyeji) 1. customer

2. inhabitant 3. resident 4. proporietor 5. host; hostess

mwenye kifafa *n/adj* epileptic

mwenyekiti *n* (wenyekiti; wenyeviti) chairman; chairwoman

mwenyekiti mdogo *n* vice-chairman; vice-chairwoman

mwenye mimba *n/adj* pregnant woman

mwenye nguvu *n/adj* strong person

mwenye ukoma *n* leper

mwenyewe *pron* (wenyewe) 1. himself; herself 2. yourself *plural* 3. owner

Mwenyenzi (Mungu); Mwenyezi (Mungu) *n* Almighty (God)

mwenza *adj* co-

mwenzake *n* (wenzake) his friend; her friend

mwenzako *n* (wenzako) your *(singular)* friend

mwenzangu *n* (wenzangu) my friend

mwenzi *n* (wenzi) 1. colleague 2. friend 3. partner

mwenzio *n* (wenzio) your *(singular)* friend

mwerevu *n* (werevu) clever person

mwerezi *n* (myerezi; mierezi) cedar

mweuo *n* (myeuo; mieuo) purification

mwevusho *n* (myevusho; mievusho) distillation

mwewe *n* (mwewe) hawk

mwezi *n* (miezi) 1. moon 2. month

mwezi mchanga *n* crescent moon

mwezi mpevu *n* full moon

mwezi mwandamo *n* new moon

mwezini *n* 1. (menstrual) period 2. -ingi mwezini to have one's period; to menstruate

mwezi ujao *adv* next month

mwezi uliopita *adv* last month

mwezi wa kumi *n* October

mwezi wa kumi na mbili *n* December

mwezi wa kumi na moja *n* November

mwezi wa moja *n* January

mwezi wa nane *n* August

mwezi wa nne *n* April

mwezi wa pili *n* February

mwezi wa saba *n* July

mwezi wa sita *n* June

mwezi wa tano *n* May

mwezi wa tatu *n* March

mwezi wa tisa *n* September

mwia *n* (wawia) creditor

mwiba *n* (miiba) 1. pin 2. needle 3. thorn 4. sting 5. fishbone

mwiga; mwigaji; mwigizaji *n* (waiga; waigaji; waigizaji) 1. actor; actress 2. imitator

mwigizo *n* (miigizo) fly whisk

mwigo *n* (miigo) imitation

mwiko *n* (miiko) 1. spoon 2. trowel 3. prohibition 4. taboo

mwiku *n* (miiku) leftovers

mwili *n* (miili) body

-mwilika *v* to be incarnate

-mwilisha *v* to make incarnate

mwima *n* (miima) mourners

mwimba, mwimbaji *n* (waimba, waimbaji) singer

mwimbaji wa kisasa *n* (waimbaji wa kisasa) pop singer

mwimo *n* (miimo) 1. frame 2. support

mwina *n* (miina) hole

mwinamo *n* (miinamo) slope; downslope

mwindaji *n* (wawindaji) hunter

mwindwa *n* (wawindwa) prey

Mwingereza *n* (Waingereza) Englishman/Englishwoman; Briton

mwingilio *n* (miingilio) entry

mwingilizi *n* (waingilizi) introducer

mwingine *n* (wengine) someone else

mwinjilisti *n* (wainjilisti) evangelist

mwinuko *n* (miinuko) 1. slope 2. rise 3. altitude

mwinyi *n* (mamwinyi) **1.** sir; master **2.** landlord **3.** boss

mwiro *n* (miiro) trunk

mwisho *n* (miisho) **1.** end **2.** -a mwisho final **3. stesheni ya mwisho** railway terminus

mwishoni mwa *prep* at the end of

mwishowe *adv* finally

Mwislamu *n* (Waislamu) Muslim

Mwisraeli *n* (Waisraeli) Isaraeli

mwitikio *n* (miitikio) answer

mwitiko *n* (miitiko) answer

mwito *n* (miito) **1.** call **2.** invitation

mwitu *n* (miitu) **1.** forest **2.** jungle; bush **3.** -a mwitu wild

mwituni: -a mwituni *adj* wild

mwivi *n* (wevi) thief

mwivu *n* (waivu) jealous person

mwiwa *n* (wiwa) debtor

mwizi *n* (wezi) thief

mwizi mchomoa mifuko *n* pickpocket

mwoga *n* (waoga) 1. swimmer **2.** coward

mwogo *n* (miogo) swimming

mwoka *n* (waoka); **mwokaji** (waokaji) baker

mwokosi *n* (waokosi); **mwokozi** (waokozi) **1.** finder **2.** rescuer

mwomba *n* (waomba); mwombaji (waombaji) **1.** beggar **2.** requester

mwombezi *n* (waombezi) **1.** advocate **2.** intercessor

mwombi *n* (waombi) supplicant

mwombolezaji *n* (waombolezaji) mourner

mwondoko *n* (miondoko) departure

mwongaji *n* (waongaji) seer

mwongeza *n* (waongeza) gossip

mwongo *n* **1.** (waongo) liar **2.** (miongo) ten days **3.** decade

mwongofu *n* (waongofu) **1.** guided person **2.** convert **3.** reformed person

mwongoni among

mwongozi *n* (waongozi) **1.** guide **2.** leader

mwongozo *n* (miongozo) **1.** guidance **2.** guideline(s) **3.** manual **4.** commentary

mwonyeshaji *n* (waonyeshaji) **1.** performer **2.** exhibitor

mwonzi *n* (mionzi) **1.** sunbeam **2.** ray **3.** nostril

mwosha *n* (waosha) *(tech.)* washer

mwovu *n* (waovu) evil person

mwozi *n* (waozi) person who conducts marriage

mwuaji *n* (wauaji) **1.** killer **2.** murderer

mwuguzi *n* (wauguzi) nurse

mwujiza *n* (miujiza) miracle

Mwumba *n (rel.)* the Creator

mwundo *n* (miundo) form

mwungamano *n* (miungamano) unification

mwungo *n* (miiungo) **1.** joint **2.** juncture

mwungwana *n* (waungwana; wangwana) **1.** gentleman **2.** free man

mwunzi *n* (miunzi) whistle

mwuza *n* (wauza); **mwuzaji** (wauzaji) *n* seller

m.y. = **maana yake** i.e.; that is

Myahudi *n* (Wayahudi; Mayahudi) Jew

myeka *adj* confidential

myeyuko *n* (miyeyuko) **1.** molten metal **2.** solution

myeyusho *n* (miyeyusho) solvent

myezi *n* (miezi) months

myugwa *n* (miugwa) taro plant

myuko *n* (miuko) convection

Myunani *n* (Wayunani) Greek

mzaa... *n* parent of...

mzabibu *n* (mizabibu) grape vine

mzaha *n* (mizaha) **1.** fun **2.** joke **3.** ridicule **4.** -fanyizia mzaha to play a joke on **5.** to mock

mzalendo *n* (wazalendo) **1.** patriot **2.** nationalist **3.** native-born person

mzalishaji *n* (wazalishaji) producer

mzalishi *n* (wazalishi) midwife
mzaliwa *n* (wazaliwa) 1. locally born person 2. native (of/to)
mzandiki *n* (wazandiki) 1. imposter 2. hypocrite
mzao *n* 1. (wazao) child 2. (mizao) fruit 3. produce
mzawa (wazawa) 1. child of 2. descendant of 3. native of
mzazi *n* (wazazi) mother; parent
mzee *n* (wazee) 1. old person 2. elder 3. senior citizen 4. sir
mzega *n* (mizega) watercarrier's yoke
mzegazega *n* (wazegazega) watercarrier
mzeituni *n* (mizeituni) olive tree
mzembe *n* (wazembe) 1. lazy person 2. negligent person
mzengwe *n* (mizengwe) secret meeting
mzibo *n* (mizibo) plug
mzigo *n* (mizigo) 1. bag 2. (piece of) luggage 3. load 4. -twika mzigo to shoulder a load
mziki *n* (miziki) music
mzima *n* (wazima) 1. healthy person 2. mtu mzima adult
mzima? how are you?
mzimamoto *n* (wazimamoto) fireman
mzimu *n* (mizimu) 1. dead person 2. ghost; spirit 3. ancestor 4. place of spirits
mzinduko *n* (mizinduko) 1. inauguration 2. sudden awakening
mzinduzi *n* (wazinduzi) inaugurator
mzinga *n* (mizinga) 1. cylinder 2. cannon 3. beehive 4. bottle of alcohol

mzingile *n* (mizingile) labyrinth; maze
mzingo *n* (mizingo) 1. circle 2. curve 3. circumference 4. perimeter
mzinzi *n* (wazinzi) adulterer
mzio *n* (mizio) 1. prohibition 2. allergy
mzishi *n* (wazishi) undertaker
mzito *adj* heavy
mziwanda *n* (waziwanda) youngest child
mzizi *n* (mizizi) 1. root 2. reason
Mzizima *n* Dar es Salaam
mzizimo *n* (mizizimo) 1. cold 2. coolness 3. chill
mzo 1. *adv* too much; excessive 2. *n* (mizo) weight measure
mzoga *n* (mizoga) carcass
mzozano *n* (mizozano); **mzozo** (mizozo) argument
mzubao *n* (mizubao) surprise
mzuhali *n* (wazuhali) lazy person
mzuka *n* (mizuka) ghost
mzulufu *n* (wazulufu) old fool
mzumai *n* (mizumai) 1. bead 2. driftwood
mzumbao *n* (mizumbao) surprise
mzunga *n* (mizunga) prepuce
mzungu *n* 1. (wazungu) *n* European person 2. (mizungu) wonder 3. innovation 4. ritual
mzunguko *n* (mizunguko) 1. rotation 2. circulation 3. cycle 4. encirclement
mzururaji *n* (wazururaji) 1. wanderer 2. loiterer
mzushi *n* (wazushi) rumourmonger
mzuzu *n* (wazuzu) fool

N

na 1. *conj* and 2. *prep* with 3. by
-na- *present continuous marker*
-na *v* to have
naam 1. indeed! 2. yes?
-nabihika *v* 1. to be awake 2. to be warned
nabii *n* (**manabii**) prophet
nadhafa *n* (**nadhafa**) cleanliness
nadhari *n* (**nadhari**) 1. attention 2. care 3. common sense
nadharia *n* (**nadharia**) theory
-nadharisha *v* to theorize
-nadhifisha *v* 1. to clean 2. to neaten 3. to tidy
nadhifu *adj* 1. clean 2. neat 3. tidy
-nadhifu *v* 1. to clean 2. to neaten 3. to tidy
nadhiri *n* (**nadhiri**) 1. vow 2. **-weka nadhiri** to take a vow
-nadi *v* 1. to announce 2. to hold a sale
nadra *adj* rare
nadra *adv* rarely
naelewa! I see!
nafaka *n* (**nafaka**) 1. corn 2. grain 3. cereal
nafasi *n* (**nafasi**) 1. time 2. leisure 3. opportunity 4. space 5. vacancy 6. **mwenye nafasi** person of means 7. **Sina nafasi.** I'm busy.
-nafisika *v* to have time
nafsi *n* (**nafsi**) 1. person 2. self 3. soul 4. **kwa nafsi yangu** personally
nafuu *n* (**nafuu**) 1. recovery 2. progress 3. profit 4. improvement 5. it's better that... 6. **bei nafuu** bargain price 7. **-pata nafuu** to feel better
-nafuu *v* 1. to recover 2. to progress
nahau *n* (**nahau**) 1. explanation 2. syntax 3. idiom
nahodha *n* (**manahodha**) 1. captain 2. navigator

naibu *n* (**naibu**) 1. representative 2. delegate 3. deputy 4. vice-
naibu waziri; naibu wa waziri *n* 1. deputy minister 2. parliamentary secretary
nailoni *n* (**nailoni**) 1. nylon 2. plastic
naitrojeni *n* nitrogen
najisi *n* (**najisi**) 1. contamination 2. defilement 3. *(Isl.)* ritual impurity
-najisi *v* 1. to contaminate 2. to defile 3. to rape 4. *(Isl.)* to make ritually impure
-najisiwa *v* 1. to be contaminated 2. to be defiled 3. to be raped
na kadhalika *conj* and so on; etcetera
nakala *n* (**nakala**) 1. copy 2. issue 3. edition
nakama *n* (**nakama**) 1. destruction 2. vengeance
nakawa *adj* 1. good-looking 2. sound
nakidi *n* (**nakidi**) cash
-nakili *v* to copy
nakisi *n* (**nakisi**) 1. defect 2. deficit 3. reduction
nako and there
nakshi *n* (**nakshi**) 1. carving 2. engraving 3. design 4. decoration
-nakshi *v* 1. to carve 2. to put on make-up 3. to decorate
nakshi ya shanga *n* beadwork
nakupongeza! congratulations!
nakutakia mema! best wishes!
nakutakia siku njema! have a nice day!
-nama *v* to be flexible
namba *n* (**namba**) 1. number 2. **Nimekosea namba.** I've got the wrong number.

namba idadi *n* cardinal number

nambakipeo *n* (nambakipeo; nambavipeo) exponent

namba mraba *n* square number

nambari *n* (nambari) *see* **namba**

namba ya flaiti *n* flight number

namba ya jimbo la simu *n* area code

namba ya kusajiliwa *n* registration number

namba ya safari *n* flight number

namba ya simu *n* phone number

nami... 1. and I... 2. with me; by me

namna *n* (namna) 1. kind; sort; type 2. example 3. method 4. **namna hii** this way 4. **namna hiyo** that way

namna gani? 1. what's up? 2. how?

namna kwa namna of different types

-namua *v* to disengage

nanaa *n* (nanaa) 1. mint 2. menthol

nanasi *n* (mananasi) pineapple

-nane eight

nanga *n* (nanga) 1. anchor 2. **-tia nanga** to cast anchor 3. **-ng'oa nanga** to weigh anchor

nani what's-his-name; what's-its-name

nani? 1. who? 2. **-a nani?** whose?

nanyi 1. and you 2. by/with you

nao 1. and they 2. by/with them

napo and there

-nasa *v* 1. to hold 2. to trap

nasaba *n* (nasaba) 1. lineage 2. genealogy 3. pedigree 4. family 5. relationship

nasaha *n* (nasaha) 1. advice 2. request 3. sermon

nasi 1. by/with us 2. *n* (manasi) nurse

nasibu *n* (nasibu) 1. luck 2. fate 3. **-a nasibu** lucky

-nasibu *v* to trace one's lineage

nasiha *n* (nasiha) 1. trusted friend 2. advisor

-nasihi *v* to advise

-nasika *v* to be trapped

nasikitika sana! I'm very sorry!

nasisitiza! I insist!

-nasua *v* to release

-nasuliwa *v* to be released

-naswa *v* to be trapped

-nata *v* 1. to stick 2. to strut

natharia *n* (natharia) prose

nati *n* (nati) nut

natija *n* (natija) 1. benefit 2. result

nauli *n* (nauli) fare

nauli ya basi *n* bus fare

-nawa *v* to wash (part of body)

-nawa mpira *v* to handle the ball

nawe by/with you *singular*

-nawiri *v* 1. to shine 2. to thrive 3. to look good

-nawisha *v* to soak

naye by/with him; by/with her

nazi *n* (nazi) coconut

ncha *n* (ncha) 1. end 2. point

nchi *n* (nchi) 1. land 2. country 3. state

nchi kavu *n* dry land

nchi zinazoendelea *pl* developing countries

nchi zilizoendelea *pl* developed countries

ndago *n* (ndago) nut grass

ndakaka *n* (ndakaka) roofing strut

ndala *n* (ndala) sandal

ndama *n* (ndama) 1. calf 2. **nyama ya ndama** veal

ndani 1. *n* (ndani) inside 2. interior 3. *prep* in 4. inside 5. **-a ndani** internal 6. **kwa ndani** internally 7. profoundly 8. *see* **ndani ya...**

ndanimwe in him/her

ndani ya *prep* inside

ndani ya nyumba *adv* indoors

ndaniye in it

ndara *n* (ndara) sandal(s)

ndaro *n* (ndaro) shouting

ndaro za tumbili *pl* idle boasts

ndau *n* (ndau) bailer

ndefu *adj* long

ndege *n* (ndege) 1. bird 2. aeroplane; airplane 3. **safari kwa ndege** flight 4. **kwa ndege** by air 5. by plane 6. by airmail 7. **-lizia ndege mbaya** to have a premonition 8. *see* **ndege...**

ndege bara-bahari *n* seaplane

ndege Ulaya *n* aeroplane; airplane

ndege ya ratiba: safari kwa ndege ya ratiba scheduled flight

ndege za ndani *pl* **safari za ndege za ndani** domestic flights

ndere *n* (ndere) love charm

nderemo *n* (nderemo) 1. elation 2. geniality 3. comfort

ndevu *n* (ndevu) beard

ndewe *n* (ndewe) earlobe

ndezi *n* (ndezi) sleepiness

ndi! 1. indeed! 2. that's right!

ndi- is; are

ndiga *n* (ndiga) tuber

ndigana *n* (ndigana) tick fever

ndigana baridi *n* anaplasmosis

ndigana kali *n* east coast fever

ndigano *n* (ndigano) east coast fever

ndiko is there; is where

ndimi 1. it's me 2. *see* **ulimi**

ndimo is in/inside

ndimu *n* (ndimu) 1. lemon 2. lime

ndio is they/them/it

ndipo *adv* 1. is when; is where 2. (just) then

ndita *n* (ndita) 1. frown 2. **-kunja ndita** to frown

ndivyo this way; like this

ndivyo? really?

ndivyo hivyo; ndivyo ilivyo that's the way things are

ndiwe is you *singular*

ndiye is he; is she

ndiyo 1. yes 2. that's right

ndiyo hasa! that's right!

ndiyo maana... that's why...

ndiyo ndiyo! of course!

ndiyo sababu... that's why...

ndiyo tafadhali! yes please!

ndizi *n* (ndizi) 1. banana 2. plantain

ndizo are really

ndoa *n* (ndoa) marriage

ndoana *n* (ndoana) fish hook

ndondi *n* (ndondi) boxing

ndongoa *n* (ndongoa) slaughtering animal for a funeral

ndonya *n* (ndonya) lip plug

ndoo *n* (ndoo) bucket; pail

ndorobo *n* (ndorobo) tsetse fly

ndoto *n* (ndoto) 1. dream 2. **-ota ndoto** to dream

ndovu *n* (ndovu) 1. elephant 2. **-a ndovu kumla mwanawe** terrific

ndubi *n* (ndubi) outrigger

ndugu 1. *n* (ndugu) brother; sister 2. cousin 3. relative 4. comrade 5. *adj* incurable

nduguze *n/pl* his relatives; her relatives

ndui *n* (ndui) smallpox

nduli *n* (nduli) killer

ndumakuwili *n* (ndumakuwili) 1. blindworm 2. hypocrite

ndumiko *n* (ndumiko) sucker

ndumilakuwili *n* (ndumilakuwili) hypocrite

nduni *n* (nduni) 1. novelty 2. surprise

ndururu *n* (ndururu) 1. cent 2. tiny thing

ndusi *n* (ndusi) box

ndweo *n* (ndweo) arrogance

neema *n* (neema) 1. fortune 2. prosperity

-neemeka *v* 1. to be fortunate 2. to be well off

-neemesha *v* 1. to provide for 2. to make rich

neli *n* (neli) 1. tube 2. *(tech.)* pipette

-nema *v* to bend

nembo *n* (nembo) 1. tribal mark 2. seal 3. emblem 4. logo

-nemesha *v* to bend

nemsi *n* (nemsi) good reputation

nena *n* (manena) groin

-nena *v* 1. to say 2. to speak
nenda! go away! *singular*
nendeni! go away! *plural*
-nene *adj* 1. fat 2. thick 3. **sauti nene** deep voice
-nenea *v* to speak against
-neneka *v* to be spoken
-nenepa *v* 1. to get fat 2. to thicken
-nenepesha *v* to be fattening
-nengua *v* to revolve
neno *n* (**maneno**) 1. word 2. thing 3. matter 4. **Si neno.** It's nothing.
neno kwa neno word for word; verbatim
neno la sifa *n* (**maneno ya sifa**) adjective
-nepa *v* to sag
nepi *n* (**nepi**) 1. check 2. nappy; diaper
nepi za tumia-utupe *pl* disposable nappies
nesi *n* (**manesi**) nurse
neva *n* (**neva**) nerve
-ng'aa *v* to shine
ngabu *n* (**ngabu**) gouge
-ng'aka *v* to snarl
-ng'akia *v* to snarl at
ngalawa *n* (**ngalawa**) outrigger canoe
-ngali to be still...
-ng'alia *v* to shine
ngama *n* (**ngama**) 1. (ship's) hold 2. clay
ngambi *n* (**ngambi**) consensus
ng'ambo *n/adv* (**ng'ambo**) 1. the other side 2. abroad; overseas 3. -a ng'ambo overseas
ng'ambo ya huku *n/adv* this side
ng'ambo ya pili *n/adv* the further side
ngamia *n* (**ngamia**) 1. camel 2. **safari kwa ngamia** camel safari
-ng'amua *v* to realize
ng'anda *n* (**ng'anda**) 1. handful 2. pip
-ng'ang'ania *v* 1. to clutch 2. to insist

ngano *n* (**ngano**) 1. wheat 2. story
ngao *n* (**ngao**) shield
-ngapi? 1. how many?; how much? 2. how? 3. **saa ngapi?** what time is it?
ngara *n* (**ngara**) hide; skin
-ng'ara *v* to shine
ng'arange *n* (**ng'arange**) core
ngariba *n* (**ngariba**) circumciser
-ng'arisha; **-ng'ariza** *v* 1. to shine 2. to polish 3. to glaze 4. to bleach
-ng'atuka *v* 1. to resign 2. to retire
ngawa *n* (**ngawa**) serval
ngazi *n* (**ngazi**) 1. rung 2. ladder 3. stairs 4. degree 5. rank 6. *(mus.)* scale
ngazi jongefu *n* escalator
ngazi za juu *pl* higher echelons
nge *n* (**nge**) 1. scorpion 2. Scorpio
ngebe *n* (**ngebe**) 1. grumbling 2. bitching
ngedere *n* (**ngedere**) monkey
-ngekewa *v* to be lucky
ngeli *n* (**ngeli**) 1. declension 2 noun class
ngeu *n* (**ngeu**) 1. red earth 2. ochre 3. chalk mark 4. head injury
ngiri *n* (**ngiri**) 1. warthog 2. hernia
ngisi *n* (**ngisi**) 1. squid 2. cuttlefish
ng'o! 1. no! 2. not a thing!
ngoa *n* (**ngoa**) 1. jealousy 2. desire 3. passion
-ng'oa *v* 1. to uproot 2. to extract 3. to set off (on)
-ng'oa hema *v* to take down a tent
-ng'oa nanga *v* to weigh anchor
ngogwe *n* (**ngogwe**) cherry tomato
-ngoja *v* 1. to wait 2. to let; to allow
-ngojea *v* to wait for
-ngojea kwa hamu *v* to look forward to
-ngojewa *v* to be waited for
ngojo *n* (**ngojo**) 1. waiting place 2. station
-ng'oka *v* 1. to be uprooted 2. to be extracted
-ng'olewa *v* to have extracted

ngoma n (ngoma) 1. drum 2. dancing 3. music 4. party 5. celebration 6. **-cheza ngoma** to do a traditional dance 7. **-piga ngoma** to drum

ngoma ya kimila n folk dancing

ng'ombe n (ng'ombe) 1. cow 2. ox 3. **nyama ya ng'ombe** beef

ng'ombe pl cattle

ngome n (ngome) 1. fort 2. castle

ng'onda n (ng'onda) sun-dried fish

-ng'onda v to sun-dry fish

ng'ondi n (ng'ondi) ram

ngondo n (ngondo) 1. battle 2. warfare

-ng'ong'a v to buzz

ngonjera n (ngonjera) 1. poem 2. song

ngono n (ngono) conjugal sex

ngosho kwa ngosho hand in hand

ngovi n (ngovi) foreskin

ngoweo n (ngoweo) rope

ngozi n (ngozi) 1. leather 2. hide; skin 3. suede 4. **-a ngozi** leather

nguchiro n (nguchiro) mongoose

ngumbaru n (ngumbaru) adult

ngumi n (ngumi) 1. fist 2. blow

ngumu adj/adv difficult

ng'ungwe n (ng'ungwe) furrow

nguo n (nguo) 1. clothes 2. dress 3. cloth 4. fabric; material

nguo ya kuogelea n swimming costume

nguo za kiume pl menswear

nguo za kufuliwa pl 1. washing 2. laundry

nguo za kutungua pl ready-made clothes

nguo ya ndani n underwear

nguo za wanawake pl ladies' wear

nguri n (nguri) awl

nguru n (nguru) kingfish

-nguruma v 1. to roar 2. to rumble

ngurumo n (ngurumo) 1. roaring 2. rumble 3. thunder

nguruwe n (nguruwe) 1. pig 2.

nyama ya nguruwe pork 3. bacon

nguruwe mwitu n (nguruwe mwitu) bush pig

nguu n (nguu) summit

nguvu n (nguvu) 1. strength 2. power 3. **kwa nguvu** by force 4. **-zidi nguvu** to overpower 5. **-enye nguvu** strong 6. forceful

nguvufarasi n (nguvufarasi) horsepower

nguvukazi n (nguvukazi) 1. personal effort 2. informal sector

nguvumshumaa n (nguvumshumaa) candlepower

nguvuni adv 1. in custody 2. **-tia nguvuni** to put in custody 3. **-tiwa nguvuni** to be put in custody

nguyu n (nguyu) knuckle

nguzi n (nguzi) bilge

nguzo n (nguzo) 1. post 2. pillar 3. prop 4. stand 5. belief

-ng'wafua v to bite off

-ng'wafuliwa v to be bitten off

ngwamba n (ngwamba) 1. toil 2. **kula ngwamba** to work like a dog

ngwara: -piga ngwara v to trip up

ngwe n (ngwe) plot (of land)

ni 1. am; is; are 2. with; by 3. **ni kweli?** really? 4. **ni afadhali...** it would be better to...

ni- I; me

-ni 1. you plural 2. plural verb marker 3. at; from; in; to

nia n (nia) 1. aim 2. intention 3. purpose

-nia v to intend

niaba: kwa niaba ya... on behalf of...

nidhamu n (nidhamu) 1. discipline 2. procedure 3. behaviour

nikaha n (nikaha) marriage

nili n (nili) indigo

nimefurahi kukutana nawe! pleased to meet you!

nimefurahi kuonana nawe! pleased to see you!

nimeshapoa! I'm already feeling better!

nikaha *n* (nikaha) 1. marriage 2. -funga nikaha to get married

niko I'm here

nili *n* (nili) blue

nili- I am

niliye I who am

nimo I'm in/inside (here)

nina *n* (nina) mother

nina... I have...

nina hakika I'm sure

-ning'inia *v* 1. to hang 2. to swing

-ning'iniza *v* to suspend

nini? 1. what? 2. kwa nini? why? 3. ya nini? what for?

ninyi you *plural*

ninyi nyote all of you

nipe 1. give me 2. *see* -pa

nipo I'm here

nira *n* (nira) yoke

nishai *n* (nishai) 1. ecstasy 2. intoxication 3. what a pity!

nishani *n* (nishani) 1. badge 2. medal 3. symbol

nishati *n* (nishati) energy

nishati mwendo *n* kinetic energy

nishati tuli *n* potential energy

nishati ya atomi *n* atomic energy

nishati ya jua *n* solar energy

-nishatisha *v* to energize

nisije... so that I don't...

njaa *n* (njaa) 1. hunger 2. starvation 3. famine 4 -enye njaa hungry 5. Nina njaa. I'm hungry.

njama *n* (njama) 1. plot 2. secret meeting 3. kula njama to hatch a plot

njano *n* (njano) yellow

nje 1. *adj* external 2. foreign 3. *adv* out; outside 4. -a nje external 5. kwa nje outwardly

njegere *n* (njegere) pea

njema *adj/adv* 1. good 2. safari njema! bon voyage!; have a good trip! 3. *see* -ema

njeo *n* (njeo) tense

njia *n* (njia) 1. way 2. road; street 3. path 4. route 5. pass 6. method 7. ni njia hii it's this way 8. ni njia ile it's that way 9. hakuna njia no through road

njia imefungwa road closed

njia kuu *n* (njia kuu) 1. main road 2. principal means

njiamkato *n* (njiamkato) shortcut

njiani *adv* on the way; on the road

njia panda *n* (njia panda) 1. crossroads 2. junction

njia ya chini kwa chini *n* tunnel

njia ya kuukimbia moto *n* fire escape

njia ya panda *see* njia panda

njia ya reli *n* railway

njiti *n* (njiti) 1. twig 2. stick 3. matchstick 4. toothpick

njiwa *n* (njiwa) dove

njoo! come (here)! *you singular*

njooni! come (here)! *you plural*

njorinjori *n/adj* (manjorinjori) tall person

njozi *n* (njozi) 1. dream 2. vision

njuga *n* (njuga) 1. bell 2. anklet 3. rattle

njugu *n* (njugu) groundnut; peanut

njugumawe *n* (njugumawe) bambara nut

njugunyasa; njugukaranga *n* *see* njugu

njumu *n* (njumu) 1. spike 2. cleat

njuti *n* (njuti) shoe

n.k. = na kadhalika etc = etcetera

nne (nne) 1. four 2. -a nne fourth

-noa *v* 1. to sharpen 2. to foul up

nobe! exclamation expressing contempt

Noeli *n* (Noeli) Christmas

nofu *n* (nofu) lean meat

-noga *v* to be nice

-nogea *v* to be nice to/for

-nogesha *v* to make nice

-nogeshea *v* to make sleep soundly

-nogewa *v* to be pleased

nokoa *n* (manokoa) deputy overseer

noleo *n* (manoleo) whetstone

-nolewa v to be sharpened
noma n (noma) token
nomino n (nomino) noun
nomino pekee n proper noun
-nona v 1. to get fat 2. to become well-off
nondo n (nondo) 1. moth 2. strut 3. bar
-nonesha v to fatten
-nong'ona v to whisper
-nong'oneza v to whisper to
-nong'onezwa v to be whispered
nongo n (nongo) sweat
nongwa n (nongwa) 1. spite 2. unpleasant thing
-nono adj fat
noo n (manoo) whetstone
noti n (noti; manoti) 1. (fin.) note; bill 2. (mus.) note
Novemba n (Novemba) November
nozeli n (nozeli) nozzle
nso n (nso) kidney
nsya n (nsya) duiker
nta n (nta) wax
nti n (nti) earring
-nufaika v 1. to benefit from 2. to profit from
-nufaisha v to benefit
-nufaishwa v 1. to derive benefit 2. to derive profit
nuhusi n (nuhusi) 1. bad luck 2. evil deed
-nula v to intend
-nulwa v to be intended
-nuka v to smell bad
nukato n (manukato) something that smells good
-nukia; -nukia vizuri v to smell good
-nukilia v to follow by smell
nukila adj nuclear
nuko n (manuko) smell
nuksani n (nuksani); **nuksi** (nuksi) 1. bad luck 2. evil deed
nukta n (nukta) 1. dot 2. point 3. full stop; period 4. second (of time)
nukta ya fokasi n (nukta za fokasi) focal point
-nukuliwa v to be copied
-nukulu; -nukuu v to copy
-nuna v to sulk
nunda n (nunda) 1. something heavy 2. wild animal
nunda mla watu n rebellious person
nundu n (nundu) 1. hump 2. boss
nunge n (nunge) leper colony
nungu n (nungu) porcupine
-nung'unika v to complain
nung'uniko n (maung'uniko) complaint
nungunungu n (nungunungu); **nunguri** (nunguri) porcupine
nunu n (nunu) lady
-nunua v to buy
-nunulia v to buy for/from
-nunuliwa v to be bought
-nurisha v to give off light
nuru n (nuru) 1. light 2. brightness 3. illumination 3. -enye nuru bright
-nururisha v to radiate
-nusa v 1. to smell 2. to sniff
-nusa v 1. to smell out 2. to sniff out
nusu n/adj (nusu) 1. half 2. semi- 3. nusu saa half an hour 4. ...na nusu half past... 5. see nusu ya...
nusuduara n (nusuduara) semi-circle
nusukaputi n (nusukaputi) anaesthetic
nusukipenyo n (nusuvipenyo) radius
nusu mlingoti adv half-mast
nusura 1. adv almost; nearly 2. n (nusura) aid
-nusurika v 1. to be saved 2. to be aided
-nusuru v 1. to save 2. to aid
nusu ya bei half-price
nusu ya nauli half fare
-nya v 1. to defecate 2. to rain
nyaa n (nyaa) fingernail
nyakanyaka adj abundant

nyakanyaka *adv* in great numbers
nyakati *pl* 1. times 2. *see* **wakati**
nyakati hizi these times
nyakati hizo those times
-nyakua *v* to snatch
-nyakulia *v* 1. to obtain for 2. to win for
-nyakuliwa *v* 1. to be snatched 2. to be obtained 3. to be won
nyama *n* (nyama) 1. meat 2. **-liwa nyama mbichi** to be eaten alive
-nyamaa *v* to be quiet
nyama choma *n* roast meat
nyamafu *n* (nyamafu) carrion
-nyamavu *adj* quiet
nyama ya bata *n* duck meat
nyama ya kanga *n* guinea fowl *meat*
nyama ya kondoo *n* mutton; lamb *meat*
nyama ya kuchoma *n* roast meat
nyama ya kuku *n* chicken *meat*
nyama ya kwale *n* pheasant; partridge *meat*
nyama ya mawindo *n* game
nyama ya mbuni *n* ostrich *meat*
nyama ya mbuzi *n* goat *meat*
nyama ya ndama *n* veal
nyama ya ng'ombe *n* beef
nyama ya nguruwe *n* 1. pork 2. bacon
nyama ya njiwa *n* pigeon meat
nyama ya nyati *n* buffalo *meat*
nyama ya paa *n* venison
nyama ya sungura *n* hare; rabbit *meat*
-nyamaza *v* to be quiet
nyamaza! be quiet! *you singular*
nyamazeni! be quiet! *you plural*
-nyamazisha *v* to silence
nyambizi *n* (nyambizi) submarine
-nyambua *v* 1. to pull to pieces 2. to extend 3. to conjugate
-nyambuka *v* to come to pieces
-nyambulika *v* 1. to be torn apart 2. to be extended
-nyambulisha *v* to extend

nyanda *pl* 1. plains 2. *see* **uwanda**
nyanda za juu *pl* highlands
-nyangalika *adj* thingummybob
nyang'amba *n* (nyang'amba) arrowroot cake
-nyang'anya *v* 1. to snatch 2. to steal
-nyang'anywa *v* 1. to be snatched 2. to be robbed (of)
nyang'ao *n* (nyang'ao) 1. cur 2. brute
nyange *n* (nyange) fool
nyangumi *n* (nyangumi) whale
nyani *n* (nyani) 1. baboon 2. ape
nyanja *pl* 1. fields 2. *see* **uwanja**
nyani *n* (nyani) baboon
nyanya *n* (nyanya) 1. grandmother 2. tomato 3. **pensi nyanya** culottes
-nyanyapaa *v* to be disgusted
-nyanyasa *v* to harass
-nyayasika *v* to be harassed
nyanyaso *n* (nyanyaso) harassment
-nyanyaswa *v* to be harassed
-nyanyua *v* 1. to raise 2. to lift
-nyanyua mazito *v* to weightlift
-nyanyuka *v* 1. to raise up 2. to stand up
-nyanyuliwa *n* 1. to be raised 2. to be lifted
-nyapa *v* 1. to creep 2. to stalk
nyara *n* (nyara) 1. loot 2. captive 3. hostage 4. **-teka nyara** to loot 5. to hijack 6. to take hostages
nyaraka *pl* 1. papers 2. documents 3. archives 4. *see* **waraka**
nyaraka za taifa *pl* national archives
nyasi *n* (manyasi) 1. grass 2. reed
nyasikavu *n* (nyasikavu) hay
-nyata *v* 1. to creep 2. to stalk
nyati *n* (nyati) water buffalo
-nyatia *v* 1. to creep up on 2. to stalk
nyatunyatu *adv* stealthily
nyau *n* (nyau) cat
-nyauka *v* 1. to dry up 2. to shrivel 3. to wither
-nyausha *v* 1. to make dry up 2. to make shrivel 3. to make wither

nyayo *pl* 1. footprints 2. tracks 3. footsteps 4. *see* **wayo**

-nyea *v* 1. to defecate on/into 2. to rain on

nyege *n* (nyege) 1. itching 2. sexual desire

nyegere *n* (nyegere) honey badger

nyekundu *n* (nyekundu) red

nyembe *pl* razor blades

-nyemelea *v* 1. to creep up on 2. to stalk

-nyemelewa *v* to be caught by surprise

nyemera *n* (nyemera) topi

nyendo *n* (nyendo) advance

nyengine 1. other 2. others 3. different

-nyenya *v* to question

-nyenyekea *v* 1. to be humble 2. to be respectful

-nyenyekevu *adj* 1. humble 2. respectful

nyenzo *pl* 1. materials 2. *see* **wenzo**

nyepesi *adj/adv* 1. light 2. easy 3. *see* **-epesi**

nyerere *n* (nyerere) bracelet

nyeru *n* (nyeru) plaster

-nyesha; -nyesha mvua *v* to rain

-nyeshea *v* to rain on

-nyeshwa *v* to be rained on

-nyeta *v* 1. to be oversensitive 2. to be difficult to please

nyeti *adj* 1. sensitive 2. **swala nyeti** sensitive issue

nyeto *n* (nyeto) 1. masturbation 2. **-piga nyeto** to masturbate

nyeupe *n/adj* (nyeupe) 1. white 2. *see* **-eupe'**

nyeupe pe *adj* snow white

nyeusi *adj/adv* 1. black 2. dark 3. *see* **-eusi**

nyeusi ti *adj* jet black

nyie you *plural*

nyigu *n* (nyigu; manyigu) 1. wasp 2. hornet

nyika *n* (manyika) 1. open land 2. grasslands 3. wilderness

-nyima *v* 1. to withhold 2. to deny

nyimbo *pl* 1. songs 2. *see* **wimbo**

nyimbo za kubembeleza *n* lullaby

-nyimivu *adj* stingy

-nyimwa *v* 1. to be withheld 2. to be denied

nyingi *adj/adv* 1. many; a lot (of) 2. plenty 3. **si nyingi** not many; not much 4. **si nyingi sana** not very much 5. *see* **-ingi**

nyingi sana 1. too much 2. quite a lot 3. lots of

nyingine 1. other 2. others 3. different

nyinyi you *plural*

-nyinyirika *v* 1. to glide along 2. to slide along

-nyoa *v* 1. to cut hair 2. to shave

-nyofoa *v* to pick at

-nyofoka; -nyofolewa *v* to be picked at

-nyofu *adj* 1. straight 2. honest

nyoka *n* (nyoka) snake

-nyoka *v* 1. to be straight 2. to be flat 3. to go well

-nyokea *v* to go well for

-nyolewa *v* 1. to get one's hair cut 2. to be shaved

nyonda *n* (nyonda) love

nyonga *pl* 1. hips 2. *see* **unyonga**

-nyonga *v* 1. to strangle 2. to hang

-nyonge *adj* 1. weak 2. mean

nyongea *n* (nyongea) malnutrition

nyongeza *n* (nyongeza) 1. increase 2. supplement

nyongo *n* (nyongo) bitterness

-nyong'onya *v* to be tired

-nyong'onyea *v* to be weary

-nyong'onyeza *v* to make tired

-nyongwa *v* 1. to be strangled 2. to be hanged

-nyonya *v* 1. to breastfeed 2. to nurse (a baby) 3. to exploit

-nyonyana *v* to exploit one another

-nyonyesha *v* 1. to breastfeed 2. to nurse (a baby)

nyonyo *n* (nyonyo) **1.** nipple **2.** dummy; pacifier **3.** castor seeds

-nyonyoa *v* **1.** to pluck **2.** to scold

-nyonyolewa *v* to be plucked

-nyonyota *v* to drizzle

nyoo! bah!

-nyooka *v* **1.** to be straight **2.** to be flat

-nyoosha; -nyosha *v* **1.** to straighten (out) **2.** to stretch (out)

-nyosha mkono *v* to put up one's hand

-nyosha miguu *v* to stretch one's legs

-nyosha nguo *v* to press clothes

-nyoshea *v* **1.** to straighten for **2.** to press clothes for

-nyoshwa *v* to be straightened out

nyota *n* (nyota) star

nyotamkia *n* (nyotamkia) comet

nyota ya jaha *n* lucky star

nyote all of you

-nyotoa *v* to take a pinch of

nyoya *pl* **1.** hair **2.** feather **3.** bristle **4.** wool **5.** *see* manyoya; unyoya

nyoyo *pl* **1.** hearts **2.** *see* moyo

nyuki *n* (nyuki) bee

nyukilia 1. *adj* nuclear **2.** *n* (nyukilia) nucleus

-nyukua *v* to pluck

nyuma 1. *n* (nyuma) back **2.** *adv* behind **3.** at the back **4. hapo nyuma** previiously **5. -a nyuma** past **6.** former **7.** backward

nyuma ya *prep* behind

nyumba *n* (nyumba) **1.** house **2.** home **3.** dwelling **4.** lodge **5. -a nyumba** housing

nyumbani *adv* (at) home

nyumba ya kupanga *n* boarding school

nyumba wa wageni *n* guesthouse

nyumbu *n* (nyumbu) **1.** mule **2.** wildebeest

-nyumbua *v* to stretch

-nyumbuka *v* to be flexible

-nyumbulika; -nyumbuliwa *v* to be stretched

nyundo *n* (nyundo) hammer

nyungu *n* (nyungu) cooking pot

nyungunyungu *n* (nyungunyungu) foot sores

nyuni *n* (nyuni) bird

-nyunya *v* **1.** to drizzle **2.** to sprinkle

-nyunyiza *v* **1.** to sprinkle **2.** to spray

-nyunyizia *v* **1.** to sprinkle on **2.** to spray on

nyunyu *n* (manyunyu) shower

-nyunyu *v* to pee

nyusi; nyushi *pl* **1.** eyebrows **2.** *see* usi; ushi

nyuso *see* uso

nyutroni *n* (nyutroni) neutron

nyuzi *pl* **1.** laces **2. nyuzi za viatu** shoelaces **3.** *see* uzi

nyuzijoto *pl* degrees (of heat)

-nyuzinyuzi *adj* stringy

nyuzinyuzi *n* (nyuzinyuzi) cobweb

nyuzisauti *n/pl* vocal cords

-nywa *v* **1.** to drink **2.** to absorb

-nywea *v* **1.** to drink from/for **2.** to dry up **3.** to shrink **4.** to feel miserable

-nyweka *v* to be drinkable

nywele *pl* **1.** hair **2.** *see* unywele

-nywesha *v* **1.** to give a drink to **2.** to water **3.** to irrigate

-nywewa *v* **1.** to be drunk **2.** to evaporate **3.** to be shrunk

-nyweza *v* to shrivel up

nzi *n* (nzi) fly

nzige *n* (nzige) locust

nzima 1. all **2.** whole

nzito *adj* heavy

nzumari *n* (nzumari) flute

nzuri *adj/adv* **1.** good **2.** pretty **3.** nice

nzuri sana! great!

o

-o- - *see* **-o-ote**

-oa *v* **1.** to marry; to take a wife **2.** Nimeoa. I'm married. *(man)*

-oana *v* **1.** to marry each other **2.** to harmonize

-oanisha *v* **1.** to marry (a couple) **2.** to align **3.** to harmonize

oda *n* (oda) order

ofa *n* (ofa) offer

ofisa *n* (maofisa) **1.** officer **2.** official

ofisa wa maslahi *n* welfare officer

ofisa wa uhusiano *n* public relations officer

ofisa wa utumishi *n* personnel officer

ofisi *n* (maofisi) office

ofisi ya baraza la mji *n* town hall

ofisi ya kukatia tiketi *n* box office

ofisi ya kuweka mizigo *n* left luggage section

ofisi ya tikiti *n* ticket office

ofisi ya utalii *n* tourist information office

ofisi ya vitu vilivyopotea *n* lost property office

ofisi ya wakala wa usafiri *n* travel agent's

-oga *v* **1.** to wash **2.** to bathe **3.** to shower

-ogea *v* **1.** to wash at/in **2.** to bathe at/in **3.** to shower at/in

-ogelea *v* **1.** to wash **2.** to bathe **3.** to swim

-ogesha *v* **1.** to wash **2.** to give a bath to

-ogeshwa *v* to be washed

-ogofya *v* **1.** to frighten **2.** to threaten

ogofyo *n* (maogofyo) threat

-ogopa *v* to be afraid

-ogopesha *v* to scare

-ogopwa *v* to be scared

-oka *v* **1.** to roast **2.** to bake **3.** to grill

-okoa *v* to rescue

-okoka; -okolewa *v* to be rescued

-okota *v* **1.** to pick up **2.** to find

-okoteza *v* to gather the remains (of)

-okotwa *v* **1.** to be picked up **2.** to be found

-okoza *v* to save

okozi *adj* **1.** life-saving **2.** mashua okozi lifeboat

Oktoba *n* (Oktoba) October

ole *n* pity

ole! woe!

ole wangu! woe is me!

-olewa *v* **1.** to be married; to take a husband **2.** Nimeolewa. I'm married. *(woman)*

-omba *v* **1.** to ask (for) **2.** to demand **3.** to beg (for) **4.** to pray (for)

-omba lifti *v* to hitchhike

-omba msaada *v* to request help

ombaomba *n* (ombaomba) beggar

-ombaomba *v* to pester

-omba radhi *v* to beg forgiveness

-ombea *v* **1.** to ask for **2.** to demand for **3.** to beg for **4.** to pray for

ombelezo *n* (maombelezo) mourning

ombi *n* (maombi) **1.** prayer **2.** petition **3.** request

-omboleza *v* **1.** to lament **2.** to mourn **3.** to implore

ombwe *n* **1.** (maombwe) edge **2.** (ombwe) vacuum **3.** chupaombwe vacuum flask

ombwe la machozi *n* brink of tears

-omekeza *v* to pile up

omo *n* (maomo) bows

-omoa *v* 1. to dig out 2. to disturb 3. to reveal

-omolewa *v* 1. to be dug up 2. to be disturbed 3. to be revealed

-ona *v* 1. to see 2. to feel 3. to be 4. to find 5. to meet

-onaaibu *v* to feel disgrace

-onabaridi *v* to feel cold

-onafahari *v* to feel proud

-onahaya *v* to feel shame

-onajoto *v* to be hot

-onakinyume *v* to be against

-onakiu *v* to be thirsty

-onalo *v* to be surprised

-onana *v* 1. to see each other 2. to meet each other 3. **ya kuonana** until we meet 4. **tutaonana!** see you later!

-onanjaa *v* to be hungry

-onaraha *v* to be comfortable

-onausingizi *v* to feel sleepy

-ondoa *v* 1. to clear 2. to remove 3. to withdraw 4. to eject

-ondoa ukoloni *v* to decolonize

-ondoka *v* 1. to go away 2. to leave

-ondokana na *v* 1. to emerge from 2. to escape from

-ondokea *v* 1. to prosper 2. to recover 3. to protrude 4. **Paliondokea...** Once upon a time...

ondokeo *n* (maondokeo) 1. departure 2. removal

-ondokewa na *v* 1. to be freed of 2. to be bereft of 3. to get rid of

-ondolea *v* 1. to remove for 2. to forgive

ondoleo *n* (maondoleo) 1. removal 2. forgiveness 3. penance

-ondolewa *v* 1. to be removed 2. to be forgiven

-ondosha *v* 1. to remove 2. to get rid of 3. to clear out 4. to evacuate

-ondoshwa *v* 1. to be removed 2. to be got rid of 3. to be cleared out 4. to be evacuated

-onea *v* 1. to feel for/about 2. to despise 3. to mistreat 4. to oppress 5. to be biased against

-onea gere *v* to feel jealous

-onea huruma *v* to be sympathetic

-onea husuda *v* to feel envious

-oneana wivu *v* to be jealous of one another

-onea wivu *v* to feel jealous of

-onekana *v* 1. to seem 2. to appear 3. to be visible

-onelea *v* 1. to feel about 2. to consider 3. to realize

-onelea vizuri *v* to feel it's best

oneo *n* (maoneo) ill treatment

-onesha *v* to show

-oneshwa *v* to be shown

-onewa *v* to be oppressed

-ongea *v* to talk

-ongelea *v* to talk about

-ongeza *v* 1. to add 2. to increase 3. to repeat

-ongezea *v* 1. to add for/to 2. to increase for/to 3. to repeat for/to

-ongezeka *v* to increase

ongezeko *n* (maongezeko) 1. increase 2. *(fin./tech.)* increment

-ongezewa *v* to receive an increase

ongezo *n* (maongezo) increase

-ongezwa *v* 1. to be added to 2. to be increased

-ongoa *v* 1. to guide 2. to correct 3. to convert 4. to reform

-ongoka *v* 1. to be guided 2. to be corrected 3. to be converted 4. to be reformed

-ongokea *v* to be converted to

-ongolewa *v* 1. to be guided 2. to be corrected 3. to be converted 4. to be reformed

-ongopa *v* to lie

-ongopea *v* to lie to

-ongoza *v* 1. to guide 2. to direct 3. to lead 4. to drive

-ongozana *v* 1. to go along together 2. to accompany each other

-ongozana na *v* to follow after one another

-ongoza njia *v* to go one's way

-ongozeka *v* to be driven forward

-ongozwa *v* to be led

oni: oni la umma *n* (**maoni ya umma**) public opinion

-onja *v* 1. to try 2. to taste

-onjeka *v* 1. to be tried 2. to be tasted

-onjesha *v* to offer to taste

-onjwa *v* 1. to be tried 2. to be tasted

ono *n* (**maono**) 1. thought 2. feeling 3. appearance

-onya *v* 1. to warn 2. to admonish

-onyesha *v* 1. to show 2. to demonstrate

-onyesha shukrani *v* to express thanks

-onyeshea *v* to show for

-onyeshea kidole *v* to point

onyesho *n* (**maonyesho**) 1. show 2. exhibition 3. scene

-onyeshwa *v* to be shown

onyo *n* (**maonyo**) 1. advice 2. warning

onyo! warning!

-onywa *v* to be warned

-o-ote *adj* 1. all 2. any

opareta *n* (**maopareta**) operator

opena *n* (**opena**) opener

operesheni *n* (**operesheni; maopereshini**) operation

-opoa *v* 1. to save 2. to rescue 3. to pull out 4. to remove from

-opolewa *v* to be rescued

orodha *n* (**orodha**) 1. list 2. catalogue

orodha ya chakula *n* menu

orodha ya mvinyo *n* wine list

-orodhesha *v* 1. to list 2. to arrange 3. to compile 4. to catalogue

-orodhesha vifaa *v* 1. to take an inventory 2. to stocktake

-orodheshwa *v* 1. to be listed 2. to be arranged 3. to be compiled 4. to be catalogued

orofa *n* (**orofa**) storey; floor

-ororo *adj* 1. soft 2. tender 3. smooth

-osha *v* to wash

-osha vyombo *v* to do the washing up

-oshea *v* to wash for/with

-osheka *v* to be washed

-oshewa *v* to have washed

-oshwa *v* to be washed

-ota *v* 1. to sprout 2. to grow 3. to develop 4. to dream 5. to bask

-ota jipu *v* to develop a boil

-ota jua *v* to sunbathe

-ota meno *v* to teethe

-otamia *v* to sit on eggs

-ota moto *v* to warm oneself by a fire

-ota ndoto *v* to have a dream

-ote *adj* 1. all 2. whole (of)

-otea *v* 1. to grow at/for/on 2. to dream about 3. to ambush

-ote mbili both

oteo *n* (**maoteo**) ambush

-otesha *v* 1. to grow 2. to cause to dream

ovaroli *n* (**maovaroli**) overalls

ovataimu *n* (**ovataimu**) overtime

overali *n* (**overali**) overalls

ovu *n* (**maovu**) evil

-ovu *adj* 1. bad 2. wicked 3. evil

ovyo *adv* carelessly

oyee! hurray!

-oza *v* 1. to give in marriage 2. to rot

-ozea *v* to go rotten at/on/for

-ozesha *v* to cause to rot

-ozwa *v* to be given in marriage

P

pa *prep* of

-pa *v* 1. to give 2. *see* -pa...

paa *n* 1. (paa) antelope 2. nyama ya paa venison 3. (mapaa) roof

-paa *v* 1. to mount 2. to rise 3. to scrape 4. to move

-paaza *v* to raise

-paaza sauti *v* to raise one's voice

pacha *n* (mapacha) 1. twin 2. symmetry

pacha fanani *pl* identical twins

-pachika *v* 1. to fix 2. to insert

-pachikwa *v* 1. to be fixed 2. to be inserted

padre *n* (mapadre); **padri** (mapadri) *(Chr.)* priest

pafu *n* (mapafu) lung

pagao *n* (mapagao) amulet

-pagawa *v* to be possessed

pahala *n* (pahala; mwahala) place

-pa heko *v* to congratulate

-pa heshima *v* to respect

paipu *n* (mapaipu) pipe

paipu ya ekzosi *n* exhaust pipe

paishio safari *n* destination

paja *n* (mapaja) thigh

pajani *prep* in/on the lap

paji *n* (mapaji) forehead

paka *n* (paka) 1. cat 2. *see* shume

-paka *v* to apply

pakacha *n* (mapakacha) 1. basket 2. robber

-paka hina *v* to apply henna

-paka mafuta *v* to anoint

-paka matope *v* to defame

-pakana *v* 1. to be adjacent to 2. to border on

pakanga *n* (pakanga) wormwood

pakanya *n* (mapakanya) compensation

-paka rangi *v* to paint

-pakata *v* 1. to dandle 2. to nurse a child

pakawa! *see* paukwa

paketi *n* (paketi) packet

-pakia *v* 1. to load 2. to embark

-pa kisogo *v* to turn one's back (on)

pakiti *n* (pakiti); **pakti** (pakti) packet

pako the place is

paku *n* (mapaku) spot; patch

-pakua; **-pakuwa** *v* 1. to serve (food) 2. to unload

pakuliwa *v* 1. to be served (food) 2. to be unloaded

pakuogea *n/pl* bathroom

-pakuwa *see* -pakua

pakujaribia nguo *n/pl* fitting room

-pakwa *v* to be applied

-pakwa hina *v* to have henna applied

-pakwa mafuta *v* to be anointed

-pakwa matope *v* to be defamed

-pakwa rangi *v* to be painted

palahala *n* (palahala) sable antelope

pale there

palepale *adv* 1. just there 2. just then

-palia *v* 1. to choke on 2. to hoe 3. to weed 4. to cover

-palia kooni *v* to gag on food

palikuwa na... 1. there was...; there were... 2. once upon a time...

-palilia *v* 1. to hoe 2. to weed 3. to provoke

paliondokea... once upon a time...

palitokea there happened

-paliza sauti *v* 1. to cry out 2. to raise one's voice

palizi *n* (mapalizi) weed

-palizwa *v* to be raised

-pa masharti *v* to give orders

pamba *n* (pamba) 1. cotton 2. cotton wool

-pamba *v* 1. to decorate 2. to be widespread

pambaja *n* (pambaja) 1. embrace 2. -piga pamba to embrace 3. to hug

pambajio *n* (pambajio) waiting room

-pamba moto *v* to intensify

-pambana *v* 1. to clash 2. to collide

-pambanisha *v* 1. to bring together 2. to contrast

pambano *n* (mapambano) 1. clash 2. struggle 3. fight 4. tournament

pambano la mtoano *n (spor.)* elimination tournament

pambano la kiitikadi *n* ideological struggle

pambano la kitabaka *n* class struggle

pambano la silaha *n* armed struggle

-pambanua *v* 1. to separate 2. to distinguish 3. to discriminate

-pambanya *v* 1. to collect up 2. to browbeat

-pambazua *v* to make clear

-pambazuka *v* 1. to dawn 2. to be day

pambazuko *n* (mapambazuko) dawn

pambizo *n* (mapambizo) 1. margin 2. edge 3. outskirts

pambizoni *adv* out; away

pambo *n* (mapambo) 1. ornament 2. decoration

-pambua *v* 1. to remove decoration 2. to mar 3. to turn over (pages)

-pambwa *v* to be decorated

-pa mgongo *v* to go against

-pamia *v* to smash into

pamoja *adv* 1. together (na with) 2. altogether 3. -a pamoja joint 4. united 5. kwa pamoja jointly 6. unanimously

pamoja na *prep* 1. besides 2. despite 3. with; together with

-pa moyo *v* to encourage

pampu *n* (pampu) pump

pamwe co-

pana there is; there are

-pana *adj* 1. wide 2. flat

panapo wher there is

pancha *n* (pancha) puncture

panda *n* (panda) 1. split 2. fork 3. catapult 4. crossing 5. trumpet 6. -piga panda to blow a trumpet 7. see njia panda; panda la uso

-panda *v* 1. to go up 2. to climb 3. to grow 4. to get on; to board 5. to mount 6. to plant 7. to sow

-panda ari *v* to be cut to the quick

-panda basi *v* to board a bus

-panda farasi *v* to ride a horse

-panda juu *v* to go up

panda la uso *n* forehead

pande 1. *adv* aside 2. -piga pande to make way 3. *n* (mapande) block 4. *pl* directions 5. see upande

pandembili *n* (pandembili) two sides

-pandia *v* 1. to climb for/with 2. to plant for/with 3. to beg

pandiapandia *n* (pandiapandia) begging

-pandikiza *v* 1. to transplant 2. to graft

pandikizi *n* (mapandikizi) big piece

pandikizi la mtu *n* giant

pandikizo *n* (mapandikizo) 1. seedling(s) 2. transplanting

pandio *n* (mapandio) 1. step 2. rung

-pandisha *v* 1. to raise 2. to mount 3. to breed

-pandisha hasira *v* to infuriate

-pandwa *v* to be planted

panga *n* (mapanga) 1. panga; machete 2. machete

-panga *v* 1. to arrange 2. to rent

pangaboi *n* (pangaboi) fan

-panga jina *v* to give a nickname to
-panga urafiki *v* to befriend
-pangana *v* to arrange
-panganya *v* to pile
-pangia *v* 1. to arrange for 2. to rent for
-pangika *v* to be arranged
-pangilia *v* to arrange alternately
pangilio *n* (**mapangilio**) 1. rotation of crops 2. alternation
-pangisha *v* to rent out
-pangiwa *v* to be arranged
pango *n* 1. (**pango**) rent 2. (**mapango**) cave
-pangua *v* 1. to break up 2. to upset
-pangusa *v* 1. to wipe 2. to clean
-panguswa *v* 1. to be wiped 2. to be cleaned
-pangwa *v* 1. to be arranged 2. to be inhabited
-pania *v* 1. to get down to work 2. to push for
panja *n* (**mapanja**) temple
panjama *n* (**panjama**) pajamas
pantoni *n* (**pantoni**) ferryboat
-panua *v* to widen
-panuka *v* to get wider
-panuliwa *v* to be widened
panya *n* (**panya**) 1. mouse 2. rat
panzi *n* (**mapanzi**) grasshopper
pao *n* 1. (**pao**) rod 2. bar 3. (**mapao**) (cards) club
papa *n* (**mapapa**) shark
-papa *v* 1. to tremble 2. to shiver 3. to throb 4. to shiver 5. to be porous
papa hapa *adv* right here
papai *n* (**mapapai**) pawpaw; papaya
-papa moyo *v* to have palpitations
papara *n* (**papara**) haste
-paparika *v* 1. to move forcefully 2. to be worried
-papasa *v* to feel
papasi *n* 1. (**papasi**) feelers 2. (**mapapasi**) fever-tick
-papatika *v* 1. to tremble 2. to shiver 3. to throb 4. to vibrate 5. to flap
papatiko *n* (**mapapatiko**) arm

-papatua *v* 1. to peel 2. to shell 3. to remove 4. to break open 5. to blossom
-papatuka *v* to be flowering
-papia *v* to be mad about
papo *n* (**mapapo**) 1. trembling 2. shiver 3. throbbing 4. vibration
papo hapo *adv* straightaway
-pa pole *v* to express sympathy
-papura *v* to tear
para *n* (**para**) 1. sesame seed cake 2. bald patch
-para *v* 1. to scratch 2. to put on make-up
parachichi *n* (**maparachichi**) avocado
-pa radhi *v* to give one's blessing
parafujo *n* (**parafujo**) screw
-paraga *v* to clamber up
-paraganya *v* to mess up
parago *n* (**maparago**) support
parakacha *n* (**parakacha**) rustling
-parama *v* 1. to lack 2. to be barren
-paramia *v* 1. to get hold of 2. to climb into/onto/over 3. to settle on 4. to interfere
parange *n* (**maparange**) machete
parapanda *n* (**parapanda**) trumpet
parara *n* (**parara**) haste
pareto *n* (**pareto**) pyrethrum
parokia *n* (**parokia**) (rel.) parish
paroko *n* (**paroko**) parish priest
paru *n* (**maparu**) candy
paruparu *adv* roughly
-parura; **-paruza** *v* to scratch
-pasa *v* 1. to be necessary 2. to have to
Pasaka *n* 1. Easter 2. Passover
-pasha *v* to get
-pasha habari *v* 1. to inform 2. to communicate 3. to publicize
-pasha moto *v* 1. to light 2. to heat (up)
-pashana *v* 1. to exchange 2. to inform
-pashana habari *v* 1. to exchange information 2. to keep in touch

pasheni *n* (mapasheni) passion fruit

-pasi *adj* 1. pushy 2. ambitious

pasi 1. *n* (pasi; mapasi) (clothes) iron 2. pass 3. **pasi ya kuingilia chomboni** boarding pass 4. **-piga pasi** to iron (clothes) 5. *(spor.)* to pass 6. *see* pasi na; pasi ya

pasi na; pasipo *prep* without

-pasisha *v* 1. to pass on 2. to impose 3. to inflict

-pasiwa *v* to be liable to

pasi ya makaa *n* charcoal iron

pasi ya umeme *n* electric iron

-pasua *v* 1. to split 2. to cut across 3. to reveal all 4. *(med.)* to operate on

-pasua kuni *v* to split firewood

-pasuka *v* 1. to split open 2. to burst 3. to blow up

-pasulia *v* 1. to split for 2. to tear 3. to make apparent

-pasuliwa *v* 1. to be split 2. to be torn 3. *(med.)* to be operated on

-pa uso *v* to treat favorably

-paswa *v* to be necessary

pata *n* (pata) hinge

-pata *v* 1. to strike 2. to get 3. to have 4. to catch 5. to fall on 6. to happen to 7. to cut

-pata ajali *v* to have an accident

-pata fahamu *v* to regain consciousness

patakatifu *n/pl (rel.)* 1. holy place 2. sanctuary

-pata kusikia *v* to happen to hear

-pata moto *v* to to become hot

-patana *v* 1. to get along 2. to be compatible 3. to agree on 4. to deal

-patana bei *v* to bargain

-patanisha *v* to reconcile

-patanishwa *v* to be reconciled

patanisho *n* (mapatanisho); **patano** (mapatano) 1. agreement 2. reconciliation

patapotea *n* (patapotea) game of chance

patashika *n* (patashika) flurry

patasi *n* (patasi) chisel

-pata usingizi *v* to go to sleep

pati *n* (pati) putty

-patia *v* 1. to get for 2. to overtake

-patikana *v* 1. to be caught 2. to be available

-patiliza *v* 1. to take revenge 2. to punish

-patiliza *v* to procure

patilizo *n* (mapatilizo) retribution

-patisha *v* to cause trouble

-patishwa *v* to be made to get

patisi *n* (patisi) leggings

-patiwa *v* 1. to be given 2. to be brought 3. to acquire

pato *n* (mapato) 1. acquisition 2. income 3. profit 4. **kodi ya mapato** income tax

-patwa na *v* 1. to be taken up by 2. to come down with 3. to be a victim of

pau *n* (pau) 1. rod 2. clubs

pau ya kutambuzia *n* welding rod

-paua *v* 1. to roof 2. to fade

-pauka *v* to be faded

paukwa! a story! *(response: pakawa!)*

-pauliwa *v* to be roofed

pauni *n* (pauni) *(fin.)* pound

-pawa *v* to be given

pawepo there should be

-paya; -payapaya *v* to rave

payo *n* (mapayo) raving

-payuka *v* to be delirious

-payuka rangi *v* to be faded

paza *v* to pound grain

-paza sauti *v* to talk loudly

pazia *n* (mapazia) 1. curtain(s) 2. blind(s)

pazia la vibapa *n* shutter(s)

pea *n* (pea; mapea) pear

-peana *v* to give each other

pecha *adv* limping

pegi *n* (pegi) 1. peg 2. shot of liquor

-pekecha *v* 1. to drill 2. to spoil

peke *adj/adv* 1. alone 2. *see* peke...; pekee

-pekecha *v* 1. to twiddle 2. to bore 3. to infuriate

pekecho *n* (pekecho) hand drill

-pekechua *v* to search thoroughly

pekee *adj/adv* 1. alone 2. lone 3. lonely 4. unique

pekesheni *n* (pekesheni) 1. search 2. investigation 3. research

-peketeka *v* 1. to be drilled 2. to be spoiled

peke yake by himself/herself; alone

peke yako by yourself *singular*

peke yangu by myself; alone

peke yao by themselves

peke yenu by yourselves *plural*

peke yetu by ourselves

peku *n* (mapeku) old mat

-pekua *v* 1. to search 2. to snoop 3. to root around 4. to go barefoot

-pekuliwa *v* to be looked into

-pekuzi *adj* inquisitive

-peleka *v* 1. to send 2. to forward 3. to take (kwa to) 4. to refer (kwa to)

-peleka faksi *v* to send a fax

-peleka kwa posti *v* to post

-pelekea *v* to send to/for

-pelekeana *v* to transmit

-pelekewa *v* to be sent to

-pelekwa *v* to be sent

-peleleza *v* 1. to investigate 2. to spy on

-peleleza kwa makini *v* to investigate thoroughly

pelezi *n* (mapelezi) bluntness

-pemba *v* 1. to lick 2. to hook down 3. to to outwit 4. to flatter 5. to coax

pembe *n* (pembe) 1. horn 2. corner 3. angle 4. (mapembe) ivory 5. *see* pembe za...

pembea *n* (pembea) swing

-pembea *v* 1. to rock 2. to swing

pembebutu *n* (pembebutu) obtuse angle

-pembeja *v* 1. to flatter 2. to deceive

pembejeo *n/pl* input

pembejo *n* (pembejo) thigh

pembekali *n* (pembekali) acute angle

pembekumi *n* (pembekumi) decagon

pembemraba *n* (pembemraba) right angle

pembenane *n* (pembenane) octagon

pembeni *n/adv* 1. aside 2. -a pembeni lateral 3. *see* pembe

pembenne *n* (pembenne) 1. rectangle 2. quadrilateral

pembenyingi *n* (pembenyingi) polygon

pembesaba *n* (pembesaba) septagon

pembesita *n* (pembesita) hexagon

pembetano *n* (pembetano) pentagon

pembetatu *n* (pembetatu) triangle

pembe mraba *n* right angle triangle

pembetatu pacha *n* isosceles triangle

pembetatu sawa *n* equilateral triangle

pembetisa *n* (pembetisa) nonagon

-pembeza *v* to swing

pembe za chaki in private

pembe za ndovu *pl* 1. ivory 2. tusks

pembezoni *adv* 1. in the margin 2. marginal

-pembua *v* 1. to sift 2. to winnow 3. to sort out

-penda *v* 1. to love 2. to like 3. Ningependa... I'd rather...

-penda kufa *v* 1. to love a lot 2. to like a lot

-pendana *v* 1. to love one another 2. to like one another

-penda zaidi *v* to prefer

-pendea *v* 1. to love for; to love because of 2. to like for; to like because of

-pendeka *v* 1. to be loved 2. to be liked

-pendekeza *v* 1. to propose 2. to recommend

pendekezo *n* (mapendekezo) 1. preference 2. recommendation

-pendekezwa *v* 1. to be proposed 2. to be recommended

-pendelea *v* 1. to prefer 2. to recommend 3. to be interested 4. to care for

-pendelewa *v* 1. to be preferred 2. to be recommended

-pendesha *v* to please

-pendeza *v* 1. to please 2. to be attractive

-pendezewa; -pendezwa *v* 1. to be pleased 2. to be attracted

pendo *n* (mapendo) 1. love 2. liking 3. affection

-pendwa *v* 1. to be loved 2. to be liked

-penga *v* to blow one's nose

pengi *adj* many places

pengine *adv* 1. maybe 2. might 3. sometimes 4. another time 5. another place 6. otherwise

pengo *n* (mapengo) 1. hole 2. gap 3. space

penseli *n* (mapenseli) pencil

pensi nyanya *n* (pensi nyanya) culottes

-penya; -penyapenya *v* 1. to penetrate 2. to infiltrate 3. to percolate 4. -siopenya maji waterproof

penye *adj* 1. where there is/are 2. at

-penyeka *v* to be penetrable

penyenye *n* (mapenyenye) secret

-penyeza *v* 1. to penetrate 2. to insert 3. to smuggle into 4. to bribe

penzi *n* (mapenzi) 1. love 2. liking 3. affection 4. desire

pepe *n* (mapepe) 1. husk 2. chaff

-pepea *v* 1. to wave 2. to flap 3. to fan 4. to blow

pepeo *n* (mapepeo) fan

-peperuka *v* to be blown

-peperusha *v* to blow away

-peperushwa *v* to be blown away

-pepesa *v* 1. to blink 2. to wink

-pepesuka *v* 1. to shake 2. to totter

-pepeta *v* 1. to sift 2. to winnow

-pepetua *v* 1. to twist 2. to sprain 3. to blossom

-pepetuka *v* 1. to be twisted 2. to be sprained 3. to be blossoming

pepo 1. *n* (pepo) spirit 2. heaven 3. -wa na pepo to be possessed 4. *pl* winds 5. *see* pepo za msimu; upepo

peponi *n (rel.)* heaven

pepopunda *n* (pepopunda) tetanus

pepo za msimu *pl* 1. monsoons 2. seasonal winds

pera *n* (mapera) 1. guava 2. fruit

perege *n* (perege) tilapia

perema *n* mumps

peremende *n* (peremende) 1. peppermint 2. sweets; candy

pesa *n* (pesa; mapesa) 1. money 2. cash

pesa ngapi...? how much is...?

-peta *v* 1. to bend (round) 2. to winnow

-petana *v* 1. to be bent (round) 2. to be winnowed

pete *n* (pete; mapete) 1. ring 2. circle 3. bend 4. pete ya ndoa wedding ring

-petemana *v* to be bent (round)

peto *n* (mapeto) sack

petroli *n* (petroli) petrol; gas

peupe *n* open place

-pevu *adj* 1. ripe 2. mature 3. developed 4. adult 5. full-grown

-pevua *v* 1. to ripen 2. to mature 3. to develop fully 4. to pervert

-pevuka *v* 1. to ripen 2. to mature 3. to be fully developed 4. to be perverted

-pevusha *v* 1. to ripen 2. to let mature 3. to let develop 4. to pervert

pewa *adj* centrifugal
-pewa *v* to be given
peya *n* (peya; mapeya) pear
pezi *n* (**mapezi**) 1. fin 2. crookedness
-pi? 1. who? 2. what? 3. which?
pia 1. *adv* also; too 2. **mimi pia** me too 3. *n* (pia) spinning top 4. cone 5. *see* pia ya...
piadufu *n* (piadufu) parabola
pia ya mguu *n* (pia za miguu) kneecap
picha *n* (picha) 1. picture 2. photograph 3. portrait 4. **-piga picha** to take a picture
picha ya kuchora *n* painting
pichi *n* (pichi; mapichi) peach
-piga *v* 1. to hit 2. to beat 3. *(mus.)* to play 4. *see* -piga ...
-piga breki *v* to brake
-piga chafya *v* to sneeze
-piga chapa *v* 1. to type 2. to print
-piga chenga *v* 1. to dodge 2. *(spor.)* to dribble
-piga chuku *v* to exaggerate
-piga falaki *v* to cast a horoscope
-piga filimbi *v* to whistle
-piga fundo *v* to tie a knot
-piga hatua *v* to take measures
-piga hema *v* to pitch a tent
-piga kambi *n* to camp
-piga kelele *v* 1. to make a noise 2. to shout
-piga kengele *v* to ring a bell
-piga kofi *v* 1. to clap 2. to slap
-piga kura *v* to vote
-piga lipu *v* to plaster
-piga magoti *v* to kneel
-piga makofi *v* 1. to clap 2. to applaud
-piga masoga *v* to chat
-piga mbio *v* 1. to run 2. to speed
-piga mbizi *v* to dive
-piga mdomo *v* 1. to chatter 2. to grumble
-piga miayo *v* to yawn
-piga moto *v* to start up

-piga moyo konde *v* to find courage
-pigana *v* to fight
-pigana ngumi *v* to box
-pigania to fight for/over
-pigania bei *v* to haggle
pigano *n* (mapigano) 1. fight 2. battle
-piga pande *v* 1. to avoid 2. to get angry
-piga pasi *v* to iron
-piga peto *v* to wrinkle
-piga picha *v* to photograph; to take a picture of
-piga radi *v* to thunder
-piga randa *v* to plane
-piga risasi *v* to fire
-piga simu *v* 1. to telephone; to call 2. to dial
-piga sindano *v* to inject
-piga soga *v* to chatter
-piga stati *v* to start an engine
-piga sulu *v* to polish
-piga taipu *v* to type
-piga teke *v* to kick
-piga vita *v* to wage war
-piga x-ray *v* to x-ray
-pigia *v* 1. to hit for/with 2. *see* -pigia ...
-pigia goti *v* to kneel
-pigia simu *v* to telephone; to call
-pigilia *v* 1. to pound into 2. to tamp down
-pigiliwa *v* 1. to be pounded into 2. to be tamped down
pigo *n* (mapigo) 1. beating 2. blow 3. shock 4. difficulty
-pigwa *v* 1. to be hit 2. to be beaten 3. *(mus.)* to be played
-pika *v* to cook
-pika majungu *v* to hatch a plot
piki *n* (mapiki) stick
-pikia *v* to cook for
pikipiki *n* (pikipiki; mapikipiki) motorscooter
pikipiki ndogo *n* moped
piku *n* (piku) trick

-piku *v* 1. to win a trick 2. to excel

-pikuliwa *v* to lose a trick

-pikwa *v* to be cooked

pilao *n* (pilao); **pilau** (pilau) pilaw rice

pili *adv* 1. secondly 2. next 3. -a pili second 4. next 5. *n* (pili) adder

pilikapilika *n* (pilikapilika) rush; bustle

pilipili 1. *adj* spicy 2. *n* (pilipili) pepper 3. chilli

pilipili hoho *n/pl* sweet pepper

pilipili kali *n/pl* chilli pepper

pilipili manga *n/pl* black pepper

pima *n* (pima) two yards

-pima *v* 1. to measure 2. to weigh 3. to test 4. to estimate 5. to think

pimajoto *n* (pimajoto) thermometer

pimamaji *n* (pimamaji) 1. spirit-level 2. water-level

-pimana *v* 1. to test one another 2. to criticize one another

pimapima *n* (mapimapima) measure; meter

pimbi *n* (pimbi) hyrax

-pimia *v* 1. to measure for 2. to weigh for 3. to test for

-pimika *v* 1. to be measurable 2. to be weighable 3. to be testable

-pimwa *v* 1. to be measured 2. to be weighed 3. to be tested

-pinda *v* 1. to turn 2. to bend 3. to hem

-pinda kulia *v* to turn right

-pinda kushoto *v* to turn left

pindi 1. *conj* when 2. if 3. *n* (mapindi) bend

-pindika *v* to be bent

pindipo *conj* when

pindo *n* (mapindo) 1. hem 2. edge

pindu 1. *adj* upside-down 2. *n* (mapindu) turning 3. reflection

-pindua *v* 1. to bend 2. to turn over 3. to overturn 4. to capsize 5. to overthrow

-pinduka *v* 1. to be bent 2. to be turned over 3. to be overturned 4. to be capsized 5. to be overthrown

-pindukia *v* 1. to exceed 2. *see* -pinduka

pinduli *n* (mapinduli) pendulum

-pinduliwa *v* 1. to be bent 2. to be turned over 3. to be overturned 4. to be capsized 5. to be overthrown

pinduo *n* (mapinduo) change

pindupindu *n* (pindupindu) cholera

-pindwa *v* to be turned

-pindwa na mshipa *v* to have a stroke

-pinga *v* 1. to block 2. to oppose 3. to contest 4. to contradict 5. to bet

-pingamana *v* to be in opposition

pingamizi *n* (pingamizi) obstacle

-pingani *adj* obstructive

-pingika *v* 1. to be denied 2. to be disputed

pingili *n* (mapingili) cutting

pingine *adv* 1. perhaps 2. occasionally

pingo *n* (mapingo) 1. obstruction 2. barrier

pingu *n* 1. (pingu) charm 2. (mapingu) handcuffs

-pingwa *v* 1. to be blocked 2. to be opposed

pini *n* (pini; mapini) 1. pin 2. safety pin 3. handle 4. haft

pini gumba *n* drawing pin

pipa *n* (mapipa) 1. bin 2. barrel

pipa la taka *n* dustbin; trah can

pipi *n* (pipi) sweet(s); candy

pipi mpira *n* (pipi mpira) chewing-gum

piramidi *n* (mapiramidi) pyramid

pirikapirika *n* (pirikapirika) excitement

piripiri *n* (piripiri) 1. pepper 2. chilli(es)

-pisha *v* 1. to let pass 2. to make room for

-pishana *v* 1. to let another pass 2. to pass by 3. to diverge

pishi *n* (pishi) measure of six pounds

piswa *n* (mapiswa) stupidity

-pita *v* 1. to pass 2. to go through 3. to turn 4. to overtake 5. to pass away; to to die

-pitana *v* to pass one another

pitapita *n* (pitapita) hustle and bustle

-pitia *v* 1. to pass by 2. to call round 3. to call for 4. to be overlooked

-pitia rohoni *v* to occur to

-pitika *v* to be passable

-pitiliza *v* to bypass

pitio *n* (pitio) 1. pass 2. passage

-pitisha *v* 1. to pass 2. to make way for 3. to conduct ; to transmit

-pitisha azimio *v (pol.)* to pass a resolution

-pitisha haja *v (pol.)* to pass a motion

-pitisha hukumu *v (leg.)* to pass sentence

-pitisha muda *v* to pass time

-pitisha sheria *v* to pass a law

-pitisha wakati *v* to pass time

-pitishwa *v* to be passed

-pitiwa *v* 1. to overlook 2. to be distracted

pito *n* (mapito) 1. path 2. passage

-pituka *v* to overturn

-pitwa *v* to be passed

-pitwa na *v* to miss

-pitwa na wakati *v* to be out of date

piwa *n* (piwa) hooch

plagi *n* (plagi) 1. plug 2. spark plug

plagi cheche *n* (plagi cheche) spark plug

plani *n* (plani) plan

plasta *n* (plasta) 1. plaster; bandaid 2. plaster (of Paris)

plastiki *n* (plastiki) plastic

plastisini *n* (plastisini) plasticine

plau *n* (plau) plough

plau pezi *n* ox plough

pletfomu *n* (pletfomu) platform

-po is here; are here

-po- 1. when 2. where 3. kila... -po-

whenever

-poa *v* 1. to be calm 2. to pause 3. to feel better

pochi *n* 1. (pochi) purse; wallet 2. pouch 3. (mapochi) bangle

poda *n* (poda) 1. face powder 2. make-up 3. cosmetics

-podoa *v* to put on make-up

podo *n* (podo; mapodo) quiver

pofu *n* (pofu) eland

-pofu *adj* blind

-pofua *v* to blind

-pofuka *v* to become blind

-pofusha *v* to blind

pogo *n* (mapogo) unevenness

-pogoa *v* to prune

-pogoa pembe *v* to dehorn

-pogolewa *v* to be pruned

pogoo *n* (mapogoo) pruned branch

pointi *n* (pointi) point

pointi za distributa *pl* distributor points

-pojaa *v* 1. to shrink 2. to deflate 3. to subside

-poka *v* 1. to snatch 2. to rob

-pokea *v* 1. to take 2. to accept 3. to replace

-pokolea *v* 1. to take for 2. to accept for 3. to replace for

-pokelewa *v* to be accepted

pokeo *n* (mapokeo) custom

-pokewa *v* to be accepted

-pokeza *v* to hand over

-pokezana *v* 1. to exchange 2. to alternate 3. to take turns

-pokonya *v* 1. to snatch 2. to rob 3. to loot 4. to abduct

-pole *adj* 1. kind 2. gentle 3. polite 4. careful 5. tame 6. harmless

pole *adv* 1. kindly 2. gently 3. carefully

pole! my sympathies to you! *singular*

poleni! my sympathies to you! *plural*

polepole *adj/adv* 1. slow(ly) 2. careful(ly)

polisi *n* 1. (polisi) police 2. (mapolisi) police officer; policeman/policewoman 3. **stesheni ya polisi** police station 4. *see* polisi...

polisi wa idara ya utawala *n* administration police

polisi wa kike *n* policewoman

pombe *n* (pombe) 1. beer 2. alcohol 3. intoxicant

pombo *n* (pombo) greens

pomboo *n* (pomboo) 1. dolphin 2. porpoise

pomoni *n/adv* brimful

-pona *v* 1. to heal 2. to recover 3. to survive

-ponda *v* 1. to crush 2. to pound 3. to discredit 4. to knock down

-ponda mali *v* 1. to waste money 2. to waste resources

-pondeka *v* 1. to be crushed 2. to be pounded 3. to be knocked down 4. to be discredited

pondo *n* (mapondo) pole

-pondwa *v* to be crushed

-ponea *v* 1. to be saved by 2. to live on

-ponea chupuchupu *v* to be saved by the skin of one's teeth

-ponesha *v* to cure

-pongeza *v* to congratulate

-pongozea *v* to offer congratulations to

pongezi *n* (pongezi) congratulations

-pongezwa *v* to be congratulated

pongo *n* (pongo) bushbuck

poni *n* (poni) pawn

ponta *n* (ponta) backstitch

-ponya *v* 1. to cure 2. to save

-ponyeka *v* to be curable

-ponyesha *v* to cure

-ponyoka *v* 1. to slip away 2. to escape

-ponyosha *v* to let slip

-ponywa *v* to be cured

-ponza *v* to endanger

pooza *n* (mapooza) undeveloped thing

-pooza *v* to be paralyzed

popo *n* (popo) bat

popoo *n* (popoo) 1. nut 2. bullet

popote *adv* 1. anywhere 2. wherever

-popotoa *v* 1. to twist 2. to strain

-popotoka *v* 1. to be twisted 2. to be strained

pora *n* (mapora) cock; rooster

-pora *v* 1. to seize 2. to rob

pori *n* (pori; mapori) 1. bush; bushland 2. wilderness 3. -a pori bush 4. wild 5. **wanyamapori** wildlife

poroja *n* (poroja) porridge

porojo *n* (maporojo) gossip

-poromoka *v* 1. to slip 2. to slide 3. to cascade

poromoko *n* (maporomoko) 1. cliff 2. cataract 3. landslide

poromoko la maji *n* waterfall

-poromosha *v* to come down

-porwa *v* 1. to be seized 2. to be robbed

posa *n* (posa; maposa) 1. proposal (of marriage) 2. engagement (to be married)

-posa *v* to get engaged *(to a woman)*

-posana *v* to be engaged

posho *n* (posho) 1. allowance 2. rations

posho ya kujikimu *n* subsistence allowance

posho ya tafrija *n* entertainment allowance

posho ya takrima *n* hospitality allowance

-posoa *v* to prune

-posolewa *v* to be pruned

posta *n* (posta) 1. post 2. post office

posta kuu *n* main post office

postikadi *n* (postikadi) postcard

postkodi *n* (postkodi) post code

-poswa *v* to get engaged *(to a man)*

-pota *v* to twist

pote *adv* everywhere

-potea v 1. to disappear 2. to get lost; to be lost 3. to be wrong

-potea fahamu v to lose consciousness

-poteana v to lost to one another

potelea mbali! so what?

-potevu adj 1. wasteful 2. destructive

-poteza v 1. to waste 2. to lose

-poteza fahamu v to lose consciousness

-poteza muda; -poteza wakati v 1. to lose time 2. to watse time

-potezea v to lose for

-potoa v to spoil

-potofu adj 1. misleading 2. perverted

-potoka v 1. to go astray 2. to be misguided 3. to be perverted

-potosha v 1. to lead astray 2. to misguide 3. to pervert

-potoshwa v 1. to be led astray 2. to be misguided 3. to be perverted

-potovu adj 1. misleading 2. misguided 3. perverted

povu n (povu) 1. foam 2. froth 3. suds

-povusha v to make bubbles

-poza v 1. to cool (down) 2. to comfort 3. to heal

-pozwa v to be cooled

presha n (presha; mapresha) pressure

profesa n (maprofesa) professor

propoza n (mapropoza) illegal traffic

protestanti adj (rel.) Protestant

pua n (pua) 1. nose 2. nozzle 3. **chuma cha pua** steel

puani 1. in/from the nose 2. **-tokea puani** to come to regret

puchi n (puchi) stucco

pudin n (pudin) pudding

-pujufu adj shameless

-pukuchua v to husk

-pukuchuliwa v to be husked

-pukupuku 1. adj full 2. plenty 3. wholesale 4. adv in plenty

-pukusa v 1. to shake down 2. to harvest 3. to reward

pukuso n (pukuso) gift

pukute n (pukute) cooked rice

-pukutika v 1. to fall off 2. to drop off 3. to shower down

-pukutikwa v 1. to be shaken down 2. to be harvested

-pukutisha v 1. to drop off 2. to let fall

-pukutua v 1. to shake off 2. to make fall

puleki n (puleki) 1. tinsel 2. sequin

-pulika v to listen

-puliza v 1. to blow 2. to inflate 3. to spray 4. to be gentle

-pulizia v 1. to blow into/on 2. to spray onto/with 3. to inflate

-pulizia rangi v to spray on paint

-pulizwa v 1. to be blown 2. to be inflated 3. to be sprayed

pululu n (mapululu) 1. bush; bushland 2. wilderness

-puma v to throb

pumba n (pumba) 1. chaff 2. lump

-pumbaa v 1. to be bewildered 2. to be astonished 3. to be a fool 4. to be relaxed

-pumbaza v 1. to bewilder 2. to astonish 3. to fool

-pumbazika v 1. to be bewildered 2. to be astonished 3. to be fooled

pumbu n (pumbu) 1. scrotum 2. testicle

pumu n (mapumu) 1. lung 2. asthma

-pumua v 1. to breathe 2. to take a rest

pumzi n (pumzi) 1. breath 2. **-toa pumzi** to breathe out

pumzi moto n excitement

-pumzika v to rest

pumziko n (mapumziko) rest

-pumzisha v 1. to let rest 2. to lie fallow

-puna *v* 1. to wipe 2. to scrape off 3. to peel

punda *n* (punda) donkey

punda milia *n* (punda milia) zebra

punde 1. *n* (punde) instant 2. *adv* soon 3. in an instant 4. **hivi punde** just now

punde si punde *adv* 1. soon 3. in an instant

punde hivi *adv* just now

-punga *v* 1. to wave 2. to flap 3. to decrease

-punga hewa *v* to get some air

-punga mkono *v* to wave

-punga pepo *v* to exorcise

-pungia *v* to wave to

-pungia mkono *v* to wave to

-pungiwa *v* 1. to be waved 2. to be flapped 3. to be decreased

pungo *n* (pungo) exorcism

-pungua *v* 1. to lessen 2. to diminish 3. to reduce

punguani *n* (mapunguani) imbecile

-pungufu *adj* 1. lacking 2. incomplete 3. deficient 4. defective

pungufu *n* (mapungufu) deficiency

-punguka *v* 1. to diminish 2. to be in short supply

-pungukiwa *v* to be lacking in

-punguza *v* 1. to reduce 2. to trim

-punguza bei *v* to lower a price

-punguza mwendo *v* to slow down

-punguza sauti *v* to lower the volume

-punguza spidi *v* to slow down

-punguzia *v* to reduce for

-punguzwa *v* to be reduced

-punja *v* 1. to cheat 2. to swindle

punje *n* (punje) grain

-punjwa *v* 1. to be cheated 2. to be swindled

pupa *n* (pupa) 1. eagerness 2. passion 3. greed 4. -fanya pupa to be eager

-puputika *v* 1. to fall off 2. to drop off 3. to shower down

-pura *v* 1. to knock down 2. to strip 3. to peel 4. to thresh 5. to put on make-up 6. to beat

pure *n* (pure) maize and beans mash

-puruka *v* to fly off/up

-purukusha *v* 1. to distract 2. to disdain 3. to treat badly 4. to neglect

purukushani *n* (purukushani) 1. disdain 2. negligence

-pusa *v* to stop raining

pute *n* seizure

puto *n* (maputo) balloon

-puuza *v* 1. to ignore 2. to make light of

-puuzwa *v* 1. to be ignored 2. to be made light of

-puza *v* 1. to gossip 2. to flirt

-puzi *adj* silly

puzo *n* (mapuzo) silliness

-pwa *v* 1. to ebb 2. to dry up

pwagu *n* (pwagu); **pwaguzi** (pwaguzi) thief

pwaju *n* (pwaju) nightjar

pwani 1. *adv* at/on/to the beach 2. at/on/to the shore 3. at/on/to the coast 4. *n* (pwani) beach 5. shore 6. coast

-pwaya *v* to be loose-fitting

-pwea *v* 1. to subside 2. to dry up 3. to be hoarse

pweke *n* (pweke) 1. solitude 2. loneliness 3. *see* pekee

-pwelea; -pwelewa *v* to run aground

-pweteka *v* to sit down

-pwewa *v* 1. to ebb 2. to be dried up

pweza *n* (pweza) cuttlefish

pweza mkubwa *n* octopus

-pwita *v* to 1. to throb 2. to pulse 3. to pant

-pya 1. new 2. fresh 3. **mpango mpya** revised plan

R

raba *n* (raba) trainers
Rabi *n* Lord; God
-rabishika *v* to be in confusion
rabsha *n* (rabsha) **1.** confusion **2.** commotion **3.** brawl
rabuni *n* (rabuni) down payment
radhi 1. *n* (radhi) apology **2.** contentment **3.** **-omba radhi** to beg pardon **4.** **-taka radhi** to apologize **5.** (maradhi) illness **6.** *adj* content **7.** satisfied **8.** willing **9.** **kwa radhi** willingly
radi *n* (radi) **1.** thunder **2.** thunderclap
rafadha *n* (rafadha) **1.** propellor **2.** rotor
rafiki *n* (rafiki; marafiki) **1.** friend **2.** comrade
rafiki wa kike *n* girlfriend
rafiki wa kiume *n* boyfriend
rafu 1. *adj* rough **2.** *adv* roughly **3.** *n* (rafu) shelf **4.** rack
raghba *n* (raghba) **1.** interest **2.** attraction
rago *n* (rago; marago) camp
raha *n* (raha; maraha) **1.** comfort **2.** happiness **3.** peace **4.** rest **5.** luxury
raha mustarehe *n* perfect ease
rahani *adv* **1.** in comfort **2.** in luxury **3.** *see* **rehani**
Rahimu *n* God the Merciful
rahisi *adj* **1.** cheap **2.** easy
-rahisika *v* **1.** to be cheaper **2.** to be easier **3.** to be simple
-rahisisha *v* **1.** to cheapen **2.** to make easier **3.** to simplify
rai *n* (rai) **1.** opinion **2.** view **3.** suggestion **4.** advice **5.** strength **6.** health
-rai *v v* **1.** to flatter **2.** to pressurize

raia *n* (raia) citizen
-raika *v* **1.** to be flattered **2.** to be pressurized
-rairai *v* **1.** to flatter **2.** to pressurize
rais *n* (**marais**); raisi (**maraisi**) president
Rajabu *n* *(Isl.)* Rajab (seventh month)
rajamu *n* (rajamu) **1.** stamp **2.** trademark
rajua *n* (rajua) hope
rakaa *n* (rakaa) *(Isl.)* prostation in prayers
-rakibisha *v* **1.** to repair **2.** to correct **3.** to adjust **4.** to assemble
rakibu *n* (rakibu) skilled rider
-rakibu *v* **1.** to ride **2.** to mount
Ramadhani *n* Ramadan
ramani *n* (ramani) **1.** map **2.** plan
ramani ya njia *n* **1.** road map **2.** street map **3.** network map
ramba *n* (ramba) **1.** striped cloth **2.** awl
-ramba *v* to lick
-rambaza *v* **1.** to trawl **2.** to hustle
rambirambi *n/pl* sympathy
rambirambi zako! my condolences!
-rambishwa *v* to get a taste of
ramia *n* (ramia) bullet
-ramisi *v* **1.** to have fun **2.** to gamble
ramli *n* (ramli) **1.** fortune telling **2.** **-piga ramli** to predict the future
ramsa *n* (ramsa) **1.** fair **2.** festival **3.** fun
ramu *n* (ramu) **1.** plot of land **2.** rum
randa *n* (randa) plane
-randa *v* to walk around
-randaranda *v* to wander

rangi *n* (rangi) 1. colour 2. paint 3. dye 4. -piga rangi to colour 5. to paint 6. to shine 7. -tia rangi to dye

rangi mbichi! wet paint!

rangi ya mafuta *n* oil paint

rangi ya mdomo *n* lipstick

rangi ya viatu *n* shoe polish

-rapua *v* 1. to beat 2. to flog 3. to whip

-rarua *v* 1. to tear 2. to split

-raruka; -raruliwa *v* 1. to be torn 2. to be split

raruo *n* (mararuo) 1. tear 2. split

ras *n* (ras) 1. head 2. chief 3. cape

rasharasha *n* (rasharasha) 1. shower 2. drizzle

-rashia *v* to sprinkle on

rasi *n* (rasi) 1. head 2. chief 3. (mar.) cape 4. point

rasilmali *n* (rasimali) 1. capital 2. assets

rasimu *n* (rasimu) 1. drawing 2. design 3. plan

-rasimu *v* 1. to plan 2. to organise

rasmi 1. *adj* formal 2. official 3. *adv* formally 4. officially 5. -sio rasmi informal 6. unofficial

rasul *n* (rasul; marasrul); rasuli (rasuli; marasuli) (Isl.) 1. apostle 2. messenger 3. prophet

ratiba *n* (ratiba) 1. timetable 2. schedule

-ratibika *v* to be arranged

-ratibu *v* 1. to arrange 2. to schedule

ratili *n* (ratili); **ratli** *n* (ratli) pound (weight)

raufu *adj* gentle

-rauka *v* to wake early

ree *n* (ree; maree) ace

refa *n* (refa) referee

-refu *adj* 1. long 2. tall 3. high 4. deep

-refuka *v* 1. to be lengthened 2. to be longer 3. to be taller 4. to be deeper

-refusha *v* 1. to lengthen 2. to deepen

-refushwa *v* 1. to be lengthened 2. to be longer 3. to be taller 4. to be deeper

-regea *v* 1. to be loose 2. to be weak 3. to relapse

rehani *n* (rehani) 1. pledge 2. security 3. mortgage 4. see rahani

rehema *n* (rehema) 1. pity 2. mercy 3. compassion

-rehemu *v* 1. to pity 2. to show mercy 3. to be compassionate

rejareja *n/pl* 1. retail 2. -a rejareja retail

rejea *n* (rejea) 1. bibliography 2. references

-rejea *v* 1. to return (to) 2. to arrive 3. to repeat 4. to refer (to) 5. to regress

rejeo *n* (marejeo) 1. return 2. arrival 3. repeat

-rejesha *v* 1. to return 2. to bring back 3. to return to normal 4. to reinstate 5. to extradite

-rejesha kupigia simu *v* to ring back

rejehi *adj* relative

rejesta *n* (rejesta) 1. registered mail 2. kwa rejesta by registered mail

-rekebisha *v* 1. to repair 2. to correct 3. to adjust 4. to regulate

rekebisho *n* (marekebisho) 1. adjustment 2. reform

-rekebishwa *v* 1. to be repaired 2. to be corrected 3. to be adjusted 4. to be regulated

rekodi *n* (rekodi) record

-rekodi *v* to record

reli *n* (reli) 1. rail 2. railway; railroad 3. stesheni ya reli railway station

-remba; -rembesha *v* 1. to adorn 2. to decorate 3. to make up

rembo *n* (marembo) 1. ornament 2. decoration 3. -sio na marembo plain

-rembua macho *v* to make eyes at

-rembuka *v* to be exhausted
-rembuka *v* to worsen
rengu *n* (**rengu**) outrigger
resi *n* (**resi**) race
rewa *n* (**rewa**) drum
-rezavu *v* to reserve
riadha *n* (**riadha**) athletics
riahi *n* (**riahi**) flatulence
riba *n* (**riba**) *(fin.)* **1.** interest **2.** surcharge **3.** extortion **4.** *(rel.)* usury **5. kula riba** to charge interest
ridhaa *n* (**ridhaa**) **1.** agreement **2.** satisfaction **3.** compensation **4.** acceptance **5.** endorsement
-ridhi *v* **1.** to approve **2.** to satisfy
-ridhia *v* **1.** to accept **2.** to approve **3.** to endorse
-ridhika *v* to be satisfied
-ridhisha *v* to satisfy
riha *n* (**riha**) smell
rihani *n* (**rihani**) basil
rihi *n* (**rihi**) smell
rijali *n* (**rijali**) **1.** (real) man **2.** macho man
rika *n/adj* (**marika**) contemporary; peer
rikodi *n* (**marikodi**) record; lp
riksho *n* (**mariksho**) rickshaw
rima *n* (**marima**); **rina** (**marina**) pit
-rina *v* to gather
rinda *n* (**marinda**) **1.** fold **2.** dress **3.** gown
-rindima *v* to rumble
rindimo *n* (**marindimo**) thundering
-ringa *v* to show off
riniu *n* (**riniu**) **1.** renewal **2. -piga riniu** to renew
-riniu *v* to renew
ripota *n* (**maripota**) reporter
ripoti *n* (**ripoti**) **1.** report **2. -toa ripoti** to make a report
-ripoti *v* to report
-ripotiwa *v* to be reported
-ripuka *v* to explode
risala *n* (**risala**) **1.** statement **2.** speech **3.** message

risasi *n* (**risasi**) **1.** lead **2.** solder **3.** bullet
-rishai *v* to permeate
risiti *n* (**risiti**) receipt
-rithi *v* **1.** to inherit **2.** to succeed
-rithisha *v* **1.** to leave an inheritance **2.** to bequeath **3.** to hand on **4.** to transmit
-rithishwa *v* to be inherited
riwaya *n* (**riwaya**) **1.** novel **2.** story **3.** allegory
riwaya ya maafa *n* horror novel
riwaya ya mapenzi *n* love novel
riwaya ya ujambazi *n* **1.** crime novel **2.** thriller novel **3.** spy novel
riwaya ya upelelezi *n* spy novel
riza *n* (**riza**) **1.** chain **2.** bolt
-rizavu *v* to reserve
riziki *n* (**riziki**) **1.** fate **2.** sustenance **3.** supply **4.** maintenance **5.** daily requirements
-roa *v* to be wet
robo *n* (**robo**) **1.** quarter **2. ...na robo** quarter past...
robota *n* (**marobota**) **1.** packet **2.** package **3.** bundle **4.** bale
robo tatu *pl* three quarters
roda *n* (**roda**) **1.** pulley **2.** pulley wheel
rodi *n* (**rodi**) show-off
-roga *v* to bewitch
-rogwa *v* to be bewitched
roho *n* (**roho**) **1.** life **2.** soul; spirit **3.** throat **4.** greed **5. -kata roho** to die **6. -kaza roho** to act decisively
Roho Mtakatifu *n* *(Chr.)* Holy Spirit
roho nzuri *n* kind heart
rojo *n* (**rojo**) **1.** gravy **2.** paste **3.** batter
rojorojo *adj* **1.** pasty **2.** thick **3.** *(tech.)* viscous
-rombeza *v* to linger
rongera *n* (**rongera**) unfermented beer
ronjo *adj* tall
-ropoka *v* to talk nonsense

roshani *n* (roshani) 1. verandah 2. balcony

rostbif *n* (rostbif) roast beef

rovu *n* (rovu) goitre

-rovya *v* to soak

ruba *n* (maruba) leech

rubaa *n* (rubaa) group

rubani *n* (marubani) 1. guide 2. helmsman 3. pilot

rubani mjaribu *n* (marubani wajaribu) test pilot

rubega *n* (rubega) large shirt

rubuni *n* (rubuni) 1. guarantee 2. deposit 3. down payment

-rubuni *v* 1. to cheat 2. to lure

-rudi *v* 1. to come back 2. to return 3. to go back 4. to reverse 5. to shrink 6. to amend one's ways 7. to punish

-rudia *v* 1. to return to 2. to repeat 3. to do again

-rudiana *v* 1. to come together 2. to reunite 3. *(spor.)* to replay

-rudisha *v* 1. to give back; to return 2. to send back 3. to refund

-rudisha mlango *v* to close a door

-rudishia *v* 1. to return to 2. to replace

-rudishiwa *v* to receive

-rudishwa *v* 1. to be returned 2. to be replaced

-rudiwa *v* to be repeated

-rudufiwa *v* 1. to be doubled 2. to be duplicated

-rudufu *v* 1. to double 2. to duplicate

rufaa *n* (rufaa) 1. cargo 2. *(leg.)* appeal 3. *(med.)* referral 4. -a rufaa *(leg)* appeal 5. *(med.)* referral 6. hospitali ya rufaa *(med.)* referral hospital 7. -kata rufaa *(leg.)* to lodge an appeal

rufaani *n* (rufaani); **rufani** (rufani) *(leg.)* appeal

rugaruga *n* (marugaruga) 1. messenger 2. courier 3. plain-clothes policeman 4. local militia 5. vigilante

ruhusa *n* (ruhusa) 1. permission 2. time off 3. -omba ruhusa to ask for leave 4. -toa ruhusa to grant leave

-ruhusiwa *v* to be permitted

-ruhusu *v* 1. to permit 2. to let

ruia *n* (ruia) 1. dream 2. vision

-ruka *v* 1. to fly 2. to jump

-rukia *v* 1. to fly at/onto/over 2. to jump at/onto/over

ruko *n* (maruko) 1. flight 2. jump 3. omission

-rukwa *v* to be flown

-rukwa na roho *v* 1. to be terrified 2. to go mad 3. to have a mental breakdown

rula *n* (marula) ruler

rumada *n* (rumada) rudder pivot

rumbi *n* (rumbi) jar

-rumbiza *v* to badmouth

-rundika *v* to accumulate

rundo *n* (marundo) pile

rungu *n* (marungu) 1. truncheon 2. cudgel

rupia *n* (rupia) rupee

-rusha *v* 1. to throw 2. to toss up 3. to bribe 4. to overcharge

-rusha kichura *v* to frogmarch

rusho *n* (marusho) 1. throwing (off) 2. leap

rushwa *n* (rushwa) 1. bribe 2. corruption 3. -toa rushwa to bribe 4. kula rushwa to take a bribe

-rushwa *v* to bribe

rusu *n* (rusu) 1. layer 2. tier

rutuba *n* (rutuba) 1. moisture 2. wetness 3. dampness 4. fertile land

-rutubisha *v* to fertilize

ruwaza *n* (ruwaza) 1. pattern 2. sample

ruya *n* (ruya) 1. dream 2. vision

-ruzuku 1. *n* subsidy 2. *v* to support 3. to supply 4. to subsidize

ruzuna *n* (ruzuna) *(med.)* children's remedy

S

saa *n* (**saa**; **masaa**) **1.** time **2.** hour **3.** clock **4.** watch **5.** o'clock **6.** (**ni**) **saa ngapi?** what time is it? **7. kila saa** hourly **8.** constantly

saa ya kamsa; saa ya kengele *n* alarm clock

saa zote *adv* always

saba seven

-sababisha to cause

-sababishwa *v* to be caused (**na** by)

sababu *n* (**sababu**) **1.** cause **2.** reason **3. kwa sababu** because **4. kwa sababu gani** why

-sabahi *v* to **1.** to say good morning **2.** to receive

sabalkheri! good morning! (*reply:* **alkheri!**)

Sabasaba *n* Farmers' Day (July 7, Tanzania)

sabasi *n* (**sabasi**) enmity

Sabato *n* Sabbath

sabiki *n* (**sabiki**) cause

sabili *n* (**sabili**) **1.** permission **2.** toleration **3.** devoting oneself; sacrificing oneself

sabili *adj* **1.** free **2.** unhindered **3. -jitolea sabili** to offer one's life

-sabili *v* **1.** to set free **2.** to make way for

-sabilia *v* to offer freely to

sabini (**sabini**) seventy

sabuni *n* (**sabuni**) soap

sabuni ya kufulia *n* washing soap

sabuni ya kuogea *n* bath soap

sabuni ya majimaji *n* washing-up liquid

sabuni ya unga *n* washing powder; washing soap

saburi *n* (**saburi**) patience

-saburi *v* to be patient

sachi *n* (**sachi**) search

-sachi *v* to search

sadaka *n* (**sadaka**) *(rel.)* offering

-sadakta *v* to appreciate

-sadifia *v* to be appropriate for

sadifu *adj* **1.** correct **2.** appropriate **3.** qualified **4.** competent

-sadifu *v* **1.** to happen **2.** to be correct

-sadiki *v* **1.** to believe **2.** to trust

-sadikika *v* **1.** to be believable **2.** to be truthful **3. Haisadikiki!** It's incredible!

-sadikisha *v* to convince

-sadikishwa *v* to be convinced

-sadikiwa *v* **1.** to be believable **2.** to be truthful

safa *n* (**masafa**) wavelength

safari *n* (**safari**) **1.** journey **2.** trip **3.** travel **4.** safari **5. safari hii** this time **6. namba ya safari** flight number

safari kwa baluni *n* balloon safari

safari kwa basi *n* coach trip

safari kwa basi dogo *n* minibus safari

safari kwa meli *n* cruise

safari kwa ndege *n* flight

safari kwa ndege ya ratiba *n* scheduled flight

safari njema! bon voyage!; have a good journey!

safari ya kuongoza watalii *n* guided tour

safari ya makao kambini *n* camping trip

safari ya matambezi *n* day trip

safari ya mpango wa jumla *n* **1.** package holiday **2.** package tour

safari ya utalii *n* tour

safi *adj* 1. clean 2. fresh 3. cool 4. pure

safi! fine!

safi kabisa!; safi sana! great!

-safidi *v* 1. to arrange 2. to clear (up)

-safidika *v* 1. to be arranged 2. to be clear

safihi *n* (masafihi) offensive person

-safihi; -safii *v* 1. to be rude 2. to scorn

safina *n* (safina) ship; boat

-safiri *v* 1. to travel 2. to tour

-safiria *v* 1. to travel to 2. to travel by

-safiri kwa ndege *v* to fly

-safiri majini *v* to sail

-safirisha *v* 1. to transport 2. to conduct a tour 3. to drive people around

-safirishwa *v* 1. to be transported 2. to be taken on a tour 3. to be driven around

-safisha *v* 1. to clean 2. to purify 3. to refine

-safisha filamu; -safisha picha *v* to develop film

-safisha koo *v* to clear one's throat

-safishia *v* to clean for

-safishwa *v* 1. to be cleaned 2. to be purified 3. to be refined

safu *n* (safu) 1. line 2. row 3. queue 4. **safu ya milima** mountain range

safu-safu *n* (safu-safu) 1. series 2. *see* **safu**

safura *n* (safura) 1. anemia 2. beriberi 3. hookworm

-saga *v* 1. to crush 2. to grind 3. to mill

sagai *n* (sagai) spear

sagamba *n* (sagamba) callus

-saga meno *v* to grind one's teeth

-saga nyama *v* to mince meat

-saga unga *v* to grind flour

-sagia *v* 1. to crush for 2. to grind for 3. to mill for

-sagika; -sagwa *v* 1. to be crushed

2. to be ground 3. to be milled

sahali *adj* simple

sahani *n* (sahani) 1. plate 2. dish 3. disk 4. record

sahani ya shimo *n* (sahani za shimo) bowl

sahau *n* (sahau) forgetfulness

-sahau *v* 1. to forget 2. **Nimesahau.** I've forgotten.

-sahaulifu *adj* forgetful

-sahaulisha *v* to make forget

-sahauliwa *v* to be forgotten

sahibu *n* (masahibu) friend

sahifa *n* (sahifa) page

sahihi 1. *adj* correct 2. accurate 3. *n* (sahihi) signature 4. **-tia sahihi** to sign one's name

-sahihi, -sahihisha *v* 1. to correct 2. to make sure

sahihisho *n* (masahihisho) 1. correction 2. amendment

-sahihishwa *v* 1. to be corrected 2. **mpango uliosahihishwa** revised plan

sahili *adj* simple

-sahilisha *v* to simplify

saidi *n* (saidi) lord

-saidia *v* to help

-saidiana *v* to help one another

-saidiwa *v* to be helped

saidizi *adj* auxiliary

-saihi *v (leg.)* to examine

-saihisha *v (leg.)* to endorse

sailansa *n* (sailansa) silencer; muffler

-saili *v* 1. to ask 2. to examine

-sailiana *v* to ask each other

-sailiwa *v* 1. to be asked 2. to be examined

saini *n* (saini) 1. signature 2. **-tia saini** to sign one's name

saisi *n* (saisi) groom

saizi *n* (saizi) size

-sajili *v* 1. to register 2. to record

-sajiliwa *v* 1. to be registered 2. to be recorded

sajini *n* (masajini) sergeant

-saka *v* 1. to hunt down 2. to search

-sakafia *v* 1. to concrete 2. to floor 3. to pave

-sakafiwa *v* 1. to be made of concrete 2. to be floored 3. to be paved

sakafu *n* (sakafu) 1. floor 2. flat roof 3. pavement

sakafu ya zege *n* concrete floor

sakafuni *adv* on the floor

-sakama *v* 1. to be stuck 2. to pester

sakarani *adj* befuddled

-sakata *v* 1. to hit 2. to do with intensity

-sakata disco *v* to dance it up

saketi *n* (saketi) circuit

saketi ya umeme *n* electric circuit

-saki *v* 1. to fit 2. to be tight 3. to hurt

-sakifiwa *v* to be concreted

-sakifu *v* 1. to concrete 2. to floor 3. to pave

-sakini *v* 1. to live (in/at) 2. to inhabit

sakitu *n* (sakitu) frost

sakubimbi *n* (masakubimbi) troublemaker

sala *n* (sala) prayer

salaam *n* (salaam) 1. peace 2. greeting

saladi *n* (saladi) 1. salad 2. lettuce

saladi ya figili *n* radish salad

saladi ya matango *n* cucumber salad

saladi ya matunda *n* fruit salad

saladi ya nyanya *n* tomato salad

salala *n* (salala) steak

salala!; salale! God forbid!

salama 1. *n* (salama) peace 2. safety 3. (good) health 4. *adj/adv* safe(ly)

salama uslimini *adv* safe and sound

salamu *n* (salamu) 1. peace 2. greeting

salata *n* (salata) 1. harshness 2. troublemaker

-sali *v* to pray

-salia *v* 1. to pray for/to 2. to be left over

salifu *adj* prayerful

salihina *n* (sahilina) god-fearing person

-salim *v* to greet

-salimia *v* 1. to greet 2. to congratulate

-salimiana *v* to greet each other

-salimika *v* 1. to be saved 2. to be safe and sound

salimini *adv* safely

-salimisha *v* 1. to make safe 2. to save 3. to hand over 4. to surrender

-salimiwa *v* to be greeted

-salimu *v* 1. to greet 2. to surrender

-salimu amri *v* to surrender

salio *n* (masalio) remains

-salisha *v* to lead in prayer

-saliti *v* 1. to deceive 2. to betray

-salitika *v* to be captivated by

-salitiwa *v* 1. to be deceived 2. to be betrayed

saloon *n* (saloon) hairdressing salon

-sama *v* to choke

samadari *n* (samadari) bed

samadi *n* (samadi) manure

samahani! excuse me! (*reply:* **bila samahani!** don't mention it!)

samahani? sorry?

samahani kukusumbua! sorry to bother you!

samahani nipishe! excuse me!

samaki *n* (samaki) 1. fish 2. Pisces

samaki wa kuchoma *n* grilled fish

samaki wa kukaanga *n* fried fish

samaki wa kupaka *n* fish stew with coconut

samani *n* (samani) 1. utensil 2. furniture

samawari *n* (samawari) urn

samawati *n* (samawati) sky-blue

-sambaa

-sambaa *v* to be spread around

sambamba *adv* 1. side by side 2. parallel

sambamba na *adv* in step with

-sambaratika *v* to be broken up

-sambarika *v* to be run down

-sambaza *v* 1. to spread around 2. to distribute

-sambika *v* 1. to compel 2. to accuse

sambusa *n* (sambusa) samosa

-samehe *v* 1. to forgive 2. to pardon 3. to ignore 4. **nisamehe!** forgive me!

-sameheana *v* to forgive each other

-sameheka; **-samehewa** *v* 1. to be forgiven 2. to be pardoned

samesame *n* (samesame) bead

samli *n* (samli) ghee

samoni *n* (samoni) salmon

samosa *n* (samosa) meat pastry; samosa

sampuli *n* (sampuli) 1. sample 2. pattern 3. model

sana *adv* 1. a lot 2. very (much) 3. too 4. extremely 5. **sana sana** absolutely

-sana *v* to forge

sanaa *n* (sanaa) 1. art(s) 2. craft(s) 3. handicraft

sanaa umbuji *n* (sanaa za umbuji) fine art(s)

sanaa za maonyesho *n* (sanaa za maonyesho) theatre arts

sanamaki *n* (sanamaki) senna

sanamu *n* (sanamu) 1. statue 2. image

sanda *n* (sanda) shroud

sandali *n* (sandali) sandalwood

sandara *n* (sandara) mandarin(s)

sandarusi *n* (sandarusi) resin

sanduku *n* (masanduku) 1. box 2. suitcase 3. chest 4. crate

sanduku la barua *n* (masanduku ya barua) postbox; mailbox

sanduku la maiti *n* (masanduku ya maiti) coffin

sanduku la posta *n* (masanduku ya posta) 1. postbox; mailbox 2. P.O. box; post office box

sangara *n* (sangara) Nile perch

-sanifisha *v* 1. to create 2. to edit 3. to standardize

-sanifiwa *v* 1. to be created 2. to be well done 3. to be edited 4. to be standardized

sanifu *adj* 1. standard 2. grammatical 3. proper 4. crafted

-sanifu *v* 1. to create 2. to design 3. to compose 4. to be proper

-sanii *v* 1. to create 2. to invent 3. to manufacture

-sanisi *v* to synthesize

sanjari *adv* in file

-sanjari *v* to escort

santuri *n* (santuri) record-player

-sanya *v* to collect

-sanzuka *v* 1. to be missing 2. to be removed

sapatu *n* (sapatu) 1. sandal(s) 2. slipper(s)

sarabi *n* (sarabi) 1. haze 2. mirage

sarafu *n* (sarafu) 1. coin 2. currency

sarafu ya Kiingereza *n* *(fin.)* sterling

saraka *n* (saraka) drawer

sarakasi *n* (sarakasi) 1. gymnastics 2. acrobatics 3. circus

sarara *n* (sarara) steak

sare 1. *n* (sare) *(spor.)* tie; draw 2. *adv* equally

-sarifika *v* to be manageable

-sarifu *v* 1. to be eloquent 2. to do properly 3. to master

sarira: **-a sarira** *adj* casual

sarufi *n* (sarufi) grammar

saruji *n* (saruji) 1. cement 2. concrete

-sasa *adj* modern

sasa *adv* 1. now 2. **kwa sasa** for now

sasa! you see?

sasa? well?

sasa hivi *adv* 1. right now 2. soon

sataranji *n* (sataranji) chess

satini *n* (satini) satin cloth

sato *n* (sato) tilapia

saumu *n* (saumu) 1. fast; fasting 2. garlic

sauti *n* (sauti) 1. voice 2. sound 3. melody 4. **kwa sauti** aloud 5. **-enye sauti kubwa** loud 6. **-toa sauti** to shout 7. to exclaim

savieti *n* (savieti) serviette

sawa *adj/adv* 1. equal (**na** to) 2. same (**na** as) 3. similar (**na** to) 4. correct 5. right 6. all right; OK 7. yes 8. **ni sawa** that's right

sawa! right!

sawaka *n* (sawaka) python

sawasawa *adv* 1. okay 2. correctly

-sawazisha *v* 1. to equalize 2. to work out 3. to synchronize 4. to grade

-sawazishwa *v* 1. to equalize 2. to be worked out 3. to be synchronized 4. to be graded

sawia *adv* 1. just then 2. simultaneously

-sawijika *v* 1. to be rundown 2. to be disfigured

-sawiri *v* 1. to create 2. to picture

-sawirikia *v* to create for

sayansi *n* (sayansi) science

sayansi kimu *n* domestic science

sayansi ya jamii *n* social science

sayansi ya siasa *n* (sayansi za siasa) political science

sayari *n* (sayari) planet

-saza *v* to leave over

-sazia *v* to put aside for

sazo *n* (masazo) leftover(s)

sebule *n* (sebule) 1. sitting room 2. reception room

-sedeka *v* to last long

sefu *n* (sefu; masefu) safe

sega *n* (masega) 1. honeycomb 2. video game

segele *n* (segele) bead belt

sehemu *n* (sehemu) 1. part 2. section 3. fraction 4. bit 5. portion 6. floor; storey

sehemuduara *n* (sehemuduara) sector

sehemu maarufu *pl* sights

sehemu ya... a bit of...

sehemu ya kinanda *n* (sehemu za kinanda) keyboard

sehemu ya mapokezi *n* reception desk

sehemu ya watoto *n* children's portion

-sekeneka *v* to have syphilis

sekeneko *n* (seneneko) syphilis

sekini *n* (sekini) tuft

sekondari *n* (sekondari) secondary school

sekta *n* (sekta) sector

sekula *n* (sekula) circular

sekunde *n* (sekunde) second

-selea; -selelea *v* to stay at

selensa *n* (selensa) silencer; muffler

seli *n* (seli) 1. sale 2. cell

selo *n* (selo) signal

-sema *v* 1. to say (**na** to) 2. to speak (**na** to)

-sema tena *v* to repeat

-sema uwongo *v* to tell a lie

sembe *n* (sembe) maize flour

sembuse... *adv* let alone...

-semea *v* to speak to/for

-semeka *v* to be expressable

-semekana *v* to be said

-semesha *v* 1. to make talk 2. to question

-semezana *v* to speak to each other

semi *see* usemi

semina *n* (semina) seminar

semsem *n* (semsem) sesame

-semwa *v* to be said

-senea *v* to be blunt

senema *n* (senema) 1. cinema 2. film; movie

senene *n* (senene) katydid

seng'enge *n* (seng'enge) fencing wire; barbed wire

-sengenya *v* to backbite

-sengenywa *v* to be gossiped about

sensa *n* (sensa) census

senta *n* (senta) centre

sentensi *n* (sentensi) sentence

senti *n* (senti) cent

sepeto *n* (sepeto); **sepetu** (sepetu) spade

-sepetuka *v* to totter

Septemba *n* (Septemba) September

sera *n* (sera) 1. wax 2. policy 3. fort

serahangi *n* (serahangi) foreman

seredani *n* (seredani) brazier

seremala *n* (maseremala) carpenter

-serereka *v* 1. to skid 2. to slide

serikali *n* (serikali); **serekali** (serekali) 1. government 2. the state

serikali kuu *n* central government

serikali ya kijeshi *n* military government

serikali ya mitaa *n* local government

serikali ya mpito *n* interim government

serikali ya mseto *n* coalition government

serikali ya muda *n* interim government

seruji *n* (seruji) saddle

-seta *v* to press

seti *n* (seti) set

-setiri *v* 1. to cover up 2. to conceal 3. to disguise 4. to keep confidential

setla *n* (masetla) settler

-seuze *v* to say nothing of; let alone

Shaabani *n* (Isl.) Sha'aban (month before Ramadan)

shaba *n* (shaba) 1. copper 2. brass 3. **shaba nyekundu** copper 4. **shaba nyeupe** brass

shababi *n* (shababi); shababu (shababu) youth

shabaha *n* (shabaha) 1. aim 2. target 3. ambition 4. resemblance

shabaki *n* (shabaki) argumentative person

Shabani *n* see Shaabani

shabash! good lord!

-shabihi *v* 1. to resemble 2. to correspond to

-shabihiana *v* to look alike

shabiki *n* (mashabiki) fan

-shabikia *v* to be friendly towards

-shabikiwa *v* to become enamoured

shabo *n* (shabo) sediment

shabu *n* (shabu) aluminum

shada *n* (shada; mashada) 1. bunch 2. bouquet 3. necklace

shada la funguo *n* (mashada la funguo) keyring

shadda *n* (shadda) stress

shadidi; -a shadidi *adj* 1. stressed 2. intensive 3. reinforced

-shadidi *v* 1. to stress 2. to intensify 3. to reinforce

-shadidisha *v* to reinforce

shaghalabaghala *adv* in disorder

shaha *n* (shaha) king

shaha *n* (mashaha) 1. storyteller 2. leader

shahada *n* (mashahada) 1. certificate 2. diploma 3. degree 4. bond 5. (shahada) evidence 6. (Isl.) declaration of faith 7. **kidole cha shahada** index finger

-shahadia *v* (Isl.) to declare one's faith

shahamu *n* (shahamu) 1. fat 2. grease

shahawa *n* (shahawa) semen; sperm

shahidi *n* (mashahidi) 1. witness 2. (Isl.) martyr

-shahidi *v* 1. to give evidence 2. (Isl.) to declare one's faith

shahiri: dhahiri shahiri *adv* openly

shaibu *n* (shaibu) old person

shairi *n* (mashairi) 1. poem 2. song

shajara *n* (shajara) diary

-shajiisha *v* to encourage

shaka *n* (shaka; mashaka)) 1. doubt 2. worry 3. **bila shaka** without doubt 4. **-tia shaka** to give rise to doubt 5. **Usiwe na shaka!** Don't worry!

shakawa *n* (shakawa) 1. worry 2. upset 3. trouble

shakaza *adj* low-class

shake *n* (shake) sob

-shakili *v* 1. to repair 2. to restore

-shakiliwa *v* 1. to be repaired 2. to be restored

shali *n* (shali) shawl

Sham *n* Syria

shamari *n* (shamari) fennel

shamba *n* (mashamba) 1. farm 2. field 3. plot of land 4. plantation 5. country; countryside

shamba la kahawa *n* coffee plantation

shambani *adv* in the country

-shambulia *v* to attack

shambulio *n* (mashambulio) attack

-shambuliwa *v* to be attacked

shambulizi *n* (mashambulizi) attack

shamili *n* (shamili) earring

-shamiri *v* 1. to spread 2. to be widespread 3. to assemble 4. to load a gun 5. to pound 6. to hammer into

shamrashamra *n* (mashamrashamra); **shamsham** *n* (mashamsham) 1. celebration 2. uproar

shanga *n* (shanga) bead(s)

-shangaa *v* to be surprised

shangama *n* (shangama) 1. house 2. shirt

-shangaza *v* to surprise

shangazi *n* (shangazi) (paternal) aunt

-shangazwa *v* to be surprised

-shangilia *v* 1. to cheer 2. to celebrate 3. to congratulate

shangilio *n* (mashangilio) 1. cheering 2. celebration

-shangiliwa *v* 1. to be celebrated 2. to be cheered

shangingi *n* (mashangingi) prostitute

shangingi la kiume *n* transvestite

shangwe *n* (shangwe) 1. cheering 2. celebration

shani *n* (shani) 1. surprise 2. fluke

shanta *n* (shanta) 1. knapsack 2. rucksack; backpack

shanuo *n* (mashanuo) comb

sharabeti *n* (sharabeti) sherbet

-sharabiwa *v* 1. to be absorbed 2. to be saturated

sharabu *n* (sharabu) 1. wine 2. alcoholic drink

-sharabu *v* 1. to absorb 2. to saturate

sharafa *n* (sharafa) small beard

shari *n* (shari) 1. evil 2. mischief 3. **-taka shari** to look for trouble

sharia *n* (sharia) 1. law 2. justice 3. *(Isl.)* religious law

sharifu *n* (sharifu) 1. esteemed person 2. noble person

-sharifu 1. *v* to honour 2. *adj* esteemed 3. noble

sharti *n* (masharti) 1. term 2. regulation 3. statute 4. provision 5. condition 6. **Sharti usome.** You must read.

sharubu *n* (masharubu) moustache

shashi *n* (shashi) tissue paper

shata *n* (shata) coconut jelly

shati *n* (shati; mashati) shirt

shatoruma *n* (shatoruma) waist-shawl

-shaufu *v* 1. *v* to have a desire for 2. *adj* proud

shauku *n* (shauku) 1. desire 2. eagerness 3. passion

shauri *n* (mashauri) 1. affair 2. plan 3. topic 4. matter 5. advice 6. counsel 7. **shauri lako!** that's your problem! 8. **-kata shauri** to reach a decision 9. **-fanya shauri** to consider 10. (shauri) problem 11. fault

-shauri *v* 1. to advise 2. to consult 3. to decide

-shauriana *v* 1. to consult 2. to negotiate

shavu *n* (mashavu) 1. cheek 2. biceps 3. calf

shawa *n* (mashawa) 1. shower 2. **-enye shawa** with a shower

Shawali *n* Shawwal *(tenth Islamic month)*

shawishi *n* (mashawishi) 1. temptation 2. attraction

-shawishi *v* 1. to tempt 2. to persuade 3. to attract

-shawishika; -shawishiwa *v* 1. to be tempted 2. to be persuaded 3. to be attracted

shayiri *n* (shayiri) barley

shazi *n* (shazi) bunch

shazia *n* (shazia) needle

shehe *n* (mashehe) *(Isl.)* 1. religious teacher 2. learned man

shehena *n* (shehena) 1. cargo 2. freight

-sheheneza *v* to load

-sheheni *v* 1. to be loaded 2. to carry cargo

sheik *n* (sheik) *see* sheikh

sheikh *n* (sheikh) *(Isl.)* 1. religious teacher 2. learned man

shekhe *n* (masheke) *see* sheikh

shela *n* (shela) veil

shelabela *adv* any old way

shelisheli *n* (mashelisheli) breadfruit

Shelisheli *n* 1. someone from the Seychelles 2. **visiwa vya Shelisheli** Seychelles Islands

shemali *n* (shemali) left (hand)

shemasi *n* (mashemasi) deacon

shembea *n* (shembea) curved knife

shemegi *n* (shemegi); **shemeji** (shemeji) 1. brother-in-law 2. sister-in-law

-shenzi *adj* uncivilized

shere *n* (shere) 1. fun 2. joke 3. **-chezea shere** to play a joke on

sherehe *n* (sherehe) 1. celebration 2. party 3. festival 4. glossary

-sherehekea; -sherekea *v* to celebrate

sheria *n* (sheria) 1. law 2. justice 3. *(Isl.)* religious law

sheria na utengemano *n* law and order

sherizi *n* (sherizi) glue

sherti *n* (sherti) *see* sharti

sheshe *n* (sheshe) beauty

shetani *n* (mashetani) 1. devil 2. evil person

shetri *n* (shetri) stern

-shiba *v* 1. to be full up 2. to be satisfied 3. **Nimeshiba!** I've had enough thank you!

-shibana *v* to love intensely

shibe *n* (shibe) 1. fullness 2. satisfaction

shibiri *n* (shibiri) span

-shibisha *v* 1. to be filling 2. to be satisfying

shida *n* (shida) 1. trouble 2. problem 3. hardship 4. **-a shida** hard 5. **Una shida yoyote?** Are you all right? 6. **Sina shida!** I'm all right! 7. **shida gani?** what's the problem? 8. **hakuna/hamna shida** no problem

shida tupu *n* nothing but trouble

-shii *v* to poo

-shika *v* 1. to get 2. to hold 3. to catch 4. to arrest

-shika adabu *v* to be polite

-shika hatamu *v* 1. to take control 2. to lead

-shikamana *v* 1. to stick together 2. to set 3. to be consolidated

shikamoo! 1. hello! 2. accept my respects! *said by lesser-status* person toward higher-status person (reply: **marahaba!**)

-shika moto v to intensify

-shikana v to be at grips

-shika nafasi v to be placed

-shika njia v to proceed

-shika sheria v to observe the law

-shikashika v to keep on holding

-shikilia v 1. to hold tight 2. to persist

shikio n (**mashikio**) 1. handle 2. rudder

-shikiza v to fasten

shikizo n (**mahikizo**) 1. fastening 2. prop 3. wedge

shiku n (**mashiku**) tree stump

-shikwa v 1. to be held 2. to be caught (**na** by) 3. to be a victim (**na** of)

-shikwa na kibibi v to go numb

shilingi n (**shilingi**) shilling

shimbi n (**shimbi**) lees

shime! keep it up!; good work!

shimizi n (**shimizi**) slip

shimo n (**mashimo**) 1. hole 2. tunnel

shina n (**mashina**) 1. root(s) 2. stem 3. trunk

shinda 1. n (**mashinda**) remainder; residue 2. adj not competely full

-shinda v 1. to overcome 2. to conquer 3. to win 4. to excel 5. to surpass 6. to pass a test/exam 7. to pass/spend (time)

-shinda njaa v to go hungry

-shindana v 1. to compete 2. to dispute

-shindana mieleka v to wrestle

-shindania v 1. to compete for 2. to dispute

-shindania bei v to haggle

shindano n (**mashindano**) 1. competition 2. race 3. struggle

-shindia v to spend time at/in

-shindika v 1. to be defeated 2. to apply force to 3. to partly close

-shindikana v 1. to fail 2. to be useless 3. to be unsuccessful

shindikizo n (**mashindikizo**) pressure

-shindikwa v to be partly closed

-shindilia v 1. to press 2. to discharge 3. to force 4. to compress

-shindiliwa v 1. to be pressed 2. to be discharged 3. to be forced 4. to be compressed

-shindisha v to make someone stay

shindo n (**mashindo**) loud noise

-shindwa v 1. to fail 2. to to be unable 3. to be unsuccessful 4. to be defeated

shingo n (**shingo**) 1. neck 2. **kwa upande shingo** reluctantly

shingo ya kanzu n (**shingo za kanzu**) collar

-shinikiza v 1. to press 2. to crush

shinikizo n (**mashinikizo**) 1. crusher 2. mill 3. pressure

shinikizo la damu n blood pressures

shira n (**shira**) 1. syrup 2. sail

shiraa n (**shiraa**) dog star

-shirabu v to drink

shirika 1. n (**mashirika**) partnership 2. company 3. co-operative 4. institution 5. organization 6. -a shirika adj co-operative

Shirika la Afya Duniani n World Health Organization

shirika la fedha n (**mashirika ya fedha**) financial institution

Shirika la Fedha Duniani n International Monetary Fund

shirika la umma n (**mashirika ya umma**) public institution

-shiriki v 1. to share (in) 2. to participate (in)

-shirikiana v 1. to co-operate 2. to share

-shirikisha v 1. to incorporate 2. to share out 3. to co-ordinate 4. to co-opt 5. to compare

shirikisho n (**mashiriksho**) 1. corporation 2. union 3. federation 4. community

-shirikishwa *v* 1. to be incorporated 2. to be shared out 3. to be co-ordinated 4. to be co-opted 5. to be compared

shisha *n* (mashisha) hourglass

-shitaki *v see* -shtaki

shiti *n* (mashiti) 1. sheet 2. printed cotton

-shiti *v* 1. to despise 2. to care less

-shitua *v* to surprise

shoga *n* (mashoga) friend; girlfriend

shogi *n* (shogi) saddlebag

shoka *n* (mashoka) axe

shokoa *n* (shokoa) forced labour

shokomsoba *n* (shokomsoba); **shokomzoba** *n* (shokomzoba) shock absorber

shombo *n* (shombo) smell of fish

-shona *v* 1. to sew; to stitch 2. to mend 3. to squeeze in

shonde *n* (mashonde) dung

-shonea *v* 1. to sew for/onto 2. to mend for

-shonesha *v* 1. to sew 2. to mend

shonga *n* (shonga) persuasion

shono *n* (mashono) 1. sewing 2. mending

-shonwa *v* 1. to be sewn 2. to be mended

shoo *adj* good-looking person

shore *n* (mashore) 1. braid 2. nightingale

shorewanda *n* (shorewanda) sparrow

shorobo *n* (shorobo) turaco

shoti 1. *n* (shoti) gallop 2. *adv* at a gallop

shoto 1. *n* (shoto) left-hand 2. left-handed

shots *n* (shots; mashots) shorts

shtaka *n* (mashtaka) 1. accusation 2. charge

-shtaki *v* 1. to accuse 2. to charge 3. to prosecute

-shtakia *v* to make a complaint

-shtakiana *v* to accuse one another

-shtakiwa *v* 1. to be accused 2. to be charged 3. to be prosecuted

-shtua *v* 1. to startle 2. to shock 3. to sprain 4. to dislocate 5. to take drugs

-shtuka *v* 1. to be startled 2. to be shocked 3. to be sprained 4. to be dislocated 5. to take drugs

shtuko *n* (mashtuko) shock

shtuko la moyo *n* heart attack

-shtusha *v* 1. to startle 2. to shock

-shtushwa *v* 1. to be startled 2. to be shocked 3. to be sprained 4. to be dislocated 5. to take drugs

-shua *v* to launch

shubaka *n* (mashubaka) 1. small window 2. alcove

shubiri *n* (shubiri) bitter aloes

shufaa *n* (shufaa) 1. pardon 2. remission 3. improvement

shufaka *n* (shufaka) compassion

shufwa *n* (shufwa) even number

shughuli *n* (shughuli) 1. work 2. job 3. business 4. activity

-shughulika *v* to be busy

-shughulikia *v* to be involved with

-shughulikiwa *v* 1. to be attended to 2. to be the responsibility of

-shughulisha *v* 1. to keep busy 2. to involve

shuguli za muda *n* temporary job

shuhuda *n* (mashuhuda) 1. witness 2. testimony 3. diploma

-shuhudia *v* 1. to be present (at) 2. to witness 3. to testify

-shuhudiwa *v* to be witnessed

shuhuli *n* (shuhuli) back of a house

shujaa 1. *n* (mashujaa) champion 2. hero 3. brave person 4. -shujaa *adj* heroic 5. brave

shuka *n* (shuka) 1. wrapper 2. sheet

-shuka *v* 1. to drop 2. to get off 3. to get out 4. to descend 5. to disembark 6. to land

shuke *n* (mashuke) head of grain; ear of grain

-shukia *v* 1. to drop at 2. to get off

at **3.** to get out at **4.** to descend at **5.** to disembark at **6.** to land at **7.** to be suspicious of **8.** to be doubtful about

-shukiwa *v* to be suspected

shukran *n* (shukran); **shukrani** (shukrani) **1.** thanks **2.** **-toa shukrani** to express thanks

shukrani za dhati *pl* sincerest thanks

-shuku *v* **1.** to doubt **2.** to suspect

-shukuriwa *v* to be thanked

-shukuru *v* **1.** to thank **2.** to be grateful

shule *n* (shule; mashule) school

shule ya chekechea *n* (shule za chekechea) kindergarten

shule ya mabweni *n* (shule za mabweni) boarding school

shule ya msingi *n* (shule za msingi) primary school

shule ya sekondari *n* (shule za sekondari); **shule ya sekundari** (shule za sekundari) secondary school

shule la ufundi *n* technical school

shule ya upili *n* (shule za upili) secondary school

shule ya vidudu *n* (shule za vidudu) nursery school

-shuliwa *v* to be launched

shumbi *n* (shumbi) deep water

shume: paka shume *n/pl* stray cats

shuna *n* (shuna) foot and mouth disease

-shunga *v* **1.** to shoo **2.** to drive off

shungi *n* (mashungi) **1.** flame **2.** flare **3.** crest **4.** braid

-shupaa *v* **1.** to be firm **2.** to be tough **3.** to be obstinate **4.** to be defiant

shupatu *n* (mashupatu) strip

-shupavu *adj* **1.** firm **2.** tough **3.** obstinate **4.** defiant

shupaza *n* (shupaza) spades

-shupaza *v* **1.** to make firm **2.** to make tough **3.** to make obstinate **4.** to make defiant

shura *n* (shura) saltpetre

-shurutisha *v* to force

shurutisho *n* (mashurutisho) force

-shurutishwa *v* to be forced

-shusha *v* **1.** to lower **2.** to drop **3.** to demote **4.** to ejaculate

-shusha bendera *v* to lower a flag

-shusha pumzi *v* to breathe out

-shushia *v* **1.** to discharge **2.** to expel **3.** to ejaculate

-shushwa *v* **1.** to be let down **2.** to be let off

-shuta *v* to fart

shutuma *n* (shutuma) **1.** blame **2.** reproach **3.** criticism

-shutumiwa *v* **1.** to be blamed **2.** to be reproached **3.** to be criticized

shutumu *n* (mashutumu) **1.** blame **2.** reproach **3.** criticism

-shutumu *v* **1.** to blame **2.** to reproach **3.** to criticize

shuzi *n* (mashuzi) fart

shwari 1. *n* (shwari) calm **2.** *adj* calm

si 1. is not; are not **2.** **si... wala** neither... nor

-si- not

-sia *v* to sow

siafu *n* (siafu) safari ant

siagi *n* (siagi) butter

siaha *n* (siaha) cry

siasa *n* (siasa) politics

-sibabi *v* to insult

sibamangu *n* (sibamangu) caracal

-sibika *v* to contaminate

-sibiwa *v* to be struck

-sibu *v* **1.** to strike **2.** to happen

sidiria *n* (sidiria) bra; brassiere

sifa *n* (**sifa**) **1.** characteristic **2.** quality **3.** praise **4.** reputation **5.** adjective **6.** shark oil **7.** **-enye sifa** praiseworthy **8.** reputable **9.** qualified

-sifia v to praise because of
-sifika v 1. to be characteristic 2. to be praiseworthy
-sifiwa v 1. to be characterized 2. to be praised
sifongo n (sifongo) sponge
-sifu v 1. to respect 2. to praise
sifuri (sifuri) zero
-siga v to contradict
sigaa n (sigaa) cigar
sigara n (sigara) cigarette
sigareti n (sigareti); **sigireti** (sigireti) see sigara
-sigina v to crush
sigiri n (sigiri) stove
siha n (siha) health
-sihi v 1. to request 2. to appeal to 3. to urge
-sihiri v 1. to fascinate 2. to spellbind
sijafu n (sijafu) cuff
sijambo! I'm fine!
sijida n (sijida) (Isl.) forehead callous from praying
sijui I don't know
siki n (siki) vinegar
-sikia v 1. to feel 2. to hear 3. to understand
-sikia harufu v to smell an odour
-sikia kiu v to feel thirsty
-sikia njaa v to feel hungry
-sikia uchovu v to feel tired
-sikia usingizi v to feel sleepy
si kiasi yake adv 1. approximately 2. hardly
-sikika v 1. to be heard 2. to be audible
-sikiliza v to listen
-sikilizana v 1. to understand each other 2. to agree
-sikilizwa to be heard
-sikinika v to be impoverished
sikio n (masikio) ear
-sikitika v 1. to be sad 2. to regret 3. nasikitika sana! I'm very sorry!
-sikitikia v to sympathize with
sikitiko n (masikitiko) 1. sadness 2. regret

-sikitisha v to disappoint
-sikitishwa v to be saddened
si kitu! don't mention it!
-sikivu adj 1. attentive 2. obedient
-sikiwa v to be heard
-sikiza v to listen (to)
siko n (siko) sickle
siku n (siku) 1. day 2. see siku...
siku hadi siku from day to day
siku hiyo that day
siku hizi adv nowadays
siku iliyotangulia the day before
siku inyofuatia the day after
sikukuu n (sikukuu) 1. holiday 2. festival
Sikukuu ya Kenyatta Dei n Kenyatta Day: October 20 (Kenya)
sikukuu ya kuzaliwa n birthday
Sikukuu ya Saba Saba n Anniversary of the Formation of TANU: July 7 (Tanzania)
sikuwa v I was not
siku ya kuzaliwa n birthday
Siku ya Mwaka n New Year's Day
siku yake ya pili on the following day
siku yote; siku yoyote any day
siku za mbeleni in the future
siku za nyuma in the past
siku za usoni in days to come
sikuzote adv always
sila n (sila) bucket
silabi n (silabi) syllable
silaha n (silaha) 1. weapon 2. arms
silaha za kiatomi pl atomic weapons
sili n (sili) guinea pig
-silia v to entrust to/with
-siliba v 1. to fill in a crack 2. to smoothen
silika n (silika) 1. instinct 2. character
-siliki v to adopt
silim n AIDS
-silimka; -silimu v (rel.) to convert to Islam

silinda *n* (silinda) cylinder
silinda yenye gesi *n* gas cylinder
silingi *n* (silingi) winch
silisila *n* (silisila); silisili (silisili) chain
-silisili *v* to chain
sima *n* (sima) corn flour porridge
-simadi *v* to spread fertilizer
-simama *v* 1. to stand (up) 2. to stop
simama! stop!
-simamia *v* 1. to stand over 2. to supervise 3. to direct 4. to preside over 5. to sponsor
-simamisha *v* 1. to stop 2. to erect
-simamisha bunge *v (pol.)* to prorogue
-simamisha kazi *v* 1. to suspend from work 2. to fire from work
-simamishwa *v* 1. to be stopped 2. to be erected
-simamiwa *v* 1. to be run by 2. to be supervised by 3. to be directed by 4. to be sponsored by
-simanga *v* to mock
simango *n* (masimango) mockery
simanzi *n* (simanzi) 1. grief 2. dejection 3. depression
simba *n* (simba) 1. lion 2. Leo
-simba *v* 1. to encode 2. to decode
simba mangu *n* (simba mangu) 1. caracal 2. lynx
simba marara *n* (simba marara) spotted hyena
simbi *n* (simbi) cowry
sime *n* (sime) 1. sword 2. knife
simetali *adj* non-metal
simi *n* (simi) sword
-simika *v* 1. to erect 2. to appoint
-simikwa *v* to be erected
simile! out of the way!
simo *n* (simo) 1. innovation 2. proverb 3. jargon 4. slang
simo! count me out!
simsim *n* (simsim) sesame
simu *n* (simu) 1. telephone 2. phone call 3. telegram 4. telex 5. namba ya simu phone number 6. namba

ya jimbo la simu area code 7. -piga simu to telephone 8. -peleka simu to send a telegram 9. to send a telex 10. *see* simu ya...
-simulia *v* 1. to tell a story 2. to narrate
-simuliwa *v* 1. to be told a story 2. to be narrated
simulizi *n* (simulizi) 1. story 2. narrative 3. fasihi simulizi oral literature
simu ya mbali *n* long-distance call
simu ya mdomo *n* telephone
simu ya upepo *n* mobile phone
sina... I don't have...
sindano *n* (sindano) 1. needle 2. *(med.)* hypodermic needle 3. injection 4. -piga sindano to give an injection 5. -pigwa sindano to get an injection
-sindika *v* 1. to press (out) 2. to extract
-sindikiza *v* 1. to escort; to accompany 2. to see off
-sindikizwa *v* 1. to be escorted; to be accompanied 2. to be seen off
sindikizo *n* (masindikizo) escorting
sine *n* (masine) gum(s)
sinema *n* (sinema) 1. cinema 2. film; movie
singa *n/pl* straight hair
-singa *v* to give a massage
Singasinga *n* (Singasinga) Sikh
singe *n* (singe) bayonet
-singizia *v* 1. to falsely accuse 2. to slander
singizio *n* (masingizio) false accusation
-singiziwa *v* 1. to be falsely accused 2. to be slandered
sini *n* (sini) 1. features 2. porcelain 3. chinaware
sinia *n* (sinia) tray
siniguse *n* (siniguse) bead
sinodi *n* (sinodi) *(rel.)* synod
-sinyaa *v* to shrivel

-sinzia *v* to doze
-sinzilisha *v* to lull to sleep
-siodhuru *adj* safe
-sio faa *adj* 1. useless 2. wrong
-siopenya maji *adj* waterproof
-sio rasmi *adj* 1. informal 2. unofficial
-siowezekana *adj* impossible
sipo 1. I'm not here 2. not for me!
sira *n* (**masira**) dregs
siraji *n* (siraji) lamp
sirati *n* (sirati) road
siri *n* (**siri**) 1. secret 2. -a siri secret 3. sehemu za siri sexual organs 4. kwa siri in secret
siridado *n* (siridado) dry rot
-sirima *v* to make smooth
sirinji *n* (sirinji) syringe
sisi 1. we 2. us
sisimizi *n* (sisimizi) black ant
-sisimka *v* to be excited
-sisimua *v* to be exciting
sisisi *adj* literal
-sisitiza *v* 1. to insist 2. nasisitiza! I insist!
sisi wenyewe we ourselves
sista *n* (masista) 1. sister 2. nun
sita *n* (sita) six
-sita *v* to hesitate
sitaha *n* (sitaha) *(mar.)* deck
sitaki... I don't want...
sitara *n* (sitara) 1. cover 2. concealment 3. hiding place
-sitasita *v* to hesitate
-sitawi *v* 1. to flourish 2. to prosper 3. to develop
-sitawisha *v* 1. to grow 2. to make prosper 3. to make a success of 4. to develop
siti *n* (siti) lady
sitiari *n* (sitiari) metaphor
sitiha *n* (sitiha) deck
sitini *n* (sitini) sixty
-sitiri *v* 1. to conceal 2. to protect 3. to disguise
-sitirika *v* 1. to be concealed 2. to be protected

sivyo 1. is not; are not
sivyo? isn't it?
sivyo! no way!
siwa *n* (siwa) horn
siwezi... I can't...
siye 1. we 2. us
siyo 1. no; not 2. au siyo! how true!
siyo? isn't that so?
siyo hivyo not that way
si yoyote kati yao neither of them
sizi *n* (masizi) soot
skauti *n* (skauti) scout
skeli *n* (skeli) *(mus.)* scale
sketi *n* (sketi) skirt
skii ya majini *n* waterskiing
skonzi *n* (skonzi) 1. scone 2. roll
skripti *n* (skripti) script
skrubu *n* (skrubu) screw
skuli *n* (skuli) school
slesi *n* (slesi; maslesi) slice
sleti *n* (sleti) slate
slim *n* AIDS
S.L.P. = sanduku la posta *n* P.O. box
smaku *n* (smaku) magnet
soda *n* (soda) 1. soda 2. soft drink
sodai *n* (sodai) proud person
sodawi *n* (sodawi) pride
soda ya limau *n* lemonade
sodo *n* (sodo; masodo) sanitary towel; sanitary napkin
sofa *n* (masofa) sofa
softweya *n* (softweya) *(i.t.)* software
soga *n* (masoga) 1. chat 2. joke 3. -piga soga to chat
-sogea; **-sogelea** *v* 1. to approach 2. to move
-sogea karibu *v* to move near
-sogea mbali *v* to move away
-sogea mbele *v* to more forward
-sogolea *v* to approach
-sogoleana *v* 1. to get close to one another 2. to have sex
-sogeza *v* 1. to make approach 2. to move 3. to displace

-sogezwa *v* to be moved

sogi *n* (sogi) saddlebag

-sogoa *v* to have a chat

-sogonea *v* to beseech

sogora *n* (masogora) 1. drummer 2. band leader 3. music director

soka *n* (soka) football; soccer

soketi *n* (soketi) 1. socket 2. power point 3. hundred shilling note

soketi ya kunyolea *n* shaving power point

soko *n* (masoko) 1. market 2. marketplace 3. marketing

-sokoa *v* to force out

soko la dunia *n* world market

-sokolewa *v* to be forced out

-sokomeza *v* to force in/into

sokomoko *n* (sokomoko) 1. confusion 2. mix

sokoni at/in/to the market

-sokota *v* 1. to twist 2. to twine 3. to roll 4. to have a cramp

-sokotana *v* 1. to twist 2. to wrestle

sokoto *n* (masokoto) twisted thing

-sokotwa *v* 1. to be twisted 2. to be twined 3. to be rolled 4. to be cramped

soksi *n* (soksi) 1. sock 2. stocking 3. *(sl.)* condom

soksi ndefu *pl* 1. tights; pantyhose 2. stockings

sokwe *n* (sokwe) 1. chimpanzee 2. gorilla 3. ape

soli *n* (soli) sole

solo *n* (solo) 1. counter 2. matrix

soma *n* (soma) drum

-soma *v* 1. to read 2. to study

-soma talakini *v (Isl.)* to hold a funeral service

-somba *v* to carry over and over

-sombea; -sombera *v* 1. to crawl along 2. to scramble up

-somea *v* to read to; to read for

-somesha *v* 1. to teach 2. to educate

-someshwa *v* 1. to be taught 2. to be educated

somo *n* (masomo) 1. reading 2. lesson 3. namesake 4. confidential advisor 5. *(ed.)* subject

-somwa *v* to be read

sonara *n* (sonara) 1. jeweller 2. goldsmith

-songa *v* 1. to press 2. to push 3. to move 4. to prepare

-songamana *v* to press together

-songa mbele *v* to push ahead

-songana *v* to be crowded

-songea *v* to move towards

songo *n* (masongo) coil

-songoa; **-songonyoa** *v* 1. to press together 2. to twist together 3. to wring

-songwa *v* 1. to be pressed 2. to be twisted

soni *n* (soni) 1. modesty 2. shame

-sononeka *v* 1. to grieve 2. to suffer

-sononesha *v* 1. to cause grief 2. to cause suffering

sonyo *n* (sonyo) green tobacco

soseji *n* (soseji) sausage

sosi *n* (sosi) sauce

sota *n* (sota) cutworm

-sota *v* 1. to crawl along 2. to shuffle along 3. to have a rough time

sote all of us

sotoka *n* (sotoka) rinderpest

-sowera *v* to show off

-soza *v* 1. to bump into 2. to ram 3. to be high and dry

-sozana *v* 1. to bump into one another 2. to face off

spaki *n* (spaki) spark

spana *n* (spana) spanner; wrench

spea *n* (spea) 1. spare part 2. **-a spea** spare

spidi *n* 1. speed 2. speeding

spika *n* (spika) *(pol.)* speaker

spiriti *n* (spiriti) *(tech.)* spirits

-staafishwa *v* to be made to retire

-staafu *v* to retire

-staajibia *v* to be astonished by

-staajabisha *v* to be astonishing

-staajabiwa *v* to be astonished for

-staajabu *v* to be astonished
-staarabika *v* to be civilized
-staarabisha *v* to civilize
-staarabu *adj* 1. civilized 2. wise
stadi *n* (stadi; mastadi) 1. experienced person 2. skilled person 3. expert 4. skill
stafeli *n* (mastafeli) soursop
stafu *n* (stafu) member of staff
staha *n* (staha) respect
-stahabu *v* to endure
-stahafu *v* to retire
-stahamili *v* to endure
-stahi *v* to respect
-stahiki *v* 1. to merit 2. to be eligible
stahili *n* (stahili) merit
-stahili *v* 1. to merit 2. to deserve
-stahilisha *v* 1. to make worthy of merit 2. to make deserving
-stahimili *v* to endure
-stahimilia *v* 1. to endure 2. to put up with
-stahivu *adj* 1. respectable 2. honourable
-stahiwa *v* 1. to be respected 2. to be honoured
staili *n* (staili) style; fashion
staka *n* (staka) sandal(s)
stakabadhi *n* (stakabadhi) receipt
-stakimu *v* to be prosperous
stara *n* (stara) 1. cover 2. concealment 3. hiding place
starehe 1. *n* (starehe) peace 2. calm 3. comfort 4. relaxation 5. pleasure 6. -a starehe peaceful 7. calm 8. comfortable 9. relaxed
-starehe *v* 1. to be peaceful 2. to be still 3. to be comfortable 4. to be relaxed 5. to enjoy oneself
-starehesha *v* 1. to calm down 2. to relax 3. to tranquilize 4. to make comfortable 5. to entertain
stashahada *n* (stashahada) 1. diploma 2. testimonial
-stawi *v* 1. to succeed 2. to develop 3. to flourish 4. to be in full swing

-stawisha *v* to develop
steji *n* (steji) stage
steki *n* (steki) steak
stempu *n* (stempu) stamp
stesheni *n* (stesheni) station
stesheni ya basi *n* bus station
stesheni ya mabasi *n* bus terminal
stesheni ya mwisho *n* rail terminus
stesheni ya polisi *n* police station
stesheni ya reli *n* railway station
stichi *n* (stichi) *(med.)* stitch
stika *n* (stika) sticker
stima *n* (stima) 1. steamboat 2. electricty
stimu *n* (stimu) 1. spark 2. electricity
-stiri *v* 1. to cover up 2. to conceal 3. to disguise 4. to keep confidential
-stirika *v* 1. to be covered up 2. to be concealed 3. to be disguised 4. to be kept confidential
stishhada *n* (stishhada) diploma
stoo *n* (stoo) store
stroberi *n* (stroberi) strawberry
-stua *v* 1. to startle 2. to shock 3. to sprain 4. to dislocate 5. to take drugs
-stuka *v* 1. to be startled 2. to be shocked 3. to be sprained 4. to be dislocated 5. to take drugs
-stusha *v* 1. to startle 2. to shock
-stushwa *v* 1. to be startled 2. to be shocked 3. to be sprained 4. to be dislocated 5. to take drugs
-sua *v* to rinse one's mouth out; to gargle
suala *n* (masuala) *see* swala
subana *n* (subana) thimble
subili *n* (subili) aloes
subira *n* (subira) 1. patience 2. endurance
-subiri *v* 1. to wait 2. to be patient
-subiriwa *v* to be waited for
-subu 1. to abuse 2. to cast

-subutu *v* to dare
sudi *n* (**sudi**) 1. luck 2. success
sudusu *n* (**sudusu**) one sixth
sufi *n* (**sufi**) 1. wool 2. cotton wool
sufii *n* (**sufii**) 1. sufi 2. mystic 3. hermit
sufu *n* (**sufu**) wool
sufuchuma *n* (**sufuchuma**) steel wool
sufuri *n* (**sufuri**) zero
sufuria *n* (**sufuria**) pan 2. pot
sugu 1. *adj* rough 2. callous 3. hardened 4. hard-core 5. *n* (**sugu**) callus 6. wart 7. callousness
-sugua *v* to scrub
-suguliwa *v* to be scrubbed
suguo *n* (**masuguo**) 1. scraper 2. whetstone
suguru *n* (**masuguru**) see **sugu**
-suhubiana *v* to be friendly with
sui *n* (**sui**) person with endurance
-sujudia *v* 1. to bow (to) 2. to submit 3. to adore
-sujudiwa *v* to be worshipped
-sujudu *v* to bow in worship
-suka *v* 1. to twist 2. to plait 3. to weave 4. to shake
-suka mkia *v* to wag the tail
-suka nyuzi *v* to make contacts
-suka nywele *v* to plait hair
sukari *n* (**sukari**) sugar
sukari guru *n* brown sugar
suke *n* (**masuke**) ear of grain; head of grain
-sukia *v* 1. to twist for 2. to plait for 3. to weave for 4. to make contacts for
-sukua *v* 1. to untwist 2. to unravel 3. to pry apart
-sukuma *v* 1. to push 2. to move 3. to encourage
-sukumana *v* to jostle
sukuma wiki *n* rape plant
-sukumiza *v* to shove
-sukumwa *v* to be pushed
-sukutua *v* to rinse one's mouth out; to gargle
-sukwa *v* to be plaited

-sukwa nywele *v* to have one's hair woven
-sulibi; -sulibisha *v* to crucify
-sulibiwa *v* to be crucified
-sulika *v* to feel dizzy
sulisuli *n* (**sulisuli**) dizziness
sultani *n* (**sultani**) sultan
sulu *n* (**sulu**) 1. polish 2 **-piga sulu** to polish
-sulu *v* to polish
sulubi *n* (**sulubi**) perpendicular
sulubu *n* (**sulubu**) 1. effort 2. firmness 3. hard labour
-suluhisha *v* 1. to reconcile 2. to resolve 3. to mediate 4. to make peace
suluhisho *n* (**masuluhisho**) 1. reconciliation 2. mediation
suluhu *n* (**suluhu**) 1. reconciliation 3. compromise
-suluhu *v* 1. to reconcile 2. to compromise
sululu *n* (**sululu**) pickaxe
sumaku *n* (**sumaku**) magnet
-sumakisha *v* to magnetize
-sumbua *v* 1. to disturb 2. to annoy
-sumbufu *adj* inconvenient
-sumbuka *v* 1. to be disturbed 2. to be annoyed 3. to suffer
-sumbukia *v* 1. to be disturbed about 2. to be annoyed about
-sumbuliwa *v* to be annoyed (**na** by)
sumbuo *n* (**masumbuo**) annoyance
sumbwi *n* (**masumbwi**) 1. fist 2. *see* **masumbwi**
sumu *n* (**sumu**) 1. poison 2. toxin 3. **-enye sumu** poisonous 4. toxic 5. **-lisha sumu** to poison 6. **-lishwa sumu** to be poisoned
sumughu *n* (**sumughu**) gum-arabic
suna *n* (**suna**) *(Isl.)* tradition; sunna
sungura *n* (**sungura**) 1. rabbit 2. hare
sungusungu *n* (**masungusungu**) 1. black ant 2. local militia 3. vigilante

suni *n* (suni) good
sunobari *n* (sunobari) pine tree
sunzu *n* (sunzu) tuft of hair
supamaketi *n* (supamaketi) supermarket
supu *n* (supu) soup
supu ya kuku *n* chicken soup
supu ya mafupa *n* bone soup
supu ya mboga *n* vegetable soup
supu ya nyama *n* meat soup
sura *n* (sura) 1. appearance 2. looks 3. form 4. face 5. chapter
suraka *n* (suraka) shelf
suria *n* (masuria) concubine
suriama *n* (masuriama) mixed-race person
surua *n* (surua) measles
suruali *n* (suruali) trousers
suruali kipande *n* shorts
suruali ya kuogelea *n* swimming trunks
surufu *n* (surufu) sex drive; libido
sururu *n* (sururu) pickaxe
susa *n* (susa) 1. tooth decay 2. tartar
-susa *v* to refuse
-susia *v* to boycott
susu (susu; masusu) *n* 1. net 2. rack 3. hammock
-susuika *v* to falsely accuse
-susurika *v* 1. to stroll 2. to roam

-susuwaa *v* to dry up
suta *n* (suta) 1. penniless person 2. scrounger
-suta *v* to publicly accuse
suti *n* (suti) suit
sutikesi *n* (sutikesi) suitcase
suto *n* (masuto) public accusation(s)
-suuza *v* to rinse
-suuzika *v* 1. to be rinsed 2. to be content
-swaga *v* 1. to grind 2. to drive (animals)
swala *n* 1. (swala) Grant's gazelle 2. (maswala) question 3. matter 4. *(Isl.)* prayer service 5. *see* swala...
swala nyeti *n* sensitive issue
swalapala *n* (swalapala) impala
swalatwiga *n* (swalatwiga) gerenuk
swala zima *n* the basic question
swali *n* (maswali) 1. question 2. issue 3. inquiry
-swali *v (Isl.)* to pray
swara *n* (swara) Grant's gazelle
sweta *n* (sweta) sweater
swichi *n* (swichi) 1. switch 2. ignition
Swidin *n* Sweden
swila *n* (swila) cobra

T

-ta- will; shall

taa 1. *adj* obedient **2.** *n* (**taa**) light **3.** lamp **4.** obedience **5.** *(mar.)* ray **6.** skate **7. -washa taa** to turn on a light **8. -zima taa** to turn off a light **9.** *see* **taa ya/za...**

taabani 1. *adj* tired **2.** weak **3.** overwhelmed **4.** *adv* in trouble **5.** in crisis

-taabika *v* **1.** to distressed **2.** to be in trouble **3.** to be overwhelmed

-taabisha *v* **1.** to distress **2.** to trouble **3.** to overwhelm

taabu *n* (**taabu**) **1.** tiredness **2.** trouble **3.** difficulty **4.** distress **5. kula taaba** to suffer

-taadabu *v* **1.** to show respect **2.** to have good manners

taadhima *n* (**taadhima**) respect

taahira 1. *adj* delayed **2.** retarded **3.** *n* (**taahira**) delay **4.** retardation **5. akili taahira** mental retardation

taala: Allah taala! God is exalted!

-taalamika *v* to specialize in

-taalamu *v* to be trained

-taali *v* **1.** to learn **2.** to study

taaluma *n* (**taaluma**) **1.** further education; higher studies **2. ufundi taaluma** hi-tech **3. mambo la taaluma** academic matters

-taamali *v* to contemplate

taamuli *n* (**taamuli**) **1.** thought **2.** meditation

taanasa *n* (**taanasa**) **1.** pleasure **2.** luxury

-taapika *v* to vomit

taarifa *n* (**taarifa**) **1.** report **2.** notice **3.** announcement **4.** statement **5. kwa taarifa** for information **6. -toa taarifa** to make a report **7. katika taarifa iliyotolewa na viongozi hao** in a joint communique

taarifa ya daktari *n* doctor's report

taarifa ya maongozi ya chama *n (pol.)* party manifesto

taasisi *n* (**taasisi**) **1.** institute **2.** insitution

taathira *n* (**taathira**) **1.** influence **2.** interference **3.** defect

taa ya barabarani *n* (**taa za barabarani**) traffic light(s)

taa za mbele za gari *pl* headlights

taa za nyuma *pl* rear lights

taa za pembeni *pl* side lights

taa ziongozazo magari *pl* traffic lights

tabaini *n* (**tabaini**) antithesis

tabaka *n* (**tabaka**) **1.** cover **2.** class **3.** layer **4.** level **5.** lining **6.** plating

tabaka la wafanyakazi *n* (**matabaka ya wafanyakazi**) working class

tabaka tawala *n* ruling class

tabaka la juu *n* upper class

tabaka la kati *n* middle class

tabaka la mamwinyi *n* upper class

tabakelo *n* (**tabakelo**) snuff box

-tabana *v* to chant

-tabaruku *v* to consecrate

tabasamu *n* (**tabasamu**) smile

-tabasamu *v* to smile

-tabawali *v* to urinate

tabia *n* (**tabia**) **1.** character **2.** nature **3.** behaviour **4.** condition **5.** property **6.** instinct

tabibu *n* (**matabibu**) doctor

-tabiki *v* **1.** to be attached to **2.** to line

-tabikisha *v* 1. to line 2. to glue
-tabiri *v* to predict
-tabiriwa *v* to be predicted
tabu *n* (tabu) 1. tiredness 2. trouble 3. difficulty 4. distress
taburu *n* (taburu) drill
tabutabu *n* (tabutabu) fragment
-tadaraki *v* to take responsibility
tadi *n* (tadi) 1. offence 2. disregard 3. injustice 4. violation
-tadi *v* 1. to offend 2. to disregard
tafadhali 1. please! 2. may...; could...
-tafadhalisha *v* to request
-tafakari *v* 1. to think about 2. to consider 3. to meditate on
tafauti *n* (tafauti) difference
-tafiri *v* 1. to annoy 2. to harass
-tafiti *v* 1. to inquire 2. to research 3. to pry
tafrani *n* (tafrani) 1. excitement 2. hubbub 3. confusion 4. trouble
tafrija *n* (tafrija) 1. fun 2. enjoyment 3. party 4. reception 5. relaxation
tafsiri *n* (tafsiri) 1. translation 2. interpretation
-tafsiri *v* 1. to translate 2. to interpret
-tafuna *v* 1. to bite 2. to chew
-tafunwa *v* 1. to be bitten 2. to be chewed
-tafuta *v* 1. to look for 2. to search (for) 3. to find (out)
-tafutana *v* to look for each other
-tafutia *v* to search on behalf of
-tafutiwa; -tafutwa *v* 1. to be looked for 2. to be searched (for)
taga *n* (mataga) split
-taga *v* to lay an egg
-tagaa *v* to stride
taghafali *adv* unexpectedly
tago *n* (tago; matago) nest
-tagwa *v* to be laid
tahadhari *n* (tahadhari) precaution
-tahadhari *v* 1. to be cautious 2. to protect 3. to warn 4. to avoid

tahadhari! watch out!
-tahadharisha *v* to warn
tahajia *n* (tahajia) spelling
-tahakiki *v* to do a critique
-tahamaki *v* 1. to move suddenly 2. to realise
taharaki *n* (taharaki) impatience
-taharaki *v* 1. to be in a hurry 2. to be excited 3. to be shocked
tahariri *n* (tahariri) 1. editorial 2. leader
taharuki *n* (taharuki) impatience
-taharuki *v* 1. to be in a hurry 2. to be excited 3. to be shocked
-tahayari *v* to be ashamed
-tahayarisha *v* to shame
-tahini *v* to give an exam
-tahiniwa *v* to take an exam
tahiri *n* (tahiri) *(Isl.)* ritually clean person
-tahiri *v* to circumcise
-tahiriwa *v* to be circumcised
tahlili *n* (tahlili) dirge
tai *n* (**tai**) 1. eagle 2. hawk 3. vulture 4. tie; necktie
taifa *n* (mataifa) 1. nation 2. nationality
-taifisha *v* to nationalize
-taifishwa *v* to be nationalized
taipu *n* (taipu); taipureta (taipureta) 1. typewriter 2. typing 3. -piga taipu to type
tairi *n* (matairi) tyre
tairi ya spea *n* spare tyre
taiti *n* (taiti); **taits** (taits) tights; pantyhose
-taja *v* 1. to say 2. to tell 3. to announce 4. to list 5. to mention 6. to nominate
tajamala *n* (tajamala) favour
-tajamali *v* to do a favour (for)
taji *n* 1. (taji) crowned crane 2. (mataji) crown 3. halo
-tajika *v* 1. to be mentioned 2. to be nominated
tajiri *n* (matajiri) 1. boss 2. employer 3. merchant 4. wealthy person

ITEM CHARGED

LIB#: *1000195329*
GRP: STUDENT

Due: 11/14/2011 08:00 PM

Title: Swahili-English, English-Swahili
dictionary / by Nicholas Awde.
Auth: Awde, Nicholas.
Call #: 496.392 AWDE-N 2000
Enum
Chron
Copy: 2
Item *00398310*

-tajirika *v* to be rich; to become rich

-tajirisha *v* to enrich

-tajirishwa *v* to be enriched

-tajwa *v* 1. to be mentioned 2. to be nominated

taka *n* (taka) 1. dirt; filth 2. rubbish; garbage 3. junk 4. waste

-taka *v* 1. to want 2. to like 3. to wish 4. to ask 5. to nearly... 6. *see* taka...

-takabali *v* 1. to accept 2. to agree

-takabari *v* to act superior

-takadamu *v* 1. to lead 2. to precede

takalifu *n* (takalifu) discomfort

-taka maneno *v* to pick an argument

-takasa *v* 1. to clean 2. to clear 3. to cleanse 4 to purify 5. to shine

-taka shari *v* to challenge

-takasika; **-takaswa**; **-takata** *v* 1. to be clean 2. to be cleared 3. to be cleansed 4. to be purified 5. to be shined

takataka *n* (takataka) 1. dirt; filth 2. rubbish; garbage 3. junk 4. waste

-takatifu *adj* 1. holy 2. saintly 3. glorious

takato *n* (matakato) cleanliness

takhmisa *n* (takhmisa) five-line verse

takia *n* (matakia) cushion

-takia *v* to wish for

-takikana *v* to be desirable

takilifu *n* (takilifu) inconvenience

-takiwa *v* 1. to be wanted 2. to be needed

takizi *n* (takizi) coconut residue

tako *n* (matako) 1. base 2. bottom 3. buttock(s)

takriban *adv* 1. almost; nearly 2. approximately

takrima *n* (takrima) 1. reception 2. hospitality

takriri *n* (takriri) 1. repetition 2. quote

taksiri *n* (taksiri) fault

takwimu *n* (takwimu) 1. calendar 2. statistic

talaka *n* (talaka) divorce

talakim *n* (talakim); **talakini** *n* (talakini) *(Isl.)* 1. funeral prayers 2. **-soma talakini** to hold a funeral service

talaleshi *n* (talaleshi) prostitute

talasimu *n* (talasimu) talisman

-talii *v* 1. to visit 2. to tour 3. to review

-taliki *v* to divorce a wife

tama *adv* 1. final 2. definite 3. true 4. *n* (tama) end 5. conclusion 6. cheek 7. dirt 8. **-shika tama** to ponder

tamaa *n* (tamaa) 1. hope 2. ambition 3. desire 4. greed 5. **-kata tamaa** to lose hope

-tamadunika *v* to be acculturated

-tamakani *n* to master

-tamalaki *v* 1. to rule 2. to dominate 3. to administer

tamani *n* (tamani) desire

-tamani *v* to desire

-tamanika *v* to be desirable

tamanio *n* (matamanio) 1. hope 2. ambition 3. desire 4. greed

-tamanisha *v* to be attractive

tamasha *n* (tamasha; matamasha) 1. show 2. festivity 3. spectacle 4. **-a tamasha** spectacular

tamathali *adj* figurative

tamathali ya usemi *n* (tamathali za uzemi) figure of speech

tamati *n* (tamati) end

-tamauka *v* to lose hope

-tamba *v* 1. to narrate 2. to leap 3. to dance 4. to swagger 5. to outclass 6. to insult 7. to boast

tambaa *n* (matambaa) rag

-tambaa *v* to creep

tambara *n* (matambara) rag

-tambarajika *v* to be worn out

tambarare 1. *adj* flat 2. level 3. *n* (tambarare) level place 3. flatland

-tambarisha v to drag along
-tambaza v 1. to drag 2. to drawl
tambazi 1. adj crawling 2. n (tambazi) malaise
tambi n (tambi) vermicelli
-tambia v to boast to
-tambika v to make an offering
tambiko n (matambiko) offering
tambo 1. n (matambo) figure 2. size 3. bearing 4. (tambo) mechanism 5. puzzle 6. adj powerful
tamboa n (matamboa) testicle
-tambua v 1. to discover 2. to realize 3. to recognize 4. to know
-tambukisha v to crossbreed
-tambulika v to be well-known
-tambulikana v to be recognizable
-tambulisha v 1. to make known 2. to introduce
-tambulishwa v 1. to be made known 2. to be introduced
tambuu n (tambuu) betel leaf
-tambuza v to weld
-tambuzi adj perceptive
tambuzo n (tambuzo) 1. welding 2. forge
-tamka v 1. to say 2. to express 3. to pronounce
tamko n (matamko) 1. speech 2. pronunciation 3. statement 4. announcement 5. accent
-tamkwa v to be stated
tamshi n (matamshi) see tamko
tamrini n (tamrini) exercise
tamthilia n (tamthilia) play
-tamu adj 1. nice 2. delicious 3. sweet 4. enjoyable 5. -siyo tamu dry (wine) 6. -siyo tamu sana medium-dry (wine)
tamutamu n (tamutamu) sweet(s); candy
tamvua n (matamvua) fringe
-tanabahi v 1. to realize 2. to consider 3. to recall
-tanabahisha v to point out
-tanadhari v 1. to beware 2. to be careful

tanakali ya sauti n onomatopoeia
-tanashati adj 1. neat 2. smart 3. clean
tanbihi! note!
tanda adv resolutely
-tanda v 1. to spread 2. to extend 3. to be overcast
-tandaa v to spread out
tandabelua n (tandabelua) uproar
tandabui n (tandabui) 1. web 2. caul
tandala n (tandala) kudu
-tandawaa v to be spread out
-tandaza v to spread out
-tandika v 1. to spread out 2. to make a bed 3. to prepare 4. to lay into
-tandika kitanda v to make a bed
-tandika meza v to lay the table
tandiko n (matandiko) 1. bedding 2. mattress 3. furnishings 4. saddlery
-tandikwa v to be covered by
tando n (matando) web
tandu n (tandu) centipede
tanga n (matanga) 1. sail 2. sailcloth 3. -tweka tanga to hoist sail 4. -tua tanga to lower sail
-tangaa v to be widespread
-tangamana v to be together
tangamano n (matangamano) 1. gathering 2. agreement 3. federation
Tanganyika n Tanganyika
-tangatanga v 1. to wander about 2. to hang out
tangawizi n (tangawizi) ginger
-tangaza v 1. to announce 2. to broadcast 3. to publicize 4. to advertize
-tangaziwa v 1. to be announced 2. to be broadcast 3. to be publicized 4. to be advertized
tangazo n (matangazo) 1. announcement 2. notice 3. advertisement

tangazo la ndoa *n* marriage banns

-tangazwa *v* 1. to be announced 2. to be broadcast 3. to be publicized 4. to be advertized

tangi *n* (**matangi**) 1. tank 2. cistern 3. reservoir

tango *n* (**matango**) 1. gutter 2. cucumber

tangomaji *n* (**matangomaji**) watermelon

tangu 1. since 2. from

tangu na tangu *adv* always and forever

-tangua *v* 1. to cancel 2. to abolish 3. to destroy

-tanguka *v* 1. to be cancelled 2. to be abolished 3. to be destroyed

tanguko *n* (**matanguko**) 1. cancellation 2. abolition 3. destruction

-tangulia *v* 1. to go first 2. to be ahead 3. to advance 4. to anticipate

tangulia tafadhali! after you!

-tanguliza *v* 1. to place first 2. to preface

tanguo *n* (**matanguo**) 1. cancellation 2. abolition 3. destruction

tani *n* 1. (**tani**) ton 2. strength 3. share 4. (**matani**) joke 5. behaviour 6. *adj* friendly

-tania *v* 1. to chaff 2. to joke with

-tania *v* to kid about

tanoboi *n* (**taniboi**) driver's mate

tano *n* (**tano**) 1. five 2. **-a tano** fifth

tantabelua *n* (**tantabelua**) uproar

-tanua *v* 1. to stretch 2. to expand 3. to open wide

-tanuka *v* 1. to be stretched 2. to be expanded 3. to widen

tanuri *n* (**tanuri**); **tanuru** (**tanuru**); **tanuu** (**tanuu**) 1. kiln 2. furnace 3. oven

tanuri upepo *n* blast furnace

Tanzania *n* Tanzania

tanzi *n* (**tanzi**) 1. knot 2. loop 3. noose

tanzia *n* (**tanzia**) obituary notice

tanzu 1. *adj* extension 2. subsidiary 3. *pl see* **utanzu**

-tanzua *v* 1. to clear 2. to clarify

-tanzuka *v* 1. to be clear 2. to be conscious

tao *n* (**matao**) 1. arch 2. curve; arc 3. aloofness

-tapa *v* 1. to shiver 2. to struggle

-tapakaa *v* 1. to scatter 2. to be widespread

-tapakaza *v* to spread around

-tapanya *v* 1. to scatter 2. to be widespread

-tapanyika *v* to be scattered

-tapanywa *v* to be spread around

-tapatapa *v* 1. to shiver 2. to struggle

tapeli *n* (**matapeli**) conman

-tapeli *v* to con

-tapeliwa *v* to be conned

-tapia *v* to pursue

-tapika *v* to vomit

-tapisha *v* 1. to make vomit 2. to insult

tapishi *n* (**matapishi**) 1. vomit 2. insult

tapo *n* 1. (**tapo**) nut 2. (**matapo**) crowd 3. troupe 4. movement 5. *(mil.)* division

tarabe *n* (**tarabe**) double door

tarabu *n* (**tarabu**) tarabu: big band vocal music

-taradhia *v* to bargain

-taradidi *v* 1. to waver 2. to wander

tarafa *n* (**tarafa**) district

tarafu *n* (**tarafu**) balance

taraja *n* (**mataraja**) hope

-taraji *v* 1. to hope (for) 2. to expect 3. to be confident

-tarajia *v* to expect to

tarajio *n* (**matarajio**) expectation

-tarajiwa *v* 1. to be expected 2. to be due

-tarakanya *v* to cause confusion

tarakibu *n* (**tarakibu**) sketch

tarakimu *n* (**tarakimu**) 1. numeral 2. figure; digit

taratibu 1. *adj* quiet **2.** calm **3.** *n* (taratibu) procedure **4.** system **5.** *adv* quietly **6.** carefully

tarawehi *n* (tarawehi) *(Isl.)* Ramadan post-sunset prayer

taraza *n* (taraza) woven border

tarazia *n* (tarazia) Comorian line dance

tarbia *n* (tarbia) four-line verse

tarbushi *n* (tarbushi) fez; tarboush

tarehe *n* (tarehe) **1.** date **2.** era; period **3.** history **4.** chronicle **5.** diary

tarehe mosi *n* the first of the month

tarehe ya kumalizikia *n* expiry date

tari *n* (tari) drum

tarihi *n* (tarihi); **tarikhi** (tarikhi) *see* tarehe

tariki *n* (tariki) road

tari la jia *n see* tarazia

tarishi *n* (matarishi) **1.** messenger **2.** courier

-tarizi *v* to embroider

tarkia *n* (tarkia) tapestry

taruma *n* (mataruma) **1.** prop **2.** spoke **3.** crossbeam **4.** sleeper **5.** ledger **6.** tattoo(s) **7.** *(mar.)* rib

tarumbeta *n* (tarumbeta; matarumbeta) trumpet

tasa 1. *n* (tasa) basin **2.** *adj* arid **3.** barren **4.** sterile **5.** *(med.)* infertile

tasawari *n* (tasawari) **1.** competence **2.** feasibility

tasbihi *n* (tasbihi) **1.** rosary **2.** *(rel.)* praise

tasfida *n* (tasfida) euphemism

tashhidi *n* (matashhidi) **1.** document **2.** certificate

tashibia *n* (tashibia); **tashibihi** (tashibihi) simile

tashili *n* (tashili) haste

tashtiti *n* (tashtiti) satire

-tashtiti *v* **1.** to provoke **2.** to satirize

tashwishi *n* (tashwishi) doubt

tasi *n* (tasi) rope-maker

-tasisha *v* to sterilize

taslimu 1. *adj* enough **2.** prompt **3.** fedha taslimu cash in hand **4.** *n* (taslimu) direct delivery

-tasliti *v* to set one's heart on

tasnia *n* (tasnia) industry

tasnifu *n* (tasnifu) *(ac.)* thesis

-tasua *v* to explain

taswira *n* (taswira) **1.** picture **2.** portrait **3.** image

tata *n* (tata) **1.** tangle **2.** puzzle **3.** complication

-tata *v* **1.** to tangle **2.** to puzzle **3.** to complicate

-tatanisha *v* **1.** to be tangled **2.** to be puzzled **3.** . to be complicated

-tatanua *v* **1.** to unravel **2.** to resolve **3.** to force open

-tatarika *v* **1.** to chatter **2.** to crackle

tathlitha *n* (tathlitha) three-line verse

tathmini *n* (tathmini) evaluation

-tathmini *v* to evaluate

-tatika *v* **1.** to be tangled **2.** to be puzzled **3.** to be complicated

-tatiza *v* **1.** to tangle **2.** to puzzle **3.** to complicate

-tatizana *v* to be intertwined

tatizi *n* (tatizi); **tatizo** (matatizo) **1.** problem **2.** puzzle **3.** complication

tatizo sugu *n* constant problem

tatu *n* (tatu) **1.** three **2.** third **3.** -a tatu third

-tatua *v* **1.** to disentangle **2.** solve **3.** to tear

-tatuka *v* to be torn

-tatuliwa *v* **1.** to be disentangled **2.** to be solved

taufiki *n* (taufiki) God's grace

tauhidi *n* (tauhidi) **1.** creed **2.** theology

taulo *n* (taulo) towel

taumu *n* (mataumu) prop

tauni *n* (tauni) (bubonic) plague

Taurati *n* **1.** Old Testament **2.** Torah

tausi n (tausi) peacock; peahen

tawa n (tawa) frying pan

-tawa v 1. to be secluded 2. to stay indoors 3. to be isolated 4. to be segregated 5. *(rel.)* to be a hermit

-tawadha v *(Isl.)* to do ritual ablutions

tawafa n (tawafa) candle

-tawala v 1. to rule 2. to govern 3. to dominate 4. to administer 5. to manage

-tawaliwa v 1. to be ruled 2. to be governed 3. to be dominated 4. to be administered 5. to be managed

-tawanya v 1. to scatter 2. to disperse

-tawanyika v 1. to be scattered 2. to be dispersed

tawanyiko n (matawanyiko) 1. scattering 2. dispersion

-tawanyishwa v 1. to be scattered 2. to be dispersed

-tawasari v to imagine

tawasifu n (tawasifu) biography

-tawaza v 1. to install in office 2. to enthrone

-tawazisha v to cleanse

-tawazwa v 1. to be intalled in office 2. to be enthroned

tawi n (matawi) 1. branch 2. local organization

-tawisha v 1. to seclude 2. to keep indoors 3. to isolate 4. to segregate

-tawishwa1. to be secluded 2. to stay indoors 3. to be isolated 4. to be segregated

taya n (taya) 1. jaw 2. reproach 3. oribi

tayari 1. *adj* ready 2. prepared 3. Uko tayari? Are you ready? 4. -fanya tayari to prepare 5. *adv* already

-tayarisha v 1. to get ready 2. to prepare 3. to arrange

tayarisho n (matayarisho) preparation

-tayarishwa v 1. to be got ready 2. to be prepared 3. to be arranged

tayo n (matayo) reproach

-taywa v to be mentioned

taz. = **tazama...** see...

-tazama v 1. to look (at) 2. to watch 3. to stare

-tazamana v 1. to look at one another 2. to face one another

-tazamia v 1. to intend 2. to expect

-tazamika v to be viewable

-tazamiwa v 1. to look forward to 2. to be expected 3. to be inspected

tazamo n (tazamo) look

tebo n (tebo) table; chart

-tega v 1. to catch 2. to trap 3. to set up 4. *see* tega...

-tega kazi v to shirk work

-tega masikio v to be all ears

-tega mgongo v to turn one's back

-tegatega v to entrap

tege n (matege) bowlegs

-tegea v to lay a trap for

-tegemea v 1. to lean on 2. to rely on 3. to expect 4. **Inategemea...** It depends...

-tegemeka v to be reliable

tegemeo n (mategemeo) 1. support 2. protection 3. expectation

-tegemewa v 1. to be relied on 2. to be expected

-tegemeza v 1. to support 2. to protect

tegemezi 1. *adj* dependent 2. n (tegemezi) dependence 3. support

tego n (matego) good luck charm

tegu n (mategu) tapeworm

-tegua v 1. to release 2. to twist 3. to sprain 4. to dislocate 5. to disarm a bomb

-tegua kitendawili v to solve a riddle

-teguka v 1. to be trapped 2. to be twisted 3. to be sprained 4. to dislocate 5. to be set off

-tegwa v to be trapped

teka n (mateka) 1. captive 2. hostage 3. loot

-teka *v* 1. to take 2. to seize 3. to capture 4. to kidnap 5. to hijack 6. to ransack 7. to loot 8. to attract 9. to besiege 10. to captivate

-teka maji *v* to draw water

-teka nyara *v* to hijack

-teka nyara ndege *v* to hijack a plane

teke *n* (**mateke**) 1. kick 2. **-piga teke** to kick

-tekelea *v* 1. to carry out for 2. to accomplish for 3. to fulfil for

-tekeleza *v* 1. to carry out 2. to accomplish 3. to fulfil 4. to captivate

-tekeleza wajibu *v* to execute duties

tekelezo *n* (**matekelezo**) accomplishment

-tekelezwa *v* to be accomplished

tekenya *n* (**matekenya**) jigger

-tekenya *v* 1. to shake 2. to tickle

-tekenywa *v* 1. to be shaken 2. to be tickled

-teketea *v* 1. to be burned up 2. to be destroyed

teketeke *adj* 1. soft 2. squishy 3. flabby

-teketeza *v* 1. to burn up 2. to destroy

-tekewa *v* to be bewildered

teknolojia *n* (**teknolojia**) technology

teksi *n* (**mateksi**) taxi

teksi bubu *n* unlicensed taxi

-tekua *v* 1. to break up/down 2. to take apart 3. to undermine

-tekwa *v* 1. to be carried off 2. to be taken hostage

tele *adj* plenty (of)

-teleka *v* 1. to cook 2. to boil

-telekeza *v* 1. to cook a meal 2. to leave

-telemka *v* 1. to go down 2. to descend 3. to get off 4. to disembark

telemko *n* (**matelemko**) 1. slope 2. descent 3. disembarkation

-telemsha *v* 1. to lower 2. to discharge

-telemshwa *v* 1. to be lowered 2. to be discharged

televishen *n* (**televishen**); **televisheni** (**televisheni**) television

-teleza *v* 1. to slip 2. to be slippery

teli *n* (**teli**) gold thread

telki *n* (**telki**) trot

-tema *v* 1. to cut up 2. to spit (out)

-tema kuni *v* to split firewood

tembe *n* (**tembe**) 1. young hen; pullet 2. flat-topped house 3. pill; tablet

-tembea *v* 1. to walk 2. to stroll 3. to go out 4. to go steady (**na** with)

-tembelea *v* 1. to visit 2. to walk with

-tembeleana *v* to visit each other

-tembelewa *v* to be visited (**na** by)

-tembeza *v* 1. to take around; to show around 2. to hawk

tembezi *n* (**matembezi**) 1. walk 2. stroll

-tembezwa *v* 1. to be taken around; to be shown around 2. to be driven

tembo *n* (**tembo**) 1. elephant 2. palm wine 3. *see* **utembo**

-temea *v* to spit at/on

-temewa *v* to be spat at/on

temsi *n* (**temsi**) filigree

tena *adv* 1. again 2. more 3. once more 4. and 5. furthermore

tenda *n* (**tenda**) *(com.)* 1. bid 2. tender

-tenda *v* 1. to do 2. to act; to behave 3. to treat 4. to accomplish

-tenda vibaya *v* to treat badly

-tenda vizuri *v* to treat well

tende *n* (**tende**) 1. date(s) 2. alcohol

-tendea *v* 1. to do for 2. to treat

-tendea vibaya *v* to treat badly

-tendea vizuri *v* to treat well

tendegu *n* (matendegu) 1. support 2. leg

-tendeka *v* 1. to be done 2. to be achieved

-tendekeza *v* 1. to achieve 2. to spoil

tendeti *n* (tendeti) rice and coconut pastry

-tendewa *v* 1. to be done to 2. to be treated 3. to undergo

-tendewa vibaya *v* to be ill-treated

-tendewa vizuri *v* to be well-treated

tendo *n* (matendo) 1. action 2. act

-tendwa *v* 1. to be done 2. to be achieved

tenga *n* (matenga) 1. crate 2. container 3. loading net

-tenga *v* 1. to separate 2. to isolate 3. to ostracize

-tengana *v* 1. to be separated 2. to be divorced

tenge *n* (tenge) 1. crookedness 2. trapezium; trapezoid

-tengea *v* 1. to set aside 2. to reserve

-tengemaa *v* to return to normal

-tengemana *v* 1. to return to normal 2. to become stable

tengemano *n* (matengemano) 1. peace 2. stability

-tengenea *v* 1. to be arranged 2. to return to normal

-tengeneza *v* 1. to fix 2. to repair 3. to correct 4. to make 5. to assemble 6. to manufacture 7. to mend 8. to prepare 9. to put in order 10. to settle 11. to arrange

tengenezo *n* (matengenezo) 1. repair 2. arrangement 3. regulation 4. maintenance

-tengenezwa *v* 1. to be fixed 2. to be repaired 3. to be corrected 4. to be made 5. to be assembled 6. to be manufactured 7. to be mended 8. to be prepared 9. to be put in order 10. to be settled 11. to be arranged

-tengewa *v* 1. to be set aside (for) 2. to be reserved (for)

tengo *n* 1. (tengo) provisions 2. (matengo) outrigger

-tengua *v* 1. to twist 2. to sprain 3. to annul

-tenguka *v* 1. to be twisted 3. to be sprained

-tengwa *v* 1. to be separated 2. to be isolated 3. to be ostracized

tenis *n* (tenis); **tenisi** (tenisi) tennis

teo *n* (teo) sling

tepe *n* (matepe) 1. tape 2. braid 3. (mil.) stripes

-tepeta; -tepetea *v* to be listless

-tepetevu *adj* 1. listless 2. limp 3. loose 4. weak

terafini *n* (terafini) turpentine

terekta *n* (terekta; materekta) tractor

-terema *v* 1. to be relaxed 2. to be happy

-teremesha *v* to cheer up

teremeshi *n* (wateremeshi) friendly person

-teremka *v* 1. to go down 2. to descend 3. to get off 4. to disembark

-teremkia *v* to get off at

teremko *n* (materemko) 1. slope 2. descent 3. disembarkation

-teremsha *v* 1. to lower 2. to discharge

-teremshwa *v* 1. to be lowered 2. to be discharged

-tesa *v* 1. to hurt 2. to afflict 3. to harass 4. to persecute 5. to torture

-teseka *v* 1. to hurt 2. to suffer 3. to be harassed 4. to be persecuted 5. to be tortured

teso *n* (mateso) 1. suffering 2. persecution 3. torture

-teswa *v* 1. to be made to suffer 2. to be persecuted

-teta *v* 1. to argue 2. to dispute 3. to protest

tete *n* 1. (tete) grain 2. (matete) reed

-tetea *v* 1. to speak for 2. to struggle for 3. to defend 4. to support 5. to speak against

tetekuwanga *n* (tetekuwanga) chickenpox

-tetema; -tetemeka *v* 1. to shiver 2. to tremble 3. to shake 4. to vibrate

tetemeko *n* (matetemeko) 1. shiver 2. trembling 3. shaking 4. tremor 5. convulsion 6. earthquake

tetemeko la ardhi *n* 1. earth tremor 2. earthquake

-tetereka *v* 1. to sway 2. to stagger 3. to waver 4. to budge

tetesi *n* (tetesi; matetesi) rumour

-tetewa *v* to be defended

tetewanga *n* (tetewanga) chickenpox

teto *n* (mateto) 1. plea 2. protest 3. argument

-teua *v* 1. to chose 2. to select 3. to nominate 4. to appoint

-teuka *v* to burp

-teule; -teuli *adj* 1. chosen 2. selected 3. nominated 4. appointed 5. **kamati teule** select committee

-teuliwa *v* 1. to be chosen 2. to be selected 3. to be nominated 4. to be appointed

tewa *n* (tewa) rock cod

tezi *n* (**matezi**) 1. gland 2. swelling 3. mumps 4. *(mar.)* stern; poop

tezi la koo *n* goitre

tezishahawa *n* prostate gland

tezi za koo *pl* tonsils

tezo *n* (matezo) 1. adze 2. harm

thabiti *adj* 1. firm 2. rigid 3. strong 4. clear

thama 1. except for 2. likewise

thamani *n* (thamani) 1. price 2. value 3. worth 4. **-a thamani** valuable

-thamini *v* 1. to value 2. to respect 3. to appraise

-thaminiwa *v* 1. to be valued 2. to be respected 3. to be appraised

thamra *n* (thamra) clove buds

thawabu *n* (thawabu) 1. gift 2. reward

thelathini (thelathini) thirty

theluji *n* (theluji) snow

theluthi *n* (theluthi) third

theluthi mbili *pl* two thirds

themanini (themanini) eighty

themometa *n* (themometa) thermometer

thenashara (thenashara) twelve

-thibitika *v* 1. to be made firm 2. to be established 3. to be confirmed 4. to be proved

-thibitisha *v* 1. to make firm 2. to establish 3. to confirm 4. to prove

thibitisho *n* (mathibitisho) 1. confirmation 2. verification 3. proof

-thibitishwa *v* 1. to be made firm 2. to be established 3. to be confirmed 4. to be proved

thiyata *n* (thiyata); **thiyeta** (thiyeta) theatre

-thubutisha *v* to encourage

-thubutu *v* 1. to try 2. to dare

thuluthi *n* (thuluthi) third

thumu *n* (thumu) garlic

thumuni *n* (thumuni) fifty cent coin

thurea *n* (thurea) chandelier

ti: nyeusi ti jet black

-tia *v* 1. to put 2. to place 3. to insert 4. to cause 5. *see* -tia...

-tia chonjo *v* to start trouble

-tia chumvi *v* to exaggerate

-tia gari moto *v* to start up a car

-tia huzuni *v* 1. to sadden 2. to grieve

-tia mashaka *v* to raise doubts

-tia midomoni *v* to badmouth

-tia mijiti *v* to dress up

-tia moto *v* to ignite

-tia moyo *v* to encourage
-tia muhuri *v* 1. to stamp 2. to seal 3. to confirm
-tia mweleka *v* to trip up
-tia nanga *v* to anchor
-tia nguvu *v* to strengthen
-tia pamoja na *v* to include
-tia posta *v* to post
tiara *n* (tiara) kite
-tia risasi *v* 1. to load a gun 2. to solder
-tia sahihi *v* to sign
-tia ufunguo *v* to wind up
tiba *n* (tiba) 1. medicine 2. treatment 3. cure 4. -a tiba medical
tibu *n* (tibu) scented oil
-tibu *v (med.)* 1. to treat 2. to cure
-tibua *v* 1. to stir up 2. to make muddy 3. to cloud
-tibuka *v* 1. to be stirred up 2. to make muddy 3. to be clouded
tifu *n* (matifu) dust
-tifu *adj* 1. dusty 2. fine
-tifua *v* to raise dust
-tifua udongo *v* to loosen soil
-tifuliwa *v* 1. to rise in clouds 2. to be loosened
tifutifu *adj* 1. loose 2. powdery
-tii *v* 1. to obey 2. to conform 3. *see* tiifu
-tiifu *adj* obedient
-tiisha *v* 1. to make obedient 2. to make conform 3. to subdue
-tiiwa *v* to be obeyed
tija *n* (tija) 1. good results 2. productivity
tijara *n* (tijara) profit
tiketi *see* tikiti
-tikisa *v* 1. to move 2. to wave 3. to shake 4. to vibrate
-tikisika *v* to shake
-tikiswa *v* to be shaken
tikiti *n* 1. (tikiti) ticket 2. -kata tikiti to buy a ticket 3. melon 4. *see* tikiti...; tikitimaji
tikiti itumikayo baadaye *n* open ticket

tikitimaji *n* (matikitimaji) watermelon
tikiti ya kwenda na kurejea; tikiti ya kwenda na kurudi *n* return ticket
tikiti ya kwenda tu *n* single ticket
-tilia maanani *v* to take seriously
-tilia mkazo *v* to emphasize
-tilifika *v* 1. to be destroyed 2. to fade away
-tilisha *v* to make put
-tiliwa *v* to be put into
timamu 1. *adj* complete 2. perfect 3. akili timamu clear mind 4. *n* (timamu) completion
timazi *n* (timazi) 1. pendulum 2. sounding-lead
timba *n* (timba) necklace
timbe *n* (timbe) lump of metal
timbi *n* (timbi) bracelet
-timia *v* 1. to be completed 2. to be over 3. to accomplish 4. to reach
-timilifu *adj* 1. complete 2. perfect
-timilika *v* to be carried out
-timiliza *v* to fulfil
-timiza *v* 1. to complete 2. to accomplish 3. to carry out 4. to reach
-timiza ahadi *v* to fulfil a promise
-timizia *v* 1. to complete (for) 2. to accomplish (for)
-timizwa *v* to be completed
-timka *v* 1. to dash 2. to have ruffled hair
-timka mbio *v* to hurl oneself
timu *n* (timu) team
-timu *v* to be done
-timua *v* to run away
-timua mbio *v* to speed off
-timuliwa *v* 1. to be chased away 2. to be expelled
timutimu *adj* ruffled hair
tinda *n* (matinda) necklace
-tinda *v* to pluck one's eyebrows
tindi 1. *adj* half-grown 2. immature 3. unripe 4. *n* (matindi) spoke

-tindia v 1. to be missing 2. to be defective 3. to be retarded

tindiga n (tindiga; matindiga) 1. marshland 2. fenland

-tindika v 1. to come to an end 2. to fail 3. to fall short

tindikali n (tindikali) solder

-tindikia v to be lacking in

-tindikiwa v 1. to be lacking 2. to be cut off from

tindo n (tindo) 1. chisel 2. punch

tine n (tine) head of the penis

-tinga v 1. to wobble 2. to swing 3. to vibrate 4. to defeat

tingatinga n (tingatinga; matingatinga) 1. 'tingatinga' art 2. tractor 3. swingbridge

tinge n (tinge) dancing game

tingetinge n (tingetinge) see tingatinga

-tingisha v 1. to shake up 2. to make wobble 3. to make vibrate

-tingishika v to wobble

-tingishwa v to be shaken

tingitingi n (tingitingi) see tingatinga

tini n (tini) fig

tipa n (tipa) tipper truck; dumper truck

tipu n (tipu) tip

-tiririka v 1. to trickle 2. to slide 3. to glide

tirivyogo n (matirivyogo) 1. mess 2. medley

tisa (tisa) nine

-tisha v 1. to scare 2. to terrify 3. to threaten

tishari n (tishari; matishari) 1. barge 2. lighter 3. tugboat

-tishia v to threaten

-tishika v 1. to be terrfying 2. to be easily scared

tishio n (matishio); **tisho** (matisho) 1. scare 2. threat

tishu n (matishu) tissue(s)

-tishwa v 1. to be scared 2. to be threatened

tisini (tisini) ninety

tisti: -simama tisti v to stand firm

tita n (matita) 1. bundle 2. clump 3. wad

-tita v to tie in a bundle

titi n (matiti) 1. breast 2. nipple 3. teat

-titimka v to rush about

-titimua v to throw into confusion

tivi n (tivi) television

-tiwa v to be put into

-tiwa maji v to be taken aback

-tiwa nguvuni v to be placed in custody

-tizama v to look at

-to- not

-toa v 1. to give 2. to offer 3. to deliver 4. to take out 5. to remove 6. to subtract 7. to spend 8. to subtract 9. to produce 10. to publish 11. to expel 12. to excrete 13. see -toa...

-toa amri v to issue an order

-toa habari v 1. to report 2. to announce

-toa hadithi v to tell a story

-toa hoja v to argue

-toa hotuba v to make a speech

-toa maombi v 1. to apply 2. to request

-toa meli v to commission a ship

-toa mimba v to have an abortion

-toa pole v to express sympathies

-toa ujeuri v to teach a lesson to

toasi n (matoasi) cymbal

-toa taarifa v to make a report

-toa vitabu v to publish

toba n (toba) 1. pardon 2. regret 3. repentance

tobo n (matobo) hole

-toboa v 1. to dig a hole (in) 2. to bore 3. to pierce 4. to puncture 5. to reveal 6. to speak out

toboang'ombe n (toboang'ombe) oxpecker

-toboka; -tobolewa v 1. to be dug 2. to be bored 3. to be pierced 4. to be punctured 5. to be revealed

tobwe n (matobwe) 1. hole 2. opening 3. tunnel

tochi n (tochi) torch; flashlight

tofaa n (matofaa) apple

tofali n (matofali) 1. brick 2. block 3. tile

tofauti 1. n (tofauti) difference 2. adj different

-tofautiana v to be different

-tofautisha v to distinguish

-tofautishwa v to be distinguished

-toga v to pierce

togwa n (togwa) unfermented beer

-togwa v to have pierced

tohara n (tohara) (Isl.) 1. ritual purity 2. circumcision

toharani n/adv (rel.) purgatory

tohe n (tohe) reedbuck

-tohoa v 1. to dilute 2. to adapt

-toholewa v 1. to be diluted 2. to be adapted

-toja v 1. to drip 2. to incise 3. to tattoo 4. to scarify

tojo n (tojo) 1. gash 2. incision 3. tattoo 4. scar 5. tribal marks

toka 1. from 2. since

-toka 1. v to come out; to go out 2. to get out 3. to leave 4. to come from 5. **Ninatoka Derbyshire.** I'm from Derbyshire. 6. see -toka...

-toka damu v to bleed

toka enzi adv for a long time

-toka jasho v to sweat

-toka machozi v to weep

-toka moshi v to give off smoke

-toka shule v to drop out of school

-tokana na v 1. to result from 2. to originate from

tokea 1. from 2. since

-tokea v 1. to happen 2. to come out 3. to appear 4. to come to

tokea hapo adv 1. actually 2. exactly 3. hence 4. since then 5. until now

tokea zamani adv for a long time

tokeapo adv 1. long ago 2. since

tokeo 1. adj resultant 2. n (matokeo) going out 3. result 4. event 5. sequel

-tokewa v to encounter

-tokeza v 1. to come out 2. to appear 3. to be prominent

-tokezea v to appear at

-tokomea v to disappear

-tokomea mbali v to vanish into thin air

-tokomeza v to annihilate

tokoni n (matokoni) coccyx

-tokosa v 1. to boil 2. to cook 3. to fry

-tokota v to be boiling

-tokuwa na kazi na v to have no need of

-tokuwa na roho v to be upset

-tokwa na v 1. to sweat 2. to shed 3. to bleed

-tokwa na machozi v to shed tears

tola n (tola) weight

tolatola adj selected

-tolea v 1. to offer 2. to remove from

-toleana v to tell each other

toleo n (matoleo) 1. offering 2. distributed item 3. edition; issue

-tolewa v 1. to be offered 2. to be issued 3. to be published 4. to be said 5. to be removed 6. to be sacrificed

-tomasa v 1. to knead 2. to press 3. to feel

tombo n (tombo) quail

-tomea v 1. to apply final touches 2. to retouch

-tomkalia vyema v to forebode

-tona v 1. to drip 2. to drop

tondoo n (matondoo) thimble

tone n (matone) 1. drop 2. dot

-tonesha v to hurt

-tonewa v to be sprinkled

tonga *n* (matonga) **1.** ripe coconut **2.** basket

tonge *n* (matonge) lump; chunk

-tongoza *v* **1.** to seduce **2.** to lead astray

-tongozwa *v* to be seduced

toni *n* (toni) *(mus.)* tone

-tononesha *v* to restore

-tononoka *v* **1.** to be in good shape **2.** to flourish

-toona raha *v* to be uncomfortable

topasi *n* (matopasi) cleaner

tope *n* (matope) mud

-topea *v* **1.** to sink (into) **2.** to be hung up on **3.** to excel in

topetope *n* (matopetope) custard apple

-topeza *v* **1.** to drag down **2.** to sink **3.** to press in **4.** to plunge into **5.** to throw into

-topoa *v* **1.** to release from **2.** to rescue from **3.** to extricate from

tora *n* (tora) **1.** spear **2.** order

Torati *n* (Torati) **1.** Torah **2.** Old Testament

-toroka *v* **1.** to escape **2.** to flee **3.** to desert

-torokea *v* **1.** to escape to **2.** to flee to **3.** to desert to

-torosha *v* **1.** to entice away **2.** to elope

-toroshwa *v* to be enticed away

tosa 1. *adj* nearly ripe **2.** *n* (matosa) fresh fruit

-tosa *v* **1.** to sink **2.** to submerge **3.** to plunge **4.** to toss into

-tosha *v* **1.** to be enough **2.** to be satisfactory

-tosheka *v* **1.** to have enough **2.** to be satisfied (with) **3. Nimetosheka.** I've had enough.

-tosheleza *v* **1.** to be enough for **2.** to satisfy

tosi *n* (tosi); **tosti** (tosti) **1.** toast **2.** sliced bread

tosti na siagi *n* bread and butter

-toswa *v* **1.** to be sunk **2.** to be

submerged **3.** to be plunged **4.** to be tossed into

-tota *v* **1.** to sink **2.** to be drowned

-totesha *v* **1.** to immerse **2.** to soak

toto *n* (matoto) (big) child

-totoa *v* to hatch eggs

totoro: giza totoro *n* pitch dark

-tovu *v* to lacking

towashi *n* (matowashi) eunuch

towe *n* (towe) clay

-toweka *v* to disappear

toza *n* (matoza) pipe bowl

-toza *v* **1.** to charge **2.** to fine **3.** to tax **4.** to extract **5.** to seize

-toza zaidi *v* to overcharge

-tozwa *v* **1.** to be charged **2.** to be fined **3.** to be taxed

transfoma *n* (transfoma) transformer

trekta *n* (trekta; matrekta) tractor

trela *n* (trela) trailer

treni *n* (treni) train

tu *adv* **1.** only **2.** just

tu- **1.** we **2.** us

-tua *v* **1.** to stop **2.** to settle **3.** to rest **4.** to camp **5.** to land **6.** to set **7.** to be calm

-tuama *v* **1.** to settle **2.** to be calm

-tubu *v* **1.** to repent **2.** to regret

tufaa *n* (tufaa) apple

tufaha *n* (matufaha) apple

tufani *n* (tufani) **1.** storm **2.** hurricane; typhoon

tufe *n* (tufe) **1.** ball **2.** sphere **3.** *(spor.)* shot

tuguu *n* (matuguu) grain mat

tuhuma *n* (tuhuma) **1.** accusation **2.** suspicion **3.** reproach

-tuhumiana *v* to suspect one another

-tuhumiwa *v* to be suspected

-tuhumu *v* to suspect

tui *n* (tui) coconut milk

tuka *n* (tuka) **1.** post **2.** prop **3.** support

-tukana *v* to swear

tukano *n* (matukano) swearing

-tukanwa *v* to be sworn at

-tukia *v* to happen

tukio *n* (matukio) event

tukizi: **-a tukizi** *adj* unusual

tuko we're here

-tukufu *adj* 1. grand 2. honoured 3. glorious 4. supreme

-tukuka *v* 1. to be revered 2. to be praiseworthy

-tukuta *v* 1. to be uptight 2. to be unbearable

-tukutika *v* 1. to shudder 2. to flutter 3. to be agitated

tukutiko *n* (matukutiko) 1. tremor 2. nervousness

-tukutu 1. *v* to be nervous 2. to be petulant 3. *adj* nervous 4. petulant

-tukuza *v* to honour

tuli 1. *adv* quiet(ly) 2. calmly 3. still 4. *v* we are

-tulia *v* 1. to be quiet 2. to be calm 3. to relax

-tulia tuli *v* to be completely calm

tulii *adv* 1. quiet(ly) 2. calmly 3. still

tulio we who are

-tulivu *adj* 1. quiet 2. calm 3. careful 4. cool

-tuliza *v* 1. to quieten down 2. to calm down 3. to relax

-tulizana *v* 1. to calm one another 2. to comfort one another

tulizo *n* (matulizo) comfort

-tuma *v* 1. to employ 2. to send

-tumai *v* 1. to hope 2. *see* -tumaini

tumaini *n* (matumaini) 1. hope 2. trust

-tumaini *v* 1. to expect 2. to trust

-tumainisha *v* to give hope to

-tumainiwa *v* 1. to be expected 2. to be trusted

tumba *n* 1. (tumba; matumba) bud 2. (mitumba) case 3. container 4. cover 5. package 6. bale 7. corona

tumbako *n* (tumbako; tambuku); **tambuku** (tambuku) tobacco

tumbasi *n* (matumbasi) abscess

tumbawe *n* (matumbawe) 1. coral 2. coral reef

tumbili *n* (tumbili) vervet monkey

tumbo *n* (matumbo) 1. stomach 2. womb 3. intestine

tumbo la kuhara *n* diarrhoea

-tumbua *v* 1. to open up 2. to display 3. to rip open 4. to disembowel

-tumbua macho *v* to fix one's eyes on

-tumbuiza *v* 1. to croon 2. to hum 3. to soothe by singing 4. to entertain with music

tumbuizo *n* (matumbuizo) 1. crooning 2. humming 3. lullaby

-tumbuka *v* to burst open

-tumbukia *v* to tumble into

-tumbukiza *v* 1. to push into 2. to drop into

-tumbukizwa *v* 1. to be pushed into 2. to be dropped into

-tumbulia macho *v* to stare at

-tumbuliwa *v* to be burst open

tumbusi *n* (tumbusi) vulture

tumbuu *n* (tumbuu) chain

-tumbuza *v* 1. to glare at 2. to penetrate

tume *n* (tume) commission

tume la bei *n* price commission

tume la kudumu *n* standing commission

tume la uchunguzi *n* investigative commission

-tumia *v* 1. to use 2. to spend 3. to exploit

-tumia vibaya *v* 1. to abuse 2. to waste 3. to exploit

-tumika *v* to be used (**kwa** for)

-tumikia *v* 1. to be of use to 2. to serve

-tumikia kifungo *v* to serve time in prison

-tumikisha *v* 1. to order about 2. to hire as a domestic

-tumikiwa *v* to be served

-tumiwa *v* to be used

tumu *n* (**tumu**) fasting
-tumwa *v* 1. to be sent 2. to be employed 3. to be on service 4. to be under orders
tuna we have
-tuna *v* 1. to swell 2. to inflate
tunda *n* (**matunda**) fruit
-tundama *v* to be hung (up)
-tundika *v* to hang (up)
-tundikia *v* to hang up on
-tundikwa *v* to be hung
tundu *n* 1. (**tundu**) hole 2. nest 3. (**matundu**) nest 4. den
-tunduia *v* 1. to watch out for 2. to observe
-tunduiwa *v* to be under observation
tunduo *n* (**matunduo**) observation
-tunduwaa *v* to be speechless
tunga *n* (**tunga**) winnowing mat
-tunga *v* 1. to form 2. to construct 3. to arrange 4. to compose 5. *see* -tunga...
-tunga hadithi *v* to think up a story
-tunga hotuba *v* to write a speech
-tunga jipu *v* to lance a boil
-tunga kitabu *v* to write a book
tungali... we're still...
-tungamana *v* to be in harmony
-tunga mimba *v* to get pregnant; to conceive
tungamo *n* (**tungamo**) mass
-tunga wimbo *v* to compose a song
tungazi *n* (**matungazi**) 1. ridge 2. terrace
-tungiana *v* to compose for each other
-tungika *v* to hang up
-tungikwa *v* to be hung up
-tungua *v* 1. to knock down 2. to shoot down 3. to disassemble 4. to degrade 5. to depress
tunguja *n* (**matunguja**) mtunguja fruit
tungule *n* (**matungule**) cherry tomato

-tunguliwa *v* to be take down
tunguri *n* (**tunguri**) medicine bottle
tunguu *n* (**tunguu**) bulb
-tungwa *v* 1. to be formed 2. to be constructed 3. to be arranged 4. to be composed
tuni *n* (**tuni**) tune
-tunisha *v* 1. to make swell 2. to inflate
-tunisha mfuko *v* to make big money
tunu *n* (**tunu**) 1. rarity 2. valuable item 3. treasure 4. keepsake
-tunuka *v* 1. to desire 2. to long for 3. to value 4. to present
-tunukia *v* to present to
-tunukiwa *v* to be presented
-tunuku *v* to award
tunza *n* (**tunza**) care
-tunza *v* 1. to care for 2. to look after 3. to keep 4. to protect 5. to guard 6. to conserve 7. to observe
tunzo *n* (**tunzo**) care
-tunzwa *v* 1. to be cared for 2. to be looked after 3. to be kept 4. to be protected 5. to be guarded 6. to be conserved 7. to be observed
tupa *n* (**tupa**) file
-tupa *v* 1. to throw 2. to throw away 3. to abandon 4. to launch
-tupa jicho *v* to glance at
-tupia *v* to throw at/to
-tupia macho *v* to glance (at)
-tupilia mbali *v* 1. to cast away 2. to abandon 3. to renounce
-tupiwa *v* to be thrown at
tupo we're here
-tupu *adj* 1. empty 2. bare 3. mere 4. useless
tupu *n* (**tupu**) sexual organ(s)
-tupwa *v* 1. to be thrown 2. to be thrown away 3. to be abandoned 4. to be launched
turubai *n* (**turubai**); **turubali** (**turubali**) tarpaulin

turufu *n* (turufu) trump
turuhani *n* (turuhani) **1.** bonus **2.** extra
-turuki *n* (Waturuki) Turk
tuseme supposing
-tusha *v* **1.** to humiliate **2.** to degrade
tushi *n* (matushi) abuse
tusi (matusi) **1.** abuse **2.** sedan chair
-tusi *v* to be abusive
tuta *n* (matuta) **1.** plant bed **2.** ridge **3.** terrace **4.** hillock **5.** dune
tutaonana! see you!
tutaonana baadaye! see you later!
-tutika *v* **1.** to stack up **2.** to carry on one's head
tutu *n* (tutu) drum
-tutuka *v* to be puffed up
-tutuma *v* **1.** to puff up **2.** to rumble **3.** to get angry
tutuo *n* (matutuo) haste
-tutusa *v* to grope
-tutusika *v* to pulsate
tutuu *n* (matutuu) wart
tuu *n* (tuu) seeds
-tuwama *v* to linger
tuwi *n* (tuwi) coconut milk
-tuza *v* **1.** to award **2.** to reward **3.** to keep **4.** to observe
tuzo *n* (tuzo) **1.** gift **2.** reward **3.** prize **4.** award

-tuzwa *v* **1.** to be awarded **2.** to be rewarded **3.** to be kept **4.** to be observed
-twa **1.** *adj* day **2.** *v* to set
-twaa *v* **1.** to take **2.** to seize **3.** to capture **4.** to occupy
-twalia *v* **1.** to take to/for **2.** to seize for **3.** to capture for **4.** to occupy for
-twaliwa *v* **1.** to be taken **2.** to be seized **3.** to be captured **4.** to be occupied
-twaliwa na serikali *v* to be nationalized
-twana *n* (matwana) scoundrel
-twanga *v* to pound
-twangwa *v* to be pounded
-tweka *v* **1.** to hoist **2.** to set sail
-tweka bendera *v* to raise a flag
twende! let's go!
-twesha *v* **1.** to humiliate **2.** to offend
-twesha *v* to offend
-tweta *v* **1.** to gasp **2.** to pant
-tweza *v* **1.** to humiliate **2.** to offend
twiga *n* (twiga) giraffe
-twika *v* to load up
-twisha *v* **1.** to humiliate **2.** to offend
tyubu *n* (tyubu) tube

U

u- 1. you *singular* 2. is/are 3. and

ua *n* 1. (maua) flower 2. (nyua) courtyard 3. fence

-ua *v* to kill

uachishaji *n* (uachishaji); **uachishwaji** *n* (uachishwaji) termination

uadilifu *n* (uadililfu) 1. morality 2. honesty 3. justice

uadui *n* (uadui) hostility

uagizaji *n* (uagizaji) ordering

uaguzi *n* (uaguzi) prediction

uaili *n* (uaili) blame

uainishaji *n* (uainishaji); **uainisho** (uainisho) classification

Uajemi *n* Iran; Persia

uajiri *n* (uajiri) employment

uajizi *n* (uajizi) delay

ualimu *n* (ualimu) teaching

uambishaji *n* (uambishaji) affixation

uambukizi *n* (uambukizi); **uambukizo** (uambukizo) infection

uamilifu *n* (uamilifu) function

uamini *n* (uamini); **uaminifu** *n* (uaminifu) 1. honesty 2. reliability

uamuzi *n* (maamuzi) *(leg.)* 1. judgement 2. award

uamuzi rasmi *n* (maamuzi rasmi) official decision

uamuzi wa pamoja *n* unanimous decision

uamuzi wa wingi *n* majority decision

uana *n* childhood

-uana *v* to kill each another

uanachama *n* (uanachama) membership

uanadamu *n* humanity

uanafunzi *n* apprenticeship

uanandugu *n* family ties

uanasheria *n* matter of law

uanaume *n* virility

uandamano *n* procession

uandikaji *n* penmanship

uandikishaji *n* registration

uandishi *n* (uandishi) 1. composition 2. writing

uangalifu *n* (uangalifu); **uangalizi** (maangalizi) 1. care 2. supervision 3. management

uangalizi wa fedha *n* financial management

uangamizi *n* (maangamizi) 1. collapse 2. destruction

uangavu *n* 1. brightness 2. clarity 3. transparency

uani *n* (nyuani) 1. yard 2. garden

uani *n* (nyua) enclosure

uanzilishaji *n* starting point

uapo *n* (nyapo) oath

Uarabuni *n* Arabia

uasherati *n* 1. promiscuity 2. extra-marital sex 3. indecency

uashi *n* 1. masonry 2. bricklaying

uasi *n* 1. (uasi) revolt 2. (maasi) disobedience 3. treason 4. crime

uasilia *n* realism

uasilishaji *n* adoption

uaskari *n* profession

uaskofu *n* *(rel.)* episcopacy

-uavidudu *v* to disinfect

-uawa *v* be killed

ubaba *n* 1. fatherhood 2. paternity

ubabaifu *n* 1. stupidity 2. anxiety

ubadhiri; ubadhirifu *n* 1. extravagance 2. misuse of funds 3. embezzlement

ubadili; ubadilifu *n* 1. change 2. mutation

ubaguzi *n* discrimination

ubaguzi wa rangi *n* 1. racism 2. apartheid

ubaharia *n* navigation

ubahatishaji *n* 1. betting 2. opportunism

ubahili *n* avarice

ubaini; ubainifu *n* 1. clarity 2. clarification

ubainisho *n* (mabainisho) clear evidence

ubala mwezi *n* moonlight

ubale *n* slice

ubalehe *n* 1. puberty 2. being a teenager

ubalozi *n* 1. embassy 2. consulate 3. delegation

ubalozi mdogo *n* consulate

ubamba *n* (bamba) 1. flake 2. foil

ubango *n* (bango) husk

ubani *n* gum

ubao *n* (mbao) 1. plank 2. board 3. blackboard 4. sign 5. signpost

ubao wa kupigia mbizi *n* diving board

ubapa *n* (bapa) 1. (flat) surface 2. plane

ubaradhuli *n* rudeness

ubarakala *n* opportunism

ubaridi *n* (ubaridi) cold; coldness

ubashiri *n* prediction

ubati *n* (bati) 1. spare room 2. extension

ubatili; ubatilifu *n* 1. emptiness 2. uselessness 3. worthlessness 4. abolition

ubatizaji *n* baptizing

ubatizo *n* baptism

ubavu *n* 1. (mbavu) hip 2. rib 3. (mabavu) side

ubavuni *adv* alongside; at the side of

ubawa *n* (mbawa) wing

ubawabu *n* doorkeeper

ubaya *n* (mabaya) 1. evil 2. bad

ubazazi *n* 1. dishonesty 2. fraud

ubeberu *n* imperialism

ubeja *n* smart thinking

ubeleko *n* (mbeleko) child carrier

Ubelgiji *n* Belgium

ubembe *n* 1. coaxing 2. seduction 3. soliciting

ubenibeni *n* loss of direction

ubepari *n* 1. capitalism 2. **wanaounga mkono siasa za ubepari** (*pol.*) the right wing

ubeti *n* (beti) 1. verse 2. stanza 3. poem

ubia *n* partnership

ubichi *n* 1. rawness 2. not being ripe

ubikira *n* virginity

ubilisi *n* wickedness

ubinadamu *n* humanity

ubinafsi *n* 1. individuality 2. ego

ubinda *n* loincloth

ubingwa *n* skill

ubini *n* forgery

ubinja *n* (mbinja) whistling

ubishi *n* 1. opposition 2. readiness to argue

ubivu *n* ripeness

uboho *n* bone marrow

uboi *n* servant's work

ubongo *n* brain; brains

ubora *n* 1. excellence 2. quality

ubovu *n* 1. what's wrong 2. badness 3. rottenness

ubovu wa meno *n* tooth decay

ubozi *n* idleness

ubuge *n* greed

ubukuzi *n* revelation

ubunge *n* parliamentary status

ubuni; ubunifu *n* 1. creativity 2. invention

ubutu *n* bluntness

ubuyu *n* baobab nut pulp

ubwabwa *n* rice gruel

ubwabwa wa mwana *n* sleep

ubwana *n* being boss

ubwanyenye *n* 1. bossiness 2. snobbery

ubwete *n* laziness

ubwiri *n* mildew

uchache *n* scarcity

uchachu *n* sourness

uchafu *n* 1. dirt 2. dirtiness 3. immorality

Uchaga *n* Chaga

uchaga *n* (chaga) bed

uchago *n* (chago) head of bed

uchaguzi *n* (uchaguzi) 1. choice 2. ballot 3. election

uchaguzi mdogo *n* by-election

uchaguzi mkuu *n* general election

uchaguzi wa kwanza *n* primary elections

uchaji *n* 1. fear 2. awe

uchakacho *n* crackling

uchakavu *n* 1. wear and tear 2. *(fin.)* depreciation

uchambuzi *n* analysis

uchanga *n* infancy

uchangamfu *n* cheerfulness

uchanganuzi *n* analysis

uchango *n* (chango) 1. intestine 2. hookworm 3. -choma uchango to have breakfast

uchanjaa *n* open land

uchao *n* dawn

uchapaji *n* printing

uchapishaji *n* publishing

uchapwa *n* tastelessness

uchavushaji *n* pollination

uchawi *n* 1. magic 2. poison

uchechea *n* dawn

uchechefu *n* scarcity

uchekechea *n* assortment

uchengele; uchengelele *n* small intestines

ucheo *n* land ready to plant

uchepukaji *n* refraction

uchepuzi *n* specialty

ucheshi *n* 1. good mood 2. humour

uchezaji *n* style of play

uchi 1. *adj* naked 2. *n* nakedness 3. sexual organs

uchifu *n* chieftainship

uchimvi *n* 1. bad luck 2. debauchery

Uchina *n* China

uchocheo *n* connotation

uchochezi *n* agitation

uchochoro *n* (machochora) narrow passage

uchofu wa kilevi *n* hangover

uchokochoko *adj* nagging

uchokozi *n* provocation

uchongelezi *n* 1. slander 2. betrayal

uchoraji *n* (machoraji) 1. drawing 2. painting 3. design

uchoshi *n* exhaustion

uchovu *n* tiredness

uchoyo *n* avarice

uchu *n* 1. desire 2. passion

uchukuti *n* (chukuti) centre

uchukuzi *n* transport

uchumba *n* engagement

uchumi *n* 1. economy 2. economics

uchumi mchanganyiko *n* mixed economy

uchumi wa kitaifa *n* national economy

uchumi wa kisiasa *n* political economy

uchungu *n* (machungu) 1. bitterness 2. anguish 3. sharp pain 4. *(med.)* labour pains 5. -tia uchungu to sadden

uchunguzi *n* 1. curiosity 2. investigation 3. research

uchuro *n* bad omen

uchuuzi *n* retail business

uchwara *adj* insignificant

Udachi *n* Germany

udadishi *n* 1. curiosity 2. investigation 3. research

udaktari *n* 1. medical practice 2. *(ac.)* doctorate

udaku; udakuzi *n* 1. interrupting 2. shooting off one's mouth

udanganyi; udanganyifu *n* 1. dishonesty 2. deception

udelele; udenda; udende *n* saliva

udevu *n* (ndevu) beard

udhaifu *n* weakness

udhalili *n* 1. humiliation 2. wretchedness

udhalimu *n* 1. injustice 2. oppression 3. tyranny

udhamini *n* sponsorship
udhanania *n* abstraction
udhi *n* (maudhi) annoyance
-udhi *v* 1. to annoy 2. to grieve
udhia *n* (maudhia) annoyance
-udhia *v* to be annoying to
udhibiti *n* 1. protection 2. guardianship 3. management 4. control 5. censorship
udhibiti ubora *n* quality control
-udhika *v* to be annoyed
-udhikia *v* to be annoyed with/at
udhiko *n* (maudhiko) trouble
udhilifu *n* 1. humiliation 2. wretchedness
udhoofu *n* weakness
udhuru *n* 1. excuse 2. need
udi *n* (udi) 1. lute 2. aloe wood
udikteta *n* dictatorship
udobi *n* laundering
udodi *n* (dodi) bracelet
udogo *n* 1. smallness 2. insignificance 3. early age 4. childhood
udokozi *n* pilfering
udondoshaji *n* deletion
udongo *n* (udongo) 1. soil 2. **chuma udongo** steel
udongo wa kinamu *n* clay
udongo kitope *n* alluvial soil
udondo mahuluku *n* organic soil
udondo tifutifu *n* loam
udufu *n* foolishness
udugu *n* 1. brotherhood 2. kinship
udumu *n* perseverance
udusi *n* pus
uduvi *n* (nduvi) 1. shrimp 2. prawn
uegeshaji *n* parking
uele *n* (ndwele) illness; sickness
uelekeo *n* 1. direction 2. tendency
uelewano *n* mutual understanding
uelezi *n* bouyancy
uendelezaji *n* continuation
uendeshaji *n* 1. administration 2. driving 3. direction
uendeshaji na uongozi *n* administration and management
uenenezi *n* 1. distribution 2.

dissemination 3. propagation
uenyekiti *n* chairmanship
uerevu *n* cleverness
ufa *n* (nyufa) 1. crack 2. cleft 3. *(tech.)* fault
ufafanuzi *n* (fafanuzi) 1. elaboration 2. interpretation 3. definition
ufagio *n* (fagio) 1. brush 2. broom
ufahamu *n* 1. comprehension 2. recollection 3. consciousness
ufakiri *n* poverty
ufalme *n* (falme) 1. kingship 2. rule 3. kingdom
ufananaji *n* resemblance
ufanisi *n* 1. success 2. achievement 3. efficiency
ufanyakazi *n* labour
Ufaransa *n* France
ufasaha *n* 1. eloquence 2. diction
ufashisti *n* fascism
ufasiki *n* 1. vice 2. immorality 3. depravity
ufefe *n* weakness
ufidhuli *n* contempt
ufinyanzi *n* 1. pottery 2. ceramics
ufinyu *n* 1. narrowness 2. constraint
ufisadi *n* 1. corruption 2. vice 3. malice
ufito *n* (fito) 1. stick 2. bar 3. pole 4. rod
ufito wa kuvulia *n* fishing rod
ufizi *n* (fizi) gum(s)
ufokaji *n* eruption
ufu *n* 1. death 2. numbness
ufuaji *n* beating
ufuaji chuma *n* metalwork
ufuasi *n* accompaniment
ufuatano *n* sequence
ufufuko; ufufuo *n* resurrection
ufugaji *n* animal husbandry
ufugaji bora *n* livestock management
ufujaji *n* waste
ufukara; ufuke *n* poverty
ufukizo *n* production of fumes
ufukwe *n* (fukwe); **ufuko** (fuko) 1. beach 2. shore 3. coast

ufukoni *adv* on the shore
ufukuto *n* heat exhaustion
ufukwe *n* (fukwe) 1. poverty 2. *see* ufuko
ufukweni *see* ufukoni
ufumbi *n* (mafumbi) valley
ufumbuzi *n* 1. discovery 2. solution
ufumwale *n* fibre
ufundi *n* (ufundi) 1. skill 2. craft; craftsmanship 3. know-how 4. technology
ufundi sanifu *n* technology
ufundi taaluma *n* hi-tech
ufundi wa teknolojia *n* technology
ufunga *n* (funga) bench
ufungu *n* (fungu) relationship
ufunguo *n* (funguo) 1. key 2. opener
ufunguo mkuu *n* skeleton key
ufunguzi *n* 1. opening 2. inauguration
ufunuo *n* revelation
ufuo *n* (fuo) 1. drainage channel 2. beach 3. origin
ufupa *n* bone
ufupi *n* 1. shortness 2. brevity 3. kwa ufupi in brief
ufupisho *n* (mafupisho) 1. abbreviation 2. summary
ufuraha *n* box
ufurufuru *n* fury
ufuta *n* sesame
ufutaji *n* abolition
ufyozi *n* contempt
uga *n* (nyuga) 1. (town) square 2. yard; courtyard
-uga *v* to roar
ugaga *n* tartar
ugaidi *n* 1. terrorism 2. banditry
ugale *n* (gale) wood
ugali *n* porridge; mash
uganga *n* (med.) treatment
ugavi *n* 1. supply 2. distribution
ugavi na utashi *n* supply and distribution
ugavu *n* net
ugawaji *n* distribution

uge *n* fat
ugeni *n* 1. newness 2. inexperience 3. strangeness
ugenini *adv* 1. abroad 2. in a remote place
ugeugeu *n* instability
ugeuzaji wa njia *n* 1. detour 2. diversion
ugeuzi *n* (mageuzi) change
ughaibuni *adv* in a remote place
ugimbi *n* (ngimbi) beer
Ugiriama *n* Giriama
Ugiriki *n* Greece
ugo *n* (nyugo) enclosure
ugolo *n* snuff
ugombo *n* (magomvi) traditional guitar
ugomvi *n* (magomvi) quarrel
ugoni *n* 1. adultery 2. rape; sexual assault
ugonjwa *n* (magonjwa) 1. illness; sickness 2. disease 3. pain
ugonjwa wa maini *n* hepatitis
ugonjwa wa njano *n* jaundice
ugonjwa wa uti wa mgongo *n* meningitis
ugonjwa wa zinaa *n* venereal disease
ugoro *n* snuff
ugozi *n* algae
-ugua *v* 1. to be ill/sick 2. to be in pain
Ugua pole! Get well soon!
-ugulia *v* 1. to fall sick at 2. to be cared for
-uguliwa *v (med.)* to care for
ugumba *n* 1. sterility 2. childlessness 3. solitude
ugumu *n* 1. difficulty 2. hardness
ugunduzi *n* exploration
uguo *n* (mauguo) 1. pain 2. suffering
-uguza *v (med.)* to nurse
ugwe *n* 1. (nyugwe) cord 2. tendon 3. (ngwe) plot of land
uhaba *n* shortage
Uhabeshi *n* Ethiopia

uhafifu *n* poor quality

uhai *n* **1.** life **2.** being alive **3.** activity

uhaini *n* **1.** betrayal **2.** *(pol.)* treason

uhakika *n* certainty

uhakiki *n* **1.** analysis **2.** criticism **3.** editing **4.** *(maths)* theorem

uhalali *n* legality

uhalifu *n* **1.** crime **2.** lawbreaking **3.** disobedience

uhalisi; uhalisia *n* reality

uhamiaji *n* **1.** migration **2.** emigration **3.** immigration

uhamilishaji *n* insemination

uhamilishaji mnemba *n* artificial insemination

uhamisho *n* **1.** transfer **2.** deportation **3.** exile

uhandisi *n* engineering

uharabifu; uharabu *n* **1.** destruction **2.** harm **3.** corruption

uharamia *n* **1.** robbery **2.** piracy

uharibifu *n* **1.** corruption **2.** destruction **3.** waste

uharo *n* feces

uhasama *n* **1.** hostility **2.** spite **3.** sulkiness

uhasibu *n* **1.** accounting **2.** accountancy

uhasidi *n* envy

uhayawani *n* **1.** brutality **2.** indecency

uhazili *n* secretarial work

uhiana *n* treachery

uhifadhi *n* conservation

uhimilishaji *n see* uhamilishaji

uhitaji *n* (mahitaji) need

uhodari *n* (uhodari) **1.** skill **2.** intelligence **3.** excellence **4.** valour **5.** determination

uhodari wa kazi *n* efficiency

Uholanzi *n* the Netherlands; Holland

uhondo *n* **1.** feast **2.** party **3.** entertainment **4.** fascination

uhuni *n* (uhuni) **1.** vagrancy **2.** prostitution

uhunzi *n* metalwork

uhuria *n* liberalism

uhuru *n* **1.** freedom **2.** independence

uhusiano *n* **1.** relation; relationship **2.** public relations

uhusika *n* noun case

uigaji *n* imitation

uimarishaji *n* stabilization

uimbaji *n* singing

Uingereza *n* **1.** England **2.** United Kingdom

uingizaji *n* import; importation

Uislamu *n* Islam

ujabari *n* bravery

ujahili *n* **1.** cruelty **2.** foolhardiness

ujali *n* **1.** virginity **2.** (mijali) wick

ujalidi *n* bookbinding

ujamaa *n* **1.** family ties **2.** relationship **3.** socialism **4.** brotherhood

ujamaa vijijini *pl* communal villages

ujambazi *n* **1.** armed robbery **2.** crime **3.** criminal activities **4.** riwaya ya ujambazi crime novel

ujamii *n* **1.** social relations **2.** social life

ujana *n* **1.** youth **2.** adolescence; being a teenager

ujane *n* widowhood

ujanja *n* shrewdness

ujapojapo *n* path

ujari *n* (njari) tiller-rope

ujasiri *n* **1.** bravery **2.** daring **3.** audacity

ujasusi *n* **1.** spying; espionage **2.** intelligence gathering

ujauzito *n* **1.** pregnancy **2.** gestation

ujazi; ujazo *n* capacity

ujenzi *n* **1.** construction; building **2.** architecture

Ujeremani; Ujerumani *n* Germany

ujeuri *n* **1.** insolence **2.** injustice

uji *n* (nyuji) **1.** porridge **2.** gruel

ujia *n* (njia) **1.** passage **2.** corridor

ujima *n* **1.** communal work **2.** co-operation

ujinga *n* **1.** ignorance **2.** inexperience

ujio *n* arrival

ujira n salary; wage(s)

ujirani n 1. neighbourhood 2. neighbourliness

ujiti n (jiti) long branch

ujiti n (njiti) tall tree

ujongefu n mobility

ujotojoto n heat

ujuba n arrogance

ujumbe n 1. message 2. mission 3. delegation

ujumi n aesthetics

ujumla n 1. whole 2. total 3. kwa ujumla on the whole 4. wholesale

ujusi n 1. rotting smell 2. (rel.) period of impurity after childbirth

ujuvi n indiscretion

ujuzi n 1. skill 2. experience 3. know-how 4. technique

ujuzi njua n technique

ukaango n (kaango) frying

ukabaila n feudalism

ukabidhi n 1. economy 2. hoarding 3. public trusteeship

ukabila n (ukabila) 1. ethnicity 2. tribalism 3. chauvinism

ukachero n detective work

ukadirifu n 1. assessment 2. moderation

ukafu n foam; froth

ukaguzi n inspection

ukaguzi hesabu n auditing

ukahaba n prostitution

ukaidi n stubbornness

ukakamavu n 1. determination 2. endurance

ukakasi n acid taste

ukakaya n narrowness

ukale n distant past

ukali n 1. sharpness 2. fierceness 3. strength 4. severity

ukalifu n 1. bother 2. intensity

ukamba n (ukamba); **ukambaa** (kambaa) 1. cord 2. umbilical cord

Ukambani n Kamba

ukame n 1. drought 2. dry spell

ukamilifu n 1. perfection 2. completeness

ukanda n (kanda) 1. belt 2. strap 3. tape 4. strip 5. zone 6. see ukanda...

ukandamizaji n oppression

ukanda shwari n (mar.) doldrums

ukanda wa feni n fan belt

ukanda wa kinga n seat belt

ukano n (kano) 1. tendon 2. denial

ukarabati n 1. reconstruction 2. renovation 3. rehabilitation

ukarafati n preventative maintenance

ukarani n office work

ukaribu n proximity

ukarimu n 1. generosity 2. hospitality

ukashifu n 1. libel 2. slander

ukata n poverty

ukataji n cutting

ukataji miti n logging

ukatili n 1. cruelty 2. savageness 3. oppression 4. discrimination

ukavu n 1. dryness 2. impertinence

ukaya n (kaya) headcloth

uke n 1. womanhood; being a woman 2. female sexual organs

ukelele n (kelele) shout

ukemi n 1. bitching 2. -piga ukemi to bitch

ukemwenza n (ukewenza) co-wife

ukenekazji n distillation

uketo n depth

ukhiana n treachery

uki n honey

ukigo n (kigo) fence

ukili n (kili) palm strips

-ukilia v to intend

ukimwi = **ukosefu wa kinga mwilini** n AIDS

ukinaifu n monotony

ukindu n (kindu) palm strips

ukingo n (kingo) 1. edge 2. curtain 3. awning 4. screen 5. shelter 6. protection 7. river bank

ukinazani n 1. resistance 2. antagonism

ukiritimba n monopoly

ukithiri n redundance

ukiukaji *n* infraction
ukiwa *n* 1. desolation 2. solitude 3. loneliness
uko 1. you're there *singuler* 2. is here; is there
ukoga *n* 1. encrustation 2. tartar
ukoja *n* (koja) necklace
ukoka *n* fodder
ukoko *n* burnt crust at bottom of pot
ukoloni *n* 1. colonization 2. colonialism
ukoloni mamboleo; ukoloni wa kichinichini *n* neo-colonialism
ukoma *n* leprosy
ukomavi *n* maturity
ukomba *n* scraper
ukombo *n* (kombo) curve
ukombozi *n* 1. liberation 2. ransom 3. salvation 4. **jeshi la ukombozi** liberation army
ukomeshaji *n* 1. halt 2. abolition
ukoministi; ukomunisti *n* communism
ukomo *n* end
ukomunisti *n* communism
ukonge *n* fibre
ukongo *n* (kongo) 1. sickness 2. epidemic
ukongwe *n* old age
ukono *n* (kono) tendril
ukonyezo *n* (konyezo) hint
ukoo *n* (koo) 1. family 2. relationship 3. clan 4. lineage 5. pedigree 6. **jina la ukoo** surname
ukope *n* (kope) 1. eyelash(es) 2. eyelid
ukopi *n* (ukopi) 1. advance 2. credit 3. deception 4. fraud 5. loan
ukorofi *n* 1. brutality 2. destructiveness
ukosaji *n* delinquency
ukosefu *n* 1. shortage 2. deficiency
ukosefu wa kinga mwilini (= Ukimwi) *n* AIDS
ukosi *n* (kosi) 1. collar 2. nape
ukosoaji *n* 1. correction 2. criticism
Ukristo *n* Christianity

ukuaji *n* 1. growth 2. development
ukuaji wa kiuchumi *n* economic growth
ukuba *n* bad omen
ukubali *n* 1. permission 2. approval
ukubalifu *n* acceptability
ukubwa *n* 1. bigness 2. greatness 3. size 4. volume 5. capacity
ukucha *n* (kucha) 1. fingernail; toenail 2. claw
ukufi *n* (kufi) handful
ukufuru *n* blasphemy
ukukwi *n* (non-venomous) snake
ukulima *n* (ukulima) 1. farming 2. agriculture
ukumbi *n* (kumbi) 1. lounge 2. foyer; lobby 3. porch 4. hall; auditorium 5. forum
ukumbi wa kuondokea *n* departure lounge
ukumbi wa mihadhara *n* lecture hall; lecture theatre
ukumbizi *n* (kumbizi) 1. removal 2. elimination
ukumbizo *n* veranda
ukumbuko *n* (makumbuko) recollection
ukumbusho *n* (makumbusho) 1. reminder 2. memorial 3. memento 4. souvenir
ukumbuu *n* (kumbuu) sash
ukumvi *n* (kumvi) 1. husk(s) 2. bran
ukunde *n* (kunde) brown bean
ukunga *n* 1. midwifery 2. obstetrics
ukungu *n* (kungu; makungu) 1. damp 2. dew 3. mist 4. moisture 5. fungus 6. **-enye ukungu** misty 7. foggy
ukuni *n* (kuni) firewood
ukunjufu *n* having fun
ukurasa *n* (kurasa) 1. sheet of paper 2. page
ukuruti; ukurutu *n* 1. pimple; spot 2. acne 3. rash
ukuta *n* (kuta) wall
ukuu *n* (makuu) greatness

ukuzaji *n* 1. enlargement 2. amplification 3. promotion 4. development

ukwaju *n* (kwaju) tamarind

ukware *n* high sex drive

ukwasi *n* solvency

ukwato *n* (kwato) hoof

ukweli *n* 1. truth 2. fact

ukweli usiopingika *n* indisputable truth

ukwenzi *n* cry

ulabibu *n* perseverance

ulafi *n* gluttony

ulaghai *n* deceit

ulaini *n* 1. smoothness 2. softness 3. kindness

ulainishaji *n* lubrication

ulaji *n* (malaji) 1. food 2. diet

ulaji rushwa *n* corruption

ulalo *n* 1. (malalo) bridge 2. campsite 3. place to sleep 4. (ndalo) diagonal

ulanga *n* 1. mica 2. soapstone

ulanguzi *n* 1. black market 2. profiteering

ulanzi *n* bamboo wine

ulawiti *n* sodomy

Ulaya *n* Europe

ule 1. that 2. **wakati ule** at that time

ulegevu *n* 1. weakness 2. slackness

ulemavu *n* disability

ulevi *n* 1. intoxicant 2. drinking 3. intoxication 4. drunkenness 5. alcoholism 6. substance abuse

ulezi *n* (ulezi; malezi) 1. nurturing 2. bringing up a child 3. child-care worker 4. bullrush millet

uli 1. you are *singular* 2. it is

ulikaji *n* corrosion

ulili *n* (malili) 1. platform 2. bed

ulimaji *n* cultivation

ulimbo *n* 1. birdlime; guano 2. glue

ulimbukeni *n* inexperience

ulimbwende *n* 1. high fashion 2. romanticism

ulimi *n* (ndimi) 1. tongue 2. language

ulimi wa moto *n* (ndimi za moto) flame

ulimwengu *n* (ulimwengu; malimwengu) 1. world 2. universe

ulinganifu *n* (ulinganifu) 1. harmony 2. similarity 3. compatibility 4. analogy

ulinganifu wa sauti *n* harmony

ulingo *n* (lingo) 1. guard post 2. watchtower 3. observation point 4. arena

ulingo wa kisiasa *n* political platform

ulinzi *n* (ulinzi) 1. security 2. surveillance 3. custody 4. defence 5. construction 6. **jeshi la ulinzi** defence force

ulinzi mkali *n* high security

ulio *n* dish

ulipaji *n* payment

ulipizaji kisasi *n* retaliation

ulitima *n* 1. unemployment 2. *(ec.)* depression

-uliwa *v* to be killed

-uliwa mbali *v* to be annihilated

-uliza *v* 1. to ask 2. to question 3. to interrogate

-ulizana *v* to ask each other

ulizi *n* (maulizi) 1. interrogative 2. bawling

-ulizia *v* to ask about

ulizo *n* (maulizo) 1. question 2. inquiry 3. interrogation

-ulizwa *v* 1. to be asked 2. to be questioned 3. to be interrogated

ulofa *n* poverty

ulongo *n* bone marrow

ulozi *n* magic

ulumbi *n* multilingualism

uluzi *n* whistle

ulwa *n* 1. honour 2. reputation 3. glory

uma *n* (nyuma) 1. point 2. sting 3. bite 4. fork

-uma *v* 1. to hurt 2. to bite 3. to sting

-uma meno *v* to clench your teeth

umaarufu *n* (umaarufu) fame

umahiri *n* skill

umajimaji *n* 1. moisture 2. humidity

umaksi n Marxism

umalaya n prostitution

umalizaji n conclusion

-umana v 1. to harm each other 2. to infight

umande n 1. dew 2. mist 3. cool air

umanga n unseasoned food

umaridadi n 1. care 2. neatness 3. elegance 4. smart dress 5. style 6. affectation

umaskini n 1. poverty 2. bad luck

umati n (umati) 1. crowd 2. assembly

-umauma v to nibble

-umba v to create

umbali n distance

umbele n pushiness

umbeya n 1. gossip 2. curiosity

-umbia v 1. to create for 2. to flare up 3. to glide 4. to soar

umbijani n chlorophyll

-umbika v 1. to be created 2. to be well-made 3. to be beautiful

umbile n (maumbile) 1. nature 2. state 3. something real

-umbiwa v to be created for/with

umbo n (maumbo) 1. form 2. appearance; shape 3. structure 4. design 5. layout

umbu n (maumbu) (blood) brother; (blood) sister

-umbua v 1. to break up 2. to undo 3. to deform 4. to destroy 5. to shame 6. to ruin a reputation

umbuji n grace

umbuka v 1. to be broken up 2. to be undone 3. to be deformed 4. to be destroyed 5. to be shamed 6. to have a repuation ruined

-umbwa v to be created

ume n masculinity

-ume adj 1. male 2. masculine

umeaji n germination

umeme n 1. electricity 2. current 3. lightning 4. -a umeme electric 5. jiko la umeme electric cooker

umenyuo n purification

umeshindaje? good afternoon!

umeta n children's dance

-umia v to get hurt

umilele n eternity

umilikaji n ownership

umilisi n competence

umiminishaji n condensation

umio n (mio) 1. throat 2. oesophagus

umito n heaviness

umivu n (maumivu) pain

-umiza v to hurt

-umizana v to hurt one another

-umizwa v to be hurt

-umka v to rise up

umma n (umma) 1. community 2. people 3. population 4. pl public 5. -a umma public 6. afya ya umma public health 7. mali ya umma public property 8. kwa manufaa ya umma in the public interest

umo 1. you're in singular 2. is in; is inside

umoja n 1. unity 2. alliance 3. association 4. organization 5. singular

Umoja wa Mataifa n United Nations

Umoja wa Nchi Huru za Afrika n Organization of African Unity

Umoja wa Nchi za Kiarabu n Arab League

Umoja wa Soko Nafuu n Preferential Trade Area

Umoja wa Vijana n Association of Youth; Youth League

umri n (umri) 1. age 2. life 3. Una umri gani? How old are you?

-umua v to make dough

umuhimu n importance

-umuka v to rise

-umwa v 1. to be ill 2. to be hurt

umwagiliaji n 1. irrigation 2. pouring

umwinyi n 1. bossiness 2. acting dominant 3. feudalism

una you have singular

unabii n prophecy

unadhifu n neatness

unafiki *n* hypocrisy
unafuu *n* 1. getting better 2. amelioration
unajimu *n* 1. astrology 2. astronomy
unajisi *n* 1. rape 2. defilement
unamu *n* 1. soil texture 2. plasticity
unazi *n* Nazism
-unda *v* 1. to make 2. to assemble 3. to construct 4. to set up
undani *n* 1. core 2. interior 3. heart of the matter 4. grudge 5. **kwa undani** in depth
undu *n* cock's comb
undugu *n* relationship
undugu wa kuchinjana *n* blood relationship
-undwa *v* 1. to be made 2. to be assembled 3. to be constructed 4. to be set up
unene *n* 1. thickness 2. obesity
unga *n* 1. (unga) flour 2. (nyunga) powder 3. *see* **unga wa...**
-unga *v* 1. to connect 2. to join 3. to accompany 4. *see* **-unga...**
-unga chakula *v* to season food
-unga mkono *v* to support
-unga chakula *v* to season food
-unga hesabu *v* to add up
-ungama *v* 1. to admit 2. to confess
-ungamana *v* 1. to be connected together 2. to be joined together
-ungamanisha *v* 1. to connect together 2. to join together
-ungamia *v* 1. to admit to 2. to confess to
-unga mikono *v* to support
-ungamisha *v* 1. to force to admit 2. to force to confess
-unga mkono *v* to shake hands
ungamo *n* (maungamo) 1. admission 2. confession
-ungana *v* 1. to connect together 2. to join together
unganifu *adj* connecting
-unganisha *v* 1. to connect up 2. to get to join up 3. to reunite 4. to reconcile

ungano *n* 1. connection 2. join
ung'aro *n* brightness
unga wa chuma *n* iron filings
unga wa msumeno *n* sawdust
unga wa ngano *n* wheat flour
unga wa sabuni *n* soap powder
ungo *n* 1. (ungo; nyungo) winnowing basket 2. (maungo) joint 3. organ 4. hymen 5. **-vunja ungo** to start menstruating
ung'ongo *n* (ng'ongo) date palm leaf
-ungua *v* 1. to be burnt 2. to be charred 3. to slice in two 4. to dismember
Unguja *n* Zanzibar
-unguza *v* 1. to burn 2. to char
-unguzwa *v* 1. to be burnt 2. to be charred
-ungwa *v* 1. to be connected 2. to be joined 3. to be mixed
-ungwa mkono *v* to be supported by
uniform *n* (uniform) uniform
unono *n* 1. fatness 2. richness 3. comfort
ununuzi *n* purchasing
unyafuzi *n* kwashiorkor
unyago *n* initiation
unyama *n* brutality
unyamavu *n* quietness
unyambufu *n* elasticity
unyang'anyi *n* 1. seizure 2. usurption 3. robbery
unyanya *n* disgust
unyanyasaji *n* harassment
unyanyasaji wa jinsia; unyanyasaji wa kijinsia *n* sexual harassment
unyarafu *n* disgust
unyasi *n* (nyasi) thatching grass
unyayo *n* (nyayo) 1. sole 2. footprint 3. footstep 4. track(s) 5. spoor
unyeleo *n* (nyeleo) pore
unyeme *n* (nyeme); **unyende** (nyende) 1. scream 2. **-piga unyende** to scream

unyenyefu *n* tickling
unyenyekevu *n* humility
unyenyezi; unyenzi *n* haze
unyesi *n* 1. excretion 2. elimination
unyeti *n* sensitivity
unyevu; unyevunyevu *n* 1. humidity 2. **-enye unyevunyevu** humid
unyevu hewa *n* air humidity
unyevu wiani *n* relative humidity
unyoaji *n* 1. shaving 2. cutting hair
unyofu *n* 1. straightness 2. directness 3. honesty 4. loyalty 5. justice
unyogovu *n* tiredness
unyonga *n* (nyonga; manyonga) hip
unyonge *n* (unyonge) 1. destitution 2. depression 3. misery
unyonyaji *n* exploitation
unyoya *n* (manyoya) 1. feather 2. wool 3. fur
unyumba *n* marriage; married life
unyumbuaji *n* derivation
unyumbufu *n* elasticity
unyushi *n* (nyushi) eyebrow(s)
unywele *n* (nywele) hair
uo *n* (nyuo) 1. cover 2. sheath
uoga *n* cowardice
uombezi *n* (maombezi) intercession
uondoshaji *n* removal
uonevu *n* jealousy
uongo *n* (maongo) 1. lie 2. -a uongo false 3. -sema uongo to tell a lie
uongozi *n* (uongozi; maongozi) 1. guidance 2. leadership 3. management
uongozi wa maendeleo *n* development management
uoni *n* sight
uonyo *n* (maonyo) warning
uoto *n* growth; growing
uovu *n* (maovu) 1. evil 2. corruption
uozi *n* wedding
uozo *n* 1. rot 2. corruption
upadirisho *n (rel.)* ordination
upagazi *n* loading

upaja *n* (mapaja) thigh
upamba *n* (pamba) tapping knife
upambano *n* (mapambano) comparison
upambanuzi *n* discrimination
upana *n* (upana) width
upandaji *n* planting
upande *n* (pande) 1. piece 2. section 3. side 4. area 5. direction
upande wa... 1. on the... 2. to the...
upandishajicheo *n* promotion
upanga *n* (panga) 1. machete 2. sword
upangaji *n* 1. planning 2. arrangement 3. rent
upana *n* width
upandaji *n* 1. planting 2. climbing
upandaji miti *n* afforestation
upande *n* (pande) 1. side 2. direction 3. sector 4. kwa upande shingo reluctantly
upande wa in the direction of
upande wa kulia on the right
upande wa kushoto on the left
upanga *n* (panga) 1. sword 2. machete 3. comb; crest 4. crease
upanuzi *n* 1. widening 2. expansion
upao *n* (upao; pao) bar
upapasa *n* coconut and casssava cake
upapi *n* (papi) 1. strip 2. lathe
upara *n* 1. baldness 2. crown of the head 3. -enye upara bald
-upara *v* to get dressed up
upasuaji *n* 1. splitting 2. surgery
upataji *n* 1. acquisition 2. buying power
upatanifu *n* compatibility
upatanisho *n* 1. reconciliation 2. atonement
upatikanaji *n* availability
upatilivu *n* reproach
upatilizo *n* (mapatilizo) 1. blame 2. accusation 3. punishment
upatu *n* (patu) 1. gong 2. wedding gift

upawa *n* (pawa) ladle
upayukaji *n* 1. inconsistency 2. indiscretion 3. ranting
upekecho *n* (pekecho) ache
upekuzi *n* (upekuzi) search
upele *n* (pele) 1. pimple(s) 2. acne 3. rash 4. eczema 5. psoriasis 6. scabies
upelekaji *n* transmission
upelekwa *n* mission
upelelezi *n* 1. investigation 2. riwaya ya **upelelezi** spy novel
upendano *n* (mapendano) love
upendeleo *n* preference
upendezi *n* delight
upendo *n* (mapendo) love
upenu *n* (penu) 1. verandah 2. penthouse 3. eaves 4. extension
upenyezi *n* 1. secret 2. bribery 3. penetration 4. smuggling
upenyu *n* aperture
upeo *n* (peo) 1. top 2. limit 3. horizon
upeo wa macho *n* horizon
upepeo *n* (pepeo) fan
upepezi *n* fanning
upepo *n* (pepo) 1. wind 2. breeze 3. -a **upepo mwingi** windy
upepo mwanana *n* breeze
upesi *adv* quickly
upesi iwezekanavyo as quickly as possible
upeto *n* (peto) 1. fold 2. wrinkle 3. bend
upevu *n* maturity
upigaji kura *n* voting
upiganaji *n* fighting
upili *n* (ed.) secondary
upimaji *n* 1. measurement 2. valuation
upindani *n* stiffness
upinde *n* (pinde) 1. bow 2. bend
upinde wa mvua *n* (pinde za nvua) rainbow
upindo *n* (pindo) 1. hem 2. border
upinduzi *n* (mapinduzi) revolution
upinzani *n* opposition
upishi *n* (mapishi) cooking; cuisine

upo *n* 1. *v* is here; there is 2. *n (mar.)* bailer
upofu *n* blindness
upofu giza *n* night blindness
upofu rangi *n* colour blindness
upogo *n* 1. lopsidedness 2. squinting
upojazo *n* malnutrition
upokeaji *n* reception
upokezi *n* admittance
upole *n* gentleness
upondo *n* (pondo) pole
upongoo *n* (pongoo) stem
uporaji *n* robbery
uporo *n* leftover food
uposo *n* (maposo) marriage proposal
upote *n* (pote) thong
upoteaji *n* loss
upotevu *n* 1. destruction 2. waste
upotovu *n* 1. depravity 2. perversion
upujufu *n* 1. waste 2. shamelessness 3. meanness
upulizaji *n* spraying
upumbavu *n* (upumbavu) stupidity
upunga *n* (punga) tree in blossom
upungufu *n* (upungufu) 1. shortage 2. deficiency
upunguzi *n* reduction
upupu *n* rash
-upura *v* 1. to put on make-up 2. to dress up
upurukushani *n* 1. negligence; neglect 2. contempt
upuuzi *n* (upuuzi) nonsense
upuzi: -a upuzi *adj* foolish
upuzi *n* (upuzi) nonsense
upwa *n* (pwa; pwaa) shoreline
upweke *n* 1. solitude 2. isolation 3. loneliness
upya 1. *n* newness 2. *adv* again
uradhi *n* 1. satisfaction 2. complacency 3. condescension
uradi *n (Isl.)* 1. funeral prayers 2. prayer beads
urafiki *n* 1. friendship 2. companionship

urahisi *n* (urahisi) 1. cheapness 2. ease

uraia *n* (uraia) 1. citizenship 2. nationality

urahisi *n* ease

uraibu *n* 1. habit 2. favourite

urari *n* 1. equality 2. symmetry 3. balance

urari wa biashara *n* balance of trade

urari wa kutimizia *n* final balance

urasharasha *n* 1. shower 2. drizzle

urasimu *n* 1. technical drawing 2. bureaucracy

urasimi *n* classicism

urasimu *n* 1. technical drawing 2. draughtsmanship 3. bureaucracy

uratibu *n* 1. organisation 2. co-ordination

uraufu: likizo ya uraufu *n* compassionate leave

urazini *n* consciousness

urefu *n* 1. length 2. height 3. distance

urembo *n* (marembo) 1. ornament 2. beauty

Ureno *n* Portugal

urithi *n* 1. heritage 2. inheritance

urithisho *n* heredity

uroho *n* greed

urojo *n* mixture

urongo *n* lie

uru *n* diamonds

urukaji angani kwa tiara *n* hang-gliding

urujuani *n* violet

urukususu *n* cough medicine

urumo *n* poverty

Urusi *n* Russia

urutubishaji *n* fertilizer

usafi *n* 1. purity 2. clarity 3. cleanliness 4. hygiene 5. sanitation

usafihi *n* arrogance

usafiri *n* 1. travel 2. transport 3. communication

usafirishaji *n* transportation

usafishaji *n* 1. cleaning 2. refining

usagaji *n* 1. crushing 2. milling 3. digestion

usaha *n* pus

usahaulifu *n* forgetfulness

usahihi *n* 1. correctness 2. accuracy

usahilisho *n* simplification

usaili *n* questioning

usajili *n* registration

usaki *n* fit

usalama *n* 1. safety 2. security

usalama barabarani *n* road safety

usalimini *adv* safe(ly)

usaliti *n* betrayal

usambao; usambazaji *n* 1. circulation 2. publicity

usana *n* (usana); **usani** (usani) metalwork

usanidi *n* synthesis

usanidimwanga *n* photosynthesis

usanifishaji *n* standardization

usanifu *n* 1. writing 2. composing

usanii *n* art

usanisi *n* synthesis

usare *n* blood relationship

usasa *n* 1. present 2. modernity

usasi *n* hunting

usawa *n* (usawa) 1. level 2. equality 3. *(spor.)* draw

usawa wa bahari *n* sea level

usawiri *n* compilation

useja *n* 1. necklace 2. being single 3. celibacy

usemaji *n* 1. talkativeness 2. eloquence 3. fluency

usemi *n* (semi) 1. speech 2. expression 3. saying

useremala *n* carpentry

ushahidi *n* 1. evidence 2. testimony

ushahidi wa hakika *n* (leg.) prima facie evidence

ushahidi wa uwongo *n* (leg.) perjury

ushairi *n* poetry

ushakii *n* courage

ushamba *n* 1. lack of sophistication 2. provincialism

ushanga *n* (shanga) bead(s)

usharika *n* (sharika) 1. *(rel.)* congregation 2. parish 3. *see* ushirika

ushaufu *n* 1. frivolity 2. flirting

ushauri *n* 1. advice 2. consultation 3. consultancy 4. -a ushauri advisory

ushawishi *n* 1. persuasion 2. temptation

ushel plus a bit

ushenzi *n* barbarity

ushetani *n* 1. devilry 2. wickedness

ushi *n* (nyushi) 1. edge 2. ridge 3. eyebrow(s)

ushikamano *n* 1. adhesion 2. tenacity 3. solidarity

ushimbu *n* 1. shrimp 2. prawn

ushindani *n* 1. rivalry 2. competition

ushinde *n* showing off

ushindi *n* 1. victory 2. conquest 3. success

ushirika *n* 1. community 2. co-operation 3. co-operative 4. *(rel.)* communion 5. **chama cha ushirika** co-operative society

ushirika chama cha ushirika *n* co-operative society

ushirika wa walaji *n* consumer's co-op

ushirikiano *n* 1. unity 2. participation

ushirikina *n* superstition

ushirikishaji *n* mobilization

ushonaji *n* tailoring

ushoni *n* sewing

ushoroba *n* 1. lane 2. alley 3. passage

ushtaki *n* 1. complaint 2. accusation 3. charge

ushuhuda *n* testimony

ushujaa *n* valour

ushungi *n* (shungi) 1. headcloth 2. veil 3. comb; crest

ushupavu *n* 1. hardness 2. toughness 3. confidence 4. obstinacy

ushuru *n* 1. tax 2. duty 3. -siyolipiwa ushuru duty-free

ushuzi *n* flatulence

usi *n* (nyusi) eyebrow

usia *n* (mausia) 1. directions 2. solemn charge 3. *(leg.)* will

-usia *v* 1. to direct 2. *(leg.)* to make a will

usiingie! no entry!

usijali! never mind!

usikilizano *n* (masikilizano) agreement

usikivu *n* (usikivu) 1. attentiveness 2. understanding

usikivu *n* obedience

usiku *n* night; night time

usiku kucha *adv* all night; overnight

usiku mwema! good night!

usiku wa manane *adv* late at night

usimamizi *n* 1. management 2. supervision 3. sponsorship

usimeme *n* firmness

usindikaji *n* 1. extraction 2. pressing

usinga *n* (singa) hair

usingizi *n* 1. sleep 2. -enye usingizi sleepy 3. -lala usingizi to sleep deeply

usiogope! 1. don't be afraid! *you singular* 2. *see* -ogopa

usiri *n* 1. delay 2. procrastination

usita *n* street

usitawi *n* 1. prosperity 2. welfare 3. success 4. growth

usitawi wa jamii *n* social welfare

usitu *n* strip

usivute sigara no smoking

usiwe don't be

usiyahi *n* (siyahi) scream

Uskochi *n* Scotland

uso *n* (nyuso) 1. face 2. front 3. surface

usodai; usodawi *n* pride

usoka *n* wire

usomaji wa viganja *n* palmistry

usoni pa *prep* in front of

usono *n* friendship

usononi *n* pain

ustaarabu n being civilized
ustadh n (Isl.) mullah
ustadi n 1. skill 2. learning 3. study
ustahiki n 1. esteem 2. eligibility
ustahili n merit
ustahimilivu n 1. patience 2. endurance
ustahivu n respect
ustawi n 1. prosperity 2. welfare 3. success 4. growth
ustawi wa jamii n social welfare
ustawishaji n development
usubi n/pl midges
usufu n (sufu) wool
usugano n friction
usugu n 1. callousness 2. obstinacy
usukani n (sukani) 1. steering-wheel 2. rudder 3. helm
usukumizi n impulse
usukumo n 1. push 2. propulsion
usuli n origin
usuluhishi n 1. mediation 2. reconciliation 3. pacification
usumaku n magnetism
usumba n coconut fibre
usumbufu n nuisance
usungo n sexual inexperience
ususi n plaiting
ususu n 1. passage 2. corridor
Uswahili n Swahili coast
Uswisi n Switzerland
uta n (nyuta) bow
utaa n drying place
utaahira n cerebral palsy
utaalam; utaalamu n 1. specialization 2. expertise 3. professionalism
utaalamu wa asili za magonjwa n (med.) pathology
utaalamu wa matetemeko ya ardhi n seismology
utabaka n 1. levels 2. stratification 3. class system
utabibu n 1. (med.) treatment 2. medicine
utabibu unaohusu uzazi wa watoto n obstetrics

utabiri n forecast
utabiri wa hali ya hewa n weather forecast
utafiti n 1. search 2. research 3. investigation 4. prospecting
utagaa n (tagaa) branch
utaifa n 1. nationhood 2. nationalism
utaji n (taji) 1. headcloth 2. veil
utajiri n 1. wealth 2. affluence
utakaso n purification
utakatifu n sanctity
utalii n (utalii) 1. tourism 2. safari ya utalii tour
utamaduni n (tamaduni) 1. culture 2. civilization 3. modernity
utambaazi n 1. trail 2. path
utambi n (tambi) 1. wick 2. stomach membrane
utambuzi n 1. intelligence 2. perception
utamio n incubation
utamu n 1. sweetness 2. beauty
utanashati n 1. cleanliness 2. smartness
utando n (tando) 1. film; coating 2. membrane 3. veil 4. cobweb
utando mweupe kinywani n (med.) thrush
utando telezi n mucous membrane
utandu n see utando
utangazaji n 1. broadcasting 2. advertizing 3. publicity
utangulizi n (tangulizi) preface
utani n 1. joking 2. friendship
utanzu n (tanzu) 1. branch 2. genre 3. extension
utapeli n fraud
utapiamlo n malnutrition
utaratibu n (taratibu) 1. plan 2. procedure 3. method 4. pattern
utari n (tari) (mus.) string
utarishi n 1. office work 2. courier work
utasa n 1. barrenness 2. sterility
utashi n 1. will; will power 2. desire
utasi n 1. inarticulation 2. speech impediment

utata *n* 1. complication 2. complexity 3. (tata) fish-trap

Utatu *n (Chr.)* Trinity

utatuzi *n* solution

utawa *n* 1. retirement 2. seclusion 3. religious devotion

utawala *n* 1. rule 2. (tawala) regime 3. administration

utawala wa kikoloni *n* colonial rule

utawala wa kirasimu *n* bureaucratic rule

utawala wa vibaraka *n* puppet regime

utaya *n* (taya) 1. jawbone 2. jaw

ute *n* (nyute; mate) 1. saliva 2. mucus 3. egg white 4. **-tema mate** to spit

utegagi *n* avoidance

utegagi wa kazi *n* shirking work

utekaji *n* 1. kidnapping 2. hijacking 3. looting

uteke *n* tenderness

utekelezaji *n* 1. implementation 2. completion

utelezi *n* (matelezi) slipperiness

utembo *n* (tembo) fibre

utembo mnemba *n* artificial fibre

utenda *n* active voice

utendaji *n* 1. action 2. activity 3. performance 4. service

utende *n* magic

utendi *n* (tendi) epic poem

utendwa *n* passive voice

utengano *n* 1. separation 2. isolation 3. exclusion

utengemano *n* recovery

utengenezaji *n* 1. manufacture 2. construction 3. repairwork

utenzi *n* (tenzi) epic poem

uteo *n* (teo) sifter

utepe *n* (tepe) 1. tape 2. ribbon 3. tag

utepetevu *n* apathy

utete *n* (tete) 1. stem 2. stalk

utetezi *n* (matetezi) *(leg.)* argument

uteuzi *n* 1. choice 2. appointment 3. nomination 4. fad

uteyai *n* egg white

uthabiti *n* (uthabiti) 1. security 2. validity

uthabiti wa siasa *n* political stability

uthibitishaji *n* confirmation

uthibitisho *n* confirmation

uti *n* (nyuti) 1. stem 2. trunk 3. *see* uti wa...

utiaji chumvi *n* exaggeration

utibabu *n* (matibabu) medical care

utifu *n* fine soil

utii; utiifu *n* obedience

utiko *n* (mitiko) roof-ridge

utimilifu; utimizo *n* 1. perfectionn 2. completion

utingo *n* (tingo; matingo) 1. driver's assistant 2. conductor

utiriri *n* 1. lice 2. elusiveness

uti wa maungo *n* (nyuti za maungo); **uti wa mgongo** (nyuti za mgongo) 1. spine 2. ugonjwa wa uti wa mgongo meningitis

uto *n* oil

utoaji *n* (utoaji) 1. offering 2. distribution 3. presentation 4. subtraction 5. production

utoaji wa sauti *n* production of speech

utohozi *n* creating new terms

utoko *n* (matoko) *(med.)* vaginal discharge

utomvu *n* sap

utondoti *n* (tondoti) 1. repetition 2. brooch

utope *n* (matope) mud

utoro *n* 1. absenteeism 2. truancy

utosaji *n* submersion

utoshelevu *n* 1. adequacy 2. utility

utoshelezi *n* (utoshelezi) 1. sufficiency 2. satisfaction

utosi *n* crown of head

utoto *n* 1. childhood 2. childishness

utotole *n* reward

utovu *n* lack

utu *n* 1. humanity 2. personality
utukufu *n* 1. glory 2. magnificence
utukutu *n* mischievousness
utulivu *n* 1. peacefulness 2. gentleness 3. rest
utumbo *n* (**tumbo**; **matumbo**) intestines
utumbo mpana *n* colon
utumbuizo *n* lullaby
utume *n* 1. errand 2. dispatch 3. delegation 4. commitment
utumishi *n* 1. manpower 2. service 3. personnel
utumizi *n* (**matumizi**) 1. employment 2. use 3. service
utumwa *n* 1. errand 2. duty 3. slavery
utunda *n* (**tunda**) bead belt
utundu *n* mischief
utunduizi *n* watchfulness
utungaji *n* (**utungaji**) composition
utungishaji; **utungisho** *n* fertilization
utungisho mtambuko *n* cross-fertilization
utungo *n* (**tungo**) conposition
utungu *n* (*med.*) labour pains
utunzaji *n* care
utupu *n* 1. nakedness 2. emptiness
uturi *n* perfume
Uturuki *n* Turkey
utusitusi *n* 1. cloudiness 2. mistiness
utuuzima *n* 1. adulthood 2. maturity
utuvu *n* gentleness
uuaji *n* (**mauaji**) 1. murder 2. murderousness
uuguzi *n* (*med.*) nursing
uume *n* penis
uundaji *n* 1. mechanism 2. formation
uundaji wa bei *n* price mechanism
uungu *n* divinity
uungwana *n* 1. culture 2. civilization 3. civility
uuzaji *n* 1. sales 2. trade 3. salesmanship
uvamizi *n* (**uvamizi**) 1. takeover
2. invasion 3. occupation
uvimbe *n* 1. swelling 2. inflammation 3. lump
uvimbemchungu *n* inflammation
uvivu *n* laziness
uvoo *n* bracelet
uvuguvugu *n* 1. being lukewarm 2. stimulus
uvukivu *n* volatility
uvuli *n* shade
uvumba *n* incense
uvumbi *n* (**vumbi**; **mavumbi**) dust
uvumbuzi *n* 1. discovery 2. invention
uvumi *n* rumour
uvumilivu *n* tolerance
uvundo; **uvundu** *n* stink
uvunzovunzo *n* 1. being worn-out 2. fragility
uvutaji *n* 1. smoking 2. dragging 3. drawling
uvutano *n* 1. attraction 2. gravity
uvutifu *n* affinity
uvuvi *n* fishing
uwajibikaji *n* responsibility
uwakili *n* 1. agency 2. *(leg.)* legal profession
uwanda *n* (**nyanda**) 1. open space 2. plain 3. plateau 4. *see* **uwanja**
uwanja *n* (**nyanja**) 1. area 2. court 3. playground 4. field 5. stadium 6. square 7. plaza
uwanja wa gofu *n* golf course
uwanja wa majani mafupi *n* lawn
uwanja wa mpira *n* football pitch
uwanja wa ndege *n* (**nyanja za ndege**) 1. airport; airfield 2. airstrip
uwanja wa taifa *n* national stadium
uwashi *n* (**uwashi**) masonry
uwashio; **uwasho** *n* 1. fuel 2. lighting
uwasilishaji *n* delivery
uwati *n* (**mbati**) 1. pole 2. *(med.)* boil
uwatu *n* fenugreek

uwayo n (nyayo) 1. sole 2. footprint

uwazi n 1. space 2. emptiness 3. candour

uwaziri n (pol.) ministership

uwazi wa moyo n kindheartedness

uwe v be

uwekevu n capability

uwekezaji n investment

uwele n (mawele) bullrush millet

uwele n (ndwele) sickness; illness

uweza n 1. ability 2. power

uwezekano n possibility

uwezo n 1. ability 2. possibility 3. authority

uwezo wa kuendeleza safari n connection

uwiano n 1. equality 2. proportion 3. ratio 4. (fin.) balance

uwilisho n incarnation

uwindaji n hunting

uwingi n abundance

uwingu n (mbingu) 1. sky 2. see mbingu

uwinguni in the sky

uwongo n 1. (maongo) lie 2. -a uwongo false

Uyahudi n Israel

uyeyushaji n smelting

uyoga n (vioga) 1. mushroom 2. fungus

-uza v to sell

uzalendo n 1. nationalism 2. patriotism

uzalishaji n 1. production 2. breeding

uzalishaji mali n production of wealth

uzalishaji menyu n inbreeding

uzaliwa n birth

uzandiki n hypocrisy

uzani n weight

uzao n offspring

uzawa n 1. birth 2. indigenization

uzazi n (uzazi) 1. childbirth 2. delivery

3. lineage 4. -a uzazi maternity 5. kiwango cha uzazi fertility rate

uzazi wa majira n birth control

uzee n old age

uzeeni: -a uzeeni adj old-age

uzembe n 1. laziness 2. negligence

uzi n (nyuzi) 1. strand 2. string 3. thread 4. wire 5. degree 6. donge la uzi ball of string 7. -suka nyuzi to make contacts 8. see uzi wa...

-uzia v to sell to

uziduzi n 1. extraction 2. extract

uzima n 1. life 2. vitality 3. health; healthiness

uzimbezimbe n 1. weakness 2. impotence

uzinduzi n 1. inauguration 2. official opening

uzinge n (mazinge) bracelet

uzingo n ring

uzinzi n 1. adultery 2. debauchery

uzio n (nyuzio) 1. fish-trap 2. hedge 3. fence

uzito n 1. weight 2. sadness 3. depression 4. difficulty 5. seriousness

-uziwa v to be sold to

uzi wa magitaa n (nyuzi za magitaa) guitar string

uziwi n deafness

uzoefu n experience

uzoevu n 1. experience 2. familiarity 3. -enye uzoevu experienced

uzohari n haste

uzuhali n gentleness

uzuiaji n prevention

uzuizi n (mazuizi) disadvantage

uzulu n (mauzulu) 1. dismissal 2. deposing

-uzulu v to 1. to dismiss 2. to depose

uzulufu n 1. insanity 2. sclerosis

uzuri n 1. goodness 2. worth 3. beauty

uzushi n 1. speculation 2. fiction

-uzwa v to be sold

V

-vaa *v* 1. to cover 2. to wear 3. to get dressed 4. to put on 5. to seize
-vaa kisua *v* to be well-dressed
-vaa miwani *v* to be drunk
-vaa nguo *v* to get dressed
vali *n* (vali) valve
-valia *v* 1. to wear 2. to get dressed
-valika *v* to be worn
valio *n* (mavalio) 1. ornament 2. accessory
-valisha *v* to dress
-valishwa *v* to be dressed
-valiwa *v* 1. to be worn 2. to be dressed
-vamia *v* 1. to snatch 2. to pounce 3. to raid 4. to invade
-vamiwa *v* 1. to be snatched 2. to be pounced 3. to be raided 4. to be invaded
vao *n* (mavao) 1. clothing 2. style
varanda *n* (varanda) 1. veranda 2. terrace
vazi *n* (mavazi) 1. clothing; clothes 2. dress 3. garment(s)
vazi rasmi *n* (mavazi rasmi) uniform
velositi *n* (velositi) velocity
vema *adv/adj* 1. very good; very well 2. fine 3. okay 4. *see* **-ema**
vena *n* (vena) vein
-vi- it
via *pl* 1. organs 2. **via vya uzazi** reproductive organs
-via *v* 1. to wither 2. to be stunted 3. to fail to develop 4. to be underdone
vianzio *pl (fin.)* start-up capital
viathari *pl* influences
viatu *pl* 1. shoes 2. **rangi ya viatu** shoe polish 3. *see* **kiatu**
viatu vya mpira vya kuogelea

pl flippers
viatu vya ndara *pl* sandals
viazi *pl* potatoes
viazi mviringo *pl* Irish potatoes
viazi vikuu *pl* yams
viazi vitamu *pl* sweet potatoes
viazi vya kutokosa *pl* boiled potatoes
vibaya *adv* badly
viberiti; vibiriti *pl* matches
vibibi *pl* sweet pancakes
viburudisho *pl* refreshments
vichaka *pl* bush
vidole *pl:* **alama za vidole** fingerprint(s)
vidudu *pl* 1. insects; bugs 2. germs
vielelezo *pl (ed.)* teaching aids
vifaa *pl* 1. equipment 2. supplies 3. *see* **kifaa**
vifaa vya huduma ya kwanza *pl* first-aid kit
vifaa vya kulia *pl* cutlery
vifaa vya ofisi *pl* 1. office equipment 2. office supplies
vifijo *pl* applause
vifusi *pl* 1. rubble 2. ruins 3. gravel 4. *see* **kifusi**
vigae *pl* 1. broken pieces 2. tiles
vigelegele *pl* ululations
vigumu *adj* difficult
vihusika *pl* circumstances
viini *pl* bacteria; germs
vijana *pl* 1. youth; young people 2. *see* **kijana**
vijazio *pl* filling
vijembe: **-piga vijembe** to be sarcastic about
vijidudu *pl* bacteria; germs
-vika *v* to clothe; to dress
vikongwe *pl* old people
vikorokoro *pl* junk

vikubwa *adv* 1. greatly 2. **kwa vikubwa** in large measure
-vikwa *v* to be clothed; to be dressed
vikwazo *pl* sanctions
vile 1. those 2. *adv* (the way) how 3. so 4. **kama vile** for instance 5. **kwa vile** because; since
vile ambavyo just as
vileja *n/pl* sweet rice cake
vile vile very; precise
vilevile *adv* also
vilia *pl* things to eat with
-vilia *v* 1. to clot 2. to bruise 3. to stagnate 4. to block
vilio *n* (**mavilio**) 1. blood clot 2. bruise 3. stagnation 4. blockage
vilivyo 1. very good; very well 2. which are
-vimba *v* 1. to be swollen 2. **-liovimba** swollen
-vimbisha *v* to make swell
-vimbiwa *v* 1. be swollen 2. to feel bloated 3. to have indigestion
vimbizi *pl* 1. overeating 2. indigestion
vimbwanga *pl* great performance
vimelea *pl* parasites
vimeng'enya *pl* enzymes
vimulimuli *pl* 1. fireflies 2. flashes
vingine 1. some 2. others 3. otherwise
vinginevyo 1. otherwise 2. similar
-vinginya *v* to wiggle
-vinginyika *v* to roll about
-vingirika *v* to roll
-vingirisha *v* to roll along
-vinjari *v* 1. to cruise 2. to hang around 3. to keep track of 4. to reconnoitre
vinyaji *pl* drinks
vinyaji baridi *pl* soft drinks
vinyaji vikali *pl* spirits
vinono *adj* 1. nice 2. suitable
vinywaji baridi *pl* soft drinks
vionjo *pl* 1. daily grind 2. *see* **kionjo**
vipapatiro *pl* chicken wings

vipi which
vipi? 1. how? 2. what's up? *(greeting)* 3. **kwa vipi?** how?
vipindi *pl* 1. periods 2. broadcasts 3. **-a vipindi** recurrent
vipingamizi *pl* drawbacks
vipokea sauti *pl* headphones
vipodozi *pl* cosmetics
vipuri *pl* spare parts
virago *pl* 1. camping equipment 2. **-funga virago** to pack up and go 3. *see* **kirago**
-viringa *v* 1. to roll up 2. to wrap up
-viringana *v* 1. to be round 2. to be well-built
-viringika *v* to be round
-viringisha *v* 1. to bend round 2. to turn over 3. to rotate
-viringishwa *v* to be wrapped up
viroboto *pl* fleas
virusi *n* (**virusi**) virus
virutubisho *pl* soil nutrients
visa na mikasa this and that
-visha *v* 1. to clothe; to dress 2. to cover
visheti *n/pl* sweet pastry
visivyo *adv* wrongly
visiwa vya Ngazija *pl* Comoros Islands
visiwa vya Shelisheli *pl* Seychelles Islands
visodo *pl* tampons
vita *pl* 1. war 2. **-piga vita** to wage war 3. *see* **vita...; kivita**
vitabu *pl* books
vitafunio *pl* 1. snacks 2. hors d'oeuvres
vitambaa *pl* 1. materials 2. textiles
vitamini *n* (**vitamini**) vitamin
vitanda *pl* beds
vitanda viwili pacha *pl* twin beds
vitanzu *pl* cuttings
vita vikuu; vita vikuu vya dunia *n* world war
vita virefu *n* protracted war
vita vya msituni *n* guerilla war

vita vya uchokozi *n* war of aggression

vita vya ukombozi *n* liberation war

vita vya umma *n* mass warfare

vita vya wenyewe kwa wenyewe *n* civil war

vitendo *pl* 1. acts 2. activities

viti *pl* 1. chairs 2. seats

vitimbi *pl* strange events

vitisho *pl* threats

vitobonya *pl* sweet fritters

vitu *pl* things

vituko *pl* strange events

vitunguu *pl see* **kitunguu**

vituo *pl* 1. punctuation 2. *see* **kituo**

vitu vilivyochapishwa *pl* printed matter

viumbe *pl* creatures

viunga *pl* suburbs

viungani in the suburbs

viungo *pl* 1. herbs 2. spices 3. joints

viunzi *pl* hurdles

vivi hivi *adv* 1. in the same way 2. like this; like that

-vivu *adj* 1. blunt 2. lazy

vivuli *pl* spirits

vivutio *pl* incentives

vivuvu *pl* fruitflies

vivyo hivyo in that same way

viwanda *pl* 1. factories 2. industry

viwanda mama *pl* heavy industry

viwanda vidogo *pl* light industries

viwanda vidogovidogo *pl* small industries

viwanda vikubwa *pl* heavy industry

viwango *pl* rates

viwango vya ajari *pl* rates of overtime

viwango vya mishahara *pl* salary scales

viza 1. *adj* bad 2. rotten 3. *pl* badness 4. rottenness 5. *n* (viza) visa

-viza *v* 1. to spoil 2. to destroy

-vizia *v* 1. to spy on 2. to waylay 3. to reconnoitre

vizito *pl* the wealthy classes

vizuizui *pl* deterrents

vizuri *adv* 1. good; well 2. very good; very well 3. fine 4. properly

vokali *n* (vocali) vowel

volkeno *n* (volkeno) volcano

volteji *n* (volteji) voltage

volti *n* (volti) volt

-vua *v* 1. to fish 2. to get out of difficulty 3. to save 4. to undress 5. to strip

-vua samaki *v* to fish

-vuaza *v* 1. to pierce 2. to slash 3. to wound

vue (**mavue**) *n* thicket

vuguvugu *n* (vuguvugu) 1. excitement 2. stimulation 3. interest

-vuguvugu *adj* lukewarm

-vuja *v* 1. to leak 2. to drip 3. *(med.)* to suppurate

-vuja jasho *v* to sweat

-vuka *v* 1. to cross (over) 2. to pass (over/through) 3. to slip (off/away)

vuke *n* (mavuke) 1. steam 2. vapour

-vukiza *v* 1. to steam 2. to fumigate 3. to burn 4. to evaporate

-vukizwa *v* 1. to be steamed 2. to be fumigated 3. to be burned 4. to be evaporated

-vukuta *v* to work bellows

vuli *n* (vuli) short rains

-vulia *v* 1. to undress 2. to strip 3. to fish for; to fish from

vulio *n* (mavulio) 1. snakeskin 2. old clothes

-vuliwa *v* 1. to be stripped 2. to be demoted 3. to be fished

-vuma *v* 1. to blow 2. to make a noise 3. to roar 4. to be discussed 5. to be topical 6. to be known 7. to work hard

vumba *n* (mavumba) fishy smell

vumbi *n* (mavumbi) 1. dust 2. **-enye vumbi** dusty 3. **-tifua vumbi** to stir up dust

-vumbika v 1. to cover up to ripen 2. to store 3. to confine

-vumbikwa v to be covered

-vumbisha v 1. to sprinkle on 2. to dust

vumbu n (mavumbu) lump

-vumbua v 1. to uncover 2. to discover 3. to invent 4. to explore 5. to disclose

-vumbua v 1. to be uncovered 2. to be discovered 3. to be invented 4. to be explored 5. to be disclosed

vumbuo n (mavumbuo) discovery

-vumika v 1. to be rumoured 2. to be famous

-vumilia v to tolerate

-vumilika v to be tolerable

-vumilivu adj patient

-vumisha v 1. to announce 2. to publicize 3. to modify

vumo n (mavumo) 1. roar 2. noise

-vuna v 1. to gather 2. to reap 3. to harvest

-vunda v to stink

vunde n (mavunde) rotten thing

-vundika v 1. to cover up to ripen 2. to store 3. to confine

-vundikwa v to be covered

-vundumka v to hurl oneself

vunga n (mavunga) bunch

-vunga v to mislead

-vungavunga v 1. to crumple 2. to break up 3. to confuse

-vungwa v to be misled

-vunia v 1. to gather for/in/with 2. to reap for/in/with 3. to harvest for/in/with

-vunja v 1. to break 2. to wreck 3. to interrupt 4. to disappoint 5. see vunja...

-vunja baraza v to close a meeting

-vunja chungu v to curse

-vunja heshima v to disrespect

-vunja kanuni v to break a rule

-vunja kikao v to close a session

-vunja moyo v 1. to break one's heart 2. to discourage

-vunja pesa v to create change

-vunja rekodi v to break a record

-vunja safari v to interrupt a trip

-vunja sheria v to break the law

-vunja ungo v to start menstruation

-vunjia v to break for/in/on

-vunjika v to be broken

-vunjika moyo v 1. to be broken-hearted 2. to be discouraged

-vunjilia mbali v to smash up

-vunjwa v to be broken up

vuno n (mavuno) harvest

vuo n (**mavuo**) 1. catch 2. vapour medicine

-vuruga v 1. to stir up 2. to excite 3. to exasperate 4. to mess up

-vurugika v 1. to be stirred up 2. to be excited 3. to be exasperated 4. to be messed up

-vurugika akili v to be mentally ill

vurugu n (vurugu) 1. mess 2. chaos

vuruguvurugu 1. adv in chaos 2. n see vurugu

vurumai n (vurumai) 1. scuffle 2. pandemonium

-vurumisha v 1. to hurl 2. to whirl

-vurumishia v to hurl at

vuruvuru adv whirling

-vusha v 1. to carry over 2. to ferry

-vuta v 1. to pull 2. to draw 3. to drag 4. to attract 5. to inhale 6. to smoke 7. to persuade 8. see -vuta...

-vuta fikira v to be deep in thought

-vuta hatua v to walk quickly

-vuta kamasi v to sniff; to sniffle

-vuta jugwe v to have a tug-of-war

-vuta pumzi v to inhale

-vuta sigara v to smoke a cigarette

-vuta subira v to be patient

-vuta tasbihi v to pray with a rosary

-vuta usingizi v to be deep in sleep

-vutia v 1. to interest 2. to attract 3. to impress

-vutika *v* 1. to be interested 2. to be attracted 3. to be impressed

-vutiwa *v* 1. to be interested in 2. to be attracted by 3. to be impressed by

-vutwa *v* to be pulled

-vuvia *v* 1. to blow (on) 2. to fan

-vuvumka *v* to develop rapidly

-vuvuwaa *v* 1. to be lukewarm 2. to be speechless

vuzi *n* (mavuzi) 1. armpit hair 2. pubic hair

vya of

vyake 1. his; her; its 2. his; hers; its

vyako 1. your *singular* 2. yours

vyakula *pl* foods

vyama vya ushirika *pl* co-operative societies

vyangu 1. my 2. mine

vyanzo *pl* 1. sources 2. *see* chanzo

vyao 1. their 2. theirs

vyema *adj* 1. fine 2. okay 3. well

vyero *n* (vyero) fish trap

-vyo as; how

vyoga *v* to trample on

vyombo *pl* 1. tools 2. instruments 3. implements 4. belongings 5. agencies 6. *see* chombo

vyombo vya habari *pl* 1. news agencies 2. news media

vyombo vya jikoni *pl* kitchenware

vyombo vya kazi *pl* work tools

vyombo vya kulia *pl* crockery

vyombo vya kupikia *pl* pots and pans

vyombo vya serikali *pl* government agencies

vyombo vya udongo *pl* pottery

vyote all

vyovyote: kwa vyovyote 1. by any means 2. at any rate

vyumba *pl* 1. rooms 2. *see* chumba

W

-w- *passive verb marker*

wa of

wa- 1. they 2. them 3. you *plural*

-wa; kuwa *v* 1. to be 2. to become 3. *see* wa na...

waa! great¡

waa *n* (mawaa) 1. blemish 2. spot

waadhi *n* (nyaadhi) sermon

waama *conj* 1. then 2. indeed 3. moreover

waandamanaji *pl* 1. demonstrators; protesters 2. paraders

waba *n* (waba) cholera

wacha! 1. stop it! 2. you don't say!

wacha mzaha! you're joking!

wacheuzi *pl* ruminants

wadhifa *n* (nyadhifa) position

wadi *n* (wadi) 1. watercourse 2. *(med.)* ward 3. *see* wadi ya...

wadia *n* (wadia) set time

-wadia *v* to arrive; to be the right time

wadi ya majeruhi *n* accident and emergency depratment

wadudu waharibifu *pl* pests

wafanyakazi *pl* 1. workers 2. employees 3. **chama cha wafanyakazi** trade union; trades union

-wafiki *v* to be in agreement

wafu *pl* 1. the dead 2. *see* mfu

wahed *adj* one

wahenga *pl* the ancients

-wahi *v* 1. to be on time for 2. to manage to 3. to have ever

wahi wah! hurry up!

-wahisha *v* to enable to be on time

-wahiwa *v* to arrive too late

wahka *n* 1. worry 2. fear

waimbajia wa kanisa *pl* church choir

waipa *n* (waipa) windscreen wiper

waja *pl see* mja

-wajibika *v* 1. to be obliged 2. to act responsibly

-wajibisha *v* to oblige

wajibu *n* (wajibu) 1. obligation 2. responsibility

wajihi *n* 1. appearance 2. face 2. shape

-wajihi *v* 1. to visit 2. to interview

-wajihiana *v* to meet face to face

wajionaje hali yako? how are you feeling?

-waka *v* 1. to burn 2. to blaze 3. to be lit

wakaa *n* (nyakaa) 1. time 2. leisure 3. opportunity

wakala *n* 1. (mawakala) agent 2. (wakala) agency 3. appointment

wakati 1. *n* (nyakati) time 2. season 3. tense 4. *conj* when 5. while 6. during 7. **kwa wakati** on time 8. **-pitwa na wakati** to be out-of-date

wakati huo *adv* then; (at) that time

wakati huu *adv* (at) this time

wakati mwingine 1. sometimes 2. (at) another time

wakati wowote any time

wakati ujao 1. *n* future 2. future tense 3. *adv* in future

wakati uliopita *n* simple past tense

wakati uliopo *n* present tense

wakati umewadia *n* (nyakati zimewadia) appointed time

wakati wa... *n* (nyakati za...) (the time) when...

wakati wa kufungua *pl* opening times

wakati wa usiku *n/adv* at night

wakati wo wote *adv* 1. any time 2. ever

wakazi *pl* 1. inhabitants 2. *see* mkazi

wake 1. his; her; its 2. *pl* women 3. wives 4. *see* mke

Wakenya *pl* 1. Kenyans 2. *see* Mkenya

wakf (wakf); **wakfu** *n* (wakfu) 1. endowment 2. charitable foundation

wakia *n* (wakia) ounce

wakili *n* (mawakili) 1. lawyer 2. advocate 3. attorney 4. *see* wakili mkuu; wakala

-wakilisha *v* to represent

wakili mkuu *n* attorney general

-wakilisha *v (leg.)* to represent

wakimbizi *pl* refugees

wako 1. they are here; they are there 2. your; yours

wakongwe *pl* 1. the elderly 2. people with experience

wakuu *pl* 1. VIPs 2. *see* -kuu

wakwe *pl* 1. parents-in-law 2. *see* mkwe

wala *conj* 1. however 2. neither 3. nor

walakini 1. *conj* but 2. however 3. *n* reservation; doubt

walala hoi *pl* proletariat

walao; walau *adv* 1. (not) even 2. at least 3. not one

wale those

walei *pl (rel.)* 1. laity 2. *see* mlei

walemavu *pl* the disabled

wali 1. *n* rice cooked in coconut milk 2. *pl* young women 3. *v* they are

walii *n* (mawalii) 1. holy man; holy woman 2. saint

walinzi *pl* 1. *(spor.)* defence 2. *see* mlinzi

walio 1. *n* (nyalio) fish trap 2. *v* they who are

walio wengi *pl* majority

walio na those with; those having

walivyo how they are; as they are

-wa macho *v* 1. to be aware 2. to be alert

-wamba *v* to stretch over

wambe *n* chaff

wambiso *n* 1. adhesive 2. attachment

wamji *n/pl* city dweller(s)

wamoja both

-wa na *v* to have

wana 1. *v* they have 2. *pl* children 3. *see* mwana

wanadamu *pl* humans; people

wanae *pl* his children; her children

-wa na faida *v* 1. to benefit 2. to be of value

-wa na haja *v* 1. to have a need 2. to need to go to the toilet

-wa na hamu *v* to desire

-wa na hila *v* to be incapacitated

-wa kichwa kikubwa *v* to be big-headed

-wa na kiu *v* to be thirsty

-wa na moyo *v* to be brave

-wa na nafasi *v* to have a chance

wananchi *pl* the people; the nation

-wa na njaa *v* to be hungry

wanaoondoka *pl* departures

wanaowasili *pl* arrivals

-wa radhi *v* to approve

-wa na shida *v* to have a problem

wanataaluma *pl* 1. professionals 2. specialists

-wa na ugomvi na to have something against

wanaume *pl* 1. men 2. males

wanawake *pl* 1. women 2. females

-wa na wivu *v* to be jealous

wanaye *pl* his children; her children

wanda *n* (nyanda) finger's breadth

-wanda *v* to get fat

wanetu *pl* our children

wanga *n* 1. starch 2. arrowroot
-wanga *v* to hurt
wangafu; wangavu *n* (wangafu; wangavu) 1. radiance 2. stratosphere
wangali they are still
wangi; wangu 1. my 2. mine
wanguwangu *adv* fast
wangwa *n* (nyangwa) 1. bare land 2. *(mar.)* flats 3. lagoon
-wania *v* to have in mind to
wanja *n* 1. antimony 2. kohl 3. mascara
wanyamapori *pl* 1. wildlife 2. game
wao 1. they 2. them 3. their(s)
wapatao about; approximately
wape give them
wapi? 1. where? 2. where is/are?
wapi! no way!
wapo they are here
waraka *n* (nyaraka) 1. letter 2. document 3. certificate 4. archive
waranti *n* 1. *(leg.)* warrant 2. *(com.)* warranty
wardi *n* (mawardi) rose
wargi *n* intoxicant
wari *n* (wari) 1. yard 2. valve 3. *see* mwari
waria *n* (waria) skilled worker
waridi *n* (mawaridi) 1. rose 2. rangi ya waridi rose colour
warsha *n* (warsha) workshop
wasa *n* padding
wasaa *n* 1. time 2. space 3. leisure 4. opportunity
wasalaam... yours sincerely...; yours faithfully...
washa *n* (washa) washer
-washa *v* 1. to light 2. to turn on; to switch on 3. to burn 4. to itch
-washa moto *v* to light a fire
-washa taa *v* to turn on a light
washauri wa hakimu *n* jury
-washia *v* to light for
washika vyeo *pl* holders of office
-washwa *v* 1. to be lit 2. to be itchy

wasia *n* (wasia) 1. urging 2. *(leg.)* will
-wasia *v* 1. to urge 2. to make a will
wasifu *n* (wasifu) 1. description 2. credentials 3. CV; curriculum vitae 4. biography
-wasifu *v* to describe
wasili *n* (mawasili) receipt
-wasili *v* 1. to arrive 2. to get in 3. to fly in 4. to reach
-wasiliana *v* to communicate
-wasilisha *v* 1. to send communication 2. to deliver
wasiojiweza *pl* the disabled
wasionacho *pl* the have-nots
wasiovuta sigara *pl* non-smokers
wasiwasi *n* (wasiwasi) 1. worry 2. doubt 3. problem(s) 4. -tia wasiwasi to cause anxiety 5. usiwe na wasiwasi! don't worry!
wasomi *pl* the elite
wastani *n* (wastani) 1. standard 2. average 3. medium 4. -a wastani medium 5. normal 6. average 7. kwa wastani normally 8. on average
wastani wa kipimo cha joto *n* average temperature
wastani wa vifo *n* mortality rate
watalii *pl* tourists
Watanzania *pl* 1. Tanzanians 2. *see* Mtanzania
wategemea 1. *pl* dependants 2. *adj* dependent
watoto *pl* children
watoto wategemea *n* dependants *(children)*
watu *pl* 1. people 2. *see* mtu; watu
watumshi *pl* 1. manpower 2. *see* mtumshi
watumshi wa serikali *pl* civil servants
watumshi wa umma *pl* public servants
watu wazima *pl* 1. adults 2. *see* mtu mzima

wavamizi *pl* 1. invaders 2. occupiers

wavu *n* (nyavu) 1. net 2. netting

wavuja jasho *pl* labouring masses

wavutao sigara *pl* smokers

-wawa *v* to itch

wawe they should be; let them be

wawili *pl* couple; pair

waya *n* 1. (nyaya) baking tray 2. (waya; nyaya) wire

-wayawaya *v* to totter

wayo *n* (nyayo) 1. sole 2. footprint

wayowayo *n* 1. swaying 2. indecision

-waza *v* 1. to think 2. to imagine 3. to meditate 4. to consider

wazazi *pl* parents

wazi *adj* 1. clear 2. open 3. empty 4. vacant 5. **liko wazi** open 6. *see* **waziwazi**

-wazia *v* to think about

wazima 1. *pl* the living 2. *adj* well 3. fine 4. **watu wazima** adults 5. *see* **-zima**

wazimamoto *pl* firemen

wazimu *n* 1. madness 2. **-enye wazimu** mad

waziri *n* (mawaziri) 1. minister 2. secretary of state

waziri mkuu *n* prime minister

waziri wa afya *n* minister for health

waziri wa ardhi na makao *n* minister for lands and settlement

waziri wa barabara na ujenzi *n* minister for works

waziri wa biashara na viwanda *n* minister for commerce and industry

waziri wa elimu *n* minister for education

waziri wa habari na utangazaji *n* minister for information and broadcasting

waziri wa hazina *n* minister for finance

waziri wa katika afisi ya raid *n* minister of state in the president's office

waziri wa kilimo *n* minister for agriculture

waziri wa mali za asili *n* minister for natural resources

waziri wa mashauri nchini *n* minister for home affairs

waziri wa mashauri ya nchi za kigeni *n* minister for foreign affairs

waziri wa mashauri ya uhusiano wa nchi za Afrika *n* minister for pan-African affairs

waziri wa nyumba *n* minister for housing

waziri wa ulinzi *n* minister for defence

waziri wa utalii na wanyama wa porini *n* minister for tourism

waziri wa vyama vya shirika na huduma za jamii *n* minister for co-operatives and social services

waziri wa wafanya kazi *n* minister for employment

wazi wazi *adv* clearly

wazo *n* (mawazo) 1. idea 2. thought

-wazua *v* to consider

Wazungu *pl* Europeans

we you *singular*

wee! hey you! *singular*

wehu *n* madness

-weka *v* 1. to keep 2. to put 3. to set aside 4. to reserve

-weka akiba *v* to save (up)

-weka amana *v* 1. to pawn 2. *(leg.)* to put in trust

-weka nadhiri *v* to vow

-weka rehani *v* 1. to mortgage 2. to pawn

-weka shindo upande *v* to be disappointed

-wekea *v* 1. to keep for 2. to store for

-wekelea *v* to put on top of

-wekesha *v* 1. to book 2. to reserve

-wekevu *adj* 1. thrifty 2. economical

-wekewa *v* 1. to be kept for 2. to be stored for

weko *n* (**maweko**) 1. stand 2. pedestal

wekundu *n* redness

-wekwa *v* to be put

wele *n* (**mawele**) millet

weledi *adj* skilful

welekeo *n* 1. direction 2. inclination

welekevu *n* aptitude

welewa *n* understanding

wema *n* 1. goodness 2. *see* **mwema**

wembamba *n* thinness

wembe *n* (**nyembe**) razor; razor blade

wengi *adj* 1. many; lots (of) 2. **walio wengi** majority 3. **kwa wengi** in crowds 4. in the majority

wengine 1. some 2. others 3. *see* **mwingine**

wengineo others who are similar

wengu *n* (**mawengu**) spleen

weni *n* (**maweni**) nettle

wenu your; yours *plural*

wenye with; having

wenyeji *pl* 1. owners 2. inhabitants 3. hosts

wenye nacho *pl* the haves

wenyewe *pl* selves

wenzake *pl* his friends; her friends

wenzako *pl* your *(singular)* friends

wenzangu *pl* my friends

wenzenu *pl* your *(plural)* friends

wenzetu *pl* our friends

wenzi *n* 1. friendliness 2. *see* **mwenzi**

wenzie *pl* his friends; her friends

wenzio *pl* your *(singular)* friends

wenziwe *pl* his friends; her friends

wenzo *n* (**nyenzo**) 1. lever 2. device 3. means

wenzo wa gia *n* gear stick

wepesi *n* 1. speed 2. agility 3. lightness

wepi? which?

weredi; **werevu** *n* 1. cleverness 2. skill

wetu our; ours

weupe *n* 1. whiteness 2. brightness

weusi *n* 1. blackness 2. darkness

wewe you *singular*

-weweseka *v* to sleeptalk

weye you *singular*

-weza *v* 1. to be able 2. can 3. could 4. to overcome; to do better than

-wezekana *v* 1. to be possible 2. **-siowezekana** impossible 3. **upesi iwezekanavyo** as quickly as possible 4. **kila inapowezekana** whenever possible 5. **Haiwezekani.** It's impossible. 6. **Inawezekana.** It's possible.

-wezesha *v* to enable

-wia *v* 1. to be (for) 2. to be warm 3. to be owed by

-wiana *v* 1. to owe each other 2. to match 3. to resemble

-wianisha *v* to correlate

wiano *n* (**wia**) resemblance

wibari *n* (**wibari**) hyrax

wifi *n* (**mawifi**) sister-in-law

wigo *n* hedge

-wika *v* to crow

wiki *n* (**wiki**) week

wiki hii this week

wiki ijayo *n* next week

wiki iliyopita *n* last week

wiki mbili *n* fortnight

wilaya *n* (**wilaya**) 1. district 2. province

-wili two

wima 1. *n* being vertical 2. *adv* vertical

wimbi *n* (**mawimbi**) 1. wave 2. wavelength

wimbo *n* (**nyimbo**) 1. song 2. *(rel.)* hymn

winchi *n* (**winchi**) winch

winda *n* (**winda**) 1. loincloth 2. nappy

-winda *v* to hunt

windo *n* (**mawindo**) prey
-winga *v* 1. to chase away 2. *(mil.)* to repel
wingi *n* 1. quantity 2. plenty 3. great amount 4. plural 5. **kwa wingi** in great numbers
kwa wingi wa... by a majority of...
wingu *n* (**mawingu**) 1. cloud 2. sky
winji *n* (**winji**) winch
wino *n* (**wino**) ink
wishwa *n* (**wishwa**) 1. chaff 2. bran
witiri *n* (**witiri**) odd number
wito *n* 1. infection 2. mould 3. vocation
-wiva *v* 1. to be ready (to eat) 2. to be ripe 3. to be cooked
wivi *n* theft

wivu *n* envy
-wivu *adj* envious
-wiwa *v* to be indebted (**na** to)
wizara *n* (**wizara**) ministry
wizara ya fedha *n* treasury; ministry of finance
wizi *n* 1. theft 2. rip-off
wizi wa mfukoni *n* pickpocketing
woga *n* (**woga**) 1. fear 2. cowardice
wolokole *n* revivalism
wokovu *n* salvation
wongofu *n* righteousness
wororo *n* smoothness
wote *adj* 1. everyone 2. all; whole
woto *n* growth
wowote; wowote wale any
wozo *n* decay

x-ray *n* **1.** x-ray **2.** **-piga** x-ray to x-ray

Y

ya 1. of 2. for 3. oh...! 4. **Ya Rabi!** Oh Lord!

ya- 1. they 2. them

yaani... *conj* that is; i.e.; I mean...

yabisi *adj* 1. dry 2. hard 3. **baridi yabisi** rheumatism

-yabisika *v* 1. to be hard 2. to be stiff

-yabisisha *v* 1. to harden 2. to stiffen

yachukiza *adj* revolting

yadi *n* (**yadi**) yard

yafaa *v* that's good

yafurahisha *adj* enjoyable

yahe *n* (**yahe**) 1. friend; brother 2. **kina yahe** the common man

Yahudi *n* (**Mayahudi**) Jew

yai (**mayai**) *n* egg

yai la kukaanga *n* fried egg

yaishe! enough!

yake his; hers; its

ya kimanjano *adj* yellow

yakini *n* (**yakini**) certainty

-yakinia to resolve

yakinifu *adj* 1. certain 2. actual

-yakinika *v* to be certain

-yakinisha *v* 1. to verify 2. to confirm

yako 1. your; yours *singular* 2. are here/there

ya kukodisha for hire; to rent

yakuti *n* (**yakuti**) 1. sapphire 2. ruby

yakuwa *conj* that

yale those

yaliyomo *n* contents

yambo *n* (**mambo**) 1. thing 2. issue

yambwa *n* (**yambwa**) object

yambwa tenda *n* direct object

yambwa tendewa *n* indirect object

yamini *n* (**yamini**) 1. right (side) 2. oath 3. **-kula yamini** to take an oath 4. **-lishana yamini** to solemnly swear to each other

yamkini 1. *adj* possible 2. *adv* possibly 3. *n* (**yamkini**) possibility 4. *v* to be possible

ya mkono manual (car)

yamo are in

ya nani? whose?

yangeyange *n* (**yangeyange**) egret

yangu my; mine

ya nini? why?

ya nje outdoors

yao their; theirs

yapata *adv* approximately

yapo is here; are here

yasini! it's not worth it!

yasmini *n* n (**yasmini**) jasmine

yatima *n* (**mayatima**) orphan

yatosha *adj/adv* enough

yatumika *adj/adv* valid

yavutia *adj/adv* interesting

yavuyavu *n* (**mayavuyavu**) lung(s)

yawezakana *adj/adv* possible

yaya *n* (**mayaya**) nanny

ya zamani *adj* of old

yenu your; yours *plural*

yetu our; ours

yeye he/him; she/her

yeyote (yule) anyone

-yeyuka *v* 1. to be melted 2. to be dissolved 3. to be digested

-yeyusha *v* 1. to melt 2. to dissolve 3. to digest

-yeyushwa *v* 1. to be melted 2. to be dissolved 3. to be digested

yoga *pl* mushrooms

yogat *n* (**yogat**) yoghurt

-yongayonga *v* to roll

yote all of it

yoti *n* (**yoti**) yacht

yowe *n* (mayowe) **1.** shout **2.** scream
    3. -piga mayowe to cry for help
-yoyoma *v* to vanish
yoyote (ile) anyone
yoyote (yale) anything
yu tayari *adv* ready
yu- **1.** that **2.** he (is); she (is); it (is)
yuaja *v* he's coming; she's coming
-yuayua *v* **1.** to wander **2.** to loiter
-yugayuga *v* to stagger

yuko he's here/there; she's here/there
yule that
-yumba *v* to sway
-yumbayumba *v* to stagger
yumkini *see* **yamkini**
yumo he's in(side); she's in(side)
yuna he has; she has
yungali he's still...; she's still...
yupi? who?; which?
yupo he's here; she's here

Z

za of

-zaa *v* 1. to give birth (to) 2. to bear 3. to produce

-zaana *v* to reproduce

-zaba *v* to slap

zabibu *n* (zabibu) 1. raisin 2. grapes

-zabuni *v* to bid for

zaburi *n* (zaburi) psalm

zafarani *n* (zafarani) saffron

-zagaa *v* 1. to shine 2. to be widespread 3. to circulate

-zagawa *v* to be lit

zaha *n* (zaha) lava

zahama (zahama) *n* 1. noise 2. uproar

zahanati *n* (zahanati) 1. clinic 2. dispensary

zaidi *adj/adv* 1. more 2. too much 3. extra

zaidi ya *adv* more than

zaidi ya hayo furthermore

zaituni *n* (zaituni) olive

zaka *n* (zaka) *n (rel.)* 1. tithe 2. offering

zake his; her/hers; its

zako your; yours *singular*

-zalia *v* 1. to give birth at/in 2. to bear for 3. to produce for

-zaliana *v* 1. to reproduce 2. to breed

zalio *n* (zalio; mazalio) 1. placenta 2. caul

-zalisha *v* 1. to assist at a birth 2. to cause to bear 3. to make productive

-zalisha mali *v* to produce wealth

-zaliwa *v* to be born

zama *n* (zama) 1. period 2. era 3. a long time ago 4. *see* zamani; zama za...

-zama *v* 1. to disappear 2. to sink 3. to submerge 4. to dive

zamadamu *n* (zamadamu) early man

zamani 1. *n/adv* long ago 2. formerly 3. ancient times 4. **-a zamani** former 5. ancient 6. past 7. old-fashioned 8. *see* zama

zamani hizi *n/adv* these times

zamani kidogo *adv* not long ago

zamani sana *adv* a very long time ago

zama za kale *pl* early times

zama za kati *pl* middle ages

zama za mwisho *pl* modern times

zambarau (zambarau) 1. plum 2. **rangi ya zambarau** purple (colour)

-zamia mbizi *v* 1. to go snorkelling 2. to go skindiving

-zamisha 1. to sink 2. to immerse 3. to drown

zamu *n* (zamu) 1. duty 2. shift 3. turn 4. round 5. **kwa zamu** in turn 6. in shifts

zana *n* (zana) 1. tools 2. equipment 3. parts 4. fittings

zana za kilimo *pl* agricultural equipment

zana za uvuvi *pl* fishing tackle

zana za vita *pl* weapons; arms

zangu my; mine

zani *n* (zani) 1. bad behaviour 2. immorality 3. prostitute

zao 1. their; theirs 2. *n* (mazao) fruit 3. crop 4. produce 5. product 6. output

zari *n* (zari) gold braid

zari *adj* gold

zarniki *n* (zarniki) arsenic

-zatiti *v* 1. to arrange 2. to get prepared 3. to set

zawadi *n* (zawadi) **1.** gift; present **2.** prize **3.** reward

zawadi ya kwanza *n* first prize

-zawadiwa *v* to be awarded

zebaki *n* (zebaki) mercury

-zee *adj* old

-zeeka *v* **1.** to be old **2.** to be worn out

zege *n* (zege) concrete

zeituni *n* (zeituni) olive

zelabia *n* sweet pastry

-zembe *adj* lazy

-zembea kazi *v* to work half-heartedly

-zengea *v* to search for

zenu your; yours *plural*

zenye with; having

zenyewe *adj* itself

zeruzeru *n* (mazeruzeru) albino

zetu our; ours

zeze *n* (zeze) stringed instrument

zezeta *n* (mazezeta) dimwit

zi- they

-zia *v* **1.** to hate **2.** to drive off **3.** to avoid **4.** to sentence

ziada *n* (ziada) **1.** increase **2.** extra **3.** excess **4.** *(fin.)* surplus **5.** increment **6.** **-a ziada** extra **7.** supplementary

ziara *n* (maziara) **1.** visit **2.** pilgrimage

ziarani on a visit

ziara ya kutalii sehemu maarufu *n* sightseeing tour

-ziba *v* **1.** to close (up) **2.** to fill up; to stop up **3.** to plug

-zibika *v* **1.** to be closed (up) **2.** to be filled; to be stopped up **3.** to be blocked **4.** to be plugged

zibo *n* (mazibo) **1.** stopper **2.** cork **3.** plug

-zibua *v* **1.** to be opened (up) **2.** to be unstopped **3.** to be unblocked **4.** to be unplugged

-zibuka; -zibuliwa; -zibwa *v see* **-zibika; -zibua**

-zidi *v* **1.** to be too much **2.** to increase **3.** to surpass **4.** to continue **5.** *(spor.)* to be offside **6.** **-siozidi** less than

-zidia *v* to increase

zidio *n* (mazidio) increase

-zidisha *v* **1.** to exceed **2.** to multiply

-zidishia *v* to give an increase to

-zidiwa *v* **1.** to be in difficulty **2.** to be overwhelmed **3.** to be in a critical state

-zidua *v* to extract

ziga *n* (maziga) brazier

zihi *n* (zihi) **1.** energy **2.** stamina

zii! boo!

-zika *v* to bury

ziko are here; are there

-zikua *v* **1.** to dig up **2.** to disinter

-zikwa *v* to be buried

zile those

zilizala *n* (zilizala) earthquake

zilizo which are

-zima *adj* **1.** whole; entire **2.** well **3.** healthy **4.** mature **5.** adult **6.** **swala zima** the basic question

-zima *v* **1.** to extinguish **2.** to turn off; to switch off **3.** to halt **4.** to repress **5.** to quash **6.** *see* **-zima...**

zimamoto *n* fire brigade

-zima moto *v* to put out a fire

-zima taa *v* to switch off a light

-zimia *v* to faint

-zimika *v* **1.** to be extinguished **2.** to be turned off

-zimishwa *v* **1.** to be repressed **2.** to be quashed

-zimua *v* **1.** to reduce (intensity) **2.** to temper **3.** to let cool **4.** to dilute

-zimuliwa *v* to be reduced

-zimwa *v* **1.** to be extinguished **2.** to be turned off

zimwe *n* (mazimwe) something extinguished

zimwi *n* (mazimwi) goblin

zinaa *n* (zinaa) **1.** adultery **2.** extra-marital sex **3.** **ugonjwa wa zinaa** venereal disease

-zinda *v* to be firm

-zindika *v* to make firm

zindiko *n* (mazindiko) 1. good luck charm 2. mascot

-zindua *v* 1. to rouse 2. to shift 3. to inaugurate 4. *see* -zinduka

-zinduka; **-zindukana** *v* 1. to awake suddenly 2. to realise suddenly

zinduko *n* (mazinduko) 1. inauguration 2. disenchantment 3. eye-opener

-zinduliwa *v* 1. to be awakened 2. to realise suddenly

zinduo *n* (mazinduo) 1. inauguration 2. disenchantment 3. eye-opener

-zindusha *v* to bring to one's senses

-zinga *v* 1. to stroll 2. to waver 3. to veer 4. to coil 5. to rotate

-zingamana *v* to twist

-zingatia *v* 1. to consider 2. to keep in mind

-zingativu *adj* considerate

-zingatiwa *v* 1. to be considered 2. to be kept in mind

-zingia *v* 1. to enclose 2. to surround 3. *(mil.)* to besiege

zingine 1. some 2. other

zingio *n* (mazingio) siege

-zingira *v* 1. to enclose 2. to surround 3. to inscribe

-zingirisha *v* to roll up

-zingiwa *v* 1. to be enclosed 2. to be surrounded 3. *(mil.)* to be under siege

zingo *n* (mazingo) twist

-zingua *v* 1. to unroll 2. to unwrap 3. to exorcise

-zinguliwa *v* to be exorcised

zinguo *n* (mazinguo) exorcism

-zini *v* 1. to commit adultery 2. to have extra-marital sex

zio *n* (mazio) 1. column 2. semi-circle 3. hemisphere

zipi? which?

zipo are here; are there

zipu *n* (zipu) zipper

-zira *v* 1. to hate 2. to drive off 3. to avoid

-zirai *v* to faint

-zito *adj* 1. heavy 2. severe 3. difficult 4. important

ziwa *n* (maziwa) 1. milk 2. nipple 3. breast 4. lake 5. pond

-ziza *v* to forbid

zizi *n* (mazizi) 1. animal enclosure 2. stable 3. corral

-zizima *v* 1. to be cold; to be cool 2. to cool down 3. to dwindle 4. to disappear

-zizimisha *v* to chill

-zizimua *v* to take the chill off

-zoa *v* 1. to pick up 2. to sweep up

-zoea *v* to be used to

-zoeana *v* to be used to each other

-zoelea *v* to get used to

-zoelefu *adj* accustomed to; used to

-zoeleka *v* to be a habit

-zoesha; -zoeza *v* 1. to make a habit 2. to train 3. to acquaint 4. to accustom 5. to acclimatize

zoezi *n* (mazoezi) 1. training 2. practice 3. exercise 4. *(mil.)* drill

zogo *n* (zogo) 1. bustle 2. commotion

Zohali *n* Saturn

zohali *n* (zohali) 1. delay 2. negligence

-zohalika *v* to delay

-zolea *v* 1. to pick up for 2. to sweep for

-zoleka *v* 1. to be picked up 2. to be swept up

zoloto *n* (zoloto) larynx

zomari *n* (zomari) shawm

-zomea *v* 1. to sneer at 2. to boo

zomeo *n* (mazomeo) 1. sneer 2. boo

-zonga *v* 1. to wind 2. to wrap 3. to encircle 4. to be too much for

-zongamana *v* 1. to be wound 2. to be wrapped

-zongamea *v* 1. to wind round 2. to wrap round

-zongoa *v* 1. to unwind 2. to unwrap
-zongomana *v* 1. to be wound 2. to be wrapped
-zongomeza *v* 1. to wind round 2. to wrap round
-zongwa *v* 1. to be wound up 2. to be wrapped up
-zorota *v* 1. to be delayed 2. to lag
-zorotesha *v* to cause delay
zote all
-zoza *v* to quarrel
-zozana *v* to quarrel with each other
zozo *n* (zozo) quarrel
zozo; zozote ile any; any at all
-zua *v* 1. to start up 2. to create 3. to invent
-zubaa *v* to be speechless
-zubisha *v* to render speechless
zubu *n* (zubu) penis
-zuga *v* to pressurize
Zuhura *n* 1. Venus 2. morning star
-zuia *v* 1. to stop 2. to prevent
-zuia mimba *v* to prevent pregnancy
-zuilia *v* 1. to prevent 2. to obstruct 3. to withhold
-zuilika *v* to be preventable
-zuiliwa *v* to be prevented
zuio *n* (mazuio) obstruction
-zuiwa *v* to be prevented
zuka *n* (mazuka) 1. appearance 2. apparition
-zuka *v* 1. to suddenly appear 2. to emerge 3. to sprout
zulia *n* (mazulia) 1. rug 2. carpet
zulifu *adj* heretical
-zulika *v* to get dizzy
-zuliwa *v* to be confused
zulizuli *n* dizziness
zulu *n* (zulu) 1. plating 2. -piga zulu to plate
-zulu *v* to be confused
zumari *n* (zumari) shawm
zumaridi *n* (zumaridi) emerald
-zumbua *v* to discover
-zumgumza *v* to chat/converse

zumgumzo *n* (mazumgunzo) conversation
zumo *n* (zumo) chant
zunga *n* (mazunga) foreskin
-zunguka *v* 1. to go around 2. to surround
-zunguka mbuyu *v* to offer a bribe
-zungukazunguka *v* to revolve
-zungukiwa *v* to be surrounded (na by)
zunguko *n* (mazunguko) 1. circuit 2. revolution
-zungukwa *v* 1. to be surrounded 2. to be besieged
-zungumza *v* to chat; to converse
-zungumza vizuri *v* to offer a bribe
-zungumzia *v* to discuss
-zungumzwa *v* to be discussed
-zungusha *v* 1. to turn round 2. to dial 3. to surround 4. to waste time
-zungusha macho *v* to look around
-zungushia *v* 1. to put round 2. to surround
zungusho *n* (mazungusho) 1. revolution 2. eddy 3. whirlpool
zuo *n* (zuo; mazuo) heresy
-zuri *adj* 1. good 2. nice 3. beautiful 4. pretty
zuri *n* (zuri) perjury
-zuri *v* to commit perjury
-zuri sana *adj* 1. wonderful 2. excellent 3. fantastic
-zuriwa *v* to be visited
-zuru *v* to visit
-zurura *v* 1. to roam 2. to hang around
-zusha *v* to instigate
-zushia *v* 1. to provoke 2. to give rise to
zuzu *n* (mazuzu) fool
-zuzu *adj* foolish
-zuzua *v* to make a fool of
-zuzuka *v* to be fooled
-zuzuliwa *v* to be made to look foolish

English–
Swahili

a; an [ə, ei; ən, an] 1. moja 2. **a car** gari

abandon [ə'bandən] v -acha

abate [ə'beit] v -punguza

abattoir ['abətwa:] n machinjioni

abbey ['abi] n makao ya watawa

abbreviate [ə'bri:vieit] v -fupisha

abbreviation [ə,bri:vi'eishən] n ufupisho

ABC [eibi·si:] n 1. alfabeti 2. maarifa ya msingi

abdicate ['abdikeit] v -acha

abdication [,abdi'keishən] n kukimbia majukumu

abdomen [,abdəmən] n fumbatio

abdominal [,abdɔminl] adj -a fumbatio

abduct [ab'dʌkt] v 1. -teka nyara 2. **I have been abducted by aliens.** Nimetekwanyara na maeliyeni.

abduction [ab'dʌkchn] n kuteka nyara

abductor [ab'dʌktə] n mtekaji nyara

abet [ə'bet] n **to aid and abet** -saidia kutenda jinai

abeyance [ə'beiyəns] n kutokutumika kwa muda

abhor [ab'ho:] v -chukia sana

abide [a'baid] v (**abode**) 1. -ngoja 2. -stahimili

abide by v -fuata

ability [ə'biliti] n uwezo

ablaze [ə'bleiz] adj -a kuwaka

able ['eibəl] adj 1. -enye uwezo 2. **to be able** -weza

ablution [ə'blu:shən] n (rel.) kutawadha

aboard [ə'bɔ:d] adv chomboni

abode [ə'bəud] n makao

abolish [ə'bɔlish] v -futa

abortion [ə'bɔ:shən] n -kutoa mimba

about [ə'baut] prep/adv 1. kuhusu 2. **It's about five hundred euros.** Kiasi euro mia tano. 3. **I am about to go.** Ilikuwa karibu niondoke. 5. **There are sharks about.** Kuna papa wengi. 6. **There's a lot of it about.** Zimejaa teli.

above [ə'bʌv] prep 1. juu (ya) 2. zaidi (ya)

above all adv zaidi ya yote

abreast [ə'brest] adj **We like to keep abreast of events.** Tunapenda kujua nini kinaendelea.

abroad [ə'brɔ:d] adv ng'ambo

abrogate ['abrəugeit] v -tangua

abrupt [ə'brʌpt] adj -a ghafula

abscess ['abses] n usaha

absence ['absəns] n 1. kutokuwako 2. **in my absence** wakati sipo

absent ['absənt] adj kutokuewpo

absolute ['absəlu:t] adj kamili

absolutely [absə'lu:tli] adv hakika

absolve [əb'zɔlv] v -samehe

absorb [əb'sɔ:b] v -fyonza

abstain [əb'stein] v 1. -acha 2. **to abstain from voting** -topiga kura

abstinence ['abstinəns] n uzuiaji

abstract ['abstrakt] adj -dhahania

absurd [əb'sə:d] adj -a upuuzi

abundance [ə'bʌndəns] n 1. wingi; nyingi 2. **in abundance** kwa wingi

abundant [ə'bʌndənt] adj -ingi

abuse [ə'byus] n 1. kutukana 2. kubughudhi 3. dhulumu 4. **child abuse** unyanyasaji wa watoto

abuse [ə'byu:z] v 1. -tumia vibaya 2. -bughudhi 3. -dhulumu

A.C. = **alternating current** n mkondo geu

academic [ˌakəˈdemik] 1. *adj* -a kitaaluma 2. -a kinadharia 3. *n* ulama; mhadhiri

academic year *n* mwaka wa masomo

academy [əˈkadəmi] *n* chuo

accelerate [əkˈseləreit] *v* -chapuka

accelerator [əkˈseləreitə] *n* kichapuzi

accent [ˈaksənt] *n* lafudhi

accept [əkˈsept] *v* 1. -pokea 2. -kubali

access [ˈakses] *n* 1. njia ya kufikia 2. fursa ya kuingia 3. **access road** barabara ya kuingilia

accessible [əkˈsesəbəl] *adj* 1. -a kuingilika 2. **Is the building accessible for disabled people?** Ni rahisi kwa walimavu kuingia jengo hilo.

accessory [əkˈsesəri] *n* 1. kifuasi 2. *(leg.)* mshiriki

accident [ˈaksidənt] *n* ajali

accidental [ˌaksiˈdentl] *adj* -a bahati

accidentally [ˌaksiˈdentli] *adv* kwa bahati

acclaim [əˈkleim] 1. *n* shangwe 2. *v* -tangaza kwa shangwe

accommodate [əˈkɔmədeit] *v* 1. -patia nafasi 2. -fadhili

accommodation [əˌkɔməˈdeishən] *n* nyumba ya kukaa; malazi

accompany [əˈkʌmpəni] *v* -enda na

accomplice [əˈkʌmplis] *n* mshiriki

accomplish [əˈkʌmplish] *v* -fanikisha

accomplished [əˈkʌmplisht] *adj* hodari

accomplishment [əˈkʌmplishmənt] *n* ufanikishaji

accord [əˈkɔːd] *n* 1. makubaliano 2. **of her own accord** kwa hiari yake

according to [əˈkɔːding] *prep* kwa mujibu wa

accordion [əˈkɔːdiyən] *n* kodiani

account [əˈkaunt] *n* 1. habari 2. *(fin.)* hesabu; akaunti 3. **current account** akaunti ya hundi 4. **deposit account** akaunti ya amana 5. **savings account** akaunti ya akiba 6. **final accounts** akaunti ya mwisho 7. **on account of** kwa sababu ya

accountancy [əˈkauntənsi] *n* uhasibu

accountant [əˈkauntənt] *n* mhasibu

accounting [əˈkaunting] *n* uhasibu

accumulate [əˈkyuːmuleit] *v* -kusanya

accumulation [əˌkzhuːmuˈleishəng] *n* kukusanya

accuracy [ˈakyərəsi] *n* usahihi

accurate [ˈakyərət] *adj* sahihi

accurately [ˈakyərətli] *adv* sawasawa

accusation [ˌakyuːˈzeishən] *n* mashtaka

accuse [əˈkyuːz] *v* -shtaki

accused [əˈkyuːzd] *n* mshtakiwa

accustomed [əˈkʌstəmd] *adj* **to be accustomed** -zoea

ache [eik] 1. *n* mchonyoto 2. *v* -uma

achieve [əˈchiːv] *v* -timiza

achievement [əˈchiːvmənt] *n* mafanikio

acid [asid] *n* asidi

acknowledge [əkˈnɔlij] *v* 1. -kubali 2. -tambua

acknowledgement [əkˈnɔlijmənt] *n* 1. kubali 2. kutambua

acne [ˈakni] *n* chunusi

acoustics [əˈkuːstiks] *pl* akustika

acquaintance [əˈkweintəns] *n* jamaa

acquire [əˈkwaiə] *v* -pata

acquisition [ˌakwiˈzishən] *n* 1. kupata 2. pato

acquit [əˈkwit] *v* -achilia

acquittal [əˈkwitl] *n* kuachiliwa

acre [ˈeikə] *n* ekari

across [əˈkrɔs] *prep/adv* **to go across** -kiuka

act [akt] 1. *n* kitendo 2. **act of a play** mchezo wa kuigiza 3. **act of parliament** sheria ya bunge 4. *v* -tenda 5. -ingiza mchezo

acting [ˈakting] 1. *adj* **acting chairman** katibu mtendaji 2. *n* kuingiza mchezo
action [ˈakshən] *n* 1. kitendo 2. harakati 3. *(leg.)* kuchukua hatua 4. *(mil.)* **They have taken military action.** Jeshi limechukua hatua.
active [ˈaktiv] *adj* hai
activist [ˈaktivist] *n* mhamasishaji mtendaji
activity [akˈtivəti] *n* 1. juhudi 2. shuguli
actor [ˈaktə] *n* mchezaji
actress [ˈaktris] *n* mchezaji
actual [ˈakchuəl] *adj* halisi
actually [ˈakchuli] *adv* kwa kweli
acupuncture [ˌakyuˈpʌnkchə] *n* tiba vitobo
acute [əˈkyuːt] *adj* kali
A.D. (Anno Domini) katika mwaka wa Kristo
ad [ad] *n see* **advert; advertisement**
adamant [ˈadəmənt] *adj* mkaidi
adapt [əˈdapt] *v* 1. -badili 2. -tohoa
adapter [əˈdaptə] *n* adapta
add [ad] *v* 1. -jumlisha 2. **to add to** -ongeza
adder [ˈadə] *n* kifutu
addict [ˈadikt] *n* 1. mtawaliwa 2. **drug addict** mtumiaji wa madawa ya kulevya
addicted [əˈdiktid] *adj* **to be addicted to** -dhibitiwa na
addiction [əˈdikshən] *n* 1. udhibiti 2. **drug addiction** udhibiti wa madawa ya kulevya
addition [əˈdishən] *n* 1. kujumlisha 2. **to be an addition to** -ongeza 3. **in addition to that** baada hapo
additional [əˈdishənl] *adj* -ingine
address [əˈdres] 1. *n* anwani 2. *v* -hutubia
adequate [ˈadikwət] *adj* -a kutosha
adhere to [ədˈhiə] *v* 1. -gundisha 2. *(pol./rel.)* -shika msimamu wa
adherent [ədˈhiərənt] *n* mfuasi
adhesive [ədˈhiːsiv] 1. *adj* -na gundi

2. *n* gundi
ad hoc committee *n* kamati ya dharura
adjacent [əˈjeisnt] *adj* -a kupakana
adjective [ˈajiktiv] *n* kivumishi
adjourn [aˈjəːn] *v* -ahirisha
adjournment [aˈjəːnmənt] *n* uahirishaji
adjust [əˈjʌst] *v* -rekebisha
adjustment [əˈjʌstmənt] *n* urekebishaji
administer [ədˈministə] *v* -tawala
administration [ədˌmingiˈstreishən] *n* 1. utawala 2. sehemu
administrative [ədˈministrətiv] *adj* -a utawala
administrator [ədˈministreitə] *n* msimamizi
admiral [ˈadmərəl] *n* mkuu wa jeshi la wanamaji
admiration [ˌadmiˈreishən] *n* upendezewaji
admire [ədˈmaiə] *v* 1. -tamaza na kupendezwa 2. -staajabia
admission [ədˈmishən] *n* 1. ruhusa ya kuingia 2. kukiri
admit [ədˈmit] *v* 1. -ruhusu kuingia 2. -kubali
adolescence [ˌadəˈlesəns] *n* ujana
adolescent [ˌadəˈlesənt] *n* kijana
adopt [əˈdɔpt] *v* 1. -panga utoto 2. -kubali
adoption [əˈdɔpshən] *n* 1. kitendo cha kupanga mtoto 2. kukubali
adoration [ˌadəˈreishən] *n* kuabudu
adore [əˈdɔː] *v* 1. -abudu 2. -penda mno
adorn [əˈdɔːn] *v* -pamba
adornment [əˈdɔːnmənt] *n* pambo
adult [ˈadʌlt; əˈdʌlt] 1. *adj* -a watu wazima 2. *n* mtu mzima
adultery [əˈdʌltəri] *n* zinaa
advance [ədˈvaːns] 1. *n* maendeleo 2. *(fin.)* rubuni 3. **in advance** kabla 4. *v* -endelea mbele
advanced [ədˈvaːnst] *adj* -enye kuona mbele

advantage [əd·vaːntij] *n* 1. faida 2. to take advantage of something -fanya umuhali

adventure [əd·venchə] *n* tukio

adverb [ˈadvəːb] *n* kielezi

adverse [ˈadvəːs] *adj* -baya

advert [ˈadvəːt] *n* tangazo

advertise [ˈadvətaiz] *v* -tangaza

advertiser [ˈadvətaizə] *n* mtangazaji

advertisement [ad·vəːtismənt] *n* tangazo

advertising [advə·taizing] *n* utangazaji

advertising campaign *n* kupiga kampeni ya utangazaji

advice [əd·vais] *n* 1. ushauri 2. to give advice -shauri

advisable [əd·vaizəbəl] *adj* bora

advise [əd·vaiz] *v* -shauri

adviser; advisor [əd·vaizə] *n* mshauri

advisory [əd·vaizəri] *adj* -a ushauri

advisory committee *n* kamati ya ushauri

advocate [ˈadvəkət] *n* (*leg.*) wakili

advocate [ˈadvəkeit] *v* -tetea

aerial [ˈeəriəl] 1. *adj* -a ndege 2. *n* antena

aeroplane [ˈeərəplein] *n* ndege

aerosol [ˈeərəsol] *n* erosoli

affair [əˈfeə] *n* 1. mahusiano 2. love affair mahusiano ya kimapenzi 3. foreign affairs zanje ya nchi 4. current affairs maendeleo

affect [əˈfekt] *v* -athiri

affection [əˈfekshən] *n* upendo

affectionate [əˈfekshənət] *adj* -a kupenda

affidavit [ˌafiˈdeivit] *n* hati ya kiapo

afflict [əˈflikt] *v* -umiza

affirmative [əˈfəːmətiv] *adj* affirmative action tendo thabiti

affluent [ˈafluənt] *adj* kijito

afford [əˈfɔːd] *v* -mudu

afloat [əˈfləut] *adj* 1. -a kuelea 2. chomboni

afraid [əˈfreid] *adj* 1. -oga 2. I'm afraid that... Nasikitika...

Africa [ˈafrikə] *n* Afrika

African [ˈafrikən] 1. *adj* -a Mwafrika 2. *n* Mwafrika

aft [aːf] *adv* (*mar.*) tezini

after [ˈaːftə] 1. *prep* -a baadaye 2. *conj* baada ya 3. *adv* baadaye 4. after all hata hivyo

afterbirth [ˈaːftə,bəːth] *n* kondo la nyuma

afternoon [ˌaːftəˈnuːn] *n* mchana; lasiri

aftershave [ˈaːftəsheiv] *n* aftashev

afterwards [ˈaːftəwədz] *adv* baadaye

again [əˈgen] *adv* tena

against [əˈgenst] *prep* 1. kwa kupingana 2. pinga 3. kinyume cha 4. jitahadharisha na 5. Chelsea played against Liverpool. Chelsea walishindana na Liverpool. 6. He put the bicycle against the wall. Kaegemeza baskeli ukutani.

age [eij] *n* 1. umri 2. zamani 3. old age uzee 4. under-age umri pungufu wa uliowekwa 5. over-age kuzidi umri uliowekwa 6. for ages kwa muda mrefu

age group *n* hirimu; rika

agency [ˈeijənsi] *n* 1. wakala 2. nguvu 3. news agency shirika la habari

agenda [əˈjendə] *n* ajenda

agent [ˈeijənt] *n* ajenti

aggravate [ˈagrəveit] *v* -kasirisha

aggravating [ˈagrəveiting] *adj* -a kukasirisha

aggravation [ˌagrəˈveishən] *n* mvutano

aggression [əˈgreshən] *n* uchokozi

aggressive [əˈgresiv] *adj* -chokozi

aggressor [əˈgresə] *n* mchokozi

agile [ˈajail] *adj* -epesi

agility [əˈjiləti] *n* uepesi

agitate [ˈajiteit] *v* 1. -tikisa 2. -shawishi

agitation [ˌajiˈteiʃən] *n* 1. mtikiso
2. majadiliano
agitator [ˌajiˈteitə] *n* mchochezi
ago [əˈgəu] *adv* 1. zamani 2. **a year
ago** mwaka uliyopita 3. **a short
time ago** punde hivi 4. **long ago**
zamani sana
agony [ˈagəni] *n* maumivu makubwa
agoraphobia [ˈagərəfəubiyə] *n* hofu
ya kutoka nje
agree [əˈgriː] *v* -kubali
agreed [əˈgriːd] *adj* -liokubaliwa
agreement [əˈgriːmənt] *n* 1.
maafikiano 2. mapatano; kandarasi
3. **to reach an agreement** -patana
(**with** na)
agribusiness [ˌagriˈbiznis] *n*
viwanda vya huduma za kilimo
agricultural [ˌagriˈkʌlʧərəl] *adj* -a
kilimo
agriculture [ˌagriˈkʌlʧə] *n* kilimo
agronomist [aˈgrɔnəmist] *n*
mtaalamu wa kilimo
agronomy [aˈgrɔnəmi] *n* agronomia
aground [aˈgrʌund] *adv (mar.)* 1.
-lio pwelewa 2. **to run aground**
-pwelewa
ahead [əˈhed] *adv* 1. mbele 2. **the
years ahead** miaka ijayo 3. **to get
ahead** -faulu
ahead of *adj* mbele ya
aid [eid] 1. *n* msaada 2. *v* -saidia
aide [eid] *n* msaidiaji
AIDS [eidz] *n* Ukimwi (Ukosefu wa
Kinga Mwilini); Slim
ailment [ˈeilmənt] *n* ugonjwa
aim [eim] 1. *n* shabaha 2. kusudi 3. *v*
-piga shabaha 4. -elekeza
air [eə] *n* 1. hewo 2. **on the air**
redioni 3. **by air** kwa ndege
air attack *n* mashambulizi ya ndege
air base *n* kituo cha ndege
air bed *n* godoro la upepo
airborne [ˈeəbɔːn] *adj* -liowisha
ruka hewani
airconditioner [ˌeəkɔnˈdiʃənə] *n*
kiyoyozi

airconditioning [ˌeəkɔnˈdiʃəning]
n kiyoyozi
aircraft [ˈeəkraːft] *n (pl* **aircraft**)
ndege
aircraft-carrier *n* manowari
yenye kituo cha ndege
air crew *n* watumishi wa ndege
airdrop *n* kudondoshwa
airfield [ˈeəfiːld] *n* kiwanja cha
ndege
airforce [ˈeəfɔːs] *n* jeshi la anga
air freight *n* uchukuzi wa mizigo
kwa ndege
air hostess [ˈeəˌhəustis] *n*
mhudumu wa kike wa ndege
airlift [ˈeəˌlift] *n* uchukuaji kwa
ndege
airline, airways [ˈeəlain; ˈeəweiz]
n shirika la ndege
airliner [ˈeəˌlainə] *n* ndege ya abiria
airmail [ˈeəmeil] *n* 1. barua za ndege
2. **by airmail** kwa ndege
airplane [ˈeəplein] *n* ndege
airport [ˈeəpɔːt] *n* uwanja wa ndege
air pressure *n* kanieneo ya hewa
air-raid *n* shambulio la ndege
air route *n* njia ya ndege
airship [ˈeəship] *n* chombo anga
air show *n* maonyesho ya ndege
air sick *adj* -liyechefukwa angani
air sickness *n* kichefuchefu
angani
air space *n* anga ya nchi
air strip *n* kiwanja cha ndege
air terminal *n* kituo cha abiria wa
ndege
airtight [ˈeətait] *adj* -sioruhusu
hewa kuingia au kutoka
air-traffic control *n* udhibiti wa
safari za anga
airways [ˈeəwei] *see* **airline**
airworthy [ˈeəwəːdhi] *adj* -nayofaa
kusafiri angani
alarm [əˈlaːm] 1. *n* kamsa 2. wasiwasi
3. *v* -shitua 4. **to give/raise the
alarm** -piga king'ora 5. **to set off
an alarm** -tegua alam

alarm clock n saa ya kukuamsha

alarming [ə'laːming] adj -a kutia hofu

alas! [ə'las] lahaula!

alcohol [ˈalkəhɒl] n kileo

alcoholic [ˌalkəˈhɒlik] 1. adj -a kileo 2. n mlevi sugu

alcoholism [ˈalkəhɒlizəm] n taathira ya ulevi

ale [eil] n bia

alert [əleːt] 1. adj -a macho 2. v -tahadharisha

algebra [ˈalyibrə] n aljebra

alias [ˈeiliəs] n lakabu

alibi [ˈalibai] n udhuru

alien [ˈeiliən] 1. adj -geni 2. n mgeni 3. **illegal alien** mhamiaji haramu

alight [əˈlait] 1. adj -inayowaka 2. v -shuka

align [əˈlain] v -fungamana

alignment [əˈlainmənt] n mfungamano

alike [əˈlaik] 1. adj sawasawa 2. adv kwa namna ile ile

alive [əˈlaiv] adj -zima

alkali [alkəli] n alikali

alkaline [alkəlain] adj -a alikali

all [ɔːl] adj/adv 1. -ote 2. kabisa

Allah [ˈalə] n Allah

allay [əlei] v -tuliza

allegation [ˌaliˈgeishən] n dai

allege [əˈlej] v -dai

allegedly [əˈlejədli] adj kama inayodaiwa

allegiance [əˈliːjəns] n uaminifu

allergic [əˈlɜːjik] adj -a kuziza

allergy [ˈaləji] n mzio

alley [ˈali] n kichochoro

alliance [əˈlaiəns] n 1. ushirikiano 2. mwungano

all over adv kwisha

allocate [ˈaləkeit] v 1. -gawia 2. (fin.) -wekea

allocation [ˌaləˈkeishən] n ugawaji

all-out [ˌɔːlˈaut] adj/adv kabisa sana

allow [əˈlau] v 1. -ruhusu 2. -kiri

allowance [əˈlauəns] n 1. kukiri 2. (fin.) ruzuku

alloy [ˈalɔi] n aloi

all right [ˌɔːlˈrait] 1. -zuri 2. **This is all right.** Hii nzuri. 3. **Everything's all right.** Hakuna matata. 4. sawa!

ally [ˈalai] n msaidizi

ally [əˈlai] v -ungana (**with** na)

almond [ˈʌlmənd] n lozi

almost [ˈɔːlməust] adv karibu; takriban

alone [əˈləun] 1. adj -pekee 2. adv peke yake 3. **let alone...** kefu

along [əˈlɒng] adv 1. pamoja (**with** na) 2. **to go along** -songa mbele 3. **all along** siku zote

alongside [əˌlɒngˈsaid] prep/adv ubavuni

aloud [əˈlaud] adv kwa sauti

alphabet [ˈalfəbet] n alfabeti; abjadi

alphabetical [ˌalfəˈbetikəl] adj **in alphabetical order** kwa taratibu ya alfabeti

already [ɔːlˈredi] adv tayari

alright [ɔːlˈrait] 1. -zuri 2. **This is alright.** Hii nzuri. 3. **Everything's alright.** Hakuna matata. 4. sawa!

also [ˈɔːlsəu] tena; vilevile

altar [ˈɔːltə] n madhabahu; (Chr.) altare

alter [ˈɔːltə] v -badilisha

alteration [ˌɔːltəˈreishən] n mabadiliko

alternate [ˈɔːltəneit] v -badilishana

alternating current n mkondo geu

alternation [ˌɔːltəˈneishən] n matukio ya zamu ubadilishaji duru

alternative [ɔːlˈtəːnətiv] 1. adj -ingine 2. n uchaguzi badili

alternator [ˈɔːltəneitə] n altaneta

although [ɔːlˈdhəu] conj ijapo; ingawa

altitude [ˈaltichuːd] n 1. mwinuko 2. **at high altitude** juu kutoka usawa wa bahari

altogether [ˌɔːltəˈgedhə] adv (kwa) pamoja

alum [ˈaləm] *n* shabu

aluminium; aluminum [ˌalyuˈmi-nyəm; aˈlu:minəm] *n* aluminiamu

always [ˈɔːlweiz] *adv* daima

am [am] *see* be

a.m. *adv* asubuhi

amalgamation [əˌmalgəˈmeishən] *n* muungano

amass [əˈmas] *v* -kusanya

amateur [ˈamətyə:] **1.** *adj* -a ridhaa **2.** *n* ridhaa

amaze [əˈmeiz] *v* -shangaza

amazement [əˈmeizmənt] *n* mshangao

amazing [əˈmeizing] *adj* -a kushangaza

ambassador [amˈbasədə] *n* balozi

ambassadorial [amˌbasəˈdɔ:riyəl] *n* -a kibalozi

ambiguity [ˌambiˈgyu:əti] *n* utata

ambiguous [ˌamˈbigyuəs] *adj* -tata

ambition [amˈbishən] *n* tamaa ya makuu

ambitious [amˈbishəsh] *adj* -enye tamaa ya makuu

ambulance [ˈambyuləns] *n* gari la wagonjwa

ambush [ˈambush] **1.** *n* uvamizi **2.** *v* -vamia

amend [aˈmend] *v* -rekebisha

amendment [aˈmendmənt] *n* marekebisho

amends [aˈmendz] *pl* **to make amends to** -fidia

America [əˈmerikə] *n* Marekani; Amerika

American [əˈmerikən] **1.** *adj* -a Kimarekani **2.** *n* Mmarekani

Amharic [amˈharik] *adj* -a Kiamhari

amicable [əˈmikəbəl] *adj* -a amani

amid, amidst [əˈmid; -st] *prep* kati ya

amidships [əˈmidships] *adv (mar.)* katikati ya chombo

ammunition [ˌamyuˈnishən] *n* **1.** risasi; baruti **2. live ammunition** silaha za baruti

amnesia [amˈni:siyə] *n* usahaulifu

ammunition dump *n* dampo ya marisaa

amnesty [ˈamnəsti] *n* **1.** msamaha **2. to grant amnesty** -toa msamaha

Amnesty International *n* Shirika la Haki za Binaadam

amoeba [aˈmi:bə] *n* amiba

amoebic dysentary *n* kuhara damu kunakosababishwa na vijidudu hivyo

amorous [ˈamərəs] *adj* -enye ashiki nyingi

among, amongst [əˈmʌng; əˈmʌngst] *prep* miongoni mwa

amount [əˈmaunt] *n* **1.** idadi **2.** kiasi **3. a small amount** kiasi kidogo

amount *v* **1.** -fikia **2. It amounts to the same thing.** Ni sawa tu.

ample [ˈampəl] *adj* **1.** -kubwa **2.** -enye nafasi **3.** - a kutosha

amplifier [ˈamplifaiyə] *n* amplifaya

amplify [ˈamplifai] *v* -pazasauti

amputate [ˈampyuteit] *v (med.)* -kata

amputation [ˈampyuteishən] *n (med.)* kukata

amuse [əˈmyu:z] *v* -chekesha

an [an] *see* a

anaemia [əˈni:mia] *n* anemia

anaemic [əˈni:mik] *adj* -enye anemia

anaesthetic [ˌanishˈthetik] *n* nusukaputi

anaesthetist [ˌanishˈthetik] *n* mtaalamu wa nusukaputi

anaesthetize [ˌanishˈthetik] *v* -tia nusukaputi

analogy [əˈnaləji] *n* **1.** analojia **2. by analogy** kwa mathlan

analyse [ˈanəlaiz] *v* -changanua

analysis [əˈnaləsis] *n* uchanganuzi

analyst [ˈanəlist] *n* mchanganuzi

anarchy [ˈanəki] *n* **1.** vurugu **2.** *(pol.)* hali ya utawala huria

anatomy [əˈnatəmi] *n* **1.** anatomia **2.** uchambuzi

ancestor [ˈansestə] *n* babu

anchor [ˈangkə] *n* 1. nanga 2. to drop anchor -tia nanga; -shusha nanga 3. to weigh anchor -toa nanga

anchorage [ˈangkəriy] *n* maezi

anchor rope *n* amari

anchorman [ˈangkəman] *n* mratibu wa kazi ya kikundi

ancient [ˈeinshənt] *adj* -kongwe

and [ən; and] *conj* na

anemia [əˈniːmia] *see* **anaemia**

anesthetic [ˌanisˈthetik] *see* **anaesthetic**

anesthetist [ˌanisˈthetik] *see* **anaesthetist**

anesthetize [ˌanisˈthetik] *see* **anaesthetize**

angel [ˈeinjl] *n* malaika

anger [ˈanggə] 1. *n* hasira 2. *v* -hamakisha

angle [ˈanggl] *n* pembe

angler [ˈanggla] *n* mvuvi wa mshipi

angling [ˈanggling] *n* uvuvi wa mshipi

Anglican [ˈangglikən] 1. *adj* -a Kianglikana 2. *n* Anglikana

anglophone [ˈangglaufaun] *adj* **anglophone countries** nchi zenye kutumia Kiingereza

angry [ˈanggri] *adj* -enye hasira

anguish [ˈanggwish] *n* uchungu

animal [ˈaniml] *n* 1. mnyama 2. **domestic animal** mnyama afugwaye

animate [ˈanimeit] 1. *adj* -enye uhai 2. *v* -sisimua

animated cartoon *n* katuni hai

animation [aniˈmeishən] *n* 1. uhai 2. utengenezaji

animosity [aniˈmositi] *n* chuki

ankle [ˈangkəl] *n* kifundo (ya mguu)

annex [əˈneks] *n* 1. uwani 2. *see* **annexe**

annex [əˈneks] *v* **to annex territory** -teka nchi

annexation [ˌanekˈseishən] *n* utekaji

annexe [ˈaneks] *n* jengo dogo

annihilate [əˈnaiəleit] *v* angamiza

anniversary [ˌaniˈvəːsəri] *n* siku ya ukumbusho

announce [əˈnauns] *v* -tangazo

announcement [əˈnaunsmənt] *n* tangazo

announcer [əˈnaunsə] *n* mtangazaji

annoy [əˈnɔi] *v* -udhi

annoying [əˈnɔiyng] *adj* -a kuudhi

annual [ˈanyuəl] *adj* -a (kila) mwaka

annually [ˈanyuəli] *adv* kila mwaka

annul [əˈnʌl] *v* -batilisha

anoint [əˈnɔint] *v* -paka mafuta

anonymous [əˈnɔniməs] *adj* bila jina

anorak [ˈanərak] *n* 1. anoraki 2. *see* **trainspotter**

anorexia [anəˈreksiyə] *n* ugonjwa huo

anorexic [anəˈreksik] *adj* -enye ugonjwa huo

another [əˈnʌdhə] *adj* -ingine

answer [ˈaːnsə] 1. *n* jibu 2. jawabu 3. *v* -jibu 4. -toa jawabu

answerable [ˈaːnsərəbəl] *adj* -a kuwajibika

answer back *v* -jibu vikali

ant [ant] *n* siafu

antacid [anˈtasid] *n* kizimaasidi

antagonise [anˈtagənaiz] *v* -sababisha uhasama

antagonism [anˈtagənizəm] *n* uhasama

antecedent [ˌantiˈsiːdənt] *n* *(leg.)* kitangulizi

antelope [ˈantiləup] *n* paa

antenatal [ˌantiˈneitəl] *adj* -a kabla ya kuzaliwa

antenna [anˈtenə] *n* antena

anterior [anˈtiːriyə] *adj* mbele ya

anthem [ˈanthəm] *n* wimbo wa taifa

anteroom [ˈantiruːm] *n* chumba cha kungojea

anthill [ˈant,hil] *n* kichuguu

anthology [ˌanthˈɔloji] *n* koja

anthrax [ˈanthraks] *n* kimeta**

anthropologist [ˌanthroˈpolojist] *n* mwana anthropolojia

anthropology [ˌanthroˈpoloji] *n* anthropolojia

anti- [ˈanti] dhidi ya

anti-aircraft [ˌantiˈeəkraːft] *n* -a kutungua ndege

anti-aircraft gun *n* mzinga wa kutungua ndege

anti-apartheid [ˌantiəˈpaːtait] *n* pinga ukaburu; pinga ubaguzi wa rangi

antibiotics [ˌantibaiˈɔtiks] *pl* kiuvijasumu

antibody [ˈantiˌbɔdi] *pl* zindiko

antic [ˈantik] *n* tendo

anticipate [anˈtisipeit] *v* 1. -tangulia 2. -tazamia

anticipation [anˌtisiˈpeishən] *n* 1. fikra ya jambo kabla ya kutokea 2. hali ya kutwaa kabla ya wakati

anti-climax [ˌantiˈklaimaks] *n* mpomoko

anti-clockwise [ˌantiˈklɔkwaiz] *adj/adv* kinyume saa

anticyclone [ˌantiˈaikləun] *n* kinga ya kimbunga

antidote [ˈantidəut] *n* kiuasumu

anti-fascism [ˌantiˈfashizəm] *n* utaratibu wa kifashisti

anti-fascist [ˌantiˈfashist] 1. *adj* -a utaratibu wa kifashisti 2. *n* mtu anayepinga kifashisti

antifreeze [ˈantifriːz] *n* kishushamgando

anti-hero [ˌantiˈhiːrəu] *n* shujaa pwaya

anti-nuclear [ˌantiˈnyuːkliyə] *adj* dhidi ya nyuklia

antipathy [anˈtipəthi] *n* chuki

anti-personnel [ˌantipəːsənel] *adj* -a kuumiza watu

antique [anˈtiːk] 1. *adj* -a kale 2. *n* kitu cha kale

antique shop *n* duka la vitu na sanaa za kale

antiquity [anˈtikwəti] *n* zamani za kale

anti-Semite [ˌantiˈsemeit] *n* mtu anayepinga Uyahudi

anti-Semitic [ˌantiseˈmitik] *adj* dhidi ya Uyahudi

anti-Semitism [ˌantiˈsemitizəm] *n* pinga Uyahudi

antiseptic [ˌantiˈseptik] 1. *adj* -a antiseptiki 2. *n* antiseptiki

antisocial [ˌantiˈsəushəl] *adj* -a kupingana na jamii

anti-tank [ˌantiˈtank] *adj* -a kupigia vifaru

anti-tank gun *n* mzinga wa kupigia vifaru

anti-tank mine *n* bomu ya kuharibu vifaru

antithesis [anˈtithesis] *n* tabaini

antitoxin [ˌantiˈtɔksin] *n* antitoksini

anti-tradewind [ˌantiˈtreidwind] *n* upepo

antler [ˈantlə] *n* pembe

anti-war [ˌantiˈwɔː] *adj* pinga vita

anus [ˈeinəs] *n* mkundu

anxiety [ˈangzaiəti] *n* wasiwasi

anxious [ˈangkshəs] *adj* -a wasiwasi

any [ˈeni] *adj* -o -ote

anybody [ˈenibɔdi] yoyote

anyday [ˈenidei] *adv* siku yoyote

anyhow [ˈenihau] *adv* vyovyote vile

anymore [ˈenihau] *adv* yoyote zaidi

anyone [ˈeniwʌn] *see* **anybody**

any place popote

anything [ˈenithing] kitu chochote

anytime [ˈenitaim] wakati wowote

anyway [ˈeniwei] *adv* vyovyote vile

anywhere [ˈeniweə] popote

aorta [eiˈɔːtə] *n* mkole

apace [əˈpais] *n* kwa kasi

apart [əˈpaːt] *adv* 1. mbali 2. pembeni 3. tofauti

apart from *prep* isipokuwa

apartheid [əˈpaːthait] *n* ubaguzi wa rangi

apartment [əˈpaːtmənt] *n* fleti

apathy [ˈapəthi] *n* hali ya kutojali

ape [eip] *n* sokwe

aperatif [əˈperətiːf] *n* kiamshahamu

apex [ˈeipeks] *n* kilele
apiece [əˈpiːs] *adv* kila moja
apologetic [ˌəpɔləˈjetik] *adj* to be apologetic -toa udhuru
apologize [əˈpɔləjaiz] *v* -omba radhi
apology [əˈpɔləji] *n* kuomba radhi
apostle [əˈpɔsəl] *n* 1. kiongozi 2. *(rel.)* mtume
apostrophe [əˈpɔstrəfi] *n* apostrofi
appal, appall [əˈpɔːld] *v* -tisha
appalling [əˌpɔːling] *adj* -a kutisha
apparatus [ˌapəˈreitəs] *n* zana za kazi; mashine
apparent [əˈparənt] *adj* -a kuonekana
apparently [əˈparəntli] *adv* inavyoonekana
appeal [əˈpiːl] 1. *n* kuvutia 2. maombi 3. *(leg.)* kukata rufaa 4. *v* -sihi 5. *(leg.)* -kata rufaa
appealing [əˈpiːling] *adj* -a kuhisi
appear [əˈpiə] *v* 1. -tokea 2. -hudhuria 3. -elekea
appearance [əˈpiərəns] *n* 1. kujitokeza 2. sura
appease [əˈpiːz] *v* -ridhisha
appeasement [əˈpiːzmənt] *n* kuridhisha
appellant [əˈpelənt] *n (leg.)* mkata rufaa
appellate [ˈapəleit] *adj* -a kukata rufaa
appellate court *n* mahakama ya kukata rufaa
append [əˈpend] *v* -ambatisha
appendicitis [ˌəpendiˈsaitis] *n* ugonjwa wa kidole tumbo
appendix [əˈpendiks] *n* kidole tumbo
appetite [ˈapitait] *n* hamu
appetizing [ˈapətaizing] *adj* -a kutamanisha
applaud [əˈplɔːd] *v* -piga makofi
applause [əˈplɔːz] *n* makofi
apple [ˈapl] *n* tufaha
appliance [əˈplaiəns] *n* kifaa
applicant [ˈaplikənt] *n* mwombaji

application [ˌapliˈkeishən] *n* 1. mpako 2. maombi 3. *(i.t.)* program
application form *n* fomu ya maombi
apply [əˈplai] *v* 1. -tia 2. *(med.)* -paka
apply for *v* -omba
appoint [əˈpɔint] *v* -teua
appointment [əˈpɔintmənt] *n* 1. miadi 2. uteuzi 3. wadhifa
apportion [əˈpɔːshən] *v* -gawa
appraisal [əˈpreizl] *n* tathmini
appraise [əˈpreiz] *n* -tathmini
appreciate [əˈpriːshieit] *v* 1. -fahamu 2. -furaha 3. -thamini sana 4. -shukuru 5. *(fin.)* -ongezeka thamini
appreciation [əˈpriːshiyeishən] *n* 1. tathmini 2. shukrani
appreciative [əˈpriːshiyətiv] *adj* -a kuonyesha shukrani
apprehend [apriˈhend] *v* -kamata
apprehension [ˌapriˈhenshən] *n* 1. hofu 2. ukamataji
apprehensive [ˌapriˈhensiv] *adj* -enye hofu
apprentice [əˈprentis] *n* mwanagenzi
approach [əˈprəuch] 1. *n* kukaribia 2. *v* -karibia
approbation [ˌaprəˈbeishən] *n* 1. idhini 2. sifa
appropriate [əˈprəupriət] *adj* -a kufaa
appropriate [əˈprəupriyət] *v* -iba
appropriation [əˈprəuprieishən] *n* kutenga
approval [əˈpruːvəl] *n* kibali
approve [əˈpruːv] *v* 1. -sifu 2. -kubali
approximate [əˈprɔksimət] *adj* -a kukaribia
approximately [əˈprɔksimətli] *adv* takriban
apricot [ˈeiprikɔt] *n* aprikoti
April [ˈeiprəl] *n* Aprili
apron [ˈeiprən] *n* aproni
a propos of [a prəˈpəu ɔv] *prep* kuhusu

apt [apt] *adj* -a kufaa
apt to *adj* -epesi
aptitude [ˈaptityuːd] *n* kipaji
aqualung [ˈakwələŋ] *n* kipafumaji
aquaplane [ˈakwəplein] *n* ubaomaji
aquarium [əˈkweːriyəm] *n* tangisamaki
Aquarius [əˈkweːriyəs] *n* Ndoo
aquatic [əˈkwatik] *adj* -a majini
aquatic sports *pl* michezo ya majini
aqueduct [ˈakwidʌkt] *n* mfereji wa maji
aqueous [ˈakweyəs] *adj* -a maji
aquiline [ˈakwilain] *adj* -a tai
Arab [ˈarəb] 1. *adj* -a Uarabu 2. *n* Mwarabu
Arabian [əˈreibiyən] *adj* -a Uarabu
Arabic [ˈarəbik] *n* Kiarabu
arable [ˈarəbəl] *adj* -nayolimika
arable land *n* ardhi inayolimika
arbiter [ˈaːbitə] *n* msuluhishi
arbitrary [ˈaːbitri] *adj* holela
arbitrate [ˈaːbitreit] *v* -toa uamizi
arbitration [ˌaːbiˈtreishən] *n* maamuzi
arbitrator [ˌaːbiˈtreitə] *n* msuluhishi
arc [aːk] *n* tao
arc-weld [ˈaːk-ˈweld] *v* -lehemu kwa umeme
arc-welding [ˈaːk,welding] *n* kulehemu kwa umeme
arcade [aːˈkeid] *n* **shopping arcade** madukani; ujia wa maduka
arch [aːch] *n* tao
archaeology [ˈaːkiyˈɔləji] *n* akiolojia
archaeologist [ˈaːkiyˈɔləjist] *n* mwanaakiolojia
archaic [aːˈkeiyik] *adj* -a zamani
archbishop [aːtchˈbishɔp] *n* askofu mkuu
arch-enemy [ˌaːchˈenəmi] *n* adui mkuu
archer [ˈaːchə] *n* mpiga mishale
archetype [ˈaːchitaip] *n* chapaasili
archipelago [ˌaːkiˈpeləgəu] *n* funguvisiwa

architect [ˈaːkitekt] *n* msanifu majengo
architecture [ˈaːkitekchə] *n* usanifu majengo
archives [ˈaːkaivz] *pl* hifadhi za nyaraka
arctic [ˈaːktik] *adj* 1. -kaskazini ya dunia 2. baridi sana
ardent [ˈaːdənt] *adj* mototomoto
arduous [ˈaːdyuəs] *adj* 1. -a sulubu 2. -kali
archway [ˈaːchwei] *n* lango
are [aː] *see* be
area [ˈeəriə] *n* 1. eneo 2. sehemu 3. mawanda
arena [əˈriːnə] *n* uwanja
argue [ˈaːgyuː] *v* 1. -toa hoja 2. -shindana
argue that *v* -shindana
argument [ˈaːgyumənt] *n* 1. hoja 2. mashindano
aria [ˈaːriə] *n* wimbo
arid [ˈarid] *adj* -kavu sana
Aries [ˈeːriːz] *n* Kondoo
arise [əˈraiz] *v* (**arose, arisen**) -tokea
aristocracy [ˌarisˈtɔkrəsi] *n* utawala wa makabaila
arithmetic [əˈrithmətik] *n* sayansi ya namba
ark [aːk] *n* safina
arm [aːm] 1. *n* mkono 2. *v* -pa silaha 3. *see* **arms**
armada [aːˈmaːdə] *n* armada
armaments [ˈaːməmənts] *pl* zana za vita
armature [ˈaːmətyə] *n* **vehicle armature** amecha
armchair [ˈaːmcheə] *n* kiti cha mikono
armed [aːmd] *adj* -enye silaha
armed forces *pl* majeshi
armed robbery *n* unyang'anyi wa kutumia silaha
Armenia [ˌaːˈmiːniyə] *n* Arminia
Armenian [ˌaːˈmiːniyən] 1. *adj* -a Arminian 2. *n* Mwarminian 3. Kiarminian

armhole *n* mkono wa vazi

armistice [ˈaːmistis] *n* mapatano ya kusimamisha vita kwa muda

armour [ˈaːmə] *n* 1. ngao chombo 2. silaha

armoured [ˈaːməd] *adj* -a dereya

armour plate *n* dereya

armoury [ˈaːməri] *n* 1. ghala ya silaha 2. kiwanda cha silaha

armpit [ˈaːmpit] *n* kwapa

arms [aːmz] *pl* silaha; zana za vita

arms race *n* mashindano ya silaha

army [ˈaːmi] 1. *adj* -a jeshi 2. *n* jeshi

aroma [əˈrəumə] *n* harafu nzuri

aromatic [ˌarəuˈmatik] *adj* -enye kunukia nzuri

around [əˈraund] *adv/prep* 1. kila mahali 2. mnamo 3. karibu 4. **all around** kila mahali

arouse [əˈrauz] *v* 1. -amsha 2. -tia ashiki

arraign [əˈrein] *v* -shtaki

arrange [əˈreinj] *v* 1. -panga 2. -tayarisha

arrangement [əˈreinjmənt] *n* 1. mpango 2. utaratibu

arrears [əˈriːəs] *pl* karisaji

arrest [əˈrest] 1. *n* kukamata 2. **under arrest** chini ya ulinzi 3. **cardiac arrest** shituko la moyo 4. *v* -kamata

arresting [əˈresting] *adj* -a kuvuta

arrete [əˈret] *n* ukingo mkali

arrival [əˈraivl] *n* ufikaji

arrivals [əˈraivlz] *s/pl* wanaowasili

arrive [əˈraiv] *v* -fika

arrogance [ˈarəgəns] *n* kiburi

arrogant [ˈarəgənt] *adj* -enye kiburi

arrow [ˈarəu] *n* mshale

arse [aːs] *n (sl.)* mkunda

arsenal [ˈaːsinl] *n* ghala ya silaha

arson [ˈaːsən] *n* uchomaji (wa mali kwa makusudi)

art [aːt] *n* 1. sanaa 2. ufundi 3. **the arts** fani 4. **a work of art** kazi ya sanaa

artery [ˈaːtiəri] *n* 1. ateri 2. **artery road** njia kuu

artesian well [ˌaːˈtiːzhən ˈwel] *n* kisima cha chemchem

art exhibition *n* maonyesho ya sanaa

artful [ˈaːtfl] *adj* -erevu

art gallery *n* nyumba ya sanaa

arthritis [aːˈthraitis] *n* ugonjwa wa baridi yabisi

artichoke [ˈaːtichəuk] *n* rubaruti

article [ˈaːtikl] *n* 1. makala 2. kikorokoro 3. *(leg.)* ibara

artificial [ˌaːtiˈfishəl] *adj* bandia

artificial fertilizer *n* mbolea ya chumvi chumvi

artificial insemination *n* uhimilishaji kibandia; uhamilishaji mnemba

artificial respiration *n* upumuaji bandia

artillery [aːˈtiləri] *n* mizinga mikubwa

artisan [ˈaːtizan] *n* msanii

artist [ˈaːtist] *n* msanii

artiste [aːˈtisti] *n* mchezaji

artistic [aːˈtistik] *adj* -a stadi

artistry [ˈaːtistri] *n* unsanii

arts [aːts] *pl* **the arts** fani

art school *n* chuo cha sanaa

artwork [ˈaːtiwəːk] *n* kazi za sanaa

as [əz; az] 1. **They arrived as we were leaving.** Wao wanakuja sisi tunaondoka. 2. **As he was late, we went without him.** Tumekwenda bila ya yeye kwa sababu amechelewa. 3. **Holly is as tall as Lucy.** Holly mrefu kama Lucy. 4. **Do as I do.** Fanya ninavyofanya. 5. **The dog acted as if it were mad.** Mbwa kama mwenye wazimu. 6. **His brother came as well.** Ndugu yake kaja hivohivo.

asafoetida [ˌasəˈfiːtidə] *n* mvuje

asbestos [asˈbestəs] *n* asbesto

asbestosis [asbesˈtəusis] *n* uasbesto

as soon as possible haraka iwezekanavyo

ascend [əˈsend] v -panda

ascent [əˈsent] ; **ascension** [əˈsenshən] n upandaji

ascribe [əˈkraib] v -dhani kuwa sababu

aseptic [aˈseptik] adj -sio na bakteria

ash, ashes [ash; -iz] n jivu

ashamed [əˈsheimd] adj -enye kuona haya

ashore [əˈshɔː] adv 1. pwani 2. to go ashore -shuka pwani

ashtray [ˈashtrei] n kisahani cha majivu

Asia [ˈeizhə] n Asia

Asian [ˈeizhən] 1. adj -a Asia 2. n Mwasia

aside [əˈsaid] adv upande

aside from prep kama -a

ask [aːsk] v 1. -uliza 2. -taka

ask for v -tafuta

asleep [əˈsliːp] adj to be asleep -lala

as long as kwa muda wowote

aspect [ˈaspekt] n sura

asphalt [ˈasfalt] n lami

aspiration [ˌaspəˈreishən] n hamu ya kupata

aspirator [aspiˈreitə] n aspireta

aspire [əˈspair] v -weka

aspirin [ˈasprin] n aspirini

ass [as] n see arse

assassin [əˈsasin] n mwuaji

assassinate [əˈsasineit] v -ua

assassination [əˌsasiˈneishən] n mauaji

assault [əˈsɔːlt] 1. n shambulio 2. v -vamia

assemble [əˈsembəl] v 1. -kusanyika 2. -leta pamoja 3. (tech.) -unga pamoja

assembly [əˈsembli] n 1. kusanyiko 2. (tech.) uunganishaji pamoja 2. House of Assembly Bunge

assembly hall n bwalo

assembly plant n karakana ya kuunganishia

assent [əˈsent] v to give one's assent -kubali

assert [əˈsəːt] v -tangaza

assertion [əˈsəːshən] n dai thabiti

assess [əˈses] v -kadiria

assessment [əˈsesmənt] n ukadiriaji

assessor [əˈsesə] n 1. mkadiriaji 2. (leg.) mzee wa baraza

assets [ˈasech] pl raslimali

assign [əˈsain] v 1. -to 2. -teua 3. (leg.) -hawilisha

assignment [əˈsainmənt] n 1. utoaji 2. uteuzi 3. (leg.) uhawilishaji

assimilate [əˈsimileit] v -similisha

assimilation [əˌsimiˈleishən] n usilimishaji

assist [əˈsist] v -saidia

assistance [əˈsistəns] n msaada

assistant [əˈsistənt] n msaidizi

associate [əˈsəusiət] n 1. mshiriki 2. rafiki

associate [əˈsəusieit] v 1. -husisha (with na) 2. -shirikiana (with na)

association [əˌsəusiˈeishən] n 1. ushirikiaano 2. chama 3. maana

assorted [əˈsɔːtid] adj -anuwai

assortment [əˈsɔːtmənt] n mkusanyiko wa vitu anuwai

assume [əˈsyuːm] v 1. -sadiki 2. to assume office -twaa ofisi

assumption [əˈsʌmpshən] n wao

assurance [əˈshɔːrəns] n 1. imani 2. life assurance bima ya maisha

assure [əˈshɔː] v -aminisha

asterisk [ˈastərisk] n kinyota

astern [əˈstəːn] adv shetrini

asteroid [ˈastərɔid] n asteroidi

asthma [ˈasmə] n pumu

asthmatic [asthˈmatik] adj -enye pumu

as though [azˈdhəu] conj kama kwamba

as to [azˈtuː] prep/conj kama kwa

astonish [əˈstɔnish] v -staajabisha

astonishing [əˈstɔnish] adj ajabu sana

astonishment [ə'stɔnishmənt] *n* mastaajabu

astound [a'staund] *v* -staajabisha

astral ['astrəl] *adj* -a nyota

astray [ə'strei] *adv* **to go astray** -potea

astride [ə'starid] *adv* kwa kutagaa

astrology [ə'strɔləji] *n* unajimu

astronaut ['astrənɔ:t] *n* mwanaanga

astronomer [ə'strɔnəmə] *n* mwanfalaki

astronomy [ə'strɔnəmi] *n* falaki

astrophysics [,astrəu'fiziks] *n* astrofizikia

astute [ə'styu:t] *adj* -erevu

asunder [ə'sʌndə] *adv* vipande vipande

as well as kama hivyo

asylum [ə'sailəm] *n* 1. kimbilio 2. **political asylum** kimbilio la hifadhi ya kisiasa 3. **mental asylum** hospitali ya wagonjwa wa akili

at [ət; at] *prep* 1. **at home** nyumbani 2. **at school** shuleni 3. **at Fred's** kwa Fredi 4. **at two o'clock** saa nane (saa mbili) 5. **at once** mara moja 6. **at any rate** kwa vyovyote

ate [eit] *see* **eat**

atheist ['eiθiyist] *n* mkanamungu

at first *adv* mwanzoni

athlete ['athli:t] *n* mwanariadha

athletic [ath'letik] *adj* -a riadha

athletics [ath'letiks] *pl* riadha

Atlantic Ocean [at,lantik 'əushən] *n* Bahari ya Atlantiki

atlas ['atləs] *n* atlasi

at last *adv* hatimaye

atmosphere ['atməsfiə] *n* 1. angahewa 2. hali

atmospheric pressure *n* kanieneo ya angahewa

atoll [a'tɔl] *n* kisiwa cha matumbawe

atom ['atəm] *n* atomu

atom bomb *n* bomu la atomu

atomic [ə'tɔmik] *adj* -a atomu

at once *adv* mara moja

atrocities [ə'trɔsiti:z] *pl* maovu

atrocity [ə'trɔsəti] *n* 1. ukatili 2. **to commit an atrocity** -fanya ukatili

attach [ə'tach] *v* 1. -fungia 2. -ambatisha

attaché [ə'tashei] *n* 1. mwambata 2. **cultural attaché** mwambata wa utamaduni

attaché case *n* mkoba

attachment [ə'tachmənt] *n* 1. kiambatisho 2. penzi

attack [ə'tak] 1. *n* shambulio 2. **heart attack** mshtuko wa moyo 3. **to carry out an attack** -shambulia 4. **to be under attack** kuwa katika mashambulizi 5. *v* -shambulia 6. *(med.)* -shika

attacker [ə'takə] *n* mshambuliaji

attain [ə'tein] *v* -fikia

attempt [ə'tempt] 1. *n* jaribio 2. *v* -jaribu

attend [ə'tend] *v* 1. -shughulikia 2. -hudumia

attendance [ə'tendəns] *n* kuhudumia

attendant [ə'tendənt] *n* mhudumu

attention [ə'tenshən] *n* 1. uangalifu 2. **to attract attention** -vuta macho 3. **to pay attention to** -angalia

attentive [ə'tentiv] *adj* -angalifu

attest [ə'test] *v* -shuhudia

attic ['atik] *n* darini

attire [ə'tayə] *n* mavazi

attitude ['atichu:d] *n* mtazamo

attorney [ə'tə:ni] *n* 1. wakili 2. **state attorney** wakili wa serikali 3. **power of attorney** uwakili

attorney-general *n* mwanasheria mkuu (wa serikali)

attract [ə'trakt] *v* 1. -vuta 2. -pendeza

attraction [ə'trakchən] *n* 1. mvuto 2. kuvutia

attractive [ə'traktiv] *adj* -enye kuvutia

attribute (to) [əˈtribyuːt] *v* -ona... ndiyo sababu ya

attrition [əˈtrishən] *n* war of attrition vita ya msuguano

atypical [əˈtipikəl] *adj* -iso kawaida

aubergine [ˈəubəzhiːn] *n* biringani

auction [ˈɔːkshən] 1. *n* mnada 2. public auction mnada wa hadhara 3. *v* -nadi 4. to put up for auction -piga mnada

auctioneer [ˌɔːkchəˈniːyə] *n* mnadi; dalali

audacious [ˌɔːˈdeishəs] *adj* jasiri

audible [ˈɔːkshən] *adj* -a kusikika

audience [ˈɔːdiəns] *n* 1. wasikilizaji 2. hadhira

audio [ˈɔːdiyəu] *adj* -a kusikia

audiovisual [ˌɔːdiyəuˈvizhəl] *adj* -a kusikia na kuona

audit [ˈɔːdit] 1. *n* ukaguzi wa mahesabu 2. *v* -kagua mahesabu

auditing [ˈɔːditing] *n* ukaguzi

audition [ɔːˈdishən] *n* majaribio

auditor [ˈɔːditə] *n* mkaguzi wa mahesabu

auditorium [ˌɔːdiˈtɔːriəm] *n* bwalo

August [ˈɔːgəst] *n* Agosti

aunt [aːnt] *n* shangazi

au pair [ˌəu ˈpeə] *n* mtumishi

aural [ˈɔːrəl] *adj* -a sikio

austerity [ɔˈsterəti] *n* kawaida

Australia [ɔsˈtreilyə] *n* Australia

Australian [ɔsˈtreilyən] 1. *adj* -a Australia 2. *n* Mwaustralia

Austria [ɔsˈtriyə] *n* Austria

Austrian [ɔsˈtriyən] 1. *adj* -a Austria 2. *n* Muaustria

authentic [ɔːˈthentik] *adj* halisi

authenticate [ɔːˈthentikeit] *v* -hakikisha

authenticity [ˌɔːthenˈtisiti] *n* uhalisi

author [ˈɔːthə] *n* mtunzi; mwandishi

authorities [ɔːˈthɔrətiːz] *pl* serikali

authority [ɔːˈthɔrəti] *n* 1. mamlaka 2. bingwa 3. local authority serikali za mitaa

authorization [ˌɔːthəraiˈzeishən] *n*

authorize [ˈɔːthəraiz] *v* 1. -toa idhini 2. -amuru

authorized [ˈɔːthəraizd] *adj* -enye mamlaka

authorized agent *n* ajenti mwenye mamlaka

autism [ˈɔːtizəm] *n* ugonjwa wa akili wa watoto

autistic [ɔːˈtistik] *adj* -enye ugonjwa wa akili wa watoto

auto [ˈɔːtəu] *n* 1. motakaa 2. *see* automatic

autobiography [ˌɔːtəbaiˈɔgrəfi] *n* tawasifu

autograph [ˌɔːtəˈgraːf] *n* sahihi halisi

automatic [ˌɔːtəˈmatik] *adj* -a kujiendesha

automate [ˈɔːtəmeit] *v* -fanya ijiendeshe yenyewe

automatic car *n* gari ya otometik

automatic rifle *n* bunduki ya otometik

automobile [ˈɔːtəməbiːl] *n* motakaa

autonomous [ɔːˈtɔnəməs] *adj* -huru

autonomy [ɔːˈtɔnəmi] *n* kujitawala

autopsy [ˈɔːtɔpsi] *n* uchunguzi wa maiti

autumn [ˈɔːtəm] *n* wakati wa kupukutika

auxiliary [ɔgˈziləri] *adj* -saidizi

availability [əˈveiləbiliti] *n* 1. kupatikana 2. nafasi

available [əˈveiləbəl] *adj* 1. -a kupatikana 2. -wa na nafasi

avalanche [ˈavəlaːnch] *n* poromoko theluji

avant-garde [ˌavɔntˈgaːd] *adj* -a majaribio

avenge [əˈvenj] *v* -lipiza kisasi

avenue [ˈavənyuː] *n* barabara

average [ˈavərij] 1. *adj* -a wastani 2. *n* wastani

aversion [əˈvəːshən] *n* chuki kubwa

avert [əˈvəːt] *v* 1. -zuia 2. -kengeua

aviary [ˈeivəri] *n* mahali pa kufugia ndege

aviation [ˌeiviˈeishən] *n* anga

avid [ˈavid] *adj* -enye shauku

avocado [ˌavəˈkaːdəu] *n* parachichi

avoid [əˈvɔid] *v* -epa

await [əˈweit] *v* -ngoja

awake [əˈweik] *adj* -enye kuwa macho

award [əˈwɔːd] **1.** *n* tunzo **2.** *v* -tunza

aware [əˈweə] *adj* -fahamivu

awash [əˈwɔsh] *adj* -jawa na maji

away [əˈwei] *adv* **1.** mbali **2.** Go away! Toka hapa! **3. She is away.** Hayuko. **4. far away** mbali sana

awe [ˈɔː] *n* hofu

awful [ˈɔːfəl] *adj* **1.** -a kutisha **2.** -baya sana **3.** -a kuogofya

awfully [ˈɔːfli] *adv* sana

awhile [əˈwail] *adv* kwa muda mfupi

awkward [ˈɔːkwəd] *adj* **1.** -sio stadi **2.** -enye kufedhehesha **3.** -baya **4.** korofi

awning [ˈɔːning] *n* msharasi

axe [aks] *n* shoka

axis [ˈaksis] *n* mhimili

axle [ˈaksl] *n* ekseli

aye [ai] **1.** ndiyo **2.** kura ya ndiyo

B.A. (bachelor's degree) *n* *(ac.)* digiri ya kibachula

baa [baː] *v* -lia (kama kondoo)

babe [beib] *n* **1.** mtoto mchanga **2.** *(sl.)* msichana mrembo

baboon [baˈbuːn] *n* nyani

baby [ˈbeibi] *n* mtoto mchanga

babysit [ˈbeibisit] *v* **(babysat)** -lea mtoto kwa muda

babysitter [ˈbeibisitə] *n* mlezi wa muda

bachelor [ˈbachələ] *n* kapera

back [bak] **1.** *adv/adj* nyuma **2.** *n* nyuma **3.** *(spor.)* beki **4. back to front** mbele nyuma **5.** *v* -saidia **6.** He's back. Karudi. **7.** She gave me the book back. Kanirejeshea buku langu. **8.** *see* **back up**

backache *n* maumivu ya mgongo

backbencher [bak-ˈbenchə] *n* *(UK)* mbunge

backbite [ˈbakbait] *n* -sengenya

backbone [ˈbakbəun] *n* **1.** uti wa mgongo **2.** nguzo

backdate *v* -weka tarehe ya nyuma

back door *n* mlango wa nyuma

backdrop [ˈbakdrɔp] *n* pazia la nyuma

backer [ˈbakə] *n* mweka dau

backfire [ˈbakfaiyə] *v* **1.** -lipuka **2.** -enda upogo

background *n* **1.** usuli **2.** mahali pa nyuma

backing [ˈbaking] *n* msaada

backlash [ˈbaklash] *n* upinzani

backlog [ˈbaklɔg] *n* kiporo

back number *n* toleo la nyuma

backpack [ˈbakpak] *n* shanta

back pay *n* karisaji

back seat *n* kiti cha nyuma chaari

backside [ˈbaksaid] *n* matako

backspace [ˈbækspeis] *n* kurudisha nyuma

backstage [ˈbaksteig] *n* nyuma ya jukwaa

back street *n* uchochoro

backtrack [ˈbaktrak] *v* **1.** -rudi ulikotoka **2.** -legeza msimamo

back up 1. *n* kutia nguvu **2.** sahihi **3.** *v* -tia nguvu **4.** -sahihisha **5.** *(comp.)* -hifadhi nyaraka (katika kompyuta)

backward [ˈbakwəd] **1.** *adj* -a kurudi **2.** -zito **3.** *adv* kinyumenyume

backwards [ˈbakwədz] *adv* kinyumenyume

backwash [ˈbakwɔsh] *n* mkondo wa maji

backyard [ˈbeikən] *n* uwani

bacon [ˈbeikən] *n* nyama ya nguruwe

bacteria [bakˈtiəriə] *pl* vijidudu

bad [bad] **1.** -baya **2.** -bovu

bade [bad; beid] *see* **bid**

badge [baj] *n* beji

badger [ˈbajə] *n* melesi

badly [ˈbadli] *adv* **1.** *see* **bad 2.** *(sl.)* sana

badminton [ˈbadmintən] *n* mpira wa vinyoya

badness [ˈbadnis] *n* **1.** ubaya **2.** ubovu

bad-tempered [ˌbadˈtempəd] *adj* -enye hasira

baffle [ˈbafəl] *v* -kanyanga

baffling [ˈbafling] *adj* -a kukanganya

bag [bag] *n* mfuko

baggage [ˈbagij] *n* vikorokoro

bail [beil] *n (leg.)* dhamana

bail bond *n* hati ya kudhaminiwa

bail out *v* **1.** -fua maji **2.** -saidia **3.** *(leg.)* -dhamini

bait [beit] *n* chambo

bake [beik] *v* -oka
baker [ˈbeikə] *n* mwoka mikate
bakery [ˈbeikəri] *n* tanuri mikate
balance [ˈbaləns] 1. *n* usawa 2. mizani 3. *(fin.)* baki 4. *(com.)* urari 5. *v* -fanya usawa 6. -angalia pande zote za 7. *(fin.)* -sawazisha
balance of payments *n* urari wa malipo
balance of trade *n* urari wa biashara
balance sheet *n* mizania
balcony [ˈbalkəni] *n* roshani
bald [bɔːld] *adj* -enye upaa
bale [beil] 1. *n* mtumba 2. *see* **bail**
balk [bɔːk] *v* -zuia
ball [bɔːl] *n* 1. mpira 2. dansi rasmi
ballad [ˈbaləd] *n* wimbo-pendwa
ballast [ˈbaləst] *n (mar.)* farumi
ball-bearing [ˌbɔːlˈbeəring] *n* gololi
ballet [ˈbalei] *n* bale
ballistics [bəˈlistiks] *pl* elimu ya mwendo huu
balloon [bəˈluːn] *n* bofu
ballot [ˈbalət] 1. *n* kura 2. **secret ballot** kura ya siri 3. *v* -pigia kura
ballot box *n* sanduku la kura
ballpoint [ˈbɔːlpoint] *n* bolpeni
ballroom [ˈbɔːlrum] *n* bwalo la dansi
bamboo [bamˈbuː] *n* mwanzi
ban [ban] 1. *n* amri ya kupiga mafaruku 2. *v* -piga mafaruku 3. *see* **banned**
banal [bəˈnaːl] *adj* -a kawaida mno
banana [bəˈnaːnə] *n* ndizi
band [band] *n* 1. mstari 2. kundi 3. *(mus.)* bendi 4. **frequency band** bendi 5. **rubber band** elastiki
bandage [ˈbandij] *n* bendeji
bandaid [ˈbandeid] *n* plasta
bandit [ˈbandit] *n* gaidi
bang [bang] 1. *n* mshindo 2. **with a bang** kwa kishindo 3. *v* -piga sana; -gonga
bangle [ˈbanggəl] *n* bangili
banish [ˈbanish] *v* -fukuza
bank [bangk] *n* 1. benki 2. **river bank** ukingo 3. **sand bank** fungu la mchanga 4. **snow bank** fungu la theluji 5. **savings bank** akiba ya benki 6. **World Bank** Benki ya Ulimwengu 7. **blood bank** hifadhi ya damu 8. *v* -ruka kiubavuubavu
banker [ˈbangkə] *n* mwenye benki
bank draft *n* hati ya benki ya kuishinisha malipo
bank holiday *n* sikuku ya benki
banking *n* [ˈbangking] kuweka benki
bank loan *n* mkopo wa benki
banknote; (US) bankbill [ˈbangknəut; -bil] *n* noti
bank rate *n* kiwango cha riba ya benki
bankrupt [ˈbangkrʌpt] *adj* 1. muflisi 2. **to go bankrupt** -filisika
bankruptcy [ˈbangkrəpsi] *n* taflisi
banned [band] *adj* 1. marufuku 2. *see* **ban**
banner [ˈbanə] *n* bendera
banquet [ˈbangkwit] *n* dhifa
Bantu [ˈbantu] 1. *adj* -a Wabantu 2. *n* Bantu
baptism [ˈbaptizəm] *n* ubatizo
bar [baː] 1. *n* baa 2. nondo 3. *(leg.)* uwakili 4 **a bar of soap** kinoo cha sabuni 5. **a bar of chocolate** kipnade cha chakeleti 6. **behind bars** jela 7. **coffee bar** mkahawa 8. *v* -zuia
barbaric [baːˈbarik] *adj* katili
barbecue [ˈbaːbikyuː] *n* ikari
barbed wire [ˌbaːbdˈwaiə] *n* seng'enge
barber [ˈbaːbə] *n* kinyozi
bar code [ˈbaːˌkəud] *n* msitari wa ishara
bare [beə] 1. *adj* uchi 2. wazi 3. *v* -vua
barefoot [ˈbeəfut] *adj/adv* pekupeku
barely [ˈbeəli] *adv* kwa shida
bargain [ˈbaːgin] 1. *n* mapatano 2. kitu kilichopatikana kwa bei nfuu 3. *v* -jadiliana juu ya bei
barge [bːj] 1. *n* tishali 2. *v* -gonga
bark [baːk] 1. *n* gome 2. *v* -bweka
barley [ˈbaːli] *n* shayiri

barmaid [ˈbaːmeid] *n* mhudumu wa baa

barman [ˈbaːmən] *n* mhudumu wa baa

barn [baːn] *n* kihenge

barracks [ˈbarəks] *pl* kambi ya muundo

barrage [ˈbaraːj] *n (mil.)* vitu mfululizo

barrel [ˈbarəl] *n* pipa

barren [ˈbarən] *adj* kame

barricade [ˌbarikˈeid] 1. *n* kizuizi 2. -weka kizuizi

barrier [ˈbariə] *n* kizuizi

barrier reef *n* tuta

barrister [ˈbaristə] *n* wakili

bartender [ˈbaːtəndə] *n* mhudumu wa baa

barter [ˈbaːtə] *v* -badilisha

base [beis] 1. *n* msingi 2. *(mil.)* kituo 3. *v* -weka msingi

baseball [ˈbeisbɔːl] *n* besiboli

baseless [ˈbeislis] *adj* -siothibitishwa

basement [ˈbeismənt] *n* nyumba ya chini kwa chini

bash [bash] *v* -piga sana

basic [ˈbeisik] *adj* -a msingi

basic training *n* mfunzo ya msingi

basin [ˈbeisn] *n* beseni

basis [ˈbeisis] *n* msingi

bask [baːsk] *v* -ota jua

basket [ˈbaːskit] *n* kikapu

basketball [ˈbaːskitbɔːl] *n* mpira wa kikapu

bass [beis] 1. *adj* -enye sauti nene 2. *n* besi

bastard [ˈbaːstəd] *n* 1. mwana haramu 2. *(sl.)* mshenzi

bat [bat] *n* 1. popo 2. *(spor.)* gongo

batch [bach] *n* bechi

bath [baːth] *n* 1. kuoga 2. bafu

bathe [beidh] *v* -ogesha

bathing [ˈbeidhing] *n* kuogelea

bathing costume *n* nguo ya kuogelea

bathroom [ˈbaːthrum] *n* 1. chumba cha bafu 2. choo

bathtub [ˈbaːth͵tʌb] *n* bafu

batik [bəˈtiːk] *n* batiki

baton [ˈbatɔn] *n* kifimbo

battalion [bəˈtaliən] *n* batalioni

batten down [ˈbatən ˈdaun] *n* -funga

batter [ˈbatə] 1. *n* rojo ya ngano 2. *v* -gongagonga sana

battery [ˈbatəri] *n* 1. betri 2. **car battery** betri ya gari 3. *(mil.)* kikosi cha askari wa mizinga 4. **assault and battery** shambulio

battle [ˈbatl] 1. *n* mapigano 2. *v* -pigana

battle casualty *n*

battle cruiser *n* manowari

battle-dress *n* vazi la kivita

battlefield [ˈbatlfiːld] *n* uwanja wa vita

battleground [ˈbatlgraund] *n* uwanja wa vita

battleship [ˈbatlship] *n* manowari

baulk [bɔlk] *v* -zuia

bay [bei] *n* ghuba

bayonet [ˈbeiənit] *n* singe

bayou [baˈyuː] *n* kinamasi

bazaar [bəˈzaː] *n* soko

B.B.C. [biːbiːˈsiː] *n* B.B.C.; Shirika la Habari la Kiingereza

B.C. (before Christ) [biːˈsiː] kabla ya Yesu

be [biː] *v* kuwa

beach [biːch] *n* 1. pwani 2. **at the beach** pwani 3. *v* -pandisha pwani

beachcomber [ˈbiːchkəumə] *n* mtarazaki pwani

beach head *n* kituo cha jeshi la uvamizi ufukoni

beacon [ˈbiːkən] *n* kioleza

bead [biːd] *n* ushanga

beak [biːk] *n* mdomo

beam [biːm] 1. *n* mhimili 2. mwali wa mwanga 3. *v* -toa mwanga na joto

beans [biːnz] *pl* haragwe

bear [beə] 1. *n* dubu 2. *v* (**bore, borne**) -chukua 3. -vumilia 4. **to bear a child** -zaa

beard [biəd] *n* ndevu

bearer ['beərə] *n (fin.)* **1.** mchukuaji **2. bearer of office** mwenye cheo

bearings ['beəringz] *pl* uelekeo

beast [bi:st] *n* mnyama

beat [bi:t] **1.** *n* pigo **2.** *v* (**beat, beaten**) -piga **3.** -shinda **4. to beat a record** -vunja rekodi

beating ['bi:ting] *n* **1.** adhabu **2.** kushindwa

beautician [byu·tishən] *n* mrembeshaji

beautiful ['byu:tifəl] *adj* -zuri

beauty ['byu:ti] *n* uzuri

beauty queen *n* malkia mrembo

beauty salon *n* duka la kurembea

becalmed [bi·ka:md] *adj (mar.)* **to be becalmed** -shindwa kwenda mbele

became [bi·keim] *see* **become**

because [bi·kɔz] *conj* kwa sababu

because of *prep* kwa sababu ya

beckon ['bekən] *v* -karibisha kwa kupunga mkono

become [bi·kʌm] *v* (**became, become**) -geuka; -wa

bed [bed] *n* **1.** kitanda **2. river bed** sakafu ya mto **3. to go to bed** -lala

bed and board *n* malazi na chakula

bed and breakfast *n* kulala na chakula cha asubuhi

bedroom ['bedrum] *n* chumba cha kulala

bedside ['bedsaid] *n* kando ya kitanda

bee [bi:] *n* nyuki

beef [bi:f] *n* nyama ya ng'ombe

beehive ['bi:haiv] *n* mzinga wa nyuki

beep [bi:p] *n* mlio; bip

beer [biə] *n* bia; pombe

beetle ['bi:təl] *n* kombamwiko

befall [bi·fɔ:l] *v* -tokea

before [bi·fɔ:] **1.** *prep* kabla ya **2.** mbele ya **3.** kuliko **4.** *adv* kabla **5.** mbele

beforehand [bi·fɔ:hand] *adv* kwanza

befriend [bi·frend] *v* -fanya urafiki na

beg [beg] *v* **1.** -omba **2.** -ombaomba

began [bi·gan] *see* **begin**

beggar ['begə] *n* mwombaji

begging ['beging] *n* kuombaomba

begin [bi·gin] *v* (**began, begun**) **1.** -anza **2.** -anzisha

beginner [bi·ginə] *n* mwanzishi

beginning [bi·gining] *n* mwanzo

begrudge [bi·grʌj] *v* -onea chuki

beguile [bi·gayəl] *v* -changamsha

begun [bi·gʌn] *see* **begin**

behalf [b·ha:f] *n* **on behalf of** kwa niaba ya

behave [bi·heiv] *v* **1.** -tenda **2.** -fanya kazi

behaviour [bi·heivyə] *n* mwenendo

behead [bi·hed] *v* -kata kichwa

behind [bi·haind] *prep/adv* nyuma (ya)

behind the scenes *adv* kwa siri

behold [bi·həuld] *v* -ona

being ['bi:ing] *n* **1.** kuwa **2. human being** binadamu

belay [bi·lei] *v* -funga

beleaguer [bi·li:gə] *v* -zingira

belie [bi·lai] *v* -onyesha

belief [bi·li:f] *n* **1.** imani **2.** wazo

believe [bi·li:v] *v* **1.** -amini **2.** -tumaini

belittle [bi·litl] *v* -dunisha

bell [bel] *n* njuga

bell buoy *n* boya lenye kengele

belle [bel] *n* mrembo

bellows ['beləuz] *pl* kiriba

belly ['beli] *n* tumbo

belly button *n* kitovu

belong [bi·lɔng] *v* -wa mali ya

belongings [bi·lɔnggingz] *pl* mali

beloved [bi·lʌvd; bi·lʌvid] **1.** *adj* muhibu **2.** *n* mpenzi

below [bi·ləu] **1.** *adv* chini **2.** *prep* chini ya

belt [belt] *n* **1.** mkanda **2. green belt** eneo la mashamba **3. conveyor**

belt mkanda wa mizigo 4. **fan belt** mkanda wa feni
bench [bench] *n* benchi
bend [bend] 1. *n* kona 2. *v* (**bent**) -pinda
bend down *v* -inama
bend over *v* -forama
bends [bendz] *pl* maumivu
bend sail *v* -funga tanga
beneath [bi·ni:th] *prep* chini ya
beneficial [,beni·fishl] *adj* -a kufaa
benefit [·benifit] 1. *n* faida 2. msaada 3. *v* -fadhili
benefit performance *n* onyesho la hisani
benign [bi·nain] *adj* 1. -ema 2. *(med.)* -epesi
bent [bent] *see* **bend**
benzine [·benzi:n] *n* benzini
bequeath [bi·kwi:th] *v* -rithisha
bereavement [bi·ri:vmənt] *n* kufiwa
berry [·beri] *n* tunda
berserk [bə·zə:k] *adj* **to go beserk** -pagawa
berth [bə:th] 1. *n* kitanda 2. bandari 3. *v* -tafuta
beseech [bi·si:ch] *v* -sihi
beside [bi·said] *prep* kando ya
besides [bi·saidz] *prep/adv* zaidi ya hayo
besiege [bi·si:j] *v* -zingira
best [best] *adj* bora kabisa; vizuri kabisa
best man [,best·man] *n* msimamizi wa bwana harusi
bestseller [,best·selə] *n* kinachojiuza bora
bet [bet] 1. *n* dau 2. *v* (**bet**) -weka dau
betray [bi·trei] *v* -saliti
betrayal [bi·treiəl] *n* usaliti
better [·betə] *adj* 1. bora; -zuri 2. **to get better** -pata afueni 3. **We'd better go.** Twende.
betting [·beting] *n* kuweka dau
between [bi·twi:n] *prep* kati ya

beverage [·bevərij] *n* kinyawaji
beware [bi·weə] *v* -angalia
bewilder [bi·wildə] *v* -kanganya
bewitch [bi·wich] *v* -pagaza
beyond [bi·yɔnd] 1. *prep* mbele ya 2. *adv* upande wa pili
bias [·baiyəs] *n* upendeleo
Bible [·baibəl] *n* Biblia
bibliography [,bibli·ogrəfi] *n* bibliografia
bicycle [·baisikəl] *n* baisikeli
bicyclist [·baisiklist] *n* mpanda baisikeli
bid [bid] *v* (**bid**) -zabuni
big [big] *adj* -kubwa
Big Apple *n* New York
bigot [·bigət] *n* mtu mwenye chuki
bigoted [·bigətid] *adj* -enye chuki
bike [baik] *n* baisikeli
bikini [bi·ki:ni] *n* bikini
bilge [bily] *n (mar.)* kichocho
bilharzia [bil·ha:tsiyə] *n* kichocho
bilingual [bai·lingwəl] *adj* -a kusema lugha mbili
bilingualism [bai·lingwəlizəm] *n* kusema lugha mbili
bill [bil] *n* 1. hati 2. *(pol.)* mswada 3. *see* **banknote**
billboard [·bilbɔ:d] *n* bango la kuwekea matangazo
billhook [·bilhuk] *n (mar.)* mundu
billion [·biliən] *n* bilioni
bill of exchange *n (fin.)* hawala
bill of fare *n* menu
bill of lading *n* hati ya mizigo
bill of rights *n* sheria ya haki za binadamu
bill of sale *n* hati ya mauzo
biltong [·biltong] *n* mtanda
bilmonthly [biaimʌnthli] *adj* 1. -a kila miezi miwili 2. -a mara mbili kwa mezi
bin [bin] *n* pipa
bind [baind] *v* (**bound**) -funga
binnacle [·binəkəl] *n (mar.)* sanduku la dira melini
binoculars [bi·nɔkyuləz] *pl* darubini

biochemistry [ˌbaiəuˈkemistri] *n* biokemia

biodegradable [ˌbaiəˈdiˈgraidəbəl] *adj* -a kuweza kuvundishwa na bakteria

biography [baiˈɔgrəfi] *n* wasifu

biological [ˌbaiəˈlɔjikəl] *n* -a biolojia

biological warfare *n* vita vya kutumia bakteria haribifu

biologist [baiˈɔləjist] *n* mwana biolojia

biology [baiˈɔləji] *n* biolojia

bipartite [baiˈpaːtait] *adj* -a pande mbili

bird [bəːd] *n* ndege

biro [ˈbaiərəu] *n* bairo

birth [bəːth] *n* 1. uzazi 2. **to give birth to a child** -zaa

birth certificate *n* cheti cha kuzaliwa

birth control *n* uzazi wa majiri

birthday [ˈbəːthdei] *n* siku ya kuzaliwa

birthplace [ˈbəːthpleis] *n* mahali pa kuzaliwa

birthrate [ˈbəːthreit] *n* kima cha uzazi

biscuit [ˈbiskit] *n* biskuti

bisexual [ˌbaiˈsekshuəl] *adj/n* -enye uke na ume

bishop [ˈbishəp] *n* askofu

bit [bit] *n* 1. kipande 2. kidogo 3. **bridle bit** lijamu 4. *see* **bite**

bite [bait] 1. *n* umo 2. **to be bitten by mosquitoes** -tafunywa na mbo 3. *v* (**bit, bitten**) -uma

bitter [ˈbitə] *adj* -chungu

bitterness [ˈbitənis] *n* uchungu

bizarre [biˈza] *adj* -a kioja

black [blak] *adj* -eusi

black and white *adj* -so rangi

blackboard [ˈblakbɔːd] *n* ubao

blacken [ˈblakən] *v* -fanya weusi

blacklist [ˈblaklist] *n* orodha ya watu wanaofikiriwa kuwa wabaya

blackmail [ˈblakmeil] *v* -saliti

black market *n* magendo

black marketeer *n* mfanya magendo

blackout [ˈblakaut] *n* 1. giza tupu 2. kuzimika

bladder [ˈbladə] *n* kibofu

blade [ˈbleid] *n* 1. ubapa 2. **blade of grass** jani

blame [bleim] 1. *n* lawama 2. *v* -laumu

bland [bland] *adj* -chapwa

blank [blank] *adj* 1. -tupu 2. **blank ammunition** baruti tupu 3. **blank cheque** cheki ilowazi 4. **point blank** katakata

blanket [ˈblangkit] *n* blangeti

blasphemy [ˈblasfəmi] *n* kufuru

blast [blaːst] 1. *n* **bomb blast** mripuko wa bomu 2. *v* -ripua bomu

blast off [ˈblaːstˌɔf] *v* -rupuka

blatant [ˈbleitənt] *adj* -enye makelele

blaze [bleiz] 1. *n* ndimi za moto 2. *v* -waka

bleach [bliːch] *n* dawa ya klorini

bleed [bliːd] *v* (**bled**) -toa damu

bleeding [ˈbliːding] *n* toka damu

bleep [bliːp] *n* blip

bleeper [ˈbliːpə] *n* blipa

blemish [ˈblemish] *n* dosari

blend [blend] *v* -changanya

bless [bles] *v* -bariki

blew [bluː] *see* **blow**

blind [blaind] 1. *adj* -pofu 2. **a blind person** kipofu 3. *pl* **the blind** vipofu

blindfold [ˈblaindfɔld] *v* -funga kidoto

blindness [ˈblaindnis] *n* upofu

blink [blingk] *v* -pepesa

blister [ˈblistə] *n* lengelenge

blitz [blich] *n* shambulio kali la ghafula

blizzard [ˈblizəd] *n* dhoruba kali ya theluji

bloc [blɔk] *n (pol.)* jumuia

block [blɔk] 1. *n* blok 2. gogo 3.

block of flats nyumba nyingi pamoja **4. road block** kizuizi cha barabarani **5.** v -zuia

blockade [blɔˈkeid] n **1.** zingio **2. to impose a blockade** -weka kikwazo **3. to break a blockade** -funja kikwazo **4. to lift a blockade** -ondoa kikwazo

blockage [ˈblɔkij] n hali ya kuzuia

bloke [bləuk] n mtu

blond; blonde [blɔnd] adj -enye rangi ya shaba

blood [blʌd] n damu

blood bank n benki ya damu

blood cells pl **1.** chembehai **2. white blood cells** chembehai weupe **3. red blood cells** chembehai wekundu

blood donor n mtoaji damu

blood group n aina ya damu

bloodshed [ˈblʌdshed] n umwagikaji wa damu

blood test n uchunguzi wa damu

bloody [ˈblʌdi] adj katili

bloom [bluːm] **1.** n ua lolote **2. in bloom** chanuka **3.** v -chanua

blouse [blauz] n blauzi

blow [bləu] **1.** n pigo **2.** v (blew blown) -vuma **3.** -toa pumzi

blow-out n ripuka

blow up v **1.** -futuka **2.** -rupuka **3. to blow up a photo** -fanya picha iwe kubwa

blue [bluː] adj/n buluu

blueprint [ˈbluːprint] n ramani

blues [bluːz] n **1.** bluuz **2.** (med.) hali ya kuwa na huzuni

bluff [blʌf] v -danganya

blunder [ˈblʌndə] n kosa la kijinga

blunt [blʌnt] **1.** adj -butu **2.** v -fanya butu

bluntly [ˈblʌntli] adv waziwazi

blur [bləː] v -tia waa

blush [blʌsh] v -tahayari

board [bɔːd] n **1.** ubao **2.** bodi **3. board and lodging** chakula na

malazi **5. on board** melini **6.** v -ingia

boarding card n cheti cha kuingilia chomboni

board of directors n bodi ya wakurugenzi

board of inquiry n kamati ya uchunguzi

board of trade n baraza la biashara

board room n chumba cha mikutano

boast [bəust] **1.** n majisifu **2.** v -jisifu

boat [bəut] n mashua

boatswain [ˈbəusən] n serahangi

bodily [ˈbɔdili] adj -a mwili

body [ˈbɔdi] n **1.** mwili **2. dead body** maiti **3. aircraft body**

bodyguard [ˈbɔdigaːd] n mpambe

body search n pekua mwilini

body work n bodi ya gari

Boer [buːə] n Kaburu

bogus [ˈbəugəs] adj -a uwongo

boil [bɔil] **1.** n (med.) jipu **2.** v -chemka

boiler [ˈbɔilə] n bwela

bold [bəuld] adj jasiri

bollocks [ˈbɔləks] pl **1.** pumbu **2.** upuuzi huo

bolster [ˈbɔlstə] v -tegemeza!

bolt [bəult] **1.** n bolti **2. bolt of lightning** radhi **3. bolt of cloth** jora **3.** v -kurupuka

bolthole [ˈbɔlt,həul] n mahali pa kujificha

bolt upright adv wima kabisa

bomb [bɔm] **1.** n bomu **2.** v -shambulia kwa mabomu

bombard [bɔmˈbaːd] v -shambulia kwa mabomu

bombardment [bɔmˈbaːdmənt] n kushambulia kwa mabomu

bomb bay n chumba cha kuwekea mabomu

bomb disposal n uteguaji mabomu

bomb disposal unit *n* kikundi cha uteguaji mabomu

bomber [ˈbɔmə] *n* 1. mtupaji mabomu 2. ndege ya mabomu

bombing [ˈbɔming] *n* kushambulia kwa mabomu

bomb-proof [ˈbɔmpruːf] *adj* -enye kinga ya mabomu

bombshell [ˈbɔmshel] *n* mastaajabu

bombsight [ˈbɔmbsait] *n* kilengea shabaha ya bomu

bomb site *n* eneo lililolipuliwa na mabomu

bona fide [ˈbəunə ˈfiːdei] *adj/adv* halisi

bonanza [bɔˈnanzə] *n* bahati kubwa

bond [bɔnd] *n* 1. kifungo 2. *(leg.)* mapatano 3. *(fin.)* hati; dhamana 4. **bonds of friendship** kirafiki

bondage [ˈbɔndij] *n* utumwa

bonded goods *pl* bidhaa zilizozuiwa ili zilipiwe ushuru

bone [bəun] 1. *n* mfupa 2. **fish bone** mwiba 3. *v* -toa mifupa/miiba

boneless [ˈbəunləs] *adj* -sio mifupa

bone-dry *adj* -kavu kabisa

bonfire [ˈbɔnfaiə] *n* moto mkubwa

bonnet [ˈbɔnit] *n* **car bonnet** boneti

bonny [ˈbɔni] *adj* -zuri

bonus [ˈbəunəs] *n* bonasi

bon voyage! [ˌbɔn-vɔˈyaːzh] safari njema!

bony [ˈbəuni] *adj* -enye mifupa/miiba

bonzer [ˈbɔnzə] *adj* -zuri kabisa

boo [buː] *v* -zomea

booby prize [ˈbuːbipraiz] *n* zawadi ya ushinde

booby trap [ˈbuːbitrap] *n* mtego

book [buk] 1. *n* kitabu 2. *v* -weka nafasi 3. *(leg.)* -fungua mashtaka 4. *see* **booked up**

bookbinder [ˈbukbaində] *n* kibanio cha kitabu

bookcase [ˈbukkeis] *n* kabati ya vitabu

booked up *adj* imejaa

bookie [ˈbuki] *n* mpokeaji fedha za dau

booking [ˈbuking] 1. *adj* -a kuagiza tiketi 2. *n* mpango ya kuweka nafasi

booking clerk *n* karani auzaye tiketi

booking office *n* ofisi ya tiketi

bookkeeper [ˈbukˌkiːpə] *n* mwekaji ya hesabu; mhesabu

bookkeeping [ˈbukˌkiːping] *n* uwekaji hesabu

booklet [ˈbuklət] *n* kitabu kidogo

bookmaker [ˈbukmeikə] *n* mpokeaji fedha za dau

bookseller [ˈbukselə] *n* mwuza vitabu

bookshop; bookstore [ˈbukshɔp ˈbukstɔː] *n* duka la vitabu

boom [buːm] 1. *n* ngurumo 2. *(ec.)* ukuaji 3. *(tech.)* boriti 4. *v* -nguruma 5. *(ec.)* -sitawi ghafla

boomerang [ˈbuːmərang] *v* -rudia na kudhuru

boom town *n* mji uliostawi ghafla

boost [buːst] *v* -ongeza nguvu

booster [ˈbuːstə] *n* kiongeza nguvu

boot [buːt] *n* 1. buti 2. **car boot** sanduku; kaabuti

bootlace [ˈbuːtleis] *n* gidamu

bootlegger [ˈbuːtlegə] *n* mwuza pombe haramu

booth [buːdh; buːth] *n* 1. kibanda 2. **phone booth** kibanda cha simu 3. **polling booth** kituo cha kupiga kura

booty [ˈbuːti] *n* mateka

booze [buːz] *n* pombe

border [ˈbɔːdə] 1. *n* mpaka 2. ukingo 3. *v* -karibia 4. **to border on** -pakana na

border crossing *n* kivuko cha mpaka

border dispute *n* mzozo wa mpaka

borderline [ˈbɔːdəlain] 1. *adj* -enye wasiwasi 2. *n* kuweka mpaka

bore [bɔː] 1. *n. (mar.)* wimbi kubwa sana la kuchanua 2. *v* -chosha 3.

(tech.) -toboa **4.** *see* **bear**

bored [bɔːd] *adj* **I'm bored.** Sina la kufanya.

boredom [ˈbɔːdəm] *n* uchoshi

borehole [ˈbɔːhəul] *n* shimo lililochimbwa

boring [ˈbɔːring] **1.** *adj* -a uchoshi **2.** *n (tech.)* kuchimba

borings [ˈbɔːringz] *pl* chembechembe

born [bɔːn] *adj* **to be born** -zaliwa

borough [ˈbʌrə] *n* jimbo

borrow [ˈbɔrəu] *v* -azima

borrower [ˈbɔrəuə] *n* mkopaji

bosom [ˈbuzəm] *n* kifua

boss [bɔs] *n* bosi

bosun [ˈbəusən] *n* serahangi

botanical garden *n* bustani ya mimea

botanist [ˈbɔtənist] *n* mwanabotania

botany [ˈbɔtəni] *n* botania

both [bəuth] **1.** *adj* -ote; -wili **2.** *conj* **both... and** wote wili... na

bother [ˈbɔdhə] *v* -sumbua

bothered [ˈbɔdhəd] *adj* **I can't be bothered.** Siwezi kusumbuliwa.

bottle [ˈbɔtl] *n* chupa

bottleneck [ˈbɔtlnek] *n* sehemu nyembamba ya barabara

bottle-opener [ˈbɔtl,əupənə] *n* ufunguowa kifuniko cha chupa

bottom [ˈbɔtəm] *n* chini

bottomless [ˈbɔtəmləs] *adj* bila nguo za chini

bottom out *v* -anguka

bottom-up *adv* chini juu

bought [bɔːt] *see* **buy**

boulder [ˈbəuldə] *n* jabali

boulevard [ˈbuːlvaːd] *n* njia pana

bounce [bauns] *v* **1.** -ruka **2.** -rushwa **3.** *(fin.)* -rudishwa

bouncer [ˈbaunsə] *n* mbabe

bouncy [ˈbaunsi] *adj* -enye uchangamfu

bound [baund] **1.** *adj* **to be bound** -fungwa **2. bound for** tayari kwenda **3. outward bound** kwenda nje **4. out of bounds**

marufuku kuingia **5. to be bound to** -lazimika **6. to be bound up with** -fungumana na **7.** *v* -ruka

boundary [ˈbaundri] *n* mpaka

bounder [ˈbaundə] *n* ayari

bounty [ˈbaunti] *n* ukarimu

bouquet [buˈkai] *n* shada la maua

bourgeois [ˈbɔːzhwaː] *adj* -a kibwanyenye

bourgeoisie [ˈbɔːzhwaːzi] *pl* tabaka la mabwanyenye

bout [baut] *n* **1.** kipindi **2.** *(med.)* kuumwa sana ghafla **3.** *(spor.)* pambano

boutique [buˈtiːk] *n* duka la nguo na urembo

bow [bəu] *n* **1.** upinde **2.** fundo

bow [bau] **1.** *n* gubeti **2.** *v* -inamisha kichwa

bowels [baulz] *pl* matumbo

bowl [bəul] **1.** *n* bakuli **2.** *v* -tupa mpira

box [bɔks] **1.** *n* kasha **2. ballot box** sanduku la kura **3. letter box** sanduku la barua **4. witness box** kizimba **5.** *v (spor.)* -pigana ngumi

boxer [ˈbɔksə] *n (spor.)* bondia

boxing [ˈbɔksing] *n (spor.)* mchezo wa ngumi

boxing match *n* pambano la ngumi

box office *n* sehemu ya kukatia

boy [bɔi] *n* mtoto

boycott [ˈbɔikɔt] **1.** *n* kususa **2.** *v* -susa

boyfriend [ˈbɔifrend] *n* kipenzi

boyhood [ˈbɔihud] *n* utoto

boy scout *n* skauti

bra [braː] *n* sidiria

brace [breis] **1.** *n* gango **2.** jozi **3.** *(mar.)* amrawi **4.** *v* -changamsha **5.** *(mar.)* -sogeza **6.** *see* **braces**

bracelet [ˈbreislit] *n* kikuku

braces [ˈbreisiz] *pl* kanda za suruali

bracing [ˈbreising] *adj* -a kuleta afya

bracket [ˈbrakit] *n* **1. tax bracket** kiango cha kodi **2. age bracket** rika moja

brackets

brackets [ˈbrakits] *pl* 1. mabano 2. **in brackets** katika mabano

brackish [ˈbrakish] *adj* -a chumvi kidogo

brag [brag] *v* -jigamba

braid [breid] 1. *n* msuko 2. *v* -suka

braille [breil] *n* breli

brain [brein] *n* ubongo

brainchild [ˈbrein,chaild] *n* wazo jipya

brain damage *n* mtindio wa ubongo

brain drain *n* uhamaji wa wataalamu

brainless [ˈbreinləs] *adj* -pumbavu

brainwash [ˈbreinwosh] *v* -tia kasumba

brainwave [ˈbreinweiv] *n* wazo zuri la ghafla

brainy [ˈbreini] *adj* -enye akili

brake; brakes [breik; breiks] 1. *n* breki 2. *v* -funga breki

bran [bran] *n* kapi

branch [braːnch] 1. *n* tawi 2. *v* **to branch out** -ongeza

branch office *n* ofisi ya tawi

brand [ˈbrand] *n* 1. *n* aina 2. *(com.)* chapa 3. *v* -pa jina baya

brand-new *adj* mpya kabisa

brandy [ˈbrandi] *n* brandi

brass [braːs] *n* shaba nyeupe

brasserie [ˈbrazəri] *n* mgahawa wenye pombe

brassiere [ˈbrasiə] *n* sidiria

brave [breiv] *adj* jasiri

bravery [ˈbreivəri] *n* ujasiri

brawl [brɔːl] *n* ugomvi

Brazil [brəˈzil] *n* Brazil

Brazilian [brəˈziliyən] 1. *adj* -a Brazil 2. *n* Mbrazil 3. Kibrazil

breach [briːch] *v* uvunjaji

breach of contract *n* uvunjaji mkataba

breach of the peace *n* uvunjaji amani

bread [bred] *n* mkate

breadth [bretth] *n* upana

break [breik] 1. *n* mpasuko 2. badiliko 3. *v* **(broke, broken)** -vunja 4. **to break the law** -vunja sheria 5. **to break news** -toa habari

breakable [ˈbreikəbəl] *adj* pekechu

break away *v* -jitoa

breakdown [ˈbreikdaun] *n* 1. kuharibika 2. **nervous breakdown** kurukwa na akili

break down *v* -haribika

breaker [breikə] *n (mar.)* wimbi

breakfast [brekfəst] *n* kustaftahi

break in [ˈbreikin] *v* 1. -ingilia 2. -ingia jengo kwa nguvu

break off *v* 1. -acha kusema 2. -vunja

break out *v* -toroka

breakthrough [ˈbreikthruː] *n* uvumbuzi

break up *v* -fifia

breakwater [ˈbreikˈwɔtə] *n* ukuta wa kuvunja nguvu ya mawimbi

breast [brest] *n* 1. ziwa 2. kifua

breast-feed [ˈbrestfiːd] *v* -nyonyesha

breasts [bresch] *see* **breast**

breath [breth] *n* pumzi

breathalyse [ˈbrethəlaiz] *v* -ima ulevi wa

breathalyser [ˈbrethəlaizə] *n* chombo cha kupimia ulevi

breathe [brːdh] *v* -vuta pumzi

breath in *v* -vuta pumzi

breath out *v* -toa pumzi

breathing [ˈbriːdhing] *n* kuvuta pumzi

breath-taking *adj* -a kutaajabisha

breed [briːd] 1. *n* jamii 2. *v* **(bred)** -zaa

breeze [briːz] *n* 1. upepo 2. **sea breeze** matlai

brethren [ˈbredhrən] *pl* wanachama

brew [bruː] *v* -pika

brewer [ˈbruːwə] *n* mpika pombe

brewery [ˈbruəri] *n* kiwanda cha pombe

bribe [braib] 1. *n* hongo 2. *v* -honga

bribery [ˈbraibəri] *n* utoaji hongo

brick [brik] *n* tofali

bricklayer [ˈbrɪkleɪə] *n* mwashi

brickwork [ˈbrɪkwɜːk] *n* ujenzi wa matofali

bride [braɪd] *n* bibi arusi; bi-arusi

bridegroom [ˈbraɪdgruːm] *n* bwana arusi

bridesmaid [ˈbraɪdzmeɪd] *n* msindikizaji wa maarusi

bridge [brɪj] *n* 1. daraja 2. *(mar.)* jukwaa

bridging loan *n* mkopo wa kuziba pengo kwa muda maalum

bridle [ˈbraɪdl] *n* hatamu

brief [briːf] 1. *adj* -fupi 2. *n (leg.)* muhtasari 3. *v* -pa maelezo

briefcase [ˈbriːfkeɪs] *n* mkoba

briefly [ˈbriːflɪ] *adv* kwa ufupi

briefs [briːfs] *pl* chupi

brig [brɪg] *n* baghala

brigade [brɪˈgeɪd] *n* brigedi

brigadier [ˌbrɪgəˈdɪə] *n* brigedia

brigadier general [ˌbrɪgəˈdɪə ˈjenrəl] *n* brigedia jenerali

bright [braɪt] *adj* 1. -enye kung'aa 2. -elekevu

brighten [ˈbraɪtn] *v* -ng'arisha

brightness [ˈbraɪtnɪs] *n* mng'aro

brilliant [ˈbrɪlɪənt] *adj* 1. -enye kung'aa 2. -enye akili sana 3. -zuri sana

brim [brɪm] 1. *n* to the brim furifuri 2. *v* to brim over -furika

brine [braɪn] *n* maji ya bahari

bring [brɪŋ] *v* -leta

bring about *v* -sababisha

bring down *v* 1. -shusha 2. -angusha

bring out *v* 1. -sababisha kuonekana 2. -chapisha

bring up *v* 1. -lea funza 2. -tapika 3. -tapa

brink [brɪŋk] *n* 1. ukingo 2. on the brink of wa kando ya

brisk [brɪsk] *adj* -epesi

Britain [ˈbrɪtn] *n* Uingereza

British [ˈbrɪtɪʃ] *adj* -a Uingereza

Briton [ˈbrɪtnə] *n* Mwingereza

brittle [ˈbrɪtəl] *adj* dhaifu

broad [brɔːd] *adj* 1. -pana 2. broad daylight kweupe kabisa

broadcast [ˈbrɔːdkɑːst] *n* 1. tangazo 2. *v* (broadcast) -eneza 3. -zungumza

broadcaster [ˈbrɔːdkɑːstə] *n* mtangazaji

broaden [ˈbrɔːdən] *v* -panuka

broad-minded [ˌbrɔːdˈmaɪndɪd] *adj* to be broad-minded -panuka mawazo

broadness [ˈbrɔːdnɪs] *n* upana

broadsheet [ˈbrɔːdʃiːt] *n* gazeti

broccoli [ˈbrɒkəlɪ] *n* brokoli

brochure [ˈbrəʊʃə] *n* brosha

broke [brəʊk] 1. *adj* bila fedha 2. *see* break

broken [ˈbrəʊkən] 1. *adj* -liovunjika 2. *see* break

broken-hearted *adj* -enye huzuni nyingi

broker [ˈbrəʊkə] *n* dalali

brokerage [ˈbrəʊkərɪj] *n* ushuru wa dalali

bronchitis [brɒnˈkaɪtəs] *n* mkamba

bronze [brɒnz] *n* shaba

brooch [brəʊtʃ] *n* bruki

brood [bruːd] *n* -waza sana

broom [bruːm] *n* ufagio

broth [brɒθ] *n* mchuzi

brothel [ˈbrɒθl] *n* danguro

brother [ˈbrʌðə] *n* ndugu

brother-in-law [ˈbrʌðərɪnlɔː] *n* shemeji

brought [brɔːt] *see* bring

brow [braʊ] *n* nyusi

brown [braʊn] *adj* hudhurungi

browse [braʊz] *v* 1. -pitiapitia 2. -chunga

bruise [bruːz] 1. *n* vilio 2. *v* -vilia

brush [brʌʃ] 1. *n* burashi 2. ufagio 3. *v* -piga burashi

brush up *v* -jikumbushi

brutal [ˈbruːtl] *adj* katili

brutality [bruːˈtalətɪ] *n* ukatili

brute [bruːt] 1. *adj* brute force mbavu 2. *n* katili

bubble [ˈbʌbəl] *n* kiputo
bubblegum [ˈbʌbəlgʌm] *n* ubani
bucket [ˈbʌkit] *n* ndoo
buckle [ˈbʌkəl] *n* kishikizo
bud [bʌd] *n* jicho
budding [ˈbʌdiŋ] *adj* chipukizi
buddy [ˈbʌdi] *n* ndugu
budge [bʌj] *v* -jongea
budget [ˈbʌjit] *n* bajeti
buffalo [ˈbʌfələu] *n* nyati
buffer state [ˈbʌfə-steit] *n* taifa kati
buffer zone [ˈbʌfə-zəun] *n* eneo la amani
buffet [buˈfei] *n* bafe
buffet [ˈbʌfit] *v* -piga kwa nguvu
bug [bʌg] 1. *n* mdudu 2. *(med.)* ugonjwa 3. *(tech.)* eavesdropping **bug** dudu la tarakilishi 4. *(i.t.)* computer **bug** dudu la kompyuta 5. *v* -kera 6. *(tech.)* -tia dudu
build [bild] *v* (**built**) -jenga
builder [ˈbildə] *n* mjenzi
builder contractor *n* kampuni ya njenzi
building [ˈbildiŋ] *n* 1. ujenzi 2. jengo
building materials *pl* vifa vya ujenzi
building society *n* benki ya jamii
build-up *n* 1. kuza 2. *(mil.)* kuendesha
built [bilt] *see* build
bulb [bʌlb] *n* 1. tunguu 2. light **bulb** balbu
bulge [bʌlj] *v* -tokeza
bulk [bʌlk] 1. *adj* kwa wingi 2. *n* ukubwa 3. wingi 4. *(com.)* jumla la shehena 5. to sell in **bulk** -uza kwa mafungu
bulkhead [ˈbʌlkhed] *n* kiambaza cha kukingama
bulky [ˈbʌlki] *adj* -nene; -zito
bull [bul] *n* fahali
bulldozer [ˈbuldəuzə] *n* buldoza
bullet [ˈbulit] *n* risasi
bulletin [ˈbulətin] *n* taarifa rasmi ya habari

bulletproof [ˈbulitpruːf] *adj* -siopenya risasi
bull's eye [ˈbulzai] *n* katikati kabisa
bully [ˈbuli] 1. *n* dhalimu 2. *v* -dhulumu
bulrush [ˈbulrʌsh] *n* unyasi
bulwark [ˈbulaːk] *n (mar.)* talibisi
bumblebee [ˈbʌmbəlˌbiː] *n* nyukibambi
bump [bʌmp] 1. *n* mgongano 2. uvimbe 3. *v* -gonga
bumper [ˈbʌmpə] *n* bamba
bumpy [ˈbʌmpi] *adj* a **bumpy road** njia yenye kudundadunda
bun [bʌn] *n* mkate mdogo
bunch [bʌnch] *n* 1. kicha 2. kikundi
bundle [ˈbʌndl] *n* kifurushi
bungalow [ˈbʌŋgələu] *n* nyumba
bungle [ˈbʌŋgl] *v* -fanya kazi ovyo ovyo
bunk [bʌnk] *n* kitanda
bunker [ˈbʌnkə] *n* handaki la kudumu
buoy [bɔi] *n* boya
buoyancy [ˈbɔːyənsi] *n* 1. uelezi 2. *(fin.)* bei kuendelea kupanda
buoyant [ˈbɔːyənt] *adj* 1. to be **bouyant** -elea 2. *(fin.)* -enye bei kuendelea kupanda
burden [ˈbəːdn] 1. *n* mzigo 2. *v* -sumbua
burden of proof *n (leg.)* wajibu wa kuthibitisha
burdensome [ˈbəːdnsəm] *n* -lemevu
bureau [ˈbyuːrəu] *n* ofisi
bureaucracy [ˈbyuərəkrasi] *n* urasimu
bureaucrat [ˈbyuərəkrat] *n* mrasimu
bureaucratic [ˌbyuərəˈkratik] *adj* -a kirasimu
bureau de change [ˈbyuːrəu də shɔːnj] *n* ofisi ya kubadilisha ya pesa
burger *n* hambaga
burglar [ˈbəːglə] *n* mwizi
burglary [ˈbəːgləri] *n* wizi
burial [ˈberiəl] *n* maziko

burial ground *n* makaburini
burn [bəːn] 1. *n* kuchomwa 2. *v* (burnt) -choma 3. -waka
burn down *v* -teketeza
burning [ˈbəːning] 1. *adj* -kali 2. *n* mwako
burp [bəːp] 1. *n* mbweu 2. *v* -piga mbweu
burst [bəːst] *v* (burst) 1. -vunja 2. -lipuka
bury [ˈberi] *v* -zika
bus [bʌs] *n* 1. basi 2. **minibus** basi dogo
bush [bush] *n* 1. kichaka 2. **the bush** msituni
bushwhacker *n* mfyekaji vichaka
business [ˈbiznis] *n* 1. shughuli 2. wajibu 3. jambo 4. *(com.)* biashara 5. **on business** katika shughuli
business address *n* anwani ya biashara
business card *n* kadi ya biashara
business hours *pl* saa za kazi
business-like *adj* -epesi
businessman [ˈbiznismən] *n* mfanyabiashara
businesswoman [ˈbizniswumən] *n* mfanyabiashara
busk [bʌsk] *v* -piga muziki barabarani
busker [ˈbʌskə] *n* mpiga muziki barabarani
busman [ˈbʌsmən] *n* dereva wa basi
bus station *n* kituo cha basi
bus stop *n* kituo cha basi
bust [bʌst] 1. *n* kifua 2. **bust measurement** kipimo cha kifua 3. **a bust of Freddy Mercury** sanamu la Freddy Mercury 4. *v* (bust) -vunja 5. **to go bust** -filisika
busy [ˈbizi] *adj* 1. -a shughuli 2. -enye magari mengi/watu wengi 3. **The number is busy.** Simu inatumika.
but [bʌt] *conj* lakini
butane [ˈbəutein] *n* butani
butcher [ˈbuchə] *n* 1. bucha 2. mkatili
but for *prep* bila
butt [bʌt] 1. *n* pipa kubwa 2. **cigarette butt** kichungi 3. *v* -kumba
butter [ˈbʌtə] *n* siagi
butterfly [ˈbʌtəflai] *n* kipepeo
buttermilk [ˈbʌtəmilk] *n* mtindi
buttocks [ˈbʌtəks] *pl* matako
button [ˈbʌtn] *n* 1. kifungo 2. *(tech.)* kitufe
buttonhole [ˈbʌtnhəul] *n* tundu la kifungo
buy [bai] *v* -nunua
buyer [ˈbaiə] *n* mnunuzi
buy out *v* *(fin.)* -tawala kwa kununua
buy up *v* -nunua bidhaa yote
buzz [bʌz] *v* -vuma
buzzer [ˈbʌzə] *n* **door buzzer** kengele ya mlango
by [bai] *adv/prep* 1. karibu (na) 2. **by the house** karibu na nyumba 2. **by bus** kwa basi 3. **by post** kwa posta 4. **by day** kwa siku 5. **by tomorrow** kambla 6. **a book by Kenneth Anger** buku limeandikwa na Kenneth Anger 7. **by the way** licha ya hayo 8. **by oneself** peke yako
bye-bye! kwa heri!
by-election [ˈbai-e,lekshən] *n* uchaguzi mdogo
bygone [ˈbaigɔn] *adj* -a zamani
bylaw [ˈbailɔː] *n* sheria ndogo
byline [ˈbailain] *n* jina la mwandishi
bypass [ˈbaipaːs] *n* barabara ya kando
bypass [ˈbaipaːs] *v* v -kwepa
byproduct [ˈbaiprɔdʌkt] *n* pato la ziada
byroad [ˈbairəud] *n* barabara ndogo
bystander [ˈbaistandə] *n* mtazamaji
byway [ˈbaiwei] *n* barabara ndogo
byword [ˈbaiwəːd] *n* mithali
byte [bait] *n* baiti

C

cab [kab] *n* teksi

cabaret [ˈkabərei] *n* tumbuizo

cabbage [ˈkabij] *n* kabichi

cabin [ˈkabin] *n* 1. kibanda 2. dambra

cabinet [ˈkabinit] *n* 1. kabati 2. **the Cabinet** baraza la mawaziri

cabinet minister *n* waziri katika baraza mawaziri

cable [ˈkeibəl] *n* 1. kebo 2. *(mar.)* amari

cablecar [ˈkeibəlkaː] *n* kigari cha kamba

cable television *n* runinga ya kebo

cache [kash] *n* maficho

cactus [ˈkaktəs] *n* dungusi kakati

cad [kad] *n* mhuni

cadaver [kəˈdavə] *n* maiti

caddy [ˈkadi] *n (spor.)* mbebe

cadet [kəˈdet] *n* kadeti

Caesarean section [səˈzeəriyən ˈsekchən] *n* kuzaa kwa kupasuliwa

café; cafeteria [kaˈfei; kafetəˈriːyə] *n* mkahawa

caffeine [ˈkafiːn] *n* kafeini

cage [keij] *n* kizimba

cajole [kəˈjəul] *v* -bembeleza

cake [keik] *n* keki

calabash [ˈkaləbash] *n* mboko

calamity [kəˈlaməti] *n* janga

calcium [ˈkalsiəm] *n* kalisi

calculate [ˈkalkyuleit] *n* 1. -kokotoa 2. -kusudia

calculation [ˌkalkyuˈleishən] *n* hesabu

calculator [ˈkalkyuleitə] *n* kikokotoo

calendar [ˈkalində] *n* kalenda

calf [kaːf] *n (pl calves)* 1. ndama 2. **calf of the leg** nyugu

calibrate [ˈkalibreit] *v* -kadiria

calibre [ˈkalibə] *n* 1. uhodari 2. *(tech.)* kipenyo cha mwanzi

call [kɔːl] 1. *n* mwito 2. **telephone call** simu 3. **port of call** bandari ya kupitia tu 4. *v* -piga mayowe 5. -piga simu 6. *see* **called**

callbox [ˈkɔːlbɔks] *n* kibanda cha simu

called [kɔːld] *adj* **I am called Nick.** Ninaitwa Nick.

caller [ˈkɔːlə] *n* mpiga simu

call girl [ˈkɔːlgəːl] *n* malaya

calling card [ˈkɔːlingkaːd] *n* kadi ya ziara

callipers [ˈkalipəz] *pl (med.)* namna ya bikari ya kupinia

call off *v* -vunja

callous [ˈkaləs] 1. *adj* -sio hisia 2. *n* sugu

call sign *n* alama ya kuitia

call up *v* 1. -pigia simu 2. *(mil.)* -mbusha

calm [kaːm] 1. *adj* -pole 2. -tulivu 3. **calm water** maji matulivu 4. **calm weather** hali ya hewa shuwari 5. *n* utulivu 6. **dead calm** utulivu mkubwa 7. *v* -tulia

calm down *v* -tulia

calmly [ˈkaːmli] *adv* kwa utulivu

calmness [ˈkaːmnis] *see* **calm**

calorie [ˈkaləri] *n* kalori

calves [kaːvz] *see* **calf**

camcorder [ˈkamkɔːdə] *n* kamkoda

came [keim] *see* **come**

camel [ˈkaml] *n* ngamia

camera [ˈkamərə] *n* kamera

cameraman [ˈkamrəman] *n* mpiga picha

camisole [ˈkamisəul] *n* shimizi

camouflage [ˈkaməflaːzh] 1. *n*

kamaflaji 2. *v* -kamaflaji

camp [kamp] 1. *n* kambi 2. wafuasi 3. **summer camp** kambi ya kiangazi 4. **prisoner-of-war camp** kambi ya mateka 5. **concentration camp** kambi ya ufungwa 6. *v* -fanya kambi

campaign [kamˈpein] 1. *n* kampeni 2. *v* -fanya kampeni

campaigner [kamˈpeinə] *n* mfanya kampeni

camping [ˈkaːmpiŋ] *n* kufanya kambini

camping ground *n* uwanja wa kupiga kambi

camp site *n* kambini

campus [ˈkaːmpəs] *n* mabweni

can [kan; kən] 1. *n* kopo 2. **can of drink** kikopo cha kinywaji 3. *v* -tia koponi 4. **(could)** -weza

Canada [kəˈneidə] *n* Kanada

Canadian [kəˈneidiən] 1. *adj* -a Kanada 2. *n* Mkanada

canal [kəˈnal] *n* 1. mfereji 2. **Suez Canal** Mfereji wa Suez

canapes [ˈkaneips] *pl* vitu vya chumvichumvi

cancel [ˈkansl] *v* **(cancelled)** -futa

cancellation [ˌkansəˈleishən] *n* ufutaji

cancer [ˈkansə] *n (med.)* kansa

Cancer [ˈkansə] *n* kaa

cancerous [ˈkansərəs] *adj (med.)* -a kufanana na kansa

candid [ˈkandid] *adj* -wazi

candidate [ˈkandidət] *n* mgombea uchaguzi

candle [ˈkandl] *n* mshumaa

candy [ˈkandi] *n* lawalawa

cane [kein] *n* henzerani

canister [ˈkanistə] *n* 1. kopo 2. kombora

cannabis [ˈkanibis] *n* bangi

canned food *n* chakula cha kikopo

cannery [ˈkanəri] *n* kiwanda cha jutia vyakula mapokoni

cannon [ˈkanən] *n* mzinga

canoe [kəˈnuː] 1. *n* mtumbwi 2.

outrigger canoe ngalawa 3. *v* -endesha kiperea

canoist [kəˈnuːwist] *n* mpga makasia

can-opener [ˈkanəupnə] *n* kiboko

canopy [ˈkanəupi] *n* kanopi

canteen [kanˈtiːn] *n* kantini

canter [ˈkantə] *v* -enda kwa matao

cantilever bridge [ˌkantiˈliːvə ˈbrij] *n* daraja shikizowenza

cantor [ˈkantɔː, ˈkantə] *n (rel.)* kiongozi wa waimbaji

canvas [ˈkanvəs] *n* turubai

canvass [ˈkanvəs] *v* -pita na kuomba

canyon [ˈkanyən] *n* korongo kuu

cap [kap] *n* chepeo

capability [ˌkeipəˈbiləti] *n* uwezo

capable [ˈkeipəbəl] *adj* 1. -enye uwezo 2. hodari

capacity [kəˈpasəti] *n* 1. uwezo 2. nafasi

cape [keip] *n* 1. rasi 2. juba

Cape of Good Hope *n* Rasi ya Tumaini Jema

capillary [kəˈpiləri] *n (med.)* kapilari

capital [ˈkapitl] *n* 1. makao mkuu 2. *(fin.)* raslimali

capitalism [ˈkapitəlizəm] *n* ubepari

capitalist [ˈkapitəlist] *n* bepari

capital letter *n* herufi kubwa

capital punishment *n* adhabu ya kifo

cappuccino [ˌkapəˈchiːnəu] *n* kapuchino

capsize [kapˈsaiz] *v* -pinduka

capstan [ˈkapstən] *n (mar.)* kapi kubwa

capsule [ˈkapsyul] *n (med.)* kapsuli

captain [ˈkaptin] *n* 1. kapteni 2. *(mar.)* nahodha 3. *(air)* rubani

caption [ˈkapshən] *n* maelezo mafupi

captive [ˈkaptiv] *n* mfungwa

captivity [kapˈtivəti] *n* kifungo

captor [ˈkaptɔ] *n* mfungaji

capture [ˈkapchə] 1. *n* kukamata 2. *v* -kamata

car [kɑː] *n* 1. gari 2. **rail car** behewa garini

caravan [ˈkarəvan] *n* 1. karavani 2. msafara

car accident *n* ajali ya gari

carbon [ˈkɑːbən] *n* kaboni

carbon copy *n* nakala halisi

carburettor [ˌkɑːbəˈretə] *n* kabureta

carcass [ˈkɑːkəs] *n* mzoga

carcinogen [ˈkɑːsinəjən] *n* kisababisha kansa

card [kɑːd] *n* 1. kadi 2. **postcard** postakadi 3. **playing card** karata 4. *see* **I.D. card**

cardboard [ˈkɑːdbɔːd] *n* kadibodi

cardboard box *n* boksi

cardiac [ˈkɑːdiyak] *adj* -a kuhusu moyo

cardiac arrest *n* shtuko la moyo

care [keə] *n* 1. uangalifu 2. **to take care of** -angalia

care about *v* -jali

career [kəˈriə] *n* 1. kazi 2. maisha

care for *v* -angalia

carefree [ˈkeəˌfriː] *adj* bila mawazo

careful [ˈkeəfəl] *adj* -angalifu

carefully [ˈkeəfəli] *adv* kwa uangalifu

careless [ˈkeəlis] *adj* -zembe

carelessness [ˈkeələsnis] *n* uzembe

caress [kəˈres] *n* -papasa

caretaker [ˈkeəteikə] *n* mwangalizi

cargo [ˈkɑːgəu] *n* shehena

cargo vessel *n* meli ya mizigo

caricature [ˈkarikətyuə] *n* karagosi

caricaturist [ˈkarikəˌtyuːrist] *n* mchora vikaragosi

caries [ˈkeəriːz] *n* karisi

carnival [ˈkɑːnivl] *n* kanivali

carol [ˈkarəl] *n* **Christmas carol** wimbo wa Krismasi

car park [ˈkɑːpɑːk] *n* maegesho ya magari

carpenter [ˈkɑːpintə] *n* seremala

carpet [ˈkɑːpit] *n* zulia

carphone [ˈkɑːfəun] *n* simu ya

carriage [ˈkarij] *n* 1. gari la farasi 2. **train carriage** behewa

carrier [ˈkariə] *n* 1. mchukuzi 2. *(com.)* kampuni ichukuayo bidhaa 3. *(med.)* mwenezaji

carrier bag *n* mfuko

carrion [ˈkariyən] *n* mzoga

carrot [ˈkarət] *n* karoti

carry [ˈkari] *v* -beba

carry on *v* -endelea

carry out *v* —maliza

carry through *v* -kamilisha

cart [kɑːt] *n* mkokoteni

carte blanche [ˈkɑːt ˈblɔːnsh] *n* mamlaka kamili

cartel [kɑːˈtel] *n* muunganno wa wakiritimba

cartilage [ˈkɑːtilij] *n* gegedu

carton [ˈkɑːtn] *n* katoni

cartoon [kɑːˈtuːn] *n* 1. katuni 2. filamu ya katuni

cartoon film *n* filamu ya katuni

cartoonist [kɑːˈtuːnist] *n* mchora katuni

cartoon strip *n* katuni

cartridge [ˈkɑːtrij] *n* 1. kikuto 2. *(mil.)* kibweta cha risasi 3. **printer cartridge** katrij

carve [kɑːv] *v* -chonga

carve up *v* -kata

cascade [kasˈkeid] *n* maporomoko

case [keis] *n* 1. kasha 2. jambo 3. *(med.)* mgonjwa anayeuguzwa 4. *(leg.)* kesi 5. **upper case** herufi kubwa 6. **lower case** herufi ndogo 7. **in any case** kwa vyovyote

case study *n* uchunguzi kifani

cash [kash] *n* pesa; fedha

cash a cheque *v* -lipwa fedha

cash book *n* daftari ya fedha taslimu

cash-card *n* kadi ya fedha

cash desk *n* kaunta ya keshia

cash dispenser *n* mashine ya kutolea fedha

cashew [ˈkashyuː] *n* korosho

cash flow *n* mapato halisi
cashier [ka'shiə] *n* keshia
cash on delivery *n* malipo wakati wa kupokea bidhaa
cash-point *n* mashine ya kutolea fedha
cash register *n* mashine ya kuhesabia fedha
cash sale *n* kuuza kwa fedha taslimu
casing ['keising] *n* kizingio
casino [kə'si:nəu] *n* kasino
cassava [kə'sa:və] *n* muhogo
cassette [kə'set] *n* kaseti
cassette recorder *n* kaset-rekoda
cast [ka:st] **1.** *n* wachezaji **2.** *v* -tupa
cast a horoscope *v* -piga falaki
cast anchor *v* -tupa nanga
cast a net *v* -tupa wavu
cast a vote *v* -piga kura
castaway ['ka:stəwei] *n* mtu aliyevunjikiwa na meli
cast-iron ['ka:st'ayən] *adj* kaidi
cast iron *n* kalibu ya chuma
castle ['ka:sl] *n* ngome
cast-offs ['ka:st-,ɔfs] *pl* mitumba
castrate ['kastreit] *v* -hasi
casual ['kazhuəl] *adj* **1.** -a kawaida **2.** -a bahati **3.** -a nadra
casualty ['kazhuəlti] *n (mil.)* majeruhi
casualty ward *n* wadi ya majeruhi
cat [kat] *n* paka
catalogue ['katələg] *n* katalogi
cataract ['katərakt] *n* **1.** maporomoko **2.** *(med.)* mtoto wa jicho
catarrh [kəta:] *n* mafua
catastrophe [kə'tastrəfi] *n* msiba mkuu
catcall ['katkɔ:l] *n* mbinja
catch [kach] *v* **(caught) 1.** -kamata **2.** -daka **3. to catch a cold** -pata mafua **4. to catch a train** -wahi treni **5. to catch fire** -shika moto
catchment ['kachmənt] *n* eneo lililo chanzo

catchphrase ['kachfreiz] *n* msimu
catch up *v* -fikia aliye mbele
categorically [,katə'gɔrikli] *adv* kwa hakika
category ['katəgəri] *n* aina
cater ['keitə] *v* -patia
caterer ['keitərə] *n* muandazi
catering ['keitəring] *n* uandaaji
catering industry *n* huduma za uandaaji
caterpillar ['katəpilə] *n* kiwavi
caterpillar tractor *n* katapila
cathedral [kə'thi:drəl] *n* kanisa kuu (la dayosisi)
catheter ['kathətə] *n* katheta
Catholic ['kathəlik] **1.** *adj* -a Katoliki **2.** *n* Mkatoliki
cat's eye *n* kiashiria njia
cattle [katl] *pl* ng'ombe
caught [kɔ:t] *see* **catch**
cauliflower ['kɔliflauə] *n* koliflawa
caulk [kɔ:lk] *v (mar.)* -kalafati
cause [kɔ:z] **1.** *n* chanzo **2.** sababu **3. in the cause of** kwa ajili ya **4.** *(leg.)* kesi **4.** *v* -sababisha
caution ['kɔ:shən] *n* uangalifu
cautious ['kɔ:shəs] *adj* -angalifu
cautiously ['kɔ:shəsli] *adv* kwa uangalifu
cave [keiv] *n* pango
cave in *v* -poromosha
cavern ['kavə:n] *n* pango
cavity ['kaviti] *n* kijishimo
c.d.; CD [si:'di:] *see* **compact disc**
cease [si:s] *v* -koma
cease-fire [,si:s'faiə] *n* kusimamisha mapigano
ceaseless ['si:slis] *adj* -a daima
ceiling ['si:ling] *n* dari
celebrate ['selibreit] *v* -adhimisha
celebration [,seli'breishən] *n* maadhimisho
celebrity [si'lebrəti] *n* umaarufu
celery ['seləri] *n* figili
cell [sel] *n* **1.** seli **2.** *see* **blood cells**
cellar ['selə] *n* sela
cement [si'ment] *n* saruji

cement mixer *n* kichanganya saruji

cemetery ['semətri] *n* makaburini

censor ['sensə] 1. *n* mkaguzi 2. *v* -kagua

censorship ['sensəship] *n* ukaguzi

censure ['sensyə:] *n* lawama

census ['sensəs] *n* sensa

cent [sent] *n* 1. senti 2. **ten per cent** kumi kwa mia

centimetre ['sentimi:tə] *n* sentimiita

central ['sentrəl] *adj* 1. -a katikati 2. -kuu

central government *n* serikali kuu

central heating *n* kupashajoto

centralize ['sentrəlaiz] *v* -leka katikati

central office *n* ofisi kikuu

centre ['sentə] *n* 1. kati; katikati 2. kituo 3. **health centre** kituo cha afya

centre-left *n (pol.)* mrengo wa kushoto

centre-right *n (pol.)* mrengo wa kulia

century ['senchəri] *n* karne

ceramic [sə'ramik] *adj* -a ufinyanzi

ceramics [sə'ramiks] *pl* vyombo vya udongo

C.E.O. (= chief executive officer) *n* mtendaji mkuu

cereal ['siəriəl] *n* 1. chakula cha nafaka 2. nafaka

cerebral [sə'ri:brəl] *adj* -a ubongo

crebral palsy *n* ugonjwa wa kupooza

ceremonial [,serə'məuniyəl] *adj* -a sherehe

ceremony ['serimoni] *n* sherehe

certain ['sə:tn] *adj* 1. -a hakiki 2. fulani 3. kidogo 4. **for certain** kwa yakini

certainly ['sə:tnli] *adv* bila shaka

certainty ['sə:tnti] *n* hakika

certificate [sə'tifikət] *n* 1. hati 2.

(ed.) shahada

certify ['sə:tifai] *v* -hakikisha

cervical [sə:'vaikəl] *adj* -a mlango wa kizazi

cervix ['sə:viks] *n* mlango wa kizazi

cessation [se'saishən] *n* 1. kuacha 2. **cessation of hostilities** kuacha kupigana

cesspit ['sespit] *n* shimo la maji machafu

chagrin ['shagrin] *n* uchungu wa moyo

chain [chein] *n* mnyororo

chain saw *n* msumeno wa mnyororo

chain store *n* mtungo wa maduka

chair [cheə] *n* 1. kiti 2. **electric chair** kiti cha kuua

chair a meeting *v* -simamia mkutano

chairman [cheəmən] *n* mwenyekiti

chairmanship ['cheəmənship] *n* uenyekiti

chalet ['shalei] *n* nyumba ndogo

chalk [cho:k] *n* chokaa

challenge ['chalinj] 1. *n* pinzano 2. *(leg.)* kana 3. *v* -pinzana 4. *(leg.)* -kana

challenger ['chalenjə] *n* mpinzani

chamber ['cheimbə] *n* 1. chumba 2. *(pol.)* baraza la bunge

chamber of commerce *n* chama cha wafanya biashara

chameleon [kə'mi:liən] *n* kinyonga

champagne [sham'pein] *n* shampeni

champion ['champiən] *n* mshindi

championship ['championship] *n* ushindi

chance [cha:ns] *n* 1. bahati 2. nafasi 3. uwezekano 4. **by chance** kwa bahati

chancellor ['cha:nsələ] *n* waziri mkuu

Chancellor of the Exchequer *n* Waziri wa Fedha

chandler ['cha:ndlə] *n* **ship's**

chandler mwuza kamba na zana
za meli

change [cheinj] 1. n mabadaliko 2.
mageuzi 3. kichele 4. v -badili
5. -vunja 6. -geuka 7. to change
one's mind -ghairi

channel ['chanl] n 1. mlangobahari
2. television channel idhaa

chant [cha:nt] v -imba

chaos ['keiɔs] n machafuko

chaotic [kei·ɔtik] adj -liochafuka

chap [chap] 1. n mtu 2. v -pasuka

chapel ['chapl] n kanisa dogo

chapter ['chaptə] n sura

character ['kariktə] n 1. tabia 2.
herufi

characteristic [,kariktə·ristik] adj
-a kawaida

characterize ['kariktəraiz] v -eleza
sifa

charcoal ['cha:kəul] n makaa

charge [cha:j] 1. n (com.) agiza;
chaji 2. (elect.) chaji ya umeme 3.
(leg.) shtaka 4. (mil.) shambulio 5.
free of charge bure 6. to be in
charge of -sumamia 7. v (com.)
-toza 8. (elect.) -chaji 9. (leg.)
-shtaki 10. (mil.) -shambulia

charge account n akaunti ya
malipo

chargé d'affaires ['sha:zhei-
da·feəz] n balozi mdogo

charisma [kə·rizmə] n haiba kubwa

charity ['charəti] n 1. sadaka 2.
chama cha kusaidia wenye shida 3.
wema

charm [cha:m] n ucheshi

charming ['cha:ming] adj -cheshi

chart [cha:t] 1. n chati 2. v -onyesha
katika chati

charter ['cha:tə] 1. n hati 2. v -kodi
chombo

chartered accountant n
mhasibu msajiliwa

chartered bank n benki yenye
idhini

charter flight n ndege ya kukodi

chase [cheis] v -fukuza

chassis ['shasi] n chesisi

chat [chat] v -ongea

chateau ['shatəu] n kasri

chatter ['chatə] v -payapaya

chat up v -tongoza

chauffeur ['shəufə] n dereva

chauvinism ['chəuvənizəm] n
ujinsia

chauvinist ['chəuvənist] n mtu
anayejinasibu

chauvinistic [,chəuvə·nistik] adj -a
kujinasi

cheap [chi:p] adj rahisi

cheaply ['chi:pli] adv kwa urahisi

cheapskate ['chi:pskeit] n bahili

cheat [chi:t] 1. n mdanganyifu 2.
hila 3. v -danganya 4. (ed.) -iba

cheating ['chi:ting] n udanganyifu

check [chek] v 1. -cheki 2. -kagua 3.
see cheque

check-in ['chekin] n flight check-in
chek-in

check in to a hotel v -jiandikishe
hotelini kwamba umefika

checking account n (US) akaunti
ya hundi

check-out ['chekʌp] n shop check-
out; check-out counter pahali pa
kulipa dukani

checkpoint ['chekpoint] n kituo cha
ukaguzi

check-up ['chekʌp] n (med.)
kutizamwa afya

cheek [chi:k] n 1. shavu 2. ufidhuli

cheeky ['chi:ki] adj fidhuli

cheer [chiə] v -shabikia kwa ngvu

cheerful ['chiəfəl] adj -changamfu

cheerleader ['chi:əli:də] n kiongozi
wa mashabiki

cheers! uchangamshi!

cheer up v -changamsha

cheese [chi:z] n jibini; chizi

cheetah ['chi:tə] n duma

chef [shef] n mpishi mkuu

chemical ['kemikəl] 1. adj -a kemia
2. n kemikali

chemical warfare n vita vya madawa ya sumu
chemical waste n takataka za kikemia
chemical weapons pl silaha za madawa ya sumu
chemist [ˈkemist] n 1. mkemia 2. (UK) mfamasia
chemistry [ˈkemistri] n kemia
chemist's [ˈkemists] n famasia
chemotherapy [ˌkiːməuˈθerəpi] n tibakemikali
cheque [chek] n 1. hundi; cheki 2. traveller's cheque hundi ya wasafiri 3. bounced cheque hundi iliyokataliwa 4. to cross a cheque -funga hundi
cheque-book n kitabu cha hundi
cheque card n kadi ya kuishinisha hundi
cheque stub n kibutu cha hundi
cherish [ˈcherish] v -tunza
cherry [ˈcheri] n cheri
chess [ches] n sataranji; chesi
chess board n ubao wa sataranji
chest [chest] n 1. kifua 2. kasha 3. medicine chest sanduku la madawa
chest of drawers n almari
chew [chuː] v -tapuna
chew cud v -cheua
chewing-gum [ˈchuːiŋgʌm] n chingamu
chic [shik] adj maridadi
chick [chik] n kifaranga
chickadee [ˈchikədiː] n kipenzi
chicken [ˈchikin] 1. adj joga 2. n kuku
chickpea [ˈchikpiː] n mbaazi nyuepe
chickenpox [ˈchikinpɒks] n tetekuwanga
chicken wings [ˈchikinˌwiŋz] pl vipapatiro
chide [chaid] n -karipia
chief [chiːf] 1. adj -kuu 2. n mkuu
chiefly [ˈchiːfli] adv hasa
chief of staff n mnadhimu mkuu

child [chaild] n (pl **children**) mtoto
child abuse n unyanyasaji wa watoto
childbirth [ˈchaildbəːth] n kuzaa
childhood [ˈchaildhud] n utoto
childish [ˈchaildish] adj -a kitoto
childless [ˈchaildlis] adj bila mtoto
children [ˈchildrən] see **child**
children's [ˈchildrənz] adj -a watoto
child welfare n usitawi wa watoto
chill [chil] n 1. mzizimo 2. (med.) homa ya baridi
chili; chilli [ˈchili] n pilipili
chilly [ˈchili] adj -a mzizimo
chime [chaim] v -liza kengele
chimney [ˈchimni] n (pl **chimneys**) dohani
chimp; chimpanzee [chimp; chimpanˈziː] n sokwe
chin [chin] n kidevu
china; chinaware [ˈchainə; ˈchainəweə] n kauri; vyombo vya udongo
China [ˈchainə] n China
Chinese [chaiˈniːz] 1. adj -a China; -a Kichina 2. n Mchina 3. Kichina
chintz [chints] n kaliko
chip [chip] n 1. kibanzi 2. **chips** chipsi 3. **microchip** kisilikoni 4. **gambling chip** kibao
chip board n ubao wa vibanzi
chisel [ˈchizəl] n patasi
chit [chit] n cheti
chitchat [ˈchitchat] n porojo
chivalry [ˈshivəlri] n adabu
chlorinate [ˈklɔːrineit] v -tia klorini
chlorine [ˈklɔːriːn] n klorini
chock [chɒk] n 1. kabari 2. (mar.) kipande
chock-a-block [ˈchɒkəblɒk] adj -a kujaa kabisa
chocolate [ˈchɒklət] n chokoleti
choice [chɔis] n chaguo
choir [ˈkwaiə] n kwaya
choke [chəuk] 1. n choki 2. v -songa roho
cholera [ˈkɒlərə] n kipindupindu

choose [chu:z] v (chose, chosen) -chagua
chop [chɔp] 1. n muhuri 2. v (chopped) -kata 3. -chanja
chopper ['chɔpə] n helikopta
choppy ['chɔpi] adj -a mawimbi mawimbi
chord [kɔːd] n (med.) kordi
chore [chɔː] n kazi ya kuchosha
choreographer [,kɔri'ɔgrəfə] n mfundishaji wa dansa
choreography [,kɔri'ɔgrəfi] n ufundishaji wa dansa; koreografia
chorus ['kɔːrəs] n kwaya
chose; chosen [chu:z; 'chəuzən] see choose
Christian ['krischən] 1. adj -a kikristo 2. n mkristo
christian name n jina la kwanza
Christianity [,kristi'anəti] n ukristo
Christmas [,kristiməs] n Noeli; Krismasi
Christmas Eve n mkesha wa Krismasi
chrome [krəum] n kromu
chronic ['krɔnik] adj 1. -a kudumu 2. (med.) -a kuselelea
chronicle ['krɔnikəl] n tarihi
chubby ['chʌbi] adj nenenene
chuck [chʌk] v -tupa
chuckle ['chʌkəl] v -jukechea
chum [chʌm] n rafiki
chunk [chʌngk] n kipande kinene
church [chə:ch] n kanisa
cider ['saidə] n sida
cigar [si'ga:] n biri
cigarette [,sigə'ret] n sigara
cinema ['sinəmə] n sinema
circle ['sə:kəl] n duara
circuit ['sə:kit] n 1. duru 2. ziara 3. (tech.) saketi
circular ['sə:kyulə] 1. adj -a duara 2. n ilani
circulate ['sə:kyuleit] v 1. -zunguka 2. -enea
circulation [,sə:kyu'leishən] n 1. mzunguko 2. uenezaji 3.

newspaper circulation jumla ya magazeti yanayouzwa kila toleo
circumcision [,sə:kəm'sizhən] n tohara
circumference [sə:'kʌmfərəns] n mzingo
circumstance ['sə:kəmstənsiz] n 1. hali 2. under no circumstances kamwe
circumstantial [,sə:kə'sta:nshəl] adj circumstantial evidence ushahidi usio kizibiti
circus ['sə:kəs] n sarakasi
cistern ['sistən] n tangi
citizen ['sitizn] n raia
citizenship ['sitiznship] n uraia
city ['siti] n 1. mji; mji mkubwa; jiji 2. inner city ngambu; geto
city council n baraza la mji
city hall n ukumbi wa mji
civic ['sivik] adj 1. -a kiraia 2. -a jiji
civil ['sivəl] adj 1. -a serikali 2. -a madai 3. -a adabu
civil engineer n
civil case n kesi ya madai
civilian [si'viliən] 1. adj -a raia 2. n raia
civilian government n serikali ya kiraia
civilisation; civilization [,sivəlai'zeishən] n ustaarabu
civilised ['sivəlaizd] adj -a kustaarabika
civil liberties pl haki za raia
civil rights pl haki za raia
civil servant n mtumishi wa serikali
civil service n utumishi wa serikali
civil war n vita vya wenyewe kwa wenyewe
claim [kleim] 1. n dai; madai 2. v -dai 3. -nena kwa dhati
claimant ['kleimənt] n mdai
clairvoyant [kle:'vɔyənt] n mbashiri
clam [klam] n chaza
clamour ['klamə] n makelele
clamp [klamp] 1. n klempu 2. (mar.) kipingo 3. v -funga wa gango

clampdown [ˈklampdaun] *n* kubanwa

clamp down *v* -bana

clandestine [klanˈdestain] *adj* -a siri

clap [klap] *v* (**clapped**) -piga makofi

clapping [ˈklaping] *n* kupiga makofi

clarification [ˌklarifiˈkeishən] *n* ufafanuzi

clarify [ˈklarifai] *n* -eleza wazi

clarity [ˈklarəti] *n* uwazi

clash [klash] 1. *n* mgongano 2. mapambano 3. *v* -gonganisha 4. -pambanisha

clasp [klaːsp] *v* -fumbata

class [klaːs] *v* 1. tabaka 2. *(ed.)* darasa

classic [ˈklasik] *adj* 1. -a zamani 2. adhimu

classical [ˈklasikəl] *adj* 1. **classical Rome** bora; kubalika 2. **classical music** muziki wa zamani

classify [ˈklasifai] *v* -ainisha

classmate [ˈklaːsmeit] *n* mwanafunzi mwenza

classroom [ˈklaːsrum] *n* darasa

clause [klɔːz] *n (pol/leg.)* sharti

claustrophobia [ˌklʌstrəˈfəubiyə] *n* hofu ya kufungiwa ndani

claw [klɔː] *n* kucha

clay [klei] *n* udongo (wa mfinyanzi)

clean [kliːn] 1. *adj* safi; -eupe 2. *v* -safisha

cleaner [ˈkliːnə] *n* mnadhifishaji

cleanse [klenz] *v* -safisha sana

cleanser [ˈklenzə] *n* kifaa cha kusafishia

cleansing [ˈklenzing] 1. *adj* -a kusafishia 2. *n* **ethnic cleansing** kuteketeza kabila

clear [kliə] 1. *adj* -eupe 2. wazi 3. bila shaka 4. *v* -safisha 4. -weka wazi 5. **to clear land** -fyeka magugu

clear-cut [kliːiyəˈkʌt] *adj* dhahiri kabisa

clearly [ˈkliəli] *adv* kwa dhahiri

cleat [kliːt] *n (mar.)* makari

clear up *v* -panga vizuri

clemency [ˈklemənsi] *n* huruma

clench [klench] *v* -shika sana

clergy [ˈkləːji] *n* makasisi

clerk [klaːk] *n* 1. karani 2. **town clerk** katibu wa mji

clever [ˈklevə] *adj* stadi

cliché [kliːˈshei] *n* mchuuko

click [klik] 1. *v* -fanya klik 2. *n* klik

client [ˈklaiənt] *n* mteja

clientele [ˌkliːyənˈtel] *n* wateja

cliff [klif] *n* jabali

climate [ˈklaimit] *n* hali ya hewa; tabia ya nchi kihali ya hewa

climax [ˈklaimaks] *n* upeo

climb [klaim] *v* -panda; -kwea

climb down *v* -shuka

climber [ˈklaimə] *n* mkwezi

clinch a deal [klinch] *v* -kamilisha mapatano

cling [kling] *v* (**clung**) -shikilia

clinic [ˈklinik] *n* 1. kliniki 2. **maternity clinic** kliniki ya mama waja wazito

clinical [ˈklinikəl] *adj* -a hospitali

clip [klip] 1. *n* **paper clip** klipi 2. **hair clip** kudira 3. *v* -kata

clippers [ˈklipəːz] *pl* mkasi

clitoris [ˈklitəris] *n* kinembe

clock [klɔk] *n* 1. saa 2. **alarm clock** saa ya kukuamsha

close [kləus] 1. *adj* karibu 2. -kali 3. *adv* karibu

close [kləuz] *v* -funga

closed [kləuzd] *adj* **to be closed** - fungiwa

closed session *n* mkutano wa siri

closely [ˈkləusli] *adv* 1. kwa makini 2. sana

closet [ˈklɔzit] *n* kabati

clot [klɔt] *(med.)* 1. *n* donge 2, *v* -ganda

cloth [klɔth] *n* nguo

clothe [kləudh] *v* -vika

clothes, clothing [kləudhz; ˈkləudhing] *pl* nguo

cloud [klaud] *n* wingu

cloudy ['klaudi] *n* -enye mawingu

clove [kləuv] *n* karafuu

clown [klaun] *n* chale

club [klʌb] 1. *n* klabu 2. *v* -piga kwa rungu

clue [klu:] *n* ishara

clumsiness ['klʌmsinəs] *n* uzito

clumsy ['klʌmsi] *adj* -zito

clung [klʌng] *see* **cling**

cluster ['klʌstə] *n* kishada

clutch [klʌch] 1. *n* klachi 2. *v* -kamata imara

co. *see* **company**

coach [kəuch] 1. *n* matwana farasi 2. *(spor.)* kocha 3. *v* -fundisha

coal [kəul] *n* makaa ya mawe

coal face *n* kiambaza cha makaa

coalfield ['kəulfi:ld] *n* bondemakaa

coalition [,kəuə'lishən] *n* muungano

coalition government *n* serikali ya mseto

coal mine ['kəulmain] *n* mgodi wa makaa

coal miner ['kəulmainə] *n* mchimba migodi

coal pit ['kəulmain] *n* mgodi wa makaa

coarse [kɔ:s] *adj* 1. -a kukwaruza 2. bila adabu

coast [kəust] *n* pwani

coastal ['kəustl] *adj* -a pwani

coastguard ['kəustga:d] *n* mlinzi wa pwani

coastline ['kəustlain] *n* ukanda wa pwani

coat [kəut] *n* koti

coax [kəuks] *v* -bembeleza

cobbler ['kɔblə] *n* mshona viatu

cobra ['kəubrə; kɔbrə] *n* swila

cobweb ['kɔbweb] *n* utando wa buibui

cocaine [kəu'kein] *n* kokeini

cock; cockerel [kɔk; 'kɔkərəl] *n* jogoo

cockpit ['kɔkpit] *n* dungu

cockroach ['kɔkrəuch] *n* mende

cocktail ['kɔkteil] *n* kokteli

cock up *v* -haribu

cocoa ['kəukəu] *n* kakao

coconut ['kəukənʌt] *n* nazi

cocoon [kə'ku:n] *n* kifukofuko

cod [kɔd] *n* chewa

code [kəud] *n* 1. tarakim maalum 2. **highway code** utaratibu wa barabara kuu 3. **penal code** kanuni ya adhabu

co-education [kəu,edyu'keishən] *n* shule ya mchanganyiko

coerce [kəu'ə:s] *v* -dhibiti

coexistence [,kəueg'zistəns] *n* **peaceful coexistence** kuiishi kwa amani

coffee ['kɔfi] *n* kahawa

coffers ['kɔfəz] *pl* hazina

coffin ['kɔfin] *n* jeneza

cog [kɔg] *n* jino la gurudumu

cognac ['kɔnyak] *n* brandi

cohabit [kəu'habit] *v* -kaa kinyumba

coil [kɔil] 1. *n* koili 2. *v* -zungusha

coin [kɔin] *n* sarafu

coincide [,kəuin'said] *v* 1. -tukia 2. -patana

coincidence [kəu'insidəns] *n* 1. utukizi 2. ajabu

cold [kəuld] 1. *adj* -a baridi 2. *n* baridi 3. **to catch a cold** -shikwa na mafua

cold-blooded *adj* katili

coldness ['kəuldnis] *n* baridi

cold sore *n* kidonda cha homa

cold storage *n* chumba cha baridi

cold war *n* vita ya maneno na propaganda

colic ['kɔlik] *n* mchango

collaborate [kə'labəreit] *v* -shiriki katika kazi

collaboration [kə'labəreishən] *n* **in collaboration with** kwa kushirikiana na

collaborator [kə'labəreitə] *n* mshiriki

collapse [kə'laps] 1. *n* kuanguka 2. *(med.)* mzimiko 3. *v* -anguka 4. *(med.)* -zimia

collapsible [kə'lapsibəl] *adj* -a
kutunjika

collar [ˈkɔlə] *n* kola

collar-bone *n* mtulinga

colleague [ˈkɔliːg] *n* mwenzi

collect [kəˈlekt] *v* 1. -kusanya 2.
-chukua

collection [kəˈlekshən] *n* 1.
mchango 2. kikundi

collective [kəˈlektiv] 1. *adj* -a
pamoja 2. *n* kundi

collective farm *n* shamba la
ujamaa

collector [kəˈlektə] *n* mkusanya

college [ˈkɔlij] *n* chuo

collide [kəˈlaid] *v* -gongana

collision [kəˈlizhən] *n* mgongano

colloquial [kəˈləukwiəl] *adj* -a simo

collusion [kəˈluːzhən] *n* njama

colon [ˈkəulən] *n* utumbo mpana

colonel [ˈkəːnl] *n* kanali

colonnade [kɔləˈnaid] *n* safu ya
nguzo

colonial [kəˈləuniəl] *adj* -a kikoloni

colonialism [kəˈləuniəlizəm] *n*
ukoloni

colonialist [kɔˈləuniyalist] *n*
mkoloni

colonist [ˈkɔlənist] *n* setla

colonialization [ˌkɔlənaiˈzeishən] *n*
ukoloni

colonize [ˈkɔlənaiz] *v* -tia ukoloni

colony [ˈkɔləni] *n* koloni

colossal [kəˈlɔsəl] *adj* -kubwa mno

colour [ˈkʌlə] 1. *n* rangi 2. *v* -paka
rangi

colour blindness *n* upofu rangi

colour film *n* filamu ya rangi

colourful [ˈkʌləfəl] *adj* -liosharabu
rangi

colourless [ˈkʌlələs] *adj* -sio na
rangi

colt [kɔlt] *n* mwana farasi

column [ˈkɔləm] *n* 1. nguzo 2.
mlolongo 3. **newspaper column**
makala ya gazeti 4. **spinal column**
uti wa mgongo

columnist [ˈkɔləmnist] *n* muandishi
wa makala ya gazeti

coma [ˈkəumə] *n* usingizi mzito

comb [kəum] *n* kitana

combat [ˈkɔmbat] 1. *adj* -a mapigano
2. *n* mapigano 3. *v* -pigana

combatant [ˈkɔmbətənt] *n*
mpiganaji

combination [ˌkɔmbiˈneishən] *n*
muungano

combine [kəmˈbain] *v* -ungana

combined operations *pl*
shughuli mchangamano

combine harvester *n* kivuna
nafaka

combustion [kəmˈbʌschən] *n*
mwako

come [kʌm] *v* (**came, come**) -ja

come across *v* -kutana na

come back *v* -rudi

come-back [ˈkʌmbak] *n* kurudi
tena

comedian [kəˈmiːdiən] *n* chale;
mchekeshaji

come down *v* 1. -ja chini 2. -shuka
3. -nya

come in *v* 1. -ingia 2. (*mar.*) -jaa

comedy [ˈkɔmidi] *n* futuhi

come off *v* 1. -toka 2. -dondoka

come out *v* -toka nje

comer [ˈkʌmə] *n* 1. **firstcomer**
anayekuja kwanza 2. **latecomer**
mchelewaji

comeuppance [ˌkʌmˈʌpəns] *n* maafa
stahilifu

comet [ˈkɔmet] *n* kimondo

come up *v* -tokea

comfort [ˈkʌmfət] 1. *n* faraja 2.
starehe 3. *v* -fariji

comfortable [ˈkʌmftəbəl] *adj* -a
kustarehesha

comic [ˈkɔmik] 1. *adj* -a kuchekesha
2. *n* gazeti ya katuni 3. chale

coming [ˈkʌming] 1. *adj* -naokuja 2.
n majilio

comma [ˈkɔmə] *n* koma

command [kəˈmaːnd] 1. *n* amri 2.

utawala **3.** *v* -amrisha; -amuru **4.**
-tawala

commander [kəˈmaːndə] *n*
kamanda

commander-in-chief *n* amiri
jeshi mkuu

commando [kəˈmaːndəu] *n*
komando

command post *n* kituo cha
kamanda

commemoration [kə,meməˈreishən]
n ukumbusho

commence [kəˈmens] *v* -anza

commend [kəˈmend] *v* -sifu

comment [ˈkɔment] *v* **1.** neno **2. no
comment** sina neno

commentary [ˈkɔməntri] *n* tangazo

commentator [ˈkɔmən,teitə] *n*
mtangazaji

commerce [ˈkɔməːs] *n* biashara

commercial [kəˈməːshl] *adj* -a
biasahra

commercial agency *n* wakala
wa biashara

commercial bank *n* benki ya
biashara

commercial centre *n* kituo cha
biashara

commercialize [kəˈməːshəlaiz] *v*
-geuza -a biashara ili kupata faida

commercial law *n* sheria za
biashara

commission [kəˈmishən] *n* **1.** kazi
2. *(pol.)* tume **3.** *(fin.)* asilimia ya
faida **4.** *(mil.)* **to get one's
commission** -pata cheo ya ofisa **5.
High Commission** High
Commission; Kamishan Mkuu

commissioner [kəˈmishənə] *n* **1.**
kamishna; mkuu **2. High
Commissioner** Balozi

commit [kəˈmit] *v* **(committed) 1.**
-tenda **2.** -peleka

commitment [kəˈmitmənt] *n* ahadi

committee [kəˈmitiː] *n* **1.** kamati **2.
executive committee** kamati ya
utendaji **3. steering committee**

kamati ya uendeshaji **4. committee
member** mwanakamati

committee of inquiry *n* kamati
ya uchunguzi

commodity [kəˈmɔdəti] *n* **1.** bidhaa
2. essential commodity bidhaa
muhimu

commodore [ˈkɔmədɔ] *n* *(mar.)*
kamadori

common [ˈkɔmən] *adj* **1.** -a wote **2.
in common with** sawa na

common law *n* sheria
zisizoandikwa

commonly [ˈkɔmənli] *adv* kwa wote

common market *n* soko la
ushirikiano

commonplace [ˈkɔmənpleis] *adj* -a
kawaida

commons [ˈkɔmənz] *pl* **House of
Commons** Jumba la Wakilishi la
Uingereza

common sense [,kɔmənˈsens] *n*
maarifa ya kawaida

commonwealth [ˈkɔmənwelth] *n*
jumuia ya madola

commotion [kəˈmeushən] *n* vurugu

communal [ˈkɔmyunl] *adj* -a jumuia

communicable [kəˈmyuːniˈkəbəl]
adj -enye kuwezekana kuelezwa

communicable disease *n*
maradhi ya kuambukiza

communicate [kəˈmyuːnikeit] *v*
1. -pitisha **2.** wasiliana **(with** na)

communication
[kə,myuːniˈkeishən] *n* **1.** taarifa **2.**
mawasiliano

communications
[kə,myuːniˈkeishənz] *pl* mawasiliano

communications network *n*
wavu wa mawasiliano

communications satellite *n*
satalaiti ya mawasiliano

communiqué [kəˈmyuːnikei] *n* **1.**
taarifa **2. joint communiqué**
taarifa ya pamoja

communism [ˈkɔmyunizəm] *n*
ukomunisti

communist [ˈkɔmyunist] 1. *adj* -a kikomunisti 2. *n* mkomunisti

community [kəˈmyuːnəti] *n* jumuia

commute [kəˈmyuːt] *v* 1. -safiri kila siku mjini 2. *(leg.)* -pa tahafifu

commuter [kəˈmyuːtə] *n* msafiri wa aina hii

compact [kəmˈpakt] *adj* -gumu

compact disc *n* disk madhubuti; c.d.

companion [kəmˈpaniən] *n* mwenzi

company [ˈkʌmpəni] *n* 1. kuwa pamoja na wengine 2. *(com.)* kampuni 3. *(mil.)* kombania

comparable [ˈkɔmpərəbəl] *adj* -a kulinganisha

comparative [kəmˈparətiv] *adj* -a kulingalifu

comparatively [kəmˈparətivli] *adv* karibu

compare (with) [kəmˈpeə] *v* -linganisha

comparison [kəmˈparisən] *n* ulinganishi

compartment [kəmˈpaːtmənt] *n* 1. chumba 2. **train compartment** toto la treni

compass [ˈkʌmpəs] *n* dira

compassion [kəmˈpashən] *n* huruma

compatible [kəmˈpatəbəl] *adj* -kupatana

compel [kəmˈpel] *v* -lazimisha

compensate [ˈkɔmpənseit] *v* -fidia

compensation [ˌkɔmpənˈseishən] *n* fidia

compere [ˈkɔmpeə] *n* mtangazaji

compete [kəmˈpiːt] *v* -shindana

competence [ˈkɔmpitəns] *n* uwezo

competent [ˈkɔmpitənt] *adj* -enye uwezo

competitative [kɔmˈpetətiv] *adj* -a kupenda kushindana

competition [ˌkɔmpeˈtishən] *n* 1. mashindano 2. **open competition** mashindano ya wazi

competitor [kɔmˈpetitə] *n* mshindani

compilation [ˌkɔmpiˈleishən] *n* mtungo

compile [kɔmˈpail] *v* -tunga

complain [kəmˈplein] *v* 1. -lalamika 2. *(leg.)* -shtaki

complaint [kəmˈpleint] *n* 1. malalamiko 2. *(leg.)* mashitaka 3. **to lodge a complaint** -andikisha shitaka

complement [ˈkɔmplimənt] *v* -kamilisha

complete [kəmˈpliːt] 1. *adj* kamili 2. kabisa 3. *v* -maliza

completely [kəmˈpliːtli] *adv* kabisa

completion [kəmˈpliːshən] *n* ukamilisho

complex [ˈkɔmpleks] 1. *adj* -changamano 2. -gumu 3. *n (med.)* hisia 4. **office complex** sehemu ya maofisi

complexion [kəmˈplekshən] *n* rangi ya uso

compliance [kɔmˈplaiyəns] *n* kulingana (**with** na)

complicate [ˈkɔmplikeit] *v* -tatiza

complicated [ˈkɔmplikeitid] *adj* 1. -enye utata 2. changamano

complication [ˌkɔmpliˈkeishən] *n* ugumu

complicity [kəmˈplisiti] *n* ushiriki

compliment [ˈkɔmplimənt] 1. *n* sifa 2. *v* -sifu

complimentary [ˌkɔmpliˈmentəri] *adj* -a kusifu

complimentary ticket *n* tikiti iliyotolewa bure

comply [kəmˈplai] *v* -tii

comply with *v* -timiza

component [kəmˈpəunənt] *n* kijenzi

compose [kəmˈpəuz] *v* 1. -fanyiza 2. -tengenezwa (**of** kwa) 2. *(mus.)* -tunga

composed [kəmˈpəuzd] *adj* -tulivu

composer [kəmˈpəuzə] *n* mtungaji

composition [ˌkɔmpəˈzishən] *n* 1. insha 2. vijenzi 3. *(mus.)* kazi ya sanaa

compost [ˈkɒmpɒst] n mchanganyiko

compound [ˈkɒmpaund] n **1.** eneo **2.** *(tech.)* mchanganyiko

comprehend [ˌkɒmprɪˈhend] v -fahamu

comprehension [ˌkɒmprɪˈhenʃən] n ufahamu

comprehensive [ˌkɒmprɪˈhensiv] adj **1.** -a kufahamu **2.** -enye vitu

compress [kəmˈpres] v -gandamiza

compressed air n hewa shindiliwa

compression [kəmˈpreʃən] n mgandamizo

comprise [kəmˈpraɪz] v -wa na

compromise [ˈkɒmprəmaɪz] **1.** n maafikiano **2.** v -afikiana

comptroller [kɒmpˈtrəulə] n mdhibiti fedha

compulsion [kəmˈpʌlʃən] n shurutisho

compulsive [kəmˈpʌlsiv] adj -a kulazimisha

compulsory [kəmˈpʌlsəri] adj -a lazima

computation [ˌkɒmpjuˈteɪʃən] n mkokotoo

compute [kəmˈpjuːt] v -fanya hesabu

computer [kəmˈpjuːtə] n kompyuta

computer science n sayansi ya kompyuta

computing [kəmˈpjuːtɪŋ] **1.** adj -a kompyuta **2.** n kazi ya kompyuta

computize [ˈkɒmpjuˌtaɪz] v -hifadhi kwenye kompyuta

comrade [ˈkɒmrad] n **1.** rafiki **2.** *(pol.)* ndugu

con [kɒn] **1.** *(mar.)* shika usukani wa chombo **2. pros and cons** hoja za pande zote **3.** v -danganya **4.** *see* **convict**

concave [ˈkɒnkeɪv] adj -a kubonyea

conceal [kənˈsiːl] v -ficha

concealment [kənˈsiːlmənt] n maficho

concede [kənˈsiːd] v -kubali

conceited [kənˈsiːtid] adj -enye kiburi

conceivable [kənˈsiːvəbəl] adj -a kuwezekana

conceive [kənˈsiːv] v **1.** -waza **2.** *(med.)* -tunga mimba

concentrate [ˈkɒnsntreɪt] v **1.** -makinikia **2.** -kolea

concentrated [ˈkɒnsən͵treɪtid] adj -lokolea

concentration [ˌkɒnsnˈtreɪʃən] n **1.** umakinifu **2.** kikoleza

concentration camp n kambi ya ufungwa

concentration camp survivor n aliyeokoka kutoka kambi ya ufungwa

concept [ˈkɒnsept] n fikra

conception [kənˈsepʃən] n **1.** wazo **2.** *(med.)* utungaji mimba

conceptualize [kənˈsepʧəlaɪz] v -buni

concern [kənˈsəːn] **1.** n uhusiano **2.** hisa **3.** *(com.)* kampuni **4.** v -husu **5.** -sikitisha

concerned [kənˈsəːnd] adj **to be concerned** -sikitisha

concerned with; concerning [kənˈsəːnɪŋ] prep mintarafu

concert [ˈkɒnsət] n maonyesho

concerted action n tendo lililofanywa kwa pamoja

concerto [kɒnˈʧəːtəu] n koncheto

concession [kənˈseʃən] n kukubali

concierge [ˌkɒnsiˈyəːʒ] n bawabu

conciliation [kənsiliˈyeɪʃən] n **1.** usuluhishi **2. court of conciliation** baraza la usuluhishi

concise [kənˈsaɪs] adj -fupi

conclave [ˈkɒnkleɪv] n mkutano wa faragha

conclude [kənˈkluːd] v **1.** -hitimisha **2.** -fikia **3.** -isha

conclude a treaty v -kamilisha mkataba

conclusion [kən'klu:shən] *n* 1. hitimisho 2. maoni 3. **in conclusion** hatimaye

conclusive *adj* -enye kuthibitisha

conclusive evidence *n* ushahidi unaothibitisha

concoct [kən'kɔkt] *v* -buni

concrete ['kɔnkri:t] 1. *adj* -a saruji 2. -thabiti 3. *n* saruji 4. **reinforced concrete** zege imara

concrete block *n* tofali la saruji

concrete mixer *n* kichanganya zege

concur [kən'kə:r] *v* -kubali

concurrent [kən'kʌrənt] *adj* -enye kutendeka

concuss [kən'kʌs] *v* -jeruhiwa ubongo

concussion [kən'kʌshən] *n* 1. mshtuko 2. *(med.)* jeraha la bongo

condemn [kən'dem] *v* 1. -laani 2. *(leg.)* -hukumu

condemnation [,kɔndem'neishən] *n* laana

condensation [,kɔndən'seishən] *n* mtonesho

condescend [,kɔndi'send] *v* -jishusha hadhi

condition [kən'dishən] *n* 1. hali 2. *(med.)* afya 3. *(leg.)* sharti 4. **out of condition** katika hali mbaya 5. **on condition that** endapo kwamba 6. -shurutisha

conditional [kən'dishənəl] *adj* -enye masharti

condo ['kɔndəu] *see* condominium

condolences [kɔn'dəulənsis] *pl* salamu za mbirambi

condom ['kɔndəm] *n* kondomu

condominium ['kɔndəu] *n* 1. miliki bia 2. *(US)* nyumba

condone *v* -samehe

conduct ['kɔndʌkt] *n* 1. maadili mema 2. utaratibu

conduct [kən'dʌkt] *v* 1. -ongoza 2. -endesha 3. *(tech.)* -pitisha 4. *(mus.)* -ongoza

conduction [kən'dʌktshən] *n (tech.)* upitishaji

conductor [kən'dʌktə] *n* 1. mwongozaji 2. msimamizi 3. *(tech.)* kipitishi 4. *(mus.)* muongozaji wa muziki

conduit ['kɔndwit] *n* bomba

cone [kəun] *n* koni

confectionery [kən'fekshəneri] *n* vitamutamu

confederation [kən,fede'reishən] *n* shirikisho

confer [kən'fə:] *v* -shauriana

conference ['kɔnfərəns] *n* 1. mkutano 2. **press conference** mkutano baina ya waandihi habari 3. **summit conference** mkutano wa wakuu wa nchi

confess [kən'fes] *v* -kiri

confession [kən'fshən] *n* kukiri

confetti [kən'feti] *n* chengechenge

confidence ['kɔnfidəns] *n* imani

confident ['kɔnfidəns] *adj* 1. -enye imani 2. -enye hakika

confidential [,kɔnfi'dənshəl] *adj* -a siri

configuration [kən,figə'reishən] *n* umbo

confine [kən'fain] *v* -fungia

confirm [kən'fə:m] *v* -thibitisha

confirmation [,kɔnfə'meishən] *n* uthibitisho

confirmed [kən'fə:md] *adj* kabisa

confiscate ['kɔnfiskeit] *v* -nyang'anya

conflagration [,kɔnflə'greishən] *n* moto mbukwa

conflict ['kɔnflikt] *n* 1. mgongano 2. *(mil.)* mapigano

conflict [kən'flikt] *v* -pingana (**with** na)

conflicting [kən'flikting] *adj* -enye kupingana

conform [kən'fɔ:m] *v* -kubali

conformist [kən'fɔ:mist] *n* mfuata desturi

confound [kən'faund] *n* -shangaza

confront [kən'frʌnt] *v* -kabili
confrontation [ˌkɔnfrʌn'teishən] *n* mabishano
confuse [kən'fyu:z] *v* -changanya
confused [kən'fyu:zd] *adj* to be confused -fadhaika
confusing *adj* to be confusing -babaisha
confusion [kən'fyu:zhən] *n* 1. mchafuko 2. ghasia
congeal [kən'ji:l] *v* -ganda
congenial [kən'ji:niyəl] *adj* -enye hulka moja
conger eel *n* mkunga wa baharini
congestion [kən'jeschən] *n* 1. msongamano 2. *(med.)* uoevu
conglomerate [kən'glɔmərət] *n* shirikisho
Congo ['kɔngəu] *n* Kongo; Zaire
Congolese [kɔngə'li:z] *n* 1. *n* Mkongo; Mzaire 2. -a Kongo; -a Zaire
congratulate [kən'grachuleit] *v* -pongeza
congratulations [kənˌgrachu'leishənz] *pl* 1. hongera 2. congratulations! hongera!
congregation [ˌkɔnggri'geishən] *n* mkusanyiko
congress ['kɔnggres] *n* 1. mkutano 2. *(US)* Congress Bunge la Marekani
congressman; congresswoman ['kɔnggresmən; -wumən] *n* mbunge
conjecture [kən'jekchə] *n* kisio
conjurer ['kʌnjərə] *n* mfanya kiini macho
conman ['kɔnˌman] *n* tapeli
connect [kə'nekt] *v* -unganisha; -husu
connection; connexion [kə'nekshən] *n* 1. mwunganisho; uhusiano 2. in connection with kwa mintarafu ya
conning tower *n* mnara wa ruhani wa manowari
connoisseur [ˌkɔnə'sə:] *n* mwonjaji

connotation [ˌkɔnə'teishən] *n* kidokezo
conquer ['kɔngkə] *v* -shinda
conqueror ['kɔnkərə] *n* mshindi
conquest ['kɔngkwest] *n* ushindi
conscience ['kɔnshəns] *n* dhamiri
conscientious [ˌkɔnshi'enshəs] *adj* -a kufanya kwa makini
conscious ['kɔnshəs] *adj* 1. -a kuona 2. *(med.)* -enye fahamu
conscript ['kɔnskript] *n* *(mil.)* mwanajeshi kwa mujibu wa sheria
conscript [kən'skript] *v* *(mil.)* -itwa jeshini
conscription ['kənskripshən] *n* *(mil.)* kuitwa jeshini
consecutive [kən'sekyutiv] *adj* mfulizo
consensus [kən'sensəs] *n* muafaka
consent [kən'sent] 1. *n* ridhaa 2. age of consent umri wa utu uzima 3. *v* -ridhia
consequence ['kɔnsikwens] *n* 1. matokeo 2. in consequence of kwa sababu hiyo
consequently ['kɔnsikwentli] *conj* kwa hiyo
conservation [ˌkɔnsə'veishən] *n* 1. hifadhi 2. forest conservation hifadhi ya misitu 3. wildlife conservation hifadhi ya wanyama
conservative [kən'sə:vətiv] 1. *adj* -siyetaka mabadiliko 2. *(pol.)* -enye sera ya muhafidhina 3. *n* mtu asiyetaka mabadiliko 4. *(pol.)* mwenye sera ya muhafidhina
conserve [kən'sə:v] *v* -hifadhi
consider [kən'sidə] *v* -fikiria
considerable [kən'sidərəbəl] *adj* -kubwa; -ingi
considerably [kən'sidərəbli] *adv* mno
considerate [kən'sidərət] *adj* 1. mno 2. -enye busara
consideration [kənˌsidə'reishən] *n* 1. fikiria 2. huruma

considering [kən'sidəring] *prep* -a kulinganisha

consign [kən'sain] *v* -safirisha

consignee [kən'saini:] *n* wakili

consigner [kən'ainə] *n* mwakilishaji

consignment [kən'sainmənt] *n* mali

consignment note *n* hati ya mali

consist [kən'sist] *v* 1. -wa na 2. -tegemea

consistent [kən'sistənt] *adj* -enye msimamo

consistent with *adj* kwa kupatana

consolation [,kɔnsə'leishən] *n* 1. kitulizo 2. *(spor.)* kufuta

console ['kɔnsəul] *n* *(tech.)* chumba cha vifaa

console [kən'səul] *v* -tuliza

consolidate [kən'sɔlideit] *v* -unganisha

consonant ['kɔnsənənt] *n* konsonanti

consort ['kɔnsɔːt] *v* -andamana (with na)

conspicuous [kən'spikyuəs] *adj* -enye kuonekana waziwazi

conspiracy [kən'spirəsi] *n* njama

conspirator [kən'spirətə] *n* mla njama

conspire [kən'spaiə] *v* -la njama

constable ['kʌnstəbəl] *n* polisi

constabulary [kən'tabyuləri] *n* jeshi la polisi

constant ['kɔnstənt] *adj* 1. -a siku zote 2. -thabiti

constantly ['kɔnstəntli] *adv* daima

constellation [,kɔnstə'leishən] *n* kilimia

consternation [,kɔnstə'neishən] *n* fadhaa

constipation [kən'stipeishən] *n* kufunga choo

constituency [kən'stityuənsi] *n* *(pol.)* jimbo la uchaguzi

constituent [kən'stityuənt] *n* *(pol.)* mpiga kura

constitute ['kɔnstityuːt] *v* 1. -wa na 2. -anzisha

constitution [,kɔnsti'tyuːshən] *n* 1. tambo 2. *(pol.)* katiba ya nchi

constitutional [,kɔnsti'tyuːshənl] *adj* 1. *(pol.)* -a kikatibu 2. *(leg.)* -a kutii sheria

constraint [kən'streint] *n* kizuizi

constrict [kən'strikt] *v* -bana

construct [kən'strʌkt] *v* 1. -jenga 2. -fanya

construction [kən'strʌkshən] *n* 1. ujenzi 2. jengo

construction industry *n* kiwanda cha ujenzi

constructive [kən'strʌktiv] *adj* -jenzi

constructor [kən'strʌktə] *n* mjenzi

consul ['kɔnsl] *n* baozi mdogo

consulate ['kɔnsyulət] *n* (ofisi ya) balozi mdogo

consult [kən'sʌlt] *v* -taka shauri

consultancy [kən'sʌltənsi] *n* 1. ushauri 2. kampuni ya ushauri

consultant [kɔn'sʌltənt] *n* mshauri

consultation [,kɔnsʌl'teishən] *n* ushauri

consume [kən'syuːm] *v* 1. -la 2. -haribu 3. *(ec.)* -tumia

consumer [kən'syuːmə] *n* *(ec.)* mtumiaji

consumer goods *pl* bidhaa zitumiwazo

consumption [kən'sʌmpshən] *n* 1. ulaji 2. *(ec.)* utumiaji

contact ['kɔntakt] *n* 1. mgusano 2. **business contacts** watu unaohusiana nao kibiashara 3. **to be in contact** -wasiliana (**with** na) 4. **We have lost contact with each other.** Hatuna masiliano baina yetu. 5. *v* -wasiliana

contact lens *n* lenzi (ya plastiki)

contagious [kən'teijəs] *adj* -a kuambukiza

contagious disease *n* ugonjwa wa kuambukiza

contagion [kən'teijən] *n* uambukizaji

contain [kən'tein] *v* -wa na

container [kən'teinə] *n* 1. chombo
2. **freight container** kontena
contaminate [kən'tæmineit] *v*
-najisi
contamination [kən,tæmi'neishən]
n unajisi; dhara
contemplate ['kɔntempleit] *v*
-tazama
contemplation [,kɔntem'pleishən] *n*
fikira
contemporary [kən'tempərəri] 1.
adj -a wakati moja 2. *n* rika
contempt [kən'tempt] *n* dharau
contempt of court *n* kudharau
mahakama
contemptible [kən'temptibəl] *adj*
-duni
contemptuous [kən'tempchuəs]
adj -enye kudharau
contend [kən'tend] *v* -shindania
content [kən'tent] 1. *adj* -ridhi 2. *n*
kadiri
contention [kən'tenshən] *n* ugomvi
contentious [kən'tenshəs] *adj*
-gomvi
contents ['kɔntench] *pl* fahirisi
contest [kən'test] *n* shindano
contest [kən'test] *v* -gombea
contestant [kən'testənt] *n* mshindani
context ['kɔntekst] *n* muktadha
continent ['kɔntinənt] *n* 1. bara;
kontinenti 2. **the Continent** Ulaya
continental [,kɔnti'nentl] *adj* -a
bara; -a kontinenti
contingency [kən'tinjənsi] *n* tukio
la nasibu
continual [kən'tinyuəl] *adj* -a moja
kwa moja
continually [kən'tinyuəl] *adv* moja
kwa moja
continuation [kən,tinyu'eishən] *n*
mwendelezo
continue [kən'tinyu:] *v* -endeleza
continuity [,kɔnti'nyuwiti] *n* hali ya
kuendeleza
continuous [kən'tinyuəs] *adj* -a
moja kwa moja

continuously [kən'tinyuəsli] *adv*
moja kwa moja
contour ['kɔntuə] *n* kontua
contraband ['kɔntrəband] 1. *adj* -a
magendo 2. *n* bidhaa za magendo
contraception [,kɔntrə'sepchən] *n*
uzuwiaji mimba
contraceptive [,kɔntrə'septiv] 1.
adj -a kuzuia mimba 2. *n* kuzuia
mimba
contract ['kɔntrakt] *n* 1. *n* mkataba
2. **breach of contract** kuvunja
mkataba 3. *v* -nywea 4. *(med.)*
-patwa na
contraction ['kɔntrakchən] *n* 1.
mnyweo 2. **labour contractions**
(med.) maumivu ya uzazi
contractor [kən'traktə] *n* kontrakta
contractual [kən'trakchuəl] *adj* -a
mkataba
contradict [,kɔntrə'dikt] *v* -pingana
contradiction [,kɔntrə'dikshən] *n*
ukizani
contraption [kən'trapchən] *n* dude
contrary ['kɔntrəri] *n* **on the
contrary** hasha
contrast ['kɔntra:st] 1. *n* hitilafu 2.
v -wa kinyume cha
contravene [,kɔntrə'vi:n] *v* -halifu
contravention [,kɔntrə'venchən] *n*
uhalifu
contribute [kən'tribyu:t] *v* 1. -saidia
2. -andikia
contribution [,kɔntri'byu:shən] *n* 1.
msaada 2. makala za gazeti
contributor [kən'tribyutə] *n* mtoa
msaada
contrive [kən'traiv] *v* -vumbua
control [kən'trəul] 1. *n* mamlaka 2.
udhibiti 3. **volume control**
urekebishaji wa sauti 4. **aircraft
control** kuongozea ndege 5.
remote control swichi ya mbali
bila ya waya; rimot-kontrol 6. **self-
control** kupiga moyo konde 7.
birth control upangaji wa uzazi 8.
v -tawala

controller [kənˈtrəulə] n msimamizi
controversial [ˌkɔntrəˈvəːshl] adj -a kuelekea kuleta mabishano
controversy [kənˈtrɔvəsi] n 1. ubishani 2. **beyond controversy** bila kupingwa
convalesce [ˌkɔnvəˈles] v -pata ahueni
convene [kənˈviːn] v -fanya mkutano
convenience [kənˈviːniəns] n 1. hali inayofaa 2. **at your convenience** kwa nafasi yako
convenience food n chakulakilicho rahisi kutayarisha
convenient [kənˈviːniənt] adj -a kufaa
convent [ˈkɔnvənt] n jumuia ya watawa wanawake
convention [kənˈvenshən] n 1. jambo la desturi 2. (pol.) mapatano
conventional [kənˈvenshnl] adj -a desturi
converge [kɔnˈvəːy] v -kutana
conversation [ˌkɔnvəˈseishən] n mazungumzo
converse [kənˈvəːs] v -zungumza
conversion [kənˈvəːshən] n 1. ubadilishaji 2. (fin.) kubadili pesa 3. (rel.) kibadili dini 4. **to convert to Islam** -silimu 5. **to convert from Islam** -itadi 6. **to convert from Islam to Christianity** -tanasari
convert [kɔnˈvəːt] v -badili
convex [ˈkɔnveks] adj -a mbinuko
convey [kənˈvei] v 1. -chukua 2. (leg.) -hawilisha 3. **to convey meaning** -beba maana
conveyancing [kənˈveiyənsing] n (leg.) kuhawilisha
conveyor belt n mkanda wa kuchukulia
convict [ˈkɔnvikt] n mfungwa
convict [kənˈvikt] v -tia hatiani
conviction [kənˈvikchən] n kupatikana na hatia

convince [kənˈvins] v -ridhisha
convincing [kənˈvinsing] adj -a raha
convoy [ˈkɔnvɔi] n ulinzi wa njiani
convulsion [kənˈvʌlshən] n (med.) kifafa
cook [kuk] 1. n mpishi 2. v -pika
cookbook [ˈkukbuk] n kitabu cha mapishi
cooker [ˈkukə] n jiko
cookery [ˈkukəri] n upishi
cookery book n kitabu cha mapishi
cookie; cooky [ˈkuki] n (US) biskuti
cool [kuːl] 1. adj -a baradi kidogo 2. -tulivu 3. -zuri 4. **cool!** safi sana! 5. v -poa
coolant [ˈkuːlənt] n kimiminiko cha kupozea
cool down v 1. -poa 2. -tulia
co-operate [kəuˈɔpəreit] v -shirikiana
co-operation [kəuˌɔpəˈreishən] n 1. ushirikiano 2. **in co-operation with** kwa kushirikiana na
co-operative [kəuˈɔpərətiv] 1. adj -a kushirikiana 2. n chama cha ushirika
co-ordinate [kəuˈɔːdineit] v -ratibu
co-ordination [kəuˈɔːdineishən] adj uratibu
cop [kɔp] n (sl.) polisi
cope [kəup] v -weza
copier [ˈkɔpiə] see **photocopier**
copper [ˈkɔpə] n shaba nyekundu
copulation [ˌkɔpyuˈleishən] n kujamiiana
copy [ˈkɔpi] 1. n nakala 2. v -nakili 3. -ibia
copydesk [ˈkɔpidesk] n meza ya mhariri
copyright [ˈkɔpirait] n haki ya kunakili
copyrighter [ˈkɔpiraitə] n mwandishi wa matangazo
coral [ˈkɔrəl] n 1. **red coral** marijani 2. **white coral** matumbawe

coral reef *n* mwaba tumbawe

cord [kɔ:d] *n* 1. kamba 2. (elec.) waya 3. **vocal cords** vitunga mlio 4. **umbilical cord** kitovu 5. **spinal cord** uti wa mgongo

cordon [ˈkɔ:dən] *n* kizuizi cha askari

core [kɔ:] *n* 1. kiini 2. **fruit core** kokwa

cork [kɔ:k] *n* koki

corkscrew [ˈkɔ:kskru:] *n* kizibuo

cormorant [ˈkɔ:mərənt] *n* mnandi

corn [kɔ:n] *n* nafaka

cornea [ˈkɔ:niyə] *n* konea

corner [ˈkɔ:nə] *n* 1. pembe 2. **to turn a corner** -kata kona

corny [ˈkɔ:ni] *adj* liochakaa

coronary [ˌkɔrəˈneri] *adj* -a moyo

coronation [ˌkɔrəˈneishən] *n* kutawaza; kutawazwa

coroner [ˈkɔrənə] *n* afisa mchunguzi wa vifo

corporal [ˈkɔ:pərəl] *n* koplo

corporal punishment *n* adhabu ya kutandikwa

corporate [ˈkɔ:pərət] *adj* -a shirika

corporate body *n* shirika

coporate name *n* jina la shirika

corporate responsibility *n* madaraka ya pamoja

corporation [ˌkɔ:pəˈreishən] *n* 1. ushirika 2. *(com.)* shirika 3. **public corporation** shirika la umma

corps [kɔ:] *n* 1. kikosi 2. *(mil.)* jeshi 3. **diplomatic corps** jamii ya mabalozi

corpse [kɔ:ps] *n* maiti

corral [kəˈra:l] *n* boma

correct [kəˈrekt] 1. *adj* sahihi 2. *v* -rekebisha

correction [kəˈrekshən] *n* 1. rekebisho 2. adhabu

correctly [kəˈrektli] *adv* bila kosa

correlation [ˌkɔrəˈleishən] *n* uwiano

correspond [ˌkɔriˈspond] *v* 1. -wasiliana 2. -kubaliana

correspondence [ˌkɔriˈspondəns] *n* 1. mawasiliano 2. kukubaliana

correspondent [ˌkɔriˈspondənt] *n* mwandishi wa makala

corresponding [ˌkɔriˈsponding] *adj* kama huu

corridor [ˈkɔridɔ:] *n* ushoroba

corroborate [kəˈlabəreit] *v* -thibitisha

corroboration [kəˈlabəreishən] *n* uthibitisho

corroborative evidence *n* ushahidi wenye ithibati

corrode [kəˈrəud] *v* -haribu

corrosion [kəˈrəuzhən] *n* uharibifu

corrugated iron [ˈkɔrəgeitidˈaiən] *n* mabati ya kuezekea

corrupt [kəˈrʌpt] 1. *adj* -ovu 2. *(pol.)* fisadi 3. *(i.t.)* **My disc is corrupt.** Diski yangu ya kompyuta imeharibika. 4. *v* -potosha 5. *(pol.)* -fisidi

corruption [kəˈrʌpshən] *n* 1. kupotoa 2. *(pol.)* ufisadi

co-signatory [ˈkəuˈsignətri] *n* mtiaji sahihi

cosmetic [kɔzˈmetik] 1. *adj* -a kipodozi 2. *n* kipodozi

cosmopolitan [ˌkɔzməˈpolitən] *adj* -a kidunia

cosmic rays *pl* miali ulimwengu

cost [kɔst] 1. *n* gharama 2. **the cost of living** gharama za maisha 3. **at all costs** kwa vyovyote vile 4. *v* -gharimu 5. -hasiri 6. *(com.)* -kadiria bei

costing [ˈkɔsting] *n* ukadiriaji bei

costly [ˈkɔstli] *adj* -a gharama kubwa

co-star [ˈkəuˈsta:] *n* mbabe mwenzi

costume [ˈkɔstyu:m] *n* 1. mavazi 2. **national costume** vazi la taifa 3. **swimming costume** vazi la kuogelea

costume jewellery *n* vito bandia

cosy [ˈkəuzi] *adj* -a kufurahisha

cot [kɔt] *n* kitanda kidogo

cot death *n* kifo cha ghafla cha mtoto mchanga

cottage [ˈkɔtij] *n* nyumba kidogo

cottage industry *n* kiwanda kidogo

cotton [ˈkɔtn] *n* 1. pamba 2. uzi

cotton wool *n* pamba

couch [kauch] *n* kochi

cough [kɔf] 1. *n* kikohozi 2. *v* -kohoa

could [kəd; kud] *see* **can**

council [ˈkaunsl] *n* 1. halmashauri 2. baraza 3. **city council** halmashauri ya jiji 4. **executive council** baraza la mawaziri 5. **legislative council** baraza la kutunga sheria

councillor [ˈkaunsələ] *n* diwani

Council of Europe *n* Baraza ya Ulaya

counsel [ˈkaunsəl] *n* 1. ushauri 2. wakili

counsel for defence *n* wakili wa utetezi

counsel for prosecution *n* wakili wa mashitaka

counsellor [ˈkaunsələ] *n* 1. mshauri 2. *(US, leg.)* wakili

count [kaunt] *v* -hesabu

countdown [ˈkauntdaun] *n* mwishomwisho

counter [ˈkauntə] 1. *adj* -a kinyume (to cha) 2. *n* kaunta 3. *v* -pinga

counteract [ˌkauntəˈrakt] *v* -kinza

counterattack [ˌkauntəˈrattak] 1. *n* jibu la mapigo 2. *v* -rusudhia pigo

counterfeit [ˈkauntəfit] *adj* bandia

counterfoil [ˈkauntəfɔil] *n* kishina

counteroffensive [ˈkauntəˈfensiv] *n* kujibu

counterpart [ˈkauntəpaːt] *n* nakili

countless [ˈkauntlis] *adj* -ingi mno

count on *v* -tegemea

country [ˈkʌntri] *n* 1. nchi 2. **the country** shamba

countryman; countrywoman [ˈkʌntrimən; ˈkʌntriˌwəmən] *n* nyumba kijijini

countryside [ˈkʌntrisaid] *n* shamba

county [ˈkaunti] *n* mkoa

coup, coup d'état [kuː; kuːdeiˈtaː] *n* mapinduzi ya serikali

couple [ˈkʌpl] *n* vitu/watu wawili

coupon [ˈkuːpɔn] *n* kuponi

courage [ˈkʌrij] *n* ushujaa

courageous [kəˈreijəs] *adj* -shujaa

courier [ˈkuriyə] *n* 1. mjumbe 2. **international courier** mchukuzi wa kimataifa

course [kɔːs] *n* 1. mwendo 2. njia 3. *(ed.)* kozi 4. *(spor.)* uwanja 5. **course of food** sehemu ya mlo 6. **in due course** kwa wakati wake 7. **of course!** sawa! 8. **in the course of** wakati wa 9. *see* **racecourse**

court [kɔːt] 1. *n* kitala 2. *(spor.)* uwanja 3. *(leg.)* mahakama 4. **open court** mahakama ya wazi 5. **high court; supreme court** mahakama kuu 6. **civil court** mahakama ya madai 7. **appelate court** kahakama ya rufani 8. **contempt of court** kudharau mahakama 9. -bembeleza 10. -karibisha

courtesy [ˈkəːtəsi] *n* heshima

court-martial [ˌkɔːtˈmaːshəl] 1. *n* mahakama ya kijeshi 2. *v* -shtaki kijeshi

courtyard [ˈkɔːtyaːd] *n* uga

cousin [ˈkʌsin] *n* binamu

cove [kəuv] *n* ghuba ndogo

covenant [ˈkʌvənənt] *n* mkataba

cover [ˈkʌvə] 1. *n* kawa 2. **book cover** jalada 3. **insurance cover** fedha za fidia 4. **to take cover** -jificha 5. *v* -funika 6. **to cover expenses** -fidia

covering [ˈkʌvəring] *n* kifuniko

covert [ˈkəuvəːt] *adj* -a siri

cover-up [ˈkəuvərʌp] *n* kuficha

cow [kau] *n* ng'ombe

coward [ˈkauəd] *n* mwoga

cowardice [ˈkauədis] *n* woga

cowboy [ˈkaubɔi] *n* mchunga ng'ombe

cowrie [ˈkauri] *n* kauri

co-worker [ˈkəuwəːkə] *n* mshiriki kazini

coxswain [ˈkɔksən] *n* sarahangi

crab [krab] *n* kaa

crack [krak] *v* -tia ufa

crackdown [ˈkrakdaun] *n* 1. msakomsako 2. **military crack-down** msakomsako wa kijeshi

crackle [ˈkrakəl] *v* -lia

crackpot [ˈkrakpɔt] *n* pumbavu

cradle [ˈkreidl] *n* susu

craft [kraːft] *n* 1. ufundi 2. kazi ya mikono 3. (*pl* craft) chombo 4. *see* **aircraft**

craftsman [ˈkraːftsmən] *n* fundistadi

craftsmanship [ˈkraːfchmənship] *n* ufundistadi

crafty [ˈkraːfti] *adj* -janja

crag [krag] *n* jabali

cram [kram] *v* -jaza kabisa

cramp [kramp] *n* 1. mkakamao 2. **swimmer's cramp** chunusi 3. *see* **cramp-iron**

cramp-iron [ˈkramp-,aiyən] *n* gango

crane [krein] *n* 1. winchi 2. korongo

cranium [ˈkraniyəm] *n* fuu la kichwa

crank [krangk] *v* -komboa

crankshaft [ˈkrankshaːft] *n* fito kombo

crap [krap] *n* (*sl.*) mavi

crash [krash] 1. *n* kishindo 2. (*ec.*) uangukaji wa uchumi 3. *v* -vunjika 4. (*ec.*) -anguka wa uchumi 5. (*i.t.*) Farouque's computer has crashed. Kompyuta ya Faruk imevunjika.

crash-barrier *n* kizuizi cha hatari

crash-helmet [ˈkrash,helmit] *n* kofia ya kinga

crash-landing *n* kutua kwa ndege bila ya magurudumu

crate [kreit] *n* sanduku; kreti

crater [ˈkreitə] *n* kasoko

crave [kreiv] *v* -sihi

crawl [krɔːl] *v* -tambaa

crayon [ˈkreiən] *n* penseli

crazy [ˈkreizi] *adj* 1. -enye wazimu 2. **to be crazy about** -penda sana bila ya kiasi

cream [kriːm] *n* 1. malai 2. kirimu

crease [kriːs] *v* -kunja

create [kriːˈeit] *v* 1. -umba 2. -buni

creation [kriːˈeishən] *n* 1. uumbaji 2. kazi za sanaa

creative [kriːˈeitiv] *adj* -a kubuni

creativity [kriyeiˈtiviti] *n* kipaji cha kubuni

creator [kriːˈeitə] *n* mwumbaji

creature [ˈkriːchə] *n* kiumbe

creche [kresh] *n* kituo cha kulelea watoto wachanga

credentials [kriˈdenshlz] *pl* hati ya utambulisho

credibility [ˌkredəˈbiləti] *n* ustahilifu wa kusadikika

credible [ˈkredəbəl] *adj* -a kusadikika

credit [ˈkredit] 1. *n* (*fin.*) mkopo 2. **to buy on credit** -nunua kwa mkopo 3. **to sell on credit** -uza kwa mkopo 4. **to extend credit** -engeza mkopo 5. **to raise a credit limit** -zidisha mkopo 6. **to deserve credit** -stahiki sifa (**for** kwa) 7. **to give credit to** -sifia

credit card *n* kadi ya kukopa

creditor [ˈkreditə] *n* mdai

creek [kriːk] *n* kijito

creep [kriːp] *v* -tambaa

cremate [criˈmeit] *v* -choma maiti

crematorium; (*US*) **crematory** [ˌkreməˈtɔːriəm; kremətəri] *n* tanuu ua kuchomea maiti

crescent [ˈkresnt] *n* hilali

crest [krest] *n* 1. **crest of a wave** nyota ya jaha 2. **crest of a mountain** kilele

crevasse [kreˈvas] *n* mwanya

crevice [ˈkrevis] *n* mwanya

crew [kruː] *n* 1. wafanyakazi 2. **ground crew** mafundi ndege

cricket [ˈkrikit] *n* 1. nyenje 2. (*spor.*) kriketi

crikey! [ˈkraiki] loo!

crime [kraim] n 1. jinai 2. aibu 3. war crime uhalifu wa vitani 4. to commit a crime -tenda kosa la jinai

criminal [ˈkriminl] 1. adj -a jinai 2. n mhalifu 3. war criminal mhalifu wa vitani

criminality [ˌkrimiˈnaləti] n hali ya uhalifu

criminology [ˌkrimiˈnɔlɔji] n elimu jinai

crimson [ˈkrimzn] adj nyekundu iliyoiva

cringe [krinj] v -nywea

crinkle [ˈkrinkəl] n mkunjo

cripple [ˈkripl] 1. n kiwete 2. v -fanya mtu kiwete

crippled [ˈkripld] adj -a kiwete

crisis [ˈkraisis] n (pl crises) mtafaruku

crisis point n at crisis point katika kitafaruku

crisps [krisps] pl kaukau

crisscross [ˈkrisˈkrɔs] adj -liokingma

critic [ˈkritik] n mhakiki

critical [ˈkritikəl] adj 1. -a kihakiki 2. -a kukosoa 3. (med.) Her condition is critical. Yuko katika hali ya taabani sana.

critically [ˈkritiklɪ] adv He is critically injured. Yu mjeruhi taabani.

criticism [ˈkritisizəm] n 1. uhakiki 2. ukosoaji

criticize [ˈkritisaiz] v 1. -hakiki 2. -kosoa

critique [kriˈtiːk] n tahakiki

croak [krəuk] v -koroma

crochet [ˈkrɔchit] n kroshia

crock [krɔk] adj mkongwe

crockery [ˈkrɔkəri] n vyombo vya udongo

crocodile [ˈkrɔkədail] n mamba

crony [ˈkrəuni] n mwandani

crook [kruk] n mkora

crooked [ˈkrukid] adj 1. -sionyooka 2. halifu

crop, crops [krɔp; -s] n, pl 1. zao 2. cash crop zao la biashara

crop rotation n mabadilisho wa mimea

cross [krɔs] 1. adj -a chuki 2. n msalaba 3. v -vuka

cross-check v -thibitisha tena

cross-country adj -a kukatambuga

cross-current n mikondo pishani

cross-examination n hojiano

cross-examine v -dodosa

crossfire [ˈkrɔsfaiyə] n mashambulio ya risasi kutoka pande mbili

crossing [ˈkrɔsing] n 1. kivuko 2. (mar.) safari (ya meli) 3. zebra crossing kivuko cha miguu

crosslegged adj/adv -a kukaa kimarufaa

cross out v -kata kwa mistari

cross-question v -dodosa

crossroad; crossroads [ˈkrɔsrəud; -z] n, pl njia panda

cross-section n kundiwakilishi

crossword puzzle [ˈkrɔswəːd] n chemsha bongo

croupier [ˈkruːpiyə] n mhazini

crouch [krauch] v -jikunyata

crow [krəu] 1. n kunguru 2. v -wika

crowbar [ˈkrəubaː] n nondo

crowd [kraud] n watu

crowded [ˈkraudid] adj -liojaa

crown [kraun] n taji

crown colony [ˈkraun-ˈkɔləni] n koloni la kifalme

crucial [ˈkruːshl] adj -a muhimu sana

crucify [ˈkruːsifai] v -sulubisha

crude [kruːd] adj 1. -bichi 2. -sio adilifu

crude oil n mafuta yasiyosafishwa

cruel [ˈkruəl] adj -katili

cruelty [ˈkruəti] n ukatili

cruise [kruːz] 1. n safari za burudani 2. v -vinjari

cruiser [ˈkruːz] n 1. manowari 2.

passenger cruiser; cabin cruiser meli ya abiria

crumb [krʌm] *n* chembe

crumble [ˈkrʌmbəl] *v* -fikicha

crumple [ˈkrʌmpəl] *v* -kunjakunja

crunch [krʌnch] *v* -chakacha

crusade [kruˈseid] *n* 1. *(rel.)* vita vya dini 2. *(pol/mil.)* kampeni

crush [krʌsh] *v* -ponda

crushing [ˈkrʌshing] *adj* -baya mno

crush resistance *v* -shinda upinzani

crust [krʌst] *n* 1. **bread crust** gamba la mkate 2. **earth's crust** umbo wa dunia

crutch [krʌch] *n* gongo

cry [krai] 1. *n* kilio 2. *v* -lia 3. -toa sauti

crying [ˈkraying] *n* kilio

cryptic [ˈkriptik] *adj* -a siri

crystal [ˈkristl] *n* chembechembe

cub [cʌb] *n* mtoto

cub reporter *n* mwandishi wa habari chipukuzi

cube [kyuːb] *n* 1. mchemraba 2. **sugar cube** kidonge cha sukari

cubicle [ˈkyuːbikəl] *n* behewa dogo

cucumber [ˈkyukʌmbə] *n* tango

cud [kʌd] *n* 1. cheua 2. **to chew the cud** -cheua

cuddle [ˈkʌdəl] 1. *n* kukumbatiana 2. *v* -kumbatiana

cuddly [ˈkʌdli] *adj* -zuri kwa kukumbatia

cue [kyuː] *n* ishara

cuisine [kwiˈziːn] *n* upishi

cul-de-sac [ˌkʌldiˈsak] *n (UK)* uchochoro usotoka

culinary [ˈkʌlinri] *adj* -a jikoni

cull [kʌl] *v* -ua

culminate [ˈkʌlmineit] *v* -fikia kilele upeoishia

culpable [ˈkʌlpəbəl] *adj* -a kulaumika

culpable negligence *n* uzembe unaostahili adhabu

culprit [ˈkʌlprit] *n* mkosaji

cult [kʌlt] *n* madhehebu

cultivate [ˈkʌltiveit] *v* -lima

cultivation [ˌkʌltiˈveishən] *n* ulima

cultivator [ˈkʌltiveitə] *n* mkulima

cultural [ˈkʌlchərəl] *adj* -a utamaduni

cultural centre *n* kituo cha utamaduni

culture [ˈkʌlchə] *n* 1. ustaarabu 2. utamaduni

cultured [ˈkʌlchəd] *adj* -liostaarabika

cuneiform [ˈkyuːnifɔːm] *adj* -a kikabari

cunning [ˈkʌning] *adj* -janja

cup [kʌp] *n* 1. kikombe 2. *(spor.)* kombe 3. **World Cup** Kombe la Dunia

cupboard [ˈkʌbəd] *n* kabati

cup final *n* fainali ya mashindano

cuppa [ˈkʌpə] *n* kikombe cha chai

curable [ˈkyuərəbəl] *adj* -a kuponyeka

curator [kyuˈreitə] *n* afisa mwangaliza

curb [kəːb] 1. *n* ukingo wa barbara 2. *v* -zuia

cure [kyuə] 1. *n* dawa 2. *v* -hifadhi 3. *(med.)* -ponya; -ponyesha

curfew [ˈkəːfyuː] *n* kafyu

curio shop [ˈkyuːriyəu-ˈshɔp] *n* duka la sanaa

curiosity [ˌkyuəriˈɔsəti] *n* udadisi

curious [ˈkyuəriəs] *adj* 1. -dadisi 2. -a ajabu

curl [kəːl] *v* -pinda

curler [ˈkəːlə] *n* kitia mawimbi

curling tongs [ˈkəːling ˈtɔngz] *n* vifaa vya kutilia mawimbi

currant [ˈkʌrənt] *n* zabibu kavu

currency [ˈkʌrənsi] *n* 1. fedha 2. **foreign currency** fedha za kigeni

current [ˈkʌrənt] 1. *adj* -a kawaida 2. -a wakati uliopo 3. *n* mkondo

current account *n* akaunti ya hundi

current affairs *pl* mambo leo

curriculum [kəˈrikyuləm] *n* mtalaa

curriculum vitae [kəˈrikyuləm viːtai] *n* maelezo binafsi

curry [ˈkʌri] *n* mchuzi

curry powder *n* bizari

curse [kəːs] *v* 1. nuksi 2. laana

cursory [ˈkəːsəri] *adj* -a haraka

curtail [kəːteil] *v* -katiza

curtain [ˈkəːtn] *n* pazia

curtsey [ˈkəːtsi] *v* -toa heshima

curvature [ˈkəːvəchyə] *n* mpindo

curve [kəːv] 1. *n* kizingo 2. *v* -pinda

curved [kəːvd] *adj* ilopindika

cushion [ˈkushən] *n* mto

custody [ˈkʌstədi] *n* 1. ulinzi 2. **to take into custody** -kamata

custom [ˈkʌstəm] *n* desturi

customary [ˈkʌstəməri] *adj* -a desturi

custom-built *adj* -a matakwa ya mteja

customer [ˈkʌstəmə] *n* mteja; mnunuzi

custom-made *adj* -a kupima

customs [ˈkʌstəmz] *pl* 1. ushuru 2. idara ya forodha; kastam

customs clearance *n* hati ya utakaso

customs duty *n* ushuru wa forodha

customs house *n* forodha

customs officer; customs

official *n* afisa ya forodha

cut [kʌt] 1. *n* ukataji 2. *(ec.)* mkato 3. **short cut** njia ya mkato 4. *v* (cut) -kata

cutback [ˈkʌtbak] *n* mkato

cute [kyuːt] *adj* -zuri

cutlery [ˈkʌtləri] *n* vilia

cut off *v* -kata

cuts [kʌch] *pl (ec.)* mikato

cutter [ˈkʌtə] *n* mkataji

cut-throat [ˈkʌt,θrəut] 1. *adj* -kali sana 2. *n* mwuaji

cut-throat razor *n* kisuwembe

cutting [ˈkʌting] 1. *adj* -kali 2. *n* kipande cha gazeti

cuttlefish [ˈkʌtəlfish] *n* ngisi

c.v. [siːviː] *see* **curriculum vitae**

cybernetics [ˌsaibəˈentiks] *pl* saibenetiki

cycle [ˈsaikəl] 1. *n* duru 2. *v* -panda baisikeli

cyclone [ˈsaikləun] *n* tufani

cylinder [ˈsilində] *n* 1. silinda 2. **gas cylinder** silinda la gesi

cymbal [ˈsinikəl] *n* tasa

cynic [ˈsinik] *n* mbeuzi

cynical [ˈsinikəl] *adj* -beuzi

cynicism [ˈsinisizəm] *n* ubeuzi

cyst [sist] *n* uvimbe

cystitis [sisˈtaitis] *n* maradhi ya kibofu cha mkojo

D

dad; daddy [dad; ˈdadi] *n* baba
daft [daft] *adj* bozibozi
dagger [ˈdagə] *n* hanjari
Dail [doil] *n* bunge la Ireland
daily [ˈdeili] **1.** *n* gazeti la kila siku **2.** *adj* -a kila siku **3.** *adv* kila siku
dainty [ˈdeinti] *n* **1.** -teuzi **2.** -laini
dairy [ˈdeəri] *n* duka la kuuzia maziwa
dairy cattle *pl* ng'ombe wa maziwa
dairy farm *n* shamba la kufugia ng'ombe wa mawiza
dale [deil] *n* bonde
dalek [ˈdaːlik] *n* dalek
dam [dam] *n* **1.** *n* lambo **2.** kuko **2.** *v* -zuia
damage [ˈdamij] **1.** *n* hasara **2. brain damage** mtindio wa ubongo **3.** *v* -haribu **4.** *see* **damages**
damaged [ˈdamijd] *adj* **to be damaged** -haribika
damages [ˈdamijiz] *pl (leg.)* fidia
damn [dam] *v* -laani
damnation [ˈdamneishən] *n* laana
damp [damp] **1.** *adj* -a majimaji **2.** *n* unyevunyevu **3.** *v* -punguza
dampness [ˈdampnis] *n* umajimaji
dance [daːns] **1.** *n* dansi **2.** *v* -cheza
dancer [ˈdaːnsə] *n* mcheza ngoma
dancing [ˈdaːnsing] *n* kudansi
dandruff [ˈdandrʌf] *n* mba
Dane [dein] *n* Mdenish
danger [ˈdeinjə] *n* hatari
dangerous [ˈdeinjərəs] *adj* -a hatari
danger point *n* sehemu ya hatari
danger signal *n* ishara ya hatari
danger zone *n* eneo la hatari
dangle [ˈdanggl] *v* -ning'inia
Danish [ˈdeinish] **1.** *adj* -a Kidenish; -a Denmark **2.** *n* Kidenish

dare [deə] *v* **1.** -jusuru **2.** -pinga
daredevil [ˈdeə,devil] *n* jasiri
daring [ˈdeəring] *adj* -sio na hofu
dark [daːk] **1.** *adj* -a giza **2.** -nayokaribia nyeusi **3.** *n* giza **4.** machweo
darken [ˈdaːkən] *v* -tia giza
darkness [ˈdaːknis] *n* giza
darkroom [ˈdaːkrəm] *n* chumba cha kusafishia picha
darling [ˈdaːling] **1.** *adj* -penzi **2.** *n* mpenzi
dart [daːt] **1.** *n* kigumba **2.** *v* -kupuka
dash [dash] **1.** *n* kimbilio **2.** kiasi kidogo **3.** *v* -fanya kwa haraka; -kimbilia **4. to dash hopes** -vunja matumaini
dashboard [ˈdashbɔːd] *n* dashbodi
data [ˈdeitə] *n* deta; data
database *n* detabeis
date [deit] *n* **1.** tarehe **2.** kipindi maalumu **3.** miadi **4.** tende **5. out of date** -a zamani **6. up to date** -a siku hizi **7.** *v* -tia tarehe **8. dating from** tangu **9.** *see* **date palm**
dated [ˈdeitid] *adj* -a zamani
date line *n* mstari wa tarehe
date of birth *n* tarehe ya kuzaliwa
date palm *n* mtende
daughter [ˈdɔːtə] *n* binti
daughter-in-law [ˈdɔːtərinlɔː] *n* mkwe
daunting [ˈdɔːnting] *adj* -a hofu
davit [ˈdavit] *n* winchi
dawn [dɔːn] **1.** *n* mapambazuko; alfajiri **2.** mwanzo **3.** *v* -pambazuka **4.** -anza
day [dei] *n* **1.** siku **2.** *see* **daytime**
day after tomorrow *n/adv* kesho kutwa
day before yesterday *n/adv* juzi

daybreak [ˈdeibreik] *n* mapambazuko
day-care *n* chekechea
day-care centre *n* kituo cha chekechea
daydream [ˈdeidriːm] *n* -poteza wakati
day in, day out *adv* siku nenda rudi
daylight [ˈdeilait] *n* macheo
day off *n* siku ya kupumzika
day of remembrance *n* siku ya kumbukumbu
daytime [ˈdeitaim] *n* mchana
dazed [deizd] *adj* -liotunduwaa
dazzle [ˈdazl] *v* -rusha roho
D.C. = direct current *n* mkondo fulizo; mkondo mnyofu
dead [ded] *adj* 1. -liokufa 2. the dead marehemu 3. dead ahead mbele 4. dead slow polepole kabisa
deaden [ˈdedən] *v* -punguza
dead-end *n* mwisho wa njia
deadline [ˈdedlain] *n* muda wa mwisho
deadlock [ˈdedlɔk] *n* mkwamo
deadly [ˈdedli] *adj* 1. -a kufisha 2. -kali
deaf [def] *adj* -ziwi
deafen [ˈdefən] *v* -hanikiza
deaf-mute *n* bubukiziwi
deafness [ˈdefnis] *n* uziwi
deal [diːl] 1. *n* haki 2. a great deal kiasi kikubwa 3. It's a deal! Tumekubaliana! 4. *v* -gawa 5. -shughulikia (with na) 6. *(com.)* -uza 7. to do a deal -weka mapatano (with na)
dealer [ˈdiːlə] *n* 1. *(com.)* muuza 2. drugs dealer muuzaji wa madawa ya kulevya
dealing [ˈdiːling] *n* mapatano
dear [diə] *adj* 1. -penzi 2. ghali
death [deth] *n* mauti
death blow *n* pigo la kufa
death penalty *n* hukumu ya kifo

death rate *n* idadi ya vifo kwa mwaka
death sentence *n* hukumu ya kifo
death toll *n* idadi ya watu waliokufa katika ajali
death trap *n* mazingira ya kifo
death warrant *n* hati inayoruhusu kuua mhalifu
debacle [ˈdebəkəl] *n* anguko
debar [diːˈbaː] *v* -kataza
debate [diˈbeit] 1. *n* mdahalo 2. *v* -fanya mdahalo
debatable [diˈbeitəbəl] *adj* -a mashaka
debenture [ˈdebənchə] *n* dhamana ya ushirikia
debenture stock *n* jumla ya mikopo
debilitate [deˈbiliteit] *v* -shofisha
debit [ˈdebit] 1. *n* mtoe 2. *v* -rajisi madeni
debit balance *n* baki katika hesabu ya mtoe
debris [ˈdeibriː] *n* kifusi
debt [det] *n* 1. deni 2. to get into debt -pata madeni 3. bad debt deni lisiloweza kulipwa 4. national debt deni ya nchi
debtor [ˈdetə] *n* mdeni
debug [ˈdiːbʌg] *v* -tafuta
debut [deiˈbyuː] *n* limbuko
decade [ˈdekeid] *n* muongo
decadence [ˈdekədəns] *n* kufifia
decadent [ˈdekədənt] *adj* -a kufifia
decapitate [diˈkapiteit] *v* -kata kichwa
decay [diˈkei] *v* -oza
deceased [diˈsiːsd] 1. *adj* -liokufa 2. *n* the deceased marehemu
deceit [diˈsiːt] *n* udanganyifu
deceitful [diˈsiːtfəl] *adj* -a hila
deceive [diˈsiːv] *v* -danganya
decelerate [diˈseləreit] *v* -punguza
December [diˈsembə] *n* Desemba
decency [ˈdiːsnsi] *n* heshima
decent [ˈdiːsnt] *adj* 1. -a heshima 2. -zuri

decentralize [di·sentrəlaiz] v -gatua madaraka

decentralization [di,sentrəlai·zeishən] n kugatua madaraka

deception [di·sepshən] n udanganyifu

deceptive [di·septiv] adj -a kutia mashaka

decide [di·said] v -amua

decimal [·desiməl] adj -a miongo

decipher [di·saifə] v -tambua maana

decision [di·sizhən] n uamuzi

decisive [di·saisiv] adj 1. -enye uamuzi 2. **a decisive victory** ushindi wa wazi

deck [dek] n sitaha

deck house n kibanda

declaration [,deklə·reishən] n tamko

declare [di·kleə] n 1. -tamka 2. **to declare war** -tangaza vita 3. **to declare to customs** -onyesha mali mpya

declassify [di·klasifai] v -tangua

decline [di·klain] 1. n mwinano 2. v -kataa 3. -shuka

declutch [,di:·klʌch] v -tengua klachi

decode [,di:·kəud] v -simbua

decompose [,di:kəm·pəuz] v -oza

decompress [,dikəm·pres] v -punguza muskumo

decompression [,dikəm·preshən] n chombo cha kupunguzia msukumo

decontaminate [,dikən·tamineit] v -ondoa uchafu

decor [·dekə] n marembo

decorate [·dekəreit] v 1. -pamba 2. (mil.) -tunuku nishani

decoration [,dekə·reishən] n 1. pambo 2. (mil.) nishani

decorator [·dekə,reitə] n mpaka rangi

decorum [di·kɔ:rəm] n adabu

decoy [·di:kɔi] n mtego

decrease [di·kri:s] 1. n upunguaji 2. v -pungua

decree [di·kri:] n (pol.) makataa

decrepit [di·krepit] adj -dhaifu

decry [di·krai] v -tweza

dedicate [·dedikeit] v -weka

dedication [,dedi·keishən] n kuweka

deduce [di·ju:s] v -fikia hitimisho

deduct [di·dʌkt] v -toa

deduction [di·dʌkshən] n 1. kutia 2. makato

deed [di:d] n 1. kitendo 2. (leg.) hati

deem [di:m] v -fikiria kuwa

deep [di:p] 1. adj -enye kina 2. -a chini 3. -kubwa 4. adv chini sana

deepen [·di:pən] v 1. -wa na chini 2. -zidisha

deep-freeze n sehemu ya friji ya kugandishia

deepness [·di:pnis] n kina

deep-rooted adj -sio rahisi kutolewa

deep-sea adj -a bahari kuu

deep-sea fishing n kuvua cha bahari kuu

deep water n kina

deer [di:ə] n paa

deface [di·feis] v -umbua

de facto adv kenyekenye

defame [di·feim] v -kashifu

default [·di:fɔlt] v -shindwa

defeat [di·fi:t] 1. n ushinde 2. v -shinda

defecate [·defəkeit] v -kunya

defect [·di:fekt] n dosari

defect [di·fekt] v -asi

defection [di·fekshən] n uasi

defective [di·fektiv] adj -enye kasoro

defector [di·fektiə] n mwasi

defence [di·fens] n 1. ulinzi 2. ngome 3. (leg.) utetezi 4. **self-defence** kujihami

defenceless [di·fenslis] adj 1. bila ulinzi 2. (leg.) bia utetezi

defences [di·fensis] pl ulinzi

defend [di·fend] *v* -linda

defendant [di·fendənt] *n (leg.)* mshitakiwa

defender [di·fendə] *n* mlinzi

defense [di·fens] *see* defence

defensive [di·fensiv] *adj* -a kujikinga

defer [di·fə:] *v* -ahirisha

deferment [di·fe:mənt] *n* kuahirisha

deferred payment *n* kulipia kidogo-kidogo

defiance [di·faiəns] *n* uasi

defiant [di·faiənt] *adj* -a uasi

deficiency [di·fishənsi] *n* upungufu

deficit [·defisit] *n* hasara

defile [di·fail] *v* -najisi

define [·difain] *v* 1. -fasili 2. -weka mpaka

definite [·definət] *adj* 1. wazi 2. -enye mpaka

definitely [·definətli] *adv* 1. waziwazi 2. kabisa

definition [,defi·nishən] *n* fasili

definitive [də·finitiv] *adj* -a hakika

deflate [di·fleit] *v* 1. -toa upepo 2. *(fin.)* -punguza

deflect [di·flekt] *v* -vuta upande

deforest [di:·fɔrist] *v* -haribu mwitu

deform [di·fɔ:m] *v* -kashifu

deformed [di·fɔ:md] *adj* -enye kasoro

deformity [di·fɔ:məti] *n* ulemavu

defraud [di·frɔ:d] *v* -fanya hila

defray [di·frei] *v* -lipia

defrost [di·frɔst] *v* -yeyusha barafu

deft [deft] *adj* -stadi

defunct [di·fʌnkt] *adj* -liovunjwa

defuse [di·fyu:z] *v* 1. -tegua bomu 2. -lainisha

defy [di·fai] *v* 1. -kataa katakata 2. -shinda

degenerate [di·jenəreit] *v* -haribika tabia

degeneration [di,jenə·reishən] *n* kuharibika tabia

degradation [,degrə·deishən] *n* kashfa

degrade [di·greid] *v* -shusha

degree [di·gri:] *n* 1. digrii 2. daraja 3. by degrees hatua kwa hatua 4. *see* **B.A.; M.A.**

dehorn [di:·hɔ:n] *v* -ng'oa pembe

dehumanize [di:·hyumənaiz] -toa utu

dehydrated [,di:hai·dreitid] *adj* -lionyauka

dehydration [,di:hai·dreishən] *n* kuishiwa maji

de-ice [di:·ais] *v* -yeyusha barafu

dejected [di·jektid] *adj* -enye huzuni

de jure [·dai-·ju:rai] *adv* kwa sheria

delay [di·lei] 1. *n* kukawia 2. *v* -kawisha

delayed [di·leid] *adj* to be delayed -chelewa

delegate [·deligət] *n* mwakilishi

delegate [·deligeit] *v* -wakilisha

delegation [,deli·geishən] *n* uwakilishaji

delete [di·li:t] *v* -futa

deliberate [di·libərət] *adj* -a kusudi

deliberately [di·libərətli] *adv* kwa makusudi

delicate [·delikət] *adj* 1. -zuri 2. -ororo 3. delicate situation jambo la siri

delicatessen [,delikə·tesən] *n* duka la vitoweo

delicious [di·lishəs] *adj* -a kupendeza sana

delight [di·lait] *n* furaha

delighted [di·laitid] *adj* -enye furaha

delightful [di·laitfəl] *adj* to be delightful -furahisha

delimit [,di:·limit] *v* -wekea mpaka

delineate [·di:·liniyeit] *v* -onyesha kwa kuchora

delinquent [di·lingkwənt] *n* 1. mhalifu 2. juvenile delinquent mtoto mhalifu

delirious [di·li:riyəs] *adj* -zezeta

deliver [di·livə] *v* 1. -peleka 2.

-fanya huru **3. to deliver a baby** -zalisha **4. to deliver a speech** -toa hotuba

deliverance [di'livərəns] *n* **1.** uhuru **2.** *(leg.)* hukumu

delivery [di'livəri] *n* **1.** kepeleka **2.** *(med.)* kuzalisha **3. on delivery** wakati wa kuwasilisha **4. to take delivery of** -pokea

delivery note *n* hati ya kuwasilisha

delta ['deltə] *n* delta

delude [di'lu:d] *v* -danganya

deluge ['delyu:zh] *n* gharika

delusion [di'lu:zhən] *n* kudanganya

deluxe [di'lʌks] *adj* -a fahari

delve [delv] *v* -chunguza

demand [di'ma:nd] **1.** *n* dai **2.** mahitaji **3. payable on demand** idaiwapo **4. supply and demand** ugavi na mahitaji **5.** *v* -dai **6.** -hitaji

demarcate ['di:ma:keit] *n* -weka mpaka

demarcation [,dima:'keisnlain] *n* kuweka mpaka

demarcation line *n* mpaka

demean [di'mi:n] *v* -dhalilisha

demeanour [di'mi:nə] *n* mwenendo

demented [di'mentid] *adj* -enye wazimu

demilitarization ['di:militərei'zeishən] *n* kuondoa majeshi

demilitarize [di:'militəraiz] *v* -ondoa majeshi

demilitarized zone *n* ukanda usio na majeshi

demise [di'maiz] *n* mauti

demist ['di:'mist] *v* -ondoa unyevu

demo ['deməu] *n see* **demonstrate, demonstration**

demobilization ['di:mobilei'zeishən] *n* kuchangua

demobilize [di:'məubəlaiz] *v* -changua

democracy [di'mɔkrəsi] *n* demokrasia; demokrasi

democrat ['deməkrat] *n* **1.** mwanademokrasia **2.** *(US)* mwanachama wa Chama cha Democrat

democratic [,demə'kratik] *adj* -a demokrasia

democratization ['di:mocratei'zeishən] *n* kufanya demokrasia

democratize [di'mɔkrətaiz] *v* -fanya -a demokrasia

demography [di'mɔgrəfi] *n* demografia

demolish [di'mɔlish] *v* -bomoa

demolition [,demə'lishən] *n* ubomozi

demon ['di:mən] *n* shetani

demonetize [di:'mʌnetai] *v* -ondolea fedha thamani

demonstrate ['demənstreit] *v* **1.** -onyesha **2.** *(pol.)* -andamana

demonstration [,demən'streishən] *n* **1.** kuonyesha **2.** *(pol.)* maandamano

demonstrator ['demənstreitə] *n* *(pol.)* muandmaji

demoralize [di'mɔrəlaiz] *v* -vunja moyo

demote [di'məut] *v* -shusha cheo

demystify [di'mistifai] *v* -fichua

den [den] *n* tundu

denial [di'nayəl] *n* **1.** kanusho **2.** kunyima

denim ['denim] *n* denimu; marekani

denizen ['denizən] *n* mkazi

Denmark ['denma:k] *n* Denmark

denomination [di,nɔmi'neishən] *n* *(fin.)* kima

denote [di'nəut] *v* -maanisha

denounce [di'nauns] *v* -shutumu

dense [dens] *adj* **1.** -nene **2.** -ingi

density ['densəti] *n* msongamano

dent [dent] **1.** *n* kibonyeo **2.** *v* -bonyeza

dental ['dentl] *adj* -a meno

dentifrice ['dentifris] *n* dawa ya mswaki

dentist ['dentist] *n* daktari wa meno

dentures ['denchə] *pl* meno bandia

denude [di'nyu:d] *v* -acha wazi

denunciation [di·nʌnsiyaishən] *n* shutuma

deny [di·nai] *v* 1. -kana 2. -nyima

deodorant [di·əudərənt] *n* kiondoa harufu

deodorize [di·əudəraiz] *v* -ondoa harufu

depart [di·pa:t] *v* -ondoka

department [di·pa:tmənt] *n* idara

department store *n* duka kuu

departure [di·pa:chə] *n* 1. kuondoka 2. **a new departure** jambo jipya

depend [di·pend] *v* 1. -tegemea 2. -tumainia 3. **it depends...** inategemea...

dependant [di·pendənt] *n* mtegemea mtu/mtoto

dependence [di·pendəns] *n* 1. kutegemea 2. imani 3. *(med.)* uraibu

dependency [di·pendənsi] *n* 1. kitegemea 2. *(med.)* uraibu 3. *(pol.)* koloni

dependent [di·pendənt] 1. *adj* tegemezi 2. *see* **dependant**

dependent economy *n* uchumi tegemezi

depict [di·pikt] *v* -onyesha

depilate [·depilait] *v* -ondoa nywele

depilatory [,depi·laitəri] *adj* -a kuondoa nywele

deplane [di·plain] *v* -toka

deplete [di·pli:t] *v* -punguza sana

deplore [di·plɔ:] *v* -sikitikia

deploy [di·plɔi] *v* -eneza

depopulate [di:·pɔpyuleit] *v* -angamiza watu

deport [di·pɔ:t] *v* -fukuza nchini

deportation [,di:pɔ:·teishən] *n* ufukuzwaji wa nchi

deportee [,di:pɔ:·ti:] *n* mfukuzwa nchi

depose [di·pəuz] *v* -uzulu

deposit [di·pɔzit] 1. *n* amana 2. **river deposit** mashapo 3. *v* -weka

deposit account *n* akaunti ya amana

deposit slip *n* stakabadhi ya amana

depot [·depəu] *n* 1. depo 2. *(mil.)* kambi la kuruta

depreciate [di·pri:shieit] *v* -chakaa

depreciation [di,pri:shi·eishən] *n* uchakavu

depress [di·pres] *v* 1. -inamisha 2. *(med.)* -huzunisha

depressed [di·prest] *adj* -enye huzuni

depressing [di·presing] *adj* -a kuvunja moyo

depression [di·preshən] *n* 1. *(med.)* huzuni 2. *(ec.)* mdororo wa shughuli za uchumi

deprive [di·praiv] *v* -nyima

depth [depth] *n* 1. kina 2. **in depth** barabara

depth gauge *n* pima kina

deputy [·depyuti] *n* kaimu

deputy minister *n* naibu waziri

derail [·di:·reil] *v* -anguka treni

derailment [di·reilmənt] *n* kuanguka treni

derelict [·derəlikt] *adj* mali

derision [di·rizhən] *n* kejeli

derive [di·raiv] *v* -tokana (**na** from)

derrick [·derik] *n* winchi

descend [di·send] *v* -shuka

descended [di·sendid] *adj* **to be descended from** -tokana na

descendant [di·sendənt] *n* dhuria

descent [di·sent] *n* 1. mshuko 2. nasaba

describe [di·skraib] *v* -eleza

description [di·skripshən] *n* maelezo

desert [·dezət] *n* jangwa

desert [di·zə:t] *v* 1. -acha 2. *(mil.)* -toroka

deserter [di·zə:tə] *n* mtoro

desertification [di,zə:tifi·keishən] *n* mmomonyoko

desertion [di·zə:shən] *n* utoro

deserve [di·zə:v] *v* -stahili

design [diˈzain] 1. *n* usanifu 2. *v* -sanifu

designate [ˈdezigneit] *v* -onyesha

designer [diˈzainə] *n* msanii mchoraji

desirable [diˈzaiərəbəl] *adj* -a kufaa

desire [diˈzaiə] 1. *n* hamu 2. *v* -taka sana

desist [diˈzist] *v* -acha

desk [desk] *n* 1. meza 2. **reception desk** mapokezi 3. **news desk** meza ya mhariri

desk clerk *n* karani wa mapokezi

desk work *n* kazi ya afisi

desolation [ˌdesəˈleishən] *n* majonzi

despair [diˈspeə] 1. *n* kutaka tamaa 2. *v* -kata tamaa

despatch [disˈpach] *see* **dispatch**

desperate [ˈdespərət] *adj* 1. -enye kukata tamaa 2. -a mwisho kabisa

despise [diˈspaiz] *v* -tweza

despite [diˈspait] *prep* licha ya

despondency [diˈspɒndənsi] *n* ukataji tamaa

despot [ˈdespɒt] *n* dikteta

despotic [desˈpɒtik] *adj* -a dhalimu

dessert [diˈzəːt] *n* kitindamlo

destabilization [diːˌsteibilaiˈzeishən] *n* kudhoifisha

destabilize [diːˈsteibilaiz] *v* -yumbisha

destination [ˌdestiˈneishən] *n* mwisho wa safari

destine [ˈdestin] *v* -kusudia

destiny [ˈdestini] *n* kudura

destitute [ˈdestityuːt] *adj* -fukara

destroy [diˈstrɔi] *v* -haribu

destroyer [disˈtrɔiə] *n* 1. maribu 2. *(mar.)* manowari

destruction [diˈstrʌkshən] *n* uharibifu

destructive [diˈstrʌktiv] *adj* -a kuharibu

detach [diˈtach] *v* -tenga

detail [ˈdiːteil] *n* 1. kila kitu 2. **in detail** kwa utondoti

detailed [ˈdiːteild] *adj* kwa utondoti

detain [diˈtein] *v* -weka kizuizini

detainee [diˈteiniː] *n* mtu aliye kizuizini

detain indefinitely *v* -funga maisha

detect [diˈtekt] *v* -gundua

detective [diˈtektiv] *n* askari kanzu

detector [diˈtektə] *n* kigunduzi

détente [ˌdeiˈtɑːnt] *n* maridhiano

detention [diˈtenshən] *n* 1. kizuizini 2. **to put into detention** -weka kizuizini 3. **pretentative detention** uzuizi wa hadhari

deter [diˈtəː] *v* -zuia

detergent [diˈtəːjənt] *n* sabuni

deteriorate [diˈtiəriəreit] *v* -chakaa

deterioration [diˌtiəriəˈreishən] *n* ucharibifu

determination [diˌtəːmiˈneishən] *n* kusudi

determine [diˈtəːmin] *v* -ukilia

determine to *v* -kusudia

determined [diˈtəːmind] *adj* **to be determined** -kusudia

deterrent [diˈterənt] *n* kizuio

detest [diˈtest] *v* -chukia sana

detonate [ˈdetəneit] *v* -lipua

detonation [ˌdetəˈneishən] *n* mshindo wa baruti

detour [ˈdiːtuə] *n* **to make a detour** -chepuka

detrimental [ˌdetriˈmentl] *adj* -enye kuleta dhara

deutschmark [ˈdɔichmɑːk] *n* maki

devaluation [ˌdiːvalyuːˈyeishən] *n* shuka thamani

devalue [ˈdiːˈvalyu] *v* -shusha thamani

devastate [ˈdevəsteit] *v* -teketeza

devastation [ˌdevəsˈteishən] *n* haribu

develop [diˈveləp] *v* -kuza

develop film *v* -safisha

developed [diˈveləpt] *adj* **developed nations** nchi ziloenedelea

developer [diˈveləpə] *n* mwendelezaji

developing [di·veləping] *adj*
developing nation nchi
inayoendelea

development [di·veləpmənt] *n* 1.
kukuza 2. *(ec.)* maendeleo

development project *n* mradi
wa maendeleo

development studies *n* taaluma
ya maendeleo

development worker *n*
mfanyakazi wa maendeleo

deviate [·di:vieit] *v* -chepuka

deviation [,di:vi·eishən] *n* mchepuko

device [di·vais] *n* kitu; mashine
kidogo

devil [·devl] *n* shetani

devilfish *n* karwe

devious [·di:viəs] *adj* -janja

devise [di·vaiz] *v* -tunga

devoid of [di·vɔid] *adj* bila

devolution [,di:və·lyu:shən] *n*
kukabidhi

devote [di·vəut] *v* -toa

devotion [di·vəushən] *n* upendo

devour [di·vauə] *v* -la kwa
harakaharaka

devout [di·vaut] *adj* -a moyo

dew [dyu:] *n* umande

dexterity [deks·terəti] *n* ustadi

dhoti [·dəuti] *n* doti

dhow [dau] *n* dau; jahazi

diabetes [,daiə·bi:ti:z] *n* kisukari

diabetic [,daiə·betic] *adj* -enye
kisukari

diagnose [·daiəgnəuz] *v* -tambua

diagnosis [,daiəg·nəusis] *n* (*pl*
diagnoses) utambuzi

diagram [·daiəgram] *n* mchoro

dial [daiəl] 1. *n* diski 2. *v* -piga simu

dialect [·daiəlekt] *n* lahaja

dialogue [·daiəlɔg] *n* mazungumzo

dialysis [dai·yalisis] *n* dialisisi

diameter [dai·yamitə] *n* kipenyo

diamond [·daiəmənd] *n* almasi

diaper [·daiəpə] *n* nepi

diaphragm [·daiəfram] *n* kiwambo

diarrhoea [,daiə·ri:ə] *n* kuhara

diary [·daiəri] *n* shajara

diaspora [dai·aspərə] *n* the Black
Diaspora Waafrika popote walipo
duniani

dice [dais] *n* (*pl* dice) dadu

dictate [dik·teit] *v* -toa imla

dictation [dik·teishən] *n* imla

dictator [dik·teitə] *n* dikteta

dictatorial [,diktə·tɔ:riəl] *adj* -a
dikteta

dictatorship [dik·teitəship] *n*
udikteta

dictionary [·dikshenri] *n* kamusi

did [did] *see* do

didactic [di·daktik] *adj* -lokusudiwa
kufundisha

die [dai] *v* -fa

die down *v* -pungua

die-hard [·daiha:d] *adj* mkaidi

die out *v* -toweka kabisa

diesel [·di:zl] *n* 1. dizeli 2. diesel
engine injini ya dizeli

diet [·daiət] 1. *n* chakula 2. balanced
diet mpangilio wa chakula 3.
slimming diet miko 4. *v*
-jikondesha

differ [·difə] *v* 1. -tofautiana 2.
-tokubaliana

difference [·difrəns] *n* 1. tofauti 2.
difference of opinion tofauti za
mawazo 3. that makes no
difference ni sawa tu

different [·difrənt] *adj* mbalimbali

differentiate [,difə·rənchieit] *v*
-tofautisha

difficult [·difikəlt] *adj* -a shida

difficulty [·difikəlti] *n* shida

difficulties [·difikəlti:z] *pl* to be in
difficulties -wa na matatizo

diffuse [di·fyu:s] *v* -changamana
polepole

dig [dig] *v* (**dug**) -chimba

digest [di·jest; dai·jest] *v* -meng'enya

digestible [di·jestəbl; dai·jestəbl]
adj -a kutulia tumboni

digestion [dai·jeschən; dai·jeschən]
n mmeng'enyo wa chakula

digit [ˈdijit] *n* 1. kidole 2. tarakimu

digital [ˈdijitəl] *adj* -a tarakimu

dignified [ˈdignifaid] *adj* -enye adabu

dignity [ˈdignəti] *n* 1. heshima 2. **human dignity** hadhi ya utu

digress [daiˈgres] *v* -toka nje ya mada

dike [daik] *n* 1. handaki 2. msagaji

dilapidated [diˈlapidaitid] *adj* -liochakaa

dilate [daiˈleit] *v* -tanua

dilemma [diˈlemə; daiˈlemə] *n* mtanziko

diligence [ˈdilijəns] *n* bidii

diligent [ˈdilijənt] *adj* -enye bidii

dilute [daiˈlyu:t] *v* -zimua

dim [dim] 1. *adj* -a gizagiza 2. -sio dhahiri 3. *v* -tia giza

dimension [diˈmenshən] *n* 1. kadiri 2. kivimbe 3. kipima

diminish [diˈminish] *v* -punguza

diminutive [diˈminyutiv] *adj* -dogo sana

dimple [ˈdimpəl] *n* kibonyo kidogo

din [din] *n* kelele

dine [dain] *v* -la chakula kikuu cha siku

diner [ˈdainə] 1. mla chakula 2. *(US)* mgahawa

dinghy [ˈdingi; ˈdingi] *n* kihori

dingy [ˈdinji] *adj* -chafuchafu

dining car *n* behewa la kulia chakula

dining room *n* chumba cha kulia

dining table *n* meza ya chakula

dinner [ˈdinə] *n* mlo mkuu

dinosaur [ˈdainəsɔ:] *n* dinosau

dip [dip] *v* -chovya

dip headlights *v* -punguza nuru ya taa za gari

diphtheria [dipˈthiəriə] *n* dondakoo

diploma [diˈpləumə] *n* diploma

diplomacy [diˈpləuməsi] *n* 1. diplomasia 2. busara

diplomat [ˈdipləmat] *n* mwanadiplomasia

diplomatic [ˌdipləˈmatik] *adj* 1. -a kidiplomasia 2. -a busara

diplomatic corps *n* maafisa wa ubalozi katika nchi

diplomatic immunity *n* huria kwa wanadiplomasia

diplomatic relations *pl* uhusiano wa kibalozi

diplomatic row *n* safu za kiserikali

dire [daiə] *adj* -a kutisha

direct [diˈrekt; daiˈrekt] 1. *adj* -a moja kwa moja 2. -a kweli 3. -a wazi 4. **a direct hit** kupiga shabaha barabara 5. *adv* moja kwa moja 6. *v* -elekeza 7. -amuru 8. **to direct a film** -ongoza filamu

direct action *n* migomo

direct aid *n* msaada ulodhamiriwa

direct current *n* mkondo fulizo; mkondo mnyofu

direct tax *n* kodi ya dhahiri

direction [diˈrekshən; daiˈrekshən] *n* 1. mwelekeo 2. **film direction** kuongoza filamu 3. **in the direction of** upande wa 4. *see* **directions**

directions [diˈrekshənz; daiˈrekshənz] *pl* maelekezo

directly [diˈrektli; daiˈrektli] *adv* 1. moja kwa moja 2. mara 3. wazi

director [diˈrektə; daiˈrektə] *n* 1. mkurugenzi 2. **film director** mwendeshaji filamu 3. **managing director** mkurugeni mwendeshaji 4. **board of directors** bodi ya wakurugenzi

directorate [daiˈrektərət] *n* bodi ya wakurugenzi

directorshp [daiˈrektəship] *n* nafasi ya ukurugenzi

directory [diˈrektəri; daiˈrektəri] *n* 1. kitabu cha orodha 2. **telephone directory** kitabu cha orodha ya simu

dirt [də:t] *n* uchafu

dirt cheap *adj* rahisi sana

dirt road *n* barabara ya udongo

dirty ['də:ti] 1. *adj* -chafu 2. *v* -chafua

disability ['disə'biləti] *n* 1. upungufu 2. *(med.)* kilema 3. permanent disability kilema cha kudumu 4. legal disability kutoweza kisheria

disable [dis'eibəl] *v* -lemaza

disabled [dis'eibld] *adj* -lemavu

disadvantage [,disəd'va:ntij] *n* 1. upungufu 2. at a disadvantage katika hali ngumu

disaffected [,disə'fektid] *adj* -sioridhika

disagree [,disə'gri:] *v* -tokubaliana (with na)

disagreeable [,disə'gri:əbəl] *adj* -siopendeza

disagreement [,disə'gri:mənt] *n* kutokubaliana

disappear [,disə'piə] *v* 1. -tomeka 2. -isha

disappearance [,disə'piərəns] *n* 1. kutomeka 2. kuisha

disappoint [,disə'pɔint] *v* -sikitisha

disappointed [,disə'pɔintid] *adj* -sikitishwa

disappointment [,disə'pɔintmənt] *n* masikitiko

disapproval [,disə'pru:vl] *n* kutokubali

disapprove [,disə'pru:v] *v* -tokubali

disarm [dis'a:m] *v* 1. -nyang'anya silaha 2. *(pol.)* -punguza majeshi

disarmament [dis'a:məmənt] *n* upunguzaji wa silaha za vita

disarmament talks *pl* mazungumzo ya upunguzaji silaha

disarray [disə'rai] *n* in disarray mchafukoge

disassociate [,disə'səusiyait] *v* 1. -tenga 2. -kaidi

disassociation [,disə,səusi'aishən] *n* 1. kutenga 2. kukaidi

disaster [di'za:stə] *n* 1. baa 2. ecological disaster maafa ya mazingira

disaster relief *n* msaada wa maafa

disastrous [di'za:strəs] *adj* -a maafa

disavow [disə'vau] *v* -kataa

disband [dis'band] *v* -vunja

disbar [dis'ba:] *v* -fukuza

disbelief [,disbi'li:f] *n* hali ya kutoamini

disc [disk] *n* 1. kisahani 2. *(mus.)* rekodi 3. *(med.)* gegedu 4. *(comp.)* diski 5. floppy disc diski laini 6. hard disc diski ngumu 7. satellite disc sahani ya satalaiti

diskette [dis'ket] *n* diski

disk drive *n* kiendesha diski

discard [di'ska:d] *v* -tupa

discern [di'sə:n] *v* -tambua

discernment [di'sə:nmənt] *n* utambuzi

discharge ['discha:j] *n* 1. -ondoa 2. -toa 3. -piga 4. -fungulia 5. -shusha

discharge [dis'cha:j] *v* 1. mshuko 2. kutoa 3. utimizaji 4. *(med.)* kutoka usaha

disciple [di'saipəl] *n* mwanafunzi

disciplinary ['disiplinəri] *adj* -a kufisha

discipline ['disiplin] 1. *n* nidhamu 2. *v* -fudisha nidhamu

disclaimer [dis'kleimə] *n* hati ya kukataa

disclose [dis'kləuz] *v* -funua

disclosure [dis'kləuzhə] *n* kufunua

disco ['diskəu] *n* disko

discomfort [dis'kʌmfət] *n* usumbufu

disconcert [diskən'sə:t] *n* -tia wasiwasi

disconnect [,diskə'nekt] *v* 1. -vunja 2. to disconnect a plug -toa plagi 3. to disconnect a telephone -kata simu

discontent [,diskən'tent] *n* kutoridhika

discontented [,diskən'tentid] *adj* to be discontented -toshindana

discontinue [,diskən'tinyu:] *v* -komesha

discord [ˈdiskɔːd] *n* utesi

discount [ˈdiskaunt] *n* 1. *n* kipunguzo 2. **at a discount** kwa bei nafuu 3. *v* -punguza bei

discourage [disˈkʌrij] *v* -tamaa

discourse [ˈdiskɔːs] *n* **to hold a formal discourse with** -wa na mazungumzo ya makini na

discover [disˈkʌvə] *v* -gundua

discoverer [disˈkʌvərə] *n* mvumbuzi

discovery [disˈkʌvəri] *n* 1. ugunduzi 2. jambo jipya

discredit [disˈkredit] *v* 1. -aibisha 2. -tia shaka

discreet [disˈkriːt] *adj* -a tahadhari kubwa

discrepancy [disˈkrepənsi] *n* tofauti

discrete [disˈkriːt] *adj* -sio ungana

discretion [disˈkreshən] *n* busara

discriminate [disˈkrimineit] *v* 1. **to discriminate against** -bagua 2. **to discriminate between** -pambanua

discrimination [di,skrimiˈneishən] *n* 1. upambanuzi 2. **racial discrimination** ubaguzi wa rangi 3. **ethnic discrimination** ubaguzi wa kabila 4. **sexual discrimination** ubaguzi baina ya wanawake na wanaume 5. **economic discrimination** ubaguzi wa uchumi

discriminatory [diskrimiˈneitəri] *adj* -enye utafautishaji

discuss [disˈkʌs] *v* -jadili

discussion [disˈkʌshən] *n* 1. majadiliano 2. **under discussion** katika kujadiliwa

disdain [disˈdein] *n* dharau

disdainful [disˈdeinfəl] *adj* -a dharau

disease [diˈziːz] *n* ugonjwa

diseased [diˈziːzd] *adj* -gonjwa

disembark [,disimˈbaːk] *v* -teremka

disembarkation [,disimbaːˈkeishən] *n* kuteremka

disembowel [,disimˈbaul] *v* -toa matumbo

disenchant [,disinˈchaːnt] *v* -poteza imani

disenchantment [,disinˈchaːntmənt] *n* kupoteza imani

disengage (from) [,disinˈgeij] *v* -achanisha

disentangle (from) [,disinˈtangl] *v* -fundua

disfavour [disˈfeivə] *n* kutopendelea

disfigure [disˈfigə] *v* -umbua

disfranchise; disenfranchise [disˈfranchaiz; ,disinˈfranchaiz] *v* -nyima haki ya uraia

disgrace [disˈgreis] 1. *n* aibu 2. *v* -tia aibu

disgraceful [disˈgreisfəl] *adj* kwa aibu

disgracefully [daisˈgreisfəli] *adv* kwa aibu

disgruntled [disˈgrʌntəld] *adj* -sioridhika

disguise [disˈgaiz] 1. *n* mavazi za kujigeuza 2. **under the disguise of** kwa kujifanya 2. *v* -ficha

disgust [disˈgʌst] *n* karaha

disgusted [disˈgʌstid] *adj* **to be digusted** -kirihishwa

disgusting [disˈgʌsting] *adj* **to be disgusting** -kirihisha

dish [dish] *n* 1. sahani 2. chakula 3. **satellite dish** sahani ya satalaiti

dishwasher [ˈdish,wɔshə] *n* mashine ya kuoshea vyombo

dishcloth [ˈdishklɔth] *n* kitambaa cha kufutia

dish cover *n* kawa

dish out *v* -gawa

dish up *v* -pakua

disharmony [disˈhaːməni] *n* kutotangamana

dishearten [disˈhaːtn] *v* -vunja moyo

dishevelled [diˈshevəld] *adj* timtimu

dishonest [disˈɔnist] *adj* -sio aminifu

dishonesty [dis'ɔnisti] *n* kutokuwa muaminifu

dishonour [dis'ɔnə] 1. *n* aibu 2. *v* aibisha

dishonourable [dis'ɔnərəbəl] *adj* -enye uaibishaji

disillusion [,disi'lu:zhən] *v* -ondosha fikra dhanifu

disillusioned [,disi'lu:zhənd] *adj* -lioishiwa hamu

disinclination [,disinkli'neishən] *n* ukosefu wa ari

disinclined [,disin'kleind] *adj* to be disinclined to/for -tokuwa na ari

disinfect [,disin'fekt] *v* -safisha

disinfectant [,disin'fektənt] *n* kipukusi

disinfection [,disin'fekshən] *n* kusafisha

disinformation [dis'infəmeishən] *n* arifiwa sivyo

disintegration [,disinti'greishən] *n* uchangukaji

disintegrate [dis'intigreit] *v* -changua

disjointed [dis'jɔintid] *adj* -sio na mtiririko

disk [disk] *n* 1. kisahani 2. *(mus.)* rekodi 3. *(med.)* gegedu 4. *(comp.)* diski 5. floppy disk diski laini 6. hard disk diski ngumu 7. satellite disk sahani ya satalaiti

diskette [dis'ket] *n* diski

disk drive *n* kiendesha diski

dislike [dis'laik] *v* -chukia

dislocate ['dislakeit] *v* 1. -vuruga 2. *(med.)* -tegua; -teuka

dislocation [,dislə'keishən] *n* see dislocate

dislodge [dis'lɔj] *v* -ng'oa

disloyal [dis'lɔyəl] *adj* -asi

dismal ['dizməl] *adj* -a kuhuzunisha

dismantle [dis'mantl] *v* -pambua

dismast [dis'ma:st] *v* -ondoa

dismay [dis'mei] *n* hofu

dismayed [dis'meid] *adj* to be dismayed -liofadhaishwa

dismember [dis'membə] *v* -changua

dismiss [dis'mis] *v* 1. -fukuza 2. *(leg.)* -futa kesi 3. to dismiss from a job -achisha kazi

dismissal [dis'misl] *n* 1. kuachisha kazi 2. *(leg.)* kufuta kesi

dismount [dis'maunt] *v* -shuka

disobedience [,disə'bi:diəns] *n* kutotii

disobedient [,disə'bi:diənt] *adj* -sio kaidi

disobey [,disə'bei] *v* -totii

disorder [dis'ɔ:də] *n* 1. fujo 2. *(med.)* ugonjwa

disorderly [dis'ɔ:dəli] *adj* 1. -sio taratibu 2. -a ghasia

disorganization [dis'ɔ:gənaizeishən] *n* fujo

disorientate [dis'ɔ:riyənteit] *v* -kanganya

disown [dis'əun] *v* -kana

disparage [dis'parij] *v* -umbua

disparity [dis'pariti] *n* tofauti

dispatch; despatch [di'spach] *v* 1. -tuma 2. *(com.)* -peleka

dispatcher [dis'pachə] *n* msimamizi wa usafirishaji

dispel [dis'pel] *v* -ondoa

dispensable [di'spensəbəl] *adj* si -a lazima

dispensary [di'spensəri] *n* *(med.)* chumba cha dawa

dispense [di'spens] *v* -gawa

dispense with *v* -acha na

dispenser [di'spensər] *n* mtawanyaji

disperse [di'spə:s] *v* -tawanyisha

displace [dis'pleis] *v* -ondoa mahali pake

displaced person [dis'pleist] *n* mhamishwaji

display [di'splei] 1. *n* maonyesho 2. on display katika onyesho 3. *(i.t.)* televisheni 4. *v* -onyesha 5. *(com.)* -tembeza

displease [dis'pli:z] *v* -chukiza

displeasure [dis·plezhə] *n* chuki

disposable [dis·pəuzəbəl] *adj* -a kutupika

disposal [dis·pəusl] *n* 1. **waste disposal** utupaji wa uchafu 2. **at your disposal** chini ya mamlaka yako

dispose (of) [dis·pəuz] *v* -tupa

disposed [dis·pəuzd] *adj* **to be disposed to** -taka

disposition [,dispə·zishən] *n* elekeo

dispossess [,dispə·zes] *v* -nyang'anya

disproportionate [,disprə·pɔ:shənət] *adj* -siolingana

disprove [dis·pru:v] *v* -kanusha

dispute [di·spyu:t; ·dispyu:t] 1. *n* shindano 2. **border dispute** mgogoro wa mpaka 3. **trade dispute** mgogoro wa kazi

dispute [di·spzhu:t] *v* -jadili

disqualify [dis·kwɔlifai] *v* -futa

disregard [,disri·ga:d] *v* -tojali

disrepair [,disri·peə] *n* uchakavu

disrepute [,disri·pyu:t] *n* sifa mbaya

disreputable [dis·repyu,təbəl] *adj* -enye sifa mbaya

disrespect [,disri·spekt] *n* usafihi

disrupt [dis·rʌpt] *v* 1. -vunja 2. -katiza

disruption [dis·rʌpchən] *n* mpasuka

disruptive [dis·rʌptiv] *adj* **to be disruptive** -pasuka

dissatisfaction [di,satis·fakshən] *n* kutoridhika

dissatisfied [di·satisfaid] *adj* **to be dissatisfied with** -toridhika

dissect [di·sekt] *v* -changua

dissection [di·sekchən] *n* uchunguzi

disseminate [di·semineit] *v* -sambaza

dissension [di·senshən] *n* ugomvi

dissent [di·sent] 1. *n* kutowafiki 2. *v* -towafiki

dissertation [,disə·teishən] *n* tasnifu

dissidence [·disidəns] *n* kupinga

dissident [·disidənt] *n* mpinzani

dissimilar [di·similə] *adj* -siofanana

dissipate [·disipeit] *v* 1. -tapanya 2. -badhiri

dissociate [di·səushieit] *v* 1. -tenga 2. -kaidi

dissolution [disə·lu:shən] *n* utanguzi

dissolution of parliament *n* kuvunja bunge

dissolve [di·zɔlv] *v* 1. -yeyusha 2. *(leg./pol.)* -vunja

dissonance [disə·nəns] *n* hitilafu

dissonant [disə·nənt] *adj* -enye hitilafu

dissuade [di·sweid] *v* -vuta

distance [·distəns] *n* 1. umbali 2. **in the distance** huko mbali

distant [·distənt] *adj* -a mbali

distaste [dis·teist] *n* chuki

distasteful [dis·teistfəl] *adj* -a chuki

distend [dis·tend] *v* -vimbisha

distil [di·stil] *v* -tonesha

distillation [,disti·leishən] *n* utoneshaji

distilled water *n* maji ya chupa

distiller [dis·tilə] *n* toneshaji

distillery [dis·tiləri] *n* kiwanda cha tonesha

distinct [di·stingkt] *adj* 1. -wazi 2. -tofauti (**from** na)

distinction [di·stingkshən] *n* 1. utofautishaji 2. heshima

distinctive [di·stingktiv] *adj* -a pekee

distinguish [di·stinggwish] *v* 1. -pambuana 2. -ona 3. **to distinguish oneself** -jipatia sifa

distinguished [di·stinggwisht] *adj* -a heshima

distort [di·stɔ:t] *v* -badili umbo

distortion [di·stɔ:ʃiəng] *n* kuumbuka

distract [di·strakt] *v* -vuta mawazo

distracted [di·straktid] *adj* -enye wasiwasi

distraction [diˈstrakʃən] *n* 1.
kuvuta mawazo 2. pumzisho
distraught [disˈtrɔːt] *adj* -enye
kuhangaika
distress [diˈstres] 1. *n* -dhiki 2. *v*
-dhikisha
distressing [diˈstresiŋ] *adj* to be
distressing -sumbua
distress signal *n* alama ya hatari
distributary [disˈtribjutri] *n* mkono
wa mto
distribute [diˈstribjuːt] *v* -gawanya
distribution [ˌdistriˈbjuːʃən] *n*
mgawanyo
distributive [diˈstribjutiv] *adj* -a
kugawanya
distributor [disˈtribjutə] *n* 1. (com.)
mgawaji 2. (electrical) distributor
distribyuta
district [ˈdistrikt] *n* 1. wilaya 2.
town district kiambo
district court *n* mahakama ya
wilaya
distrust [disˈtrʌst] 1. *n* mashaka 2. *v*
-shuku
disturb [diˈstəːb] *v* 1. -vuruga 2.
-sumbua
disturbance [diˈstəːbəns] *n* vurugu
disturbed [diˈstəːbd] *adj* 1. udhi 2.
mentally disturbed -enye
mvurugiko wa akili
disunity [disˈzhuːniti] *n* utengano
disunited [ˌdiszhuˈnaitid] *adj* -a
utengano
disuse [disˈyuːs] *n* kutotumika
disused [disˈyuːzd] *adj* -siotumika
tena
ditch [dich] 1. *n* handaki 2. *v*
-telekeza
ditto [ˈditəu] *n* mshabaha ule ule
diuresis [ˌdaiyuˈriːsis] *n* ongezeko la
mkojo
dive [daiv] *v* 1. -zamia majini 2.
-ghafla
dive-bomb *v* -shuka ghafla na
kudondosha bomu
diver [ˈdaivə] *n* 1. mpiga mbizi 2.

pearl diver mzamia lulu
diverge [daiˈvəj] *v* -achana
diverse [daiˈvəːs] *adj* -a namna
mbalimbali
diversify [daiˈvəːsifai] *v* -panua
biashara
diversion [daiˈvəːshən] *n* 1. njia ya
mchepuko 2. pumzisho
diversity [daiˈvəːsəti] *n* tofauti
divert [daiˈvəːt] *v* 1. -chepua 2.
-burudisha
divide [diˈvaid] *v* -gawa
dividend [ˈdividend] *n* (fin.) gawio
divine [diˈvain] *adj* 1. takatifu 2.
bora sana
diving [ˈdaiviŋ] *n* kupiga mbizi
diving bell *n* chombo cha mpiga
mbizi
diving board *n* ubao wa kupiga
mbizi
division [diˈvizhən] *n* 1. kutenga 2.
ugawanyaji 3. mgawo 4. mpaka 5.
(mil.) divisheni 6. (spor.) daraja
divorce [diˈvɔːs] 1. *n* talaka 2. *v*
-taliki
divulge [daiˈvʌlj] *v* -fumbua
D.I.Y. [= do it yourself] *n* fanya
mwenyewe
dizzy [ˈdizi] *adj* -enye kizunguzungu
do [duː] *v* (did, done) -fanya
docile [ˈdəusail] *adj* -sikivu
dock [dɔk] *n* 1. (leg.) kizimba 2.
(mar.) gati 3. dry dock guda
docker [ˈdɔkə] *n* hamali
docket [ˈdɔkit] *n* 1. lebo 2. (com.)
orodha
docks [dɔks] *pl* bandari
dockyard [ˈdɔkyaːd] *n* gatini
doctor [ˈdɔktə] 1. *n* dakatari 2. *v*
-ghushi
doctrine [ˈdɔktrin] *n* imani
document [ˈdɔkyumənt] 1. *n* hati 2.
v -pa hati
documentary [ˌdokyuˈmentri] *adj* -a
hati
documentary evidence *n*
ushahidi ulioandikwa

documentary film [ˌdɔkyuˈmentri] *n* filamu ionyeshayo hali halisi

documentation [ˌdokyumenˈteishən] *n* hifadhi ya hati

dodge [dɔj] *v* -kwepa

dodgy [ˈdɔji] *adj* 1. -a hatari 2. -enye hila

dog [dɔg] *n* mbwa

dog days *pl* siku za jua kali

dogged [ˈdɔgid] *adj* -kaidi

dogma [ˈdɔgmə] *n* imani

dog vane *n* (*mar.*) kibendera

dog watch *n* (*mar.*) zamu ya saa mbili

doldrums [ˈdɔldrʌmz] *pl* hali ya huzuni

dole [dəul] 1. *n* the dole posho ya serikali kwa wasio na kazi 2. *v* -gawia

doll [dɔl] *n* mwanasesere

dollar [ˈdɔlə] *n* dola

dolphin [ˈdɔlfin] *n* pomboo

domain [dəuˈmein] *n* 1. miliki 2. uwanja

dome [dəum] *n* kuba

domestic [dəˈmestik] 1. *adj* -a nyumbani 2. -a ndani 3. *n* mtumishi wa nyumbani

domestic animal *n* mnyama anayefugwa

domestic flight *n* safari ya ndge ya ndani

domestic news *n* habari za nchini

domestic policy *n* sera ya ndani

domesticate [dəˈmestikeit] *v* -fuga

domicile [ˈdɔmisail] *n* makao

dominant [ˈdɔminənt] *adj* 1. -a kutawala 2. -lio juu

dominate [ˈdɔmineit] *v* 1. -tawala 2. -angalia kutoka juu

domination [ˌdɔmiˈneishən] *n* tawala

domineer [ˌdɔmiˈniə] *v* -fanya jeuri

domineering [ˌdɔmiˈniəring] *adj* -jeuri

dominion [dəˈminiən] *n* 1. mamlaka 2. miliki

domino [ˈdɔminəu] *n* domino

don [dɔn] *v* -vaa

donate [dəuˈneit] *v* -toa msaada

donate blood *v* -toa damu

donation [dəuˈneishən] *n* 1. msaada 2. blood donation utoaji damu

done [dʌn] *see* do

donkey [ˈdɔngki] *n* (*pl* donkeys) punda

donor [ˈdəunə] *n* 1. mtoaji 2. blood donor mtoaji damu

doodle [ˈduːdəl] *v* -chorachora

doom [duːm] *n* maangamizi

doomsday [ˈduːmzdei] *n* mwisho wa dunia

door [dɔː] *n* mlango

doorbell [ˈdɔːbel] *n* kengele ya mlango

doorman [ˈdɔːmən] *n* bawabu

doorstep [ˈdɔːstep] *n* ngazi za mlangoni

doorway [ˈdɔːwei] *n* mlangoni

dope [dəup] 1. *n* dawa ya kulevya 2. (*sl.*) zuzu 3. *v* -pa dawa

dormant [ˈdɔːmənt] *adj* 1. -a kulala 2. bwete

dormitory [ˈdɔːmitri] *n* bweni

dormitory town *n* mji wa makazi

dosage [ˈdəusej] *n* kipimo na masharti ya matumizi ya dawa

dose [dəus] *n* kipimo cha dawa

dossier [ˈdɔsiyə] *n* hati zenye habari

dot [dɔt] *n* 1. nukta 2. on the dot juu ya alama 3. *v* -tia nukta

dotted [ˈdɔtid] *adj* to sign on the dotted line -kubali bila kukawia

double [ˈdʌbəl] 1. *adj* -wili 2. *v* -zidi mara mbili

double-barrelled [ˌdʌbəlˈbarəld] *adj* -enye mitutu miwili

double-barrelled shotgun *n* bunduki yenye mitutu miwili

double-breasted [ˌdʌbəlˈbrestid] *adj* -enye safu mbili za vifungo

double-check [ˌdʌbəlˈchek] *v* -chunguza maradufu

double-cross [ˌdʌbəlˈkrɔs] *v* -endea kinyume

doubledealing [ˌdʌbəlˈdiːling] **1.** *adj* -kauleni **2.** *n* ukauleni

doubledealer [ˌdʌbəlˈdiːlə] *n* kauleni

double-decker [ˌdʌbəlˈdekə] *n* basi cha ghorofa

double-edged [ˌdʌbəlˈ] *adj* -enye utata

double-entry [ˌdʌbəlˈ] *n (fin.)* maingizo mawili

double-entry system *n (fin.)* mpango wa maingizo mawili

double-faced [ˌdʌbəlˈfeist] *adj* -nafiki

doubly [ˈdʌbli] *adv* **1.** mara mbili **2.** sana

doubt [daut] **1.** *n* shaka **2. without doubt** bila shaka **3.** *v* -ona shaka

doubtful [ˈdautfəl] *adj* -enye wasiwasi

doubtless [ˈdautlis] *adv* bila shaka

dough [dəu] *n* **1.** kinyunya **2.** *(sl.)* pesa

doughnut [ˈdəunʌt] *n* donati

dour [ˈdaur; duːr] *adj* -kaidi

douse [daus] *v* -lowesha

dove [dʌv] *n* njiwa

dowel [ˈdawəl] *n* kiwi

down [daun] *adv* chini

down and out *n* mhuni

downcast [ˈdaunkaːst] *adj* -enye huzuni

downfall [ˈdaunfɔːl] *n* **1.** kuanguka; kupinduliwa **2.** mvua nyingi

downgrade [ˈdaungreid] *v* -teremsha cheo

downhearted [ˈdanˈhaːtid] *adj* -enye huzuni

downhill [ˌdaunˈhil] **1.** *adj* -a kuja chini **2.** *adv* chini

download [ˌdaunˈləud] *v (i.t.)* jaza

down payment *n* malipo ya kwanza

downpour [ˈdaunpɔː] *n* mvua kubwa

downstairs [ˌdaunˈsteəz] *adv* chini

downtown [ˈdauntaun] *n (US)* mjini

downtrodden [daunˈtrɔdən] *adj* -a kudhulumiwa

downright [ˈdaunrait] **1.** *adj* kweli **2.** *adv* kabisa

downward, downwards [ˈdaunwəd; -z] *adv* chini

dowry [ˈdauəri] *n* mapambo

doze [dəuz] *v* -sinzia

dozen [ˈdʌzn] *n* dazeni

D.P. [ˈdiːˈpiː] *see* **displaced person**

Dr [ˈdɔktə] *see* **doctor**

draconian [draˈkəuniyən] *adj* -kali sana

draft [draːft] **1.** *n* plan **2.** *(mil.)* kuitwa jeshini **3.** *v* -tayarisha **4.** *(mil.)* -itwa jeshini **5.** *see* **draught**

draft a law *v* -tayarisha sheria

drafting committee [ˈdraːfting] *n* kamati ya uandazi

drag [drag] *v* -vuta

drag act *n* mcheza nachi mwanamume

dragon [ˈdragən] *n* dragoni

dragonfly [ˈdragənˌflai] *n* kerengende

drain [drein] **1.** *n* mfereji **2.** *v* -toa maji

drainage [ˈdreinij] *n* **1.** mtiririsho **2.** mfereji

drainage tube *n (med.)* neli ya usaha

drainpipe *n* bomba la maji

drama [draːmə] *n* drama

dramatic [drəˈmatik] *adj* **1.** -a drama **2.** -a ajabu

dramatist [ˈdramətist] *n* mwandishi wa drama

dramatize [ˈdramətaiz] *v* -igiza drama

drank [drangk] *see* **drink**

drape [dreip] *n* -funika na kitambaa

drastic [ˈdrastik] *adj* -kali

draught [draːft] *n* **1.** upepo **2.** *see* **draft**

draught beer *n* bia ya kasiki

draughtsman [ˈdraːfchmən] *n* mrasimu

draw [drɔ:] 1. n (spor.) sare 2. v (drew, drawn) -vuta 3. (spor.) -enda sare 4. (mar.) -hitaki kina 5. to draw attention -onyesha 6. to draw a cheque -andika cheki 7. to draw a picture -chora

drawback [ˈdrɔːbak] n kizuizi

drawboard [ˈdrɔːbɔːd] n ubao wa kuchorea

drawer [drɔ:] n mtoto wa meza

drawing [ˈdrɔːing] n uchoraji

drawn [drɔːn] see draw

draw up v -tayarisha

drawn [drei] n rikwama

dread [dred] n hofu

dreadful [ˈdredfəl] adj -siopendeza

dream [driːm] 1. n ndoto 2. v (dreamed, dreamt) -ota ndoto

dream up v -fikiria

dreary [ˈdriyəri] adj -a kuchosha

dredge [drej] v -zoa taka

dredger [drejə] n merikebu ya kuvua taka

dregs [dregz] pl masimbi

drench [drench] v -rowesha

dress [dres] 1. n nguo 2. v -vaa

dressing [ˈdresing] n (med.) bendeji ya vidonda

dressmaker [ˈdresmeikə] n mshonaji magauni

dribble [ˈdribəl] v -dondoka

dried [draid] adj 1. dried milk maziwa ya podari 2. see dry

drift [drift] 1. n mkondo 2. mwelekeo 3. v -enda pepe

drift anchor n nanga ya pepe

drifter [ˈdriftə] n mzururaji

drift net n jarife

drift sand n mchanga unaopeperushwa

driftwood [ˈdriftwud] n mbao zilizopwelewa

drill [dril] 1. n keekee 2. (mil.) mafunzo 3. v -toboa kwa keekee

drink [ˈdringk] 1. n -kinywaji 2. soft drink kinywaji baridi 3. v (drank, drunk) -nywa

drinkable [ˈdringkəbəl] adj -a kunyweka

drinker [ˈdringkə] n 1. mnywaji 2. mlevi

drinking water n maji ya kunywa

drip [drip] 1. n tone 2. v -tona

drive [draiv] 1. drive of a house njia 2. v (drove, driven) -endesha 3. -swaga

drive away v 1. -enda kwa gari 2. -ondosha

drive back v 1. -rudi kwa gari 2. -rudisha

drive out v -ondosha

driver [ˈdraivə] n dereva

driver's licence n lisensi ya kuendeshea gari

driving [ˈdraiving] 1. adj -enye nguvu 2. n udereva

driving lesson n funzo ya udereva

driving school n shule ya udereva

driving test n mtihani wa udereva

drizzle [ˈdrizl] 1. n manyunyu 2. v -nyunya

droll [drɔl] adj -a kuchekesha

drone [drəun] v -vuma

droop [druːp] v -inama

drop [drɔp] 1. n tone 2. (ec.) kipunguo 3. (med.) dawa ya matone 4. v (dropped) -anguka 4. -tona

drop anchor v -shusha nanga

drop behind v -chelewa

drop in v -zuru

drop out of v -acha kushiriki

dross [drɔs] n takataka

drought [draut] n ukavu

drove [drəuv] see drive

drown [draun] v -fa maji

drowsy [ˈdrauzi] adj -enye kusinzia

drug [drʌgz] 1. n dawa 2. dawa ya kulevya 3. dangerous drug dawa ya hatari 4. v -nywesha dawa

drug addict n mteja wa madawa ya kulevya

drug addiction n

drug dealer n muuzaji madawa ya kulevya

drug habit *n* tabia ya kutumia madawa ya kulevya

drug pusher *n* muuzaji madawa ya kulevya

drugstore [ˈdrʌgstɔː] *n (US)* duka

drug trafficking *n* upitishaji wa madawa ya kulevya

drum [drʌm] *n* 1. ngoma 2. **oil drum** kasiki la mafuta 3. *v* -piga ngoma

drummer [ˈdrʌmə] *n* mpiga ngoma

drumstick [ˈdrʌmstik] *n* mkwiro

drunk [drʌŋk] *adj* 1. -levi 2. *see* **drink**

drunkard [ˈdrʌŋkəd] *n* mlevi

dry [drai] 1. *adj* -kavu 2. -kame 3. *v*

dryclean [draiˈkliːn] *v* -safisha kwa dawa

dry dock *n (mar.)* gudani

dry goods *n* bidhaa kavu

dry land *n (mar.)* nchi kavu

dryness [ˈdrainəsh] *n* 1. ukavu 2. ukame

dry nurse *n* yaya

dry off *v* -kausha

dry up *v* -kauka

dual [ˈdyuːəl] *adj* -wili

dual economy *n* uwekevu

dub a film [dʌb] *v* -badili sauti nyingine

dubious [ˈdyuːbiəs] *adj* -enye mashaka

duck [dʌk] 1. *n* bata 2. *v* -kwepa

duct [dʌkt] *n* kichirizi

dud [dʌd] *n* bunga

dude [duːd] *n* mlimbwende

due [dyuː] 1. *adj* -a haki 2. **in due time** kwa wakati upasao 3. **due south** kusini moja kwa moja 4. **to be due** -tazamiwa 5. *n* haki 6. *prep* **due to** kwa sababu ya 7. *see* **dues**

duel [dyuːl] *n* mapigano

dues [dyuːz] *pl* kodi

duet [dyuːwet] *n* muziki wa watu wawili

dug [dʌg] *see* **dig**

dugong [dəˈgong] *n* nguva

dug-out [ˈdʌgˌaut] *n (mil.)* handaki

duiker [ˈdaikə] *n* funo

dull [dʌl] *adj* 1. -liofifia 2. goigoi 3. **dull weather** hali ya mawingu 4. **dull show** mchezo usiopendeza

dumb [dʌmb] *adj* 1. bubu 2. *(sl.)* -pumbavu

dummy [ˈdʌmi] 1. -a bandia 2. *n* nyonyo 3. mfano wa kitabu 4. *(sl.)* zuzu

dump [dʌmp] 1. *n* **rubbish dump** jaa la taka 2. **ammunition dump** ghala ya silaha 3. *v* -tupa

dumpster [ˈdʌmpstə] *n (US)* jaa

dump truck *n* gari la taka

dump waste *v* -tupa taka

dune [dyuːn] *n* chungu ya mchanga

dung [dʌng] *n* samadi

dungeon [ˈdʌnjən] *n* gereza

dunk [dʌnk] *v* -chovya

duo [ˈdyuːəu] *n* mbili

dupe [dyuːp] *v* -danganya

duplex [ˈdyuːpleks] 1. *adj* -a mara mbili 2. *n (US)* nyumba

duplicate [ˈdyuːplikeit] 1. *adj* -a nakili 2. *n* nakala 3. *v* -nakili

duplicate key *n* ufunguo wa nakili

duplication [ˌdyuːpliˈkeishən] *n* kurudufia

duplicator [ˈdyuːplikeitə] *n* mashine ya kurudufia

durability [ˌdyuərəˈbiləti] *n* kudumu

durable [ˈdyuːərəbəl] *adj* -a kudumu sana

duration [dyuˈreishən] *n* muda

duress [dyuəˈres] *n v* itisho

during [ˈdyuəring] *prep* wakati wa

dusk [dʌsk] *n* utusitusi

dust [dʌst] *n* vumbi

dustbin [ˈdʌstbin] *n* pipa la taka

dustbowl [ˈdʌstbəul] *n* jangwa

dustcart [ˈdʌstˌkaːt] *n* gari la taka

dust-jacket [ˈdʌstˌjakit] *n* ganda la kitabu la vumbi

dustman [ˈdʌstmən] *n* mwondoa taka

dust sheet *n* shuka la kuzuia vumbi

dust storm *n* dhoruba ya vumbi
dusty [ˈdʌsti] *adj* -enye mavumbi
Dutch [dʌch] 1. *adj* -a Kiholanzi 2. *n* Kiholanzi 3. *pl* **the Dutch** Waholanzi
dutiful [ˈdyuːtiəl] *adj* -sikivu
duty [ˈdyuːti] *n* 1. wajibu 2. **on duty** kuwa kewnye zamu 3. **off duty** kuwa mapumzikoni 4. **customs duty** ushuru
duty-free *adj* -siolipiwa ushuru
duty-free zone *n* sehemu isiolipiwa ushuru
duvet [ˈduːvei] *n* mfarishi
dwarf [dwɔːf] *n* (**dwarves**) kibete
dwell [dwel] *v* -kaa

dweller [ˈdwelə] *n* mkazi
dwelling [ˈdweling] *n* nyumba ya kukaa
dye [dai] 1. *n* rangi 2. *v* -tia rangi
dying [ˈdaːying] *see* **die**
dyke [daik] *n* 1. handaki 2. msagaji
dynamic [daiˈnamik] *adj* -enye nguvu
dynamics [daiˈnamiks] *pl* elimumwendo
dynamite [ˈdainəmait] 1. *n* baruti kali 2. *v* -lipua kwa baruti
dynamo [ˈdainəməu] *n* dainamo
dynasty [ˈdinəsti] *n* nasaba
dysentery [ˈdisəntri] *n* ugonjwa wa kuhara damu

each [iːch] **1.** *adj* kila (moja) **2.** -ote **3.** *adv* kila

each other *n/adv* wao kwa wao

eager [ˈiːɡə] *adj* -enye hamu

eagerly [ˈiːɡəli] *adv* kwa hamu

eagerness [ˈiːɡənis] *n* hamu

eagle [ˈiːɡl] *n* tai

ear [iːə] *n* **1.** sikio **2. ear of corn** shuke

earache [ˈiːəreik] *n* maumivu ya sikio

ear drops *pl* dawa ya sikio

eardrum [ˈiːədrʌm] *n* kiwambo cha sikio

earlobe [ˈiːədləub] *n* ndewe

early [ˈəːli] *adj/adv* **1.** mapema **2.** -a zamani **3.** mwanzo **4.** *(agr.)* -a mlimbuko

earlier on *adv* mwanzoni

early warning *adj* -a kuashiria mapema

earmark [ˈiːə,maːk] *v* -wekea alama

earn [əːn] *v* **1.** -chuma **2.** -stahili **3. to earn a living** -fanya kazi

earnest [ˈəːnist] *adj* -enye bidii

earnings [ˈəːniŋz] *pl* mapato

earphones [ˈiːə,fəunz] *pl* chombo cha kusikilizia

earpiece [ˈiːə,fpiːs] *n* chombo cha kusikilizia

earring [ˈiːəriŋ] *n* hereni

earth [əːth] *n* **1.** udongo **2. the earth** dunia; ardhi; ulimwengu **3.** *v* -tia waya wa umeme ardhini

earthenware [ˈəːthən,weə] *n* vyombo vya udongo

earthquake [ˈəːthkweik] *n* zilizala

earthworm [ˈəːthwəːm] *n* nyungunyungu

ear wax *pl* taka za masikio

ease [iːz] **1.** *n* raha **2.** *v* -tuliza

easily [ˈiːzili] *adv* **1.** kwa urahisi **2.** kwa mbali sana

easiness [ˈiːzinis] *n* urahisi

east [iːst] **1.** *adj* -a mashariki; -a matlai **2.** *adv* mashariki; matlai **3.** *n* mashariki; matlai

Easter [ˈiːstə] *n* Pasaka

easterly [ˈiːstəli] *adj* -a mashariki; -a matlai

easterly winds *pl* pepo za matlai

eastern [ˈiːstən] *adj* -a mashariki; -a matlai

easterner [ˈiːstənə] *n* mtu wa mashariki

easternmost [ˈiːstənməust] *adj* -a mashariki kabisa

eastwards [ˈiːstwədz] *adv* kuelekea mashariki

easy [ˈiːzi] *adj* **1.** rahisi **2.** bila jasho

easy-going *adj* -si gumu

eat [iːt] *v* (ate, eaten) -la

ebb [eb] **1.** *n* **The tide is on the ebb.** Maji yamekupwa. **2.** *v* -pwa

ebb-tide [ˈebtaid] *n* kupwa

ebony [ˈebɔni] *n* mpingo

eccentric [ɪkˈsentrik] *adj* -a pekee

echelon [ˈeshəlɔn] *n* **higher echelons** ngazi za juu

echo [ˈekəu] *n* mwangwi

eclipse [ɪˈklips] *n* **1. solar eclipse** kupatwa jua **2. lunar eclipse** kupatwa mwezi

ecological [,iːkəˈlɔjikəl] *adj* -a ikolojia

ecological system *n* mfumo wa ikolojia

ecology [ɪˈkɔlɔji] *n* ikolojia

economic [,iːkəˈnɔmik; ,ekəˈnɔmik] *adj* **1.** -a kiuchumi **2.** -enye kufidia gharama

economical [,iːkəˈnɔmikl; ,ekəˈnɔmikəl] *adj* -rahisi

economics [ˌiːkəˈnɔmiks; ˌekəˈnɔmiks] *n* uchumi ; sayansi ya uzalishaji

economize [iˈkɔnəmaiz] *v* -punguza gharama

economist [iˈkɔnəmist] *n* mchumi

economizing [iˈkɔnəmaizing] *n* kufidia gharama

economy [iˈkɔnəmi] *n* 1. uchumi 2. uwekevu; iktisadi

eczema [ˈeksmə] *n* ukurutu

eddy [ˈedi] *n* mzingo

edge [ejj] *n* 1. ukingo 2. makali

edible [ˈedibəl] *adj* -a kulika

edit [ˈedit] *v* -hariri

edition [iˈdishən] *n* toleo

editor [ˈeditə] *n* mhariri

editorial [ˌediˈtɔːriəl] 1. *adj* -a mhariri 2. *n* tahariri 3. maoni yetu

editorial staff *pl* wahariri

educate [ˈejukeit] *v* -elemisha

education [ˌejuˈkeishən] *n* 1. maadilisho 2. elimu

educational [ˌejuˈkeishənl] *adj* -a elimu

eel [iːl] *n* mkunga

eerie, eery [ˈiːri] *adj* -a kutia hofu

effect [iˈfekt] *n* 1. athari 2. **in effect** kwa kweli 3. **to come into effect** -tumika 4. **to put into effect** -tekeleza 5. **to take effect** -fanya kazi 6. *see* **effects**

effects [iˈfekch] *pl* 1. mali 2. **sound effects** athari za sauti

effective [iˈfektiv] *adj* -a kufaa

effectively [iˈfektivli] *adv* kwa kufaa

efficiency [iˈfishənsi] *n* ustadi

efficient [iˈfishənt] *adj* -a kufaa

effluent [ˈefluwənt] *n* maji machafu

effort [ˈefət] *n* 1. bidii 2. **to make an effort** -jitahidi

effortless [ˈefətlis] *adj* pasipo na haja ya bidii

e.g. (= **for example**) kwa mfano; mathalani

egg [eg] *n* yai

eggplant [ˈegplaːnt] *n* biringanya

ego [ˈiːgəu] *n* nafsi

egotism [ˈegəuizəm] *n* majisifu

egotistical [ˌegəuˈtistikəl] *adj* -enye majisifu

Egypt [ˈiːjipt] *n* Misri

Egyptian [iˈjipshən] 1. *adj* -a Misri 2. *n* Mmisri

eight [eit] *n/adj* nane

eighteen [eiˈtiːn] *n/adj* kumi na nane

eighteenth [ˌeiˈtiːnth] *adj* -a kumi na nane

eighth [eitth] *adj* -a nane

eightieth [ˈeitiəth] *adj* -a themanini

eighty [ˈeiti] *n/adj* themanini

either [ˈaidhə; ˈiːdhə] 1. *adj* -o -ote 2. *adv* wala 3. *conj* **either... or** ama... au

ejaculate [iˈjakyuleit] *v* -kojoa shahawa

ejaculation [iˌjakyuˈleishən] *n* kukojoa shahawa

eject [iˈjekt] *v* -toa

elaborate [iˈlabəreit] *adj* -liochanganuliwa

eland [ˈiːlənd] *n* pofu

elapse [iˈlaps] *v* -pita

elastic [iˈlastik] 1. *adj* -a kunyumbulika 2. *n* kunyumbulika

elastic bands *pl* mipira

elbow [ˈelbəu] *n* kiwiko; kivi

elder [ˈeldə] 1. *adj* -kubwa 2. *n* mzee

elderly [ˈeldəli] *adj* -zee

eldest [ˈeldist] *adj* -kubwa kwa umri

elect [iˈlekt] *v* -chagua

election [iˈlekshən] *n* 1. uchaguzi 2. **by-election** uchaguzi mdogo 3. **general elections** uchaguzi mkuu

election campaign *n* kampeni ya uchaguzi

electioneering [iˌlekshəˈniːring] *n* ufanyaji kampeni

elections [iˈlekshənz] *pl* uchaguzi

elector [iˈlektə] *n* mpiga kura

electoral [ilekˈtərəl] *adj* -a kupiga kura

electoral register *n* rejesta ya orodha ya wapiga kura

electorate [i·lek·tərət] *n* wote wenye sifa ya kupiga kura

electric [i·lektrik] *adj* -a umeme

electric current *n* mkondo wa umeme

electrical engineer *n* mhandisi umeme

electrician [,ilek·trishən] *n* fundi umeme

electricity [,ilek·trisəti] *n* 1. umeme 2. to cut off the electricity -kata umeme

electrify [i·lektrifai] *v* 1. -tia umeme 2. -shtisha sana

electrocute [i,lektrə·kyu:t] *v* -ua kwa umeme

electronic [ilek·trɔnik] *adj* -a elektroni

electronics [ilek·trɔniks] *n* elektroni

elegance [·eligəns] *n* madaha

elegant [·eligəns] *adj* -a madaha

element [·elimənt] *n* 1. ishara 2. *(elect.)* waya kinzi

elementary [,eli·mentri] *adj* 1. -a asili 2. sahili

elementary school *n* shule ya maandalio

elephant [·elifənt] *n* tembo

elevate [·eliveit] *v* -nyanyuwa

elevation [,eli·veishən] *n* urefu wa kwenda juu

elevator [·eliveitə] *n* lifti

eleven [i·levn] *n/adj* kumi na moja

eleventh [i·levnth] *adj* -a kumi na moja

eligible [·elijəbəl] *adj* -a kufaa

eliminate [i·limineit] *v* 1. -angamiza 2. *(spor.)* to be eliminated in a competition -chujwa katika mashindano

elimination [i·limineishən] *n* 1. kuondosha 2. *(spor.)* kuchujwa

elimination round *n (spor.)* duru ya mchujo

elite [e·li:t] *n* tabaka aali

eloquence [·elǝkwǝns] *n* umbuji

else [els] 1. *adj /adv* tena 2. *conj* (or) else ama sivyo

elsewhere [,els·weǝ] *adv* penginepo

e-mail [·i:meil] *n* e-mail

emancipate [i·mansipeit] *v* -komboa

emancipation [i,mansi·peishən] *n* ukombozi

embargo [im·ba:gǝu] *n* kikwazo

embark [im·ba:k] *v* -pakia

embarkation [,imba:·keishən] *n* upakiaji

embark upon *v* -anza

embarrass [im·barǝs] *v* -aibisha

embarrassing [im·barǝsing] *adj* This is embarrassing for me. Inanitia aibu.

embarrassment [im·barǝsmǝnt] *n* aibu

embassy [·embǝsi] *n* ubalozi

embed [im·bed] *v* -tia ndani ya

embezzle [im·bezl] *v* -badhiri amana

embezzlement [im·bezlmǝnt] *n* ubadhiraji wa amana

embezzler [im·bezlǝ] *n* mbadhiri amana

emblem [·emblǝm] *n* ishara

embrace [im·breis] *v* 1. -kumbatia 2. -kubali

embroidery [im·brɔidǝri] *n* almaria

embryo [·embriyǝu] *n* kiinitete

emerald [·emǝrǝld] *n* zumaridi

emerge [i·mǝ:j] *v* -ibuka

emergency [i·mǝ:jǝnsi] *n* 1. dharura 2. state of emergency hali ya hatari

emergency brake *n* breki ya dharura

emergency exit *n* mlango wa dharura

emigrant [·emigrǝnt] *n* mhamaji; mhajiri

emigrate [·emigreit] *v* -hama; -hajiri

emigration [,emi·greishǝn] *n* kuhama; kuhajiri

emigre [ˈemigrei] *n* mhamaji

eminent [ˈeminənt] *adj* adhimu

emir [eˈmiːə] *n* sheikh

emissary [ˈemi,seri] *n* mjumbe

emission [iˈmishən] *n* utokezaji

emit [iˈmit] *v* -toa

emotion [iˈməushən] *n* mhemuko

emotional [iˈməushənl] *adj* -enye mhemuko

emperor [ˈempərə] *n* mfalme mkuu

emphasis [ˈemfəsis] *n* mkazo

emphasize [ˈemfəsaiz] *v* -tia mkazo

empire [ˈempaiə] *n* ufalme

employ [imˈplɔi] 1. *n* kazi 2. *v* -ajiri 3. -tumia 4. **to be employed in** -shughulika

employee [emˈplɔiː] *n* mfanyakazi

employer [imˈplɔiə] *n* muajiri

employment [imˈplɔimənt] *n* 1. kazi 2. ajira

employment agency *n* wakala wa ajira

empower [imˈpauə] *v* -wezesha

empress [ˈempris] *n* mfalme mkuu wa kike

empty [ˈempti] 1. *adj* -tupu 2. *v* -mwaga

empty-handed *adj* mikono mitupu

emulate [ˈemyuleit] *v* -igiza

enable [iˈneibəl] *v* -wezesha

enact [iˈnakt] *v* (*leg.*) -fanya kuwa sheria

encamp [inˈkamp] *v* -piga kambi

encase [inˈkeis] *v* -funga katika kasha

enchain [inˈchein] *v* -shika

enchant [inˈchaːnt] *v* -pendeza mno

enchanting [inˈchaːnting] *adj* -a furaha

encircle [enˈsəːkəl] *v* -zunguka

enclave [ˈɔnkleiv] *n* nchi iliyozungukwa na nchi nyingine

enclose [inˈkləuz] *v* -zunguka kabisa

encode [inˈkəud] *v* -simba

encompass [inˈkʌmpəs] *v* -zingira

encore! [ˈɔnkɔː] rudia!

encounter [inˈkauntə] *v* -kabiliwa na

encourage [inˈkʌrij] *v* -tia moyo

encouragement [inˈkʌrijmənt] *n* kutia moyo

encouraging [inˈkʌrijing] *adj* -liotia moyo

encroach on [inˈkrəuch] *v* -ingilia mali

encroachment [inˈkrəuching] *n* kuingilia mali

encrust [inˈkrʌst] *v* -funika kwa gamba

encumber [inˈkʌmbə] *v* -tatiza

encyclopaedia [in,saiklə piːdiə] *n* ensaiklopidia

end [end] 1. *n* mwisho 2. **without end** bila mwisho 3. **in the end** mwishowe 4. *v* -isha

endanger [inˈdeinjə] *v* -hatarisha

endeavour [inˈdevə] *v* -jaribu

ending [ˈending] *n* mwisho

endless [ˈendlis] *adj* -enye kuendelea

endorse [inˈdɔːs] *v* -idhinisha

endow [inˈdau] *v* -toa

end up *v* -ishia

endurance [inˈjuərəns] *n* uvumilivu

endurance test *n* kipimo cha uvumilivu

endure [inˈjuə] *v* 1. -vumilia 2. -dumu

enduring [inˈjuəring] *adj* -a daima

enema [ˈenəmə] *n* enema

enemy [ˈenəmi] *n* adui

energetic [ˈenəjetik] *adj* -enye nguvu

energy [ˈenəji] *n* nguvu

enfold [inˈfəuld] *v* -funga kwa kuzungushia

enforce [inˈfɔːs] *v* -tekeleza sheria

engage [inˈgeij] *v* 1. -ajiri 2. (*mil.*) -shambulia 3. *see* **engage in**

engaged [inˈgeijd] *adj* 1. **The toilet is engaged.** Kuna mtu chooni. 2. **The phone is engaged.** Simu ingeji. **3. to be engaged in** -shughulika na **4. to get engaged** *(man)* -chumba; *(woman)* -chumbwa

engage in *v* -shiriki katika

engagement [in·geijmənt] *n* **1.** uchumba **2.** shughuli

engine [·enjin] *n* **1.** injini **2.** *see* **locomotive**

engineer [,enji·niə] *n* mhandisi

engineering [,enji·niəring] *n* uhandisi

England [·inggländ] *n* Uingereza

English [·ingglish] **1.** *adj* -a Uingereza **2.** *n* Kiingereza **3. the English** Waingereza

Englishman [·inglishmən] *n* Mwingereza

Englishwoman [·inglish,wumən] *n* Mwingereza

engrave [in·greiv] *v* -chonga

engrossing [in·grəusing] *adj* -a kuvutia sana

engulf [in·gʌlf] *v* -meza

enhance [in·ha:ns] *v* -zidisha

enigma [i·nigmə] *n* fumbo

enjoy [in·jɔi] *v* -furahia

enjoyable [in·jɔiəbəl] *adj* -a furaha

enjoyment [in·jɔimənt] *n* furaha

enlarge [in·la:j] *v* -kuza

enlargement [in·la:jmənt] *n* kukuza picha

enlighten [in·laitən] *v* -elimisha

enlist [in·list] *v (mil.)* -andika

enlist help *v* -omba msaada

enliven [in·laivən] *v* -changamsha

en masse [·ɔn-·mas] *adj* kwa pamoja

enmity [·enmiti] *n* uadui

enormous [i·nɔ:məs] *adj* -kubwa mno

enough [i·nʌf] **1.** *adj* -a kutosha **2.** *adv* kiasi cha kutosha **3. enough!** basi!

enquire [in·kwaiə] *v* -uliza

enrich [in·rich] *v* **1.** -tajirisha **2.** -rutubisha

enrol [in·rəul] *v* -andikisha

en route [·ɔn·ru:t] *adv* njiani

ensemble [ɔn·sɔmbəl] *n* kipande

ensign [·ensain] *n* bendera

enslave [in·sleiv] *v* -tia utumwani

enslavement [in·sleivmənt] *n* kutia utumwani

ensnare [in·sneə] *v* -tega

ensue [in·syu] *v* -tokana (**from** na)

ensuing [in·syuwing] *adj* liyofuata

ensure [in·shɔ:] *v* -hakikisha

entail [in·teil] *v* -lazimisha

entangle [in·tangəld] *v* -tega

enter [·entə] *v* -ingia

enterprise [·entəpraiz] *n* **1.** bidii **2.** jambo kubwa **3.** *(com.)* shughuli

enterprising [·enttə,praizing] *adj* jasiri

entertain [,entə·tein] *v* **1.** -furahisha **2.** -burudisha

entertaining [,entə·teining] *adj* -a kufurahisha

entertainment [,entə·teinmənt] *n* mafurahisho

enthrone [in.·thrəun] *v* -tawaza

enthusiasm [in·thyu:ziazəm] *n* shauku

enthusiastic [in,thyu:zi·astik] *adj* -a shauku

entice [in·tais] *v* -shawishi

entire [in·taiə] *adj* -zima

entirely [in·taiəli] *adv* yote kabisa

entitled [in·taitəld] *adj* **1. to be entitled** -itwa **2. to be entitled to** -pa haki

entity [·entiti] *n* kuishi

entomb [in·tu:m] *v* -zika

entrance [·entrəns] *n* **1.** njia ya kupitia **2.** kuingia

entrant [·entrənt] *n* mshindani

entrepreneur [·ɔntrəprə·nə:] *n* majisiriamali

entrust [in·trʌst] *v* -amini

entry [·entri] *n* **1.** kuingia **2.** *(fin.)* idadi

entry visa *n* viza ya kuingilia

envelope [·envələup] *n* bahasha

environment [in'vaiərənmənt] *n* 1. mazingira 2. hali

environmental [,invaiərən'mentl] *adj* -a mazingira

environs ['ɔnvirɔnz] *pl* maeneo yanayozunguka mji

envious ['enviəs] *adj* -enye kijicho

envoy ['ɔnvɔi] *n* mjombe

envy ['envi] 1. *n* husuda 2. *v* -onea husuda

enzyme ['enzaim] *n* kimeng'enya

epic ['epik] 1. *adj* -a utendi 2. -kubwa mno 3. *n* utendi

epidemic [,epi'demik] *n* magonjwa ya mlipuko

epidemiology [epi,di:mi'ɔlɔji] *n* elimu ya magonjwa ya mlipuko

epilepsy ['epilepsi] *n* kifafa

epileptic [epi'leptik] 1. *adj* -a kifafa 2. *n* mtu mwenye kifafa

episode ['episəud] *n* tukio

epitaph ['epita:f] *n* wasifu wa marehemu

epoch ['i:pɔk] *n* kipindi

equal ['i:kwəl] 1. *adj* -sawa; -sawasawa 2. mwenzi 3. **on equal terms** kwa usawa 4. *v* -wa sawa na

equality [i'kwɔləti] *n* usawa

equalize ['i:kwəlaiz] *v* -sawazisha

equation [i'kweizhən] *n* mlinganyo

equator [i'kweitə] *n* ikweta; istiwai

equestrian [i'kwestriyən] *adj* -a kupanda farasi

equidistant [,ekwi'distənt] *adj* -enye umbali sawa

equilibrium [,i:kwi'libriəm] *n* usawa

equinox ['ekwinɔks] *n* ikwinoksi

equip [i'kwip] *v* -tayarisha

equipment [i'kwipmənt] *n* vifaa

equitable ['ekwitəbəl] *adj (fin.)* -a haki

equity ['ekwiti] *n (fin.)* hisa zisizo na riba ya kudumu

equivalent [i'kwivələnt] 1. *adj* -a kulingana 2. *n* ulinganifu

era ['iərə] *n* enzi

eradicate [i'radikeit] *v* -ondosha

eradication [i,radi'keishən] *n* kuondosha

erase [i'reiz] *v* -futa

eraser [i'reizə] *n* kifutio

erect [i'rekt] 1. *adj* -a kusimama wima 2. *adv* kwa kusimama wima 3. *v* -simamisha

erection [i'rekshən] *n* 1. usimikaji 2. kudinda dhakari

erode [i'rəud] *v* -momonyoa

erogenous [i'rɔjənəs] *adj* -enye kutia nyege

erogenous zone *n* sehemu za unyegevu

erosion [i'rəuzhən] *n* mmomonyoko

erotic [i'rɔtik] *adj* -a ashiki

err [ə:] *v* -kosa

errand ['erənd] *n* safari fupi

erratic [i'ratik] *adj* -potovu

erroneous [i'rəuniyəs] *adj* -enye kosa

error ['erə] *n* kosa

erstwhile ['ə:stwail] *adv* zamani

erupt [i'rʌpt] *v* -foka

eruption [i'rʌpshən] *n* kufoka

escalate ['eskəleit] *v* -ongeza

escalation [eskəleishən] *n* kuongeza

escalator ['eskəleitə] *n* eskaleta

escapade ['eskəpeid] *n* tendo la ujasiri

escape [i'skeip] 1. *n* kutoroka 2. *v* -toroka

escapee ['eskəpi:] *n* mtoro

escarpment [i'ska:pmənt] *n* mharara

escort ['eskɔ:t] 1. *n* mshindikizaji 2. *v* -fuatana na 3.-shindikiza

esophagus [i:'sɔfəgəs] *n see* **oesophagus**

esoteric [i:səu'terik] *adj* -a ndani

especially [is'peshəli] *adv* zaidi; hasa

espionage ['espiənə:zh] *n* ujasusi

essay ['esei] *n* insha

essence ['esns] *n* 1. uturi 2. nafsi

essential [i'senshl] *adj* 1. muhimu 2. -a msingi

essentially [i'senshəli] *adv* kimsingi

establish [i'stablish] *v* 1. -weka 2. -thibitisha 3. -kubalisha

establishment [i'stablishmənt] *n* 1. kuwekaa 2. serikali 3. *(UK)* the Establishment wenye madaraka

estate [i'steit] *n* 1. shamba 2. real estate mali isiyohamishika 3. *(UK)* housing estate eneo la makazi 4. industrial estate eneo la viwanda

estate agent *n* wakala wa shamba

esteem [i'sti:m] *n* sharifu

estimate ['estimət] 1. *n* makadirio 2. *v* -kadiria

estrange [i'streinj] *v* -tenganisha

estuary ['estyuri] *n* mlango wa mto

etc. (= et cetera) [et'setərə] na kadhalika

etching ['eching] *n* sanaa ya uchoraji wa kutumia asidi

eternal [i'tə:nl] *adj* -a milele

eternity [i'tə:nəti] *n* milele

ethical ['ethikəl] *adj* -a maadili

ethics ['ethiks] *pl* maadili

Ethiopian [,i:thi'youpiyən] 1. *adj* -a kihabeshi 2. *n* Mhabeshi

ethnic ['ethnik] *adj* -a kabila

ethnic cleansing *n* mauaji ya kabila moja

ethnic minority *n* kabila dogo

ethnic origin *n* shina ya kabila

ethnicity [eth'nisəti] *n* ukabila

ethos ['i:thos] *n* maadili

etiquette ['etiket] *n* adabu

eucalyptus [,yu:kə'liptəs] *n* mkalitusi

euphemism ['yufə,mizəm] *n* usafidi

euro ['yuərəp] 1. *adj* -a Ulaya 2. *n* (fin.) euro

Europe ['yuərəp] *n* Ulaya

European [,yuərə'pi:ən] 1. *adj* -a kizungu 2. *n* Mzungu

European Community (E.C.) *n* Jumuia ya Uchumi ya Ulaya

European Union (E.U.) *n* Umoja wa Nchi za Ulaya

euphoria [yu'fɔriyə] *n* wingi wa furaha

evacuate [i'vakyueit] *v* -hamisha

evacuation [i'vakyueishən] *n* uhamishaji

evacuee [i,vakyu'i:] *n* mtu anayehamishwa

evade [i'veid] *v* -kwepa

evaluate [i'valyueit] *v* -tathmini

evaluation [i'valyueishən] *n* tathmini

evaluator [i'valyueitə] *n* mthamini

evangelist [i'vanjəlist] *n* Mprotestanti

evaporate [i'vapəreit] *v* -vukiza

evaporation [i,vapə'reishən] *n* mvukizo

evasion [i,veizhən] *n* kukwepa

evasive [i'veziv] *adj* -a kukwepa

eve [i:v] *n* mkesha

even ['i:vn] 1. *adj* sawasawa 2. even number namba shufwa 3. *adv* hata 4. to break even -topata faida wala hasara

even-handed [,i:vən'handid] *adj* -a haki

even if *conj* hata kama

evening ['i:vning] *n* 1. jioni 2. good evening! habari za jioni!

evening dress *n* vazi la jioni

event [i'vent] *n* 1. tukio 2. in that event kama hivyo ndivyo 3. in the event that/of kama inavyotokea

even though *conj* hata kama

eventide ['i:vəntaid] *n* jioni

eventually [i'venchuəli] *adv* mwishowe

ever ['evə] *adv* 1. wakati wowote 2. daima

ever since *conj* tangu hapo

everlasting [,evə'la:sting] *adj* -a milele

evermore ['evə'mɔ:] *adv* milele

every ['evri] *adj* kila

everybody ['evribɔdi] kila mtu

every day *adv* kila iku

everyday ['evridei] *adj* -a kawaida

everyone ['evriwʌn] kila mtu

everything ['evrithing] kila kitu

every time *adv* kila mara

everywhere ['evriweə] *adv* kila mahali

evict [e·vikt] *v* -fukuza mpangaji

eviction [i·vikshən] *n* ufukuzaji wa mpangaji

eviction order *n* hati ya kumfukuza mpangaji

evidence ['evidəns] *n* 1. ushahidi 2. to give evidence -toa ushahidi 3. to show evidence of -onyesha ishara za

evident ['evidənt] *adj* -dhahiri

evidently ['evidəntli] *adv* kwa ushahidi

evil ['i:vl] 1. *adj* -ovu 2. *n* uovu

evoke [i·vəuk] *v* -ita

evolution [,i:və·lu:shən] *n* mageuko

evolve [i·vɔlv] *v* 1. -kua 2. -endeleza taratibu

ewe [yəu] *n* kondoo jike

ex [eks] 1. *adj* -a zamani 2. *n* ex-husband mume wa zamani 3. ex-wife mke wa zamani

exacerbate [eks·asəbeit] *v* -kasirisha

exact [ig·zakt] *adj* -sahihi

exactly [ig·zaktli] *adv* 1. kabisa 2. kamili

exaggerate [ig·zajəreit] *v* -engeza chumvi

exaggeration [ig·zajəreishən] *n* uengezaji wa chumvi

exam [ig·zam] *see* examination

examination [ig,zami·neishən] *n* 1. uchunguzi 2. (ed.) mtihani 3. (med.) uchunguzi wa kitabibu 4. (leg.) kuhoji kwa wakili

examine [ig·zamin] *v* 1. -chunguza 2. (ed.) -tahini 3. (med.) -tazama 4. (leg.) -saihi

examiner [ig·zaminə] *n* (ed.) mtahini

example [ig·za:mpl] *n* 1. mfano 2. for example mathalani 3. to give an example -onyesha mfano 4. to set an example -onyesha mfano

exasperate [ig·za:spəreit] *v* -kasirisha

excavate ['ekskəveit] *v* -chimbua

excavation [,ekskə·veishən] *n* uchimbuaji

excavator [,ekskə·veitə] *n* mashine inayochimbua

exceed [ik·si:d] *v* 1. -zidi 2. -vuka

exceedingly [ik·si:dingli] *adv* mno

excel [ik·sel] *v* -wa bora kabisa

excellence ['eksələns] *n* ubora

Excellency [,eksələnsi] *n* Mheshimiwa

excellent ['eksələnt] *adj* -bora sana

except [ik·sept] 1. *prep* ila 2. *conj* isipokuwa

except for *prep* isipokuwa

exception [ik·sepshən] *n* 1. jambo la pekee 2. without exception bila ya ila 3. with the exception of isipokuwa 4. to take exception to -kinza

exceptional [ik·sepshənl] *adj* -bora sana

excerpt ['eksə:t] *n* dondoo

excess [ik·ses] 1. *adj* -a ziada 2. *n* ziada (of ya)

excessive [ik·sesiv] *adj* -a ziada

excessive force [ik·sesiv] *n* nguvu za kasi

exchange [iks·cheinj] 1. *n* kubadilishana 2. foreign exchange fedha za kigeni 3. rate of exchange kima ya mabadilishano 4. stock exchange soko la hisa 5. telephone exchange ofisi ya simu 6. labour exchange ofisi ya kazi 7. in exchange for badala ya 8. *v* -badilishana

exchange-rate *n* kima ya mabadilishano

Exchequer [iks·chekə] *n* (UK) wizara ya fedha

excise [ik·saiz] 1. *n* ushuru 2. *v* -kata

excise duty *n* ushuru

excise officer *n* afisa wa ushuru

excise revenue *n* mapato ya ushuru

excite [ik·sait] *v* -sisimua

excited [ik'saitid] *adj* **to be excited** -sisimka

excitement [ik'saitmənt] *n* msisimko

exciting [ik'saiting] *adj* **to be exciting** -sisimua

exclaim [ik'skleim] *v* -tamka ghafla

exclamation [,eksla'meishən] *n* neno la mshangao

exclamation mark *n* alama ya mshangao

exclude [ik'sklu:d] *v* **1.** -toa **2.** -zuia

excluding [ik'sklu:ding] *prep* mbali ya

exclusion [ik'sklu:zhən] *n* kuzuia

exclusive [ik'sklu:siv] *adj* **1.** maalum **2.** -a pekee

exclusive of *prep* pasipo

excrement ['ekskrimənt] *n* kinyesi

excruciating [ek'skru:shiyeiting] *adj* -kali sana

excursion [ik'ska:zhən] *n* safari fupi

excursion ticket *n* tikiti ya bei nafuu

excuse [ik'skyu:s] *n* udhuru

excuse [ik'skyu:z] *v* -samehe

excuse me! 1. samahani! **2. excuse me, please move!** nipishe!

ex-directory *adj* isoyoorodheshwa

execute ['eksikyu:t] *v* **1.** -ua **2.** *(leg.)* -telekeza

execution [,eksi'kyu:shən] *n* **1.** utelekezaji **2.** *(leg.)* kuua

executioner [,eksi'kyu:shənə] *n* chakari

executive [ig'zekyutiv] **1.** *adj* -a utendaji **2.** *(pol.)* -enye mamlaka **3.** *n* bosi **4.** *(pol.)* mtendaji **5.** serikali

executive committee *n* halmashauri kuu

executive director *n* mkurugezi mtendaji

executive order *n* amri ya rais

executive power *n* nguvu tendaji

executive secretary *n* katibu mtendaji

exemplary [ig'zempləri] *adj* -a sifa

exempt [ig'zempt] *adj* -samehe

exemption [ig'zempshən] *n* **1.** ruhusa **2. tax exemption** samehe wa ushuru

exercise ['eksəsaiz] **1.** *n* mazoezi **2.** matumizi **3.** *(ed.)* zoezi **4.** *v* -fanya mazoezi

exercise book *n* daftari (la mazoezi)

exercises ['eksəsaiziz] *pl* **military exercises** mazoezi ya kijeshi

exert [ig'zə:t] *v* -tumia

exertion [ig'zə:shən] *n* juhudi

exfoliate [eks'fəuliyeit] *v* -bambua

exgratia payment [eks'gra:tiyə] *n* malipo ya hiari

exhale [eks'heil] *v* -toa pumzi

exhaust [ig'zɔ:st] **1.** *n* ekzosi **2.** *v* -chosha kabisa **3.** -sema yote **4.** *see* **silencer**

exhaust pipe *n* bomba la ekzosi

exhausted [ig'zɔ:stid] *adj* **1.** hoi kabisa **2. Their supplies are exhausted.** Vifaa vyao vimekwisha.

exhaustion [ig'zɔ:schən] *n* ochovu kabisa

exhaustive [ig'zɔ:stiv] *adj* kamilifu

exhibit [ig'zibit] *v* **1.** *n* maonyesho **2.** *(leg.)* kizibiti **3.** *v* -onyesha

exhibition [,eksi'bishən] *n* maonyesho

exhibitor [ig'zibitə] *n* mwonyeshaji

exhilarate [ig'ziləreit] *v* -sisimka sana

exhort [ig'zɔ:t] *v* -sihi

exhortation [,egzɔ:'teishən] *n* kusihi

exhume [egz'hyu:m] *v* -fukua

exile ['eksail] **1.** *n* mkimbia kwao **2. in exile** mbali na kwao **3. to go into exile** -enda uhamishoni **4.** *v* -fukuza

exist [ig'zist] *v* **1.** -wa hai **2.** -wepo

existence [ig'zistəns] *n* kuweko

existent [ig'zistənt] *adj* -a wakati huu

existing [igˈzisting] *adj* -a wakati huu

exit [ˈeksit; ˈegzit] 1. *n* mlango wa kutoka 2. *v* -toka

exit visa *n* viza ya kuotokea

exodus [ˈeksədəs] *n* kutoka

exonerate [igˈzɔnəreit] *v* -toa katika lawama

exhorbitant [igˈzɔbətənt] *adj* -a kupita kiasi

exorcise [ˈegzəsaiz] *v* -punga pepo

exotic [igˈzɔtik] *adj* 1. -a ajabu 2. -a kigeni

expand [ikˈspand] *v* 1. -panua 2. -eleza zaidi

expanse [ikˈspans] *n* eneo pana na wazi

expansion [ikˈspanshən] *n* upanuzi

expansionism [ikˈspanshənizəm] *n* sera ya upanuzi

expansive [ikˈspansiv] *adj* -enye kutanuka

expatriate [ikˈspatriət] *n* mfanyakazi kutoka nchi za nje

expect [ikˈspekt] *v* 1. -tazamia 2. *see* expecting

expectancy [ikˈspektənsi] *n* 1. matagemeo 2. **life expectancy** matarijio ya muda wa kuishi

expectant [ikˈspektənt] *adj* 1. -a kungojea 2. **expectant mother** mja mzito

expectation [ˌekspekˈteishən] *n* matagemeo

expected [ikˈspektid] *adj* liotegemewa

expecting [ikˈspekting] *adj* -enye mimba

expediency [ikˈspiːdiyənsi] *n* manufaa

expedient [ikˈspiːdiyənt] *adj* -a kufaa

expedite [ˈekspədait] *v* -harakisha

expedition [ˌekspiˈdishən] *n* msafara

expel [ikˈspel] *v* -fukuza

expendable [ikˈpendibəl] *adj* -enye kutolewa mhanga

expenditure [ikˈspendichə] *n* matumizi

expense, expenses [ikˈspens; -iz] *n* 1. gharama 2. **at the expense of** kwa hasara ya

expensive [ikˈspensiv] *adj* -ghali

experience [ikˈspiəriəns] 1. *n* uzoefu 2. *v* -pitia

experienced [ikˈspiəriənst] *adj* -enye uzoefu

experiment [ikˈsperimənt] 1. *n* jaribio 2. *v* -jaribu

experimental [ˌiksperiˈmentl] *adj* -a majarabio

expert [ˈekspəːt] 1. *adj* -stadi 2. *n* bingwa

expertise [ˌekspəːˈtiːz] *n* ubingwa

expert witness *n* shahidi bingwa

expire [ikˈspaiə] *v* 1. -isha 2. -fa

expiry [ukˈspairi] *n* kwisha

expiry date *n* tarehe ya mwisho kutumika

explain [ikˈsplein] *v* -eleza

explanation [ˌeksplaˈneishən] *n* maelezo

explanatory [ikˈsplanətri] *adj* -fafanuzi

expletive [ikˈspliːtiv] *n* mapayo

explicit [ikˈsplisit] *adj* -dhahiri

explode [ikˈspləud] *v* -lipua; -lipuka

exploit [ˈeksplɔit] *n* tendo

exploit [ikˈsplɔit] *v* 1. -nyonya 2. *(tech.)* -chimba

exploitation [ˌeksplɔiˈteishən] *n* unyonyaji

exploration [ˌekspləˈreishən] *n*

explore [ikˈsplɔː] *v* -peleleza

explorer [ikˈsplɔːrə] *n* mpelelezi

explosion [ikˈspləuzhən] *n* mlipuko

explosive [ikˈspləusiv] 1. *adj* -enye kulipuka 2. *n* kilipukaji

explosives [ikˈspləusivz] *pl* **high explosives** baruti kali

expo [ˈekspəu] *n* maelezo

exponent [ikˈspəunənt] *n* mfasiri

export [ikˈspɔːt] 1. *adj* -a usafirishaji 2. *n* usafirishaji 3. *v* -safirisha

exporter [ik·spɔ:tə] *n* msafirishaji

exports [ˈekspɔ:ch] *pl* bidhaa zinazosafirishwa

expose [ik·spəuz] *v* 1. -funua 2. -fichua 3. **to expose a photo** - ingiza mwanga

exposé [ik·spəuzei] *n* kashfa

exposure [ik·spəuzhə] *n* mfichuo

express [ik·spres] 1. *adj* -a haraka 2. wazi 3. *n* treni kasi 4. huduma mza karaka 5. *v* -kama

expression [ik·spreshən] *n* 1. sura 2. neno

expressly [ik·spresli] *adv* 1. hasa 2. kabisa

express train *n* treni kasi

express mail *n* barua ya haraka

expressway [ik·spreswei] *n* barabara pana

expropriate [ik·sprəupriyeit] *v* -pokonya

expulsion [ik·spʌlshən] *n* ufukuzaji

exquisite [ˈekskwizit; ik·skwizit] *adj* bora sana

extend [ik·stend] *v* 1. -nyosha 2. -ongeza 3. -enda hadi

extend a welcome *v* -karibisha

extend credit *v* -ongoza muda wa mkopo

extension [ik·stenshən] *n* 1. upanuzi 2. nyongeza 3. **telephone extension** mkondo

extensive [ik·stensiv] *adj* 1. -a kwenda mbali 2. -kubwa (sana)

extent [ik·stent] *n* 1. urefu 2. **to a certain extent** kwa kiasi fulani

exterior [ik·stiəriə] *adj* -a nje

extermination [ik·stə:mineishən] *n* kuangamiza

exterminate [ik·stə:mineit] *v* -angamiza

external [ik·stə:nl] *adj* -a nje

external affairs *pl* mambo ya nje

extinct [ik·stingkt] *adj* -liokufa

extinct volcano *n* volkano zimwe

extinction [ik·stingkshən] *n* kufa

extinguish [ik·stinggwish] *v* -zima

extinguisher [ik·stinggwishə] *n* kizimamoto

extol [ik·stɔl] *v* -tukuza

extort [ik·stɔ:t] *v* -pokonya

extortion [ik·stɔ:shən] *n* kutoza kwa nguvu

extortionate [ik·stɔ:shəneit] *adj* -ghali mno

extra [ˈekstrə] 1. *adj* -a ziada 2. *adv* zaidi sana

extract [ˈekstrakt] *v* -toa

extracurricular [ˌekstrəkəˈrikyulə] *adj* nje ya masomo

extradite [ˈekstrədeit] *v* -fukuza

extradition [ˈekstrədishən] *n* ufukuzaji

extraordinary [ik·strɔ:dnri] *adj* 1. -a pekee 2. -a dharura 3. maalum

extraordinary meeting *n* mkutano wa dharura

extravagance [ik·stravəgəns] *n* budhara

extravagant [ik·stravəgənt] *adj* -badhirifu

extreme [ik·stri:m] 1. *adj* mno; kabisa 2. *n* **to go to extremes** -vuka mpaka

extremely [ik·stri:mli] *adv* mno; kabisa

extremism [ik·stri:mizəm] ubobeaji

extremist [ik·stri:mist] *n* mtu aliyepindukia mpaka

extremity [ik·streməti] *n* 1. ncha 2. upeo

extricate [ˈekstrikeit] *v* -nasua

extrovert [ˈekstrəvə:t] *n* bashashi

exuberant [ik·syubərənt] *adj* tele

exude [ik·syu:d] *v* -toka

eye [ai] *n* 1. jicho 2. **to keep an eye on** -angalia kwa makini 3. **to see eye to eye** -kubaliana

eyeball [ˈaibɔl] *n* mboni ya jicho

eyebrow [ˈaibrau] *n* nyusi

eyeglasses [ˈaigla:siz] *pl (US)* miwani

eyelash [ˈailash] *n* ukope

eyelid [ˈailid] *n* kigubiko cha jicho

eyeliner [ˈailainə] *n* wanja
eye-opener *n* kitu kinachozindua
eyepiece [ˈaipiːs] *n* lenzi ya kukuzia
eyeshadow [ˈailshadəu] *n* rangi ya kupambia macho

eyesight [ˈaisait] *n* uwezo wa kuona kwa macho
eyesore [ˈaisɔː] *n* chukizo
eye strain *n* uchovu wa macho
eyewitness [ˈaiˌwitnis] *n* shahidi aliyeona

F

fable [ˈfeibəl] *n* hekaya
fabric [ˈfabrik] *n* kitambaa
fabricate [ˈfabrikeit] *v* 1. -tengeneza 2. -buni
fabulous [ˈfabyuləs] *adj* 1. -zuri sana 2. -a uwongo
facade [fəˈsɑːd] *n* upande wa mbele wa nyumba
face [feis] 1. *n* uso 2. **face to face** uso kwa oso 3. **in the face of** kabiliwa na licha ya 4. **mountain face** upande wa mlima 5. *v* -elekea 6. **to lose face** -adhirika
face cream *n* krimu ya uso
faceless [ˈfeisləs] *adj* -siojulikana
face-lift *n* operesheni ya ngozi ya uso
face-saving *adj* -a kuepusha aibu
facet [ˈfaset] *n* sehemu
face value *n* **at face value** bila kuangalia kwa undani
facial [ˈfeishl] *adj* -a uso
facility [fəˈsiləti] *n* 1. urahisi 2. **facilities** vifaa
facing [ˈfeising] *adj* mkabala wa
fact [fakt] *n* 1. tendo 2. **in fact** kwa kweli
fact-finding *adj* -enye kuchunguza ukweli
faction [ˈfakshən] *n* kundi
factor [ˈfaktə] *n* kigezo
factory [ˈfaktəri] *n* kiwanda
factual [ˈfaktyuəl] *adj* -enye ukweli
faculty [ˈfaklti] *n* 1. welekevu 2. *(acad.)* kitivo
fad [fad] *n* mtindo wa muda
fade [feid] *v* -fifisha
faeces [ˈfiːsiːz] *pl* mavi
fail [feil] *v* 1. -shindwa 2. -sahau 3. **to fail an exam** -feli mtihani 4. **without fail** bila kukosa

failing [ˈfeiling] *prep* bila
failsafe [ˈfeilseif] *adj* -kinga
failure [ˈfeilyə] *n* 1. kushindwa 2. **power failure** hakuna umeme; katika kwa umeme
faint [feint] 1. *adj* -dhaifu 2. *v* -ghumiwa
faint-hearted *adj* -oga
fair [feə] 1. *adj* -a haki 2. -zuri 3. -eupe 4. *n* soko 5. **trade fair** maonyesho ya biashara
fairly [ˈfeəli] *adv* 1. kwa kiasi 2. kabisa
fairness [ˈfeənis] *n* haki
fairy [ˈfeəri] *n* kichimbakazi
fairy tale [ˈfeəri,teil] *n* hekaya
fairway [ˈfeəwei] *n (spor.)* njia safi
faith [feith] *n* 1. imani 2. **to have faith** -wa na imani (**in** na)
faithful [ˈfeithfəl] *adj* -aminifu
faithfully [ˈfeithfəli] *adv* **Yours faithfully...** Wako mwaminifu...
faith healing *n* kuganga kwa imani
faithless [ˈfeithlis] *adj* -sioaminika
fake [feik] 1. *adj* -a bandia 2. *n* bandia
falcon [ˈfalkən] *n* kipanga
fall [fɔːl] 1. *n* kuanguka 2. kushindwa 3. *(US)* majira ya majani kupukutika 4. *v* (**fell, fallen**) -anguka
fallacy [ˈfaləsi] *n* dhana yenye kosa
fall asleep *v* -sinzia
fallen *see* **fall**
fall ill *v* -ugua
fall in love with *v* -penda
fall off *v* -punguka
fall short *v* -pungua
fall through *v* -shindwa
false [fɔːls] *adj* 1. -a uwongo 2. -a bandia

falsehood [ˈfɔːlshud] *n* uwongo

false teeth *pl* meno ya kubandika

falsification [ˌfɔːlsifiˈkeishən] *n* udanganyifu

falsify [ˈfɔːlsifai] *v* -danganya

falter [ˈfɔːltə] *v* -sita

fame [feim] *n* umaarufu

famed [feimd] *adj*

familiar [fəˈmiliə] *adj* 1. -a kujulikana 2. familiar with -zoefu

familiarity [ˌfəmiliˈarəti] *n* mazoea

familiarize [fəˈmiliaraiz] *v* -jizoeza

family [ˈfaməli] *n* familia

family doctor *n* daktari wa familia

family name *n* jina la ukoo

family planning *n* uzazi wa majira

famine [ˈfamin] *n* njaa

famous [ˈfeiməs] *adj* maarufu

fan [fan] *n* 1. pepeo; feni 2. shabiki

fanatic [fəˈnatik] *n* mlokole

fanbelt [ˈfanbelt] *n* mkanda wa feni

fancy [ˈfansi] 1. *adj* -a mno 2. *v* -penda 3. -waza

fanfare [ˈfanfeə] *n* mshindo wa matarumbeta

fang [fang] *n* chonge

fantastic [fanˈtastik] *adj* 1. -a ajabu 2. safi

fantasy [ˈfantəsi] *n* ndoto

far [faː] 1. *adj* -a mbali 2. *adv* mbali 3. as far as hata; hadi 4. so far mpaka hapo 5. how far? umbali gani?

far away *adj/adv* mbali sana (from kutoka)

farce [faːs] *n* kichekesho

fare [feə] 1. *n* nauli 2. mlo 3. *v* -tukia

farewell [ˌfeəˈwel] *n* kwaheri

far-fetched *adj* -sioaminika

farm [faːm] 1. *n* shamba 2. *v* -lima

farmer [ˈfaːmə] *n* mkulima

farming [ˈfaːming] *n* ukulima

far most *adj/adv* mbali kabisa

far off *adj/adv* mbali sana

farrier [ˈfariyə] *n* mfua njumu

farrow [ˈfarəu] *v* -zaa

far-sighted *adj* -enye kuona mbali

fart [faːt] 1. *n* ushuzi 2. *v* -sura

farther [ˈfaːdhə] *adj* -a mbali zaidi

fascinate [ˈfasineit] *v* -vutia sana

fascism [ˈfashizəm] *n* ufashisti

fascist [ˈfashist] 1. *adj* -a kifashisti 2. *n* fashisti

fashion [ˈfashən] *n* mtindo

fashionable [ˈfashənəbəl] *adj* -a mtindo

fashion model *n* model

fashion show *n* maonyesho ya mavazi

fascicle [ˈfasikəl] *n* juzuu

fast [faːst] 1. *adj* -a haraka 2. imara 3. **The clock is fast.** Saa inakimbia. 4. *n* mfungo 5. *v* -funga

fast asleep *adj* to be fast asleep -lala fofofo

fast-forward [faːst] *v* -peleka mbele

fasten [ˈfaːsən] *v* -komea

fastener [ˈfaːsnə] *n* 1. kishiko 2. **zip fastener** zipu

fast-food *n* chakula cha kununua

fast-food restaurant *n* hoteli ya chakula cha kununua

fat [fat] 1. *adj* -nene 2. -liojaa 3. *n* mafuta 4. shahamu

fatal [ˈfeitl] *adj* -a kufisha

fatal accident *n* ajali ya kufisha

fatal illness *n* ugonjwa wa kufisha

fatality [fəˈtaləti] *n* kifo

fate [feit] *n* jaala

father [ˈfaːdhə] *n* baba

father-in-law [ˈfadhərinlɔː] *n* baba mkwe

fatherhood [ˈfaːdhəhud] *n* ubaba

fathom [ˈfadhəm] *n* fadhom

fatigue [fəˈtiːg] *n* uchovu

fatigue duties *pl (mil.)* kazi zisizo za kijeshi

fatigues [fəˈtiːgz] *pl (mil.)* nguo za wanajeshi

fatty [ˈfati] *n* -a mafuta

faucet [ˈfɔːset] *n (US)* mfereji; bilula

fault [fɔːlt] *n* 1. kosa 2. lawama 3. **to find fault with** -lalamika 4. **rock fault** ufa

faultless [ˈfɔːltləs] *adj* bila kosa

faulty [ˈfɔːlti] *adj* -enye kosa

favour [ˈfeivə] 1. *n* fadhila 2. **to do a favour** -tendea wema 3. **in favour of...** kw upande wa 4. *v* -pendelea

favourable [ˈfeivərəbəl] *adj* -enye kufaa

favourite [ˈfeivərit] 1. *adj* -a kipenzi 2. *n* kipenzi

fax [faks] 1. *n* feks; feksi 2. *v* -peleka feski

fear [fiə] 1. *n* hofu 2. *v* -hofu

fearful [ˈfiyəfəl] *adj* -a kutisha

fearless [ˈfiəlis] *adj* bila hofu

feasible [ˈfiːzəbəl] *adj* -a kuwezekana

feasibility [fiːzəˈbiliti] *n* uwezekano

feast [fiːst] *n* 1. bembe 2. *(rel.)* sikukuu

feat [fiːt] *n* tendo gumu

feather [ˈfedhə] *n* unyoya

feature [ˈfiːchə] 1. *n* sehemu 2. sura 3. makala 4. *v* -onyesha

feature film *n* filamu

February [ˈfebruəri] *n* Februari

fecal [ˈfiːkəl] adj -a mavi

feces [ˈfiːsiːz] *pl* mavi

fed [ˈfedərəl] *see* **feed**

federal [ˈfedərəl] *adj* -a shirikisho

federal government *n* serikali ya shirikisho

federal republic *n* jamhuri ya shirikisho

federation [ˌfedəˈreishən] *n* shirikisho

Federation of International Football Associations *see* **FIFA**

fed up [ˈfedərəl] *adj* **to be fed up** -choshwa na

fee [fiː] *n* 1. ada 2. *(leg.)* mali ya kurithi

feeble [ˈfiːbəl] *adj* -dhaifu

feeble-minded *adj* -punguani

feed [fiːd] 1. *n* chakula 2. *v* (**fed**) -la 3. -lisha

feel [fiːl] 1. *n* hisia (za kugusa) 2. *v* (**felt**) -hisi 3. -sikia

feeling [ˈfiːling] *n* uwezo wa kuhisi

feel like *v* -jisikia

feet [fiːt] *see* **foot**

fell [fel] 1. *v* -kata 2. *see* **fall**

fellow [ˈteləu] *n* mtu 3. mshiriki

fellowship [ˈfeləuship] *n* 1. urafiki 2. ushirika

felony [ˈfeloni] *n* jinai

felt [felt] *see* **feel**

female [ˈfiːmeil] 1. *adj* -a mwanamke 2. *n* mwanamke

feminine [ˈfemənin] *adj* -a kike

femininity [ˌfemɔˈniniti] *n* ujike

feminism [ˌfemɔˈninizəm] *n* nadharia ya usawa wa wanawake

feminist [ˌfemɔˈninizt] *n* mtetezi wa nadharia ya usawa wa wanawake

fence [fens] *n* ua

fender [ˈfendə] *n* (US) bamba

fend off *v* -jikinga

ferment [fəˈment] *v* -tia hamira; -umua

fermentation [ˌfəːmənˈteishən] *n* kutia hamira; kuumua

fern [fəːn] *n* kangaga

ferocity [fəˈrɔsəti] *n* -kali

ferret [ˈferət] *n* nguchiro

ferry [ˈferi] 1. *n* kivuko 2. *v* -vusha

ferryboat [ˈferibəut] *n* mashua ya kuvushia

fertile [ˈfəːtail] *adj* -enye rutuba

fertility [fəˈtiləti] *n* rutuba

fertilization [ˌfəːtəlaiˈzeishən] *v* -rutubisha

fertilize [ˈfəːtəlaiz] *v* -rutubisha

fertilizer [ˈfəːtəlaizə] *n* 1. mbolea 2. **chemical fertilizer** mboleo ya madawa

fervent [ˈfəːvənt] *adj* -enye ari

festival [ˈfestəvl] *n* 1. tamasha 2. sikukuu

festive [ˈfestiv] *adj* -a sherehe

festivity [fesˈtivəti] *n* sherehe

fetch [fech] *v* -leta

fetching [ˈfeching] *adj* -enye kuvutia

fetish [ˈfetish] *n* kushikwa

fetus [ˈfiːtəs] *n* kijusi

feud [fyu:d] *n* ugomvi mkubwa

fever [ˈfi:və] *n* homa

feverish [ˈfi:vərish] *adj* -enye dalili ya homa

few, a few [fyu:] 1. *adj* chache 2. *n* badhi 3. **quite a few** kidogo kwa kiasi 4. **in a few days** siku chache

fiancé [fiˈɔnsei] *n* mchumba

fiancée [fiˈɔnsei] *n* mchumba

fiasco [fiˈyaskəu] *n* kushindwa kabisa

fib [fib] *n* uwongo

fibre [ˈfaibə] *n* ufumwele

fibre glass *n* kioo nyuzi

fickle [ˈfikəl] *adj* -geugeu

fiction [ˈfikshən] *n* 1. habari za kubuniwa 2. **fiction literature** hadithi

fictitious [fikˈtishəs] *adj* -a uwongo

fidget [ˈfijit] *v* -fazaisha

field [fi:ld] *n* 1. shamba 2. **landing field** uwanja wa ndege 3. **battlefield** uwanja wa vita

field hospital *n* hospitali ya muda vitani

field sports *pl* michezo ya nje

field training *n* mafunzo ya nje

field trip *n* safari za nje

field work *n* utafiti wa uwandani

fiend [fi:nd] *n* katili

fierce [fiəs] *adj* -a kali

fiery [ˈfaiəri] *adj* 1. -a moto 2. -kali

fiesta [fiˈyestə] *n* skikukuu

FIFA (Federation of International Football Associations) [ˈfi:fə] *n* Chama cha Mpira Ulimwenguni

fifteen [ˌfifˈti:n] *n/adj* kumi na tano

fifteenth [ˌfifˈti:nth] *adj* -a kumi na tano

fifth [fifth] *adj* -a tano

fiftieth [ˈfiftiəth] *adj* -a hamsini

fifty [ˈfifti] *n/adj* hamsini

fig [fig] *n* tini

fight [fait] 1. *n* pambano 2. *v* (**fought**) -pigana

fighter [ˈfaitə] *n* mpiganaji

fighter-plane *n* ndege ya kivita

fighting [ˈfaiting] *n* mapigano

figment of the imagination *n* kitu kilichobuniwa

figure [ˈfigə] 1. *n* umbo 2. tarakimu 3. bei 4. *v* -fikiria

figure out *v* -elewa

file [fail] 1. *n* faili 2. tupa 3. **computer file** faili ya kompyuta 4. **in single file** sanjari 5. *v* -faili 6. -piga tupa

fill [fil] *v* -jaza; -jaa

fill a form in/out *v* -jaza fomu ya maombi

filling [ˈfiling] *n* (*med.*) risasi ya meno

filling station *n* kituo cha petroli

film [film] 1. *adj* -a filamu 2. *n* filamu 3. *v* -piga picha (za sinema) 4. -fikiria

film industry *n* biashara ya sinema

film star *n* mchezaji sinema mashuhuri

filter [ˈfiltə] 1. *n* chujio 2. **lens filter** kichujio 3. *v* -safisha kwa chujio

filth [filth] *n* uchafu

filthy [ˈfilthi] *adj* -chafu

fin [fin] *n* 1. pezi 2. **tail-fin** mkia (wa ndege)

final [ˈfainl] 1. *adj* -a mwisho 2. makataa 3. *n* (*spor.*) fainali 4. **semi-final** nusu fainali 5. **quarter-final** robo fainali

finalist [ˈfainlist] *n* mshindani wa fainali

finalize [ˈfainəlaiz] *v* -hitimisha

finally [ˈfainəli] *adv* 1. hatimaye 2. kabisa

finals [ˈfainəlz] *see* **final**

finance [ˈfainans; fiˈnans] 1. *n* usimamizi wa (fedha) 2. *v* -gharamia

finances [ˈfainansiz; fiˈnansiz] *pl* fedha

Finance Secretary *n* (*US*) waziri wa fedha

financial [faiˈnanshl] *adj* -a fedha

financial affairs *pl* masala ya hazina

financial transactions *pl* biashara ya fedha

financial year *n* mwaka wa fedha
financier [faɪˈnansɪyə] *n* bepari
find [faɪnd] *v* (**found**) -ona
findings [ˈfaɪndɪŋz] *pl* matokeo
find out *v* -chunguza
fine [faɪn] 1. *adj* -angavu 2. -a kupendeza 3. *n* faini 4. *v* -toza faini 5. *adv* sana; zuri
finger [ˈfɪŋgə] *n* 1. kidole 2. **index finger** kidole cha shahada 3. **middle finger** kidole cha kati 4. **ring finger** kidole cha pete 5. **little finger** kidole cha mwisho
fingerboard [ˈfɪŋgə-bɔːd] *n* daraj ala fidla
fingernail [ˈfɪŋgə-neɪl] *n* ukucha
fingerprint [ˈfɪŋgəprɪnt] *n* alama ya kidole
fingertip [ˈfɪŋgə-tɪp] *n* ncha ya kidole
finish [ˈfɪnɪʃ] 1. *n* mwisho 2. *v* -maliza
Finland [ˈfɪnlənd] *n* Finland
Finn [fɪn] *n* Mfini
Finnish [ˈfɪnɪʃ] 1. *adj* -a Finland 2. *n* Kifini
fir [fɪr] *n* msonobari
fire [faɪə] 1. *n* moto 2. **to light a fire** -washa moto 3. **to set on fire** -choma moto 4. **to catch fire** -shika moto 5. **under fire** shambuliwa 6. **to open fire** -anza mashambulio 7. **to cease fire** -simamisha mashambulio 8. *v* **to fire a gun** -piga bunduki 9. **to fire someone from a job** -fukuza mtu kazi
fire alarm *n* king'ora cha moto; kama ya moto
firearm [ˈfaɪərɑːm] *n* silaha
fire bomb *n* bomu la moto
fire brigade *n* zimamoto
fire department *n* (US) zimamoto
fire engine *n* gari la zimamoto
fire escape; fire exit *n* njia ya kinga ya moto
fire extinguisher *n* kizima moto
firefighter *n* mzimamoto

firefighting *n* uzimaji wa moto
firefly [ˈfaɪə,flaɪ] *n* kimemeta
fireman [ˈfaɪəmən] *n* mzimamoto
fireplace [ˈfaɪəpleɪs] *n* mekoni
fire power *n* uwezo wa kupiga silaha
fireproof [ˈfaɪə-pruːf] *adj* -sioshika moto
fire station *n* makazi ya zima moto na vifaa
firewood [ˈfaɪwud] *n* kuni
fireworks [ˈfaɪəwɜːks] *pl* fataki
firing squad *n* kikosi cha kuua kwa bunduki
firkin [ˈfɜːkin] *n* kikasiki kidogo
firm [fɜːm] 1. *adj* imara 2. *n* washirika
first [fɜːst] 1. *adj* kwanza 2. *adv* kwanza 3. **at first** mwanzoni 4. **first of all** kwanza
first aid *n* huduma ya kwanza
first class 1. *adj* safi sana 2. *n* daraja la kwanza
first-hand *adj* -a asili
firstly [ˈfɜːstli] *adv* kwanza
first name *n* jina la kwanza
fiscal [ˈfɪskəl] *adj* -a fedha
fiscal year *n* mwaka wa fedha
fish [fɪʃ] 1. *n* samaki 2. *v* -vua samaki
fish hook *n* ndoana
fisherman [ˈfɪʃəmən] *n* mvuvi
fishery [ˈfɪʃəri] *n* sehemu ya uvuvi
fishing [ˈfɪʃɪŋ] *n* kuvua samaki
fishing rod [ˈfɪʃɪŋ-rɔd] *n* ufito wa kuvua
fist [fɪst] *n* ngumi; konde
fit [fɪt] 1. *adj* -a kufaa 2. -enye afya nzuri 3. *n* (med.) kifafa 4. *v* -kaa
fitness [ˈfɪtnis] *n* uzima
five [faɪv] *n/adj* -tano
fix [fɪks] *v* 1. -kaza 2. -elekeza 3. -panga 4. -tengeneza
fixed assets *pl* rasilmali za kudumu
fixed price *n* bei moja
fizz [fɪz] *v* -toa povu

fizzle out [ˈfizəl aut] v -fifia
flabbergast [ˈflabəga:st] v -shangaza
flabby [ˈflabi] adj -teketeke
flag [flag] n bendera
flair [fleə] n kipaji
flake [fleik] n chembe
flame [fleim] n mwale
flamingo [fləˈminggəu] n korongo
flank [flangk] n upande
flap [flap] v -pigapiga
flare up [fleə-ʌp] v -lipuka
flash [flash] 1. n news flash taarifa motomoto 2. v -waka
flashback [ˈfash-bak] n kumbusho la ghafula
flashlight [ˈflashlait] n 1. tochi 2. (mar.) mmuliko
flask [fla:sk] n chupa ndogo
flat [flat] 1. adj sawasawa 2. n nyumba ya ghorofa 3. (mar.) wangwa
flat out adv kwa nguvu zote
flat rate n bei moja
flatten [ˈflatən] v -sawazisha
flatter [ˈflatə] v -pendeza
flaunt [flɔːnt] v -koga
flavour [ˈfleivə] n ladha
flavourless [ˈfleivələs] adj -sio na ladha
flavouring [ˈfleivəring] n ladha
flaw [flɔ:] n dosari
flay [flei] v -chuna
flea [fli:] n kiroboto
flee [fli:] v (fled) -kimbia
fleece [fli:s] n 1. manyoya ya kondoo 2. koti la sufi
fleet [fli:t] n kundi
flesh [flesh] n nyama
flew [flu:] see fly
flex [fleks] 1. n kamba (ya umeme) 2. v -nyumbua
flexibility [ˌfleksəˈbiləti] n kunyumbulika
flexible [ˈfleksəbəl] adj -a kunyumbulika
flick [flik] v -piga kidogo
flicker [ˈflikə] v -wakawaka

flight [flait] n 1. kuruka 2. safari ya angani 3. kukimbia
flight [flait-dek] n dungu
flight of stairs n ngazi
flimsy [ˈflimzi] adj -sio na nguvu
flinch [flinch] v -shtuka
fling [fling] v (flung) -tupa kwa nguvu
flip [flip] v -shtua
flipflops [flip] pl kandambili
flip through v -somasoma
flippant [ˈflipənt] adj -puuzi
flippers [ˈflipəz] pl viatu vya kuogolea
flirt [flə:t] v -onyesha mapenzi
float [fləut] 1. n boya 2. v -elea 3. -fanya kielee
flock [flɔk] n kundi
flog [flɔg] v -chapa kiboko
flood [flʌd] 1. n mafuriko 2. v -furika 3. to flood the market -sheheneza bidhaa
flood gate n mlango wa kutoa maji
flood tide n maji kujaa
floor [flɔ:] n 1. sakafu 2. ghorofa
flop [flɔp] 1. n ushinde 2. v -shindwa
floppy disc [ˈflɔpi ˈdisk] n diski laini
florist [ˈflɔrist] n muuza maua
flotsam [ˈflɔtsəm] n mabaki ya meli yanayoelea baharini
flour [ˈflauə] n unga
flourish [ˈflʌrish] v -fanikiwa
flout [flaut] v -pinga
flow [fləu] 1. n mtiririko 2. v -tiririka
flower [ˈflauə] n ua
flown [fləun] see fly
flu (= **influenza**) [flu:] n mafua
fluctuate [ˈflʌkchueit] v -badilikabadilika
fluctuation [ˌflʌkchuˈeishən] n mabadilikobadilika
fluency [ˈflu:ənsi] n ufasaha
fluent [ˈflu:ənt] adj -fasaha
fluid [ˈflu:id] 1. adj -a ugiligili 2. n ugiligili
fluke [fləuk] n bahati njema

fluorescent light tube [flɔːˈresənt] *n* taa ya mshumaa

flush [flʌsh] *v* -vuta maji

flute [fluːt] *n* filimbi

flutter [ˈflʌtə] *v* -pigapiga

fly [flaɪ] 1. *n* (flies) nzi 2. *v* (flew, flown) -ruka 3. -safiri kwa ndege

fly-fish *v* -vua samaki kwa nzi bandia

fly-fishing *n* kuvua samaki kwa nzi bandia

flying fish *n* panzi la bahari

foal [fəul] *n* mwana farasi

foam [fəum] *n* povu

focus [ˈfəukəs] 1. *n* fokasi 2. *v* -weka fokasi

fodder [ˈfɔdə] *n* chakula kivavu

foe [fəu] *n* adui

foetus [ˈfiːtəs] *n* kijusi

fog [fɔg] *n* ukungu

foil [fɔɪl] *v* -zuia

fold [fəuld] *v* -kunja

folder [ˈfəuldər] *n* folda

folio [ˈfəuliyəu] *n* folio

folk [fəuk] 1. *adj* -a jadi 2. *n* watu kwa jumla

folklore [ˈfəuklɔː] *n* sanaa ya jadi

folks [fəuks] *pl* wazazi

follow [ˈfɔləu] *v* 1. -fuata 2. -elewa

follower [ˈfɔləuə] *n* mfuasi

following [ˈfɔləuing] 1. *adj* ijayo; -ingine 2. *n* wafuasi

folly [ˈfɔli] *n* upuuzi

fond [fɔnd] *adj* to be fond of -penda

font [fɔnt] *n* fonti

food [fuːd] *n* chakula

foodstuff [ˈfuːdstʌf] *n* vyakula

fool [fuːl] 1. *n* mpubavu 2. *v* -danganya

foolhardy [ˈfuːlˌhaːdi] *adj* -a kujihitarisha bure

foolish [ˈfuːlish] *adj* -pumbavu

foolproof [ˈfuːlpruːf] *adj* -sio na hitilafu

foot [fut] *n* (feet) 1. mguu 2. futi 3. foot of a mountain chini ya mlima 4. on foot kwa miguu

football [ˈfutbɔːl] *n* soka

football pools *pl* kamari ya futuboli

footballer [ˈfutbɔːlə] *n* mchezaji futuboli; mchezaji kandada

footbridge [ˈfutbrij] *n* daraja la waendao kwa miguu

foothold [ˈfuthəuld] *n* kidato

footpath [ˈfutpaːth] *n* mjia ya miguu

footprint [ˈfutprint] *n* wayo

footsoldier [ˈfutˌsəuljə] *n* askari wa kawaida

footstep [ˈfuchtep] *n* sauti ya hatua

footwear [ˈfutweə] *n* viatu

for [fə; fɔː] 1. *prep* kwa 2. *conj* kwa kuwa

forbid [fəˈbid] *v* (forbade, forbidden) -kataza

forbidden [fəˈbidən] *adj* -liokatazwa

force [fɔːs] 1. *n* nguvu 2. bidii 2. by force kwa nguvu 3. armed forces majeshi 4. to be in force -tumika 5. *v* -shurutisha

forced landing *n* kutua kwa dharura

forced retirement *n* kustafu kwa nguvu

force-feed *v* (force-fed) -lazimisha kula

forceful [ˈfɔːsfəl] *adj* -enye nguvu

forcefully [ˈfɔːsfəli] *adv* kwa nguvu

forceps [ˈfɔːseps] *pl* koleo

ford [fɔːd] *v* -vuka mto

fore [fɔː] *adj* -a mbele

fore and aft *n* tezini na omoni

forearm [ˈfɔːraːm] *n* kigasha

forecast [ˈfɔːkaːst] 1. *n* utabiri 2. *v* -tabiri

forefinger [ˈfɔːfinggə] *n* kidole cha shahada

forefront [ˈfɔːfrʌnt] *n* sehemu ya mbele kabisa

forehead [ˈfɔrid; ˈfɔːhed] *n* paji la uso

foreign [ˈfɔrən] *adj* -geni; -a kigeni

foreign affairs *n* mambo ya nchi za nje

foreigner [ˈfɔrənə] *n* mgeni

foreign exchange *n* sarafu za nchi kigeni

foreign minister *n* waziri wa mambo ya nje

Foreign Office *n (UK)* Wizara ya Mambo ya Nje

foreign policy *n* siasa za nje

foreign trade *n* biashara ya nje

foreman [ˈfɔːmən] *n* msimamizi

foremost [ˈfɔːməust] 1. *adj* -a mbele 2. *adv* muhimu

foresee [fɔːˈsiː] *v* -tabiri

foreseeable [fɔːˈsiːəbəl] *adj* -enye kutabirika

foreshore [ˈfɔːshɔ] *n* ufuko

foresight [ˈfɔːsait] *n* uangalifu

forest [ˈfɔrist] *n* msitu

forest reserve *n* hifadhi ya msitu

forestry [ˈfɔristri] *n* elimu ya misitu

foretell [fɔːˈtel] *v* (foretold) -agua

forever [fəˈrevə] *adv* daima; milele

forewarn [fɔːˈwɔːn] *v* -onya mapema

foreword [ˈfɔːwəːd] *n* dibaji

for example *see* e.g.

forfeit [ˈfɔːfit] *v* -toa haki

forgave [fəˈgeiv] *see* forgive

forge [fɔːj] 1. *n* karakana 2. *v* -bini

forged [fɔːjd] 1. **forged document** ghushu 2. **a forged cheque** ghushu hundi

forger [ˈfɔːjə] *n* mbini

forgery [ˈfɔːjəri] *n* ubini

forget [fəˈget] *v* (forgot, forgotten) -sahau

forgetful [fəˈgetfəl] *adj* -sahaulifu

forgive [fəˈgiv] *v* (forgave, forgiven) -samehe

forgiveness [fəˈgivnis] *n* msamaha

forgot, forgotten [fəˈgɔt; fəˈgɔtən] *see* forget

fork [fɔːk] *n* 1. uma 2. **fork in road/river** gawanyika

form [fɔːm] 1. *n* umbo 2. taratibu 3. aina 4. fomu 5. *(ed.)* darasa 6. *v* -umba 7. -fanya

formal [ˈfɔːml] *adj* rasmi

formality [fɔːˈmæliti] *n* urasmi

formally [ˈfɔːməli] *adv* kwa utaratibu

format [ˈfɔːmat] *n* muundo

formation [fɔːˈmeishən] *n* uumbaji

former [ˈfɔːmə] *adj* -a awali

formerly [ˈfɔːməli] *adv* iliyopita

formica [fɔːˈmaikə] *n* fomaika

formidable [ˈfɔːmidəbəl] *adj* -a kutisha

formula [ˈfɔːmyulə] *n* fomyula

fort [fɔːt] *n* bgome

forth [fɔːth] *adv* 1. (kwa) mbele 2. **and so forth** na kadhalika

forthcoming [ˌfɔːthˈkʌming] *adj* ijayo

fortify [ˈfɔːtifai] *v* -imarisha

fortnight [ˈfɔːtnait] *n* wiki mbili

fortress [ˈfɔːtris] *see* fort

fortunate [ˈfɔːchənət] *adj* -enye bahati

fortunately [ˈfɔːchənətli] *adv* kwa bahati nzuri

fortune [ˈfɔːchuːn] *n* 1. bahati 2. mali

forty [ˈfɔːti] *n/adj* arubaini

forum [ˈfɔːrəm] *n* baraza

forward [ˈfɔːwəd] 1. *adj* -a mbele 2. *adv* mbele 3. *v* -safirisha

fossil [ˈfɔsəl] *n* kisukuku

foster [ˈfɔstə] *v* -lea

foster child *n* mtoto wa kulea

foster father *n* baba mlezi

foster mother *n* mama mlezi

fought [fɔːt] *see* fight

foul [faul] 1. *adj* -chafu 2. *n (spor.)* dhambi

found [faund] 1. *v* -fadhili 2. *see* find

foundation [faunˈdeishən] *n* 1. uanzishaji 2. msingi (wa jengo)

founder [ˈfaundə] 1. *n* mwanzalishi 2. *v (mar.)* -zama

fountain [ˈfauntin] *n* chemichemi

fountain pen *n* kalamu ya winu

four [fɔː] *n/adj* nne

fourteen [ˌfɔːˈtiːn] *n/adj* kumi ya nne

fourteenth [ˌfɔːˈtiːnth] *adj* -a kumi ya nne

fourth [fɔ:th] **1.** adj -a nne **2.** n robo

four-wheel drive n 'four-wheel drive'

fowl [faul] n ndege

fox [fɔks] n mbweha

foyer [ˈfɔyei] see **lobby**

fracas [ˈfrakaː] n tafrani

fraction [ˈfrakshən] n sehemu

fracture [ˈfrakchə] **1.** n mvunjiko **2.** v -vunjika

fragile [ˈfrajail] adj -a kuvunjika upesi

fragment [ˈfragmənt] n kipande

fragrance [ˈfreigrəns] n **1.** harufu nzuri **2.** marashi

fragrant [ˈfreigrənt] adj -eney harufu nzuri

frail [freil] adj dhaifu

frame [freim] n **1.** kiunzi **2.** fremu

framework [ˈfreimwəːk] n mfumo

franc [frank] n faranga

France [fraːns] n Ufaransa

franchise [ˈfranchaiz] n **1.** kutoa haki **2.** duka lenye kutoa haki

frank [ˈfrangk] adj -a kusema kweli

franking machine [ˈfrangking-maˈshiːn] n mashine inayoweka bei ya stempu

frankly [ˈfrangkli] adv kwa kweli

frantic [ˈfrantik] adj -enye wayowayo

fraternal [frəˈtəːnl] adj -a kidugu

fraternity [frəˈtəːnəti] n **1.** udugu **2.** (US) chama cha wanafunzi wanaume

fraud [frɔːd] n udanganyifu

fraudulent [ˈfrɔːjulənt] adj danganyifu

freak [friːk] n kituko

free [friː] **1.** adj huru **2.** -a bure **3.** **free of income tax** pasipo malipo ya kodi ya mapato **4.** v (freed) -weka huru

freed [friːd] see **free**

freedom [ˈfriːdəm] n

freedom of assembly n

freedom of information n

freedom of speech n

freedom of the press n

free elections n

free enterprise n uchumi huria

freehold [ˈfriːhɔld] n (leg.) umilikaji ardhi bila masharti

freelance [ˈfriːlaːns] **1.** adj -a kufanya kazi huria **2.** n mfanyakazi huria **3.** v -fanya kazi huria

freelancer [ˈfriːlaːnsə] n mfanyakazi huria

freelancing [ˈfriːlaːnsing] n kufanya kazi huria

free of charge adj -a bure

free on board (= F.O.B.) huduma hadi bandarini

free port n bandari huria

free-range adj -a kienyeji

free speech n uhuru wa kusema

free trade n biashara huria

free trade zone n eneo la biashara huria

freeway [ˈfriːwei] n njia kuu

freeze [friːz] v (froze, frozen) -ganda

freezer [ˈfriːzə] n friza

freezing point n kiwango cha kuganda

freight [freit] n mizigo

freight liner n meli ya mizigo

freighter [ˈfreitə] n meli ya usafirishaji wa bidhaa

French [french] **1.** adj -a Kifaransa **2.** n Mfaransa **3.** pl Wafaransa

French-Canadian adj Mkanada-Mfaransa

French fries pl chipsi

Frenchman [ˈfrenchmən] ; **Frenchwoman** [ˈfrench‚wumən] n Mfaransa

frequency [ˈfriːkwənsi] n marudio

frequent [ˈfriːkwənt] adj -a mara kwa mara

frequently [ˈfriːkwəntli] adv mara kwa mara

fresh [fresh] adj **1.** -bichi **2.** -siotiwa **3.** see **fresh water**

fresh blood *n* chipukizi
freshwater ['fresh,wɔːtə] 1. *n* maji baridi 2. *adj* -a maji baridi
fret [fret] *v* -ona wasiwasi
fretsaw ['fretsɔː] *n* msumeno wa nakshi
friction ['frikshən] *n* msuguano
Friday ['fraidi] *n* Ijumaa
fridge [frij] *n* friji
fried [fraid] 1. -a kukaangwa 2. *see* fry
friend [frend] *n* rafiki
friendliness ['frendlinis] *n* wema
friendly ['frendli] *adj* -a kirafiki
friendship ['frendship] *n* urafiki
frigate ['frigət] *n* manowari sindikiza
fright [frait] *n* 1. hofu 2. to get a fright -shtuka
frighten ['fraitn] *v* -shtua
frightened ['fraitənd] *adj* -liotishwa
frightful ['fraitfəl] *adj* -a kutisha
frightfully ['fraitfli] *adv* sana
fringe [frinj] *n* taraza
fringe benefits *pl* marupurupuru
fringe group *n* (*pol.*) kikundi ndani ya kundi
frisk [frisk] *v* -pasapasa
fro [frəu] *adv* to and fro kwenda na kurudi
frock [frɔk] *n* gauni
frog [frɔg] *n* chura
frogman ['frɔgmən] *n* mpiga mbizi
frogmarch ['frɔgmaːch] *v* -rusha kichura
from [frɔm] *prep* 1. toka; kutoka 2. from that day tangu siku ile 3. a wind from the west upepo kutoka magharibi 4. to shelter from the rain -kinga ya mvua 5. from above/below toka juu/chini 6. from over there toka kule 7. Where are you from? Umetoka nchi gani? 8. I am from Sardinia. Nimetoka Sardinia. 9. Hadija is from Zanzibar. Hadija katoka Nguja. 10. The plane flew from Tbilisi to Dar-es-Salaam. Ndege imeruka kutoka Tbilisi mpaka Dar-es-Salaam. 11. Evie's trainers are from America. Viatu vya Evie vimetoka Marekani. 12. Millie got the sweets from Charlie. Millie kapata peremende kutoka kwa Charlie. 13. Andie read the e-mail from Emma. Andie kasoma e-mail kutoka kwa Emma. 14. The bridge is made from steel. Daraja limetengenezwa kwa chuma.
from now on *adv* kuanzia sasa na kuendelea
from then on *adv* kwanzia hapo
front [frʌnt] 1. *n* mbele 2. in front mbele 3. in front of mbele ya 4. *v* the hotel fronts the ocean hoteli inaelekea bahari
frontal attack ['frʌntl] *n* shambulio la ana kwa ana
frontier ['frʌntiə] *n* mpaka
front line 1. *adj* -a mstari wa mbele 2. *n* mstari wa mbele
front-page news *n* habari muhimu
frontrunner *n* (*pol.*) -enye kuelekea kushinda
frost [frɔst] *n* jalidi
frostbite ['frɔstbait] *n* ugonjwa wa kuganda tishu kwa jalidi
frostbitten ['frɔstbitən] *adj* -enye ugonjwa wa jalidi
froth [frɔth] *n* povu
frown [fraun] *v* -kunja kipaji
froze [frəuz] *see* freeze
frozen ['frəuzn] *adj* 1. -a ganda kwa baridi 2. *see* freeze
frozen food *n* chakula ilichogandishwa kwa baridi
fruit [fruːt] *n* tunda
fruitful ['fruːtfəl] *adj* -a faida
fruitless ['fruːtlis] *adj* -sio na mafanikio
fruit salad *n* fruti
frustrate [frʌ'streit] *v* -batilisha

frustrated

frustrated [frʌˈstreitid] *adj* to be
frustrated -batilishwa

frustration [frʌˈstreishən] *n* ubatilishi

fry [frai] *v* (**fried**) 1. -kaanga 2. *see*
fried

frying-pan [ˈfraying,pan] *n* kikaango

ft. *see* foot

fuel [ˈfyuːəl] 1. *n* fueli 2. *v* -pata fueli
3. -chochea

fuel depot/dump *n* ghala ya mafuta

fuel pump *n* bomba la
kusukumizia mafuta

fuel tank *n* tangi ya petroli

fuel tanker *n* meli ya mafuta

fugitive [ˈfyuːjətiv] *n* mtoro

fulfil; fulfill [fulˈfil] *v* -timiza

fulfilment; fufillment [fulˈfilmənt]
n tosheleza

full [ful] 1. *adj* -liojaa; -tele 2. **in full**
kikamilifu 3. **at full speed** kwa
kasi zote

full board *n* -enye kutoa malazi na
chakula

full-length *adj* -zima

full moon *n* mwezi mchimbu

fullness [ˈfulnis] *n* ujaza

full-scale *adj* -kamili

full stop *n* nukta

full-time *adj* -a kudumu

full up *adj* -pomoni

fully [ˈfuli] *adv* kabisa

fully fledged *adj* -liotopea

fumes [fyuːmz] *pl* mvuke mzito

fun [fʌn] *n* 1. burudani 2. **in fun** kwa
utani 3. **to have fun** -furahia 4. **to
make fun of** -dhihaki

function [ˈfʌnkshən] 1. *n* shughuli 2.
social function tamasha 3. *v*
-fanya kazi

functional [ˈfʌnkshənəl] *adj* -a
kufaa

functionary [ˈfʌnkshənəri] *n*
mtendaji

fund [fʌnd] 1. *n* hazina 2. **relief fund**
mfuko wa msaada 3. **public funds**
mfuko wa serekali 4. **to raise**

funds -changisha mchango 5. *v*
-fadhili

fundamental [ˌfʌndəˈmentəl] *adj* -a
asili

fundamentalist [ˌfʌndəˈmentəlist]
n religious fundamentalists
waumini wakereketwa

funding [ˈfʌnding] *n* kuchangia

fundraising *n* kuchangisha fedha

funds [fʌndz] *pl* mfuko

funeral [ˈfyuːnərəl] *n* 1. mazishi 2. **to
go to a funeral** -hudhuria mazishi

funfair [ˈfʌnfeə] *n* kiwanja cha
michezo

fungal [ˈfʌnggəl] *adj* -a kuvu

fungicide [ˈfʌnggisaid] *n* kiua kuvu

fungus [ˈfʌnggəs] *n* kuvu; ukungu

fungal [ˈfʌngki] *adj* -enye hisia na
mdundo

funnel [ˈfʌnl] *n* 1. faneli 2. *(mar.)*
dohan

funny [ˈfʌni] *adj* 1. -a kuchekesha 2.
-geni

fur [fəː] *n* manyoya

furious [ˈfyuəriəs] *adj* -enye
ghadhabu

furl [fəːl] *v (mar.)* -kunjika

furnace [ˈfəːnis] *n* tanuu

furnish [ˈfəːnish] *v* -weka fanicha

furniture [ˈfəːnichə] *n* fanicha

further [ˈfəːdhə] 1. *adj/adv* mbali
zaidi 2. **until further notice** hadi
baadaye 3. *v* -endeleza

further details *pl* ushahidi zaidi

furthermore [ˌfəːdhəˈmɔː] *adv* zaidi
ya hayo

fury [ˈfyuəri] *n* ghadhabu

fuse [fyuːz] *n* fyuzi

fusion [ˈfyuːzhən] *n* kuyeyusha

fuss [fʌs] *n* 1. mhangaiko 2. **to
make a fuss** -lalamika

fussy [ˈfʌsi] *adj* -enye kuhangaika

futile [ˈfyuːtail] *adj* -isioleta manufaa

future [ˈfyuːchə] 1. *n* wakati ujao 2.
adj -a baadaye

fuzzy [ˈfʌzi] *adj* -sio dhahiri

G

gadget [ˈgajit] *n* kifaa cha kazi

gaffe [gaf] *n* kosa

gag [gag] *v* 1. -nyima uhuru wa kujieleza 2. **to gag the press** - nyamazisha vitambo vya habari

gage *see* **gauge**

gain [gein] 1. *n* faida 2. *v* -pata

gala [ˈgaːlə] *n* shangwe

galaxy [ˈgaləski] *n* kundi la nyota

gale [geil] *n* dhoruba

gallant [ˈgalənt] *adj* shujaa

gallery [ˈgaləri] *n* nyumbaa ya sanaa

gallon [ˈgalən] *n* galoni

gallop [ˈgaləp] *v* -enda shoti

gallows [ˈgaləuz] *n* kiunzi

gamble [ˈgambəl] *v* -cheza kamari

gambler [ˈgamblə] *n* mchezaji kamari

gambling [ˈgambling] *n* kucheza kamari

game [geim] *n* 1. mchezo 2. wanyama

gamekeeper [ˈgeimkiːpə] *n* mlinzi wa wanyama

game reserve *n* hifadhi ya wanyama

gang [gang] *n* kundi

gangrene [ˈganggriːn] *n* gangrini

gangway [ˈgangwei] *n* ulalo

gangster [ˈgangstə] *n* jambazi

gaol [ˈjeil] *n see* **jail**

gap [gap] *n* 1. ufa; pengo 2. **gap in reef** mwanya katika pango

garage [ˈgaraːj; ˈgarij] *n* gereji

garbage [ˈgaːbij] *n* takataka

garden [ˈgaːdn] *n* bustani

gardener [ˈgaːdnə] *n* mkulima wa bustani

gardening [ˈgaːdning] *n* kilimo cha bustani

gargle [ˈgaːgəl] *v* -gogomoa

garlic [ˈgaːlik] *n* kitunguu saumu

garment [ˈgaːmənt] *n* vazi

garrison [ˈgarisən] *n* 1. bomani 2. walinzi wa bomani

gas [gas] *n* 1. gesi 2. *(US)* petroli

gas pipeline *n* bomba la gesi

gasolene; gasoline [ˈgasəliːn] *n* petroli

gas station *n (US)* kituo cha petroli

gas tank *n (US)* tangi ya petroli

gash [gash] *v* -jeruhi kwa kukata

gasp [gaːsp] *v* -tweta

gastric [ˈgastrik] *adj* -a tumbo

gate [geit] *n* lango

gatecrasher *n* mpandiaji

gather [ˈgadhə] *v* 1. -kusanya 2. -chuma 3. -elewa

gathering [ˈgadhəring] *n* mkutano

gauge [geij] 1. *n* geji 2. *v* -kadiria

gaunt [gɔːnt] *adj* -a kukonda

gauze [gɔːz] *n* 1. shashi 2. **wire gauze** wavu

gave [geiv] *see* **give**

gay [gei] 1. *adj* -a kufurahisha 2. -basha 3. *n* basha

gaze at [geiz] *v* -angaza

gazelle [gəˈzel] *n* swala

gazette [gəˈzet] *n* gazeti

gear [giə] *n* 1. gia 2. vifaa 3. **landing gear** miguu ya kutulia ndege

gearbox [ˈgiəbɔks] *n* giaboksi

gecko [ˈgekəu] *n* mjusi kafiri

geese [giːs] *see* **goose**

gel [jel] *n* jeli

geld [geld] *v* -hasi

gelding [ˈgelding] *n* maksai

gelignite [ˈjeligneit] *n* baruti

gem [jem] *n* kti johari

Gemini [ˈjeminai] *n* Mapacha

gendarme

376

gendarme [jenˈdaːm] *n* polisi
gendarmerie [jenˈdaːməri] *n* kikosi cha polisi
gender [ˈjendə] *n* jinsi
gene [jiːn] *n* jeni
genealogy [ˌjiːniˈaləji] *n* nasaba
general [ˈjenrəl] 1. *adj* -a -ote 2. *n* jenerali 3. **in general** kwa kawaida
General Assembly (U.N.) *n* Baraza Kuu
general election *n* uchugazi mkuu
generalize [ˈjenrəlaiz] *v* -fikia hitimisho la jumla
generally [ˈjenrəli] *adv* kwa kawaida
generate [ˈjenreit] *v* -zalisha
generation [ˌjenəˈreishən] *n* kizazi
generator [ˌjenəˈreitə] *n* jenereta
generosity [ˌjenəˈrɔsəti] *n* ukarimu
generous [ˈjenərəs] *adj* 1. karimu 2. -kubwa
genetic [jiˈnetik] *adj* -a maumbile
genetically modified *adj* -liobadilishwa maumbile
genetically modified crops *pl* mazao yaliyobadilishwa maumbile
genetics [jiˈnetiks] *pl* elimu ya maumbile
genial [ˈjiːniəl] *adj* -enye huruma
genital [ˈjenitl] *adj* -a viungo vya uzazi
genitals [ˈjenitlz] *pl* viungo vya uzazi
genitive [ˈjenitiv] *n* -a chanzo
genius [ˈjiːniəs] *n* kipaji
genocidal [ˈjenəsaidl] *adj* -a uangamizaji wa kabila
genocide [ˈjenəsaid] *n* 1. uangamizaji wa kabila 2. **to commit genocide** -angamiza kabila
genre [zhenrə] *n* namna
gentile [ˈjentail] *n* asiye Myahudi
gentility [ˈjentiliti] *n* uungwana
gentle [ˈjentl] *adj* -pole
gentleman [ˈjentlmən] *n*

(**gentlemen**) bwana
gentleness [ˈjentlnis] *n* upole
gently [ˈjentli] *adv* kwa upole
gentry [ˈjentri] *pl* watu wa daraja kubwa kidogo
genuine [ˈjenyuin] *adj* -a kweli
geography [jiˈɔgrəfi] *n* jiografia
geologist [jiˈɔləjist] *n* mtaalamu wa jiolojia
geology [jiˈɔləji] *n* jiolojia
geometry [jiˈɔmətri] *n* jiometri
geriatric [jeriˈatrik] *adj* -a utabibu wa wazee
gerontology [ˌjerənˈtɔləji] *n* jerontolojia
germ [jəːm] *n* mbegu
German [ˈjəːmən] 1. *adj* -a -Kijerumani 2. *n* Mjerumani 3. Kijerumani
Germany [ˈjəːməni] *n* Ujerumani
gerrymander [ˈjerimandə] *v* -fanya hila katika uchaguzi
gestation [jesˈteishən] *n* kuchuka mimba
gesture [ˈjeschə] *n* ishara
get [get] *v* (**got, gotten**) 1. -pata 2. -fika 3. **to get an illness** -pata ugonjwa 4. **to get done** -kamilisha 5. **to get better** -pata nafuu
get along *v* -elewana (**with** na)
get away *v* -toroka
get back *v* -rudia
get in *v* -fika
get into *v* -ingia
get off *v* -shuka
get on *v* -panda
get out *v* -ondoka
get ready *v* -tayarisha
get to *v* -fika
get up *v* 1. -panda 2. -amka
geyser [ˈgiːzə] *n* chemichemi ya maji moto
ghastly [ˈgaːstli] *adj* 1. -a kutisha 2. mahututi
ghee [giː] *n* samli
ghetto [ˈgetəu] *n* geto
ghost [gəust] *n* pepo

giant [ˈjaiənt] 1. *adj* -kubwa sana 2. *n* pandikizi

giddy [ˈgidi] *adj* -enye kizunguzungu

gift [gift] *n* zawadi

gifted [ˈgiftid] *adj* -enye kipaji

gig [gig] *n* (*mus.*) onyesho

gigantic [jaiˈgantik] *adj* -kubwa kabisa

giggle [ˈgigl] *n* -chekacheka

gill [gil] *n* shavu

gimmick [ˈgimik] *n* ujanja

gin [jin] *n* jini

ginger [ˈjinjə] *n* tangawizi

Gipsy [ˈjipsi] *see* Gypsy

giraffe [giˈraːf] *n* twiga

girder [ˈgəːdə] *n* boriti

girl [ˈgəːl] *n* msichana

girlfriend [ˈgəːlfrend] *n* 1. mpenzi 2. rafiki (wa kike)

give [giv] *v* (**gave, given**) -pa

give away *v* 1. -gawa 2. -fichua

give back *v* -rudisha

give birth to *v* -zaa

give in *v* -kubali kushindwa

give up *v* 1. -salimu amri 2. -kata tamaa 3. **to give up drinking** -acha kunywa pombe

give way *v* -pisha njia

give way on the road *v* -ngojea

glacial [ˈgleishəl] *adj* -a theluji

glacier [ˈglasiə] *n* mto wa barafu

glad [glad] *adj* -enye furaha

gladden [ˈgladn] *v* -furahisha

gladly [ˈgladli] *adv* kwa furaha

gladness [ˈgladnis] *n* furaha

glamour [ˈglamə] *n* heba

glance at [glaːns] *v* -tuazama (mara moja)

gland [gland] *n* tezi

glare [gleə] *v* mweka

glass [glaːs] *n* 1. kioo 2. **drinking glass** gilasi

glasses [ˈglaːsiz] *pl* miwani

glaucoma [glɔːˈkəumə] *n* glakoma

glaze [gleiz] *v* -weka kioo

gleam [gliːm] *v* -ng'aa

glee [gliː] *n* raha

glide [glaid] *v* -nyiririka

glider [glaidə] *n* nyiririko

glimmer [ˈglimə] 1. *n* **glimmer of hope** dalili ya matumaini 2. *v* -mulika kidogo kidogo

glimpse [glimps] *v* tazamo la mara moja

glint [glint] *v* -metameta

glisten [ˈglisən] *v* -nang'anika

glitter [ˈglitə] *v* -metameta

gloat [gləut] *v* -chekelea

global [ˈgləubəl] *adj* -a ulimwengu

globe [gləub] *n* 1. tufe 2. **the globe** dunia

globetrotter [ˈgləubˌtrɔtə] *n* msafiri duniani

gloom [gluːm] *n* 1. utusitusi 2. ghamu

gloomy [ˈgluːmi] *adj* 1. -a gizagiza 2. -a ghamu

glorious [ˈglɔːriəs] *adj* 1. -adhimu 2. -a kupendeza

glory [ˈglɔːri] *n* fahari

gloss over [ˈglɔs ˈəuvə] *v* -sitiri

gloss paint *n* rangi inayong'aa

glossy [ˈglɔsi] 1. *adj* -liong'aa 2. *n* **glossy (magazine)** gazeti

glove [glʌv] *n* glavu

glove compartment *n* kishubaka garini

glow [gləu] *v* -waka

glow-worm [ˈgləuwəːm] *n* kimulimuli

glowing [ˈgləuwing] *adj* 1. -a kung'ara 2. -enye shauku

glucose [ˈgluːkəuz] *n* glukosi

glue [gluː] 1. *n* gundi 2. *v* -ganda

glut [glʌt] *n* furiko

gnaw [nɔː] *v* -tafuna

gnu [gəˈnuː] *n* kongoni

G.N.P. *see* gross national product

go [gəu] *v* (**went, gone**) -enda

goad [gəud] 1. *n* mkosha 2. *v* -chochea

go ahead *v* -endelea (**with** na)

goal [gəul] *n* 1. mwisho 2. (*spor.*) goli 3. **to score a goal** -funga goli 4. *see* goalpost

goalkeeper [ˈgəʊlkiːpə] *n* golikipa
goalpost [ˈgəʊlpəʊst] *n* nguzo ya goli
goat [gəʊt] *n* mbuzi
go away *v* -ondoka
go back *v* -rudi
go bad *v* -haribika
gobble [ˈgɔbəl] *v* -la kwa pupa
goblet [ˈgɔblət] *n* bilauri
goblin [ˈgɔblin] *n* zimwi
go by *v* -pita
god [gɔd] *n* mungu
God [gɔd] *n* Mungu; Allah
godchild [ˈgɔdtʃaild] *n* mtoto wa ubatizo
goddaughter [ˈgɔd,dɔtə] *n* mtoto wa ubatizo
goddess [ˈgɔdis] *n* mungu (wa kike)
godfather [ˈgɔdfaːθə] *n* baba wa ubatizo
godforsaken [ˈgɔdfə,seikən] *adj* -baya sana
godless [ˈgɔdlis] *adj* kafiri
godmother [ˈgɔdmʌθə] *n* mama wa ubatizo
go down *v* 1. -shuka 2. -tua 3. *(mar.)* -zama
godson [ˈgɔdsən] *n* mtoto wa ubatizo
godparent [ˈgɔdpeərənt] *n* baba/mama wa ubatizo
go in *v* -ingia
going [ˈgəʊiŋ] *n* hali ya njia
goings-on *pl* matukio
goggles [ˈgɔgəlz] *pl* miwani
gold [gəʊld] 1. *adj* -a dhahabu 2. *n* dhahabu
golden [ˈgəʊldən] *adj* 1. -a dhahabu 2. -zuri mno 3. **golden age** zamani ya ustawi
golf [gɔlf] *n* gofu
golf club *n* klabu ya gofu
golf course *n* uwanja wa gofu
gong [gɔŋ] *n* upatu
gone [gɔn] *see* go
gonorrhoea [ˌgɔnəˈriːə] *n* kisonono

good [gud] 1. *adj* -zuri 2. -a kufaa 3. *n* uzuri 4. faida 5. **for good** kabisa 6. *see* goods
goodbye [ˌgudˈbai] *n* kwa heri
good deed *n* msaada
good health *n* afya njema
good-looking *adj* -enye sura ya kupendeza
good luck *n* bahati njema
goodness [ˈgudnis] *n* wema
goods [gudz] *n* 1. bidhaa 2. **consumer goods** bidhaa za biashara
goods train *n* gari la mizigo
good-tempered *adj* -pole
goodwill [ˌgudˈwil] *n* ukarimu
go off *v* 1. -ondoka 2. -lipuka 3. -endelea 4. -chushwa na 5. -poteza uzuri
go on *v* 1. -endelea 2. -tokea
goose [guːs] *n* (geese) bata bukini
gooseberry [ˈguːsbəri] *n* zabibubata
goose flesh *n* kimbimbi
go out *v* 1. -toka 2. -zimika
go over *v* -rudia
gore [gɔː] 1. *n* mavilio ya damu 2. *v* -choma
gorge [gɔːj] *n* korongo
gorgeous [ˈgɔːjəs] *adj* -zuri sana
gorilla [gəˈrilə] *n* sokwe
gory [ˈgɔːri] *adj* -a kikatili
gospel [ˈgɔspl] *n* injili
gossip [ˈgɔsip] 1. *n* uzushi 2. *v* -zua
got [gɔt] *see* get
go through *v* -pitia
go to sleep *v* -lala
gouge [gauj] *v* -toa
go up *v* -panda
gourd [guəd] *n* kitoma
gourmet [ˈgɔːmei] *n* kidomo wa chakula
govern [ˈgʌvn] *v* -tawala
government [ˈgʌvənmənt] 1. *adj* -a kiserikali 2. *n* serikali 3. utawala
governor [ˈgʌvənə] *n* 1. gavana 2. *(ed.)* mjumbe
governor-general *n* gavana mkuu

gown [gaun] *n* gauni
grab [grab] *v* (**grabbed**) -nyakua
grace [greis] *n* 1. madaha 2. hisani
graceful [ˈgreisfəl] *adj* -enye madaha
gracious [ˈgreishəs] *adj* -enye hisani
grade [greid] *n* 1. cheo 2. maksi 3. (*ed.*) darasa
gradient [ˈgreidiyənt] *n* mteremko
gradual [ˈgrajuəl] *adj* -a polepole
gradually [ˈgrajuli] *adv* pole pole
graduate [ˈgrajuət] *n* mtu aliyepata digrii
graduate [ˈgrajueit] *v* -pata digrii
graffiti [grəˈfiːti] *n* grafiti
graft [graːft] (*agr./med.*) 1. *n* kipandikizi 2. *v* -pandikiza
grain [grein] *n* 1. nafaka 2. chembe
gram [gram] *n* gramu
grammar [ˈgramə] *n* sarufi
gramme [gram] *n* gramu
gramophone [ˈgraməfəun] *n* santuri gramafoni
granary [ˈgranəri] *n* ghala ya nafaka
grand [grand] *adj* 1. -kuu 2. -a fahari
grandchild [ˈgranchaild] *n* mjukuu
granddaughter [ˈgranˌdɔːtə] *n* mjukuu wa kike
grandfather [ˈgranˌfaːdhə] *n* babu
grandmother [ˈgranˌmʌdhə] *n* bibi
grandparent [ˈgranˌpeərənt] *n* babu/bibi
grandson [ˈgransʌn] *n* mjukuu wa kiume
grandstand [ˈgrandstand] *n* jukwa maalum
granite [ˈgranit] *n* matale
grant [graːnt] 1. *n* hiba 2. *v* -toa idhini
grape [greip] *n* zabibu
grapefruit [ˈgreipfruːt] *n* balungi
graph [graːf] *n* grafu
graphic [ˈgraːfik] *adj* -a ishara
graphic arts *pl* sanaa za maandishi
graphic design *n* sanaa za maandishi

graphic designer *n* msanii wa maandishi
grappling hook *n* kulabu
grasp [graːsp] *v* -shika
grass [graːs] *n* majani
grasshopper [ˈgraːshɒpə] *n* panzi
grassroots [graːsˈruːch] *adj* -a umma
grate [greit] *v* -kuna
grateful [ˈgreitfəl] *adj* 1. -enye shukurani 2. **to be grateful to** -shukuru (**for** kwa)
grater [ˈgreitə] *n* **coconut grater** mbuzi
grating [ˈgreiting] *n* kiunzi cha nondo
gratis [ˈgraːtis] *adv* bure
gratitude [ˈgratityuːd] *n* shukrani
grave [greiv] 1. *adj* -a mashaka 2. **a grave offence** kosa kubwa 3. *n* kaburi
gravedigger [ˈgreivˈdigə] *n* mchimba kaburi
gravel [ˈgravl] *n* changarawe
graveyard [ˈgreivyaːd] *n* makaburini
gravity [ˈgravəti] *n* 1. mvutano 2. uzito
gravy [ˈgreivi] *n* mchuzi rojo
gray [ˈgrei] *adj* 1. -a rangi ya kijivu 2. *see* **grey hair**
graze [greiz] *v* 1. -la majani 2. -paruza
grease [griːs] *n* 1. shahamu 2. grisi
greasy [ˈgriːsi] *adj* 1. -enye shahamu 2. -enye grisi
great [greit] *adj* 1. kubwa 2. -ingi 3. **a great deal (of)** -ingi sana 4. **that's great!** safi sana! 5. **to be great at** -enye uwezo wa
Great Britain [ˈgreitˈbritən] *n* Uingereza
greatly [ˈgreitli] *adv* sana
greatness [ˈgreitnis] *n* ukuu
Greek [griːk] 1. *adj* -a Ugiriki; -a Yunani 2. *n* Mgiriki; Myunani 3. Kigiriki; Kiyunani

greed [griːd] *n* ulafi

greedy ['griːdi] *adj* to be greedy - lafi

green [griːn] 1. *n* kijani 2. *adj* -a kijani 3. -bichi 4. -sio na uzoefu 5. *(pol.)* -a watetezi wa mazingira 6. green politics utetezi wa mazingira

greengrocer ['griːngrəusə] *n* muuza duka la mboga na matunda

greenhouse ['griːnhaus] *n* nyumba ya kioo

greens [griːnz] *pl* mboga za majani

Greenwich Mean Time (= G.M.T.) *n* wastani wa majira ya jua

greet [griːt] *v* -salimu

greeting ['griːting] *n* salamu

greeting card *n* kadi ya salamu

gremlin ['gremlin] *n* zimwi

grenade [grəneid] *n* kombora

grenade launcher *n* furumisha makombora

grew [gruː] *see* grow

grey [grei] *adj* -a rangi ya kijivu

grey hair *n* mvi

greyhound ['greihaund] *n* mbwa mwaindaji

grid [grid] *n* 1. miraba fito 2. electricity grid fito umeme

grief [griːf] *n* huzuni

grievance ['griːvəns] *n* nung'uniko

grieve [griːv] *v* -sikitisha

grievous ['griːvəs] *adj* 1. -a kuhuzunisha 2. -a kali sana

grill [gril] *v* -choma

grille [gril] *n* dirisha lenye nondo

grim [grim] *adj* 1. -kali 2. -a kutia hofu

grin [grin] *v* -kenua

grind [graind] *v* (**ground**) -saga

grinder ['graində] *n* mashine ya kusaga

grindstone ['graindstəun] *n* kinoo; kijaa

grip [grip] 1. *n* kushika 2. klachi 3. *v* -shika

grit [grit] *n* mchanga

groan [grəun] *v* -gumia

grocer ['grəusə] *n* mwuza duka

groceries ['grəusəriːz] *pl* vyakula

grocery ['grəusərz] *n* duka

groin [grɔin] *n* kinena

groom [gruːm] *n* 1. saisi 2. *see* bridegroom

groove [gruːv] *n* mfuo

gross [grəus] *adj* 1. -a jumla 2. -nono 3. gross weight uzito wa jumla 4. gross profit faida ya jumla 5. gross injustice udhalimu shahiri

gross national product (G.N.P.) *n* Jumla ya Pato la Taifa

ground [graund] *n* 1. chini 2. common ground mwafaka 3. to touch ground *(mar.)* -pwelewa 4. *see* grind, grounds

groundnut ['graundnʌt] *n* karanga

grounds [graundz] *pl* 1. bustani 2. *(leg.)* sababu 3. *(spor.)* uwanja

groundcrew ['graundkru] *n* wahudumu uwanjani

groundplan ['graundplan] *n* ramani ya nyumba ardhini

ground speed *n* kasi ya ndege ardhini

groundswell ['graundswel] *n* mawimbi mazito

groundwork ['graundwəːk] *n* maandalizi

group [gruːp] 1. *n* jamii; kundi 2. *(mil.)* kikosi 3. *v* -panga katika makundi

grow [grəu] *v* (**grew, grown**) 1. -kua 2. -ota 3. -zidi

grower ['grəuə] *n* mwoteshaji

growl [graul] *v* -nguruma

grown-up [grəun'ʌp] *n* mtu mzima

growth [grəuth] *n* 1. kukua 2. kuzidi 3. ongezeko

growth rate *n* kima cha ongezeko

grow up *v* -komaa

grudge [grʌj] *n* to hold a grudge against -wa na kisasi dhidi (ya)

gruesome [ˈgruːsəm] *adj* -a kutisha
grumble [ˈgrʌmbəl] *v* -lalamika
guarantee [ˌɡarənˈtiː] 1. *n* dhamana 2. **as guarantee** rahani 3. *v* -dhamini 4. -ahidi
guarantor [ˌɡarənˈtɔː] *n* mdhamini
guard [ɡaːd] 1. *n* mlinzi; askari 2. gadi 3. **national guard** walinzi wa taifa 4. *v* -linda
guard against *v* -hadhari
guard duty *n* kazi ya ulinzi
guard house *n* mahabusu
guardian [ˈɡaːdiən] *n* mlezi
guava [ˈɡwaːvə] *n* pera
guerilla; guerrilla [ɡəˈrilə] *n* 1. mpiganaji wa kuvuzia 2. **urban guerilla** mpiganaji wa kuvizia wa mjini
guerilla warfare *n* vita vya msituni
guess [ges] 1. *n* kisio 2. *v* -kisia 3. -dhani
guesstimate [ˈgestimət] *n* bahatisha kwa kukisia na kufikiri
guesswork [ˈgeswəːk] *n* kazi ya kubahatisha
guest [gest] *n* 1. mgeni 2. **hotel guest**
guest house *n* nyumba ya wageni
guest room *n* chumba cha wageni
guidance [ˈgaidəns] *n* kuongoza
guide [ɡaid] 1. *n* kiongozi 2. **tourist guide** mtembezaji wa waatalii; papasi 3. *v* -ongoza 4. *see* guidebook
guidebook [ˈgaidbuk] *n* kitabu cha kuongoza
guided missile [ˈgaidid] *n* kometi inayoongozwa
guidelines [ˈgaidlainz] *pl* mwongozo
guilt [gilt] *n* hatia
guilty [ˈgilti] *adj* 1. -liofanya kosa 2. **to plead guilty** -kiri kosa 3. **to plead not guilty** -tokiri 4. **to find guilty** -ona na hatia
guise [ɡaiz] *n* **in the guise of** kwa

kutumia
guitar [giˈtaː] *n* gita
guitarist [giˈtaː] *n* mpiga gitaa
gulf [gʌlf] *n* ghuba
gull [gʌl] *n* shakwe
gully [ˈgʌli] *n* mvo
gulp [gʌlp] *v* -gugumia
gum [gʌm] *n* 1. ufizi (la meno) 2. sandarusi 3. **chewing gum** ubani
gum boil *n* jipu la ufizi
gums [gʌmz] *pl* ufizi (la meno)
gun [gʌn] *n* 1. bunduki 2. **to fire a gun** -piga bunduki 3. **to load a gun** -weka rasisi katika bunduki 4. *see* **gun down**
gun barrel *n* mtutu
gunboat [ˈgʌnbəut] *n* manowari ndogo inayobeba mizinga
gunboat diplomacy *n* diplomasia ya vitisho
gun down *v* -piga (mtu) risasi
gunfire [ˈgʌnfayə] *n* mapigo ya bunduki/mzinga
gunman [ˈgʌnmən] *n* jambazi
gunner [ˈgʌnə] *n* ofisa msimamizi wa silaha
gun powder *n* baruti
gunrunner [ˈgʌn.rʌnə] *n* mwendesha magendo ya silaha
gunrunning [ˈgʌn.rʌning] *n* magendo ya silaha
gunship [ˈgʌnship] *n* manowari ya mizinga
gunshot [ˈgʌnshɔt] *n* mwaliko wa bunduki
gunwale [ˈgʌnəl] *n* ukingo wa juu wa meli
gurgle [ˈgəːgəl] *v* -bubujika
guru [ˈguːru] *n* guru
gush [gʌsh] *v* -foka
gusher [ˈgʌshə] *n* kisima cha mafuta yanayofoka
gust [gʌst] *n* dharuba
gusto [ˈgʌstəu] *n* kufurahia
gut [gʌt] *n* matumbo
guts [gʌts] *pl* 1. matumbo 2. ujasiri
gutter [ˈgʌtə] *n* mchirizi

gutter press *n* magazeti ya matusi na kashifa

guy [gai] *n* 1. jamaa 2. sanamu

guy rope *n* kamba ya kuinulia hema

guzzle ['gʌzəl] *v* -la/-nywa kwa pupa

gybe [jaib] *n* zinga

gymkhana [jimˈkaːnə] *n* tamasha ya michezo (ya farasi)

gym; gymnasium [jim; jimˈneiziyəm] *n* ukumbi wa michezo ya mazoezi ya viungo; jim

gymnast [jimˈnast] *n* mwanasarakasi

gymnastics [jimˈnastiks] *n* sarakasi

gynaecological [ˌgainəkɔˈlɔjikəl] *adj* -a jinakolojia

gynaecologist [ˌgainəˈkɔlɔjist] *n* mwana jinakolojia

gynaecology [ˌgainəˈkɔlɔji] *n* jinakolojia

gynaecological clinic *n* kliniki unayoshughulikia mambo ya wanawake

gypsum ['jipsəm] *n* jasi

Gypsy ['jipsi] 1. *adj* -a mhamaji mzururaji 2. *n* mhamaji mzururaji

gyrocompass ['gairəuˈkʌmpəs] *n* diragiro

gyroscope ['gairəusəup] *n* gurudumu tuzi

habit [ˈhabit] *n* tabia
habitable [ˈhabitəbəl] *adj* -a kukalika
habitat [ˈhabitat] *n* mazingira
habitation [ˌhabiˈteishən] *n* **1.** kukaa **2.** makazi
habitual [həbiˈchuːəl] *adj* **1.** -a desturi **2.** -zoefu
hacienda [hasiˈyendə] *n* gunda
hack [hak] **1.** *n* farasi wa kukodi **2.** mwandishi wa habari **3.** *v (i.t.)* -dusa
hacker [ˈhakə] *n (i.t.)* mdusaji
had [had] *see* **have**
hadj [haj] *see* **hajj**
hadji [ˈhaji] *see* **haji**
haemoglobin [ˌhiːməˈgləubin] *n* himoglobini
haemorrhage [ˈhemərij] **1.** *n* hemoraji **2.** *v* -toa damu
haemorrhoids [ˈhemərɔidz] *pl* bawasiri
haggle [ˈhagəl] *v* -bishana
hail [heil] **1.** *n* mvu ya mawe **2.** *v* -nya mvua ya mawe **3.** -angushia **4.** -ita
hail from *v* -toak
hailstone [ˈheilstɔːm] *n* kijiwe cha mvua ya mawe
hailstorm [ˈheilstɔːm] *n* tufani ya mvua ya mawe
hair [heə] *n* nywele
hairbrush [ˈheəbrʌsh] *n* brashi ya nywele
hair-cut [ˈheəkʌt] *n* kunyoa
hair-do [ˈhaeˈduː] *n* mtindo wa kutengeneza nywele
hairdresser [ˈheədresə] *n* mtengeneza nywele
hairdryer [ˈheədraiə] *n* mashine la kukausha nywele

hairless [ˈheələs] *adj* bila nywele
hair-raising *adj* -a kutisha
hair-slide *n* kibanio
hairstyle [ˈheəstail] *n* mtindo wa nywele
hairy [ˈheəri] *adj* -liojaa nywele
haji [ˈhaji] *n* alhaji
hajj [haj] *n* kuhiji
half [haːf; haːvz] *n/adj (pl* **halves)** **1.** nusu **2.** **half past three**
half an hour, half-hour *n* nusu saa
half-hearted *adj* -a shingo upande
half-mast *adj/adv* nusu mlingoti
half-price *adj* bei nusu
half-time *n (spor.)* hafutaimu
half-way *adj/adv* katikati
hall [hɔːl] *n* **1.** bwalo **2.** sebule **3.** **town hall** ukumbi wa mji
hallo [ˈhaˈləu] *see* **hello**
hall of fame *n* ukumbi wa watu maarufu
hallucinate [həˌluːsiˈneit] *v* -ota njozi
hallucination [həˌluːsiˈneishən] *n* njozi
hallucinatory [həˌluːsiˈneitəri] *adj* -enye kuleta njozi
hallway [ˈhɔlwei] *n* ushoroba
halt [hɔːlt] *v* **1.** -simama **2.** **to call a halt** -simamisha
halter [ˈhɔːltə] *n* hatamu
halve [haːv] *v* -gawa nusu wa nusu
halves [haːvz] *see* **half**
ham [ham] *n* hemu
hamburger [ˈhambəːgə] *n* hambaga
hamlet [ˈhamlət] *n* kijiji
hammer [ˈhamə] **1.** *n* nyundo **2.** *v* -gongomea
hamster [hamstə] *n* buku
hamper [ˈhampə] **1.** *n* chano **2.** *v* -zuia

hand

hand [hand] **1.** *n* mkono **2. at hand** karibu **3. at first hand** moja kwa moja **4. at second hand** kwa kupitia njia nyingine **5. second-hand** -liokwishatumika **6. by hand** kwa mkono **7. out of hand** -sioweza kudhibitiwa **8. to shake hands** -shikana mikono **9. to change hands** -badili umiliki **10. on the one hand... on the other hand** kwa upande mmoja... kwa upande mwingine **11.** *v* -pa

handbag ['handbag] *n* begi

hand baggage *n* mizigo ya mkononi

handball ['handbɔːl] *n (spor.)* mpira wa mikono

handbook ['handbuk] *n* kiongozi

handbrake ['handbreik] *n* breki ya mkono

handcuff ['handkʌf] *v* -tia pingu

handcuffs ['handkʌfs] *pl* pingu

handful ['handful] *n* -chache

hand-grenade ['handgrə,neid] *n* kombora la mkono

handicap ['handikap] *n* **1.** kikwazo **2.** *(med.)* kilema

handicapped ['handikapt] *adj (med.)* mlemavu

hand in *v* -kabidhi

handiwork ['handiwəːk] *n* kazi ya mikono

handkerchief ['hangkəchif] *n* leso

handle ['handəl] **1.** *n* mpini; mkono **2.** *v* -gusa **3.** -tendea **4.** *(com.)* -nunua

handlebar ['handəlbaː] *n* usukani

hand-made *adj* -a mkono

hand out *v* -toa sadaka

hand over *v* **1.** -kabidhi **2.** -peleka

hand rail *n* papi za ngazi

handsaw ['handsɔː] *n* msumeno

handset ['handset] *n (i.t.)* mkono wa simu

handshake ['handsheik] *n* kupeana mikono

handsome ['hansəm] *adj* -zuri

handstand ['handstand] *n* kusimama kwa mikono

handwriting ['hand,raiting] *n* mwandiko

handy ['handi] *adj* tayari

handyman ['handiman] *n* mtu mwepesi wa kazi

hang [hang] *v* **1.** (hung) -tundika **2.** (hanged) -nyonga **3. to get the hang of** -elewa jinsi ya kutumia

hangar ['hangə] *n* banda la ndege

hanger ['hangə] *n* kiango

hanger-on *n* mdoezi

hangman ['hangmən] *n* chakari

hang on *v* **1.** -vumilia **2.** -ngoja kidogo

hang out *v* **1.** tundika **2.** -ishi

hangover *n* **1.** maruirui **2. to have a hangover** -wa na maruirui

hang up *v* -kata simu

hang-up *n* shida

haphazard [hap'hazəːd] *adj* -a ovyo

happen ['hapən] *v* **1.** -tukia **2.** -wa na bahati

happily ['hapili] *adv* kwa furaha

happiness ['hapinəs] *n* furaha

happy ['hapi] *adj* -a furaha

harangue [hə'rang] *v* -kemea kirefu

harass ['harəs] *v* -sumbua

harassment ['harəsmənt] *n* **1.** usumbufu **2. sexual harassment** unyanyasaji wa kijinsia

harbour, harbor [haː'bə] *n* bandari

hard [haːd] **1.** *adj* -gumu **2.** -a dhiki **3.** -kali **4.** -enye bidii **5.** *adv* sana

hard cash *n* fedha taslimu

hard currency *n* fedha isiyobadilika ovyo thamani

harden ['haːdn] *v* -fanya gumu

hard disk *n* diski gumu

hard hat *n* kofia ngumu

hard-hitting *adj* -lioeleza waziwazi

hard labour *n* kazi ngumu

hardly ['haːdli] *adv* **1.** chache **2. Hardly anyone came.** Hakuna mmoja aliyekuja. **3. I hardly ever come here.** Siji sana.

hardship [ˈhaːdship] *n* taabu

hardware [ˈhaːdweə] *n (comp.)* zana za vifaa vya mitambo

hard work *n* kazi ngumu

hard-working *adj* -enye kufanya kazi kwa bidii

hardy [ˈhaːdi] *adj* -shupavu

hare [heə] *n* sungura

hare-brained *adj* -a harara

harm [haːm] **1.** *n* madhara **2.** *v* -dhuru

harmful [ˈhaːmfəl] *adj* - kudhuru

harmless [ˈhaːmlis] *adj* si -a kudhuru

harmonica [haːˈmɔnikə] *n* kinanda cha mdomo

harmonize [ˈhaːmənaiz] *v* -patanisha

harmony [ˈhaːməni] *n* **1.** upatanifu **2.** *(mus.)* mwafaka

harness [ˈhaːnis] **1.** *n* lijamu na hatamu **2.** *v* -tumia mto

harp [haːp] *n* kinubi

harpoon [haːˈpuːn] **1.** *n* chusa **2.** *v* -piga chusa

harsh [haːsh] *adj* -kali

harvest [ˈhaːvist] **1.** *n* mavuno **2.** *v* -vuna

harvester [ˈhaːvistə] *n* mashini ya kuvunia

has *see* have

has-been *n* zilipendwa

hassle [ˈhasl] *n* mabishano

haste [heist] *n* haraka

hasten [ˈheisn] *v* **1.** -fanya haraka **2.** -harakisha

hasty [ˈheisti] *adj* -a haraka

hat [hat] *n* kofia

hatch [hach] **1.** *n* mfuniko wa mlango **2.** *v* -angua **3. to hatch a plot** -pika majungu

hatchet [ˈhachit] *n* kishoka

hate [heit] **1.** *n* chuki **2.** *v* -chukia

hateful [ˈheitfəl] *adj* -a kuchukiza

hatred [ˈheitrid] *n* chuki

hat trick *n* magoli matatu mfululizo

haul [hɔːl] *v* -kokota

haulage [ˈhɔːlij] *n* **1.** usafirishaji **2.** road haulage usafirishaji wa barabara

haunt [hɔːnt] *v* **1.** -fanya maskani **2.** *see* haunted

have [hav] *v* (had) **1.** -wa na **2. to have a cold** -wa na mafua **3. We have returned.** Tumerudi. **4. She has to come.** Lazima aje.

haven [ˈheivən] *n* kimbilio

haversack [ˈhavəsak] *n* shanta

havoc [ˈhavək] *n* maangamizi

hawk [hɔːk] **1.** *n* mwewe **2.** *v* -tembeza

hawker [ˈhɔːkə] *n* mchuuzi

hawser [ˈhɔːzə] *n* utari

hay [hei] *n* nyasi kavu

hay fever *n* mafua yaletwayo na vumbi

hay stack *n* lundo la nyasi

haywire [ˈheiwayə] *adv* **to go haywire** -vurugika

hazard [ˈhazəd] **1.** *n* hatari **2. navigation hazards** hatari za usafiri **3.** *v* -jaribu

hazardous [ˈhazədəs] *adj* -enye hatari

haze [heiz] *n* ukungu

he [hiː] *pro* yeye

head [hed] **1.** *adj* -kuu **2.** *n* kichwa **3.** mkuu **4.** mwanzo **5.** *v (spor.)* -piga mpira kwa kichwa

headache [ˈhedeik] *n* maumivu ya kichwa

head for *v* -elekea

heading [ˈheding] *n* kichwa cha habari

headland [ˈhedlənd] *n* rasi

headless [ˈhedləs] *adj* -sio na kichwa

headlight [ˈhedlait] *n* taa ya mbele

headline [ˈhedlain] *n* kichwa cha habari

headman [ˈhedman] *n* kiongozi

headmaster [ˈhedmaːstə] *n* mkuu wa shule

headmistress [ˈhedmistris] *n* mkuu wa shule

head-on *adj/adv* uso kwa uso

headphones [ˈhedˌfəunz] *pl* vipokea sauti

headquarters [ˈhedˈkwɔːtəz] *n* makao makuu

headrest [ˈhedrest] *n* msamilo

headroom [ˈhedrum] *n* nafasi

headset [ˈhedset] *n* vipokea sauti

head start [hedˈstɑːt] *n*

headstrong [ˈhedstrɔŋ] -kaidi

head wind *n* upepo wa mbisho

heal [hiːl] *v* -ponya

healer [ˈhiːlə] *n* mganga

healing [ˈhiːliŋ] *n* kuponya

health [helth] *n* afya

healthcare [ˈhelthkeə] *n* huduma ya afya

health centre *n* kituo cha afya

health food *n* chakula cha afya

healthy [ˈhelthi] *adj* 1. -enye afya nzuri 2. -zuri

heap [hiːp] *n* fungu

hear [hiə] *v* (**heard**) -sikia

hearing [ˈhiəriŋ] *n* 1. usikivu 2. *(leg.)* usikilizaji

hearsay [ˈhiyəsei] *n* tetesi

heart [hɑːt] *n* 1. moyo 2. **to learn by heart** -kariri

heart attack *n* shtuko la moyo

heartbeat [ˈhɑːtbiːt] *n* pigo la moyo

heartburn [ˈhɑːtbəːn] *n* kiungulia

heartbroken [ˈhɑːtˈbrəukn] *adj* -enye huzuni nyingi

heart disease *n* ugonjwa wa moyo

heart failure *n* moyo kusita

heartless [ˈhɑːtləs] *adj* -katili

heat [hiːt] 1. *n* joto; hari 2. *v* -pasha momto

heater [ˈhiːtə] *n* kikanza

heath [hiːth] *n* pori

heating [ˈhiːtiŋ] *n* kupashajoto

heatwave [ˈhiːtweiv] *n* wimbi la joto

heave [hiːv] *v* -inua

heave anchor *v* -ng'oa nanga

heave to *v* -elea

heaven [ˈhevn] *n* pepo; mbinguni

heavenly [ˈhevnli] *adj* 1. jua 2. -zuri mno

heaviness [ˈhevinis] *n*

heavy [ˈhevi] *adj* 1. -zito 2. -kubwa

heavy-handed *adj* -enye mkono

heavy-hearted *adj* -enye huzuni

heavyweight [ˈheviweit] *adj* -kubwa

Hebrew [ˈhiːbruː] *n* Kiyahudi

heckle [ˈhekəl] *v* -hanikiza

heckler [ˈheklə] *n* mhanikiza

hectare [ˈhekteə] *n* hekta

hectic [ˈhektik] *adj* -enye msisimko

hedge [ˈhej] *n* tuta

hedgehog [ˈhejhɔg] *n* nungunungu

heed [hiːd] *v* -sikiza

heel [hiːl] *n* kisigino

hefty [ˈhefti] *adj* -bonge

heifer [ˈhefə] *n* mtamba

height [hait] *n* urefu

heighten [ˈhaitən] *n* -zidisha

heinous [ˈhiːnəs] *adj* -ovu sana

heir [eə] *n* mrithi

heiress [ˈeəres] *n* mrithi

helicopter [ˈhelikɔptə] *n* helikopta

heliport [ˈhelipɔːt] *n* uwanja wa helikopta

hell [hel] *n* jahanamu

hello! [həˈləu] aisee!; halo!

helmet [ˈhelmit] *n* helmeti

help [help] 1. *n* msaada 2. *v* -saidia 3. **I couldn't help noticing...** Sikuweza kuona... 4. **help!** saidia!

helper [ˈhelpə] *n* msaidizi

helpful [ˈhelpfəl] *adj* -enye msaada

helping [ˈhelpiŋ] *n* mpakuo

helpless [ˈhelplis] *adj* 1. bila msaada 2. -siojiweza

hem [hem] *n* pindo

hem in *v* -zingira

hemisphere [ˈhemisfiə] *n* nusu ya dunia

hemoglobin [ˌhiːməˈgləubin] *n* himoglobini

hemorrhage [ˈhemərij] 1. *n* hemoraji 2. *v* -toa damu

hemorrhoids [ˈhemərɔidz] *pl*
bawasiri
hemp [hemp] *n* katani
hen [hen] *n* kuku
hence [hens] *adv* kwa hiyo
henceforth [hensˈfɔːth] *adv* tangu
sasa na kuendelea
henchman [ˈhenchmən] *n* kibaraka
henna [ˈhenə] *n* hina
hepatitis [ˌhepəˈtaitəs] *n* homa ya
manjano
her [həː] 1. -m- 2. -ake
herald [ˈherəld] *v* -tangaza
herb [həːb] *n* mitishamba
herbal [ˈhəːbəl] *adj* -a mitishamba
herd [həːd] *n* kundi
herdsman [ˈhəːdzmən] *n* mchungaji
here [hiə] *adv* hapa
hereabouts [ˌhiərəˈbautz] *adv*
hapahapa
hereditary [həˈreditri] *adj* -a kurithi
heredity [həˈrediti] *n* urithi
heritage [ˈherətij] *n* urithi
hernia [ˈhəːniyə] *n* ngiri
hero [ˈhiərəu] *n* (*pl* **heroes**) shujaa
heroic [heˈrəuwik] *adj* -a kishujaa
heroin [ˈherəuin] *n* heroini
heroine [ˈherəuin] *n* shujaa
heroism [ˈherəuizəm] *n* ushujaa
hers [həːz] -ake
herself [həːˈself] yeye mwenyewe
hesitate [ˈheziteit] *v* -sita
hesitant [ˈhezitənt] *adj* -enye kusita
hesitation [ˌheziˈteishən] *n* kusita
heterosexual [ˌhetərəˈsekshuwəl]
adj -a kuvutiwa na mtu wa jinsi
tafauti
hew [hyəu] *v* -kata
hiccough; hiccup [ˈhikʌp] 1. *n*
kwikwi 2. *v* -wa na kwikwi
hidden [ˈhidn] *adj* to be hidden
-fichwa
hide [haid] 1. *n* ngozi 2. *v* -jificha
hide-and-seek [ˌhaidənˈsiːk] *n* kibe
hideous [ˈhidiəs] *adj* hunde
hiding [ˈhaiding] *n* 1. to be in hiding
-enda mafichoni 2. to give a good

hiding -piga barabara
hiding-place *n* maficho
hierarchy [ˈhayəˈraːki] *n* tabaka
hieroglyph [ˈhairəuglif] *n* hieroglifu
high [hai] 1. *adj* -juu 2. -refu 3.
-kubwa 4. -kali 5. *adv* juu 6. (*sl.*) to
get high -yoyoma
high commissioner *n* balozi
high court *n* mahakama kuu
high explosivse *n* miripuko
mikubwa
high jump *n* kuruka juu
highlands [ˈhailəndz] *pl* milimani
high-level *adj* -a ngazi ya juu
highlight [ˈhailait] 1. *n* tukio
muhimu 2. *v* -pa umuhimu
highly [ˈhaili] *adv* sana
highness [ˈhainis] *n* hali ya juu
high-rise *adj* -enye maghohorofa
marefu
high road *n* barabara kuu
high school [ˈhaiskuːl] *n* sekondari
ya juu
high seas *pl* bahari kuu
high-speed *adj* kwa kasi sana
high spot *n* tukio muhimu
high-tension *adj* -enye volteji
kubwa
high tide *n* maji kujaa
high treason *n* uhaini
high water *n* maji kujaa
highway [ˈhaiwei] *n* barabara kuu
highway code *n* kanuni za
barabara
hijack [ˈhaijak] *v* -teka nyara
hijacker [ˈhaijakə] *n* mteka nyara
hijacking [ˈhaijaking] *n* kuteka
nyara
hike [haik] *v* -tembezi marefu
hiker [ˈhaikə] *n* mtembeaji wa
masafa marefu
hilarious [hiˈleəriəs] *adj* -a
kikwakwa
hill [hil] *n* kilima
hillock [ˈhilək] *n* kiduta
hillside [ˈhilsaid] *n* ubavuni mwa
kilima

hilltop [ˈhiltɔp] *n* juu ya kilima

hilly [ˈhili] *adj* -enye vilima

him [him] yeye; yule; m

himself [himˈself] mwenyewe

hind [haind] *adj* -a nyuma

hinder [ˈhində] *v* -zuia

Hindi [ˈhindi] 1. *n* Kihindi 2. *adj* -a Kihindi

hindquarters [haindˈkɔːtəːz] *pl* miguu ya nyuma

Hindu [ˈhindu] Mhindu; Baniani

Hinduism [ˈhinduwizəm] *n* dini ya Kihindu

hindrance [ˈhindrəns] *n* kizuizi

hinge [hinj] *n* bawaba

hinge upon *v* -tegemea

hint [hint] 1. *n* dokezo 2. **to drop a hint** -dokeza kwa kufumbia 3. *v* -dokeza

hinterland [ˈhintəland] *n* bara

hip [hip] *n* nyonga

hip bone *n* mfupa wa nyonga

hippopotamus [ˌhipəˈpɔtəməs] *n* kiboko

hippy [ˈhipi] *n* hipi

hire [ˈhaiə] 1. *n* kodi 2. **for hire** kwa ajili ya kukodishwa 3. *v* -kodisha

hire-purchase *n* (UK) **on hire-purchase** bandika

his [hiz] -ake

hiss [his] *v* 1. -fanya ssss (kama nyoka) 2. -fyonza

historian [hiˈstɔːriən] *n* mwanahistoria

hsitoric [hisˈtɔrik] *adj* -enye umuhimu kihistoria

historical [hisˈtɔrikəl] *adj* -a historia

history [ˈhistri] *n* 1. historia 2. **ancient history** historia ya kale 3. **modern history** historia ya sasa 4. **natural history** elimu viumbe

hit [hit] *v* (**hit**) 1. *n* pigo 2. **hit song** nyimbo maarufu 3. *v* -piga

hit-and-run *adj* gonga mtu na kukimbia

hitch [hich] *n* kikwazo

hitchhike [ˈhich,haik] *v* -omba lifti ya gari

hitchhiker [ˈhich,haikə] *n* mwombaji wa lifti ya gari

hitchhiking [ˈhich,haiking] *n* kuomba lifti ya gari

hither [ˈhidhə] *adv* huku

hitherto [ˌhidhəˈtuː] *adv* mpaka sasa

hitman [ˈhitman] *n* mtu anayelipwa ili aue

HIV virus *n* virusi vya Ukimwi/ H.I.V.

hive [haiv] *n* mzinga

hoard [hɔːd] *v* -weka akiba

hoarding [ˈhɔːding] *n* ua wa mbao

hoarse [hɔːs] *adj* -a madende

hoax [həuks] 1. *n* mzaha 2. *v* -fanya mzaha

hobble [ˈhɔbəl] *v* 1. -chechemea 2. -fungia miguu

hobby [ˈhɔbi] *n* jambo la kupitishia muda

hockey [ˈhɔki] *n* 1. hoki 2. **ice hockey** hoki ya barafuni

hoe [həu] 1. *n* jembe 2. *v* -lima

hog [hɔg] *n* nguruwe

hoist [hɔist] *v* -inua

hoist a sail *v* -tweka tanga

hold [həuld] 1. *n* **to have a hold on** -thibiti 2. (**held**) *v*-shika 3. -zuia 4. **to hold a meeting** -fanya mkutano 5. **to hold an inquiry** -fanya uchunguzi 6. **to hold elections** -fanya uchaguzi 7. **to hold one's breath** -zuia pumzi 8. **to hold fire** -acha kupiga risasi kwa muda

hold back *v* 1. -sita 2. -fanya.. kisite

holder [ˈhəuldə] *n* 1. -enye 2. mpangaji 3. holda

holding [ˈhəulding] *n* **small holding** shamba dogo

holding company *n* kampuni mama

hold office *v* -wa na dhamana ya ofisi

hold over *v* -ahirisha

hold-up *n* 1. kuchelewesha 2. wizi

hold up v 1. -chelewesha 2. -wiba

hole [həul] n tundu

holiday [ˈhɔlədei] n 1. sikukuu 2. likizo 3. **to be on holiday** -enda likizo

holidaymaker [ˈhɔlidei,meikə] n mtu aliye likizoni

hollow [ˈhɔləu] adj -a wazi

holocaust [ˈhɔləkɔːst] n maangamizi makuu

holy [ˈhəuli] adj -takatifu

homage [ˈhɔmiy] n heshima kuu

home [həum] 1. n nyumbani 2. adj **home team** timu ya wenyeji

homegrown [ˈhəum,grəuwən] adj -liopandwa

homeland [ˈhəumland] n nchi ya asili

homeless [ˈhəumlis] n hana-pakukaa; hana-maskani

homemade adj -liotengenezwa nyumbani

Home Office n (UK) wizara ya mambo ya ndani

homesick adj **to be homesick** -a kutamania kukumbuka nyumbani

home team n timu ya wenyeji

hometown [ˈhəumtaun] n **My hometown is Hemel Hempstead.** Mjini kwetu Hemel Hempstead.

home trade n biashara ya asili

homework [ˈhəumwəːk] n kazi ya nyumbani

homicide [ˈhɔmisaid] n muuaji wa binadamu

homosexual [,homəˈsekshuəl] 1. adj -a kibasha 2. n basha

homosexuality [,homəsekshuˈaləti] n ubasha

honest [ˈɔnist] adj -aminifu

honestly [ˈɔnistli] adv kwa uaminifu

honesty [ˈɔnəsti] n uaminifu

honey [ˈhʌni] n asali (ya nyuka)

honeymoon [ˈhʌnimuːn] n fungate

honk [hɔngk] v -liza honi

honour [ˈɔnə] 1. n heshima 2. **in honour of the mayor** ahadi ya meya 3. v -heshimu 4. **to honour a debt** -lipa deni

honourable [ˈɔnərəbəl] adj 1. -a heshima 2. Mheshimiwa

hooch [huːch] n pombe kali

hood [hud] n 1. kifuniko 2. see **bonnet**

hoodlum [ˈhuːdləm] n jambazi

hoodwink [ˈhudwink] v -hadaa

hoof [huːf] n kwato

hook [huk] 1. n kiopoo 2. **fish hook** chango 3 v -koeka

hooked [hukt] adj 1. **to be hooked on music** -penda muziki sana 2. **to be hooked on drugs** -tumia madawa ya kulevya

hooker [ˈhukə] n (sl.) malaya

hookworm [ˈhukwəːm] n tegu

hooligan [ˈhuːligən] n mhuni

hoop [huːp] n pete

hooray! riboribo!

hoot [huːt] v -piga honi

hoover [ˈhuːvə] n kivuta vumbi

hop [hɔp] v -chupa

hope [həup] 1. n matumaini 2. v -tumaini

hope for v -tumai kwa

hopeful [ˈhəupfəl] adj -enye matuamini

hopeless [ˈhəuplis] adj -sio na matumaini

horde [hɔːd] n kundi la watu

horizon [həˈraizn] n upeo wa macho

horizontal [,horiˈzɔntl] adj -a mlalo

hormone [ˈhɔːməun] n homoni

horn [hɔːn] n 1. pembe 2. (mus.) baragumu 3. **car horn** honi

hornet [ˈhɔːnit] n nyigu

horoscope [ˈhɔrəskəup] n utabiri wa nyota

horrendous [hɔˈrendəs] adj -a kuogofya

horrible [ˈhɔrəbəl] adj 1. -a kuogofya 2. -baya

horrid [ˈhɔrid] adj -a kuchukiza

horrific [hɔˈrifik] adj -a kutisha

horrify [ˈhɔrifai] v -ogofya

horror [ˈhɔrə] *n* kitisho

horror film *n* filamu ya kutisha

horror-struck *adj* -a kutishwa

hors d'oeuvres [ɔːˈdəːvz] *pl* vitafunio

horse [hɔːs] *n* farasi

horseback [ˈhɔːsbak] *adj/adv* **on horseback** mgongoni mwa farasi

horsebox [ˈhɔːsbɔks] *n* gari la kubebea farasi

horse flesh *n* nyama ya farasi

horsefly [ˈhɔːsflai] *n* nszi mkubwa

horse hair *n* manyoya ya farasi

horseman [ˈhɔːsman] *n* mpanda farasi

horsemanship [ˈhɔːsman-ship] *n* ubingwa wa kupanda farasi

horse meat *n* nyama ya farasi

horsepower [ˈhɔːspauə] *n* nguvu farasi

horse racing *n* mashindano ya mbio za farasi

horse shoe *n* njumu za farasi

horsewhip [ˈhɔːswip] *n* mjeledi wa farasi

horsewoman [ˈhɔːswumən] *n* mpanda farasi

horsey [ˈhɔːsi] *adj* -a kupenda farasi

horticultural [hɔːtiˌkʌlchərəl] *adj* -a bustani

horticulture [ˈhɔːtiˌkʌlchə] *n* kilimo cha bustani

horticulturalist [hɔːtiˌkʌlchərəlist] *n* mkulima wa bustani

hose [həuz] *n* mpira wa maji

hosepipe [ˈhəuzpaip] *n* bomba la mpira

hospice [ˈhɔspis] *n* hospitali ya wagonjwa mahututi

hospitable [hɔsˈpitəbəl] *adj* -karimu

hospital [ˈhɔspitl] *n* hospitali

hospitality [ˌhɔspiˈtaləti] *n* ukarimu

hospitalize [ˈhɔspiˌtəlaiz] *v* -laza mgonjwa hospitalini

host [həust] *n* mwenyeji

hostage [ˈhɔstij] *n* **1.** kole **2. to take as hostage** -teka nyara

hostel [ˈhɔstl] *n* **1.** hosteli **2. youth hostel** hosteli ya vijana

hostile [ˈhɔstail] *adj* -a adui

hostility [hɔsˈtiləti] *n* uadui

hot [hɔt] *adj* **1.** -enye joto/moto **2.** -kali

hotheaded [ˈhɔt-ˈhedid] *adj* -kaidi

hotel [həuˈtel] *n* hoteli

hotel [həuˈteliyə] *n* mtunza hoteli

hot water *n* maji moto

hot-water bottle *n* mpira wa majimoto

hound [haund] *n* mbwa

hour [ˈawə] *n* **1.** saa **2. working hours** wakati wa kazi **3. after hours** baada ya saa za kazi

hourly [ˈawəli] **1.** *adj* -a kila saa **2.** *adv* saa yoyote

house [haus] *n* nyumba

house [hauz] *v* -pa nyumba

house arrest *n* **to be under house arrest** -wekwa katika kizuizi cha nyumbani

houseboat *n* mastakimu

housebreaker [ˈhausbreikə] *n* jambazi

household [ˈhaushəuld] *n* kaya

householder [ˈhaushəuldə] *n* mwenyeji

House of Commons *n (UK)* Jumba la Wakilishi la Uingereza

House of Representatives *n (US)* Baraza la Uwakilishi

housewife [ˈhauswaif] *n* bibi mwenye nyumbani

housing [ˈhauzing] *n* nyumba

housing association *n* shirika la kujenga na kugawa nyumba

housing estate *n* eneo la nyumba

hover [ˈhɔvə] *v* -zungukazunguka

hovercraft [ˈhɔvəkraːft] *n* hovakrafti

how [hau] **1.** gani? **2.** vipi **3. no matter how** kwa hali yoyote

however [hauˈevə] **1.** *adv* kwa hali yoyote **2.** *conj* hata hivyo

howl [haul] *v* -lia

how long? kwa muda gani?
how many? -ngapi?
how much? kiasi gani?
how old? 1. umri gani? 2. How old are you? Una miaka mingapi?
h.p. *see* horse power
hub [hʌb] *n* 1. hebu 2. kitovu cha shughuli
hubbub ['hʌbʌb] *n* makelele
hubcap ['hʌbkap] *n* hebu
huddle ['hʌdl] *v* -songa
hue [hyəu] *n* rangi
hue and cry *n* makelele
hug [hʌg] *v* -kumbatia
huge [hyu:j] *adj* -kunwa mno
hulk [hʌlk] *n* 1. jitu la ovyo 2. *(mar.)* chombo cha zamani
hull [hʌl] *n* ganda
hum [hʌm] 1. *n* pia 2. *v* -vuma 3. *(mus.)* -imba
human ['hyu:mən] 1. *adj* -a binadamu 2. *n* binadamu
human being *n* binadamu
humane [hyu'mein] *adj* -ema
human error *n* makosa ya kibinaadamu
humanitarian [,hyu:'mani'teəriən] *adj* -a fadhila
humanitarian aid *n* misaada ya kibinaadamu
humanity [hyu:'manəti] *n* 1. wanadamu 2. huruma
humankind ['hyu:mənkaind] *n* wanadamu
human nature *n* maumbile ya binaadamu
human resources *n* utumshi
human rights *pl* haki za binaadamu
humble ['hʌmbəl] *adj* 1. -nyenyekevu 2. duni
humdrum ['hʌmdrʌm] *adj* -a kuchusha
humid ['hyu:mid] *adj* -enye unyevunyevu
humidify [hyu:'miditi] *v* -fanya nyevu
humidity [hyu:'midəti] *n* unyevu

humiliate [hyu:'milieit] *v* -aibisha
humiliation [hyu:,mili'eishən] *n* aibu
humility [hyu:'miləti] *n* unyenyekevu
humorist ['hyu:mərist] *n* mchekeshaji
humorous ['hyu:mərəs] *adj* -a kuchekesha
humour ['hyu:mə] *n* ucheshi
hump [hʌmp] *n* nundu
hunch [hʌnch] *n* to have a hunch -hisi kwamba
hundred ['hʌndrəd] *n/adj* mia
hundredth ['hʌdrədth] *adj* -a mia
hundredweight ['hʌndrədweit] *n* ratili mia na kumi na mbili
hung [hʌng] *see* hang
hunger ['hʌngə] *n* njaa
hunger strike *n* to go on hunger strike -goma kula
hungry ['hʌngri] *adj* -enye njaa
hunt [hʌnt] 1. *n* kuwinda 2. msako 3. *v* -winda 4. -saka
hunt down *v* -saka
hunt for *v* -tafuta
hunter ['hʌntə] *n* mwindaji
hunting ['hʌnting] *n* kuwinda
hurdles ['hə:dlz] *n (spor.)* mbio za kuruka viunzi
hurl [hə:l] *v* -tupa
hurrah!, hurray! [hu'ra:; hu'rei] riboribo!
hurricane ['hʌrikən] *n* tufani
hurry ['hʌri] 1. *n* haraka 2. to be in a hurry -wa na haraka 3. *v* -fanya haraka 4. to hurry up -harakisha
hurt [hə:t] 1. *n* maumivu 2. *v* -umiza
hurtle ['hə:təl] *v* -vurumishwa
husband ['hʌzbənd] *n* mume
husbandry ['hʌzbəndri] *n* 1. ukulima 2. animal husbandry ufugaji
hush [hʌsk] *n* ukimya
husk [hʌsk] *n* ganda
hustings ['hʌstingz] *pl* kampeni ya uchaguzi
hustle ['hʌsəl] *v* -laghai
hustler ['hʌslə] *n* laghai
hut [hʌt] *n* kibanda

hutch [hʌtʃ] *n* tundu

hybrid ['haibrid] 1. *adj* mahuluti 2. *n* mvyauso

hybridize ['haibridaiz] *v* -vyausa

hydrate ['haidreit] *v* -chumvi maji

hydraulic [hai'drɔlik] *adj* haidroli

hydraulics [hai'drɔliks] *pl* haidroliki

hydrocarbon [,haidrəu'ka:bən] *n* haidrokaboni

hydroelectric [,haidrəui'lektrik] *adj* -a umeme wa nguvu za maji

hydroelectric power *n* nguvu za umeme wa maji

hydroelectric dam *n* bwawa linalotoa umeme wa maji

hydrofoil ['haidrəufɔil] *n* boti mpao

hydrogen ['haidrəjən] *n* haidrojeni

hydrology [hai'drɔlji] *n* haidrolojia

hydrometer [hai'drɔmitə] *n* haidromita

hydrophobia [,haidrəu'fəubiyə] *n* kalabi; woga wa maji

hydroplane ['haidrəu,plein] *n* boti mpao

hydroponics [,haidrəu'pɔniks] *pl* haidroponi

hyena [hai'i:nə] *n* fisi

hygiene ['haiji:n] *n* usafi; elimusiha

hygienic [hai'ji:nik] *adj* -a afya

hygienist [hai'ji:nist] *n* mtu anayeshughulika wa mambo ya afya

hymn [him] *n (rel.)* wimbo

hyphen ['haifən] *n* kistariungio

hypnosis [hip'nəusis] *n* kiinimacho

hypnotist ['hipnətist] *n* mtu apumbazaye akili

hypocrisy [hi'pɔkrəsi] *n* unafiki

hypocrite ['hipəkrit] *n* mnafiki

hypocritical [,hipə'kritikəl] *adj* -a unafiki

hypodermic [,haipə'də:mik] *adj* -a chini ya ngozi

hypodermic syringe *n* sindano yenye kuingiza kwenye ngozi

hypothesis [,hai'pothesis] *n* nadharia tete

hypothetical [,haipo'thetikəl] *adj* umnyeto

hysteria [hi'sti:riə] *n* umnyeto

hysterical [hi'sterikəl] *adj* -a umnyeto

I [ai] *pro* mimi
ice [ais] *n* barafu
iceberg ['aisbə:g] *n* siwa barafu
iceboat ['aisbəut] *n* mashua barafu
ice-bound ['aisbaund] *adj* -liokingwa na barafu
ice box *n* sanduku la barafu
ice cap *n* kilele barafu
ice cream [,ais'kri:m] *n* aiskrimu
ice cube [,ais'kyu:b] *n* kipande cha barafu
ice fall *n* poromoko barafu
ice field *n* uwanda barafu
ice floe *n* barafu tandavu
ice hockey *n* hoki ya barafuni
ice pack *n* mfuko wa barafu
ice pick *n* chombo cha kuvunjia barafu
ice rink *n* uwanja wa ndani wa barafu
ice skate 1. *n* kiatu cha kutelezea barafuni 2. *v* -telezea barafuni
ice skating *n* kutelezea barafuni
ice up *v* -funikwa
icicle ['aisikəl] *n* mchirizi wa barafu
icon ['aikɔn] *n* taswira
icy ['aisi] *adj* 1. -a kama barafu 2. baridi sana
I.D. card ['aidi· ,ka:d] *n* kitambulisho
idea [ai·diə] *n* wazo
ideal [ai·diəl] 1. *adj* -lio bora 2. *n* mfano bora
idealism [ai·diəlizəm] *n* udhanifu
idealist [ai·diəlist] *n* mdhanifu
identical [ai·dentikəl] *adj* sawa sawa
identification [ai,dentifi·keishən] 1. *n* kitambulisho 2. *see* **I.D. card**
identify [ai·dentifai] *v* -tambulisha
identikit [ai·dentikit] *n* sura ya mtu iliyochorwa
identity [ai·dentəti] *n* sura

identity card *n* kitambulisho
ideology [,aidi·ɔləji] *n* itikadi
idiot ['idiət] *n* zuzu
idiotic [idi·yɔtik] *adj* -zuzu
idle ['aidl] *adj* -sio na kazi
idol ['aidl] *n* 1. sanamu 2. kipenzi
idolize ['aidəlaiz] *v* -penda mno
i.e. (*id est* = **that is**) yaani
if [if] *conj* 1. kama 2. laiti 3. **as if** kana kwamba 4. **even if** ijapokuwa
igloo ['iglu:] *n* msonge wa barafu
igneous ['igniyəs] *adj* -lioundwa na volkano
ignite [ig·nait] *v* -tia moto
ignition [ig·nishən] *n* mwako
ignition key *n* unfunguo wa gari
ignorance ['ignərəns] *n* ujinga
ignorant ['ignərənt] *adj* 1. -jinga 2. -a kijinga
ignore [ig·nɔ:] *v* -toangalia
iguana ['igwa:nə] *n* gongola
ill [il] *adj* -gonjwa
ill-advised *adj* -sio na busara
illegal [i·li:gl] *adj* 1. haramu 2. -a kinyume cha sheria
illegally [i·li:gəli] *adv* kutoruhusiwa na sheria
illegible [i·lejəbəl] *adj* -siosomeka
illegitimate [,ili·jitimət] *adj* 1. -a haramu 2. (*pol./leg.*) -a kinyume cha sheria
ill-fated *adj* -enye mkosi
illicit [i·lisit] *adj* haramu
illicit trade *n* biashara ya haramu
illiteracy [i·litərəsi] *n* kutokujua kusoma na kuandika
illiterate [i·litərət] *adj* **to be illiterate** -tokujua kusoma na kuandika
illness ['ilnis] *n* ugonjwa
illogical [i·lɔjikəl] *adj* -sio na mantiki

ill-treat *v* -dhulumu
ill-treatment *n* ukatili
illuminate [i'lu:mineit] *v* -tia nuru
illumination [i,lu:mi'neishən] *n* nuru
illusion [i'lu:zhən] *n* njozi
illustrate ['iləstreit] *v* -chora picha
illustration [,ilə'streishən] *n* kielezo
illustrator [,ilə'streitə] *n* mchoraji picha
image ['imij] *n* picha
imaginable [i'majinibəl] *adj* -a kuweza kufikirika
imaginary [i,maji'neri] *adj* -a kufikirika
imagination [i,maji'neishən] *n* fikra
imaginative [i'majinitiv] *adj* bunifu
imagine [i'majin] *v* 1. -fikiria 2. -kisia
imam [i'ma:m] *n* imamu
imbalance [im'baləns] *n* kutolingana uzito
imbue [im'byu] *v* -jaa
I.M.F. (International Monetary Fund) *n* Shirika la Fedha la Ulimwengu
imitate ['imiteit] *v* -iga
imitation [,imi'teishən] 1. *adj* -a bandia 2. *n* uigaji 3. bandia 4. mwigo
imitator ['imiteitə] *n* mwigaji
immaculate [i'makyulət] *adj* pasipo kosa
immaterial [imə'ti:riyəl] *adj* -sio na umuhimu
immature [imə'tyuwə] *adj* -changa
immaturity [imə'tyurəti] *n* uchanga
immeasurable [i'mezhərəbəl] *adj* -siopimika
immediate [i'mi:diət] *adj* 1. -a mara moja 2. -a karibu sana
immediately [i'mi:diətli] 1. *adv* sasa hivi 2. *conj* mara tu
immense [i'mens] *adj* -kubwa sana
immensely [i'mensli] *adv* sana
immerse ['imə:s] *v* -chovya
immersion heater *n* kichemshio cha umeme

immigrant ['imigrənt] *n* 1. mhamiaji 2. **illegal immigrant** mhamiaji haramu
immigrate ['imigreit] *v* -hamia nchi nyingine
immigration [,imi'greishən] *n* uhamiaji
immigration officer *n* ofisa uhamiaji
imminent ['iminənt] *adj* -a karibu sana
immobile [i'məubail] *adj* -sioenda
immoral [i'morəl] *adj* -sio adilifu
immorality [,imɔ'raliti] *n* ufisadi
immortal [i'mɔ:tl] *adj* -a kuishi milele
immortalize [i'mɔ:təlaiz] *v* -pa sifa za daima
immovable [i'mu:vəbəl] *adj* -siohamishika
immune [i'myu:n] *adj* -enye kingamaradhi
immunity [i'myu:nəti] *n* 1. kinga 2. *(med.)* kinga maradhi 3. **diplomatic immunity** kinga ya kidiplomasia
immunize ['imyunaiz] *v* -pa kingamaradhi
immunization [,imyunai'zeishən] *n* chanjo ya kinga
immunization campaign *n* kampeni ya kuchanja kinga
immunology [,imyu'nɔlɔji] *n* elimu ya kinga maradhi
impact ['impakt] *n* 1. mgongano 2. athari
impair [im'peə] *v* -haribu
impala [im'pa:lə] *n* swalapala
impart [im'pa:t] *v* -pasha
impartial [im'pa:shl] *adj* adilifu
impartiality [im,pa:shi'aliti] *n* uadilifu
impartially [im'pa:shəli] *adv* kwa uadilifu
impassable [im'pa:səbəl] *adj* -siopitika
impasse [im'pa:s] *n* shida kubwa

impassioned [im'pashənd] *adj* -enye hamaki

impassive [im'pasiv] *adj* -tulivu

impatience [im'peishənsh] *n* bila ya subira

impatient [im'peishənt] *adj* bila ya subira

impeach [im'pi:ch] *v* -shtaki

impeccable [im'pekəbəl] *adj* bila kosa

impede [im'pi:d] *v* -zuia

impediment [im'pedimənt] *n* kizuizi

impel [im'pel] *v* -sukuma

impenetrable [im'penitrəbəl] *adj* -siopenyeka

imperative [im'perativ] *adj* muhimu

imperceptible [,impə'septiv] *adj* -sioeleweka

imperfect [im'pə:fikt] *adj* -enye dosari

imperial [im'piəriəl] *adj* -a kifalme

imperialism [im'piəriəlizəm] *n* ubeberu

imperil [im'peril] *v* -hatarisha

impersonal [im'pə:sənəl] *adj* -sioathiriwa na hisia

impersonate [im'pə:səneit] *v* -iga

impersonation [im,pə:sə'neishən] *n* kuiga

impersonator [im'pə:səneitə] *n* muigaji

impertinence [im'pə:tinəns] *n* fidhuli

impertinent [im'pə:tinənt] *adj* -fidhuli

impervious [im'pə:viyəs] *adj* -siopenyeka

impetuous [im'petyuwəs] *adj* -a haraka

impetus ['impitəs] *n* kichocheo

implant [im'pla:nt] *v* -pandikiza

implement ['implimənt] 1. *n* kifaa 2. *v* -tekeleza

implement a policy *v* -fuata taratibu

implicate ['implikeit] *v* -husisha

implication [,impli'keishən] *n* kuhusisha

implicit [im'plisit] *adj* thabiti

implore [im'plɔ:] *v* -omba sana

imply [im'plai] *v* -dokeza

impolite [,impə'lait] *adj* -sio na adabu

import [im'pɔ:t] 1. *adj* -a uingizaji 2. *n* uingizaji 3. *v* -ingiza 4. *see* imports

import duty *n* ushuru wa kuingiza bidhaa

importance [im'pɔ:tns] *n* muhimu

important [im'pɔ:tnt] *adj* -a muhimu

import-export business *n* biashara ya kuingiza na kutoa bidhaa

importing [im'pɔ:ting] *n* uingizaji

imports [im'pɔ:ts] *n* maduhuli

impose [im'pəuz] *v* 1. -amuru 2. **to impose a tax on** -toza kodi ya 3. **to impose a blockade** -weka vikwazo

imposing [im'pəuzing] *adj* -a kuvutia

impossibility [im,posə'biləti] *n* muhali

impossible [im'posəbəl] *adj* -siowezekana

imposter [im'postə] *n* ayari

impotence ['impətəns] *n* kutoweza

impotent ['impətənt] *adj* -siofaa

impoverish [im'povərish] *v* -fukarisha

impractical [im'povərish] *v* -sioweza kutenda

impregnate [im'pregneit] *v* -tia mimba

impress [im'pres] *v* -shawishi

impression [im'preshən] *n* 1. chapa 2. fikra 3. **to be under the impression** -fikiria kwamba

impressive [im'presiv] *adj* -a kuvutia

imprison [im'prizən] *v* -tia kifungoni

imprisonment [im'prizənmənt] *n* 1. kifungo 2. **life imprisonment** kifungo cha maisha

improbable [im'prɔbəbəl] *adj* si yamkini

impromptu [im'prɔmtyu] *adj* **an impromptu speech** hotuba ya papo kwa papo

improper [im'prɔpə] *adj* -sio vizuri

improve [im'pru:v] *v* -endeleza

improvement [im'pru:vmənt] *n* kuendeleza

improvise ['imprəvaiz] *v* -faragua

imprudent [im'pru:dənt] *adj* -sio busara

impudence ['impyudəns] *n* ufidhuli

impudent [im'pyudənt] *adj* -fidhuli

impugn [im'pyu:n] *v* -bisha

impulse ['impʌls] *n* msukumo

impulsive [im'pʌlsiv] *adj* -a msukumo

impure [im'pyuə] *adj* -enye najisi

impurity [im'pyuriti] *n* unajisi

in [in] *prep* **1.** katika; -ni **2. in this direction** kwa upande huu **3. in the country** ndani ya nchi **4. in Swahili** kwa Kishwahili **5. in secret** kwa siri **6. in my opinion** kwa fikra zangu **7. in the morning** wakati wa asubuhi **8. Robbie will be back in a week.** Robbie atarudi baada ya wiki. **9.** *see* **into**

inability ['inə'biləti] *n* kutoweza

inaccessible [,inak'sesəbəl] *adj* -siofikika

inaccurate [in'akyərət] *adj* si sahihi

inaction [in'akshən] *n* kimya

inactive [in'aktiv] *adj* -a kimya

inactivity [inak'tiviti] *n* kimya

inadequate [in'adikwət] *adj* -siotosha

inadmissable [inad'misibəl] *adj* -siokubalika

inadvertently *adv* kwa kughafilika

inadvisable [in'adveizəbəl] *adj* -siovyema

inalterable [in'ɔltrəbəl] *adj* -siogeuzika

inanimate [in'animət] *adj* -fu

inapplicable [,inə'plikəbəl] *adj* -siofaa

inappropriate [,inə'prəupriyət] *adj* -siofaa

inaudible [in'ɔ:dəbəl] *adj* -siosikika

inaugurate [i'nɔ:gyureit] *v* -zindua

inauguration [i,nɔ:gyu'reishən] *n* kuzindua

incalculable [in'kalkyuləbəl] *adj* haihisabiki

incapable [in'keipəbəl] *adj* -sioweza

incapacitate [,inkə'pasiteit] *v* -towezesha

incapacity [,inkə'pasiti] *n* kutoweza

incarcerate [in'ka:səreit] *v* -funga jela

incendiary [in'sendiəri] *adj* -a kuchoma

incendiary bomb *n* bomu ya kusababisha moto

incense ['insens] *n* ubani

incense [in'sens] *v* -kasirisha

incentive [in'sentiv] *n* kichocheo

inception [in'sepshən] *n* mwanzo

incessant [in'sesnt] *adj* -a kufululiza

incessantly [in'sesntli] *adv* kwa kufululiza

incest ['insest] *n* kujamiiana kwa maharimu

inch [inch] *n* inchi

incidence ['insidəns] *n* jinsi

incident ['insidənt] *n* **1.** tukio **2. border incident** tukio mpakani

incidentally *adv* kwa bahati mbaya

incinerate [in'sinəreit] *v* -choma

incinerator [in'sinəreitə] *n* tanuri la kuchomea

incision [in'sizhən] *n* mkato

incisive [in'saisiv] *adj* -kali

incite [in'sait] *v* -chochea

inclement [in'klemənt] *adj* -kali

inclination [,ingkli'neishən] *n* **1.** mwinamo **2.** mwelekeo

incline [in'klain] **1.** *n* mwanimo **2.** *v* -inama **3. to incline towards** -elekea **4.** *see* **inclined**

inclined [in'klaind] *adj* **to feel inclined** -elekea

include [in'klu:d] *v* -wa pamoja na; -wa na ndani

including [in'klu:ding] *prep* pamoja na

inclusion [in'klu:zhən] *n* hali ya kushirikishwa

inclusive [in'klu:siv] *adj* -ote pamoja

incognito [ing'kɔgni:təu] *adv* bila kutambulika

incoherent [,ingkəu'hiərənt] *adj* -a kuropokwa

income ['ingkʌm] *n* 1. mapato 2. **national income** pato la taifa

income tax *n* kodi ya mapato

incoming [ing'kʌming] *adj* -nayoingia

incoming tide *n* maji kujaa

incommunicado [ingkə,myuni'ka:dəu] *adj* - liowasiliana

incomparable [ing'kɔmprəbəl] *adj* -siofanana (**with** na)

incompatible [,ingkəm'patəbəl] *adj* kinyume

incompetence [ing'kɔmpitəns] *n* kutoweza

incompetent [ing'kɔmpitənt] *adj* -siojimudu

incomplete [,ingkəm'pli:t] *adj* -siokamili

incomprehensible [ing,kɔmpri'hensəbəl] *adj* -sioeleweka

inconceivable [,ingkən'si:vəbəl] *adj* -siofahamika

inconclusive [,ingkən'klu:siv] *adj* -enye shaka

inconsiderable [,ingkən'sidəret] *adj* -dogo

inconsiderate [,ingkən'sidərət] *adj* -siojali hizia

inconsistent [,ingkən'sistənt] *adj* -siopatana

inconspicuous [,ingkən'spikyuwəs] *adj* -siojitokeza

inconstant [ing'kɔnstənt] *adj* -enye kubadilika

incontestable [,ingkən'testibəl] *adj* -siopingika

incontinence [ing'kɔntinəns] *adj* kikojozi

incontinent [ing'kɔntinənt] *adj* -sioweza kukojoa

incontrovertible [ing,kɔntrə'və:tibəl] *adj* -siokanika

inconvenience [,ingkən'vi:niəns] *n* usumbufu

inconvenient [,ingkən'vi:niənt] *adj* -sumbufu

incorporate [ing'kɔ:pəreit] *v* -unganisha

incorporation [ing,kɔ:pə'reishən] *n* kuchanganya

incorrect [,ingkə'rekt] *adj* -kosefu

incorrigible [ing'kɔrijibəl] *adj* -siorudika

incorruptible [,ingkə'rʌptibəl] *adj* -siohongeka

increase ['ingkri:s] *n* nyongeza

increase [ing'kri:s] *v* -ongeza

incredible [ing'kredibəl] *adj* -sioaminika

increment ['ingkrimənt] *n* nyongeza

incriminate [ing'krimineit] *v* -tia hatarini

incrustation [,ingkrʌs'teishən] *n* utando

incubate ['ingkyubeit] *v* -atamia

incubation period *n* muda wa kupevuka

incumbent [ing'kʌmbənt] *adj* -wa wajibu

incur [ing'kə:] *v* -ingia

incurable [ing'kyuərəbəl] *adj* -sioponyeka

incursion [ing'kə:shən] *n (mil.)* vamio la ghafla

indebted [in'detid] *adj* -enye kuwiwa

indecency [in'di:snsi] *n* aibu

indecent [in'di:snt] *adj* -a aibu

indecipherable [,indi'saifrəbəl] *adj* -siosomeka

indecision [,indi'sizhən] *n* kusita

indecisive [,indi'sisiv] *adj* -a kusita

indeed [in·di:d] *adv* 1. kweli 2. sana
indefatigable [,ində·fatigibəl] *adj*
-siochoka
indefensible [,indi·fensibəl] *adj*
-siolindika
indefinable [,indi·fainəbəl] *adj*
-sioelezeka
indefinite [in·definət] *adj* **for an
indefinite period** kwa muda wote
indefinitely [in·definətli] *adv* kwa
muda wote
indelible [in·delibəl] *adj* -siofutika
indelicate [in·delikət] *adj* si -a
adabu
indemnify [in·demnifai] *v* -fidia
indemnity [in·demniti] *n* fidia bima
indent [in·dent] *n* pengo
independence [,indi·pendəns] *n*
uhuru
independent [,indi·pendənt] *adj*
huru
indescribable [,indi·skraibəbəl] *adj*
-sioelezeka
indestructible [,indi·strʌktəbəl] *adj*
-sioweza kuharibika
indeterminate [,indi·tə:minət] *adj*
-sio wazi
index [·indeks] *n* faharasa
index finger *n* kidole cha shahada
India [·indiyə] *n* Uhundi
Indian [·indiyən] 1. *adj* -a Kihindi 2.
n Mhindi
Indian Ocean *n* Bahari ya Hindi
indicate [·indikeit] *v* -onyesha
indication [·indi,keishən] *n* alama
indicator [·indi,keitə] *n* indiketa
indict [in·dait] *v* -shitaki rasmi
indictment [in·daitmənt] *n* shtaka
rasmi
indifference [in·difrəns] *n* kutojali
indifferent [in·difrənt] *adj* -siojali
indigenous [in·dijinəs] *adj* -a asili
indigenous tribe *n* kabila la asili
indigestion [,indi·jeschən] *n*
kuvimbiwa
indignant [in·dignənt] *adj* -enye
uchungu

indignation [,indig·neishən] *n*
uchungu
indignity [in·digniti] *n* ufidhuli
indigo [·indigəu] *n* nili
indirect [indai·rekt] *adj* 1.
-sionyooka 2. **indirect tax** kodi
isiyo dhahiri
indiscernible [,indi·sə:nəbəl] *adj*
-siofahamika
indiscipline [in·disiplin] *n* ukosefu
wa nidhamu
indiscreet [,indi·skri:t] *adj* -sio na
hadhari
indiscretion [,indis·kreshən] *n*
ujinga
indiscriminate [,indi·skriminət] *adj*
-sio chagua kwa busara
indispensable [,indi·spensəbəl] *adj*
-a lazima
indisposed [,indi·pəuzd] *adj* -a
kutopenda
indisputable [,indis·pyu:təbəl] *adj*
-siokanika
indistinct [,indis·tinkt] *adj* si wazi
indistinguishable [,indis·tingwishəbəl]
adj -siotafautishika
individual [,indi·vijuəl] 1. *adj* -a
binafsi 2. -a mmoja mmoja 2. *n*
mtu (binafsi)
individualist [,indi·vijuəlist] *adj*
mbinafsi
individuality [indi,vidyu·aliti] *n* nafsi
indivisible [,indi·vizibəl] *adj*
-siogawanyika
indoctrinate [in·dɔktrineit] *v* -funda
indomitable [in·dɔmitəbəl] *n*
-sioshindika
indoor [·indɔ:] *adj* -a ndani
indoors [·indɔ:z] *adv* ndani ya
nyumba
indubitable [in·dyubitəbəl] *adj*
pasipo shaka
induce [in·ju:s] *v* -vuta
induce labour *v* -anzisha uchungu
induction [in·dʌkshən] *n* kuingiza
indulge [in·dʌlj] *v* 1. -endekeza 2. **to
indulge oneself** -jiingiza

indulgence [inˈdʌljəns] *n* kujiachia
industrial [inˈdʌstriəl] *adj* -a kiwanda
industrial action *n* mgomo
industrial dispute *n* mgogoro wa kiwanda
industrial estate *n* eneo la viwanda
industrialism [inˈdʌstrilizəm] *n* utasinia
industrialist [inˈdʌstrilist] *n* **1.** mwenye kiwanda **2.** shabiki wa viwanda
industrialization [inˌdʌstriəlaiˈzeishən] *n* ujenzi wa viwanda
industrialize [inˈdʌstriəlaiz] *v* -jenga kiwanda
industrialized [inˈdʌstriəlaizd] *adj* -a kufanya viwanda ndio utiwa mgongo
industrial quarter *n* mtaa makazi
industrial relations *pl* uhusiano wa wafanyakazi kiwandani
industrial revolution *n* mapinduzi ya viwanda
industrial tribunal *n* mahakama ya uajiri
industrial waste *n* takataka za viwanda
industrious [inˈdʌstriəs] *adj* -a bidii
industry [ˈindəstri] *n* **1.** bidii ya kazi **2.** viwanda **3. light industry** viwanda vidogovidogo **4. heavy industry** viwanda mama **5. film industry** biashara ya sinema **6. tourist industry** biashara ya utalii
inebriated [iˈniːbriyeitid] *adj* -levi
inedible [inˈedibəl] *adj* -siolika
ineffable [inˈefəbəl] *adj* -sioelezeka
ineffective [ˌiniˈfektiv] *adj* -siofaa
ineffectual [ˌiniˈfekshuwəl] *adj* -siojiamini
inefficiency [ˌiniˈfishənsi] *n* uzembe
inefficient [ˌiniˈfishənt] *adj* -zembe
ineligible [ˌinˈelijibəl] *adj* -siostahiki
inept [inˈept] *adj* -siostadi

inequality [ˌiniˈkwɔləti] *n* kutokuwa sawa
inequitable [inˈekwitəbəl] *adj* upendeleo
ineradicable [ˌiniˈradikəbəl] *adj* -sioondoleka
inert [iˈnəːt] *adj* -kama kifu
inescapable [ˌinesˈkeipəbəl] *adj* -sioweza kuepukwa
inestimable [iˈnestiməbəl] *adj* -siokadirika
inevitable [inˈevitəbəl] *adj* -sioepukika
inexact [ˌinigˈzakt] *adj* -sio sahihi
inexcusable [ˌinigˈskyuːzəbəl] *adj* -siosameheka
inexhaustible [ˌinigˈzɔːstəbəl] *adj* -sioisha
inexorable [iˈnegzərəbəl] *adj* -sio na huruma
inexpedient [ˌinigzˈpiːdiyənt] *adj* -siofaa
inexpensive [ˌinikˈspensiv] *adj* -sio ghali
inexperience [ˌinikˈspiəriəns] *n* ukosefu wa uzoefu
inexperienced [ˌinikˈspiəriənst] *adj* -sio na uzoefu
inexplicable [ˌinikˈsplikəbəl] *adj* -sioelezeka
inexpressible [ˌinikˈspresibəl] *adj* -sioelezeka
inextinguishable [ˌinikˈstingwishəbəl] *adj* -siozimika
inextricable [ˌinikˈstrikəbəl] *adj* -siochangulika
in fact [in-ˈfakt] kwa kweli
infallible [inˈfaləbəl] *adj* -enye hakika
infamous [ˈinfəməs] *adj* -enye sifa mbaya
infancy [ˈinfənsi] *n* uchanga
infant [ˈinfənt] *n* mtoto (mchanga)
infant mortality *n* vifo vya watoto wachanga
infantry [ˈinfəntri] *n* askari wa miguu

infantryman [ˈinfəntri,man] *n* askari
infatuate [inˈfatyuweit] *v* -tia ashiki
infatuation [in,fachuˈeishən] *n* hali ya kutia ashiki
infect [inˈfekt] *v* -ambukiza
infected [inˈfektid] *adj* to be infected -ambukizwa
infection [inˈfekshən] *n* 1. maambukizo 2. ugonjwa wa kuambukiza
infectious [inˈfekshəs] *adj* 1. *(med.)* -a kuambukiza 2. -enye kushawishi
infectious disease *n* ugonjwa wa kuambukiza
infer [inˈfə:] *v* -hitimisha
inferior [inˈfiəriə] *adj* dhalili
inferiority [in,fiəriˈɔrəti] *n* udhalili
inferno [inˈfə:nəu] *n* motoni
infertile [inˈfə:tail] *adj* 1. gumba 2. kame
infest [inˈfest] *v* -jaa tele
infibulation [in,fibyuˈleishən] *n* mfyato
infighting [ˈinfaiting] *n* mashindano makali
infiltrate [ˈinfiltreit] *v* -penyeza
infinite [ˈinfinət] *adj* -sio na kikomo
infinity [inˈfinəti] *n* pasipo kikomo
infirm [inˈfə:m] *adj* dhaifu
infirmary [inˈfə:məri] *n* hospitali
infirmity [inˈfə:məti] *n* udhaifu
inflame [inˈfleim] *v* 1. *(med.)* -waka 2. -hamasisha
inflamed [inˈfleimd] *adj (med.)* to be inflamed -vimba
inflammable [ˈinflaməbəl] *adj* -a kuwaka
inflammation [,infləˈmeishən] *n (med.)* uvimbeuchungu
inflammatory [inˈflamətri] *adj* 1. *(med.)* -enye uvimbe 2. -a kuhamakisha
inflate [inˈfleit] *v* -shinikiza
inflation [inˈfleishən] *n (ec.)* mfumko
inflexible [inˈfleksəbəl] *adj* -gumu
inflict [inˈflikt] *v* -tesa

inflow [ˈinfləu] *n* kutiririkia (ndani)
influence [ˈinfluəns] 1. *n* uwezo 2. *v* -athiri
influential [,influˈenshl] *adj* -enye uwezo
influenza [,influˈenzə] *n* mafua
influx [ˈinflʌks] *n* kumiminikia (ndani)
inform [inˈfɔ:m] *v* -fahamisha
inform against *v* -shtaki
informal [inˈfɔ:ml] *adj* -sio rasmi
information [,infəˈmeishən] *n* 1. habari 2. taarifa
information office *n* ofisi ya habari
informer [inˈfɔ:mə] *n* mbega
infrastructure [ˈinfrə,strʌkchə] *n* muundo msingi
infrequent [inˈfri:kwənt] *adj* -a mara chache
infrequently [inˈfri:kwəntli] *adv* kwa mara chache
infringe on [inˈfrinj] *v* -ingilia
infringement [inˈfrinjmənt] *n* kuingilia
infuriate [inˈfyu:rieit] *v* -ghadhibisha
infusion [inˈfyu:zhən] *n* blood infusion uchanganyaji wa damu
ingenious [inˈj:niəs] *adj* -erevu
ingoing [ˈingəuwing] *adj* -nayoingia
ingot [ˈingət] *n* kipande
ingratitude [inˈgratityu:d] *n* kutoshukuru
ingredient [inˈgri:diənt] *n* kiambato
ingrowing [inˈgrəuwing] *adj* -a kukua ndani
inhabit [inˈhabit] *v* -sakini
inhabitant [inˈhabitənt] *n* mkazi
inhabited [inˈhabitid] *adj* to be inhabited -kalika
inhale [inˈheil] *v* -vuta hewa
inhaler [inˈheilə] *n* kivutia hewa
inherent [inˈherənt] *adj* -a asili
inherit [inˈherit] *v* -rithi
inheritance [inˈheritəns] *n* urithi
inhibit [inˈhibit] *v* -zuia
inhibition [,inhiˈbishən] *n* kujizuia

ITEM CHARGED

LIB#: *1000195329*
GRP: STUDENT

Due: 11/22/2011 08:00 PM

Title: Swahili-English, English-Swahili
dictionary / by Nicholas Awde.
Auth: Awde, Nicholas.
Call #: 496.392 AWDE-N 2000
Enum
Chron
Copy: 2
Item *0039831O*

inhospitable [ˌinhɔˈspitəbəl] *adj* -siokalika

inhuman [inˈhyuːmən] *adj* -a kinyama

inhumane [inhyuːˈmein] *adj* -kali sana

inhumanity [ˌinhyuːˈmaniti] *n* ukatili

inimitable [iˈnimitəbəl] *adj* -sio na kifani

iniquitous [iˈnikwitəs] *adj* dhalimu

initial [iˈnishl] 1. *adj* -a kwanza 2. *v* -tia herufi

initiate [iˈnishieit] *v* 1. -anzisha 2. -fundisha

initiation [iˌnishiˈeishən] *n* kufunzwa

initiative [iˈnishətiv] *n* ari

inject [inˈjekt] *v* -piga sindano

injection [inˈjekshən] *n* sindano

injunction [inˈjʌnkshən] *n* amri ya kukataza

injure [ˈinjə] *v* -jeruhi

injured [ˈinjəd] 1. *adj* -liojeruhiwa 2. *pl* majeruhi

injury [ˈinjəri] *n* jeraha

injustice [inˈjʌstis] *n* udhalimu

ink [ingk] *n* wino

inkling [ˈingkling] *n* fununu

inland [ˈinlənd] *adj* -a bara

Inland Revenue *n* Idara ya Kodi

in-law [ˈinlɔː] *n* mkwe

inlay [ˈinlei] *n* njumu

inlet [ˈinlət] *n* hori

inmate [ˈinmeit] *n* mkazi

in memoriam ukumbusho

inmost [ˈinməust] *adj* -a siri sana

inn [in] *n* hoteli

innate [iˈneit] *adj* -a hulka

inner [ˈinə] *adj* -a ndani

inner city *n* geto

innermost [ˈinəməust] *adj* -chokomeani

inner tube *n* tyub ya ndani

inning [ˈining] *n* kipindi

innocence [ˈinəsəns] *n* hali ya kutokuwa na kosa

innocent [ˈinəsnt] *adj* bila ya kosa

innovation [ˌinəˈveishən] *n* uvumbuzi

innuendo [ˌinyuˈendəu] *n* kijembe

innumerable [iˈnyuːmərəbəl] *adj* -siohesabika

inoculate [iˈnɔkyuleit] *v* -chanja

inoculation [iˌnɔkyuˈleishən] *n* chanjo

inoffensive [ˌinəˈfensiv] *adj* -siodhuru

inoperable [iˈnɔpərəbəl] *adj* -sioweza kufanyiwa operesheni

inoperative [iˈnɔprətiv] *adj* -siofanya kazi

inopportune [iˌnɔpəˈtyuːn] *adj* si -a wakati wake

inordinate [iˈnɔːdinət] *adj* -sio na mpaka

inorganic [ˌinɔˈganik] *adj* -sio na uhai

in-patient [ˈinˌpeishənt] *adj* mgonjwa aliyelazwa hospitali

input [ˈinput] 1. *n* pembejeo 2. *v* (**input, inputted**) -tia

inquest [ˈingkwest] *n* uchunguzi rasmi

inquire [inˈkwaiə] *v* -uliza

inquire about *v* -ulizia

inquire into *v* -chunguza

inquirer [inˈkwairə] *n* mdadisi

inquiring [inˈkwairing] *adj* -dadisi

inquiry [inˈkwaiəri] *n* 1. maulizo 2. uchunguzi

inquisitive [inˈkwizətiv] *adj* -dadisi

inroad [ˈinrəud] *n* **to make inroads in** -ingilia

insane [inˈsein] *adj* -enye wazimu

insanity [inˈsanəti] *n* wazimu

insanitary [inˈsanitri] *adj* -enye kudhuru afya

insatiable [inˈseishəbəl] *adj* -sitosheka

inscription [inˈskripshən] *n* mwandiko

insect [ˈinsekt] *n* mdudu

insecticide [inˈsektisaid] *n* kiuwa wadudu

insecure [ˌinsiˈkyuə] *adj* 1. -enye shaka 2. -a hatari

insecurity [ˌinsiˈkyuəriti] *n* 1. shaka 2. hatari

insemination

insemination [in,semi'neiʃən] *n* 1. uhimilishaji; uhamilishaji 2. **artificial insemination** uhimilishaji bandia; uhimilishaji mnemba

insensitive [in'sensitiv] *adj* -siohisi

insensitivity [in,sensi'tiviti] *n* hali ya kuzumia

inseparable [in'seprəbəl] *adj* -siotengeka

insert ['insə:t] 1. *n* kitu kilichoingizwa 2. *v* -ingiza

insertion [in'sə:ʃən] *n* 1. kuingiza 2. kitu kilichoingizwa

inshore [in'ʃɔ:] *adj* -a ufukoni

inside [in'said] 1. *adj/n* -a ndani 2. *n* ndani 3. *prep/adv* ndani

inside of *prep* katika

inside-out *adj/adv* nje ndani

insider [in'saidə] *n* mjuzi wa mambo

insidious [in'sidiyəs] *adj* -enye kudhuru kwa siri

insight ['insait] *n* umaizi

insignia [in'signiə] *n* alama za cheo

insignificance [,insig'nifikəns] *n* unyonge

insignificant [,insig'nifikənt] *adj* -sio na maana

insincere [,insin'siə] *adj* -nafiki

insincerity [,insin'seriti] *n* unafiki

insinuate [in'sinyueit] *v* -pigia kijembe

insinuation [in,sinyu'eiʃən] *n* kijembe

insist [in'sist] *v* -chapwa

insistent [in'sistənt] *adj* -sisitiza

in situ *adv* mahali pake pa asili

in-sole ['insəul] *n* soli ya ndani

insolence ['insələns] *n* dharau

insolent ['insələnt] *adj* -enye dharau

insoluble [in'sɔlyubəl] *adj* 1. -siotatulika 2. *(med.)* -sioyeyuka

insolvent [in'sɔlvənt] *adj* muflisi

insomnia [in'sɔmniə] *n* kukosa usingizi

insomniac [in'sɔmniak] *n* mtu asoweza kupata usingizi

insomuch as *conj* kwa kiasi kwamba

inspan [in'span] *v* -fungia gari

inspect [in'spekt] *v* -kagua

inspection [in'spekʃən] *n* kukagua

inspector [in'spektə] *n* 1. mkaguzi 2. **police inspector** mrakibu

inspectorate [in'spektərət] *n* ukaguzi

inspector-general *n* mrakibu jemedari

inspiration [,inspə'reiʃən] *n* msukumo

inspire [in'spaiə] *v* -tia msukomo

instability [,instə'biliti] *n* kutotengemaa

install, instal [in'stɔ:l] *v* 1. -simika 2. -weka

installation [,instə'leiʃən] *n* 1. msimiko 2. uwekaji

instalment; installment [in'stɔ:lmənt] *n* 1. sehemu 2. **to pay in intalments** -lipa kidogo kidogo

instance ['instəns] *n* 1. ombi 2. **for instance** kwa mfano 3. **in the first instance** kwanza

instant ['instənt] 1. *adj* -a mara moja 2. *n* **in an instant** sasa hivi

instantaneous [,instən'teiniəs] *adj* -a mara moja

instantly ['instəntli] *adv* mara moja

instead [in'sted] *adv* badala ya

instead of *prep/conj* badala ya

instep ['instep] *n* kiganja cha mguu

instigate ['instigeit] *v* -chochea

instigation [,insti'geiʃən] *n* uchochezi

instigator ['insti,geitə] *n* mchochezi

instinct ['instiŋkt] *n* silika

instinctive [in'stiŋktiv] *adj* -a silika

institute ['instityu:t] 1. *n* taasisi; chuo 2. *v* -anzisha

institution ['instityu:ʃən] *n* 1. taasisi 2. kuanzisha 3. **mental institution** mahali pa wagonjwa wa akili

institutional [ˌinstiˈtyuːʃənəl] *adj* -a jengo la ustawi wa jamii

instruct [inˈstrʌkt] *v* 1. -funza 2. -amuru

instruction [inˈstrʌkʃən] *n* 1. mafundisho 2. *see* **instructions**

instructions [inˈstrʌkʃənz] *pl* maagizo

instruction book *n* daftari la maagizo

instructive [inˈstrʌktiv] *adj* -a kuelimisha

instructor [inˈstrʌktə] *n* mwalimu

instrument [ˈinstrumənt] *n* 1. chombo 2. *(mus.)* ala

instrumental [ˌinstrəˈmentəl] *adj* -a kusaidia

insubordinate [ˌinsəˈbɔːdinət] *adj* -kaidi

insubordination [ˌinsəˌbɔːdiˈneiʃən] *n* ukaidi

insubstantial [ˌinsəbˈstaːnʃəl] *adj* 1. -sio halisi 2. -sio na maana

insufferable [inˈsʌfrəbəl] *adj* -siovumilika

insufficient [ˈinsəˈfiʃənt] *adj* -haba

insular [ˈinsyulə] *adj* 1. -a kisiwa 2. -a peke yako

insulate [ˈinsyuleit] *v* -hami

insulation [ˌinsyuˈleiʃən] *n* kutengwa

insulator [ˈinsyuleitə] *n* kihami

insulin [ˈinsyulin] *n* insulini

insult [ˈinsʌlt] *n* tusi

insult [inˈsʌlt] *v* -tukana

insuperable [inˈsyuprəbəl] *adj* -sioshindika

insupportable [ˌinsəˈpɔːtəbəl] *adj* -siovumilika

insurance [inˈʃɔːrəns] *n* bima

insurance agent *n* wakala wa bima

insurance policy *n* hati ya bima

insurant [inˈʃyuːrənt] *n* mlipaji wa bima

insure [inˈʃɔː] *v* -kata bima

insured [inˈʃyuːd] *adj* -enye hati ya bima

insurer [inˈʃyuːrə] *n* mweka kampuni ya bima

insurgence [inˈsəːjəns] *n* upinzani

insurgent [inˈsəːjənt] 1. *adj* -pinzani 2. *n* askari mwasi

insurrection [ˌinsəˈrekʃən] *n* upinzani

intact [inˈtakt] *adj* -zima

intake [ˈinteik] *n* 1. kipenyo 2. idadi

intangible [inˈtanjibəl] *adj* -tatanishi

integral [ˈintigrəl] *adj* -a lazima

integrate [ˈintigreit] *v* -unganisha

integration [ˌintiˈgreiʃən] *n* uunganishi

integrity [inˈtegrəti] *n* uaminifu

intellect [inˈtəlekt] *n* akili

intellectual [ˌintiˈlekchuəl] *adj* -a akili

intelligence [inˈtelijəns] *n* 1. akili 2. *(mil.)* habari

intelligence service *n* shirika la ujasusi

intelligent [inˈtelijənt] *adj* -enye akili

intelligentsia [inˌteliˈjentsiyə] *n/pl* wamaizi

intelligible [inˈtelijəbəl] *adj* -enye kufahamika

intend [inˈtend] *v* -kusudia

intense [inˈtens] *adj* 1. -kali sana 2. -enye jaziba

intensify [inˈtensifai] *v* -zidisha

intensity [inˈtensəti] *n* ukali

intensive [inˈtensiv] *adj* -shadidi

intensive care *n* *(med.)* uangalizi makini wa wagonjwa

intensive care unit *n* kitengo cha wagonjwa mahututi

intent [inˈtent] *adj* -enye dhamira

intent; intention [inˈtent; inˈtenʃən] *n* dhamira

intentional [inˈtenʃənl] *adj* -a makasudi

intentionally [inˈtenʃənəli] *adv* kwa kudhamiria

interact [intər·akt] *v* -athiriana

interactive [,intər·akshən] *adj* -a kutendana

intercede [,intə·siːd] *v* -ombea

intercept [,intə·sept] *v* -kamata

interchange [,intəcheinj] **1.** *n* badiliko **2.** -badili **3.** -badilishana

interchangeable [,intə·cheinjəbəl] *adj* -enye kubadilishana

intercom [·intəkɔm] *n* mawasiliano ya ndani

intercontinental [,intə,kɔnti·nentəl] *adj* -kati ya mabara

intercourse [·intəkɔːs] *n* **1.** maingiliano **2. sexual intercourse** maingiliano ya kimwili

interdependence [,intədi·pendəns] *n* kutegemeana

interdependent [,intədiː·pendənt] *adj* -a kutegemeana

interest [·intrəst] **1.** *n* moyo wa kupenda **2.** *(fin.)* roba **3.** *v* -tia moyo wa kupenda **4. in the pubic interest** kwa manufaa ya umma **5.** *see* **interests**

interested [·intrəstid] *adj* -a kupenda

interest-free *adj (fin.)* bila ya riba

interesting [·intrəsting] *adj* -a kupendelea

interests [·intəresch] *pl* **1. public interests** manufaa ya umma **2. industrial interests** wenye viwanda vya biashara kwa pamoja

interface [·intəfeis] *n* uhusiano

interfere [,intə·fiə] *v* -ingilia

interference [,intə·fiərəns] *n* **1.** kuingilia **2. transmission interference** kuingilia mawasiliano

interim [·intərim] *adj* -a muda

interior [in·tiəriə] **1.** *adj* -a ndani **2.** *n* bara ya nchi

interlock [·intəlɔk] *v* -unganisha

interloper [·intə,ləupə] *n* mdukizi

interlude [·intəluːd] *n* pumziko kati

intermarriage [,intə·marij] *n* ndoa ya mseto

intermarry [,intə·mari] *v* -oana kimseto

intermediary [,intə·miːdiəri] *n* mwamuzi

intermediate [,intə·miːdiət] *adj* -a kati

interminable [in·təːminəbəl] *adj* pasipo mwisho

intermission [,intə·mishən] *n* kituo

intermittent [,intə·mitənt] *adj* -a vipindi

intern [·intəːn] *n (med.)* daktari mkufunzi

intern [in·təːn] *v* -funga

internal [intəː·nl] *adj* -a ndani

internal affairs *pl* mambo ya ndani ya nchi

international [,intə·nashənəl] *adj* -a mataifa; -a kimataifa

International Court of Justice *n* Mahakama ya Mataifa

International Labour Organization *n* Chama cha Wafanyakazi Ulimwenguni

international law *n* sheria za kimataifa

International Monetary Fund (I.M.F.) *n* Shirika la Fedha Ulimwenguni

international money order *n* hawala ya fedha ya kimataifa

international refugee organization *n* shirika liniloshughlikia wamkimbizi ulimwenguni

international relations *pl* uhusiano wa kimataifa

international trade *n* biashara ya kimataifa

internee [intəː·ni] *n* mfungwa

internet [·intənet] *n* internet

internment [intəː·nmənt] *n* kufungwa

interparliamentary [intə,paːlə·mentəri] *adj* -a baina ya mabunge

interparty [intə·paːti] *adj* -a baina ya vyama

interplanetary [ˌintəˈplanetri] *adj*
-a baina ya sayari

interplay [ˈintəˌplei] *n* uhusiano

interpret [inˈtəːprit] *v* 1. -fasiri 2.
-eleza

interpretation [inˌtəːpriteishən] *n*
1. fasiri 2. maelezo

interpreter [inˈtəːpritə] *n*
mkalimani

interracial [inteˈreishl] *adj* -a baina
ya kabila

interrelationship [ˌintəˈrileishən,ship]
n uhusiano

interrogate [inˈterəgeit] *v* -hoji

interrogation [inˌterəˈgeishən] *n*
kuhoji

interrogator [inˈterəgeitə] *n*
mhojaji

interrupt [ˌintəˈrʌpt] *v* -dakiza

interruption [ˌintəˈrʌpshən] *n*
madakizo

intersection [ˌintəˈsekshən] *n* 1.
kukatana 2. nukta

intersperse [ˈintəspəːs] *v*
-changanya

interstate [ˈintəsteit] *adj* -a kati ya
nchi na nchi

interstellar [ˌintəˈstelə] *adj* baina
ya nyota

interval [ˈintəvəl] *n* 1. muda 2. **at
intervals** kwa vipindi

intervene [ˌintəˈviːn] *v* -ingilia kati

intervention [ˌintəˈvenshən] *n* 1.
kuingilia 2. **armed intervention**
(mil.) uvamizi

interview [ˈintəvyuː] 1. *n* mahojiano
2. *v* -hoji

interviewee [ˌintəvyuˈwi] *n* mhojiwa

interviewer [ˈintəvyuə] *n* mhojaji

interstate [ˈintəsteit] 1. *adj* -sioacha
wasia 2. *n* barabara

intestinal [ˌintesˈtainəl] *adj* -a
matumbo

intestines [ˈintesˌtainz] *pl* matumbo

intimacy [ˈintiməsi] *n* mwandani

intimate [ˈintimət] *adj* 1. -a moyo 2.
kamili

intimidate [inˈtimideit] *v* -tisha

intimidation [inˌtimiˈdeishən] *n*
kutisha

into [ˈintu] *prep* 1. katika; ndani; -ni
2. **to go into** -ingia

intolerable [inˈtɔlərəbəl] *adj* -
siovumilika

intolerance [inˈtɔlərəns] *n*
kutovumilia

intolerant [inˈtɔlərənt] *adj*
-siovumilivu

intonation [ˌintəˈneishən] *n* lafudhi

intoxicated [inˈtɔksiˌkeitid] *adj* **He
is intoxicated.** Amelewa.

intoxication [inˌtɔksiˌkeishən] *n*
kulevya

intra- [ˈintrə] -a ndana ya

intransigent [inˈtransijənt] *adj*
-siokubali mapatano

intra-uterine device (I.U.D.) *n*
kitanzi

intravenous [ˌintrəˈviːnəs] *adj*
katika mishipa

intrepid [inˈtrepid] *adj* -jasiri

intricate [ˈintrikət] *adj* -tatanishi

intrigue [inˈtriːg] 1. *n* kula njama 2.
v -la njama

intrinsic [inˈtrinzik] *adj* -a asili

introduce [ˌintrəˈjuːs] *v* 1.
-tambulisha 2. -anzisha

introduce a bill *v (pol.)* -tangaza
sheria

introduction [ˌintrəˈdʌkshən] *n* 1.
utambulisho 2. kuanzisha 3. kitabu
cha msingi

introvert [ˈintrəvəːt] *n* mndani

intrude [inˈtruːd] *v* -dukiza

intruder [inˈtruːdə] *n* mdukizi

intrusion [inˈtruːzhən] *n* dukizo

intrusive [inˈtruːsiv] *adj* -dukizi

intuition [ˌintyuˈishən] *n* uwezo wa
kuelewa

inundate [ˈinəndeit] *v* -gharikisha

invade [inˈveid] *v* -vamia

invade someone's rights *v*
-ingilia haki ya mtu

invader [inˈveidə] *n* mvamizi

invalid [in·valid] *adj* batili
invalid [ˈinvəlid] *n* mgonjwa
invalidate [in·valideit] *v* -fanya batili
invaluable [in·valyuəbəl] *adj* -a thamani sana
invariable [in·veriyəbəl] *adj* -siobadilika
invasion [in·veizhən] *n* uvamizi
invasion of rights *n* kuingilia haki
invent [in·vent] *v* -buni
invention [in·venshən] *n* 1. bidaa 2. ubunifu
inventor [in·ventə] *n* mzushi
inventory [in·ventəri] *n* orodha
invert [in·vəːt] *v* -pindua
invest [in·vest] *v* -tega
investigate [in·vestigeit] *v* -chungua
investigation [in,vesti·geishən] *n* uchunguzi
investigator [in,vesti·geitə] *n* 1. mchunguzi 2. **private investigator** mchunguzi wa kujitegemea
investment [in·vestmənt] *n* kitega uchumi
investor [in·vestə] *n* mweka wa kitega uchumi
invidious [in·vidiyəs] *n* -chochezi
invigorate [in·vigəreit] *v* -tia nguvu
invincible [in·vinsəbəl] *adj* -sioshindika
inviolate [in·vaiyəleit] *adj* -a wakfu
invisible [in·vizəbəl] *adj* -sioonekana
invitation [,invi·teishən] *n* mwaliko
invitation card *n* kadi ya mwaliko
invite [in·vait] *v* -karibisha
invoice [ˈinvɔis] 1. *n* bili; ankara 2. *v* -tengeneza bili
invoke [in·vəuk] *v* omba kwa
involuntary [in·vɔləntri] *adj* bila kujua
involve [in·vɔlv] *v* 1. -husisha 2. -wa sababu ya
involved [in·vɔlvd] *adj* 1. -gumu 2. *see* **involve**

involvement [in·vɔlvmənt] *n* kuhusisha
invulnerable [in·vʌlnrəbəl] *adj* -siodhurika
inward [ˈinwəd] *adj* -a ndani
iodine [ˈaːyəudiːn] *n* aidini
Iran [iˈraːn] *n* Iran; Uajemi
Iranian [iˈreiniyən] 1. *adj* -a Iran; -a Kiajemi 2. *n* Mwiran; -Mwajemi
irascible [iˈrasibəl] *adj* -a hamaki
irate [aiˈreit] *adj* -a hasira
Ireland [ˈaiələnd] *n* Ireland
iris [ˈairis] *n* airisi
Irish [ˈaiərish] 1. *adj* -a Ireland 2. *n* Kiairish 3. **the Irish** Waairish
Irishman [ˈaiərishmən] *n* Muairish
Irishwoman [ˈaiərish,wumən] *n* Muairish
irk [əːk] *v* -kera
iron [ˈaiən] 1. *adj* -a chuma 2. *n* chuma 3. pasi 4. **corrugated iron** mabati 5. *v* -piga pasi
ironic; ironical [aiˈrɔnik; -əl] *adj* -a kejeli
ironing [ˈaiəning] *n* kupiga pasi
ironing board *n* ubao wa kupigia pasi
iron lung *n* mashine ya kuvutia hewa
irony [ˈaiərəni] *n* kejeli
irradiate [iˈreidieit] *v* -tia nuru
irrational [iˈrashənl] *adj* bila sababu
irreconcilable [i,rekən·sailəbəl] *adj* -sioweza kupatanishwa
irrecoverable [,irə·kʌvrəbəl] *adj* 1. -siopatikana 2. *(fin.)* -siolipika
irredeemable [,irə·diːməbəl] *adj* 1. -siorudishika 2. *(fin.)* -siobadilishika kwa sarafu
irrefutable [,irə·fyuːtəbəl] *adj* -siokaikana
irregular [iˈregyulə] 1. *adj* -si -a kawaida 2. *n (mil.)* askari wa mgambo
irregularity [i,regyu·larəti] *n* bila kawaida
irregularly [iˈregyuləli] *adv* bila kawaida

irrelevant [i'reləvənt] *adj* -siopasa

irreparable [i'repərəbəl] *adj* -siorekebishika

irreplaceable [,iri'pleisəbəl] *adj* -siofidika

irrepressible [,iri'presibəl] *adj* -siozuilika

irreproachable [,iri'prəuchəbəl] *adj* -siolaumika

irresistible [,iri'zistəbəl] *adj* -siokatalika

irrespective of [,iri'spektiv] *prep* bila kujali ya

irresponsibility [,iri,spɔnsə'biləti] *n* utovu wa uaminifu

irresponsible [,iri'spɔnsəbəl] *adj* 1. -siowajibika 2. -sioaminika

irretrievable [,iri'tri:vəbəl] *adj* -siotengenezeka

irreverent [i'revərənt] *adj* -sioheshimu

irreversible [,iri'və:səbəl] *adj* -siogeuka

irrevocable [i'ri'vəukəbəl] *adj* -a makataa

irrigate [i'rigeit] *v* mwagilia

irrigation [,iri'geishən] *n* umwagiliaji

irritable [i'ritəbəl] *adj* -enye harara

irritate [i'riteit] *v* 1. -washa 2. -sumbua

irritating [i'riteiting] *adj* 1. -a kuwasha 2. -a kusumbua

irritation [,iri'teishən] *n* 1. muwasho 2. usumbuaji

is [iz] *see* be

Islam [i'zla:m] *n* Uislamu

Islamic [iz'lamik] *adj* -a Kiislamu

island [ʼailənd] *n* kisiwa

islander [ʼailəndə] *n* mkazi wa kisiwani

isle [ail] *n* 1. kisiwa 2. kijisiwa kidogo

isobar [ʼaisə,ba:] *n* kanieneo sawa

isolate [ʼaisəleit] *v* -tenga

isolated [ʼaisəleitid] *adj* to be isolated -tengwa

isolation [,aisə'leishən] *n* upekee

isolation ward *n* wadi ya wagonjwa wa kuambukiza

Israel [ʼizreil] *n* Israel

Israeli [iz'reili] 1. *adj* -a Israel 2. *n* Mwisraeli

issue [ʼishu:] 1. *n* hoja 2. kutoa 3. chapa 4. *v* -toa 5. -ja

issue an order *v* -toa amri

isthmus [ʼisthməs] *n* shingo ya nchi

it [it] *pro* hichi; hiki

Italian [it'aliyən] 1. *adj* -a Italia 2. *n* Mtaliana 3. Kitaliana

italic [i'talik] *adj* -a italiki

italics [i'taliks] *pl* herufi mlazo za italiki

Italy [ʼitəli] *n* Italia; Utaliana

itch [ich] 1. *n* mwasho 2. *v* -washa

itchy [ʼichi] *adj* -a mwasho

item [ʼaitəm] *n* 1. kitu kimoja 2. news item kipengee cha habari

itemize [ʼaitəmaiz] *v* -orodhesha

itinerary [ai'tinərəri] *n* njia ya safari

its [its] -ake

itself [it'self] -enyewe

I.U.D. [aiyu:'di:] *n* kitanzi

ivory [ʼaivəri] *n* pembe ya ndovu

ivy [ʼaivi] *n* mwefeu

J

jab [jab] 1. *n* sindano 2. *v* -piga mduke

jacaranda [ˌjakəˈrandə] *n* mjakaranda

jack [jak] *n* jeki

jackal [ˈjakəl] *n* mbweha

jacket [ˈjakit] *n* jaketi

jack-knife [ˈjaknaif] 1. *n* kisu 2. *v* -kunjika

jackpot [ˈjakpɔt] *n* ushindi mkubwa

jack up *v* -inua kwa jeki

jail [jeil] 1. *n* gereza 2. *v* -funga gerezani

jailer [ˈjeilə] *n* mlinzi wa gereza

jalopy [jəˈlɔpi] *n* mkweche

jam [jam] 1. *n (UK)* jemu 2. **traffic jam** msongamano wa magari 3. *v* **(jammed)** -bana 4. -kwama

jam a broadcast *v* -ingilia mawasiliano

jamboree [jambəˈriː] *n* jamborii

janitor [ˈjanitə] *n* bawabu

January [ˈjanyuəri] *n* Januari

Japan [jəˈpan] *n* Japani

Japanese [jəˈpaniːz] 1. *adj* -a Japani 2. *n* Mjapani 3. Kijapani

jar [jaː] *n* gudulia

jargon [ˈjaːgən] *n* istilahi

jaundice [ˈjɔːndis] *n* homa ya nyongo ya mangano

javelin [ˈjavəlin] *n (spor.)* mkuki

jaw [jɔː] *n* taya

jawbone [ˈjɔːbəen] *n* mfupa wa taya

jazz [jaz] *n* jazi

jealous [ˈjeləs] *adj* wivu

jealousy [ˈjeləsi] *n* uwivu

jeans [jiːnz] *pl* jinzi

jeep [jiːp] *n* jipu

jeer [jiːr] *v* -zomea

jelly [ˈjeli] *n* jeli

jellyfish [ˈjelifish] *n* kiwavi

jeopardize [ˈjepədaiz] *v* -hatarisha

jeopardy [ˈjepədi] *n* hatari

jerk [jəːk] 1. *n* mkutuo 2. *(sl.)* boza

jerrycan [ˈjerikan] *n* jarikeni

jersey [ˈjəːzi] *n* jezi

jest [jest] *v* -toa mzaha

jet [jet] *n* jeti

jet fighter *n* ndege ya kivita

jet engine *n* injini ya jeti

jet lag [ˈjetlag] *n* machofu ya safari ya ndege

jet plane [ˈjetplein] *n* jeti

jettison [ˈjetisən] *v* -tupa

jetty [ˈjeti] *n* gati

Jew [ˈjuː] *n* Myahudi

jewel [ˈjuːəl] *n* kito

jeweller; jeweler [ˈjuːələ] *n* muuzo vito

jewellery; jewelry [ˈjuːəlri] *n* mapambo ya vito

Jewish [ˈjuːish] *adj* -yahudi

jibe [jaib] *n* zinga

jigsaw puzzle *n* mchezo-fumbo

jingle [ˈjingəl] *v* -liza

job [jɔb] *n* 1. kazi 2. **odd jobs** kazi ndogondogo

job lot *n* bidhaa shelabela

jockey [ˈjɔki] *n* mpanda farasi

jodhpurs [ˈjɔdpəːz] *pl* jodipa

jog [jɔg] *v* 1. -shtua 2. -jogi 3. **to jog the memory** -kumbusha

jogger [ˈjɔgə] *n* mkimbiaji

jogging [ˈjɔging] *n* kujogi

join [jɔin] *v* 1. -unga 2. **to join the army** -jiunga na jeshi

joiner [ˈjɔinə] *n* seremala

joinery [ˈjɔinəri] *n* useremala

joint [jɔint] 1. *adj* -a pamoja 2. *n* maungio 3. kiungo 4. **joint of meat** pande la nyama

joint account *n* akaunti ya pamoja

joint action *n* kitendo cha pamoja

jointly [ˈjɔintli] *adv* kwa pamoja

joint statement *n* taarifa ya pamoja
joint-venture company *n*
joist [joist] *n (mar.)* darumeti
joke [jəuk] 1. *n* masihara 2. *v* -fanyia masihara
jolly [ˈjɔli] *adj* -a furaha
jolt [jɔlt] *v* -shtua
journal [ˈjəːnl] *n* 1. gazeti 2. jarida
journalism [ˈjəːnəlizəm] *n* uandishi wa habari
journalist [ˈjəːnəlist] *n* mwandishi wa habari
journalistic [ˌjəːnəˈlistik] *adj* -a uandishi wa habari
journey [ˈjəːni] 1. *n* safari; mwendo 2. to set out on a journey -anza safari 3. *v* -safiri
joy [jɔi] *n* furaha
joyful [ˈjɔifəl] *adj* -a furaha
joyous [ˈjɔiəs] *adj* -a shangwe
joyride [ˈjɔiraid] *n* matembezi kwa motokaa
joystick [ˈjɔistik] *n* usukani
jubilee [ˈjuːbili] *n* jubilii
Judaism [ˌjuːdeyizəm] *n* dini ya Kiyahudi
judge [jʌj] 1. *n* hakimu 2. *(rel.)* kadhi 3. *(spor.)* mwamuzi 4. chief judge jaji 5. *v* -hukumu 6. -kisia
judgement, judgment [ˈjʌjmənt] *n* 1. hukumu 2. to pass judgement -hukumu
judicial [ˌjuːˈdishl] *adj* -a haki
judiciary [ˌjuːˈdishəri] *n* idara ya mahakama
judo [ˈjuːdəu] *n* judo
jug [jʌg] *n* jagi
juggle [ˈjʌgl] *v* -fanya kiinimacho
juggler [ˈjʌglə] *n* mfanya kiinimacho
juice [juːs] *n* maji
juicy [ˈjuːsi] *adj* -enye maji mengi
jugular vein [ˈjʌgyulə ˈvein] *n* halkumu
July [juːˈlai] *n* Julai
jumble [ˌjʌmbəl] *v* -fuja
jumbo [ˈjʌmbəu] *adj* -kubwa sana
jump [jʌmp] 1. *n* mruko 2. *(spor.)*

high jump kuruka juu 3. *v* -ruka
jumper [ˈjʌmpə] *n* sweta
junction [ˈjʌngkshən] *n* 1. njia panda 2. mwungano
juncture [ˈjʌnkshə] *n* mwungano
June [juːn] *n* Juni
jungle [ˈjʌnggl] *n* msitu
junior [ˈjuːniə] *adj* -dogo
junk [jʌngk] *n* 1. takataka 2. *(mar.)* jahazi
junkie [ˈjʌnki] *n* mlevi wa madawa ya kulevya
junk shop *n* duka la vikorokoro
junta [ˈjʌngtə] *n* halmashauri ya utawala
jurisdiction [ˌjuərisˈdikshən] *n* mamlaka
jurisprudence [ˌjuərisˈpruːdəns] *n* sayansi na falsafa ya sheria
jurist [ˈjuərist] *n* mwanasheria
juror [ˈjuərə] *n* mzee wa baraza
jury [ˈjuəri] *n* 1. *(leg.)* baraza (la wazee wa mahakama) 2. *(spor.)* waamuzi
jury-mast [ˈjuriˌmaːst] *n* mlingoti wa muda
just [jʌst] 1. *adj* -adilifu 2. *adv* ndio kwanza
just now sasa hivi
just as sawasawa na
justice [ˈjʌstis] *n* 1. haki 2. mamlaka ya kisheria 3. jaji 4. chief justice jaji mkuu
justification [ˌjʌstifiˈkeishən] *n* uthibitisho
justified [ˈjʌstifaid] *adj* to be justified -thibitishwa
justify [ˈjʌstifai] *v* -thibitisha
jute [juət] *n* kitani
jut out [ˌjʌt-ˈaut] *v* -tokeza
juvenile [ˈjuːvənail] 1. *adj* -a vijana 2. *n* kijana
juvenile delinquency *n* halifu wa vijana
juvenile delinquent *n* uhalifu wa vijana
juxtapose [ˈjʌkstəpəuz] *v* -weka sambamba

K

kaaba [ˈkaəbə] *n* kaaba
kangaroo [ˌkangəˈruː] *n* kangaruu
kaolin [ˈkeiyəulin] *n* kauri
kapok [ˈkeipɔk] *n* sufi
karate [kiˈbab] *n* kareti
kebab [kiˈbab] *n* mshikaki
keel [kiːl] *n* mkuku
keel over *v* -pindua
keen [kiːn] *adj* 1. -kali 2. hodari 3. to be keen on -penda
keep [kiːp] **(kept)** *v* 1. -weka 2. to keep the peace -weka amani 3. to keep a promise -timiza ahadi 4. He kept writing. Aliendelea kuandika.
keep away *v* -weka pembeni
keep back *v* -zuia
keeper [ˈkiːpə] *n* 1. -wa na 2. *see* goalkeeper, shopkeeper
keep on *v* -endelea
keep out *v* -weka nje
keep quiet *v* -nyamaza
keep still *v* -tulia
keep to *v* -weka
keep up *v* -endelea
keg [keg] *n* kikasiki
kelp [kelp] *n* mwani
kennel [ˈkenl] *n* kibanda cha mbwa
kept [kept] *see* keep
kerb [kəːb] *n* ukingo wa barabara
kernel [ˈkəːnl] *n* kiini
kerosene [ˈkerəsiːn] *n* kerosini
ketchup [ˈkachʌp] *n* kechapu
kettle [ˈketl] *n* 1. birika 2. electric kettle birika la umeme 3. to put the kettle on -teleka birika
key [kiː] 1. *adj* muhimu 2. *n* ufunguo 3. majawabu 4. *see* key in
keyboard [ˈkiːbɔːd] *n* sehemu ya kinanda
keyhole [ˈkiːhəul] *n* tundo la ufunguo
key in *v* to key data into a computer -andikisha
key position *n* nafasi maalumu
keyring [ˈkiːring] *n* pete ya ufunguo
khaki [ˈkaːki] *n* kaki
kick [kik] 1. *n* teke 2. *v* -piga teke
kickback [ˈkikbak] *n* bahashishi
kick off 1. *n* kuanza 2. *v* -anza mchezo
kickstart [ˈkikstaːt] *v* -piga stati
kid [kid] 1. *adj (sl.)* -dogo 2. *n (sl.)* mtoto; kijana 3. *v* -danganya
kidding [ˈkiding] *n* no kidding! bila masihara!
kidnap [ˈkidnap] *v* -teka nyara
kidnapper [ˈkidnapə] *n* mtekaji nyara
kidnapping [ˈkidnaping] *n* kuteka nyara
kidney [ˈkidni] *n* figo
kidney bean *n* hargwe jekundu
kidney machine *n (med.)* mashine ya figo
kill [kil] *v* -ua
killer [ˈkilə] *n* muuaji
killer disease *n* maradhi yanayo ua
killing [ˈkiling] *n* mauaji
killjoy [ˈkiljɔi] *n* aondoshaji furaha
kill time *v* -poteza wakati
kiln [kiln] *n* tanuru
kilo; kilogramme; kilogram [ˈkiːləu; ˈkiləgram] *n* kilo
kilometre; kilometer [kiˈlɔmitə] *n* kilomita
kin [kin] *n* ukoo
kind [kaind] 1. *adj* -ema 2. *n* namna; aina 3. in kind bidhaa
kindergarten [ˈkindəgaːdən] *n* shule ya chekechea

kind-hearted *adj* -ema
kindle [ˈkaindəl] *v* -washa moto
kindly [ˈkaindli] *adv* 1. kwa huruma 2. tafadhali
kindness [ˈkaindnis] *n* wema
kind of *adv* aina ya
king [king] *n* mfalme
kingdom [ˈkingdəm] *n* ufalme
kingfisher [ˈkingfishə] *n* mdiria
kingship [ˈkingship] *n* ufalme
kinship [ˈkinship] *n* ukoo
king-sized [ˈkingsaizd] *adj* -kubwa sana
kiosk [ˈkiːɔsk] *n* kibanda
kiss [kis] 1. *n* busu 2. *v* -busu
kit [kit] *n* vifaa; seti
kitchen [ˈkichin] *n* jiko
kite [kait] *n* 1. mwewe 2. tiara
kitten [ˈkitn] *n* mtoto wa paka
knack [nak] *n* ustadi
knead [niːd] *v* -kanda
knee [niː] *n* goti
kneecap [ˈniːkap] *n* pia ya goti
kneel; kneel down [niːl] *v* -piga magoti
Knesset [ˈknesit] *n* Bunge la Israeli
knew [nyuː] *see* **know**
knickers [ˈnikəz] *n* chupi
knife [naif] 1. *n* (*pl* **knives**) kisu; jisu 2. *v* -choma
knight [nait] *n* shujaa
knit [nit] *v* -fuma
knitting [niting] *n* kufuma

knives [naivz] *see* **knife**
knob [nɔb] *n* 1. kirungu 2. kifundo
knock [nɔk] *v* 1. -bisha 2. -piga 3. **to knock at the door** -bisha hodi
knock down *v* 1. -angusha 2. *(fin.)* -punguza bei
knocker [ˈnɔkə] *n* **door knocker** mgonga wa mlango
knock out *v* -piga mwisho
knock over *v see* **knock down**
knot [nɔt] 1. *n* fundo 2. *(mar.)* noti 3. *v* -piga fundo
know [nəu] *v* (**knew, known**) 1. -jua 2. -fahamu 3. -tambua jua
know by heart *v* -jua kwa ghibu
know-how [ˈnəuhau] *n* ufundi ustadi
know how to *v* -jua vipi kufanya
knowledge [ˈnɔlij] *n* 1. elimu; maarifa 2. fahamu
knowledgeable [ˈnɔlijəbəl] *adj* -enye fahamu
known [nəun] *adj see* **know**
knuckle [ˈnʌkəl] *n* konzi
kola nut [ˈkɔlə] *n* mkola
Koran [kɔrˈaːn] *n* Kurani; Msahafu
kosher [ˈkəushə] *adj* -enye kutimiza kanuni za Kiyahudi
kowtow [ˈkəutəu; ˈkautau] *v* -rairai
k.p.h. (kilometres per hour; kilometers per hour) kilomita kwa saa
kudu [ˈkudu] *n* tandala

L

lab [lab] see **laboratory**
label ['leibəl] 1. *n* kitambulisho 2. *v* -weka kitambulisho 3. -pachika
labial ['leibiyəl] *adj* -a midomo
laboratory [lə'bɔːrətri] *n* lebo
laborious [lə'bɔːriəs] *adj*
labour, labor ['leibə] 1. *n* kazi 2. **childbirth labour** uchungu wa uzazi 3. **manual labour** kazi ya sulubu 4. **hard labour** kazi ngumu 5. *v* -fanya kazi 6. -jitahidi
labourer; laborer ['leibərə] *n* mfanyakazi
labour exchange *n* ofisi ya leba
Labour Party *n* Chama cha Wafanyakazi/Leba
labour union; labor union *n* chama cha wafanyakazi
labyrinth ['labirinth] *n* njia za mzingo
lace [leis] *n* 1. lesi 2. **shoe lace** kamba
lacerate *v* -kwaruza
lace up *v* -funga
lack [lak] 1. *n* ukosefu 2. **no lack of** tele 3. *v* -tokuwa na
lacklustre ['lakləstə] *adj* -a mazimbwezimbwe
lactose ['laktəuz] *n* laktosi
lacuna [lə'kuːnə] *n* pengo
lacustrine ['lakustriːn] *adj* -a ziwa
lad [lad] *n* kijana
ladder ['ladə] *n* 1. *n* ngazi 2. *(mar.)* kipande 3. *v* -fumuka
lade [leid] *v* -pakia sheheni
lading ['leiding] *n* 1. mizigo 2. **bill of lading** hati ya kuchukilia mizigo
ladle ['leidl] *n* upawa
lady ['leidi] *n* bibi
lady-like ['leidilaik] *adj* -a adabu
lag [lag] 1. *v* **to lag behind** -kawia 2.

see **jet-lag**
lager ['laːgə] *n* bia
lagoon [lə'guːn] *n* wangwa
laid [leid] see **lay**
lain [lein] see **lie**
lair [leə] *n* pango
laird [leəd] *n* lodi
laissez-faire [,leisei-'feə] *n* uholela
lake [leik] *n* ziwa
lamb [lam] *n* mwanakondoo
lambskin ['lamskin] *n* ngozi ya mwanakondoo
lame [leim] 1. *adj* kiguru 2. **to be lame** -chechemea 3. *v* -lemeza
lament [lə'ment] *v* -omboleza
lamentable [lə'mentəbəl] *adj* -a kusikitisha
laminate ['lamineit] *v* -funika kwa tabaka
laminated sheet *n* fomeka
lamp [lamp] *n* taa
lamp-post *n* nguzo ya taa barabarani
lampshade ['lampsheid] *n* kifuniko cha taa
lance [laːns] *v (med.)* -tumbua
lance-corporal ['laːns-'kɔːpərəl] *n* koplo lansi
land [land] 1. *n* ardhi 2. shamba 3. **by land** kwa nchi kavu 4. **dry land** nchi kavu 5. **native land** nchi ya asili 6. *v* -tua 7. *(mar.)* -teremka pwani 8. **to land a fish** -vua samaki 9. **to land a job** -pata kazi 10. see **land oneself in, land up**
landfall ['land,fɔːl] *n* kukaribia nchi kavu
land forces *pl* jeshi la nchi kavu
landholder ['land,həuldə] *n* mmilikaji wa ardhi
landing ['landing] *n* 1. kutua 2.

(mar.) kuteremka pwani 3. **landing place** gati; bunta 4. **landing stage** kikwezo 5. **forced landing** kutua kwa kulazimishwa 5. **emergency landing** kutua kwa dharura

landing craft *n* meli ya kushushia ufukoni

landing field, landing strip *n* kiwanja cha kutua ndege

landing gear *n* marandio

landing net *n* fuko la kuzolea samaki

landing party *n* kikosi cha askari

landlady [ˈlandleidi] *n* bibi mwenye nyumba

landless [ˈlandləs] *adj* -siokuwa na shamba

landlocked [ˈlandlɔkt] *adj* **landlocked countries** nchi zisizokuwa na bandari

landlord [ˈlandlɔːd] *n* bwana mwenye nyumba

landmark [ˈlandmaːk] 1. *adj* muhimu 2. *n* alama ya mpaka

landmine [ˈlandmain] *n see* **mine**

land oneself in *v* -ingia matatani

landowner [ˈlandəunə] *n* mmiliki ardhi

Landrover [ˈlandrəuvə] *n* landrova

landscape [ˈlandskeip] *n* mandhari; sura ya nchi

landscape gardening *n* usanifu wa bustani

landslide [ˈlandslaid] 1. mporomoko wa ardhi 2. *(pol.)* ushindi mkubwa

landslip [ˈlandslip] *n* mporomoko wa ardhi

landsman [ˈlandzmən] *n* mtu asiye baharia

land up *v* -jikuta

lane [lein] *n* 1. barabara (nyembamba) 2. ujia 3. *(spor.)* mstari

language [ˈlanggwij] *n* 1. lugha 2. **dead language** lugha ya kale 3. **computer language** lugha ya kompyuta 4. **technical language** lugha ya kifundi 5. **bad language**

lugha chafu

languish [ˈlangwish] *v* -nyong'onyea

lantern [ˈlantən] *n* kandili

lanyard [ˈlanyəd] *n* kamba

lap [lap] 1. *n* mapaja 2. *(spor.)* duru 3. *v* -nywa 4. -piga

lapse [laps] 1. *n* kuteleza 2. kupita 3. *(leg.)* kupotea 4. *v (leg.)* -poteza haki

laptop [ˈlaptɔp] *n* kikompyuta

larceny [ˈlaːsini] *n* wizi

larch [laːch] *n* msonobari

larder [ˈlaːdə] *n* chumba ya kuhifadhia chakula

large [laːj] *adj* 1. -kubwa 2. -ingi 3. **at large** huru

largely [ˈlaːjli] *adv* kwa majivuno

large-scale *adj* -kubwa

laryngitis [ˈlarinˌjaitis] *n* ugonjwa wa kuumia koromeo

larynx [ˈlaringks] *n* zoloto

laser [ˈleizə] *n* leza

laser printer *n* printa ya miali ya leza

lash [lash] *v* 1. -chapa 2. -fungasha

lash out at *v* -shambulia

lass [las] *n* msichana

last [laːst] 1. *adj* -a mwisho 2. **last night** usiku wa kuamkia leo 3. **last year** mwako jana 4. **at last** hatimaye 5. **last of all** mwisho wa wote 6. *adv* mwisho 7. *v* -dumu

lasting [ˈlaːsting] *adj* -a kudumu

lastly [ˈlaːstli] *adv* mwishoni

latch [lach] *n* komeo

late [leit] *adj* 1. -liochelewa 2. **the late news** habari za mwisho 3. **the late...** marehemu 4. **late night** usio mkuu 5. **to be late** -chelewa 6. *adv* kwa kuchelewa

lately [ˈleitli] *adv* hivi karibuni

latent [ˈleitənt] *adj* fiche

later [ˈleitə] 1. *adv* baadaye 2. *see* **late**

lateral [ˈlatərəl] *adj* -a mbavuni

latest [ˈleitist] *adj* 1. -pya 2. **the latest news** habari mpya 3. *see* **late**

lathe [leidh] *n* kerezo
lather [ˈlaːdhə] *n* povu
Latin [ˈlatin] *n* Kilatini
latitude [ˈlatityuːd] *n* latitudo
latter [ˈlatə] *adj* -a karibuni
latterly [ˈlatəli] *adv* karibuni
laugh [laːf] 1. *n* kicheko 2. *v* -cheka
laughable [laːˈfəbəl] *adj* -a kuchekesha
laughter [ˈlaːftə] *n* 1. kicheko 2. to burst into laughter -angua kicheko
launch [lɔːnch] *v* -shua
launch a rocket *v* -fyetua roket
launch a torpedo *v* -fyetua kombora la majini
launch a magazine *v* -anzisha gazeti
launch an attack *v* -anzisha mashambulizi
launderette; laundrette [ˌlɔːndəˈret] *n* mahala ya kufulia
laundry [ˈlɔːndri] *n* 1. udobi 2. nguo chafu
lava [ˈlaːvə] *n* lava
lavatory [ˈlavətri] *n* 1. choo 2. public lavatory choo cha serikali 3. to go to the lavatory -enda masalani 4. to need to go to the lavatory -enda haja
lavish [ˈlavish] *adj* 1. -karimu mno 2. -ingi mno
law [lɔː] *n* 1. sheria 2. kanunni 3. against the law kinyume cha sheria 4. to break the law -vunja sheria 5. to pass a law -amua sheria 6. see **jurisprudence**
law-abiding *n* -enye kufuata sheria
law and order *n* amani na sheria
law-breaker *n* mvunja sheria
law court [ˈlɔːkɔːt] *n* mahakama
lawful [ˈlɔːfəl] *adj* -a kufuata sheria; halali
lawless [ˈlɔːləs] *adj* -halifu
lawn [lɔːn] *n* nyasi
lawn-mower *n* mashine ya kukata nyasi
law officer *n* polisi

lawsuit [ˈlɔːsuːt] *n* daawa; kesi
lawyer [ˈlɔːyə] *n* 1. mwanasheria 2. defence lawyer wakili wa utetezi 3. prosecuting lawyer wakili wa upande wa mashtaka
lax [laks] *adj* -zembe
laxative [ˈlaksətiv] *n* haluli
lay [lei] 1. lay of the land sura ya nchi 2. *v* -weka 3. *see* **lie**
lay down *v* -laza
layer [ˈleiə] *n* safu; tabaka
layman [ˈleimən] *n* 1. mtu wa kawaida 2. (Chr.) mtu mlei
lay off *v* -achisha kazi
lay-out *n* mpangilio
lay out *v* -tanda
laziness [ˈleizinis] *n* uvivu
lazy [ˈleizi] *adj* -vivu
leach [liːch] *v* -chuja
lead [led] *n* risasi
lead [liːd] 1. *adj* lead story habari iliyopewa uzito wa kwanza 2. *n* mwngozo 3. electrical lead waya wa umeme 4. to be in the lead -tangulia nyuma 5. *v* (led) -ongoza
leader [ˈliːdə] *n* mkuu; kiongozi
leadership [ˈliːdəship] *n* uongozi
leading [ˈliːding] *adj* -kuu
leaf [liːf] *n* (pl leaves) jani
leaflet [ˈliːflit] *n* ukurasa
league [liːg] *n* (spor.) ligi
leak [liːk] 1. *n* mvujo 2. *v* -vuja 3 to leak news -toka habari
leakage [ˈliːkij] *n* kuvuja
lean [liːn] 1. *adj* -liokonda 2. *v* (leant/leaned) -enda upande 3. -egemea
leaned [liːnd] *see* **lean**
leaning [ˈliːning] *n* mwelekeo
leant [lent] *see* **lean**
leap [liːp] *v* (leapt, leaped) -ruka
leapfrog [ˈliːpfrɔg] *v* -rukaruka
leap-year [ˈliːpyiə] *n* mwaka mrefu
learn [ləːn] *v* (learnt/learned) 1. -jifunza 2. -pata habari 3. to learn by heart -kariri
learn about/of *v* -pata habari

learned [ˈləːnid] *adj* -juzi
learner [ˈləːnə] *n* mwanafunzi
learn how *v* -jifunza
learning [ˈləːning] *n* ujuzi
lease [liːs] 1. *n* mkataba wa kupangisha nyumba 2. *v* -pangisha; -panga
lease-holder [ˈliːsˌholdə] *n* mpangaji
leash [liːsh] *n* ukanda
least [liːst] *adj* 1. -lio -dogo 2. at least angalau 3. least of all kabisa
leastways [ˈliːstweiz] *adv* walao
leather [ˈledhə] *n* ngozi
leave [liːv] 1. *n* ruhusa 2. likizo 3. to take one's leave -agana na 4. *v* (left) -toka; -ondoka 5. -acha 6. *see* left
leave for *v* -ondoka kwenda
leave off *v* -koma
leaves [liːvz] *see* leaf
lecture [ˈlekchə] 1. *n* mhadhara 2. *v* -toa mhadhara
lecturer [ˈlekchərə] *n* mhadhiri
led [led] *see* lead
ledge [lej] *n* shubaka
ledger [ˈlejə] *n* leja
leech [liːch] *n* ruba
leeward [ˈliːwəd] *adj* -a demani
left [left] 1. *n* kushoto 2. *(pol.)* wanasiasa wa mrengo wa kushoto 3. on the left kushoto 4. *adj* -a kushoto 5. There is no time left. Wakati umekwisha. 6. There is no food left. Hakuna chakula. 7. *see* leave
left-hand *adj* -a kushoto
left-handed *adj* -enye kutumia mkono
left-luggage *n* mahala pa kuwacha mizigo
leftovers [ˈleftəuvəz] *pl* masazo
left-wing *adj (pol.)* -enye siasa wa mrengo wa kushoto
left wing *n (pol.)* wanasiasa wa mrengo wa kushoto
left-winger *n (pol.)* mwanasiasa wa mrengo wa kushoto

leg [leg] *n* 1. mguu 2. sehemu
legacy [ˈlegəsi] *n* urithi
legal [ˈliːgl] *adj* -a kisheria; halali
legal advice *n* ushauri wa kisheria
legal advisor *n* mshauri wa kisheria
legal aid *n* msaada wa kisheria
legality [liːˈgaliti] *n* uhalali
legalization [ˌliːgəlaiˈzeishən] *n* uhalalisho
legalize [ˈliːgəlaiz] *v* -halalisha
legend [ˈlejənd] *n* ngano
legendary [ˈlejəndri] *adj* 1. -a hadithi za kale 2. **Ava Gardner was a legendary actress.** Ava Gardner alikuwa mchezaji wa sinema maarufu sana.
legible [ˈlejəbəl] *adj* -a kusomeka
legion [ˈlijən] *n* kikosi
legionary [ˈliːjənri] *n* askari
legislate [ˈlejisleit] *v* -tunga sheria
legislation [lejisˈleishən] *n* utungaji sheria
legislative [ˈlejislətiv] *adj* -a kutunga sheria
legislative assembly *n* baraza la kutunga sheria
legislator [ˈlejisleitə] *n* mbunge
legistlature [ˈlejisˌləchə] *n* baraza la kutunga sheria
legitimacy [liˈjitiməsi] *n* uhalali
legitimate [liˈjitimət] *adj* 1. -halali 2. -a maana
legitimatize [liˈjitimaiz] *v* -halalisha
leisure [ˈlezhə] *n* nafasi
leisurely [ˈlezhəli] *adv* polepole
lemon [ˈlemən] *n* limau
lemonade [ˌleməˈneid] *n* maji ya limau
lemur [ˈliːmyuə] *n* komba wa bukini
lend [lend] *v* (**lent**) 1. -azima 2. *(fin.)* -kopesha
lend a hand *v* -saidia
lender [ˈlendə] *n* mkopeshaji
lending rate [ˈlending] *n* gharama ya deni

length [length] *n* 1. urefu 2. **at length** mwishowe

lengthen [ˈlengthən] *v* -refusha

lengthways [ˈlengthweiz] *adv* kwa urefu

lengthy [ˈlengthi] *adj* -refu mno

leniency [ˈliːniənsi] *n* huruma

lenient [ˈliːniənt] *adj* -enye huruma

lens [lenz] *n* (*pl* **lenses**) lenzi

lent [lent] *see* **lend**

lentil [ˈlentil] *n* dengu

leopard [ˈlepəd] *n* chui

leper [ˈlepə] *n* mkoma

leprosy [ˈleprəsi] *n* ukoma

lesbian [ˈlezbiən] 1. *adj* -a wasagaji 2. *n* msagaji

lesbianism [ˈlezbiənizəm] *n* usagaji

lesion [ˈliːzhən] *n* donda

less [les] *adj* 1. -dogo zaidi 2. **more or less** kwa kadiri

lessee [leˈsiː] *n* mpangaji

lessen [ˈlesən] *v* -punguza

lesser [ˈlesər] *adj* -dogo zaidi

lesson [ˈlesn] *n* somo

lessor [ˈlesə] *n* mpangishaji

lest [lest] *adv* sijekuwa

let [let] *v* (**let**) 1. -ruhusu 2. -acha 3. -pangisha

let alone *conj* licha ya

let down *v* -sikitisha

let go *v* 1. -acha 2. -fungulia

lethal [ˈliːthəl] *adj* -a kuua

let in *v* -ruhusa kuingia

let off *v* 1. -samehe 2. -fyatua

let out *v* -toa

let's... *v* Let's go! Twende!

lethargic [leˈthaːjik] *adj* -zito

lethargy [ˈlethəji] *n* uzito

letter [ˈletə] *n* 1. barua 2. herufi

letter bomb *n* bomu la barua

letterbox [ˈletəbɔks] *n* (*UK*) sanduku la posta

letterhead [ˈletəhed] *n* karatasi yenye anwani

lettuce [ˈletis] *n* saladi

let up *v* -pungua

leukaemia; leukemia [lyuːˈkiːmiyə] *n* lukemia

levee [ˈlevi] *n* boma la kuzuia maji

level [ˈlevl] 1. *adj* -sawa 2. *n* usawa 3. ngazi 4. **sea level** kima cha bahari 5. *v* -sawazisha

level crossing *n* tambuka reli

lever [ˈliːvə] *n* wenzo

levy [ˈlevi] *v* -toza

lewd [ˈlyuəd] *adj* -pujufu

liability [ˌlaiəˈbiləti] *n* dhima

liable [ˈlaiəbəl] *adj* 1. -a kuwajibika 2. **to be liable to** -wa na uwezekano wa

liaise [liːˈeiz] *v* -shirikiana

liaison [liːˈeizɔn] *n* ushirikiano

liar [ˈlaiə] *n* mwongo

lib (= **liberation**) [lib] *n* ukombozi

libel [ˈlaibəl] 1. *n* kashifa 2. *v* -kashifu

liberal [ˈlibərəl] 1. *adj* -karimu 2. (*pol.*) -a chama cha liberal 3. *n* mpenda maendeleo na mabadiliko 4. (*pol.*) mwanachama cha liberal

liberalism [ˈlibərəlizəm] *n* msimamo

liberalization [ˌlibərəlaiˈzeishən] *n* kuhurusu watu wengi

liberate [ˈlibəreit] *v* -komboa

liberation [ˌlibəˈreishən] *n* ukombozi

liberator [ˌlibəˈreitə] *n* mkombozi

liberty [ˈlibəti] *n* uhuru

libido [liˈbiːdəu] *n* ashiki

librarian [laiˈbreəriən] *n* mkutubi

library [ˈlaibrəri] *n* maktaba

lice [lais] *see* **louse**

licence [ˈlaisns] *n* 1. ruhusa 2. **driving licence** leseni ya kuendesha

licence plate *n* namba ya gari

license [ˈlaisəns] *v* 1. -pa leseni 2. *see* **licence**

licensee [ˌlaisənˈsiː] *n* mtu mwenye leseni

lichen [ˈlaikən] *n* kuvu

lick [lik] *v* -ramba

lid [lid] *n* kifuniko

lie [lai] 1. *n* uwongo 2. *v* (**lay, lain**) -lala 3. (**lied**) -danganya

lie down *v* -lala chali

lieu [lyu:] *n* **in lieu of** badala ya

lieutenant [lef·tenənt] *n* luteni

lieutenant-colonel [lef·tenənt·kə:nəl] *n* luteni kanali

life [laif] *n* (*pl* **lives**) 1. uhai 2. maisha

life imprisonment *n* adhabu ya kifungo cha maisha

lifebelt *n* mkanda wa kujiokolea

lifeboat *n* mashua okozi

life buoy *n* boya okozi

life guard *n* mlinzi wa bahari

life insurance *n* bima ya maisha

life jacket *n* jaketi okozi

lifeless [laifls] *adj* -fu

lifeline [·laiflain] *n* kambaokozi

lifelong [·laiflɔng] *adj* -a maishani

life preserver *n* jaketi okozi

life sentence *n* adhabu ya kifungo cha maisha

lifespan [·laifspan] *n* maisha

lifestyle [·laifstail] *n* mtindo wa maisha

lifetime [·laiftaim] *n* maisha

lift [lift] 1. *n* lifti 2. **to give a lift** -pa lifti 3. *v* -inua 4. **to lift a blockade** -ondoa kikwazo

lift off *v* -tweka

ligament [·ligəmənt] *n* kano

light [lait] 1. *adj* -enye mwanga 2. -liokoza 3. -epesi 4. *n* nuru; mwanga 5. taa 6. *v* (**lit**) -washa

lightbulb [·laitbʌlb] *n* globu

lighten [·laitn] *v* 1. -ng'arisha 2. -punguza

lighter [·laitə] *n* kibiriti cha petroli/gesi

lighthouse [·laithaus] *n* mnara wa taa

lightly [·laitli] *adv* meli yenye taa

lightness [·laitnis] *n* wepesi

lightning [·laitning] *n* radi

lightning conductor *n* ufito wa kuzuia radi

lightning strike *n* (*pol.*) mgomo wa kushtukiza

light switch *n* swichi

likable; likeable [·laikəbəl] *adj* -enye kupendeka

like [laik] 1. *adj* sawa 2. **to be like** -fanana na 3. **to feel like** -jisikia kama 4. *conj/prep* kama 5. *prep* namna 6. *v* -penda

likelihood [·laiklihud] *n* uwezekano

likely [·laikli] *adj/adv* 1. -kuelekea 2. **most likely** huenda

liken [·laikn] *v* -fananisha

likeness [·laiknis] *n* mshabaha

likewise [·laikwaiz] *adv* kadhalika

liking [·laiking] *n* mapenzi

lily [·lili] *n* yungiyungi

limb [lim] *n* kiungo

lime [laim] *n* 1. ndimu 2. chokaa

limelight [·laimlait] *n* **to be in the limelight** -julikana

limit [·limit] 1. *n* kikomo 2. mpaka 3. **age limit** kikomo cha umri 4. **speed limit** kikomo cha kasi ya mwendo 5. *v* -wekea kikomo

limitation [,limi·teishən] *n* kikomo

limited [·limitid] *adj* 1. -enye mipaka 2. -dogo

limited company *n* kampuni yenye dhima ya kikomo

limitless [·limitləs] *adj* bila kikomo

limo; limousine [·liməu; ,limə·zi:n] *n* limuzini

limp [limp] 1. *adj* -teketeke 2. *v* -chechemea

limpet [·limpit] *n* koanata

linchpin [·linchpin] *n* kiungo muhimu

line [lain] 1. *n* mstari 2. waya 3. safu 4. **telephone line** simu 5. **fishing line** ugwe wa kuvulia samaki 6. *v* -weka kitambaa ndani 7. *see* **line up**

lineman [·lainmən] *n* fundi wa waya

linen [·linin] *n* kitani

liner [·lainə] *n* 1. meli ya abiria 2. ndege ya abiria

line up *v* -panga mstari

linger

linger [ˈlɪŋgə] *v* -kawia
lingerie [ˈlɒnʒəri] *n* nguondani za kike
lingua franca [ˌlɪŋgwəˈfræŋkə] *n* lugha ya mawasiliano
linguist [ˈlɪŋgwɪst] *n* mwana isimu
linguistic [lɪŋˈgwɪstɪk] *adj* -a isimu
linguistics [lɪŋˈgwɪstɪks] *n* isimu
lining [ˈlaɪnɪŋ] *n* bitana
link [lɪŋk] 1. *n* kiungo 2. pete 3. *v* -ungana
links [lɪŋks] *n/pl* **golf links** kiwanja cha gofu
link-up *n* unganisho
link up *v* -unganisha
lino; linoleum [ˈlaɪnəu; lɪˈnəuliəm] *n* zulia la plastiki
lion [ˈlaɪən] *n* simba
lioness [ˈlaɪənɪs] *n* simba jike
lip [lɪp] *n* mdomo
lip-read *v* -soma midomo
lip reading *n* kusoma midomo
lip service *n* maneno matupu
lipstick [ˈlɪpstɪk] *n* rangi ya midomo
liquefy [ˈlɪkwɪfaɪ] *v* -yeyusha
liquid [ˈlɪkwɪd] 1. *adj* -a majimaji 2. *n* maji
liquidate [ˈlɪkwɪdeɪt] *v* 1. -ua 2. *(fin.)* -lipa deni
liquidation [ˌlɪkwɪˈdeɪʃən] *n* *(fin.)* ulipaji deni
liquor [ˈlɪkə] *n* pombe
lira [ˈlɪːrə] *n* lira
list [lɪst] 1. *n* orodha 2. *v* -orodhesha 3. *(mar.)* -egemea
listen [ˈlɪsn] *v* -sikiliza; -sikia
listen in *v* -pulikiza
listener [ˈlɪsnə] *n* msikilizaji
listening post *n* kituo cha kupulikiza maadui
listless [ˈlɪstlɪs] *adj* -tepetevu
lit [lɪt] *see* **light**
liter [ˈliːtə] *(US)* *n* lita
literacy [ˈlɪtərəsɪ] *n* kujua kusoma na kuandika
literal [ˈlɪtərəl] *adj* halisi
literal translation *n* tafsiri sisisi

literally [ˈlɪtərəli] *adv* neno kwa neno
literary [ˈlɪtərəri] *adj* -a fasihi
literate [ˈlɪtərəl] *adj* 1. -enye kujua kuandika na kusoma 2. -enye elimu
literature [ˈlɪtrəchə] *n* fasihi
litigation [lɪtɪˈgeɪʃən] *n* kufungua madai mahakamani
litre [ˈliːtə] *n* lita
litter [ˈlɪtə] *n* takataka
litter bin *n* pipa la takataka
little [ˈlɪtl] 1. *adj* -dogo 2. -fupi 3. *adv* kidogo 4. **a little** kidogo
little by little *adv* kidogo kidogo
live [laɪv] 1. *adj* -hai 2. **a live broadcast** matangazo ya moja kwa moja 3. **live bullet** risasi wenye marisawa 4. **live wire** waya wenye umeme 5. *adv* **to broadcast live** -tangaza moja kwa moja
live [lɪv] *v* 1. -wa hai 2. -ishi; -kaa
livelihood [ˈlaɪvlɪhud] *n* riziki
lively [ˈlaɪvlɪ] *adj* -changamka
liver [ˈlɪvə] *n* ini
livery stable [ˈlɪvəri ˈsteɪbəl] *n* banda la farasi wa kukodishwa
lives [laɪvz] *see* **life**
livestock [ˈlaɪvstɒk] *n* mifugo
livid [ˈlɪvɪd] *adj* -lioasirika sana
living [ˈlɪvɪŋ] 1. *adj* -hai 2. *n* hali za kuishi 3. riziki 4. **standard of living** kiwango cha maisha 5. **to make a living** -pata riziki
living-room *n* sebule
lizard [ˈlɪzəd] *n* mjusi
load [ləud] 1. *n* mzigo 2. *v* -pakiza 3. -twisha 4. **to load a gun** -tia risasi
loaf [ləuf; ləuvz] *n* *(pl* **loaves)** mkate
loan [ləun] 1. *n* mkopo 2. **to take a loan** -kopa 3. *v* -kopesha
loanword [ˈləunwəːd] *n* neno la mkopo
loathe [ləudh] *v* -chukia kabisa
loathing [ˈləudhɪŋ] *n* chuki
loathsome [ˈləudhsəm] *adj* -a kuchukiza
loaves [ləuvz] *see* **loaf**

lob [lɔb] *v* -rusha
lobby ['lɔbi] 1. *n (pol.)* ukumbi wa bunge 2. **hotel lobby** sebule 3. *v (pol.)* -shawishi wabunge
lobbyist ['lɔbiyist] *n (pol.)* mshawishi wabunge
lobe [ləub] *n* ndewe
lobster ['lɔbstə] *n* kambamti
local ['ləukəl] 1. *adj* -a mahali (maalumu) 2. *n* mkazi wa mahali
local anaesthetic *n* dawa ya ganzi
local authority *n* serikali ya jimbo
locale [ləu'kaːl] *n* mahali
local government *n* serikali ya mitaa
locality [ləu'kaləti] *n* mahali
localize ['ləukəlaiz] *v* -fanya ya mahali
local time *n* saa za mahali pale
locate [ləu'keit] *v* 1. -onyesha mahali pa 2. *see* **located**
located [ləu'keitid] *adj* **to be located** -wekwa mahali
location *n* mahali (maalumu)
loch [lɔkh; lɔk] *n* ziwa
lock [lɔk] *n* 1. *n* kufuli 2. *v* -funga (kwa ufunguo)
locked [lɔkt] *adj* **to be locked** kufungiwa
locker ['lɔkə] *n* kabati
lockjaw ['lɔkjɔː] *n* pepopunda
locksmith ['lɔksmith] *n* fundi wa kufuli
lock-up ['lɔkʌp] *n* korokoroni
locomotive [,ləukə'məutiv] *n* kichwa cha garimoshi
locust ['ləukəst] *n* nzige
lode [ləud] *n* uzi
lodge [lɔj] 1. *n* nyumba 2. *v* -panga 3. -ingia 4. **to lodge a complaint (against)** -shtaki 5. **to lodge an appeal** -kata rufaa
lodger ['lɔjə] *n* mpangaji wa muda
lodgings ['lɔjingz] *n* chumba cha kupanga kwa muda
loft [lɔft] *see* **attic**

lofty ['lɔfti] *adj* -a juu sana
log [lɔg] *n* gogo
log book *n* batli
loggerheads ['lɔgəhedz] *pl* **to be at loggerheads with** -gombana
logging ['lɔging] *n* ukataji miti
logic ['lɔjk] *n* mantiki
logical ['lɔjikəl] *adj* -enye mantiki
logistics [lɔ'jistiks] *pl* utaratibu wa ugavi na usafirishaji
logo ['ləugəu] *n* nembo
loins [lɔinz] *n* kiuno
loiter ['lɔitə] *v* -zurura
lone [ləun] *adj* -a pekee
loneliness ['ləunlinəs] *n* upweke
lonely ['ləunli] *adj* -pweke
long [lɔng] 1. *adj* -refu 2. *adv* -ote 3. **before long** hatimaye 4. **in the long run** kwa muda mrefu 5. **as long as** mradi 6. **how long?** kwa muda gani? 7. *see* **long for**
long ago *adv* 1. zamani sana
long-distance *adj* -a masafa marefu
longer *see* **long, no longer**
long for *v* -tamani sana
longing ['lɔnging] *n* hama
longitude ['lɔngityuːd] *n* longitudo
long-lasting *adj* -a kudumu
long-range *adj* -a muda mrefu
long-range artillery *n* mzinga wa masafa marefu
long-sighted *adj* -a kuona mbali
longstanding [lɔng'standing] *adj* -liodumu muda mrefu
long-suffering *adj* -stahamilivu
long-term *adj* -a muda mrefu
long-wave *n* mawimbi ya masafa marefu
loo [luː] *n (UK)* msala
look [luk] 1. *n* mtazamo 2. sura 3. *v* -tazama 4. -onekana
look after *v* -tunza
look at *v* -angalia
look away *v* -kwepesha macho
look back *v* -tazama nyuma
look for *v* -tafuta

look forward to *v* -ngojea kwa hamu

looking-glass [ˈlukinggɫaːs] *n* kioo

look into *v* -chunguza

look like *see* **like**

look-out *n* (mil.) mahali pa kulindia

look out *v* 1. -tazama 2. **look out!** tahadhari!

look over *v* -kagua

looks [luks] *pl* sura

look through *v* -durusu

look up *v* -tafuta

loom [luːm] 1. *n* kitanda cha mfumi 2. *v* -tisha

loop [luːp] *n* kitanzi

loophole [ˈluːphəul] *n* kitundu

loose [luːs] *adj* 1. -liofunguka 2. -siokazwa 3. **to break loose** -funguka 4. **to let loose** -achia huru 5. **to come loose** -legea

loosen [ˈluːsən] *v* -fungua

lop [lɔp] *v* -kata

lopsided [ˌlɔpˈsaidid] *adj* -a kwenda upande

loquacious [ləˈkweishəs] *adj* -enye domo

loquacity [ləˈkwasəti] *n* domo

lord [lɔːd] *n* 1. mtwala mkuu 2. (rel.) **the Lord** Mungu

lore [lɔː] *n* elimu

lorry [ˈlɔri] *n* (UK) lori

lose [luːz; lɔst] *v* (lost) 1. -poteza 2. (spor.) -shindwa 3. *see* **lost**

lose face *v* They have lost face. Wameaibika.

lose hope *v* -kata tamaa

loser [ˈluːzə] *n* mshindwa

loss [lɔs] *n* 1. kupoteza 2. kukosa 3. (fin.) hasara 4. **loss of blood** kupoteza damu 5. **loss of life** kupoteza matazamio ya uhai 6. *see* **losses**

losses [ˈlɔsis] *pl* (mil.) hasara

lost [lɔst] *adj* 1. **to get/be lost** -potea 2. *see* **lose**

lot [lɔt] 1. *n* wingi 2. **vacant lot** kiwanja cha kujengea 3. **parking lot** mahali pa kuegeshea magari 4. **film lot** studio 5. **lots; a lot (of)** -ingi 6. **the whole lot** idadi yote 7. *adv* sana

lotion [ˈləushən] *n* losheni

lots of [ˈlɔtsɔv] -ingi

lottery [ˈlɔtəri] *n* bahati nasibu

lottery ticket *n* tikiti ya bahati nasibu

loud [laud] *adj* 1. -enye sauti kubwa 2. **to read out loud** -soma kwa sauti kubwa

loudhailer [laudˈheilə] *n* kipaza sauti

loudly [ˈlaudli] *adv* kwa sauti kubwa

loudness [ˈlaudnəs] *n* sauti kubwa

loudspeaker [ˌlaudˈspiːkə] *n* kipaza sauti

lough [lɔk] *see* **loch**

lounge [launj] *n* sebule

louse [laus; lais] *n* (pl **lice**) chawa

lout [laut] *n* baradhuli

love [lʌv] 1. *n* mapenzi; pendo 2. *v* -penda 3. **to make love** -fanya mapenzi 4. **to fall in love (with)** -penda

lovable [ˈlʌvəbəl] *adj* -a kupendeka

love affair *n* mapenzi

lovechild [ˈlʌvchaild] *n* mwanaharamu

lovely [ˈlʌvli] *adj* -zuri

lover [ˈlʌvə] *n* 1. mpenzi 2. shabiki

loving [ˈlʌving] *adj* -enye upendo

low [ləu] 1. *adj* -fupi 2. -a chini 3. -shenzi 4. **to run low** -punguka 5. **to lie low** -kaa kimya 6. *adv* chini

lower [ˈləuə] 1. *adj* -a chini zaidi 2. *v* -teremsha 3. -punguza

lower case *n* herufi ndogo

Lower House [ˈləuə] *n* (pol.) Jumba la Wakilishi

low-key *adj* -sio makeke

lowlands [ˈləulandz] *pl* nyanda za chini

low life *n* maisha ya kishenzi

low tide *n* maji kupwa

lowly [ˈləuli] *adj* duni

loyal [ˈlɔiəl] *adj* -aminifu
loyalty [ˈlɔiəlti] *n* uaminifu
l.p. (= **long-playing record**) [elˈpiː] *n* sahani ya santuri
ltd *see* limited
lubricant [ˈluːbrikənt] *n* mafuta ya kulainisha
lubricate [ˈluːbrikeit] *v* -lainisha
lubrication [ˌlubriˈkeishən] *n* kutia mafuta
luck [lʌk] *n* bahati
luckily [ˈlʌkili] *adv* kwa bahati
lucky [ˈlʌki] *adj* -enye bahati
lucrative [ˈluːkrətiv] *adj* -a kuleta faida
ludicrous [ˈluːdikrəs] *adj* -a kuchekesha
lug [lʌg] *v* -kokota
luggage [ˈlʌgij] *n* mizigo
lukewarm [ˌluːkˈwɔːm] *adj* -a uguvuguvu
lull [lʌl] 1. *n* utulivu 2. *v* -liwaza
lumber [ˈlʌmbə] *n* mbao
lumber mill [ˈlʌmbəˌmil] *n* kiwanda cha mbao
luminous [ˈluːminəs] *adj* -a kung'aa
lump [lʌmp] *n* 1. donge 2. *(med.)* jipu; uvimbe
lump sum *n* malipo yote kwa pamoja
lunacy [ˈluːnəsi] *n* wazimu
lunar [ˈluːnə] *adj* -a mwezi
lunatic [ˈluːnətik] 1. *adj* -enye kichaa 2. *n* majinuni
lunch [lʌnch] 1. *n* chakula cha mchana 2. *v* kula chakula cha mchana
luncheon [ˈlʌnshən] *n* chakula cha mchana

lunchtime [ˈlʌnchtaim] *n* wakati wa chakula cha mchana
lung [lʌng] *n* pafu
lunge [lʌnj] *v* -enda mbele
lurch [ləːch] 1. *n* **to leave in the lurch** -acha katika shida 2. *v* -sepetuka
lure [luə] 1. *n* mvuto 2. **fishing lure** chambo 3. *v* -vuta
lurid [ˈlyurid] *adj* -a kutisha
lurk [ləːk] *v* -jificha
luscious [ˈlʌshəs] *adj* -tamu sana
lush [lʌsh] *adj* -a kusitawi sana
lust [lʌst] *n* ashiki
luxurious [lʌgˈzhuəriəs] *adj* -a anasa
luxury [ˈlʌkshəri] 1. *adj* -a anasa 2. *n* anasa
lycee [liˈsai] *n (ed.)* shule ya sekondari
lying [ˈlaying] 1. *adj* -nayolala 2. *see* lie
lymph [limf] 1. *adj* -a limfu 2. *n* limfu
lymph glands *pl* tezi za limfu
lymphatic [limˈfatik] *adj* -a limfu
lymphatic system *n* mfumo wa limfu
lynch [linch] *v* -ua kiholela
lynching [ˈlinching] *n* uuaji wa kiholela
lynch-law *n* kunyonga bila kufuata sheria
lynch mob *n* kundi la wauaji wa kiholela
lyrics [ˈliriks] *pl* maneno ya wimbo
lyricist [ˈlirisist] *n* mtunzi (maneno ya) wa nyimbo

M

ma [ma] *n* mama
MA (master's degree) *n* shahada ya daraja ya pili
mac *see* **macintosh; mackintosh**
macabre [mə·kɑːbrə] *adj* -a kutisha
mace [meis] *n* mesi
machete [məsheti] *n* panga
machine [mə·shiːn] 1. *n* mashine 2. *v* -fanya kwa kutumia mashine
machine-gun *n* bombomu
machinery [mə·shiːnəri] *n* 1. sehemu vya mashine 2. *(pol.)* urasimu
machinist [mə·shiːnist] *n* mtengeneza mashine
machine-made *adj* -liotengenezwa kwa mashine
machine tool *n* mashine ya samani
machismo [məˈkizmou] *n* udume
macho [ˈmɑːtʃəu] *adj* kikaka
macintosh, mackintosh [ˈmakintɔʃ] *n* 1. *(UK)* koti la mvua 2. kompyuta
macrobiotic [makrəubaiˈɔtik] *adj* -nayorefusha uhai
macrobiotic food *n* chakula cha mboga asilia tu
mad [mad] *adj* 1. -enye wazimu 2. -enye hasira 3. **He's mad about football.** Mshabiki wa mpira.
madly [ˈmadli] *adv* sana
madam [ˈmadəm] *n* bibi
madden [ˈmadən] *v* 1. -tia wazimu 2. -kera sana
made [meid] *see* **make**
madhouse [ˈmadhaus] *n* 1. hospitali ya wendawazimu 2. vurumai
madman [ˈmadmən] *n* mwendawazimu
madness [ˈmadnəs] *n* wazimu

madwoman [ˈmadwumən] *n* mwendawazimu
maestro [ˈmaistrəu] *n (mus.)* bingwa
mae west [ˈmai-ˈwest] *n (mar.)* koti la uokoaji
mafia [ˈmafiyə] *n* mafia
magazine [ˌmagəˈziːn] *n* 1. gazeti 2. *(mil.)* chemba
maggot [ˈmagət] *n* funza
magic [ˈmajik] 1. *adj* -a ajabu 2. *n* uchawi
magical [ˈmajikəl] *adj* -a ajabu
magician [məˈjishən] *n* mchawi
magistrate [ˈmajistreit] *n* hakimu
magistrates' court *n* mahakama ya hakimu mkazi
magnanimous [magˈnaniməs] *adj* karimu
magnate [ˈmagneit] *n* mkwasi
magnet [ˈmagnit] *n* sumaku
magnetic [magˈnetik] *adj* - sumaku
magnetic field *n* ugasumaku
magnetic north *n* kaskazini kisumaku
magnetic pole *n* ncha sumaku
magnetize [ˈmagnətaiz] *v* 1. -tia sumaku 2. -vuta
magnificent [magˈnifisnt] *adj* -zuri kabisa
magnification [ˌmagnifiˈkeishən] *n* ukuzaji
magnify [ˈmagnifai] *v* -kuza
magnifying glass [ˈmagnifaing-glɑːs] *n* kio cha kukuza
magnitude [ˈmagnityuːd] *n* ukubwa
mahogany [məˈhɔgəni] *n* mkangazi
maid [meid] *n* mtumishi
maiden [ˈmeidən] *n* binti
maiden name *n* jina la ukoo
mail [meil] 1. *n* barua (za posta) 2.

registered mail barua iliyo rejista
3. express mail barua ya haraka **4.**
v -peleka kwa posta
mail-bag [ˈmeilbag] *n* mfuko wa
barua
mail boat *n* meli ya barua
mail bomb [ˈmeilbɔm] *see* **letter
bomb**
mailbox [ˈmeilbɔks] *n* sanduku la
posta
mailman [ˈmeilman] *n* mtu anayeleta
barua
mail-order [ˈmeilɔdə] *n* ununuzi
kwa posta
maim [meim] *v* -lemeza
main [mein] *adj* -kuu
main deck *n* sitaha kuu
mainland [ˈmeinland] *n* bara
mainly [ˈmeinli] *adv* hasa
main mast *n* mlingoti mkuu
mainstay [ˈmeinstei] *n* tegemeo kuu
mainstream [ˈmeinstriːm] *adj* -a
mwelekeo tawala
maintain [meinˈtein] *v* 1. -dumisha
2. -shikilia 3. *(fin.)* -lisha
maintenance [ˈmeintənəns] *n*
kukimu
maintenance order *n* amri ya
kukimu
maisonette [meizəˈnet] *n* nyumba
ndogo ya ghorofa moja
maize [meiz] *n* mahindi
majestic [məˈjestik] *adj* -adhimu
majesty [ˈmajəsti] *n* **Your Majesty**
Mtukufu
major [ˈmeijə] 1. *adj* -kuu 2. *n (mil.)*
meja
major powers *pl (pol.)* mataifa
makubwa
major-general *n (mil.)* meja
jenerali
majority [məˈjɔrəti] *n* 1. wingi 2. **to
be in the majority** -wa zaidi ya
nusu
majority judgement *n* hukumu
ya wengi
majority rule *n* uongozi wa wengi

majority verdict *n* uzmuzi wa
wengi
major road *n* barabara kuu
make [meik; meid] 1. *n* kabila 2. *v*
(**made**) -fanya 3. -tengeneza 4.
-pata
make a decision *v* -toa uamuzi
make fun of *v* -dharau
make love *v* -fanya mapenzi
make out *v* -fahamu
make out a cheque *v* -thibitisha
hundi
maker [ˌmeikə] *n* mfanyaji
makeshift [ˈmeikshift] *adj* -a muda
make-up [ˌmeikʌp] *n* 1. rangi za uso
2. **to put on make-up** -paka
vipodozi
make up *v* 1. -paka vipodozi
2. -unda 3. -patana 4. -kamilisha 5.
-buni 6. -tayarisha
make up one's mind *v* -kata
shauri
maladjusted [ˌmaləˈjʌstid] *adj*
-siochukuana na mazingira
malady [ˈmalədi] *n* ugonjwa
malaria [məleˈariə] *n* malaria
malarial [məˈleriəl] *adj* -a malaria
male [meil] 1. *adj* -a kiume 2. *n*
dume
malfeasance [malˈfiːsəns] *n*
kutenda ubaya
malformation [malˈfɔmeishən] *n*
hitilafu
malformed [malˈfɔːmd] *adj* -enye
hitilafu
malfunction [malˈfʌŋkshən] 1. *n*
kasoro 2. *v* -wa na kasoro
malice [ˈmalis] *n* uovu
malicious [məˈlishəs] *adj* -ovu
malign [məˈlain] *v* -singizia
malignant [məˈlignənt] *adj* -enye
kudhuru
mall [mɔl] *n* **shopping mall**
madukani
mallet [ˈmalət] *n* nyundo
malnourished [malˈnʌrist] *adj*
safura

malnutrition [ˌmælnjuːˈtrɪʃən] *n* utapiamlo

malpractice [mælˈpræktɪs] *n* upurukushani kazini

maltreat [mælˈtriːt] *v* -onea

maltreatment [mælˈtriːtmənt] *n* uonevu

mammal [ˈmæml] *n* mamalia

man [mæn] *n* (*pl* **men**) 1. mtu 2. binadamu

manacle [ˈmænəkəl] 1. *n* pingu 2. -tia pingu

manageable [ˈmænɪdʒəbəl] *adj* -liowezekana

manage [ˈmænɪdʒ] *v* 1. -ongoza 2. -tawala 3. -weza 4. -tunza

management [ˈmænɪdʒmənt] *n* 1. menejimenti 2. werevu

manager [ˈmænɪdʒə] *n* meneja

managerial [ˌmænɪˈdʒiːriəl] *n* -a meneja

managing director *n* maneja mkurugenzi

manatee [ˈmænətiː] *n* nguva

mandate [ˈmændeɪt] *n* 1. udhamini 2. mamlaka

mandate government *n* serikali ya udhamini

mandatory [mænˈdeɪtəri] *adj* -a lazima

mane [meɪn] *n* manyonya

maneuver [məˈnuːvə] *see* **manoeuvre**

mangle [ˈmæŋgəl] *v* -haribu

mango [ˌmæŋgəʊ] *n* embe

mangrove swamp [ˈmæŋgrəʊv ˈswɒmp] *n* bwawa la mikoko

manhandle [ˈmænˈhændəl] *v* -vurumisha

manhole [ˈmænhəʊl] *n* shimo la njiani

manhood [ˈmænhʊd] *n* utu uzima

manhunt [ˈmænhʌnt] *n* uwindaji

mania [ˈmeɪniə] *n* wazimu

maniac [ˈmeɪniak] *n* kichaa

manic-depressive *n* mtu anayefurahi na kuhuzunika kupita kiasi

manicure [ˈmænɪkjuə] *v* utunzaji wa mikono na kucha

manifest [ˈmænɪfest] *v* -onyesha

manifesto [ˌmænɪˈfestəʊ] *n* manifesto

manioc [ˈmæniɒk] *n* muhogo

manipulate [məˈngɪpjuleɪt] *v* 1. -fanya 2. -chezea

manipulation [məˌnɪpjuˈleɪʃən] *n* 1. kufanya 2. uchezeaji

mankind [mænˈkaɪnd] *n* wanadamu

man-made *adj* -liotengenezwa na watu

mannequin [ˈmænɪkɪn] *n* mwonyesha mitindo

manner [ˈmænə] *n* 1. njia; namna 2. *see* **manners**

manners [ˈmænəz] *pl* adabu

mannerism [ˈmænərɪzəm] *n* upekee

manoeuvre [məˈnuːvə] 1. *n* maneva 2. *v* -fanya maneva 3. *see* **manoeuvres**

manoeuvres [məˈnuːvəz] *n* (*mil.*) 1. mazoezi ya kivita 2. **land manoeuvres** mazoezi ya kivita nchi kavu 3. **sea manoeuvres** mazoezi ya kivita baharini

manor [ˈmænə] *n* nyumba kubwa

manpower [ˈmænpaʊə] *n* ikama

mansion [ˈmænʃən] *n* jumba kubwa

man-sized *adj* -kubwa

manslaughter [ˈmænslɔːtə] *n* uuaji

mantelpiece [ˈmæntəlpiːs] *n* shubaka juu ya meko

mantle [ˈmæntl] *n* kifuniko

man-trap [ˈmæntrap] *n* mtego wa kutegea watu

manual [ˌmænjuəl] 1. *adj* -a mikono 2. *n* kitabu cha mwongozo

manual labour *n* kazi ya sulubu

manufacture [ˌmænjuˈfækʧə] 1. *n* utengenezaji 2. *v* -tengeneza

manufactured [ˌmænjuˈfækʧəd] *adj* -liotengenezwa

manufacturer [ˌmænjuˈfækʧərə] *n* mtengenezaji

manufacturing [ˌmænjuˈfækʧəring] *n* utengenezaji

manure [məˈnyuə] *n* samadi
manuscript [ˈmanyuskript] *n* muswada
many [ˈmeni] *adj* 1. -ingi 2. as many as kiasi utaka 3. how many? ngapi?
map [map] *n* ramani
map grid *n* kizucho cha ramani
map out *v* -panga
map reader *n* msomaji ramani
map scale *n* kipimia ramani
mar [maː] *v* -umbua
marathon [ˈmarəthən] *n* marathoni
maraud [məˈrɔːd] *v* -nyang'anya
marble [ˈmaːbəl] *n* marumaru
march [maːch] 1. *n* mwendo wa kijeshi 2. matukio 3. **protest march** maandamano ya kupinga 3. *v (mil.)* -tembea
March *n* Machi
marcher [ˈmaːchə] *n* 1. muandamanaji 2. **protest marcher** muanadamanaji anayepinga
mare [meə] *n* faraasi jike
margarine [ˌmaːjəˈriːn] *n* majarini
margin [ˈmaːjin] *n* 1. ukingo 2.. **by a narrow margin** chupu chupu
marginal [ˈmaːjinəl] *adj* -a pembeni
marijuana [ˌmariˈhwaːnə] *n* bangi
marina [məˈriːnə] *n* bandari
marine [məˈriːn] 1. *adj* -a bahari 2. -a meli 3. *n* askari wa manowari
marine insurance *n* bima ya meli na mizigo
mariner [ˈmarinə] *n* 1. baharia 2. **master mariner** nahodha
marionette [ˈmariyənet] *n* karagosi
marital [ˈmaritəl] *adj* -a ndoa
maritime [ˈmaritaim] *adj* -a bahari
maritime law *n* sheria ya bahari
mark [maːk] 1. *n* alama 2. *(tech.)* ishara 3. *(acad.)* maksi 4. *v* -tia alama 5. *(acad.)* -toa maksi 6. *see* **deutschmark**
marked [maːkt] *adj* wazi
marker [ˈmaːkə] *n* kalamu ya wino mzito

market [ˈmaːkit] 1. *adj* -a soko 2. *n* soko 3. *v* -tangaza 4. *see* **black market**
marketable [ˈmaːkitəbəl] *adj* -a kuuzika
market competition *n* ushindano wa soko
marketing [ˈmaːkiting] *n* 1. elimu ya soko 2. kutangaza
marketing board *n*
market place *n* sokoni
market price *n* bei ya sokoni
market research *n* utafiti wa soko
market town *n* gulio
marksman [ˈmaːksmən] *n* mlengaji hondari
marmalade [ˈmaːməleid] *n* mamaledi
marmot [ˈmaːmət] *n* panyabuku
maroon [məˈruːn] 1. *adj* hudhuringi 2. *v* -acha
marquee [maːˈkiː] *n* hema kubwa
marriage [ˈmarij] *n* ndoa
married [ˈmarid] *adj (man)* -enye kuoa; *(woman)* -enye kuolewa
marrow [ˈmarəu] *n* 1. uboho 2. mumunye
marry [ˈmari] *v* 1. -funga ndoa 2. **to marry (a man)** -oa 3. **to marry (a woman)** -olewa na
marsh [maːsh] *n* bwawa
marshal [ˈmaːshl] *n* 1. jamadari 2. **field-marshal** jemadari mkuu
marshy [ˈmaːshi] *adj* -a bwawa
martial [ˈmaːshl] *adj* -a vita
martial arts *pl* mapigano ya miereka
martial law *n* sheria za kijeshi
martingale [ˈmaːtingail] *n* hatamu
martyr [ˈmaːtə] *n* shahidi
martyrdom [ˈmaːtədəm] *n* kifo cha kishahidi
marvel [ˈmaːvl] 1. *n* ajabu 2. *v* -staajabu
marvellous [ˈmaːvələs] *adj* 1. -a ajabu 2. -zuri sana
Marxism [ˈmaːksizəm] *n* Umaksi
mascara [masˈkaːrə] *n* wanja

mascot [ˈmaskət] *n* mleta bahati

masculine [ˈmaskyulin] *adj* -a kiume

masculinity [ˌmaskyuˈliniti] *n* uume

mash [mash] *v* -ponda

mask [maːsk] **1.** *n* kinyago **2.** *v* -vaa kinyago **3.** -ficha

mason [ˈmeisən] *n* mwashi

mass [mas] **1.** *adj* -a wingi **2.** *n* wingi **3.** *(rel.)* misa **4.** *v* -kusanya

massacre [ˈmasəkə] **1.** *n* mauaji ya kinyama **2.** *v* -ua ovyo watu wengi

massage [ˈmasaːzh] **1.** *n* kuchua **2.** *v* -chua

mass-circulation newspaper *n* gazeti linaloenzwa kwa watu wengi

mass communications *pl* vyombo vya habari

mass destruction *n* uharibifu mkubwa

masseur; masseuse [ˈmasəː; ˈmasəːz] *n* msingaji

mass execution *n* mauaji makubwa kwa amri ya hakimu

massif [ˈmasiːf] *n* mrundikano wa milima

massive [ˈmasiv] *adj* -kubwa

mass media *n* vyombo vya habari

mass meeting *n* mkutano wa hadhara

mass migration *n* uhamiaji wa watu wingi

mass murder *n* mauaji makubwa bila ya sheria

mass-produce *v* -zalisha kwa wingi

mass production *n* uzalishaji kwa wingi

mast [maːst] *n* **1.** mlingoti **2.** half-mast nusu mlingoti

masthead [ˈmaːsthed] *n* ncha ya mlingoti

master [ˈmaːstə] **1.** *n* tajri **2.** *(mar.)* nahodha **3.** *v* -wa hodari **4.** *see* **schoolmaster**

masterful [ˈmaːstəfəl] *adj* -enye mkuu

mastermind [ˈmaːstəmaind] *n* mwanzilishi mwamba

masterpiece [ˈmaːstəpiːs] *n* kazi bora

masterplan [ˈmaːstəplan] *n* mpango mkuu

mastery [ˈmaːstəri] *n* ustadi

mastiff [ˈmastif] *n* mastini

mat [mat] *n* mkeka

match [mach] **1.** *n* sawa **2.** njiti ya kiberiti **3.** *(spor.)* mechi **4.** *v* -lingana na **5.** *see* **matches**

matchbox *n* kibiriti

matches [ˈmachiz] *n* kibiriti

matchstick *n* njiti ya kiberiti

matchless [ˈmachlis] *adj* sio na kifani

mate [meit] **1.** *n* mwenzi **2.** *(mar.)* sarahangi **3.** *v* -pandana

material [məˈtiəriəl] **1.** *adj* -a kiini **2.** muhimu **3.** *n* nyenzo **4.** kitambaa **5.** *see* **materials**

material evidence *n* ushahidi unaoathiri kesi

materialist [məˈtiːriyəlist] *n* myakinifu

materialize [məˈtiəriəlaiz] *v* -tokea

materials [məˈtiəriəlz] *pl* **1.** vifaa **2.** raw materials mali ghafi

materiel [məˈtiəriəl] *n* war materiel vifaa vya vita

maternal [məˈtəːnl] *adj* -a mama

maternity [məˈtəːnəti] *adj* -a uazizi

maternity clinic *n* kliniki ya uzazi

maternity hospital *n* hospitali ya uzazi

maternity leave *n* likizo la uzazi

maternity nurse *n* mkunga

maths; mathematics [maths; ˌmathəˈmatiks] *n* hisibati; hesabu

matinee [ˈmatinei] *n* maonyesho ya alasiri

matrimonial [ˈmatriməniəl] *adj* -a ndoa

matrimony [ˈmatriməni] *n* ndoa

matrix [ˈmeitriks] *n* matriki

matron [ˈmeitrən] *n* matroni

matter [ˈmatə] 1. *n* jambo 2. mata 3. **printed matter** magazeti; vitabu 4. **matter of fact** jambo la kweli 5. **What's the matter?** Kuna nini? 6. *v* kuwa na maana 7. **It doesn't matter.** Haidhuru.

mattress [ˈmatris] *n* godoro

mature [məˈtyuə] 1. *adj* -zima 2. *v* -pevuka

maturity [məˈtyuərəti] *n* upevu

maul [mɔːl] *v* -ponda

mausoleum [ˌmɔːsəˈliːəm] *n* kaburi kubwa

maverick [ˈmavərik] *n* mpinzani

maxim [ˈmaksim] *n* neno la hekima

maximize [ˈmaksimaiz] *v* -ongeza hadai upeo

maximum [ˈmaksiməm] 1. *adj* -a upeo 2. *n* upeo

May [mei] *n* Mei

may [mei] *v* (**might**) 1. -weza 2. labda 3. **May I come with you?** Nikufuate? 4. **I may come with you.** Labda nitafatana na wewe.

maybe [ˈmeibi] *adv* labda

mayhem [ˈmeihem] *n* vurumai

mayonnaise [ˌmeyəˈnaiz] *n* mayeneizi

mayor [ˈmeə] *n* meya

maze [meiz] *n* mzingile

me [miː] *pro* mimi; -ni-

meadow [ˈmedəu] *n* malisho

meagre, meager [ˈmiːgə] *adj* -chache

meal [miːl] *n* mlo

meal-time *n* wakati wa chakula

mean [miːn] 1. *adj* -ovyo 2. -a aibu 3. *(fin.)* -a kati 4. *n (fin.)* kati 5. *v* (**meant**) -maanisha 6. -dhamiria 7. *see* **means**

meaning [ˈmiːning] *n* maana

meaningful [ˈmiːningfəl] *adj* muhimu

meaningless [ˈmiːningləs] *adj* -sio maana

means [miːnz] *n* 1. njia 2. **means of payment** njia ya malipo 3. **means of support** njia ya kusaidia 4. **means of communication** njia ya mawasiliano 5. **by means of** kwa njia ya

means test *n* kipimo cha uwezo

meant [ment] *see* **mean**

meantime [ˈmiːntaim] *n* **in the meantime** wakati ule ule

meanwhile [ˈmiːnwail] *adv* sasa hivi

measles [ˈmiːzlz] *n* surua

measly [ˈmiːzli] *adj* -enye tegu

measurable [ˈmezhərəbəl] *adj* -a kupimika

measure [ˈmezhə] 1. *n* kiasi 2. *v* -pima 3. *see* **measures**

measurement [ˈmezhəmənt] *n* kipimo

measures [ˈmezhəz] *pl* **to take measures** -chukua hatua

meat [miːt] *n* nyama

meatball [ˈmiːtbɔl] *n* kababu

meaty [ˈmiːti] *adj* muhimu

mechanic [miˈkanik] *n* makanika

mechanical [miˈkanikəl] *adj* -a mitambo

mechanical engineer *n* mhandisi mitambo

mechanics [miˈkaniks] *n* umakanika

mechanism [ˈmekənizəm] *n* mtambo

mechanization [ˌmekənaiˈzeishən] *n* uhandisi

mechanize [ˈmekənaiz] *v* -tumia mashine

medal [ˈmedl] *n* nishani

medalist [ˈmedl] *n* mpewa nishani

meddle [ˈmedl] *v* -ingilia

media [ˈmiːdhiə] *n* **the media** njia za mawasiliano

mediaeval [ˈmiːdiə] *see* **medieval**

mediate [ˈmiːdieit] *v* -patanisha

mediation [ˌmiːdiˈeishən] *n* upatanisho

mediator [ˈmiːdieitə] *n* mpatanishi

medic [ˈmedik] *n* mwanafunzi wa tiba

medical ['medikəl] *adj* -a tiba

medical examination *n* uchunguzi wa kitabibu

medical school *n* chuo cha tiba

medicate ['medikeit] *v* -wekea dawa

medication [,medi'keishən] *n* dawa

medicinal [mə'disinl] *adj* -a dawa

medicine ['medhsng] *n* **1.** dawa **2.** tiba **3. to practise medicine** -fanya tiba

medicine chest *n* sanduku la dawa

medieval [,medi'i:vl] *adj* -a enzi za kati

mediocre [,mi:di'əukə] *adj* hafifu

mediocrity [,mi:di'ɔkrəti] *n* uhafifu

meditate ['mediteit] *v* -taamali

meditation [,medi'teishən] *n* taamuli

Mediterranean Sea [,meditə'reiniən 'si:] *n* Bahari ya Mediterania

medium ['mi:diəm] **1.** *adj* -a kati **2.** *n* njia **3.** *(fin.)* wastani

medium-range missile *n* kombora ya masafa ya kati

medium-sized *adj* -a kipimo cha kati

medium-wave *n* mawimbi ya kati

medley ['medli] *n* mchanganyiko

meek [mi:k] *adj* -pole

meekness ['mi:knis] *n* upole

meet ['mi:t] **1.** *n (spor.)* mashindano **2.** *v* **(met)** -kumbana na **3.** -fahamiana

meeting ['mi:ting] *n* mkutano

meeting place *n* mahali pa kukutania

meglomania [,megləu'meiniyə] *n* kupenda makuu

meglomaniac [,megləu'meiniyak] *n* mpenda makuu

megaphone ['megəfəun] *n* megafoni

melancholic ['melənkɔli] *adj* -enye huzuni

melancholy ['melənkɔli] *n* huzuni

melee [me'lei] *n* vurumai

mellow ['meləu] *adj* tulivu

melodrama ['melə,dra:mə] *n* melodrama

melodic [me'lɔdik] *adj* -a sauti tamu

melody ['melədi] *n* tuni

melon ['melən] *n* tikiti maji

melt [melt] *v* -yeyuka

member ['membə] *n* mwanachama

member of parliament *n* mbunge

membership ['membəship] *n* uanachama

membrane ['membrain] *n* utando

memento [mə'mentəu] *n* ukumbusho

memo ['meməu] *see* **memorandum**

memoirs ['memua:z] *pl* habari za maisha

memorable ['memərəbəl] *adj* -a sifa kubwa

memorandum [,memə'randəm] *n* taarifa

memorial [mə'mɔːriəl] *n* **1.** kumbukumbu **2.** sanamu ya ukumbusho

memorize ['meməraiz] *v* -kariri

memory ['meməri] *n* **1.** kumbukumbu **2.** mambo yaliyokwisha pita

memory loss *n* kupotewa na kumbukumbu

men [men] *see* **man**

menace ['menəs] **1.** *n* hamaniko **2.** *v* -hamanisha

mend [mend] *v* -rekebisha

menial ['mi:niyəl] *adj* duni

meningitis [,menin'jaitəs] *n* ugonjwa wa uti wa mgongo

menopause [,menə'pɔːz] *n* wakati wa kukatika hedhi; komahedhi

menses ['mensiz] *pl* hedhi

menstrual ['menstruəl] *adj* -a hedhi

menstruate ['menstrueit] *v* -wa na hedhi

menstruation [,menstru'eishən] *n* hedhi

mental [ˈmentl] *adj* -a akili
mental age *n* umri wa akili
mental cruelty *n* ukatili wa kiakili
mental deficiency *n* upungufu wa akili
mental home *n* mahali pa wagonjwa wa akili
mental health *n* ugonjwa wa akili
mental hospital *n* mahali pa wagonjwa wa akili
mental illness *n* ugonjwa wa akili
mentality [menˈtaləti] *n* fikira
mental patient *n* mgonjwa wa akili
mention [ˈmenshən] 1. *n* kutaja 2. *v* -taja nena 3. **Don't mention it!** Si kitu!
mentor [ˈmentə] *n* mshauri
menu [ˈmenyuː] *n* menyu
mercantile [ˈməːkəntail] *adj* -a biashara
mercantile marine *n* meli za biashara
mercantile law *n* sheria ya biashara
mercenary [ˈməːsinəri] *n* askari wa kukodiwa; mamluki
merchandise [ˈməːshəndaiz] *n* bidhaa
merchant [ˈməːchənt] *n* mfanyi biashara
merchant law *n* sheria ya biashara
merchant navy *n* meli za biashara
merchant man *n (mar.)* meli merikebu ya kupakia bidhaa
merciful [ˈməːsifəl] *adj* -enye kuinyesha huruma
merciless [ˈməːsilis] *adj* dhalimu
mercury [ˈməːkyuri] *n* zebaki
mercy [ˈməːsi] *n* huruma
mere [ˈmiə] *adj* -tupu
merely [ˈmiəli] *adv* tu
merge [ˈməːj] *v* -unganisha
merger [ˈməːjə] *n* kuunganisha
meridian [məˈridiən] *n* meridiani
merit [ˈmerit] 1. *n* ustahili 2. *v* -stahili
mermaid [ˈməːmeid] *n* nguva jike

merry [ˈmeri] *adj* -a furaha
merry-making *n* kufurahi
mesh [mesh] *n* tundu la wavu
mesmerise [ˈmezməraiz] *v* -fadhaisha
mess [mes] *n* 1. takataka 2. *see* **mess up**
message [ˈmesij] *n* taarifa
messenger [ˈmesinjə] *n* mjumbe
mess up *v* 1. -vuruga 2. -fujo
messy [ˈmesi] *adj* -chafu
met [met] *see* **meet**
metabolic [metaˈbəlik] *adj* -a umetaboli
metabolism [meˈtabəlizəm] *n* umetaboli
metal [ˈmetl] 1. *adj* -a metali 2. *n* metali
metallic [miˈtalik] *adj* -a metali
metallurgy [meˈtaləji] *n* ufuaji metali
metamorphosis [ˌmetəmɔːfəsis] *n* metamofosisi
metaphor [ˈmetəfɔː] *n* sitiari
mete out [ˈmiːt ˈaut] *v* -gawa
meteor [ˈmiːtiə] *n* kimondo
meteoric [ˌmiːtiˈɔrik] *adj* -a kuvuma
meteorologist [ˌmiːtiəˈrɔləjist] *n* mwanametorolojia
meteorology [ˌmiːtiəˈrɔləji] *n* metorolojia
meter [ˈmiːtə] *n* 1. **electricty meter** mita ya umeme 2. **parking meter** mita ya maegesho 3. *see* **metre**
method [ˈmethəd] *n* 1. utaratibu 2. mbinu
methodical [miˈthɔdikəl] *adj* -enye utaratibu
meticulous [miˈtikyuləs] *adj* -angalifu na sahihi
metre [ˈmiːtə] *n* mita
metro [ˈmetrəu] *n* metro
metropolis [məˈtrɔpəlis] *n* mji mkuu
mice [mais] *see* **mouse**
microbe [ˈmaikrəub] *n* vijiumbe maradhi

microfilm [ˈmaikrəufilm] *n* mikrofilamu

microphone [ˈmaikrəfəun] *n* mikrofoni

microprocessor [ˌmikrəuˈprəusesə] *n* mirkoprosesa

microscope [ˈmikrəskəup] *n* hadubini

microwave [ˈmikrəuweiv] *n* wimbi mikro

microwave oven *n* tanduri la wimbi mikro

mid [mid] *adj* -a kati

midday [ˌmidˈdei] *n* adhuhuri

middle [ˈmidəl] *n/adj* katikati

middle-age *n* utu uzima

middle-aged *adj* -a makamo

middle-class 1. *adj* -a tabaka la kati 2. *n* tabaka la kati

Middle East *n* Mashariki ya Kati

middleman [ˈmidlman] *n* mlanguzi

midget [ˈmijit] *n* kibete

midi [ˈmidi] *adj* midi

midlife [ˈmidˈlaif] *n* maisha ya wastani

midnight [ˈmidnait] *n* saa sita ya usiku

midst [midst] *n* **in the midst of** katikati ya

midstream [midˈstriːm] *n* katikati ya mkondo

midsummer [ˈmidˌsʌmə] *n* katikati ya kiangaazi

midway [ˌmidˈwei] *adv* katikati

midweek [ˌmidˈwiːk] *n* siku ya kati ya juma

midwife [ˈmidweif] *n* mkunga

midwifery [midˈwiferi] *n* ukunga

might [mait] 1. *n* nguvo 2. **with might and main** kwa nguvu zote 3. *see* **may**

mighty [ˈmaiti] *adj* -kubwa sana

migraine [ˈmaigrein; ˈmiːgrein] *n* kipandauso

migrant [ˈmaigrənt] 1. *adj* -a kuhama 2. *n* mhamiaji

migrant worker *n* mfanyakazi mhamaji

migrate [maiˈgreit] *v* -hama

migration [maiˈgreishən] *n* kuhama

migratory [maiˈgraitəri] *adj* -enye tabia ya kuhama

mild [maild] *adj* 1. -pole 2. -sio kali

mildly [ˈmaildli] *adv* kwa upole

mile [mail] *n* maili

mileage [ˈmailij] *n* umbali kwa maili

milestone [ˈmailstəun] *n* jiwe la maili

milieu [ˈmiːliyə] *n* mazingira

militancy [ˈmilitənsi] *n* mapambano

militant [ˈmilitənt] 1. *adj* -a kutaka mapambano 2. *n* mpigania haki

militarily [ˌmiliˈterəli] *adv* kwa kijeshi

militarize [ˌmiliˈteraiz] *v* -hamasisha kijeshi

military [ˈmilitri] 1. *adj* -a kijeshi 2. *n* jeshi

military academy *n* chuo cha kijeshi

military affairs *n* mambo ya kijeshi

military court *n* mahakama ya kijeshi

military expert *n* mtaalamu wa kijeshi

military government *n* serikali ya kijeshi

military honours *pl* heshima za kijeshi

military intelligence *n* jasusi wa kijeshi

military law *n* sheria ya kijeshi

military might *n* uwezo wa kijeshi

military police *n* askari polisi wa jeshini

military regime *n* utawala wa kijeshi

military rule *n* utawala wa kijeshi

military uniform *n* sare ya kijeshi

militia [miˈlishə] *n* jeshi la mgambo

militiaman [ˈmilishəman] *n* mwanamgambo

milk [milk] 1. *n* maziwa 2. **powdered milk** maziwa ya unga 3. *v* -kama

milkman [ˈmilkmən] n muuza maziwa
milkshake [ˈmilkʃaik] n sharubati
milky [ˈmilki] adj -a maziwa
mill [mil] n kinu
millennium [miˈleniəm] n kipindi cha miaka elfu
millet [ˈmilit] n 1. mtama 2. **bullrush millet** mawele
million [ˈmilyən] n milioni
millionaire [ˌmilyəˈneə] n milionea
mime [maim] 1. n uchezaji bubu 2. v -iga
mimic [ˈmimik] 1. n mwigaji 2. v -liyoigiwa
minaret [ˌminəˈret] n mnara (wa msikiti)
mince [mins] n saga
mind [maind] 1. n kukumbuka 2. **to change one's mind** -badilisha mawazo 3. **to make up one's mind** -amua 4. v -angalia 5. **Never mind!** Si kitu! 6. **I don't mind!** Sijali! 7. **Mind your own business!** Shika lako!
mind-altering drugs pl mihadarati
mindful [ˈmaindflə] adj -zingatifu
mine [main] 1. pro -angu 2. n madini 3. (mil.) bomu la kutega 4. **antipersonnel mine** bomu la kudhuru watu 5. **antitank mine** bomu la kuhraibu vifaru 6. **to lay mines** -weka mabomu 7. **to hit a mine** -kwaa bomu la kuzika ardhini 8. **to clear mines** -ondoa mabomu 9. v -chimba 10. (mil.) -weka mabomu
mine detector n chombo cha kugundua mabomu
mine disposal n kutegua mabomu
miner [ˈmainə] n mchimba madini
minefield n eneo lililozikwa mabomu
minelayer n meli ya kuega mabomu baharini
mineral [ˈminərəl] 1. adj -a madini 2. n madini

mineral water n maji yenye madini
minesweep [ˈmainˈswiːp] v -ondoa mabomu
minesweeper [ˈmainˈswiːpə] n chombo cha kuondoa mabomu
mingle [ˈmingl] v -changanyika
mini [ˈmini] adj -dogo
miniature [ˈminəchə] adj -dogo
minibus [ˈminibʌs] n daladala; matatu
minimize [ˈminimaiz] v -punguza kabisa
minimum [ˈminiməm] 1. adj -a chini 2. n kadiri iliyo ndogo iwezekanavyo
minimum wage n kima cha chini
mining [ˈmaining] 1. adj -a migodi 2. n uchimbuaji wa madini
mining company n kampuni ya migodi
minion [ˈminiyən] n mtumishi
minister [ˈministə] n 1. (pol.) waziri 2. (rel.) mchungaji
minister of state n waziri wa nchi
minister without portfolio n waziri bila wizaa maalumu
ministry [ˈministri] n wizara
minnow [ˈminəu] n samaki mdogo wa mtoni
minor [ˈmainə] 1. adj -dogo 2. n (leg.) mtoto
minority [maiˈnɔrəti] 1. adj -a wachache 2. n wachache 3. **to be in a minority** -wa wachache 4. **ethnic minority** kabila ya wachache 5. **national minority** taifa ya wachache
minority government n serikali ambayo ina chini
minority group n kikundi cha wachache
minority judgement n hukumu ya wachache
minority leader n kiongozi wa wachache

minority programme n kipindi kwa ajili ya wachache

minority rights n hala za wachache

minority rule n utawala wa wachache

mint [mint] 1. *adj* in mint condition -pya 2. *n* nanaa 3. government mint kiwanda cha kupiga chapa sarafu 4. *v* -piga chapa sarafu

minus ['mainəs] *prep* bila

minus sign n alama ya kutoa

minute [mai'nyu:t] *adj* 1. -dogo sana 2. -halisi

minute ['minit] n 1. dakika 2. up to the minute -a kisasa kabisa 3. in a minute sasa hivi 4. any minute wakati wowote 5. just a minute! ngoja kidogo! 6. the minute that... mara tu...

minute hand n mshale wa dakika

minutes ['minits] *pl* minutes of a meeting kumbukumbu za mkutano

miracle ['mirəkəl] n muujiza

miraculous [mi'rakyuləs] *adj* -a muujiza

mirage [mi'ra:zh] n mazigazi

mirror ['mirə] n kioo

mirth [mə:th] n furaha

misadventure [,misəd'venchə] n shari

misapply ['misə'plai] *v* -tumia vibaya

misapprehension [,misapri'henshən] n kukosa kufahamu maana

misbehave [,misbi'heiv] *v* -kosa adabu

misbehaviour [,misbi'heiviə] n tabia mbaya

miscalculate [mis'kalkyuleit] *v* -kokotoa vibaya

miscalculation [,miskalkyu'leishən] n kukokotoa vibaya

miscarriage ['miskarij] n *(med.)* kuharibika mimba

miscarriage of justice ['miskarij] n upotoshaji wa haki

miscarry [mis'kari] *v (med.)* -haribu mimba

miscellaneous [,misə'leiniəs] *adj* -anuwai

mischance [mis'cha:ns] n bahati mbaya

mischief ['mischif] n utundu

mischievous ['mischivəs] *adj* -tundu

misconception [,miskən'sepchən] n kukosa kufahamu maana

misconduct [,mis'kɔndʌkt] n tabia mbaya

misdeed ['mis'di:d] n tendo baya

misdemeanour [,misdəmi:nə] n kosa dogo

misdirect [misdai'rekt] *vi* -elekeza vibaya

miserable ['mizrəbəl] *adj* 1. maskini 2. hafifu

miserly ['maizəli] *adj* (-a) bahili

misery ['mizəri] n umaskini

misfire [,mis'faiəd] *v* 1. *(gun)* -tolipuka 2. *(engine)* -towaka

misfit ['misfit] n mhuni

misfortune [,mis'fɔ:chu:n] n msiba

misgivings [mis'givingz] *pl* wasiwasi

misgovern [mis'gʌvən] *v* -tawala vibaya

misguide [,mis'gaid] *v* -shauri vibaya

misguided [mis'gaidid] *adj* -jinga

mishandle [mis'handəl] *v* -tendea mtu vibaya

mishap ['mishap] n ajali

mishear [mis'hi:ə] *v* (misheard) -tosikia vema

misinform [,misin'fɔ:m] *v* -potosha

misinformation [,misinfə'meishən] n taarifa iliyopotoshwa

misinterpret [,misin'tə:prit] *v* -elewa vibaya

misjudge [,mis'jʌj] *v* -pitisha vibaya

mislay [mis'lei] *v* -poteza

mislead [,mis'li:d] *v* (misled) -potosha

mismanage [mis·manij] v -ongoza vibaya

mismanagement [mis·manijmənt] n usimanuzi mbaya

misogynist [mi·sɔjinist] n mchukia wanawake

misogynistic [mi,sɔji·nistik] adj -a kuchukia wanawake

misogyny [mi·sɔjini] n kuchukia wanawake

misplace [mis·plais] v -weka mahali pasipo pake

misprint [·misprint] 1. n mategu 2. v -chapa vibaya

mispronounce [mispro·nauns] v -tamka vibaya

misquote [,mis·kwaut] v -dondoa vibaya

misread [·,mis·ri:d] v -elewa visivyo

misrepresent [,misreprə·zent] v -hudhurisha visivyo

misrule [,mis·ru:l] n kutawala vibaya

miss [mis] 1. n kukosa 2. **Miss** Bi 3. v -kosa 4. -kumbuka 5. **He missed the train.** Alichelewa garimoshi.

misshapen [,mis·sheipən] n -lioumbuka

missile [·misail] n 1. kombora 2. **guided missile** kombora linaloelekeza

missile base n kitu cha kurushia makombora

missing [·mising] adj -liopotea

missing in action adj to be **missing in action** -potea katika vita

mission [·mishən] n 1. ujumbe 2. (rel.) misheni 3. **diplomatic mission** ujumbe wa diplomasia 4. **to carry out a mission** -tumiza magizo

missionary [·mishəngri] n (rel.) mmishenari

misspell [mi·spel] v -kosea tahajia

misspend [mi·spend] v -tumia vibaya

misstate [mi·steit] v -kosea kusema

mist [mist] n ukungu

mistake [mi·steik] 1. n kosa 2. **by mistake** kwa makosa 3. **to make a mistake** -kosea 4. v (**mistook, mistaken**) -kosa; -dhania

mistaken [mi·steikən] adj **to be mistaken** -kosea

mister [·mistə] see **Mr**

mistook [·mistə] see **mistake**

mistranslate [,mistra:nz·leit] v -tafsiri visivyo

mistreat [mis·tri:t] v -tesa

mistreatment [mis·tri:tmənt] n 1. kuharibu 2. kubughudhi

mistress [·mistris] n 1. mpenzi 2. see **Mrs; schoolmistress**

mistrial [,mis·traiyəl] n kesi batili

mistrust [,mis·trʌst] 1. n shaka 2. v -onea shaka

mistrustful [mis·trʌstfəl] adj -enye tukia shaka

misty [misti] adj -a umande

misunderstand [,misʌndə·stand] v (**misunderstood**) -elewa vibaya

misunderstanding [,misʌndə-·standing] n kutoelewana

misuse [,mis·yu:z] v -tumia vibaya

mitigate [·mitigeit] v -punguza

mix [miks] 1. n mchanganyo 2. v -changanya

mixed [mikst] adj -enye mchanganyiko

mixed-race adj 1. -a rangi mchanyiko 2. **mixed-race person** mwenye rangi mchanyiko

mixed up adj 1. **I'm a little mixed-up about this.** Inanikanganya. 2. **to be mixed up in** -jihusisha na

mixer [·miksə] n kichanganyi

mixture [·mikschə] n mchanganyo

mix-up n 1. hali ya kutatanisha 2. see **mixed up**

moan [məun] v -piga kite

mob [mɔb] n 1. kundi 2. watu

mobile [·məubail] adj -a kwenda

mobile clinic n kliniki itembeayo

mobile home n nyumba inayoweza kuondoshwa

mobile phone *n* simu ya mkono

mobility [məu'biləti] *n* hali mwendo

mobilization [,məubilai'zeishən] *n* kuhamasisha

mobilize ['məubilaiz] *v* -hamasisha

mob rule *n* sheria mkononi

mock [mɔk] *v* -dhihaki

mockery ['mɔkəri] *n* dhihaka

mode [məud] *n* hali

model ['mɔdəl] 1. *n* kifani 2. **fashion model** muonyeshaji wa mitindo ya mavazi; model 3. *v* -finyanga

modem ['məudem] *n* modem

moderate ['mɔdərət] 1. *adj* -a kiasi 2. *n (pol.)* wastani

moderate ['mɔdəreit] *v* -punguza

moderation [,mɔdə'reishən] *n* kiasi

modern ['mɔdən] *adj* -a siku hizi; -a kisasa

modernize ['mɔdənaiz] *v* -fanya kuwa -a kisasa

modest ['mɔdist] *adj* staha

modesty ['mɔdisti] *n* 1. -a staha 2. -a kadiri

modification [,mɔdifi'keishən] *n* ubadili

modify ['mɔdifai] *v* -badilisha

mogul ['məgəl] *n* tajiri

moist [mɔist] *adj* -a unyevu

moisten ['mɔisən] *v* -tia maji kidogo

moisture ['mɔistsə] *n* unyevu

moisturize ['mɔischəraiz] *v* -rowesha kidogo

moisturizing cream *n* krimi ya uso

molar, molar tooth ['məulə] *n* gego

mold [məuld] *see* **mould**

mole [məul] *n* 1. baka jeusi 2. fuko 3. *(pol.)* jasusi 4. *(mar.)* bomazuizi

molecule ['mɔlekyu:l] *n* molekuli

molest [mɔ'lest] *v* -sumbua

molten ['mɔltən] *adj* lioyeyuka

moment ['məuməngt] *n* 1. kitambo kidogo 2. **at the moment** sasa hivi 3. **in a moment** sasa hivi 4. **for the moment** kwa sasa

momentarily [,məumən'terili] *adv* kwa sasa

momentary ['məuməntri] *adj* -a mara moja

momentous [məu'mentəs] *adj* -a maana sana

momentum [məu'mentum] *n* msukumo

monarch ['mɔnək] *n* mfalme

monarchist ['mɔnəkist] *n* mfuasi wa ufalme

monarchy ['mɔnəki] *n* ufalme

monastery ['mɔngəstri] *n (rel.)* nyumba ya watawa

Monday ['mʌndi] *n* Jumatatu

monetary ['mʌnitri] *adj* -a fedha

monetary policy *n* sera ya fedha

money ['mʌni] *n* fedha

money-order *n* hawala ya fedha

mongoose ['mɔnggu:s] *n* nguchiro

mongrel ['mʌnggrəl] *n* mbwa chotara

monitor ['mɔnitə] *n* 1. msikilizaji 2. televisheni

monk [mʌngk] *n (Chr.)* mtawa wa kiume; *(Isl.)* sufii

monkey ['mʌngki] *n* mtima, *etc*

monkey wrench *n* spana

mono- ['mɔnəu] *adj* -a moja tu

monochrome ['mɔnəukrəum] *adj* -a rangi moja

monopolize [mə'nɔpəlaiz] *v* -kiritimba

monopoly [mə'nɔpəli] *n* ukiritimba

monorail ['mɔnəurail] *n* mfumo wa treni ya reli moja

monotonous [mə'nɔtənəs] *adj* -siobadilika

monotony [mə'nɔtəni] *n* kutobadilika

monsoon [mɔn'su:n] *n* monsuni; masika

monster ['mɔnstə] *n* dubwana

monstrous ['mɔnstrəs] *adj* 1. -a kuogofya 2. -kubwa mno

month [mʌnth] *n* mwezi

monthly ['mʌnthli] *adj* -a mwezi

monument [ˈmɔnyumənt] *n* jengo ya ukumbusho

mood [muːd] *n* 1. hali 2. to be in a good mood -wa mcheshi 3. to be in a bad mood -wa msonono 4. to be in the mood for -tamani kitu

moon [muːn] *n* 1. mwezi 2. full moon mwezi mpevu 3. new moon mwezi mchanga

moonbeam [ˈmuːnbiːm] *n* mbalamwezi

moonlight [ˈmuːnlait] *n* mbalamwezi

moonstruck [ˈmuːnstrʌk] *adj* -enye wazimu

moor [mɔː] 1. *n* mbuga 2. *v* -funga chombo ufukoni

moorland [ˈmɔːlənd] *n* mbuga

mooring [ˈmɔːring] *n* kebo

moral [ˈmɔrəl] *adj* 1. -adilifu 2. *see* morals

morale [məˈral] *n* hamasa; moyo

morality [məˈraləti] *n* uadilifu

morals [ˈmɔrəlz] *n* maadili

morbid [ˈmɔːbid] *adj* -chafu

more [mɔː] *adj/adv* 1. zaidi 2. more and more kwa hatua 3. more or less takriban

more than 1. zaidi ya 2. more than ever zaidi ya zaidi

moreover [mɔːˈrəuvə] *conj* aidha

morgue [mɔːg] *n* nyumba ya maiti

morning [ˈmɔːning] *n* 1. asubuhi 2. Good morning! subalkheri!

morning sickness *n* kichefuchefu cha mjamzito asubuhi

morphine [ˈmɔːfiːn] *n* afyuni

morsel [ˈmɔːsəl] *n* chembe

mortal [ˈmɔːtl] 1. *adj* -enye kufa 2. *n* binadamu

mortality [mɔːˈtaləti] *n* 1. hali ya kuweza kufa 2. vifo

mortality rate *n* kiwango cha vifo

mortar [ˈmɔːtə] *n* 1. mota 2. kinu 3. *(mil.)* kombora

mortgage [ˈmɔːgij] 1. *n* rehani 2. *v* -weka rehani

mortgagee [ˌmɔːgəˈjiː] *n* mweka rehani

mortician [mɔːˈtishən] *n* msimamizi wa mazishi

mortuary [ˈmɔːchəri] *n* nyumba ya maiti

Moslem [ˈmʌzlim] 1. *adj* -a Kiislamu 2. *n* Mwislamu

mosque [mɔsk] *n* msikiti

mosquito [mɔsˈkiːtəu] *n* mbu

mosquito net *n* chandalua

mosquito-proof *adj* -siopitisha mbu

moss [mɔs] *n* kuvumwani

most [məust] *adj/adv* 1. -ingi (sana) 2. zaidi 3. kuliko yote 4. most of all zaidi ya hayo 5. for the most part kwa jumla 6. to make the most of -tumila kila nafasi

mostly [ˈməustli] *adv* hasa

motel [məuˈtel] *n* moteli

moth [mɔth] *n* nondo

mother [ˈmʌdhə] *n* mama

motherhood [ˈmʌdhəhud] *n*

mother-in-law *n* mama mkwe

motherland [ˈmʌdhəland] *n* nchi ya kuzaliwa

motherly [ˈmʌdhəli] *adj* kama mama

mother of pearl *n* lulumizi

mother-tongue *n* lugha mama

motif [məuˈtiːf] *n* motifu

motion [ˈməushən] *n* 1. mwendo 2. *(pol.)* hoja 3. to set in motion -sababisha kitu kiende

motionless [ˈməushənlis] *adj* -siojongea

motion picture *n* filamu

motivate [ˈməutiveit] *v* -tia motisha

motivation [ˌməutiveishən] *n* motisha

motive [ˈməutiv] *n* sababu

motor [ˈməutə] *n* mota

motor boat *n* motaboti

motorbike [ˈməutəbaik] *n* pikipiki

motor car *n* motokaa

motorcycle [ˈməutəˌsaikəl] *n* pikipiki; motosaikel

motorcyle rider *n* mpandaji wa motosaikel/pikipiki

motoring [ˈməutəriŋ] *n* uwendeshaji wa gari/motokaa

motorist [ˈməutərist] *n* mwendeshaji wa gari/motokaa

motor scooter *n* pikipiki; skuta

motorway [ˈməutəwei] *n* barabara kuu

motto [ˈmɔtəu] *n* wito

mould [məuld] **1.** *n* kielezo **2.** kuvu **3.** *v* -finyanga

mouldy [ˈməuldi] *adj* -enye kuvu

mound [maund] *n* tuta

mount [maunt] **1.** *n* farasi **2.** kilima **3.** *v* -panda

mount an attack *v* -fanya shambulio

mountain [ˈmauntin] *n* mlima

mountaineer [ˌmauntiˈniə] *n* mpanda mlimani

mountaineering [mauntəˈniːriŋ] *n* kupanda milima

mountainous [ˈmauntinəs] *adj* -enye milima mingi

mountain pass *n* ujia mwembamba mlimani

mountain range *n* msururu wa milima

mountie [ˈmaunti] *n* polisi mpanda farasi

mourn [mɔːn] *v* -omboleza

mourner [ˈmɔːnə] *n* mwombolezaji

mourning [ˈmɔːniŋ] *n* msiba

mouse [maus] *n* (*pl* mice) panya

mousetrap [ˈmaustrap] mtego wa panya

moustache [məˈstaːsh] *n* masharubu

mouth [mauth] *n* mdomo

mouthful [ˈmauthful] *n* kinywa tele

mouth-organ *n* kinanda

mouthpiece [ˈmauthpiːs] *see* spokesman

mouthwash *n* dawa ya kusukutua

mouth-watering *adj* -a kutia hamu sana

movable [ˈmuːvəbəl] *adj* -a kusogezeka

move [muːv] **1.** *n* **2.** *v* -hama **3.** -hamisha **4.** -sisimua

move house *v* -hamisha kwenye nyumba nyingine

movement [ˈmuːvmənt] *n* **1.** mwendo **2.** maendeleo **3.** *(com.)* kupanda na kushuka bei **4.** *(pol.)* tapo

movie [ˈmuːvi] *n* **1.** filamu **2.** the movies sinema

movie theatre *n* sinema

moving [muːviŋ] *adj* **1.** -a kwenda **2. a moving speech** spichi yakutia huruma

mow [məu] *v* (**mowed, mown**) -fyeka majani

Mozambican [ˌmɔzəmˈbiːkən] **1.** *adj* -a Msumbiji **2.** *n* Makuwa

Mozambique [ˌmɔzəmˈbiːk] *n* Msumbiji

MP (= **member of parliament**) *n* mbunge

m.p.h. (= **miles per hour**) maili kwa saa

Mr (= **mister**) [ˈmistə] Bwana

Mrs (= **mistress**) [ˈmisiz] Bibi

Ms [məz; miz] Bi; Bibi

Mt *see* mount

much [mʌtʃ] *adj/adv* **1.** -ingi **2.** mno **3. much more** zaidi sana **4. how much?** kiasi gani?; bei gani?

muck [mʌk] *n* samadi

muck-raker *n* mdaku

muck-raking *n* udafu

mucus [ˈmyuːkəs] *n* ute; kamasi

mud [mʌd] *n* tope

muddle [ˈmʌdl] *n* -tatanisha

muddy [ˈmʌdi] *adj* -a giza

mudguard [ˈmʌdgaːd] *n* madigadi

muesli [ˈmyuːzli] *n* muzili

muezzin [muˈezin] *n* mwadhini

muffin [ˈmʌfin] *n* mafini

muffler [mʌflə] *see* silencer

mug [mʌg] **1.** *n* magi **2.** *v* -vamia na kumwibia

mugger ['mʌgə] *n* mvamizi
mugging ['mʌging] *n* uvamizi
muggy ['mʌgi] *adj* -a jasho
mule [myu:l] *n* nyumbu
multi- ['mʌlti] *adj* -enye -ingi
multilingual [ˌmʌlti'lingwəl] *adj* -enye lugha nyingi
multilingualism [ˌmʌlti'lingwəlizəm] *n* yenye lugha nyingi
multimedia [ˌmʌlti'mi:dia] *n* mawasiliano tafauti
multinational [ˌmʌlti'nashənəl] 1. *adj* -a kimataifa 2. *n* kampuni ya kimataifa
multi-party [ˌmʌlti'pa:ti] *adj* -enye vyama vingi
multiple ['mʌltipəl] *n* -enye sehemu nyingi
multiplication [ˌmʌltipli'keishən] *n* kuzidisha
multiply ['mʌltiplai] *v* -zidisha
multi-racial [ˌmʌlti'reishl] *adj* -enye kabila nyingi
multistorey; multistory [ˌmʌlti'stɔ:ri] *adj* -enye ghorofa nyingi
multitude ['mʌltityu:d] *n* wingi
mum [mʌm] *n* mama
mumble ['mʌmbəl] *v* -munyamunya
mummy ['mʌmi] *n* 1. mama 2. sanamu la firauni
mumps [mʌmps] *n* matumbwitumbwi
munch [mʌnch] *v* -tafuna
municipal [myu:'nisipəl] *adj* -a manispaa
municipality [myu:ˌnisi'pɑ:ləti] *n* manispaa
munitions [myu'nishənz] *pl* vifaa vya vita
munitions factory *n* kiwanda cha zana za vita
mural ['myu:rəl] *n* ukuta ulopambwa kwa mapicha ya kuchora
murder ['mə:də] 1. *n* kuua 2. *v* -ua
murderer ['mə:dərə] *n* mwuaji

murderess ['mə:dəris] *n* mwuaji
murderous ['mə:dərəs] *n* -a kiuaji
murky ['mə:ki] *adj* -enye giza
murmur ['mə:mə] *v* -vuma
muscle ['mʌsəl] *n* musuli
muscular ['mʌskyulə] *adj* -a musuli
muse [myu:z] *v* -fikiri
museum ['myu:'ziəm] *n* makumbusho
mushroom ['mʌshrum] *n* uyoga
mushroom poisoning *n* sumu ya uyoga
music ['myu:zik] *n* muziki
musical ['myu:zikəl] 1. *adj* -a muziki 2. *n* komedi yenye muziki
musician [myu:'zishən] *n* mwanamuziki
Muslim ['mʌzlim] *n* Mwislamu
mussel ['mʌsəl] *n* kome
must [məst, mʌst] *v* sharti; hakika
mustache [mə'sta:sh] *n* masharubu
muster ['mʌstə] *v* -kutana
mutate [myu:'teit] *v* -badilika;
mutation [myu:'teishən] *n* mbadiliko
mute [myu:t] 1. *adj* kimya 2. *n* bubu
mutilate ['myu:tileit] *v* -atilika
mutilation [ˌmyu:ti'leishən] *n* kuatilika
mutineer [ˌmyu:ti'niə] *n* mwasi
mutiny ['myu:tini] 1. *n* maasi 2. *v* -asi
mutter ['mʌtə] *v* -nung'unika
mutton ['mʌtən] *n* nyama ya kondoo
mutual ['myu:chuəl] *adj* -a wote wawili
muzzle ['mʌzl] 1. *n* kifungo cha mdomo 2. *(mil.)* kitundu 3. *v* -zuia
my [mai] -angu
myopia [ma'yəupiə] *n* mayopia
myself [mai'self] mimi mwenyewe
mysterious [mi'stiəriəs] *adj* 1. -a fumbo 2. -a siri
mystery ['mistəri] *n* 1. fumbo 2. siri
mystic ['mistik] *n* mchaji
mystify ['mistifai] *n* -fumba
myth [mith] *n* kisasili
mythical ['mithikəl] *adj* -a visasili
mythology [mi'thɒləji] *n* visasili

N

nab [nab] *v* -kamata

nag [nag] *v* -sumbua

nail [neil] 1. *n* msumari 2. ukucha 3. *v* -pigilia misumari

nail file *n* tupa ya kusugua kucha

nail polish; nail varnish *n* rangi ya kucha

naive [naiˈiːv] *adj* -nyofu

naivety; naivete [naiˈiːviti] *n* usungo

naked [ˈneikid] *adj* -tupu

nakedness [ˈneikidnəs] *n* utupu

name [neim] 1. *n* jina 2. **in the name of...** kwa ajili ya... 3. **to call names** -kashifu 4. *v* -pa jina 5. -ainisha

name day *n* siku ya sherehe ya somo

namedrop [ˈneimdrɔp] *v* -tumia majina ya wakubwa kujikomba

nameless [ˈneimlis] *adj* bila jini

namely [ˈneimli] *adv* yaani

name-plate *n* kibao cha mlangoni

namesake [ˈneimseik] *n* somo

nanny [ˈnani] *n* yaya

nap [nap] *n* **to take a nap** -lala kidogo

napkin [ˈnapkin] *n* kitambaa

nappy [ˈnapi] *n* nepi

narcotic [naːˈkɔtik] 1. *adj* -a dawa ya kulevya 2. *n* dawa ya kulevya

narrate [nəˈreit] *n* -simulia

narration [nəˈreishən] *n* usimuliaji

narrative [ˈnarətiv] *n* masimuliaji

narrator [nəˈreitə] *n* msimuliaji

narrow [ˈnarəu] *adj* 1. -embamba 2. -dogo 3. **narrow escape** ponea chupuchupu

narrow-minded *adj* -lio na mawazo finyu

narrows [ˈnarəuz] *pl* mkono wa bahari

nasal [ˈneizəl] *adj* -a pua(ni)

nasty [ˈnaːsti] *adj* -baya

natal [ˈneitəl] *adj* -a kuzaliwa

nation [ˈneishən] *n* taifa

national [ˈnashənəl] 1. *adj* -a yaifa 2. -a watu wote 3. *n* raia; mwananchi

national anthem *n* wimbo wa taifa

national assembly *n* bunge

national debt *n* deni la taifa

national dress *n* vazi la taifa

national guard *n* kikosi cha raisi

nationalism [ˈnashənəlizəm] *n* utaifa

nationalist [ˈnashənəlist] 1. *adj* -a kizalendo 2. *n* mfuasi wa utaifa

nationality [ˌnashənaliti] *n* uraia

nationalization [ˌnashənəlaiˈzeishən] *n* 1. kutaifisha 2. kutwalia

nationalize [ˈnashənəlaiz] *v* 1. -taifisha 2. -andikisha uraia 3. **to be nationalized** -twaliwa na serikali

national park *n* mbuga la burudani

national service *n* jeshi la kujenga taifa

nationhood [ˈneishənhud] *n* utaifa

nationwide [ˌneishənˈwaid] *adv* -a taifa zima

native [ˈneitiv] 1. *adj* -a asili 2. *n* mzaliwa; raia

native country *n* nchi ya watu

native language *n* lugha mama; lugha asilia

NATO (North Atlantic Treaty Organization) [ˈneitəu] *n* Shirikisho la Ulinzi la Atlantic ya Kaskazini

natural [ˈnachrəl] *adj* 1. -a asili 2. -a maumbile 3. -a kawaida

natural disaster *n* maafa ya asilia

natural gas *n* gesi asilia

natural history *n* elimuviumbe

naturalization [,nachrəlaiˈzeishən] *n* kuandikisha uraia

naturalize [ˈnachrəlaiz] *v* -andikisha uraia

naturally [ˈnachrəli] *adv* 1. kwa asili 2. kwa kawaida 3. bila shaka

natural resources *pl* maliasili

nature [ˈneichə] *n* 1. ulimwenguni; viumbe vyote 2. desturi 3. **human nature** utu 4. **call of nature** haja

naughty [ˈnɔːti] *adj* -tundu

nausea [ˈnɔːsiə] *n* kichefuchefu

nauseate [ˈnɔːziyeit] *v* -tia kichefuchefu

nauseous [ˈnɔːsiəs] *adj* -a kuleta kuchefuchefu

nautical [ˈnɔːtikəl] *adj* -a baharia

naval [ˈneivl] *adj* 1. -a baharia 2. -a wanamaji 3. -a jeshi la wanamaji

naval base *n* kambi ya wanamaji

navel [ˈneivl] *n* kitovu

navigable [ˈnavigəbəl] *adj* 1. -a kupitika kwa chombo 2. -a kuweza kusafiri majini

navigate [ˈnavigeit] *v* 1. -ongoza chombo majini 2. -safiri baharini

navigation [,naviˈgeishən] *n* usafiri wa baharini

navigational [,naviˈgeishənəl] *adj* -a usafiri wa baharini

navigator [ˈnavigeitə] *n* nahodha

navy [ˈneivi] *n* 1. wanamaji 2. jeshi la wanamaji 3. **merchant navy** wanamaji wa biashara

nazi [ˈngaːchi] 1. *adj* -a nazi; -a natsi 2. *n* nazi; natsi

nazism [ˈngaːchizəm] *n* unazi; unatsi

near [niə] 1. *adj* -a karibu (to na) 2. *adv* karibu 3. **to draw near** -karibia 4. *prep* karibu na

nearby [ˈniəbai] *adv* karibu (na)

Near East *n* Mashariki ya Karibu

nearly [ˈniəli] *adv* karibu; takriban

nearness [ˈniənis] *n* kuwa karibu

near-sighted *adj* -sioona mbali

neat [niːt] *adj* nadhifu

neatness [ˈniːtnis] *n* unadhifu

necessarily *adv* sharti

necessary [ˈnesəsəri] *adj* 1. -a lazima 2. **it is necessary that...** ni lazima...

necessity [niˈsesəti] *n* haja

neck [nek] *n* shingo

necklace [ˈneklis] *n* mkufu

neckline [ˈneklain] *n* mstari wa juu

necktie [ˈnektai] *n* tai

nectar [ˈnektə] *n* mbochi

need [niːd] 1. *n* haja 2. mahitaji 3. umaskini 4. **in need** na hitaji 5. *v* -hitaji 6. **You need to do it.** Inabidi ufanye.

needle [ˈniːdl] *n* sindano

needless [ˈniːdlis] *adj* -a bure

needy [ˈniːdi] *adj* maskini

negative [ˈnegətiv] 1. *adj* -a kukana 2. hasi 3. *n* negativu

neglect [niˈglekt] 1. *n* kupuuza 2. *v* -totunza

neglectful [niˈgletfəl] *adj* -vivu

negligence [ˈneglijəns] *n* uzembe

negligent [ˈneglijənt] *adj* -zembe

negligible [ˈneglijibəl] *adj* -sio muhimu

negotiable [niˈgəushiəbəl] *adj*

negotiate [ngiˈgəushieit] *v* 1. -patana (**with** juu ya) 2. *(fin.)* -patana kwa fedha

negotiating table [niˈgəushieiting] *n* meza ya mapatano

negotiation [ni,gəushiˈeishən] *n* 1. kupatano 2. *see* **negotiations**

negotiations [ni,gəushiˈeishənz] *pl* 1. mapatano 2. **to break off negotiations** -vunja mapatano

negotiator [ni,gəushiˈeitə] *n* mpatanishi

neigh [nei] *v* -lia

neighbour; neighbor [ˈneibə] *n* jirani

neighbourhood; neighborhood
[ˈneibəhud] *n* 1. eneo 2. **in the neighbourhood of** upande ya

neighbouring; neighboring
[ˈneibəring] *adj* karibu ya

neither [ˈnaidhə; ˈniːdhə] (si...) wala

neither... nor si... wala

nemesis [ˈneməsis] *n* kudra

neo- [ˈniːəu] *adj* mamboleo

neo-colonialism [ˈniːəukə-ˈləuniəlizəm] *n* ukoloni mamboleo

neon [ˈniːyɔn] *adj* neoni

neo-nazi [ˈniːəuˈnaːchi] *n* nazi mamboleo

neon light *n* taa ya neoni

neon sign *n* tangazo la neoni

nephew [ˈnefyuː] *n* mpwa

nepotism [ˈnepətizəm] *n* upendeleo wa ndugu

nerve [nəːv] *n* 1. neva 2. **to have the nerve** kuwa na ujasiri

nerve gas *n*

nerve-wracking [ˈnəːv-ˌraking] *adj* -enye kutisha sana

nervous [ˈnəːvəs] *adj* 1. -enye wasiwasi 2. *(med.)* -a neva

nervous breakdown *n* fadhaa

nervousness [ˈnəːvəsnis] *n* wasiwasi

nest [nest] *n* kiota

net [nget] 1. *adj (fin.)* halisi 2. *n* wavu 3. *(spor.)* pete 3. **mosquito net** chandarua

netball [ˈnetbɔːl] *n* mpira wa pete

nether [ˈnedhə] *adj* -a chini

Netherlands [ˈnedhələndz] *n/pl* Uholanzi

nettle [ˈnetəl] *n* upupu

network [ˈnetwəːk] 1. *n* mfumo 2. **communications network** mfumo wa mawasaliano

neuralgia [nyuəˈraljə] *n* ugonjwa wa neva

neurological [nyuərəˈlɔjikəl] *adj* -a nyurolojia

neurologist [nyuəˈrɔləjist] *n* mtaalam wa nyurolojia

neurology [nyuəˈrɔləji] *n* nyurolojia

neurosis [nyuəˈrəusis] *n* fadhaa

neurotic [nyuəˈrɔtik] *adj* -enye fadhaa

neuter [ˈnyuːtə] 1. *adj* -sio na jinsia 2. *v* -hasi

neutral [ˈnyuːtrəl] *adj* -siosaidia upande wowote

neutral gear *n* gia huru

neutrality [nyuːˈtraləti] *n* kutosaidia upande wowote

neutralize [ˈnyuːtrəlaiz] *v* -zimua

never [ˈnevə] *adv* 1. kamwe hata 2. **never mind!** usijali!

never-ending *adj* -a daima

nevermore [nevəˈmɔː] *adv* -si tena kabisa

nevertheless [ˌnevədhəˈles] *conj* hata hivyo

new [nyuː] *adj* 1. -pya 2. **brand new** -pya kabisa

newborn [ˈnyuːbɔn] *adj* -liozaliwa karibuni

newcomer [ˈnyuːˌkʌmə] *n* mgeni

newly [ˈnyuːli] *adj/adv* karibuni

newly-weds *pl* maharusi

new moon *n* mwezi mwandamo

news [nyuːz] *n/pl* 1. habari 2. **news report** taarifa

news agency *n* shirika la habari

newsagent [ˈnyuːzeijənt] *n* mwuuza magazeti

newscast [ˈnyuːzcaːst] *n* taarifa ya habari

newscaster; newsreader [ˈnyuːzcaːstə; -riːdə] *n* mtangazaji wa taarifa ya habari

news desk *n* meza ya mhariri

newsletter [ˈnyuːzletə] *n* kijarida

newspaper [ˈnyuːspeipə] *n* gazeti

newspaper man *n* mwandishi wa magazeti

newsprint [ˈnyuːzprint] *n* karatasi za magazeti

newsreel [ˈnyuːzriːl] *n* filamu ya taarif ya habari

newsroom [ˈnyuːzrəm] *n* 1. chumba

cha kusomea magazeti **2. chumba
cha habari**
newsstand [ˈnyuːzstand] *n* kibanda
cha kuuzia magazeti
newt [nyuːt] *n* mjusi
New Year [nyuːˈyiːə] *n* Mwaka Mpya
New Year's Eve *n* Mkesha wa
Mwaka Mpya
New Zealand [nyuːˈziːlənd] *n* New
Zealand
next [nekst] **1.** *adj* **the next car** gari
ya pili **2. the next day** siku ya pili
3. *adv* **baada ya hapo**
next to *prep* **The post office is next
to Freddy Mercury's house.** Post
Office iko baada ya nyumba ya
Freddy Mercury.
nib [nib] *n* nibu
nibble [ˈnibəl] *v* -nyofoa
nice [nais] *adj* **1.** -zuri **2.** -ema
nicely [ˈnaisli] *adv* kwa vizuri
niche [niːsh] *n* mahali pafaapo
nick [nik] **in the nick of time** wakati
ufaao hasa
nickname [ˈnikneim] **1.** *n* jina la
utani **2.** *v* -pa jina la utani
niece [niːs] *n* mpwa
nifty [ˈnifti] *adj* maridadi
night [nait] *n* **1.** usiku **2. at night**
usiku **3. good night!** lala unono!;
usiku mwema! **4. to spend the
night** -lala **5. to have a night out**
-enda kutembea jioni
night and day usiku na mchana
nightclub *n* klabu ya usiku
nightly [ˈnaitli] **1.** *adj* -a (kila) usiku
2. *adv* kila usiku
nightmare [ˈnaitmeə] *n* jinamizi
night school *n* masomo ya jioni
night shift *n* zamu ya usiku
nighttime [ˈnaitaim] *n* usiku
night watch *n* mkeshaji
night watchman *n* mlinzi wa
usiku
nil [nil] *n* bila
nimble [ˈnimbəl] *adj* -epesi
nine [nain] *n/adj* tisa

nineteen [ˌnainˈtiːn] *n/adj* kumi na
tisa
nineteenth [ˌnainˈtiːnth] *adj* -a kumi
na tisa
ninetieth [ˈnaintiəth] *adj* -a tisini
ninety [ˈnainti] *n/adj* tisini
ninth [nainth] *adj* -a tisa
nip [nip] *v* -minya
nipple [ˈnipəl] *n* chuchu
no [nəu] hapana; hakuna; hamna; la;
hasha
nobble [ˈnɔbəl] *v* -pata kwa ujanja
Nobel Prize [nəuˈbel] *n* Zawadi ya
Nobel
nobility [nəuˈbiləti] *n* **1.** ulodi **2.**
wema
noble [ˈnəubəl] *adj* **1.** -a kilodi **2.**
adili
nobody [ˈnəubədi] si mtu; hakuna
nocturnal [nɔkˈtəːnəl] *adj* -a usiku
nod [nɔd] *v* -amkia kwa kichwa
nodule [ˈnɔdyul] *n* kinundu
Noel [nəuˈwel] *n* Krismasi
no-go area [ˌnəugəuˈeəriə] *n* eneo
ambapo polisi/jeshi hawawezi
kuingia
noise [nɔiz] *n* sauti
noiseless [ˈnɔizlis] *adj* pasipo sauti
noisy [ˈnɔizi] *adj* -a makelele
no longer [ngəuˈlɔŋgə] *adv* **He is
no longer here.** Hayupo tena hapa.
nomad [ˈnəumad] *n* mhamahamaji
nomadic [nəuˈmadik] *adj*
-nayohamahama
no man's land *n* eneo katikati ya
majeshi ya maadui
no matter what... hata iweje...
nominal [ˈnɔminəl] *adj* **1.** -dogo
2. -a jina tu
nominate [ˈnɔmineit] *v* -pendekeza
nomination [ˌnɔmiˈneishən] *n*
pendekezo
nominee [ˌnɔmiˈniː] *n* mtu
aliyependekezwa
non- [nɔn] si; sio
non-acceptance [ˌnɔnəkˈseptəns]
n kutokubali

non-aggression [ˌnɔnəˈgeshən] *n* kutotaka ugomvi

non-aggression pact *n* makubaliano ya kuzuia vita

non-alcoholic [ˌnɔnalkəˈhɔlik] *adj* haina pombe

non-aligned *adj* hafungamani

non-aligned nations [ˌnɔnəˈlaind] *pl* mataifa yasiyo fungamana na mpande wowote

non-alignment [ˌnɔnəˈlainmənt] *n* kutofungamana

nonchalant [ˈnɔnshələnt] *adj* -tepetevu

non-Christian [ˌnɔnˈmʌzlim] 1. *adj* -sio Kristo 2. *n* asiye Mkristo

non-combatant [ˌnɔnˈkɔmbətənt] *n* mtu asiyepigana vitani

non-commissioned officer [ˌnɔnkəˈmishənd] *n* ofisa wa cheo cha chini

non-contagious [ˌnɔnkənˈteijəs] *adj* sio ambukiza

nondescript [ˈnɔndəskript] *adj* -sioainishika

none [nʌn] 1. bila; hakuna 2. *adv* sio; hapana 3. *see* no one

none other than... -enyewe

nonetheless [ˌnʌndhəˈles] *adv* hata hivyo

nonentity [nɔnˈentiti] *n* mtu duni

non-existent [ˌnɔnegˈzistənt] *adj* -siokuwepo

non-fiction [ˌnɔnˈfikshən] *n* maandishi yasiyo ya kubuni

non-intervention [ˈnɔnˌintəˈvenshən] *n* kutoingilia

non-Muslim [ˌnɔnˈmʌzlim] 1. *adj* -sio Kiislamu 2. *n* asiye Kiislamu

non-payment [ˌnɔnˈpeimənt] *n* kutolipa

nonplus [ˈnɔnˈplʌs] *v* -duwaza

nonsense [ˈnɔnsns] *n* upuuzi

non-smoker [ˌnɔnˈsməukə] *n* asiyevuta sigara

non-smoking *adj* si ruhusa kuvuta sigara

non-stick [ˈnɔnˈstik] *adj* -sionata

non-stop [ˌnɔnˈstɔp] *adj/adv* bila kusimama

non-violence [nɔnˈvailəns] *n* kutotumia nguvu

noodles [ˈnuːdəlz] *n* nudo

nook [nuk] *n* kipembe

noon [nuːn] *n* adhuhuri

no one [ˈnəuwʌn] si mtu; hakuna

noose [nuːs] *n* kitanzi

nor [nɔː] *see* neither... nor si... wala

norm [nɔːm] *n* kawaida

normal [ˈnɔːml] *adj* -a kawaida

normality [nɔːˈmaliti] *n* kawaida

normalize [ˈnɔːməlaiz] *v* -fanya kawaida

normally [ˈnɔːməli] *adv* kikawaida

north [nɔːth] 1. *adj* -a kaskazini 2. *n* kaskazini

northeast 1. *adj* -a kaskazini mashariki 2. *n* kaskazini mashariki

northern [ˈnɔːdhən] *adj* -a kaskazini

northerner [ˈngɔːdhəngə] *n* mtu wa kaskazini

Northern Ireland *n* Ireland ya Kaskazini

northernmost [ˈnɔːdhənməust] *adj* -a kaskazini kabisa

north pole *n* ncha ya kaskazini

northward; northwards [ˈnɔːthwəd; -z] *adv* -a kuelekea kaskazini

northwest 1. *adj* -a kaskazini magharibi 2. *n* kaskazini magharibi

Norway [ˈnɔːwei] *n* Norway

Norwegian [nɔːˈwiːjən] 1. *adj* -a Norway 2. *n* Mnorway

nose [nəuz] *n* 1. pua 2. **to blow one's nose** -penga

nosebleed [ˈnəuz] *n* muhina

nose-ring [ˈneuzring] *n* hazama

nostalgia [nɔˈstaljə] *n* hamu na mambo yaliyozoewa

nostalgic [nɔˈstaljik] *adj* -enye hamu na mambo yaliyozoewa

nostril [ˈnɔstrəl] *n* tundu la pua

nosy [ˈnəuzi] *adj* -dadisi

not [nɔt] si(yo); ha(pana)
notable [ˈnəutəbəl] *adj* mashuhuri
not at all si kitu
notation [nəuˈteishən] *n* mwandiko
notch [nɔch] *n* mkato
note [nəut] **1.** *n* ukumbusho **2.** *(mus.)* noti **3.** *v* -angalia **4.** *see* **banknote**
notebook [ˈnəutbuk] *n* daftari
noted [ˈnəutid] *adj* mashuhuri
note down *v* -kumbuka
note paper *n* karatasi ya barua
noteworthy [ˈnəut,wəːdhi] *adj* -a kufaa kuangaliwa
nothing [ˈnʌthing] hakuna kitu
nothing but tu
notice [ˈnəutis] *n* **1.** tangazo **2.** **to give notice** -pa notisi **3.** **until further notice** mpaka taarifa nyingine **4.** **to take notice of** -angalia **5.** *v* -angalia
noticeable [ˈnəutisəbəl] *adj* -a kuonekana kwa urahisi
noticeboard *n* ubao wa matangazo
notifiable [nəutiˈfaiyəbəl] *adj* -liolazimu kujulishwa
notification [,nəutifiˈkeishən] *n* kutaarifu
notify [ˈnəutifai] *v* -julisha
notion [ˈnəushən] *n* wazo
not only... but also sio hivyo tu... lakini vilevile
notorious [nəuˈtɔːriəs] *adj* -enye sifa mbaya
notoriety [,nəutɔːˈrayəti] *n* sifa mbaya
notwithstanding [,nɔtwithˈstanding] *prep* **1.** *adv* hata **2.** *prep* licha **3.** *conj* ijapokuwa
not yet *adv* bado
nought [nɔːt] *n* sifuri
noun [naun] *n* jina
nourish [ˈnʌrish] *v* -lisha
nourishing [ˈnʌrishin] *adj* -a kulisha
nourishment [ˈnʌrishmənt] *n* chakula
nous [naus] *n* akili

novel [ˈnɔvl] **1.** *adj* -pya **2.** *n* riwaya
novelist [ˈnɔvəlist] *n* mwandishi wa riwaya
novelty [ˈnɔvlti] *n* kitu kipya
November [nəuˈvembə] *n* Novemba
novice [ˈnɔvis] *n* mwanafunzi
now [nau] **1.** *adv* sasa **2.** **just now** sasa hivi **3.** *conj* kwa kuwa
nowadays [ˈnauədeiz] *adv* siku hizi
now and then *adv* mara kwa mara
nowhere [ˈnəuweə] si... mahali popote
noxious [ˈnɔkshes] *adj* -a kudhuru
nozzle [ˈnɔzəl] *n* ncha ya neli
nuance [ˈnuːwɔns] *n* tofauti ndogo
nuclear [ˈnyuːkliə] *adj* -a nyuklia
nuclear arms *pl* silaha za nyuklia
nuclear energy *n* nishati ya nyuklia
nuclear power *n* nishati ya nyuklia
nuclear power station *n* mtambo wa nishati ya nyuklia
nuclear test *n* majaribio ya nyuklia
nuclear test site *n* eneo la majaribio ya nyuklia
nuclear waste *n* takataka ya nyuklia
nuclear weapons *pl* silaha za nyuklia
nude [nyuːd] *adj* -tupu
nudity [ˈnyuːditi] *n* kukaa uchi
nudge [nʌj] *v* -ashiria kwa kugusa na kiwiko
nugget [ˈnʌgit] *n* kipande
nuisance [ˈnyuːsns] *n* adha
null and void *adj* batili
numb [nʌm] *adj* -enye ganzi
number [ˈnʌmbə] *n* **1.** namba **2.** idadi; hesabu **3.** *v* -pata
numberplate *n (UK)* kipande cha namba (ya gari)
numeral [ˈnyuːmərəl] *n* namba
numerical [nyuːˈmerikəl] *adj* -a numerali
numerous [ˈnyuːmərəs] *adj* -ingi

nun 444

nun [nʌn] *n (rel.)* mtawa wa kike
nuptial [ˈnʌpshəl] *adj* -a arusi
nurse [nəːs] **1.** *n (med.)* nesi; muuguzi **2.** *v* -nyonyesha **3.** *(med.)* -uguza
nursery [ˈnəːsəri] *n* shule ya watoto wadogo
nursing [ˈnəːsing] *n (med.)* uuguzaji
nursing home *n* hospitali ndogo ya binafsi
nurture [ˈnəːchə] *v* -lea
nut [nʌt] *n* **1.** kokwa **2.** *(tech.)* nati
nutmeg [ˈnʌtmeg] *n* **1.** basibasi **2.** kungumanga
nuts and bolts *pl* mambo ya msingi na rahisi
nutshell [ˈnʌtshel] *n* ganda
nutrient [ˈnyuːtriyənt] *n* kirutubishi
nutriment [ˈnyuːtrimənt] *n* chakula bora
nutrition [nyuˈtrishən] *n* lishe
nutritious [nyuːˈtrishəs] *adj* -rutubishi
nuzzle [ˈnʌzəl] *v* -sukuma
nylon [ˈnailɔn] *n* nailoni
nymph [nimf] *n* zimwi

O

oak [əuk] *n* mwaloni

oar [ɔː] *n* kasia

oarlock [ˈɔːlɒk] *n* kishwara

oarsman; oarswoman [ˈɔːzmən; ˈɔːzwəmən] *n* mpiga kasia

oarsmanship [ˈɔːzmənship] *n* upigaji wa kasia

oasis [əuˈeisis] (*pl* **oases**) oasisi

oath [əuth] *n* 1. kiapo 2. laana 3. **to put on oath** -apisha 4. **to take an oath** -kula kiapo

oatmeal [ˈəutmiːl] *n* unga wa shayiri

oats [əuch] *n* shayiri

O.A.U. *see* **Organization of African Unity**

obedience [əˈbiːdiəns] *n* utiifu

obedient [əˈbiːdiənt] *adj* -tiifu

obese [əuˈbiːs] *adj* -enye unene

obesity [əuˈbiːsiti] *n* unene

obey [əˈbei] *n* -tii

obituary [əˈbichuəri] *n* tanzia

object [ˈɒbjikt] *n* 1. kitu 2. kusudi 3. **no object** bila kiuzi

object [əbˈjekt] *v* 1. -bisha 2. **to object to** -bishia

objection [əbˈjekshən] *n* 1. kipingamizi 2. uchungu 3. **to raise objections** -toa vizuizi 4. **to take objection to** -pinga

objectionable [əbˈjekshnəbəl] *adj* -a kuchukiza

objective [əbˈjektiv] 1. *adj* bila upendeleo 2. *n* nia 3. (*mil.*) lengo

objectively [ɒbjˈektivli] *adv* bila upendeleo

objectivity [ɒbˈjektiviti] *n* kutopendelea

objector [ɒbˈjektə] *n* mbishi

obligate [ˌɒbliˈgeit] *v* -wajibisha

obligation [ˌɒbliˈgeishən] *n* 1. wajibu 2. **to fulfil one's obligation** -timiza wajibu

obligatory [əˈbligətri] *adj* -a lazima

oblige [əˈblaij] *v* -lazimisha

obliged [əˈblaijd] *adj* -a shukrani

obliging [əˈblaijing] *adj* karimu

oblique [əuˈbliːk] *adj* 1. -a mshazari 2. si wazi

obliterate [əˈblitəreit] *v* -haribu

oblivion [ɒˈbliviyən] *n* hali ya kusahau

oblivious [əˈbliviyəs] *adj* -siotambua

oblong [ˈɒblɒng] *adj* -a mstatili

obnoxious [əbˈnɒkshəs] *adj* mkaruhu

obscene [ɒbˈsiːn] *adj* -chafu

obscenity [ɒbˈseniti] *n* kinyaa

obscure [əbˈskyuə] 1. *adj* -agiza 2. *v* -vuruga

observance [əbˈzəːvəns] *n* kushika

observant [əbˈzəːvənt] *adj* 1. -elekevu 2. -tiifu

observation [ˌɒbzəˈveishən] *n* 1. kuangalia 2. **to be under observation** -angaliwa 3. **to keep under observation** -angalia kwa makini 4. **to make an observation** -toa wazo

observation post *n* kituo cha unchunguzi

observatory [əbˈzəːvətri] *n* mahali pa kuangalilia

observe [əbˈzəːv] *v* 1. angalia 2. **to observe the law** -shika kanuni

observer [əbˈzəːvə] *n* 1. mwangalizi 2. **political observer** mwangalizi wa siasa

observer status *n* hathi ya uchunguzi

obsess [əbˈses] *v* -shika

obsessed

obsessed [əbˈsest] *adj* to be obsessed -shikwa

obsession [əbˈseshən] *n* 1. kushikwa 2. tamaa

obsessive [əbˈsesiv] *adj* -enye kushika

obsolete [ˈɔbsəliːt] *adj* -siofaa

obstacle [ˈɔbstəkəl] *n* kizuizi

obstetric [ɔbˈstetrik] *adj* -a uzazi

obstetric ward *n* wadi ya uzazi

obstetrician [ɔbstəˈtrishən] *n* daktari wa uzazi

obstetrics [ɔbˈstetriks] *pl* tiba ya uzazi

obstinate [ˈɔbstənət] *adj* -kaidi

obstruct [əbˈstrʌkt] *v* -zuia

obstruction [əbˈstrʌkchən] *n* 1. kuzuia 2. kizuizi

obstructive [əbˈstrʌktiv] *adj* -a kuzuia

obtain [əbˈtein] *v* -pata

obtainable [əbˈteinəbəl] *adj* -a kupatikana

obvious [ˈɔbviəs] *adj* -wazi

obviously [ˈɔbviəsli] *adv* waziwazi

occasion [əˈkeizhən] *n* 1. wakati 2. fursa

occasional [əˈkeizhənəl] *adj* -a mara moja

occasionally [əˈkeizhənli] *adv* mara chache

occidental [ɔksiˈdentl] *adj* -a magharibi

occult [əˈkʌlt] *adj* -a mizungu

occupant [ˈɔkyupənt] *n* 1. mkaaji 2. mmiliki

occupation [ˌɔkyuˈpeishən] *n* 1. shughuli 2. *(mil.)* kumiliki

occupational [ˌɔkyuˈpeishənl] *adj* -a shughuli

occupational health *n* shughuli za afya

occupied [ˈɔkyupaid] *adj* to be occupied with -shughulika

occupier [ˈɔkyupaiyə] *n* mwenyeji

occupy [ˈɔkyupai] *v* 1. -chukua 2. -shika

occupying army *pl* jeshi la uvamizi

occupying forces *pl* jeshi la uvamizi

occur [əˈkəː] *v* (occurred) 1. -wapo 2. -tokea 3. -ingia mawazoni

occurrence [əˈkʌrəns] *n* tukio

ocean [ˈəushən] *n* bahari

ocean-going *adj* -enye kusafiri bahari

oceanic [əushiˈanik] *adj* -a bahari kuu

oceanography [ˌəushəˈnɔgrəfi] *n* elimu ya bahari

o'clock [əuˈklɔk] *adv* saa

octane [ˈɔtein] *n* oktani

October [ɔkˈtəubə] *n* Oktoba

octopus [ˈɔktəpəs] *n* pweza

oculist [ˈɔkʌltist] *n* daktari wa macho

odd [ɔd] *adj* 1. -geni 2. -moja 3. odd number namba witiri 4. odd job kazi za pembeni

odds [ɔdz] *pl* nafasi

ode [əud] *n* mashairi

odious [ˈəudiəs] *n* makuruhi

odorous [ˈəudərəs] *adj* -a kunukia

odour; odor [ˈəudə] *n* harufu

odourless; odorless [ˈəudələs] *adj* -sio harufu

odyssey [ˈɔdisi] *n* safari ndefu

oesophagus [iˈsɔfəgəs] *n* umio

of [əv] *prep* -wa; na; ya; kutoka

of course bila shaka

off [ɔf] 1. *adj* -liochacha 2. a day off siku ya mapumziko 3. *adv* far off mbali 4. on and off mara chache 5. to go/set off -ondoka 6. to be off -vunjika 7. to switch off -zima 8. *prep* toka 9. off the coast nje kidogo ya pwani

offal [ˈɔfəl] *n* viungo vya ndani vya mnyama

off-duty *adj* off-duty policeman polisi asiye kazini

offence [əˈfens] *n* 1. chuki 2. kosa

offend [əˈfend] *v* 1. -chukiza 2. *(leg.)* -kosa

offender [ə'fendə] n mkosaji
offense [ə'fens] see offence
offensive [ə'fensiv] 1. adj -a kuchukiza 2. -baya 3. n (mil.) mashambulizi
offer ['ɔfə] 1. n ahadi 2. to make an offer -tia bei 3. v -toa 4. -onyesha
offering ['ɔfəring] n kutoa
offhand [ɔf'hand] adj bila kufikiri
office ['ɔfis] 1. adj -a ofisi 2. n ofisi 3. idara 4. (pol.) to run for office -gombea cheo; -gombea madaraka
office block n jengo la ofisi
officer ['ɔfisə] n ofisa
office work n kazi wa ofisi
office worker n mfanyakazi wa ofisi
official [ə'fishl] 1. adj -rasmi 2. n ofisa
official language n 1. lugha ya taifa 2. The organisation's official language is English. Shirika hili linatumia lugha ya Kiingereza.
official secrets n ziri za serikali
official statement n kauli rasmi
official talks pl mazungumzo rasmi
official visit n ziara rasmi
officially [ə'fishəli] adv kwa urasmi
off limits adv haiguswi
offload [ˌɔf'ləud] v -teremsha mizigo
off-season [ˌɔf'si:zən] adj -sio msimu
offset ['ɔf'set] v -fidia
offshoot ['ɔf'shu:t] n chipukizi
offshore [ˌɔf'shɔ:] adj/adv -a bara
offside [ˌɔf'shaid] adv (spor.) -a kuotea
offspring ['ɔfspring] n mtoto
often ['ɔfn; 'ɔftən] adv mara kwa mara
oh! [əu] ala!
oil [ɔil] n mafuta
oil can n kopo la kutilia mafuta
oilfield ['ɔilfi:ld] n eneo la visima vya mafuta
oil painting n picha la rangi ya mafuta

oil pipeline n bomba la mafuta
oil producing states pl nchi inayo zalisha mafuta
oil refinery n kinu ca kusafishia mafuta
oil rig n mtambo ya kuchimbia mafuta
oil rights pl haki za mafuta
oilskin ['ɔilskin] n kitambaa cha mafuta
oil slick n mafuta mepesi
oil spill n mafuta ya kuwashia taa
oil tanker n 1. lori la mafuta 2. (mar.) meli ya mafuta
oil well n kisima cha mafuta
oily ['ɔili] adj -enye mafuta
ointment ['ɔintmənt] n lihamu
okay; OK [ˌəu'kei] 1. sawa 2. hiadhuru
okra ['ɔkrə] n binda
old [əuld] adj 1. -zee 2. -a zamani 3. see how old
old age n uzee
olden times pl siku za kale
old-fashioned adj -a kale
old guard n askari wa zamani
olive ['ɔliv] n zeituni
olive oil n mafuta ya zeituni
olympic [ə'limpik] adj -a Olimpiki
Olympics; Olympic games pl michezo ya Olimpiki
ombudsman ['ɔmbədzmən] n mchunguzi maalum
omelet, omelette ['ɔmlit] n kimanda
omen ['əumen] n 1. good omen ndege njema 2. bad omen ndege mbaya
ominous ['ɔminəs] adj -a ndege mbaya
omission [ə'mishən] n kitendo cha kuacha
omit [ə'mit] v (omitted) -acha
omnibus ['ɔmnibəs] n 1. basi 2. omnibus programme kipindi cha televisheni

on [ɔn] *prep* 1. juu (ya) 2. kwa 3. on the table juu ya mesa 4. on the radio ndani ya redio 5. on foot kwa miguu 6. on purpose kwa makusudi 7. on business kikazi 8. on tour kitalii 9. on arrival nitakapofika 10. on time kwa wakati unaotakiwa 11. on Monday Jumatatu 12. on and on bila kukoma 13. later on baadaye 14. a book on Shakespeare buku la Shakespeare 15. on the coast karibu ya pwani 16. to get on -endelea 17. to put on -eka 18. to switch on -washa 19. What's going on? Kuna nini? 20. Is the water on? Maji yangalipo? 21. to be on fire -ungua

on account of *prep* kwa sababu ya

on behalf of *prep* kwa niaba ya

once [wʌns] 1. *adv* mara moja 2. hapo kale 3. at once papo hapo 4. once more tena 5. all at once ghafla 6. *conj* Once Don has arrived, then we'll begin. Atapokuja Don tu, tutaanza.

once upon a time... siku za kale...

oncoming [ˈɔnkʌmiŋ] *adj* -nayokuja

one [wʌn] *n/adj* 1. -moja 2. fulani

one another *adv* -ana

one by one *adv* mmojammoja

one-party state *n* nchi ya chama kimoja

one-party system *n* mfumo wa chama kimoja

oneself [wʌnˈself] mwenyewe

one-sided *adj* -a upande mmoja

one-way street *n* njia moja

one-way ticket *n* tiket ya kwenda tu

onion [ˈʌniən] *n* kitunguu

on-line [ˈɔnlain] *adj/adv* (*i.t.*) kwenye mtandao

on-line banking *n* huduma za benki kwenye mtandao

onlooker [ˈɔnlukə] *n* mtazamaji

only [ˈəunli] 1. *adj* -a pekee 2. an only child mtoto pekee 3. *adv* tu 4. only too... sana 5. *conj* lakini 6. not only... but also sio hivyo tu... lakini vilevile 7. if only... ikiwa peke

onset [ˈɔnset] *n* mwanzo

onshore [ɔnˈshɔː] *adj* -a ufukoni

onslaught [ˈɔnslɔːt] *n* shambulio

on to, onto *prep* juu ya

on top of *prep* juu ya

onus [ˈəunəs] *n* (*leg.*) wajibu

onward; onwards [ˈɔnwəd; ˈɔnwədz] *adv* mbele

ooze [uːz] *v* -vuja

opaque [əuˈpeik] *adj* -siopenyeka nuru

open [ˈəupen] 1. *adj* wazi 2. *v* -fungua 3. to open an account -fungua akaunti ya benki

open-air *adj* -a kufanyika nje

open-air theatre *n* uwanja wa nje wa maonyesho

open competition *n* mashindano ya watu wote

open court *n* mahakama wazi

opener [ˈəupənə] *n* mfungua

opening [ˈəupniŋ] 1. *adj* -a kwanza 2. *n* mlango 3. mwanzo 4. nafasi

opening night *n* usiku wa kwanza wa kuonyesha

openly [ˈəupənli] *adv* waziwazi

openness [ˈəupənəs] *n* uwazi

open sea *n* bahari kuu

open season *n* msimu huru

open space *n* nje

open university *n* chuo kikuu huria

opera [ˈɔprə] 1. *adj* -a opera 2. *n* opera 3. grand opera opera kali

operable [ˈɔpərəbəl] *adj* (*med.*) -a kutibika kwa operesheni

opera house *n* jumba la opera

opera singer *n* mwimbaji wa opera

operate [ˈɔpəreit] *v* 1. -endesha 2.

(med.) -fanya operesheni

operatic [,ɔpəˈratik] *adj* -a opera

operating conditions *pl* hali ya utendaji

operating frequency *n* utendaji wa mara kwa mara

operating theatre *n* chumba cha upasuaji

operation [,ɔpəˈreishən] *n* **1.** kufanya kazi **2.** *(med.)* operesheni **3. to come into operation** -anza kufanya kazi

operational [,ɔpəˈreishənəl] *adj* **1.** -a uendeshaji **2.** -nayo fanya kazi

operative [ˈɔpərərətiv] **1.** *adj* -a kutenda kazi **2.** *n* mwendeshaji

operator [ˈɔpərəitə] *n* **1.** mwendeshaji **2. telephone operator** opereta

ophthalmic [ɔpˈthalmik] *adj* -a ofthalmia

ophthalmologist [ɔp,thalˈmɔləjist] *n* mtaalamu wa ofthalmolojia

ophthalmology [ɔp,thalˈmɔləji] *n* ofthalmolojia

opinion [əˈpiniən] *n* **1.** oni **2. in my opinion** kwa maoni yangu **3. public opinion** maoni ya umma

opinionated [əˈpiniə,neitid] *adj* -shupavu

opinion poll *n* kura ya maoni

opium [ˈəupiyəm] *n* afyuni

opponent [əˈpəunənt] *n* mshindani

opportunist [,ɔpəˈtyuːnist] *n* mfuata upepo

opportunity [,ɔpəˈtyuːnəti] *n* nafasi

oppose [əˈpəuz] *v* -pinga; -shindana

opposing [əˈpəuzing] *adj* -a upingaji

opposite [ˈɔpəzit] **1.** *adj* -a kuelekana **2.** *prep* mkabala

opposite to *adj* mkabala

opposition [,ɔpəˈzishən] *n* upinzani

opposition party *n* chama cha upinzani

oppress [əˈpres] *v* -dhulumu

oppressed [əˈprest] *adj* **to be oppressed** -dhalimiwa

oppression [əˈpreshən] *n* udhalimu

oppressive [əˈpresiv] *adj* -dhalimu

oppressor [əˈpresə] *n* dhalimu

opt (for) [ɔpt] *v* **1.** -fanya uchaguzi **2.** *see* opt out of

optic [ˈɔptik] *adj* **1.** -a macho **2.** *see* optics

optical [ˈɔptikəl] *adj* -a macho

optical illusion *n* mazingaombwe

optician [ɔpˈtishən] *n* mtengenezaji miwani

optics [ˈɔptiks] *n/pl* elimu ya nuru

optimism [,ɔptiˈmizəm] *n* msimamo wa kutegemea mazuri

optimist [,ɔptiˈmiət] *n* mwenye msimamo wa kutegemea mazuri

optimistic [,ɔptiˈmistik] *adj* -enye msimamo wa kutegemea mazuri

optimum [ˈɔptiməm] **1.** *adj* -enye hali ya jufaa kabisa **2.** *n* hali ya kufaa kabisa

option [ˈɔpshən] *n* uchaguzi

optional [ˈɔpshənəl] *adj* -sio lazima

opt out (of) *v* -amua kutoshiriki

opulence [ˈɔpyuləns] *n* utajiri

opulent [ˈɔpyulənt] *adj* tajiri

opus [ˈɔpəs] *n* utungo

or [ɔː] *conj* **1.** ama; au **2. either... or** ama... au

oracle [ˈɔrəkəl] *n* mizimuni

oral [ˈɔːrəl] *adj* -a mdomo

oral examination *n* mtihani wa kuzungumza

oral contraceptive *n* vidonge vya kula kwa kizuia mimba

orange [ˈɔrinj] **1.** *adj* -a rangi ya chungwa **2.** *n* chungwa

orator [ˈɔrətə] *n* msemi

orb [ɔːb] *n* tufe

orbit [ˈɔːbit] **1.** *n* mzingo **2.** *v* -enda kwa mzingo

orchard [ˈɔːchəd] *n* shamba la miti ya matunda

orchestra [ˈɔːkistrə] *n* okestra

orchestral [ɔːˈkietrəl] *adj* -a okestra

ordain [ɔːˈdein] *v* **1.** -amua **2.** *(rel.)* -fanya kasisi

ordeal [ɔːˈdiːl] *n* majaribu

order [ˈɔːdə] 1. *n* amri 2. taratibu 3. *(com.)* hawala ya fedha 4. **law and order** sheria na amani 5. **in order** kwa utaratibu 6. **out of order** bovu 7. **in order to/that** ili 8. **in working order** sawasawa 9. **to put in order** -panga 10. **to give an order** -amuru 11. **to carry out an order** -fuata amri 12. *v* -amuru 13. -panga 14. *(com.)* -agizia 15. **to order a meal** -agizia chakula

orderly [ˈɔːdəli] 1. *adj* kwa mpango 2. *n (med.)* msaidizi 3. *(mil.)* askari

ordinarily [ˈɔːdhəngrəli] *adv* kwa kawaida

ordinary [ˈɔːdənri] *adj* -a kawaida

ordnance corps [ˈɔːdnəns] *n (mil.)* kundi linalohusika kutoa vifaa vya jeshi

ore [ɔː] *n* mbale

organ [ˈɔːgəng] *n* 1. *(mus.)* kinanda 2. *(med.)* ogani 3. **sexual organs** utupu; uchi

organic [ɔːˈganik] *adj* -a kiumbe hai

organic food *n* chakula cha oganik

organism [ˈɔːgənizəm] *n* kiumbehai

organization [ˌɔːgənaiˈzeishən] *n* 1. chama 2. mpangalio

Organization of African Unity *n* Muungano wa Umoja wa Afrika

organize [ˈɔːgənaiz] *v* -panga

organized [ˈɔːgənaizd] *adj* -enye mpango

organizer [ˈɔːgənaizə] *n* mtungaji

orgasm [ˈɔːgazəm] *n* mshindo

orient [ˈɔːriyənt] *n* nchi za mashariki

oriental [ˌɔːriˈentl] *adj* -a mashariki

orientate [ˈɔːriyənteit] *v* -elekeza mahali

orientation [ˌɔːriənˈteishən] *n* maelekezo ya mazingira

orifice [ˈɔːrifis] *n* kitundu

origin [ˈɔːrijin] *n* 1. asili 2. nasaba 3. sababu 4. **country of origin** nchi aliyotoka

original [əˈrijənl] 1. *adj* -a asili 2. bunifu 3. *n* asili

originality [əˌrijəˈnaliti] *n* kuwa na akili za kubuni

originally [əˈrijənəli] *adv* kwa asili

originate [əˈrijineit] *v* -tokana

originator [əˈrijineitə] *n* mwanzilishi

ornament [ˈɔːnəmənt] *n* pambo

ornamental [ˌɔːnəˈmentl] *adj* -a kupamba

ornate [ɔːˈneit] *adj* -enye madoido

ornithological [ˌɔːnithəˈlɔjikəl] *adj* -a elimundege

ornithologist [ˌɔːniˈthɔləjist] *n* mtaalamu wa ndege

ornithology [ˌɔːniˈthɔləji] *n* elimundege

orphan [ˈɔːfn] *n* yatima

orphanage [ˈɔːfənij] *n* nyumba ya yatima

orthodox [ˈɔːthədɔks] *adj* halisi

Orthodox Church *n* Kanisa Halisi

orthography [ɔːˈthɔgrəfi] *n* tahajia

orthopaedic; orthopedic [ˌɔːthəˈpiːdik] *adj* tiba mifupa

oscillate [ˈɔsileit] *v* -bembea

osprey [ˈɔsprei] *n* furukombe

osteopath [ˈɔstiyəupath] *n* mganga wa mifupa

ostracize [ˈɔstrəsaiz] *v* -tenganisha

ostrich [ˈɔstrich] *n* mbuni

other [ˈʌdhə] *adj/n* 1. -ingine; -a pili 2. **each other** wenyewe kwa wenye 3. **the other day** juzijuzi 4. **every other day** kila baada ya siku 5. **something or other** hivi au vile 6. **one after the other** moja baada ya moja 7. **on the other hand** kwa upande mwengine 8. **on the one hand..., and on the other** kwa upande huu... na upande huu

otherwise [ˈʌdhəwaiz] *adv* vinginevyo

otter [ˈɔtə] *n* fisi maji

Ottoman [ˈɔtəmən] *adj* -a Kituruki

ouch! [auch] uui!

ought [ɔːt] *v* -bidi

ounce [auns] *n* aunsi

our [a:] -etu
ours [a:z] -etu
ourselves [a:'selvz] sisi wenyewe
oust [aust] *v* -ondosha
out [aut] **1.** *adj* -a nje **2.** *adv* (kwa) nje **3. way out** pa-kutokea **4. way in** pa-kuingilia **5. inside out** ndani nje **6. all out** kwa jithada zote **7. to go out** -toka **8. The fire's gone out.** Moto umezimika. **9.** *see* **out of**
out-and-out *adj* kabisa
outback ['autbak] *n* porini
outbid [,aut'bid] *v* -shinda katika mnada
outboard ['autbɔ:d] *adj* -a nje ya chombo
outboard motor *n* mota ya motaboti
outbreak ['autbreik] *n* **1.** *(med.)* mlipuko **2. outbreak of war** kuzuka kwa vita
outbuilding ['autbilding] *n* kibanda
outburst ['autbə:st] *n* kutoka kwa ghafla
outcast ['autka:st] *n* mtu aliyetengwa na jamii
outclass ['aut'kla:s] *v* -shinda
outcome ['autkʌm] *n* matokeo
outcrop ['autkrɔp] *n* miamba nundu
outcry ['autkrai] *n* makelele
outdated [,aut'dieitid] *adj* liopitwa na wakati
outdistance [,aut'distəns] *v* -acha nyuma
outdo [,aut'du:] *v* (**outdid, outdone**) -shinda
outdoor [,aut'dɔ] *adj* -a nje
outdoors [,aut'dɔ:z] *n/adv* nje
outer ['autə] *adj* -a nje
outermost ['autəməust] *adj* -a mbali zaidi
outer space *n* angani
outfall ['autfɔ:l] *n* mdomo wa mto
outfight ['autfait] *v* -shinda katika pambano
outfit ['autfit] *n* **1.** mavazi **2.** kampuni

outfitter ['autfitə] *n* mwuza nguo
outflank ['aut'flangk] *v* -zunguka
outflow ['autfləu] *n* mbubujiko
outfox ['aut'fɔks] *v* -hinda kwa ujanja
outgoing ['autgəuing] *adj* **1.** -nayotoka **2.** -changamfu
outgoings ['autgəuingz] *pl* matumizi
outgrow [,aut'grəu] *v* (**outgrew, outgrown**) -kua sana
outhouse ['authaus] *n* banda la uwani
outing ['auting] *n* matembezi
outlandish [,aut'landish] *adj* -a kigeni
outlast [,aut'la:st] *v* -dumu kuliko
outlaw ['autlɔ:] **1.** *n* mhalifu **2.** *v* -harimisha **3.** -fukuza
outlay ['autlei] *n (fin.)* matumizi
outlet ['autlet] *n* **1.** mlango **2.** fursa
outline ['autlain] **1.** *n* mstari **2.** muhtasari **3.** *v* -chora mstari **4.** -eleza kwa muhtasari
outlive ['autliv] *v* -ishi dumu kuliko
outlook ['autluk] *n* **1.** mandhari **2.** matarajio
outlying ['autlaying] *adj* -a mbali
outmanoeuvre [,autmə'nu:və] *v* -shinda kwa ujanja
outmatch ['aut'mach] *v* -shinda
outmoded [aut'məudid] *adj* -a mtindo wa zamani
outnumber [,aut'nʌmbə] *v* -wa -ingi kuliko
out of *prep* **1.** nje ya **2.** pasipo
out of date *adj* -liopitwa na wakati
out of place *adj* -sio mahali pake
out of work *adj* pasipo na kazi
out-patient *n* mgonjwa asiyelazwa
outplay ['aut'plei] *v* -shinda
outpost ['autpəust] *n* makazi ya mbali
output ['autput] *n* mazao ya kiwanda
outrage ['autreij] **1.** *n* ufisadi **2. There was public outrage.** Jamii imehamaki. **3.** *v* -hamakisha

outraged [ˈautreijd] *adj* **to be outraged** -hamaki

outrageous [autˈreijəs] *adj* -a kifisadi

outrigged [ˈautrigd] *adj* -enye mrengu

outrigger [ˈautrigə] *n* mrengu; tengo

outright [ˈautrait] 1. *adj* -a wazi 2. *adv* papo hapo

outrun [ˈautˈrʌn] *v* (**outran, outrun**) -shinda kwa mbio

outsail [ˈautˈseil] *v* -safiri haraka kuliko

outsell [ˈautˈsel] *v* (**outsold**) -uza kuliko nyingine

outset [ˈautset] *n* mwanzo

outshine [ˈautˈshain] *v* -pita

outside [ˈautˈsaid] 1. *adj* -a nje 2. *n* upande wa nje 3. mpaka 4. *adv* nje 4. *prep* nje ya

outsider [ˈautˈsaidə] *n* mgeni

outsize [ˈauchaiz] *adj* -kubwa sana

outskirts [ˈauchkəːch] *pl* kiunga

outsmart [ˈautˈsmaːt] *v* -shinda kwa akili

outspoken [ˈautˈspəukən] *adj* -enye kusema yalivyo

outstanding [ˈautˈstanding] *adj* 1. -liojitokeza 2. (*fin.*) -liobaki

outstation [ˈautˈsteishən] *n* kituo cha mbali

outstay [ˈautˈstei] *v* -kaa

outstretched [ˈautˈstrecht] *adj* -lionyoshwa sana

outstrip [ˈautˈstrip] *v* -zidi

outvote [autˈvəut] *v* -shinda kwa kura nyingi zaidi

outward [ˈautwəd] *adj* -a usoni

outward bound *n* -enye kuondoka kwenda mbali

outwards [ˈautwədhz] *adv* kwa mbele

outweigh [ˈautˈwei] *v* -pita kwa uzito

outwit [ˈautˈwit] *v* -shinda kwa akili

oval [ˈəuvl] *adj* -enye umbo la yai

ovary [ˈəuvəri] *n* ovari

oven [ˈʌvn] *n* joko

over [ˈəuvə] 1. *adj* -liokwisha 2. **left over** -nayobaki 3. *adv* kule 4. **over there** kule 5. **to fall over** -angukia 6. *prep* juu ya 7. zaidi ya

overact [ˌəuvəˈrakt] *v* -zidisha mbwembwe

overall [ˌəuvəˈrɔːl] 1. *adj* -a jumla 2. *adv* kwa jumla

overalls [ˌəuvəˈrɔːlz] *pl* ovaroli

overawe [ˌəuvəˈrɔː] *v* -tisha

overbalance [ˌəuvəˈbaləns] *v* -anguka

overbearing [ˌəuvəˈbeəring] *adj* -enye kutisha

overblown [ˌəuvəˈbləun] *adj* -a kupita kiasi

overboard [ˌəuvəˈbɔːd] *adv* kutoka kwenye chombo

overbook [ˌəuvəˈbuk] *v* -pindukia booking

overbooked [ˌəuvəˈbukt] *adj* -liokupindukia

overbuilt [ˌəuvəˈbilt] *adj* -liojaa nyumba

overcapitalize [ˌəuvəˈkapitilaiz] *v* -kadiria mtaji mkubwa kupita kiasi

overcast [ˌəuvəˈkaːst] *adj* -liotandwa mawingu

overcharge [ˌəuvəˈchɔːj] *v* -toza fedha nyingi mno

overcoat [ˈəuvəkəut] *n* koti mrefu

overcome [ˌəuvəˈkʌm] *v* (**overcame, overcome**) -shinda

overconfidence [ˌəuvəˈkɔnfidəns] *n* kujiamini

overconfident [ˌəuvəˈkɔnfidənt] *adj* -a kujiamini

overcrowd [ˌəuvəˈkraud] *v* -songamana

overcrowding [ˌəuvəˈkrauding] *n* kusongamana

overdevelop [ˌəuvədəˈveləp] *v* -endelea sana

overdo [ˌəuvəˈduː] *v* (**overdid, overdone**) -fanya kupita kiasi

overdose [ˈəuvədəus] **1.** *n* kunywa dawa zaidi ya kipimo **2.** *v* -nywa dawa zaidi ya kipimo

overdraft [ˈəuvədrɑːft] *n* ovadrafti

overdraw [ˌəuvəˈdrɔː] *v* -wekua zaidi

overdrawn [ˌəuvəˈdrɔːn] *adj* My bank account is overdrawn. Ninadaiwa benki.

overdrive [ˈəuvədraiv] *n* gia ya mbio

overdue [ˌəuvəˈjuː] *adj* -a kupitiliza muda

overeager [ˌəuvəˈiːgə] *adj* -enye pupa sana

overeagerness [ˌəuvəˈiːgənəs] *n* hali ya pupa sana

overeat [ˌəuvəˈiːt] *v* -la kupita kiasi

overestimate [ˌəuvəˈestimeit] **1.** *n* kisio la juu **2.** -kuza thamani

over-excited [ˌəuvəregˈsaitid] *adj* -enye mpwitompwito

overfeed [ˌəuvəˈfiːd] *v* -lisha mno

overfill [ˌəuvəˈfil] *v* -jaza mno

overflow [ˌəuvəˈfləu] *v* **1.** *n* mafuriko **2.** -furika **3.** The toilet is overflowing. Choo kimefurika.

overgrown [ˌəuvəˈgrəun] *adj* -liofunikwa kwa majani

overhang [ˈəuvəhang] *n* sehemu inayotokeza

overhaul [ˌəuvəˈhɔːl] **1.** *n* kusuka upya **2.** *v* -suka upya

overhead [ˈəuvəhed] *adj* juu

overheads [ˈəuvəhedz] *pl* gharama za uendeshaji

overhear [ˌəuvəˈhiə] *v* -sikia bila kukusudia

overheat [ˌəuvəˈhiːt] *v* -pasha joto kupita kiasi chake

overjoyed [ˌbickˈəuvə ˈjɔid] *adj* -a kufurahi mno

overland [ˌəuvəˈland] **1.** *adj* -a nchi kavu **2.** *adv* kwa nchi kavu

overlap [ˌəuvəˈlap] *v* -pishana

overleaf [ˌəuvəˈliːf] *adv* upande wa nyuma

overload [ˌəuvəˈləud] *v* **1.** -jaza mno **2.** *(tech.)* -tia chaji nyingi zaidi

overlook [ˌəuvəˈluk] *v* **1.** -tazama kutoka juu **2.** -togundua **3.** -samehe

overnight [ˌəuvəˈnait] **1.** *adj* -a usiku **2.** *adv* usiku kucha

overpass [ˈəuvəpɑːs] *n* tambukabaraste

overpay [ˌəuvəˈpei] *v* -lip mno

overpayment [ˌəuvəˈpaimənt] *n* malipo yaliyozidi

overpopulation [ˌəuvəˌpɔpyuˈleishən] *n* watu wengi mno

overpopulated [ˌəuvəˈpɔpyuleitid] *adj* -lio na watu wengi mno

overpower [ˌəuvəˈpauə] *v* -shinda kwa nguvu

overpowering [ˌəuvəˈpauwəring] *adj* -kali sana

overproduce [ˌəuvəprəˈdhyuːs] *v* -zalisha kupita kiasi

overproduction [ˌəuvəprəˈdhʌkʃiəng] *n* kuzalisha kupita kiasi

overrate [ˌəuvəˈreit] *v* -thamini zaidi kuliko inavyostahili

override [ˌəuvəˈraid] *v* -puuza

overrule [ˌəuvəˈruːl] *v* -batilisha

overrun [ˌəuvəˈrʌn] *v* -tanda nchi

overseas [ˌəuvəˈsiːz] **1.** *adj* -a ng'ambo **2.** *adv* ng'ambo

oversee [ˌəuvəˈsiː] *v* -simamia

overseer [ˌəuvəˈsiːə] *n* msimamizi

overshadow [ˌəuvəˈshadəu] *v* -toa maanani

overshoot [ˌəuvəˈshuːt] *v* to overshoot a target -kosea shabaha

oversight [ˈəuvəsait] *n* kupitiwa na jambo

oversimplify [ˌəuvəˈsimplifai] *v* -rahisisha mno

oversize [ˈəuvəˌsaiz] *adj* -kubwa kupita kiasi

oversleep [ˌəuvəˈsliːp] *v* -chelewa kuamka

overspend [ˌəuvəˈspend] *v* -tumia zaidi

overspill [ˈəuvəspil] *n* kufurika

overstate [ˌəuvəˈsteit] *v* -tia chumvi

overstay [ˌəuvəˈstei] v -kaa zaidi ya muda unaotakiwa

overstep [ˌəuvəˈstep] v -vuka mipaka

overstock [ˌəuvəˈstɔk] v -weka bidhaa nyingi

oversubscribed [ˌəuvəˌsəbˈskraibd] adj -liochangiwa kupindukia

overt [əuˈvəːt] adj -a wazi

overtake [ˌəuvəˈteik] v -kuta

overthrow [ˌəuvəˈθrəu] v (pol.) -angusha serikali

overtime [ˈəuvətaim] n ovataimu

overture [ˈəuvətyuə] n 1. (pol.) mazungumzo ya awali 2. (mus.) lele

overturn [ˌəuvəˈtəːn] v 1. -pindua 2. to overturn a verdict -geuza hukumu ya awali

overuse [ˌəuvəˈyuːs] n kutumia zaidi

overuse [ˌəuvəˈyuːz] v -tumia zaidi

overvalue [ˌəuvəˈvalyuː] v -zidisha thamani (ya)

overview [ˈəuvəvyuː] n mtazamo wa jumla

overweight [ˌəuvəˈweit] adj -nene sana

overwhelm [ˌəuvəˈwelm] v -jawa (with na)

overwhelming [ˌəuvəˈwelming] adj -a kushinda

overwork [ˌəuvəˈwəːk] n -fanya kazi ya kupita kiasi

overwrought [ˌəuvəˈrɔːt] adj -liohamanikana

ovulate [ˈəuvyuleit] v -taga mayai

ovulation [ˈəuvyuleishən] n kutaga mayai

owe [əu] v -wa na deni

owing to [ˈəuing tu] prep kwa sababu

owl [aul] n bundi

own [əun] 1. -enyewe 2. We have our own car. Tuna gari yetu wenyewe. 3. to be on one's own peke yake 4. v -miliki

own up v -kiri

owner [ˈəunə] n mmilikaji; mwenyewe

ownerless [ˈəunələs] adj bila mwenyewe

ownership [ˈəunəship] n 1. umilikaji 2. private ownership mmiliki binafsi

ox [ɔks] n ng'ombe

oxygen [ˈɔksijən] n oksijeni

oxygen mask n kifuniko cha oksijeni

oxygen tent n kihema cha oksijeni

oyster [ˈɔistə] n chaza

oz. see ounce

ozone [ˈəuzəun] n ozoni

P

pa [pa] *n* baba

PA (personal assistant) [ˌpiːˈai] *n* msaidizi mahususi

pace [peis] 1. *n* hatua 2. mwendo 3. *v* -tembea polepole

pacifism [ˈpasiˌfizəm] *n* upinzanivita

pacifist [ˈpasifist] *n* mpinzanivita

pacify [ˈpasifai] *v* -suluhisha

pack [pak] 1. *n* mtumba 2. kundi 3. **pack of lies** uongo mtupu 4. *v* -fungasha 5. *see* **packed**

package [ˈpakij] *n* kirobota

package tour *n* safari ya utalii

packet [ˈpakit] *n* kifurishi

pack ice *n* barafu tandavu baharini

packing [ˈpaking] *n* 1. kufunga mizigo 2. kitambaa

packing case *n* kasha la mbao

pack up *v* 1. -fungasha 2. -acha kufanya kazi

pact [pakt] *n* maafikiano

pad [pad] 1. *n* pedi 2. **paper pad** pedi ya karatasi 3. *v* -tembea

paddle [ˈpadl] 1. *n* kafi 2. *v* -piga kafi

paddock [ˈpadək] *n* uwanda

padlock [ˈpadlɒk] *n* kufuli

paederast [ˈpedərast] *n* mharibifu wa watoto wadogo

paederasty [ˈpedəˌrasti] *n* uharibifu wa watoto wadogo

paediatrician [ˌpiːdiyaˈtrishən] *n* daktari ya maradhi ya watoto

paediatrics [ˌpiːdiˈyatriks] *n* elimu kuhusu maradhi ya watoto

pagan [ˈpeign] 1. *adj* -a kipagani 2. *n* mpagani

page [peij] 1. *n* ukarasa 2. *v* -pitapita

pageant [ˈpajənt] *n* tamasha

pager [ˈpeijə] *n* peja

paginate [ˈpajineit] *v* -tia namba za kurasa

pagination [ˌpajiˈneishən] *n* namba za kurasa

paid [peid] *see* **pay**

pail [peil] *n* ndoo

pain [pein] 1. *n* maumivu 2. **labour pains** uchungu wa kuzaa 3. **to be at great pains** -jitihadi 4. *v* -umiza 5. -huzunisha

painful [ˈpeinfəl] *adj* 1. -a kuumiza 2. -a kuhuzunisha

painkiller [ˈpeinkilə] *n* kituliza maumivu

painless [ˈpeinləs] *adj* bila maumivu

painstaking [ˈpeinˌsteiking] *adj* -a bidii za kazi

paint [peint] 1. *n* rangi 2. *v* -paka rangi 3. -chora picha

paintbrush [ˈpeintbrʌsh] *n* brashi ya rangi

painter [ˈpeintə] *n* 1. mchoraji 2. mpaka rangi 3. (*mar.*) kamba

painting [ˈpeinting] *n* 1. picha 2. kupaka rangi

pair [peə] *n* 1. jozi 2. watu wawili

pajamas [pəˈjaːməz] *pl* pajama

pal [pal] *n* rafiki

palace [ˈpalis] *n* kasri

palace coup *n* mapinduzi ya wenyewe kwa wenyewe ya ndani

palatable [ˈpalətəbəl] *adj* 1. -tamu 2. -a kupendeza

palate [ˈpalət] *n* kaakaa

pale [peil] *adj* -liokwajuka

palette [ˈpalet] *n* kibao cha rangi

pallet [ˈpalet] *n* toroli

palm [paːm] *n* 1. kiganja; kitanga 2. **palm tree** mchikichi 3. **coconut palm** mnazi 4. **date palm** mtende

palpitate [ˈpalpiteit] *v* -pigapiga
palpitation [ˌpalpiˈteishən] *n* mpapatiko
palsy [ˈpɔːlzi] *n* 1. ungonjwa wa kuteteneka mwili 2. **cerebral palsy** mtindio wa ubongo
paltry [ˈpɔːltri] *adj* hafifu
pamper [ˈpampə] *v* -dekeza
pamphlet [ˈpamflit] *n* kijitabu
pan [pan] 1. *n* sufuria 2. **frying pan** tawa 3. *adj* -a -ote
pancake [ˈpangkeik] *n* gole
pancreas [ˈpangkreəs] *n* kongosho
pandemic [panˈdemik] *adj (med.)* -a kuena kote
pandemonium [ˌpandəˈməuniəm] *n* ghasia kubwa
pander [ˈpandə] *v* -kuwadia
pane [pein] *n* kioo
panel [ˈpanl] *n* paneli
panic [ˈpanik] 1. *n* hofu kubwa 2. *v* -shikwa na hofu kubwa
panic-stricken *adj* -lioshikwa na hofu kubwa
panorama [ˌpanəˈraːmə] *n* mandhari yote
pant [pant] *v* -tweta
panties [ˈpantiz] *pl* chupi
pantry [ˈpantri] *n* stoo
pants [panch] *pl* 1. chupi 2. *(US)* suruali
panty-hose [ˈpantiˌhəuz] *n* taits
papa [pəˈpaː] *n* baba
papal [ˈpaipəl] *adj* -a baba mtakatifu
paper [ˈpeipə] *n* 1. karatasi 2. gazeti 3. *(acad.)* makala 4. **toilet paper** karatasi ya chooni
paperback [ˈpeipəbak] *n* kitabu
paper bag *n* mfuko wa karatasi
paper mill *n* kiwanda cha karatasi
paperwork [ˈpeipəˌwəːk] *n* 1. kazi ya mafaili 2. urasimu
papist [ˈpeipist] *n* mroma
paprika [pəˈpriːkə] *n* pilipili hohoa
par [paː] *n* 1. **above par** juu ya wastani 2. **below par** chini ya wastani 3. **on a par with** sawa na

parachute [ˈparəshuːt] 1. *n* parachuti; mwavuli 2. *v* -chupa kwa mwavuli
parachutist [ˈparəˌshuːtist] *n* mtu arukaye kwa parachuti/mwavuli
parade [pəˈreid] 1. *n* gwaride 2. *v* -kusanya
paradigm [ˈparədaim] *n* kielelezo
paradise [ˈparədais] *n* peponi
paradox [ˈparədɔks] *n* kweli kinzani
paraffin [ˈparəfin] *n* mafuta ya taa
paragraph [ˈparəgraːf] *n* aya
parallel [ˈparəlel] 1. *adj* -liosambamba 2. *n* msambamba 3. **without parallel** -sio na kifani 4. *v* -fananisha
paralysis [pəˈraləsis] *n* kiharusi
paralytic [ˌparəˈlitik] *adj* -enye kupooza
paralyze [ˈparəlaiz] *v* -pooza
paramedic [ˌparəˈmedik] *n* muuguzi wa dharura; daktari wa dharura
paramilitary [ˌparəˈmilitəri] *adj* -enye hadhi ya kijeshi
paramount [ˈparəmaunt] *adj* -kuu
paranoia [ˌparəˈnoyə] *n* wasiwasi wa kutoamini watu
paranoid [ˈparənoid] 1. *adj* -a wasiwasi wa kutoamini watu 2. *n* mtu asoamini watu
paraphrase [ˈparəfreiz] *v* -fafanua
paraplegia [ˌparəˈpliːjə] *n* paraplejia
paraplegic [ˌparəˈpliːjik] *n* mwenye paraplejia
parasite [ˈparəsait] *n* kimelea
paratrooper [ˈparətruːpə] *n* askari wa miavuli
paratroops [ˈparətruːps] *pl* jeshi la miavuli
parcel [ˈpaːsəl] *n* 1. kifurushi 2. **parcel of land** sehemu ya ardhi
parch [pach] *v* -kausha
pardon [ˈpaːdən] 1. *n* msamaha 2. *(leg.)* kusamehe wa adhabu 3. **I beg your pardon!** Niwie radhi! 4. **I beg your pardon?**

Samahani? **5.** *v* -samehe **6.** *(leg.)*
-samehe
parent [ˈpeərənt] *n* mzazi
parentage [ˈpeərəntij] *n* ukoo
parental [pəˈrentl] *adj* -a baba na
mama
parent company *n* kampuni
mama
parenthood [ˈpeərənthud] *n* hali ya
kuwa mzazi
pariah [pəˈraiyə] *n* mtu aliyetengwa
na jamii
parish [ˈparish] *n* parokia
parity [ˈpariti] *n* usawa
park [paːk] **1.** *n* bustani **2. car-park**
maegesho ya magari **3. amusement
park** mapembeani **4. national
park** mbuga za taifa **5.** *v* -egesha
parking [ˈpaːking] *n* maegesho
parking lot; parking space *n*
maegesho
parking meter *n* mita ya maegesho
parliament [ˈpaːləmənt] **1.** *adj* -a
bunge **2.** *n* bunge
parliamentary [ˌpaːləˈmentri] *adj*
-a bunge
parliamentary immunity *n*
hefadhi ya bunge
parlour [ˈpaːlə] *n* sebule
parody [ˈparɔdi] **1.** *n* mwigo wa
kubeza **2.** *v* -iga kwa kubeza
parole [pəˈrəul] *n* **on parole** achiwa
huru baada ya kutoa ahadi hiyo
parrot [ˈparət] *n* kasuku
parson [ˈpaːsən] *n (rel.)* mchungaji
part [paːt] **1.** *n* sehemu; kiasi **2.**
nafasi **3. spare part** spea **4. for
my part** kwa upande wangu **5. for
the most part** kwa sehemu kubwa
6. to take part in -shiriki **7.** *v*
-gawa **8.** -achia
partial [ˈpaːshl] *adj* **1.** -a sehemu **2.
to be partial to** -pendelea
participant [paːˈtisipənt] *n* mshiriki
participate (in) [paːˈtisipeit] *v*
-shiriki
participation [paːˌtisiˈpeishən] *n*

kushiriki
particle [ˈpaːtikəl] *n* chembe
particular [pəˈtikyulə] **1.** *adj* -a
pekee **2. in particular** hasa **3.** *see*
particulars
particularly [pəˈtikyuləli] *adv* hasa
particulars [pəˈtikyuləz] *pl* **to go
into particulars** -toa habari kwa
urefu
partition [paːˈtishən] **1.** *n*
kugawanywa **2.** *v* -gawa
partly [ˈpaːtli] *adv* kwa sehemu
partner [ˈpaːtnə] *n* **1.** mbia **2.** patna
partnership [ˈpaːtnəship] *n* ubia
part-time 1. *adj* -a muda maalumu
2. *adv* kwa muda maalumu
part-timer *n* mfanyakazi wa muda
maalumu
parturition [paːtyuˈrishən] *n* kuzaa
party [ˈpaːti] *n* **1.** sherehe; pati **2.**
(pol.) chama
party member *n (pol.)* wanachama
pass [paːs] **1.** *n (spor.)* pasi **2.
mountain pass** njia ya mlimani **3.**
v -pita **4.** -pa **5.** *(spor.)* -pasia **6. to
pass time** -tumika **7. to pass an
exam** -faulu mtihani **8. to pass a
law** -pitisha **9. to come to pass**
-tokea
passable [ˈpaːsəbəl] *adj* **1.** -a
kupitika **2.** -a wastani
passage [ˈpasij] *n* **1.** kitendo **2.** njia
3. safari
passage way *n* ukumbini
pass away *v* -fa
pass by *v* -pita
passenger [ˈpasinjə] *n* abiria;
msafiri
passer-by *n* mpita njia
passion [ˈpashən] *n* hisia kali
passionate [ˈpashənət] *adj* -enye
kutekwa na hisia kali
passive [ˈpasiv] *adj* baridi
pass out *v* -zirai
passport [ˈpaːspɔːt] *n* pasi; pasipoti
passport office *n* afisa wa paspot
password *n* tamko la siri

past [pa:st] **1.** *adj* -liopita **2.** -a zamani **3.** *n* mambo ya kupita **4.** *adv* to go past -pita **5.** *prep* kupita **6. half past four** saa nne na nusu

pasta [pastə] *n* pasta

paste [peist] **1.** *n* gundi **2.** *v* -gandamishia

pastime ['pa:staim] *n* burudani

pastor ['pa:stə] *n (rel.)* mchungaji

pastoral ['pa:strəl] *adj* -a shamba

pastry ['peistri] *n* vitobosha

pasture ['pa:schə] *n* malisho

pasture right *n* haki ya kuchunga

pat [pat] *v* -pigapiga

patch [pach] **1.** *n* kiraka **2. to go through a bad patch** -fikia wakati wa mgumu wa majonzi **3.** *v* -tia kiraka

paté ['patei] *n* pate

patent ['peitənt] **1.** *adj* wazi **1.** *n* hataza **2.** *v* -andikisha hataza

patented ['peitəntid] *adj* **to be patented** -andikishwa hataza

patentee [,peitən'ti:] *n* mwenye hataza

patently ['peitəntli] *adv* wazi

patent office *n* ofisi ya hataza

paternal [pə'tə:nəl] *adj* -a baba

paternity [pə'tə:niti] *n* ubaba

paternity suit *n* madai ya ubaba

path [pa:th] *n* njia

pathetic [pə'thetik] *adj* **1.** -a kutia huruma **2.** makuruhi

pathology [pə'thɔlɔji] *n* pathologia

pathologist [pə'thɔlɔjist] *adj* mwanapathologia

pathway ['pa:thwei] *n* njia

patience ['peishəns] *n* subira

patient ['peishənt] **1.** *adj* -enye subira **2.** *n* mgonjwa

patriot ['patriət] *n* mzalendo

patriotic [,patri'ɔtik] *adj* -a uzalendo

patriotism ['patriətizəm] *n* uzalendo

patrol [pə'trəul] **1.** *n* doria **2.** *v* -fanya doria

patrol wagon *n* karandinga

patron ['peitrən] *n* mlezi

patronize ['patrənaiz] *v* **1.** -lea **2.** -dhalilisha **3.** -wa mteja wa

pattern ['patən] *n* **1.** bombwe **2.** sampuli

pause [pɔ:z] **1.** *n* kituo; pauzi **2.** *v* -pumzika kidogo

pave [peiv] *v* -tia kibamba

pavement ['peivmənt] *n (UK)* njia ya miguu

pavilion [pə'viliyən] *n* **1.** *(spor.)* kibanda **2.** *(com.)* banda

paving stone *n* kibamba

paw [pɔ:] *n* wayo

pawn [pɔ:n] *v* -tia rahani

pawpaw ['pɔ:pɔ:] *n* paipai

pay [pei] **1.** *n* malipo **2.** *v* -lipa

payable ['peiyəbəl] *adj* -a kulipwa

pay attention *v* -angalia

pay a visit *v* -zuru

pay back *v* **1.** -adhibu **2.** *(fin.)* -rudisha

payday *n* siku ya malipo

payee [pei'i:] *n* mtu wa kulipwa

payer ['peiyə] *n* mtu wa kulipa

pay load *n* shehena ya kulipwa

paymaster ['pei,ma:stə] *n* mlipaji

paymaster general *n* mkuu wa idara ya mishahara hazina

payment ['peimənt] *n* malipo

payphone ['pei,fəun] *n* kibanda cha simu

pay rise *n* kuongeza mshahara

p.c. [pi:'si:] *n (comp.)* kompyuta

pea, peas [pi:; pi:z] *n, pl* njegere

peace [pi:s] *n* **1.** *adj* -a amani **2.** *n* amani **3. at peace** kwa amani **4. to make peace** -fanya amani

peace conference *n* mkutano wa amani

peaceful ['pi:sfəl] *adj* **1.** -tulivu **2.** -a kupenda amani

peaceful coexistence *n* kuishi kwa amani

peacefully ['pi:sfəli] *adv* kwa usalama

peaceful means *pl* **by peaceful means** kwa njia za amani

penetration

peacekeeping [ˈpiːskiːpiŋ] *adj* kuweka amani

peacekeeping forces *pl* jeshi la kuweka amani

peacemaker [ˈpiːsˌmeikə] *n* msuluhishi

peace talks *pl* mazungumzo ya amani

peacetime [ˈpiːstaim] **1.** *adj* -a kipindi cha amani **2.** *n* wakati wa amani

peace treaty *n* mfungamano ya amani

peach [piːch] *n* pichi

peacock [ˈpiːkɔk] *n* tausi dume

peak [piːk] **1.** *adj* -a juu **2.** *n* kilele **3.** *(fin.)* nchani **4.** *(mar.)* **sail peak** uberu **5.** *v* -chungulia

peak season *n* siku za musim

peanut [ˈpiːnʌt] *n* karanga

pear [peə] *n* pea

pearl [pəːl] *n* lulu

pearl fisher *n* mzamia lulu

pearl oyster *n* kombe lulu

peasant [ˈpeznt] *n* mkulima

peat [piːt] *n* mboji

peat bog *n* shimo la mboji

pebble [ˈpebəl] *n* changarawe

peck [pek] *v* -donoa

peculiar [piˈkyuːliə] *adj* **1.** -a pekee **2.** -geni **3.** -a kupatikana

pedal [ˈpedl] **1.** *n* pedali **2.** *v* -piga pedali

peddle [ˈpedl] *v* -chuuza

peddler [ˈpedlə] *n* mchuuzi

pedestal [ˈpedistl] *n* kiweko

pedestrian [piˈdestriən] *n* mwenda kwa miguu

pedestrian crossing *n* kivuko cha wenda kwa miguu

pediatrician [ˌpiːdiyaˈtrishən] *n* mganga wa watoto

pediatrics [ˌpiːdiˈyatriks] *n* matibabu ya watoto

pedigree [ˈpedigriː] *n* **1.** ukoo **2.** ukoosafu

pedlar [ˈpedlə] *n* mchuuzi

peek [piːk] *v* -chungulia

peel [piːl] **1.** *n* ganda **2.** *v* -menya **3.** **My skin is peeling.** Ngozi yangu inabambuka.

peep [piːp] *v* -chungulia

peer [piə] **1.** *n* mwenzi **2.** mwinyi **3.** *v* -kazia macho

peerage [ˈpiərij] *n* mamwinyi

peer group *n* rika

peerless [ˈpiəlis] *adj* bila kifani

peg [peg] *n* mambo

pelican [ˈpelikən] *n* mwari

pellet [ˈpelit] *n* **1.** marisawa **2.** *(med.)* kidonge

pelt [pelt] *v* **1.** *n* ngozi **2.** **at full pelt** kwa kasi zote **3.** *v* -shambulia

pelvis [ˈpelvis] *n* fupanyonga

pen [pen] *n* **1.** kalamu **2.** **animal pen** kizizi

penal [ˈpiːnəl] *adj* -a adhabu

penal code *n* kanuni ya adhabu

penal colony *n* makazi ya kuadhibia

penalize [ˈpiːnəlaiz] *v* -taabisha

penalty [ˈpenəlti] *n* **1.** adhabu **2.** *(spor.)* penalti **3.** **under penalty of** kwa adhabu ya

penalty area *n* eneo la penalti

penalty clause *n* ibara ya adhabu katika mkataba

penance [ˈpenəns] *n* kutubu

pence [pens] *see* **penny**

pencil [ˈpenslə] *n* **1.** penseli **2.** **eyeliner pencil** wanja

pencil case *n* mkebe wa penseli

pencil sharpener *n* kichonga penseli

pendant [ˈpendənt] *n* jebu

pending [ˈpending] **1.** *adj* -a kungoja uamuzi **2.** *prep* wakati wa **3.** kabla

pendulum [ˈpendyuləm] *n* mizani ya saa

penetrate [ˈpenitreit] *v* **1.** -ingia **2.** -enea

penetrating [ˈpenitreiting] *adj* **1.** -elekevu **2.** kali

penetration [ˌpeniˈtreishən] *n* **1.** kuingilia **2.** ukali

penguin [ˈpengwin] *n* pengwini
penicilin [peneˈsilin] *n* penisilini
peninsula [peˈninsyule] *n* musoma
peninsular [peˈninsyule] *adj* -a musoma
penis [ˈpiːnis] *n* uume
penitent [ˈpenitent] *adj* -enye kutubu
penitentiary [ˌpeniˈtensheri] *n* gereza
penknife [ˈpenaif] *n* kisu kidogo cha kukunja
pen name *n* lakabu
pennant [ˈpenent] *n* bendera
penniless [ˈpenilis] *adj* fukara
penny [ˈpengi] *n* (*pl* pence, pennies) peni; senti
pennypinching [ˈpeni,pinching] *adj* bahili
pension [ˈpenshen] *n* pensheni
pension [ponsiˈyon] *n* nyumba ya kupangisha
pensioner [ˈpenshene] *n* mpokeaji pensheni
pensive [ˈpensiv] *adj* -enye kufikiri kwa makini
penultimate [penˈʌltimet] *adj* -a pili kutoka mwisho
people [ˈpiːpel] *pl* 1. watu 2. jamaa 3. taifa
pepper [ˈpepe] *n* pilipili
peppermint [ˈpepemint] *n* nanaa
peptalk [ˈpeptɔːk] *n* gumzo la kusisimua
per [pe; peː] *prep* kwa (kila)... moja
perceive [peˈsiːv] *v* -tambua
per cent; percent [peˈsent] kwa kila mia
percentage [peˈsentij] *n* asilimia
perceptible [peˈseptebel] *adj* -enye kutambulika
perception [peˈsepshen] *n* utambuzi
perceptive [peˈseptiv] *adj* -a kuhusu utambuzi
perch [peːch] *n* 1. kitulio (cha ndege) 2. **nile perch** sangara

percussion [peˈkʌʃfieng] *n* mgongano
perennial [peˈreniyel] *adj* -a mwaka
perestroika [ˌpereˈstrɔike] *n* perestroika
perfect [ˈpeːfikt] *adj* kamili
perfect [peˈfekt] *v* -kamilisha
perfection [peˈfekshen] *n* ukamilifu
perfectly [peˈfektli] *adv* 1. vizuri 2. barabara
perforate [ˈpeːfereit] *v* -toboa
perforation [ˌpeːfeˈreishen] *n* vitobo
perform [peˈfɔːm] *v* 1. -tenda 2. to perform a play -cheza mchezo 3. to perform music -piga muziki
performance [peˈfɔːmens] *n* 1. maonyesho 2. tendo kuu 3. **theatrical performance** kufanya mchezo wa kuigiza 4. **musical performance** upigaji muziki
perfume [ˈpeːfyuːm] *n* marashi
perhaps [peˈhaps] *adv* labda
peril [ˈperel] *n* hatari kubwa
perilous [ˈpereles] *adj* -enye hatari kubwa
perimeter [peˈrimite] *n* mzingo
period [ˈpieried] *n* 1. wakati 2. (*ed.*) kipindi 3. nukta 4. **to have a period** -wa na hedhi 5. **to miss a period** -kosa hedhi
periodic [ˌpieriˈɔdik] *adj* -enye kutokea kwa vipindi
periodical [ˌpieriˈɔdikel] *n* jarida
peripheral [peˈriferel] *adj* -a ukingoni
periphery [peˈriferi] *n* ukingoni
periscope [ˈperiskeup] *n* periskopu
perish [ˈperish] *v* 1. -fa 2. -chakaa
perishable [ˈperishebel] *adj* -a kuharibika upesi
perjure [ˈpeːje] *v* -sema uwongo
perjury [ˈpeːjeri] *n* 1. (kosa la) kusema uwongo 2. **to commit perjury** -sema uwongo
perks [peːks] *pl* marupurupu
perk up *v* -changamka

perm [pə:m] *n* kutia mawimbi ya
nywele

permafrost [ˈpə:məfrɒst] *n* udongo
jalidi

permanence [ˈpə:mənəns] *n*
kudumu

permanent [ˈpəmənənt] *adj* -a
kudumu

permanently [ˈpəmənəntli] *adv* bila
kubadilika

permanent seat *n (pol.)* nafasi ya
kudumu

permanent secretary *n (pol.)*
katibu mukhtasar

permeate [ˈpə:miyeit] *v* -penya na
enea

permission [pə:miʃən] *n* ruhusa;
idhini

permissive [pə:ˈmisiv; pə:ˈmisif] *adj*
-enye kutoa uhuru

permit [ˈpə:mit] *n* ruhusa; idhini

permit [pəˈmit] *v* (**permitted**)
-ruhusu

pernicious [pəˈniʃəs] *n* -enye
madhara

perpendicular [ˌpə:pənˈdikyulə] *adj*
-a mstatili

perpetrate [ˈpəpechreit] *v* -fanya
(kosa)

perpetrator [ˈpə:pətreitə] *n* mkosaji

perpetual [pəˈpechuəl] *adj* -a
kudumu

perpetually [pəˈpechuəli] *adv*

perpetuate [pəˈpechueit] *v*
-dumisha

perpetuation [pə,pechyuˈeiʃən] *n*
udumishaji

perpetuity [ˌpə:piˈtyuwiti] *n* **in
perpetuity** pasipo mwisho

perplex [pəˈpleks] *v* -tatiza

per se [ˌpə:ˈsei] *adv* peke yake

persecute [ˈpə:sikyu:t] *v* -tesa

persecution [ˌpə:siˈkyu:ʃən] *n*
mateso

persecutor [ˈpə:sikyu:tə] *n* mtesaji

perseverance [ˌpə:siˈviərəns] *n*
uvumilivu

persevere (in/with) [ˌpə:siˈviə] *v*
-vumilia

Persia [ˈpə:ʒə; ˈpə:ʃə] *n* Uajemi

Persian [ˈpə:ʒən; ˈpə:ʃən] **1.** *adj* -a
Kiajemi **2.** *n* Mwajemi **3.** Kiajemi

persist [pəˈsist] *v* **1.** -shikilia **2.**
-endelea kuwepo

persistence [pəˈsistəns] *n* bidii

persistent [pəˈsistənt] *adj* -shupavu

person [ˈpə:sən] *n* **1.** mwenyewe;
mtu **2. in person** kwa nafsi yake

persona [pəˈsəunə] *n* hulka bayana

persona non grata [pəˈsəunə nɒn
ˈgra:tə] *n* mtu asiyekubalika nchini

personal [ˈpə:sənl] *adj* **1.** -enyewe
2. mahususi **3.** -a mwili

personal assistant *n* msaidizi
mahususi

personality [ˌpə:səˈnaləti] *n* **1.** nafsi
2. mtu mashuhuri

personal life *n* maisha ya
mwenyewe; maisha ya -enyewe

personally [ˈpə:sənli] *adv* **1.** -enyewe
2. mwenyewe sifikiri hivyo

personal organizer *n* msimamizi
mahsusi

personal property *n* mali binafsi
inayohamishika

personnel [ˌpə:səˈnel] *n* watumishi

personnel manager *n* meneja
utumishi

perspective [pəˈspektiv] *n* **1.**
taswira **2.** maono

perspiration [ˌpə:spəˈreiʃən] *n*
(kutoa) jasho

perspire [pəˈspaiə] *v* -toa jasho

persuade [pəˈsweid] *v* -shawishi

persuaded [pəˈsweidid] *adj* **to be
persuaded** -shawishiwa

persuasion [pəˈsweiʒən] *n*
ushawishi

persuasive [pəˈsweisiv] *adj* -a
kushawashi

pert [pə:t] *adj* -juvi

pertain [pəˈtein] *v* -fungumana (**to
na**)

pertinence [ˈpə:tinəns] *n* kufaa

pertinent [´pə:tinənt] *adj* -a kufaa

perturb [pə´tə:b] *v* -sumbua

perusal [´pəru:zl] *n* kusoma kwa makini

peruse [pə´ru:z] *v* -soma kwa makini

pervade [pə´veid] *v* -enea kote

pervasive [pə´veisiv] *adj* -a kunea kote

perverse [pə´və:s] *adj* 1. -potovu 2. -a kinyume

pervert [´pə:və:t] *n* mpotovu

pervert [pə´və:t] *v* -potosha

pessimism [´pesimizəm] *n* kukosa rajua

pessimist [´pesimist] *n* msorajua

pessimistic [ˌpesi´mistik] *adj* bila rajua

pest [pest] *n* 1. msumbufu 2. mdudu mharibifu

pester [´pestə] *v* -sumbua

pesticide [´pestisaid] *n* kiuadudu

pestle [´pesəl] *n* mchi

pet [pet] *n* kipenzi

petal [´petl] *n* petali

peter out [´pi:tə-,aut] *v* -isha taratibu

petite [pə´ti:t] *adj* -nadhifu

petition [pə´tishən] 1. *n* ombi 2. *v* -lalama

petitioner [pə´tishənə] *n* mlalamikaji

petition for *v* -omba

petrify [´petrifai] *v* -ogofya sana

petrochemical [ˌpetrəu´kemikəl] *adj* -a mafuta

petrol [´petrəl] *n* petroli

petroleum [pə´trəuliəm] *n* mafuta

petroleum jelly *n* grisi

petrology [pe´trɔlɔji] *n* petrolojia

petrol pump *n* bomba la petroli

petrol station *n* kituo cha petroli

petticoat [´petikəut] *n* gaguro shimizi

petty [´peti] *adj* -dogodogo

petty cash *n* fedha za kichele

phantom [´fantəm] *n* zimwi

pharmaceutical [ˌfa:mə´syu:tikəl] *adj* -a madawa

pharmacist [´fa:məsist] *n* mfamasi

pharmacologist [ˌfa:mə´kɔlɔjist] *n* mtaalamu wa madawa

pharmacology [ˌfa:mə´kɔlɔji] *n* taaluma ya madawa

pharmacy [´fa:məsi] *n* 1. famasia 2. duka la dawa

phase [feiz] *n* 1. awamu 2. **phase of the moon** zura za mwezi

PhD [ˌpi:eich´di:] *n* PhD (= ´pi-ech-di´)

phenomenal [fə´nɔminəl] *adj* -a ajabu

phenomenon [fə´nɔminən] *n* (*pl* **phenomena**) 1. jambo 2. ajabu

philosopher [fi´lɔsəfə] *n* mwanafalsafa

philosophical [ˌfilə´sɔfikəl] *adj* -a falsafa

philosophy [fi´lɔsəfi] *n* falsafa

phlegm [flem] *n* kohozi

phobia [´fəubiyə] *n* hofu

phone [fəun] 1. *n* simu 2. **car phone** simu ya gari 3. **cordless phone** simu iso waya; simu isokuwa na waya 4. **mobile phone** simu yamkononi 5. **satellite phone** simu ya satalaiti 6. *v* -piga simu

phonetic [fə´netik] *adj* -a fonetiki

phonetics [fə´netiks] *n* fonetiki

phonology [fə´nɔlɔji] *n* fonolojia

phony [´fəuni] *adj* -a bandia

phosphate [´fɔsfeit] *n* fosfati

photo [´fəutəu] 1. *n* picha 2. *v* -piga picha

photocopier [´fəutəukɔpiə] *n* mashine ya fotokopi

photocopy [´fəutəukɔpi] 1. *n* fotokopi 2. *v* -fotokopi

photo finish *n* mshindi wa kuamuliwa na picha

photograph [´fəutəgra:f] 1. *n* picha 2. *v* -piga picha

photographer [fə´tɔgrəfə] *n* 1. mpiga picha 2. **press**

photographer mpiga picha wa gazeti

photographic [ˌfəutəˈgrafik] *adj* -a (kupiga) picha

photography [fəˈtɔgrəfi] *n* upigaji picha

phrase [freiz] *n* msemo

phrasebook [ˈfreizbuk] *n* kitabu cha msemo

physical [ˈfizikəl] **1.** *adj* -a mwili **2.** -a nje **3.** *n (med.)* kukaguliwa afya

physical education *n* elimu ya mazoezi ya viungo

physical examination *n (med.)* kukaguliwa afya

physical therapy *n (med.)* utabibu wa viungo

physician [fiˈzishən] *n* tabibu

physicist [ˈfizisist] *n* mwanafizikia

physics [ˈfiziks] *n* fizikia

physiotherapist [fiziəuˈtherəpist] *n* mtaalamu wa tibamaungo

physiotherapy [ˌfiziəuˈtherəpi] *n* tibamaungo

physique [fiˈziːk] *n* umbo

pianist [piˈyanist] *n* mpiga piano

piano, pianoforte [piˈanəu; piˌanəuˈfɔːti] *n* piano

piazza [piˈyatsə] *n* uwanja

pick [pik] *v* **1.** -chokoa **2.** -chokonoa **3. to pick an argument with** -chokoza **4. to pick a pocket** -chomoa fedha mfukoni **5.** *see* pickaxe

pickaxe [ˈpikaks] *n* kishoka

picket [ˈpikit] **1.** *n* wafanyakazi washawishi **2.** *v* -shawishi wengine kugoma

pickle [ˈpikəl] *v* achali

pick on *v* -onea

pick out *v* **1.** -chagua **2.** -elewa

pickpocket [ˈpikˌpɔkit] *n* kibaka

pick-up (truck) *n* pikapu

pick up *v* **1.** -inua **2.** -sanya

picnic [ˈpiknik] *n* mandari

pictorial [pikˈtɔːriəl] *adj* -a picha

picture [ˈpikchə] **1.** *n* picha **2. to take a picture** -piga picha **3.** *v* -waza

pie [pai] *n* pai

piece [piːs] *n* **1.** kipande **2.** kazi

piecemeal [ˈpiːsˌmiːl] *adv* kidogo kidogo

piece together *v* -unganisha

piecework [ˈpiːswəːk] *n* kazi ya kipande

pied à tierre [ˌpiyedəˈtəː] *n* chumba cha kukodi/ziada

pier [piə] *n* gati

pierce [piəs] *n* **1.** -choma **2.** -toga

piercing [ˈpiəsing] *adj* -kali

pig [pig] *n* nguruwe

pigeon [ˈpijin] *n* njiwa

pigeonhole [ˈpijinhəul] *n* shubaka

pig-headed [ˌpigˈhedid] *n* -jeuri

piglet [ˈpiglit] *n* nguruwe mtoto

Pigmy [ˈpigmi] *n* **1.** n Mbilikimo **2.** *adj* -a Mbilikimo

pigsty [ˈpigstai] *n* banda la nguruwe

pile [pail] **1.** *n* chungu **2.** *v* -lundika

pile-driver *n* kishindilia nguzo

piles [pailz] *pl (med.)* bawasiri

pile up *v* **1.** -lundikana **2.** -gongana mfululizo

pilfer [ˈpilfə] *v* -dokoa

pilgrim [ˈpilgrim] *n* haji

pilgrimage [ˈpilgrimij] *n* **1.** mahujaji **2. to go on pilgrimage** -enda hija

pill [pil] *n* **1.** kidonge **2. the Pill** kidonge cha kuzuia mimba **3. to take a pill** -meza dawa ya kidonge **4. to go/be on the pill** -anza kutumia vidonge vya kuzuia mimba

pillage [ˈpilij] -teka nyara

pill box *n (mil.)* ngome ndogo

pillar [ˈpilə] *n* nguzo

pillar box *n (UK)* sanduku la barua (barabarani)

pillow [ˈpiləu] *n* mto

pillow case *n* foronya

pilot [ˈpailət] **1.** *n* rubani **2.** *v* -endesha

pilot boat *n* jahazi ongozi

pimp [pimp] **1.** *n* kuwadi **2.** *v* -kuwadia

pimple [ˈpimpəl] *n* chunusi

pin [pin] **1.** *n* pini **2.** *v* -bandika kwa pini

pinball [ˈpinbɔl] *n* mpira wa tufe
pinch [pinch] *v* -finya
pine [pain] 1. *n* msonobari 2. *v* -hamu 3. **This parrot is pining for the fjords.** Kasuku huyu anahamu na fiyodi.
pineapple [ˈpainapəl] *n* nanasi
ping-pong [ˈpingpɔng] *n* mpira wa meza
pinion [ˈpiniən] *v* -funga
pink [pink] *adj* -a waridi
pinnace [ˈpinəkəl] *n* mashua
pinnacle [ˈpinəkəl] *n* upeo
pinpoint [ˈpinpɔint] *v* -baini
pinprick [ˈpinprik] *n* kikero
pins and needles *pl* kibibi
pint [paint] *n* painti
pin-up [ˈpinʌp] *n* picha ya msichana mrembo (kwenye gazeti)
pioneer [ˌpaiəˈniə] *n* mtangulizi
pious [ˈpaiəs] *adj* -a Mungu
pip [pip] *n* mbegu
pipe [paip] *n* 1. bomba 2. mtemba
pipeline [ˈpaiplain] *n* 1. njia ya bomba 2. **gas pipeline** bomba la gas 3. **oil pipeline** bomba la mafuta
piracy [ˈpairəsi] *n* uharamia
pirate [ˈpairət] 1. *n* haramia 2. *v* -iba
Pisces [ˈpaisiːz] *n* Samaki
piss [pis] *(sl.)* 1. *n* mkojo 2. *v* -kojoa
pissed [pist] *(sl.)* -liolewa kabisa
pissed off *adj (sl.)* -liokasirika
pistol [ˈpistl] *n* bastola
piston [ˈpistən] *n* pistoni
pit [pit] *n* shimo
pit against *v* -pambanisha
pitch [pich] 1. *n (mus.)* uzito wa sauti 2. *(spor.)* uwanja wa kuchezea 3. **sales pitch** *(place)* kontena 4. **sales pitch** *(presentation)* kwenda kuuza 5. *v* -tupa 6. **to pitch camp** -piga kambi
pitch dark *adj* -eusi kabisa
pitfall [ˈpitfɔːl] *n* hatari
pithead [pit-hed] *n* mlango wa mgodi

pitiable [ˈpitiəbəl] *adj* -a kutia huruma
pitiful [ˈpitifəl] *adj* -a kusikitisha
pitiless [ˈpitilis] *adj* -katili
pity [ˈpiti] 1. *n* huruma 2. **what a pity!** Inasikitisha! 3. *v* -sikitikia
pivot [ˈpivət] 1. *n* egemeo 2. *v* -egemeza
pizza [ˈpiːchə] *n* piza
placard [ˈplakaːd] *n* bango
placate [pləˈkeit] *v* -tuliza
place [pleis] 1. *n* mahali 2. nyumba(ni) 3. **in place of** badala ya 4. **out of place** -siofaa 5. **in the first place** kwanza 6. **to take place** -tukia 7. *v* -weka
placebo [pləˈsiːbəu] *n* kipozauongo
placenta [pləˈsentə] *n* kondo; mji
place of residence *n* pahali unapo ishi
place of work *n* pahali unapo fanyakazi
placid [ˈplacid] *adj* -tulivu
plagiarism [ˈpleijəˈrizəm] *n* wizi wa maandishi
plagiarize [ˈpleijəraiz] *v* -iba maandishi
plague [pleig] 1. *n* tauni 2. *v* -sumbua
plain [plein] 1. *adj* -dhahiri; -wazi 2. -a kawaida 3. *adv* kweli 4. uwanda
plain-clothes policeman [ˈpleinˈkləudhz] *n* askari kanzu
plainly [ˈpleinli] *adv* kweli
plaintiff [ˈpleintif] *n (leg.)* mdai
plait [plat] 1. *n* msuko 2. *v* -suka
plan [plan] 1. *n* mpango 2. ramani 3. *v* **(planned)** -panga
plane [plein] *n* 1. uso 2. ndege 3. *(tech.)* randa 4. **by plane** kwa ndege
planet [ˈplanit] *n* sayari
planetary [ˈplanitri] *adj* 1. -a ardhi 2. -a sayari
plank [plangk] *n* ubao
plankton [ˈplangktən] *n/pl* planktoni
planner [ˈplanə] *n* mpangaji

planning [ˈplaning] *n* upangaji

plant [plaːnt] 1. *n* mmea 2. *(tech.)* mashine 3. *v* -panda

plantain [ˈplaːntein] *n* ndizi

plantation [planˈteishən] *n* shamba kubwa

planter [ˈplaːntə] *n* mkulima

planting [ˈplaːnting] *n* ukulima

plaque [plaːk] *n* 1. bamba 2. *(med.)* utando

plaster [ˈplaːstə] 1. *n (tech./med.)* plasta 2. *v* -piga plasta

plasterer [ˈplaːstərə] *n* mpiga lipu

plasma [ˈplazmə] *n* maji ya damu; plazma

plastic [ˈplastik] 1. *adj* -a plastiki 2. *n* plastiki

plastic bag *n* mfuko wa plastiki

plastic bomb; plastic explosive *n* bomu la plastiki

plastic surgery *n* utengenezaji upya wa viungo

plate [pleit] *n* 1. bamba 2. **gold plate** dhahabu ya kuchovyo 3. **dental plate** menobandia

plateau [ˈplatəu] *n* uwanda

plate glass *n* kioo cha dirisha

platform [ˈplatfɔːm] *n* 1. ulingo 2. jukwaa 3. *(pol.)* programu

platoon [pləˈtuːn] *n* platuni

platypus [ˈplatipəs] *n* kinyamadege

plaudit [ˈplɔːdit] *n* makofi vifijo

plausible [ˈplɔːzibəl] *adj* -enye kuelekea

play [plei] 1. *n* mchezo 2. tamthilia 3. *v* -cheza 4. *(mus.)* -piga

play a joke (on) *v* -hadaa

play back *v* -piga banda baada ya kuirekodi

play-bill *n* tangazo la tamthilia

play down *v* -punguza umuhimu

player [ˈpleiə] *n* 1. mchezaji 2. rekodiplea; CD-plea

playgoer [ˈpleigəuwə] *n* mpenda kutazama tamthilia

playground [ˈpleigraund] *n* kiwanja cha michezo

playhouse [ˈpleihaus] *n* jumba la kuonyeshea tamthilia

playing field *n* kiwanja cha michezo

play time *n* mapumziko

playwright [ˈpleirait] *n* mwandishi wa michezo ya kuigiza

plaza [ˈplaːzə] *n* uwanda

plea [pliː] *n* 1. ombi 2. *(leg.)* maelezo

plead [pliːd] *v* -sihi

plead guilty *v* -kiri kosa

plead not guilty *v* -kana kosa

pleasant [ˈplezənt] *adj* -a kufurahisha

pleasantness [ˈplezəntnis] *n* furaha

please [pliːz] *v* 1. -pendeza 2. **please!** tafadhali!

pleased [pliːzd] *adj* -enye furaha

pleasing [ˈpliːzing] *adj* -zuri

pleasure [ˈplezhə] *n* furaha; starehe

pleasure boat *n* meli ya starehe

pleasure trip *n* safari ya starehe

pleat [pliːt] 1. *n* mkunjo 2. *v* -kunja

plebiscite [ˈplebisait] *n* kura ya maoni

plectrum [ˈplektrəm] *n* mnyakuo

pledge [plej] 1. *n* ahadi 2. *v* -ahidi

plenary [ˈpliːnəri] *n* -enye uwezo

plentiful [ˈplentifəl] *adj* -ingi

plenty [ˈplenti] 1. *adj* -ingi 2. *n* wingi 3. *adv* kwa wingi 4. sana

plethora [ˈplethərə] *n* wingi kupita sana

pliers [ˈplaiəz] *pl* koleo

plight [plait] *n* taabu

Plimsoll line [ˈplimsəl-,lain] *n* alama ya kudhibiti kiasi cha shehena

plimsolls [ˈplimsəls] *pl* raba

plinth [plinth] *n* msingi

plod [plɔd] *v* -jikokota

plot [plɔt] 1. *(pol.)* njama 2. **plot of land** kiwanja 3. **story plot** mtiririko 4. *v* -chora 5. *(pol.)* -kula njama

plough; plow [plau] 1. *n* plau 2. *v* -lima kwa plau

plough through *v* -penya kwa nguvu

ploy [plɔi] *n* hila

pluck [plʌk] *v* 1. -nyonyoa 2. -vuta

pluck up courage *v* -jipa moyo

plug [plʌg] *n* 1. plagi 2. **spark plug** plagi 3. *v* -ziba

plug in *v* -unganisha plagi

plug socket *n* soketi

plum [plʌm] *n* plamu

plumage ['plyumij] *n* manyoya ya ndege

plumber ['plʌmə] *n* fundi bomba

plumbing ['plʌming] *n* 1. mabomba 2. ufundi bomba

plume [plu:m] *n* nyonya

plummet ['plu:mit] *v* -poromoka

plump [plʌmp] *adj* -nenenene

plunder ['plʌndə] *v* -teka nyara

plunge [plʌnj] *v* 1. -tumbukia 2. -piga mbizi

plural [,pluərəl] 1. *adj* -ingi 2. *n* wingi

plus [plʌs] *conj* zaidi ya

plus factor *n* kuongeza kiwango

plush [plʌsh] *adj* -a kitajiri

ply a trade ['plai ə 'treid] *v* -fanya biashara

plywood ['plaiwud] *n* tabaka za mbao

p.m. (post meridiem) [,pi:'em] p.m. (= 'pi-em'); mchana

pneumatic [nyu:'matik] *adj* -a hewa

pneumonia [nyu:'məuniə] *n* nimonia

P.O. (post office) [,pi:'əu] *n* afisa ya posta

poach [pəuch] *v* 1. -winda iso halali 2. -vukiza yai

poacher [pəuchə] *n* jangili

poaching ['pəuching] *n* ujangili

P.O. box *n* S.L.P. (sanduku la posta)

pocket ['pɔkit] *n* mfuko

pocketful ['pɔkitful] *n* kiasi kinachojaa mfuko

pocket knife *n* kijembe

pocket money *n* matumizi kawaida

pod [pɔd] *n* ganda

podium ['pəudiyəm] *n* jukwaa

poem ['pəuim] *n* shairi

poet; poetess ['pəuit; pəue·tes] *n* mshairi

poetic [pəu·etik] *adj* -a kishairi

poetic justice *n* haki halisi

poetry ['pəuitri] *n* 1. mashairi 2. **a piece of poetry** shairi

pogrom ['pɔgrəm] *n* uuaji wa kikatili wa jumuia ya watu

poignant ['pɔinyənt] *adj* -a kutia uchungu

point [pɔint] 1. *n* ncha kali 2. nukta 3. kiwango 4. *(spor.)* pointi 5. **compass point** alama; nyuzi 6. **assembly point** pahala pa mkusanyiko 7. **at this point** sasa 8. **to be on the point of** -karibia 9. **two point five (2.5)** mbili nukta tano 10. **What's the point?** Ya nini? 11. *v* -elekeza 12. **to point a gun at** -tunga

pointed ['pɔintid] *adj* 1. -enye ncha kali 2. -a wazi

pointless ['pɔintləs] *adj* -sio na maana

point of view *n* mrazamo

point out *v* -onyesha

poise [pɔiz] *n* -weka sawasawa

poised ['pɔizd] *adj* **to be poised to** -pewa sumu

poison ['pɔizən] 1. *n* sumu 2. *v* -tia sumu

poison gas *n* gesi ya sumu

poisonous ['pɔizənəs] *adj* -enye sumu

poke [pəuk] *v* -chochea

poker ['pəukə] *n* 1. mchokoo wa chuma 2. poka

polar ['pəulə] *adj* 1. -a ncha za dunia 2. -a nchi ya baridi sana

polar co-ordinates *pl* majiranguzo

polarize [ˈpəuləraiz] v -kingamiza
pole [pəul] n 1. upondo 2. **the North Pole** Ncha ya Kaskazini 3. **the South Pole** Ncha ya Kusini
pole vault n (spor.) kuruka kwa upondo
polemic [pəˈlemik] n hoja
police [pəˈliːs] 1. pl polisi 2. **secret police** askari kanzu 3. **military police** polisi wa jeshi 4. v -simamia kwa kutumia polisi
poice constable n konstebo; askari
police dog n mbwa wa polisi
police force n jeshi la polisi
policeman; police officer [pəˈliːsmən] n (askari) polisi
police state n utawala wa udikteta
police station n kituo cha polisi
policewoman [pəˈliːs,wumən] n polisi wa kike
policy [ˈpɔləsi] n 1. (pol.) sera 2. **insurance policy** hati ya bima
polio [ˈpəuliəu] n polio
polish [ˈpɔliʃ] 1. n polishi 2. v -ng'arisha
polite [pəˈlait] adj -a heshima
politeness [pəˈlaitnəs] n heshima
political [pəˈlitikəl] adj -a siasa
political asylum n hifadhi ya kisiasa
political crime n jinai ya kisiasa
political economy n uchumi ya kisiasa
political party n chama cha siasa
political science n sayansi ya siasa
political scientist n mtaalam wa sayansi ya siasa
politician [ˌpɔliˈtiʃən] n mwanasiasa
politicize [pəˈlitisaiz] v -tia mwako wa kisiasa
politics [ˈpɔlətiks] n siasa
polity [ˈpɔliti] n dola
poll [pəul] 1. n upigaji kura; kura 2.

opinion poll kura ya maoni 3. v -piga kura 4. see **polls**
pollen [ˈpɔlən] n chavua
polling [ˈpəuliŋ] n upigaji kura
polling booth n kituo cha kupigia kura
polls [pəulz] n uchaguzi
poll tax n (UK) kodi ya kichwa
pollutant [pəˈluːtənt] n kichafuzi
pollute [pəˈluːt] v -chafua
pollution [pəˈluːʃən] n uchafu
polo [ˈpəuləu] n polo
polygamy [pəˈligəmi] n mitala
polytechnic [ˌpɔliˈteknik] n (ed.) chuo cha ufundi anuwai
pomegranate [ˈpɔmigranit] n komamanga
pomp [pɔmp] n ufahari
pompous [ˈpɔmpəs] adj -enye majivuno
pond [pɔnd] n dimbwi
ponder [ˈpɔndə] v -tafakari
pontoon [pɔnˈtuːn] n pantoni
pontoon bridge n daraja la pantoni
pony [ˈpəuni] n farasi mdogo
ponytail [ˈpəuniteil] n mtindo wa nywele
pool [puːl] 1. n dimbwi 2. (fin.) fedha za kuchangia 3. **football pools** kamari ya kutabiri matokeo ya mpira 4. v -changia 5. see **swimming-pool**
poor [pɔː] adj 1. maskini 2. -chache 3. **the poor** maskini
poor health n afya mbaya
poorly [ˈpɔːli] adv 1. vibaya 2. **to feel poorly** -ugua
poorly off adj maskini
pop [pɔp] 1. adj pendwa 2. v -zibua
popcorn [ˈpɔpkɔːn] n bisi
pope [pəup] n papa
pop in v -pitia
poppy [ˈpɔpi] n mpopi
populace [ˈpɔpyuləs] n umma
popular [ˈpɔpyulə] adj 1. pendwa 2. -a umma

popularity [ˌpɔpyuˈlarəti] *n* maarufu

popularize [ˈpɔpyuləraiz] *v* -eneza kwa watu

populate [ˈpɔpyuleit] *v* -jaza watu

populated [ˌpɔpyuˈleitid] *adj* The area is densely populated. Eneo limejaa watu.

population [ˌpɔpyuˈleishən] *n* (idadi ya) watu

population control *n* uthibiti wa watu

population density *n* idadi ya watu iliyo kithiri

populous [ˈpɔpyuləs] *adj* -enye watu wengi

pop up *v* -tokea

porcelain [ˈpɔːsəlin] *n* kauri

porch [pɔːch] *n* baraza

porcupine [ˈpɔːkyupain] *n* nungu

pore over [pɔː] *v* -soma kwa makini

pork [pɔːk] *n* nyama ya nguruwe

porn [pɔːn] *see* pornography

pornographic [ˌpɔːnəˈgrafik] *adj* -a kiponografia

pornography [pɔːˈnɔgrəfi] *n* ponografia

porous [ˈpɔːrəs] *adj* -enye vinyweleo

porpoise [ˈpɔːpəs] *n* pomboo

porridge [ˈpɔrij] *n* uji

port [pɔːt] 1. *adj* -a bandari 2. *n* bandari

portable [ˈpɔːtəbəl] *adj* -enye kuchukulia

port authority *n* mamlaka ya bandari

porter [ˈpɔːtə] *n* 1. hamali 2. *(UK)* bawabu 3. *(US)* mhudumu

porterage [ˈpɔːtərij] *n* upagazi

port facilities *n* huduma za bandari

portfolio [pɔːtˈfəuliəu] *n* 1. mkoba 2. minister without portfolio waziri bila wizaa maalumu

porthole [ˈpɔːtˌhəul] *n* dirisha

portion [ˈpɔːshən] *n* sehemu

portly [ˈpɔːtli] *adj* -nene

portrait [ˈpɔːtreit] *n* taswira/picha

portray [pɔːtˈrei] *v* 1. -chora taswira/picha 2. -eleza

Portugal [ˈpɔːchugl] *n* Ureno

Portuguese [pɔːchuˈgiːz] 1. *adj* -a Kireno 2. *n* Mreno 3. Kireno

pose [pəuz] 1. *n* mkao 2. *v* -panga mkao

pose a problem *v* -leta hoja

pose a question *v* -leta swali

pose as *v* -jifanya

posh [pɔsh] *adj* -maridadi

position [pəˈzishən] *n* 1. mahali 2. hali 3. uwezo 4. cheo

positive [ˈpɔzətiv] *adj* 1. -a hakika 2. -a kujenga

positively [ˈpɔzətivli] *adv* sana

posse [ˈpɔsi] *n* kikundi

possess [pəˈzes] *v* -miliki

possession [pəˈzeshən] *n* 1. mali 2. kumiliki

possessions [pəˈzeshənz] *pl* mali

possessive [pəˈzesiv] *adj* -enye tamaa

possessor [pəˈzesə] *n* mwenyewe

possibility [ˌpɔsəˈbiləti] *n* uwezekano

possible [ˈpɔsəbəl] *adj* yawezekana

possibly [ˈpɔsəbli] *adv* labda

post [pəust] 1. *n* mhimili 2. barua; posta 3. mahali (pa kazi) 4. *v* -tia posta 5. -bandika

postage [ˈpəustij] *n* ada ya posta

postage stamp *n* stempu

postal [ˈpəustəl] *adj* -a posta

postal order *n* hundi la posta

postal service *n* huduma za posta

postbox [ˈpəustbɔks] *n* sanduku la posta

postcard [ˈpəustkaːd] *n* postikadi

post code *n (UK)* simbo

poster [ˈpəustə] *n* tangazo

poste restante *n* mahali pa barua zinazongojea

posterior [pɔstiəriə] *adj* -a nyuma

posterity [pɔˈsterəti] *n* vizazi vya baadaye

postgraduate [pəust·grajuət] *adj* -a uzamili

posthumous [ˈpɒstyuməs] *adj* -a baada ya kufa

postman [ˈpəustmən] *n* mtu wa posta

postmark [ˈpəust‚maːk] *n* mhuri wa posta

postmortem [pəust·mɔːtəm] *n* uchunguzi wa maiti

post-natal [‚pəust·neitəl] *adj* baada ya kuzaa

post office *n* 1. afisi ya posta 2. the post office shirika la posta

post-office *adj* -a afisi ya posta

post office box *n* sanduku la posta

postpone [pə·spəun] *v* -ahirisha

postponement [pə·spəunmənt] *n* kuahirisha

postulate [ˈpɒstyuleit] *v* -toa rai

posture [ˈpɒschə] *n* mkao

postwar [‚pɒst·wɔː] *adj/adv* baada ya vita

pot [pɒt] *n* chungu

potassium [pə·tasiyəm] *n* potasiumu

potato [pə·teitəu] *n* (*pl* **potatoes**) kiazi

potency [ˈpəutnsi] *n* nguvu

potent [ˈpəutnt] *adj* -enye nguvu

potential [pə·tenshl] 1. *adj* inawezekana 2. *n* This child has potential. Mtoto huyu ana kipaji. 3. This plan has great potential. Plani hii nzuri sana.

potentially [pə·tenshəli] *adv* inawezekana

potentiality [pə‚tenshi·aliti] *n* uwezekano

pothole [ˈpɒthəul] *n* shimo

potion [ˈpəushən] *n* dawa

potter [ˈpɒtə] 1. *n* mfinyanzi 2. *v* -paraza

potter's wheel *n* gurudumu la mfinyanzi

pottery [ˈpɒtəri] *n* 1. vyombo vya

udongo 2. ufinyanzi

potty [ˈpɒti] *n* poti

potty-trained *adj* -liofunzwa kutumia poti

pouch [pauch] *n* 1. kifuko 2. diplomatic pouch mfuko wa kibalozi

poultry [ˈpəultri] *pl* kuku

pounce (on) [pauns] *v* -rukia ghafla

pound [paund] 1. *n* ratili 2. (*fin.*) pauni 3. **car pound** jela ya magari 4. *v* -twanga

pounding [ˈpaunding] *n* (*mil.*) kupiga mabomu

pour [pɔː] *v* -mimina

pouring [ˈpɔːring] *adj* It is pouring. Mvua inanyesha sana.

pout [paut] *v* -bibidua midomo

poverty [ˈpɒvəti] *n* umaskini

poverty level *n* daraja la umasikini

poverty-stricken *adj* -hohehahe

P.O.W. [‚piyəud·ʌbəlyu] *see* **prisoner of war**

powder [ˈpaudə] 1. *n* poda 2. **soap powder** unga 3. *v* -paka poda

powdered [ˈpaudəd] *adj* -enye ungaunga

powdered milk *n* maziwa ya unga

power [ˈpauwə] 1. *n* uwezo 2. nguvu 3. umeme 4. mamlaka; amri 5. **the party in power** chama kinachotawala 6. **to take power** -chukua madaraka 7. **the great powers** mataifa makubwa

powerboat [ˈpauwəbəut] *n* motaboti

powerbook [ˈpauwəbuk] *n* kompyuta ya mkononi

power cut *n* kukatwa umeme

power drill *n* kekee ya umeme

power-driven *adj* -enye nguvu ya injini

powerful [ˈpauwəfəl] *adj* -enye nguvu

powerless [ˈpauwələs] *adj* -sio na nguvu

power line *n* waya wa umeme

power loss *n* kupungua umeme

power plant; power station *n*
kituo cha umeme

power point *n* soketi

power-sharing *n* kugawana
madaraka

power source *n* 1. plagi 2. *(pol.)*
asili ya madaraka

PR [ˌpiːˈaː] *see* **public relations**

practical [ˈpraktikəl] *adj* 1. -a
utendaji 2. -a busara

practically [ˈpraktikli] *adv* 1.
karibu; karibukaribu; tabkriban
2. **This is practically constructed.**
Imefanywa kwa busara

practice [ˈpraktis] *n* 1. mazoezi 2.
utekelezaji 3. desturi 4. *(leg./med.)*
weledi 5. **in practice** kwa vitendo
6. **to put into practice** -tekeleza
7. *see* **practise**

practise [ˈpraktis] *v* 1. -fanya
mazoezi 2. -tenda

practitioner [prakˈtishənə] *n* 1.
mweledi 2. fundinjaa

pragmatic [pragˈmatik] *adj* -a
vitendo

prairie [ˈpreri] *n* uwanda

praise [preiz] 1. *n* kusifu 2. *v* -sifu

praiseworthy [ˈpreizwəˈdhi] *adj* -a
kustahili sifa

pram [pram] *n* kigari cha mtoto

prance [praːns] *v* -randa

prank [prangk] *n* mzaha

prawn [prɔːn] *n* kamba

pray [prei] *v* -sali

prayer [preə] *n* 1. sala; dua 2.
ibada

praying mantis [ˌpreiyingˈmantis]
n msala

preach [priːch] *v* -hutubu

preacher [ˈpriːchə] *n* mhubiri

preamble [ˈpriˌambəl] *n* dibaji

prearrange [ˌpriːəˈreinj] *v* -panga
kabla

prearrangement [ˌpriːəˈreinjmənt]
n mipango ya awali

precarious [priˈkeəriəs] *adj* 1. -a
hatari 2. -a wasiwasi

precast [ˌpriːˈkaːst] *adj* -liofinyangwa
mapema

precaution [priˈkɔːshən] *n* hadhari

precautionary [priˈkɔːshənəri] *adj*
-a hadhari

precede [priˈsiːd] *v* -tangulia

precedence [ˈpresidəns] *n* nafasi
ya kwanza

precedent [ˈpresidənt] *n* kigezo

preceding [priˈsiːding] *adj*
-liotangulia

precept [ˈpriːsept] *n* maadili

precinct [ˈpriːsingkt] *n* 1. *(US)* kituo
cha polisi 2. *(UK)* **shopping
precinct** eneo la duka

precious [ˈpreshəs] *adj* -a thamani

precipice [ˈpresəpis] *n* genge

precipitate [preˈsipiteit] *v* -himiza

precipitation [preˈsipiteishən] *n*
kunyesha kwa mvua

precis [ˈpraisi] *n* muhtasari

precise [priˈsais] *adj* sahihi

precisely [priˈsaisli] *adv* kwa
usahihi

precision [priˈsizhən] *n* usahihi

preclude [priˈklyuːd] *v* -zuia

precocious [priˈkəushəs] *adj* -enye
kukomaa upesi akili

precognition [ˈpriːkəgˈnishən]
-kujua jambo kabla halijatokea

preconception [ˌpriːkənˈsepshən] *n*
wazo ya kuona

precondition [ˌpriːkənˈdishən] *n*
sharti la mwanzo

precursor [ˈpriːˈkəːsə] *n* mtangulizi

predator [ˈpredətə] *n* mwindaji

predatory [ˈpredətri] *adj* -a
kuwinda

predecease [ˌpriːdəˈsiːz] *v* -fa
mbele

predecessor [ˈpriːdisesə] *n*
mtangulizi

predetermine [ˌpriːdəˈtəːmin] *v* -amua
kabla

predicament [priˈdikəmənt] *n*
mashaka

predict [priˈdikt] *v* -tabiri; -bashiri

predictable [pri'diktəbəl] *adj* -a bashiri

prediction [pri'dikshən] *n* utabiri

predilection [ˌprediˈlikshən] *n* upendeleo

predispose [ˌpriːdisˈpəuz] *v* -elekeza

predominant [priˈdɔminənt] *adj* -kuu

predominate [priˈdɔmineit] *v* -pita

pre-empt [priːˈempt] *v* -wahi kabla ya wengine

pre-emptive [priːˈemptiv] *adj* -a haki ya shufaa

prefab [ˈpriːfab] *n* nyumba iliyojengwa kwa vifaa vilivyotengenezwa mbele

prefabricate [priːˈfabrikeit] *v* -tengeneza majengo kabla ya mtu kuzaliwa

preface [ˈprefis] *n* dibaji

prefect [ˈpriːfekt] *n* 1. *(ed.)* kiranja 2. *(pol.)* wilaya 3. *(leg.)* makao makuu ya polisi

prefer [priˈfəː] *v* -penda zaidi; -stahabu

preferable [ˈprefrəbəl] *adj* afadhali

preference [ˈprefrəns] *n* upendeleo

preferential [ˌprefəˈrenshəl] *adj* -a kupendelea

preferential treatment *n* mapokezi mazuri kabisa

prefix [ˈpriːfiks] 1. *n* kiambishi awali 2. *v* -ambisha awali

pre-flight [ˈpriːflait] *adj* kabla ndege kuruka

pregnancy [ˈpregnənsi] *n* mimba; ujauzito

pregnancy test *n* kupima mimba

pregnant [ˈpregnənt] *adj* 1. -enye mimba 2. **pregnant woman** mjamzito

prehistoric [ˌpriːhisˈtɔrik] *adj* -a kabla ya historia

prejudice [ˈprejudis] *n* 1. ubaguzi 2. *(leg.)* athari 3. **racial prejudice** ubaguzi wa kikabila

prejudiced [ˈprejudist] *adj* to be

prejudiced -baguzi

prejudicial [ˌprejuˈdishəl] *adj (leg.)* -a kudhuru

preliminary [priˈliminəri] *adj* -a mwanzo

premarital [priˈmaritəl] *adj* -a kabla ya ndoa

premature [ˈpremətyuə] *adj* 1. -a haraka 2. **premature baby** kabichi; mtoto njiti

premeditated [ˌpriːˈmediteitid] *adj* -enye kudhamiriwa

premeditated murder *n* mauaji yaliyodhamiriwa

premier [ˈpremiə] *n* waziri mkuu

premiere [ˈpremiə] *n* onyesho la kwanza

premiership [ˈpremiyəship] *n* uwaziri mkuu

premises [ˈpremisiz] *pl* kipande cha ardhi chenye majengo

premium [ˈpriːmiyəm] *n* 1. bonasi 2. **insurance premium** malipo ya bima

premonition [ˌpreməˈnishən] *n* jakamoyo

prenatal [priːˈneitəl] *adj* -a kabla ya kuzaliwa

preoccupation [ˌpriːɔkyuˈpeishən] *n* mshuguliko

preoccupied [priːˈɔkyupaid] *adj* to be preoccupied -shughulika

preoccupy [priːˈɔkyupai] *v* -shughulisha

prepackaged [priː-ˈpakijd]; **prepacked** [priː-ˈpakt] *adj* -liofungwa kabla ya kuuzwa

prepaid [priːˈpeid] *adj* malipo ya awali

preparation [ˌprepəˈreishən] *n* matayarisho

preparatory [priˈparətri] *adj* -a matayarisho

prepare [priˈpeə] *v* 1. -tayarisha 2. to prepare for an exam -jiandaa kwa mtihani 3. to prepare a meal -pika chakula

prepared

prepared [pri·peəd] *adj* 1. tayari 2.
to be prepared to -kubali

prepay [pri·pei] *v* -lipa kabla

preposition [prepə·zishən] *n*
kihusishi

prerecord [ˌpriːriˈkɔːd] *v* -rekodi
mapema

prerecorded. music *n* musiki
uliotangulia kurekodiwa

prescribe [pri·skraib] *v* -agiza

prescription [pri·skripshən] *n*
(med.) agizo la daktari

presence [·prezəns] *n* kuwapo
mahali

present [·prezənt] 1. *adj* -liopo 2. to
be present -wapo 3. the present
government serikali ya sasa 4. *n*
wakati huu; siku hizi 5. zawadi
6. at present sasa 7. for the
present kwa wakati huu

present [pri·zent] *v* 1. -toa 2.
-tambulisha rasmi

presentation [ˌprezn·teishən] *n* 1.
kutoa 2. zawadi

present-day [·preznt·dei] *adj* -a
siku hizi

presenter *n* mtangazaji

presently [·prezntli] *adv* 1. sasa hivi
2. sasa

preservation [ˌprezə·veishən] *n*
kulinda

preserve [pri·zə:v] *v* 1. -linda 2.
-hifadhi

preside [pri·zaid] *v* -ongoza

presidency [·prezidənsi] *n* 1. ofisi
ya rais 2. uraisi

president [·prezidənt] *n* 1. rais; raisi
2. *(com.)* mkubwa

president-elect *n* rais mteule

presidential [prezi·dənshl] *n* -a raisi

presidential commission *n*
tume ya raisi

presidential guard *n/pl* walinzi
wa raisi

press [pres] 1. *n* mgandamizo 2.
the press waandishi wa habari
3. freedom of the press uhuru wa

magazeti 4. *v* -gandamiza

press agency *n* shirika la habari

press agent *n* afisa uhusiano

press box *n* kibanda cha waandishi
wa habari

press censorship *n* uthibitiwa
wa vyombo vya habari

press clothes *v* -piga pasi

press conference *n* mkutano
baina ya waandishi habari

press cutting *n* kipande
kilichotolewa gazetini

press for *v* -sihi

press fruit *v* -kama

pressing [·presing] *adj* a pressing
matter kitu cha haraka

press photographer *n* mpiga
picha wa gazeti

press release *n* taarifa iliyotolewa
kwa waandishi wa habari

press secretary *n* afisa uhusiano

pressure [·preshə] *n* 1. presha;
kanieneo 2. to be under pressure
-banwa 3. at high pressure kwa
kasi sana 4. at low pressure kwa
kasi hafifu 5. blood pressure presha
ya damu; blad-presha 6. high
blood pressure presha ya damu
iko juu; hai blad-presha 7. low
blood pressure presha ya damu
iko chini; lo blad-presha

pressure gauge *n* geji ya
kanieneo

pressure group *n* kundi shawishi

pressurize [·preshəraiz] *v*
-shurutisha

pressurized [·preshəraiz] *v* -enye
kudhibiti kanieneo

prestige [pre·stiːzh] *n* fahari kuu

prestigious [pre·stiːzhəs] *adj* -a
ufahari

presume [pri·zyuːm] *v* -dhania

presuming that *conj* mathalan

presumption [pri·zʌmpchən] *n*
kibuli

presumptuous [pri·zʌmpchuəs] *adj*
fidhuli

pretence [pri·tens] *n* 1. kujifanya 2. **false pretences** hila

pretend [pri·tend] *v* -jifanya

pretense [pri·tens] *see* **pretence**

pretension [pri·tenshən] *n* kujidai

pretentious [pri·tenshəsh] *adj* -a kujidai

pretext [·pri:tekst] *n* kisingizio

prettiness [·pritinəs] *n* uzuri

pretty [·priti] 1. *adj* -zuri; -a kupendeza 2. *adv* kiasi

pretty much *adv* karibu

prevail [pri·veil] *v* -enea

prevailing wind *n* upepo ya kawaida

prevalent [·prevələnt] *adj* -lioenea

prevent [pri·vent] *v* -zuia

preventable [pri·ventəbəl] *adj* kingika

prevention [pri·venshən] *n* kuzuia

preventive; preventative [pri·ventiv; pri·ventətiv] *adj* -a kuzuia

preview [·pri:vyu] *n* onyesho la awali

previous [·pri:viəs] *adj* -a kwanza

previously [·pri:viəsli] *adv* kabla

prewar [pri:·wɔ:] *adj/adv* kabla vita

prey [prei] *n* 1. mawindo 2. **bird of prey** ndege mbua 3. **beast of prey** mnyama mbua

prey on *v* -winda

price [prais] 1. *n* bei 2. **at half price** bei nusu 3. *v* -weka bei

price control *n* kudhibiti bei

priceless [·praislis] *adj* -a thamani

price-list *n* orodha ya bei ya mauzo

prick [prik] *v* -choma

prickly [·prikli] *adj* -enye miiba

prickly heat *n* vipele vya harara

prickly pear *n* mpungate

pride [praid] *n* kiburi

pride of lions *n* kundi la simba

priest [pri:st] *n* kasisi; padri

priesthood [·pri:sthud] *n* jumuiya makasisi

prim [prim] *adj* taratibu

primarily [prai·merili] *adv* kwanza

primary [·praiməri] *adj* 1. -a kwanza 2. -a muhimu

primary education *n* elimu ya msingi

primary elections *pl* uchaguzi wa mwanzo

primary health care *n* afya ya msingi

primary school *n* shule ya msingi

prime [praim] *n* -kuu

prime minister *n* waziri mkuu

primitive [·primitiv] *adj* -a asili

prince [prins] *n* mwana mfalme

princess [prin·ses] *n* kibibi

principal [·prinsəpəl] 1. *adj* -kuu 2. *n (ed.)* mkuu

principality [·prinsi·paləti] *n* himaya ya mwana mfalme

principle [·prinsəpəl] *n* 1. kanuni 2. **in principle** kwa jumla 3. **on principle** kimsimamo

print [print] 1. *n* chapa 2. alama 3. picha 4. *v* -piga chapa 5 -chapisha

printer [·printə] *n* 1. mpiga chapa 2. *(comp.)* printa ya kompyuta

printing [·printing] *n* kupigia chapa

printing house *n* matbaa

printing press *n* matbaa

print-out [·printaut] *n* fotokopi

print out *v* -chapisha

priority [prai·ɔrəti] *n* 1. aula 2. **top priority** aula ya kwanza

prior to [·praiə] *prep* kabla ya

prism [·prizəm] *n* mche

prison [·prizən] *n* gereza; jela

prisoner [·priznə] *n* 1. mfungwa 2. **to take prisoner** -chukua mateka

prisoner of war (P.O.W.) *n* mfungwa wa vita

prisoner of war camp *n* kambi ya wafungwa wa vita

prison riot *n* machafuko ya gerezani

prison sentence *n* kifungo

privacy [·privəsi] *n* faragha

private [·praivit] 1. *adj* -a binafsi 2. -a faragha 3. **in private** faraghani 4. *n (mil.)* askari

private detective; private investigator *n* askari wa upelelezi binafsi

private enterprise *n* biashara binafsi

private parts *pl* uchi; sehemu za siri

private property *n* mali za watu binafsi

privately [ˈpraivitli] *adv* faraghani

privatization [ˌpraivətaiˈzeishən] *n* umilikishaji kwa watu binafsi

privatize [ˈpraivətaiz] *v* -milikisha watu binafsi

privilege [ˈprivəlij] *n* marupurupu

privileged [ˈprivəlijdh] *adj* -liobahatika

prize [praiz] *n* tuzo

prize fight *n* shindano la masumbwi la kulipwa

prize-winner *n* mshindi wa tuzo

prize-winning *adj* -a ushindi wa tunzu

prize money *n* fedha itokanayo na mauzo ya nyara

pro [prəu] 1. *adv* -enye kuunga mkono 2. *see* **professional**

probability [ˌprɔbəˈbiləti] *n* welekeo

probable [ˈprɔbəbəl] *adj* 1. yamkini 2. **it is probable...** inaelekea...

probably [ˈprɔbəbli] *adv* labda

probation [prəuˈbeishən] *n* majaribio

probe [prəub] *v* 1. -chunguza 2. *(med.)* -pima kina cha kidonda

problem [ˈprɔbləm] *n* 1. tatizo 2. **to solve a problem** -tatua tatizo 3. **no problem!** hakuna matata!

procedural [prəˈsiːjurəl] *adj* -a utaratibu

procedure [prəˈsiːjə] *n* utaratibu

proceed [prəˈsiːd] *v* -endelea mbele

proceedings [prəˈsiːdingz] *n* *(leg.)* **to take legal proceedings** -shtaki

proceeds [prəˈsiːdz] *pl* mapato

process [ˈprəuses] 1. *n* njia 2. **in process** wakati inapofanyika 3. *v* -tengeneza

process film *v* -safisha

processed food *n* chakula cha mkebe

procession [prəˈseshən] *n* mfuatano

processor [ˈprəusesə] *n* 1. **computer processor** prosesa ya kompyuta 2. **food processor** blenda

proclaim [prəˈkleim] *v* -tangaza

proclamation [ˌprɔkləˈmeishən] *n* utangazaji hadharani

procrastinate [prəuˈkrastineit] *v* -ahiri

procreation [ˌprəukriˈeishən] *n* kuzaa

procure [prəˈkyuə] *v* -pata

prod [prɔd] *v* -dukua

produce [ˈprɔjuːs] *n* mazao

produce [prəˈjuːs] *v* 1. -leta 2. -zaa 3. **to produce a film** -tunga filamu

producer [prəˈjuːsə] *n* 1. mfanyizaji 2. **film producer** mtoaji filamu

product [ˈprɔdʌkt] *n* mazao bidhaa

production [prəˈdʌkshən] *n* 1. mazao 2. **film production** utoaji

production line *n* mstari wa uzalishaji

productive [prəˈdʌktiv] *adj* -zalishi

profess [prəˈfes] *v* -tangaza

profession [prəˈfeshən] *n* weledi

professional [prəˈfeshənl] 1. *adj* -a weledi 2. -a kazi ya kulipwa 3. *n* *(spor.)* mchezaji wa kulipwa

professionalism [prəˈfeshənlizəm] *n* sifa za ubingwa

professor [prəˈfesə] *n* profesa

proffer [ˈprɔfə] *v* -pa

proficiency [prəˈfishənsi] *n* ustadi

proficient [prəˈfishənt] *adj* hodari

profile [ˈprəufail] *n* sura

profit [ˈprɔfit] 1. *n* mafaa; faida 2. faida 3. *v* -faidi

profitability [ˈprɔfitəbiliti] *n* uwezekano wa faida

profitable [ˈprɔfitəbəl] *adj* -a kuleta faida

profit and loss *n* faida na hasara
profiteer [ˌprɔfiˈtiə] 1. *n* mlanguzi
2. **war profiteer** mlanguzi wa vita
3. *v* -langua
profiteering [ˌprɔfiˈtiəring] *n*
ulanguzi
pro forma [ˌprəuˈfɔːmə] *n* kifani
pro forma invoice *n* ankara
kifani
profound [prəˈfaund] *adj* 1. -a ndani
sana 2. -kubwa 3. -a maana sana
profusion [prəˈfyuːzhən] *n* neema
prognosis [prɔgˈnəusis] *n* ubashiri
program [ˈprəugram] *(comp.)* 1. *n*
programu 2. *v* -tengeneza
programu 3. *see* **programme**
programme; program [ˈprəugram]
n 1. mpango 2. *(comp.)* programu
3. **(printed) programme** programu
4. *v (comp.)* -tengeneza programu
programmer [ˈprəugramə] *n* 1.
mfuatano wa vipindi 2. *(comp.)*
mtengeneza programu
progress [ˈprəugres] *n* 1. maendeleo
2. **to make progress** -endelea
progress [prəˈgres] *v* -endelea
progression [prəˈgreshən] *n*
kuendelea mbele
progressive [prəˈgresiv] *adj* 1. -a
kuendelea mbele 2. -a kupendelea
maendeleo
prohibit [prəˈhibit] *v* -kataza
prohibition [ˌprəuhiˈbishən] *n*
makatazo
project [ˈprɔjekt] *n* mpango
project [prəˈjekt] *v* 1. -panga 2.
-onyesha
projectile [prəˈjektail] *n* kombora
projection [prəˈjekshən] *n* 1.
kuonyesha 2. **sales projections**
maonyesho ya mauzaji
projector [prəˈjektə] *n* projekta
proliferate [prəˈlifəreit] *v* -tambaa
proliferation [prəˌlifəˈreishən] *n*
utambazaji
prolific [prəˈlifik] *adj* -a kufanya
mengi

prologue [ˈprəulɔg] *n* dibaji
prolong [prəˈlɔng] *v* -refusha
prolonged [prəˈlɔngd] *adj* -refu sana
prom [prɔm] *n (mus.)* 1. maonyesho
2. *see* **promenade**
promenade [ˈprɔmənaːd] *n* 1.
matembezi 2. dansi 3. *see* **prom**
prominence [ˈprɔminəns] *n* 1.
utokezo 2. umashuhuri
prominent [ˈprɔminənt] *adj* 1. -a
kutokeza 2. mashuhuri
promiscuous [prəˈmiskyuwəs] *adj*
-zinzi
promise [ˈprɔmis] 1. *n* ahadi 2. **to
keep a promise** -timiza ahadi 3. **to
break a promise** -vunja ahadi 4. *v*
-toa ahadi
promising [ˈprɔmising] *adj* inayo
ahadi
promontory [ˈprɔməntri] *n* rasi
promote [prəˈməut] *v* 1. -pa daraja
2. *(com.)* -tangaza
promoter [prəˈməutə] *n* 1.
mtangazaji 2. *(spor./mus.)*
mdhamini
promotion [prəˈməushən] *n* 1.
kupanda daraja 2. *(com.)*
kutangaza
prompt [prɔmpt] 1. *n* -a papohapo
2. *v* -chochea
prone to [ˈprəun-ˌtuː] *adj* -a
kuelekea
pronoun [ˈprəunaun] *n* kiwakilishi
nomino
pronounce [prəˈnauns] *v* -tamka
pronunciation [prəˌnʌnsiˈeishən] *n*
matamshi
proof [pruːf] *n* 1. ushahidi 2. *see*
waterproof
proofread [ˈpruːfˌriːd] *v* -soma prufu
proofreader [ˈpruːfˌriːdə] *n*
msomaji wa prufu
prop [prɔp] *n* 1. mhimili 2. **stage
props** vifaa vya jukwaani 3. *see*
propeller; prop up
propaganda [ˌprɔpəˈgandɛ] *n*
propaganda

propagate

propagate [ˈprɔpəgeit] *n* **1.** -tangaza **2.** -zalisha

propel [prəˈpel] *v* -sogeza mbele

propeller [prəˈpelə] *n* rafadha

proper [ˈprɔpə] *adj* **1.** -a kufaa **2.** halisi

properly [ˈprɔpəli] *adv* vizuri

property [ˈprɔpəti] **1.** *adj* -a mali **2.** *n* miliki; mali **3. private property** mali ya binafsi **4. government property** mali ya serikali

property rights *pl* haki za mali

prophecy [ˈprɔfəsi] *n* ubashiri

prophesy [ˈprɔfəsai] *v* -bashiri

prophet [ˈprɔfit] *n* mtume

prophylactic [ˌprɔfiˈlaktik] *n* **1.** dawa ya kukingia ugonjwa **2.** kondomu

proponent [prəˈpəunənt] *n* mpendekezaji

proportion [prəˈpɔːshən] *n* **1.** uwiano **2. to get out of proportion** -fanya isiwe na uwiano **(to na) 3. in proportion to** kwa kuwiana na **4.** *see* **proportions**

proportional [prəˈpɔːshənl] *adj* -a kuwiana

proportionate [prəˈpɔːshənət] *adj* -a kuwiana

proportions [prəˈpɔːshənz] *pl* kadiri

proposal [prəˈpəuzl] *n* **1.** shauri **2.** pendekeza

proposal of marriage *n* posa

propose [prəˈpəuz] *v* **1.** -shauri **2.** -pendekeza

propose marriage *v* -posa

proposition [ˌprɔpəˈzishən] *n* suala

proprietor [prəˈpraətə] *n* mwenye mali

propulsion [prəˈpʌlshən] *n* **jet propulsion** mwendo wa jeti

prop up [prɔp] *v* -saidia

proscenium [prəˈsiːniyəm] *n* sehemu ya jukwaa mbele ya pazia

prose [prəuz] *n* nathari

prosecute [ˈprɔsikyuːt] *v (leg.)* -endesha mashtaka

prosecution [ˌprɔsiˈkyuːshən] *n* **1.** shtakiwa **2. to conduct the prosecution** -shitaki

prosecutor [ˈprɔsikyuːtə] *n (leg.)* **1.** mwendesha mashtaka **2. public prosecutor** mwendesha mashtaka wa serikali

prospect [ˈprɔspekt] *n* **1.** mandhari **2.** *see* **prospects**

prospect (for) [prəˈspekt] *v* -tafuta

prospecting [prəˈspekting] *n* kutafuta

prospective [prəˈspektiv] *adj* -a kutazamiwa

prospector [prəˈspektə] *n* mtafuta

prospects [ˈprɔspekts] *pl* matazamio

prospectus [prəsˈpektəs] *n* muhtasari

prosper [ˈprɔspə] *v* -sitawi

prosperity [prɔˈsperəti] *n* usitawi

prosperous [ˈprɔspərəs] *adj* -enye usitawi

prostate [ˈprɔsteit] *n* tezi kibofu

prosthesis [prɔsˈthiːsis] *n* viungo bandia

prosthetic [prɔsˈthetik] *adj* -a viungo bandia

prosthetics [prɔsˈthetiks] *n* elimu ya viungo bandia

prostitute [ˈprɔstityuːt] *n* malaya

prostitution [ˌprɔstiˈtyuːshən] *n* umalaya

prostrate [ˈprɔstreit] *v* -sujudu

protagonist [prəuˈtagənist] *n* mwongozaji

protect [prəˈtekt] *v* -linda

protected species *n* viumbwe wanaolindwa

protection [prəˈtekshən] *n* ulinzi

protectionism [prəˈtekshənizəm] *n (ec.)* ulindaji

protection money *n* fedha za ulinzi

protective [prəˈtektiv] *adj* -a kuhifadhi

protective measures *pl* hatua za kujihami

protector [prə'tektə] *n* mlinzi
protectorate [prə'tektərət] *n* nchi lindwa
protege ['prɔtizhei] *n* mfuasi
protegee ['prɔtizhei] *n* mfuasi
protein ['prəutiːn] *n* protini
protest ['prəutest] 1. *adj* -a kupinga 2. *n* upingaji 3. **under protest** kwa kupinga
protest [prə'test] *v* -pinga
Protestant ['prɔtistənt] 1. *adj* -a Kiprotestanti 2. *n* Mprotestanti
protester [prə'testə] *n* mpinzani
protest march *n* maandamano ya kupinga
protoctol ['prɔtəkɔl] *n* itifaki
prototype ['prəutətaip] *n* mfano wa awali
protract [prəu'trakt] *v* -refusha
protrude [prə'truːd] *v* -tokeza
proud [praud] *adj* 1. -a kujivunia 2. -a fahari
provable ['pruːvəbəl] *adj* -a kuthibitika
prove [pruːv] *v* (**proved, proved, proven**) -thibitisha
proven ['pruːvən] *adj* -jarabati
proverb ['prɔvəːb] *n* methali
provide [prə'vaid] *v* 1. -toa 2. *see* **provide for**
provided (that) [prə'vaidid] *conj* kwa sharti kwamba
provide for [prə'vaid] *v* 1. -kimu 2. -weka wazi
provident ['prɔvidənt] *adj* -enye busara
provider [prə'vaidə] *n* mkimu
providing [prə'vaiding] *see* **provided**
province ['prɔvins] *n* jimbo
provincial [prə'vinshəl] *adj* 1. -a jimbo 2. mshamba
provision [prə'vizhən] *n* 1. utoaji 2. *(leg.)* sharti 3. **on the provision that** kwa sharti kwamba 4. *see* **provisions**
provisional [prə'vizhənl] *adj* -a muda

provisional government *n* serikali ya muda
provisions [prə'vizhənz] *n* vyakula
proviso [prə'vaizəu] *n* sharti
provocation [,prɔvə'kəshən] *n* uchokozi
provocative [prə'vɔkətiv] *adj* -a kuchokoza
provoke [prə'vəuk] *v* -chokoza
prow [prau] *n* omo
prowess ['prauwis] *n* uhodari
prowl [praul] *v* -zungukazunguka
proximity [prɔk'siməti] *n* ujirani
proxy ['prɔksi] *n* 1. wakili 2. **to vote by proxy** -piga kura kwa kuwakilisha
prudence ['pruːdəns] *n* busara
prudent ['pruːdənt] *adj* -enye busara
prune [pruːn] *v* -punguza
pry [prai] *v* -chunguza
psalm [saːm] *n* zaburi
pseudo- ['syuːdəu] *adj* -a uongo
pseudonym ['syuːdənim] *n* jina bandia
psychedelic ['saikədelik] *adj* -a kuchochea njozi
psychiatric [sai'kaiətrik] *adj* -a saikayatria
psychiatrist [sai'kaiətrist] *n* mwanasaikayatria; daktari wa akili
psychiatry [sai'kaiətri] *n* saikayatria
psychic ['saikik] *adj* -a akili
psycho ['saikəu] *n* mgonjwa wa akili
psychological [,saikə'lɔjikəl] *adj* -a saikolojia
pyschological warfare *n* vita vya kimawazo
psychologist ['sai'kɔləjist] *n* mwanasaikolojia
psychology ['sai'kɔləji] *n* saikolojia
psychosis [sai'kəusis] *n* kichaa
pub [pʌb] *n (UK)* baa
puberty ['pyuːbəti] *n* ubalehe
pubic ['pyuːbik] *adj* -a mbeleni
pubic hair *n* mavuzi
public ['pʌblik] 1. *adj* -a umma; -a watu wote 2. -a serikali 3. *n* umma;

watu **4. in public** hadharani **5. in the public interest** kwa manufaa ya umma

public address system *n* mfumo wa kupaza sauti

publican [ˈpʌblikən] *n* mwenye baa

publication [ˌpʌbliˈkeishən] *n* chapisho

public health *n* afya ya jamii

public holiday *n* sikuku ya kitaifa

public house *see* **pub**

publicity [pʌbˈlisəti] *n* utangazaji

publicize [ˈpʌblisaiz] *v* -tangaza

publicly [ˈpʌblikli] *adv* kwa jamii

public opinion *n* mawazo ya jamii/watu

public property *n* mali ya jamii

public relations *pl* uhusiano

public relations officer *n* ofisa wa uhusiano

public transport *n* usafiri wa umma

public utilities *pl* mashirika ya huduma za umma

publish [ˈpʌblish] *v* -chapisha

publisher [ˈpʌblishə] *n* mchapishaji

publishing [ˈpʌblishing] *n* uchapishaji

publishing house *n* kiwanda cha uchapaji

pudding [ˈpuding] *n* pudini

puddle [ˈpʌdl] *n* kidimbwi

puerile [ˈpyəurail] *adj* -a upuuzi

puff [pʌf] *v* -pwita

pugnacious [pʌgˈneishəs] *adj* -gomvi

puke [pyuːk] *v* -tapika

pull [pul] *v* **1.** -vuta **2. to pull someone's leg** -tania

pull back *v* -jitoa

pull down *v* -haribu

pulley [ˈpuli] *n* roda

pull in *v* **1.** -kamata **2.** -ingia katika stesheni

pull out (of) *v* **1.** -toa **2.** -ondoka

pullover [ˈpuləuvə] *n* sweta

pull over *v* -weka kando

pull through *v* -fanikiwa

pulmonary [ˈpulmənri] *adj* -a mapafu

pulp [pʌlp] *n* nyama ya tunda

pulp fiction *n* fasihi chapwa

pulpit [ˈpulpit] *n* mimbari

pulsate [pʌlˈseit] *v* -pigapiga

pulse [pʌls] *n* **1.** papo **2.** kunde **3. to feel someone's pulse** -pima papo

pulverize [ˈpʌlvəraiz] *v* -ponda

pump [pʌmp] **1.** *n* pampu; bomba **2.** *v* -vuta kwa bomba

pumpkin [ˈpʌmpkin] *n* boga

pump up *v* **1.** -vuta **2.** -tia

pun [pʌn] *n* mchezon wa maneno

punch [pʌnch] **1.** *n* ngumi **2.** *v* -piga ngumi

punctual [ˈpʌngktyuəl] *adj* -a wakati upasao

punctuality [ˌpʌngktyuˈaləti] *n* wakati uliokusudiwa

punctuation [ˌpʌngktyuˈeishən] *n* vituo

puncture [ˈpʌngkchə] **1.** *n* pancha **2.** *v* -toa upepo

pungent [ˈpʌnjənt] *adj* -kali

punish [ˈpʌnish] *v* -adhibu

punishable [ˈpʌnishəbəl] *adj* -a kustahili adhabu

punishment [ˈpʌnishmənt] *n* **1.** adhabu **2. corporal punishment** adhabu ya viboko **3. capital punishment** adhabu ya kifo

punitive [ˈpyuːnətiv] *adj* -a adhabu

punk [pʌnk] *n* muhuni

punter [ˈpʌntə] *n* mteja

puny [ˈpyuːni] *adj* -dhalili

pupil [ˈpyuːpəl] *n* **1.** mboni **2.** *(ed.)* mwanafunzi

puppet [ˈpʌpit] *n* karagosi

puppet regime *n (pol.)* dola kibaraka

puppy [ˈpʌpi] *n* kitoto cha mbwa

purchase [ˈpəːchəs] **1.** *n* mshikilio **2.** *v* -nunua

purchaser [ˈpəːchəsə] *n* mnunuzi

purchasing power [ˈpəːchəsing] *n* nguvu za ununuzi

pure [pyuə] *adj* safi
purely [pyuə] *adv* kabisa
purge [pə:j] *v (pol.)* -safisha
purifier ['pyuərifaiyə] *n* kitakaso
purification [,pyuərifi'keishən] *n* utakaso
purify ['pyuərifai] *v* -safisha
purity ['pyuərəti] *n* usafi
purple ['pə:pəl] *adj* zambarau
purpose ['pə:pəs] *n* 1. nia 2. **on purpose** kwa makusudi
purposely ['pə:pəsli] *adv* kwa makusudi
purr [pə:] *v* -koroma
purse [pə:s] *n* pochi
pursue [pə'syu:] *v* -fuatilia
pursuit [pə'syu:t] *n* ukimbizaji
pus [pʌs] *n* usaha; udusi
push [push] *v* -sukuma; -sukua
push-button *adj* -enye suwichi cha kubonyeza
push-bike *n* baiskeli
push-chair *n* kiti cha magurudumu
pusher ['pushə] *n* **drug pusher** muuzaji madawa ya kulevya
push off/out *v (mar.)* -sukuma mbali na ukingo
put [put] *v* (**put**) 1. -weka; -tia 2. **to stay put** kaa hapohapo

put aside *v* 1. -weka 2. *(fin.)* -limbikiza
put away *v* -weka
put back *v* -rudi
put down *v* 1. -weka chini 2. -komesha 3. -andika 4. -ua
put off *v* 1. -ahirisha 2. *(mar.)* -ondoka
put on *v* 1. -vaa 2. -panga
put out *v* 1. -zima 2. *(mar.)* -ondoka
putt [pʌt] *v* -piga mpira
putty ['pʌti] *n* puti
put up with *v* -vumilia
puzzle ['pʌzl] 1. *n* fumbo 2. *v* -kanganya
puzzled ['pʌzəld] *adj* **to be puzzled** -kanganyika
puzzle out *v* -fikiria
puzzling [,pʌzling] *adj* -a kukanganya
Pygmy ['pigmi] *n* 1. *n* mbilikimo 2. *adj* -a mbilikimo
pyjamas [pə'ja:məz] *pl* pajama
pylon ['pailən] *n* nguzo
pyramid ['pirəmid] *n* piramidi; haram
pyrotechnics [,paiərəu'tekniks] *pl* maonyesho ya fataki
python ['paithn] *n* chatu

Q

quack [kwak] 1. *n* mlio 2. *v* -lia

quadruple [ˈkwɔˈdruːpəl] *v* -a sehemu nne

quadruplets [kwɔˈdruːplits] *pl* mapacha wanne

quaint [kweint] *adj* -enye kuvutia

quake [kweint] *v* 1. -tetemeka 2. *see* **earthquake**

Quaker [ˈkweikə] *n* mwanachama wa Jamii ya Marafiki

qualification [ˌkwɔlifiˈkeishən] *n* sifa

qualified [ˈkwɔlifaid] *adj* -enye sifa zinazostahili

qualify [ˈkwɔlifai] *v* -sthili (**na** for)

quality [ˈkwɔləti] *n* 1. aina 2. sifa 3. **bad quality** sifa duni

qualm [kwaːm] *n* shaka

quantify [ˈkwɔntifai] *v* -eleza kiasi cha

quantitative surveyor *n* mkadiria ujenzi

quantity [ˈkwɔntəti] *n* kiasi

quantum [ˈkwɔntəm] *n* namba za kwanta

quarantine [ˌkwɔrəntiːn] 1. *n* karantini 2. *adj* -a karantini 3. *v* -weka karantini

quarrel [ˈkwɔrəl] 1. *n* ugomvi 2. *v* -gombana

quarrelsome [ˈkwɔrəlsəm] *adj* -gomvi

quarry [ˈkwɔrəl] *n* 1. windo 2. machimbo

quarryman [ˈkwɔrimən] *n* mchimba

quart [kwɔːt] *n* kwati

quarter [ˈkwɔːtə] *n* 1. robo 2. upande 3. **the old quarter of town** mji mkongwe 4. **industrial quarter** mtaa makazi

quarterdeck [ˈkɔːtədek] *n* shetri

quarterfinal [ˈkɔːtəfainəl] *n* robo fainali

quarterly [ˈkwɔːtəli] 1. *adv* -a mara nne kila mwaka 2. *adv* kwa kila mwezi wa tatu

quartermaster [ˈkɔːtəˌmaːstə] *n* 1. *(mil.)* ugavi 2. *(mar.)* serehangi

quartermaster general *n* afisa ugavi mkuu

quarters [ˈkɔːtəz] *pl* 1. *(mil.)* makazi 2. **at close quarters** karibu sana

quartet [kɔːˈtet] *n* *(mus.)* waimbaji/wapigaji wanne

quartz [kɔːch] *n* kwatzi

quash [kwɔsh] *v* *(leg.)* -komesha

quasi- [ˈkwaːzi] *adj* kwa kiasi fulani

quay [kiː] *n* gati

queen [kwiːn] *n* 1. malkia 2. mke wa mfalme

queer [kwiə] *adj* 1. -geni 2. basha

quell [kwel] *v* -komesha

quench [kwench] *v* **to quench thirst** -kata kiu

query [ˈkwiːri] 1. *n* swali 2. *v* -uliza

quest [kwest] *n* kutafuta

question [ˈkweschən] 1. *n* swali 2. shaka 3. **it's out of the question** haiwezekani 4. *v* -uliza 5. -kuwa na shaka

questionable [ˈkweschənəbəl] *adj* -enye shaka

question mark *n* alama ya kuuliza

questionnaire [ˌkweschəˈneə] *n* hojaji

question time *n* *(pol.)* kipindi cha maswali bungeni

queue [kyuː] 1. *n* foleni 2. *v* -panga foleni

quick [kwik] *adj* 1. -epesi 2. *see* **quickly**

quicken [ˈkwikən] v -harakisha

quickness [ˈkwiknəs] n upesi

quicklime [ˈkwiklaim] n chokaa isiyolowa maji

quickly [ˈkwikli] adv upesi

quicksand [ˈkwiksand] n mchanga didimizi

quick-tempered [ˈkwik-ˈtempəd] adj -a hasira fupi

quick-witted [ˈkwik-ˈwitid] adj -erevu

quid [kwid] n (UK) pauni

quiet [ˈkwaiət] 1. adj kimia 2. -tulivu 3. n kimia 4. amani; utulivu 5. on the quiet kwa siri

quieten down [ˈkwaiətən] v -tulia

quietly [ˈkwaiətli] adv kwa utaratibu

quietness [ˈkwaiətngis] n 1. kimia 2. amani; utulivu

quilt [kwilt] n mfarishi

quince [kwins] n pea

quinine [kwiˈniːn] n kwinini

quit [kwit] v 1. -acha 2. to quit a job -acha kazi 3. to quit smoking -acha sigara

quite [kwait] adv 1. kabisa 2. kweli

quite a few adv kiasi

quite (so)! sawa!

quiz [kwiz] 1. n chemsha bongo 2. v -uliza maswali

quorum [ˈkwɔːrəm] n akidi

quota [ˈkwəutə] n sehemu ya haki

quotation [kwəuˈteishən] n kidondoa

quotation marks pl alama za kudondoa

quote [kwəut] 1. n dondoo 2. v -dondoa

Quran; Qur'an [ˈkəˈraːn] n Kurani

R

rabbi [ˈrabai] *n* (*rel.*) rabai; shekhe wa Kiyahudi

rabbit [ˈrabit] *n* sungura

rabble [ˈrabəl] *n* 1. watu duni 2. msongamano

rabies [ˈreibiːz] *n* kichaa cha mbwa

race [reis] 1. *n* asili kabisa 2. mbari 3. jamii 4. (*spor.*) shindano la mbio 5. **arms race** mashindano ya silaha 6. *v* -shindana katika mbio

racecourse [ˈreiskɔːs] *n* uwanja wa mashindano ya mbio

race horse *n* farasi wa mashindano

race meeting *n* siku ya mashindano ya mbio

race relations *pl* uhusiano wa makabila

race riot *n* ghasia ya kikabila

racetrack [ˈreistrak] *n* barabara ya mbio

racial [ˈreishl] *adj* 1. -a jamii 2. -a mbari

racial discrimination *n* utenganisho wa kimbari

racing [ˈreising] *n* mashindano ya mbio

racing car *n* gari ya mashindano ya mbio

racism [ˈreisizəm] *n* ubaguzi wa kimbari

racist [ˈreisist] 1. *adj* -a ubaguwa 2. *n* mbaguzi

rack [rak] *n* shubaka

rack and ruin *n* angamia

racket [ˈrakit] *n* 1. ghasia 2. ulaghai 3. (*spor.*) raketi

racketeer [ˌrakiˈtiə] *n* laghai

racketeering [rakeˈtiːring] *n* ulaghai

racquet [ˈrakit] *n* raketi

racy [ˈreisi] *adj* -enye kusisimua

radar [ˈreidaː] *n* rada

radiant [ˈreidiənt] *adj* -ng'avu

radiate [ˈreidieit] *v* -nururisha

radiation [ˌreidiˈeishən] *n* mnururisho

radiator [ˈreidieitə] *n* rejeta

radical [ˈradikəl] 1. *adj* -a kiini 2. (*pol.*) -a siasa kali 2. *n* (*pol.*) mwenye siasa kali

radio [ˈreidiəu] *n* redio

radioactive [ˌreidiəuˈaktiv] *adj* -nururishi

radioactivity [ˌreidiəuˈaktiviti] *n* unururifu

radio announcer *n* mtangazaji wa redio

radiologist [reidhiˈɔləjist] *n* mtaalamu wa rediolojia; mtaalamu wa x-ray

radiology [reidhiˈɔləji] *n* rediolojia; elimu ya x-ray

radio operator *n* mfanyakazi wa mitambo ya redio

radio programme *n* matangazo ya vipindi vya redio

radio station *n* steshen ya redio; kituo cha redio

radio telephone *n* simu ya redio

radiotherapy [ˌreidiəuˈtherapi] *n* tibaredio

radius [ˈreidiəs] *n* nusu kipenyo

raffle [ˈrafəl] *n* bahati nasibu

raft [raːft] *n* chelezo

rafter [ˈraːftə] *n* kombamoyo

rag [rag] *n* kitambaa

rage [reij] 1. *n* -ghadhabu 2. **all the rage** shauku kubwa ya kitu 3. *v* -ghadhibika

ragged [ˈragid] *adj* -liopasuka

raid [reid] 1. *n* shambulio 2. *v* -shambulia

raider [reidə] *n* mtu aliyofanya mashambulizi

rail [reil] *n* 1. reli 2. ubao

rail against *v* -kosoa

railings [ˈreilingz] *pl* kitalu

railcar [ˈreilka:] *n* kiberenge

railroad [ˈreilrəud] *n (US)* njia ya reli

railway [ˈreilwei] *n* reli

railwayman [ˈreilway,man] *n* mfanyakazi wa reli

rain [rein] 1. *n* mvua 2. **long rains** masika 3. **short rains** vuli 4. *v* -nya; -nyesha

rainbow [ˈreinbəu] *n* upinde wa mvua

raincloud [ˈreinklaud] *n* ghubari

raincoat [ˈreinkəut] *n* koti la mvua

raindrop [ˈreindrɔp] *n* tone la mvua

rainfall [ˈreinfɔ:l] *n (kiasi cha)* mvua

rain forest *n* msitu wa mvua

rainy [ˈreini] *adj* -enye mvua nyingi

raise [reiz] 1. *n* nyongeza 2. *v* -pandisha 3. -inua

raise an embargo *v* -ondoa vikwazo

raise children *v* -lea

raise land *v (mar.)* -ona nchi kavu

raise money *v* -changa fedha

raisin [ˈreizin] *n* zabibu kavu

raison d'etre [ˈreizɔn-ˈdeitrə] *n* sababu

rake [reik] 1. *n* reki 2. *v* -sawazisha

rake-off *n* bakshishi

rally [ˈrali] *n* 1. *(pol.)* mkusanyiko 2. *(spor.)* mashindano

ram [ram] 1. *n* kondoo dume 2. *v* -shindilia

RAM (random access memory) [ram] *n* RAM

Ramadan [ˈramədan] *n* Ramadhani

ramble [ˈrambəl] *v* -enda kutembea

rambling [ˈrambling] *adj* si kwa taratibu

ramification [ˌramifiˈkeishən] *n* kipengee

ramp [ramp] *n* 1. ngazi bila ya vidaraja 2. **disabled ramp** ngazi ya walemavu

rampage [ˈrampeij; ramˈpeij] 1. *n* **to go on the rampage** -fanya ghasia 2. *v* -hamaki

rampant [ˈrampeij] *adj* -a kuenea pote

ramshackle [ˈramshakəl] *adj* -liochakaa

ran [ran] *see* **run**

ranch [ra:nch] *n* ranchi

rancid [ˈransid] *adj* -a mafutaozo

random [ˈrandəm] *adj* 1. -sio kuwa na taratibu maalumu 2. **at random** bila taratibu maalumu

randy [ˈransid] *adj* -enye ashiki nyingi

rang [rang] *see* **ring**

range [reinj] *n* 1. kadiri 2. **mountain range** safu ya milima 3. **out of range** nje ya mtupo 4. **long-range missile** kombora la mbali 5. *see* **range through**

range finder *n* kitafuta umbali

range of products *n* mazao anuwai

ranger [ˈreinjə] *n* mhifadhi

range through *v* -tembea

rank [rangk] *n* 1. safu 2. cheo

rankle [ˈrangkəl] *v* -tia uchungu

ransack [ˈransak] *v* -nyang'anya

ransom [ˈransəm] 1. *n* malipo ya kukomboa mateka 2. *v* -komboa *(mtu)* kwa kulipa fedha

rant [rant] *v* -jigamba kwa maneno

rap [rap] 1. *n* **to take the rap** -laumiwa 2. *v* -gonga 3. *(mus.)* -imba rap

rape [reip] 1. *n* ubakaji 2. *v* -baka

rapid [ˈrapid] *adj* 1. -epesi 2. *see* **rapids**

rapidly [ˈrapidli] *adv* mbiombio

rapids [ˈrapidz] *pl* maporomoko (ya maji madogo)

rapist [ˈreipist] *n* mbakaji

rapport [rapɔ:] *n* maelewano

rapprochement [raˈprɔshma:] *n* kurejesheana urafiki

rapt [rapt] *adj* makini

rapturous [ˈratyərəs] *adj* -enye furaha

rare [reə] *adj* 1. adimu 2. -zuri mno

rare meat *n* nyama mbichimbichi

rarely [ˈreəli] *adv* vizuri kabisa

raring [ˈreəring] *adj* -liojaa hamu

rarity [ˈreərəti] *n* uadimifu

rash [rash] 1. *adj* -pupa 2. *n* vipele

raspberry [ˈraːzberi] *n* rasiberi

rat [rat] *n* panya

rate [reit] 1. *n* mwendo 2. kiasi 3. **first-rate** -a hali ya juu; fas-klas 4. **at any rate** kwa vyovyote vile 5. **birth rate** kipimo cha kuzaliwa watato 6. **accident rate** kiasi cha ajali 7. **interest rate** kiwango cha riba 8. *v* -kadiria 9. *see* rates

rate of exchange *n* kiasi cha kubadilishana

rating [ˈreiting] *n* kukadiria thamani

rate-payer *n* mlipa kodi

rates [ˈreits] *pl* kodi

rather [ˈraːðə] *adv* 1. kidogo 2. afadhali 3. hakika!

ratification [ˌratifiˈkeishən] *n* uthibitisho

ratify [ˈratifai] *v* -thibitisha

ratio [ˈreishyo] *n* uwiano

ration [ˈrashən] *v* -gawa

rational [ˈrashənəl] *adj* -a kirazini

ration card *n* kadi cha mgawo

rationing [ˈrashəning] *n* mgao

rattle [ˈratl] *v* -chacharisha

ravage [ˈravij] *v* -teketeza

rave [reiv] 1. *n* sherehe ya kusisimua 2. *(mus.)* dansi ya kusisimua 3. *v* -sema kwa hasira 4. -sifia sana 5. *(mus.)* -shereheka kichakaramu

raven [ˈreivn] *n* kunguru

ravenous [ˈravənəs] *adj* -enye njaa kali

ravine [rəˈviːn] *n* korongo

raving [ˈreiving] *adj* -enye kupayuka

ravishing [ˈravishing] *adj* -zuri mno

raw [rɔː] *adj* -bichi

raw deal *n* uonevu

raw materials *pl* mali ghafi

ray [rei] *n* 1. mwali 2. *(mar.)* taa

raze [reiz] *v* -teketeza

razor [ˈreizə] *n* 1. kijembe 2. mashine ya kunyolea

razor-blade *n* wembe

reach [riːch] *v* 1. -nyosha mkono 2. -patia 3. -fika

reach an agreement *v* -fikia makubaliano

reach a verdict *v* -fikia hukumu

reach out *v* -nyosha mkono

react [riˈakt] *v* -jibu

reaction [riˈakshəng] *n* 1. jibu 2. **nuclear reaction** kinu kidhibiti nyuklia

reactionary [riˈakshənri] *adj* -a kupinga maendeleo

read [riːd] *v* (read [red]) -soma

readable [ˈriːdəbəl] *adj* nayo someka

reader [ˈriːdə] *n* msomaji

readership [ˈriːdəship] *n* wasomaji

readily [ˈredili] *adv* bila kusita

readiness [ˈredinis] *n* hali ya kuwa tayari

reading [ˈriːding] *n* usomaji

readjust [ˌriːəˈjʌst] *v* -rekebisha tena

ready [ˈredi] *adj* 1. tayari 2. -epesi 3. **to get ready** -tayarisha

ready-made [ˌrediˈmeid] *adj* tayari kuvaliwa

reaffirm [ˌriəˈfɜːm] *v* -dhihirisha jambo

real [riəl] 1. *adj* halisi 2. *adv* sana

real estate *n* mali isiyohamishika

realistic [ˌriəˈlistik] *adj* -enye halisi

reality [riˈaləti] *n* 1. uhalisi 2. **in reality** kwa kweli

realization [ˌriəlaiˈzeishən] *n* utambuzi

realize [ˈriəlaiz] *v* 1. -elewa 2. -fanikisha

really [ˈriəli] *adv* (kwa) kweli

realm [relm] *n* uwanja

realtor [ˈriːəltə] *n* wakala wa shamba

ream [riːm] *n* bunda

reanimate [riːˈænimeit] v -hamasisha
reap [riːp] v -vuna
reappear [riːəˈpiːə] v -tokea
reappraisal [riːəˈpreizəl] n tathmini mpya
reap the benefit v -pata mazao
rear [riə] 1. adj -a nyuma 2. n nyuma 3. matako 3. v -lea 4. -simama
rearm [riːˈaːm] v -pa jeshi silaha tena
rearmament [riːˈaːməmənt] n kupa jeshi silaha tena
rear mirror n kioo cha kutazamia
rearmost [ˈreəməust] adj mwisho kabisa
rearrange [ˌriːəˈreinj] v -panga tena
reason [ˈriːzən] 1. n sababu 2. akili 3. maana 4. haki 5. by reason of kwa sababu ya 6. v -fikiri
reasonable [ˈriːznəbəl] adj 1. -a akili 2. -a kiasi
reasoning [ˈriːzəning] n hoja
reassurance [ˌriːəˈʃɔːrəns] n upajimoyo
reassure [ˌriːəˈʃɔː] v -thibitisha
rebate [ˈriːbeit] n kipunguo cha bei
rebel [ˈrebəl] n mwasi
rebel [riˈbel] v -asi
rebellion [riˈbeliən] n uasi
rebellious [riˈbeliəs] adj -asi
rebirth [ˌriːˈbəːth] n kufufuka
rebound [riˈbaund] v -rudi nyuma
rebuff [riˈbʌf] v -hakirisha
rebuild [ˌriːˈbild] v -jenga tena
rebuke [riˈbyuːk] 1. n karipio 2. v -karipia
rebut [reˈbʌt] v -kanusha
recalcitrant [riˈkalsintrənt] adj -kaidi
recant [riˈkant] v -acha
recall [riˈkɔːl] v 1. -ita tena 2. -kumbuka
recap [riˈkap] v -eleza tena
recapture [riˈkaptyə] v -kamata tena
recede [riˈsiːd] v -rudi nyuma
receipt [riˈsiːt] n 1. risiti 2. kupokea
receipt book n kitabu cha risiti

receive [riˈsiːv] v -pokea
receiver [riˈsiːvə] n 1. mpokeaji 2. (fin./leg.) mfilisi
recent [ˈriːsnt] adj -a siku hizi; -pya
recently [ˈriːsntli] adv karibuni
receptacle [riˈseptəkəl] n chombo
reception [riˈsepshən] n 1. mapokezi 2. makaribisho
reception clerk n karani mpokea wageni
reception desk n sehemu ya mapokezi wageni
receptionist [riˈsepshənist] n mpokea wageni
receptive [riˈseptiv] adj -sikivu
receptor [riˈseptə] n kikopezi
recess [riˈses] n 1. kipindi cha mapumziko 2. shubaka
recession [riˈseshəng] n (ec.) kushuka kwa uchumi
recipe [ˈresəpi] n mapishi
recipient [reˈsipiyənt] n mpokeaji
reciprocal [riˈsiprəkəl] adj -a kukubaliana
reciprocate [riˈsiprəkeit] v -rudisha
recital [riˈsaitl] n 1. kitendo cha kutongoa 2. maonyesho
recite [riˈsait] v -kariri
reckless [ˈreklis] adj -siojali
reckon [ˈrekən] v 1. -hesabu 2. -tegemea
reckoning [ˈrekənd] n 1. hesabu 2. wazo
reclaim [riˈkleim] v 1. -rudisha katika hali nzuri 2. -dai kitu fulani kirudishwe
recline [riˈklain] v -tandawaa
reclusive [riˈkləusif] adj -enye kuishi peke yake
recognition [ˌrekəgˈnishən] n utambuzi
recognize [ˈrekəgnaiz] v 1. -jua; -tambua 2. -ungama
recoil [riˈkɔil] v -rudi nyuma
recollect [ˌrekəˈlekt] v -kumbuka
recollection [ˌrekəˈlekshən] n kumbukumbu

recommence [riˈkəmens] *v* -anza tena

recommend [ˌrekəˈmend] *v* -pendekeza

recommendation [ˌrekəmenˈdeishən] *n* pendekezo

recompense [ˈrekəmpens] **1.** *n* jaza **2.** *v* -jazi

reconcile [ˈrekənsail] *v* -patanisha

reconciliation [ˌrekənˌsiliˈeishən] *n* upatanisho

reconciliatory [ˌrikənˈsilətri] *adj* -a kupatanisha

recondition [riˈkəndishən] *v* -tengeneza upya

reconnaissance [riˈkɔnisns] *n* upelelezi

reconnaissance patrol *n* kikosi cha upelelezi

reconnoitre [ˌrekəˈnɔitə] *v* -peleleza

reconsider [ˌriːkənˈsidə] *v* -fikiria tena

reconsideration [ˈriːkənˌsidəˈreishən] *n* kuzingatia

reconstruct [ˌriːkənˈstrʌkt] *v* -jenga tena

reconstruction [ˌriːkənˈstrʌkchn] *n* kujenga tena

record [ˈrekɔːd] **1.** *adj* -a rekodi **1.** *n* ushahidi **2.** sifa **3. criminal record** historia ya jini **4.** *(mus.)* sahani **5. for the record** kwa kumbukumbu **6. off the record** isiandikwe **7. world record** rekodi ya dunia **8. to break a record** -vunja rekodi **9.** *see* **records**

record [riˈkɔːd] *v* **1.** -andika **2.** *(mus.)* -rekodi

record holder *n* mshikilia rekodi

recording [riˈkɔːd] *n (mus.)* muziki

record player *n* santuri

records [ˈrekɔːdz] *pl* **1. government records** orodha za serikali **2.** *see* **record**

recount [ˈriːˈkaunt] **1.** *n* kuhesabu tena **2.** *v* -hesabu tena

recoup [riˈkuːp] *v* **to recoup one's losses** -fidia hasara

recourse [riˈkɔːs] *n* **to have recourse to** -tafuta msaada ya

recover [riˈkʌvə] *v* **1.** -pata tena **2.** -funika upya **3.** *(med.)* -pona

recovery [riˈkʌvəri] *n* **1.** kupata **2.** kufunika upya **3.** *(med.)* kupata afueni

recovery programme *n* utaratibu wa kupata

recreation [ˌrekriˈeishən] *n* burudani

recreational [ˌrekriˈeishənəl] *adj* -a burudani

recrimination [ˌrekrimiˈneishən] *n* lawama baada ya sjitaka

recruit [reˈkruːt] **1.** *n* mwanachama mpya **2.** *(mil.)* kuruta **3.** *v* -andikisha

recruitment [rekruːˈtmənt] *n* uandikishaji

rectal [ˈrektəl] *adj* -a rektamu

rectangle [ˈrektanggəl] *n* mstatili

rectify [ˈrektifai] *v* -sahihisha

rector [ˈrektə] *n* mkuu

rectum [ˈrektəm] *n* rektamu

recuperate [riˈkuːpəreit] *v* -rudisha nguvu tena

recuperation [riˌkuːpəˈreishən] *n* kujiimarisha tena

recur [riˈkəː] *v* -rudia

recurrence [ˌriˈkʌrəns] *n* kutokea tena

recurrent [ˌriˈkʌrənt] *adj* -a kutokea mara kwa mara

recusant [ˈrekyusənt] *n* mkaidi

recycle [riˈsaikəl] *v* -tengeneza upya iliitumike tena

recycling [riˈsaikling] *n* utengenezaji upya iliitumike tena

red [red] *adj* -ekundu

red carpet *n/adj* busati jekundu

Red Crescent [ˌredˈkrezənt] *n* Mwezi Mwekundu

Red Cross [ˌredˈkrɔs] *n* Msalaba Mwekundu

redden [ˈredən] *v* -tia wekundu

redecorate [ˌriːˈdekəreit] *v* -pamba upya

redecoration [ˌriːdekəˈreishən] *n* kupamba upya

redeem [rɪˈdiːm] *v* -komboa

redemption [rɪˈdempshən] *n* ukombozi

redeploy [ˌriːdəˈplɔi] *v (mil.)* -ondoa na kupanga upya

redevelop [ˌriːdəˈveləp] *v* -endelea tena

redevelopment [ˌriːdəˈveləpmənt] *v* kuendelea tena

red flag *n* bendera ya hatari

red-handed [ˌredˈhandid] *adj* -papohapo

red-hot *adj* -enye moto sana

redness [ˈrednis] *n* wekundu

redo [ˈriːˈduː] *v* -fanya upya

redouble [rɪˈdʌbəl] *v* **to redouble one' efforts** -zidisha jitihada

Red Sea *n* Bahari ya Sham

red tape *n* urasimu

reduce [rɪˈjuːs] *v* -punguza

reduced [rɪˈjuːst] *adj* **(at) reduced prices** shuka bei

reduction [rɪˈdʌkshən] *n* 1. kupunguza 2. **arms reduction** kupunguza silaha

redundancy [rɪˈdʌndənsi] *n* kufukuzwa kazi

redundant [rɪˈdʌndənt] *adj* -siohitajika

reduplication [rɪˈduːpɪkeishən] *n* uradidi

reduplicate [rɪˈjuplikeit] *v* -radidi

reed [riːd] *n* tete

reef [riːf] *n* mwamba

reek [riːk] *v* -nuka vibaya

reel [riːl] 1. *n* rili 2. kidonge 3. *v* -shtuka

re-elect [ˌriːˈəlekt] *v* -chagua tena

re-election [ˌriːəˈlekchən] *n* kuchagua tena

re-enter [ˌriːˈentə] *v* -ingia tena

re-entry [ˌriːˈentri] *n* kuingia tena

re-establish [ˌriːˈestablish] *v* -anzisha tena

refer [rɪˈfəː] *v* 1. -peleka **(to kwa)** 2. -husu

referee [ˌrefəˈriː] 1. *n* mwamuzi 2. *(spor.)* refa 3. *v* -chezesha

reference [ˈrefərəns] *n* 1. kumbukumbu 2. marejeo 3. udhamini 4. **with reference to...** kuhusu

reference book *n* marejeo

referendum [ˌrefəˈrendəm] *n* 1. kura ya maoni 2. **to hold a referendum** -fanya kura ya maoni

refill [ˌriːˈfil] *v* -jaza tena

refine [rɪˈfain] *v* 1. -staarabisha 2. *(tech.)* -safisha

refined [rɪˈfaind] *adj* 1. staarabu 2. *(tech.)* safi

refined oil *n* mafuta safi

refinement [rɪˈfainmənt] *n* 1. ustaarabu 2. *(tech.)* usafi

refinery [rɪˈfainəri] *n* kiwanda cha kusafisha

refit [ˈriːfit] *n (mar.)* uimarishaji

refit [ˈriːfit] *v* -tengeneza tena

reflect [rɪˈflekt] *v* 1. -akisi 2. -fikiri

reflection [rɪˈflekshən] *n* 1. kuakisi 2. mfano 3. fikira

reflex [ˈriːfleks] 1. *adj* -a tendohisia; -a tendohiari 2. *adj* tendohisia; tendohiari

reflexive [rɪˈfleksiv] *adj* -a kujirejea

reforest [riːˈfɔrest] *v* -rudisha kuwa msitu

reforestation [riˌfɔresˈtreishən] *n* kurudisha kuwa msitu

reform [rɪˈfɔːm] 1. *n* kurekebisha 2. *v* -rekebisha

reformation [ˌrefəˈmeishən] *n* marekebisho

reformer; reformist [rɪˈfɔːmə; rɪˈfɔːmist] *n* mleta mabadiliko

reform school *n* shule ya kuadibisha

refrain [rɪˈfrein] 1. *n* kiitikio 2. *v* -acha

refresh [ri·fresh] v 1. -burudisha 2. refresh one's memory -jikumbusha

refresher course [ri·freshə-·kɔːs] n kozi ya kunoa ubongo

refreshing [ri·freshing] adj -a kuburudisha

refreshments [ri·freshmənch] pl kinywaji

refrigerate [ri·frijəreit] v -fanya kuwa baridi

refrigeration [ri·frijəreishəng] n utiaji baridi

refrigerator [ri·frijəreitə] n friji

refuel [ˌriː·fyuəl] v -jaza tena mafuta

refuge [·refyuːj] n 1. kimbilio 2. to seek refuge -tafuta usalama

refugee [ˌrefyu·jiː] n 1. mkimbizi 2. war refugee mkimbizi wa vitu 3. political refugee mkimbizi wa kisiasa

refugee camp n kambi ya mkimbizi

refund [ri·fʌnd] 1. n fedha zinazorudishwa 2. v -rudisha fedha

refurbish [ˌriː·fəːbish] v -tengeneza upya

refurbishment [ˌriˑfəːbishmənt] n kutengeneza upya

refusal [ri·fyuːzl] n kitendo cha kukataa

refuse [·refyuːs] n takataka

refuse [ri·fyuːz] v -kataa

refute [ri·fyuːt] v -kanusha

regain [ri·gein] v -pata tena

regal [·riːgəl] adj -a kustahili mfalme

regale [ri·geil] v -anisi

regard [ri·gaːd] 1. n heshimu 2. with regard to kuhusu 3. in this regard kuhusu suali hili 4. v -husu 5. -heshimu 6. see regards

regarding [ri·gaːding] prep mintarafu ya

regardless [ri·gaːdlis] adv bila kujali

regardless of prep bila kujali

regards [ri·gaːdz] pl 1. salamu 2. as regards... kama ilivyo...

regatta [re·gatə] n mashindano ya mashua

regenerate [ri·jenəreit] v -ongoa

regeneration [riˌjenəˑreishən] n wongofu

regent [·riːjənt] n mtawala

reggae [·regei] n rege

regime [rei·zhiːm] n mfumo wa utawala

regimen [·rejimən] n mazoezi

regiment [·rejimənt] n rejimenti

regimental [reji·mentəl] adj -a rejimenti

region [·riːjən] n eneo; sehemu

regional [·riːjənəl] adj -a sehemu

register [·rejistə] 1. n rejesta 2. cash register mashine ya kuhesabia fedha 3. v -andikisha 4. -sajili 5. -onyesha

registered mail/post [·rejistəd] n barua iliyo sajiliwa

registrar [·rejistraː] n msajili

registration [ˌreji·streishən] n 1. usajili 2. ingizo

registration form n stakbadhi ya kujiodhoresha

registration plate n bamba la namba

registry [·rejistri] n 1. usajili 2. ofisi ya msajili

regress [ri·gres] v -rudi nyuma

regret [ri·gret] 1. n majuto 2. v -juta

regretful [ri·gretful] adj -enye majuto

regretfully [ri·gretfuli] adv kwa majuto

regrettable [ri·gretəbəl] adj -a kujutia

regroup [ri·gruːp] v -kusanya tena

regular [·regyulə] adj 1. -a kawaida 2. -enye kukubalika

regularity [ˌregyu·larəti] n kawaida

regularize [·regyuləraiz] v -rekebisha

regularly [·regyuləli] adv kwa kawaida

regulate [·regyuleit] v -rekebisha

regulation [ˌregyuˈleishən] *n* 1. kanuni 2. urekebishaji

regulator [ˈregyuleitə] *n* mrekebishaji

regurgitate [riˈgəːjiteit] *v* -cheua

rehabilitate [ˌrihaˈbiliteit] *v* -rudishia hali ya zamani

rehabilitation [ˌrihaˌbiliˈteishən] *n* kurudishia hali ya zamani

rehearsal [riˈhəːsəl] *n* 1. mazoezi 2. masimulizi

rehearse [riˈhəːs] *v* 1. -fanya mazoezi 2. -simulia

reign [rein] 1. *n* utawala 2. *v* -tawala

reimburse [ˌriːimˈbəːs] *v* -rejeshea gharama

rein [rein] *n* hatamu

reinforce [ˌriːinˈfɔːs] *v* 1. -imarisha 2. -ongeza nguvu

reinforced concrete [ˌriːinˈfɔːst] *n* saruji iliyoimarishwa

reinforcement [ˌriːinˈfɔːsmənt] *n* 1. uimarishaji 2. msaada

reinforcements [ˌriːingˈfɔːsmənts] *pl (mil.)* kuongezea nguvu za jeshi

reins of power *pl* madaraka

reinstate [ˌriːinˈsteit] *v* -rejesha

reinsure [ˌriːinˈshuə] *v* -rejesha bima

reissue [ˌriːˈishyu] *v* -toa tena

reiterate [riːˈitəreit] *v* -rudia kusema

reject [riˈjekt] *v* -kaa

rejection [riˈjekshən] *n* kukatalia

rejoice [riˈjɔis] *v* -furahi

rejoicing [riˈjɔising] *n* furaha

rejoin [riˈjɔin] *v* -jiunga tena

rejuvenate [riˈjuːvəneit] *v* -rudisha ujana

rekindle [riˈkindəl] *v* -amsha tena

relapse [riˈlaps] 1. *n* kuugua tena 2. *v* -rudia hali

relate [riˈleit] *v* 1. -simulia 2. *see* **related**

relate to *v* -toa maelezo ya

related [riˈleitid] *adj* 1. -a kuhusiana 2. **to be related to** kuwa na mnasaba na

relation [riˈleishən] *n* 1. maelezo 2. uhusiano 3. **in relation to** kuhusu 4. *see* **relations**

relations [riˈleishəns] *pl* 1. mahusiano 2. **sexual relations** kujamiiana 3. **diplomatic relations** uhusiano wa kibalozi 4. **to break off relations** -vunja mahusiano

relationship [riˈleishənship] *n* 1. mnasaba 2. udugu 3. uhusiano

relative [ˈrelətiv] 1. *adj* -a kuwiana na 2. *n* jamaa

relatively [ˈrelətivli] *adv* kiasi

relax [riˈlaks] *v* 1. -legeza 2. -pumzika

relaxation [ˌriːlakˈseishən] *n* 1. ulegezaji 2. burudani

relaxed [riˈlakst] *adj* 1. -a kupumzika 2. -a kulegea

relay [ˈriːlei] 1. *n* rilei 2. *v* -rushia habari

relay race *n (spor.)* mbio za kupokezana

release [riˈliːs] 1. *n* ufunguliaji 2. *v* -fungua 3. -achia huru

relegate [ˈreligeit] *v* 1. -wakilisha 2. *(spor.)* -shusha

relent [riˈlent] *v* -tulia

relentless [riˈlentlis] *adj* bila huruma

relevance, relevancy [ˈreləvəns; -si] *n* uhusiano

relevant [ˈreləvənt] *adj* -enye kuhusu

reliability [riˌlaiəˈbiləti] *n* tegemeo

reliable [riˈlaiəbəl] *adj* 1. -a kutegemewa 2. **reliable information** habari ya kuaminika

reliance [reˈlaiəns] *n* imani

reliant [reˈlaiəngt] *adj* 1. -enye kutegemea 2. *see* **self-reliant**

relic [ˈrelik] *n* ukumbusho

relief [riˈliːf] 1. *adj* -enye msaada 2. *n* tulizo 3. msaada

relief agency *n* wakala wa msaada

relief fund *n* mfuko wa msaada

relief map *n* ramani ionyeshayo milima

relief organization *n* shirika la msaada

relieve [ri·li:v] *v* 1. -tuliza 2. -pokea zamu

relieved [ri·li:vd] *adj* to be relieved -pumzika

religion [ri·lijən] *n* dini

religious [ri·lijəs] *adj* 1. -a dini 2. -a imani

religious fundamentalism *n* ufuasi wa dini wa msimamo mkali

religious fundamentalist *n* mwenye msimamo mkali wa kidini

relinquish [ri·lingkwish] *v* -acha

relish [·relish] *v* -furahia

relive [ri·liv] *v* -pitia tena

relocate [ri:ləu·keit] *v* -hamisha

relocation [ri:ləu·keishən] *n* kuhamishia

reluctance [ri·lʌktəngs] *n* kukalifu

reluctant [ri·lʌktənt] *adj* -a kukalifu

rely [ri·lai] *v* -tegemea

remain [ri·mein] *v* -baki

remainder [ri·meində] *n* baki

remains [ri·meinz] *pl* 1. masalio 2. human remains maiti

remake [,ri:·meik] *v* -fanya tena

remand [ri·ma:nd] *v* -weka mahabusi

remand home *n* rumande ya watoto

remand prison *n* mahabusi

remark [ri·ma:k] 1. *n* maneno 2. *v* -sema 3. to remark on -toa maoni

remarkable [ri·ma:kəbəl] *n* -a ajabu

remarry [ri·mari] *v* -oa tena; -olewa tena

remedy [·remədi] *n* dawa

remember [ri·membə] *v* -kumbuka

remembrance [ri·membrəns] *n* ukumbusho

remind [ri·maind] *v* -kumbusha

reminder [ri·maində] *n* kumbusho

reminiscent [,remə·nisənt] -a kukumbusha

reminisce [remə·nis] *v* kumbuka ya kale

remnant [·remnənt] *n* mabaki

remorse [ri·mɔ:s] *n* 1. majuto 2. without remorse bila huruma

remorseful [ri·mɔ:sfəl] *adj* -enye huruma

remote [ri·məut] *adj* 1. -a mbali 2. -a zamani

remote control 1. *adj* -enye kuendeshwa toka mbali 2. *n* rimot-kontrol

removal [ri·mu:vl] *n* kuondosha

remove [ri·mu:v] *v* 1. -ondosha 2. -hamisha 3. -futa

remuneration [ri·myu:nəreishən] *n* ujira

renaissance [ri·neisəns] *n* kipindi mwamko-sanaa

renal [·ri:nəl] *adj* -a mafigo

rename [ri:·neim] *v* -pa jina jipya

rend [rend] *v* -tatua

render [·rendə] *v* -leta

rendezvous [·rendeivu:] *n* makutano

renegade [·renəgeid] *n* msaliti

renege [ri·neg] *v* -vunja ahadi

renew [ri·nyu:] *v* 1. -fanya upya 2. -rudia tena

renewal [ri·nyu:wəl] *n* kufanya tena

renounce [ri·nauns] *v* -acha

renovation [renənə·veishən] *n* urekebishaji

renovate [·renəveit] *v* -rekebisha

renown [ri·naun] *n* sifa

renowned [ri·naund] *adj* -enye sifa

rent [rent] 1. *n* kodi 2. *v* -panga 3. -pangisha

rentable [·rentəbəl] *adj* -kupangishika

rental [·renti] *n* kodi

rent-free *adj* -siotolewa kodi

renting [·renting] *n* kupanga

rent rebate *n* kipunguo cha kodi

renunciation [ri,nʌnsi·eishən] *n* kuacha

reopen [ri:·əupn] *v* -fungua tena

reorganization [·ri:,ɔ:gənai·zeishən] *n* kutengeneza tena

reorganize [ˈriːˈɔːgənaiz] *v* -tengeneza tena

rep [rep] *n see* **repertory**

repair [riˈpeə] 1. *n* matengenezo 2. *v* -fanya matengenezo

reparation [ˌrepəˈreishən] *n* fidia

repatriate [riːˈpatrieit] *v* -rudisha kwao

repatriation [ˈriːˌpatriˈeishəng] *n* kurudisha kwao

repay [riːˈpei] *v* -rejesha malipo/pesa

repayment [riːˈpeiməngt] *n* kurejesha malipo/pesa

repeal [riˈpiːl] *(leg.)* 1. *n* kufuta 2. *v* -futa

repeat [riˈpiːt] 1. *n* marudio 2. *v* -rudia

repeatedly [riˈpiːtidli] *adv* -liofanywa tena na tena

repel [riˈpel] *v* -fukuza

repellent [riˈpelənt] *adj* -a kuchukiza

repent (of) [riˈpent] *v* -tubu

repentance [riˈpentəns] *n* toba

repercussion [ˌrepəˈkʌshən] *n* matokeo hasi

repetition [ˌrepiˈtishən] *n* kurudiarudia

repertoire [ˌrepəˈtwaː] *n* mkusanyiko

repertory company [ˈrepəˈtriˈkʌmpəni] *n* kikundi cha sanaa

repetitive [riˈpetitiv] *adj* -a kurudiarudia

replacable [riˈpleisəbəl] *adj* -a kubadilishika

replace [riˈpleis] *v* 1. -rudisha mahali pake 2. -badilisha

replacement [riˈpleismənt] *n* badala

replay [ˈriːplei] 1. *n* marudio 2. *v* -rudia mchezo

replenish [riˈplenish] *v* -jaza tena

replica [ˈreplikə] *n* nakala

reply (to) [riˈplai] 1. *n* jibu 2. *v* -jibu

report [riˈpɔːt] 1. *n* taarifa 2. andika 3. **annual report** taarifa ya mwaka

4. **law report** ripoti ya kesi 5. *v* -pasha habari 6. -toa ripoti 7. **to report to** -piga ripoti kwa

reporter [riˈpɔːtə] *n* mwandishi wa habari

repose [riˈpəuz] *v* -pumzisha

repository [riˈpɔzitri] *n* hazina

repossess [riˈpəzes] *v* -miliki mara ya pili

repossession [ˌriːpəˈzeshən] *n* kumiliki mara ya pili

reprehensible [reprəˈhensibəl] *adj* -a kulaumika

represent [ˌrepriˈzent] *v* 1. -leta 2. -wakilisha

representation [ˌreprizenˈteishən] *n* 1. taswira 2. uwakili 3. maelezo

representative [ˌrepriˈzentətiv] 1. *adj* -a uwakilishi 2. *n* mwakilishi 3. *see* **House of Representatives, sales representative**

repress [riˈpres] *v* 1. -zuia kwa nguvu 2. -zima

repressed [riˈprest] *adj* -liozimwa

repression [riˈpreshən] *n* 1. uzuiaji kwa nguvu 2. kuzimwa

repressive [riˈpresiv] *adj* -onevu

reprieve [riˈpriːv] *v* -chelewesha

reprimand [ˈreprimaːnd] 1. *n* karipio 2. *v* -karipia

reprint [ˌriːˈprint] *v* -piga chapa tena

reprisal [riˈpraizl] *n* ulipizaji kisasi

reprise [riˈpraiz] *n* kibwazigo

reproach [riˈprəuch] *v* -laumu

reproachful [riˈprəuchfəl] *adj* -a kulaumu

reproduce [ˌriːprəˈjuːs] *v* 1. -nakili 2. -zaa

reproduction [ˌriːprəˈdʌkshən] *n* 1. nakal halisi 2. uzazi

reproductive [ˌriːprəˈdʌktiv] *adj* -a uzazi

reptile [ˈreptail] *n* mtambaazi

republic [riˈpʌblik] *n* jamhuri

republican [riˈpʌblikən] 1. *adj* -a jamhuri 2. *n* mtu apendaye serikali ua jamhuri

republicanism [ri·pʌblikənizəm] *n* sera ya serikali ya jamhuri

republish [ˌriː·pʌblish] *v* -chapisha tena

repudiate [ri·pyuːdieit] *v* -kataa

repugnant [ri·pʌgnənt] *adj* -kuchukiza

repulse [ri·pʌls] *v (mil.)* -rudisha nyuma

repulsion [ri·pʌlshən] *n* 1. kinyaa 2. *(mil.)* kurudishwa nyuma

repulsive [ri·pʌlsiv] *adj* -chushi

reputable [ˈrepyutəbəl] *adj* -a sifa njema

reputation [ˌrepyuˈteishən] *n* sifa

repute [ri·pyuːt] 1. *n* sifa 2. *v* to be reputed to -julikana kwa

request [ri·kwest] 1. *n* ombi 2. *v* -omba

require [ri·kwaiə] *v* 1. -taka 2. -shurutisha

required [ri·kwaiəd] *adj* to be required to... -shurutishwa

requirement [ri·kwaiəmənt] *n* mahitaji

requisition [ˌrekwiˈzishən] *n* mahitaji rasmi

re-run [ˈriːˌrʌn] 1. *n* marudio 2. *v* -rudia

resale [ˈriːseil] *n* uza tena

reschedule a debt [riˈshejul; riːˈskejul] *v* -orodhesha tena mkodo

rescind [ri·sind] *v* -tangua

rescue [ˈreskyuː] 1. *n* wokovu 2. *v* -okoa 3. to go to the rescue of -saidia

rescuer [ˈreskyuːə] *n* mwokozi

rescue team *n* kikosi cha waokoaji

research [ri·səːch] 1. *adj* -a uchunguzi 2. *n* uchunguzi 3. *v* -chungua

research into *v* -chungua

researcher [ri·səːchə] *n* mchunguzi

research institute *n* taasisi ya uchunguzi

resell [ˈriːˈsel] *v* -uzaz tena

resemblance [ri·zembləns] *n* ufanani

resemble [ri·zembəl] *v* -fanana

resent [ri·zent] *v* -chukia

resentful [ri·zentfəl] *adj* -enye chuki

resentment [ri·zentmənt] *n* uchungu

reservation [ˌrezəˈveishən] *n* 1. shaka 2. **without reservation** kwa moyo mkunjufu 3. **to make a reservation** -rizavu

reserve [ri·zəːv] 1. *adj* -a akiba 2. *n* akiba 3. **game reserve** hifadhi wa wanyama 4. **in reserve** 5. *v* -chukua nafasi 6. *see* reserves

reserve bank *n* banki ya akiba

reserved [ri·zəːvd] *adj* This seat is reserved. Nafasi hii imehifadhiwa.

reserve fund *n* mfuko wa akiba

reserves [ri·səːvz] *pl* 1. **bank reserves** akaunti ya hifadhi ya benki 2. **oil reserves** mafuta ya akiba 3. **military reserves** jeshi la akiba

reservist [ri·zəːvist] *n* askari wa akiba

reservoir [ˈrezəvwaː] *n* ziwa

reset [riːˈset] *v* -panga upya

reshuffle [ˈriːˈshʌfəl] *(pol.)* 1. *n* ubadilishaji 2. *v* -badilisha

reside [ri·zaid] *v* -ishi

residence [ˈrezidəns] *n* 1. kuishi 2. makazi 3. **country of residence** nchi unayoishi

residence permit *n* kiballi cha kuishi

residency [ˈrezidənsi] *n* nyumba

resident [ˈrezidənt] *n* mwenyeji; mkazi

residential [ˌreziˈdenshl] *adj* -a mkazi

residential area *n* eneo la makazi

residual [ri·zidyuwəl] *adj* -a mabaki

residue [ˈrezidyu] *n* mabaki

resign [ri·zain] *v* 1. -jiuzulu 2. **to resign oneself (to)** -kubali bila kulalamika

resignation [ˌrezigˈneishən] n 1. kujiuzulu 2. kukubali

resigned [riˈzaind] adj to be resigned (to) -kubali bila kulalamika

resilience [riˈziliyəns] n mnepo

resilient [riˈziliyənt] adj -a kunepa

resin [ˈrezin] n utomvu

resist [riˈzist] v 1. -pinga 2. jizuia

resistance [riˈzistəns] n 1. upinzani 2. wind resistance nguvu kinzi ya upepo

resistance movement n chama cha upinzani

resistant [riˈzistənt] adj -kinzani

resolute [ˈrezəluːt] adj -thabiti

resolution [ˌrezəˈluːshən] n 1. hali ya kuwa thabiti 2. nia 3. (pol.) mgao

resolve [riˈzɔlv] 1. n kusudi 2. v -kusudia 3. -pitisha 4. -komesha

resort [riˈzɔːt] 1. n holiday resort huduma za utalii 2. ski resort huduma za michezo ya theluji 3. the only resort msaada pekee uliopo 4. as a last resort hapana budi 5. v to resort to -ishia

resource [riˈsɔːsfəl] n 1. njia 2. see resources

resourceful [riˈsɔːsfəl] adj -a akili

resources [riˈsɔːsis] pl 1. mali 2. natural resources mali asili

respect [riˈspekt] 1. n heshima 2. with respect to kulingana na 3. to have respect for -heshimu 4. in all respects kwa hali zote 5. to pay one's respects -zingatia 6. v -heshimu

respectability [riˌspektəˈbiləti] n maadili

respectable [riˈspektəbəl] adj 1. -stahiki 2. -a kadiri

respectful [riˈspektfəl] adj -a stahifu

respective [riˈspektiv] adj -a pekee

respectively [riˈspektivli] adv kwa peke yake

respects [riˈspekts] pl salamu

respiration [ˌrespəˈreishən] n upumuaji

respite [ˈrespait] n nafasi

respond [riˈspɔnd] v -jibu

response [riˈspɔns] n jibu

responsibility [riˌspɔnsəˈbiləti] n madaraka

responsible [riˈspɔnsəbəl] adj 1. -enye madaraka 2. to be responsible for -husika

responsive [riˈspɔnsiv] adj -kweli

rest [rest] 1. n pumiko 2. wengine 3. v -pumzika

rest and recuperation (= R&R) n starehe na upoe

restaurant [ˈrestrɔnt] n mkahawa

restitution [ˌrestiˈtyuːshən] n kulipa

restless [ˈrestlis] adj -siotulia

restoration [ˌrestəˈreishən] n 1. kurudisha 2. kutengeneza

restore [riˈstɔː] v 1. -rudisha 2. -tengeneza

restrain [riˈstrein] v -zuia

restraint [riˈstreint] n 1. kizuizi 2. without restraint kwa uhuru

restrict [riˈstrikt] v -zuia

restricted [riˈstriktid] adj -liozuiwa

restriction [riˈstrikshən] n kizuio

restrictive [riˈstriktiv] adj -a kuzuia

restructure [riˈstrʌkshə] v -panga upya

result [riˈzʌlt] n 1. matokeo 2. as a result of kwa sababu ya

result in v -sababisha

resume [riˈzyuːm] v -anza tena

resumé [ˌrezuˈmei] n ufupisho

resurface [ˌriːˈsəːfis] v -sakifu tena

resurgent [riˈsəːjənt] adj -liofufuka

resurrect [ˌrezəˈrekt] v -fufuka

resuscitate [riˈsʌsiteit] v -pata fahama

resuscitation [riˈsʌsiteishən] n 1. kupata fahama 2. mouth-to-mouth resuscitation kuhuisha mdomo kwa mdomo

retail ['ri:teil] 1. *adj* -a rejareja 2. *n* rejareja 3. *v* -chuuza

retailer ['ri:teilə] *n* mwuuzaji rejareja

retain [ri'tein] *v* 1. -shika 2. -bazika

retainer [ri'teinə] *n* 1. mtumishi 2. *(fin.)* ada

retake [ri'teik] *v* -teka tena

retaliate [ri'talieit] *v* -lipiza kisasi

retaliation [ri,tali'eishən] *n* ulipizaji kisasi

retard [re'ta:d] *v* -vunja mwendo

retarded [ri'ta:did] *adj* **mentally retarded** -a akili taahira

retch [rech] *v* -gooka

retention [ri'tenshən] *n* kuweka

rethink [,ri:'thingk] *v* -fikiria tena

reticence ['retisəns] *n* ukimya

reticent ['retisənt] *adj* -kimya

retina ['retinə] *n* retina

retinue ['retinyu:] *n* jumla ya watu

retire [ri'taiə] *v* 1. -staafu 2. -rudi 3. -enda kulala

retired [ri'taiəd] *adj* -staafu

retirement [ri'taiəmənt] *n* 1. kustaafu 2. **to go into retirement** -staafu

retort [ri'tɔ:t] *v* -jibu vikali

retrace [ri:'treis] *v* -fuatilia

retract [ri'trakt] *v* -futa

retreat [ri'tri:t] 1. *n* kurudi nyuma 2. *v* -rudi nyuma

retrench [ri'trench] *v* -punguza

retrial ['ri:trayəl] *n* hukumu tena

retribution [,retri'byu:shən] *n* rada

retrieval [ri'tri:vəl] *n* upatikanaji tena

retrieve [ri'tri:v] *v* -pata tena

retrogression [,retrə'greshən] *n* kurudi nyuma

retrogressive [,retrə'gresiv] *adj* -a kurudi tena

retrospective [,retrə'spektiv] *adj* -a kutazama nyuma

retry [,ri:'trai] *v* -hukumu tena

return [ri'tə:n] 1. *adj* -a kurudi 2. *(spor.)* -a marudiano 3. *n* kurudi 4. **in return** kama malipo **(for ya)** 5. *v* -rudi

return ticket *n* tikiti ya safari kwenda na kurudi

reunion [ri:yu:'nyən] *n* 1. kupatana 2. kukutana

reunite [ri:yu:'nait] *v* -kutana tena

Rev. ['revərənd] *see* **Reverend**

revalue [ri'valyu] *v* -thaminisha upya

revamp [ri'vamp] *v* -tengeneza upya

reveal [ri'vi:l] *v* -funua

revel ['revl] *v* -furahia

revel in *v* -sherehekea

revelation [,revə'leishən] *n* ufunuo

revenge [ri'venj] *n* 1. ulipizaji kisasi 2. **to take revenge** -lipiza kisasi

revenue ['revənyu:] *n* 1. mapato 2. **Inland Revenue** Idara ya Kodi

reverberate [ri'və:bəreit] *v* -vumavuma

revere [ri'viə] *v* -heshimu sana

revered [ri'vi:yəd] *adj* mahashumu

reverence ['revərəns] *n* heshima kuu

reverend ['revərənd] *n (rel.)* padri

reverie ['revəri] *n* njoi

reversal [ri'və:səl] *n* kupindua

reverse [ri'və:s] 1. *adj* -a kinyume 2. -a kurudishia nyuma 3. *n* kinyume 4. kurudishia nyuma 5. *v* -pindua 6. -rudusha nyuma

reversible [ri'və:səbəl] *adj* -a kupindulika

revert [ri'və:t] *v* -rudi

review [ri'vyu:] 1. *n* ukaguzi 2. *v* -angalia 3. -kagua rasmi

reviewer [ri'vyu:ə] *n* mhakiki

revile [ri'vail] *v* -shutumu

revise [ri'vaiz] *v* 1. -fikiria tena 2. *(ed.)* -rudia masomo

revision [ri'vizhən] *n (ed.)* kurudia masomo

revival [ri'vaivəl] *n* ufufuaji

revive [ri'vaiv] *v* 1. -fufua 2. -rudisha

revoke [ri'vəuk] *v* -batilisha

revolt [ri'vəult] 1. *n* uasi 2. *v* -asi

revolting [ri'vəulting] *adj* -a kukuchiza

revolution [,revə'lu:shən] *n* 1. mapinduzi 2. mzunguko

revolutionary [,revə'lu:shənəri] 1. *adj* -a kimapinduzi 2. *n* mwanamapinduzi

revolutionize [,revə'lu:shənaiz] *v* -badili kabisa

revolve [ri'vɔlv] *v* -zunguka

revolver [ri'vɔlvə] *n* bastola

revue [ri'vyu:] *n* maonyesho

revulsion [ri'vʌlshən] *n* machukio

reward [ri'wɔ:d] 1. *n* thawabu 2. *v* -pa thawabu (**for** kwa)

rewind [,ri:'waind] *v* -rudisha tena

rewrite [,ri:'rait] *v* -andika upya

rhetoric ['retərik] *n* ufasaha wa kusema

rheumatism ['ru:mətizəm] *n* baridi yabisi

rhinoceros [rai'nɔsərəs] *n* kifaru

rhyme [raim] *n* 1. kina 2. **nursery rhyme** mashairi la watoto

rhythm ['ridhəm] *n* mahadhi

rib [rib] *n* ubavu

ribbon ['ribən] *n* utepe

rice [rais] *n* mpunga; wali

rich [rich] *adj* 1. -tajiri; -enye mali 2. -a gharama 3. tele

riches ['richiz] *pl* mali

richness [ruchnəs] *n* utajiri

ricochet ['rikəushai] *n* mruko wa kitu kikipiga kitu

rid [rid] *v* 1. -safisha 2. **to get rid of something** -ondoa

ridden ['ridən] *see* **ride**

riddle ['ridl] *n* kitendawili

ride [raid] 1. *n* usafiri 2. kupanda 3. *v* (**rode, ridden**) -panda kwa 4. -endesha

rider ['raidə] *n* mpandafarasi

ridge [rij] *n* 1. mgongo 2. (*ag.*) tuta

ridicule ['ridikyu:l] 1. *n* bezo 2. *v* -beza

ridiculous [ri'dhikyuləs] *adj* -a kubezwa

riding ['raiding] *n* kupandia farasi

riff-raff ['rifraf] *n* wahuni

rifle ['raifəl] *n* bunduki

rift [rift] *n* ufa

rift valley *n* bonde la ufa

rig [rig] *see* **oil rig**

rig an election *v* -pata ushindi katika uchaguzi kwa hila

rigging ['riging] *n* kamba za melini

right [rait] 1. *adj* -a kulia/kuume 2. -nyofu 3. -a kweli 4. *n* haki 5. (upande) wa kulia/kuume 6. (*pol.*) **the right** mrengo wa kulia 7. *adv* sawa 8. kwa usahihi 9. **right away** moja kwa moja 10. *v* -rekebisha kuwa sana 11. *see* **rights**

righteous ['raichəs] *adj* -adilifu

right-hand *adj* -a kulia

right-handed *adj* anayetumia mkono wa kulia

right-hand man *n* msaidizi mkuu

rightly ['raitli] *adv* kwa kweli

right of asylum *n* haki ya hifadhi

rights [raich] *pl* 1. haki 2. **human rights** haki za binadamu 3. **women's rights** haki za wanawake 4. **legal rights** haki za kisheria 5. **civil rights** haki za raia 6. **constitutional rights** haki za kikatiba 7. **oil rights** haki za kuchimba mafuta 8. **mineral rights** haki za kuchimba madini 9. **fishing rights** haki za kuvua

right to vote *n* haki ya kupiga kura

right-wing *adj* (*pol.*) -a mrengo wa kulia

right wing *n* (*pol.*) mrengo wa kulia

right-winger *n* (*pol.*) mfuasi ina mrengo wa kulia

rigid ['rijid] *adj* -gumu

rigor mortis [,rigə'mɔ:tis] *n* ukakamaaji wa misuli

rigorous ['rigərəs] *adj* -kali

rigour ['rigə] *n* ukali

rim [rim] *n* rimu

rind [raind] *n* ganda

ring [ring] 1. *n* pete 2. duara 3. **boxing ring** ulingo wa masumbwi 4. *v* (**rang, rung**) -piga kengele 5. -lia 6. -piga simu (kwa)

ringleader [ˈringliːdhə] *n* kiongozi

ring road *n* njia panda

ring up *v* -piga simu (kwa)

rink [ringk] *n* kiwanja

rinse [rins] *v* -suuza

riot [ˈraiət] 1. *n* fujo 2. *v* -fanya fujo

rioter [ˈraiətə] *n* mfanya fujo

riot police *pl* polisi wa kuzuia fujo

rip [rip] 1. *n* mpasuko 2. *v* -pasua

ripe [raip] *n* -bivu

ripen [ˈraipən] *v* -iva

ripeness [ˈraipnis] *n* ubivu

rip-off *n* utapeli

ripple [ˈripəl] *n* kiwimbi

riptide [ˈriptaid] *n* mkondo mkali

rise [raiz] 1. *n* kuja juu 2. *(fin.)* onezeko la 3. **pay rise** kuengeza mshahara 4. **sunrise** macheo 5. **to give rise to** -sababisha 6. *v* (**rose, risen**) -inuka 7. -chomoza 8. -amka

rise against *v* -asi

risible [ˈrizibəl] *adj* -a kucheka

rising [ˈraizing] *adj* -a kupanda

risk [risk] 1. *n* hatari 2. *(fin.)* kiasi ya bima 3. *v* -hatarisha

risky [ˈriski] *adj* -enye hatari

risque; risqué [risˈkei] *adj* -nayoweza kuudhi

rite [rait] *n* kaida

ritual [ˈrityul] 1. *adj* -a kanuni kaida 2. *n* kaida

rival [ˈraivl] 1. *adj* -shindani 2. *n* mshindani 3. *v* -shindana

rivalry [ˈraivlri] *n* ushindani

river [ˈrivə] *n* mto

river bank *n* ukingo wa mto

river bed *n* chini ya mto

river-borne [ˈrivəˌbɔːn] *adj* -a mto

riverside [ˈrivəsaid] *n* kando ya mto

rivet [ˈrivət] 1. *n* ribiti 2. *v* -piga ribiti

rivulet [ˈrivyulət] *n* kijito

road [rəud] *n* 1. barabara; njia 2. **by road** kwa barabara

roadblock [ˈrəudblɔk] *n* kizuizi barabarani

road hog *n* dereva mbaya

road map *n* ramani ya barabara

road sense *n* akili ya udereva

road show *n* maonyesho

road sign *n* pembeni mwa barabara

roadway [ˈrəudwei] *n* barabara

roam [rəum] *v* -zurura

roar [rɔː] 1. *n* ngurumo 2. *v* -nguruma

roast [rəust] 1. *adj* -liobanikwa 2. *v* -banika

rob [rɔb] *v* (**robbed**) -ibia

robber [ˈrɔbə] *n* mwizi

robbery [ˈrɔbəri] *n* 1. wizi 2. **armed robbery** wizi kwa kutumia silaha

robe [rəub] *n* 1. joho 2. **bathrobe** joho la bafuni

robot [ˈrəubɔt] *n* roboti

robust [rəuˈbʌst] *adj* -enye nguvu

rock [rɔk] 1. *n* mwamba 2. *v* -pembeza

rock-bottom *n/adv* kiwanga cha chini kabisa

rock climbing *n* upandaji miamba

rocket [ˈrɔkit] 1. *n* roketi 2. *v* -paa

rock'n'roll [ˌrɔkənˈrɔl] *n* roki

rocky [ˈrɔki] *adj* 1. -enye miamba 2. -sio imara

rod [rɔd] *n* 1. kiboko 2. **fishing rod** ufito wa kuvua

rode [rəud] *see* **ride**

rodent [ˈrəudənt] *n* mnyama mgugunaji

roger! [ˈrɔjə] nimeelewa!

rogue [rəug] *n* jambazi

role [rəul] *n* 1. nafasi 2. **Money played a role in our decision.** Pesa zimetushawishi kufanya uamuzi.

role model *n* mtu mwenye mfano mzuri

roll [rəul] 1. *n* gombo 2. skonzi 3. *v* -bingirisha 4. -sokota

roll call *n* kuita majina katika orodha

roll up v 1. -sokota 2. -fika na kusimama

romance [rəu'mans] n 1. mapenzi 2. hadithi ya mahaba

romantic [rəu'mantik] adj -enye njozi za mapenzi

Romany ['rəuməni] 1. adj -a Kijipsi 2. n Mjipsi 3. Kijipsi

romp [rɔmp] v -cheza

roof [ru:f] n paa

room [ru:m; rum] n 1. chumba 2. nafasi

roommate n mkazi-mwenza

room service n uhudumu wa chumba; mhudumu wa chumba

roost [ru:st] n banda la kuku

rooster ['ru:stə] n (US) jogoo

root [ru:t] n 1. mzizi 2. asili 3. **to take root** -anza kustawi 4. see **roots; root for; root out**

root for v -shangilia

rootless [ru:tləs] adj -sio na mashiko

root out v -fuma kwa kutafuta

roots [ru:ch] pl mashiko

rope [rəup] n kamba

ropeway ['rəupwei] n reli ya kamba

rose [rəuz] 1. n waridi 2. see **rise**

rose bud ['rəuzbʌd] n tumba la waridi

roster ['rɔstə] n orodha; rosta

rosy ['rəuzi] adj 1. -a rangi nyekundu 2. -a kutia matumaini

rot [rɔt] 1. n kioza 2. v (**rotted**) -oza

rota ['rəutə] n orodha (ya zamu)

rotate [rəu'teit] v 1. -zunguka 2. -badilisha

rotation [rəu'teishən] n 1. mzunguko 2. **in rotation** kwa azmu

rote [rəut] n **by rote** kwa ghibu

rotor ['rəutə] n rafadha

rotten ['rɔtən] adj 1. -bovu 2. -baya sana

rotter ['rɔtə] n mkorofi

rouble ['rʌːbəl] n rubo

rough [rʌf] adj 1. -a kukwaruza 2.

-enye mashimoshimo 3. -kali 4. (mar.) -liochafuka

roughly ['rʌfli] adv 1. takribani 2. kwa ukali

roughneck ['rʌfnek] n mhuni

round [raund] 1. adj -a duara 2. kamili 3. n (spor.) raundi 4. adv **all year round** kwa mwaka mzima 5. see **around**

roundabout ['raundəbaut] 1. adj -enye kuzunguka 2. n kipulefti

round trip n kwenda na kurudi

round up v 1. -leta pamoja 2. (fin.) -fanya kamili

rouse [rauz] v -sisimua

rout [raut] v -shinda kabisa

route [ru:t; raut] n njia

routine [ru:'ti:n] 1. adj -a kawaida 2. n utaratibu

rove [rəuv] v -zurura

row [rau] 1. n ugomvi 2. v -gombana (**with** na)'

row [rəu] 1. n safu 2. v -piga makasia

rower ['rəuə] n mpiga kasia

rowing boat ['rəuing] n ngalawa

royal ['rɔiəl] adj -a ufalme

royalty ['rɔiəlti] n 1. ufalme 2. jamaa wa mfame 3. (fin.) mrabaha

rub [rʌb] v -fikicha

rubber ['rʌbə] 1. adj -a mpira 2. n mpira 3. kifutio

rubber band n elastiki

rubber stamp n mhuri

rubbish ['rʌbish] 1. adj -baya 2. n takataka

rubbish bin n pipa la taka

rubble ['rʌbəl] n kifusi

rucksack ['rʌksak] n shanta

rudder ['rʌdə] n usukani

rudderless ['rʌdhləs] adj bila usukani

ruddy ['rʌdi] adj -ekundu

rude [ru:dh] adj -fidhuli

rudeness ['ru:dhnis] n usafii; ufidhuli

rudimentary [,ru:di'məntri] adj -a mwanzo

rudiments

rudiments [ˈruːdimənch] *pl* asili
rue [ruː] *v* -jutia
ruffian [ˈrʌfiyən] *n* jambazi
ruffle [ˈrʌfəl] *v* -timua
rug [rʌg] *n* zulia
rugby [ˈrʌgbi] *n* ragbi
rugged [ˈrʌgid] *adj* -a mawemawe
ruin [ˈruːwin] 1. *n* uharibifu 2. *(fin.)* kufilisika 3. *v* -haribu 4. *see* **ruins**
ruined building [ˈruːind] *n* gofu la nyumba
ruins [ˈruːwinz] *pl* magofu
rule [ruːl] 1. *n* kanuni 2. utawala 3. **as a rule** kwa kawaida 4. *v* -tawala 5. -amua
rule over *v* -tawala
ruler [ˈruːlə] *n* 1. mtawala 2. rula
ruling [ˈruːling] 1. *adj* -a kutawala 2. *n (leg.)* hukumu
rum [rʌm] *n* ram
rumble [ˈrʌmbəl] *v* -nguruma
ruminant [ˈruːminənt] *n* mnyama anayecheua
rummage [ˈrʌmij] *v* -guezageuza
rumour, rumor [ˈruːmə] 1. *n* uvumi 2. *v* -vumisha
rumourmonger; rumormonger [ˈruːməmʌŋgə] *n* mvumishaji
rump [rʌmp] *n* tako
run [rʌn] 1. *n* kukimbia 2. ziara 3. *(mar.)* umbali 4. **in the long run** hatimaye 5. *v* (**ran, run**) -kimbia 6. -enda 7. -fanya kazi 8. -endesha 9. **to run a company** -endesha kampuni 10. **to run guns** -fanya biashara ya magendo ya bunduki 11. **to run for office** -pigania uchaguzi
run aground *v* -pwelewa miambani
run away *v* -kimbia
runaway [ˈrʌnəwei] *n* mtu atorokaye
run down *v* 1. -simama 2. -gonga
runner [ˈrʌnə] *n* mkimbiaji
runner-up [ˌrʌnəˈʌp] *n* mshindi wa pili

running [ˈrʌning] *adj/adv* moja kwa moja
running commentary *n* tangazo mfululizo
running water *n* maji ya bomba
run out *v* -isha
run over *v* 1. -gonga 2. *see* **overflow**
run through *v* -shughulikia kwa haraka
rung [rʌng] 1. *n* kidato 2. *see* **ring**
runway [ˈrʌnwei] *n* barabara ya ndege
rupee [ruˈpiː] *n* rupia
rupture [ˈrʌpchə] 1. *n* kupasuka 2. *(med.)* henia 3. *v* -pasuka
rural [ˈruərəl] *adj* -a vijijini
rural planning *n* mipango ya vijijini
ruse [ˈruːz] *n* mpango
rush [rʌsh] 1. *n* tete 2. mwendo wa kasi 3. mahitaji 4. *v* -kurupuka
rush hour *n* saa za harakati
rush through *v (pol.)* **to rush through a bill** -pitisha mswada
rusk [rʌsk] *n* tosti
Russia [ˈrʌshə] *n* Urusi
Russian [ˈrʌshən] 1. *adj* -a Urusi 2. *n* Mrusi 3. Kirusi
rust [rʌst] 1. *n* kutu 2. *v* -shika kutu
rustic [ˈrʌstik] *adj* -a shamba
rustless [ˈrʌstləs] *adj* -siopata kutu
rustproof [ˈrʌstpruːf] *adj* hashiki kutu
rustic [ˈrʌstik] *adj* -a kishamba
rustle [ˈrʌsəl] *v* -chakacha
rustle cattle *v* -iba ng'ombe
rustle horses *v* -iba farasi
rustler [ˈrʌslə] *n* 1. **cattle rustler** mwizi wa ng'ombe 2. **horse rustler** mwizi wa ng'ombe
rusty [ˈrʌsti] *adj* 1. -enye kutu 2. -enye kuhitaji mazoezi
rut [rʌt] *n* shimo
ruthless [ˈruːthlis] *adj* -katili
rye [rai] *n* shayiri

S

sabbath ['sabəth] *n* sabato
sabbatical [sə'batikəl] *n* likizo ya kunoa ubongo
sabotage ['sabəta:zh] 1. *n* hujuma 2. **to commit sabotage** -hujumu 3. *v* -hujumu
saboteur [,sabə'tə:] *n* mhujumu
sabre; saber ['seibə] *n* kitara
sac [sak] *n* kifuko
sachet ['sashei] *n* pakiti
sack [sak] 1. *n* gunia 2. *v* -fukuza kazi
sacked [sakt] *adj* **to be sacked** -fukuzwa kazi
sacred ['seikrid] *adj* -a dhati
sacrifice ['shakrifaish] 1. *n* mhanga 2. *v* -toa mhanga
sacrilege ['sakrilij] *n* kufuru
sacrosanct ['sakrə,sankt] *adj* -sioingilika
sad [sad] *adj* -a huzuni
sadden ['sadən] *v* -huzunisha
saddle ['sadl] 1. *n* tandiko 2. *v* -weka tandiko
saddle-bag ['sadən] *n* shogi
saddler ['sadlə] *n* mshonaji matandiko ya farasi
saddle-sore *adj* jeraha la horji
sadism ['seidizəm] *n* kupenda ukatili
sadist [sə'dist] *n* mtu katili
sadistic [sə'distik] *adj* -a ukatili
sadomasochism [,seidəu-,masəu'kizəm] *n* kupenda ukatili na mateso
sadomasochist [,seidəu'masəkist] *n* mtu afanyaye kupenda ukatili na mateso
sadness ['sadnis] *n* huzuni
safari [sə'fa:ri] *n* safari
safe [seif] 1. *adj* -a salama 2. -enye hadhari 3. *n* sefu

safe and sound *adj* salama salimini
safe conduct ['seifga:d] *n* cheti cha usalama
safeguard ['seifga:d] *v* -kinga
safekeeping [seif'ki:ping] *n* ulinzi
safely ['seifli] *adv* (kwa) salama
safe sex *n* kuingiliana kimwili kwa usalama
safety ['seifti] *n* usalama
safety belt *n* mkanda wa usalama
safety bolt *n* kinga
safety curtain *n* pazia la usalama
safety glass *n* kioo kisichopasuka vipande
safety lamp *n* kurunzi ya migodini
safety lock *n* kinga
safety match *n* kiberiti
safety pin *n* pini
safety valve *n* vali ya usalama
safety zone *n* ukanda wa usalama
saffron ['safrən] *n* zafarani
sag [sag] *v* -bonyea
saga ['sa:gə] *n* ngano
Sagittarius [,saji'teəriyəs] *n* Mshale
sago ['seigəu] *n* sago
said [sed] *adj* 1. *(leg.)* -liotajwa 2. *see* **say**
sail [seil] 1. *n* tanga 2. **to set sail** -anza safari 3. **under sail** ikitumia matanga yoteto 4. **to take in sail** -punguza tanga 5. *v* -endesha kwa tanga 6. -safiri merikebuni
sail-arm ['seila:m] *n* mkono
sailboat ['seibəut] *n* mashua ya matanga
sail-cloth ['seiklɔth] *n* turubali
sailer ['seilə] *n* chombo cha matanga
sail in *v* -anza

sailing [ˈseiliŋ] *n* kwenda kwa tanga

sailing-boat; sailing-ship [ˈseiliŋˌbəut; -ʃip] *n* merikebu ya matanga

sailing master *n* nahodha

sailing vessel *n* chombo cha matanga

sailor [ˈseilə] *n* baharia; mwanamaji

saint [sheint] *n* 1. *(Isl.)* sahaba 2. *(Chr.)* mtakatifu

sake [seik] *n* 1. **for the sake of** kwa ajili 2. **for my sake** kwa ajili yangu

salad [ˈsaləd] *n* 1. saladi 2. **fruit salad** saladi ya matunda

salad dressing *n* kiungo cha saladi

salad oil *n* mafuta ya kutia kwenye kachumbari

salamander [ˈsaləmandə] *n* salamanda

salami [səˈlaːmi] *n* salami

salaried [ˈsalərːid] *n* -enye mshahara

salaried position *n* vyeo vinavyopewa mshahara

salary [ˈsaləri] *n* mshahara

salary increase *n* nyongeza ya msharaha

salary scale *n* kiwango cha msharaha

sale [seil] *n* 1. kuuza 2. **The shop is holding a sale.** Duka linapunguza bei 3. **for sale** inauzwa

saleable [ˈseiləbəl] *adj* inauzika

salesclerk [ˈseilzklaːk] *n* mhudumu dukani

sales department *n* idara ya mauzo

salesman; salesperson [ˈseilzmən; ˈseilzˌpəːsən] *n* 1. mwuzaji 2. **travelling salesman** muuzaji wa vijumbani

sales tax *n* kodi ya mauzo

saleswoman [ˈseilzwumən] *n* mwuzaji

saline [ˈseilain] *adj* -a chumvi

saliva [səˈlaivə] *n* mate

salmon [ˈsamən] *n* samoni

salmonella [ˈsalmənelə] *n (med.)* salmonela

salon [ˈsaləm] *n* sebule

saloon [səˈluːn] *n* 1. *(UK)* **hairdressing saloon** chumba cha kunyolea 2. *(US)* kilabu

saloon car *n* gari ndogo

salt [sɔːlt] *n* chumvi

salt-free [sɔltˈfriː] *adj* bila chumvi

saltlick [ˈsɔltlik] *n* mwamba wa chumvi

salt marsh *n* matope ya chumvi

salt mine *n* mgodi wa chumvi

salt-pan [ˈsɔltpan] *n* shimo la chumvi

saltwater *adj* -a bahari

salt water *n* maji ya chumvi

saltwater fish *pl* samaki wa bahari

saltworks [ˈsɔltwəːks] *pl* kiwanda cha chumvi

salty [ˈsɔːlti] *adj* chumvichumvi

salute [səˈluːt] 1. *n* salamu 2. *v* -salimu

salvage [ˈsalvij] 1. *n* ada ya uokoaji 2. *v* -okoa

salvation [salˈveishən] *n* wokovu

salvo [ˈsalvəu] *n* ripuripu za bunduki

samba [ˈsambə] *n* samba

same [seim] 1. *adj/n* sawa 2. **all the same** hata hivyo 3. **at the same time** wakati huohuo

sample [ˈsaːmpəl] *n* sampuli

sampler [ˈsaːmplə] *n* kielelezo cha darizi

sanatorium [ˌsaniˈtɔːriyəm] *n* hospitali

sanctity [ˈsanktiti] *n* utakatifu

sanction [ˈsangkshən] 1. *n* ruhusa 2. kikwazo 3. **economic sanctions** vikwazo vya kiuchumi 3. *v* -kubali

sanctuary [ˈsangkchuəri] *n* 1. madhabahu 2. kimbilio 3. **to seek sanctuary** -tafuta kimbilio 4. **bird sanctuary** hifadhi ya ndege

sand [sand] *n* mchanga
sandal ['sandəl] *n* ndara
sandalwood ['sandəlwud] *n* msandali
sandbag ['sandbag] *n* mfuko wa mchanga
sandbank ['sandbank] *n* ukingo wa mchanga
sand bar *n* fungu la mchanga
sandblast ['sandbla:st] *v* -safisha kwa msukumo wa mchanga
sand dune *n* tuta la mchanga
sandfly ['sanflai] *n* usubi
sandpaper ['sand,peipə] **1.** *n* msasa **2.** *v* -piga msasa
sandpit ['sandpit] *n* shimo lililojazwa mchanga
sandstone ['sandstəun] *n* jiwe mchanga
sandstorm [sandstɔ:m] *n* dhoruba ya mchanga
sandwich ['sanwij] **1.** *n* sandwichi **2.** *v* -bana
sandwich course *n* kozi ya nadharia
sandy ['sandi] *adj* -a mchanga
sane [sein] *adj* **1.** -a akili timamu **2.** -a busara
sang [sang] *see* **sing**
sanitary ['sanitri] *adj* -a kutia afya
sanitary engineering *n* ushughulikaji wa makaro
sanitary inpector *n* mkaguzi wa afya
sanitary towel; sanitary napkin *n* sodo; mlembe
sanitation [,saniˈteishən] *n* udhibiti afya
sanitation department *n* idara inayo shughulikia makaro
sanity ['saniti] *n* **1.** akili timamu **2.** busara
sank [sangk] *see* **sink**
sap [sap] *n* maji
sapling ['sapling] *n* mti mchanga
sarcasm ['sa:kazəm] *n* kijembe
sarcastic [sa:ˈkastik] *adj* -a kupiga kijembe

sarcoma [sa:ˈkəumə] *n* kansa
sardine [sa:ˈdi:n] *n* sadini
Sardinia [sa:ˈdiniyə] *n* Sardinia
Sardinian [sa:ˈdiiniyən] **1.** *adj* -a Sardinia **2.** *n* Msardinia
sari ['sa:ri] *n* sari
sarong [səˈrɔng] *n* saruni
sash [sash] *n* mshipi
sat [sat] *see* **sit**
Satan ['seitən] *n* Shetani; Ibilisi
satchel ['sachəl] *n* mkoba
satellite ['satəlait] *n* **1.** setilaiti **2.** **communications satellite** setilaiti ya mawasiliano
satellite city *n* mji wa pambizoni
satellite dish *n* dishi la setelaiti
satin ['satin] *n* atlasi
satire ['sataiə] *n* tashtiti
satirical [səˈtirikəl] *adj* -a tashtiti
satirist ['satərist] *n* mwandishi wa tashtiti
satirize ['satəraiz] *v* -andika tashtiti
satisfaction [,satisˈfakshən] *n* **1.** ridhaa **2.** kisasi
satisfactory [,satiˈfaktəri] *adj* **1.** -a kuridhisha **2.** -a kutosha
satisfied ['satisfaid] *adj* **to be satisfied** -toshelezwa
satisfy ['satisfai] *v* **1.** -ridhisha **2.** -lipiza kisasi
satsuma [satˈsu:mə] *n* chenza
saturate ['satyəreit] *v* -kifu
saturation [satyəˈreishən] *n* ukifishaji
saturation point *n* kiwango kifu
Saturday ['satədi] *n* Jumamosi
sauce [sɔ:s] *n* sosi
saucepan ['sɔ:spən] *n* sufuria
saucer ['sɔ:sə] *n* kisahani
sauna ['sɔ:nə] *n* sauna
sausage ['sɔsij] *n* soseji
sauté; sautee [səuˈtai] *v* -chovya mafuta moto
savage ['savij] *adj* -kali
savannah [səˈva:nə] *n* savana
save [seiv] **1.** *prep* isipokuwa **2.** *v* -okoa **3.** **to save money**

-dunduiza pesa 4. **to save a document** -hifadhi nyaraka (katika kompyuta)

saver [ˈseivə] *n* mtu adundulizaye pesa

savings [ˈseivingz] 1. *adj* -a akiba 2. *pl* akiba

savings account *n* akaunti ya akiba

savings and loans *pl* akiba na mkopo

savings bank *n* benki ya akiba

saviour; savior [ˈseiviə] *n* mwokozi

savoir-faire [ˈsavwaːˈfeə] *n* kujichukua mbele ya watu

savour; savor [ˈseivə] 1. *n* ladha 2. *v* -furahia

savoury; savory [ˈseivəri] *adj* -enye ladha kali

saw [sɔː] 1. *n* msumeno 2. *v* (sawed, sawn, sawed) -pasua kwa msumeno 3. *see* **see**

sawdust [ˈsɔːdʌst] *n* unga wa mbao

sawmill [ˈsɔːmil] *n* kiwanda cha kupasulia

sawpit [ˈsɔːˌpit] *n* shimo la kupasulia mbao

sawn [sɔːn] *see* **saw**

saxophone [ˈsaksəfəun] *n* saksafoni

saxophonist [sakˈsəfəunist] *n* mpiga saksafoni

say [sei; sed] *v* (said) 1. -sema 2. mathalan 3. **to say to** -ambia

saying [ˈseying] *n* neno

scab [skab] *n* 1. kigaga 2. *(pol.)* mfanyakazi msaliti wa mgomo

scaffold; scaffolding [ˈskafɔld; -inng] *n* jukwaa

scald [skɔːld] *v* -babua

scale [skeil] 1. *n* kipimo 2. mizani 3. **large-scale** kwa kiwango kikubwa 4. **small-scale** kwa kiwango kidogo 5. *v* -panda

scales [skeilz] *pl* 1. mizani 2. **fish scales** gamba

scalp [skalp] *n* ngozi

scalpel [ˈskalpəl] *n (med.)* kisu

scan [skan] 1. *n (i.t.)* kopi ya piacha (katika kompyuta) 2. *(med.)* x-ray 3. *v* -chungulia 4. *(i.t.)* -kopi kwa mashine ya komyuta 5. *(med.)* -fanya x-ray

scandal [ˈskandl] *n* kashfa; hizaya

scandalize [ˈskandəlaiz] *v* -kashifu

scandalmonger [ˈskandəlˌmʌngə] *v* mchuuza uvumi

scandalous [ˈskandələs] *adj* -enye kashfa

Scandinavian [skandəˈnaiviyən] *n/adj* mwenyeji wa Skandinavia

scanner [ˈskanə] *n* skana

scanty [ˈskanti] *adj* -chache

scapegoat [ˈskeipgəut] *n* kisingizio

scar [skaː] *n* kovu

scarce [skeəs] *adj* -haba

scarcely [ˈskeəsli] *adv* kwa shida

scarcity [ˈskeəsəti] *n* uchache

scare [skeə] 1. *n* hofu 2. *v* -tisha

scarecrow [ˈskeəkrəu] *n* sanamu la kutisha ndege shambani

scared [ˈskeəd] *adj* **to be scared** -tishika

scaremonger [ˈskeəmʌnggə] *n* mzushi wa vitisho

scarf [skaːf] *n* skafu

scarlet [ˈskaːlət] *adj* wekundu

scarred [skaːd] *adj* -enye kovu

scary [ˈskeəri] *adj* -enye kutisha

scathing [ˈskeithing] *adj* -enye kuumiza

scatter [ˈskatə] *v* -tawanya

scavenger [ˈskavenjə] *n* mwokotezaji

scene [siːn] *n* 1. mandhari 2. onyesho 3. **behind the scenes** siri

scenery [ˈsiːnəri] *n* 1. mandhari 2. pambo la jukwaa

scent [sent] *n* 1. uturi 2. harufu 3. **to put off the scent** -potosha

sceptic [ˈskeptik] *n* mwenye kushuku

sceptical [ˈskeptikəl] *adj* -a kushuku

scepticism [ˈskeptisizəm] *n* nadharia ya kushuku

sceptre [ˈseptə] *n* fimbo ya kifalme

schedule [ˈʃedjuːl; ˈskedjuːl] **1.** *n* ratiba **2. on schedule** kwa wakati uliopangwa **3. behind schedule** kwa kuchelewa **4.** *v* -ratibu

scheduled flight [ˈʃedjuːld] *adj* ratiba ya safari ya ndege

scheme [skiːm] **1.** *n* mpango **2.** hila **3.** *v* -fitini

schizophrenia [ˌskitsoʊˈfriːniə] *n* sizofrenia

schizophrenic [ˌskitsoʊˈfriːniə] *n* mtu aliyechanganyikiwa

scholar [ˈskɒlə] *n* mtaalamu

scholarship [ˈskɒləʃip] *n* **1.** utaalamu **2.** msaada wa masomo

school [skuːl] **1.** *adj* -a shule **2.** *n* shule; skuli **3.** *(US)* chuo kikuu **4.** *(mar.)* kundi **5. reform school** shule ya kuadibisha **6. boarding school** shule ya bweni

school board *n* bodi ya shule

schoolbook [ˈskuːlbuk] *n* kitabu cha shule

schoolboy [ˈskuːlbɔi] *n* mtoto wa shule

schoolgirl [ˈskuːlgəːl] *n* mtoto wa shule

schooling [ˈskuːling] *n* elimu

school-leaving certificate *n* cheti cha kumaliza shule

schoolmaster [ˈskuːlˌtiːchə] *n* mwalimu

schoolmistress [ˈskuːlˌmistrəs] *n* mwalimu

schoolteacher [ˈskuːlˌtiːchə] *n* mwalimu

school uniform *n* uniform ya shule

schooner [ˈsaiəns] *n* jahazi kubwa

science [ˈsaiəns] *n* sayansi

science fiction *n* riwaya ya kisayansi

scientific [ˌsaiənˈtifik] *adj* -a kisayansi

scientist [ˈsaiəntist] *n* mwanasayansi

scissors [ˈsizəz] *pl* mkasi

scoff [skɒf] *v* -dhihaki

scold [skəʊld] *v* -karipia

scoop [skuːp] **1.** *n* upawa **2.** *v* -chota **3.** -pata kwa wingi

scooter [ˈskuːtə] *n* skuta

scope [skəʊp] *n* eneo

scorch [skɔːt] *v* -choma

scorched earth policy *n* sera ya kuunguza mazao

scorching [ˈskɔːching] *adj* -enye joto kali

score [skɔː] **1.** *(ed.)* maki **2.** *(spor.)* goli; pointi **3. on that score** kwa sababu hiyo **4.** *v (tech.)* -tia bao **5.** *(ed.)* -tia rait **6.** *(spor.)* -tia goli

scorer [ˈskɔːrə] *n* mwandishi wa pointi

scorn [skɔːn] **1.** *n* dharau **2.** *v* -dharau

scornful [ˈskɔːnfəl] *adj* -enye dharau

Scorpio [ˈskɔːpiəʊ] *n* Nge

scorpion [ˈskɔːpiən] *n* nge

Scot [skɒt] *n* Mskoti

Scotch [skɒch] *adj* -a Scotland

scotch tape *n* selotep

scot-free [ˈskɒtˌfriː] *adj* In this trial, the accused got off scot-free. Katika kesi hii, mshtakiwa kaachiliwa huru.

Scotland [ˈskɒtlənd] *n* Scotland

Scotsman [ˈskɒchmən] *n* Mskoti

Scottish [ˈskɒtish] **1.** *adj* -a Scotland **2.** *n* Kiskoti

Scotswoman [ˈskɒchwəmən] *n* Mskoti

scour [ˈskawə] *v* **1.** -sugua **2.** -tafuta

scourge [skəːj] *n* tesa

scout [skaut] **1.** *(mil.)* doria **2.** *see* **boy scout**

scout about (for) *v* -kagua

scowl [skaul] *v* -kunjia uso

scrabble [ˈskrabəl] *v* -kwarusa

scramble [ˈskrambəl] *v* **1.** -gombania **2.** -kwea

scrambled eggs *pl* mayai ya kuvuruga

scrap [skrap] **1.** *n* masalio **2.** takataka **3.** mapigano **4.** *v* -tupa

scrape [skreip] *v* -kwangua

scrap heap *n* lundi la takataka

scrap iron *n* vipande vya chuma

scrappy ['skrapi] *adj* -a wasiwasi

scratch [skrach] **1.** *n* mchoro **2. to start from scratch** -anza kwa shida **3.** *v* -parura

scrawl [skrɔːl] *v* -chorachora

scream [skriːm] **1.** *n* unyende **2.** *v* -piga unyende

scree [skriː] *n* changarawe

screen [skriːn] **1.** *n* kisitiri **2.** skrini **3.** *v* -sitiri **4. to screen refugees** -chekecha wakimbizi

screenplay ['skriːnplei] *n* skripti ya filamu

screw [skruː] *n* skurubu

screwdriver ['skruː,draivə] **1.** *n* bisibisi **2.** *v* -tia skurubu

screw propeller *n* rafadha

scribble ['skribəl] *v* -andika haraka

script [skript] *n* **1.** mswada **2.** mwandiko wa hati ya mkono

scriptwriter ['sript,raitə] *n* mwandishi wa mswada

scripture ['skripchə] *n* maandiko matakatifu

scroll [skrəul] **1.** *n* hati ya kukunja **2.** *v (i.t.)* -tizamatizama

scrotum ['skrəutm] *n* korodani

scrounge ['skraunj] *v* -doea

scrounger ['skraunjə] *n* mnyakuzi

scrub [skrʌb] **1.** *n* pori **2.** *v* -sugua sana

scrumptious ['skrʌmpchəs] *adj* -tamu sana

scruple ['skruːpəl] *n* haya

scrupulous ['skruːpyuləs] *adj* **1.** -a hadhari sana **2.** adilifu

scrutinize ['skruːtinaiz] *v* -chunguza

scrutiny ['skruːtini] *n* uchunguzi

scuba-dive ['skuːbə,daiv] *n* kupiga mbizi kwa skuba

scuba-diver ['skuːbə,daivə] *n* mpiga mbizi kwa skuba

scuba-diving ['skuːbə,daiving] *n* kupiga mbizi kwa skuba

scuffle ['skʌfəl] *n* fujo

scull [skʌl] **1.** *n* kasia **2.** *v* -piga kasia

sculpt [skʌlpt] *v* -chonga

sculptor ['skʌlptə] *n* mchongaji

sculpture ['skʌlpchə] *n* sanaa ya uchongaji

scum [skʌm] *n* povu

scum of the earth *pl* watu duni kabisa

scuttle ['skʌtl] *v* -piga chenga

scythe [saidh] *n* fyekeo

sea [siː] **1.** *adj* -a bahari **2.** *n* bahari **3. by sea** kwa bahari **4. at sea** baharini **5. the high seas** bahari ya mbali

seabed ['siː,bed] *n* chini ya bahari

seaboard ['siː,bɔːd] *n* eneo la pwani

seaboat ['siː,bəut] *n* mashua

seaborne ['siː,bɔːn] *adj* -liobebwa na meli

sea breeze *n* upepo wa bahari

seacoast ['siːkəust] *n* pwani

seacow ['siː,kau] *n* nguva

sea dog *n* baharia mkongwe

sea eagle *n* kwazi

seafarer ['siː,ferə] *n* baharia

seafaring ['siː,fering] *adj* -a bahari

seafood ['siːfuːd] *n* vyakula vya baharini

sea-going *adj* -a kuvukia bahari

seagull ['siːgʌl] *n* shakwe

seal [siːl] **1.** *n* sili **2.** muhuri **3.** *v* -fungia

sealer ['siːlə] *n* mwindaji wa sili

sea-level ['siːlevl] *n* kina cha bahari

seal off *v* -zingia

seam [siːm] *n* mshono

seaman ['siːmən] *n* baharia

sea mile *n* maili ya majini

seamy ['siːmi] *adj* -baya

seaplane ['siːplein] *n* ndege ituayo baharini

sea port *n* bandari

sea power *n* nguvu ya kutawala bahari

search [sə:ch] 1. *n* kutafuta 2. **police search** sachi ya polisi 3. *v* -tafuta 4. **The police are searching the building.** Polisi wanasachi nyumba.

searcher ['sə:chə] *n* mtafutaji

searchlight ['sə:chlait] *n* kurunzi

search party *n* kikundi cha watafutaji

search warrant *n* hati ya upekuzi

seascape ['si:,skeip] *n* mandhari ya bahari

seashell ['si:shel] *n* kombe

seashore ['si:shɔ:] *n* ufuko

seasick ['si:sik] *n* -a kichefuchefu cha baharini

seasickness ['si:siknis] *n* kigegezi

seaside ['si:said] *n* pwani

season ['si:zən] 1. *n* msimu 2. **in season** -a msimu wake 3. **out of season** -sio msimu wake 4. *v* -unga

seasonable ['si:zənəbəl] *adj* -a wakati wake

seasonal ['si:zənəl] *adj* -a msimu

seasoning ['si:zəning] *n* viungo

season ticket *n* tiketi ya msimu

seat [si:t] 1. *n* kiti 2. *(pol.)* nafasi 3. *v* -kaa

seatbelt ['si:tbelt] *n* mkanda wa usalama wa kiti

seat of government *n* bunge

sea wall *n* boma la kuzuia bahari

sea water *n* maji ya bahari

seaway ['si:,wei] *n* njia ya majini

seaweed ['si:wi:d] *n*

seaworthy ['si:,wə:dhi] *adj* -a kufaa kusafiri baharini

secede [sə:si:d] *v* -jitenga

secession [sə'seshən] *n* kujitenga

secluded [si'klu:did] *adj* -pekee

second ['sekənd] 1. *adj* -pili 2. *n* sekundi

secondary ['sekəndri] *adj* 1. -a pili 2. -a naibu

secondary school *n* shule ya sekondari

second-class *adj* duni

second class *n* daraja la pili

second-hand *adj* -liokwishatumika

second-in-command *n* mtu wa pili katika madaraka

secondly ['sekəndli] *adv* baadaye

second-rate *adj* hafifu

second thoughts *pl* kubadili mawazo

secrecy ['si:krəsi] *n* usiri

secret ['si:krit] 1. *adj* -a siri 2. *n* siri 3. **military secret** siri za jeshi 4. **in secret** kwa siri

secret agent *n* jasusi

secretarial [,sekrə'teəriəl] *adj* -a katibu

secretariat [,sekrə'teəriət] *n (pol.)* sekretariati

secretary ['sekrətri] *n* 1. katibu 2. *(pol.)* waziri

secretary general *n* katibu mkuu

secretary of state *n* waziri

secretion [si'kri:shən] *n* kuficha kuficha

secret police *pl* polisi wa siri

secret service *n* idara ya ujasusi

secret talks *pl* mazungumzo ya siri

secretly ['si:kritli] *adv* kwa siri

sect [sekt] *n* 1. kikundi 2. *(rel.)* madhehebu 3. kiringe

sectarian [sek'teriyəng] *adj* 1. -a kikundi 2. *(rel.)* -a madhehebu

section ['sekshən] *n* 1. sehemu 2. eneo 3. *(leg.)* fungu 4. *(mil.)* kikosi

sector ['sektə] *n* 1. kipindi 2. **private sector** sekta binafsi 3. **public sector** sekta ya umma

secular ['sekyulə] *adj* -a kilimwengu

secure [si'kyuə] 1. *adj* -salama 2. *v* -linda 2. -funga

securely [si'kyuəli] *adv* kwa salama

security [si'kyuərəti] *n* 1. usalama 2. *(fin.)* dhamini

Security Council *n* Baraza la Usalama

security forces *pl* askari wa usalama

security police *pl* polisi wa usalama

sedan [se·dan] *n* gari ndogo

sedate [se·deit] 1. *adj* -tulivu 2. *v* -tuliza

sedative [·sədətiv] 1. *adj* -a kutuliza 2. *v* kitulizo

sedentary [·sedntri] *adj* -a kukaa kitako

sediment [·sedimənt] *n* mashapo

sedition [si·dishən] *n* maasi

seduce [si·juːs] *v* 1. -potoa 2. -tongoza

seduction [si·dʌkchən] *n* 1. kupotoa 2. utongozaji

see [siː] *v* (saw, seen) -ona

seed [siːd] *n* mbege

seedling [·siːdliŋ] *n* mche

seedy [·siːdi] *adj* -chakavu

seeing that *conj* kwa kuwa

seek [siːk] *v* (sought) -tafuta

seeker [·siːkə] *n* mtafutaji

seem [siːm] *v* -onekana

seemingly [·siːmiŋli] *adv* inavyoonekana kwa nje

seen [siːn] *see* see

see off *v* -sindikiza

seer [·siːə] *n* mtabiri

seesaw [·siːsɔː] 1. *n* bembea 2. *v* -sita kuamua

seethe [siːdh] *v* -chemka

see-through [·siːthruː] *adj* -enye kuonyesha

see through *v* 1. -ng'amua 2. -auni

see to *v* -shughulikia

segment [·segmənt] *n* 1. sehemu 2. kipande

segregate [·segrigeit] *v* -tenga

segregation [·segri·geishən] *n* 1. kutenga 2. **racial segregation** ukabila; ubaguzi

seismic [·saizmik] *adj* -a tetemeko

seismograph [·saizməgraːf] *n* kipimatetemeko

seismologist [saiz·mɔləjist] *n* mtaalamu wa tetemeko

seismology [saiz·mɔləji] *n* elimu ya tetemeko

seize [siːz] *v* -kamata

seizure [·siːzhə] *n* 1. kukamata 2. *(med.)* shtuko la moyo

seldom [·seldəm] *adv* mara chache

select [si·lekt] 1. *adj* -liochaguliwa 2. *v* -chagua

select committee *n* kamati ya wabunge waliochaguliwa kufanya kazi rasmi

selection [si·lekchn] *n* uchaguzi

selective [si·lektiv] *adj* -chaguzi

selector [sə·lektə] *n* mchaguzi

self [self] *n/pro* (*pl* selves) 1. nafsi 2. uenyewe

self-admiration [slef-admi·reishən] *adj* kujiona

self-appointed [self-ə·pɔintid] *adj* -a kujiteua

self-centred; self-centered [,self·sentəd] *adj* -a kujipenda mno

self-confidence [,self·kɔnfindəns] *n* kujiamini

self-confident [,self·kɔnfindənt] *n* -a hakika

self-conscious [self-·kɔnshəs] *adj* -a kuona haya

self-contained [self-kɔn·teind] *adj* 1. -kinaifu 2. -a kujitosha

self-control [,selfkən·trəul] *n* kujiweza

self-criticism [,self·kritisizəm] *n* kujihakiki

self-deception [,selfdi·sepshən] *n* kujikanganya

self-defence; self-defense [,selfdhi·fens] *n* kujilinda

self-denial [self-di·nayəl] *n* kujihini

self-destruction [·selfdi·strʌkshən] *n* kujiangamiza

self-determination [·selfdi,tə·mi·neishən] *n* kujitawala; uhuru

self-employed [ˌselfemˈplɔid] *adj*
-a kujiajiri

self-esteem [ˌselfesˌtiːm] *n*
kujistahi

self-evident [ˌselfˈevidənt] *adj* -wazi

self-explanatory [ˌselfeksˈplanitri]
adj -a waziwazi

self-generating [selfˌjenəˈreiting]
adj -a kujiongeza

self-governing [ˌselfˈgʌvning] *adj*
-a kujitawala

self-government [ˌselfˈgʌvnmənt]
n kujitawala; uhuru

self-help [ˌselfˈhelp] *n* kujisaidia
mwenyewe

self-igniting [ˌselfigˈnaiting] *adj* -a
kuji asha

self-importance [ˌselfimˈpɔːtəns] *n*
kuji weza

self-imposed [ˌselfimˈpəuzd] *adj* -a
kujitwisha

self-improvement [ˌselfimˈpruːvmənt]
n kujiendeleza

self-indulgence [ˌselfinˈdʌljəns] *n*
kujingiza mno

self-inflicted [ˌselfinˈfiktid] *adj* -a
kujiumiza

self-interest [ˌselfˈintrist] *n* umimi

selfish [ˈselfish] *adj* -a choyo

selfishness [ˈselfishənis] *n* uchoyo

selfless [ˈselfləs] *n* bila choyo;
-enye roho safi

self-made [selfˈmeid] *adj* **a self-
made man** mtu aliyojijenga

self-pity [selfˈpiti] *n* kujihurumia

self-portrait [selfˈpɔːtreit] *n*
kujichora

self-possessed [ˌselfpəˈzest] *adj*
-a kujiamini

self-preservation [ˌselfprezəˈveishən]
adj kujihami

self-propelled [selfprəˈpeld] -a
kujiendesha

self-realisation [ˌselfriyəlaiˈzeishən]
n kujing'amua

self-reliance [ˌselfriˈlaːyəns] *n*
kujitegemea

self-reliant [ˌselfriˈlaːyənt] *n* **1.**
-enye kujitegemea **2. to be self-
reliant** -jitegemea

self-respect [ˌselfriˈspekt] *n*
kujistahi

self-restraint [ˌselfriˈstreint] *n*
kujitawala

self-righteous [selfˈraichəs] *adj* -a
kujidai

self-rule [ˌselfruːl] *n* kujitawala;
uhuru

self-sacrifice [ˌselfsakriˈfais] *n*
kujitolea

self-same [selfˈseim] *adj* -le -le

self-satisfaction [ˌselfsatisˈfakshən]
n kujiona

self-satisfied [selfˈsatisfaid] *adj* -a
kujiona

self-sealing [selfˈsiːling] *adj* -enye
kujifunga -enyewe

self-seeking [selfˈsiːking] *adj* -a
kujipendekeza

self-service [selfˈsəːvis] *adj* -a
kujihudumia; -a kujisaidia

self-styled [selfˈstaild] *adj* -enye
kujiita

self-sufficiency [ˌselfsəˈfishənsi] *n*
kujitegemea

self-sufficient [ˌselfsəˈfishənt] *adj*
-a kujitegemea

self-supporting [ˌselfsəˈpɔting]
adj -a kujikimu; -a kujimiliki

self-taught [ˌselfˈtɔːt] *adj*
-liojielimisha

sell [sel] *v* (**sold**) -uza

seller [ˈselə] *n* **1.** mwezaji **2. best-
seller** kitabu kinachouzwa sana

sellotape *n* selotepu

sell out *v* -uza vitu vyote

selvage [ˈselvij] *n* mtande

semantic [səˈmantik] *adj* -a maana

semantics [səˈmantiks] *pl*
semnatiki; elimu-maana

semaphore [ˈseməfɔː] *n* kuashiria

semblance [ˈsembləns] *n* sura

semen [ˈsiːmən] *n* shahawa

semester [səˈmestə] *n* muhula

semi- ['semi] *adj* nusu
semi-automatic [,semi,ɔ:təu'matik] *adj* -a nusu-otometik
semi-automatic rifle *n* bunduki ya nusu-otometik
semi-circle [,semi'sə:kəl] *n* nusu duara
semi-colon [,semi'kəulən] *n* nukta mkato
semi-detached [,semidi'tacht] *adj* -a upande mmoja
semi-final [,semi'fainəl] *n* nusu fainali
seminal ['seminəl] *adj* 1. -a msingi 2. -a shahawa
seminar ['semina:] *n* semina
seminary ['seminri] *n* seminari
semi-official [,semiəu'fishəl] *adj* -rasmirasmi
senate ['senit] *n* seneti
senator ['senətə] *n* seneta
send [send] *v* (**sent**) 1. -peleka 2. -tupa
send back *v* -rudisha
sender ['sendə] *n* mpelekaji
senile ['si:nail] *adj* -dhaifu
senior ['si:niyə] 1. *adj* -kubwa 2. -zee 3. -andamizi 4. *n* mkubwa
senior citizen *n* mzee
seniority [si:ni:'ɔriti] *n* ukubwa
senior official *n* afisa wa juu
sensation [sen'seishən] *n* 1. maono 2. mhemko
sensational [sen'seishənl] *adj* 1. -a kushtua 2. -a mihemko
sensationalism [sen'seishənəlizəm] *n* uchokozaji wa mihemko
sense [sens] 1. *n* hisi 2. akili 3. maana 4. *v* -hisi
senseless ['senslis] *adj* 1. -pumbavu 2. (*med.*) -liozimia
senselessly ['sensləsli] *adv* kwa upumbavu
sensibility [,sensi'biləti] *n* wepesi wa kuhisi
sensible ['sensəbəl] *n* -a akili
sensitive ['sensətiv] *adj* 1. -epesi

kuhisi 2. -nyeti
sensitivity [,sensə'tiviti] *n* 1. kiwango cha hisi 2. unyeti
sensor ['sensə] *n* kihisi
sensory ['sensəri] *adj* -a fahamu
sensual ['senshuəl] *adj* -a kupenda anasa
sensuous ['senyuwəs] *adj* -a hisi
sent [sent] *see* **send**
sentence ['sentəns] 1. *n* sentensi 2. (*leg.*) hukumu 3. **death sentence** 4. *v* (*leg.*) -toa hukumu
sentiment ['sentimənt] *n* maoni
sentinel ['sentinl] *see* **sentry**
sentry ['sentri] *n* gadi
separate ['seprət] *adj* 1. -liotengwa 2. -moja -moja
separate ['sepəreit] *v* 1. -gawanya 2. -achana
separate from *v* -tenga
separately ['sepəreitli] *adv* peke yako
separation [,sepə'reishən] *n* utengano
separatism ['seprə,tizəm] *n* utengano
separatist ['seprə,tist] *n* mpenda utengano
separator ['sepəreitə] *n* kigawaji
September [sep'tembə] *n* Septemba
septic ['septik] *adj* -a kuoza
septic tank *n* tangi la maji machafu
sequel ['shi:kwəl] *n* matokeo
sequence ['si:kwəns] *n* 1. mfutano 2. **in sequence** moja baada ya pili
sequential [si'kwenshl] *adj* -a moja baada -a pili
sequestrate [shi'kweshtreit] *v* -twaa
sequin ['si:kwin] *n* puleki
serene [si'ri:n] *adj* bila mawingu
sergeant ['sa:jənt] *n* sajini
sergeant-major [,sa:jənt 'meijə] *n* sajini-meja
serial ['shiəriəl] 1. *adj* -a mfufulizo 2. *n* mfufulizo

serial killer *n* muuwaji mzoefu; aliyozoea kuuwa

series ['shiəri:z] *n* 1. mfufulizo 2. tv series mfufulizo wa vipindi vya televisheni

serious ['siəriəs] *adj* 1. -a kweli 2. -a hatari 3. -kubwa

sermon ['sə:mən] *n* hotuba; mahubiri

serpent ['sə:pənt] *n* nyoka

serum ['siərəm] *n* 1. chanjo ya dawa 2. majimajiya damu

servant ['sə:vənt] *n* 1. mtumishi 2. civil servant mtumishi wa serikali

serve [sə:v] *v* 1. -hudumia 2. -wa mtumishi wa 3. -gawa 4. dinner is served chakula tayari

server ['sə:və] *n* 1. *(i.t..)* sava ya kompyuta; huduma ya kompyuta 2. *see* serve

service ['sə:vis] 1. *adj* -a huduma 2. *(mil.)* -a jeshi 3. *n* huduma 4. utumishi 5. *(spor.)* kuanzisha mchezo 6. *(leg.)* kutoa samansi 7. *(rel.)* ibada; *(Isl.)* sala 8. military service jeshi la kujitolea 9. on active service jeshini 10. secret service idara ya ujasusi

service area *n* kituo cha petroli

service charge *n* gharama za huduma

service line *n* msitari wa kusevu

service pipe *n* bomba la kupitishia

service road *n* ujia

service station *n* kituo cha petroli

serviette [se:vi·yet] *n* kipangusia mdomo

sesame ['sesəmi] *n* ufuta

session ['seshən] *n* 1. kikao 2. joint session kikao cha pamjoa 3. closed session kikao cha siri 4. to be in session -wa katika kikao

set [set] 1. *adj* set menyu menyu iliyokwisha pangwa 2. set book kitabu cha kiada 3. *n* seti 4. kundi 5. tea set vyombo vya chai 6. television set televisheni 7. *v* (set)

-weka 8. -sababisha 9. to set a time 10. to set an example 11. to set a broken bone -unganisha mfupa 12. to set the table -tandika meza 13. The sun has set. Jua limetua. 14. The concrete has set. Saruji imeganda. 15. *see* sunset; set...

set aside *v* -puuza

setback ['setbak] *n* gharama

set down *v* -shusha

set fire to *v* -washa moto

set free *v* -komboa

set off *v* 1. -anza 2. -lipua

set out *v* -anza

set out to *v* -kusudia

set sail *v* -tweka tanga

settee [se·ti:] *n* kochi

setting ['seting] *n* 1. theatrical setting mapambo ya steji 2. *see* set

settle ['setl] *v* 1. hukumu 2. -tua 3. -fanya makazi 4. -fanya koloni 5. *(leg.)* -patanisha 6. to settle out of court -patana nje ya mahakama

settle down *v* -tulia

settle for *v* -kubali

settlement ['setlmənt] *n* 1. makazi 2. *(leg.)* mapatano 3. masarifu 4. *see* settle

settler ['shetlə] *n* setla

settle up *v* -lipa deni

set up *v* 1. -weka 2. -jenga 3. -sababu

set-up *n* genge

seven ['sevn] *n/adj* saba

seventeen [,sevn·ti:n] *n/adj* kumi na saba

seventeenth [,sevn·ti:nth] *adj* -a kumi na saba

seventh ['sevnth] *adj* -a saba

seventy ['sevnti] *n/adj* sabini

sever ['sevə] *v* -katika

several ['sevrəl] *adj* 1. baadhi 2. kila -moja

severe [si·viə] *adj* 1. -kali 2. -futo

severity [si·verəti] *n* 1. ukali 2. ufuto

sew [səu] v (sewed, sewn/sewed) -shona

sewage ['suːwij] n maji machafu

sewer ['suːə] n mfereji wa uchafu

sewerage ['suːwərij] n utaratibu wa kuweka mifereji ya maji machafu

sewing ['səuiŋ] n ushoni

sewing machine n cherahani

sex [seks; 'seksiz] 1. adj -a jinsia 2. n (pl **sexes**) jinsia

sex appeal n kuvutia kijinsia

sex education n elimu juu ya jinsi

sexism ['seksizəm] n ubaguzi jinsia

sexist ['seksist] 1. adj -a ubaguzi wa jinsia 2. n mbaguzi wa jinsia

sexual ['sekshuwəl] adj -a kijinsia

sexual harassment n ubaguzi kijinsia; unyanyasaji wa kijinsia

sexual intercourse n kujamiiana

sexuality [,seksyuˈaliti] n ujinsia

sexual relations n kuingiliana kimwili

sexy ['seksi] adj -a kuhusu mapenzi

shabby ['shabi] adj -chakavu

shack [shak] n banda

shade [sheid] n 1. kivuli 2. a shade of colour namna ya rangi

shadow ['shadəu] n kivuli

shadow cabinet n baraza la mawaziri wa chama cha upinzani bungeni

shadowy ['shadəui] adj -a kivuli

shady ['sheidi] 1. adj -a kivuli 2. -a hila

shaft [shaːft] n 1. wano 2. mining shaft shimo la mgodi 3. ventilation shaft dohani ya hewa 4. propellor shaft mtaimbo endeshi

shaggy ['shagi] adj -enye nywele za matimutimu

shake [sheik] v (shook, shaken) 1. -tikisa 2. -tia shaka

shake hands v -peana mkono

shaken ['sheikən] see shake

shake-up n kutingisha

shaky ['sheiki] adj 1. -a kutikisika 2. -sioaminika

shall [shəl; shal] see be

shallow ['shaləu] adj shallow water maji maanga

shallows ['shaləuz] pl maanga

sham [sham] n -a kuiga

shame [sheim] 1. n haya 2. aibu 3. what a shame! masikini! 4. v -aibisha

shamefaced ['sheimfeist] adj -enye haya nyingi

shameful ['sheimfəl] adj -a aibu

shameless ['sheimlis] adj bila haya

shampoo [shamˈpuː] n shampuu

shape [sheip] 1. n umbo 2. hali 3. in good shape katika hali nzuri 4. v -fanyiza

shapeless ['sheiplis] adj -sio na umbo

shapely ['sheipli] adj -zuri

share [sheə] 1. n fungu 2. (fin.) hisa 3. deferred share hisa ya rajua 4. distributive share hisa mgawanyo 5. ordinary share hisa ya kawaida 6. preference share hisa maalum 7. v -gawa

share certificate n hati ya hisa

shareholder ['sheə,həuldə] n mhisa

share index n dira

share list n orodha ya hisa

shark [shaːk] n papa

sharp [shaːp] 1. adj -enye ncha kali 2. wazi 3. -kali 4. hodari 5. adv kamili 6. ghafla

sharpen ['shaːpən] v -chonga

sharpener ['shaːpnə] n cherehe

sharpness ['shaːpnis] n ukali

shatter ['shatə] v -vunjavunja

shave [sheiv] v -nyoa

shaver ['sheivə] n mashine ya kunyolea

shaving ['sheiving] n kunyolea

shaving brush n brashi ya kunyolea

shaving cream n krimu ya kunyolea

shawl [shɔːl] n shali

she [shiː] pro yeye

sheaf [shi:f] *n* tita
shear [shi:ə] *v* -nyoa
sheath [shi:th] *n* 1. ala 2. *see* condom
shed [shed] 1. *n* banda 2. *v* -ambua
shed blood *v* -jeruhiwa
sheep [shi:p] *n* (*pl* sheep) kondoo
sheepdip [ˈshi:pdip] *n* josho la kondoo
sheepdog [ˈshi:pdɔg] *n* mbwa alindaye na kuchunga kondoo
sheephook [ˈshi:phuk] *n* bakora ya mchunga kondoo
sheeprun [ˈshi:prʌn] *n* malishoni
sheepwash [ˈshi:pwɔsh] *n* josho la kondoo
sheer [shiə] *adj* 1. -a kwenda juu 2. -tupu
sheet [shi:t] *n* 1. shuka; shiti 2. **a sheet of paper** karatasi 3. **a sheet of ice** bamba
sheet lightning *n* umeme-tandavu
shelf [shelf] *n* (*pl* shelves) rafu
shell [shel] 1. *n* kaka 2. *(mar.)* kombe 3. *(mil.)* risasi 4. *v (mil.)* -tupa kombora
shellfish [ˈshelfish] *n* samakigamba
shelling [ˈsheling] *n (mil.)* kutupa makombora
shellproof [ˈshelpru:f] *adj* -siopenya risasi
shellshock [ˈshelshɔk] *n* kurukwa akili
shelter [ˈsheltə] 1. *n* hifadhi 2. kibanda 3. **bus shelter** kibanda cha basi 4. **to take shelter** -jificha 5. *v* -funika
shelve [shelv] *v* 1. -weka 2. -ahirisha
shelves [shelvz] *see* shelf
shepherd [ˈshepəd] *n* mchunga kondoo
sheriff [ˈsherif] *n (US)* liwali
shield [shi:ld] 1. *n* ngao 2. *v* -linda
shift [shift] 1. *n* kunyanyua 2. **to work in shifts** -fanya kazi kwa zamu 3. *v* -nyanyua 4. -hamisha 5. -badilisha

shilling [ˈshiling] *n* shilingi
shin [shin] *n* muundi
shine [shain; shɔn] 1. *n* mng'ao 2. *v* (shone) -ng'aa
shingle [ˈshingəl] *n* mbwe
shiny [ˈshaini] *adj* -liong'arishwa
ship [ship] 1. *n* meli 2. *v* -peleka shehena
shipbroker [ˈship,brəukə] *n* wakala wa meli
ship-builder *n* muunzi wa meli
shipload [ˈshipləud] *n* shehena
shipmate [ˈshipmeit] *n* baharia mwenzi
shipment [ˈshipmənt] *n* upakiaji wa shehena
shipper [ˈshipə] *n* msafirishaji melini
shipping [ˈshiping] 1. *adj* -a meli 2. *n* meli zote za nchi 3. kupeleka shehena
shipping agent *n* wakala wa meli
shipping news *n* habari za meli
shipshape [ˈshipsheip] *adj* sawasawa
shipwreck [ˈshiprek] *n* 1. *n* maangamizi ya meli 2. *v* -angamiza meli
shipwright [ˈshiprait] *n* muunzi wa meli
shipyard [ˈshipya:d] *n* kiwanda cha meli
shire [ˈshaiə] *n (UK)* mkoa
shire horse *n* farasi wa kuvuta mkokoteni
shirk [shə:k] *v* -tega
shirt [shə:t] *n* shati
shit [shit] *(sl.)* 1. *n* mavu 2. *v* -nya
shiver [ˈshivə] *n* -vunja vipande vipande
shoal [shəul] *n* **shoal of fish** kundi la samaki
shoals [shəulz] *pl (mar.)* sehemu ya kina kifupi
shock [shɔk] 1. *n* shindo 2. **electric shock** mrusho 3. **to be in shock** *(med.)* -wakatika fadhaa; -fadhaika 4. *v* -shtua

shock absorber *n* shokmzoba
shocked [ʃɔkt] *adj* to be shocked
shocking [ˈʃɔkiŋ] *adj* 1. -baya
sana 2. -a kushtua
shock troops *pl* kikosi cha
mashambulio makali
shock wave *n* wimbi la kishindo
shoddy [ˈʃɔdi] *adj* hafifu
shoe [ʃuː] *n* kiatu
shoelace [ˈʃuːleis] *n* gidamu
shoemaker [ˈʃuːˌmeikə] *n* mshona
viatu
shoestring [ˈʃuːstriŋ] *n* 1. *(US)*
gidamu 2. on a shoestring kwa
fedha chache tu
shone [ʃɔn] *see* shine
shook [ʃuk] *see* shake
shoot [ʃuːt] *v* (shot) 1. -piga risasi
2 -pita filamu
shoot down *v* -tungua
shooting [ˈʃuːtiŋ] *n* kupiga risasi
shooting range *n* upigaji shabaha
shooting star *n* kimwondo
shoot-out [ˈʃuːtaut] *n* mapigano ya
risasi
shop [ʃɔp] 1. *n* duka 2. *v* -iba vitu
dukani
shop assistant *n* mwuza duka
shopfront [ˈʃɔpfrʌnt] *n* mbele ya
duka
shopkeeper [ˈʃɔpˌkiːpə] *n*
mwenye duka
shoplifter [ˈʃɔpliftə] *n* mwizi wa
vitu dukani
shoplifting [ˈʃɔpˌliftiŋ] *n* wizi wa
vitu dukani
shopping [ˈʃɔpiŋ] *n* ununuzi
dukani
**shopping centre; shopping
mall** *n* madukani
shop window *n* dirisha la
kuonyesha bidhaa
shore [ʃɔː] *n* 1. pwani; ufuko 2.
on-shore pwani 3. off-shore mbali
na pwani 4. to go on-shore -shuka
pwani
shore leave *n* ruhusa

shoreward [ˈʃɔːlwəːd] *adv* kwa
kuelekea pwani
short [ʃɔːt] 1. *adj* -fupi 2. -chache
3. in short kwa muhtasari 4. for
short kwa kifupi 5. to be short of
-kosa 6. to run short of -ishiwa 7.
adv ghafla
shortage [ˈʃɔːtij] *n* upungufu
shortchange [ˌʃɔːtˈtʃeinj] *v*
-danganya
short circuit [ˌʃɔːtˈsəːkit] 1. *n*
shoti wa umeme 2. *v* -pata shoti
shortcoming [ˈʃɔːtkʌmiŋ] *n*
kushindwa
short cut *n* njia ya mkato
shorten [ˈʃɔːtən] *v* -punguza
shorthand [ˈʃɔːthand] *n* hati mbali
shortlist [ˈʃɔːtlist] *n* orodha teule
shortlived [ʃɔːtˈlivd] *adj* -liodumu
muda mfupi
shortly [ˈʃɔːtli] *adv* sasa hivi
shortness [ˈʃɔːtnis] *n* ufupi
short of *prep* isipokuwa
short-range *adj* 1. -a muda mfupi
2. *(mil.)* -a masafa mafupi
shorts [ʃɔːch] *pl* 1. *(UK)* kaptura;
shots 2. *(US)* see underwear
short sight *n* kutoona mbali
short-sighted [ˌʃɔːtˈsaitid] *adj*
-sioona mbali
short-term [ˌʃɔːtˈtəːm] *adj* -a
muda mfupi
short-wave [ˈʃɔːtweiv] *adj* masafa
mafupi
shot [ʃɔt] 1. *n* mwaliko 2. *(med.)*
sindano ya dawa 3. *(spor.)* shuti 4.
big shot mkubwa 5. *see* shoot
shotgun [ˈʃɔtgʌn] *n* bunduki ya
marisau
should [ʃud] *v* -nge-
shoulder [ˈʃəuldə] *n* bega; fuzi
shout [ʃaut] 1. *n* ukelele 2. *v* -piga
kelele
shout at *v* -pigia... kelele
shout for help *v* -omba msaada
shouting [ˈʃautiŋ] *n* kupiga kulele
shove [ʃʌv] *v* -sukuma

shovel [ˈʃʌvl] *n* koleo
show [ʃəu] 1. *n* maonyesho 2. burudani 3. biashara 4. sura 5. on show maonyeshoni 6. trade show maonyesha ya biashara 7. *v* (showed, shown) -onyesha 8. -onekana
show business *n* biashara ya burudani
showcase [ˈʃəukeis] *n* nafasi ya kutangaza
showdown [ˈʃəudaun] *n* kupeana ukweli
shower [ˈʃauə] *n* 1. manyunyu 2. wingi
showjumping [ˈʃəuˌdʒʌmping] *n* onyesho la ustadi wa kuruka viunzi kwa farasi
showman [ˈʃəumən] *n* mtafuta sifa
shown [ʃəun] *see* show
show off *v* -tamba; -jitapa
showroom [ˈʃəurum] *n* chumba cha maonyesho
shrank [ʃrangk] *see* shrink
shrapnel [ˈʃrapnəl] *n* marisau ya kombora
shred [ʃred] 1. *n* uchane 2. *v* -chana chana
shrewd [ʃru:d] *adj* -erevu
shriek [ʃri:k] *v* -piga unyende
shrill [ʃril] *adj* -kali
shrimp [ʃrimp] *n* uduvi
shrine [ʃrain] *n* madhahabu
shrink [ʃringk] *v* (shrank, shrunk) -ruka
shrink back *v* -jitanibu
shrivel [ˈʃrivl] *v* -kauka
shroud [ʃraud] *n* sanda
shrub [ʃrʌb] *n* kichaka
shrug [ʃrʌg] *v* -pandisha mabega
shrunk [ʃrʌngk] *see* shrink
shudder [ˈʃʌdə] *v* -tetema
shuffle [ˈʃʌfəl] *v* 1. -geuzageuza 2. *(pol.)* -badilisha
shun [ʃʌn] *v* -epukana na
shunt [ʃʌnt] *v* -geuza njia
shut [ʃʌt] 1. *adj* 2. *v* (shut) -funga

shutdown [ˈʃʌtdaun] *n* kufungwa kwa kiwanda
shutter [ˈʃʌtə] *n* kilango
shuttle [ˈʃʌtl] *n* 1. shuttle service safari fupifupi (za kwenda na kurudi) 2. space shuttle roketi ya safari fupi za anga
shut up *v* 1. -fungia 2. -nyamazisha
shy [ʃai] 1. *adj* -enye haya 2. *v* -geuka ghafla
shyness [ˈʃainis] *n* haya
sibling [ˈsibling] *n* ndugu
sic [sik] *adv* vivyo hivyo
sick [sik] *adj* 1. -ginjwa 2. -baya 3. to feel sick -tapika
sick bay *n* zahanati
sicken [ˈsikən] *v* -chusha
sickening [ˈsikəning] *adj* -a kuchosha
sickle [ˈsikəl] *n* mundu
sick leave *n* likizo ya ugonjwa
sickle call anaemia *n* anemia selimundu
sickly [ˈsikli] *adj* -dhaifu
sickness [ˈsiknis] *n* ugonjwa
sick pay *n* malipo ya ugonjwa
side [said] *n* 1. upande 2. kundi; timu 3. side by side bega kwa bega 4. *see* side with
sideline [ˈsaidlain] *n* kazi ya ziada
sidesaddle [ˈaid,sadəl] *n* tandiko la farasi la mwanamke
side-splitting [ˈsaid,spliting] *adj* -enye kuvunja mbavu
side street *n* barabara ndogo
sidetrack [ˈsaidtrak] *v* -ahirisha
sidewalk [ˈsaidwɔ:k] *n (US)* njia ya miguu
sideways [ˈsaidweiz] *adv* kwa upande
side with *v* -chagua upande
siding [ˈsaiding] *n* njia ya kando
siege [si:dʒ] *n* 1. kuzingira 2. to lay/set siege (to) -zingira 3. to raise a siege -komboa
sierra [siˈyerə] *n* mlolongo wa milima

siesta [si:ˈestə] *n* usingizi wa mchana

sieve [siv] *n* chekecheke

sift [sift] *v* -chekecha

sigh [sai] 1. *n* kutanafusi 2. *v* -tanafusi

sight [sait] 1. *n* kuona 2. mandhari 3. *v* -angalia

sightless [ˈsaitlis] *adj* -kipofu

sightseeing [ˈsait,si:ing] *n* kutalii

sightseer [ˈsait,si:yə] *n* mtalii

sign [sain] 1. *n* dalili; ishara 2. kionyo 3. alama 4. kibao 5. **road sign** kibao cha barabarani 6. *v* -weka saini/sahihi

signal [ˈsignəl] 1. *n* ishara 2. selo 3. **radio signal** mawimbi 4. *v* -toa ishara

signal-box [ˈsignəlbɔks] *n* selo

signaller [ˈsignələ] *n* mpokeaji habari kwa ishara

signal light *n* taa za selo

signatory [ˈsignətri] *n* mweka saini/sahihi

signature [ˈsignəchə] *n* saini; sahihi

signboard [ˈsainbɔ:d] *n* kibao

significance [sigˈnifikəns] *n* maana

significant [sigˈnifikənt] *adj* -enye maana

signify [ˈsignifai] *v* -onyesha

sign language *n* lugha ya kipofu

signpost [ˈsainpəust] *n* kibao cha barabarani

Sikh [si:k] *n* Kalasinga; Singasinga

silence [ˈsailəns] 1. *n* kimya 2. *v* -nyamazisha

silencer [ˈsailənsə] *n* sailensa ya gari

silent [ˈsailənt] *adj* -a kimya

silhouette [silyuˈwet] *n* taswira ya umbo

silicon [ˈsilikən] *n* silikoni

silk [silk] *n* hariri

silken [ˈsilkən] *adj* 1. -a hariri 2. -laini

silkscreen [ˈsilkskri:n] *n* -chapa wa hariri

sill [sil] *n* kizingiti

silliness [ˈsilinis] *n* kipumbavu

silly [ˈsili] *adj* -pumbavu

silo [ˈsailəu] *n* silo

silt [silt] *n* mchangatope

silver [ˈsilvə] 1. *adj* -a fedha 2. *n* fedha

silver screen *n* sinema

similar [ˈsimilə] *adj* -a kufanana

similarity [,siməˈlarəti] *n* kufanana

similarly [ˈsimilə:li] *adv* vile vile

simile [ˈsimili] *n* tashbihi

simmer [ˈsimə] *v* -chemka polepole

simper [ˈsimpə] *v* -tabasamu kijinga

simple [ˈsimpəl] *adj* 1. sahili 2. rahisi 3. -a kawaida 4. -tupu 5. -wazi

simplication [,simplifiˈkeishən] *n* kurahisisha

simplicity [simˈplisəti] *n* urahisi

simplify [ˈsimplifai] *v* -rahisisha

simply [ˈsimpli] *adv* kabisa

simulate [ˈsimyuleit] *v* -jisingizia

simulation [,simyuˈleishən] *n* kujisingizia

simultaneous [,simlˈteiniəs] *adj* -a wakati ule ule

simultaneous translation *n* tafsiri ya papo kwa papo

simultaneously [,simlˈteiniəsli] *adv* sawia

sin [sin] 1. *n* dhambi 2. kosa 3. *v* -potoka

since [sins] 1. *adv* tena 2. -liopita 3. **ever since** tangu wakati huo 4. *prep/conj* tangu 5. kwa kuwa

sincere [sinˈsiə] *adj* -enye moyo safi

sincerely [sinˈserəti] *adv* kwa moyo safi

sincerity [sinˈserəti] *n* uaminifu

sinful [ˈsinfəl] *adj* -enye dhambi

sinew [ˈsinyu] *n* kano

sing [sing] *v* (**sang, sung**) -imba

singe [sinj] *v* -unguza

singer [ˈsingə] *n* mwimbaji

singing [ˈsinging] *n* uimbaji

single [ˈsɪŋgl] 1. *adj* -moja (tu) 2. -peke yake 3. *n (mus.)* sahani ya santuri

single bed *n* kitanda cha mtu mmoja

single-minded [ˌsɪŋgəl-ˈmaɪndɪd] *adj* -thabiti

single out *v* -chagua

single room *n* chumba cha mtu mmoja

single ticket *n* tikiti ya kwenda tu

singular [ˈsɪŋgyulə] *n* -a kipekee

sinister [ˈsɪnɪstə] *adj* 1. -ovu 2. -a husuda

sink [sɪŋk] 1. *n* sinki 2. *v* (**sank**, **sunk**) -zamisha 3. -shuka

sink a well *v* -chimba kisima

sink in *v* -zama

sinless [ˈsɪnləs] *adj* bila dhambi

sinner [ˈsɪnə] *n* mkosefu

sinus [ˈsaɪnəs] *n* uwazi katika mfupa

sip [sɪp] *v* -konga

siphon [ˈsaɪfən] *n* mrija

siphon off *v* -fyonza

sir [səː] *n* bwana

siren [ˈsaɪərən] *n* honi

sisal [ˈsaɪzəl] *n* mkonge

sister [ˈsɪstə] *n* 1. dada 2. *(med./rel.)* sista

sister-in-law [ˈsɪstərɪnlɔː] *n* wifi

sit [sɪt] *v* (**sat**) -kaa

sit down *v* -keti

sit-in [ˈsɪt,ɪn] *n* mgomo

site [saɪt] 1. *n* mahali 2. kiwanja 3. *v* -weka mahali

sitting [ˈsɪtɪŋ] *n* kikao

sitting-room *n* sebule

situate [ˈsɪtyueɪt] *v* -weka mahali

situated [ˈsɪtyueɪtɪd] *adj* The theatre is situated in the town centre. Thiyeta iko mjini.

situation [ˌsɪtyuˈeɪʃən] *n* 1. hali 2. mahali 3. kazi

sit up *v* -kesha

six [sɪks] *n/adj* sita

sixteen [sɪkˈstiːn] *n/adj* kumi na sita

sixteenth [sɪkˈstiːnth] *adj* -a kumi na sita

sixth [sɪksth] *adj* -a sita

sixty [ˈsɪkstɪ] *n/adj* sitini

size [saɪz] *n* 1. ukubwa 2. saizi; kipimo

sizzle [ˈsɪzəl] *v* -chachatika

skate [skeɪt] 1. *n* reli za barafu 2. *v* -teleza kwenye barafu

skateboard [ˈskeɪtbɔːd] *n* ubao mtelezo

skater [ˈskeɪtə] *n* mtelezaji

skating [ˈskeɪtɪŋ] *n* mchezo wa kuteleza

skating-rink [ˈskeɪtɪŋ,rɪŋk] *n* kiwanja cha kutelezea

skeleton [ˈskelɪtən] *n* kiunzi cha mifupa

skeleton crew; skeleton staff *n/pl* wafanyakazi wachache kuliko kawaida

skeptic; skeptical; skepticism *see* **sceptic; sceptical; scepticism**

sketch [skech] 1. *n* mchoro wa haraka 2. *v* -chora upesi

sketchy [ˈskechɪ] *adj* 1. -sio kamilifu 2. -hafifu

skew; skewed [skyuː] *adj* -a upande

skewer [ˈskyuːwə] *n* kibaniko

ski [skiː] 1. *adj* -a skii 2. *n* skii 3. *v* -teleza kwa skii

ski boots *pl* mabuti ya skii

skid [skɪd] *v* -teleza

skier [ˈskiːə] *n* metelezaji wa skii

skiing [ˈskiːɪŋ] *n* kuteleza katika theluji kwa skii

ski jump *n* mruko wa skii

skilful; skilliful [ˈskɪlfəl] *adj* -stadi

skill [skɪl] *n* ustadi

skilled [ˈskɪld] *adj* -stadi

skim [skɪm] *v* -engua

skimmed milk; skim milk [skɪmd-ˈmɪlk; skɪmˈmɪlk] *n* machunda

skimp [skɪmp] *v* -bania

skim through *v* -soma kwa haraka

skin [skɪn] 1. *n* ngozi 2. *v* -chuna

skin-deep *adj* -a juu juu tu

skin graft [skin-gra:ft] *n* kirakangozi

skinhead [´skin,hed] *n* mhuni mwenye nywele za mchicha

skinny [´skini] *adj* -gofu

skint [skint] *adj* -fukara

skip [skip] 1. *n (UK)* jaa 2. *v* -chachawa 3. -ruka

skip over *v* -epuka

skipper [´skipə] *n* nahodha

skirmish [´skə:mish] *n* mapigano madogo

skirt [skə:t] *n* sketi

skirt round *v* -epuka

ski slope *n* mteremko wa skii

skive [skaiv] *v* -zembea

skull [skʌl] *n* fuvu la kichwa

skunk [skʌnk] *n* kicheche

sky [skai] *n* mbingu

sky-high [,skai·hai] *adv* juu

skyrocket [´skai,rɔkit] *v* -panda haraka

skyscraper [´skai,skreipə] *n* maghorofa

skyward; skywards [´skaiwədz] 1. *adj* -a kuelekea juu 2. *adv* kuelekea juu

slab [slab] *n* ubamba

slack [slak] 1. *adj* -goigoi 2. -a kudoda 3. *v* -zembea

slacken [´slakən] *v* -pungua

slacker [´slakə] *n* mvivu

slackness [´slaknis] *n* uvivu

slag [slag] *n* mavi la chuma

slag heap *n* fungu la mavi ya chuma

slain [slein] *see* **slay**

slalom [´sla:ləm] *n* mbio mapindi

slam [slam] *v* (**slammed**) -funga kwa kishindo

slander [´sla:ndə] 1. *n* kashifa 2. *v* -kashifu

slanderer [´sla:ndərə] *n* mkashifa

slanderous [´sla:ndrəs] *adj* -liojaa kashifa

slang [slang] *n* misimu

slant [sla:nt] 1. *n* mwinamo 2. *v* -elekea upande

slanted, slanting [´sla:ntid; ´sla:nting] *adj* -hanamu

slap [slap] 1. *n* kofi 2. *v* (**slapped**) -piga kofi

slash [slash] *v* 1. -kata 2. -chapa

slat [slat] *n* kibao

slate [sleit] *n* grife

slaughter [´slɔ:tə] 1. *n* kuchinja 2. mauaji 3. *v* -chinjua 4. -ua kwa wingi

slaughterhouse [´slɔ:təhaus] *n* machinjioni

slave [sleiv] *n* mtumwa

slave labour *n* kazi za kushurutishwa

slavery [´sleivəri] *n* 1. utumwa 2. kazi za utumwa

slave trade *n* biashara ya watumwa

slay [slei] *v* (**slew, slain**) -ua

sleazy [´sli:zi] *adj* -ovyo ovyo

sled; sledge [sled; slej] *n* sleji

sledgehammer [´slejhamə] *n* nyundo kubwa

sleek [sli:k] *adj* 1. -laini 2. mtanashati

sleep [sli:p] 1. *n* usingizi 2. *v* (**slept**) -lala

sleeper [´sli:pə] *n* 1. mchapa usingizi 2. *see* **sleeper car**

sleepiness [´sli:pinis] *n* kuwa na usingizi

sleeping bag *n* fuko la kulalia

sleeping car *n* behewa la kulala

sleeping pill *n* dawa ya usingizi

sleeping sickness *n* malale

sleepless [´sli:plis] *adj* bila usingizi

sleeplessness [´sliplisnis] *n* ukosefu wa usingizi

sleepwalk [´sli:p,wɔ:k] *v* -tembea usingizini

sleep with *v* -jamiiana na

sleepy [´sli:pi] *adj* 1. -zito wa macho 2. **a sleepy town** mji uliopooza

sleet [sli:t] 1. *n* mvua ya theluji 2. *v* It is sleeting down. Inanyesha mvua ya theluji.

sleeve [sli:v] *n* mkono

sleigh [slei] *see* **sled**

slender [ˈslendə] *adj* -embamba

slept [slept] *see* **sleep**

sleuth [slyəuth] *n* mpelelezi

slew [slu:] *see* **slay**

slice [slais] 1. *n* ubale 2. sehemu 3. **bread slice** slesi 4. *v* -checha

sliced bread [slaisd] *n* mkate wa slesi

slice off *v* -pangua

slick [slik] 1. *adj* -erevu 2. *n* **oil slick** utando wa mafuta

slide [slaid] 1. *n* kuteleza 2. slaidi 3. *v* (**slid**) -teleza

sliding door *n* mlango telezi

sliding scale *n* mizani uwiano

slight [slait] 1. *adj* -dogo 2. -embamba 3. *n* dharau 4. *v* -dharau

slightly [ˈslaitli] *adv* kidogo

slim [slim] 1. *adj* -embamba 2. -dogo 3. *v* -konda

slimming [ˈsliming] *n* kujikondesha

slime [slaim] *n* kinamasi

slimy [ˈslaimi] *adj* -a kinamasi

sling [sling] 1. *n* (*med.*) tanzi 2. *v* -tupa

slink [slink] *n* -nyiririka

slip [slip] 1. *n* **slip of paper** kipande cha karatasi 2. **to make a slip** -kosea 3. *v* (**slipped**) -teleza

slip away *v* -nyiririka

slip of the tongue *n* kosa dogo katika kusema

slipper [ˈslipə] *n* sapatu

slippery [ˈslipəri] *adj* -telezi

slipshod [ˈslipshɔd] *adj* -hobelahobela

slip-up [ˈslipʌp] *n* kosa dogo

slipway [ˈslipwei] *n* bunta

slit [slit] 1. *n* mpasuko 2. *v* -pasua

slither [ˈslidhə] *v* -telezatereza

sliver [ˈslivə] *n* kipande

slob [slɔb] *n* fasiki

slobber [ˈslɔbə] *v* -dorora

slog [slɔg] *v* -fanya kwa bidii

slogan [ˈsləugən] *n* wito

slope [sləup] 1. *n* mteremko 2. *v* -fanya mteremko

sloping [ˈsləuping] *adj* -a mteremko

sloppy [ˈslɔpi] *adj* -hobelahobela

slot [slɔt] 1. *n* mpenyo 2. nafasi

sloth [slɔth] *n* uvivu

slothful [ˈslɔthfəl] *adj* -vivu

slouch [slauch] *v* -enda kivivu

slovenly [ˈslʌvənli] *adj* -koo

slow [sləu] 1. *adj* -a polepole 2. **This clock is slow.** Saa iko nyuma. 3. *adv* polepole

slow down *v* 1. -punguka 2. -enda polepole

slow-motion [sləuˈməushən] *n* mwendopole

slowly [ˈsləuli] *adv* polepole

slowness [ˈsləunis] *n* kwenda polepole

slug [slʌg] *n* 1. konokono 2. marisau

sluice [sləuis] *v* -mwagia maji

slum [ˈslʌmbə] *n* kibanda cha ovyo ovyo

slumber [ˈslʌmbə] 1. *n* usingizi 2. *v* -lala

slump [slʌmp] 1. *n* mshuko 2. *v* -shuka

slums [slʌmz] *see* **slum**

slur [slə:] *n* fedheha

sly [slai] *adj* -janja

smack [smak] 1. *n* kibao 2. *v* -zaba kibao

small [smɔ:l] *adj* -dogo

small arms *pl* silaha nyepesi

small-minded [ˌsmɔ:lˈmaindid] *adj* -enye akili finyu

smallpox [ˈsmɔ:lpɔks] *n* ndui

smart [sma:t] *adj* 1. -nadhifu 2. -erevu

smash [smash] *v* -vunja

smash hit *n* ufanisi safi

smashing [ˈsmashing] *adj* -zuri sana

smattering [ˈsmatəring] *n* fununu

smear [smiə] *v* 1. -tia madoa 2. (*pol.*) -haribu jina

smear campaign *n* kampeni ya kupaka matope jina

smear test *n (med.)* kipimo cha saratani kwenye shingo ya mfuko wa uzazi

smell [smel] 1. *n* kunusa 2. **nice smell** harufu 3. **bad smell** uvundo 4. *v* (**smelt, smelled**) -nusa 5. -toa harufu

smelt [smelt] *v* 1. -yeyusha 2. *see* smell

smelly ['smeli] *adj* -enye kunuka

smile [smail] 1. *n* tabasamu 2. *v* -tabasamu

smirk [smə:k] *v* -kenua

smith [smith] *n* mhunzi

smithereens [ˌsmidhəˈri:nz] *pl* vidogovidogo

smitten ['smitən] *v* **to be smitten** -pigwa

smog [smɔg] *n* mchanganyiko

smoke [sməuk] 1. *n* moshi 2. *v* -toa moshi 3. -vuta

smoke bomb *n* bomu la moshi

smoker ['sməukə] *n* mvutaji

smokescreen ['sməuksri:n] *n* maeleo ya kuficha ukweli

smokestack ['sməukstak] *n* dohani

smoking ['sməuking] *n* 1. wavutaji 2. **No smoking!** Hakuna ruhusa kufuta sigara!

smoky ['sməuki] *adj* -enye moshi mwingi

smooth [smu:dh] 1. *adj* -laini 2. -sawa 3. *v* -sawazisha

smoothly ['smu:dhli] *adv* kwa urahisi

smoothness ['smu:dhnəs] *n* 1. usawa 2. urahisi

smorgasbord ['smɔ:gəs,bɔ:d] *n* mlo wenye vyaula anuwai

smother ['smʌdhə] *v* -songa roho

smoulder ['sməuldə] *v* -ungua polepole

smudge [smʌj] *v* -tia alama

smug [smʌg] *adj* -a kujikisia

smuggle ['smʌgəl] *v* -fanya magendo

smuggler ['smʌglə] *n* mfanya magendo

smuggling ['smʌgling] *n* magendo

snack [snak] *n* kumbwe

snack bar *n* mkahawa wa kumbwe

snag [snag] *n* kipingamizi

snail [sneil] *n* konokono

snake [sneik] *n* nyoka

snap [snap] *v* (**snapped**) 1. -ng'ata 2. -sema kwa hasira

snapshot ['snapshɔt] *n* picha

snare [sneə] 1. *n* mtego 2. *v* -tega

snarl [sna:l] *v* -karipia

snatch [snach] *v* -nyakua

sneak [sni:k] *v* -nyemelea

sneakers ['sni:kəz] *pl* raba

sneaky ['sni:ki] *adj* -a kisirisiri

sneer [sniə] *v* -kenua

sneeze [sni:z] 1. *n* chafya 2. *v* -piga chafya

snide [snaid] *adj* -a dhihaka

sniff [snif] *v* 1. -nusanusa 2. -vuta puani

snigger ['snigə] *v* -cheka kidogo

snip [snip] *v* -kata

sniper ['snaipə] *n* askari doria

snob [snɔb] *n* mpenda ukuu

snobbery ['snɔbəri] *n* kupenda makuu

snooker ['snu:kə] *n* snuka

snoop [snu:p] *v* -peleleza

snoop into *v* -jihusisha na

snooty ['snu:ti] *adj* -a kujidai

snooze [snu:z] *v* -sinzia

snore [snɔ:] *v* -koroma

snorkel ['snɔ:kəl] *n* neli ya hewa ya mzamia

snort [snɔ:t] *v* -toa pumzi puani

snout [snaut] *n* pua

snow [snəu] 1. *n* theluji 2. *v* **It's snowing.** Theluji inaporomoka.

snowblind ['snəublaind] -liokiwishwa na mng'ao wa theluji

snowbound ['snəubaund] *adj* -a kuzuiwa na theluji

snow-cap ['snəukap] *n* kilele chenye theluji

snow-drift [ˈsnəudrift] *n* chungu ya theluji

snowfall [ˈsnəufɔːl] *n* kuanguka kwa theluji

snow-flake [ˈsnəufleik] *n* kipande cha theluji

snow line *n* mwanzo wa theluji isiyoyeyuka

snowman [ˈsnəuman] *n* sanamu ya mtu ya theluji

snow-plough *n* gari la kuondoshea theluji njiani

snow-storm *n* dhoruba ya theluji

snowy [ˈsnəuwi] *adj* -a theluji

snub [snʌb] *v* -bera

snuff out [ˈsnʌf ˈaut] *v* -zima

snug [snʌg] *adj* -buraha

snuggle [ˈsnʌgəl] *v* -sogelea

so [səu] 1. *adv* kwa kiasi hicho; kiasi kwambo 2. sana 3. **or so** kitu kama hicho 5. **just so** safi 6. *conj* **(and) so** kwa hiyo 7. **so (that)** ili 8. **so much** tupu 9. **so what?** 10. **so long as** ilimradi 11. **so long!** tutaonana!

so... as kama

soak [səuk] *v* -lowa

so-and-so [ˈsəuən,səu] *n* fulani

soap [səup] *n* sabuni

soap opera *n* michezo ya televisheni

soar [sɔː] *v* -panda sana

sob [sɔb] *v* -mamia

sober [ˈsəubə] *adj* 1. -tulivu 2. -siolewa

sober up *v* -toa ulevi

so-called [səuˈkɔːld] *adj* inayoitwa

soccer [ˈsɔkə] *n* soka

sociable [ˈsəuʃəbəl] *adj*

social [ˈsəuʃl] *adj* -a jamii

social-democrat *n* mjamaa

socialism [ˈsəuʃəlizəm] *n* ujamaa

socialist [ˈsəuʃəlist] 1. *adj* -a kijamaa 2. *n* mjamaa

socialize [ˈsəuʃəlaiz] *v* -juana

social sciences *pl* siyansi ya jamii

social security; social welfare *n* ruzuku ya serikali

social services *pl* huduma za jamii

social welfare *n* ustawi wa jamii

social work *n* huduma za jamii

social worker *n* mfanyakazi wa huduma za jamii

society [səˈsaiəti] *n* 1. jamii 2. chama

socioeconomic [ˌsəusiəuˈiːkənɔmik] *adj* -a kijamii na kiuchumi

sociolinguistics [ˌsəusiəulinˈgwistiks] *n* isimu jamii

sociologist [ˌsəusiˈɔlɔjist] *n* mwana elimujamii

sociology [ˌsəusiˈɔlɔji] *n* elimujamii

sociopolitical [ˌsəusiəupəˈlitikəl] *adj* -a siasa ya jamii

sock [sɔk] 1. *n* soksi 2. *v* -piga

socket [ˈsɔkit] *n* 1. shimo 2. **power socket** soketi

soda water *n* maji ya gesi ya kaboni

sofa [ˈsəufa] *n* sofa

soft [sɔft] *adj* -laini

soft drink *n* kinywaji baridi

soften [ˈsɔfn] *v* -lainisha

soft landing *n* utuaji salama

softly [ˈsɔftli] *adv* kwa utaratibu

softness [ˈsɔftnis] *n* ulaini

software [ˈsɔftweə] *n* programu ya kompyuta

software package *n* programu ya kompyuta

soggy [ˈsɔgi] *adj* -chepechepe

soil [sɔil] 1. *n* udongo 2. *v* -chafua

soil conservation *n* kuhifadhi udongo

soil erosion *n* mmomonyoko wa udongo

soil pipe *n* bomba la choo cha maji

sojourn [ˈsɔjəːn] *n* -kushinda

solace [ˈsɔləs] *n* faraja

solar [ˈsəulə] *adj* -a jua

solar cell *n* beteri ya nishati ya jua

solar energy *n* nishati ya jua

solar system *n* mfumo wa jua na sayari zake

sold [sǝuld] *see* **sell**

solder [ˈsǝuldǝ] 1. *n* lehemu 2. *v* -lehemu

soldering iron *n* nyundo ya kulehemia

soldier [ˈsǝuljǝ] *n* askari; mwanajeshi

soldier on *v* -fanya kazi kwa ujasiri

sold out [sǝuldˈaut] *adj* **The tickets are sold out.** Tiketi zimeuzwa zote.

sole [sǝul] 1. *adj* -pekee 2. *n* soli

sole agent *n* mfanyabiashara pekee

solely [ˈsǝuli] *adv* pekee

solemn [ˈsɔlǝm] *adj* -a dhati

solicit [sǝˈlisit] *v* -omba

solicitor [sǝˈlisitǝ] *n (UK)* wakili; mwanasheria

solicitor general *n* mwanasheria wa serikali

solid [ˈsɔlid] 1. *adj* -a mango 2. -thabiti 3. *n* mango

solidarity [ˈsɔliˈdarǝti] *n* uthabiti

solid fuel *n* fueli mango

solidify [sǝˈlidifai] *v* -fanya gumu

solid state *adj* -a transista tupu

solitary [ˈsɔlitri] *adj* -a peke yake

solitary confinement *n* kifungo cha upekwe

solitude [ˈsɔlitjuːd] *n* upekee

solo [ˈsǝulǝu] 1. *adj* -peke yake 2. *n (mus.)* solo

solution [sǝˈluːʃǝn] *n* 1. jibu 2. mmumunyo

solve [sɔlv] *v* -tatua

solvency [ˈsǝulvǝnsi] *n (fin.)* uwezo wa kulipa madeni

solvent [ˈsɔlvǝnt] 1. *adj* -a kumumunyisha 2. *n* kimumunyishaji

Somalia [sǝuˈmaːliyǝ] *n* Somalia

Somalian [sǝuˈmaːliyǝn] 1. *adj* -a Somalia 2. *n* Msomali 3. Kisomali

sombre [ˈsɔmbǝ] *adj* -a maungo

some [sǝm; sʌm] 1. *pro/adj* kiasi 2. -ingine 3. fulani

somebody [ˈsʌmbǝdi] *n* mtu (fulani)

someday [ˈsʌmdei] *adv* siku moja

somehow [ˈsʌmhau] *adv* kwa namna fulani

someone [ˈsʌmwʌn] *n* mtu (fulani)

someplace [ˈsʌmpleis] *adv* mahali fulani

somersault [ˈsʌmǝsɔlt] 1. *n* kichwa ngomba 2. *v* -kichwangomba

something [ˈsʌmthing] kitu (fulani)

sometime [ˈsʌmtaim] *adv* siku moja

sometimes [ˈsʌmtaimz] *adv* mara nyingine

someway [ˈsʌmwei] *adv* kwa jinsi fulani

somewhat [ˈsʌmwɔt] *adv* kidogo

somewhere [ˈsʌmweǝ] *adv* mahali fulani

son [sʌn] *n* mtoto wa kiume

sonar [ˈsǝunǝ] *n* sona

song [sɔng] *n* wimbo

songbook [ˈsɔngbuk] *n* kitabu cha nyimbo

songwriter [ˈsɔngraitǝ] *n* mwandishi wa nyimbo

sonic [ˈsɔnik] *adj* -a kuhusu sauti

son-in-law [ˈsʌninlɔː] *n* mkwe

soon [suːn] *adv* 1. karibu 2. **as soon as** mara -po 3. **how soon?** mpema kiasi gani?

soon after *conj* mara baada ya

soon afterwards *adv* baadaye kidogo

sooner or later [ˈsuːnǝ] *adv* ipo siku

soothe [suːdh] *v* -tuliza

sophisticated [sǝˈfistikeitid] *adj* -staarabu

sophistication [sǝˌfistiˈkeiʃǝn] *n* ustaarabu

soppy [ˈsɔpi] *adj* -a hisia za kipuuzi

sorcerer [ˈsɔːsǝrǝ] *n* mchawi

sorcery [ˈsɔːsǝri] *n* uchawi

sordid [ˈsɔːdid] *adj* 1. bahili 2. duni

sore [sɔː] 1. *adj* -a kuumwa 2. *n* kidonda

sore throat *n* kuumwa na koo

sorely [ˈsɔːli] *adv* mno

soreness [ˈsɔːnis] *n* uumiza

sorghum [ˈsɔːgəm] *n* mtama

sorrow [ˈsɔrəu] *n* huzuni

sorry [ˈsɔri] *adj* **1.** -a huzuni **2. sorry!** samahani! **3. to feel sorry (for)** -sikitika

sort [sɔːt] **1.** *n* jinsi; namna; aina **2.** *v* -tenga

sortie [ˈsɔːti] *n* shambulio

sort out *v* **1.** -ainisha **2.** -tatua

SOS [ˌesəuˈes] *n* wito wa msaada

so-so [səu səu] *adv* -a hivi hivi

so that *conj* ili

sought [sɔːt] *see* **seek**

soul [səul] *n* **1.** roho **2.** moyo **3.** mtu

soul-destroying *adj* -dhalilishi

soul-stirring *adj* -a kereketo

sound [saund] **1.** *adj* -zima **2.** -thabiti **3.** *adv* fofofo **4.** *n* sauti **5.** *v* -toa sauti **6.** -onekana **7.** *see* **sound out**

sound archive *n* kumbukumbu za kanda

sound effects *pl* mapambo ya sauti; athari ya sauti

soundings [ˈsaundingz] *pl* maoni

soundless [ˈsaundlis] *adj* bila sauti

soundly [ˈsaundli] *adv* fofofo

soundness [ˈsaundnis] *n* uthabiti

sound out *v* -pata maoni ya

soundproof [ˈsaundpruːf] *adj* -siopenya sauti

soundtrack [ˈsaundtrak] *n* kifereji cha sauti

sound wave *n* wimbi la sauti

soup [suːp] *n* supu

sour [ˈsauə] **1.** *adj* -chachu **2.** -kali **3. sour milk** mtindi **4.** *v* -chachua

source [sɔːs] *n* **1.** chanzo **2.** asili **3.** rejeo

source book *n* kitabu cha marejeo

source of income *n* njia za mapato

source of information *n* njia za kupata taarifa

sources [ˈsɔːsiz] *pl* marejeo

south [sauth] **1.** *adj* -a kusini **2.** *n* kusini

southbound [ˈsauthbaund] *adj* -a kuelekea kusini

southeast [ˈsauthˈiːst] **1.** *adj* -a kusini mashariki **2.** *n* kusini mashariki

southerly [ˈsʌðəli] *adj* -a kusini

southern [ˈsʌðən] *adj* -a kusini

Southern Cross *n* Nyota Nne a Kusini Mfano wa Msalaba

southerner [ˈsʌðənə] *n*

south pole *n* ncha ya kusini

southwards [ˈsauthwəds] *adj/adv* -a kuelekea kusini kwa kusini

southwest [ˈsauthˈwest] **1.** *adj* -a kusini magaribi **2.** *n* kusini magaribi

souvenir [ˌsuːvəˈniə] *n* ukumbusho

sovereign [ˈsɔvrin] **1.** *adj* -enye enzi **2.** *n* mfalme

sovereign state *n* dola huru

sovereignty [ˈsɔvrənti] *n* enzi

soviet [ˈsəuviət] *adj* -a mwungano

sow [sau] *n* nguruwe

sow [səu] *v* (**sowed, sown**) -panda

spa [spaː] *n* mahali penye chemchemi

space [speis] **1.** *adj* -a anga **2.** *n* anga **3.** nafasi **4.** muda **5. outer space** nje ya anga

spacecraft [ˈspeiskraːft] *n* chombo cha anga

spacelab [ˈspeislab] *n* maabara ya anga

spaceman [ˈspeisman] *n* mwana anga

spaceship [ˈspeisship] *n* chombo cha anga

space shuttle [ˈspeisshʌtl] *n* shuttle ya anga

space suit *n* suti ya angani

space travel *n* usafiri angani

spacing [ˈspeising] *n* nafasi baina ya mistari

spacious [ˈspeishes] *adj* -kubwa

spade [speid] *n* sepeto

spaghetti [spəˈgeti] *n* spageti

Spain [speɪn] *n* Uspeni; Uspain

spam [spam] *n* nyama ya nguruwe ya kopo

span [span] *n* muda

Spaniard [ˈspanɪəd] *n* Mspanish

Spanish [ˈspanɪʃ] 1. *adj* -a Uspeni 2. *n* Kispanish

spank [spank] *v* -tandika matakoni

spanner [ˈspanə] *n* spana

spar [spɑː] 1. *n* boriti 2. *v* -pigana ngumi 3. -shindana

spare [speə] 1. *adj* -a akiba 2. *v* -acha kuumiza 3. -pa

spare a life *v* -nusuru maisha (of ya)

spare no effort *v* -tumia juhudi zote

spare part *n* spea; kipuri

spare ribs *pl* mbavu za nguruwe

spare time *n* nafasi

spare tyre; spare tire *n* tairi la akiba

sparing [ˈspeːrɪŋ] *adj* -banifu

spark [spɑːk] *n* cheche

sparkle [ˈspɑːkəl] *v* -metameta

sparkling [ˈspɑːklɪŋ] *adj* -liochemka

sparkling wine *n* mvinyo wenye mapovu

spark plug *n* plagi

sparrow [ˈsparəu] *n* shorewanda

sparse [spɑːs] *adj* -chache

spasm [ˈspazəm] *n* mtukutiko

spat [spat] *see* **spit**

spate [speɪt] *n* kufurika

spatial [ˈspeɪʃəl] *adj* -a kuhusiana na anga

spatula [ˈspatjulə] *n* mwiko mpana

spawn [spɔːn] 1. *n* mayai 2. *v* -zaa

speak [spiːk] *v* **(spoke, spoken)** 1. -sema 2. **to speak English** -sema Kiingereza

speaker [ˈspiːkə] 1. msemaji 2. msungumzaji 3. *see* **loudspeaker**

speaker of parliament *n* spika wa bunge

speak out *v* -toa mawazo bila kusita

speak up *v* -sema kwa sauti zaidi

spear [spɪə] *n* mkuki

spearhead [ˈspɪəhed] *v* -ongoza

spec [spek] *n* **on spec** kwa kuwazia tu

special [ˈspeʃl] 1. *adj* -a namna 2. maalumu

specialist [ˈspeʃəlɪst] *n* mtaalamu

specialty; speciality [ˈspeʃəltɪ; ˌspeʃɪˈalətɪ] *n* utaalamu

specialization [ˌspeʃəlaɪˈzeɪʃən] *n* utaalamu

specialize [ˈspeʃəlaɪz] *v* -wa mtaalamu **(in** -a)

specially [ˈspeʃəlɪ] *adv* hasa

species [ˈspiːʃiːz] *n* spishi

specific [spəˈsɪfɪk] *adj* maalum

specifically [spəˈsɪfɪklɪ] *adv* makusudi

specification [ˌspəsɪfɪˈkeɪʃən] *n* 1. ainisho 2. vipimo kamili

specify [ˈspesɪfaɪ] *v* -taja

specimen [ˈspesɪmən] *n* sampuli

speck [spek] *n* alama

specs [speks] *see* **spectacles**

spectacle [ˈspektəkəl] *n* tamasha

spectacles [ˈspektəklz] *pl* miwani

spectacular [spekˈtakjulə] *adj* -a kustaajabisha

spectator [spekˈteɪtə] *n* mtazamaji

spectre [ˈspektə] *n* kivuli

spectrum [ˈspektrəm] *n* eneo

speculate [ˈspekjuleɪt] *v* 1. -otea 2. *(fin.)* -kisia

speculation [spekjuˈleɪʃən] *n* 1. kuotea 2. *(fin.)* makisio

speculative [ˈspekjulətɪv] *adj (fin.)* -a ukisiaji

speculator [ˈspekjuleɪtə] *n (fin.)* mkisiaji

speech [spiːtʃ] *n* 1. kunena 2. usemi 3. hotuba 4. **to make a speech** -toa hotuba

speech defect *n* utata

speechless [ˈspiːtʃlɪs] *adj* -sioweza kunena

speech therapy *n* tiba ya matatizo ya kunena

speed [spi:d] **1.** *n* haraka **2.** mwendo **3. at top speed** katika mwendo mkali **4.** *v* -enda kasi **5.** *see* **speed up**

speed boat *n* mashua ya kasi

speedily [ˈspiːdili] *adv* kwa haraka

speeding [spiːding] *n* kuzidisha kasi

speed limit *n* kikomo rasmi cha spidi

speedometer [spiːˈdɔmitə] *n* kipima spidi; spidomita

speed up *v* **1.** -enda kasi zaidi **2.** -ongeza kasi

speedway [ˈspiːdwei] *n* uwanja wa mbio

speedy [ˈspiːdi] *adj* -epesi

spell [spel] **1.** *n* kipindi **2.** apizo **3.** *v* (**spelt, spelled**) -taja; -andika

spellbound [ˈspelbaund] *adj* -enye kustaajabisha

spelling [ˈspeling] *n* tahajia

spend [spend] *v* (**spent**) **1.** -tumia **2.** **We spent the day in Brent Cross.** Tulikuwa Brent Cross kwa siku moja.

spender [ˈspendə] *n* mtumiaji

spent [spent] *see* **spend**

sperm [spəːm] *n* manii

spew [spiːu] *v* -tapika

sphere [sfiə] *n* **1.** tufe **2.** eneo

spherical [ˈsferikəl] *adj* -a tufe

spice [spais] *n* kiungo

spicy [ˈspaisi] *adj* **1.** -liotiwa kiungo **2.** -kali

spider [ˈspaidə] *n* buibui

spike [spaik] *n* msumari

spill [spil] **1.** *n* **oil spill** mafuta ya kuwashia taa **2.** *v* (**split/spilled**) -mwaga

spin [spin] *v* (**spun**) **1.** -sokota **2.** -zungusha

spinach [ˈspinij] *n* mchicha; spinachi

spinal [ˈspainl] *adj* -a uti wa mgongo

spinal column *n* uti wa mgongo

spinal cord *n* uti wa mgongo

spindrift [ˈspindrift] *n* povu ya bahari

spine [spain] *n* **1.** uti **2.** mwiba

spinster [ˈspinstə] *n* mwanamke mseja

spiny [ˈspaini] *adj* -enye miiba

spiral [ˈspairəl] *adj* mzunguko

spire [spair] *n* mnara-pia

spirit [ˈspirit] *n* **1.** roho **2.** mzimu **3.** hali **4.** *see* **spirit away, spirits**

spirit away *v* -torosha

spirited [ˈspiritid] *adj*

spirits [ˈspirich] *pl* **1.** hisia za ubongo **2. in good spirits** -enye furaha

spirit level *n* pima maji

spiritual [ˈspirichuəl] *adj* **1.** -a roho **2.** -a dini

spiritualize [ˈspirityulaiz] *v* -takasa

spit [spit] **1.** *n* kijiti **2.** *v* (*UK* **spat**; *US* **spit**) -tema **3.** *see* **spit out**

spite [spait] **1.** *n* chuki **2. in spite of** bila kujali **3.** *v* -chukiza

spiteful [spaitfəl] *adj* -a chuki

spitefully [spaitfəli] *adv* kwa chuki

spit out *v* -tema

spittle [ˈspitl] *n* mate

splash [splash] **1.** *n* **to make a splash** -jionyesha kwa kutapanya fedha **2.** *v* -rushia

splayed [splaid] *adj* -pana

splendid [ˈsplendid] *adj* **1.** -zuri sana **2.** -a fahari

splendour, splendor [ˈsplendə] *n* fahari

splice [splais] *v* -unganisha

splint [splint] *n* **1.** *n* banzi **2.** *v* -funga kwa banzi

splinter [ˈsplintə] **1.** *n* kibanzi **2.** *v* -vunjika vipande vipande

splinter group *n* (*pol.*) genge la waasi

split [split] **1.** *n* mfarakano **2.** *v* (**split**) -pasua **3.** -pasuka

split up *v* **1.** -gawa **2.** -achana

splurge [spləːj] *n* mikogo

splutter [ˈsplʌtə] *v* **1.** foka **2.** -tatarika

spoil [spɔil] *v* (spoilt/spoiled) 1. -haribu 2. -oza 3. *see* **spoils**

spoil a child *v* -dekeza

spoiled [spɔild] *see* **spoil; spoilt**

spoiled votes *pl* kura zilizoharibika

spoil for *v* -taka sana

spoils [spɔilz] *pl* marupurupu

spoilsport ['spɔilspɔ:t] *n* mvurugaji starehe

spoilt [spɔilt] *adj* **a spoilt child** mtoto anodekezwa

spoke [spəuk] *n* 1. njiti 2. *see* **speak**

spoken [spəukən] *see* **speak**

spokesman; spokesperson; spokeswoman ['spəuksmən; -pə:sən; -wumən] *n* msemaji mkuu

sponge [spʌnj] *n* sifongo

spongy ['spʌnji] *adj* -a kama sifongo

sponsor ['spɔnsə] 1. *n (com./spor.)* mfadhili 2. *v (com./spor.)* -fadhili

sponsorship ['spɔnsəship] *n (com./spor.)* ufadhili

spontaneity [,spɔntə'neyiti] *n* kujianzia

spontaneous [spɔn'teiniəs] *adj* -a kujianzia

spoof [spu:f] 1. *n* udanganyifu 2. *v* -danganya

spook [spu:k] *n* 1. kivuli 2. mjasusi

spooky ['spu:ki] *adj* -a kutishia

spool [spu:l] *n* kidonge

spoon [spu:n] *n* kijiko

spoonfeed ['spu:nfed] *v* 1. -lisha 2. -endekeza

spoonful ['spu:nfəl] *n* kijiko kimoja

spoor [spu:ə] *n* nyayo za mnyama

sporadic [spə'radik] *adj* -a hapa na pale

spore [spɔ:] *n* kiiniyoga

sport; sports [spɔ:t; –s] 1. *adj* -a mchezo 2. *n* mchezo 3. mashindano ya riadha

sportsman ['spɔ:chmən] *n* mchezaji

sportswear ['spɔ:chweə] *n* nguo za michezo

sportswoman ['spɔ:chwumən] *n* mchezaji

spot [spɔt] 1. doa 2. chunusi 3. mahali 4. **on the spot** pale pale 5. **radio spot** mahali pa matangazo ya biashara 6. **a spot of trouble** shida kidogo 7. *v* (spotted) -ona

spot check *n* ukaguzi wa ghafula

spotless ['spɔtlis] *adj* -safi

spotlight ['spɔtlait] *n* 1. mwangaza 2. **to be in the spotlight** -wa kivuta macho

spot market *n* sokosawia

spot prices *pl* bei za papo

spouse [spaus] *n* mume; mke

spout [spaut] *n* neli

sprain [sprein] 1. *n* kutenguka 2. *v* -tenguka

sprang [sprang] *see* **spring**

sprawl [sprɔ:l] *v* -tandawaa

spray [sprei] 1. *n* kinyunyizio 2. *v* -nyunyizia

spray-gun *n* kinyunyizio cha shinikizo

spraying ['spreying] *n* kunyunyizia

spread [spred] 1. *n* upana 2. mtandazaji 3. *v* (spread) -paka; -tapakaza

spreadeagle [spred'i:gəl] *v* -jitandaza

spread the table *v* -tandika meza

spree [spri:] *n* shamrashamra

sprightly ['spraitli] *adj* -changamfu

spring [spring] 1. *n* majira ya kuchipua 2. chemchemi 3. **metal spring** springi; kamani 4. *v* (sprang, sprung) -ruka

spring a leak *v* -anza kuvuja

springboard ['spring,bɔ:d] *v* ubao wa kuchupia

springclean ['springkli:n] *v* -safisha vizuri

spring from *v* -tokea

springtime ['springtaim] *n* majiraa ya kuchipua

sprinkle ['springkəl] *v* -nyunyiza

sprinkler ['springklə] *n* mrashi

sprinkling [ˈsprinkling] n kidogo

sprint [sprint] 1. mbio fupi 2. -enda mbio sana

sprinter [ˈsprintə] n mwanariadha wa mbio fupi

sprocket [ˈsrɔkit] n jino (la gurudumu)

sprout [spraut] 1. n chipuko 2. v -chipuka

sprung [sprʌng] see **spring**

spud [spʌd] n kiazi

spume [spyuːm] n povu

spur [spəː] n kichokoo

spurious [ˈspyuːriyəs] adj -a uwongo

spurn [spəːn] v -piga teke

spurt [spəːt] v -bubujika

spy [spai] 1. n jasusi 2. **industrial spy** jasusi wa habari za viwanda 3. v -peleleza 3. -jasisi

spying [ˈspaːying] n ujasusi

spy plane n ndege ya ujasusi

spy satellite n satalaiti ya ujasusi

squabble [ˈskwɔbəl] n ugomvi

squad [skwɔd] n kikosi

squad car n gari la doria

squadron [ˈskwɔdrən] n 1. kikosi 2. kundi

squadron leader n mkuu wa jeshi la ndege

squalid [ˈskwɔlid] adj -chafu

squall [skwɔl] n dhoruba

squalor [ˈskwɔlə] n uchafu

squander [ˈskwɔndə] v -fuja

square [skweə] 1. adj -a mraba 2. **fair and square** kwa haki kabisa 3. n mraba 4. **town square** uwanja

square metre; square meter n mita za mraba

square kilometre; square kilometer n kilomita za mraba

squarely [ˈskweəli] adv kwa haki

squash [skwɔsh] 1. maji ya matunda 2. boga 3. (spor.) skwoshi 4. v -pondeka

squat [skwɔt] v 1. -chutama 2. **to squat on property** -kalia bila ruhusa

squatter [ˈskwɔtə] n 1. mwingiliaji ardhi 2. **squatter on property** mvamiaji nyumba

squeak [skwiːk] v -alika

squeamish [ˈskwiːmish] adj -a kichefuchefu

squeeze [skwiːz] v -kaba

squeeze out v -kamua

squeezer [ˈskwiːzə] n kikamulio

squid [skwid] v ngisi

squint at [skwint] v -tupia jicho

squirrel [ˈskwirəl] n kuchakuro

squirt [skəːt] v -foka

S.S. (= steamship) n manowari

St. see **saint, street**

stab [stab] v (**stabbed**) -choma

stability [stəˈbiləti] n uthabiti

stabilization [ˌsteibələiˈzeishən] n kutengemaa

stabilize [ˈsteibilaiz] v -tengemeza

stabilizer [ˈsteibilaizə] n -tengemeza

stable [ˈsteibəl] 1. adj -liotulia 2. -thabiti 3. n zizi 4. v -fuga farasi zizini

stableboy [ˈsteibəlbɔi] n mtunza farasi

stable economy n uchumi uliotulia

stablemate [ˈsteibəlmeit] n wenzi

stabling [ˈsteibling] n nafasi ya kulala farasi

stack [stak] 1. n rundo 2. v -rundika

stadium [ˈsteidiəm] n uwanja wa michezo

staff [staːf] n 1. fimbo 2. wafanyakazi 3. **hospital staff** wafanyakazi wa hospitali

staff office n ofisi ya utumshi

staff officer n ofisa ya utumshi

stage [steij] 1. adj 2. n wakati 3. ulingo 4. uigizaji 5. v -fanya tamthilia 6. **to stage an invasion** -rudi uwanjani

stagecraft [ˈsteijkraːft] n ustadiwa sanaa za maonyesho

stage direction n uongozi wa jukwaa

stage door n mlango wa nyuma wa waigizaji

stage fright n kiwewe cha jukwaani

staging ['steijing] n uonyeshaji wa tamthilia

stage-manage ['steij,manij] v -jifanya

stage manager n kingozi wa michezo

stage-struck ['steijstrʌk] adj -enye kupenda kuwa mwigizaji

stagflation [stag'fleishən] n kushuka kwa thamani ya fedha bila ongezeko la uzalishaji viwandani

stagger ['stagə] v -pepesuka

stagnant ['stagnənt] adj wakati -liotuama 2. (fin.) -liokwama

stagnate [stag'neit] v 1. -tuama 2. (fin.) -dorora

stain [stein] 1. n waa 2. rangi 3. v -tia waa 4. -tia rangi

stainless ['steinlis] adj -eupe

stainless steel n chuma cha pua

stair [steə] n daraja

staircase ['steəkeis] n ngazi

stairs [steəz] pl ngazi

stairway ['steəwei] see stairs

stake [steik] n 1. kiguzo 2. (fin.) dau 3. at stake hatarini

stakeholder ['steik,həldə] n mshika madau

stale [steil] adj -liochina

stalemate ['steilmeit] n mvutano

stalk [stɔːk] 1. n shina 2. v -tagaa

stalker ['stɔːkə] n mnyemeleaji

stall [stɔːl] 1. n zizi 2. (com.) genge 3. v -ahirisha 4. -shindwa

stallion ['staliən] n farasi dume

stallkeeper ['stɔl,kiːpə] n mchuuzi

stamina ['staminə] n moyo mkuu

stammer ['stamə] 1. n kigugumizi 2. v -gugumia

stamp [stamp] 1. n mhuri 2. **postage stamp** stempu 3. v -piga mhuri

stamp duty n ushuru wa hati

stampede [stam'piːd] n kukimbia kwa haraka

stamp out v -finyanga

stance [stans] n mkao

stand [stand] 1. n kusimama 2. (spor.) jukwaa 3. **newsstand** kibanda cha magazeti 4. **to make a stand** -zatiti 5. **to take the stand** -wa kizimbani 6. v (stood) -wa wima 7. -vumilia 8. **to stand a chance** -wa na nafasi

standard ['standəd] 1. adj -a kawaida 2. n kiwango 3. sanifu 4. bendera 5. (ed.) darasa

standardization [,standədaiˈzeishən] n kusanifisha

standardize ['standedaiz] v -sanifisha

stand at v -fikia

stand-by ['standbai] n **on stand-by** tayari

stand by v 1. -tazama tuu 2. -tetea 3. -kaa tayari

stand clear v -kaa mbeli

stand down v -jitoa

stand for v -maanisha

stand for election v -simamia kwa uchaguzi

stand-in ['stand,in] n mshikilia nafasi ya mwingine

standing ['standing] n 1. adj -a kusimama 2. -a kudumu 3. n cheo

stand out v -tokeza

standpipe ['stand,paip] n bomba wima la maji

standpoint ['standpɔint] n msimamo

standstill ['standstil] n kusimama

stand trial v -shitakiwa

stand up v -wa wima

stand-up comic n mcheshekaji

stand up for v -jisimamie

stank [stangk] see stink

staple ['steipəl] 1. adj -a uzi mrefu 2. **staple food** chakula kikuu 3. n tumbuu 4. v -piga tumbuu

stapler [ˈsteiplə] *n* mashine ya kubana

star [staː] *n* 1. nyota 2. **film star** mchezaji maarufu wa sinema

starboard [ˈstaːbɔːd] 1. *adj* -a chini 2. *n* chini

starch [ˈstaːch] *n* wanga

stardom [ˈstaːdəm] *n* umashuhuri

stare [shteə] *v* -kodoa

stare at *v* -kodolea

starfish [ˈstaːfish] *n* kiti cha pweza

stark [ˈstaːk] *adj* -gumu

starless [ˈstaːlis] *adj* bila nyota

starlet [ˈstaːlət] *n* msichana mchezaji

starlight [ˈstaːlait] *n* mwanga wa nyota

starlit [ˈstaːlit] *adj* -a kuangazwa kwa nyota

starry [ˈstaːri] *adj* -enye nyota

starry night *n* usiku wa nyota

stars and stripes *pl* bendera ya taifa ya Amerika

start [staːt] 1. *n* mwanzo 2. **a head start** mwanzo mwema 3. **to make an early start** -ondoka mapema 4. *v* -anza

start a fire *v* -washa moto

starter [ˈstaːtə] *n* mwanzishaji

starting point *n* mahali pa kuanzia

startle [ˈstaːtl] *v* -shtua

startling [ˈstaːtling] *adj* -a kushtusha

start up a business *v* -anza biashara

start up an engine *v* -washa

starvation [staːˈveishən] *n* kukosa chakula

starve [staːv] *v* -kosa chakula

star wars *pl* vita vya anga

stash [stash] *v* -ficha

state [steit] 1. *adj* -a serikali 2. *n* hali 3. daraja 4. *(pol.)* nchi 5. **(federal) state** dola 6. **head of state** mkuu wa nchi 7. *v* -nena

State Department *(US) n (pol.)* wizara ya mambo ya nchi za nje

statehood [ˈsteithud] *n* utaifa

state house *n* ikulu

state legislature *n* bunge la jimbo

stateless [ˈsteitləs] *adj* -sio na uraia

stateless person *n* asiye na uraia wowote

stately [ˈsteitli] *adj* -a madaha

statement [ˈsteitmənt] *n* 1. maelezo 2. **joint statement** taarifa ya pamoja

state of emergency *n* hali ya hatari

state of war *n* hali ya vita

States [steich] *pl* **the States** Amerika

state's evidence *n* shahidi wa serikali

stateside [ˈsteichaid] *adj/adv*

statesman [ˈsteichmən] *n* mtawala

state visit *n* ziara ya kitaifa

static [ˈstatik] 1. *adj* -tuli 2. *n* umeme tuli

station [ˈsteishən] 1. *n* stesheni 2. *(mil.)* ngome 3. **police station** kituo cha polisi 4. **broadcasting station** kituo cha matangazo 5. *v* -jitika

stationary [ˈsteishənri] *adj* -a kusimama pamoja

stationer's [ˈsteishənəz] *n* duka la kuuza vitu vya ofisini

stationery [ˈsteishənri] *n* vifaa vya kuandikia

station wagon *n* gari kubwa

statistical [stəˈtistikəl] *adj* -a takwimu

statistician [ˌstatisˈtishən] *n* mtakwimu

statistics [stəˈtistiks] *pl* takwimu

statue [ˈstachuː] *n* sanamu

stature [ˈstachə] *n* tabia

status [ˈsteitəs] *n* 1. hali 2. **marital status** hali ya ndoa 3. **national status** hali ya uraia 4. **immigration status** hali ya uraia

status symbol *n* ishara ya ukubalifu

statute [ˈstachuːt] *n* sheria

statute book *n* kitabu cha sheria za taifa

statute law *n* sheria ya bunge

statutory [ˈstachuːtɔri] *adj* -a sheria za bunge

staunch [stɔːnch] *adj* -aminifu

stay [stei] 1. *n* matambezi 2. *v* -kaa

stead [sted] *n* **in his stead** badala ya

steadfast [ˈstedfəst] *adj* imara

steadiness [ˈstedinis] *n* uthabiti

steady [ˈstedi] 1. *adj* thabiti 2. **steady job** kazi la kila siku 3. *adv* imara

steady! taratibu!

steak [steik] *n* kipande cha nyama

steal [stiːl] *v* **(stole, stolen)** -iba

stealing [ˈstiːling] *n* wizi

stealth [stelth] *n* siri

stealthy [ˈstelthili] *adv* kwa siri

stealthy [ˈstelthi] *adj* -a siri

steam [stiːm] *n* mvuke

steam engine *n* mtambo unao tumia mvuke

steamer; steamship [ˈstiːmə; ˈstiːmship] *n* stima; meli inayo tuma mvuke

steel [stiːl] *n* chuma (cha pua)

steel mill *n* kiwanda cha chuma

steep [stiːp] *adj* mteremko

steeple [ˈstiːpəl] *n* mnara uliochongoka

steer [stiə] *v* -shika (usukani)

steering [ˈstiəring] *n* kushika (usukani)

steering committee *n* kamati inayo ongoza

steering wheel *n* usukani

stem [stem] 1. *n* shina 2. *v* -zuia 3. -tokea **(from kwa)**

stench [stench] *n* harufi mbaya

stencil [ˈstensəl] *n* bamba la kupigia chapa

step [step] 1. *n* hatua 2. daraja 3. **a step forward** hatua mbele 4. **step by step** hatua baada ya hatua 5. *v* **(stepped)** -piga hatua

stepchild [ˈstepchaild] *n* mtoto wa kambo

stepdaughter [ˈstepchaild] *n* mtoto wa kambo

stepfather [ˈstepchaild] *n* baba wa kambo

step forward *v* -piga hatua mbele

stepmother [ˈstepchaild] *n* mama wa kambo

stepson [ˈstepchaild] *n* mtoto wa kambo

step up *v* 1. -panda 2. *(ec.)* -sukuma

stereo [ˈsteriəu] 1. *adj* -a sterio 2. *n* sterio

stereotype [ˈsteriəutaip] *n* sampuli

sterile [ˈsterail] *adj* 1. -tasa 2. safi kabisa

sterility [steˈriliti] *n* 1. utasa 2. usafi kabisa

sterilization [ˌsterəlaiˈzeishən] *n* usafishaji

sterilize [ˈsterəlaiz] *v* 1. -safisha 2. -zuia uzazi

sterilizer [ˈsteriˌlaizə] *n* kifisha vijidudu

sterling [ˈstəːling] *n* (fin.) pauni

stern [stəːn] 1. *adj* bila hurumu 2. *n* shetri; tezi

steroid [ˈsterɔid] *n* steroid

stethoscope [ˈstethəskəup] *n* stetoskopu

stew [styuː] *n* 1. *n* mchuzi 2. *v* -chemsha pole pole

steward [ˈstyuəd] *n* mtumishi

stewardess [ˌstyuəˈdes] *n* mtumishi

stick [stik] 1. *n* fimbo 2. kinoo 3. *v* **(stuck)** -choma 3. -ganda 4. -nasa

stick to *v* **to stick to a diet** -shikamiko ya chakula

sticker [ˈstikə] *n* stika

sticking-plaster [ˈstikingˌplaːstə] *n* plasta

stick out *v* -ng'ang'ania

sticky [ˈstiki] *adj* -a kunata

stiff [stif] 1. *adj* -gumu 2. *adv* sana

stiffen [ˈstifn] *v* -fanya -gumu

stigma [ˈsigmə] *n* doa

still [stil] 1. *adj* -tulivu 2. *n* kikeneko 3. *adv* bado 4. *conj* hata hivyo

stillbirth [stil-bə:th] *n* mtoto asiye riziki

stillborn [stil-bɔ:n] *adj* aliyezaliwa mfu

still water *n* maji mafu

stimulant [ˈstimyulənt] *n* kichangamsho

stimulate [ˌstimyuˈleit] *v* -changamsha

stimulating [ˈstimyuleiting] *adj* -a kuchangamsha

stimulation [ˌstimyuˈleishən] *n* mchangamsho

sting [sting] *v* (**stung**) -choma

stingy [ˈstinji] *adj* -a choyo

stink [stingk;] 1. *n* uvundo 2. *v* (**stank, stunk**) -nuka

stint [stint] *n* ngwe

stipend [ˈstaipend] *n* mshahara

stipulate [ˈstipyuleit] *v* -weka masharti

stipulation [ˌstipyuˈleishən] *n* masharti

stir [stə:] *v* (**stirred**) 1. -koroga 2. -tikisa

stirrup [ˈstirəp] *n* kikuku

stir up *v* 1. -koroga 2. -shtusha

stitch [stich] 1. *n* mshono 2. *(med.)* stichi; mshono 3. *v* -shona

stoat [stəut] *n* cheche

stock [stɔk] 1. *n* bidhaa 2. *(fin.)* hisa 3. **livestock** mifugo 4. **to take stock** -hesabu mali 5. **to take stock of** -kadiria 6. **laughing stock** kichekesho 7. *v* -wa na bidhaa

stock-breeder [ˈstɔkˌbriːdə] *n* mfugaji wa wanyama

stockbroker [ˈstɔkˌbrəukə] *n* dalali

stock exchange *n* soko la hisa

stock-farmer [ˈstɔkfˌaːmə] *n* mfugaji wa wanyama

stockholder [ˈstɔkhəuldə] *n* mwenye hisa

stockings [ˈstɔking] *pl* stokingi

stock-jobber [ˈstɔkˌjɔbə] *n* mfanyabiashara wa hisa

stock list *n* orodha ya bidhaa

stock market *n* soko la hisa

stockpile [ˈstɔkˌpail] 1. *n* fungu la hisa 2. *v* -kusanya hisa

stock room *n* bohari

stock-take [ˈstɔkˌteik] *v* -hesabu mali

stock-taking [ˈsɔkˌteiking] *v* kuhesabu mali

stocky [ˈstɔki] *adj* -fupi

stockyard [ˈstɔkyaːd] *n* zizi la muda

stoic [ˈstəuik] *n* mvumilivu

stoke a fire *v* -tia makaa tanurini

stokeroom [ˈstəukrum] *n* mdomo wa tanuri

stoker [ˈstəukə] *n* mchocheaji makaa

stole; stolen [ˈstəul; ˈstəulən] *see* **steal**

stomach [ˈstʌmək] *n* tumbo

stomach ache *n* msokoto wa tumbo

stomach pump *n* pampu ya tumbo

stomp [stɔmp] *v* -kanyaga

stone [stəun] 1. *n* jiwe 2. **fruit stone** kokwa (la tunda) 3. *v* -rujumu

stoned [stəund] *adj (sl.)* -levi

stonemason [ˈstəunˌmeisən] *n* mwashi

stonewall [ˈstəunwɔl] *v* -zorotesha mjadala bungeni

stonewalling [ˈstəunˌwɔːling] *n* ozoroteshaji mjadala

stonewaller [ˈsrəunˌwɔːlə] *n* mzoroteshaji mjadala

stoneware [ˈstəunweə] *n* vyombo vya udongo na mawe

stonework [ˈstəunwəːk] *n* mawe

stonily [ˈstəunili] *adv* bila huruma

stony [ˈstəuni] *adj* -enye mawe

stony-hearted [ˈstəuniˌhaːtid] *adj* katili

stood [stud] *see* **stand**
stooge [stu:j] *n* barakala
stool [stu:l] *n* stuli
stoop [stu:p] *v* -inama
stop [stɔp] 1. *n* simama 2. **bus-stop**
kituo cha basi 3. **to bring to a
stop** -simamisha 4. *v* (stopped)
-acha 5. -simama 6. -simamisha
7. **The rain has stopped.** Mvua
imenyamaza.
stop-cock ['stɔpkɔk] *n* bilula
stop dead *v* -simama ghafla
stop gap *n* badala
stop off *v* 1. -ahirisha 2. -lala
mahala
stop-over ['stɔp,əuvə] *n* katizo la
safari
stoppage ['stɔpij] *n* kupingwa
stopper ['stɔpə] *n* kizibo
stop-press [,stɔp'pres] *n* habari
moto
stop short *v* -ishia
stop up *v* -jaza
stopwatch ['stɔpwɔch] *n* saa ya
michezo
storage ['stɔ:rij] *n* 1. uwekaji 2. **in
storage** ndani ya ghala
store [stɔ:] 1. *n* akiba 2. duka 3. *v*
-weka
storehouse ['stɔ:haus] *n* bohari
storekeeper ['stɔ:,ki:pə] *n* 1.
mtunza stoo 2. mwuuza duka
storeroom ['stɔ:rum] *n* stoo
storey ['stɔ:ri] *n* (*pl* storeys) orofa
stork [stɔ:k] *n* korongo
storm [stɔ:m] 1. *n* dhoruba 2. *v*
(*mil.*) -shambulia
storm at *v* -foka
storm cloud *n* wingu zito
storm lantern *n* fanusi
storm signal *n* alama ya kuashiria
dhoruba
stormy ['stɔ:mi] *adj* -a dhoruba
story ['stɔ:ri] *n* 1. hadithi 2. **news
story** makala 3. **to tell a story**
-hadithia 4. *see* **storey**
stout [staut] *adj* -nene

stove [stəuv] *n* stovu
stow [stəu] *v* -pakia
stowaway ['stəuəwei] *n* mazamia
meli/ndege
strafe [streif] *v* -piga risasi
straggler ['straglə] *n* mchelewa
straight [streit] 1. *adj* -sawa 2. *adv*
moja kwa moja
straightaway ['streitə'wei] *adv*
mara moja
straighten ['streitənd] *v* -nyosha
straighten out *v* -tengeneza
straightforward [,streit'fɔ:wəd]
adj waziwazi
strain [strein] 1. *n* majaribu 2. uzao
3. *v* -kaza 4. -jitahidi
strained relations *pl* uhusiano
wa kulazimisha
strainer ['streinə] *n* kichujio
straitened circumstances *pl*
katikadhiki
straits [streich] *n* 1. mlango bahari
2. **to be in dire straits** -pata
mashaka
strand [strand] *n* 1. **sea strand**
pwani 2. **rope strand** ncha
3. **strand of a plot** tazamo 4. *v*
-kwama
stranded ['stra:ndid] *adj* **to be
stranded** -kwama
strange [streinj] *adj* 1. -geni 2. -a
ajabu
strangely ['streinjli] *adv* vingine
kabisa
strangeness ['streinjnəs] *n* 1.
ugeni 2. ajabu
stranger ['streinjə] *n* mgeni
strangle ['stranggl] *v* -nyonga
stranglehold ['strangəlhəuld] *n*
kukaba
strangulation ['strangyuleishən] *n*
kunyonga
strap [strap] *n* ukanda
strapping ['straping] *adj* -refu
strata ['stra:tə] *pl see* **stratum**
strategic [shtrə'ti:jik] *adj* -a hila
strategy ['shtratəji] *n* hila

strategic equipment *n* vifaa
muhimu vya vita

stratum [ˈstraːtəm] *n* tabaka

straw [strɔː] *n* **1.** majani makavu
2. mrija **3. drinking straw** mrija
4. the last straw pigo la mwisho

strawberry [ˈstrɔːbri] *n* stroberi

stray [strei] *v* -potea

streak [striːk] *n* **1.** mstari **2.** dalili

stream [striːm] **1.** *n* mto **2.** mkondo
3. navigable stream mto
unaosafirika **4. to go upstream**
-kata maji **5. to go downstream**
-fuata maji **6. stream of
information** habari kwa wingi
7. *v* -tiririka

streamline [ˈstriːmlain] *v* -nyoosha

streamlined [ˈstriːmlaind] *v*
-lionyooka

street [striːt] *n* mataa

streetcar [ˈstriːtkaː] *n* tramu

streetlamp; streetlight *n* taa za
barabarani

streetlighting *n* taa za barabarani

streetsign *n* lama za barabarani

streetsweeper *n* mfagiaji
barabarani

streetwalker *n* malaya

strength [strength] *n* **1.** uwezo **2.**
nguvu

strengthen [ˈstrengthən] *v* -tia
nguvu

strenuous [ˈstrenyuəs] *adj* -enye
kutumia

stress [stres] **1.** *n* msongo **2.** *(med.)*
dhiki **3.** *v* -kazia

stretch [strech] **1.** *n (spor.)* upande
2. at full stretch kwa nguvu zote
3. *v* -nyosha **4.** -jitandaza

stretch the law *v* -panua sheria

stretcher [ˈstrechə] *n (med.)*
machela

stretcher-bearer [ˈstrechə,beərə]
n mbeba machela

stretcher party *n* kikosi cha
kubebe machela

stretch out *v* -jitandaza

strew [struː] *v* -zagaza

stricken [ˈstrikən] *adj* -liojeruhiwa

strict [strikt] *adj* **1.** -kali **2.** kamili

strictly [ˈstriktli] *adv* hasa hasa

stride [straid] **1.** *n* hatua ndefu **2.**
v -tembe kwa hatua ndefu

strident [ˈstraidənt] *adj* -a makelele

strife [straif] *n* ugomvi

strike [straik] **1.** *n* mgomo **2.** *(mil.)*
shambulia **3. general strike**
mgomo wa wafanyakazi wote
4. oil strike ugunduzi **5. air strike**
mashambulizi ya ndege **6.** *v*
(struck) -piga **7.** -anza mgomo **8.**
(mil.) -shambulia

strike a bargain *v* -kubaliana
(with na**)**

strike a match *v* -washa kiberiti

strikebound [ˈstraik,baund] *adj* -lio
athiriwa na mgomo

strike breaker *n* mvunja mgomo

strikeforce [ˈstraik,fɔːs] *n (mil.)*
jeshi

strike fund *n* mfuko wa mgomo

strike leader *n* kiongozi wa
mgomo

strike oil *v* -pata mafuta

strike pay *n* malipo ya mgomo

striker [ˈstraikə] *n* **1.** mgomaji **2.**
(spor.) mshambuliaji

strike sail *v* -shusha

striking [ˈstraiking] *adj* -a kuvutia

string [string] *n* kamba

stringent [ˈstrinjənt] *adj* **1.** -kali **2.**
-a mwambo

stringency [ˈstrinjənsi] *n* **1.** ukali **2.**
mwambo

string orchestra *n* bendi ya
vinanda

strip [strip] **1.** *n* kipande **2.** *(spor.)*
jazi **3. strip of land** kishoroba **4.
cartoon strip** mfululizo wa
michoro ya katuni **5.** *v* -toa **6.** -vua
nguo

strip down *v* -pambua

stripe [straip] *n* milia

striped [straipt] *adj* -liotiwa mistari

strip lighting n ututmiaji taa ndefu za umeme

stripling ['stripling] n mvulana mvuli

stripper ['stripə] n mchezaji anayevua nguo

strive [straiv] v -jitahidi

stroke [strəuk] 1. n pigo 2. *(med.)* ugonjwa wa ubongo 3. v -sugua

stroll [strəul] 1. n kutembea polepole 2. v -tembea polepole

strong [strɔng] adj 1. -a nguvu 2. -kali

strongarm ['strɔnga:m] adj mabavu

strongbox ['strɔngbɔks] n sefu

stronghold ['strɔnghəuld] n chimbuko

strongroom ['strɔngrum] n chumba cha hazina

struck [strʌk] see **strike**

structural ['strʌkchərəl] adj -a muundo

structure ['strʌkchə] n muundo

struggle ['strʌgl] 1. n shindano 2. v -shindana

strum [strʌm] v -pigapiga ovyo ovyo

strut [strʌt] 1. n taruma 2. v -enda kwa mkogo

stub [stʌb] n 1. **ticket stub** kitubu 2. **cigarette stub** kishungi

stubborn ['stʌbən] adj -a kaidi

stubbornness ['stʌbənnis] n ukaidi

stuck [stʌk] see **stick**

stud [stʌd] n njumu

student ['styu:dnt] n mwanafunzi

stud farm n shamba la farasi

studio ['stu:diəu] n studio

studio audience n washangiliaji katika studio

study ['stʌdi] 1. n uchunguzi 2. chuma cha kusomea 3. v -soma 4. -chunguza

study group n kikundi cha wasomi

studying ['stʌjing] n uchunguzi

stuff [stʌf] 1. n vitu; vikorokoro 2. v -shindilia

stuffed [stʌft] adj -a kushindilia

stumble ['stʌmbəl] v -jikwaa

stumbling block n kikwazo

stump [stʌmp] 1. n gutu 2. kigutu 3. **cricket stump** kijiti 4. v to be **stumped** -shindwa kabisa

stun [stʌn] v -shtua

stung [stʌng] see **sting**

stungun [stʌn-gʌn] n bunduki inayochoma

stunk [stʌngk] see **stink**

stunning ['stʌning] adj -zuri mno

stunt [stʌnt] 1. n mkogo 2. v -viza

stunted ['stʌntid] adj to be **stunted** -via

stuntman ['shtʌngtmang] n mbadala wa mwingizaji

stupid ['styu:pid] adj -pumbavu

stupidity [styu:'pidəti] n upumbavu

sturdy ['stə:di] adj -shupavu

stutter ['stʌtə] 1. n kugugumiza 2. v -gugumiza

sty [stai] n banda la nguruwe

stye [stai] n chekea

style [stail] 1. n mtindo 2. ufahari 3. **in style** kifahari 4. v -taja

stylish ['stailish] adj -a fahari kupita

stylist ['stailist] n 1. msanifu mitindo 2. **hair stylist** msusi

stylize ['stailaiz] v -shikila mtindo

suave [swa:v] adj -a adabu

sub-committee ['sʌbkə,miti] n kamati ndogo

subconscious [,sʌb'kɔnshəs] 1. adj -a kufichika akilini 2. n akili iliyofichika

subcontinent [,sʌb'kɔntinənt] n bara

subcontract [,sʌb'kəntrakt] n mkataba mdogo

subcontract [,sʌbkən'trakt] v -toa mkataba mdogo

subcontractor [,sʌbkən'traktə] n kandarasi msaidizi

subdivide [,sʌbdi'vaid] v -gawa tena

subdivision ['sʌbdi,vizhən] n kijisehemu

subdue [səbˈjuː] v -tiisha

subheading [ˌsʌbˈhedɪŋ] n kichwa kidogo

subject [ˈsʌbjɪkt] n 1. adj to be subject to -paswa kutii 2. n mazungumzo 3. (ed.) somo 4. (pol.) raia

subject [sʌbˈjɪkt] v -toa

subjective [ˌsʌbˈjektɪv] adj -a nafsi

subject matter n mudhui

subject to adj kwa sharti

subject to contract (leg.) kutegemea mkataba

sub-edit [ˌsʌbˈedɪt] v -hariri

sub-editor [ˌsʌbˈedɪtə] n maharii msaidizi

sub judice [ˌsʌbˈjuːdɪsɪ] adj (leg.) -nayoshughulikiwa na mahakama

subjugate [ˈsʌbjəgeɪt] v -tiisha

sublease [sʌbˈliːs] v -kodisha nyumba ulilokodishwa

submachine gun [ˈsʌbməˈʃiːnɡʌn] n bunduki ya rashasha

submarine [ˌsʌbməˈriːn] 1. adj -a chii ya bahari 2. n sabmarini

submerge [səbˈmɜːj] v -zamisha

submersion [səbˈmɜːʃən] n kuzamisha

submission [səbˈmɪʃən] n 1. kutii 2. utufu 3. (leg.) utoa hoja

submissive [səbˈmɪsɪv] adj -tiifu

submit [səbˈmɪt] v 1. -tii 2. -toa 3. (leg.) wazo

submit a proposal v -wasililisha mapendekezo

subnormal [səbˈnɔːməl] adj -pungufu

subordinate [səˈbɔːdɪnət] adj -a chini

subpoena [səˈpiːnə] n hati ya kuitwa mahakamani

subscribe [səbˈskraɪb] v 1. -unga 2. -lipia

subscriber [səbˈskraɪbə] n mchanga fedha

subscription [səbˈskrɪpʃən] n mchango

subsequent [ˈsʌbsɪkwənt] adj -a baadaye

subsequently [ˈsʌbsɪkwəntli] adv baadaye

subservient [ˈsʌbsəːvyənt] adj -a kufaa

subside [səbˈsaɪd] v 1. -titia 2. -shuka 3. -tulia

subsidence [səbˈsaɪdəns] n 1. kutitia 2. kushuka

subsidiary [səbˈsɪdɪəri] 1. adj -dogo 2. -a kusaidia 3. n tanzu

subsidiary company n kampuni tanzu

subsidiary law n sheria ndogo

subsidize [ˈsʌbsɪdaɪz] n -toa ruzuku

subsidy [ˈsʌbsɪdi] n 1. ruzuku 2. food subsidy ruzuku ya chakula

subsistence [səbˈsɪstəns] n riziki

subsistence allowance n posho ya kujikimu

subsistence crops pl mazao ya chakula

subsistence economy n uchumi wa kijungujiko

subsoil [ˈsʌbˌsɔɪl] n tabaka chini ya udongo

subspecies [ˌsʌbˈspiːsiːz] n spishi ndogo

subsonic [səbˈsɒnɪk] adj -ndogo kuliko ya sauti

substance [ˈsʌbstəns] n 1. dutu 2. mali

substandard [ˈsʌbˌstandəd] adj chini ya wastani

substantial [səbˈstanʃəl] adj 1. -kubwa 2. -thabiti

substation [ˈsʌbˌsteɪʃən] n kistesheni

substitute [ˈsʌbstɪtyuːt] 1. n badala 2. (spor.) mchezaji badala ya kwanza 3. v -badili

substitution [ˌsʌbstɪˈtyuːʃən] n 1. kibadala 2. (spor.) badala la kwanza

substratum [ˈsʌbˌstraːtəm] n tabaka chini

substructure [ˈsʌb,strəkchə] *n* msingi

subterfuge [ˈsʌbtəfyuːj] *n* hila

subterranean [ˌsʌbtəˈreiniən] *adj* -a chini ya ardhi

subtitle [ˈsʌtaitl] 1. *n* tafsiri za maandishi 2. *v* -tafsiri maandishi

subtle [ˈsʌtl] *adj* -erevu

subtlety [ˈsʌtlti] *n* werevu

subtotal [ˈsʌbtəutl] *n* jumla ndogo

subtract [səbˈtrakt] *v* -ondoa

subtraction [səbˈtrakshən] *n* kutoa

sub-tropical [səbˈtrɔpikəl] *adj* -a karibu na tropiki

suburbia [səˈbəːbiyə] *n* viunga

suburbs [ˈsʌbəːbs] *pl* viunga

suburban [səˈbəːbən] *adj* -a kiungani

subvention [səbˈvenshən] *n* ruzuku

subversion [səbˈvəːzhən] *n* kupindua

subversive [səbˈvəːsiv] *adj* -a kupindia

subvert [sʌbˈvəːt] *v* -pindua

subway [ˈsʌbwei] *n* 1. njia ya chini kwa chini 2. *(US)* treni ya chini kwa chini

succeed [səkˈsiːd] *v* 1. -fanikiwa 2. -rithi 3. -fuata

success [səkˈses] *n* manifikio

successful [səkˈsesfəl] *adj* -a manifikio

succession [səkˈseshən] *n* 1. kufuatana 2. **in succession** moja baada ya nyingine

successive [səkˈsesiv] *adj* -a mojamoja

successor [səkˈsesə] *n* mrithi

succumb to [səˈkʌm] *v* -shindwa

such [sʌch] 1. *pro/adj* hivyo 2. mno 3. *adv* hiyo

such and such *adj* fulani

such as kama

such that kiasi kwamba

suck [sʌk] *v* -fyonza

suckle [ˈsʌkəl] *v* -nyonyesha

suction [ˈsʌkshən] *n* ufyonzaji

suction pump *n* pampu fyonzaji

sudden [ˈsʌdən] *adj* -a ghafula

suddenly [ˈsʌdnli] *adv* ghafula

suds [sʌdz] *pl* mapovu

sue [suː] *v* -shtaki

suet [ˈsuːwit] *n* n shahamu

suffer [ˈsʌfə] *v* 1. -pitia 2. -sumbuliwa (**from** na) 3. -vumilia

sufferance [ˈsʌfərəns] *n* **on sufferance** kwa ruhusa

sufferer [ˈsʌfərə] *n (med.)* mwenye maumivu

suffering [ˈsʌfəring] *n* taabu

suffice [səˈfais] *v* -tosha

sufficiency [səˈfishəntli] *n* kiasi cha kutosha

sufficient [səˈfishənt] *adj* -a kutosha

sufficiently [səˈfishəntli] *adv* kadiri ya kutosha

suffix [ˈsʌfiks] *v* kiambishi tamati

suffocate [ˈsʌfəkeit] *v* -songa roho

suffocation [ˌsʌfəˈkeishən] *n* kusonga roho

suffrage [ˈsʌfrij] *n* kura

suffragette [ˌsʌfrəˈjet] *n* mwanamke aliyedai haki ya kupiga kura

suffuse [səˈfyuːz] *v* -jaa

suffusion [səˈfyuːzhən] *n* kujaza

sugar [ˈshugə] *n* sukari

sugar beet *n* kiazi sukari

sugar cane *n* muwa

sugar-coated [ˌshugəˈkəutid] *adj* 1. -liopakwa sukari 2. -a kuvutia

sugar cube; sugar lump *n* kibonge cha sukari

sugar refinery *n* kiwanda cha sukari

sugary [ˈshugəri] *adj* 1. a sukari 2. -a kupaka mafuta

suggest [seˈjest] *v* -toa rai

suggestion [səˈjeschən] *n* rai

suggestive [səˈjestiv] *adj* -a kushawishi

suicidal [ˌsuwiˈsaidəl] *adj* 1. -a kujiua 2. -a kujiangamiza

suicide [ˈsuːisaid] *n* 1. kujiua 2. to

commit suicide -jiua

suit [su:t] 1. *n* suti 2. *(leg.)* madai 3. to follow suit -fuata mkumbo 4. *v* -faa 5. -pendeza 6. to suit oneself -fanya anavyopenda

suitability [ˌsuːtiˈbiliti] *n* kufaa

suitable [ˈsuːtəbəl] *adj* -a kufaa

suitcase [ˈsuːtkeis] *n* sanduku

suite [swiːt] *n* seti

suited [ˈsuːtid] *adj* to be suited to/for -faa

sulk [sʌlki] *v* -nuna

sulky [ˈsʌlki] *adj* -nunaji

sullen [ˈsʌlən] *adj* -chukivu

sulphate [ˈsʌlfeit] *n* sulfeti

sulphur [ˈsʌlfə] *n* salfa

sultan [ˈsʌltən] *n* sultani

sultanate [ˈsʌltəneit] *n* himaya ya sultani

sum [sʌm] *n* 1. jumla 2. *(ed.)* hesabu 3. *see* sum up

summarize [ˈsʌməraiz] *v* -fanya muhtasari

summary [ˈsʌməri] *n* muhtasari

summary trial *n (leg.)* kesi bila kufuat utaratibu

summer [ˈsʌmə] *n* majira ya joto

summer house *n* banda la kukaa

summing up *n (leg.)* muhtasari ya jaji

summit [ˈsʌmit] *n* kilele

summit conference *n* mkutano wa wakuu wa nchi

summon [ˈsʌmən] *v* 1. -ita 2. *see* summon up

summons [ˈsʌmənz] 1. *n* kuitwa shaurini 2. *v* -ita shaurini

summon up *v* -kusanya

sump [sʌmp] *n* sampu

sumptuous [ˈsʌmpchyuwəs] *adj* -a anasa

sums [sʌmz] *pl* hesabu

sum up *v* -soma

sun [sʌn] *n* jua

sunbathe [ˈsʌnbeidh] *v* -ota jua

sunbeam [ˈsʌnbiːm] *n* mwale wa jua

sunburn [ˈsʌnbəːn] *n* mbabuko

sunburnt [ˈsʌnbəːnt] *adj* to be sunburnt -babuka kwa jua

Sunday [ˈsʌndi] *n* Jumapili

sundial [ˈsʌndail] *n* saa ya kivuli

sundown [ˈsʌndaun] *n* machweo

sundried [ˈsʌndraid] *adj* -liokaushwa kwa jua

sunflower [ˈsʌnflawə] *n* alizeti

sung [sʌŋ] *see* sing

sunglasses [ˈsʌnˌglaːsiz] *pl* miwani ya jua

sunk [ˈsʌŋk] *see* sink

sunken [ˈsʌŋkən] *adj* -a kudidimia

sunless [ˈsʌnləs] *adj* pasipo jua

sunlight [ˈsʌnlait] *n* nuru ya jua

sunlit [ˈsʌnlit] *adj* -a kuangazwa na jua

sunny [ˈsʌni] *adj* -a jua

sunray [ˈsʌnrei] *n* mwali wa jua

sunrise [ˈsʌnraiz] *n* macheo

sunroof [ˈsʌnruːf] *n* kipaa cha gari

sunset [ˈsʌnset] *n* magharibi

sunshade [ˈsʌnsheid] *n* mwavuli wa kukinga jua

sunshine [ˈsʌnshain] *n* mwanga wa jua

sunspot [ˈsʌnspɔt] *n* alama jeusi katika jua

sunstroke [ˈsʌnstəuk] *n* ugonjwa kutokana na jua kali

suntan [ˈsʌntan] *n* mbabuko wa jua

suntan lotion *n* loshan ya kuota jua

super [ˈsuːpə] *adj* 1. -bora 2. -a juu

superb [suːˈpəːb] *adj* -zuri sana

supercilious [suːˈpəsilyəs] *adj* -juvi

superficial [ˌsuːpəˈfishl] *adj* 1. -a juu juu 2. -a wasiwasi

superficiality [ˌsuːpəˌfishiˈaliti] *n* upurukushani

superficially [ˌsuːpəˈfishəli] *adv* wasiwasi

superfluous [suːˈpəːfluəs] *adj* -a kupita kiasi

superhighway [ˈsuːpəˈhaiwei] *n* *(US)* barabara kuu

superhuman [ˌsuːpəˈhyuːmən] *adj* -kubwa mno

superimpose [ˌsuːpərimˈpəuz] *v*
-weka juu ya

superior [suːˈpiəriə] **1.** *adj* -bora **2.**
-kubwa zaidi **3.** *n* mkuu

superiority [suːˌpiəriˈɔrəti] *n* **1.**
ubora **2.** ukuu

superlative [suˈpəːlətiv] *adj* -bora
kabisa

supermarket [ˈsuːpəmaːkit] *n* duka
kuu; duka kubwa

supernatural [ˈsuːpənachrəl] *adj* -a
uchawi

superpower [ˈsuːpəpauə] *n* taifa
kubwa

supersede [suːpəˈsiːd] *v* -chukua
nfasi ya

supersonic [ˌsuːpəˈsɔnik] *adj* -a
zaidi ya mwendo wa sauti

superstar [ˌsuːpəˈstaː] *n* nyota ya
hali ya juu

superstition [ˌsuːpəˈstishən] *n*
ushirikina

superstitious [ˌsuːpəˈstishəs] *adj*
-a ushirikina

superstructure [ˌsuːpəˈstrʌkchə] *n*
vikorombwezo

supervise [ˈsuːpəvaiz] *v* -simamia

supervision [ˌsuːpəˈvizhən] *n*
usimamizi

supervisor [ˌsuːpəˈvizhə] *n*
msimamizi

supervisory [ˌsuːpəˈvaizəri] *adj* -a
usimamizi

supper [ˈsʌpə] *n* chajio

supplant [səˈplaːnt] *v* -badiliwa na

supple [ˈsʌpəl] *adj* -nyumbufu

supplement [ˈsʌplimənt] **1.** *n*
nyongeza **2.** *v* -ongeza

supplementary [ˌsʌpliˈmentri] *adj*
-a kuongeza

supplier [səˈplaiə] *n* mgawaji

supplies [səˈplaiz] *pl* vifaa

supply [səˈplai] **1.** *n* kutoa **2.** *(ec.)*
ugavi **3.** *v* -toa **4.** *see* **supplies**

supply and demand *n* ugavi na
mahitaji

supply base *n* kituo cha usambazaji

supply depot *n* ghala ya
usambazaji

supply line *n* njia ya usambazaji

supply plane *n* ndege ya
usambazaji

supply ship *n* meli ya usambazaji

support [səˈpɔːt] **1.** *n* tegemeo **2.**
msaada **3.** *(leg.)* kukimu **4.** **means
of support** riziki **5.** *v* -tegemeza **6.**
-saidia **7.** *(leg.)* -kimu

supportable [sʌˈpɔːtəbəl] *adj* -a
kutegemea

supporter [səˈpɔːtə] *n* **1.** msaidizi
2. shabiki

supporting [səˈpɔːting] *adj* -a
kusaidia

suppose [səˈpəuz] *v* **1.** -dhani **2.**
tuseme...

supposed [səˈpəuzd] *adj* -a
kudhaniwa

supposedly [səˈpəuzidli] *adv* kwa
kudhani

supposing [səˈpəuzing] *conj* kama

supposition [ˌsʌpəˈzishən] *n*
kukisia

suppository [ˌsʌpəˈzitɔri] *n*
kidonge

suppress [səˈpres] *v* **1.** -kandamiza
2. -zuia

suppression [səˈpreshən] *n* **1.**
ukandamizaji **2.** uzuiaji

suppressive [səˈpresiv] *adj* -a
kukandamiza

suppressor [səˈpresə] *n* **1.**
mkandamizi **2.** kizuiaji

supremacy [suːˈpreməsi] *n*
mamlaka ya juu

supreme [suːˈpriːm] *adj* -enye
mamlaka ya juu

supreme commander *n*
kamanda mkuu

Supreme Court *n* Mahkama Kuu

supremely [suˈpriːmli] *adv* mno

surcharge [ˈsəːchaːj] **1.** *n* malipo ya
ziada **2.** *v* -toza kodi ya ziada

sure [shɔː] **1.** *adj* -a hakika **2.** *adv*
kwa hakika **3.** **for sure** hapana

shaka 4. **to make sure** -hakikisha

surely [ˈʃɔːli] *adv* 1. haikosi 2. kwa salama

surety [ˈʃɔːrəti] *n* dhamana

surf [səːf] 1. *n* mawimbi meupe 2. *v* -teleza mawimbini

surf the net *v* -ambaa kwenye mtandao

surfboard [ˈsəːfbɔːd] *n* safbod

surface [ˈsəːfis] *n* uso

surface mail *n* barua zinazotumwa kwa njia ya kawaida

surface-to-air missile *n* kombora la kutungulia ndege yanayopigwa kutoka ardhini

surfeit [ˈsəːfit] *n* wingi

surfer [ˈsəːfə] *n* mtelezaji mawimbini

surfing [ˈsəːfiŋ] *n* mchezo wa kuteleza mwambini

surge [səːj] 1. mfuro wa mawimbi 2. *v* -tapakaa

surgeon [ˈsəːjən] *n* daktari mpasuaji

surgery [ˈsəːjəri] *n* 1. upasuaji 2. ofisi ya daktari

surgical [ˈsəːjikəl] *adj* 1. -a kuganga 2. -a upasuaji

surmise [ˈsəːmaiz] *v* -dhani

surname [ˈsəːneim] *n* jina la ukoo

surpass [səːpaːs] *v* -shinda

surplus [ˈsəːpləs] 1. adaj -a ziada 2. *n* ziada

surprise [səˈpraiz] 1. *adj* -a kushangaza 2. *n* mshangao 3. *v* -shangaza

surprising [səˈpraiziŋ] *adj* -a kushangaza

surrender [səˈrendə] 1. *n* kusalimu amri 2. **unconditional surrender** kusalimu amri bila ya masharti 3. *v* -salimu amri 4. -acha

surreptitious [ˌsərepˈtiʃəs] *adj* -a hila

surrogate [ˈsʌrəgeit] 1. *adj* -a badala 2. *n* badala

surround [səˈraund] *v* -zingira

surroundings [səˈraundiŋz] *pl* mastakimu

surveillance [səˈveiləns] *n* 1. upelelezi 2. **to be under surveillance** -pelelezwa

survey [səˈvei] 1. *n* kutazama mandhari 2. mapitio 3. *v* -tazama 4. *(tech.)* -kagua

surveying [səˈveiiŋ] *n* 1. upimaji wa ardhi 2. **quantity surveying** ukadiriaji majenzi

surveyor [səˈveiə] *n* 1. mpimaji wa ardhi 2. **quantity surveyor** mkadiriaji majenzi

survival [səˈvaivl] *n* kuendelea kuishi

survive [səˈvaiv] *v* 1. -okoka 2. -endelea kuishi

survivor [səˈvaivə] *n* 1. mwenye kuokoka 2. **sole survivor** mtu aliyeokoka kiroho

susceptible [səˈseptəbəl] *adj* -epesi kuhisi

susceptibility [səˈseptibiliti] *n* wepesi wa kuhisi

suspect [ˈsʌspekt] 1. *adj* -a shaka 2. *n* mtuhumiwa

suspect [səˈspekt] *v* 1. -tuhumu 2. -dhani

suspend [səˈspend] *v* 1. -tundika 2. -simamisha 3. *(ed.)* -sitisha masomo 4. **to suspend from duty** -simamisha kazi

suspended sentence [səˈspendid] *n (leg.)* kusimamisha hukumu

suspend judgement *v* -ahirisha hukumu

suspense [səˈspens] *n* 1. wasiwasi 2. **to keep in suspense** -weka katika hali ya wasiwasi

suspension [səˈspenshən] *n* 1. kutungika 2. kusimamisha 3. *(ed.)* kusitisha masomo 4. **car suspension** viangiko

suspension bridge *n* daraja linaloning'inia

suspicion [səˈspishən] *n* tuhuma

suspicious [səˈspishəs] *adj* 1. -a kutuhuma 2. -enye shaka

sustain [sə'stein] *v* 1. -chukua 2. *(leg.)* -kubaliana na
sustenance ['sʌstinəns] *n* riziki
suture ['syu:chə] *n (med.)* mshono
swab [swɔb] *n (med.)* pamba
swagger ['swagə] *v* -enda kwa mikogo
Swahili [swə'hi:li] 1. *adj* -a Kiswahili 2. *n* Mswahili 3. Kiswahili
swallow ['swɔləu] 1. *n* kijumbamshale 2. *v* -meza
swam [swam] *see* swim
swamp [swɔmp] 1. *n* kinamasi 2. *v* -lemea
swan [swɔn] *n* bata maji
swap [swɔp] *v* (swapped) -badili(shana)
swarm [swɔ:m] *n* kundi
swat [swɔt] *v* -chapa
swathe [sweidh] *v* -zinga kitambaa
sway [swei] *v* 1. -yumbisha 2. -geuza
swear [sweə] *v* 1. -apa 2. -laani
swear in/into *v* -apisha
swearword ['sweəwə:d] *n* usi
sweat [swet] 1. *n* jasho 2. *v* -toa jasho
sweater ['swetə] *n* sweta
sweaty ['sweti] *adj* -enye kutoa jasho
Swede [swi:d] *n* Mswidish
Sweden ['swi:dən] *n* Sweden
Swedish ['swi:dish] 1. *adj* -a Sweden 2. *n* Kiswidish
sweep [swi:p] *v* (swept) 1. -kufagia 2. -enda upesi
sweeper ['swi:pə] *n* mfagiaji
sweeping ['swi:ping] *adj* -kubwa
sweeping statement *n* kauli ya jumla
sweet [swi:t] 1. *adj* -tamu 2. -zuri 3. *n* tamutamu 4. pudini
sweet corn *n* mahindi matamu
sweeten ['swi:tən] *v* -tia utamu
sweetheart ['swi:tha:t] *n* mpenzi
sweetness ['swi:tnis] *n* utamu
sweet potato [,swi:tpə'teitəu] *n* kiazi kitamu

sweets [swi:tz] *pl* tamutamu
swell [swəl] *v* (swelled, swollen/swelled) -vimba
swelling ['sweling] *n* uvimbe
swelter ['sweltə] *v* -ona hari
swept [swept] *see* sweep
swerve [swə:v] *v* -chepuka
swift [swift] *adj* -epesi
swiftness ['swiftnəs] *n* wepesi
swig [swig] *v* -nywa
swill [swil] 1. *n* makombo 2. *v* -osha
swim [swim] 1. *n* kuogelea 2. *v* (swam, swum) -ogelea
swimmer ['swimə] *n* mwogeleaji
swimming ['swiming] *n* kuogelea
swimming costume *see* swimsuit
swimming pool ['swimingpu:l] *n* bwawa la kuogelea
swimsuit ['swimsu:t] *n* vazi la kuogelea
swindle ['swindl] *v* -tapeli
swindler ['swindlə] *n* ayari
swindling ['swindling] *n* ujanja
swine [swain] *pl* nguruwe
swinery ['swainəri] *n* ubanda la nguruwe
swing [swing] 1. *n* pembea 2. *v* -bembea
swingeing ['swinjing] *adj* -kubwa sana
swipe [swaip] *v* 1. *(sl.)* -iba 2. **to swipe a card** -tia kadi
swipe card *n* kadi ya kutia
swirl [swə:l] *v* -zunguka upesi upesi
switch [swich] 1. *n* swichi 2. badiliko 3. *v* -badili 4. *see* switch on/off/over
switchboard ['swichbɔ:d] *n* sanduku la swichi
switchboard operator *n* muwashaji swichi
switch off *v* -zima
switch on *v* -washa
switch over *v* -badili
swivel ['swivəl] *v* -zunguka
swollen ['swəulən] *adj* 1. -a uvimbe

2. *see* **swell**
swoon [swu:pn] *v* -zimia
swoop [swu:p] *v* **1.** *n* **at one fell
swoop** kwa dharuba moja **2.** *v*
-shuka
swoop up *v* -pokonya
swop [swɔp] *v* -badili(shana)
sword [sɔ:d] *n* upanga kitara
swordfish [ˈsɔ:dfish] *n* chuchunge
swore [swɔ:]; **sworn** [swɔ:n] *see*
swear
swum [swʌm] *see* **swim**
swung [swʌng] *see* **swing**
sycophancy [ˈshikəfanshi] *n*
kujipendekeza
sycophant [ˈshikəfant] *n* mtu
anayejipendekeza
syllable [ˈsiləbəl] *n* silabi
syllabus [ˈsiləbəs] *n* muhtasari
symbiosis [simbaiˈyəusis] *n* hali ya
utegemeano
symbiotic [simbaiˈyɔtik] *adj* -a
kutegemeana
symbol [ˈsimbəl] *n* ishara
symbolic [simˈbɔlik] *adj* **1.** -a ishara
2. -enye maana
symbolism [ˈsimbəlizəm] *n*
kuashiria
symbolize [ˈsimbɔlaiz] *v* -ashiria
symmetrical [siˈmetrikəl] *adj*
-linganifu
symmetrically [siˈmetrikli] *adv*
kwa ulinganifu
symmetry [ˈsimətri] *n* ulinganifu
sympathetic [ˌsimpəˈthetik] *adj* -a
huruma
sympathize [ˈsimpəthaiz] *v* **1.**
-sikitikia **2.** -hurumia
sympathizer [ˈsimpə,thaizə] *n*
mhurumiaji
sympathy [ˈsimpəthi] *n* huruma

symphony [ˈsimfəni] *n* simfoni
symposium [ˈsimpəuziəm] *n*
kongamano
symptom [ˈsimptəm] *n* dalili
symptomatic [simtəˈmatik] *adj* -a
dalili
synagogue [ˈsinəgɔg] *n* sinagogi
synchronization [singkrənaiˈzeishən]
n kupatanisha
synchronize [ˈsingkrənaiz] *v*
-patanisha
syndicate [ˈsindikət] *n* shirika la
watu wenyekazi moja
syndicate [ˈsindikait] *v* -shirikiana
ilikufanyakazi namna moja
syndrome [ˈsindrəum] *n* dalili
synonym [siˈnɔnim] *n* kisawe
synonymous [siˈnɔniməs] *adj* -enye
maana sawa
synopsis [siˈnɔpsis] *n* ufupisho
syntax [ˈsintaks] *n* sintaksi
synthesis [ˈsinthəsis] *n* usanisi
synthesize [ˈsinthəsaiz] *v* -sanisi
synthesizer [ˈsinthəsaizə] *n*
sinthesaiza
synthetic [sinˈthetik] *adj* -a unsanisi
syphilis [ˈsifilis] *n* kaswende
syphon [ˈsaifən] **1.** *n* kifyonzaji **2.**
-fyonza
syringe [siˈrinj] **1.** *n* sirinji **2.** *v* -tia
kwa sirinji
syrup [ˈsirəp] *n* shira
system [ˈsistəm] *n* **1.** mfumo **2.**
railway system mfumo wa reli
systematic [ˌsistəˈmatik] *adj* -a
hatua kwa hatua
system engineer *n* mfumo wa
mtambo
system software *n* mfumo wa
softweya
systems [ˈsistəmz] *pl (i.t.)* mfumo

T

ta! [ta:] *(UK)* ahsante!

table ['teibəl] 1. *n* meza 2. jedwali 3. **timetable** ratiba 3. *v* **to table a motion** -pendekeza mada

tablecloth ['teibəlklɔth] *n* kitambaa cha meza

tabletalk ['teibəl,tɔ:k] *n* mazungumzo ya wakati wa mlo

tablespoon ['teiblspu:n] *n*

tablet ['tablit] *n* kibao

tableland ['teibəlland] *n* uwanda wa juu

table tennis ['teibl,tenis] *n* mpira wa meza

tableware ['teibəlweə] *n* vyombo vya kulia chakula

tabloid ['tablɔ:id] *n* gazeti dogo

taboo [təbu:] *adj/n* haramu; mwiko

tacit ['tasit] *adj* -a kimya

tack [tak] 1. *n* msumari 2. *(mar.)* mbisho 3. *v* -bana 4. *(mar.)* -bisha

tacking ['taking] *(mar.)* mbisho

tackle ['takəl] 1. *n* vyombo 2. *(spor.)* kunyang'anya mpira 3. *(mar.)* kamba 4. **fishing tackle** vyombo vya kuvulia samaki 5. *v* -shughulikia 6. *(spor.)* -shambulia

tacky ['taki] *adj* -chafu

tact [takt] *n* busara

tactful [taktfəl] *adj* -a busara

tactic ['taktik] *n* mpango

tactical ['taktikəl] *adj* -a mpango

tactical weapons *pl* mipango ya silaha

tactician [tak'tishən] *n* stadi wa mbinu

tactless ['taktləs] *adj* bila busara

tadpole ['tadpəul] *n* kiluwiluwi

tag [tag] 1. *n* kishikizo 2. *v* -ambatisha

tag along *v* -fuata karibu sana

tail [teil] 1. *n* mkia 2. *v* -fuatia mtuhumiwa

tailboard ['teilbɔ:d]; **tailgate** ['teilgeit] *n* mlango wa nyuma wa lori

tail light *n* taa za nyuma za gari

tailor ['teilə] *n* mshonaji

tailor-made [,teilə'meid] *adj* inayostahiki

tail spin *n* kupiga mbizi

taint [teint] *v* -tia doa

take [teik] *v* **(took, taken)** 1. -teka 2. -shika 3. -peleka 4. -kubali 5. **to take someone's pulse** -pima presha 6. *see* take...

takeaway food ['teikəwei] *n (UK)* chakula cha kununua

take away *v* -punguza

take back *v* -futa

take care! jihadhari!

take care of *v* -tunza

take notice of *v* -angalia

take off *v* 1. -ondoa 2. -peleka 3. -ruka

take-off *n* kuruka

take out *v* 1. -sindikiza 2. -ng'oa 3. -kata

take-out ['teikaut] *adj (US) see* takeaway

take over [teik'əuvə] *v* 1. -vusha 2. -taifisha

take-over ['teikəuvə] *n* badilisha

take over power *v* -taifisha

take place *v* -fanyika

take up *v* 1. -inua 2. -wa kazi ya 3. -chukua

takings ['teikingz] *pl* mapato

talcum powder *n* poda ya ulanga

tale [teil] *n* hadithi

talent ['talənt] *n* kipaji

talented ['taləntid] *adj* -enye kipaji

talentless [ˈtaləntləs] *adj* bila kipaji

talk [tɔːk] 1. *n* mjadala 2. mhadhara 3. *v* -sema (**na to**) 4. *see* **talks**

talk about *v* -zungumza

talkative [ˈtɔːkətiv] *adj* msemaji

talk over *v* -zungumzia

talks [tɔːks] *pl* mazungumzo

tall [tɔːl] *adj* -refu

Talmud [ˈtalmud] *n* buku la sheria na maadili ya Kiyahudi

tamarind [ˈtamərind] *n* ukwaju

tame [teim] 1. *adj* -a kufuga 2. *v* -fuga

tampon [ˈtampɔn] *n* sodo

tan [tan] 1. *n* sun tan kuungua kwa jua 2. *v* -tia rangi ngozi; -tengeneza ngozi 3. **to tan in the sun** -ungua kwa jua

tandem [ˈtandəm] *n* **in tandem** sambamba

Tanganyika [ˌtangəˈnyiːkə] *n* Tanganyika

tangerine [tanjəˈriːn] *n* chenza

tangible [ˈtanjəbəl] *adj* dhahiri

tangle [ˈtanggəl] *v* -vuruga

tango [ˈtangəu] *n* tango

tank [tangk] *n* 1. birika 2. **petrol tank** tangi la petroli 3. *(mil.)* kifaru

tanker [ˈtangkə] *n* 1. meli ya shehena ya mafuta 2. lori ya kubebea mafuta

tanner [ˈtanər] *n* mtiaji wa rangi ngozi; mtengeneza wa ngozi

tannery [ˈtanəri] *n* tasnia ya ngozi

tanning [ˈtaning] *n* utiaji wa rangi ngozi; utengenezaji wa ngozi

tantalize [ˈtantəlaiz] *v* -tamanisha bure

tantrum [ˈtantrəm] *n* hamaki

Tanzania [ˌtanzəˈniːyə] *n* Tanzania

Tanzanian [ˌtanzəˈniːyən] 1. *adj* -a Tanzania 2. *n* Mtanzania

tap [tap] 1. *n* bilula; bomba 2. *v* -gonga

tap a phone *v* -rekodi simu

tape [teip] 1. *n* utepe 2. *v* -rekodi sauti 3. *see* **cassette**

tape measure *n* chenezo

tape recorder [ˈteiprikɔːdə] *n* tepurekoda

tapestry [ˈtapəstri] *n* tarkia

tapeworm [ˈteipwəːm] *n* tegu

tar [taː] *n* lami

tardy [ˈtaːdi] *adj* -a kuchelewa

tare [teə] *n* turuhani

target [ˈtaːgit] *n* dango

target area *n* (*mil.*) eneo la kupiga bomu

tariff [ˈtarif] *n* ushuru wa forodha

tarnish [ˈtaːnish] *v* -aibisha

tart [taːt] *n* pai ya matunda

task [taːsk] *n* kazi

task force *n* (*mil.*) kikosi maalum cha kijeshi

taste [teist] 1. *n* ladha 2. *v* -dhuku 3. -hisi

tasteful [ˈteistfəl] *adj* fasihi

tasteless [ˈteistlis] *adj* bila ladha

tasty [ˈteisti] *adj* -tamu

tattered [ˈtatəd] *adj* bovu-bovu

tatters [ˈtatəz] *pl* **in tatters** bovu-bovu

tattoo [təˈtuː] 1. *n* chale 2. *v* -piga chale

taught [tɔːt] *see* **teach**

taunt [tɔːnt] *v* -suta

Taurus [ˈtɔːrəs] *n* Ng'ombe

taut [tɔːt] *adj* -a kukaza

tavern [ˈtavən] *n* kilabu ya pombe

tax [taks] 1. *adj* -a kodi 2. *n* (*pl* **taxes**) kodi; ushuru 3. **value added tax (V.A.T.)** kodi ya thamanai ya bidha 4. **to pay tax** -lipa kodi 5. *v* -toza kodi 6. -elemea

taxable [ˈtaksi] *adj* -a kutozwa kodi

taxation [ˈtaksi] *n* kutoza kodi

tax collector *n* mkusanyaji kodi

tax evasion *n* kuepuka kodi

tax-free *n* -siolipiwa kodi

taxi [ˈtaksi] 1. *n* teksi 2. *v* -ambaa chini

taxi driver *n* dereva wa teksi

taxi rank *n* kituo cha teksi

T.B. [tiːbiː] *see* **tuberculosis**

tea [tiː] *n* 1. chai 2. **high tea** chajio

teabag [ˈtiːbag] *n* kifuko cha majani ya chai

tea chest *n* sanduku

teach [tiːch] *v* (**taught**) 1. -funda 2. -onya

teacher [ˈtiːchə] *n* mwalimu

teacher training college *n* chuo cha ualimu

teaching [ˈtiːching] *n* 1. kufundisha 2. ualimu

teacup [ˈtiːkʌp] *n* kikombe cha chai

teak [tiːk] *n* msaji; mvule

team [tiːm] *n* timu

team-leader [tiːmˈliːdə] *n* kiongozi wa kikundi

team mate [ˈtiːm,meit] *n* mwenzio

teamwork [ˈtiːmwəːk] *n* kazi ya pamoja

teapot [ˈtiːpɔt] *n* buli

tear [tiə] *n* chozi

tear [teə] 1. *n* mpasuo 2. *v* (**tore**, **torn**) -pasua

tear apart *v* -chananchana

tear drop *n* chozi

tearful [ˈtiːyəfəl] *adj* -a kulia

tear gas [ˈtiəgas] *n* gesi wa machozi

tear off *v* -tenga

tears [tiəz] *pl* **in tears** kwa machozi

tear up *v* -chananchana

tease [tiːz] *v* -chokoza

teasing [ˈtiːzing] *n* uchokozi

teaspoon [ˈtiːspuːn] *n* kijiko cha chai

teat [tiːt] *n* 1. chuchu; titi 2. kinacho fanana na titi

tea-time [ˈtiːtaim] *n* saa ya chai

teatowel [ˈtiːtawəl] *n* taolo cha kufuatia vyombo

tea tray *n* treya ya kuandikia chai

technical [ˈteknikəl] *adj* 1. -a ufundi 2. -stadi

technical adviser *n* mshauri wa ufundi

technical college *n* chuo cha ufundi

technical manual *n* ufundi wa mikono

technical terms *n* istilahi

technical training *n* mafunzo ya ufundi

technician [tekˈnishən] *n* fundisanifu

technique [tekˈniːk] *n* mbinu

technological [,teknəˈlɔjikəl] *adj* -a teknolojia

technology [tekˈnɔləji] *n* teknolojia

tedious [ˈtiːdiəs] *adj* -a kuchosha

tee [tiː] *n* kitii

teem [tiːm] *v* -jaa tele

teenage [ˈtiːneij] *adj* -a ujana

teenager [ˈtiːneijə] *n* kijana

teens [tiːnz] *pl* ujana

tee off *v* -anza

tee-shirt [ˈtiːshəːt] *n* fulana

teeth [tiːth] *see* **tooth**

teethe [tiːdh] *v* -ota meno

teething [ˈtiːdhing] (*med.*) maumivu ya kuota meno

telecast [ˈtelikaːst] *n* kutangaza kwa televisheni

telecommunications [,telikə,myuː-niˈkeishənz] *n* mawasiliano

telegram [ˈteligram] *n* telegramu

telegraph [ˈteligraːf] *n* telegrafu

telegraph pole *n* mti wa simu

telepathic [,teleˈpathik] *n* mwanatelepathia

telephone [ˈtelifəun] 1. *adj* -a simu 2. *n* simu 3. *v* -piga simu

telephone book *n* kitabu cha simu

telephone booth *n* kibanda cha simu

telephone call *n* simu

telephone directory *n* orodha za simu

telephonic [,teliˈfɔnik] *n* -a simu

telephonist [teˈlefənist] *n* opereta

telephony [te·lefəni] *n* telefonia

telephoto lens *n* lenzi ya kuona mbali

telescope [·teliskəup] *n* darubini

teletext [·telitekst] *n* teletext

televise [·teliviaz] *v* -tangaza kwa televisheni

television [·telivizhən] *n* 1. televisheni; tivi 2. **to watch television** -tazama televisheni

television set *n* televisheni; tivi

telex [·teleks] *n* teleksi

tell [tel] *v* (**told**) -ambia

tell a story *v* -simulia hadithi

teller [·telə] *n* mwenye kuhesabu

tell time *v* -jua majira

temp [temp] *see* **temporary worker**

temper [·tempə] *n* 1. **good temper** upole 2. **bad temper** hasira 3. **to lose one's temper** -kasirika

tempera [·tempərə] *n* rangi ya maji

temperament [·temprəmənt] *n* tabia

temperamental [,temprə·mentəl] *adj* -epesi wa kubadili hali

temperate [·tempərət] *adj* -a wastani

temperate zone *n* ukanda wenye halijoto wastani

temperature [·temprəchə] *n* 1. halijoto 2. (*med.*) **to have a temperature** -wa na homa

tempest [·tempist] *n* tufani

template [·templeit] *n* kiolezo

temple [·tempəl] *n* 1. panda 2. (*rel.*) hekalu

tempo [·tempəu] *n* mwendo

temporarily [,tempə·reərili] *adv* kwa muda

temporary [·temprəri] *adj* -a muda

temporary work *n* ajira ya muda

temporary worker *n* mfanyakazi ya kibarua

tempt [tempt] *v* 1. -shawishi 2. -tamanisha

temptation [temp·teishən] *n* 1. kishawishi 2. matamanio

ten [ten] *n/adj* kumi

tenable [·tenəbəl] *adj* -a kushikika

tenacious [ti·neishəs] *adj* -enye kushika sana

tenacity [ti·nasəti] *n* nguvu ya kushikama

tenancy [ti·nasiti] *n* upangaji

tenant [·tenənt] *n* mpangaji

tenant farmer *n* mkulima wa mfumo wa nyarubanja

tend [tend] *v* 1. -tunza 2. -elekea

tendency [·tendənsi] *n* mwelekeo

tender [·tendə] 1. *adj* -ororo 2. **a tender subject** suala nyeti 3. *n* (*com.*) zabuni 4. *v* -toa 5. (*com.*) -toa zabuni

tenderness [·tendənis] *n* 1. kuona huruma 2. hisia

tendon [·tendən] *n* kano

tendril [·tendril] *n* ukono

tenement [·tenəmənt] *n* nyumba

tenet [·tenət] *n* kanuni

tennis [·tenis] *n* tenisi

tennis court *n* kiwanja cha tenisi

tennis shoes *pl* viatu vya tenisi

tense [tens] 1. *adj* -enye fadhaa 2. *n* njeo

tenseness [·tensnəs] *n* fadhaa

tension [·tenshən] *n* 1. fadhaa 2. kutanuka 3. (*tech.*) nguvu ya umeme

tent [tent] *n* 1. hema 2. **oxygen tent** mfuniko wa oksijeni

tentacle [·tentəkəl] *n* mkono

tentative [·tentətiv] *adj* -a kujaribia

tenterhooks [·tentəhuks] *pl* **on tenterhooks** -enye wasiwasi

tent peg *n* kigingi

tenth [tenth] *adj* -a kumi

tenuous [·tenyuəs] *adj* -dhaifu

tepid [·tepid] *adj* -a uvuguvugu

term [tə:m] 1. *n* muda 2. neno 3. (*ed.*) muhula 4. **short-term** -a muda mfupi 5. **long-term** -a muda mrefu 6. *v* -taja 7. *see* **terms**

terminal [ˈtəːminəl] **1.** adj (med.) -siyosikia dawa **2.** n kituo maalum **3.** (tech.) temino **4. computer terminal** kompyuta

terminate [ˈtəːmineit] v -koma

termination [ˌtəːmiˈneishən] n kikomo

terminology [ˌtəːmiˈnoloji] n istilahi

terminus [ˈtəːminəs] n stesheni ya mwisho

termite [ˈtəːmait] n mchwa

terms [təːmz] pl **1.** sharti **2. to be on good terms** -wa na uhusiano mwewa **3. to come to terms with** -kubaliana

terms of agreement pl hali ya mabubaliano

terrace [ˈterəs] n varanda

terra firma [ˌterəˈfəːmə] n nchi kavu

terrain [teˈrein] n upeo

terrapin [ˈterəpin] n kasa

terrestrial [tiˈrestriyəl] adj -a mfano wa dunia

terrible [ˈterəbəl] adj **1.** -a kuogofya **2.** -baya (sana)

terribly [ˈterəbli] adv sana

terrific [təˈrifik] adj -kubwa sana

terrify [ˈterifai] v -ogofya

terrifying [ˈterifaying] adj -enye kutisha

territorial [ˌterəˈtɔːriəl] adj -a taifa

Territorial Army n (UK) jeshi la mgambo

territorial claim n kudai eneo bila ya haki

territorial waters pl maji yalioko katika eneo la nchi

territory [ˈterətri] n eneo

terror [ˈterə] n **1.** hofu **2. state of terror** hali ya hofu

terrorism [ˈterərizəm] n **1.** ugaidi **2. to commit an act of terrorism** -fanya ugaidi

terrorist [ˈterərist] n gaidi

terse [təːs] adj -a maneno ya mkato

tertiary [ˈtəːshəri] adj -a tatu

test [test] **1.** n jaribio; mtihani **2. driving test** jaribio wa udereva **3.** v -jaribu; -tahini

testament [ˈtestəmənt] n **1. to be a testament to** -thibitisha **2.** see **will**

testdrive [ˈtestdraiv] n uedeshaji wa majaribio

testicle n pumbu

testify [ˈtestifai] v **1.** -thibitisha **2.** (leg.) -shuhudia

testimonial [ˌtestiˈməuniəl] n hati ya kuthibitisha

testimony [ˈtestiməni] n ushahidi

test match n mchezo wa kimataifa

test-tube [ˈteschuːb] n neli ya majaribio

test-tube baby n mtoto wa maabara

tetanus [ˈtetənəs] n pepopunda

tether [ˈtedhə] v -funga kwa kamba katika kigingi

text [tekst] n maandiko

textbook [ˈteksbuk] n kitabu cha kiada

textile [ˈtekstail] **1.** adj -a kutengeneza nguo **2.** n nguo; kitambaa

textile industry n kiwanda cha nguo

textual [ˈtekstyuwəl] adj -a maandishi

texture [ˈtekschə] n **1.** msokotano **2.** tishu

than [dhən] conj **1.** kuliko **2. other than** ukiacha

thank [thangk] v -shukuru

thank you! asante!

thankful [ˈthangkfəl] adj -enye shukrani

thankless [ˈthangklis] adj -sio na shukrani

thanks [ˈthangks] pl **1.** shukrani **2.** asante!

thanks to prep kwa msaada wako

that [dhət; dhat] **1.** (pl those) -le **2.** ambaye **3.** conj kwamba **4. so that/in order that** ili

thatch [thach] *v* -ezeka kwa makuti
that is (= i.e.) yaani
thaw [thɔː] 1. *n* myeyuko 2. *v* -yeyuka
the [dhə; dhi; dhiː] -le
theatre [ˈthiətə] *n* 1. jumba la kucheza cha michezo ya kuigiza; thiyeta 2. **movie theatre** sinema 3. **operating theatre** chumba cha kupasulia
theft [theft] *n* wizi
their [dheə] -ao
theirs [dheəz] -ao
them [dhəm; dhem] *pro* -wa-
theme [thiːm] *n* wazo
themselves [dhəmˈselvz] wenyewe
then [dhen] 1. *adv* wakati ule 2. baadaye 3. **till then** hadi hapo 4. **now and then** mara kwa mara; pengine
theodolite [thiˈɔdəlait] *n* kipimiapembe
theologian [ˌthiəˈləujən] *n* mwanateolojia
theology [thiˈɔlji] *n* teolojia
theoretical [ˌthiəˈretikəl] *adj* -a nadharia
theory [ˈthiəri] *n* 1. nadharia 2. **in theory** kinadharia
therapeutic [ˌtherəˈpyuːtik] *adj* -a kutibu
therapist [ˈtherapist] *n* mtaalam wa matabibu
therapy [ˈtherapi] *n* matibabu
there [dheə] 1. hapo; pale 2. **over there** kule
there is/are... ile/wale
thereafter [ˌdheərˈaːftə] *adv* baadaye
therefore [ˈdheəfɔː] *adv* kwa hiyo
thereupon [ˌdheərəˈpɔn] *adv* kwa sababu hii
thermal [ˈthəməl] *adj* -a moto
thermo-electric [ˌthəːməuˌeˈlektrik] *adj* -a umemejoto
thermometer [thəˈmɔmitə] *n* kipimajoto

thermos flask [ˈthəːməs-ˈflaːsk] *n* themosi
thermostat [ˈthəːməstat] *n* thermostati
these [dhiːz] *see* **this**
thesis [ˈthiːsis] *n* tasnifu
thespian [ˈthespiyən] *n* mwigizaji
they [dhei] *pro* wao; wa-
thick [thik] *adj* 1. -nene 2. -ingi
thicken [ˈthikən] *v* -gandamana
thicket [ˈthikit] *n* kichaka
thickness [ˈthiknis] *n* unene
thief [thiːf] *n* (*pl* **thieves**) mwizi
thieve [thiːv] *v* -ibi
thigh [thai] *n* paja
thimble [ˈthimbəl] *n* kastabini
thin [thin] *adj* -embamba
thing [thing] *n* kitu
think [thingk] *v* (**thought**) -fikiri
thinkable [ˈthinkəbəl] *adj* **It's not thinkable.** Haifikiriki.
think about *v* -tafakari
thinker [ˈthinkə] *n* mfikiriaji
thinking [ˈthingking] *n* kufikiri
think of *v* -fikiria
think over *v* -fikiria tena
think tank *n* jumuiya ya wahauri mabingwa
third [thəːd] 1. *adj* -a tatu 2. *n* theluthi
Third World *n* nchi zinazoendelea ulimwengu wa tatu
thirst [thəːst] *n* kiu
thirsty [ˈthəːsti] *adj* -enye kiu
thirteen [ˌthəːˈtiːn] *n/adj* kumi na tatu
thirteenth [ˌthəːˈtiːnth] *adj* -a kumi na tatu
thirtieth [ˈthəːtiəth] *adj* -a thelathini
thirty [ˈthəːti] *n/adj* thelathini
this [dhis] (*pl* **these**) huyu; hiki
thong [thɔng] *n* kigwe
thorax [ˈthɔraks] *n* kifua
thorn [thɔːn] *n* mwiba
thorn bush *n* mchongoma
thorny [ˈthɔːni] *adj* -enye miiba
thorough [ˈthʌrə] *adj* -kamili

thoroughbred [ˈthʌrəbred] *n* farasi wa asili bora

thoroughfare [ˈthʌrəfeə] *n* barabara

thoroughly [ˈthʌrəli] *adv* kabisa

thoroughness [ˈthərənəs] *n* ukamilifu

those [dhəuz] *see* that

though [dhəu] *adv/conj* 1. ingawa 2. hata kama 3. hata hivyo 4. **as though** kama kwamba

thought [thɔːt] *n* 1. fikira; wazo 2. *see* think

thoughtful [ˈthɔːtfəl] *adj* 1. -a kufikiri 2. -a hadhari

thoughtfulness [ˈthɔːtflnis] *n* uangalifu

thoughtless [ˈthɔːtlis] *adj* -pumbavu

thought-provoking *adj* -a kuchemsha bongo

thousand [ˈthauznd] *n/adj* elfu

thousandth [ˈthauznth] *adj* -a elfu

thrash [thrash] *v* -charaza

thrashing [ˈthrashing] *n* ushinde

thread [thred] *n* uzi

threat [thret] *n* tishio

threaten [ˈthretən] *v* -tisha

threatening [ˈthretning] *adj* -a kutisha

three [thriː] *n/adj* tatu

three-dimensional (= 3D) [ˌthriːdai-ˈmenshənəl] *adj* -a pande tatu

thresh [thresh] *v* -pura

threshold [ˈthreshhəuld] *n* kizingiti

threw [thruː] *see* throw

thrice [thrais] *adv* mara tatu

thrift [thrift] *n* iktisadi

thrifty [ˈthrifti] *adj* -a iktisadi

thrill [thril] 1. *n* msisimko 2. *v* -sisimua

thriller [ˈthrilə] *n* filamu ya kusisimua; riwaya ya kusisimua

thrive [thraiv] *v* -sitawi

throat [thrəut] *n* koo

throb [thrɔb] *v* -pwita

throbbing [ˈthrɔbing] *adj* -a kupwita

throes [thrəuz] *pl* **in the throes of** katika jitihada za

throne [thrəun] *n* 1. kiti cha enzi 2. **the throne** ufalme

throng [thrɔng] *n* msongamano

throttle [ˈthrɔtl] 1. *n* punguza mvuke 2. *v* -songa roho

through [thruː] 1. *adj* -a kupita 2. *prep* kupitia 3. kwa njia ya 4. moja kwa moja 5. *adv* hadi mwisho

throughout [thruːˈaut] 1. *prep* popote 2. *adv* kabisa

throughway [ˈthruːˌawei] *n* baraste

throw [thrəu] *v* (**threw, thrown**) -tupa

throw away *v* -tupa

throw out *v* 1. -toa 2. -kataa

throw up *v* -tapika

thrush [thrʌsh] *n (med.)* utando mweupe kinywani

thrust [thrʌst] 1. *n (mil.)* shambulio 2. *v* -kumba

thud [thʌd] *n* mshindo

thug [thʌg] *n* jambazi

thumb [thʌm] *n* kidole cha gumba

thumbnail sketch *n* muhtasari

thump [thʌmp] *v* -gonga

thunder [ˈthʌndə] *n* radi

thunderbolt [ˈthʌndəbɔlt] *n* radi

thunderstorm [ˈthʌndəstɔːm] *n* mvua ya radi

Thursday [ˈthəːzdi] *n* Alhamisi

thus [dhʌs] *adv* hivyo

thwart [thwɔːt] *v* -zuia

tiara [tiˈyaːrə] *n* taji

tick [tik] 1. *n* kupe 2. nukta; tiki 3. *v* -tia alama/tiki 4. -piga ta-ta

ticket [ˈtikit] *n* tiketi

ticket collector *n* mkusanyaji tiketi

ticket inspector *n* mkaguzi wa tiketi

ticket office *n* afisi ya tiketi

tickle [ˈtikəl] *v* -tekenya

tidal [ˈtaidl] *adj* -a maji kujaa na kupwa

tidal wave *n* kabobo

tide [taid] *n* 1. maji kujaa na kupwa 2. **high tide** bamvua 3. **low tide** maji kupwa 4. **spring tide** bamvua kubwa 5. *see* **tide over**

tide mark *n* alama ya maji ya kujaa na kupwa

tidings [ˈtaidingz] *pl* habari

tide over *v* -kwamua kutokana na matatizo

tideway [ˈtaidwei] *n* mkondo wa bahari

tidy [ˈtaidi] 1. *adj* nadhifu 2. *v* -panga vizuri

tie [tai] 1. *n* kifungo 2. tai 3. *(spor.)* sare 4. *v* -funga 5. *(spor.)* -enda sare

tier [ˈtiːə] *n* daraja

tie up *v* 1. -funga 2. -tenga 3. **to be tied up with** -banwa na

tiger [ˈtaigə] *n* chui

tight [tait] 1. *adj* -liokazwa 2. *adv* kwa kukaza

tighten [ˈtaitən] *v* -kaza

tightly *adv* kwa kukaza

tightness [ˈtaitnəs] *n* kukaza

tights [taits] *pl* taits; soksi za mwanamke kama suruali

'til [til] *see* **until**

tile [tail] *n* kigae

till [til] 1. *n* **cash till** kikasha wa meza 2. *v* -lima 3. *see* **until**

tiller [ˈtilə] *n* (mar.) kana

tilt [tilt] *v* -inamisha

timber [ˈtimbə] *n* 1. mbao 2. miti

timbre [ˈtambə] *n* sifa ya sauti

time [taim] 1. *n* wakati 2. **on time** -liowahi 3. **in time** mapema 4. **at times** wakate wote 5. **at that time** wakati ule 6. **all the time** kwa kipindi chote kile 7. **at the same time** kwa pamoja 8. **from time to time** mara kwa mara 9. **to waste time** -poteza wakati 10. **to spend time** -tumia wakati 11. **one at a time** moja moja 12. **to tell time** -ambia saa 13. **What is the time?** Ni saa ngapi? 14. *v* -pa muda

time bomb *n* bomu lililotegeshwa kulipuka kwa muda maalum

timekeeper [ˈtaim,kiːpə] *n* 1. mdhibiti majira 2. saa

time lag *n* kawio

timeless [ˈtaimləs] *adj* -a milele

time limit *n* muda maalum

timely [ˈtaimli] *adj* -a wakati wa kufaa

times [taimz] *prep* mara

time signal *n* kiashiria muda

timeswitch [ˈtaimswich] *n* swichi ya majira

timetable [ˈtaim,teibəl] *n* ratiba

time zone *n* ukanda wa kijiografia unaotumia majira yanayofanana

timid [ˈtimid] *adj* -oga

tin [tin] *n* bati

tin foil *n* jaribosi

tinge [tinj] 1. *n* alama ndogo 2. *v* -tia rangi kidogo

tingle [ˈtingəl] *v* -ona mnyeo

tinkle [ˈtinkəl] *v* -lia

tinned food [tind] *n* chakula cha mkebe

tin-opener [ˈtinəupnə] *n* kifungulia kopo

tinsel [ˈtinsəl] *n* zari

tint [tint] 1. *n* rangi 2. *v* -tia rangi

tiny [ˈtaini] *adj* -dogo sana

tip [tip] 1. *n* ncha 2. bahshishi 3. shauri 4. **rubbish tip** jaa 5. *v* -inama 6. -pa bahshishi

tip-off *n* onyo

tip over *v* -pindua

tipsy [ˈtipsi] *adj* -levi kidogo

tiptoe [ˈtiptəu] 1. *n* **on tiptoe** kwa ncha za vidole 2. *v* -enda njongwajongwa

tirade [taiˈraid] *n* makaripio

tire [ˈtaiə] *v* 1. -chosha 2. *see* **tyre**

tired [ˈtaiəd] *adj* hoi

tireless [ˈtayələs] *adj* -siokwisha

tiresome [ˈtaiəsəm] *adj* -tukutu

tissue [ˈtishuː] *n* tishu

tissue paper *n* karatasi ya shashi

titbit [ˈtitbit] *n* vipande vidogo vizuri

titillate ['titəleit] *v* -tekenya

title ['taitl] *n* 1. kichwa 2. jina 3. *(spor.)* cheo

titter ['titə] *v* -jichekea

titular ['tityulə] *adj* -a jina tu

T-junction [ti-'jʌnchən] *n* kiungo cha Ti

T.N.T. ['ti-en-ti] *n* baruti kali

to [tə; tu; tu:] *prep* 1. -ni 2. hadi 3. kwa 4. ku-

toad [təud] *n* chura

toast [təust] 1. *n* tosti 2. kupongeza 3. *v* -choma 4. -pongeza

tobacco [tə'bakəu] *n* tumbaku

tobacconist [tə'bakənist] *n* mwuza sigara

today [tə'dei] *adv* leo

today's [tə'deiz] *adj* -a siku hizi

toddler ['tɔdlə] *n* mtoto kidogo

toe [təu] *n* kidole (cha mguu)

toenail ['təuneil] *n* ukucha wa kidole (cha mguu)

toffee ['tɔfi] *n* tofi

together [tə'gedhə] *adv* 1. pamoja 2. **all together** (-ote) wa pamoja

togetherness [tə'gedhənəs] *n* umoja

toil [tɔil] 1. *n* kazi 2. *v* -fanya kazi

toilet ['tɔilit] *n* 1. choo; msala 2. **public toilets** choo cha serikali 3. **to go to the toilet** -enda chooni

toilet paper *n* karatasi ya chooni

token ['təukən] 1. *n* alama 2. ishara 3. kianzio 4. *adj* **a token gesture** kutunza

told [təuld] *see* **tell**

tolerable ['tɔlərəbəl] *adj* -a kustahimilika

tolerance ['tɔlərəns] *n* stahamala

tolerant ['tɔlərənt] *adj* -stahimilivu

tolerate ['tɔləreit] *v* -stahimili

toleration [,tɔlə'reishən] *n* stahamala

toll [təul] 1. *n* kodi 2. **death toll** idadi ya waliyokufa 3. *v* -lia polepole

tomato [tə'ma:təu] *n* (*pl* **tomatoes**) nyanya

tomb [tu:m] *n* kaburi

tombstone ['tu:mstəun] *n* jiwe la kaburi

tomorrow [tə'mɔrəu] *adv* 1. kesho 2. **the day after tomorrow** kesho kutwa

ton [tʌn] *n* tani

tone [təun] *n* sauti

tongs [tɔngz] *pl* koleo

tongue [tʌng] *n* 1. ulimi 2. **mother tongue** lugha asili

tonic ['tɔnik] *n* dawa ya kuchangamshawili

tonic water *n* toniki

tonight [tə'nait] *adv* tukwa

tonnage ['tʌnij] *n* uwezo wa kusheheni

tonne [tʌn] *n* tani

too [tu:] *adv* 1. mno 2. vilevile

took [tuk] *see* **take**

tool [tu:l] *n* kifaa; ala

tool box; tool kit *n* kisanduku cha vifaa

tooth [tu:th] *n* 1. jino 2. **to brush one's teeth** -piga mswaki

toothache ['tu:theik] *n* maumivu ya jino

toothbrush ['tu:thbrʌsh] *n* mswaki

toothless ['tu:thlis] *adj* kibogoyo

toothpaste ['tu:thpeist] *n* dawa ya meno

toothpick ['tu:thpik] *n* kimbaka

top [tɔp] 1. *adj* -a juu 2. *n* kilele 3. sehemu ya juu 4. **on top (of)** juu (ya) 5. *see* **top out; top up**

top speed *n* mwendo wa kasi kabisa

topic ['tɔpik] *n* mada

topical ['tɔpikəl] *adj* -a matukio ya wakati huu

topless ['tɔpləs] *adj* -a kifua wazi

topmost ['tɔpməust] *adj* -a juu kupita zote

top out *v* -zindua jengu refu kwa sherehe

topple ['tɔpəl] *v* -tikisa

topple over *v* -pindua

top-secret *adj* siri kuu

topsy-turvy [ˌtɔpsiˈtəːvi] *adj/adv* kichwa chini

top up *v* -jazia

tor [tɔː] *n* kilima

Torah [ˈtɔːrə] *n* Taurati

torch [tɔːch] *n* tochi

torch song *n* wimbo ya mapenzi

tore; torn [tɔː; tɔːn] *see* **tear**

torment [ˈtɔːment] *n* maumivu makali

tormentor [tɔˈmentə] *n* msumbufu

torment [tɔːˈment] *v* -tesa

tornado [tɔːˈneidəu] *n* kimbunga

torpedo [tɔːˈpiːdəu] 1. *n* (*pl* **torpedoes**) topido 2. *v* -piga kwa topido

torpedo boat *n* manowari ya kurushia topido

torque [tɔːk] *n* mkufu wa chuma

torrent [ˈtɔrənt] *n* mbubujiko wa nguvu

torrential rain *n* mvua nyingi

torrid [ˈtɔrid] *adj* -a hari sana

torso [ˈtɔːsəu] *n* sanamu

tort [tɔːt] *n* kosa la daawa

tortoise [ˈtɔːtəs] *n* kobe

tortuous [ˈtɔːtyuwəs] *adj* -a vizingo vingi

torture [ˈtɔːchə] 1. *n* mateso 2. *v* -tesa

torture chamber *n* chumba cha mateso

torturer [ˈtɔːchərə] *n* mtesaji

Tory [ˈtɔːri] *see* **Conservative**

toss [tɔs] *v* -tupa

toss a coin *v* -rusha sarafu hewani

tot [tɔt] *n* 1. mtoto kidogo 2. *see* **tot up**

total [ˈtəutl] 1. *adj* kamili 2. *n* jumla 3. *v* -jumlisha

total up *v* -jumlisha

totalitarian [ˌtəutaliˈtaːriən] *adj* -a dikteta

totalitarianism [ˌtəutaliˈtaːriənizəm] *n* udikteta

totality [təuˈtaliti] *n* ukamilifu

totally [ˈtəutali] *adv* kabisa

totter [ˈtɔtə] *v* -pepesuka

tot up *v* -jumlisha

touch [tʌch] 1. *n* kugusa 2. rekebisho 3. **a touch of** dalili ya 4. **in touch with** -enye kuwasiliana na 5. **to lose touch with** potezana 6. *v* -gusa 7. -athiri 8. *see* **touch down**

touch-and-go [tʌch-and-ˈgəu] *adj* -a kubahatisha

touch down [ˈtʌchdaun] *v* -tua

touching [ˈtʌching] 1. *adj* -a kutia huruma 2. *prep* kuhusu

touchtype [ˈtʌch-taip] *v* -piga mashine bila ya kutazama

touchy [ˈtʌchi] *adj* -enye hamaki

tough [tʌf] *adj* 1. -gumu 2. -siotatuka kwa urahisi 3. -katili 4. -fidhuli

toughen [ˈtʌfən] *v* -imarisha

toughness [ˈtʌfnis] *n* 1. ugumu 2. ukatili

tour [tuə] 1. *n* safari; utalii 2. **official tour** ziara rasmi 3. *v* -tembelea

tour car *n* gari la utalii

tour guide *n* kiongozi wa watalii

touring [ˈtuəring] *n* utalii

tourism [ˈtuərizəm] *n* utalii

tourist [ˈtuərist] 1. *adj* -a utalii 2. *n* mtalii

tourist agency *n* wakala wa utalii

tourist industry *n* biashara ya utalii

tourist season *n* msimu wa watalii

tournament [ˈtɔːnəmənt] *n* mashindano

tour operator *n* wakala wa utalii

tour party *n* kikundi cha utalii

tout [taut] 1. *n* ticket tout mlanguzi wa tiketi 2. *v* -tangaza

tow [təu] *v* -vuta

toward, towards [təˈwɔːd; -z] *prep* 1. kuelekea 2. kwa ajili ya 3. karibu

tow away a car *v* -vuta gari

towel [ˈtauəl] *n* taulo

tower [ˈtauə] *n* 1. mnara 2. **water tower** mnara wa tangi la maji

tower block *n* jengo lenye ghorofa nyingi

towering [ˈtauəriŋ] *adj* -enye hasira kali

town [taun] 1. *adj* -a mji 2. *n* mji

town clerk *n* karani wa halmashauri ya mji

town council *n* diwani ya mji

town hall *n* halmashauri ya mji

town house *n* nyumba ya mjini

town planner *n* mpingaji miji

town planning *n* mipango miji

township [ˈtaunship] *n* kitongoji

toxic [ˈtɔksik] *adj* -a sumu

toxicity [tɔkˈsisiti] *n* kiwango cha kusumisha

toxic waste *n* takataka za sumu

toxin [ˈtɔksin] *n* sumu

toy [tɔi] *n* kitu cha kuchezea watoto

traceable [ˈtreisəbəl] *adj* -a kutafutika

trace [treis] 1. *n* dalili 2. *v* -tafuta 3. -fuatisha

tracer bullet *n* risasi linayosafiri kwa kuacha moshi nyuma

trachea [ˈtrakiyə] *n* koo

tracing [ˈtreisiŋ] *n* kunakili

tracing paper *n* karatasi ya kunakilia

track [trak] 1. *n* njia 2. alama 3. *(spor.)* uwanja wa riadha 4. **railtrack** reli za garimoshi 5. **to keep track (of)** fuatia 6. **to lose track (of)** -shindwa kufuatia 7. *v* -fuatia

tracker [ˈtrakə] *n* mwindaji

tracker dog *n* mbwa mfuatiaji

tracking station *n* kituo kinachoongoza vyombo vya angani

track suit *n* suti ya ridhaa

tract [trakt] *n* eneo

traction [ˈtrakshən] *n* nguvu ya kuvutia

tractor [ˈtraktə] *n* trekta

trade [treid] 1. *n* biashara 2. kazi 3. **foreign trade** biashara ya nje 4. **retail trade** biashara ya rijarija 5. **wholesale trade** biashara ya jumla 6. **free trade** biashara isiyo na vikwazo 7. **balance of trade** usawa biashara; urari wa biashara 8. **to lower trade barriers** -punguza vikwazo 9. *v* -fanya biashara 10. -badilishana

trade agreement *n* makubaliano ya biashara

trade barrier *n* vikwazo vya biashara

trade centre *n* senta ya biashara

trade delegation *n* ujumbe wa biashara

trade dispute *n* mgogoro wa kazi

trade embargo *n* kikwazo cha biashara

trade fair *n* maonyesho ya biashara

trademark [ˈtreidmaːk] *n* chapa

trade name *n* jina la bidhaa

trade price *n* bei ya jumla

trade prisoners *v* -badilishana wafungwa

trader [ˈtreidə] *n* 1. mchuuzi 2. mfanyabiashara

trade relations *pl* uhusiano wa biashara

trade sanctions *pl* vikwazo vya biashara

tradesman [ˈtreidzmən] *n* mwuza duka

trade union, trades union *n* chama cha wafanyakazi

trade unionism *n* mfumo wa vyama vya wafanyakazi

trade unionist *n* mwanachama wa chama cha wafanyakazi

trade wind *n* upepo uafanya sawa

trading [ˈtreidiŋ] 1. *adj* -a biashara 2. *n* biashara

trading estate *n* eneo la viwanda

tradition [trəˈdishən] *n* desturi

traditional [trəˈdishənl] *adj* -a desturi

traditionally [trə·dishənli] *adv* kimapokeo

traffic [·trafik] 1. *n* nyendo 2. magari 3. *(com.)* usafirishaji; biashara 4. *v (com.)* -fanya biashara

traffic jam *n* msongamano wa magari

trafficker [·trafikə] *n* mfanyabiashara

trafficking [·trafiking] *n* biashara

traffic lights *pl* taa zinazoongoza magari

tragedy [·trajədi] *n* 1. msiba 2. tanzia

tragic [·trajik] *adj* 1. -a msiba 2. -a tanzia

trail [treil] 1. *n* njia 2. alama 3. *v* -fuata alama 4. -vuta

trailer [·treilə] *n* trela

train [trein] 1. *n* garimoshi; treni 2. **by train** kwa garimoshi; kwa treni 3. *v* -fundisha

trainer [·treinə] *n* mfundishaji

trainers [·treinəz] *pl* trenaz

train ferry *n* kivuko cha treni

training [·treining] *n* 1. ufundishaji 2. *(spor.)* mazoezi

training camp *n (spor.)* kambi ya mazoezi

training college *n* 1. chuo cha mafunzo 2. **teacher training college** chuo cha ualimu

trait [treit] *n* tabia

traitor [·treitə] *n* msaliti

tram [tram] *n* tramu

tramp [tramp] 1. *n* mzururaji 2. *v* -enda kwa miguu

trample [·trampəl] *v* -kanyaga

trampoline [·trampəli:n] *n* turubali

tramway [·tramwei] *n* reli ya tramu

trance [tra:ns] *n* kupagawa

tranquil [·trangkwil] *adj* -tulivu

tranquillity; tranquility [trang·kwiləti] *n* utulivu

tranquillize; tranquilize [trang·kwilaiz] *v* -tuliza

tranquillizer; tranquilizer [trang·kwilaizə] *n* dawa ya kutuliza

transaction [tran·zakshən] *n* 1. mapatano 2. shughuli

transactions [tran·zakshənz] *pl* kumbukumbu

transatlantic [,tranzat·lantik] *adj* -a ng'ambo ya bahari ya Atlantiki

transcend [tran·send] *v* -vuka mipaka

transcontinental [tranz,konti·nentəl] *adj* -a kuvuka kontinenti

transcribe [tran·skraib] *v* -nakili

transcript [tran·skript] *n* nakala

transcription [tran·skripchən] *n* kunakili

transfer [trans·fə:] 1. *n* uhamisho 2. *v* -hawilisha

transferable [tranz·fə:rəbəl] *adj* -a kuhamishika

transfer fee *n* ada ya uhawilisho

transfix [tranz·fiks] *v* -choma

transform [tranz·fo:m] *v* -geuza

transformation [,tranzfə·meishən] *n* mgeuzo

transformer [tranz·fo:mə] *n* transfoma

transfusion [tranz·fyu:zhən] *n* **blood transfusion** upaji wa damu

transgression [tranz·greshən] *n* kosa

transient [·tranziənt] *adj* -a kupita

transistor [tran·zistə] *n* transista

transit [·tranzit] 1. *adj* -a kupita 2. *n* kupita 3. **goods in transit** bidhaa zinazosafirishwa

transit camp *n* kambii ya wapita njia

transit lounge *n* ukumbi wa wapita njia

transit visa *n* visa ya kupita

transition [tran·zishən] *n* mabadiliko

transitional [tran·zishənəl] *adj* -a mabadiliko

transitory [·tranzitri] *adj* -a kupita

translate [tranz·leit] *v* -tafsiri

translation

translation [tranz'leishən] *n* tafsiri
translator [tranz'leitə] *n* mfasiri
transliterate [tranz'litəreit] *v* -nukuu
transliteration [tranz,litə'reishən] *n* kunukuu
translucent [tranz'lu:sənt] *adj* -a kupenya nuru
transmission [tranz'mishən] *n* 1. upelekaji 2. *(tech.)* utangazaji 3. *(med.)* uambukizaji
transmit [tranz'mit] *v* 1. -peleka 2. *(tech.)* -tangaza 3. *(med.)* -ambukiza
transmitter [tranz'mitə] *n* transmita
trans-ocean; trans-oceanic [tranz'əushən; tranz,əushi'yanik] *adj* -a kuvuka bahari
transparency [tranz'parənsi] *n* uangavu
transparent [tranz'parənt] *adj* 1. -angavu 2. -wazi
transpire [tranz'paiə] *v* 1. -tukia 2. -toa jasho
transplant [tranz'pla:nt] 1. *n (med.)* kuhamisha 2. *v* -atika 3. *(med.)* -hamisha
transport ['tranzpɔ:t] *n* uchukuzi
transport [tranz'pɔ:t] *v* -safirisha
transportable [tranz'pɔ:təbəl] *adj* -a kuchukulika
transportation [,tranzpɔ:'teishən] *n* usafirishaji
transporter [tranz'pɔ:tə] *n* chombo cha uchukuzi
transvestite [tranz'vestait] *n* mwanmme mvaaji nguo za kike
trap [trap] 1. *n* mtego 2. *v* (**trapped**) -tega
trapeze [trə'pi:z] *n* pembea
trappings ['trapingz] *pl* mavazi
trash [trash] 1. adj -a ovyo 2. *n* takataka
trash can *n* debe la taka
trauma ['trɔ:mə] *n* kiwewe
traumatic [trɔ:'matik] *adj* -a kiwewe

traumatize ['trɔ:mətaiz] *v* -tia kiwewe
travel ['travl] 1. *n* safari 2. *v* (**travelled**) -safiri
travel agency *n* ofisi ya usafiri
travel agent *n* wakala wa safari
travel expenses *pl* masurufu
travel industry *n* biashara ya usafiri
travel insurance *n* bina ya safari
traveller ['travlə] *n* msafiri
traveller's cheque *n* hundi ya msafiri
travelling ['travəling] *n* usafiri
travelogue ['travəlɔg] *n* filamu juu ya safari
travel sickness *n* kichefuchefu
traverse [trə'və:s] *v* -pita
travesty ['travisti] *n* mwigo
trawl [trɔ:l] *v* -kokoora
trawler [trɔ:lə] *n* kikokoozi
tray [trei] *n* trei; chano
treacherous ['trechərəs] *adj* 1. -ongo 2. -danganyifu
treachery ['trechəri] *n* usaliti
treacle ['tri:kəl] *n* asali ya miwa
tread [tred] 1. *n* tyre tread tredi 2. *v* (**trod, trodden**) -kanyaga
tread water *v* -elea majini
treason ['tri:zən] *n* uhaini
treasure ['trezhə] *n* hazina
treasurer ['trezhərə] *n* mhazini
treasury ['trezhəri] *n* 1. hazina 2. mali ya serikali
treasury bill *n* hawala za serikali
treasury department *n*
treasury note *n* noti
treasury secretary *n* waziri mkuu
treat [tri:t] *v* 1. -tendea 2. *(med.)* -tibu
treat as *v* -chukulia kama
treatise ['tri:tiz] *n* tasnifu
treatment ['tri:tmənt] *n* 1. utendeaji 2. *(med.)* matabibu
treaty ['tri:ti] *n* 1. mkataba 2. **peace treaty** mkataba wa amani 3. **to**

sign a treaty -andikiana mkataba **4. to break a treaty** -vunja makubaliano

treble [ˈtrebəl] **1.** adj/adv mara tatu (ya) **2.** v -zidisha mara tatu

tree [triː] n mti

treeless [ˈtriːləs] adj pasipo miti

treetop [ˈtriːtɒp] n kilele cha mti

treetrunk [ˈtriːtrʌŋk] n shina la mti

trek [trek] **1.** n safari na ndefu **2.** -enda safari ndefu

trellis [ˈtrelis] n fito za wima

tremble [ˈtrembəl] v -tetema

tremendous [triˈmendəs] adj **1.** -kubwa mno **2.** -zuri mno

tremor [ˈtremə] n tetemeko

trench [trench] n **1.** mfereji **2.** (mil.) handaki

trend [trend] n **1.** mwelekeo **2. to set a trend** -anzisha mtindo

trendsetter [ˈtrendsetə] n mwanzisha mtindo

trepidation [ˌtrepiˈdeishən] n hofu

trespass [ˈtrespəs] v -ingia bila ruhusa

trestle [ˈtresəl] n egemeo

trestle table n meza pandad

trial [ˈtraiəl] n **1.** majaribu **2.** (leg.) kesi **3. war crimes trial** kesi ya uhalifu vitani **4. to bring to trial** -shtaki upya

trials and tribulations [ˈtrayəlz-ənd-ˌtribyuˈleishəns] pl maudhi na kero

triangle [ˈtraiaŋgəl] n pembetatu

triangular [traiˈyaŋgyulə] adj -enye pembetatu

triangulate [traiˈyaŋgyuleit] v -pima kwa pembetatu

triangulation [traiˈyaŋgyuleishən] n kupima kwa pembetatu

tribal [ˈtraibəl] adj -a kikabila; -a kimbari

tribalism [ˈtraibəlizəm] n ukabila

tribe [traib] n kabila; mbari

tribulation [ˌtribyuˈleishən] see trials

tribunal [traiˈbyuːnl] n **1.** mahakama

2. industrial tribunal baraza la kijeshi

tributary [ˈtribyutri] n kijito

tribute [ˈtribyuːt] n **to pay a tribute to** -tukuza

trick [trik] n **1.** mbinu **2.** shere **3. dirty trick** mchezo mbaya **4.** v -danganya

trickery [ˈtrikəri] n udanganyifu

trickle [ˈtrikəl] v -churura

tricky [ˈtriki] adj -gumu

trifle [ˈtraifəl] n kiasi kidogo

trifling [ˈtraifliŋ] adj -dogo

trigger [ˈtrigə] **1.** n chombo cha kufyatulia **2.** v -chokoza

trigger off v -chokoza

trilateral [traiˈlatərəl] adj -enye pande tatu

trill [tril] v -tetemesha sauti

trillion [ˈtriliyən] n trilioni

trilogy [ˈtriləji] n riwaya ya sehemu tatu; tamthiliya ya sehemu tatu; filmau ya sehemu tatu

trim [trim] v -chenga

trio [ˈtriyəu] n watatu pamoja

trip [trip] **1.** n safari **2. business trip** safari ya biashara **3. round trip** kwenda na kurudi **4. to go on a trip** -enda safari **5.** (sl.) -ota ndoto **6.** v (tripped) -jikwaa

trip up v -kosesha

tripartite [traiˈpaːtait] adj -enye pande tatu

tripe [traip] n utumbo

triple [ˈtripəl] v -zidisha kwa mara tatu

triplets [ˈtriplich] pl pacha watatu

triplicate [ˈtriplikət] n **in triplicate** nakala tatu

tripod [ˈtraipɒd] n kiweko

tripper [ˈtripə] n mtalii

trip wire n mtego wa waya ardhini

trite [trait] adj -a kawaida mno

triumph [ˈtraiʌmf] **1.** n ushindi **2.** v -shinda

triumphant [traiˈʌmfnt] n -a ushindi

trivial ['triviəl] *adj* -a kawaida

trivialize ['triviəlaiz] *v* -puuza

trod, trodden [trɔd; 'trɔdən] *see* tread

troll [trɔl] *n* zimwi

trolley ['trɔli] *n* toroli

trolley bus *n* tramu

trombone [trɔm'bəun] *n* tromboni

troop [truːp] *n* 1. kundi 2. *(mil.)* jeshi 3. *see* troops, troupe

troop carrier *n (mil.)* 1. gari ya kubebeawanajeshi 2. meli ya kubebea wanajeshi

trooper ['truːpə] *n* askari

troopship ['truːpship] *n (mil.)* meli ya kubebea wanajeshi

troops [truːps] *pl* wanajeshi

trophy ['trəufi] *n (spor.)* kikombe

tropic ['trɔpik] *n* tropiki

tropical ['trɔpik] *adj* -a tropiki

tropics ['trɔpikəl] *pl* nchi za joto

trot [trɔt] *v* -enda matiti

trouble ['trʌbəl] *n* 1. shida 2. *(med.)* ugonjwa 3. **in trouble** matatani 4. **no trouble!** hakuna matata! 5. *v* -sumbua 6. *see* troubles

troubled ['trʌbld] *adj* -enye usumbufu

troublemaker ['trʌbl,meikə] *n* mchochezi

troubles ['trʌbəlz] *pl (pol.)* vurugu

troubleshooter ['trʌbəlshuːtə] *n* msuluhishi

troublesome ['trʌbləsəm] *adj* -chokozi

trough [trɔf] *n* kihori

troupe [truːp] *n* kundi

trousers ['trauzəz] *pl* suruali

trove [trəuv] *n* treasure trove dafina

trowel ['trʌwəl] *n* mwiko wa mwashi

truancy ['truːənsi] *n (ed.)* utoro

truce [truːs] *n* kusimamisha vita

truck [trʌk] *n* 1. behewa la mizigo 2. lori

true [truː] *adj* 1. -kweli 2. amini

truly ['truːli] *adv* 1. kweli 2. kwa hakika

trumpet ['trʌmpit] *n* tarumbeta

truncheon ['trʌnchən] *n* kirungu

trunk [trʌngk] *n* 1. sanduku 2. shina 3. kiwiliwili 4. **elephant's trunk** mkono

trunk road *n* barabara kuu

trust [trʌst] 1. *n* imani 2. *(leg.)* amana 3. **on trust** bila ushahidi 4. *v* -amini

trustee [trʌ'stiː] *n (leg.)* mdhamana

trusteeship [trʌ'stiːship] *n* udhamini

trust fund *n* mfuko wa dhamana

trust territory *n* nchi iliyo kuwa chini ya dhamana

trustworthy ['trʌst,wəːdhi] *adj* aminifu

truth [truːth] *n* ukweli

truthful ['truːthfəl] *adj* -kweli

truthfully ['truːthfuli] *adv* kweli

try [trai] *v* 1. -fanya bidii 2. -jaribu 3. *(leg.)* -shtaki

try on *v* -jaribu

try out *v* -tumia kwa majaribio

tsetse fly ['setsi,flai] *n* mbung'o

T-shirt ['tiːshəːt] *n* fulana

tub [tʌb] *n* 1. beseni 2. *see* bathtub

tube [tyuːb] *n* 1. neli; bomba 2. tyubu 3. **inner tube** tyubu ya tairi 3. *(UK)* **the Tube** reli ya chini ya ardhi

tubing ['tyuːbing] *n* kifaa cha neli

tuber ['tyuːbə] *n* kiazi

tuberculosis [tyuː,bə:kyuˈləusis] *n* kifua kikuu

tubular ['tyuːbələl] *adj* -enye umbo la neli

tuck [tʌk] *v* -chomekea

Tuesday ['tyuːzdi] *n* Jumanne

tuft of grass [tʌft] *n* kishungi cha majani

tug [tʌg] *v* 1. *n (mar.)* stima ya kuvuta meli kubwa 2. *v* -vuta kwa nguvu

tuition [tyuːˈishən] *n* mafundisho binafsi

tuition fees *n* ada ya mafundisho

tumble ['tʌmbəl] v -gaagaa
tumbler ['tʌmblə] n bilauri
tummy ['tʌmi] n tumbo
tumorous ['tyu:mərəs] adj -enye uvimbe
tumour ['tyu:mə] n kivime; uvimbe
tumult ['tyu:mʌlt] n ghasia
tumulus ['tyu:mələs] n kichuguu
tuna ['tyu:ngə] n jodari
tune [tyu:n] 1. n tuni 2. to be out of tune -tofuata mahadhi 3. v -rekebisha
tune in (to) v -sikiliza
tuner ['tyu:nə] n mawimbi
tunic ['tyu:nik] n koti refu
tunnel ['tʌnl] 1. n shimo 2. v -chimba upenyo chini ya
turban ['tə:bən] n kilemba
turbine ['tə:bain] n tabo
turbogenerator [,tə:bəuˈgenəreitə] n genereta la mvuke
turbo-jet; turbo-prop ['tə:bəujet; 'tə:bəuprɔp] n ndege yenye injini ya mvuke
turbulence ['tə:byuləns] n ghasia
turbulent ['tə:byulənt] adj -a ghasia
turd [tə:d] n (sl.) kimba
turf [tə:f] n 1. majani 2. the Turf uwanja wa mashindano ya farasi
turf accountant n mpokeaji fedha za mashindano ya farasi
turf out v -tupa nje
Turk [tə:k] n Mturuki
turkey ['tə:ki] n (pl turkeys) batamzinga
Turkey n Turuki
Turkish ['tə:kish] 1. adj -a Mturuki 2. n Kituruki
turkish bath n hamamu
turmoil ['tə:mɔil] n ghasia
turn [tə:n] 1. n mzunguko 2. kona 3. star turn igizo maarufu 4. turn of the century mwanzo wa karne mpya 5. on the turn karibu ya kugeuka 6. in turn kwa zamu 7. It's your turn. Zamu yako. 8. to take turns -fanya kwa zamu 9. v

-zungusha 10. -zunguka
turn against v -chukiza
turn around v -geuza
turn back v 1. -rudi 2. -rudisha
turn down v -teremsha
turning ['tə:ning] n kona
turning-point n kipindi muhimu
turn into v -geuza
turnip ['tə:nip] n tanipu
turn off v 1. -unga 2. -zima 3. -ondelea nia
turn on v 1. -fungua 2. -sismua
turn-out n mahudhurio
turn out v 1. -toa 2. -zima 3. -chomoza nje 4. -wa bora mwishowe 5. -fika
turnover ['tə:n,əuvə] n (fin.) mapato na matumizi
turn round see turn around
turn up v 1. -kunja 2. -fika 3. -hudhuria
turtle ['tə:tl] n kasa
tusk [tʌsk] n pembe
tutor ['tyu:tə] n mkufunzi
tutorial [tyu'tɔriyəl] 1. adj -a ukufunzi 2. n semina ya ukufunzi
TV [ti:'vi:] n televisheni
tweak [twi:k] v -binya
tweezers ['twi:zəz] pl kikoleo
twelfth [twelfth] adj -a kumi na mbili
twelve [twelv] n/adj kumi na mbili
twentieth ['twentiəth] adj -a ishirini
twenty ['twenti] n/adj ishirini
twice [twais] adv mara mbili
twig [twig] n kijiti
twilight ['twailait] n ugungu wa jioni
twin [twin] n 1. adj -a mfano mmoja 2. n pacha
twine [twain] n kitani
twinge [twinj] n mchomo
twinkle ['twingkəl] v -metameta
twins [twinz] pl mapacha
twirl [twə:l] v -zunguka
twist [twist] v 1. -zungusha 2. -songoa 3. see sprain

twit

twit [twit] *n* mpumbavu
twitch [twich] *v* -shtusha
two [tu:] *n/adj* mbili; -wili
two-edged [,edyd] *adj* -eney maana mbili kinzani
two-faced [,tu:'feist] *adj* -nafiki
two-handed [,handid] *adj* -a mikono miwili
two-party system *n* sehemu ya vyama viwili; maltipati
two-seater [,si:tǝ] *adj* -enye viti viwili tu
two-way [,tu:'wei] *adj* -a njia mbili
tycoon [tai'ku:n] *n* tajiri maarufu
type [taip] 1. *n* aina 2. *v* -piga taipu
typesetter ['taipsetǝ] *n* mtayarishaji wa chapa
typewriter ['taip,raitǝ] *n* mashine ya chapa
typhoid ['taifɔid] *n* homa ya matumbo
typhoon [tai'fu:n] *n* tufani
typical ['tipikǝl] *adj* -a mfano hasa
typically ['tipikli] *adv* kwa kufanana hasa
typify ['tipifai] *v* -wa mfano wa
typist ['taipist] *n* mpiga taipu
typography [tai'pɔgrǝfi] *n* taipografia
typographer [tai'pɔgrǝfǝ] *n* msanii ya kupiga chapa
tyrannical ['tirǝnikǝl] *adj* dhalimu
tyrannize ['tirǝnaiz] *v* -dhulumu
tyranny ['tirǝni] *n* udhalimu
tyrant ['taiǝrǝnt] *n* mdhalimu
tyre ['taiyǝ] *n* tairi; mpira

U

udder [ˈʌdə] *n* kiwele

Uganda [yuˈgandə] *n* Uganda

Ugandan [yuˈgandən] **1.** *adj* -a Uganda **2.** *n* Mganda

ugliness [ˈʌglinis] *n* ubaya

ugly [ˈʌgli] *adj* **1.** -baya **2.** -a kutisha

UK [ˌyuːˈkei] *see* **United Kingdom**

ulcer [ˈʌlsə] *n* kidonda

ulterior [ʌlˈtiəriə] *adj* **ulterior motive** nia iliyofichika

ultimate [ˈʌltimət] *adj* -a mwisho

ultimately [ˈʌltimətli] *adv* hatimaye

ultimatum [ˌʌltiˈmeitəm] *n* **1.** makataa **2. to deliver an ultimatum** -toa makataa (to kwa)

ultra- [ˌʌltrə] *adj* -a kuzidi mno

ultra-violet [ˌʌltrəˈvailət] *adj* -usioonekana kwa jicho

umbilical cord [ˈʌmbilikl,kɔːd] *n* kiunga mwana

umbrella [ʌmˈbrelə] *n* mwavuli

umbrella organisation *n* chama cha hifadhi

umpire [ˈʌmpaiə] *n* mwamuzi

umpteen [ˈumptiːn] *adj* -ingi sana

unabashed [ˌʌnəˈbasht] *adj* -sioona haya

unabated [ˌʌnəˈbeitid] *adj* -siopungua

unable [ʌnˈeibəl] *adj* **to be unable** -toweza

unacceptable [ˌʌnəkˈseptəbəl] *adj* -siokubalika

unaccompanied [ˌʌnəˈkʌmpənid] *adj* -siosindikizwa

unaccountable [ˌʌnəˈkauntibəl] *adj* -sioelezeka

unaccountably [ˌʌnəˈkauntibli] *adv* isivyoelezeka

unaccustomed to [ˌʌnəˈkʌstəmd] *adj* -siozoea

unadvised [ˌʌnədˈvaizd] *adj* bila ushauri

unaffected [ˌʌnəˈfektid] *adj* -siogeuzwa

unanimous [yuːˈnaniməs] *adj* -a kauli moja

unanimously [yuːˈnaniməsli] *adv* kwa kauli moja

unanimity [yuːˈnamiti] *adj* umoja

unannounced [ˌʌnəˈnaunst] *adj* bila kutangazwa

unanswerable [ʌnˈaːnsrəbəl] *adj* -siokanika

unanswered [ʌnˈaːnsəd] *adj* -siojibiwa

unarmed [ʌnˈaːmd] *adj* bila silaha

unasked for [ʌnˈaːskt-,fɔː] *adj* bila kuombwa

unassuming [ˌʌnəˈsyuːming] *adj* -enye haya

unattached [ˌʌnəˈtacht] *adj* **1.** -siofungamana na **2.** -sioolewa

unattended [ˌʌnəˈtendid] *adj* **1.** -siohudumiwa **2.** bila ya watumishi

unattractive [ˌʌnəˈtraktiv] *adj* -siovutia

unauthorized [ʌnˈɔːθəraizd] *adj* bila ruhusa

unavoidable [ˌʌnəˈvɔidəbəl] *adj* -sioepukika

unaware [ˌʌnəˈweə] *adj* **to be unaware of** -tofahamu

unawares [ˌʌnəˈweəz] *adv* ghafula

unabalanced [ʌnˈbalənst] *adj* -enye wazimu

unbearable [ʌnˈbeərəbəl] *adj* -siovumilika

unbelievable [ˌʌnbiˈliːvəbəl] *adj* -sioaminika

unbiased [ʌnˈbayəst] *adj* -adilifu

unbidden [ʌnˈbidən] *adj* pasipo kuarriwa

unbreakable [ʌn'brekəbəl] *adj*
-siovunjika

unbroken [ʌn'brəukən] *adj* 1. -zima
2. -siotangulika 3. -siovunjwa

unburden [ʌn'bə:dən] *adj* -jiondelea
hofi

unbutton [ʌn'bʌtən] *v* -fungua kifungo

uncalled (for) [ʌn'kɔ:ld-,fɔ:] *adj*
-sitakiwa

uncanny [ʌn'kani] *adj* -a ajabu

unceasing [ʌn'si:sing] *adj* -a daima

unceremoniously [ʌn,serə'məuniyəsli]
adv bila heshima

uncertain [ʌn'sə:tən] *adj* 1. -sio
hakika 2. -sioaminika

uncertainty [ʌn'sə:tənti] *n* mashaka

uncertified [ʌn'sə:tifaid] *adj*
-siohakikishwa

unchain [ʌn'chein] *adj* -fungua

unchallenged [ʌn'chalinjd] *adj*
-siokanushwa

uncharitable [ʌn'charitəbəl] *adj*
-sioruhuma

uncharted [ʌn'cha:tid] *adj* 1.
-sioonyeshwa 2. -siopimwa

unchecked [ʌn'chekt] *adj* -siozuiwa

uncivil [ʌn'sivil] *adj* -siokuwa na
adabu

unclaimed [ʌn'cleimd] *adj*
-siodaiwa na mwenyewe

unclassified [ʌn'clasifaid] *adj* 1.
-sioainishwa 2. -sio siri

uncle [·ʌngkəl] *n* mjomba; amu

unclear [,ʌn'kliə] *adj* -siodhahiri

unclouded [ʌn'klaudid] *adj* safi

uncoil [ʌn'kɔil] *adj* -nyoosha

uncomfortable [ʌn'kʌmftəbəl] *adj*
1. -siotulia 2. -a wasiwasi sana

uncommitted [,ʌnkə'mitid] *adj*
-siofungamana

uncommon [ʌn'kɔmən] *adj* 1. si -a
siku zote 2. -geni

uncomplimentary [ʌn,kɔmpli'mentri]
adj -a kuchukiza

uncompromising [ʌn'kɔmprə,maizing]
adj -gumu

unconcerned [·ʌnkən'sə:nd] *adj*
-siojali

unconditional [·ʌnkən·dishənəl] *adj*
bila sharti

unconditional love *n* kupenda
bila masharti

unconditional surrender *n*
kusalimu amri bila masharti

unconditionally [·ʌnkən'dishənli]
adv bila sharti

unconnected [,ʌnkə'nektid] *adj* -a
mbalimbali

unconscious [ʌn'kɔnshəs] *adj* bila
kufahamu

unconsciously [ʌn'kɔnshəsli] *adv*
bila kujua

unconstitutional [·ʌn,kɔnsti-
·tyu:shənl] *adj* -sio -a kikatiba

unconstricted [,ʌnkən'striktid] *adj*
-siobanwa

uncontaminated [,ʌnkən'tamineitid]
adj -siochafuka

uncontested [,ʌnkən'testid] *adj*
-siobishaniwa

uncontrollable [,ʌnkən'trəuləbəl]
adj -siozuilika

uncontrolled [,ʌnkən'trəuld] *adj*
-siozuiwa

unconventional [,ʌnkən·venshənəl]
adj -sio -a kwaida

unconvicted [,ʌnkən·viktid] *adj*
-siotiwa hatiani

unconvinced [,ʌnkən·viktid] *adj*
-sioshawishika

unconvincing [,ʌnkən·vinsing] *adj*
-siohakikisha

uncooked [ʌn'kukt] *adj* bichi

uncoordinated [,ʌnkəu·ɔ:dineitid]
adj -sioratibwa

uncooperative [,ʌnkəu·ɔpərətiv]
adj bila kushirikiana

uncork [ʌn'kɔ:k] *v* -zibua

uncorrected [,ʌnkərektid] *adj*
-siosahihishwa

uncorroborated [,ʌnkə·rɔbəreitid]
adj -sioshuhudiwa

uncorrupted [,ʌnkə·rʌptid] *adj*
-siopotoka

uncountable [ʌnˈkauntəbəl] *adj*
-siokuwa na idadi

uncouple [ʌnˈkʌpəl] *v* -fungulia

uncourteous [ʌnˈkəːtiyəs] *adj* -sio
na adabu

uncouth [ʌnˈkuːth] *adj* -mbovu

uncover [ʌnˈkʌvə] *v* 1. -funua 2.
-fichua

uncredited [ʌnˈkreditid] *adj*
-siotamanika

uncritical [ʌnˈkritikəl] *adj* -siohakiki

uncross [ʌnˈkrɔs] *v* -siokunjwa

uncrossed [ʌnˈkrɔst] *adj (fin.)*
-siofungwa

uncrowded [ʌnˈkraudid] *adj* -enye
watu wachache

uncultured [ʌnˈkʌlchəːd] *adj*
-siolelewa vizuri

uncurbed [ʌnˈkəːbd] *adj* -siozuiwa

uncurl [ʌnˈkəːl] *v* -nyoosha

uncurtailed [ˌʌnkəˈteild] *adj*
-siofupishwa

uncushioned [ʌnˈkushənd] *adj*
-siokuwa na mto

uncustomary [ʌnˈkʌstomri] *adj*
-siokuwa na desturi

uncut [ʌnˈkʌt] *adj* -siopunguzwa

undamaged [ʌnˈdamijd] *adj*
-sioharibiwa

undated [ʌnˈdeitid] *adj* -sioandikiwa
tarehe

undaunted [ˈʌnˈdɔːntid] *adj* -jasiri

undecided [ˈʌndiˈsaidid] *adj* -a
kusitasita

undeclared [ˌʌndiˈkleːd] *adj*
-sioonyeshwa

undefeated [ˌʌndiˈfiːtid] *adj*
-sioshindwa

undefended [ˌʌndiˈfendid] *adj* 1.
-siolindwa 2. *(leg.)* -siotetewa

undefined [ˌʌndiˈfaind] *adj*
-siowekwa wazi

undefinable [ˌʌndiˈfainəbəl] *adj*
-siodhihirika

undelayed [ʌnˈdileid] *adj*
-siokawizwa

undelivered [ˌʌndiˈlivəd] *adj*
-siokabidhiwa

undemonstrative [ˌʌndiˈmɔnstrətiv]
adj -sioonyeshahisia

undemonstrated [ʌnˈdmɔnˌstreitid]
adj -sioonyeshwa

undeniable [ˌʌndiˈnaiəbəl] *adj*
-siokanikana

undependable [ˌʌndiˈpendibəl] *adj*
-siotumainika

under [ˈʌndə] *prep/* 1. chini ya 2.
under fire katika mashambulizi 3.
under repair katika matengenezo
4. under sentence katika adhabu
ya kifungo 5. under twenty years
old chini ya miaka ishirini 6. *adv*
chini 7. The ship went under.
Meli imezama.

under-age [ˈʌndeij] *adj* chini ya
umri

undercarriage [ˌʌndəˈ] *n* marandio

undercover [ˈʌndəkʌvə] *adj* -a siri

undercut [ˈʌndəkʌt] *v (fin.)*
-punguza bei

undercurrent [ˌʌndəˈ] *n* 1. mkondo
wa chini 2. hisia za kichinichini

underdeveloped [ˈʌndədiˈveləpt] *n*
-sioendelea

underdeveloped nations *pl*
nchi isioendelea

underestimate [ˌʌndərˈestimeit] *v*
-kadiria pungufu

underfed [ˌʌndəˈ] *adj* -siolishwa ya
kutosha

undergo [ˈʌndəˈgəu] *v* (**underwent,
undergone**) pitia

undergraduate [ˈʌndəˈgrajuət] *n*
mwanafunzi wa chuo kikuu

underground [ˈʌndəgraund]
adj/adv 1. chini 2. -a siri 3.
(UK) the Underground reli ya
chini ya ardhi

underground movement *n*
chama cha siri

undergrowth [ˈʌndəgrəuth] *n*
magugu

underhand; underhanded
[ˈʌndəhand; -id] *adj* -a hila

underline [ˌʌndəˈlain] *v* -pigia mistari chini

undermine [ˌʌndəˈmain] *v* -dhoofisha kidogo kidogo

underneath [ˌʌndəˈniːth] 1. *prep* chini ya 2. *adv* chini

undernourished [ˌʌndə-] *adj* -siolishwa chakula cha kutosha

underpaid [ˌʌndəˈpeid] *adj* malipo buni

underpants; undershorts [ˈʌndəpanch; ˈʌndəshɔːch] *pl* chupi

underpopulated [ˌʌndəˈpɔpyuleitid] *adj* -enye idadi ndogo ya wakazi

under-secretary [ˈʌndəˈsekreteri] *n* katibu mkuu

undershoot [ˌʌndəˈshuːt] *v* -tua kabla

underside [ˈʌndəˈsaid] *n* upande wa chini

undersized [ˌʌndəˈsaizd] *adj* -dogo

understaffed [ˌʌndəˈstaːft] *adj* -enye watumishi pungufu

understand [ˌʌndəˈstand] *v* (**understood**) -fahamu

understandable [ˌʌndəˈstandəbəl] *adj* inayoeleweka

understanding 1. *adj* -enye kuelewa hisia za wengine 2. *n* ufahamu 3. **to come to an understanding** -fahamiana

understate [ˌʌndəˈsteit] *adj* -shindwa kueleza kikamilifu

understock [ˌʌndəˈstɔk] *v* -pungukiwa

understood [ˌʌndəˈstud] *see* **understand**

undertake [ˌʌndəˈteik] *v* (**undertook, undertaken**) -kubali kufanya

undertaker [ˈʌndəˌteikə] *n* mwenye kutayarisha maziko

undertaking [ˈʌndəˌteiking] *n* kazi

undertook [ˌʌndəˈtuk] *see* **undertake**

undertow [ˈʌndəˌtəu] *n* mkondo wa chini

undervalue [ˌʌndəˈvalyu] *v* -pa thamani ndogo

underwater [ˌʌndəˈwɔːtə] *adj* chini ya maji

underway [ˌʌndəˈwei] *adv* katika matengenezo

underwear [ˈʌndəweə] *n* nguo za ndani

underwent [ˌʌndəˈwent] *see* **undergo**

underworld [ˈʌndəˌwəːld] *n* jamii ya watu maovu

underwriter [ˈʌndəˌraitə] *n* mdhamini

undesirable [ˌʌndiˈzairəbəl] 1. *adj* -siotakiwa 2. *n* mtu asiyetakiwa

undetected [ˌʌndiˈtektid] 1. *adj* -siogunduliwa 2. *adv* bila kugunduliwa

undetermined [ˌʌndiˈtəːmind] *adj* -sioyakiniwa

undeterred [ˌʌndiˈtəːd] *adj* -sioogopeshwa

undeveloped [ˌʌndiˈvelɔpt] *adj* -siostawishwa

undid [ˈʌnˈdid] *see* **undo**

undigested [ˌʌndaiˈjestid] *adj* -siomeng'enywa

undigestible [ˌʌndaiˈjestibəl] *adj* -siomeng'enyeka

undignified [ʌnˈdignifaid] *adj* -sio adabu

undiluted [ˌʌndailuːtid] *adj* -siozimuliwa

undiplomatic [unˌdipləˈmatik] *adj* si sulushi

undisciplined [ʌnˈdisiplind] *adj* -a ovyo

undiscovered [ˌʌndisˈkɔvəd] *adj* -siogunduliwa

undiscriminating [ʌˌʌndisˈkrimiˌneiting] *adj* -siopambanua

undisputed [ˌʌndisˈpyuːtid] *adj* -siobubishi

undisturbed [ˌʌndisˈtəːbd] *adj* -tulivu

undivided [ˌʌndiˈvaidid] *adj* kamili

undo [ʌnˈduː] v (**undid, undone**) 1. -tangua 2. **to undo stitches** -fumua

undoubtedly [ʌnˈdautidli] adv bila shaka

undreamed; undreamt (of) [ʌnˈdriːmd; ʌnˈdremt] adj -siowazika

undress [ˈʌnˈdres] v -vua nguo

undue [ʌnˈdjuː] adj -siyostahili

unduly [ʌnˈdjuːli] adv mno

undulate [ʌnˈdjuleit] v -piga mapinde

undulation [ʌnˈdjuleishən] n mapinde

undying [ʌnˈdaiying] adj -a milele

unearned income [ʌnˈəːnd ˈinkʌm] n mapoto yasioyochumwa

unearth [ʌnˈəːth] v -fukua

unearthly [ʌnˈəːthli] adj -a ajabu

uneasiness [ʌnˈiːzinis] n mashaka

uneasy [ʌnˈiːzi] adj -a mashaka

uneatable [ʌnˈiːtəbəl] adj -siolika

uneaten [ʌnˈiːtən] adj -soliwa

uneconomic [ʌn͵iːkəˈnɔmik] adj -a hasara

unedited [ʌnˈeditid] adj -siohaririwa

uneducated [ˈʌnˈejukeitid] adj -siofundwa

unemployable [ˈʌnimˈplɔiyəbəl] adj -sioajirika

unemployed [ˈʌnimˈplɔid] adj 1. -sio na kazi 2. **the unemployed** watu wasio na kazi

unemployment [ˈʌnimˈplɔimənt] n kutokuwa na kazi

unemployment benefit n ruzuku kwa wasio na kazi

unending [ʌnˈending] adj -sioisha

unenviable [ʌnˈenviyəbəl] adj -siotamanika

unequal [ˈʌnˈiːkwəl] adj -sio sawa

unequipped [͵ʌniˈkwipt] adj -sioandaliwa

unequivocal [ˈʌniˈkwivəkəli] adj -a kauli

unerring [ʌnˈəːring] adj -a hakika

UNESCO [yuːˈneskəu] n Shirika la Elimu, Sayansi na Utamaduni la Umoja wa Mataifa

uneven [ʌnˈiːvn] adj -sio sawa

uneventful [͵ʌniˈventfəl] adj -a vivi hivi

unexceptional [͵ʌnikˈsepshənəl] adj -sio na doa

unexpected [ˈʌnikˈspektid] adj -siotazamiwa

unexpectedly [ˈʌnikˈspektili] adv bila kutazamiwa

unexplained [͵ʌnikˈspeind] adj -sioelezwa

unexploded [͵ʌnikˈsplaudid] adj **unexploded bomb** bomu lisilolipuka bado

unfailing [ʌnˈfeiling] adj -a daima

unfair [ˈʌnˈfeə] adj -sio haki

unfaithful [ʌnˈfeithfəl] adj 1. -sio aminifu 2. -zinzi

unfamiliar [͵ʌnfəˈmiliyə] adj 1. -siojulikana sana 2. **to be unfamiliar with** -tozoea kitu

unfashionable [ʌnˈfashnəbəl] adj -sio katika mitindo

unfasten [ˈʌnˈfaːsən] v -fungua

unfathomed [ʌnˈfadhəmd] adj -siopimika

unfavourable [ʌnˈfeivrəbəl] adj -siofaa

unfeasible [ʌnˈfiːzəbəl] adj -siotendeka

underfed [͵ʌndəˈfed] adj -siochungwa

unfeeling [ʌnˈfiːling] adj -a moyo mgumu

unfertilized [ʌnˈfəːtilaizd] adj -siotiwa samadi

unfinished [ˈʌnˈfinisht] adj -siokwisha

unfit [ˈʌnˈfit] adj -siofaa

unflavoured [ʌnˈfleivəd] adj -siokolezwa

unfold [ʌnˈfəuld] v 1. -kunjua 2. -onyesha

unforeseen [͵ʌnfəˈsiːn] adj -siofikiriwa

unforgettable [͵ʌnfəˈgetibəl] adj -siosahaulika

unforgiving [ˌʌnfəˈgiving] *adj*
-siosamehe

unforgotten [ˌʌnfəˈgɔtən] *adj*
-siosahauliwa

unfortunate [ʌnˈfɔːchənət] *adj* -a
bahati mbaya

unfortunately [ʌnˈfɔːchənətli] *adv*
kwa bahati mbaya

unfounded [ʌnˈfaundid] *adj* -sio na
msingi

unfriendly [ʌnˈfrendli] *adj* -a kiadui

unfriendliness [ʌnˈfrendlinəs] *n*
uadui

unfrock [ʌnˈfrɔk] *v (rel.)* -fukuza
upadre

unfruitful [ʌnˈfruːtfəl] *adj* 1. -siozaa
2. -a bure

unfulfilled [ˌʌnfəlˈfild] *adj*
-siotimizwa

unfurl [ʌnˈfəːl] *v* -tweka

unfurnished [ʌnˈfəːnisht] *adj* -sio
na samani

ungainly [ʌnˈgeinli] *adj* -ovyoovyo

ungenerous [ʌnˈjenərəs] *adj* bahili

ungovernable [ʌnˈgʌvnəbəl] *adj*
-siodhibitika

ungraceful [ʌnˈgreitfəl] *adj* -sio -a
madaha

ungracious [ʌnˈgreishəs] *adj* -sio -a
adabu

ungrateful [ʌnˈgreitfəl] *adj* -sio na
shukrani

ungrounded [ʌnˈgraundid] *adj*
-siothibitishwa

unguarded [ʌnˈgaːdid] *adj* 1.
-siolindwa 2. -sio na hadhari

unhampered [ʌnˈhampəd] *adj*
-siozuiwa

unhand [ʌnˈhand] *v* -achilia

unhappiness [ʌnˈhapinis] *n* huzuni

unhappy [ʌnˈhapi] *adj* -a huzuni

unhealthy [ʌnˈhelthi] *adj* 1. -sio na
afya 2. -a hatari

unheard of [ʌnˈhəːd-,ɔv] *adj* -pya
kabisa

unheeded [ʌnˈhiːdid] *adj*
-siosikilizwa

unheeding [ʌnˈhiːding] *adj*
-sioangalia

unhelpful [ʌnˈhelpfəl] *adj*
kimyakimya

unhesitating [ʌnˈheziteiting] *adj* bia
kusita

unhesitatingly [ʌn,heziˈteitingli]
adv bila kusitasita

unhindered [ʌnˈhindəd] *adj*
-ziozuiwa

unhinge [ʌnˈhinj] *v* 1. -ondoa 2.
-rusha akili

unholy [ʌnˈhəuli] *adj* 1. -a shetani 2.
-bovu

unhonoured [ʌnˈɔnəd] *adj*
-sioheshimiwa

unhook [ʌnˈhuk] *v* -fungua

unhoped-for [ʌnˈhəupt-,fɔː] *adj*
-siotarajiwa

unhorse [ʌnˈhɔːs] *v* -tupa

unhurt [ʌnˈhəːt] *adj* bila kuumia

unhygienic [ˌʌnhaiˈjiːnik] *adj* -sio
safi

unicameral [ˌyuːniˈkamərəl] *adj*
(pol.) -enye bunge moja

UNICEF [ˈyuːnesef] *n* Mfuko wa
Umoja wa Mataifa Juu ya Watoto
na Elimu

uncellular [ʌnˈselyulə] *adj* -a seli
moja

unidentified [ˌyuːniˈfiˈkeid] *adj*
-siotumbuliwa

**unidentified flying object
(= U.F.O.)** *n* U.F.O.

unification [ˌyuːnifiˈkeishən] *n*
kuunganisha

unified [ˈyuːnifaid] *adj* -a unganishaji

uniform [ˈyuːnifɔːm] 1. *adj* -a mfano
mmoja 2. *n* sare 3. **school uniform**
sare ya shule

uniformly [ʌnˈfɔːmli] *adv* pamoja

uniformity [ˈyuːnifɔˈmiti] *n* kuwa
sana

unify [ˈyuːnifai] *v* -unganisha

unilateral [yuːniˈlatrəl] *adj* -a hurusi
upande

unilateral disarmament *n*

mpunguzo wa silaha ya hurusi
upande

unimaginable [ˌʌniˈmajnibəl] *adj*
-siofikirika

unimpaired [ˌʌnimˈpəːd] *adj*
-sioharibika

unimpeachable [ˌʌnimˈpiːchəbəl]
adj -sio na shaka

unimpeded [ˌʌnimˈpiːdid] *adj*
-siozuiwa

unimportant [ˈʌnimˈpɔːtənt] *adj*
-sio muhimu

unimpressed [ˌʌnimˈprest] *adj*
-siovutiwa

uninfected [ˌʌninˈfektid] *adj*
-sioambukizwa

uninflammable [ˌʌninˈflaməbəl] *adj*
1. -gumu kushika moto 2. -gumu
kukasirika

uninfluenced [ʌnˈinfluwənst] *adj*
-siovutiwa

uninfluential [ˌʌninˌfluˈwenshəl] *adj*
-sio na nguvu ya kushawishi

uninformed [ˌʌninˈfɔːmd] *adj*
-siojua

uninhabitable [ˌʌninˈhabitəbəl] *adj*
-sipokalika

uninhabited [ˌʌninˈhabitid] *adj*
-sipokaa watu

inhibited [ˌʌninˈhabitid] *adj*
-siobanwabanwa

unitiated [ʌˈnishəyeitid] *adj*
-siofundishwa

uninjured [ˈʌnˈinjəd] *adj* -sioathirika

uninspired [ˌʌninˈspaiəd] *v adj*
-chushi

uninsured [ˌʌnninˈshəːd] *adj*
-siowekewa bima

unintelligent [ˌʌninˈtelijənt] *adj* -sio
na akili

unintelligible [ˌʌninˈtelijibəl] *adj*
-sioeleweka

unintended [ˌʌninˈtendid] *adj*
-siokusudiwa

unintentional [ˈʌninˈtenshənl] *adj*
-siokusudiwa

uninterested [ʌnˈintərestid] *adj*

-siovutwa

uninteresting [ʌnˈintəresting] *adj*
-sio -enye kupendeza

uninterrupted [ˈʌn,intəˈrʌptid] *adj*
bila kuzuiwa

unintimidated [ˌʌninˈtimideitid] *adj*
-siotishiwa

uninventive [ˌʌninˈventiv] *adj* -sio
bunifu

uninvited [ˌʌninˈvaitid] *adj*
-siokaribishwa

uninviting [ˌʌninˈvaiting] *adj* si -a
kutamanisha

union [ˈyuːnyən] 1. *adj* -a umoja 2. *n*
umoja 3. jamii 4. kiungo 5. **trade
union** chama cha wafanyakazi

Union Jack [ˈyuːnyənˈjak] *n* bendera
ya Waingereza

unique [yuːˈniːk] *adj* -a pekee

unisex [ˈyuːniseks] *adj* -a jinsi zote

unison [ˈyuːnisən] *n* **in unison** kwa
pamoja

unissued [ʌˈŋisyuːd] *adj* -siotolewa

unit [ˈyuːnit] *n* 1. kitu kimoja 2. *(mil.)*
kikosi 3. **kitchen unit** vifaa vya
jikoni

unite [yuːˈnait] *v* 1. -unganisha 2.
-fanya pamoja

united [yuːˈnaitid] *adj* 1. -lioungana
2. -a pamoja

United Arab Emirates [yuːˌnaitid
ˈarab ˈemireits] *n* Falme za Kiarabu

United Kingdom [yuːˌnaitid
ˈkingdəm] *n* Uingereza

United Nations *n* Umoja wa
Mataifa

United States of America *n*
Muungano wa Nchi za Amerika

unit trust *n (fin.)* amana ya kikundi

unity [ˈyuːnəti] *n* umoja

universal [ˌyuːniˈvəːsəl] *adj* -a -ote

universally [ˌyuːniˈvəːsəli] *adv*
kilimwengu

universe [ˈyuːnivəːs] *n* ulimwengu

university [ˌyuːniˈvəːsəti] *n* chuo
kikuu

unjust [ʌnˈjʌst] *adj* -sio haki

unjustifiable [ʌnˈjʌstifaiyəbəl] *adj*
-sioweza kutetewa

unjustified [ʌnˈjʌstifaid] *adj* -sio -a
haki

unjustly [ʌnˈjʌstli] *adv* bila haki

unkempt [ʌnˈkempt] *adj* -timtimu

unkind [ʌnˈkaind] *adj* -sio na
huruma

unknown [ˌʌnˈnəun] *adj* -siojulikana

unlabelled [ʌnˈleibəld] *adj*
-siowekwa alama

unlace [ʌnˈleis] *v* -fungua

unlawful [ʌnˈlɔːfəl] *adj* haramu

unlawful assembly *n* mkutano
haramu

unleaded [ənˈledid] *adj* -sio na
madini ya risasi

**unleaded petrol; unleaded
gasoline** *n* petrol isio na madini
ya risasi

unlearn [ʌnˈləːn] *v* -acha jisahaulisha

unleash [ʌnˈliːsh] *v* -fungulia
mnyororo

unleavened [ʌnˈlevənd] *adj*
-siotiwa hamira

unless [ənˈles] *conj* ila; isipokuwa

unlicensed [ʌnˈlaisənst] *adj* bila
leseni

unlike [ʌnˈlaik] *adj/adv* si sawa

unlikely [ʌnˈlaikli] *adj* -sioelekea

unlimited [ʌnˈlimitid] *adj* -sio na
ukomo

unlimited liability *n* dhima isiyo
ukomo

unload [ʌnˈləud] *v* -shusha

unlock [ʌnˈlɔk] *v* -fungua

unlooked-for [ʌnˈlukt-fɔ] *adj*
-siotazamiwa

unloose [ʌnˈluːs] *v* -achilia huru

unluckily [ʌnˈlʌkili] *adv* kwa bahati
mbaya

unlucky [ʌnˈlʌki] *adj* -sio na bahati

unmanageable [ʌnˈmanijəbəl] *adj*
-sioongozeka

unmanned [ʌnˈmand] *adj* -sio na
rubani

unmannered [ʌnˈmanəd] *adj* -sio
na adabu

unmarked [ʌnˈmaːkt] *adj*
-siotambuliwa

unmarketable [ʌnˈmaːkitəbəl] *adj*
-siouzika

unmarried [ʌngˈmaridh] *adj (man)*
-sio oa; *(woman)* -sio olewa

unmask [ʌnˈmaːsk] *v* -funua

unmatchable [ʌnˈmachəbəl] *adj*
-siofananishika

unmatched [ʌnˈmacht] *adj* -sio na
kifani

unmentionable [ʌnˈmenshənəbəl]
adj -siotajika

unmerciful [ʌnˈməːsifəl] *adj* -sio na
huruma

unmindful (of) [ʌnˈmaindfəl] *adj*
-siozingatia

unmistakable [ʌnmisˈteikəbəl] *adj*
dhahiri

unmitigated [ʌnˈmitigeitid] *adj*
kabisa

unmodified [ʌnˈmɔdifaid] *adj*
-siobadilishwa

unmoved [ʌnˈmuːvd] *adj* -sioshtuka

unnamed [ʌnˈnaimd] *adj* bila jina

unnatural [ʌnˈnachrəl] *adj* 1. -sio -a
kawaida 2. -a kikatili

unnavigable [ʌnˈnavigibəl] *adj*
-sioabirika

unnecessary [ʌnˈnesəsri] *adj* si -a
lazima

unnerve [ʌnˈnəːv] *v* -ogofya

unnoted [ʌnˈnəutid] *adj* bila kuonwa

unnoticed [ʌnˈnəutist] *adj* -sioonwa

unnumbered [ʌnˈnʌmbəd] *adj* bila
namba

unobtainable [ˌʌnɔbˈteinibəl] *adj*
-siopatikana

unobtrusive [ˌʌnəbˈtruːsiv] *adj* 1.
-liofichama 2. -siojitia

unoccupied [ʌnˈɔkyupaid] *adj* 1.
-sio na mkaaji 2. -siotumika

unofficial [ʌnəˈfishl] *adj* -si rasmi

unopposed [ˌʌnəˈpəuzd] *adj* 1. bila
kupingwa 2. **to be returned
unopposed** -pita bila kupingwa

unorganized [ʌnˈɔːgənaizd] adj 1. -siopangwa 2. -sio na tabia za kiumbe hai

unoriginal [ˌʌnəˈrijinəl] adj -sio na uasili

unorthodox [ʌnˈɔːθədɔks] adj -si -a desturi

unpack [ʌnˈpak] v 1. -toa 2. -fungua

unpaid [ʌnˈpeid] adj -sio malipo

unpalatable [ʌnˈpalitəbəl] adj -a kuchukiza

unparalleled [ʌnˈparəleld] adj -a pekee

unpardoned [ʌnˈpaːdənd] adj -siosamehewa

unpardonable [ʌnˈpaːdnəbəl] adj -siosameheka

unparliamentary [ˌʌnpaːləˈmentri] adj -siofaa kutumiwa bungeni

unpatriotic [ˌʌnpatriˈɔtik] adj -siopenda nchi yake

unperforated [ʌnˈpəːfəreitid] adj -siotobolewa

unpersuaded [ˌʌnpəˈsweidid] adj -siokubali ushauri

unperturbed [ˌʌnpəˈtəːbd] adj -tulivu

unplaced [ʌnˈpleist] adj (spor.) -sio mmoja ya watatu wa kwanza

unplanned [ʌnˈpland] adj -siopangwa

unplayable [ʌnˈpleiyəbəl] adj (spor.) -siochezeka

unpleasant [ʌnˈpleznt] adj -siopendeza

unpleasing [ʌnˈpliːzing] adj -siopendeza

unploughed [ʌnˈplaud] adj -siotifuliwa

unplug [ʌnˈplʌg] v -toa plagi

unpolluted [ˌʌnpəˈluːtid] adj -sionajisi

unpopular [ʌnˈpɔpyulə] adj -siopendwa na watu

unpopularity [ʌnˌpɔpyuˈlarəti] n kutopendwa na watu

unpractical [ʌnˈpraktikəl] adj -si -a amali

unpractised [ʌnˈpraktist] adj -sio stadi

unprecedented [ʌnˈpresidentid] adj -sio na kifani

unpredictable [ʌnpriˈdiktəblə] adj -siobashirika

unprejudiced [ʌnˈprejədist] adj 1. -siopendelea 2. -adilifu

unpremeditated [ˌʌnpriːˈmediˌteitid] adj -siofikiriwa kabla

unprepared [ʌnpriˈpeəd] adj bila kujitayarisha

unpretentious [ˌʌnpriˈtenshəs] adj -siojifanya

unpreventable [ˌʌnpriˈventibəl] adj -siozuilika

unprincipled [ʌnˈprinsipəld] adj -sio na msimamo

unprinted [ʌnˈprintid] adj -siochapwa

unprintable [ʌnˈprintəbəl] adj -siofaa kuchapa

unprivileged [ʌnˈprivilijd] adj -sio na haki

unproductive [ʌnprəˈdʌktiv] adj 1. -siozaa 2. -a bure

unprofessional [ˌʌnprəˈfeshənəl] adj -siofuata maadili ya weledi

unprofitable [ʌnˈprɔfitəbəl] adj 1. -sioleta faida 2. -sio manufaa

unprompted [ʌnˈprɔmptid] adj -sioongozwa

unprotected [ʌnprəˈtektid] adj -siolindwa

unproved [ʌnˈpruːvd] adj -siothibitishwa

unprovided (for) [ˌʌnprəˈvaidid] adj bila msaada

unprovoked [ʌnprəˈvəukt] adj -siochokozwa

unpublished [ʌnˈpʌblisht] adj -siotangazwa

unpunished [ʌnˈpʌnisht] adj -sioadhibiwa

unpurified [ʌnˈpyuːrifaid] adj -siotakaswa

unqualified [ʌnˈkwɔlifaid] adj -siofuzu

unquestionable [ʌnˈkweschnəbəl] *adj* pasipo shaka

unquestionably [ʌnˈkweschnəbli] *adv* bila shaka

unquestioned [ʌnˈkweschənd] *adj* -sioonewa mashaka

unquestioning [ʌnˈkweschəniŋ] *adj* bila kuuliza

unquotable [ʌnˈkwəutəbəl] *adj* -siodondoleka

unratified [ʌnˈratifaid] *adj* -siotiwa idhini

unravel [ʌnˈravl] *v* 1. -fungua 2. -fumbua

unreadable [ʌnˈriːdəbəl] *adj* -siosomeka

unreal [ʌnˈriːyəl] *adj* -a ndoto

unrealised [ʌnˈriːyəlaizd] *adj* -siotekelezwa

unrealistic [ʌnˌriːyəˈlistik] *adj* -sio na ukweli

unreasonable [ʌnˈriːznəbəl] *adj* -sio na busara

unrecognised [ˌʌnrekɔgnaizd] *adj* -siotambuliwa

unrecorded [ˌʌnriˈkɔːdid] *adj* -sioandikwa

unrecoverable [ˌʌnriˈkʌvrəbəl] *adj* -a kupatikana tena

unrectified [ʌnˈrektifaid] *adj* -siosahihishwa

unredeemable [ˌʌnriˈdiːməbəl] *adj* -siokombolewa

unrefined [ʌnˈrifaind] *v* 1. -siotakaswa 2. -sioadilishwa

unrefined sugar *n* sukari guru

unregistered [ʌnˈrejistəːd] *adj* -siosajiliwa

unrelated [ʌnriˈleitid] *adj* -sio na uhusiano

unrelenting [ˌʌnriˈlentiŋ] *adj* -siolegea

unreliable [ˈʌnriˈlaiəbəl] *adj* -siotumainiwa

unremembered [ˌʌnriˈmembəd] *adj* -siokumbukwa

unremitting [ˌʌnriˈmitiŋ] *adj* -a kufuliliza

unrepentant [ˌʌnriˈpentənt] *adj* -siojuta

unreported [ˌʌnriˈpɔːtid] *adj* -siosimuliwa

unrequested [ˌʌnriˈkwestid] *adj* -siosihiwa

unrequited [ˌʌnriˈkwaitid] *adj* -siolipizwa

unresolved [ˌʌnriˈzɔlvd] *adj* -siofumbuliwa

unresponsive [ˌʌnrisˈpɔnsiv] *adj* -siosawishika

unrest [ʌnˈrest] *n* vurugu

unrestored [ˌʌnrisˈtɔːd] *adj* 1. -siorudishwa 2. -sioponya

unrestrained [ˌʌnrisˈtreind] *adj* bila simile

unrestricted [ˌʌnrisˈtriktid] *adj* -siozuiwa

unrevealed [ˌʌnriˈviːld] *adj* -siofunuliwa

unrevenged [ˌʌnriˈvenjd] *adj* -siolipizwa kisasi

unrewarded [ˌʌnriˈwɔːdid] *adj* -siotunzwa

unrighteous [ʌnˈraichəs] *adj* dhalimu

unripe [ʌnˈraip] *adj* -bichi

unrivalled [ʌnˈraivəld] *adj* -sio na kifani

unroll [ʌngˈrɔl] *v* -kunjua

unruffled [ʌnˈrʌfəld] *adj* -tulivu

unruly [ʌnˈruːli] *adj* -kaidi

unsaddle [ʌnˈsadəl] *adj* -tandua

unsafe [ˈʌnˈseif] *adj* -a hatari

unsaid [ˈʌnˈsed] *adj* -sionenwa

unsaleable [ʌnˈseləbəl] *adj* -siouzika

unsalted [ʌnˈsɔltid] *adj* -siotiwa chumvi

unsanctioned [ʌnˈsankchənd] *adj* 1. -siopewa idhini 2. -siowekewa

unsatisfactory [ʌnˌsatisˈfaktri] *adj* -sioridhisha

unsatisfactorily [ʌnˌsatisˈfaktrili] *adv* -sio kuridhisha; -sio kutosheleza

unsatisfied [ˌʌn'satisfaid] *adj*
-siotosheka

unsatisfying [ʌn'satisfaiying] *adj*
-siotosha

unsavoury [ʌn'seivəri] *adj*
-siopendeza

unscathed [ʌn'skeidhd] *adj* bila
kuumia

unscientific [ˌʌnsaiyən'tifik] *adj* si
-a kisayansi

unscramble [ʌn'skrambəl] *v*
-paraganyua

unscratched [ʌn'skracht] *adj*
-siokunwa

unscrew ['ʌn'skru:] *v* 1. -toa
parafujo 2. -fungua

unscripted [ʌn'skriptid] *adj*
-sioandikwa

unscrupulous [ʌn'skru:pyuləs] *adj*
-nyofu

unseasoned [ʌn'si:zənd] *adj* 1.
-siotiwa viungo 2. -changa

unseat ['ʌn'si:t] *v* 1. -rusha kutoka
juu 2. *(pol.)* -ondosha madarakani

unseemly [ʌn'si:mli] *adj* -siofaa

unseen ['ʌn'si:n] *adj* -sioonekana

unselfish ['ʌn'selfish] *adj* -a hisani

unserviceable [ʌn'sə:visibəl] *adj*
-siotengenezeka

unsettle ['ʌn'setl] *v* -vuruga

unsettled [ʌn'setəld] *adj* -geugeu

unshackled [ʌn'shakəld] *adj* 1.
-fungua pingu 2. -ondoa kizuizi

unshaken [ʌn'sheikən] *adj*
-siotikiswa

unshakable [ʌn'sheikəbəl] *adj*
-siotikisika

unshapely [ʌn'sheipli] *adj* -sio na
umbo

unshaven [ʌn'sheivən] *adj*
-sionyolewa

unsheltered [ʌn'sheltəd] *adj*
-siofichwa

unship [ʌn'ship] *adj* -shusha kutoka
melini

unshod [ʌn'shɔd] *adj* bila viatu

unsightly [ʌn'saitli] *adj* -a
kuchukiza

unsigned [ʌn'saind] *adj*
-sioandikwa jina

unskilled ['ʌn'skild] *adj* -sio ujuzi

unskilful [ʌn'skilfəl] *adj* si -bingwa

unskimmed [ʌn'skimd] *adj*
-sioenguliwa

unsociable [ʌn'səushəbəl] *adj*
-siopenda kukaa na watu

unsold [ʌn'sɔld] *adj* -siouzwa

unsolicited [ˌʌnsə'lisitid] *adj*
-sioombwa

unsolved [ʌn'sɔlvd] *adj*
-siofumbuliwa

unsophisticated [ʌnsɔ'fistikeitid]
adj -sio na uzoefu

unsought [ʌn'sɔ:t] *adj* -siotafutwa

unsound ['ʌn'saund] *adj* 1.
-pungufu 2. of **unsound mind** -sio
na akili timamu

unsparing [ʌn'speəring] *adj* -sio
nyimi

unspeakable [ʌn'spi:kəbəl] *adj*
-baya sana

unspecified [ʌn'spesifaid] *adj*
-siotajwa

unspectacular [ˌʌnspek'takyulə]
adj -a kawaida

unspent [ʌn'spent] *adj* -siotumiwa

unspoiled [ʌn'spɔild] *adj*
-sioharibiwa

unspoken [ʌn'spəukən] *adj* 1.
-iosemwa 2. -siotangazwa

unstable ['ʌn'steibəl] *adj* -si thabiti

unstained [ʌn'steind] *adj* pasipo
mawaa

unstamped [ʌn'stampt] *adj*
-siobandikwa stempu

unsteady ['ʌn'stedi] *adj* 1. -geugeu
2. -si thabiti

unstinting [ʌn'stinting] *adj* -paji

unsubstantial [ʌnsəb'stanshəl] *adj*
1. -a kama ndoto 2. hafifu

unsubstantiated [ˌʌnsəb'stanshi,yeitid]
adj -siothbitika

unsuccessful [ʌnsʌk'sesfəl] *adj*
-siofanikiwa

unsuitable [ˈʌnˈsuːtəbəl] *adj* -siofaa

unsuitability [ˌʌnsuːtəˈbiliti] *adj* kutofaa

unsupervised [ʌnˈsupəvaizd] *adj* -siosimamiwa

unsupported [ˌʌnsəpɔːtid] *adj* -siochukuliwa

unsupportable [ˌʌnsəˈpɔːtibəl] *adj* -siochukulika

unsure [ʌnˈʃɔː] *adj* si -a hakika

unsuspected [ˌʌnsəsˈpektid] *adj* -siotuhumiwa

unsuspecting [ˌʌnsəsˈpekting] *adj* -siotuhumu

unswayed [ʌnˈsweid] *adj* -siogeuzwa

unswerving [ʌnˈswəːving] *adj* -thabiti

unsworn testimony [ʌnˈswɔːn ˈtestiməni] *n* ushahidi usioapiwa

unsympathetic [ˌʌnsimpəˈthetik] *adj* -sio na huruma

unsystematic [ʌnˌsistəˈmatik] *adj* -s bila taratibu

untainted [ʌnˈteintid] *adj* -siowaa

untalented [ʌnˈtaləntid] *adj* -siojaliwa

untamable [ʌnˈteiməbəl] *adj* -siofugika

untamed [ʌnˈteimd] *adj* -siofugwa

untangle [ʌnˈtangəl] *adj* -tegua

untapped [ʌnˈtapt] *adj* -siogemwa

untasted [ʌnˈteistid] *adj* -sioonjwa

untaught [ʌnˈtɔːt] *adj* -siofunzwa

untenable [ʌnˈtenəbəl] *adj* -siothibitika

untested [ʌnˈtestid] *adj* -siothibitishwa

unthankful [ʌnˈthangkfəl] *adj* -sioshukurani

unthinkable [ʌnˈthingkəbəl] *adj* -siowazika

unthinking [ʌnˈthingking] *adj* -a pupa

unthought of [ʌnˈthɔːtfəl ˌɔv] *adj* -siotarajiwa

untidy [ʌnˈtaidi] *adj* -chafu

untie [ˈʌnˈtai] *v* -tangua

until [ənˈtil] *prep/conj* hata; mpaka

untimely [ʌnˈtaimli] *adj* -a mapema mno

untiring [ʌnˈtairing] *adj* -siochosha

untold [ʌnˈtɔld] *adj* 1. -siohesabika 2. -siosimuliwa

untouchable [ʌnˈtʌchəbəl] *adj* -sioguswa

untouched [ˈʌnˈtʌcht] *adj* -sioguswa

untraceable [ʌnˈtreisəbəl] *adj* -siopendelewa

untrained [ʌnˈtreind] *adj* -siofundishwa

untranslatable [ˌʌntranzˈleitəbəl] *adj* -siofasirika

untranslated [ˌʌntranzˈleiti] *adj* -siofasiriwa

untried [ʌnˈtraid] *adj* -siojaribiwa

untroubled [ʌnˈtrʌbəld] *adj* -siotaabishwa

untrue [ˈʌnˈtruː] *adj* si kweli

untruth [ʌnˈtruːth] *n* uwongo

untruthful [ʌnˈtruːthfəl] *adj* -a kusema uwongo

untrustworthy [ʌnˈtrʌstwəːdhi] *adj* -sioaminika

untwist [ʌnˈtwist] *v* -fumua

unusual [ʌnˈyuːzhəl] *adj* -sio -a kawaida

unveil [ʌnˈveil] *v* -funua

unwanted [ʌnˈwɔntid] *adj* -siotakiwa

unwarranted [ʌnˈwɔrəntid] *adj* bila sababu

unwary [ʌnˈweəri] *adj* si -enye hadhari

unwashed [ʌnˈwɔsht] *adj* -siooshwa

unwatched [ʌnˈwɔcht] *adj* -siolindwa

unwavering [ʌnˈweivəring] *adj* bila kusita

unwelcome [ʌnˈwelkəm] *adj* -siopendeza

unwell [ʌnˈwel] *adj* -gonjwa

unwieldy [ʌnˈwiːldi] *adj* -zito

unwilling [ʌnˈwiling] *adj* -siotaka
unwillingness [ʌnˈwilingnis] *n* kutotaka
unwind [ʌnˈwaind] *v* 1. -zongoa 2. -pumua
unwise [ʌnˈwaiz] *adj* -sio busara
unwitnessed [ʌnˈwitnəst] *adj* -siotazamwa
unwitting [ʌnˈwiting] *adj* -siokusudiwa
unworkable [ʌnˈwəːkəbəl] *adj* -sioweza kufanyika
unworthy [ʌnˈwəːdhi] *adj* -siostahili
unwrap [ʌnˈrap] *v* -fungua
unwritten [ʌnˈritən] *adj* -sioandikwa
unyielding [ʌnˈyiːlding] *adj* -gumu
unyoke [ʌnˈyəuk] *v* -fungulia
unzip [ʌnˈzip] *v* -fungua zipu
up [ʌp] 1. *adv* juu 2. *prep* juu ya 3 *see* up to
up and coming [ˌʌpənˈkʌming] *adj* -shababu
upbeat [ˈʌpbiːt] *adj* -enye uchangamfu
upbringing [ˈʌpbringing] *n* malezi
up-country [ʌpˈkʌntri] *adv* bara
update [ˈʌpdeit] *n* kutengeneza upya
update [ʌpˈdeit] *v* -tengeneza upya
upgrade [ˈʌpgreid] *v* -pandisha cheo
upheaval [ʌpˈhiːvəl] *n* mageuzi
uphill [ʌpˈhil] 1. *adj* -a kupanda 2. -a shida 3. *adv* kwa kupanda
uphold [ʌpˈhəuld] *v* (upheld) 1. -tetea 2. -thibitisha
upholster [ʌpˈhəlstə] *v* -tia matakia
upkeep [ˈʌpkiːp] *n* harija
uplands [ˈʌpləndz] *pl* sehemu za mwinuko
uplift [ˈʌplift] *v* -tia moyo
upmost [ˈʌpməust] *adj* 1. -a juu kabisa 2. -kuu
upon [əˈpɔn] *prep* juu ya
upper [ˈʌpə] *adj* -a juu
upper house *n* (UK, pol.) bunge la malodi
uppermost [ˈʌpəməust] *adj* 1. -a

juu kabisa 2. -kuu
upright [ˈʌprait] 1. *adj* -a wima 2. -aminifu 3. *adv* kwa wima
uprising [ˈʌpreizing] *n* maasi
uproar [ˈʌprɔː] *n* vurumai
uproot [ˌʌpˈruːt] *v* -ng'oa
upset [ˌʌpˈset] 1. *adj* to be upset -ghadhibika (about kwa) 2. *v* (upset) -pindua 3. -vuruga
upside-down [ˌʌpsaidˈdaun] *adv* juu chini
upstage [ʌpˈsteij] *v* -piku
upstairs [ˌʌpˈsteəz] *adv* ghorofani
upstanding [ʌpˈstanding] *adj* -kititi
upstream [ˈʌpstriːm] *adv* kwa kukata maji
upsurge [ˈʌpsəːj] *n* mfoko wa ghadhabu
upswing [ˈʌpswing] *n* unafuu
uptake [ˈʌpteik] *n* kuelewa
uptight [ʌpˈtait] *adj* -enye fazaa
up to [ʌp] *prep* hadi
up-to-date [ˌʌptuˈdeit] *adj* -a kisasa
upturn [ˈʌptəːn] *n* unafuu
upward; upwards [ˈʌpwəd; -z] 1. *adj* -a kwenda juu 2. *adv* juu
uranium [yuəˈreiniyəm] *n* urani
urban [ˈəːbən] *adj* -a mji
urban development *n* maendeleo ya mji
urbane [ˈəːbən] *adj* -a adabu sana
urbanization [ˌəːbənaiˈzeishən] *n* kuanzisha mji
urbanize [ˈəːbənaiz] *v* -anzisha mji
urban planning *n* mipango miji
urge [əːj] 1. *n* hamu kubwa 2. *v* -sihi sana 3. *see* urge on
urgency [ˈəːjənsi] *n* haraka
urgent [ˈəːjənt] *adj* -a haraka
urgently [ˈəːjəntli] *adv* kwa haraka
urge on *v* -sukuma
urinal [yuəˈrainl] *n* msala
urinary [ˈyuːrinri] *adj* -a mkojo
urinate [ˈyuərineit] *v* -kojoa
urine [ˈyuərin] *n* mkojo
urn [əːn] *n* chombo

us [əs; ʌs] sisi; -tu-

U.S.; U.S.A. *see* **United States (of America)**

usable [ˈyuːzəbəl] *adj* -a kuweza kutumika

usage [ˈyuːsij] *n* 1. matumizi 2. desturi

use [yuːs] *n* 1. matumzi 2. kazi 3. faida 4. **out of use** -siotumika 5. **to make use of** -tumia vizuri 6. **What's the use of...?** Ina faida gani...?

use [yuːz] *v* 1. -tumia 2. -fanyia 3. *see* **use up**

used [yuːzd] *adj* 1. -liotumika 2. -sio mpya

used to [ˈyuːstu] 1. **to be used to** -zoea 2. **We used to live in Langata.** Tulikuwa tukiishi Langata.

useful [ˈyuːsfəl] *adj* -a manufaa

usefulness [ˈyuːsfəlnis] *n* manufaa

useless [ˈyuːslis] *adj* -siofaa

uselessness [ˈyuːslisnis] *n* haina maana

user [ˈyuːzə] *n* mtumiaji

user-friendly [ˈyuːzə,frendli] *adj* mtumaji mzuri

use up *v* -tumia yote

usher [ˈʌshə] *v* -peleka

usher in *v* -anzisha

usual [ˈyuːzhəl] *adj* 1. -a kawaida 2. **as usual** kama kawaida

usually [ˈyuːzhəli] *adv* kwa kawaida

usurp [yuˈsəːp] *v* -nyang'anya

usury [ˈyuːzəri] *n* kula riba

utensil [yuːˈtensil] *n* chombo

uterus [ˈyuːtərəs] *n* uterasi

utility [yuːˈtiliti] *n* 1. manufaa 2. **public utility** huduma za umma

utilize [ˈyuːtilaiz] *v* -tumia

utmost [ˈʌtməust] *adj* -kubwa sana

utter [ˈʌtə] 1. *adj* kabisa 2. *v* -sema

utterance [ˈʌtərəns] *n* maneno

utterly [ˈʌtəli] *adv* kabisa

V

v.; vs. *see* **versus**

vacancy ['veikənsi] *n* nafasi wazi

vacant ['veikənt] *adj* 1. -tupu 2. wazi

vacation [və'keishən] *n* likizo

vaccinate ['vaksineit] *v* -chanja

vaccination [,vaksi'neishən] *n* chanjo

vaccine [vak'si:n] *n* dawa ya chanjo

vacuum ['vakyuəm] 1. *n* ombwe 2. *v* -piga huva

vacuum cleaner *n* kivuta vumbi; huva

vacuum pump *n* kivuta hewa/maji

vagabond ['vagəbɔnd] *n* msikwao

vagina [və'jainə] *n* kuma; uke

vaginal [və'jainəl] *adj* -a uke

vagrant ['veigrənt] *n* mzururaji

vague [veig] *adj* -sio wazi

vain [vein] *adj* 1. -a majisifu 2. **in vain** bure

vale [veil] *n* bonde

valiant ['valiənt] *adj* -shujaa

valid ['valid] *adj* 1. -enye sababu thabiti 2. *(leg.)* halili

validate [və'lideit] *v* -thibitisha

validity [və'lidəti] *n* 1. uthabiti 2. *(leg.)* uhalili

valise [və'li:z] *n* mfuko

valley ['vali] *n* bonde

valour; valor ['valə] *n* ushujaa

valuable ['valyuəbəl] *adj* -a thamani

valuables ['valyuəblz] *pl* vitu ya thamani

value ['valyu:] 1. *n* thamani 2. faida 3. *v* -thamini 4. *see* **values**

value-added tax (V.A.T.) *n* kodi ya nyongeza

values ['valyu:z] *pl* maadili

valve [valv] *n* vali

vampire ['vampayə] *n* mnyonya damu

van [van] *n* bogi

vandal ['vandəl] *n* mharabu

vandalism ['vandəlizəm] *n* harabu

vandalize ['vandəlaiz] *v* -haribu

vanilla [və'nilə] *n* vanila

vanish ['vanish] *v* -tokomea

vanity ['vanəti] *n* kiburi

vaporize ['veipəraiz] *v* -fusha

vapour ['veipə] *n* mvuke

variable ['veəriəbəl] *adj* -a kugeuka

variant ['veəriənt] *n* tofauti

variation [,veəri'eishən] *n* kubadilika

varicose veins [,varikəush 'veinz] *pl* mishipa ya miguu iliyovimba daima

variety [və'raiəti] *n* 1. jamii 2. namna

various ['veəriəs] *adj* mbalimbali

varnish ['va:nish] *n* vanishi

vary ['veəri] *v* -badili

vase [va:z] *n* chombo

vasectomy [və'sektəmi] *n* kufunga uzazi

vaseline ['vazəli:n] *n* vaselini

vast [va:st] *adj* -kubwa mno

vastly ['va:stli] *adv* sana

vastness ['va:stnəs] *n* wingi mno

vat *n* pipa kubwa

VAT *see* **value-added tax**

vaudeville ['vɔdevil] *n* vichekesho

vault [vɔ:lt] 1. *n* kuba 2. *v* -ruka

V.D. ['vi:'di:] *see* **venereal disease**

veal [vi:l] *n* nyama ya ndama

vegetable ['vejtəbəl] *n* 1. *adj* -a mboga 2. *n* mboga

vegetables ['vejtəbəlz] *pl* mboga

vegetarian [,veji'teəriən] 1. *adj* -a kula mboga 2. *n* mla mboga

vegetarianism [,veji'teəriyə,nizəm] *n* ulaji mboga

vegetation [ˌvejiˈteishən] *n* uoto
vehement [ˈviːəmənt] *adj* -kali
vehicle [ˈviəkəl] *n* gari
veil [veil] *n* shela
vein [vein] *n* 1. vena 2. **mineral vein** bamba la jiwe
velocity [viˈlɔsəti] *n* kasimwelekeo
velvet [ˈvelvət] *n* kiludhu
vender; vendor [ˈvendə] *n* mchuuzi
vending machine [ˈvending-məˈshiːn] *n* mashine sarafu
venerable [ˈvenrəbəl] *adj* -a kuheshimiwa
venereal disease [vəˈniːriəl] *n* ugonjwa wa zinaa
vengeance [ˈvenjəns] *n* kisasi
venom [ˈvenəm] *n* 1. sumu 2. chuki
venomous [ˈvenəməs] *adj* 1. -a sumu 2. -a chuki
ventilation [ˌventiˈleishən] *n* kupitisha hewa safi
ventilator [ˈventileitə] *n* tundu la kupitisha newa
venture [ˈvenchə] 1. *n* jambo la hatari 2. *v* -jasirisha
venue [ˈvenyu] *n* makutano
veranda [vəˈrandə] *n* veranda
verb [vəːb] *n* kitenzi
verbal [ˈvəːbəl] *adj* -a tendo
verbal contract *n* mapatano ya kauli tu
verbatim [vəːˈbeitim] *adj/adv* sisisi
verdict [ˈvəːdikt] *n* hukumu
verge [vəːj] *n* 1. **road verge** ukingo wa njia 2. **to be on the verge of** -karibia
verification [ˌverifiˈkeishən] *n* thibitisho
verify [ˈverifai] *v* -thibitisha
vermin [ˈvəːmin] *n* mnyama mharibifu
versatile [ˈvəːsətail] *adj* -badilifu
verse [vəːs] *n* 1. ubeti 2. ushairi 3. *(Isl.)* aya
version [ˈvəːshən] *n* tamko
versus [ˈvəːsəs] 1. dhidi ya 2.

Scotland versus England Skotlandi dhidi ya Uingereza
vertebra [ˈvertəbrə] *pl* pingili la uti wa mgongo
vertebral column *n* uti wa mgongo
vertebrate [ˈvertəbreit] *n* mnyama mwenye uti wa mgongo
vertical [ˈvertikəl] *adj* -a wima
vertigo [ˈvertigəu] *n* kizunguzungu
very [ˈveri] 1. *adj* kweli 2. *adv* sana
very much *adv* kabisa
very well 1. vizuri sana 2. haya!
vessel [ˈvesəl] *n* 1. chombo 2. *(mar.)* meli 3. **blood vessel** mshipa
vest [vest] *n* 1. fulana 2. (US) kizibao
vested interests [ˈvestid] *pl* maslahi
vet [vet] *n* mganga wa mifugo
veteran [ˈvetərən] *n* mkongwe
veterinarian [ˈvetineriyən] *n* mganga wa mifugo
veterinary [ˈvetineri] *adj* -a kuhusu elimu ya maradhi ya wanyama
veterinary clinic *n* zahanati ya vinyama
veterinary medicine *n* utabibu wa vinyama
veterinary school *n* shule ya tiba ya vinyama
veterinary surgeon *n* mganga wa vinyama
veto [ˈviːtəu] 1. *n* (*pl* vetoes) kura ya turufu ya kukataza 2. *v* -kataza
vex [veks] *v* -chokoza
vexed [vekst] *adj* -a kushindaniwa
via [ˈvaiə] *prep* kupitia
viable [ˈvayəbəl] *adj* -a kuweza kuwapo
vibrant [ˈvaibrənt] *adj* -a kutikisika
vibrate [vaiˈbreit] *v* -tikisa
vibration [vaiˈbreishən] *n* mtikisiko
vibrator [vaiˈbreitə] *n* kitingishi
vicar [ˈvikə] *n* (*Chr.*) kasisi
vice [vais] 1. *adj* makamu; kaimu 2. *n* uovu 3. jiliwa ya seremala

vice admiral *n* makamu wa admirali

vice chairman *n* makamu mwenyekiti

vice consul *n* naibu balozi

vice-presidency *n* umakama wa rais

vice president *n* makamu wa rais

vice versa [,vaisi·vɜ:sə] kinyume chake

vicinity [vi·sinəti] *n* ujirani

vicious [ˈvishəs] *adj* 1. -ovu 2. -a inda

victim [ˈviktim] *n* kafara; mhanga

victor [ˈviktə] *n* mshindi

victorious [vikto:riəs] *adj* -lioshinda

victory [ˈviktəri] *n* ushindi

video [ˈvidiəu] 1. *adj* -a video 2. *n* video 3. *v* -piga picha za video

video game *n* mchezo ya video

video recorder *n* mtambo wa video

video-recording *n* kurikodi video

video tape *n* ukanda wa video

video-tape *v* -piga picha za video

vie [vai] *v* -shindana (**for** na)

view [vyu:] 1. *n* mtazamo 2. **in view of** kwa kuzingatia 3. **point of view** maoni 4. *v* -kagua

viewer [ˈvyu:ə] *n* mtazamaji

viewpoint [ˈvyu:point] *n* maoni

vigilant [ˈvijilənt] *adj* -enye hadhari

vigorous [ˈvigərəs] *adj* -a nguvu

vigour; vigor [ˈvigə] *n* nguvu

vile [vail] *adj* -ovu

villa [ˈvilə] *n* nyumba yenye bustani

village [ˈvilij] *n* kijiji

villager [ˈvilijə] *n* mwanakijiji

villain [ˈvilən] *n* 1. mhalifu 2. mwovu

vindicate [ˈvindikeit] *v* -thibitisha

vindication [vindi·keishən] *v* uthibitisho

vine [vain] *n* mzabibu

vinegar [ˈvinigə] *n* siki

vineyard [ˈvinya:d] *n* shamba la mizabibu

vintage [ˈvintij] 1. *adj* -a kale 2. *n* msimu

vinyl [ˈvainəl] *n* plastiki

violate [ˈvaiəleit] *v* 1. -kiuka 2. -ingilia

violate airspace *v* -tokuhishimu mikata ya anga

violate rights *v* -furuga haki

violation [vaiə·leishən] *n* 1. -furuga 2. -vunja

violence [ˈvaiələns] *n* 1. vurugu 2. ukali

violent [ˈvaiələnt] *adj* 1. -a nguvu nyingi 2. -kali sana

violin [,vaiə·lin] *n* fidla

V.I.P. [,vi:ai·pi:] *n* mtu muhimu sana

viper [ˈvaipə] *n* kipiribao

virgin [ˈvɜ:jin] *n* bikira

virgin forest *n* msitu usioguswa bado

virility [vi·riləti] *n* urijali

virtual [ˈvɜ:chuəl] *adj* -a kweli

virtual reality *n* kweli hasa

virtually [ˈvɜ:chuəli] *adv* kweli

virtue [ˈvɜ:chu:] *n* 1. wema 2. **by virtue of** kwa sababu ya

virus [ˈvairəs] *n* virusi

visa [ˈvi:zə] *n* 1. viza 2. **entry visa** viza ya kuingia 3. **exit visa** viza ya kutokea

vis-à-vis [,vi:za·vi:] *prep* uso kwa uso

visibility [,vizə·biləti] *n* hali ya kuonekana wazi

visible [ˈvizəbəl] *adj* -a kuonekana wazi

vision [ˈvizhən] *n* 1. kuona 2. uwezo

visit [ˈvizit] 1. *n* kizuru 2. ziara 3. *v* -zuru

visiting card [ˈviziting·ka:d] *n* kadi ya ziara

visitor [ˈvizitə] *n* 1. mgeni 2. mkaguzi

visual [ˈvizhuəl] *adj* - kuona

vital [ˈvaitl] *adj* -kuu

vitality [vai·taləti] *n* uzima

vitalitize [vai·taləti] *v* -jadhubisha

vitamin [ˈvitəmin] *n* vitamini
vivid [ˈvivid] *adj* -lioiva
vocabulary [vəuˈkabyuləri] *n* maneno
vocal [ˈvəukəl] *adj* -a sauti
vocalist [ˈvəukəlist] *n* mwimbaji
vocalize [ˈvəukəlaiz] *v* -sema kwa sauti
vocation [vəuˈkeishən] *n* wito
vodka [ˈvɔdkə] *n* vodka
vogue [vəug] *n* **to be in vogue** -wa katika fashini
voice [vɔis] *n* sauti
void [vɔid] *adj* **null and void** batili
volatile [ˈvɔlətail] *adj* -cheshi
volcano [vɔlˈkeinəu] *n* (*pl* volcanoes) volkano
volition [vɔˈlishən] *n* **of one's own volition** kwa hiari
volley [ˈvɔli] *n* (*mil.*) mshindo
volleyball [ˈvɔlibɔːl] *n* mpira wa wavu
volt [vəult] *n* volti
voltage [ˈvəultij] *n* volteji
volume [ˈvɔlyuːm] *n* **1.** juzuu **2.** nafasi **3.** ukubwa **4.** nguvu ya sauti
voluntarily [ˌvɔlənˈtrəli] *adv* kwa kujitolea kwa hiari
voluntary [ˈvɔləntri] *adj* -a hiari
voluntary organization *n* shirika la kujitolea
voluntary worker *n* mfanyakazi wa kujitolea
volunteer [vɔlənˈtiə] **1.** *n* mtu

ajitoaye **2.** askari wa kujitolea **3.** *v* -jitolea
vomit [ˈvɔmit] **1.** *n* matapiko **2.** *v* -tapika
vote [vəut] **1.** *n* kura **2. secret vote** kura ya siri **3. unanimous vote** kura ya pamoja **4. vote of confidence** kura ya imani **5. vote of no-confidence** kura ya kutokuwa na imani **6. to cast a vote** -piga kura (**for** ya ndiyo; **against** ya hapana) **7.** *v* -piga kura **8. to vote through** -pitisha
voter [ˈvəutə] *n* mpiga kura
voting [ˈvəuting] *n* upigaji kura
voting-booth [ˈvəutingˌbuːth] *n* kibanda cha kupigia kura
vouch [vauch] *v* -dhamini
voucher [ˈvauchə] *n* vocha
vouchsafe [ˌvauchˈseif] *v* -toa kwa moyo
vow [vau] **1.** *n* nadhiri **2.** *v* -weka nadhiri
vowel [ˈvauəl] *n* irabu
voyage [ˈvɔyij] *n* safari
vs. *see* **versus**
vulgar [ˈvʌlgər] *adj* -a kishenzi
vulnerability [ˌvʌlnərəbiliti] *n* kuathirika kwa wepesi
vulnerable [ˈvʌlngərəbəl] *adj* rahisi kuathirika
vulture [ˈvʌlchə] *n* tai
vulva [ˈvʌlvə] *n* kuma
vying [ˈvulchə] *see* **vie**

W

wad [wɔd] *n* bulungutu
wade [weid] *v* -enda kwa shida
wafer [ˈweifə] *n* biskuti nyembamba
wag [wag] *v* -tikisa
wage [weiʤ] *n* 1. mshahara 2. **minimum wage** kima cha chini cha mshahara 3. *see* **wage war**
wage earner *n* mfanyakazi
wage freeze *n* kusitisha mshahara
wager [ˈweiʤə] *n* dau
wage rise *n* kuongeza mshahara
wage war *v* -fanya vita
wages [ˈweiʤiz] *n* mshahara
waggon; wagon [ˈwagən] *n* mkokoteni
wail [weil] *v* -omboleza
waist [weist] *n* kiuno
waistcoat [ˈweiskəut] *n* kizibao
wait [weit] *v* -ngoja
wait for *v* -ngojea
waiter [ˈweitə] *n* mhudumu
waiting list [ˈweitiŋlist] *n* orodha ya wanaosubiri
waiting room [ˈweitiŋruːm] *n* chumba la wanaosubiri
waitress [ˈweitris] *n* mhudumu
waive [weiv] *v* -samehe
wake [weik] *n* (*mar.*) mkondo
wake; wake up [weik] *v* (woke/waked, woken/waked) 1. -amka 2. -amsha
waken [ˈweikən] *see* **wake**
Wales [weilz] *n* Wales
walk [wɔːk] 1. *n* matembezi 2. *v* -tembea
walking stick [ˈwɔːkiŋstik] *n* bakora
walkman [ˈwɔːkmən] *n* walkman
walk out [ˈwɔːkaut] *v* 1. -toka 2. -acha
walkway [ˈwɔːkwei] *n* ujia

wall [wɔːl] *n* ukuta
wallet [ˈwɔlit] *n* pochi
wallpaper [ˈwɔlpeipə] *n* karatasi za kupamba ukutani
walnut [ˈwɔlnʌt] *n* jozi
wand [wɔnd] *n* kijifimbo
wander [ˈwɔndə] *v* -zurura
wanderer [ˈwɔndərə] *n* mzururaji
wane [wein] *v* 1. -fifia 2. -ingia ndani
wannabe [ˈwanəbiː] *n* anataka kuwa
want [wɔnt] 1. *n* hitaji 2. upungufu 3. *v* -taka
war [wɔː] 1. *adj* 2. *n* vita 3. **at war** katika hali ya vita 4. **civil war** vita vya wenyewe kwa wenyewe 5. **cold war** vita vya maneno na propaganda 6. **to declare war** -tangaza vita 7. *see* **wage war**
war correspondent *n* mwandishi wa habari za vita
war crime *n* 1. uhalifu wa vitani 2. **to commit a war crime** -fanya uhalifu vitani
war criminal *n* mhalifu wa vitani
ward [wɔːd] *n* 1. ulinzi 2. (*med.*) wadi 3. (*pol.*) kata 3. *see* **ward off**
warden [ˈwɔːdən] *n* 1. msimamizi 2. **game warden** bwana nyama
warder [ˈwɔːdə] *n* askari magereza
ward off *v* -kinga
wardrobe [ˈwɔːdrəub] *n* kabati la nguo
warehouse [ˈweəhaus] *n* bohari
wares [weə] *pl* vitu vya biashara
warfare [ˈwɔːfeə] *n* vita
war games *pl* michezo ya kivita
warhead [ˈwɔːhed] *n* kichwa cha kombora
warlike [ˈwɔːlaik] *adj* tayari kwa vita

warlord [ˈwɔːlɔːd] *n* jemadari wa vita

warm [wɔːm] *adj* 1. -a vuguvugu 2. *see* warm up

warmonger [ˈwɔːmʌŋgə] *n* mchochezi wa vita

warmth [wɔːmθ] *n* uvuguvugu

warm up *v* -pata moto

warn [wɔːn] *v* -onya

warning [ˈwɔːnɪŋ] *n* 1. onyo 2. without warning kwa ghafula

war office [ˈwɔːˌɔfis] *n* idara ya vita

warp [wɔːp] *v* pindika

warpath [ˈwɔːpɑːθ] *n* to be on the warpath -tayari kupigana

warplane [ˈwɔːplein] *n* ndege ya vita

warrant [ˈwɔrənt] 1. *n (leg.)* hati 2. search warrant hati ya upekuzi 3. *v* -halalisha

warranty [ˈwɔrənti] *n* hati

war reparations *pl* waliohamishwa na vita

warring [ˈwɔrɪŋ] *adj* warring nations nchi zenye kupigana vita

warrior [ˈwɔriə] *n* mpiganaji

warship [ˈwɔːʃip] *n* manowari

wartime [ˈwɔːtaim] *n* wakati wa vita

war-torn [ˈwɔːˌtɔːn] *adj* -liharibika na vita

war zone *n* ukanda wa vita

was [wəz; wɔz] *see* be

wash [wɔʃ] *v* 1. -osha 2. to wash oneself -oga 3. to wash clothes -fua nguo

washable [ˈwɔʃəbəl] *adj* -a kufulika

washing [ˈwɔʃɪŋ] *n* 1. kuosha 2. kufua

washing machine *n* mashine wa kufulia; washing-mashine

washing powder *n* sabuni ya kufulia

washing-up *n* kukosha vyombo

washroom [ˈwɔʃrum] *n* msala

wash up *v* -kosha vyombo

wasp [wɔsp] *n* nyigu

waste [weist] 1. *n* upotevu 2. industrial waste takataka za viwanda 3. That's a waste of time. Ni kupoteza wakati. 4. *v* -ovyo

wastebasket; wastebin [ˈweistbɑːskit; -bin] *n* pipa la taka

waste disposal *n* utupaji wa uchafu

wasteful [ˈweistfəl] *adj* -potevu

wasteland [ˈweistlənd] *n* kame

waste paper [ˈweistˌpeipə] *n* takataka za karatasi

waste product *n* malighaki

watch [wɔtʃ] 1. *n* saa 2. *v* -tazama

watcher [ˈwɔtʃə] *n* mwangalizi

watchman [ˈwɔtʃmən] *n* mlinzi wa usiku

watchtower [ˈwɔtʃtauə] *n* mnara wa kuangalia

water [ˈwɔːtə] 1. *n* maji 2. salt water maji chumvi 3. hot water maji moto 4. *v* -nyeshea 5. -patia maji 6. mouth-watering -a kutia hamu sana

waterbottle [ˈwɔːtəˌbɔtl] *n* chupa ya maji

water buffalo [ˈwɔːtəˌbʌfələu] *n* nyati wa kufugwa

water cannon [ˈwɔːtəˌkanən] *n* bomba la maji

water down *v* 1. -ongeza maji 2. -fanya hafifu

waterfall [ˈwɔːtəfɔːl] *n* maporomoko

watering can [ˈwɔːtərɪŋkən] *n*

water colour *n* 1. rangi za maji 2. picha ya rangi za maji

water hole *n* dimbwi

watering can *n* ndoo ya kunyweshea

waterless [ˈwɔːtələs] *adj* -kavu kame

water level *n* kina cha maji

waterline [ˈwɔːtəlain] *n* msitari maji

waterlogged [ˈwɔːtələgd] *adj* -liojaa maji

watermelon [ˈwɔ:təmelən] *n* tikiti maji

water power *n* nishati ya maji

waterproof [ˈwɔ:təpru:f] *adj* -siopenya maji

waters [ˈwɔ:təz] *n* 1. ziwa 2. bahari

watershed [ˈwɔtəshed] *n* eneo la mwinuko linalogawa mito

water ski [ˈwɔ:təski:] *n* skii ya majini

waterski [ˈwɔ:təski:] *v* -teleza kwa skii ya majini

waterskier [ˈwɔ:tə,ski:ə] *n* mtelezaji wa skii ya majini

waterskiing [ˈwɔ:təski:] *n* kuteleza kwa skii ya majini

watersports [ˈwɔ:təspɔ:ch] *pl* michezo ya majini

water supply *n* ugavi wa maji

water table *n* tabaka maji

watertank [ˈwɔ:tətangk] *n* tangi la maji

water-tap [ˈwɔ:tətap] *n* bomba la maji

watertight [ˈwɔ:tətait] *adj* 1. -siovuja maji 2. thabiti

water tower *n* mnara wa maji

waterway [ˈwɔ:təwei] *n* njia ya majini

waterwheel [ˈwɔ:təwi:l] *n* gurudumumaji

water works *pl* mfumo wa ugavi wa maji

watery [ˈwɔ:təri] *adj* -a majimaji

watt [wɔt] *n* wati; kipimo cha umeme

wave [weiv] 1. *n* wimbi 2. **short wave** mawimbi ya sauti ya masafa mafupi 3. **medium wave** mawimbi ya sauti ya masafa kati 4. **long wave** mawimbi ya sauti ya masafa marefu 5. *v* -perepusha

wavelength [ˈweivlength] *n* masafa

waver [ˈweivə] *v* -pepesuka

wavy [ˈweivi] *adj* -enye mawimbi

wax [waks] *n* 1. nta 2. -pevuka

way [wei] 1. *n* njia 2. barabara 3. **way of life** njia ya maisha 4. **by way of** kwa kusudi ya 5. **this way** upande huu 6. **on the way** njiani 7. **by the way** pamoja na hayo 8. **no way** hasha 9. **any way** vyovyote vile iwavyo 10. **to be underway** -anza kwenda 11. **to give way** -pisha njia

way behind *adj/adv* kwa mbali sana

way bill *n* orodha ya mali ya abiria

wayfarer *n* msafiri

way in *n* upande wa kuingia

waylay [weiˈlei] *v* -vizia

way out *n* upande wa kutoka

wayside [ˈweisaid] *n* kanda la njia

wayward [ˈweiwəd] *n* kaidi

we [wi:] *pro* sisi

weak [wi:k] *adj* dhaifu

weaken [ˈwi:kən] *v* -dhoofu

weakness [ˈwi:knis] *n* udhaifu

wealth [welth] *n* 1. utajiri 2. **mineral wealth** utajiri wa madini

wealthy [ˈwelthi] *adj* -tajiri

wean [wi:n] *v* -likiza

weapon [ˈwepən] *n* silaha

weaponless [ˈwepənləs] *adj* bila silaha

weaponry [ˈwepənri] *n* silaha

wear [weə] *v* (**wore**, **worn**) 1. -vaa 2. *see* wear out, worn

wearable [ˈweərəbəl] *adj* -a kuvalika

wear away *v* -chakaza

wear off *v* -pita

wear out *v* 1. -chisha 2. -chakaza

weary [ˈwiəri] *adj* **to be weary** -choka taabani

weasel [ˈwi:zəl] *n* cheche

weather [ˈwedhə] 1. *n* hali ya hewa 2. *v* -pona

weatherbeaten [ˈwedhə,bi:tən] *n* -iloathiriwa na hali ya hewa

weather bureau *n* ofisi ya hali ya hewa

weather conditions *n* hali ya hewa

weather forecast n utabiri wa hali ya hewa

weather man n mtabiri wa hali ya hewa

weather office n ofisi ya hali ya hewa

weatherproof ['weðə,pru:f] adj -sioathiriwa na upepo ya mvua

weather report n ripoti ya hali ya hewa

weather ship n meli ya hali ya hewa

weather station n kituo cha uchunguzi wa hali ya hewa

weave [wi:v] v (wove, woven) -fuma

weaver bird n mnana

web [web] n 1. wavu 2. (comp.) wavu

wed [wed] v 1. -funga ndoa 2. to wed (a man) -oa 3. to wed (a woman) -olewa na

wedding ['weding] n harusi

wedding cake n keki ya ndoa

wedding ring n pete ya ndoa

wedlock ['wedlɔk] n ndoa

wedge [wej] 1. n chembeo 2. v -tia chembeo

Wednesday ['wenzdei] n Jumatano

wee [wi:] adj -dogo sana

weed [wi:d] n 1. gugu 2. (sl.) bangi

week [wi:k] n juma; wiki

weekday ['wi:kdei] n siku yo yote ya juma

weekend [,wi:k'end] n wikiendi

weekly ['wi:kli] 1. adj -a kila juma 2. a weekly newspaper gazeti litolewalo kila juma 3. adv kwa juma

weep [wi:p] v (wept) -toa machozi

weevil ['wi:vəl] n fukusi

weigh [wei] v 1. -pima uzito 2. -wa na uzani wa

weight [weit] n 1. uzito 2. to put on weight -nenepa 3. to lose weight -konda 4. to lift weights -nyanyua mazito

weightless ['weitlis] adj -sio na uzito

weightlifter ['weit,liftə] n mbeba mazito

weightlifting ['weit,lifting] n kunyanyua mazito

weight watching n kujikondesha

weir [wiə] n mtego wa samaki

weird ['wiəd] adj -a ajabu

welcome ['welkəm] 1. adj -a kupokewa 2. n mapokezi 3. v -karibisha

welcome! karibu!

weld [weld] v -tia weko

welder [weldə] n mtio weko

welding ['welding] n utiaji weko

welfare ['welfeə] n 1. ustawi 2. child welfare ustawi wa watoto

welfare state n nchi yenye kutoa huduma za jamii bure

welfare worker n afisa ustawi

well [wel] 1. adj -zima 2. n kisima 3. oil well kisima cha mafuta 4. adv vizuri 5. as well as pamoja na 6. well! haya!

well-being [wel'bi:ying] n hali njema

well-head [.welhed] n chanzo cha mto

well-known [wel'nəun] adj maarufu

well-off [wel'ɔf] adj 1. -enye mali 2. -enye bahati

well-to-do [weltə'du:] adj

well-wisher [,wel'wishə] n mtakia heri

Welsh [welsh] 1. adj -a Wales 2. n Mwelsh 3. Kiwelsh

Welshman; Welshwoman [welsh] n Mwelsh

went [went] see go

wept [wept] see weep

were [wə:] see be

werewolf ['weəwulf] n mtu bweha

west [west] 1. adj -a magharibi 2. n magharibi 3. the West Ulaya na Amerika

western ['westən] 1. adj -a magharibi 2. n filamu ya makauboi

westerner [ˈwestənə] *n* mwenyeji
wa magharibi

westernize [ˈwestən] *v* -fanya -a
kimagharibi

westernmost [ˈwestənməust] *adj*
-a magharibi ya mbali

westward(s) [ˈwestwəd] *adv* enda
upande wa magharibi

westerly [ˈwestəli] *adj/adv* -a
upande wa magharibi

wet [wet] **1.** *adj* -a majimaji **2.** *v*
-rovya

wetdock [ˈwetdɔk] *n* gati lenye maji

wet paint *n* rangi ambayo haijakauka

wet weather *n* hali ya hewa ya
mvumvua

whack [wak] *n* -piga kwa kishindo

whale [weil] *n* nyangumi

whale of a time *n* furaha sana

whaler [ˈweilə] *n* chombo cha
kuwindia nyangumi

whaling [ˈweiliŋ] *n* mwindo wa
nyangumi

whaling gun *n* bunduki ya kuulia
nyangumi

wharf [wɔːf] *n* gati

wharfage [ˈwɔːfiʤ] *n* ushuru

wharfman [ˈwɔːfmən] *n* kuli

wharfmaster [ˈwɔːfmaːstə] *n*
msimamizi gati

what [wɔt] **1.** nini **2.** gani

whatever [wɔtˈevə] **1.** -o -ote ile **2.**
kabisa

what for? kwa nini?

whatsoever [ˌwɔtʃəuˈevə] *see*
whatever

wheat [wiːt] *n* ngano

wheel [wiːl] *n* **1.** gurudumu **2.** *see*
steering wheel

wheelbarrow [ˈwiːlˌbarəu] *n* toroli

wheelchair [ˈwiːlˌʧeə] *n* kiti cha
magurudumu

wheelhouse [ˈwiːlhaus] *n* chumba
cha nahodha katika meli

wheeze [wiːz] **1.** *n* hila **2.** *v* -korota

when [weŋ] **1.** lini **2. since when?**
tangu lini?

whenever [wenˈevə] wakati wowote

where [weə] **1.** wapi **2. from
where?** kutoka wapi?

whereabouts [ˈweərəbauch] **1.** *n*
makazi **2.** *adv* wapi

whereas [ˌweərˈaz] *conj* kwa
maana

whereby [ˌweərˈbaːi] *conj* katika hii

whereupon [ˈweərəpɔn] *adv* baadaye

wherever [ˌweərˈevə] kokote; popote

whether [ˈweðə] *conj* kama

which [wiʧ] -ipi

whichever [ˌwiʧˈevə] -o -ote

while; whilst [wail; wailst] **1.** *n*
muda **2.** *conj* pale **3. for a while**
kwa muda **4. once in a while** mara
moja moja

whim [wim] *n* haja

whimper [ˈwimpə] *v* -lialia

whine [wain] *v* -lia

whip [wip] **1.** *n* kiboko **2.** *v* -piga
mjeledi

whippet [ˈwipit] *n* mbwa wa
mashindano

whirl [wəːl] *v* -zunguka

whirlpool [ˈwəːlpuːl] *n* kizingia cha
maji

whirlwind [ˈwəːlwind] *n* kimbunga

whisk away [ˈwisk əˌwei] *v*
-pangua upesi

whisker [ˈwiskə] *n* sharubu

whiskey; whisky [ˈwiski] *n* wiski

whisper [ˈwispə] *v* -nong'ona

whistle [ˈwisəl] **1.** *n* mluzi **2.** *v* -piga
mluzi

whistle-stop tour [ˈwisəlˌstɔp ˈtuə]
n kusimama kwa muda mfupi

white [wait] *adj* -eupe

whitecollar [ˈwaitˌkɔlə] *adj*
whitecollar worker mfanyakazi wa
ofisi

whiten [ˈwaitən] *v* -fanya -eupe

whiteness [ˈwaitnis] *n* weupe

whitewash [ˈwaitwɔsh] **1.** *n* chokaa
2. *(pol.)* mbinu ya kuficha makosa
ya mtu **3.** *v* -tia chokaa **4.** *(pol.)*
-ficha makosa ya mtu

white wine *n* mvinyo mweupe

whittle [ˈwitəl] *v* -chonga

whiz [wiz] *v* -vuma

WHO (World Health Organization) *n* Shirika la Afya Duniani

who [huː] 1. nani 2. ambaye

whodunit; whodunnit [huːˈdʌnit] *n* riwaya ya upelelezi

whoever [huːˈevə] yeyote

whole [həul] 1. *n* uzima 2. *adj* -zima; -ote 3. **on the whole** kwa jumla

whole-hearted [ˌhəulˈhaːtid] *adj* kamili

whole-heartedly [ˌhəulˈhaːtidli] *adv* kamili

wholesale [ˈhəulseil] 1. *adj* -a jumla 2. *n* jumla

wholesaler [ˈhəulseilə] *n* mwuza jumla

wholesale trade [ˈhəulseil] *n* biashara ya jumla

wholesome [ˈhəulsəm] *adj* -enye kuleta afya

wholly [ˈhəuli] *adv* kabisa

whom [huːm] *see* **who**

whoop [wuːp] *v* -piga ukelele wa shangwe

whooping cough [ˈhuːpiŋkɔf] *n* kifaduro

whopper [ˈwɔpə] *n* kitu kikubwa

whose [huːz] -a nani

whoever, whosoever [ˌhuːˈevə; ˌhuːsəuˈevə] yeyote

why [wai] 1. kwa nini 2. sababu

why not? kwa nini?

wick [wik] *n* utambi

wicked [ˈwikid] *adj* -ovu

wide [waidh] 1. *adj* -pana 2. *adv* mbali

wide awake *adj* -a macho

widen [ˈwaidən] *v* -panua

wide-open [ˈwaidˈeəpən] *adj* wazi kabisa

widespread [ˈwaidspred] *adj* -lioenea pote

widow [ˈwidəu] *n* mjane mwanamke

widower [ˈwidəuə] *n* mjane mwanamume

width [width] *n* upana

wield [wiːld] *v* -shika na kutumia

wife [waif] *n* (*pl* **wives**) mke

wig [wig] *n* nywele bandia

wiggle [ˈwigəl] *v* -gaagaa

wild [waild] *adj* 1. -a mwitu 2. -shenzi 3. -liohemkwa 4. **to be wild about** -wa na hamu juu ya

wild animal *n* mnyama mwitu

wildebeest [ˈwildəbiːst] *n* kongoni

wilderness [ˈwildənis] *n* pori

wildly [ˈwaildli] *n* bila mpango

wilful [ˈwilfəl] *adj* -a kusudi

will [wil] 1. *n* ridhaa 2. (*leg.*) wosia 3. *see* **be**

willing [ˈwiliŋ] *adj* -radhi

willingness [ˈwiliŋnis] *n* hiari

will power [ˈwilpauə] *n* utashi

wilt [wilt] *v* -nyauka

wimp [wimp] *n* boza

win [win] *v* (**won**) 1. -shinda 2. -pata

wince [wins] *v* -nywea

winch [winch] 1. *n* winchi 2. *v* -sogeza kwa winchi

wind [wind] *n* upepo

wind [waind] *v* (**wound**)1. -zunguka 2. -sokota 3. (*fin.*) -kamilisha

windbreak [ˈwindbreik] *n* kikinga upepo

windfall [ˈwindfɔl] *n* nyota ya jaha

windlass [ˈwindləs] *n* winchi

windless [ˈwindləs] *adj* -sio na upepo

windmill [ˈwindmil] *n* kinu cha upepo

window [ˈwindəu] *n* dirisha

window display *n* maonyesho ya bidhaa dirishani

window ledge *n* ukingo wa dirisha

windowpane [ˈwindəupein] *n* kioo cha dirisha

windowshopping [ˈwindəuˌʃɔpiŋ] *n* kutia macho nuru

windscreen [ˈwindskriːn] *n* kioo cha mbele

windscreen wiper [ˈwindskriːn ,waipə] *n* waipa

windshield [ˈwindshiːld] *n (US)* kioo cha mbele

windsurf [ˈwindsəːf] *v* -panda chelezo cha tanga

windsurfboard [ˈwindsəːf,bɔːd] *n* chelezo cha tanga

windsurfing [ˈwindsəːfing] *n* kupanda chelezo cha tanga

windward [ˈwindwəːd] *n/adv* upande wa upepo

windy [ˈwindi] *adj* -a upepo mwingi

wine [wain] *n* 1. mvinyo 2. **red wine** mvinyo mwekundu 3. **white wine** mvinyo mweupe 4. **sparkling wine** mvinyo wa chemchem

wing [wing] *n* bawa

winged [wingd] *adj* -enye mabawa

wingless [ˈwingləs] *adj* bila mabawa

wink [wingk] *v* -konyeza

winner [ˈwinə] *n* mshindi

winning [ˈwining] *adj* 1. -enye kushinda 2. -a kushawishi

winnings [ˈwiningz] *pl* fedha za ushinde

winnow [ˈwinəu] *v* -pepeta

winsome [ˈwinsəm] *adj* -a kuvutia

winter [ˈwintə] *n* majira ya baridi

winter sports *pl* michezo ya msimu wa baridi

winter time *n* majira ya baridi

wintry [ˈwintri] *adj* -a baridi sana

wipe [waip] *v* -pangusa

wipe out *v* 1. -teketeza kabisa 2. -haribu

wiper [ˈwaipə] *n* waipa

wire [ˈwaiə] 1. *n* waya 2. **barbed wire** 3. *v* -kaza kwa waya 4. -piga simu

wire-cutter [ˈwaiə,kʌtə] *n* chombo cha kukatia waya

wire wool *n* kumbi la waya

wiring [ˈwayring] *n* mfumo wa waya za umeme

wisdom [ˈwizdəm] *n* busara

wise [waiz] *n* -a busara

wisecrack [ˈwaizkrak] 1. *n* mzaha 2. *v* -toa mizaha

wish [wish] 1. *n* matakwa 2. *v* -taka

wish for *v* -wa na hamu ya

wistful [ˈwistfəl] *adj* -enye kusononeka

wit [wit] *n* 1. mwerevu 2. akili 3. *see* **wits**

witch [wich] *n* mchawi

witchcraft [ˈwichkraːft] *n* uchawi

witch hunt *n* masako na uonevu wa watu

with [widh] *prep* 1. -enye; -a 2. na 3. kwa

withdraw [widhˈdrɔː] *v* (**withdrew, withdrawn**) 1. -chukua 2. -rudi(sha) nyuma 3. **to withdraw money** -toa pesa benki 4. **to withdraw from use** -wachana nasi 5. **to withdraw a charge** -futa mashtaka

withdrawal [widhˈdrɔːəl] *n* 1. kuondoa 2. kufuta 3. *(fin.)* kutoa pesa benki

withdrawal symptoms *pl* kujitenga

withdrawn [widhˈdrɔːən] *adj* **a withdrawn person** mnyonge

wither [ˈwidhə] *v* -chakaa

withhold [widhˈhəuld] *v* (**withheld**) -nyima

within [wiˈdhin] 1. *prep* ndani ya 2. karibu 3. **within an hour** haipati saa 4. *adv* ndani

without [wiˈdhaut] *prep* 1. bila 2. **without a doubt** bila shaka 3. **without fail** bila kukosa 4. **to go without Laurie** -kwenda bila ya Laurie 5. **to go without food** -funga 6. *see* **outside**

with regard to *prep* kwa kuhisiana ya

withstand [widhˈstand] *v* -himili

witness [ˈwitnis] 1. *n* shahidi 2. **to bear witness** -shahidi 3. *v* -shuhudia

wits [ˈwich] *pl* akili

witticism [ˈwitisizəm] *n* maneno ya kuchekesha

witty [ˈwiti] *adj* -chekeshi

wives [waivz] *see* wife

wizard [ˈwizəd] *n* mchawi

wobble [ˈwɔbəl] *v* -yumbayumba

woe [wəu] *n* huzuni

woke; woken [wəuk; wəukən] *see* wake

wolf [wulf] *n* (wolves) mbwa mwitu

wolfwhistle [ˈwulf,wisəl] *v* -piga mbinja

woman [ˈwumən] *n* (*pl* women) mwanamke

womanhood [ˈwumənhud] *n* uanamama

womankind [ˈwumənkaind] *n* wanawake

womb [wuːm] *n* uterasi

women [ˈwimin] *see* woman

won [wʌn] *see* win

wonder [ˈwʌndə] 1. *n* mshangao 2. ajabu 3. *v* -shangaa 4. -wazia

wonderful [ˈwʌndəfəl] *adj* -a ajabu

woo [wuː] *v* -chumbia

wood [wud] *n* 1. mbao 2. msitu

wooded [ˈwudid] *adj* -enye miti

wooden [ˈwudən] *adj* -a mbao

woodland [ˈwudlənd] *n* eneo lenye miti

woods [wudz] *pl* msitu

woodshed [ˈwudshed] *n* banda la kuwekea kuni

woodwork [ˈwudwəːk] *n* 1. vitu vya mbao 2. useremala

wool [wul] *n* sufu

woollen [ˈwulən] *adj* -a sufu

word [wəːd] *n* 1. neno 2. in other words 3. word for word tafsiri sisisi 4. (by) word of mouth kwa mdomo 5. to have a word with -zungumza na 6. to keep one's word -timiza ahadi 7. to break one's word -vunja ahadi

wording [ˈwəːding] *n* maneno

wordless [ˈwəːdləs] *adj* -kimya

word processor *n* kichambua maneno

wordy [ˈwəːdi] *adj* -a maneno mengi

wore [wɔː] *see* wear

work [wəːk] 1. *n* kazi 2. *v* -fanya kazi 3. out of work -sio na kazi 4. *see* work...

workable [ˈwəːkəbəl] *adj* a workable project project itafanyika kazi

workday [ˈwəːkdei] *n* siku ya kazi

worker [ˈwəːkə] *n* mfanyakazi

work force *n* wafanyakazi

working class *n/pl* tabaka la wafanyakazi

working party *n* kamati teule

workman [ˈwəːkmən] *n* mfanyakazi

workmanship [ˈwəːkmənship] *n* ustadi

work off *v* -ondoa

work out *v* 1. -toa hesabu 2. -pata jawabu 3. (*spor.*) -fanya mazoezi

workplace [ˈwəːkpleis] *n* pahala pa kazi

workshop [ˈwəːkshɔp] *n* 1. pahala pa kazi 2. (*ed.*) warsha

work to rule *v* kuwa na mgomo baridi

world [wəːld] 1. *adj* -a ulimwengu 2. *n* dunia 3. watu

World Bank *n* Benki ya Dunia

World Cup *n* Kombe la Dunia

World Health Organization *n* Shirika la Afya Duniani

world power *n* nguvu ya dunia

World War One *n* Vita vya Kwanza ya Dunia

World War Two *n* Vita vya Pili ya Dunia

worldwide [wəːldˈwaid] *adj/adv* -a duniani kote

worm [wəːm] *n* mnyoo

wormy [ˈwəːmi] *adj* -enye minyoo

worn [wɔːn] *see* wear

worn-out *adj* 1. I am worn-out. Nimechoka sana. 2. My clothes are worn-out. Nguo zangu zimekwabuka.

worried [ˈwʌrid] *adj* -enye wasiwasi

worrisome [ˈwʌrisəm] *adj* -sumbufu

worry [ˈwʌri] 1. *n* wasiwasi 2. *v* -ona wasiwasi (**about** juu ya) 3. -sumbua

worrying [ˈwʌriying] *adj* -sumbufu

worse [wəːs] 1. *adj* -baya zaidi 2. *adv* vibaya 3. **none the worse** vilevile

worsen [ˈwəːsən] *v* -ongez(ek)a

worship [ˈwəːship] 1. *n* ibada 2. *v* -abudu

worshipper [ˈwəːshipə] *n* mwabudu

worst [wəːst] *adj* -baya kabisa

worth [wəːth] 1. *adj* -enye thamani 2. *n* thamani

worthless [ˈwəːthlis] *adj* -sio na thamani

worthwhile [wəːthˈwail] *adj* -a kufaa

worthy [ˈwəːdhi] *adj* -a kustahili

would [wuːd] *see* **will**

would-be [ˈwuːdbiː] *adj* **a would-be president** atakuwa raisi

wound [waund] *see* **wind**

wound [wuːnd] 1. *n* jeraha 2. *v* -jeruhi

wounded [ˈwuːndhidh] *adj* -enye jeraha

wove, woven [wəuv; wəuvn] *see* **weave**

wrangle [ˈranggəl] *v* -gombana

wrap [rap] *v* 1. -fungia 2. -zungushia

wrapper [ˈrapə] *n* shali

wrapping paper *n* karatasi ya kufunga

wrap up *v* 1. -fungia 2. -kamilisha

wrath [rɔːth] *n* ghadhabu

wreak [riːk] *v* -tolea

wreath [riːth] *n* shada la maua

wreck [rek] 1. *n* kuvunjika 2. *v* -haribu

wreckage [ˈrekij] *n* mabaki

wrench [rench] 1. *n* spana 2. *v* -sokota

wrest from [ˈrest ˌfrɔm] *v* -pokonya

wrestle [ˈresəl] *v* -piga mwereka

wrestler [ˈreslə] *n* mpigaji mweleka

wrestling [ˈresling] *n* shindano la mwereka

wretch [rech] *n* maskini

wretched [ˈrechid] *adj* -duni

wriggle [ˈrigl] *v* -jinonganyonga

wring [ring] *v* (**wrung**) -kamua

wrinkle [ˈringkəl] 1. *n* kunyanzi 2. *v* -kunyata

wrinkled [ˈringkəldh] *adj* -enye makunyanzi

wrist [rist] *n* kifundo

wristwatch [ˈristwɔch] *n* saa ya mkono

writ [rit] *n* (*leg.*) hati

write [rait] *v* (**wrote, written**) -andika

write down *v* -andika

write-off [ˈraitɔf] *n* kilichokwisha

write off *v* (*fin.*) -maliza

writer [ˈraitə] *n* mwandishi

write up *v* -andika

writhe [raidh] *v* -jinyonga

writing [ˈraiting] *n* mwandiko

writing paper *n* karatasi ya kuandika

written [ˈritən] *adj* 1. -lioandikwa 2. *see* **write**

wrong [rɔng] 1. *adj* -enye makosa 2. -ovu 2. *n* ubaya 3. *adv* vibaya 4. *v* -tendea ubaya

wrongdoer [ˈrɔngduːə] *n* mwovu

wrongdoing [ˈrɔngduːing] *n* utendaji maovu

wrongful [ˈrɔngfəl] *adj* -kinyume cha sheria

wrote [rəut] *see* **write**

wry [rai] *adj* 1. -a upande 2. -a kulazimsha

wuss [wus] *n* boza

X

xenophobia [ˌzenəˈfəubya] *n* hofu
  ya wageni
xenophobic [ˌzenəˈfəubik] *adj*
  uogopaji wa wageni
xerox [ˈzerɔks] **1.** *n* fotokopi **2.** *v*
  -fanya fotokopi
Xmas [ˈeksməs] *n* Krismasi

x-ray [ˈeksrei] **1.** *n* eksirei **2. to take
  an x-ray** -piga picha ya eksirei
x-ray machine [ˈeksrei,rum] *n*
  mtambo wa eksirei
x-ray room [ˈeksrei,rum] *n* chumba
  cha eksirei

xylophone [ˈzailəfəun] *n* marimba

Y

yacht [yot] *n* yoti
yachting [ˈyoting] *n* mashindano ya yoti
yachting club [ˈyoting-klʌb] *n* klabu ya wenye yoti
yachtsman [ˈyotsmən] *n* mwanariadha wa yoti
yachtsmanship [ˈyotsmənship] *n* ustadi wa kuimudu yoti
yam [yam] *n* kiazi kikuu
yank [yank] *v* -vuta
yard [yaːd] *n* 1. ua 2. yadi 3. *(mar.)* foromali 4. *(US)* kitalu 5. **railway yard** yadi
yashmak [ˈyashmak] *n* barakoa
yawn [yɔːn] 1. *n* mwayo 2. *v* -piga miayo
yaws [yɔːz] *n* buba
year [yiə] *n* 1. mwaka 2. **the year before last** mwaka juzi 3. **last year** mwaka jana 4. **this year** mwaka huu 5. **next year** mwakani 6. **the year after next** baada ya mwakani 7. **leap year** mwaka mrefu 8. **financial year; fiscal year** mwaka wa fedha
yearlong [yiːəˈlong] *adj* -a mwaka mzima mfululizo
yearbook [ˈyiːəbuk] *n* kitabu cha taarifu
yearly [ˈyiəli] 1. *adj* -a kila mwaka 2. *adv* (kwa) kila mwaka
yearn; yearn for [yəːn] *v* -tamani sana
yearning [ˈyəːning] *n* tamaa
year-round [yiəˈraund] *adj* -a mwaka mzima mfululizo

yeast [yiːst] *n* hamira
yell [yel] 1. *n* ukelele 2. *v* -piga yowe
yellow [ˈyeləu] *adj* -njano
yellow fever *n* homa ya manjano
yes [yes] ndiyo; naam
yes-man [ˈyesman] *n* barakala
yesterday [ˈyestədei] *n adv* 1. jana 2. **the day before yesterday** juzi
yesterday's [ˈyestədeiz] *adj* -a kabla ya hivi
yet [yet] 1. *adv* bado 2. tena 3. **as yet** hadi sasa 4. *conj* lakini
yield [yiːld] 1. *n* mazao 2. *v* -toa 3. -kubali
yodel [ˈyəudəl] *v* -imba kwa madoido
yoga [ˈyəugə] *n* yoga
yoghurt; yogurt [ˈyɔgət] *n* mtindi
yoke [yəuk] *n* nira
yolk [yəuk] *n* kiiniyai
you [yuː] *pro* 1. *sing* wewe; u; ku 2. *plural* ninyi; m; wa
young [yʌng] *adj* 1. changa 2. -bichi
young people *n* vijana
youngster [ˈyʌngstə] *n* kijana
your; yours [yɔː; yɔːz] 1. *sing* -ko 2. *plural* -enu
yourself [yɔːˈself] *n* mwenyewe
yourselves [yɔːˈselvz] *pl* nyinyi wenyewe
youth [yuːth] 1. *adj* -a vijana 2. *n* ujana 3. vijana
youth festival *n* tamasha la vijana
youthful [ˈyuːthfəl] *adj* shababi
youth hostel *n* nyumba ya vijana
Yuletide [ˈyuːltaid] *n* Krismasi

Z

Zaire [zaꞏiꞏə] *n* Kongo; Zaire
Zairean [zaꞏiꞏə] *n* **1.** *adj* -a Kongo; -a Zaire **2.** *n* Mkongo; Mzaire
zany [zeini] *adj* mcheshi kidogo
Zanzibar [ˈzanzibaꞏ] Unguja
Zanzibari [zanziˈbaꞏri] **1.** Munguja; Mzanzibari **2.** Kiunguja
zap [zap] *v* -piga
zeal [ziꞏəl] *n* araghba
zealous [ˈzeləs] *adj* -enye raghba
zebra [ˈzebrə] *n* punda milia
zebra crossing [ˈzebrə ˈkrɔsing] *n* alama ya kuvuka barabara kwa miguu
zenith [ˈzenith] *n* anga
zeppelin [ˈzepəlin] *n* zepelini
zero [ˈziərəu] *n* sifuri; ziro
zigzag [ˈzigzag] **1.** *adj* -a mshazari **2.** *n* zigizaga **3.** *adv* pindapinda
zinc [zingk] *n* zinki

zip [zip] *n* zipu
zip code [ˈzipkəud] *(US)* *n* simbo
zipper [ˈzipə] *see* **zip**
zip up *v* -fungua
zodiac [ˈzəudiak] *n* zodiaki
zombie [ˈzɔmbi] *n* dubwana
zonal [ˈzəunəl] *adj* -a kanda
zone [zəun] *n* ukanda
zoo [zuꞏ] *n* sehemu ya kuweke wanyama dori ili kwa maonyesho; zu
zoological [ˌzuꞏɔˈlɔjikəl] *adj* -a zuolojia
zoological gardens *see* **zoo**
zoologist [zuꞏˈɔləjist] *n* mwana zuolojia
zoology [zuꞏˈɔləji] *n* zuolojia
zoom [zuꞏm] **1.** *n* lenzi ya kivuta **2.** *v* -kurupuka
zucchini [zuˈkiꞏni] *n* tango dogo

Appendices

1. English irregular verbs

Infinitive	_Past tense_	_Past participle_
arise _(-nyanyuka)_	arose	arisen
awake _(-amka)_	awoke	awoken
be _(kuwa)_	was/were	been
bear _(-beba)_	bore	borne
beat _(-piga)_	beat	beaten
become _(kuwa; -jigeuza)_	became	become
begin _(-anza)_	began	begun
bend _(-pinda)_	bent	bent
bet _(-weka sharti)_	bet, betted	bet, betted
bid _(-zabuni)_	bid, bade	bid, bidden
bind _(-funga)_	bound	bound
bite _(-tafuna)_	bit	bitten
bleed _(-toka damu)_	bled	bled
blow _(-vuma)_	blew	blown
break _(-vunja)_	broke	broken
breed _(-zalisha)_	bred	bred
bring _(-leta)_	brought	brought
build _(-jenga)_	built	built
burn _(-choma)_	burnt, burned	burnt, burned
burst _(-pasuka)_	burst	burst
buy _(-nunua)_	bought	bought
cast _(-tupa)_	cast	cast
catch _(-daka)_	caught	caught
choose _(-chagua)_	chose	chosen
cling _(-ng'ang'ania)_	clung	clung
come _(kuja)_	came	come
cost _(-gharimu)_	cost	cost
creep _(-nyatia)_	crept	crept
cut _(-kata)_	cut	cut
deal _(-gawa)_	dealt	dealt
dig _(-chimba)_	dug	dug
dive _(-piga mbizi)_	dived; _(US)_ dove	dived
do _(-fanya)_	did	done
draw _(-vuta; -chora)_	drew	drawn
dream _(-ota)_	dreamt, dreamed	dreamt, dreamed
drink _(-nywa)_	drank	drunk
drive _(-endesha)_	drove	driven
dwell _(-ishi)_	dwelt, dwelled	dwelt, dwelled
eat _(kula)_	ate	eaten
fall _(-anguka)_	fell	fallen

feed *(-lisha)*	fed	fed
feel *(-hisi)*	felt	felt
fight *(-pigana)*	fought	fought
find *(-tafuta)*	found	found
flee *(-kimbia)*	fled	fled
fling *(-rusha)*	flung	flung
fly *(-ruka)*	flew	flown
forbid *(-kataza)*	forbade, forbad	forbade, forbad
forecast *(-tabiri)*	forecast, forecasted	forecast, forecasted
forget *(-sahau)*	forgot	forgotten
freeze *(-gandisha wa baridi)*	froze	frozen
get *(-pata)*	got	got; *(US)* gotten
give *(-toa)*	gave	given
go *(-enda)*	went	gone
grind *(-saga)*	ground	ground
grow *(-ota)*	grew	grown
hang *(-angika)*	hung, hanged	hung, hanged
have *(-wa na)*	had	had
hear *(-sikia)*	heard	heard
hide *(-ficha)*	hid	hidden
hit *(-piga)*	hit	hit
hold *(-shika)*	held	held
hurt *(-umiza)*	hurt	hurt
input *(-andikisha)*	input, inputted	input, inputted
keep *(-weka)*	kept	kept
kneel *(-piga magoti)*	knelt, kneeled	knelt, kneeled
know *(-jua)*	knew	known
lay *(-laza)*	laid	laid
lead *(-ongoza)*	led	led
lean *(-tegemea)*	leant, leaned	leant, leaned
leap *(-chupa)*	leapt, leaped	leapt, leaped
learn *(-jifunza)*	learnt, leaned	learnt, leaned
leave *(-ondoka)*	left	left
lend *(-azima)*	lent	lent
let *(-acha)*	let	let
lie *(-jinyosha)*	lay	lain
light *(-washa)*	lit, lighted	lit, lighted
lose *(-poteza)*	lost	lost
make *(-fanya)*	made	made
mean *(-wa na maana)*	meant	meant
meet *(-kutana)*	met	met
misunderstand *(-elewa vibaya)*	misunderstood	misunderstood
mow *(-kata majani)*	mowed	mown, mowed
overtake *(-kuta)*	overtook	overtaken
overthrow *(-pindua)*	overthrew	overthrown

pay *(-lipa)*	paid	paid
prove *(-hakikisha)*	proved	proved; *(US)* proven
put *(-tia)*	put	put
quit *(-acha)*	quit, quitted	quit, quitted
read *(-soma)*	read [red]	read [red]
rend *(-tatua)*	rent	rent
rid *(-tupa)*	rid	rid
ride *(-panda)*	rode	ridden
ring *(-piga kengele)*	rang	rung
rise *(-inuka)*	rose	risen
run *(-kimbia)*	ran	run
saw *(-kata kwa msumeno)*	sawed	sawn; *(US)* sawed
say *(-sema)*	said	said
see *(-ona)*	saw	seen
seek *(-tafuta)*	sought	sought
sell *(-uza)*	sold	sold
send *(-peleka)*	sent	sent
set *(-weka)*	set	set
sew *(-shona)*	sewed	sewn, sewed
shake *(-tikisa)*	shook	shaken
shed *(-toa)*	shed	shed
shear *(-nyoa)*	sheared	shorn, sheared
shine *(-ng'aa)*	shone	shone
shoot *(-piga bunduki)*	shot	shot
show *(-onyesha)*	showed	shown, showed
shrink *(-nyonyea)*	shrank, shrunk	shrunk
shut *(-funga)*	shut	shut
sing *(-imba)*	sang	sung
sink *(-zama)*	sank	sunk
sit *(-kaa)*	sat	sat
sleep *(-lala usingizi)*	slept	slept
slide *(-nyiririka)*	slit	slit
sling *(-rusha)*	slung	slung
slit *(-pasua)*	slit	slit
smell *(-nusa)*	smelt, smelled	smelt, smelled
sow *(-weka mbegu)*	sowed	sown, sowed
speak *(-sema)*	spoke	spoken
speed *(-harakisha)*	sped, speeded	sped, speeded
spell *(-endeleza herufi)*	spelt, spelled	spelt, spelled
spend *(-tumia)*	spent	spent
spill *(-mwaga)*	split, spilled	spilt, spilled
spin *(-zunguka)*	spun	spun
spit *(-tema)*	spat; *(US)* spit	spat; *(US)* spit
split *(-pasua)*	split	split
spoil *(-haribu)*	spoilt, spoiled	spoilt, spoiled
spread *(-eneza)*	spread	spread
spring *(-ruka)*	sprang	sprung

stand *(-simama)*	stood	stood
steal *(-iba)*	stole	stolen
stick *(-ganda)*	stuck	stuck
sting *(-uma)*	stung	stung
stink *(-nuka)*	stank, stunk	stunk
strike *(-piga)*	struck	struck
strive *(-jitahidi)*	strove	striven
swear *(-apa)*	swore	sworn
sweep *(-fagia)*	swept	swept
swell *(-vimba)*	swelled	swollen, swelled
swim *(-ogolea)*	swam	swum
swing *(-pembea)*	swung	swung
take *(-shika)*	took	taken
teach *(-fundisha)*	taught	taught
tear *(-chana)*	tore	torn
tell *(-nena)*	told	told
think *(-fikiri)*	thought	thought
thrive *(-sitawi)*	thrived, throve	thrived
throw *(-tupa)*	threw	thrown
thrust *(-sukuma)*	thrust	thrust
tread *(-kanyata)*	trod	trodden, trod
undergo *(-tangua)*	underwent	undergone
understand *(-fahamu)*	understood	understood
undertake *(-diriki)*	undertook	undertaken
undo *(-tangua)*	undid	undone
wake *(-amka)*	woke, waked	woken, waked
wear *(-vaa)*	wore	worn
weave *(-fuma)*	wove	woven
weep *(-lia)*	wept	wept
wet *(-rowesha)*	wet, wetted	wet, wetted
win *(-shinda)*	won	won
wind *(-zungusha)*	wound	wound
wring *(-kamua)*	wrung	wrung
write *(-andika)*	wrote	written

2. Swahili noun classes

M/MW	**WA**
mtu person	**watu** people
mtu mkubwa	**watu wakubwa**
big person	big people

M/MW	**MI**
mji town	**miji** towns
mji mkubwa	**miji mikubwa**
big town	big towns

maili
futi
yadi

galoni
lita

name

kilo
gramu
ratili
aunsi

of the day:

Swahili
saa kumi na mbili (alfijiri)
saa moja (asubuhi)
saa mbili (asubuhi)
saa tatu (asubuhi)
saa nne (asubuhi)
saa tano (asubuhi)
saa sita (asubuhi)
saa saba (asubuhi)
saa nane (asubuhi)
saa tisa (asubuhi)
saa kumi (asubuhi)
saa kumi na moja (asubuhi)
saa kumi na mbili (magharibi)
saa moja (usiku)
saa mbili (usiku)
saa tatu (usiku)
saa nne (usiku)
saa tano (usiku)
saa sita (usiku)
saa saba (usiku)
saa nane (usiku)
saa tisa (usiku)
saa kumi (usiku)
saa kumi na moja (usiku)

nukta; sekunde
dakika
saa
siku
wikiendi

ours)

KI/CH
kitu thing
kitu kikubwa
big thing

JI/J/–
jicho eye
jicho kubwa
big eye

gari car
gari kubwa
big car

N/–
njia road
njia kubwa
big road

U/W
uso face
uso mkubwa
big face

uhuru freedom

PA
pahali place(s)
pahali pakubwa
big place(s)

KU
kuwa to be
kwenda to go

VI/VY
vitu things
vitu vikubwa
big things

MA
macho eyes
macho makubwa
big eyes

magari car
magari makubwa
big cars

N/–
njia road
njia kubwa
big roads

N/–/MA
nyuso faces
nyuso kubwa
big faces

3. Useful phrases & vocabulary

hello!
  response:
goodbye!

excuse me!
help!
stop!
how much?
how many?

habari?
nzuri!
kwa heri! *(to one person)*
kwa herini! *(to more than one person)*
samahani!
msaada!
simama!
bei gani?
ngapi?

what's the time?	**saa ngapi?**
yes	**ndiyo**
no	**sio; hapana**
please	**tafadhali**
thank you	**asante**
thank you very much	**asante sana**
what is your name?	**jina lako nani?**
my name is...	**jina langu...**
bon voyage!	**safari njema!**

Cardinal numbers

zero	0	sifuri
one	1	moja
two	2	mbili
three	3	tatu
four	4	nne
five	5	tano
six	6	sita
seven	7	saba
eight	8	nane
nine	9	tisa
ten	10	kumi
eleven	11	kumi na moja
twelve	12	kumi na mbili
thirteen	13	kumi na tatu
fourteen	14	kumi na nne
fifteen	15	kumi na tano
sixteen	16	kumi na sita
seventeen	17	kumi na saba
eighteen	18	kumi na nane
nineteen	19	kumi na tisa
twenty	20	ishirini
twenty one	21	ishirini na moja
twenty two	22	ishirini na mbili
thirty	30	thelathini
forty	40	arobaini
fifty	50	hamsini
sixty	60	sitini
seventy	70	sabini
eighty	80	themanini
ninety	90	taisini
hundred	100	mia
one hundred and twenty one	121	mia na ishirini na moja
two hundred	200	mia mbili

three hundred	300	mia tatu
four hundred	400	mia nne
five hundred	500	mia tano
six hundred	600	mia sita
seven hundred	700	mia saba
eight hundred	800	mia nane
nine hundred	900	mia tisa
thousand	1,000	elfu
two thousand	2,000	elfu mbili
three thousand	3,000	elfu tatu
four thousand	4,000	elfu nne
five thousand	5,000	elfu tano
six thousand	6,000	elfu sita
seven thousand	7,000	elfu saba
eight thousand	8,000	elfu nane
nine thousand	9,000	elfu tisa
ten thousand	10,000	elfu kumi
one hundred thousand	100,000	laki
million	1,000,000	milioni

Ordinal numbers

first	1st	-a kwanza
second	2nd	-a pili
third	3rd	-a tatu
fourth	4th	-a nne
fifth	5th	-a tano
sixth	6th	-a sita
seventh	7th	-a saba
eighth	8th	-a nane
ninth	9th	-a tisa
tenth	10th	-a kumi

once	**mara moja**
twice	**mara mbili**
three times, thrice	**mara tatu**

one half	**nusu**
one quarter	**robot**
one third	**theluthi**

Weights & measures

kilometre	**kilomita**
metre	**mita**

mile	
foot	
yard	
gallon	
litre	
kilogram	
gram	
pound	
ounce	

Time

Hours
Standard

6 am	
7	
8	
9	
10	
11	
noon	
1	
2	
3	
4	
5	
6 pm	
7	
8	
9	
10	
11	
m	
1	
2	
3	
4	
5	

second	
minute	
hour	
day (2	
weeke	

week	**wiki**
fortnight	**wiki mbili**
month	**mwezi**
year	**mwaka**
century	**karne**

the year before last	**mwaka juzi**
last year	**mwaka jana**
this year	**mwaka huu**
next year	**mwakani; mwaka ujao**
the year after next	**baada mwakani**

the day before yesterday	**juzi**
yesterday	**jana**
today	**leo**
tomorrow	**kesho**
the day after tomorrow	**kesho kutwa**

Days of the week

Monday	**Jumatatu**
Tuesday	**Jumanne**
Wednesday	**Jumatano**
Thursday	**Alhamisi**
Friday	**Ijumaa**
Saturday	**Jumamosi**
Sunday	**Jumapili**

Months

Standard:

January	**Januari**
February	**Februari**
March	**Machi**
April	**Aprili**
May	**Mei**
June	**Juni**
July	**Julai**
August	**Agosti**
September	**Septemba**
October	**Oktoba**
November	**Novemba**
December	**Desemba**

Tanzanian:

January	**mwezi mosi**
February	**mwezi wa pili**
March	**mwezi wa tatu**
April	**mwezi wa nne**
May	**mwezi wa tano**
June	**mwezi wa sita**
July	**mwezi wa saba**
August	**mwezi wa nane**
September	**mwezi wa tisa**
October	**mwezi wa kumi**
November	**mwezi wa kumi na moja**
December	**mwezi wa kumi na mbili**

Star signs

Sagittarius	**Mshale**
Capricorn	**Mbuzi**
Aquarius	**Ndoo**
Aries	**Kondoo**
Virgo	**Mashuke**
Cancer	**Kaa**
Leo	**Simba**
Libra	**Mizani**
Scorpio	**Nge**
Gemini	**Mapacha**
Taurus	**Ng'ombe**
Pisces	**Samaki**

African Language Titles from Hippocrene ...

Afrikaans-English/English-Afrikaans
Practical Dictionary
14,000 entries • 430 pages • 4 ½ x 6 ½ •
ISBN 0-7818-0052-8 • $11.95pb • (134)

Bemba-English/English-Bemba
Concise Dictionary
10,000 entries • 233 pages • 4 x 6 •
ISBN 0-7818-0630-5 • $13.95pb • (709)

Hausa-English/English-Hausa
Practical Dictionary
18,000 entries • 431 pages • 5 x 7 •
ISBN 0-7818-0426-4 • $16.95pb • (499)

Igbo-English/English-Igbo
Dictionary & Phrasebook
3,000 entries • 186 pages • 3 ¾ x 7 •
ISBN 0-7818-0661-5 • $11.95pb • (750)

Lingala-English/English-Lingala
Dictionary & Phrasebook
2,200 entries • 120 pages • 3 ¾ x 7 •
ISBN 0-7818-0456-6 • $11.95pb • (296)

Malagasy-English/English-Malagasy
Dictionary & Phrasebook
2,500 entries • 170 pages • 3 ¾ x 7 ½ •
ISBN 0-7818-0843-X • $11.95pb • (256)

**Pulaar-English/English-Pulaar
Standard Dictionary**
30,000 entries • 276 pages • 5 ½ x 8 ½ •
ISBN 0-7818-0479-5 • $19.95pb • (600)

Beginner's Shona (Chishona)
150 pages • 5 ½ x 8 ½ • ISBN 0-7818-0864-2 •
W • $14.95 • (271)

**Shona-English/English-Shona
Dictionary & Phrasebook**
1,500 entries • 174 pages • 3 ¾ x 7 •
ISBN 0-7818-0813-8 • $11.95pb • (167)

**Popular Northern Sotho Dictionary:
Sotho-English/English-Sotho**
25,000 entries • 334 pages • 4 ³/₈ x 5 ³/₈ •
ISBN 0-627-01586-7 • $14.95pb • (64)

**Somali-English/English-Somali
Dictionary & Phrasebook**
1,400 entries • 176 pages • 3 ¾ x 7 •
ISBN 0-7818-0621-6 • $13.95pb • (755)

**Swahili-English/English-Swahili
Dictionary & Phrasebook**
5,000 entries • 200 pages • 3 ¾ x 7 •
ISBN 0-7818-0905-3 • $11.95pb • (231)

Twi Basic Course
225 pages • 6 ½ x 8 ½ •
ISBN 0-7818-0394-2 • $16.95pb • (65)

Twi-English/English-Twi Concise Dictionary
8,000 entries • 332 pages • 4 x 6 •
ISBN 0-7818-0264-4 • $12.95pb • (290)

Venda-English Dictionary
20,000 entries • 490 pages • 6 x 8 ½ •
ISBN 0-6270-1625-1 • $39.95hc • (62)

Yoruba-English/English-Yoruba
Practical Dictionary
30,000 entries • 500 pages 5 ½ x 8 ½ •
ISBN 0-7818-0263-6 • $14.95pb • (275)

Other African Interest Titles

Treasury of African Love Poems and Proverbs
A Selection of songs and sayings from numerous African lan-
guages—including Swahili, Yoruba, Berber, Zulu and Amharic.
128 pages • 5 x 7 • ISBN 0-7818-0483-3 • $11.95hc • (611)

African Proverbs
This collection of 1,755 proverbs spans all regions of the African
continent. They are arranged alphabetically by key words.
Charmingly illustrated throughout.
135 pages • 6 x 9 • 20 illustrations •
ISBN 0-7818-0691-7 • $17.50hc • (777)

Namibia: The Independent Traveler's Guide
313 pages • 5 ½ x 8 ½ • 26 maps, 22 illustrations, photos, index •
ISBN 0-7818-0254-7 • $16.95pb • (109)

African Cookbooks

Best of Regional African Cooking
274 pages • 5 ½ x 8 ½ • ISBN 0-7818-0598-8 •
$11.95pb • (684)

Traditional South African Cookery
178 pages • 5 x 8 ½ • ISBN 0-7818-0490-6 •
$10.95pb • (352)

All prices are subject to change without prior notice. To order Hippocrene Books, contact your local bookstore, call (718) 454-2366, visit www.hippocrenebooks.com, or write to: Hippocrene Books, 171 Madison Avenue, New York, NY 10016. Please enclose check or money order adding $5.00 shipping (UPS) for the first book and $.50 for each additional title.